Österreichische Literatur
des 20. Jahrhunderts

Österreichische Literatur des 20. Jahrhunderts

Einzeldarstellungen

Von einem Autorenkollektiv
unter Leitung von
Horst Haase und Antal Mádl
Redaktion und Gesamtbearbeitung
Hannelore Prosche

Volk und Wissen
Volkseigener Verlag Berlin
1988

Herausgegeben vom Kollektiv für Literaturgeschichte
im Volkseigenen Verlag Volk und Wissen
Leitung: Prof. Dr. Kurt Böttcher

Österreichische Literatur des 20. Jahrhunderts:
Einzeldarstellungen/von e. Autorenkollektiv
unter Leitung von Horst Haase u. Antal Mádl. –
1. Aufl. – Berlin: Volk u. Wissen, 1988. –
880 S.: Ill.
NE: Haase, Horst [Mitarb.]

ISBN 3-06-102593-6

1. Auflage

Lizenz-Nr. 203/1000/88 (E 102593-1)
LSV 8052
Printed in the German Democratic Republic
Schrift 9/9/10 p Garamond mager, TVS
Gesamtherstellung: Grafischer Großbetrieb Völkerfreundschaft Dresden
Einband und Schutzumschlag: Heinz Hellmis
Typografische Gestaltung: Atelier vwv, Gerhard Neitzke
Bildredaktion: Friedel Wallesch
Redaktionell-technische Mitarbeit: Klaus Hoffmann, Brigitte Witt
Personenregister: Gerd Adloff
Überprüfung der Zitate: Erika Rotha
Bibliographien: Hannelore Prosche
Redaktionsschluß: 28. November 1986
Bestell-Nr. 707 489 1
02150

Inhalt

Vorbemerkung

Dieses Buch verdankt seine Entstehung einer Initiative der gemeinsamen Kommission für Germanistik der Deutschen Demokratischen Republik und der Ungarischen Volksrepublik. Auf der Suche nach einem für eine Publikation geeigneten Gegenstand kooperativer wissenschaftlicher Arbeit faßte die Kommission den Beschluß, interessierte Mitarbeiter aus Ungarn und der DDR für diese Form der Darstellung einiger ausgewählter Autoren der österreichischen Literatur des 20. Jahrhunderts zu gewinnen. Die Bereitschaft, an einem solchen Projekt mitzuarbeiten, war groß; Kollegen aus verschiedenen Institutionen, vor allem aus dem Bereich der Universitäten und Hochschulen, beteiligten sich daran; das schloß jedoch auch ein, daß sich der Arbeitsprozeß unerwartet langwierig gestaltete und die Manuskripte zu unterschiedlichen Zeitpunkten fertiggestellt wurden.

Angestrebt ist ein doppelter Nutzen: Zum einen sollen wertvolle Leistungen, die von der österreichischen Literatur im 20. Jahrhundert hervorgebracht wurden, propagiert und Kenntnisse und Wertungen vermittelt werden, die bei der Lektüre der behandelten Autoren hilfreich sein können. Angesichts der zunehmenden Verbreitung moderner österreichischer Literatur in Ungarn wie in der DDR scheint uns das eine wichtige Aufgabe zu sein. Zum anderen sollte die gegenseitige Kenntnisnahme der Ansichten und Methoden der beteiligten Wissenschaftler erweitert und konkretisiert werden. Letzteres hat sich – wie sich in der Arbeit der gemeinsamen Kommission zeigt – bereits eingestellt; ersteres muß sich in der Rezeption des Buches erweisen.

Die vorliegende Sammlung kann und soll kein Schriftsteller-Lexikon und keine Literaturgeschichte ersetzen. Anliegen der notwendigen Auswahl aus der großen Zahl bemerkenswerter österreichischer Schriftsteller des behandelten Zeitraums war es, wichtige Strömungen und Richtungen der literarischen Entwicklung zu erfassen, verschiedene Generationen von Schriftstellern vorzustellen, die Hauptgattungen einzubeziehen und auch bestimmte Vorlieben der Leser in der DDR und in Ungarn einzukalkulieren. Nicht beabsichtigt war ein repräsentativer Überblick über alle bedeutsamen Autoren – allein der begrenzte Umfang der Unternehmung verhinderte eine solche Zielstellung. Eine gewisse Willkür ergab sich dadurch, daß auch spezielle Vorlieben der Mitarbeiter des Bandes die Auswahl beeinflußten.

Die subjektive Beziehung der jeweiligen Verfasser zu den von ihnen dargestellten Autoren schien uns allerdings sehr günstig. Sie schlägt in der persönlich gefärbten Sicht auf die Gegenstände mehr oder weniger stark durch. Hinzu kommen Unterschiede im Herangehen, die durch die verschieden gearteten Traditionen wissenschaftlicher Arbeit in der Germanistik der DDR und Ungarns und durch die unterschiedlichen historischen Beziehungen zu Österreich und seiner Literatur in beiden Ländern bedingt sind. Auch kam es uns darauf an, die individuellen Schreibweisen der beteiligten Mitarbeiter eher zu unterstreichen als sie einzuebnen. Schließlich ist zu berücksichtigen, daß nicht nur die behandelten Autoren, sondern auch die Verfasser der Beiträge verschiedenen Generationen entstammen.

Wollte man das literaturwissenschaftliche Genre der vorliegenden Abhandlungen bezeichnen, dann wäre vielleicht am besten von Schriftsteller-Porträts zu sprechen. Die Eigenart und Entwicklung von Autoren wird skizziert, nicht umfassend behandelt. Anvisiert ist ein Überblick über Leben und Werk, wobei entsprechend dem Einstieg des jeweiligen Verfassers teils die Orientierung auf die exemplarische Interpretation einzelner Werke, teils biographische oder konzeptionelle Entwicklungen oder vereinzelt auch theoretische Aspekte im Vordergrund stehen. Nicht zu erwarten sind wissenschaftliche Spezialuntersuchungen; hingegen hoffen wir, daß sich dem interessierten Leser neue Gesichtspunkte und Ausblicke eröffnen.

Zur geschichtlichen und literaturgeschichtlichen Einordnung der einzelnen Autoren mag die Einleitung des Bandes eine Hilfe sein; ihr Verfasser ist mit der neueren österreichischen Literatur auch durch persönliche Beziehungen vertraut. Im Anhang vermitteln Personalbibliographien zu den behandelten Schriftstellern ergänzende Informationen und verweisen auf weiterführende Literatur.

Zu danken ist vor allem den Beiträgern des Bandes, die trotz vielfältiger anderweitiger Verpflichtungen ihre Zusage realisierten. Dank gilt dem Vorsitzenden der ungarischen Seite der gemeinsamen Kommission für Germanistik UVR – DDR, Prof. Dr. Előd Halász, und dem Leiter des Kollektivs für Literaturgeschichte im volkseigenen Verlag Volk und Wissen Berlin, Prof. Dr. Kurt Böttcher, für ihre Beratung bei der Auswahl der zu behandelnden Autoren sowie den Kollegen Dr. Zsuzsa Széll, Dr. Ferenc Szász, Dr. Klaus Krippendorf, Prof. Dr. Rolf Bräuer und Dr. Kurt Krolop für gutachterliche Hinweise zu einzelnen Artikeln, Prof. Dr. Eike Middell für das Gutachten zum Gesamtmanuskript. Desgleichen Hannelore Prosche für Redaktion und Gesamtbearbeitung und Friedel Wallesch für die Beschaffung von Bildern.

Weiterhin ist den Ministerien für Bildung der Ungarischen Volksrepublik und für das Hoch- und Fachschulwesen der Deutschen Demokratischen Republik sowie der Akademie für Gesellschaftswissenschaften beim ZK der SED für die Unterstützung des Projekts zu danken.

Berlin, im November 1986

Prof. Dr. Horst Haase
Vorsitzender der DDR-Seite
der gemeinsamen Kommission
für Germanistik DDR – UVR

Antal Mádl

Einleitung

Eine Sammlung von Schriftsteller-Porträts wie die vorliegende schließt die nach dem Zweiten Weltkrieg oft gestellte, heute eher schon banal klingende Frage: »Gibt es eine österreichische Literatur?« in dem Sinne aus, daß eine solche als existent angenommen und in Einzeldarstellungen – von Schnitzler, Hofmannsthal und Kraus bis Frischmuth, Handke und Turrini – in ihrer Entwicklung seit der Jahrhundertwende vorgeführt wird.

Die Frage nach der *nationalen* Eigenständigkeit der österreichischen Literatur wurde in der Vergangenheit jedoch oft und immer wieder gestellt. Mit besonderem Nachdruck in der Nachkriegszeit – was ohne Zweifel mit der Gesamtentwicklung des heutigen Österreich zusammenhängt. Die Befreiung vom Hitler-Faschismus sowie der österreichische Staatsvertrag und die Neutralitätserklärung aus dem Jahr 1955 rückten die Problematik der politischen und kulturellen Identität stärker als je zuvor in den Vordergrund. Im Gegensatz zur ersten Republik Österreich (1918–1938) – dem Staat, der vom französischen Ministerpräsidenten Georges Clemenceau (in Versailles einer der »Großen Vier«) als »ein Rest, der übrig blieb« bezeichnet wurde, dem Staat, »den niemand wollte« – war nach dem Zweiten Weltkrieg der Wille zur staatlichen Erneuerung und nationalen Besinnung bei allen Bevölkerungsschichten vorhanden und führte nicht nur zu einem Aufschwung der Wirtschaft, sondern ebenso zu einem gesellschaftlichen Diskurs, der auch der Literatur neuen Antrieb gab – zu verschiedenen Zeiten in unterschiedlichem Maße. Österreichische Autoren spielten nach den sieben Jahren des »Anschlusses« an Hitler-Deutschland innerhalb der gesamten deutschsprachigen Literatur wieder eine bedeutende Rolle. Von Verlagen in der Bundesrepublik Deutschland, der Schweiz und in der Deutschen Demokratischen Republik herausgebracht, wirkten sie über die Grenzen Österreichs hinaus auf das geistige Leben ein.

All das bedeutete aber nicht, daß sich diese Autoren auch

stets eindeutig und bewußt zu einer österreichischen Literatur bekannt hätten. Auch heute ist eine solche Identifizierung noch keineswegs immer gegeben und als ein Prozeß zu betrachten, in dem sich einzelne Autoren auf sehr unterschiedlichen Stufen befinden. Ähnliches gilt – vielleicht noch in größerem Maße – für das Lesepublikum und zum Teil auch für Literaturkritik und -wissenschaft. Über die gemeinsame Sprache hinaus ist es vor allem die weitgehende Abhängigkeit vom Verlagswesen der BRD, die bei den Autoren, ihren Kritikern und von beiden beeinflußt auch beim Lesepublikum immer wieder Unsicherheit in dieser Frage auslöst. Es handelt sich dabei um Probleme, die keinesfalls neu sind; sie traten in der Zeit zwischen dem Ersten und dem Zweiten Weltkrieg in noch stärkerem Maße auf (vgl. auch Bibliographie der Werke) und gehen letzten Endes auf die spezifische geschichtliche Entwicklung dieses Landes zurück.

Der Begriff der österreichischen Literatur ist vom nationalen und staatlichen Werden und dessen Wandlungen in der Geschichte nicht zu trennen. Das schwere Ringen darum registrierte PETER HANDKE in seinem Tagebuch für sich bereits vor zehn Jahren auf folgende Weise: »Das Fette, an dem ich würge: Österreich.«[1] Eine solche Auseinandersetzung mit dem, was Österreich ist, kann man nicht nur in den Werken der meisten Autoren der Gegenwart verfolgen. Spuren gehen in früheste Zeiten zurück.

Die erste Bezeichnung des etwa heutigen Österreich als Ostarrichi vom Jahre 996 verknüpfte sich in den folgenden Jahrhunderten mit dem Namen der Babenberger Fürsten, an deren Hof Kunst und Literatur eine auf das gesamte deutschsprachige Gebiet ausstrahlende Blüte erlebten. Ihr folgten die dem künstlerischen Schaffen gegenüber zurückhaltenden Jahrhunderte der Habsburger, unter deren Herrschaft das einstige Babenbergische Gebiet schrittweise zum Habsburgischen Hausbesitz wurde und als solcher auch den anfänglichen Identitätsbegriff verunsicherte. Den Vertretern der Habsburger Dynastie ging es in ihrer Eigenschaft als Deutsch-Römische Kaiser vor allem um weitausgreifende Reichsinteressen. Von nun an sind die Interessen des Deutsch-Römischen Kaiserreiches, dynastische Ziele des später seine Herrschaft auch auf Spanien ausbreitenden Hauses Habsburg, und die nach dem Rückzug der Türken aus Ungarn möglichen Ansätze zur Entstehung eines sich nach Südosten verlagernden beziehungsweise dorthin verdrängten Vielvölkerstaates nur sehr schwer auseinanderzuhalten. Dieses Staatsgebilde war trotz der Kontinuität der Dynastie von 1272 bis 1918 einem ständigen Wandel ausgesetzt. Während andere europäische Völker sich zu Nationalstaaten entwickelten, hat sich die Habsburgische Hausmacht davon immer mehr entfernt. Österreich konnte seinen Weg zum Nationalstaat erst sehr verspätet, von den zwanziger Jahren unseres Jahrhunderts an, einschlagen. Eine wichtige Rolle dabei spielte auch, daß sich die Nachfolger des ersten Habsburgers auf deutschsprachigem Gebiet als Deutsch-Römische Kaiser für die Dauer nicht durchsetzen konnten. Sie mußten sogar, vom 18. Jahrhundert an und ganz besonders im 19., eine Reihe von Niederlagen hinnehmen und wurden 1871 von Preußen aus dem Deutschen Bund völlig ausgeschlossen.

Der spanische Zweig der Habsburger trennte sich vom österreichischen noch früher – als notwendige Folge der Spannungen zwischen den Habsburgern und den Bourbonen. Verstreute Habsburgische Besitze auf deutschem Sprachgebiet konnten in den späteren Jahrhunderten dann ebensowenig in das Habsburger Reich integriert werden wie auch die Niederlande oder Norditalien Fremdkörper bleiben mußten und sich mit der Entwicklung der europäischen bürgerlichen Nationalstaaten von Österreich loslösten. Die Gebiete östlich und südöstlich von Wien, die der Habsburger Monarchie als ›Ersatz‹ für Gebietsverluste galten (unter Maria Theresia z. B. Schlesien), waren Jahrhunderte hindurch völliger Unsicherheit und Zurückgebliebenheit ausgesetzt. Und kaum war die Türkengefahr durch vereinte europäische Kräfte gebannt, setzten die Freiheitsbewegungen der einzelnen ost- und südosteuropäischen Völker ein, und zwar nicht mehr unter religiösem Deckmantel, sondern als nationale Freiheitsbestrebungen. Dazu kamen die Erschütterungen, die von der Französischen Revolution und von der Herrschaft Napoleons ausgingen, dann die Revolutionen des Jahres 1848, die bereits für viele österreichische Politiker und in die Zukunft blickende Intellektuelle klar machten, daß der Habsburger Vielvölkerstaat vom Verfall gekennzeichnet war. Der Sieg Italiens 1859, die Niederlage Österreichs 1866 durch Preußen, die Umgestaltung in einen dualistischen Staat, die Österreichisch-Ungarische Monarchie, 1867, ohne Mitspracherecht der die weit größere Mehrheit bildenden slawischen Völker, zeigen dann den weiteren Weg an, der nach der Zuspitzung des Ersten Weltkrieges und den revolutionären Veränderungen an seinem Ausgang zum Zerfall des dualistischen Staates und dem Untergang der Monarchie führte.

Der ›Rest‹, der nach dem Friedensschluß von Saint Germain von dem einstigen etwa 50 Millionen Einwohner zählenden Staat übrig blieb, war zur eigenstaatlichen Existenz ›verurteilt‹, ohne daß seine Bürger und selbst die meisten führenden Politiker von der Möglichkeit einer solchen selbständigen Existenz überzeugt gewesen wären. Den vor allem von den österreichischen Sozialdemokraten betriebenen und von den Siegermächten verhinderten Versuchen, sich der Weimarer Republik anzuschließen, folgte nach einigen tiefen inneren Erschütterungen zwanzig Jahre nach dem Zerfall der Monarchie der gewaltsame Anschluß an Hitler-Deutschland.

Diese Geschichte in ihrer Besonderheit brachte es notwendig mit sich, daß im Laufe der Jahrhunderte, besonders aber im letzten, die Identitätsfrage immer wieder gestellt wurde. Hinzu kam, daß die Muttersprache der ›Deutsch‹-Österreicher einerseits identisch war mit der Sprache des von Preußen vereinigten deutschen Reiches, andererseits im eigenen Staatsgebilde stets bedroht war, zur ›Minderheitssprache‹ zu werden. Der weiterhin nach rückwärts gewandte Blick in der Zwischenkriegszeit und das starke, wenn auch oft sehr abstrakte Geschichtsbewußtsein wie die Bewahrung und Konservierung der Traditionen auch in der zweiten Republik nach 1945 ist nur von dieser Geschichte aus zu verstehen. Illusionen, Legenden- und Mythenbildungen setzten bereits zu Zeiten der Habsburger Monarchie ein, überdauerten deren Zerfall und zum Teil auch noch den Zweiten Weltkrieg. Schon in der dualistischen Zeit wurden dem Habsburger Staat Kräfte zugesprochen, die längst nicht mehr real existent waren. Und Illusionen habsburgischer Nostalgie gab es in allen gesellschaftlichen Neuansätzen nach dem Ersten Weltkrieg, sogar in dem nach 1938 langsam sich entfaltenden Kampf gegen den Faschismus. Erst nach dem Zweiten Weltkrieg setzte sich schrittweise eine realistische Geschichtsbetrachtung, eine illusionslose Sicht auf das eigene Land, durch. Wie langwierig dieser Prozeß ist, läßt sich in der österreichischen Literatur der letzten Jahrzehnte verfolgen; wie sehr er auch ins Unsichere führen kann, dafür bietet uns die Literatur bis heute überzeugende Beispiele. Ähnlich wie für PETER HANDKE, der erst auf dem Umweg über einen längeren Auslandsaufenthalt wieder zu Österreich als Heimat zurückfand, ist der Begriff Österreich oder die »Österreich-Idee« bis heute für viele Autoren noch ein großes Stück unbewältigter Vergangenheit. Handke und manche Vertreter seiner Generation wollen mit dem Problem fertigwerden, indem sie ein ins Mythische verzerrtes, abstraktes, unfaßbares Österreichbild ablehnen und unter konkreten Verhältnissen nach einem konkreten Land suchen: »Für mich gibt es keine Österreich-Idee, sondern nur ein paar wirklich existierende Stellen« – schreibt Handke. – »Ich bin dabei, ein anderes Land zu erfinden, ein Österreich, das es sicher gibt, aber nicht in den Zeitungen, nicht in den Statistiken, nicht in der Philosophie, nicht in der Soziologie [...] Ich glaube, daß man, an der Sprache arbeitend und die kleinen Details des österreichischen Lebens beobachtend, ein neues Bild Österreichs gewinnen kann, und daß dieses Bild in das öffentliche Bewußtsein Österreichs eindringen könnte.«[2] Hat ein so bedeutender Repräsentant der österreichischen Gegenwartsliteratur seine Schwierigkeiten mit dem Österreich-Begriff, so kann man leicht verstehen, daß bei der heute weitgehend eindeutigen Bejahung der Existenz einer österreichischen Literatur zugleich die Zahl der ungeklärten Fragen beziehungsweise der Meinungsdifferenzen über die Charakterzüge dieser Literatur noch viel größer ist. Dabei handelt es sich um ein Erbe früherer Jahrzehnte, das freilich immer schon abhängig war vom geschichtlichen Schicksal Österreichs wie natürlich auch von den persönlichen Existenzbedingungen der Autoren.

Ein Nebeneinander von Bejahen und In-Frage-Stellen der österreichischen Literatur ist beinahe über zweihundert Jahre hindurch zu beobachten; erst die vergangenen Jahrzehnte, die dauerhafte Existenz eines neutralen Österreich mit kulturellen Einrichtungen, die auch für das literarische Leben ein entsprechendes – wenngleich keineswegs gesichertes – Hinterland bieten, zahlreiche hervorragende Schriftsteller-Begabungen, die in jüngster Zeit aus Österreich hervorgegangen sind, haben die einstige Unsicherheit über die Existenz einer österreichischen Literatur heute weitgehend zurückgedrängt. Erhalten blieben aber weiterhin Fragen, die auf den Beginn dieser Literatur, auf ihre Charakterzüge, auf die Zugehörigkeit einzelner Autoren zur österreichischen Literatur gerichtet sind, oder auch danach, wie das jeweilige Verhältnis vor allem zur übrigen deutschsprachigen Literatur zu verstehen ist beziehungsweise welche Bestandteile in den einzelnen *Nationalliteraturen*, vor allem welche in deutscher Sprache verfaßten Werke aus Literaturen des einstigen Bereiches des Habsburger Staates zur österreichischen gehören.

Um auf diese und weitere bis heute oft diskutierten und auf sehr verschiedene Weise beantworteten Fragen eine Antwort zu versuchen, wollen wir zunächst einige charakteristische Erscheinungen der sich auf dem Gebiet des späteren Österreich schon frühzeitig entwickelnden Literatur verfolgen, ihr weit zurückreichendes Traditionsgefüge in Augenschein nehmen.

Zwanzig Jahre nachdem im Jahre 976 der erste Babenberger am südöstlichen Teil des ehemaligen Frankenreichs und des ihm folgenden Deutsch-Römischen Kaiserreichs sein Lehngut in Besitz nahm, erfolgte auch die erste urkundlich belegte Bezeichnung dieses Gebietes: »Ostarrichi«. Die Babenberger Dynastie erhielt beziehungsweise erwarb bis zu ihrem letzten Vertreter (Friedrich II. der Streitbare, er ist 1246 in einer Schlacht gegen die Ungarn gefallen) schrittweise Privilegien, die sie gegenüber der kaiserlichen Macht immer mehr verselbständigten. 1156 wurde das bereits zur Leitha nach Osten vorgeschobene Gebiet im Unterschied zu den anderen Markgrafenschaften des Reiches zum Herzogtum erhoben. Heinrich II. Jasomirgott, zeitweilig auch Herzog von Bayern, verlegte 1174 seine Residenz nach Wien. Von Kaiser Friedrich I. wurde den Babenbergern dann auch das Recht der männlichen und weiblichen Erbfolge zugestanden. Wien entwickelte sich so auf dem Boden des einstigen römischen Vindobona zur Hauptstadt einer Dynastie, die eine vom Heiligen Römischen Reich deutscher Nation weitgehend selbständige Politik betrieb und sich bereits nach dem europäischen Osten orientierte. Der Fürstenhof wurde zu einem anerkannten kulturellen und literarischen Zentrum, wo außer dem Einfluß Roms sich auch noch der des byzantinischen Reiches bemerkbar machte (Heinrich II. und Leopold VI. holten ihre Frauen von dort her). Der »wonnigliche Hof zu Wien« wurde zum Ziel ritterlicher Dichter. Bereits früher schon ein wichtiger Knotenpunkt des Verkehrs zum Osten und Süden, wurde die Stadt in der Babenberger Zeit zu einem bedeutenden und fruchtbaren Boden für Kunst und Literatur. Mit der Entfaltung einer reichen Klosterkultur ist gewiß zu erklären, daß eine selbständige christliche Literatur sich sehr früh durchsetzte und zuerst in lateinischer, dann bald auch in deutscher Sprache zu wirken begann. Aus der zweiten Hälfte des 11. Jahrhunderts stammt aus österreichischen Klöstern die berühmte *»Vorauer Handschrift«*, die ein ganzes Paradigma der frühmittelhochdeutschen Literatur enthält, werden in Monsee die historisch bedeutsamen *»Glossen«* und *»Fragmente«* geschrieben, entsteht die Millstädter *»Sündenklage«*, schreibt in Melk die 1127 verstorbene FRAU AVA, eine Klosterfrau und erste namentlich bekannte Dichterin, religiöse Gedichte in deutscher Sprache (u. a. *»Leben Jesu«*). HEINRICH VON MELK, 1122–1163 Vorsteher des Klosters, geißelte in seinen Gedichten *»Erinnerung an den Tod«* und *»Vom Priesterleben«* (um 1160) das lasterhafte Leben der Priester, Richter, Ritter, Kaufleute, Handwerker und anderer.

Eine Reihe von Sagen aus der Zeit der Völkerwanderung, die sich auf die in diesem Gebiet längere Zeit weilenden Völker und ihre Herrscher (z. B. den Ostgotenkönig Theoderich den Großen oder den Hunnenkönig Attila) beziehen, wurde in die nächsten Jahrhunderte überliefert. In verschiedene mittelalterliche Chroniken oft nur bruchstückweise eingegangen, dienten sie später als Grundlage größerer Werke. Vor allem die Dietrich-Epen waren im Österreichischen weit verbreitet und zeigen besonders in den späteren Ausformungen – *»Laurin«*, *»Rosengarten«* und *»Rabenschlacht«* – typisches Lokalkolorit.

Der Übergang von den Sagen zum späteren Versroman ist in Österreich gut zu verfolgen. So sammelte DER STRICKER, zwischen 1225 und 1250 in Österreich als Fahrender lebend, Schwänke unter dem Titel *»Der Pfaffe Amis«*, auch der Versroman *»David vom blühenden Tal«* (e. zwischen 1210 und 1215) und seine Fabeln und Kurzerzählungen stehen in diesem Zusammenhang. WERNHER DER GARTENAERE, ein Fahrender aus dem oberösterreichischen Innviertel, dichtete um 1250 die Versnovelle *»Meier Helmbrecht«* – eine der ersten Bauerngeschichten in deutscher Sprache. Ihr kommt durch die Schilderung der aufsteigenden Bauernschaft und des Verfalls des Rittertums auch große kulturhistorische Bedeutung zu. Die Selbstdarstellung des steirischen Ritters ULRICH VON LIECHTENSTEIN (um 1200 – zwischen 1274 und 1277) in *»Frauendienst«* (1255) gehört ebenso in diesen Rahmen wie der allegorisch aufgeputzte spätmittelalterliche autobiographische Roman *»Theuerdank«* von Kaiser MAXIMILIAN I.

In der Lyrik war früh eine reiche Volksdichtung vorhanden, die in den Minnesang Eingang fand. Sie vermischte sich mit dem westlichen Einfluß der Troubadours und fand auf dem Boden des heutigen Österreich eine unmittelbare Wirkung der byzantinischen Liederdichtung vor. Die ersten Minnesänger, DER VON KÜRENBERG (vor 1150), dessen Burg nahe bei Linz an der Donau stand, und der jüngere, aus Oberösterreich stammende DIETMAR VON AIST, von dem das älteste deutsche Tagelied stammt, hatten Beziehungen zum Babenberger Hof in Wien. Ihnen folgte der Elsässer REINMAR DER ALTE († vor 1210), der die Totenklage auf Leopold V. (1177–1194) schrieb. Sein Schüler und Erbe wurde dann WALTER VON DER VOGELWEIDE (um 1170–um 1230), dessen Geburtsort bis heute umstritten ist – einer Vermutung nach könnte es der Ort mit dem Namen Vogelweide in Tirol sein. Als ›Schüler‹ verbrachte er seine Jugendjahre am Babenberger Hof unter Friedrich I. (1194–1198). Er selbst gab an, in Österreich »singen und sagen« gelernt zu haben. Mit dem Wiener Hof waren zeitweilig auch NEIDHART VON REUENTHAL, REINMAR VON ZWETER und BRUDER WERNHER verbunden. Von NEIDHARDT sind neben seinen dichterischen Werken zahlreiche Melodien erhalten, in denen auch volkstümliche Weisen verarbeitet sind. Das waren erste Ansätze zu einem territorial getönten musikalischen Ausdruck, ebenso wie auch seine dramatischen Tanzreigen, die sich zu einem volkstümlichen Spiel entwickelten, Anregungen für die späteren Schwänke und Fastnachtspiele in der österreichischen Literatur geboten haben. Zu Ausklang des Minnesangs österreichischer Färbung sind außerdem noch der Vorarlberger HUGO VON MONTFORT (1357–1423) und der Tiroler OSWALD VON WOLKENSTEIN (1367–1445) zu erwähnen. MONTFORT, der auch als Politiker Karriere machte, wurde Landeshauptmann der Steiermark. WOLKENSTEIN führte ein unstetes

Leben, bereiste fast ganz Europa, gelangte bis England und sogar in den Nahen Osten, ist aber stärker als andere heimatlich verwurzelt und von der regionalen Volkslieddichtung beeinflußt.

Ohne daß man von einer ausgeprägt österreichischen Literatur in dieser Zeit sprechen könnte, ist festzustellen, daß die Babenberger Herzöge Wien zu einem Zentrum des literarischen Lebens machten. Der folgende Übergang der Macht in die Hände der Habsburger war ein langwieriger Prozeß. Es dauerte fast ein Jahrhundert, bis sich unter der Herrschaft Rudolph IV. die habsburgische Hausmacht herauszubilden begann und die ersten Versuche einsetzten, eine Donau-Union zu errichten, das heißt: Böhmen und auch Ungarn dem Hause Österreich anzugliedern. Für die Literatur waren diese Jahrhunderte nicht so ergiebig wie die Babenberger Zeit. Die Habsburger erwiesen sich nur selten als Gönner der Dichter und Schriftsteller. Dementsprechend war es auch weniger die vom Hof geförderte Literatur, die in der nächsten Zeit eine Rolle spielte. Der in der Steiermark um 1310 geborene HEINRICH DER TEICHNER ist der erste Berufsdichter in Wien, der sich in seinem umfangreichen Werk der Lehre und Erbauung widmete, sich auf die Seite der armen Bauern stellte und die »österreichischen Sitten« gegen die »eingedrungenen Fremden« verteidigen wollte. Verbunden mit ihm ist der andere bedeutende Dichter der Zeit, PETER SUCHENWIRT (um 1320–nach 1395), dessen Wirksamkeit in Wien auf die Zeit 1350/95 fällt. Er unternahm den Versuch, die traditionelle höfische Dichtung einem bürgerlichen Publikum zuzuführen. Diesen frühbürgerlichen Interessen kamen auch die im 14. Jahrhundert entstandenen Schwanksammlungen des PFAFF VOM KAHLENBERG entgegen und eine Sammlung mit dem Titel *»Hye nach volget gar hüpsche abenteurige gidicht sogar kurzweillyg sind ze lessen und ze singen die der edel und gestreng herre Neithart Fuchs ... gemacht vnd vollbracht hatt mit den paurenn zu Zeichelmaur in Österreich«* (Druck um 1500), die dem im Titel genannten NEIDHART FUCHS zugeschrieben wird; erstere gehen auf eine geschichtliche Persönlichkeit zurück, einen GUNDAKAR VON THERNBERG, der 1330/39 Pfarrer im Kahlenbergerdorf (bei Wien) war, die zweite wohl auf einen im 14. Jahrhundert am Hofe Ottos des Fröhlichen lebenden Ritter.

Der Schwank führte dann hinüber zur frühen dramatischen Gattung, bei der die Autorenfrage meist noch weniger klärbar ist. Um 1350 tauchte in Kärnten das erste Lustspiel, das Neidhartspiel, auf, das dann unzählige Abwandlungen durchmacht. Auch die zur Volksdichtung gewordenen Passionsspiele und Fastnachtsspiele gehen in ihrem Ursprung auf diese Zeit zurück und erreichten um die Wende vom 15. ins 16. Jahrhundert besonders in Tirol ihre erste Hochblüte. Neben dem Schwank und den Lust- bzw. Trauerspielen in dieser volkstümlichen Art tritt in Österreich recht bald auch das unmittelbare lyrische oder lyrisch-epische Volkslied hervor. WOLFGANG SCHMELTZ (um 1500–nach 1557) legte 1544 aus dem vom Volk gesungenen Liedgut über 370 Volkslieder vor und verwies auf religiöse beziehungsweise auf historische Volkslieder in ähnlich hoher Zahl.

In der Vorbereitungsphase des österreichischen Humanismus spielten besonders Geschichtsschreiber eine wichtige Rolle. Ein früher Vorläufer ist JOHANNS, genannt des »JANSEN ENIKEL«, dessen um 1280 entstandenen Werke – eine *»Weltchronik«* über die biblische Geschichte und ein *»Fürstenbuch«* von Österreich und Steiermark – noch das Sagengut verwerten, sich der eigenen Zeit nähernd aber immer mehr zu einem Geschichtswerk werden. Auf ähnlicher Ebene bewegte sich der steirische Ministeriale OTACHAR OUZ DER GEUL (um 1265–zwischen 1319 und 1321; bei Grillparzer Ottokar von Horneck), mit der 1318 abgeschlossenen, viel Lokalkolorit vermittelnden *»Österreichischen Reimchronik«.* Den unmittelbaren Eingang des italienischen Humanismus repräsentiert ENEA SILVIO PICCOLOMINI (1405–1464), der – zum Dichter gekrönt – im Dienst des Kaisers Friedrich III. stand und 1458 unter dem Namen Pius II. römischer Papst geworden ist. Er wirkte durch seine lateinisch verfaßten Briefe, Reden und Dichtungen (u. a. *»Euryalus und Lukrezia«,* 1444) und historisch-geographische Werke vielfach befruchtend und anregend. Von Wien und vom Kaiserhof aus entfaltete Enea Silvio eine lebhafte Tätigkeit für den Humanismus und nahm auf gleichgerichtete Strömungen im benachbarten Böhmen und Ungarn bedeutenden Einfluß.

Der eigentliche Hochhumanismus ist unmittelbar mit Kaiser MAXIMILIAN I. (1459–1519) verbunden, der nicht nur mit eigenen Schriften hervortrat, sondern in seiner gesamten Tätigkeit bemüht war, Österreich und Wien zum Mittelpunkt des deutschen Geisteslebens der Zeit zu machen. Auf seine Initiative geht auch die Sammlung von Epen und Heldengedichten im *»Ambraser Heldenbuch«* zurück. Maximilian scharte einen Kreis von Humanisten um sich, darunter vor allem KONRAD CELTIS (1549–1608), der, ebenfalls von Friedrich III. zum Dichter gekrönt, die »Sodalitas Danubiana« [Literarische Donaugesellschaft] ins Leben rief und als Professor an der Wiener Universität wirkte. 1498 begründete der Kaiser die Wiener Hofmusikkapelle und trug damit zur Entwicklung der späteren Musikstadt Wien wesentlich bei.

Das wieder über das Regionale hinauswirkende spezifisch Österreichische setzte im Barock ein. Im Hintergrund stand hier die einheitliche weltliche und kirchliche Macht mit ihrem gegenreformatorischen Programm, mit der zentralen Aufgabe der Verteidigung des christlichen Abendlandes gegen das mohammedanische Osmanische Reich. Die Habsburger beherrschten durch ihre österreichische und ihre spanische Linie die wirtschaftlich bedeutendsten Gebiete Europas, traten als Deutsch-Römische Kaiser im Namen der Christenheit auf und bildeten die stärkste Macht des Kontinents. Jedoch setzte innerhalb dessen langsam eine Kräfteverlagerung nach dem Osten ein. Die habsburgisch-spanische Linie wurde von Kämpfen erschüttert und zerfiel im spanischen Erbfolgekrieg. Der Dreißigjährige Krieg und seine Folgen schwächten auch auf deutschem Sprachgebiet weiterhin die Macht des Deutsch-Römischen Kaisers. Dafür aber drangen die Habsburger in Richtung Südosten gegen die Türken weiter vor und sicherten ihre Vormachtstellung außer in Italien auch in Böhmen, Ungarn und auf südslawischem Gebiet.

Wien wurde in dieser Zeit zu einem wahrhaften Schmelztiegel, wo sich altösterreichische Überlieferungen aus der Zeit der Babenberger und Einflüsse aus Spanien, Italien, dem burgundisch-französischen Bereich, aus Böhmen, Ungarn, von den südslawischen Völkern und selbst aus der Türkei begegneten und, verbunden mit dem habsburgischen Herrscherbewußtsein, den barocken Kultur- und Kunstcharakter der Zeit bestimmten. Kirche und Kaiserreich beanspruchten die große europäische Ausdrucksform des Barock und konservierten diese Kunstrichtung lange Zeit. Gegenüber dem sich vor allem im Sprachlich-Dichterischen äußernden norddeutschen und schlesischen Barock trat er in Wien und überhaupt im Süden und Südosten des deutschen Sprachbereichs etwas verspätet auf und kehrte Bild und Ton – deshalb »Bildbarock« – ganz besonders hervor. Das heißt, daß hier nicht nur in Baukunst, Bildhauerei und Malerei die Ornamentik, die Üppigkeit kraftstrotzender Übertreibungen vorherrschten, sondern daß sich auch innerhalb der Literatur (bzw. im Zusammenhang mit ihr) bestimmte Gattungen und Eigenheiten ausbildeten, die für lange Zeit, ja im gewissen Sinne bis heute für die österreichische Literatur bestimmend sind. PHILIPP WILHELM VON HÖRNIGKS *»Österreich über alles, wann es nur will«* erschien 1684 – ein Jahr nach der Befreiung Wiens, zwei Jahre vor der Rückeroberung Ofens (Buda) von den Türken – und gründete sich auf das Siegesbewußtsein, daß die Türkengefahr gebannt war. Dieses Werk drückt die Selbstsicherheit des österreichischen Barock aus, der in den nächsten Jahrzehnten seinen Höhepunkt in Wien erreichte und durch seinen kosmopolitischen Charakter in der Lage war, die führenden Gruppen aller Völker des Habsburger Reiches anzusprechen. Das war aus verschiedenen Gründen möglich. In Österreich hatte sich der Adel mehr als bisher der Zentralmacht unterstellt und eingeordnet beziehungsweise war – als protestantischer niederer Adel – unterdrückt und vertrieben worden. Dieser Adel war deshalb auch nicht mehr nur deutsch-österreichischer Herkunft, sondern mit italienischen, spanischen, wallonischen, slawischen und ungarischen Elementen gemischt. Gleichermaßen oder noch mehr war der Adel in den nichtdeutschsprachigen, besonders in den von den Türken zurückeroberten Gebieten ›internationalisiert‹. Dem und in zunehmender Weise auch dem Wiener – ebenfalls stark kosmopolitisch gefärbten – Bürgertum entsprach dieser sogenannte Bildbarock. Andere Gegenden des sich herausbildenden Vielvölkerstaates ahmten dann mit einer gewissen Zeitverschiebung Wien nach.

In der Literatur wird das am Beispiel des Jesuitentheaters, einem Instrument der europäischen Gegenreformation, deutlich. Mit seiner – anfangs ausschließlichen – Anwendung der lateinischen Sprache, deren Verständnis in bestimmten Kreisen vorausgesetzt wurde, und die auch später noch lange Zeit (in Ungarn bis in die Mitte des 19. Jahrhunderts) die gemeinsame Amtssprache war, unternahm dieses Theater den Versuch, über Sprachgrenzen hinaus zu wirken. Wo die verschiedenen Sprachen eine Barriere errichteten, wurde mit ansteigender Vorliebe auch zu der in Österreich bereits über eine auffallend starke Tradition verfügenden Musik gegriffen. Zur traditionellen österreichischen Volksmusik gesellte sich jetzt vor allem die italienische Musik und besonders die spezielle Gattung der Commedia dell'arte, aber auch musikalische Einflüsse aus anderen Sprachbereichen machten sich bemerkbar. Die katholische Kirche setzte die Musik gezielt ein, um den Optimismus einer weltlich-kirchlich geeinten siegreichen Macht auszudrücken und erreichte damit eine starke Wirkung. Aber nicht nur im Gottesdienst in den üppigen barocken Gotteshäusern erklang Musik, sondern sie war auch unentbehrlicher Bestandteil vornehmer Unterhaltung in den Fürstenhöfen und später auch auf städtischen Bühnen.

Das besondere Interesse, das die Habsburger Herrscher der Musik entgegenbrachten, führte zusammen mit den italienischen Anregungen einer Opernkunst zu einem Siegeszug des österreichischen Barock über viele Jahrzehnte. Österreichische Kaiser, die selbst nicht nur musizierten, sondern auch musikalische Werke verfaßten, sich an den Aufführungen mit ihren Familienmitgliedern beteiligten, trugen zur Verbreitung der musikalischen Kunst in Wien und Österreich wesentlich bei. Davon angeregt fand sie dann Eingang und Verwendung im Jesuitentheater, ja überhaupt im Schuldrama, und ging von hier auch auf die für das einfache Bürgervolk der Vorstädte Wiens und in anderen Städten errichteten Bühnen über. Die Herausbildung des Jesuitenspiels einschließlich der Verwendung der gesamten damals möglichen Bühnentechnik wurde besonders durch das Wirken von NIKOLAUS AVANCINUS (1611–1686) gefördert, der die Unterstützung des Kaiserhofes genoß. Sein Werk *»Pietas victrix«* (aufgeführt 1659), ein ausgesprochenes Kaiserspiel nach römischem Muster und mit römischem Stoff, bildet den ersten Höhepunkt dieser Gattung.

Neben Versuchen in der Nachahmung des antiken Epos auf barocke Weise und – teils in Latein teils in Deutsch verfaßten – lyrischen Gedichten, die sich mit besonderer Vorliebe dem Thema der Türkenkriege zuwandten, ragt in der österreichischen Barockprosa besonders das Werk des Augustinermönches Abraham a Santa Clara (1644–1709) heraus, das sich vom Thematischen her vollkommen dem Themenkreis der damaligen österreichischen Barockliteratur einfügt: Es geht immer wieder um die Türkengefahr und um die Mahnung zur Frömmigkeit. Die Türken werden als eine Geißel Gottes dargestellt, deshalb genüge der Kampf des christlichen Europa gegen sie nicht allein, vielmehr müßten sich die Menschen, alle Christen, bessern. Auffallend ist, wie der Dichter mit seiner beim einfachen Volk erprobten, oft sehr derben, aber auch variationsreichen Sprache sich ebenso an die Adligen und an die unmittelbar Herrschenden wandte.

Im 18. Jahrhundert erfolgten innerhalb Europas wesentliche Veränderungen im Kräfteverhältnis, die auch die Machtpositionen der Habsburger betrafen. Ihr Einfluß als bedeutende Stütze gegen das starke absolutistische Frankreich ging durch den Zerfall des spanischen Reiches zurück, und im Osten machten sich auf den von den Türken befreiten nichtdeutschsprachigen Gebieten antihabsburgische nationale Bewegungen bemerkbar. Gleichzeitig meldete sich innerhalb des Deutsch-Römischen Kaiserreiches mit Preußen eine mächtige Konkurrenz. Die äußeren Unsicherheiten und die inneren Spannungen erreichten ihren neuralgischen Punkt, als sich nach dem Aussterben der männlichen Linie Kaiser Karl VI. für die Nachfolgerschaft seiner Tochter Maria Theresia einsetzte. Die Notwendigkeit einer Neuorientierung, seit Anfang des Jahrhunderts akut und in kleinen Schritten bereits vorbereitet, führte in ihrer Regierungszeit zu Kompromissen mit den nichtdeutschsprachigen Völkern des Reiches. Gleichzeitig waren Autoritätseinbußen unübersehbar, unter anderem mußten Gebietsverluste gegenüber Preußen hingenommen werden.

Diese macht- und wirtschaftspolitische Situation – es handelte sich ja gleichzeitig auch darum, daß die Wirtschaft des Habsburger Reiches mit der schnell wachsenden Produktivität des Kapitalismus im Westen Europas nicht Schritt halten konnte – führte zu einer Reihe von Reformversuchen und wirkte sich auch auf das Geistesleben aus. Schrittweise wandelte sich der Begriff Österreich bzw. Österreichisch, indem sich langsam das Bewußtsein einer veränderten, vom Preußischen unterschiedenen besonderen österreichischen Identität entwickelte.

Für den substantiellen Gehalt der Regierungszeit von Maria Theresia und ihres Sohnes Josef II. ist vor allem eine zielstrebige Tätigkeit in Richtung auf eine Sonderstellung Österreichs charakteristisch. Den Untertanen sollte bewußtgemacht werden, daß sie stolz sein könnten auf ihre Monarchie, die sich nicht nur vom verhaßten Preußen unterscheide, sondern befähigt sei, durch innere Reformen die gelegentlich auseinanderstrebenden Teile Deutschösterreichs, die böhmischen Länder und die erst kurz vorher von den Türken befreiten ungarischen und südslawischen Gebiete in einen zentralisierten modernen Staat umzuwandeln. Damit sollten natürlich auch die nationalen Bestrebungen in diesen Gebieten abgewiegelt werden. Diese verschiedenen politischen, ökonomischen und sozialen Maßnahmen und Reformversuche wurden später als Josefinismus bezeichnet. Eingesetzt und zum Teil zu bedeutenden Fortschritten geführt hatten sie jedoch bereits während der vierzigjährigen Regierungszeit Maria Theresias. An die Stelle der überdimensionierten Barockwelt trat eine eher rationelle Nüchternheit, die Identifizierung König Ludwigs XIV. von Frankreich mit dem Staat wandelte sich bei Josef II. (wie auch schon bei Friedrich II. von Preußen) in die Losung vom Herrscher als erstem Diener des Staates. Damit war die wesentlichste Forderung des Josefinismus, vor allem dem Staate zu dienen, gegeben. Alles wurde an der Nützlichkeit für den Staat, konkret: den multinationalen monarchischen Staat der Habsburger, gemessen. Während jedoch Maria Theresia reformierende Maßnahmen nur in kleinen Schritten und mit großer Vorsicht unternahm, wobei Kompromißbereitschaft überall vorhanden war und letzten Endes immer zum Nutzen der Sache angewandt wurde, erfolgte in den zehn Jahren der Regierungszeit Josefs II. mit harter Konsequenz die Durchführung eines aufgeklärten Absolutismus. In einer ›Revolution von oben‹ wurde versucht, in kürzester Zeit die Rückständigkeit zu überwinden und einen zeitgemäßen bürgerlichen und übernationalen Staat zu errichten.

Bestimmte Funktionen, die bisher die katholische Kirche ausgeübt hatte, wurden nun vom Staat übernommen; dem kam auch die Auflösung des Jesuitenordens durch den Papst entgegen. Der Einfluß des Staates auf Erziehung und Bildung wurde durch Schulreformen ermöglicht, und auch auf die Universitäten in Wien, Prag, Budapest erfolgte ein unmittelbarer Eingriff, der sie in den Dienst der Staatsraison stellen sollte. Zu den ersten Maßnahmen im Bildungswesen gehörte der Versuch, die Aneignung der deutschen Sprache soweit zu fördern, daß sie als Amtssprache im gesamten Vielvölkerstaat verwendbar sei.

Parallel dazu wurde versucht, eine neue Beamtenschaft auszubilden, die mit Hilfe der einheitlichen deutschen Amtssprache den zentralen Willen des Staatsinteresses überall in die Wirklichkeit umsetzen sollte. Auf diese Weise entstand das josefinische Beamtentum, das sich für die damaligen europäischen Verhältnisse durch relativ hohe Bildung auszeichnete. Es war eigentlich nicht eine in sich abgeschlossene soziale Schicht, sondern reichte bis zu hochgebildeten Intellektuellen. Diese Eigenschaft des josefinischen Beamtentums blieb auch später erhalten, sie erklärt den bis heute anhaltenden unmittelbaren Einfluß auf das literarische Schaffen, der gelegentlich fördernd war, sich oft aber auch nachteilig ausgewirkt hat. Zunächst wurde jedenfalls auf diese Weise eine ganze Gruppe von Intellektuellen für die Ideen des Josefinismus gewonnen. Dies machte sich auch auf geistig-literarischem Gebiet unmittelbar bemerkbar. Die weitgehende Auflösung der Zensur setzte eine bisher gefesselte geistige Kapazität in Bewegung. Die sogenannte Broschürenflut begann, die besonders anfangs für die Verbreitung der josefinischen Ideen große Verdienste hatte, später aber oft auch ins Gegenteil umschlug und deshalb im Sinne der Staatsraison in ihre Schranken gewiesen wurde. Auch das Zeitschriftenwesen in Österreich entfaltete sich in dieser Zeit. Der erste Zeitschriftenherausgeber war Josef von Sonnenfels (1733–1817), Hauptideologe des Josefinismus, der gleichzeitig auch vom Kaiser zu umfassenden Theaterreformen herangezogen wurde.

Das Theater, in seiner Bedeutung längst erkannt und anerkannt, sollte im Geiste des Josefinismus wirksam werden, von der Bühne herab josefinische Ideen vermitteln. Dazu hielt man es für nötig, das Theater von der derben volkstümlichen Stegreif-Spielart der Hanswurstiade zu befreien. Das deutsche Theater der Aufklärungszeit, vor allem Gottscheds, und über ihn vermittelt das französische klassizistische Theater wurden als nachahmenswert betrachtet. Das noch durch den Wanderschauspieler JOSEF ANTON STRANITZKY (1676–1726) am Beginn des Jahrhunderts populär gewordene Wiener Volksstück mit seiner Hanswurstfigur sollte verdrängt, für das Wiener Hoftheater neue Normen geltend gemacht werden.

Das Volksstück behauptete sich jedoch gegenüber allen Reformversuchen, ja, es erhielt in der nachjosefinischen Zeit neue Impulse, indem es gelegentlich mit dem Singspiel fusionierte und sich in der Folgezeit gerade auch durch die Entdekkung seines josefinischen Geistes zur heftig oppositionellen Kunst entwickelte.

Im epischen und lyrischen Genre gelten JOHANN BAPTIST ALXINGER (1755–1797), ALOIS BLUMAUER (1755–1798) und MICHAEL DENIS (1729–1800) als Vertreter des Josefinismus. Ihre Versuche, Ideen des Josefinismus mit literarischen Mitteln zu verbreiten, sind eher bescheiden. Formal eklektisch, begegnen sich in ihnen Wirkungen des französischen Klassizismus, der deutschen Klassik und auch der antiken Literatur; zu einem eigenständigen künstlerischen Ausdruck fanden diese Autoren nicht.

Die Ideen des Josefinismus erregten jedoch trotz der kurzen Zeit, in der sie aktiv betrieben wurden, und trotz gelegentlich intoleranter Maßnahmen im übrigen deutschen Sprachgebiet schnell großes Aufsehen. KLOPSTOCK verfolgte die Vorgänge sehr genau, verglich sie mit den Verhältnissen in Preußen und versuchte bereits Ende der sechziger Jahre, einen Weg nach Wien zu finden, um dort an der Gestaltung eines Zentrums für Kultur und Wissenschaft mitzuwirken. LESSING reiste sogar nach Wien und führte dort Verhandlungen wegen einer möglichen Ansiedlung.[3] Auch WIELAND verfolgte im »Teutschen Merkur« die Geschehnisse in Österreich.

Nach dem Ableben Josefs II. verlor das offizielle Wien jedoch rapid an Anziehungskraft. Andere Ereignisse traten in den Vordergrund. Die Französische Revolution und die Napoleonischen Kriege führten dazu, daß man sich in Österreich gegenüber Reformen jeder Art sehr vorsichtig, ja sogar zurückhaltend verhielt. Die josefinischen Ideen waren aber nicht mehr zu verdrängen, sie machten sich einige Jahrzehnte später in der österreichischen Vormärzliteratur auf eine ganz besondere Weise bemerkbar. Vorläufig waren es jedoch nur einzelne Aspekte, die im Hintergrund wirkten und zur weiteren eigenständigen Profilierung des österreichischen Geisteslebens beitrugen. Die Zentralisierungsbestrebungen des Josefinismus wurden von den Ereignissen in Frankreich noch befördert. Die Einheit von Josefinismus und konservativen Maßnahmen gegen die revolutionären Ideen bewirkte seltsamerweise, daß sich die Aufmerksamkeit noch mehr auf die Vergangenheit Österreichs richtete, österreichische Eigenheiten entdeckt und dadurch der Sonderweg Österreichs betont wurde; sie regte andererseits zur Herausarbeitung historischer Gemeinsamkeiten Österreichs mit dem ost- und südosteuropäischen Bereich an. Die Ablegung des Kaisertitels des Deutsch-Römischen Reichs und die Annahme des Deutsch-Österreichischen Kaisertitels war nurmehr äußere Registrierung eines bereits vollzogenen Prozesses.

Die österreichische Literatur dieser Zeit ist deshalb weder der deutschen Klassik noch der Romantik zuzuordnen; sie ging teils den politisch-historischen Ereignissen voraus, teils folgte sie ihnen, ohne bis dahin schon zu einer geschlossenen, über das Regionale hinaus bedeutsamen Kunst werden zu können. Das Volksstück feierte – die Reformversuche Sonnenfels' von sich abschüttelnd – einen neuen Triumph, und das patriotische Drama mit historischem Stoff aus dem mittel- und ostmitteleuropäischen Raum und in der Form des französischen klassizistischen Dramas verlangte nach einer Bühne. Seine Hauptvertreter waren die Brüder Heinrich Josef von Collin (1771–1811) und Matthäus von Collin (1779–1824) sowie Ladislaus Pyrker (1772–1847). Auch die österreichische Ballade, vertreten durch Karoline Pichler (1769–1844), hält sich in ihrem Stoff an die engere Heimat und deren Geschichte. Unmittelbare Aktualität wurde vor allem in der sogenannten patriotischen Dichtung erreicht. Es handelt sich dabei meist um Lieder, die den österreichischen Widerstand gegen Napoleon verherrlichen, insbesondere solche, die den Tiroler Volksaufstand unter Andreas Hofer zum Gegenstand haben. Ein Hauch Romantik ist freilich weder bei den Dramen noch bei den Balladen und den Wehrmannsliedern zu verkennen, von der deutschen Romantik unterscheiden sie sich aber deutlich.

Die zeitgenössischen österreichischen Schriftsteller brachten wenig Bereitschaft auf, die deutsche Romantik zur Kenntnis zu nehmen. Nach der Niederlage Preußens bei Jena und Auerstedt richteten deutsche Romantiker wie KLEIST, GÖRRES, später die Brüder SCHLEGEL zwar Hoffnungen auf Wien und betätigten sich dort zeitweilig im Dienste der Herrschenden, aber an die österreichischen Dichter der Zeit fanden sie – von bestimmten Aspekten des Wirkens der Brüder Schlegel abgesehen – keinen Anschluß. Einer der Gründe dafür mag sein, daß die Zeitgenossen des Josefinismus sich bereits zum großen Teil zurückgezogen hatten und die nächste Generation der österreichischen Vormärzdichter noch nicht an die Öffentlichkeit getreten war. Die zeitgenössische österreichische Literatur hatte kaum gemeinsame Interessen mit den deutschen Romantikern. Auch wirkte der Rückschlag, der nach dem Tode Josefs II. durch die verschärfte Zensur und andere Verbotsmaßnahmen eingetreten war, noch sehr stark nach. Einige Jahre später, nach dem Wiener Kongreß und mit der Gründung der Heiligen Allianz, war es dann Metternich, der es nicht nur den deutschen Romantikern in Wien sehr unbequem machte, sondern auch die eigene Literatur zum Schweigen zu bringen versuchte.

Die bekannte Formulierung »Der Kongreß tanzt« war zunächst der Ausdruck eines erleichterten Aufatmens nach dem Sieg über Napoleon, sie war aber auch – und das wurde schon kurz darauf offenbar – der Beginn einer strengen Überwachung der Völker Europas durch die reaktionäre Heilige Allianz. Folge davon war, daß sich bald eine neue Verhaltensweise bemerkbar machte, die später als Biedermeier bezeichnet wurde, und die sich auch auf die Literatur auswirkte. Dem äußeren Zwang einer strengen Zensur folgte eine Art Selbstzensur, und das Ergebnis war jene – auch aus der deutschen Literatur bekannte – unverbindliche bis affirmative »Almanach«lyrik und -prosa.

Aus diesen Niederungen entwickelte sich dann die eigentliche österreichische Vormärzliteratur, deren Vertreter fast ausschließlich geistige Kinder des Josefinismus waren. Formell knüpften diese Autoren an die frühe österreichische Literatur an, aber in der Substanz ihrer Aussage gingen sie bald über ihre Vorgänger hinaus, orientierten sich an Entwicklungen der deutschen Literatur, ohne sich jedoch dieser gegenüber verpflichtet zu fühlen.

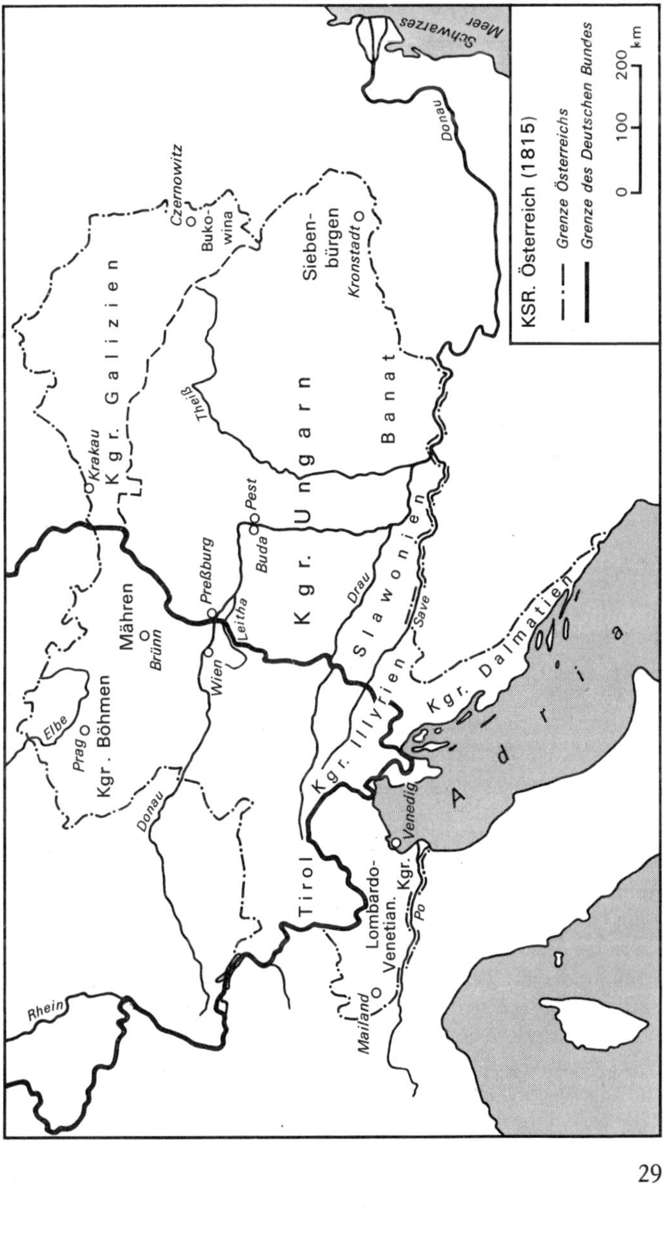
KSR. Österreich (1815)
Grenze Österreichs
Grenze des Deutschen Bundes
0 100 200 km
Schwarzes Meer
Donau
Czernowitz
Buko-wina
Kgr. Galizien
Sieben-bürgen
Kronstadt
Banat
Theiß
Krakau
Kgr. Ungarn
Pest
Buda
Preßburg
Mähren
Brünn
Kgr. Böhmen
Prag
Elbe
Wien
Leitha
Drau
Slawonien
Save
Kgr. Dalmatien
Adria
Kgr. Illyrien
Venedig
Tirol
Donau
Lombardo-Venetian. Kgr.
Po
Mailand
Rhein

Eigenständige österreichische Kontinuität war in dieser Zeit am stärksten in der Dramatik und innerhalb dieser beim Wiener Volksstück zu entdecken. Das Volksstück hatte bereits eine über hundertjährige Tradition. Nicht nur die es bedrohenden josefinischen Reformen hatte es überstehen können, sondern ging sogar bereichert daraus hervor, indem die einfache, oft sehr banale Unterhaltung im Vormärz ein ideelles, politisches Ziel fand; es entwickelte sich zu einem der künstlerischen Instrumente von Opposition gegen Metternich und sein System. Seine Breitenwirkung nahm dadurch noch zu; zum anderen hatte es in sich die gesamte Tradition des Barocktheaters und des Jesuitenschuldramas versammelt und begegnete besonders seit WOLFGANG AMADEUS MOZART einer einmalig hochstehenden österreichischen Musikkultur, die es gefördert, unterstützt und gelegentlich völlig in sich aufgenommen hat. Dieses Volksstück erzielte seine Wirkung mit Hilfe der Musik und durch sprachliche Feinheiten, zu denen es – sehr oft gerade im Kampf gegen die Zensur – gelangt war. Nach PHILIPP HAFNER (1735–1764), ADOLF BÄUERLE (1786–1859), KARL MEISL (1775–1853) und JOSEPH ALOIS GLEICH (1772–1841), den ›Klassikern‹ des Wiener Volksstücks früherer Epochen, wurde es durch Raimund und Nestroy zum kennzeichnenden künstlerischen Ausdrucksmittel der Vormärzepoche. Während der ältere FERDINAND RAIMUND (1790–1836) durch seine Feenspiele die schreienden Widersprüche der Metternichzeit aufdeckte, auf die Gegensätze zwischen den Vertretern des ›unverdorbenen‹ Volkes und den neureichen Vorläufern des Bürgertums verwies, war JOHANN NEPOMUK NESTROY (1801–1862) der unerbittliche Satiriker der Jahre um 1848, ein Sprachkünstler besonderer Art.

Außer dem Volksstück, das auf den Vorstadtbühnen Wiens zu Hause war, wurde das Theater bis zum Auftreten FRANZ GRILLPARZERS (1791–1872) zum großen Teil von Werken deutschsprachiger Autoren der unmittelbaren Vergangenheit, aber auch von Franzosen und Engländern beherrscht, wobei sich die Zensur bei den Aufführungen des Hoftheaters immer wieder Eingriffe höchst seltsamer Art erlaubte. Das eigentliche österreichische historische Drama wurde von Grillparzer, einem Josefiner, geschaffen. Sein erstes Werk, *»Die Ahnfrau«* (1814), zeigte ihn noch vom Volksstück beeinflußt, jedoch mit schon unübersehbaren düsteren Tönen. Dann wandte er sich griechischen Stoffen zu, bei deren Gestaltung Einflüsse der deutschen Klassik und Romantik zu erkennen sind. Seine historischen Dramen aus der österreichischen Geschichte beziehen sich im josefinischen Sinne auf die Vergangenheit auch der nichtdeutschsprachigen Völker der Monarchie. Weiterhin ist seine Zuwendung zum spanischen Stoff und zu Calderon sowie zu Lope de Vega charakteristisch. Die Welt seines dramatischen Werkes, besonders seiner historischen Dramen, ist eine spezielle, vom Josefinismus geprägte österreichische Welt. Der verspätete Josefiner, der mit seiner eigenen Zeit tief unzufrieden ist, versucht in diesen Dramen, drohende und unbeherrschte Leidenschaft zu bändigen, Gegensätze zu versöhnen und in Einklang zu bringen, was in der Gegenwart bereits unvereinbar war: die Völker des Vielvölkerstaates zu einer Einsicht zusammenzuführen. Grillparzer wurde durch diese Spezifik seines Werkes ohne Zweifel bereits zu seiner Zeit als der kongeniale österreichische Dichter betrachtet. Er selbst war sich seines österreichischen und josefinischen Wesens bewußt, ohne sich entschließen zu können, daraus die Konsequenzen zu ziehen: Er bekannte sich zu seiner österreichischen Heimat und zur österreichischen Literatur im engeren Sinne, wollte sich aber der übrigen deutschen Literatur nicht ausgrenzen. Mit Grillparzer erlangte die österreichische dramatische Literatur internationale Bedeutung.

In der Prosa der Zeit verkörperte das Schaffen von ADALBERT STIFTER (1805–1868) jene Kontinuität; auch sie gewann weithin Anerkennung, ja erreichte europäischen Rang. Mit seinem Schaffen setzte die moderne österreichische Prosaliteratur ein, deren Entwicklung nicht mehr unterbrochen wurde; auch heute noch wird auf sein Schaffen, auf seine Art der Erzählkunst zurückgegriffen.

Sein großer Erziehungsroman *»Der Nachsommer«* weist Reminiszenzen an Goethes »Wilhelm Meister« auf, ist aber doch ein eigenständiges, ein echt österreichisches Werk, das die Aussichtslosigkeit eines Staatengebildes widerspiegelt, das bereits durch die Metternichzeit, dann durch die Revolution des Jahres 1848 in seiner Existenz höchst bedroht war und nurmehr einen Nachsommer, ein herbstliches Dasein fristet. Gleichzeitig hat aber eine gewisse Idyllik und die Konzentration auf das

›sanfte Gesetz‹ auch aus der Biedermeierzeit manches in die Nachmärzepoche weitergeführt.

Stifters Prosa stellt aber auch den ersten Höhepunkt österreichischer Epik dar, die vor und nach der bürgerlichen Revolution eine realistische Erzählweise ausbildete und über Jahrzehnte hindurch in und auch außerhalb Österreichs Schule gemacht hat. Mit Grillparzer und Stifter erhielt die Sonderentwicklung österreichischer Literatur innerhalb der deutschsprachigen so starke Impulse, »daß der Prozeß einer allmählichen Ablösung in das Stadium der Ausbildung einer von nationalliterarischen Kriterien bestimmten Literatur überwechselte«[4].

Geprägt von der Beobachtungsgabe des auch malerisch befähigten Autors, öffnete Stifters Prosa in der zweiten Hälfte des vorigen Jahrhunderts den Weg in verschiedene Richtungen. PETER ROSEGGERS (1843–1918) bäuerliche volkstümliche Erzählweise schöpfte aus ihr ebenso wie LUDWIG ANZENGRUBERS (1839–1889) naturalistische antiklerikal gefärbte Dorfgeschichte. Auch Autoren, die aus dem Osten und Norden der Monarchie nach Wien kamen – so JAKOB JULIUS DAVID (1859–1906), KARL EMIL FRANZOS (1848–1904), MARIE VON EBNER-ESCHENBACH (1830–1916) und andere – sind ihm in ihren realistischen Schilderungen verpflichtet. Und die bereits fast impressionistisch sensible Schreibweise eines FERDINAND VON SAAR (1833–1906) verdankt ihm ebenfalls so manches. Von Saar aus führten dann die Linien zur Prosa der Jahrhundertwende und des 20. Jahrhunderts.

Spezifisch österreichische Züge lassen sich auch in der Lyrik des Vor- und Nachmärz erkennen. Am lyrischen Schaffen der josefinischen Zeit wie an der konventionellen Almanachlyrik fällt bereits eine Neigung zur Versepik auf. Besonders der Bilderreichtum, auch angeregt durch den Volksliedschatz der verschiedenen Völker Österreichs, erweist sich als ein wesentlicher Charakterzug. Der ausgesprochen patriotischen Lyrik hingegen, die durch JOSEPH CHRISTIAN VON ZEDLITZ (1790–1862) auch nach dem Wiener Kongreß weiterlebte, folgte mit dem Auftreten von ANASTASIUS GRÜN (1806–1876), der Anfang der österreichischen politischen Dichtung, die bis in das Revolutionsjahr 1848 führte. Seine *»Spaziergänge eines Wiener Poeten«* (1831) sind das erste Werk in deutscher Sprache, das in gebundener Form, in lyrisch-epischer Mischgattung, die politische

Dichtung des Vormärz eröffnet. Der Bilderreichtum des Werkes, der Versuch, im josefinischen Sinne die ›gemeinsame‹ Vergangenheit mit den östlichen Nachbarvölkern, vor allem mit den Ungarn, als Vorgeschichte des zeitgenössischen Österreich darzustellen, machen es zu einem ausgeprägt österreichischen Werk. Der liberale Ton, der oft in heftige Kritik der Metternichzeit und Ablehnung der regressiven Gewalt der Herrschenden übergeht, drückt dem Werk den Stempel des Vormärz auf und machte es zum Vorbild zahlreicher Dichtungen bis hin zum Revolutionsjahr. Die mutige, ja erschreckende Prophezeiung des Untergangs eines von Metternich repräsentierten Österreich ist bei Grün trotz seiner Zugehörigkeit zur herrschenden Schicht damit zu erklären, daß er aus einem Randgebiet des damaligen Österreich, aus Krain, kam und auf diese Weise die problematische Existenz des Vielvölkerstaates tiefer durchschauen und miterleben konnte als andere Dichter.

Ein Überblick über die österreichischen Vormärzdichter macht zum erstenmal bewußt, daß sich bei der heftig einsetzenden Systemkritik im wesentlichen zwei Linien herauskristallisierten, was das Verhalten der meisten dieser Dichter im Jahr 1848 dann noch deutlicher beweist. Die im engeren Sinne Wiener-Österreicher hielten ihre Kritik eher zurück, waren zu Konzessionen bereit, während die Dichter aus jenen Gebieten, wo sich nationale Bewegungen regten und neben Deutsch eine andere Sprache gesprochen wurde, oder wo österreichische Autoren auf einer deutschen Sprachinsel im slawischen oder ungarischen Sprachbereich lebten und wirkten, in ihrer Kritik an Metternich viel unerbittlicher waren. Das läßt sich bei einer ganzen Reihe von Vormärzautoren aus dem tschechischen und ungarischen Bereich nachweisen, etwa in den Werken von Moritz Hartmann (1821–1872); Alfred Meißner (1822–1885) ebenso wie in denen von Karl Beck (1817–1879) und anderen. Am meisten und auf dem höchsten künstlerischen Niveau ausgeprägt ist jene Besonderheit sicherlich im Schaffen von Nikolaus Lenau (1802–1850). Seine Jugenderlebnisse in Ungarn, später ergänzt durch Erfahrungen in Amerika und vertieft durch sein Geschichts- und Philosophiestudium schufen für ihn im wesentlichen andere Voraussetzungen des dichterischen Schaffens als zum Beispiel für Franz Grillparzer. Lenaus Lyrik geht über die übliche Oppositionsdichtung des

Vormärz hinaus und seine Landschaftsbeschreibungen sind mehr als die idyllischen Darstellungen konventioneller Art; diese Poesie wird zur großen politischen Weltanschauungsdichtung, in Einzelfällen schreckte der Dichter auch vor einer unmittelbaren Kampfansage an Metternich und das reaktionäre Gesellschaftssystem nicht zurück. Die Landschaftsdichtung steht tief in der österreichischen Tradition, und Lenaus Epen, zum Teil mit historischem Stoff, sind mit der josefinischen Geschichtsbetrachtung eng verbunden, zeigen sich aber gleichzeitig auf der Höhe der Zeit und ihrer philosophischen Problemstellung, die über Kant zu Hegel führt und bereits manches von dem vermuten läßt, was einige Jahre später Marx und Engels wissenschaftlich formuliert haben.

Die Niederlage der bürgerlichen Revolution und die darauf folgende Zeit wirkten sich auf die österreichische Literatur ganz wesentlich aus. Das Wiener Volksstück hörte auf zu bestehen. Anfangs war eine Opposition, von der es im Vormärz getragen wurde, wegen des politischen Drucks überhaupt nicht möglich, später benötigte die Opposition durch die Liberalisierung des Regimes die bühnengestalterische Verschlüsselung des Volksstücks kaum noch. Was dann Jahrzehnte später bis hin zu Ödön von Horváth als Volksstück bezeichnet wurde, ist weniger eine Fortsetzung dieser Gattung, sondern vielmehr ein Zurückgreifen auf frühere Traditionen und deren kritische Aufnahme.

Noch rapider ging die politische Dichtung mit dem Jahre 1849 zu Ende. Die nachrevolutionäre Nüchternheit benötigte die Lyrik kaum und das politische Gedicht gar nicht. Erst Jahrzehnte später wurde an die im politischen Gedicht des Vormärz anklingende soziale Seite angeknüpft, zumeist jedoch ohne deren politisch-oppositionellen Gehalt. Hingegen ist die Kontinuität im Drama wie auch in der Prosa von Grillparzer und Stifter her auf verschiedenen sprachlich-stilistischen Ebenen wie auch inhaltlich eher gewährleistet.

Der industrielle Aufschwung in Deutschland, besonders nach der Gründung des Reiches, brachte trotz des endgültigen Ausschlusses Österreichs von der deutschen Einheit auch für den Vielvölkerstaat in der darauffolgenden Zeit – wenn auch nur vorübergehend – eine bedeutende wirtschaftliche Belebung. Der Städtebau im k. u. k. Reich zeugt heute noch von dieser verspäteten kapitalistischen Blütezeit. Jene Spannungen aber, die sich um die Jahrhundertwende mit dem vollzogenen Übergang zum Imperialismus in ganz Europa abzeichneten, traten in dem Vielvölkerstaat auf eine wiederum eigentümliche Weise hervor. Den drohenden Zerfall – der bereits allseits ein offenes Geheimnis war – konnte auch die dualistische Staatsreform, die 1867 durch den Ausgleich mit Ungarn hergestellt wurde, nicht verhindern. Kennzeichnenderweise haben aber weder die großen Gegensätze, die zwischen den hochentwikkelten bürgerlich-kapitalistischen Teilen im Nordwesten und den halbfeudalen rückständigen Gebieten im Südosten und Osten Österreichs bestanden und mächtige soziale Spannungen in sich trugen, noch die nationalen Gegensätze – vielleicht auch wegen der lange Zeit mit Erfolg angewandten Methode des Divide et impera – von sich aus die Doppelmonarchie zu Fall gebracht. Sie konnte vielmehr fast bis zum Ausbruch des Ersten Weltkrieges nach außen hin den Anschein einer steigenden wirtschaftlichen Blüte erwecken. Kunst, Literatur, Theaterwesen, Oper und Operette, aber auch das gesamte vielseitige Pressewesen wurden von diesem Schein einer wirtschaftlichen Blüte getragen, geißelten ihn regelmäßig, lebten aber gleichzeitig davon und trugen selbst zu dieser Scheinblüte wesentlich bei.

Die Literatur erreichte in dieser Zeit – wie vorher nie – einen Höhepunkt, so daß sie sich nicht nur der übrigen deutschsprachigen Literatur gleichstellen läßt, sondern in ganz Europa und darüber hinaus hohe Anerkennung fand. Das Gefühl der inneren Widersprüchlichkeit und des drohenden Verfalls, das in der k. u. k. Gesellschaft besonders ausgeprägt war, antizipierte Stimmungen, die für den Imperialismus insgesamt immer mehr Aktualität gewannen. Zumal die österreichische Literatur gleichzeitig auch in fruchtbarer Weise auf die eigenen Quellen zurückzugreifen wußte. Dabei spielte die volkstümliche Unterhaltungsliteratur und -kunst eine wesentliche Rolle. In der Theaterkunst bot das einstige Wiener Volksstück mit Hanswurstfigur und Couplets aus dem städtischen Leben reiche Reserven. ARTHUR SCHNITZLERS Dramen und später auch ÖDÖN VON HORVÁTHS Volksstücke sind ohne das Wiener Theaterleben der vergangenen hundertfünfzig Jahre nicht vorstellbar. Aus derselben Quelle und zum Teil aus den Wiener

Musiktraditionen wie aus der Offenbach-Rezeption schöpft das spezielle österreichische ›Gesamtkunstwerk‹, die Operette, die von diesem Fin de siècle nicht zu trennen ist, und Kritik wie Verherrlichung des Verfallprozesses bietet.

Die einstigen Wiener Skizzen finden in einer bedeutenden Kurzprosa ihre Fortsetzung, nachdem sie durch das Feuilleton, ein Produkt der journalistischen Blüte dieser Jahrzehnte in der ganzen Monarchie, neue Anregungen bekommen hatten. Der österreichischen Literatur war – von Maria Theresia und der josefinischen Aufklärung an – schon wiederholt die Funktion zugefallen, Ersatz für gesellschaftliche Aktivitäten zu sein. Die aufklärerisch-erzieherisch wirkenden bescheidenen dichterischen Versuche des Josefinismus wie einige Jahrzehnte später die Almanachlyrik, aber auch die vor der Tat zurückschrekkende Meditation eines GRILLPARZER oder STIFTERS Nachsommer-Welt, schufen schon Modelle einer Verhaltensweise, die nach der Niederlage der bürgerlichen Revolution zu einer Art charakteristischer Verinnerlichung führte, noch bevor dieser Prozeß in der modernen Literatur anderer Länder im größeren Umfang diese Züge angenommen hätte. Dieses Nachsinnen und Meditieren begünstigte nicht nur die Tendenz zum Essayistischen als einer Form der Aufsprengung des Erzählens, wie sie sich in bedeutenden Werken der österreichischen Prosa des 20. Jahrhunderts – am deutlichsten wohl bei ROBERT MUSIL – zeigte, sondern sie förderte auch jene melancholische Stimmung, die wir bei FERDINAND VON SAAR finden, und führte zu jener intensiven Beschäftigung mit dem eigenen Ich, beziehungsweise zu jener Beobachtung der eigenen Seele, des Innenlebens, wie wir das dann bei ARTHUR SCHNITZLER, RAINER MARIA RILKE, STEFAN ZWEIG und anderen beobachten können. Dieser Prozeß der Versenkung in die menschliche Psyche geht jener Entwicklung voran, die auf wissenschaftlichem Gebiet – übrigens weitgehend auf Wiener Boden – zur Etablierung der Psychologie als Wissenschaft geführt hat. Auch die Herausbildung der Psychoanalyse durch den Österreicher SIGMUND FREUD (1856–1939) ist in diesem Zusammenhang zu nennen.

Für die österreichische Literatur der Jahrhundertwende bis hin zum Ersten Weltkrieg ist vor allem charakteristisch, daß sie Ausdruck einer Verfallsstimmung ist, verursacht unmittelbar vom drohenden Zerfall des Vielvölkerstaates und im weiteren

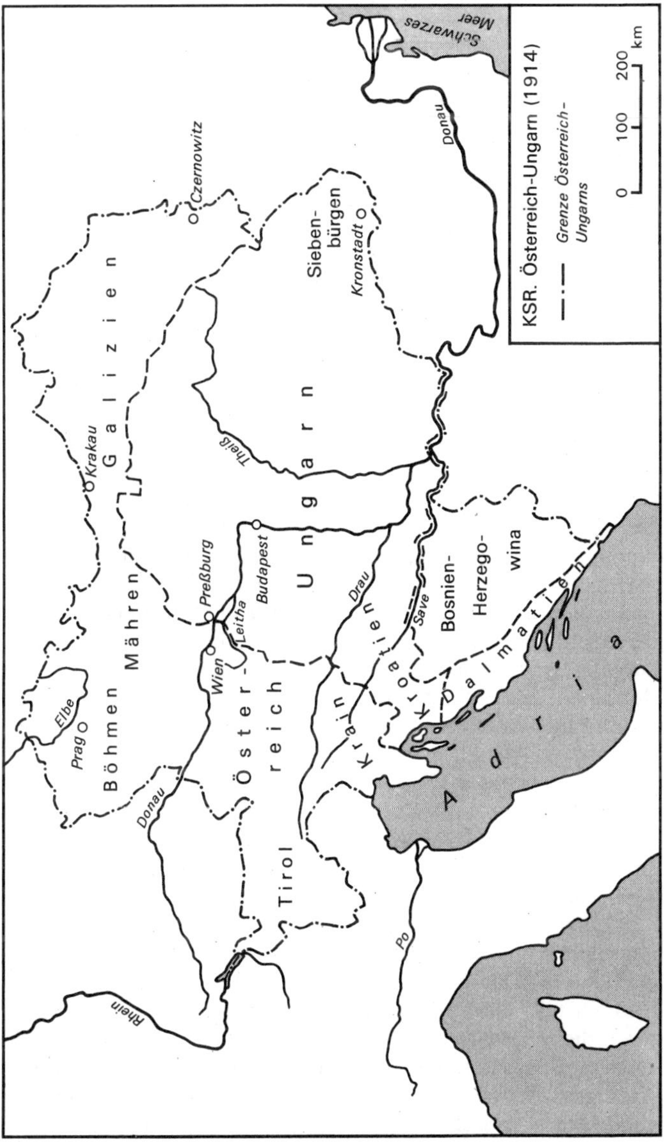
KSR. Österreich-Ungarn (1914)
Grenze Österreich-Ungarns
0 100 200 km
Schwarzes Meer
Donau
Czernowitz
Sieben-
bürgen
Kronstadt
Galizien
Krakau
Ungarn
Theiß
Budapest
Preßburg
Leitha
Wien
Böhmen
Mähren
Prag
Elbe
Öster-
reich
Donau
Tirol
Drau
Save
Krain
Kroatien
Bosnien-
Herzego-
wina
Dalmatien
Adria
Po
Rhein

Sinne vom allgemeinen Gefühl der bürgerlichen Spätzeit, das in Österreich früher und stärker ausgeprägt war als sonst irgendwo in Europa. Diese Stimmung hat sich auf sämtliche Sphären des Lebens erstreckt und verursachte dadurch ein Gefühl des nahenden Weltuntergangs. Die österreichische Literatur schloß sich somit mehr als die übrige deutschsprachige Literatur jener Jahrzehnte der in westeuropäischen Literaturen verbreiteten Dekadenz unmittelbar an. Bezeichnenderweise ließ sich mit dieser Weltuntergangsstimmung eine resignierende, aber doch auf Lebensgenuß ausgerichtete Lebenshaltung ohne weiteres vereinen, und zu diesem Lebensgenuß gehörte durchaus auch Kunstgenuß auf den verschiedenen Ebenen.

Selbst Vertreter der Macht, die k. u. k. Offiziere oder die österreichischen Beamten, haben in diesen Jahrzehnten – wie es die Literatur widerspiegelt – solche Haltungen angenommen. Sie sind bei Schnitzler, Hofmannsthal, Rilke und anderen zu in sich gekehrten, tatenscheuen, nachsinnenden Menschen geworden, die entweder allem abzusagen bereit sind und sich in den allgemeinen Verfallsprozeß einordnen, oder ihn sogar verursachen wie das zum Beispiel bei Saars oder Schnitzlers Figuren häufig der Fall ist. Diese Bereitschaft, sich dem scheinbar Unabänderlichen zu fügen, ist aber gleichzeitig mit einem tiefen Einblick in innermenschliche Vorgänge verbunden, mit Entdeckungen in der Psyche des Menschen, mit Einblicken aber auch in soziale Ungerechtigkeiten und mit Protesten gegen nationale Vorurteile. Mit solchen eigenartigen Mitteln wird die gesamte gesellschaftliche Struktur entlarvt. Dieser spezifischen Artikulation von Unbehagen fehlt jedoch das explosive Element, der feste Wille zu einer Veränderung, wie auch auf seiten der herrschenden Macht die Energie zu einem entschlossenen Verteidigungsakt oder zu Veränderungen nicht mehr vorhanden zu sein schien.

In einer solchen Atmosphäre verlagerte sich das gesellschaftliche Leben – wozu man ohnehin neigte – in die Stätten des Vergnügens. Der Wiener Prater entdeckte seine einstigen Traditionen und wurde neubelebt, die Bühne erhielt, besonders durch die erste Glanzperiode der Operette, einen neuen Aufschwung und das Kaffeehaus wurde mehr und mehr zu einem geselligem Zentrum. Für viele Schriftsteller der Jahrhundertwende war das stille Arbeitszimmer ein unbekannter Begriff, ihr ›Arbeitsplatz‹ war das Kaffeehaus. Hier erfuhr man aus den Zeitungen und auch durch Unterhaltung mit anderen die neuesten Nachrichten, hier bildete sich auch auf Grund dieser Nachrichten jene Stimmung, die das damalige Wien und die gesamte k. u. k. Monarchie beherrschte, und hier wurden auch die ersten Impressionen sofort niedergeschrieben. PETER ALTENBERG (1859–1919), im Äußeren immer etwas verwahrlost wirkend, ständiger Gast des »Café Zentral«, ist zur symbolischen Figur dieses Wiener Literatentyps geworden. In seinen Taschen befanden sich stets Manuskripte, die er im Kaffeehaus bei Zeitungsredakteuren für das nötige Kleingeld eintauschte. JOSEPH ROTHS Arbeits- und Lebensweise könnte hier ebenso angeführt werden.

Gattung, Darstellung und auch sprachliche Formulierung paßten sich dieser Situation an. Aphorismen, Bonmots, kurze Impressionen, Gelegenheitsgedichte und knappe, pointierte Prosaskizzen sind die meistgepflegten Produkte dieser Literatur, die durchaus auch echte Perlen hervorgebracht hat. Die Basis dafür war durch die zahlreichen Zeitungen und Zeitschriften gegeben, und das Feuilleton, seit Jahrzehnten in allen Blättern der Monarchie vorherrschend, konnte durch seine elastische Form alles verschlingen und in kürzester Zeit auf das ganze Gebiet des Vielvölkerstaates ausstrahlen. Die Tätigkeit eines KARL KRAUS ist nur vor diesem Hintergrund zu verstehen. Seine Zeitschrift »Die Fackel« (1899/1936) konnte sich nur in einer Welt halten, in der Periodika ein so intensives Leben führten und auf die Gestaltung der öffentlichen Meinung einen so großen Einfluß ausübten. Aber auch sein Versuch, vom Kaffeehaus aus die Kaffeehaus-Literatur zu bekämpfen, war nur in dieser Atmosphäre möglich und verständlich. Der Glaube an das geschriebene Wort, ja die Überbetonung seiner Funktion und Macht, verleitete unter anderen auch Kraus zu einem Kampf gegen die Sprache seiner Zeitgenossen. Darin trat am prägnantesten die zentrale Bedeutung der Sprache im österreichischen Geistesleben hervor. Sie hatte jedoch auch noch andere Ursachen.

Ein lockerer Umgang mit der Sprache, eine größere Bereitschaft zur Aufnahme von Fremdwörtern als in anderen deutschsprachigen Gebieten kann auch in früheren Zeiten der Kaiserstadt und Deutschösterreich nicht abgestritten werden.

Auch war verständlicherweise der Einfluß der romanischen und slawischen Sprachen und des Ungarischen – geographisch und historisch bedingt – schon immer bedeutend stärker als im nördlichen deutschen Sprachraum. Die Gründung des deutschen Reiches unter Ausschluß Österreichs und dessen zwangsweise Ausprägung als Nationalitätenstaat hatte die deutschsprachige Bevölkerung in die Lage einer Minderheit versetzt, und diese Tatsache wirkte sich von nun an auch in der Form eines ausgesprochenen Sprachproblems aus. Die Zahl jener Autoren, die aus den nicht rein deutschsprachigen Gebieten der Monarchie kamen, oder sogar aus deutschen Sprachinseln der östlichen Gebiete nach Wien gelangten, stieg an. In dieser Sprachsituation zeigten sich vor allem zwei Verhaltensweisen, die entgegengesetzt zu wirken schienen: Entweder versuchten Dichter und Schriftsteller, ihre Perfektion in der Muttersprache und deren Vorherrschaft über andere Sprachen des Vielvölkerstaates ganz kräftig zum Ausdruck zu bringen und die Existenz der anderen Sprachen, die zum Teil Sprachen von Mehrheiten waren, zu ignorieren. Oder aber sie gingen bewußt von der Tatsache aus, daß sich die Sprachen infolge der intensiven Kommunikation gegenseitig notwendigerweise beeinflussen, und ein Autor deutscher Zunge in einer anderssprachigen Umwelt sich deshalb besonders bemühen muß, seine Muttersprache zu bewahren. Die eine wie die andere Position führte bei hervorragenden Talenten gerade zu jenen meisterhaften Sprachleistungen, wie die österreichische Literatur sie hervorgebracht hat. SCHNITZLER, HOFMANNSTHAL, RILKE, KRAUS, KAFKA und J. ROTH sind nur einige der bedeutendsten unter diesen Talenten.

Als ein weiteres Motiv für die besondere Aufmerksamkeit gegenüber der Sprache in der österreichischen Literatur kommt selbstverständlich das philosophische Interesse für die Sprache im Vielvölkerstaat hinzu, wie das philosophiegeschichtlich von FRANZ BRENTANO (1838–1917) bis LUDWIG WITTGENSTEIN (1889–1951) zu bemerken ist. Der Hintergrund dieses Interesses ist aber keinesfalls unabhängig von der vorher erörterten konkreten gesellschaftlichen Situation in Österreich, aus der noch ein weiteres, höchst idealistisches, aber dessen ungeachtet sehr wirksames Motiv für die Hochschätzung aller Probleme der Sprache erwuchs: nämlich die Überzeugung, daß Probleme, die in der gesellschaftlichen Realität nicht aus dem Weg zu schaffen waren, mit Hilfe der Sprache, mit ihrer genauen Benennung oder Umbenennung bewältigt werden können. Es handelt sich dabei um einen Zug in der modernen Philosophie, der auch anderswo nicht unbekannt ist, in der konkreten Situation der Donau-Monarchie jedoch eine besondere Funktion erhielt. Daß die einzelnen Auslösefaktoren für das spezifische Sprachphänomen und die verbreitete Sprachkritik in der österreichischen Literatur von ihrem gesellschaftlichen Hintergrund nicht zu trennen sind, dafür bieten die dichterische Laufbahn und das Werk von Ingeborg Bachmann ein schlagendes Beispiel. Ihrer Beschäftigung mit Wittgenstein und dem bedeutenden Einfluß des Philosophen auf ihr Werk ist jedenfalls eine Kindheit auf slowenisch-deutschsprachigem Grenzgebiet vorausgegangen.

Zur literarischen Szene des beginnenden 20. Jahrhunderts auf deutschem Sprachgebiet gehört, daß Berlin – seiner Funktion als Hauptstadt des deutschen Reiches entsprechend und dank seiner wirtschaftlichen Erstarkung – auch zur modernen geistigen und künstlerischen Metropole wurde. Die Ausstrahlung Berlins bleibt von nun an auch für das andere traditionelle geistige Zentrum des deutschen Sprachgebiets, Wien, nicht ohne Wirkung. Noch sind die Anstrengungen zu verfolgen, die in der zweiten Hälfte des 19. Jahrhunderts eine Art geistige Konkurrenz zum Ausdruck bringen. Auch ist im letzten Jahrzehnt des vorigen Jahrhunderts die Anziehungskraft Wiens noch ungeheuer stark. Bei den Zeitschriftengründungen und im Verlagswesen versuchte die k. u. k. Hauptstadt noch eine Zeitlang mitzuhalten, obwohl es sich bald zeigte, daß durch die eigenständige nationale Entwicklung der anderssprachigen Völker der Monarchie der Büchermarkt und die Ausstrahlung des deutschsprachigen Verlagswesens östlich von Wien viel eingebüßt hatte. Mehr und mehr wurde auch für Drittländer nicht mehr Wien, sondern Berlin Zentrum des deutschsprachigen Buchmarktes und des Pressewesens. Das Ausland orientierte sich etwa seit der Jahrhundertwende in steigendem Maße auf Berlin. Selbst Ungarn, Tschechen und Südslawen, die in deutscher Sprache ihre eigenen Anliegen mitzuteilen versuchten, wählten dazu als Ausgang nicht Wien und auch nicht – wie im Vormärz – Leipzig, Frankfurt oder andere deutsche Städte, sondern mit Vorliebe Berlin. Diese Anziehungskraft machte sich dann selbst bei österreichischen Autoren immer stärker bemerkbar. Unter den literarischen Erscheinungen ist es erstmals der Expressionismus, der in Österreich wenig ausgeprägt war, aber auch österreichische Autoren beeinflußte und zeitweilig nach Berlin führte.

In der Zeit nach 1918 setzte sich diese Tendenz fort. Auch im kulturellen Leben fand das Weimarer Deutschland schneller zu sich als die aus dem Habsburger Nationalitätenstaat hervorgegangene erste österreichische Republik. Das in einer Atmosphäre schärfster sozialer, politischer und weltanschaulicher Widersprüche pulsierende geistige, literarische und Theaterleben sowie die Presse und das Verlagswesen Berlins wirkten sich ähnlich wie vor dem Krieg aus. Österreichische Autoren übersiedelten vorübergehend nach Berlin oder publizierten zumindest dort. In noch stärkerem Maße wurden Autoren von Berlin angezogen, die aus den anderen Gebieten der österreichischen Monarchie kamen – aus Prag und anderen deutschen Sprachgebieten der Tschechoslowakei, aus Galizien, der Bukowina, Siebenbürgen usw. Für sie hatte Wien bereits seit dem ersten Jahrzehnt unseres Jahrhunderts zunehmend aufgehört, alleiniger Anziehungspunkt zu sein.

Diese Orientierung schwächte sich jedoch nach einigen Jahren ab. Abgesehen von der politischen Entwicklung in Deutschland gab es dafür mehrere Gründe. Die Republik Österreich stabilisierte sich innerhalb bestimmter Grenzen, und das führte zu einer Besinnung auf die einstigen Werte, deren Dauerhaftigkeit sich vor allem im kulturellen Bereich erwies. Abgesehen von früheren Vertretern der herrschenden Macht, die schwer zu der Einsicht kamen, daß der Vielvölkerstaat endgültig der Vergangenheit angehören sollte, führte diese Besinnung im Geistigen zu der seltsamen Erscheinungsform eines Kosmopolitismus, der sich auf den Rahmen eines nicht mehr vorhandenen und deshalb nachträglich als ideal empfundenen Zusammenlebens verschiedener Völker und ihrer Kulturen in einem Staatsgebilde gründete. Der Gewinn, den dies auch gebracht hatte, rückte erst jetzt voll ins Bewußtsein. Man trauerte also der Vergangenheit nach und verband diese Orientierung mit einem betonten Erfassen und Herausarbeiten jener Eigenschaften, die – nach Meinung des jeweiligen Autors – jene Zeiten charakterisiert hatten, wobei es an Idealisierungen beziehungsweise am Entstehen von Mythen nicht fehlte. Es setzte aber auch eine Analyse der unmittelbaren Vergangenheit ein, die dazu geeignet war, Dichter und Schriftsteller über diese Nostalgie hinauszuführen. Dabei wurde nach den Gründen des Verfalls der Monarchie gefragt. In den Antwortversuchen mischten sich Nostalgie und Kritik, neben der melancholischen Trauer steht das Bemühen um Aufdeckung der Fehler, die begangen, der Irrwege, die beschritten wurden, wobei die meisten Autoren – oft selbst durch zahlreiche Fäden mit den verschiedenen Völkern der Monarchie verbunden – keinesfalls ausschließlich die eine oder die andere Seite beschuldigten, sondern vielmehr die Unaufhaltsamkeiten des Verfallsprozesses nachträglich darzustellen, ja eigentlich zu rekapitulieren bemüht waren.

Innerhalb der literarischen Szene Österreichs ist bis 1938 eine intensivere geistige Akkumulation festzustellen. Durch den Verlust des gesamten Hinterlandes in Richtung Norden, Osten und Südosten, konzentrierte sich in Wien, ›Wasserkopf‹ der kleinen Alpenrepublik, viel geistige Potenz, die aus den nunmehr selbständigen, ehemals zur k. u. k. Monarchie gehörenden Nationalstaaten nach der Hauptstadt strömte. Und wenn Wien auch oft einfach nicht mehr in der Lage war, diese Kräfte aufzunehmen, und sie gezwungen waren, über Österreich hinaus in das übrige deutschsprachige Gebiet auszuweichen, blieb doch für die meisten die österreichische Metropole geistiger Orientierungspunkt. Dasselbe galt auch für jene, die zumeist vorläufig und vorübergehend versuchten, in ihrer Heimat, in einem der Nachfolgestaaten also, ihre literarische Tätigkeit in deutscher Sprache fortzusetzen. Wien wurde dadurch – obwohl nurmehr Hauptstadt einer kleinen Republik – mehr als je zuvor zum Treffpunkt und Begegnungsort verschiedener geistiger und literarischer Strömungen und wechselseitiger Einwirkungen. Der Hang und die Bereitschaft, im literarischen Leben über den deutschsprachigen Bereich hinauszublicken, sich weniger in sich selbst abzuschließen – auch früher immer schon vorhanden –, wurde dadurch noch verstärkt und gelegentlich auch zu einem Mythos ausgesponnen, mit dem man sich über manche Kalamität der realen Bedingungen hinwegtröstete.

Selbstverständlich ist all das seit den späten zwanziger Jahren eher keimhaft angelegt denn tatsächliche Wirklichkeit. Dazu war der ersten Republik die nötige Zeit und auch die dafür notwendige innere Entwicklung nicht gegeben. Das schwierige Zurechtfinden in dem kleinen Alpenland mit einer Hauptstadt von etwa zwei Millionen Einwohnern, das weitgehende Fehlen eines Hinterlandes mit wirtschaftlichen Reserven und die objektiv vorhandenen gesellschaftlichen und politischen Widersprüche führten in schwer lösbare Probleme. Dazu kam ein starker Druck von außen, teils als Nachwirkung der früheren Beziehungen zu den jetzt benachbarten Nachfolgestaaten vor allem auch im Zusammenhang mit der Wirtschaftskrise vom Ende der zwanziger Jahre, teils und immer mehr aber auch jene Gefahr, die parallel mit der Erstarkung und Machtergreifung des Faschismus in Deutschland auch Österreich bedrohte und schließlich verschlang. Das Jahr 1938 war also nicht einfach nur ein Gebietsanschluß an Hitler-Deutschland, sondern vor allem eine geistige Gleichschaltung, die sich auf das kulturelle und besonders auf das literarische Leben verhängnisvoll auswirkte. Die Degradierung Österreichs zur »Ostmark« und Wiens zu einer Provinzstadt prägte das gesamte geistige Leben. Fortschrittliche Schriftsteller wurden in die Gefängnisse und Konzentrationslager geworfen, andere wählten den Tod, führende literarische Persönlichkeiten wurden zum Schweigen gebracht oder gingen in die Emigration, hauptsächlich nach England und zum Teil auch in die USA, eine Gruppe in die Sowjetunion. In den Exilländern entfaltete sich besonders in den letzten Jahren des Krieges eine spezielle österreichische Schriftsteller-Emigration. Bedeutende österreichische Autoren, wie Stefan Zweig, Joseph Roth oder Robert Musil, verloren in der Emigration – oft vereinsamt, isoliert – ihr Lebensziel, verzweifelten angesichts der Übermacht des Inhumanen. In Österreich hingegen vergrößerte sich der Gegensatz, der sich zwischen Hauptstadt und Alpenländern, der ›Provinz‹, schon früher abgezeichnet hatte, ja, er wurde jetzt bewußt gefördert.

Hatte doch eine in ihrer Thematik lokal orientierte und in ihren künstlerischen Mitteln sehr bescheidene und traditionalistisch ausgerichtete sogenannte Heimatliteratur, die ohne Zweifel zurück bis auf Peter Rosegger ihre eigene österreichische Tradition als eine Art Volksliteratur nachweisen kann, schon früher ihre konservativen Bestrebungen gegen die ›kosmopolitische‹ Hauptstadt zu richten versucht. Diese Literatur wurde zum Teil erfolgreich für die faschistische Blut-und-Boden-Theorie ausgenutzt.

Die österreichische Literatur nach 1945 ging dann in ihren hauptsächlichen Leistungen keinesfalls aus dieser Literatur hervor, die allerdings durchaus weiterwirkte. Es waren erstens Emigranten, die nach 1945 zurückkehrten, es waren zweitens innere Emigranten – im positiven Sinne des Wortes –, die jetzt wieder veröffentlichen konnten, und es waren drittens Vertreter einer jungen Generation, die nach 1945 bald zueinander fanden. Jene ›Stunde Null‹, die in der bundesdeutschen Literatur gelegentlich so sehr als neuer Anfang hervorgehoben wird, hat in der österreichischen Literatur kaum eine Rolle gespielt. Mit dem Schaffen HEIMITO VON DODERERS (1896–1966) in den fünfziger Jahren und anderer, der konservativen Richtung angehörender Autoren war hingegen sogar eine starke Betonung der Tradition gegeben.

Der Neuansatz hingegen ist so spezifisch nicht, wie auch anderswo im deutschen Sprachgebiet war hauptsächlich bei den Jüngeren die Überzeugung vorhanden, in der Zeit nach dem »Anschluß« 1938 und in den Kriegsjahren so manches versäumt zu haben, was jetzt nachzuholen sei. Vor allem wurden Anknüpfungsmöglichkeiten an die für viele dieser österreichischen Autoren unbekannt gebliebenen Entwicklungen der französischen, englischen und amerikanischen Literatur gesucht und teilweise auch gefunden. Ein Teil der ehemaligen Emigranten stand ohnehin in dieser literarischen Kontinuität. Infolge der gesellschaftlichen Entwicklung, die Österreich einschlug, waren die Einflüsse der sozialistischen Literatur gering. Vielmehr setzte im Verlauf der fünfziger Jahre eine Zweitblüte der Avantgardeliteratur ein, Wien wurde wieder, wenn auch nicht zum Zentrum, so doch zu einem Ort allgemeinen Interesses für neoavantgardistische literarische Strömungen. Autoren wie ILSE AICHINGER und INGEBORG BACHMANN erfuhren bald Resonanz weit über Österreich hinaus. Was sich zuerst als eine Neubelebung früherer Ismen ankündigte, rief die »Wiener Gruppe« hervor, die in den fünfziger und in den sechziger Jahren wirkte und bei deren Vertretern sich expressionistische und vor allem surrealistische Elemente mit neuartigen intellektuellen Sprachexperimenten im Sinne der konkreten Poesie und einer damit zusammenhängenden Aufnahme der Mundartliteratur vermischten. Parallel zu den Vertretern dieser Gruppe – H. C. ARTMANN, ERNST JANDL, FRIEDERIKE MAYRÖKKER (geb. 1924) und andere –, die vor allem als Lyriker Aufsehen erregten, setzte in der Prosa durch HANS LEBERT (geb. 1919), GERHARD FRITSCH und andere ein Prozeß der Vertiefung demokratischer und realistischer Positionen ein, der vor allem auf die Bewältigung der jüngeren österreichischen Vergangenheit gerichtet war. Auch die daraus später hervorgehende spezielle Gattung des sogenannten Anti-Heimatromans liegt auf dieser Linie – ANDREAS OKOPENKO (geb. 1930), THOMAS BERNHARD, GERT F. JONKE (geb. 1946) und andere. Die idyllische Alpenlandschaft mit dem Bauernhof, der bevorzugte Ort des konservativen Heimatromans, wird jetzt Schauplatz der Entlarvung jener österreichischen Aktivisten und Mitläufer, die es seit 1934 und dann ganz besonders nach 1938 den Faschisten in Deutschland gleichgetan haben, nach 1945 zuerst für einige Zeit von der Bildfläche verschwanden, und dann später unter den veränderten politischen Bedingungen ihr Treiben wieder aufzunehmen suchten.

Eine gewisse Fortsetzung auf neuer Ebene findet diese Literatur kritischer Auseinandersetzung in den siebziger Jahren bei Autoren, die auf den Spuren eines neuen österreichischen Realismus sich den Problemen des Verhältnisses Stadt/Land, der Arbeitswelt und der Stellung der Frau in der Gesellschaft zuwenden – MICHAEL SCHARANG, PETER TURRINI, ELFRIEDE JELINEK (geb. 1946) und andere. Auffällig ist in der jüngeren österreichischen Literatur ein verändertes Verhältnis von Hauptstadt und ›Provinz‹. Die zweite Hälfte der fünfziger und die erste Hälfte der sechziger Jahre lassen Wien wiederum als literarisches Zentrum innerhalb Österreichs hervortreten, das sich neu behauptet und auch im gesamten deutschen Sprachraum Anerkennung findet. Diese Erscheinung geht einher mit der schärferen Formulierung der Identitätsfrage für Österreich auf zahlreichen Gebieten des Lebens und bringt einen Durchbruch bei der weltweiten Anerkennung einer österreichischen Gegenwartsliteratur. Damit im Zusammenhang wird auch die Frage nach der Existenz einer österreichischen Nationalliteratur erstmals im umfassenden Sinne aufgeworfen. Aus der zentralen Stellung Wiens erwächst nun nicht wieder der Gegensatz zwischen ›kosmopolitischer Hauptstadt‹ und ›Provinz‹ der Alpenländer, wie er besonders für die Zeit nach dem Ersten Weltkrieg charakteristisch war. Ein auch früher auf verschiedenen Wirkungsgebieten bekanntes Wetteifern der Landeshauptstädte mit der Bundeshauptstadt macht sich aber durchaus bemerkbar. Das ist zum Beispiel erkennbar bei den Autoren des »Forum Stadtpark« in Graz, die in den sechziger Jahren hervortraten und nun nicht mehr nur wie die vorangegangene Generation versäumte Entwicklungen aufarbeiteten, sondern bereits parallel mit dem Nouveau roman und mit anderen westeuropäischen Strömungen durch sprachexperimentelle Bestrebungen verschiedenster Art eine Erneuerung der österreichischen Literatur anstrebten: PETER HANDKE, BARBARA FRISCHMUTH, ALFRED KOLLERITSCH (geb. 1931), WOLFGANG BAUER (geb. 1941) und andere.

Solches Innovationsstreben verschaffte der österreichischen Literatur Anerkennung, doch erwies sich in der Folgezeit – überblickt man besonders die vergangenen zwei Jahrzehnte –, daß nicht alles, was sich als neu anbot, auch von Wert und Dauer war. Dem Ausbruch in die Fremde und den damit verbundenen literarischen und weltanschaulichen Positionen folgte – wie es der symbolische Titel eines Werkes von Peter Handke sagt – eine »langsame Heimkehr«.

Das war eine Heimkehr in mehrfacher Hinsicht: Bei manchen Autoren in konkretem geographischem Sinne, wie bei Handke selbst. Denn viele österreichische Autoren hatten Erfahrungen im Ausland gesammelt oder hatten durch die Bedingungen des literarischen Marktes und der Medienkultur in anderen deutschsprachigen Ländern, vor allem in der Bundesrepublik, ihr Wirkungsfeld und ihr Auskommen gefunden. Wichtiger noch scheint aber die Besinnung auf eine langsame Heimkehr zu den österreichischen Quellen und Traditionen zu sein. Dabei spielte eine bedeutsame Rolle, daß Österreichs literarisches Leben nicht mehr nur auf die Bundeshauptstadt konzentriert, sondern in fast allen Bundesländern beheimatet ist und daß es sich vor allem mit einer österreichischen Identität konfrontiert sieht, die im einzelnen noch sehr verschieden bestimmt sein mag, aber doch nachdrücklich geltend gemacht wird. Nicht in Zweifel zu stellen aber ist vor allem jene Tatsache, und sie scheint trotz sehr unterschiedlicher Wege des Herangehens immer mehr zu einem charakteristischen Hintergrund zu werden, daß die österreichischen Autoren dabei sind, für sich selbst und dadurch auch für den Leser eine eigene literarische Tradition in umfassender Weise und mit allen Konsequenzen zu entdecken. Bei diesem Zugriff auf die Geschichte gibt es noch große Lücken, aber der genaue Beobachter kann registrieren, wie sich die Fäden immer fester aneinanderknüpfen. Der anfänglichen Bereitschaft, SCHNITZLER, HOFMANNSTHAL, MUSIL, BROCH und andere ebenso wie führende Persönlichkeiten der englischsprachigen und der französischen Literatur unseres Jahrhunderts als mitgestaltend auf das eigene Werk einwirken zu lassen, folgte die stetig wachsende Überzeugung, daß diese und zahlreiche andere Vertreter der österreichischen Literatur seit der Jahrhundertwende zu jenem Erbe gehören, ohne das man sich das eigene Werk heute kaum mehr vorstellen kann. Noch ein weiterer Schritt, wenn auch oftmals zögernd gewagt, ist bereits zu beobachten: bei RILKE, KAFKA, HOFMANNSTHAL, MUSIL und anderen bis hin zu ELIAS CANETTI, beginnt man langsam über die allgemeine künstlerische Bedeutung ihres Schaffens hinaus das speziell »Österreichische« zu erkennen, und das wirkt auf heutige Autoren tiefer und nachhaltiger als die künstlerische Eigenart eines JOYCE oder PROUST. Eine Antwort auf das Warum dieses Vorgangs bleibt man meist noch schuldig. Es hat aber ein Prozeß eingesetzt, der immer häufiger zu einer Formulierung dessen führt, was österreichische Gegenwartsautoren selbst als ihr ureigenes Erbe betrachten, als solches in sich aufnehmen und ihren Lesern vermitteln. Verallgemeinernde Aussagen über *das* Österreichische und seine Kriterien werden sicher noch auf sich warten lassen, gelegentlich erfolgen sie noch eher aus der Abgrenzung oder gar der Polemik heraus. Der Grund dafür ist, daß die Produzenten der heutigen österreichischen Literatur und ihre Leser, aber selbst auch die zunftmäßigen Wissenschaftler und die Kritiker der Literatur selbstverständlich viel leichter die Symptome beschreiben können als Definitionen davon zu geben, was österreichische Literatur und ihre wichtigsten Eigenschaften ausmacht, wann sie sich von der deutschen literarischen Entwicklung abgetrennt hat und wie viele ihrer Vertreter von der übrigen deutschsprachigen Literatur abzugrenzen sind. Vielleicht ist letzteres wegen der bestehenden zahlreichen Verbindungen kaum möglich, vielleicht ist es auch nicht unbedingt notwendig. Vielleicht ist in der Gegenwart geradeso wie in der Vergangenheit das Aufeinandertreffen verschiedenster Eigenschaften und das Zusammenfließen in dem einst als Wiener Schmelztiegel bezeichneten Land das spezifisch Österreichische, ist es das Charakteristische dieser Literatur, daß sie sich heute noch weniger als irgendwann in der Vergangenheit verschließen will gegenüber all dem, was von außen kommt. Fest steht jedenfalls für das literarische Leben des heutigen Österreich, daß auf Grund der Sprache allein diese Literatur nicht einfach mit einer der anderen heute existierenden deutschsprachigen Literaturen oder mit Teilen davon identifiziert werden kann, daß etwa eine Art ›süddeutscher Literatur‹ – eine Bezeichnung, in der das Provinzielle schon mitschwingt – nicht identisch ist mit dem, was österreichische Literatur heute ist. Diese Sammlung von Porträts österreichischer Autoren des 20. Jahrhunderts soll dazu beitragen, solche Erkenntnisprozesse zu befördern und die Besonderheit und den hohen literarischen Rang dieser Literatur zu verdeutlichen.

Manfred Diersch

Arthur Schnitzler

»Arthur Schnitzler, der weltberühmte Dichter, von allen deutschen Autoren der internationalste – seine Werke sind sogar in japanischen und chinesischen Gesamtausgaben verbreitet –, er besaß weder Orden noch Auszeichnungen, und seine Unbescholtenheit war nicht einmal durch ein ganz kleines Ehrendoktorat getrübt. In Arthur Schnitzlers Leben haben wir im reinsten Sinne jene merkwürdige biographische Erscheinung vor uns, die man ›ein österreichisches Schicksal‹ nennt. Dieses Schicksal ehrt ihn mehr als jede staatspathetische Anerkennung, denn er tritt mit ihm in die Reihe der hohen Gestalten, die Raimund, Stifter, Lenau und Grillparzer umfaßt.«[1] Mit diesen Worten würdigte Franz Werfel Persönlichkeit und Werk seines Schriftstellerkollegen anläßlich des Todes im Jahre 1931. Es war stiller geworden um den Verfasser von »Leutnant Gustl«, »Professor Bernhardi« und »Fräulein Else«.

Arthur Schnitzlers (1862–1931) Werke gehörten nach 1918 in der ersten Republik Österreich nicht zu einer der herrschenden Literaturströmungen. Klischees wie »Dichter einer versunkenen Welt« oder des »süßen Mädels« standen ebenso gegen ihn wie Stereotype vom Nihilisten und nostalgischen Erotiker, der angeblich unpolitisch und nicht zeitgemäß schrieb. Diese Fehlurteile sind spätestens seit der Schnitzler-Renaissance überwunden, die in den fünfziger Jahren begann und vom Interesse eines breiten Leserpublikums getragen wurde. Im Zusammenhang mit der wissenschaftlichen Diskussion über die österreichische Literatur des 20. Jahrhunderts kam es zur einhelligen Wertung Schnitzlers als eines bedeutenden und traditionsstiftenden Vertreters der deutschen und der Weltliteratur in unserer Epoche: »Je älter das zwanzigste Jahrhundert wird, desto wichtiger wird die Bedeutung des Wiener Schriftstellers Arthur Schnitzler für die europäische Literatur. Und zwar nicht nur der Jahrhundertwende, auf die sein Werk allzu schnell und allzu oft festgelegt wurde, sondern des Zeitraums zwischen 1890 und 1931 – vom Beginn seiner literarischen Produktion bis zu seinem Tode [...] Arthur Schnitzler mag als

Zeuge einer versunkenen Welt gelten, er ist zugleich Vorbereiter seiner Zukunft, unserer – und einer jeden künftigen – Gegenwart, deren Probleme ebensowenig gelöst sind wie vor neunzig, vor fünfzig Jahren: die Einsamkeit in der Turbulenz der Beziehungen, das Bedürfnis nach Gleichberechtigung trotz mangelnder Gleichwertigkeit, das Verlangen nach Wahrhaftigkeit und die Notwendigkeit der Lebenslüge, der Wunsch nach Selbstvertrauen trotz vertiefter Selbsterkenntnis [...].[2] Reinhard Urbach hebt weiter zu Recht hervor, daß sich Schnitzlers Texte nicht auf einen Zeitraum oder einen Stil einengen lassen. Dennoch bleibt bemerkenswert: »Wien um 1900« datierte der Dichter viele seiner Werke. Er schrieb über die Welt, in der er aufwuchs, über die Zeit, um die er wußte. Von daher erklären sich Variationen von Themen und Motiven in seinem

Schaffen. Zur Jahrhundertwende stand Schnitzler in der Mitte seines Lebens und genoß als Schriftsteller internationales Ansehen. Neben Hermann Bahr, Richard Beer-Hofmann, Peter Altenberg, Hugo v. Hofmannsthal und Felix Salten gehörte er zu den bekanntesten Dichtern des »Jung-Wien«. Das Café Griensteidl, in dem man sich traf und über Kunst und Literatur debattierte, wurde mittlerweile zum literaturhistorischen Begriff.[3] Aus angesehenen, begüterten bürgerlichen Wiener Familien stammten Schnitzler und seine Dichterfreunde. Salten notierte, sie alle seien wohlhabend gewesen und konnten materiell sorglos leben. Reisen nach Paris, Venedig; Ferienaufenthalte in schönen Gegenden, Reisen überhaupt gehörte seit der Kindheit zu ihrem Leben.[4] »Feine Bürgersöhne«[5] waren sie alle auch im Sinne innerer Verfeinerung: Subtiler Geschmack und Bindung an reiche Kulturtraditionen war diesen Autoren eigen. Die private Sphäre des Elternhauses überwölbte die erfolgreich absolvierte institutionelle Bildung durch Gymnasium und Universität. Hermann Bahr, journalistischer Promotor der Wiener Moderne, charakterisierte 1894 das kulturelle Selbstverständnis seiner literarischen Zeitgenossen: »Sie verehren die Tradition. Sie wollen nicht gegen sie treten. Sie wollen nur auf ihr stehen. Sie möchten das alte Werk der Vorfahren für ihre neuen Zeiten richten. [...] Sie haben keine Formel. Sie haben kein Programm.«[6] Das Zusammenkommen vergleichbarer Lebensumstände und verwandter Kunstauffassung führte nicht zu programmatischem Pathos und Vereinigung.[7] Jeder begreift die Welt für sich und »keiner bindet den anderen«[8] erkannte Hofmannsthal. Er wußte aber auch darum, daß jeder Freund eine »neue Verknüpfung mit der Welt«[9] bedeutet. 1891 beschrieb er jene besondere Atmosphäre, die er in Arthur Schnitzlers Wohnung aufnahm: »Man sitzt und plaudert besser wie im Kaffeehaus. [...] Am Schreibtisch liegen Bahr, Barrès, Barbey d'Aurevilly und noch anderes, das alliteriert.«[10]

»Jugend in Wien« (1968) nannte Schnitzler seine Autobiographie. Sie umfaßt die Jahre 1862 bis 1889. Elternhaus und zeitgeschichtliche Ereignisse treten als prägende Grunderlebnisse hervor. Die Darstellung bricht ab, als der Konflikt zwischen dem Arztberuf und schriftstellerischer Existenz sich zu lösen begann. Die Lizenz als zugelassener praktischer Arzt gab Schnitzler zeitlebens nicht ab. Nicht primär materielle Gründe,

sondern ein nicht ablegbares Berufsverständnis waren dafür ausschlaggebend. Die Jahre zwischen 1889 bis zum Tode 1931 blieben ohne veröffentlichte Selbstdarstellung, obwohl der Dichter ausführlich Tagebuch führte und um Selbsterkenntnis durch Selbstbeobachtung bemüht war. Die Reflexion schloß die Analyse der Zeitverhältnisse ein.

»Beklagenswerter, der nicht sein Leben, sondern seine Autobiographie lebt.«[11]

Diesen Aphorismus richtet Schnitzler gegen eitle Selbststilisierung. Bereits 1901 nahm er sich für die Autobiographie vor:

»In meiner Absicht liegt es selbstverständlich, meine Erinnerungen völlig wahrheitsgetreu aufzuzeichnen, soweit die Wahrheit der Erinnerungen in unserer Macht liegt. Ich weiß nicht, ob die Neigung, wahr gegen mich selbst zu sein, von Anfang an in mir lag. Sicher aber ist, daß sie sich im Laufe der Jahre gesteigert hat. [...] Nicht ungestraft habe ich meine Kindheit und meine erste Jünglingszeit in einer Atmosphäre verbracht, die durch den sogenannten Liberalismus der 60er und 70er Jahre bestimmt war. Der eigentliche Grundirrtum dieser Weltanschauung scheint mir darin bestanden zu haben, daß gewisse ideelle Werte von vornherein als fix und unbestreitbar angenommen wurden, [...] Man glaubte damals zu wissen, was das Wahre, Gute und Schöne war.«[12]

Nicht nur über das Wahre, Gute und Schöne bildete der Liberalismus für die Schnitzler-Generation Wertvorstellung. Auch Normen des politischen Verhaltens in der bürgerlichen Demokratie schienen unverrückbar zu sein. Rationalistisches Wirklichkeitsverständnis, von positivistischem Erkenntnisoptimismus bestimmt, gehörte ebenso zum liberalistischen Denken wie der Historismus am Ende des 19. Jahrhunderts. Seit Gründung der konstitutionellen Monarchie Österreich-Ungarn im Jahre 1867 wurde die liberale Bourgeoisie zu einer tragenden Kraft im Bündnis mit der ›Krone‹, hinter der die feudale Macht stand. In der österreichischen Geschichtsschreibung wird die Periode zwischen 1867 und 1900 häufig als das liberale Zeitalter schlechthin bezeichnet. Der Historiker Albert Fuchs meint, liberale Ideologie habe um 1900 das Geistesleben in Wien beherrscht. Diese Gesinnung »lieferte Meinungen, die von manchen Kreisen, besonders den gebildeten, [...] als Selbstverständlichkeiten angesehen wurden. Liberale Fachleute wirkten in den wichtigsten staatlichen Ämtern und dozierten an den Universitäten. Die liberalen Blätter beherrschten die öffentliche Meinung.«[13] Der Geist des Liberalismus blieb bis in die letzten Jahre der Monarchie in der Presse weiter beherrschend, obwohl die politische Macht an andere Kräfte übergegangen war. Nach 1890 drangen die Christlich-Soziale Partei und die Deutschnationalen in der Machtstruktur der Habsburger Monarchie nach vorn. Die Christlich-Sozialen standen für die Durchsetzung eines eigenständigen österreichischen Imperialismus im klerikal-konservativen Gewande. Deutschnationale vertraten eine großdeutsche Variante, die das Vakuum der Liberalen in der nationalen Frage aufheben sollte. Die Arbeiterbewegung gewann in der Sozialistischen Partei Einfluß auf das gesellschaftliche Geschehen. Häufig wurde die Auseinandersetzung um soziale Interessen durch die nationale Form, in der sie im Vielvölkerstaat ausgetragen wurde, zusätzlich verschleiert. So verwischten sich klare Grenzbestimmungen von politischen Positionen bei den herrschenden Parteien. Die Regierungsform verstärkte den Eindruck von undurchschaubaren Verhältnissen. Dem Kaiser war es möglich, einem ihm genehmen Politiker Verantwortung zu übertragen und ihm diese jederzeit wieder zu entziehen. Selbst Herrschende sprachen von einer Politik des »Fortwurstelns«[14]. Der Untergang eines jahrhundertealten Staatsgebildes war zu spüren, Fin-de-siècle-Stimmung kam auf. Vor dem Ersten Weltkrieg bemerkte Schnitzler:

»Die Lebenslüge manchen Staates wie manchen Individuums, daß sie den Bankrott noch erwarten, ja sogar sein Ausbleiben noch für möglich halten zu einer Zeit, da sie schon mitten darinnen stehen.«[15]

Etwa den gleichen Gedanken hielt Hofmannsthal 1901 in einem Brief an den österreichischen Minister Hartel fest: »Nun scheinen wir – [...] im Anfang einer Epoche zu stehen, die keine jetzige Form ganz unberührt weiterbestehen lassen will. Institutionen erweisen sich von innen heraus als unzulänglich, die Einzelnen fühlen ihre Existenzform durchgerüttelt von den inneren Schwankungen des Ganzen.«[16] Skepsis gegenüber geltender Moral wurde bei Schnitzler auch durch den nach 1890 um sich greifenden Antisemitismus gestärkt. Zur Verdrängung des Nationalitätenproblems kam die rassistische Verschleierung und irrationale Verhetzung sozialer Sachverhalte. Friedrich Engels schrieb 1890 an einen Wiener Bankangestellten, Rückständigkeit gesellschaftlicher Entwicklung sei eine wesentliche Ursache für das Aufkommen von Antisemitismus. Den Chor zum antisemitischen Geschrei bildeten die von der kapitalistischen Konkurrenz depravierten »Kleinbürger, Zunfthandwerker und Kleinkrämer [...] aus dem Mittelalter überkommenen Klassen«[17]. Bereits 1894 veröffentlichte Hermann Bahr das Buch »Der Antisemitismus. Ein internationales Interview«[18], in dem sich auch Henrik Ibsen und August Bebel äußerten. Der Antisemitismus füllte Leerräume aus, die durch den Niedergang des bürgerlichen Liberalismus entstanden. Christlich-Soziale, Deutschnationale und auch manche Teile der sozialistischen Bewegung bedienten sich des antisemitischen Irrationalismus. Teile des deutschsprachigen Kleinbürgertums waren in ihrer sozialen Position im Vielvölkerstaat in die Nähe der unterprivilegierten Slawen und des Proletariats gerückt. Mit ihnen wollten sie nicht zusammengehen. »Die Spaltung des Bürgertums in Besitzende und Nichtbesitzende, der Niedergang kleiner und mittlerer Gewerbetreibender [...] machte es der Christlich-Sozialen Partei [...] leicht, sich der kleinbürgerlichen Interessen scheinbar anzunehmen und als individuelles Fehlverhalten, als Korruption, anzuklagen, was in Wirklichkeit Folge des Systems war. [...] Soziales Engagement und Ablenkung von den wahren Ursachen der unsozialen Zustände ließen sich in der Denunziation der Juden auf verhängnisvolle Weise vereinigen.«[19] In einem Dekret deutschnationaler Studenten war zur Studienzeit Schnitzlers zu lesen: »Jeder Sohn einer jüdischen Mutter [...] ist von Geburt an ehrlos [...] Er ist ein ethisch tiefstehendes Subjekt. Der Verkehr mit einem Juden ist daher entehrend.«[20] Diese Erfahrung ging in das kritische Nachdenken des Autors über ein unreflektiertes Bild vom guten Menschen ein. Schnitzler war mit Theodor Herzl, einem der Mitbegründer des Zionismus, befreundet; Karl Lueger, der von 1897 bis 1910 als Oberbürgermeister von Wien den Antisemitismus beförderte, war ihm gut bekannt. Beider Fanatismus stieß ihn ab. Diese gesellschaftliche Erfahrung hat den Schriftsteller stark beeindruckt. Er erfaßte Zerstörungen humanistischer Werte und erkannte soziale und mentale Bedingungen, die faschistische Menschenverachtung begünstigten:

»In diesen Blättern wird viel von Judentum und Antisemitismus die Rede sein, mehr als manchem [...] gerecht erscheinen dürfte. Aber zu der Zeit, in der man diese Blätter möglicherweise lesen wird, wird man sich [...] kaum mehr einen rechten Begriff zu bilden vermögen, was für eine Bedeutung, seelisch fast noch mehr als politisch und sozial, zur Zeit, da ich diese Zeilen schreibe, der sogenannten Judenfrage zukam.«[21]

1908 schrieb Schnitzler an Leonie Meyerhof:

»Sie fragen mich, in welchem meiner Werke außer im ›Weg ins Freie‹ ich jüdische Probleme, Personen und Verhältnisse behandelt habe. Hierauf muß ich antworten, daß wohl in manchen [...] meiner Bücher Anspielungen auf die Stellung der Juden innerhalb der modernen Kultur und Gesellschaft vorkommen, daß auch episodisch hier und dort Figuren, die direkt als Juden bezeichnet sind auftreten, [...]. Man könnte alles Theoretische über das Judenproblem herausstreichen und es bliebe noch immer ein recht umfangreiches Buch übrig.«[22]

Ambivalenz unaufgelöster Widersprüche ist für die Jugendentwicklung Schnitzlers charakteristisch. Als Sohn einer angesehenen bürgerlichen Familie nahm er den Liberalismus auf; schon durch die Herkunft war ihm nationale Andersartigkeit vertraut. Der Vater stammte aus einer ungarischen Handwerkerfamilie[23] und heiratete Louise Markbreiter, Tochter eines bedeutenden Wiener Arztes.[24] Dem Jugendlichen begegneten in der Familie der Mutter Vertreter des jüdischen Großbürgertums, deren Besonderheiten in Figuren seines Werks aufgehoben sind.

»Bankiers, Offiziere, Gelehrte, [...] gehen aus ihm hervor; auch an Originalen fehlt es nicht, in denen der Typus des jüdischen Patriarchen und des Aristokraten, des Agenten und des Kavaliers sich eigenartig vermischen [...] auch unter den Frauen und Mädchen [...] erscheint das Sportfräulein und die Modedame; und es versteht sich von selbst, daß in den Regionen, an denen ich hier [...] vorüberstreifte, der Snobismus, die Weltkrankheit unserer Epoche, ausnehmend günstige Entwicklungsbedingungen vorfinden mußte.«[25]

Bekanntschaft mit der Theaterwelt gehörte zu den frühen Erlebnissen Schnitzlers. Die Großeltern Markbreiter wohnten im Gebäude des Carl-Theaters. Charlotte Wolter und Adolf von Sonnenthal, damals Stars des Wiener Burgtheaters, waren Patienten des Vaters und wurden zu Freunden der Familie. In der Autobiographie reflektiert Schnitzler über den Gewinn seiner Theaterbesuche:

»Am stärksten wurde meine Neigung zur Theaterspielerei jeder Art [...] durch ziemlich häufigen Theaterbesuch [...] gefördert [...] Ja, dieses [...] Erlebnis mag in all seiner Geringfügigkeit das Seine zu der Entwicklung jenes Grundmotivs vom Ineinanderfließen von Ernst und Spiel, Leben und Komödie, Wahrheit und Lüge beigetragen haben, das mich immer wieder, auch jenseits alles Theater und aller Theaterei, ja über alle Kunst hinaus, bewegt und beschäftigt hat.«[26]

Bekanntschaft und Gedankenaustausch mit bedeutenden Theaterschaffenden ist bezeichnend für das Leben des Autors. Otto Brahm setzte zum Beispiel den Dramatiker Schnitzler am Deutschen Theater in Berlin durch, Paul Schlenther engagierte sich für ihn am Wiener Burgtheater.[27] Josef Kainz, Alexander Moissi, Elisabeth Bergner und Tilla Durieux, um nur einige Namen zu nennen, waren dem Dichter wichtige Partner, zu denen ihm die geborgene Situation des Elternhauses Zugang öffnete.

Wien, die Hauptstadt der k. u. k. Monarchie, war die geliebte und verdrängte Stadt, in der sich Schnitzlers Leben vollzog. Er ›flüchtete‹ aus Wien und kehrte immer gern zurück in jene Metropole, die gegen Ende des 19. Jahrhunderts wirtschaftliche Prosperität und kulturellen Aufschwung erlebte. Ein Kupferstich von 1872 zeigt die »Reichshaupt- und Residenzstadt Wien«: »Nächst der Ausdehnung an der Peripherie und dem Verschwinden der freien Pläne im Innern ist es der Reichtum an Thürmen, welcher auffällt [...] Neben den Kirchen machen sich vornehmlich die Kasernen und die Bahnhöfe bemerkbar – die Signatur unserer Zeit [...] Schon jetzt erheben sich in der Nachbarschaft der Kaserne das Chemische Laboratorium, ein Gymnasium, die provisorische Börse und zahlreiche Zinspaläste; auf dem Paradeplatz sollen [...] das gotische Rathaus [...], das Parlamentsgebäude und die Universität erbaut werden [...] Auch die Umgebung der Burg bleibt nicht verschont. Gottfried Semper hat die Pläne ausgearbeitet.«[28] Das Bild veranschaulicht Veränderungen, die der wirtschaftliche Erfolg kapitalistischer Entwicklung für den Alltag der Wiener bewirkte.

Geradezu symbolisch fielen 1873 zwei Ereignisse zusammen, die den Widerspruch zwischen augenscheinlicher Konjunktur und latenter Krise evident machten. Am 1. Mai dieses Jahres wurde im Prater die Wiener Weltausstellung eröffnet, die mit ihrer Schau neuer technischer und ökonomischer Möglichkeiten zur europäischen Sensation geriet. Wenige Tage später kam es zum »schwarzen Freitag« – einem Börsenkrach, der auf die besitzenden Klassen schockierend wirkte. Schnitzler hielt den Eindruck dieser »Katastrophe« fest, bei der auch sein »Vater alles verlor, was er bis dahin erspart hatte«[29]. Skepsis gegenüber der Durchschaubarkeit gesellschaftlicher Zusammenhänge wurde verstärkt. »Sicherheit ist nirgends«[30] heißt es später im Drama *»Paracelsus«* (U. 1899).

Schnitzler suchte nach Verallgemeinerung seiner Lebenserfahrung. Das literarische Werk ist von philosophischen Reflexionen begleitet. Diskrepanzen zwischen ideellem Anspruch und unstimmiger Wirklichkeit beschäftigten den Denker. Er sammelte zeitgeschichtliche Berichte, führte Tagebücher, bedachte seine Träume und reflektierte über Kunst und Kritik. Zweifel an der Formulierbarkeit letzter Wahrheiten legte ihm Zurückhaltung auf. Suche nach Erkenntnis und Skepsis bilden eine spannungsvolle Einheit. Diskretion gegenüber Selbstentblößung und vorschneller Fixierung eigener Gedanken sind charakteristisch. Die meisten der Notate durften erst lange nach dem Tode des Autors veröffentlicht werden.

»Ihr mögt mich ruhig einen Liberalen, einen Rationalisten und einen Skeptiker nennen; – ich nehme es gern hin und keineswegs als Vorwurf.«[31]

Schnitzler sah sich mit seinen »Sprüchen und Bedenken« (*»Buch der Sprüche und Bedenken«,* 1927) in der Tradition eines skeptischen Rationalismus. Er glaubte an die reinigende Kraft der Wahrheit und wehrte sich gegen die zerstörende Macht der Lüge.[32] Ein geschlossenes weltanschauliches System lag ihm fern. In den aphoristisch formulierten Erkenntnissen stehen Satz und Gegen-Satz beieinander; zeitbedingte, soziale Erfahrung leitet die Abstraktionen, die für neue Einsichten offen sind. Die nüchterne Analyse menschlicher Individualität legte der Arztberuf nahe. Ein gesellschaftliches Moment kam hinzu: Angesichts der Fragwürdigkeit gesellschaftlicher Beziehungen schien das Ich noch ein relativ sicherer Ansatzpunkt für Aussagen über den Menschen zu sein. Den Mediziner Schnitzler interessierten vor allem psychiatrische Studien. So gewann er Einblick in eine damals neue Forschungsrichtung, die halbbewußte und unbewußte psychische Reaktionen bloßlegte. Schnitzler rezensierte in der »Internationalen Klinischen Rundschau«, einer von seinem Vater seit 1887 herausgegebenen Zeitschrift, unter anderem die von Sigmund Freud übersetzten Vorlesungen des Pariser Anatomen und Neurologen J.-M. Charcot über Krankheiten des Nervensystems. 1889 besprach er die Freudsche Übersetzung von H. Bernheims Studie über »Suggestion und Heilwirkung«. Im gleichen Jahr veröffentlichte er selbst eine Arbeit *»Über funktionelle Aphonie und deren Behandlung durch Hypnose und Suggestion«.* Theodor Meynert, einer der Promotoren des Arztes Schnitzler, war auch Lehrer Sigmund Freuds. Unabhängig vom Begründer der Psychoanalyse kam der Schriftsteller zu der Erkenntnis, daß verdeckte psychische Reaktionen Selbstverständnis vertiefen. Traum und Hypnose vermögen neurotische Zustände zu lösen. Paracelsus sagt im gleichnamigen Stück von 1899:

»Es war ein Spiel! Was sollt' es anders sein? / Was ist nicht Spiel, das wir auf Erden treiben, / Und schien es noch so groß und tief zu sein! / [...] Es fließen ineinander Traum und Wachen, / Wahrheit und Lüge. Sicherheit ist nirgends. / Wir wissen nichts von anderen, nichts von uns; / Wir spielen immer, wer es weiß, ist klug.«[33]

Schnitzlers Wissen um das Unbewußte findet sich schon in seinen Werken nach 1890. Freuds »Traumdeutung« erschien 1900. Beide Forscher befanden sich unabhängig voneinander auf gleichem Wege. Zum 60. Geburtstag Schnitzlers im Jahre 1922 schrieb Freud über das gegenseitige Verständnis: »Ich meine, ich habe Sie gemieden aus einer Art von Doppelgängerscheu: Nicht etwa, daß ich sonst so leicht geneigt wäre, mich mit einem anderen zu identifizieren [...]. Ihr Determinismus wie Ihre Skepsis – was die Leute Pessimismus heißen –, [...] Ihre Zersetzung der kulturell-konventionellen Sicherheiten, das Haften Ihrer Gedanken an der Polarität von Lieben und Sterben, das alles berührte mich in einer unheimlichen Vertrautheit. [...] So habe ich den Eindruck gewonnen, daß Sie durch Intuition – eigentlich aber in Folge feiner Selbstwahrnehmung – alles das wissen, was ich in mühseliger Arbeit an anderen Menschen aufgedeckt habe. [...] im Grunde Ihres Wesens sind Sie ein psychologischer Tiefenforscher, so ehrlich unparteiisch und unerschrocken wie nur je einer war, und wenn Sie das nicht wären, hätten Ihre künstlerischen Fähigkeiten, Ihre Sprachkunst und Gestaltungskraft freies Spiel gehabt und Sie zu einem Dichter weit mehr nach dem Wunsch der Menge gemacht.«[34]

Der Analytiker hatte seinen Adressaten treffend beobachtet und gut verstanden.[35] Das Gespräch, zu dem der Geburtstagsbrief einlud, führte nicht zu intensivem Kontakt. Skepsis stand bei Schnitzler gegen die Dogmatisierung neuer psychologischer Einsichten zu einem geschlossenen philosophischen System. Bereits 1913 trat er der ersten umfassenden psychoanalytischen Interpretation seines literarischen Werks durch Theodor Reik mit höflicher Entschiedenheit entgegen:

»Über mein Unbewusstes, mein halb Bewusstes wollen wir lieber sagen, weiss ich aber immer noch mehr als Sie, und nach dem Dunkel der Seele gehen mehr Wege, [...] als die Psychoanalytiker sich träumen (und traumdeuten) lassen.«[36]

Schnitzler wollte nicht verletzen und hielt Bedenken zurück. Aus dem Nachlaß sind mittlerweile kritische Anmerkungen zur psychoanalytischen Dogmatik bekanntgeworden. So schrieb er 1924 in ein Tagebuchheft, nicht die Psychoanalyse sei neu, sondern Freud. Und er ergänzte:

»So wie nicht Amerika neu war, sondern Columbus. Psychoanalyse gab es immer; jeder Arzt, jeder Dichter, jeder Staatsmann, jeder Menschenkenner«[37]

mußte sie beherrschen. Als eine der Fehlerquellen der Psychoanalyse hob Schnitzler später hervor, daß »die Analytiker bei ihren Resultaten und Dogmen auf die Traumdeutung« zurückgingen, »die Traumdeutung aber selbst«[38] auf Grund ihrer Dogmen vornahmen. »Der typische circulus vitiosus.«[39]

Die Psychoanalyse, deren vertieftes Wissen um die Individualität Schnitzler bereicherte, führte auch zu einem differenzierten Verständnis des Identitätsproblems, das von den österreichischen Autoren der Jahrhundertwende in die Literatur des 20. Jahrhunderts eingebracht wurde. Das Nächstliegende, eigene Subjektivität, erschien als schwer faßbar. »Man kennt sich persönlich sehr schlecht«[40], stellte Ernst Mach schon 1885 in »Analyse der Empfindungen« fest. Er führte eigenes Erleben zur Verdeutlichung dieses Gedankens an. »Als junger Mensch erblickte ich einmal auf der Straße ein mir höchst unangenehmes widerwärtiges Gesicht im Profil. Ich erschrak nicht wenig, als ich erkannte, daß es mein eigenes sei, welches ich an einer Spiegelniederlage vorbeigehend, [...] wahrgenommen hatte.«[41] Schnitzlers Reflexion auf diesen Gedanken zeigt dazu eine erstaunliche Verwandtschaft.

»Wenn zwei Menschen einander bis ins Tiefste verstehen wollen, so ist das geradeso, wie wenn zwei gegenübergestellte Spiegel sich ihre eigenen Bilder [...] wie in verzweifelter Neugier entgegenwerfen, bis sie sich endlich im Grauen einer hoffnungslosen Ferne verlieren.«[42]

Für Zweifeln am unreflektierten Selbstverständnis gab Mach viele Beispiele. So beobachtete er, daß man das eigene Gesicht nur im Spiegel zu sehen vermag; die eigene Stimme klingt für einen selbst anders als für den Gesprächspartner.[43] 1904 bezeichnete Hermann Bahr die Überlegungen Ernst Machs als »Philosophie des Impressionismus«. Als Motto des Aufsatzes griff er Machs Gedanken »Das Ich ist unrettbar«[44] auf. Nicht allein von der Psychoanalyse, sondern auch durch die Entwicklung der Naturwissenschaften wurde um die Jahrhundertwende das Erkenntnisproblem neu bedacht. »Erkenntnis und Irrtum« nannte 1905 Mach sein Buch, in dem er sich über die Entwicklung der Physik und Psychologie äußerte. Die Gesetze der Newton-Galileischen Mechanik reichten nicht aus, um Entdeckungen wie Röntgenstrahlen, Elektronen, Strahlung des Urans u. a. m. zu erklären. Es vollzog sich der Übergang zur Atomphysik des 20. Jahrhunderts. Albert Einstein sah in Ernst Mach einen Vorläufer der von ihm formulierten Relativitätstheorie.[45] Bringt man Machs Aphorismen auf ihren erkenntnistheoretischen Kern, so führen sie zum subjektiven Idealismus. Für Schnitzler war aber wichtiger, daß von einem Zeitgenossen, der gleichfalls in der Tradition naturwissenschaftlich-rationalistischen Denkens stand, Skepsis gegenüber bislang scheinbar sicheren Wahrheiten vorgetragen wurde. Wie Freud erkannte auch Mach die Assoziationspsychologie als Zugang zum tieferen Verständnis menschlicher Psyche. In »Erkenntnis und Irrtum« beschrieb Mach psychische Vorgänge, die er während seines morgendlichen Weges zur Vorlesung an der Universität aufnahm.[46] Wahrnehmungen von Drinnen und Draußen fallen im Ich zusammen. Dieser Bericht charakterisiert den inneren Monolog, den der Schriftsteller Arthur Schnitzler als Erzählform entwickelte. Das Bemühen um Wahrhaftigkeit schloß Nachdenken über Ausdrucksmöglichkeiten der Sprache ein. Das »Reinigungswerk des Geistes« müsse bei der Sprache beginnen, schrieb Schnitzler ins Tagebuch.

»Symbole, Abstrakta, ja schon Pluralia – das sind ebensoviele Fluchtversuche aus der [...] verwirrenden Realität der Dinge.«[47]

Schon lange vor dem Chandos-Brief 1902, der heute als kulturhistorisches Dokument gilt, hatte Hofmannsthal beschrieben, wie Worte zu scheinhaften Meinungen verführen. »Denn die Worte haben sich vor die Dinge gestellt. Das Hörensagen hat die Welt verschluckt. Die unendlich komplexen Lügen der Zeit, die dumpfen Lügen der Tradition, die Lügen der Ämter [...], die Lügen der Wissenschaften alles das sitzt wie Myriaden tödlicher Fliegen auf unserem armen Leben. Wir sind im Besitz eines entsetzlichen Verfahrens, das Denken völlig unter den Begriffen zu ersticken.«[48] Schnitzler bemerkte Gleiches:

»Wir reden um unsere Gedanken herum, weil wir keine Gedanken in Worten völlig auszudrücken vermögen.«[49]

Zu einer sprachphilosophischen Begründung der Frage nach wahrhaftigem Ausdruck setzte 1901 der österreichische Schriftsteller und Philosoph Fritz Mauthner mit dem Buch »Beiträge zu einer Kritik der Sprache« an. Seine Argumentation stützte das Weltverständnis impressionistischer Autoren. Es gibt nicht »zwei Menschen, die die gleiche Sprache reden«[50], stellte er fest. Die Sprache sollte nach Möglichkeiten authentischen Ausdrucks befragt werden. Arthur Schnitzler und seine Freunde brachten ein Thema auf, das unabgegolten in die Gegenwart greift. Das Leben der Schriftsteller in einem multinationalen Staat mag sie für das Sprachproblem sensibilisiert haben. Schnitzler zum Beispiel konnte sich in mehreren Sprachen verständigen. In der Behandlung dieser Problematik führt der Weg von Ernst Mach zu Ludwig Wittgenstein und dessen Sprachphilosophie, die 1922 programmatisch im »Tractatus logico-philosophicus« thesenhaft zusammengefaßt erschien. »Wovon man nicht sprechen kann, darüber muß man schweigen.«[51] Die letzte These des »Tractatus« drückt aus, daß ohne Sprache menschliche Verständigung nicht möglich ist. Und umgekehrt stimuliert Sprachbeherrschung Erkenntnis und Kommunikation. Von 1901 bis zu seinem Tode arbeitete Schnitzler an der Fragment gebliebenen Tragikomödie *»Das Wort«* (1966). In den Arbeitsnotizen stellte er fest:

»Unsere ganze Moral besteht vielleicht nur darin, aus diesem unpräzisen Material, das uns das Lügen so leicht macht, aus der Sprache, etwas Besseres zu machen. Mit Worten so wenig zu lügen als möglich ist.«[52]

Der anspruchsvollen Maxime, wahrhaftig zu sein, blieb Schnitzler in einer Zeit treu, von der Hermann Broch später sagte, der Zerfall der Werte sei für sie charakteristisch.[53]

Arthur Schnitzler mußte sich zu Lebzeiten häufig gegen den Vorwurf wehren, sein literarisches Werk beschränke sich auf Grundthemen und deren Variierung:

Und klagt Ihr wieder Eure krit'sche Not,
Ich wüßte nur von Lieb' und Spiel und Tod
Das wohlvertraute Lied Euch vorzusingen –

Der Dichter nahm den Vorwurf positiv auf und antwortete:

[...] in diesen ew'gen drei'n
Ist alle Wahrheit und ihr Spiegelschein.
Und Sinn und Seel' von allen Erdendingen.[54]

Diese allgemeinen Themen menschlicher Existenz wurden von Schnitzler nach seiner zeitbedingten Lebenserfahrung gestaltet. Hofmannsthal schrieb 1922 über die Spezifik der Schnitzlerschen Figuren: »Die eigentliche Welt seiner Stücke ist die Welt [...] eines intellektuellen Bürgertums [...] wohlhabende junge Männer [...] und ihre Frauen oder vorübergehenden Lebensgefährtinnen sind die Figuren, die wechselweise ihr inneres Leben, ihre Aspirationen, Egoismen und Resignationen entschleiern. [...] Es handelt sich um eine ganz bestimmte soziale Nuance und mentale Nuance zugleich – die sehr charakteristisch bleiben wird für die Zeit zwischen 1890 und dem großen Krieg und die man später einmal kurzweg die Schnitzlersche Welt nennen wird.«[55]

Der Wiener Autor besaß, ähnlich wie der gleichaltrige Gerhart Hauptmann, die Fähigkeit, authentische Stoffe, überlieferte Fälle aufzugreifen. Die reflektierte Lebenssituation unterschied jedoch die beiden ebenso voneinander wie ihre Subjektivität. Sie pflegten respektvoll kollegialen Kontakt. Naturalistisches Kunstverständnis im literaturgeschichtlichen Sinne des Begriffs führte bei Gerhart Hauptmann als einem seiner Protagonisten zum sozialen Drama. »Die Weber« stehen dafür als klassische Leistung. Etwa zur gleichen Zeit schrieb Schnitzler in Wien an den psychologischen Monologszenen von *»Anatol«* und *»Reigen«*. Als junger Autor suchte er das Gespräch mit Henrik Ibsen und nahm die zeitgenössische skandinavische Literatur auf. Großes Interesse für Anton Tschechow und Leo Tolstoi ist mehrfach belegt. Aus geistigen Berührungen mit diesen Autoren ist wohl auch die Resonanz von Schnitzlers Schriften in Rußland zu erklären. Seine Texte wurden schnell ins Russische übersetzt. Bereits 1899 zum Beispiel lag das Drama *»Der grüne Kakadu«* (e. 1898) in russischer Sprache vor. 1909 erschien dort die erste Gesamtausgabe der bis dahin vorliegenden Werke Schnitzlers. Die spezifische Atmosphäre in Wien um 1900 führte bei Schnitzler zu einem auch kritischen Blick auf die Naturalisten. Andere Denker rückten ihm näher. Er las die Dichtungen von Paul Verlaine, Maurice Maeterlinck oder Joris-Karl Huysmans mit Gewinn. Wesentliche Anregungen erhielt er durch die Franzosen Alfred de Musset und die Brüder Goncourt, durch Anatol France und die französische Konversationskomödie (z. B. Alexander Dumas d. j., Emile

Guillaume Victor Augier). Sympathie für den Rationalismus der französischen Aufklärung, der auch umfassende Skepsis gegenüber Feudalstrukturen begründete, teilte Schnitzler mit Heinrich Mann, sie eröffnete diesem ein differenziertes Verständnis für die künstlerische Leistung seines Freundes. Ganz gleich, ob Schnitzler über ihm bekannte Schicksale erzählte oder seine Geschichten in märchenhafte, manchmal in historische Gewänder kleidete (so in den Erzählungen *»Die Hirtenflöte«*, 1911, und *»Casanovas Heimfahrt«*, 1918), er vermied bornierte Selbstbespiegelung. Autobiographische Texte in einem engen Sinne gibt es von ihm nicht. Thematische und stilistische Einheit der künstlerischen Leistung beeindrucken bis heute seine Interpreten durch ihre unverwechselbare Authentizität.[56] Das Drama *»Liebelei«* (1896), an dem Schnitzler seit 1893 arbeitete, begründete den Ruhm des Schriftstellers. Ursprünglich sollte es »Armes Mädel« heißen. Im Oktober 1895 erfolgte die Uraufführung am Wiener Burgtheater. Sie hatte großen Erfolg; gleiches gilt für die von Otto Brahm am Deutschen Theater im Februar 1896 in Berlin besorgte Inszenierung. Noch 1895 entstand in Wien eine kulturpolitische Zeitschrift mit dem Titel »Liebelei«. Der junge Karl Kraus gehörte zu ihren Mitarbeitern. Schnitzler bewahrte kritische Distanz zu diesem Unternehmen. Worauf gründete sich der Erfolg dieses Stücks? Ein für Schnitzler typisches Thema kam zur Sprache. Christine, das Mädchen aus der Vorstadt, liebt Fritz, den jungen Mann aus ›guten Verhältnissen‹. Ihrem Glück bleibt nur kurze Zeit. Ein betrogener Ehemann erschießt Fritz im Duell, obwohl dieser das illegitime Verhältnis zu dessen Frau schon längst beendet hatte. Verzweifelt stürzt Christine aus der väterlichen Wohnung; ihr weiteres Schicksal bleibt ungewiß. Der dramatische Konflikt wird nicht primär durch soziale Unterschiede zwischen den Liebenden getragen. Nicht Zwang, Zufall treibt sie in den Tod. Zweifel am Bestand der Liebe bewegt die Gestalten von innen heraus. Fritz sagt zu Christine:

> »Es ist ja möglich, daß wir einmal überhaupt nicht ohne einander leben können, aber wissen können wir's ja nicht [...] Wir sind ja nur Menschen.«

Die Geliebte tröstet ihn:

> »Hab' keine Angst [...] ich weiß ja, daß es nicht für immer ist.«[57]

Der Tod beendet das Rollenspiel.

Der Einakterzyklus *»Anatol«* erschien 1892 mit einem Prolog von Loris. Dieses Pseudonym verbarg den Gymnasiasten Hugo von Hofmannsthal, der in seinem Gedicht Anatols Erlebnisse durch eine Kunstwelt des Rokoko verfremdete und so Deutung und Selbstdeutung ineinander übergehen ließ. Im stilisierten Rokokobild finden sich Verse, die einen Schlüssel zum Verstehen des Stückes anbieten: »Also spielen wir Theater, / Spielen unsre eignen Stücke, / Frühgereift und zart und traurig, / Die Komödie unsrer Seele, / Unsres Fühlen Heut und Gestern, / Böser Dinge hübsche Formel, / Glatte Worte, bunte Bilder, / [...] Agonien, Episoden [...] / Manche hören zu, nicht alle [...]«[58] Der Prolog zeigt eine Theaterszenerie, die Leben und Spiel, Schein und Sein miteinander verbindet. Ein Thema der Barocktradition, die in der österreichischen Literatur gegenwärtig ist, wird aufgegriffen und neu gedeutet. Es gibt kein Werk, mit dem Arthur Schnitzler so häufig identifiziert wurde.

»Ich möchte nicht Anatol sein – aber ich kann durchaus nicht bedauern, einige Plaudereien geschrieben zu haben, in welchen dieser Herr vorkommt.«[59]

Der Dichter kokettiert mit seiner Titelfigur. Erste Texte veröffentlichte er in Zeitschriften unter dem Pseudonym Anatol. Zu dieser Figur mag er das für ihn ungewöhnliche Verhältnis relativ enger Identifikation gefühlt haben. Die Szenenfolge bezeichnet auch Schnitzlers Arbeitsstil. Die meisten Texte erschienen zunächst in Zeitschriften, wurden später nochmals bearbeitet; manche blieben unvollendet. Die Eigenart des Autors, an mehreren Werken (mit Unterbrechungen) gleichzeitig zu arbeiten, nahm im Alter zu. Auch darin drückt sich sein Ringen um die künstlerische Form aus. In einem Brief an Otto Brahm brachte er dieses Problem zur Sprache:

»Der Einakterzyklus sitzt tief in meinem Wesen [...]. Statt festaneinandergefügter Ringe einer Kette stellen meine einzelnen Akte mehr oder minder echte, an einer Schnur aufgereihte Steine vor – nicht durch verhakende Notwendigkeit aneinandergeschlossen.«[60]

Schnitzler bezieht Leser und Zuschauer in sein Literaturkonzept mit ein, indem er zum Nachdenken auffordert, bei dem »Ideenassoziationen immer wieder ins Freie und Neue laufen«[61]. Die Anatol-Szenen handeln von der Liebe und fragen nach der Verläßlichkeit menschlicher Beziehungen. Seine

Gespräche mit den Partnern gleiten ins Monologische, weil jeder eigenes Leben lebt. Der Zuschauer (Leser) muß sich sein eigenes Bild von den Gestalten und ihren Verhaltensweisen machen. Der Autor bietet ihm ohne vordergründig helfenden Kommentar eine scheinbar hermetisch geschlossene Figurenwelt an.

Das gleiche gilt für die Einakterfolge *»Reigen«*, die Schnitzler breiteste Publizität verschaffte. Der Text entstand 1896/97 und erschien 1900 als Privatdruck des Autors in einer Auflage von 200 Exemplaren. 1903 wurden von der Buchausgabe bereits 40000 Exemplare gedruckt. Dennoch durfte das Stück bis 1918 wegen angeblicher Anstößigkeit seiner Thematik öffentlich nicht gezeigt werden. Die Inszenierungen von 1920 in Berlin und 1921 in Wien führten zu Tumulten, Prozessen und Verboten. Schnitzler war ein brisantes Stück gelungen. In zehn Szenen begegnen sich Mann und Frau im ›before and after‹ des Liebesaktes. Die Grundsituation bleibt unverändert, aber die Partner wechseln. Das Spiel beginnt zwischen der Dirne und dem Soldaten; der Graf und die Dirne beenden es. Lange vor dem expressionistischen Stationendrama stellt Schnitzler Typen dar, die namenlos sind. Die Dirne, der Soldat, das Stubenmädchen, der Ehegatte, der Dichter, die Schauspielerin, der Graf. Im Rollenspiel entstehen aus sozialen und psychischen Determinationen modifizierte Verhaltensweisen. Die Figuren verraten sich in ihrer Sprache. An die Schauspielerin Tilla Durieux schrieb der Dichter 1921, sein Werk könnte auch »Der einsame Weg« heißen.[62] Die Arme der Liebenden, nach Gemeinsamkeit ausgestreckt, greifen ins Leere. Ihr Dialog gipfelt in »Schweigen«[63]. Das verschwiegene Thema zog das Publikum an. »Reigen« zählt bis heute zu den bekanntesten literarischen Werken, die verfilmt worden sind. Früh erkannte Schnitzler die Wirkungsmöglichkeiten des neuen Mediums Film. 1914 entstand ein dänischer Stummfilm nach »Liebelei«, »Anatol« kam 1921 in die Kinos, Paul Czinner verfilmte 1929 »Fräulein Else« mit Elisabeth Bergner in der Hauptrolle. »Reigen« wurde 1964 in einer Bearbeitung Jean Anouilhs zu einem weltweiten Filmerfolg. Max Ophüls verfilmte 1932 »Liebelei« und 1950 »Reigen« (»La Ronde«).

Die Einakterzyklen sind den Monolognovellen vergleichbar. In der Weihnachtsbeilage der »Neuen Freien Presse«, einer

Zeitschrift der Liberalen, erschien 1900 die Novelle *»Leutnant Gustl«*. 1924 brachte »Die Neue Rundschau«, eine vom S. Fischer Verlag herausgegebene literarische Monatsschrift, *»Fräulein Else«*. Als erster deutschsprachiger Autor fand Schnitzler zu einer Erzählweise, die durchgehend auf die Fiktion des ordnenden Erzählers verzichtet und stattdessen den Reiz entdeckt, der vom ›Psychostenogramm‹ einer Figur für den Leser entsteht. Anregungen für die Literatur des Bewußtseinsstroms gingen von Edouard Dujardins Roman »Les Lauriers sont coupées« aus, der 1887 in Paris erschien. James Joyce las dieses Buch um 1900 und griff die neue Darstellungsweise für den »Ulysses« (1922) auf. Schnitzlers »Fräulein Else« steht im Zusammenhang mit der durch Joyces und Prousts Schaffen angeregten Diskussion über eine literarische Form, die psychische Innensicht als Gestaltungsmittel ästhetisch produktiv machte. Objektiver Vorgang, Meditation und unbewußte Träume kommen im Selbstzitat der erfundenen Figuren zusammen und entblößen sie. Das Zeitpanorama erscheint in der Brennlinse eines Subjekts. Liebe, Tod und Einsamkeit – diese Schnitzler-Themen sind in den Monolognovellen virulent. Den Unterschied machen die vom Autor geschaffenen Gestalten aus. Zu Leutnant Gustl baut er kritische Distanz auf, weil der in seiner Gesellschaft als Repräsentant der Macht geachtete Offizier borniert, amusisch und seiner nicht sicher ist. Fräulein Else, das junge Mädchen aus einer guten Wiener Familie, steht ihrem Erfinder näher. Er wahrt ein nahezu elegisch-ambivalentes Verhältnis von Kritik und Verständnis. Im Frühwerk beschreibt Schnitzler häufig individuelles Versagen gegenüber der Gemeinschaft. Das Alterswerk setzt stärkere Akzente auf moralische Unzulänglichkeit der Welt gegenüber Individuen, die Humanismus bewahren möchten.[64] Dies verdeutlichen auch die beiden großen Romane.

Mit *»Der Weg ins Freie«* (1908) wollte sein Verfasser an die Linien des großen Entwicklungsromans anknüpfen.[65] Der Vorsatz war unzeitgemäß. Schnitzlers Figuren erleben, wie individuelles Schicksal und gesellschaftlicher Zusammenhang auseinanderbrechen. Sie werden zu ›Versagern‹. Anders hingegen in *»Therese. Chronik eines Frauenlebens«* (1928), der eine Sonderstellung[66] im Gesamtwerk einnimmt. Therese, die Frau aus der Mittelklasse, bewahrt auch im sozialen Abstieg Persönlichkeit und Würde. Ihr Lebensweg wird in 106 Kapiteln erzählt. Die amorphe Form war dem Gegenstand angemessen und diente der Aussageabsicht, in der Zufälligkeit eines Frauenschicksals ein differenziertes Panorama von sozialen und moralischen Faktoren des damaligen Österreich-Ungarn zu zeichnen. Schnitzler durchbrach die überkommene Romanstruktur und griff mit seiner Neuerung späteren Entwicklungen der Erzählweise voraus.

Das Bild vom »Großen Welttheater«, von der Rollenhaftigkeit menschlichen Verhaltens faszinierte den Dichter. Mit der Groteske *»Der grüne Kakadu«* (1899) nahm er dieses Thema auf, das durch Calderons »Das Leben ein Traum« und Grillparzers ambivalente Fortführung »Der Traum ein Leben« in der österreichischen Literatur vorbereitet war und bis heute weiterwirkt. Das Stück spielt am 14. Juli 1789 in Paris. In einer Kaschemme amüsiert der Wirt seine aristokratischen Gäste mit der theatralischen Imagination von Unterweltsatmosphäre. Der Star der Theatertruppe stellt einen betrogenen Ehemann dar, der den adligen Verführer seiner Frau ersticht. Das Publikum kennt die wahre Geschichte und nimmt das Spiel als Ausbruch echter Leidenschaft. Dem Akteur dämmert allmählich Wissen um das Betrogensein auf. Er tötet den adligen Liebhaber, der unter den Zuschauern sitzt. Das hereinströmende Volk feiert ihn als Revolutionshelden. Lange vor Anouilh und Giraudoux entwickelte Schnitzler eine Dramenform vom Spielen mit dem Spiel, die man heute unter dem Begriff »Pirandellismo« kennt.

Oft wurde der Vorwurf erhoben, der Schriftsteller sei ein politisch Unbeteiligter gewesen. Einer seiner Aphorismen geht auf diese Kritik ein:

> »Was soll mir das Geschwätz? Ich habe mich in meinem Leben nicht um Politik gekümmert! Was hilft's dir, mein Freund? Sie kümmert sich um dich in jedem Augenblick deines Lebens!«[67]

Skepsis auch sich selbst gegenüber war dem anspruchsvollen Wahrheitssucher eigen und leitete sein zurückhaltendes Urteil. Kein Wunder, daß opportunistische Meinungen, die er unter anderem in der Komödie *»Fink und Fliederbusch«* (U. 1917) öffentlichem Gelächter preisgab, sich gegen ihn richteten. Auch das Drama *»Professor Bernhardi«* (U. 1912), das in der k. u. k. Monarchie nicht aufgeführt werden durfte, stellte politische Prinzipienlosigkeit bloß. Bernhardi verweigert einem Priester

Zutritt ans Sterbebett seiner Patientin. Er möchte verhindern, daß sie durch die letzten Sakramente aus der Euphorie des Todesschlafes gerissen wird. Klerikale und antisemitische Parteien hetzen gegen den angesehenen Arzt und bringen ihn ins Gefängnis, aus dem er schon nach zwei Wochen entlassen wird. Die gleichen Leute, die ihn jagten, bewirken nach Umschlagen des politischen Windes im Interesse eigenen Vorteils die Freilassung. Der von Bernhardi gesuchte Rückzug aus der öffentlichen Verantwortung wird ihm schwer gelingen.

»Denn jetzt fängt die Geschichte erst an [...] und sie kann lang dauern«[68],

warnt ihn ein Freund.

Bei Ausbruch des Ersten Weltkrieges folgte Schnitzler nicht nationalistischem Rausch und opportunistischer Zustimmung. Er erschrak über »die Dummheit« deutscher Dichter, die in Kriegsbegeisterung verfielen.[69] Gerhart Hauptmann und Thomas Mann befanden sich unter ihnen, auch mancher persönliche Freund wie Hofmannsthal und Hermann Bahr. Die Bedenkenlosigkeit angesichts des Massenmordens konnte Schnitzler nicht verstehen, aber er hielt seine Kritik zurück. Erst 1939 gab sein Sohn Heinrich Schnitzler im Emigrantenverlag Bermann-Fischer in Stockholm die Schrift *»Über Krieg und Frieden«* heraus, weil die Notate des aufmerksamen Zeitbetrachters wieder aktuell geworden waren. Im September 1914 bemerkte der Dichter, alle Stoffe, die ihn beschäftigten, seien im Hintergrund mit dem Krieg verbunden.[70] Gegen völkerverhetzenden Patriotismus richtete er sein Verständnis von Solidarität:

»Ich fühle mich mit niemandem solidarisch, weil er zufällig derselben Nation, demselben Stand, derselben Rasse angehört [...] wie ich. Ich habe Mitbürger in jeder Nation, Kameraden in jedem Stand und Brüder, die keine Ahnung von meiner Existenz haben.«[71]

Das Kriegserlebnis brachte Schnitzler auf folgenden Gedanken:

»Man müßte ernsthaft versuchen, eine neue Epoche einzuleiten. So wird die Friedensarbeit, historisch gesehen, nichts anderes zu bedeuten haben, als eine weitere Etappe auf dem Weg, den die Demokratie bis zu ihrem endgültigen Sieg über den Absolutismus im weitesten Sinn zu gehen hat. Dies aber scheint mir der Sinn der ganzen Weltgeschichte. Wir sind erst am Anfang.«[72]

Biographische Notiz

Arthur Schnitzler wurde am 15. Mai 1862 in Wien geboren. Der Vater, Johann Schnitzler, war Professor der Medizin; die Mutter stammte aus einer anerkannten Medizinerfamilie. Nach Besuch des Akademischen Gymnasiums in Wien 1871/79 (Abschluß mit Auszeichnung) Medizinstudium. 1885 Promotion zum Dr. med. Bis 1893 als Sekundararzt in mehreren Wiener Kliniken, sein spezielles Interesse galt der Laryngologie und Psychiatrie. 1887 Redakteur an der vom Vater begründeten »Neuen Klinischen Rundschau«, nach dessen Tod 1893 Eröffnung einer Privatpraxis. 1880 erschienen erste dichterische Versuche in Münchener Zeitschriften; ab 1890 breite literarische Anerkennung, Begegnungen mit Hofmannsthal, Salten, Beer-Hofmann, Bahr, Altenberg und Kraus. 1901 Aberkennung des Dienstrangs als Armee-Oberarzt wegen Veröffentlichung der Novelle »Leutnant Gustl«; Geburt des Sohnes Heinrich. 1903 Eheschließung mit der Sängerin Olga Gussmann, Mutter seines Sohnes. 1909 Geburt der Tochter Lili, die 1928 in Venedig Selbstmord beging. 1912 Höhepunkt seiner literarischen Anerkennung zum 50. Geburtstag: Aufführungen von Schnitzler-Dramen an 26 deutschsprachigen Bühnen, Erscheinen der Gesammelten Werke in 7 Bänden beim S.-Fischer-Verlag. Während des Ersten Weltkrieges erklärter Kriegsgegner. Nach 1918 warnte er vor dem heraufziehenden Faschismus. 1921 Scheidung der Ehe, dennoch Fortsetzung des Kontaktes mit Olga Schnitzler. In Wien und Berlin 1921 organisierte Tumulte gegen die »Reigen«-Aufführungen; in Berlin »Reigen«-Prozeß wegen angeblicher öffentlicher Verletzung der Sittlichkeit.

Am 21. Oktober 1931 starb Arthur Schnitzler in seiner Wiener Wohnung nach einer Gehirnblutung.

1899 Bauernfeldpreis (für »Lebendige Stunden«); 1908 Grillparzer-Preis (für »Zwischenspiel«); 1914 Raimund-Preis (für »Der junge Medardus«); 1920 Volkstheaterpreis (für »Professor Bernhardi«); 1926 Burgtheaterring (Journalisten- und Schriftstellerverein »Concordia«).

1923 Ehrenpräsident der österr. Sektion des PEN-Club und Ehrenmitglied der Akademie der Bildenden Künste, Wien.

Ferenc Szász

Hugo von Hofmannsthal

»Herr v. Hofmannsthal ist ein junger Mann von genau fünfundzwanzig Jahren. Er gehört einer der bekanntesten von jenen Altwiener Familien an, deren Sphäre aus einer behaglichen und geistig fruchtbaren Mischung von Finanz- und Schöngeistigkeit bestand.«[1] Mit diesen Worten beginnt Ludwig Hevesi, namhafter Wiener Kunstkritiker der Jahrhundertwende, das Feuilleton, in dem er 1899 Hugo von Hofmannsthal (1874–1929) den Lesern einer Budapester deutschsprachigen Tageszeitung vorstellt.

Die beiden zitierten Sätze charakterisieren diesen Autor in mehrfacher Hinsicht. Anlaß zu dem Feuilleton war die gleichzeitige Uraufführung von Hofmannsthals Theaterstücken »Der Abenteurer und die Sängerin« und »Die Hochzeit der Sobeide« an den beiden berühmtesten deutschsprachigen Bühnen der Jahrhundertwende: dem Burgtheater in Wien und dem Berliner Deutschen Theater. Der Autor, dem diese große Ehre zuteil wurde, war noch jung, aber kein Anfänger mehr. Seine ersten Gedichte erschienen bereits 1890, also fast zehn Jahre früher. Der junge Mann führte ein *von* in seinem Namen: Er entstammte einer Familie, die eine ziemlich ungewöhnliche Kombination von Eigenschaften aufwies, denn wie kommen Adel, Finanztüchtigkeit und Schöngeistigkeit bei einer Person zusammen? Gibt es hier keinen Widerspruch? Doch. Aber er liegt nicht darin, daß die eine oder die andere der erwähnten Eigenschaften der Familie nicht vorhanden gewesen sei. Der Widerspruch lag in der Gesellschaft, die diese Erscheinung zustande brachte. Die Widersprüchlichkeit wird noch klarer, wenn man das Altwienertum der Familie untersucht.

Hugo von Hofmannsthals Urgroßvater, Isaak Löw Hofmann, war 1792 als Kaufmann aus Prag nach Wien gekommen und ist dort bald Vorsteher der israelitischen Glaubensgemeinde geworden. 1835 wurde er in den Adelsstand erhoben. Sein Sohn trat zum katholischen Glauben über und heiratete eine Italienerin. Der Enkel studierte Jura, hörte mit dem Textilgeschäft auf und war als Beamter bei der Central-Boden-Creditanstalt

tätig. Bereits in der vierten Generation war die Unternehmeraktivität der Familie völlig erloschen, der 1874 geborene Urenkel inskribierte Romanistik an der Wiener Universität und promovierte 1899 mit einer Dissertation »Über den Sprachgebrauch bei den Dichtern der Plejade«, die Isaak Löw Hofmann sicher für einen völligen Unnütz gehalten hätte.

Jene »Mischung von Finanz- und Schöngeistigkeit«, mit der Hevesi die gesellschaftliche Schicht charakterisierte, der Hugo von Hofmannsthal entstammte, war das Ergebnis eines antagonistischen Widerspruchs, an dem das österreichische Bürgertum litt. Das österreichische Kaiserreich konnte wegen des Auseinanderstrebens seiner vielen Völker zu keinem Nationalstaat werden, und sein deutschsprachiges Bürgertum, das sich 1871 plötzlich aus der deutschen Nation ausgeschlossen sah, vermochte es nicht, sich eine nationale Identität zu schaffen. Es gewahrte aber, daß seine Vormachtstellung in der Doppelmonarchie nur mit der Konservierung der gegebenen Zustände, das heißt mit dem Aufrechterhalten des halbfeudalen Staates zu sichern sei, und statt des Kampfes um politische Macht paßte es sich im Lebensstil dem Adel an. Zu politischer Tatenlosigkeit verurteilt, suchten sich die besten Söhne dieser Klasse auf kulturellem oder wissenschaftlichem Gebiet zu verwirklichen. Der Blick jedoch, der nicht nach vorne gerichtet werden durfte, wandte sich oft der Vergangenheit zu.

Der junge Hofmannsthal fühlte sich – ebenso wie die Gestalten seiner Dramen und Erzählungen – als Erbe eines großen Schatzes. Das meistinterpretierte Gedicht Hofmannsthals, *»Lebenslied«* (1896), beginnt mit einer Aufforderung: »Den Erben laß verschwenden ...« (Ge 14)[2] Der junge Kaufmannssohn der ein Jahr früher entstandenen Erzählung *»Das Märchen der 672. Nacht«,* mit fünfundzwanzig Jahren »der Geselligkeit und des gastlichen Lebens überdrüssig« (En 7)[3], findet Befriedigung an den Schätzen seines Hauses:

»Ja, die Schönheit der Teppiche und Gewebe und Seiden, der geschnitzten und getäfelten Wände, der Leuchter und Becken aus Metall, der gläsernen und irdenen Gefäße wurde ihm so bedeutungsvoll, wie er es nie geahnt hatte. Allmählich wurde er sehend dafür, wie alle Formen und Farben der Welt in seinen Geräten lebten. Er erkannte in den Ornamenten, die sich verschlingen, ein verzaubertes Bild der verschlungenen Wunder der Welt.« (En 7f.)

Das künstliche Leben verdrängte das wirkliche, schrieb Hofmannsthal am 6. September 1892 an seinen Freund Edgar Karg von Bebenburg:

»Ich fühle mich während einer Reise nicht recht wohl: mir fehlt die Unmittelbarkeit des Erlebens; ich sehe mir selbst leben zu und was ich erlebe ist mir wie aus einem Buch gelesen; erst die Vergangenheit verklärt mir die Dinge und gibt ihnen Farbe und Duft.«[4]

Selbstbeobachtung ließ den Dichter einige Monate später die folgende Erkenntnis machen:

»Siehst Du, ich rede mit sehr vielen gescheiten, ja ungewöhnlichen Menschen und brauche nur bis zu meinem Kasten zu gehen, so finde ich genug tiefe und faszinierende und fortreißende Bücher, um mich bis zur Selbstvergessenheit daran zu verlieren: so daß die Gedanken und Empfindungen der Bücher und der Menschen manchmal meine Gedanken und Empfindungen vollständig auslöschen und sich selbst an ihre Stelle setzen: denn nicht wir haben und halten die Menschen und Dinge, sondern sie haben und halten uns.«[5]

Die diesem Wirklichkeitsverhältnis zugrundeliegende Weltanschauung ist eine extrem deterministische, sie mußte es sein, denn nur eine Betrachtungsweise, in der alles mit allem zusammenhängt, in der das Vergangene das Gegenwärtige mechanisch bestimmt, vermochte alle unerwünschten Veränderungen theoretisch auszuschließen. So drückte aber alles Gegenwärtige auch etwas anderes als sich selbst aus, alles ist symbolhaft. Der Existenz geht eine Präexistenz voraus:

Doch ein Schatten fällt von jenen Leben
in die anderen Leben hinüber,
Und die leichten sind an die schweren
Wie an Luft und Erde gebunden.

Ganz vergessener Völker Müdigkeiten
Kann ich nicht abtun von meinen Lidern,
Noch weghalten von der erschrockenen Seele
Stummes Niederfallen ferner Sterne.
(*»Manche freilich ...«*; Ge 20)

Diese Art symbolistischer Darstellungsweise findet sich auch in dem 1895 entstandenen Gedicht *»Ballade des äußeren Lebens«*. Es fängt, wie ein Teil, aus einer Ganzheit herausgerissen, mit dem Bindewort *und* an:

Und Kinder wachsen auf mit tiefen Augen,
Die von nichts wissen, wachsen auf und sterben,
Und alle Menschen gehen ihre Wege.

In vier Terzinen, in zahlreichen korrelativen ergänzenden Bildern wird das fehlende Ordnungsprinzip des Daseins in Raum und Zeit dargestellt. In weiteren sieben Versen ist dieselbe Sinnlosigkeit auf einer abstrakten Ebene in Fragen formuliert und auf den Menschen bezogen, der diese Welt wahrnimmt:

Was frommt das alles uns und diese Spiele,
Die wir doch groß und einsam sind
Und wandernd nimmer suchen irgend Ziele?

Woher die Größe dieses einsamen Menschen ist, wird ebenso wenig erklärt wie die Wendung in den drei letzten Versen des Gedichtes:

Und dennoch sagt der viel, der »Abend« sagt,
Ein Wort, daraus Tiefsinn und Trauer rinnt

Wie schwerer Honig aus den hohlen Waben.
(Ge 17)

Man kann nur ahnen, warum dem Wort *Abend* eine solche Bedeutungsschwere zugemessen wird. Es ist Ausdruck einer Endsituation, einer Reife, wie der Honig das Endprodukt der fleißigen Tätigkeit der Bienen ist. Es ist die Situation, Erbe zu sein. Es ist der Wendepunkt von dem tragischen, *balladen*haften äußeren zum inneren Leben. Das *äußere Leben,* die zwischenmenschlichen Beziehungen, eröffnet keine Perspektive mehr, daher die Trauer, die aus dem Wort Abend rinnt. Das Lebensgefühl des österreichischen Bürgertums wird hier als allgemeinmenschlicher Zustand dargestellt. Die Worte *dennoch, viel* und *Tiefsinn* enthalten gleichzeitig auch die Bestrebung nach der Konservierung dieser Endsituation. Dieses Wissen um die Vergänglichkeit der gegebenen Welt auferlegt dem Dichter die moralische Aufgabe, die Werte der dem Verfall preisgegebenen abendländischen Kultur zu retten. Hier äußert sich eine eben entgegengesetzte Forderung als die des Lebens, des äußeren Lebens, in »Lebenslied«.

Hofmannsthals lyrisches Schaffen beschränkte sich auf das erste Jahrzehnt seiner dichterischen Tätigkeit. Die sprachliche Vollkommenheit seiner Gedichte – es sind nicht viele – ruft noch heute Bewunderung hervor. Er vermochte seine Erlebnisse so zu objektivieren, daß nichts Zufälliges oder Überflüssiges in der Darstellung blieb. Ein schönes Beispiel dafür ist das 1898 geschriebene *»Reiselied«;* es verdankt seine Entstehung einer Reise aus der Schweiz über die Alpen nach Italien:

Wasser stürzt, uns zu verschlingen,
Rollt der Fels, uns zu erschlagen,
Kommen schon auf starken Schwingen
Vögel her, uns fortzutragen.

Aber unten liegt ein Land,
Früchte spiegelnd ohne Ende
In den alterslosen Seen.
Marmorstirn und Brunnenrand
Steigt aus blumigen Gelände,
Und die leichten Winde wehn.

(Ge 13)

Lyrisches Ich und konkretes Erlebnis treten völlig in den Hintergrund, dem Dichter geht es um die Reise im allgemeinen, um die Reise als Lebensform. Wie verschiedene Landschaften während einer langen Reise einander ablösen, so wechseln auch in diesem Gedicht Gebirgslandschaft und Ebene. Die wiederum drücken auch andere Erlebnismöglichkeiten aus: Das Gebirge, wo die rohe Natur herrscht, birgt für den Reisenden Gefahren in sich, alles ist spannend und beweglich, die Sätze zerbröckelt. Der Dichter häuft die Verben und die *r*-Laute, und trotz ähnlicher Satzglieder (Subjekt, Prädikat, Infinitivsatz) vermeidet er die parallele Satzkonstruktion. Die Ebene ist eine Kulturlandschaft mit Blumen, Früchte tragenden Bäumen, Seen und von Menschenhand geschaffenen Dingen: Marmorstirn und Brunnenrand. Hier ist alles ruhig, zeitlos, ebenso die Satzkonstruktionen. Das Wasser, nicht mehr gefährlich, vermehrt die Schönheit, widerspiegelt die Früchte. Der Stein, der im Gebirge mit Erschlagen drohte, wurde vom Menschen besiegt, er ist in Kunstgegenstände umgewandelt. Das Gedicht ist eine in sich geschlossene Totalität, die aber die Gegensätze nicht vergessen machen läßt. Damit ist jedoch nur die eine Schicht des Gedichtes erfaßt. Dem literarisch gebildeten Leser – und Hofmannsthal hat seine Gedichte für diese geschrieben – werden Wörter und Konstruktionen bekannt vorkommen, als habe er diese bereits woanders gelesen.

Nach wiederholter Lektüre tauchen in der Erinnerung Verse und Halbzeilen aus Gedichten Goethes auf, aus der Ballade »Der Fischer«, aus »Kennst du das Land, wo die Zitronen blühn« und »Westöstlicher Divan«. Durch die Verwendung dieser umgeformten, aber erkennbaren Zitate dehnte Hofmannsthal die Gültigkeit seines Gedichtes in der Zeit aus.

Dieser Anspruch auf Allgemeingültigkeit hat aber auch seinen Preis. Wenn alles in dieser Welt etwas Allgemeines bedeutet, wo bleibt dann das den einzelnen Menschen als Persönlichkeit ausmachende Individuelle? Diese Frage hat auch Hofmannsthal sich gestellt. Sein erschütterndes Erlebnis war die Kluft zwischen der Kunst als Allgemeingültigem und dem Leben als Individuellem. Das Erkennen dieses Abgrunds ist das Thema des 1893 geschriebenen Einakters *»Der Tor und der Tod«* (1900). Claudio, ein Edelmann aus den zwanziger Jahren des 18. Jahrhunderts, muß kurz vor seinem Ende erkennen, daß er nicht gelebt hat. Diese Erkenntnis wird vom Tod, der wie auf Arnold Böcklins Selbstporträt mit einer Geige in der Hand erscheint, nicht widerlegt, sondern bekräftigt. Er läßt vor Claudios Augen die Gefährten seines Lebens (Mutter, Geliebte und Freund) erscheinen. Sie alle klagen ihn an, an ihrem Leben gleichgültig vorbeigegangen zu sein. Ein Leben, das sich in der Beschäftigung mit Kunstdingen erschöpft und unfähig machte, menschliche Beziehungen zu knüpfen, wird von Claudio selbst als fragwürdig empfunden:

»Es scheint mein ganzes so versäumtes Leben,/Verlorene Lust und nie geweinte Tränen,/Um diese Gassen, dieses Haus zu weben/Und ewig sinnlos Suchen, wirres Sehnen.« (Ge 271) Und: »Ich habe mich so an Künstliches verloren« (Ge 274) oder, nach dem Verschwinden der Schatten: »So über diese Lebensbühne hin/Bin ich gegangen ohne Kraft und Wert.« (Ge 291)

Der Individualismus, seit der Renaissance ein wesentlicher Zug der bürgerlichen Entwicklung, wird hier ad absurdum geführt. Mit Recht hat Wolfram Mauser festgestellt: »Aber ohne zu geben, erwirbt man nicht, ohne sich zu identifizieren, gewinnt man auch die eigene Identität nicht. In diesem Sinn verbirgt sich hinter Claudios Unfähigkeit, sich mit anderen zu identifizieren, die Unfähigkeit, sich mit seinen eigenen Wünschen zu identifizieren, bzw. die ›Übereinstimmung von sich-Wollen und sich-Wissen‹ zu erreichen.«[6]

Das dichterische Werk der ersten Schaffensperiode Hofmannsthals steht ganz im Zeichen der Gegenüberstellung einer künstlich konstruierten Welt mit der rohen Wirklichkeit.

Andrea in der »dramatischen Studie« *»Gestern«* (1891) macht – wider rationaler Einsicht – die Erfahrung, daß er sich über das Gestern, die Untreue seiner Geliebten, nicht hinwegsetzen kann. In dem dramatischen Fragment *»Der Tod des Tizian«* (1892), oft als ein Bekenntnis des Autors zum Ästhetizismus interpretiert, gewährt das Übermenschbewußtsein des Ästheten den Tizian-Schülern keinen Schutz vor dem gewaltsamen Einbruch der Realität. In dem 1901 geschriebenen Abschluß des kurzen Dramas bricht die Erkenntnis aus Gianino wie ein Schrei:

»Der Tod! Lavinia, mich faßt ein Grausen!/Ich war ihm nie so nah! Ich werde nie/Nie mehr vergessen können, daß wir sterben.« (Ge 549)

Der junge Kaufmannssohn der Erzählung *»Das Märchen der 672. Nacht«* (1895) stirbt mit »verzerrten Zügen« (En 28), als er das erste Mal seine vertraute Umgebung verläßt und mit der Welt in Berührung kommt. Madonna Dianora *(»Die Frau im Fenster«,* 1897) die ungeduldigen Herzens dem Kommen ihres Geliebten entgegenfiebert, erwartet den Tod. Ihr wütender

Mann erwürgt sie mit der Strickleiter, die ihr zur Erfüllung ihrer Träume verhelfen sollte. Die junge persische Frau Sobeide in dem dramatischen Gedicht *»Die Hochzeit der Sobeide«* (1897) wird in der Hochzeitsnacht großzügig von ihrem Mann entlassen, als sie ihm bekennt, einen anderen Mann zu lieben. Auch ihr ist dasselbe Los bestimmt. Der junge Ganem, der sie früher mit Liebesworten bestürmt hat, weist sie aus seinem Haus. Den Zusammenbruch ihrer Traumwelt kann die Frau nicht ertragen, sie wählt lieber den Freitod. In dem von Hofmannsthal nie vollständig veröffentlichten dreiaktigen Drama *»Das Bergwerk zu Falun«* (1899) sind eine reale, farbige und warme, aber vergängliche Welt und eine nur in den Sehnsüchten lebendige ewige, aber farblose und kalte Welt einander gegenüberstellt. »Im *›Bergwerk‹* ist jenes gewaltig Hinüberziehende (das die Seele dem Leben entfremdet) erst wirklich gestaltet: das Reich der Worte worin alles Gegenwart. – Das Ganze drückt den Versuch der Seele aus, der Zeit zu entfliehen in das Überzeitliche.«[7] Elis Fröbom wählt das Überzeitliche, verliert aber das irdische Glück.

Der junge Hofmannsthal begeisterte sich ebenso wie seine sich in einem sehr engen Kreis bewegenden Figuren für Ideale wie Schönheit, Liebe und Ewigkeit. Wie die Tizian-Schüler sah auch er die Vervollständigung des Lebens in der Kunst, teilte die Neigung Claudios, sich an Künstlerisches zu verlieren, und auch ihn zog die zeitlose Welt der Bergkönigin an. In jedem seiner Werke kam er immer wieder zu der Erkenntnis, daß die Ideale an der Wirklichkeit zerschellen. Kunst und Leben erschienen ihm als antagonistisch.

Der prägnanteste Ausdruck dieser Krise ist der berühmte »Chandos-Brief«. Der am 18. und 19. Oktober 1902 in der Berliner Zeitung »Der Tag« unter dem Titel *»Ein Brief«* erschienene fiktive Brief des Philipp Lord Chandos an Francis Bacon, in dem der junge Lord seinen »gänzlichen Verzicht auf literarische Betätigung« (P 2, 7)[8] begründet, wurde oft als Ausdruck von Hofmannsthals Sprachskepsis aufgefaßt. Es ging aber um mehr als um die Sprache:

»Mein Fall ist, in Kürze, dieser: Es ist mir völlig die Fähigkeit abhanden gekommen, über irgend etwas zusammenhängend zu denken und zu sprechen. [...] Es zerfiel mir alles in Teile, die Teile wieder in Teile, und nichts mehr ließ sich mit einem Begriff umspannen.« (P 2, 12, 14)

Hofmannsthal drückte hier das Lebensgefühl des deutschsprachigen Bürgertums der Österreichisch-Ungarischen Monarchie in den letzten zwei Jahrzehnten ihres Bestehens aus. Da dieses Lebensgefühl einige Jahrzehnte später auch das gesamte abendländische Bürgertum erfaßte, ist der »Chandos-Brief« zu einem repräsentativen Dokument der Krise der spätbürgerlichen Gesellschaft geworden. Jene gesellschaftliche Klasse, der Hofmannsthal angehörte und die sowohl ihr Klassenbewußtsein als auch ihre nationale Identität verloren hat, stand der für sie in Teile zerfallenen Welt völlig verständnislos gegenüber. Alle Werte, an die man früher geglaubt hatte, erschienen als Scheinwerte; selbst das Genie des Künstlers, das den Romantikern und auch Zeitgenossen Hofmannsthals, zum Beispiel Stefan George und seinem Kreis, der Standort zu sein schien, von dessen Höhe aus sie die Welt zu ordnen dachten, ist für Hofmannsthal und die meisten österreichischen Schriftsteller seiner Zeit fragwürdig geworden. L'art pour l'art bot ihnen keine Antwort auf die großen Fragen des Seins,[9] die deutschsprachigen Dichter Österreichs um die Jahrhundertwende waren sich so sicher in der Bewertung der eigenen Positionen nicht. Sie sahen bloß Gegensätze wie Leben und Tod, Leben und Kunst, Wirklichkeit und Traum, Gesellschaft und Individuum, sie vermochten aber weder zu der einen oder der anderen Seite des Gegensatzes Stellung zu nehmen, noch gelangten sie zu einer dialektischen Betrachtung der Gegensätze. Unter diesem Aspekt wäre das im »Chandos-Brief« angekündigte Verstummen der konsequente Schritt gewesen.

Das jedoch konnte nicht in Frage kommen: den eigenen Ort in der Welt zu finden, war eine allzu dringende Aufgabe, um auf die Suche danach verzichten zu dürfen.

Die 1901/05 entstandenen drei Sophokles-Bearbeitungen – *»Elektra«, »Ödipus und die Sphinx«, »König Ödipus«* – sind noch von derselben Weltsicht geprägt wie die lyrischen Dramen der neunziger Jahre. »Meine antiken Stücke haben es alle drei mit der Auflösung des Individualbegriffes zu tun«[10] stellte Hofmannsthal zurückblickend fest.

Aber von der Mitte des ersten Jahrzehnts des 20. Jahrhunderts an machte sich der Dichter den Glauben an eine Weltordnung zu eigen, der sein späteres vielseitiges Schaffen bestimmte. Das Ordnungsprinzip meinte er in Dichtung und

Philosophie der deutschen Klassik gefunden zu haben. In seinen 1917 geschriebenen Notizen zu einem Vortrag (gehalten am 31. 3. 1917 im Bürgerratssaal zu Bern) unter dem Titel *»Die Idee Europa«* werden drei Phasen des Begriffes »Europa« unterschieden: die christliche Universalität des Mittelalters, die lateinische Universalität der Renaissance in der Aneignung der Antike und, als höchste Stufe, »die deutsche Humanität« (P 3, 370f.). Herders Theorie über die organische Entwicklung der Menschheit aufgreifend, folgerte Hofmannsthal, das Gute sei das Notwendige und komme gesetzmäßig zur Geltung. Graf Hans Karl Bühl, Hauptheld seines 1919 beendeten Lustspiels *»Der Schwierige«*, drückt dazu dies aus:

> [...] aber mitten in dem Hierhin- und Dorthingeworfenwerden und der Stumpfheit und Todesangst, da spüren wir und wissen es auch, es gibt halt auch eine Notwendigkeit, die wählt uns von Augenblick zu Augenblick, die geht ganz leise, ganz dicht am Herzen vorbei und doch so schneidend scharf wie ein Schwert. (Lsp 2, 245)[11]

Diese Überzeugung leitete Hofmannsthal in seinen Komödien – angefangen von *»Silvia im Stern«* (1907) und *»Christinas Heimreise«* (1909), *»Der Rosenkavalier«* (1910), *»Der Unbestechliche«* (1923) bis zur letzten, *»Arabella«* (1929) – in denen falsche, widernatürliche Beziehungen entlarvt und die sittliche Ordnung in Form einer zustande gekommenen oder wiederhergestellten Ehe verherrlicht werden.

Am deutlichsten zeigen sich Stärke und Schwäche dieser Überzeugung in *»Der Schwierige«*, von vielen als das beste Lustspiel des Autors angesehen. Das Stück spielt 1917, in dem Jahr, in welchem Hofmannsthal am intensivsten daran gearbeitet hat. Im Mittelpunkt steht der gerade aus dem Krieg heimgekehrte Graf Hans Karl Bühl, welcher, Mitglied des Herrenhauses, großes Ansehen genießt. Der ledige Neununddreißigjährige geht zu einer Soiree mit zwei Aufträgen: Antoinette Hechingen, die Frau seines Freundes, die aber in ihn verliebt ist, mit ihrem Mann zu versöhnen und die Gräfin Helene Altenwyl für seinen selbstsicheren, aber innerlich leeren Neffen als Frau zu gewinnen. Beide Unternehmen mißlingen, statt dessen wird er selbst von der klugen und artigen Helene als zukünftiger Ehemann erworben. Dieser Stoff bot Hofmannsthal die Möglichkeit, Leere und Falschheit der »hohen Gesellschaft«, der Wiener Aristokratie, zu entlarven. Es werden lange Gespräche über die Sinnlosigkeit der Konversation geführt und zugleich gezeigt, wie alles Gesagte eben das Entgegengesetzte bedeutet. Der einzige, der das sagt, was er denkt, ist Graf Bühl. Er wird stets mißverstanden. Der Schwierige leidet an derselben Krankheit wie Lord Chandos, mit dem Unterschied, daß die Unfähigkeit, eindeutig zu sprechen, nicht in einem Unvermögen, die zerfallene Welt zu verstehen, besteht, sondern darin, daß die Sprache der amoralischen Gesellschaft zu nichtssagender Konversation degradiert wurde. Im übrigen unterscheidet sich Graf Karl von den anderen nur in dem bereits zitierten Glauben an die Notwendigkeit. Wenn man die Worte hört, mit denen Helene Altenwyl ihn am Ende des Stückes charakterisiert, wird man an den das Leben spielend vertreibenden Ästheten Claudio erinnert:

»Begehren ist Ihre Natur. Aber nicht: das oder das – sondern von einem Wesen: – alles – für immer! Es hätte eine die Kraft haben müssen, Sie zu zwingen, daß sie von ihr immer mehr und mehr begehrt hätten. Bei der wären Sie dann geblieben. [...] Nach einer kurzen Zeit waren sie [die Frauen; d. Verf.] dir alle *gleichgültig*, und du hast ein rasendes Mitleid gehabt, aber *große Freundschaft für keine*: das war mein Trost.« (Lsp 2, 301)[12] Einige Minuten früher bekennt selbst Graf Bühl: »Ich bin ein maßloser Egoist.« (Lsp 2, 300)

Vom Charakter des Schwierigen her hätte das Stück ebenso tragisch enden können. Dies hätte jedoch Hofmannsthals Glauben an den notwendigen Sieg des Guten widersprochen. Graf Karl und Gräfin Helene sind füreinander geschaffen. Wenn er nicht die Kraft hat, sich zu entscheiden, tut sie dies für ihn:

»Jetzt weiß ich zwar nicht, ob du jemand wahrhaft liebhaben kannst – aber ich bin in dich verliebt, und ich will. [...] In deinem Leben, von deiner Seele, von allem – meinen Teil!« (Lsp 2, 299)

So kommt die sittliche Ordnung zur Geltung, die Zusammengehörenden werden zusammengeführt.

Das andere Leitprinzip, das sich Hofmannsthal aus der »deutschen Humanität« aneignete, zeigt der folgende Satz aus seinem 1922 geschriebenen Aufsatz *»Blick auf den geistigen Zustand Europas«*:

»Goethes geistige Grundhaltung ist die Abwehr des Leidens, und die beiden Waffen, mit denen er es bekämpft, sind das weise Durchschauen und das weise Entsagen.« (P 4, 79)

Eine solche Weisheit befähigt die Marschallin, (*»Der Rosenkavalier«*, 1910) der Liebe ihres jungen Pagen Octavian und des

Bürgermädchens Sophie nicht im Wege zu stehen, und verhilft der Kaiserin, Tochter des Feenkönigs (*»Die Frau ohne Schatten«*, 1910–1919), zu Fruchtbarkeit und endgültiger Menschwerdung.

Da diese Ordnung aber nicht, wie bei Goethe, immer wieder erkämpft werden mußte, sondern als ein ewiges Gesetz waltet, ist ein Gesetzgeber außerhalb der menschlichen Sphäre vonnöten: Gott. In seiner Antwort auf eine Rundfrage des Stockholmer »Svenska Dagbladet« äußerte sich Hofmannsthal 1915 über seine Erwartungen der Zukunft gegenüber wie folgt:

»Es wird sich darum handeln, daß neue Autorität zutage tritt, daß diese Autorität sich verkörpere, nicht in amtlichen Formen, sondern in rein geistigen, dem Wiedererwachen des religiösen Geistes.«[13]

Diese Wendung ins Religiöse (bei dem die österreichische Tradition fortsetzenden Dichter folgerichtig im Katholizismus verkörpert), verbunden mit der zwar einseitig rezipierten, aber doch ernst genommenen humanistischen Tradition der deutschen Klassik, machte Hofmannsthal sehr empfindlich für die gesellschaftlichen Widersprüche seiner Zeit. Die spätbürgerliche Gesellschaft, wie sie sich in der zweiten Hälfte des 19. Jahrhunderts herausgebildet hatte, lehnte er entschieden ab. Er hielt das Geld für ein Grundübel und äußerte sich mehrmals bitter über dessen negative Wirkung:

»Gefährlichste Einengung und Erniedrigung des Ich: Abhängigkeit jedes vom Gelde.« (P 3, 377)

In der bereits zitierten Antwort auf die Rundfrage des »Svenska Dagbladet« stellte er die Entwicklung Europas nach der Französischen Revolution enttäuscht als einen Niedergang dar:

»Es scheint mir, daß wir nun am Ende einer Entwicklung angelangt sein müssen, deren Anfänge ebensowohl mit der französischen Revolution verknüpft sind als mit dem Höhepunkt deutschen Geisteslebens in den Dezennien um 1800, einer Entwicklung, die insbesondere von den vierziger Jahren des verflossenen Jahrhunderts an im Geistes- und Gemütsleben der Völker immer wichtiger und gewaltiger wurde. Damals vor mehr als achtzig Jahren, schrieb unser großer österreichischer Dichter Grillparzer, dessen Geist von der Humanität des ausgehenden achtzehnten Jahrhunderts geformt war, in sein Notizbuch diese harte Charakteristik des nun mächtig werdenden neuen Geistes: ›Von der Humanität – durch Nationalität – zur Bestialität‹. Er hätte also, was sich seitdem vollzogen hat, und wovon wir heute den gewaltsamen und großartigsten Ausbruch erleben, mit Bitterkeit abgelehnt und nichts als Finsternis darin gesehen gegenüber der

Helligkeit des achtzehnten Jahrhunderts, der Zeit Rousseaus und Schillers, Kants und Goethes, aus der seine Bildung hervorgewachsen war.«[14]

Was Hofmannsthals weltanschauliche Position von der seines klassischen Vorbilds am meisten unterschied, ist das Fehlen jeglichen Glaubens an Fortschritt. Die Welt war für ihn auch weiterhin unveränderbar und stellte eine ewige Einheit dar. Die schmerzliche Empfindung der Gegensätze, die das Jugendwerk beherrscht hatte, wurde nunmehr in dieser großen Einheit aufgelöst, als falsches Produkt des Geistes betrachtet.

»Alle Zweiteilungen, in die der Geist das Leben polarisiert hatte, sind im Geiste zu überwinden und in geistige Einheit zu überführen; alles im äußeren Zerklüftete muß hineingerissen werden ins eigene Innere und dort in eines gedichtet werden, damit außen Einheit werde, denn nur in dem sich Ganzen wird die Welt zur Einheit« (P 4, 411f.), heißt es 1927 in der Rede *»Das Schrifttum als geistiger Raum der Nation«*.

Die Gegensätze sah er auch weiterhin nicht dialektisch, ja, er hielt die »Ablehnung der Dialektik« (P 3, 408) für einen Grundzug österreichischen Wesens. Nicht Kampf, sondern Aussöhnung der Gegensätze ist hier angestrebt. »Schon als Mensch, in dem vielerlei Blut sich mischt, schon als Österreicher bin ich ganz auf die verbindende Linie, auf die Aussöhnung der Gegensätze gestellt«[15], heißt es 1922 in einem Brief.

Diese Negierung der Gegensätze bestimmt auch Hofmannsthals Auffassung von der Gesellschaft. Für ihn gab es keine gesellschaftlichen Klassen, sondern lediglich Gruppen, die alle ihre Funktion haben. Er prägte sich einen Begriff des »Sozialen« oder des »Volkes«, in dem die Trennung zwischen den Klassen aufgehoben ist, und er verkündete eine »konservative Revolution«. (P 4, 413). Der Selbstwiderspruch dieser Formel drückt die für die zweite Schaffensperiode charakteristische Haltung des Dichters prägnant aus. Er war *konservativ*, weil er einen idealisierten Zustand, den er in der Vergangenheit, in der Zeit Maria Theresias und Goethes erblickte, wiederherstellen wollte, und er hielt sich für *revolutionär*, also in die Zukunft weisend, weil er von der Wiedererrichtung dieses alten Zustandes die Lösung der gesellschaftlichen Probleme seiner Gegenwart erhoffte. Der späte Bürger, der über seine Bürgerlichkeit nicht hinauswachsen konnte, sehnte sich in die frühbürgerliche Zeit zurück. Zwischen den beiden Polen der Entwicklung seiner Klasse einen riesigen Verfall sehend, meinte er, fortschrittlich zu sein, wenn er aus der Tiefe wieder auf den Gipfel klettert, wo er bereits gewesen war.

Die Angst vor einer gesellschaftlichen Veränderung, die das von Hofmannsthal angenommene Gleichgewicht der Gesellschaft gestört hätte, bestimmte sein Verhalten auch gegenüber den politischen Geschehnissen seiner Zeit. Er begrüßte den Ersten Weltkrieg, weil er in der Armee die Verwirklichung der »politischen und zugleich sittlichen Einheit« (*»Die Bejahung Österreichs«*; P 3, 191) der Nation erblickte. In den revolutionären Bewegungen der Arbeiterklasse, vor allem der Oktoberrevolution in Rußland, sah er »die Drohung des Chaos an die geordnete Welt«[16]. Diese »Gefahr« stellte er in der Figur des Bettlers in dem didaktischen Erbauungsstück *»Das Salzburger große Welttheater«* (1922) und in den von dem befreiten Soldaten Olivier geleiteten Massen seines letzten Trauerspiels *»Der Turm«* dar. In »Welttheater« und in der ersten vollendeten Fassung des »Turm« (1924) glaubte Hofmannsthal noch, die Einheit der Weltordnung herstellen zu können: der Bettler erkennt durch göttliche Erleuchtung die Sinnlosigkeit seines Auflehnens, das Heer Oliviers wird von den Tataren des jungen Königs Sigismund zerschlagen.

In der ersten Fassung des »Turm« geht Hofmannsthals Auffassung über die Unantastbarkeit der gesellschaftlichen Ordnung so weit, daß selbst Sigismund, der Vertreter des Geistes, büßen soll, weil er die Weltordnung nur mit Gewalt herzustellen vermochte. Er stirbt an dem giftigen Messerstich der Zigeunerin, der Geliebten von Olivier, übergibt aber seinen Platz dem Kinderkönig, der die Ankunft der neuen Welt verkündet:

»Du sollst mir Schwert und Waage geben: denn du bist nur ein Zwischenkönig gewesen. – Wir haben Hütten gebaut und halten Feuer auf der Esse und schmieden Schwerter zu Pflugscharen um. Wir haben neue Gesetze gegeben, denn die Gesetze müssen immer von den Jungen kommen.« (Drn 4, 206)[17]

Das Illusionäre dieser Lösung erkennend, sah sich Hofmannsthal veranlaßt, das Drama umzuarbeiten. In der 1926 beendeten zweiten Fassung kam wieder die Realität wie in den Jugenddramen zum Vorschein. Die künstlich aufrechterhaltene Weltordnung Hofmannsthals stürzte zusammen. Die losgelassene Hölle, wie das Graf Julian, der Erzieher Sigismunds, am Ende des vierten Aktes erkennt, fegt das vorgestellte Reich des Geistes weg. Sigismund stirbt an dem tödlichen Schuß von Oliviers Trabanten. Das letzte in einem Kunstwerk formulierte Urteil Hofmannsthals über die Welt, in der er lebte, enthält der Dialog zwischen Sigismunds Arzt und Olivier am Ende des Dramas:

Arzt: Wer ist Richter über die Reinheit? Wo hat die Unschuld ihren Richter?
Olivier: Ich habe gemeint, der Herr ist ein Doktor, aber ich sehe, er ist ein Pfaff. Die Begriffe, mit denen der Herr operiert, sind abgetan und liegen auf dem Schindanger.
[...]
Arzt: Die Welt wird nicht vom Eisen regiert, sondern vom Geist, der in ihm [Sigismund; der Verf.] ist. Er ist ein gewaltiger Mensch. Hütet Euch!
Olivier: Jetzt habt Ihr sein Urteil ausgesprochen. Darum muß er kassiert, annuliert, ausgelöscht werden. (Drn 4, 458f.)

Für diesen Einbruch des »Chaos« machte Hofmannsthal die führenden Schichten der Vorkriegsgesellschaft und den »Materialismus« des 19. Jahrhunderts verantwortlich.

»Du hast deinen Krieg verloren, Basilius. Eitel war dein Krieg, unzeitig war dein Krieg, frech und freventlich war dein Krieg« (Drn 4, 365),

sagt Kardinal Großalmosenier zu Basilius, dem alten König, im zweiten Akt des Dramas. Die letzten Worte Sigismunds, mit denen die Tragödie endet –

»Gebet Zeugnis, ich war da, wenngleich mich niemand gekannt hat.« (Drn 4, 462) –,

scheinen jene Interpretationsversuche zu stützen, die in »Turm« die symbolische Darstellung der christlichen Erlösung sehen. Damit ist jedoch keine eindeutige Erklärung für den völlig entgegengesetzten Ausgang der beiden Fassungen gegeben. Sigismunds letzte Worte sind in der Mahnung des Arztes – »Er ist ein gewaltiger Mensch. Hütet Euch!« – bereits implizite enthalten. Aber eben diesen Worten folgt Oliviers Antwort, die das Todesurteil fällt. Das veränderte Ende des Dramas kann vielmehr als ein ›Sieg des Realismus‹ betrachtet werden. Den vielen Zeichen gegenüber, die bereits 1926 den Schatten der faschistischen Barbarei vorauswarfen, muß Hofmannsthal den früheren Schluß seines Werkes als absurd empfunden haben.

Was für den Dichter in gesellschaftlicher Hinsicht das »erreichte Soziale« war, bedeutete für ihn auf der Ebene des Nationalen der Begriff »Europa« bzw. »Österreich«: eine »Versöhnung«, eine »Synthese«, die »Überspannung des Auseinanderklaffenden«. (P 3, 405). Die Wendung, die Hofmannsthal nach dem »Chandos-Brief« machte, war teilweise dadurch möglich, daß er sich im Österreichischen eine nationale Identität schuf. In einer Reihe von Reden und Aufsätzen, aber auch in belletristischen Werken versuchte er, das spezifische Österreichische zu erfassen. Wichtigstes Merkmal ist für ihn auch hier das »Versöhnende«. In Österreich sah er die Verwirklichung der Idee Europa:

»Wer sagt ›Österreich‹, der sagt ja: tausendjähriges Ringen um Europa, tausendjährige Sendung durch Europa, tausendjähriger Glaube an Europa.« (P 3, 382)

Unter *Europa* verstand er eine Synthese der Kulturen der europäischen Nationen, eine höhere Stufe der Entwicklung der Menschheit. Hofmannsthal war einer der ersten Vorkämpfer eines bewußt antichauvinistischen Europäertums. Dieselbe Bestrebung zur Synthese meinte er, auch in Österreich zu entdekken.

In der bereits seit dem aufgeklärten Absolutismus unter Josef II. verkündeten Vermittlerrolle Österreichs zwischen Ost und West sah der Dichter einen wesentlichen Bestandteil des Österreichischen: »Österreich ist gegen Osten und Süden ein gebendes, gegen Westen und Norden ein empfangendes Land.« (P 3, 231) Den Begriff des Österreichers, des österreischischen Menschen, zu dessen Eigentümlichkeit gehörte, nicht national, sondern supranational zu sein, stattete er mit allen möglichen für positiv gehaltenen Eigenschaften aus: Volkstümlichkeit, Naturnähe, Heimatliebe, historischer Instinkt (Traditionsbewußtsein), dem entmannenden Geldwesen gegenüber eine Verankerung in der bäuerlichen und demokratischen Tradition.[18] In einer idealisierten Welt der Regierungszeit der Kaiserin Maria Theresia sowie in der Musik an ihrem Hof sah er den Geist Österreichs verwirklicht.

»Die lieblichste Heiterkeit, Seligkeit ohne Ekstase, die Freudigkeit, fast Lustlosigkeit in Haydns Messen, ein Hauch von Slawischem, ein Glanz von Italienischem, in dieser aus der tiefsten Deutschheit geschöpften Musik, Deutschheit aber ohne Sehnsucht, ohne Schweifendes, Größe ohne Titanisches ...« (P 3, 33)

Die Einschränkung nach der zweiten Erwähnung des Wortes *Deutschheit* offenbart Hofmannsthals Auffassung über die Deutschen, die er den Österreichern diametral entgegensetzte.

In der 1917 erschienenen Schrift *»Preuße und Österreicher«* wird dies wiederholt: den Preußen, die mit den Deutschen (die Bayern ausgenommen) identifiziert werden, sind hier völlig entgegengesetzte Charakterzüge zugesprochen: »Staatsgesinnung« statt »Heimatliebe«, »Tugend« statt »Frömmigkeit«, »Tüchtigkeit« statt »Menschlichkeit«, »Selbstgefühl« statt »Selbstironie«, »Mangel an historischem Sinn« (P 3, 407–409) statt des historischen Instinktes der Österreicher.

Der Verbreitung seiner Österreichidee sollte auch die seit 1915 beim Inselverlag von ihm herausgegebene Reihe »Österreichische Bibliothek« dienen. Dasselbe Ziel verfolgte Hofmannsthal, als er 1919 mit dem Gedanken der Salzburger Festspiele vor die Öffentlichkeit trat.

»Der Festspielgedanke ist der eigentliche Kunstgedanke des bayrisch-österreichischen Stammes« (P 3, 441)

lautet der erste Satz seiner programmatischen Schrift, die in gewisser Hinsicht auch als künstlerisches Bekenntnis seiner zweiten Schaffensperiode zu betrachten ist. Hier sind all jene Vorbilder aufgezählt, denen er in seiner vielseitigen dichterischen Tätigkeit folgte: mittelalterliches und barockes Mysteriendrama, barocke Oper und romantisches Märchenstück, Aischylos, Shakespeare, Calderon, Goethe, Grillparzer, Raimund, Gluck, Weber und Mozart.

Der christliche Glaube und die Suche nach einer österreichischen Tradition führten ihn zum mittelalterlichen Mysterienspiel (»Jedermann«) und dem barocken Drama Calderons (»Das Salzburger große Welttheater«, »Der Turm«). Die barocke Auffassung über die Welt als Bühne, auf der die Menschen wie Schauspieler in einem Theaterstück nach dem Willen einer außer ihnen stehenden göttlichen Macht agieren, fiel mit Hofmannsthals Klassikinterpretation der sittlichen Gesetze zusammen und entsprach völlig dem die Versöhnung der Nationen verkündenden Festspielgedanken. *»Jedermann. Das Spiel vom Tode des reichen Mannes«* (1911) wurde am 12. August 1920 zum ersten Mal in der Inszenierung von Max Reinhardt auf dem Salzburger Domplatz aufgeführt und ist seitdem ein ständiges Repertoirestück der Salzburger Festspiele. *»Das Salzburger große Welttheater«* wurde, wie auch der Titel zeigt, bereits für die Festspiele geschrieben.

Der seit dem Barock in Österreich lebendigen Tradition des Singspiels (Oper, Volksstück, Operette), verdankte Hofmannsthal jene Gattung, die seinen Namen bis auf den heutigen Tag in der ganzen Welt bekannt macht: das Opernlibretto.

»[...] dramatisches Wesen und Musikwesen ist eins – hohes Schauspiel und Oper, stets nur begrifflich geschieden, im Barocktheater des siebzehnten Jahrhunderts schon vereinigt, in der Tat untrennbar« (P 3, 441)

heißt es in der programmatischen Schrift *»Deutsche Festspiele zu Salzburg«*. Diese Feststellung war auch eine Selbstrechtfertigung des Dichters, der ab Frühjahr 1906, als der Komponist Richard Strauß den Wunsch äußerte, Hofmannsthals »Elektra« zu komponieren, eine Reihe von dramatischen Werken für Musik schrieb: »Der Rosenkavalier«, »Josephslegende«, »Ariadne auf Naxos«, »Die Frau ohne Schatten« und – in den zwanziger Jahren – »Die ägyptische Helena« und »Arabella«. Mit diesen Werken eroberten Strauß und Hofmannsthal sämtliche Opernhäuser der Welt.

Das bleibendste Werk nicht nur unter den Musikdramen, sondern auch der gesamten zweiten Schaffensperiode des Dichters wird wohl *»Der Rosenkavalier«* (1910) sein. In diesem auch gewisse melodramatische Züge aufweisenden Lustspiel gelang es Hofmannsthal, einen fast schematischen Komödienstoff mit vollem Leben zu füllen. Das Stück hat eine sehr einfache, beinahe banale Handlung, die Hofmannsthal mit den folgenden Worten zusammenfaßte:

»[...] ein dicker, älterer, anmaßender Freier, vom Vater begünstigt, wird von einem hübschen Jungen ausgestochen«.[19]

Hofmannsthals Hauptanliegen war jedoch nicht, sich über den tölpelhaften Landadeligen und Mitgiftjäger Baron Ochs auf Lerchenau lustig zu machen, das haben Moliere und viele andere bereits getan. Der »hübsche Junge«, Octavian, »genannt Quinquin, ein junger Herr aus großem Haus«, wie es im Personenverzeichnis heißt, ist nicht mehr vogelfrei, er hat ein scheinbar glückliches Liebesverhältnis zu der Feldmarschallin Fürstin Werdenberg, die älter ist als er. Um seine plötzlich entfachte Liebe zu der Bürgerstochter Sophie erfüllen zu können, muß Octavian der Marschallin Leid antun. Sie auch ist die eigentliche Hauptheldin des Stückes. Sie weiß zwar schon im ersten Akt um die Vergänglichkeit ihrer Beziehung, muß sich jedoch besiegen, um verzichten zu können. So ist das Glück der jungen Liebenden getrübt, und die letzten Worte Sophies – »beieinand für alle Zeit / und Ewigkeit« (Lsp 1, 397) klingen für diese selbst nicht sehr überzeugend.

Das eigentliche Thema geht über das in der Handlung Skizzierte hinaus: Gefragt wird nach der Natur des menschlichen Glücks. Die Antwort, die Hofmannsthal gibt, ist tief menschlich, wirklich im Geiste der Humanität verankert: Ein absolutes Glück gibt es nicht, man kann jedoch glücklich sein, wenn man sich den Gesetzmäßigkeiten, oder – mit Hofmannsthals Wort – der »Notwendigkeit« fügt.

Mit diesem philosophischen Problem ist der Gehalt des »Rosenkavalier« noch immer nicht erschöpfend erschlossen. Hofmannsthal wollte ein österreichisches Stück schreiben. Rückblickend faßt er seine Ziele folgenderweise zusammen:

»Dahinter war der geheime Wunsch, ein halb imaginäres, halb reales Ganzes entstehen zu lassen, dies Wien von 1740, eine ganze Stadt mit ihren Ständen, die sich gegeneinander abheben und miteinander mischen, mit ihrem Zeremoniell, ihrer sozialen Stufung, ihrer Sprechweise oder vielmehr ihren nach den Ständen verschiedenen Sprechweisen, mit der geahnten Nähe des großen Hofes über dem allen, mit der immer gefühlten Nähe des Volkselements.« (P 4, 428f.)

Es ist ein großes Verdienst Hofmannsthals, aus der sehr widersprüchlichen Rolle der Habsburger in der Geschichte Europas jene Elemente als österreichische Tradition hervorgehoben zu haben, die mit dem Humanitätsgedanken der Aufklärungszeit in Einklang waren. Weder Kaiser Leopold I., der jede Freiheitsbestrebung in seinem Reich unterdrückte, noch Kaiser Franz, der die ungarischen Jakobiner hinrichten ließ und sich an der Heiligen Allianz beteiligte, wurden von ihm als österreichische Tradition begriffen, sondern jene gewissen volkstümlichen Züge, die die Regierungszeit der Kaiserin Maria Theresia aufwies. Die Volksbräuche, Fastnacht- und Osterspiele, das Hanswurstspiel und die Commedia dell'arte waren in den mehr geschlossenen bäuerlichen Gemeinschaften der süddeutschen und österreichischen Gebirgsgegenden viel länger lebendig, als in den mittel- und norddeutschen Städten. Sie gingen im neunzehnten Jahrhundert in die Gattung des Volksstücks ein. An diese Tradition wollte Hofmannsthal anknüpfen, wenn er für sein Libretto die Wichtigkeit des Volkselements betonte. Im »Rosenkavalier« ist es ihm auch gelungen, die eben zitierten Ziele zu erreichen: auf der Opernbühne wird ein zwar idealisiertes, aber vielseitiges und mitreißendes Bild der mehr Rokoko- als barocke Züge aufweisenden Kaiserstadt lebendig.

Aus der »Mischung von Finanz- und Schöngeistigkeit«, mit der Ludwig Hevesi die gesellschaftliche Schicht, aus der Hofmannsthal entstammte, charakterisierte, konnte trotz der Fruchtbarkeit kein homogenes Lebenswerk hervorgehen. Hofmannsthals dichterisches Schaffen und auch seine Wirkung sind voll von Widersprüchen. Während die Jugendwerke mit der Darstellung der Isoliertheit des Individuums in der Gesellschaft wesentliche Merkmale der spätbürgerlichen Entwicklung erfaßten, boten manche spätere Werke – wie »Das Salzburger große Welttheater« oder die erste Fassung des »Turm« –, in denen er einen Ausweg zu zeigen hoffte, Lösungen an, die völlig irreal waren. Hofmannsthals Bemühungen um die Erschließung der österreichischen Tradition, insbesondere deren demokratische und volkstümliche Elemente, spielen noch heute eine sehr wichtige Rolle bei der Herausbildung des österreichischen Nationalbewußtseins. Seine Vorstellungen über die Versöhnung der sozialen Gegensätze jedoch führten ihn während des Ersten Weltkriegs und nachher zu manchen politischen Fehlurteilen. Wurde der junge Hofmannsthal von den meisten seiner Zeitgenossen fast wie ein Halbgott verehrt, gab es jedoch schon vor dem Ersten Weltkrieg kritische Stimmen, die seine Antworten auf die dringenden Fragen der Zeit für ungenügend hielten. In der Folgezeit beschränkte sich seine Wirkung zunehmend auf einen sehr engen Kreis von Gleichgesinnten. In den zwanziger Jahren verband sich sein Name für ein größeres Publikum hauptsächlich mit den Salzburger Festspielen und seinen Opernlibretti. Nach dem Zweiten Weltkrieg befaßte sich die Literaturwissenschaft in der Bundesrepublik, der Schweiz und in Österreich ziemlich ausführlich und manchmal tiefgreifend mit Hofmannsthal, eine umfassende marxistische Analyse seiner Werke steht noch aus. Sein ständiges Bemühen, aus der Krise der spätbürgerlichen Gesellschaft einen Ausweg zu finden, das Anknüpfen an die humanistische Tradition der deutschen Klassik sowie seine hohe sprachliche Leistung verdienen aufmerksame Untersuchung.

Biographische Notiz

Hugo von Hofmannsthal (eigtl. Hugo Laurenz August Hofmann Edler von) wurde am 1. Februar 1874 in Wien geboren. Einziges Kind eines höheren Bankbeamten österreichisch-böhmischer, jüdischer und lombardischer Vorfahren. 1884/92 Besuch des Akademischen Gymnasiums in Wien; erste Veröffentlichungen (Ps. Loris) im Alter von 17 Jahren, Bekanntschaft mit A. Schnitzler, R. Beer-Hofmann, F. Salten, H. Bahr, St. George, L. v. Andrian. 1892 Beginn der Mitarbeit an »Blätter für die Kunst«, Reise nach Südfrankreich. 1892/94 Studium: 4 Semester Rechtswissenschaften und, nach einjährigem Militärdienst (1893/94), Romanistik in Wien. 1898 Promotion zum Dr. phil. (»Über den Sprachgebrauch bei den Dichtern der Plejade«); eine Habilschrift zum Thema »Studie über die Entwicklung des Dichters Victor Hugo« (1900/01) zog er später zurück. 1896 Bekanntschaft mit O. Brahm; 1899 Begegnung mit G. Hauptmann, Harry Graf Kessler und E. v. Bodenhausen. 1901 Ehe mit Gertrud Schlesinger, Übersiedlung nach Rodaun bei Wien, wo Hofmannsthal bis zu seinem Tod als freier Schriftsteller lebte.

1902 Reise nach Rom und Venedig. 1903 Bekanntschaft mit M. Reinhardt, 1906 mit Richard Strauß, Bruch mit George. 1907 Übernahme der Redaktion des Lyrik-Teils der Wochenschrift »Morgen«. Zu Beginn des Ersten Weltkriegs, nach kurzer Stationierung bei seiner Truppe in Istrien, Dienst im k. u. k. Kriegsfürsorgeamt in Wien als Leiter der Pressestelle. 1915/16 Vortragsreisen nach Krakau, Brüssel, Prag, Skandinavien. Ab 1916 Rückkehr zur Theaterarbeit. 1915/17 Redaktion der Reihe »Österreichische Bibliothek« (Insel-Verlag); 1916 zweimonatiger Aufenthalt Rilkes in Rodaun. August 1922 – mit Aufführung von »Jedermann« – Beginn der »Salzburger Festspiele«; 1922/27 Redaktion der Zeitschrift »Neue Deutsche Blätter«, Hofmannsthal starb am 13. Juli 1929, zwei Tage nach dem Selbstmord seines Sohnes Franz, vor Aufbruch zu dessen Begräbnis, an einem Schlaganfall.

János Szabó

Karl Kraus

Selbst heute, mehr als fünfzig Jahre nach seinem Tod, gehört Karl Kraus (1874–1936) zu den Autoren, die die Gemüter erregen können. Unerschütterliche Krausianer verteidigen ihn gegen vielleicht gar nicht vorhandene Feinde, Gegner werfen ihm aus unterschiedlichen Motiven heraus Versäumnisse, ja Sünden vor – Argumente für oder wider solche generalisierenden Aussagen lassen sich aus dem umfangreichen Lebenswerk mit Leichtigkeit erbringen. Wer nähere Bekanntschaft mit dem Werk Kraus' macht, geht im allgemeinen durch die Phasen, die in Elias Canettis autobiographischen Schriften sehr plausibel geschildert werden: blinde Ergebenheit – Haß – distanzierte Verehrung.

Im vorliegenden Beitrag (dessen Verfasser sich hoffentlich schon in der dritten Phase befindet) soll der Versuch unternommen werden, einen Überblick über wichtige Stationen des Lebenswerkes zu geben, wobei zwangsläufig vieles nur angedeutet werden kann. Einiges – Vorlesungen, Dramen, Epigramme, Aphorismen, der Begriff Ursprung, die Rolle des Zitats, die Haßliebe, die ihn mit der österreichischen Sozialdemokratie verband, persönliche Freund- und Feindschaften, geradezu magische Wirkung auf Leser und Zuhörer, geistige Verwandtschaft mit zahlreichen Zeitgenossen, Verwurzelung im k. u. k. Milieu usw. – muß gar unberücksichtigt gelassen werden, wissenschaftliche Spezialisten mögen deshalb nicht auf ihre Rechnung kommen, andere Leser aber seien an Kraus' Mahnung erinnert:

»Ein für allemal bitte ich zu glauben, daß mich jene schlecht kennen, die da glauben, sie kennten mich gut, und die, die's ihnen glauben, nicht besser.«[1]

Der junge Kraus unterschied sich in nur einem Punkt von der Schar zeitgenössischer Wiener Literaten: Er wollte aus Arbeiten junger Autoren eine Satiren-Anthologie zusammenstellen und herausgeben. Aus den mit großem Einsatz gestarteten Bemühungen wurde zwar nichts, doch das Interesse für die Tätigkeit anderer – egal, ob belletristischen, journalistischen oder politischen Charakters – und für die satirische Darstellungsweise blieb signifikant für sein gesamtes Lebenswerk. Die Suche nach Verbündeten, der unmittelbaren Gemeinschaft Gleichgesinnter, wurde aber ziemlich abrupt aufgegeben: Ende 1896 erscheint *»Die demolirte Literatur«*, eine scharfzüngige Abrechnung mit den möglichen Partnern, den Stammgästen des Café Griensteidl – Vertretern des sogenannten Jung-Wien. Das in *»Eine Krone für Zion«* (1898) Kritisierte weist bereits über das Eng-Literarische hinaus, es geht Kraus in diesem Werk darum, den Begründer des Zionismus, den Wiener Theodor Herzl, mit dem typisch satirischen Kunstgriff der Reduktion als irrtümlich in die Politik geratenen Kaffeehausliteraten zu entlarven.

Auch der verlockenden Zugehörigkeit zu der bekanntesten Wiener Zeitung, »Neue Freie Presse«, geht Kraus aus dem Wege und gründet – dank der finanziellen Unabhängigkeit, die die Familie für ihn sichert – unter dem Titel *»Die Fackel«* eine eigene Zeitschrift. Am 1. April 1899 erscheint das erste Heft, es sollen 921 weitere folgen. Alles, was Karl Kraus in den nächsten fast vier Jahrzehnten seines Lebens als Schriftsteller, Zeitungsherausgeber, öffentliche oder gar Privatperson beschäftigte, was er tat und was man ihm antat, hing mit dieser Zeitschrift zusammen und wurde in ihren Spalten präzise registriert. Von Karl Kraus sprechen, heißt also eigentlich von der »Fackel« sprechen.

Im ersten Heft, das durch die für alle Neuigkeiten empfängliche Wiener Öffentlichkeit mit großem Interesse aufgenommen wurde, umriß der Herausgeber sein Programm. Er will über allen Parteien stehen und – quasi in Anlehnung an den für das zeitgenössische Wien typischen Positivismus – die aktuellen Ereignisse von einem »Beobachterposten« aus beurteilen. Und zwar als »Publizist« und mit einer hier bereits erstaunlich militanten Intention:

»[...] kein tönendes ›Was wir bringen‹, aber ein ehrliches *›Was wir umbringen‹* hat sie [Die Fackel; d. Verf.] sich als Leitwort gewählt.« (F 1, 1899, 1)

Die selbstgewählte Isolation, die Beobachterposition und der kämpferische Grundton, der radikale Verzicht auf jeglichen in der k. u. k. Welt so beliebten Kompromiß bleiben bezeichnend für Kraus; ein weiterer Aspekt, das medienkritische

Herangehen, ergänzt bald diese Faktoren. Bereits im fünften Heft heißt es:

»Ich komme wahrhaftig erst in zweiter Linie dazu, die öffentlichen Dinge zu betrachten, weil leider gar so viel Journalschmutz davor liegt, den wegzufegen eine penible, aber nothwendige Arbeit ist. Ich möchte über die Verhandlungen im Haag sprechen und stoße auf die ›Neue Freie Presse‹.« (F 5, 1899, 11f.)

Mit Tausenden konkreten Beispielen wird in der »Fackel« die Presse nicht nur als korrupte Institution angeprangert, sondern auch als nicht zu unterschätzendes Instrument der Nivellierung und Manipulierung des Denkens im Sinne der Herrschenden, das die Menschen geistig wehrlos macht. Gezeigt wird, auf welche Weise die Wirklichkeit vor dem Leser verdeckt wird, wie Lüge, Zeilenschinderei und Korruption in die Zeitung Eingang finden. Kraus nimmt dabei in erster Linie die seiner Ansicht nach unzulässige Verknüpfung von Presse und Literatur unter die Lupe. Sein Standpunkt ist im Aufsatz *»Untergang der Welt durch schwarze Magie«* (1922) am deutlichsten ausgeführt:

»Eine Gesellschaft ist dann auf dem Krepierstandpunkt, wenn sie zum Schmuck des Tatsachenlebens Einbrüche in kulturelles Gebiet begeht und duldet. Nirgendwo auf der Welt erlebt sich das Ende so anschaulich wie in Österreich.« (F 363/365, 1912, 3)

Das Stichwort des ersten »Fackel«-Heftes, »Publizist«, bedurfte unter solchen Umständen freilich bald der Modifizierung. Es gab dafür einen weiteren, praktischen Grund. Das Wiener Publikum unterstützte die von Kraus geführte vielschichtige antikorruptionistische Tätigkeit, versorgte ihn mit Themen, Tips, Angaben – in der Annahme, es handle sich um eines der zahlreichen Wiener Skandalblätter, nur auf besserem Niveau. Der Protest von Kraus konnte nicht ausbleiben:

»In Wien glaubt man offenbar noch immer, daß ich der Inhaber eines ›Aufdekkungsbureaus‹ bin. Und doch wirkt seit Jahren nichts so verstimmend auf meine Magennerven wie das Wort ›Übelstände‹. [...] Ich bin nämlich Schriftsteller und nicht Aufdecker.« (F 226, 1907, 23)

Und die Aufgabe des Schriftstellers formuliert er so:

»Aussprechen, was ist: ein niedriger Heroismus. Nicht daß es ist, sondern daß es möglich ist: darauf kommt es an. Aussprechen, was möglich ist!« (F 336/337, 1911, 42)

Das erste literarisch hochwertige Beispiel dafür, daß Kraus tatsächlich aussprach, was möglich ist, lieferten seine Arbeiten zur unhaltbaren juristischen Praxis der Monarchie. Seine Aufmerksamkeit konzentrierte sich dabei auf die Sittlichkeitsprozesse, in denen die zwielichtige herrschende Moral der Epoche besonders deutlich zum Vorschein kam. Während der Mann weitgehende Freiheit im sexuellen Bereich genoß, wurde die Frau als persönlichkeits- und willenloser Dekorationsgegenstand behandelt. Eine theoretische Grundlage dafür schien die damals modisch-beliebte Auffassung Otto Weiningers zu bieten, der – im Gegensatz zur nur und durchaus sexuellen Frau – den schöpferischen, charaktervollen Mann verherrlichte. Kraus schloß sich zwar dieser Einteilung an, setzte sich aber entschieden für die Frau als Verkörperung natürlicher Triebe, als Gegenpol der häßlichen Welt der Männer ein:

»Denn die Natur hat dem Weib die Sinnlichkeit als den Urquell verliehen, an dem sich der Geist des Mannes Erneuerung hole.« (F 211, 1906, 27)[2]

Sexualität gehört nach Kraus zur unantastbaren Privatsphäre des Menschen, diese Ansicht vertrat er mit großem Nachdruck. »Unschicklich ist, wenn jemand dabei ist« (F 115, 1902, 8), zitiert er in einem programmatischen Aufsatz und protestiert energisch dagegen, daß der Gesetzgeber immer dabei sein will. Er wendet sich gegen die Sexualjustiz und die sensationslüsterne Presse, indem er etwa den Fall der Frau P. anführt, die für Untreue von ihrem Mann mit Revolver, Peitsche und Schere ›bestraft‹ und dann noch der Öffentlichkeit des Gerichts wie der über den Prozeß berichtenden Presse ausgeliefert wurde.

In der Auseinandersetzung mit der Justiz war 1908 durch die Herausgabe der thematischen Aufsatzsammlung *»Sittlichkeit und Kriminalität«* eine Zäsur gesetzt – die zur gleichen Zeit aufgegriffenen Fragen zu »Kultur und Presse«[3] hingegen eröffneten für Kraus immer neue Seiten. Besonders gilt das für seine Äußerungen zum Theater, einem Phänomen, dem in Wien größte Aufmerksamkeit gewidmet wurde.

Im Kunstleben der Zeit, beklagte Kraus in dem Aufsatz *»Grimassen über Kultur und Bühne«*, mangele es an souveränen Persönlichkeiten:

»Nicht die es tragen, sondern die in dem Artikel reisen, sind nunmehr die Repräsentanten des Weltwarenhauses unserer Kultur.« (F 270/271, 1909, 2)

Der echte Künstler müsse unbeeinflußt von der Publikumsmeinung sein, eigenen Gesetzen nachgehen, ein natürliches, selbstverständliches Verhältnis zur Wirklichkeit entwickeln. Verkörperung dieses Ideals sind für Karl Kraus der Schauspieler Alexander Girardi und der Schriftsteller Peter Altenberg. Auch der Antikünstler wird beim Namen genannt. Antipode Girardis ist der Operettenschauspieler Louis Treumann, von Altenberg der Operettenkomponist Viktor Leon.

Die berühmte zeitgenössische Wiener Operette kann vor Kraus' kritischem Urteil nicht bestehen. Lehár beispielsweise wird in 76 »Fackel«-Nummern erwähnt, und kein einziges Mal positiv. Dabei hat Kraus nichts gegen die Gattung selbst, im Gegenteil: Offenbach gehört zu seinen großen Idolen. Bei diesem »Freudengenius« und »größtem Satiriker aller Zeiten« würden Krämpfe gelöst, der Vernunft Erholung und Lockerung geschaffen, exemplifiziertes Leben (und nicht die Illusion des Lebens) erscheine, die Kausalität sei aufgehoben, es herrschten Gesetze des Chaos. Mit einem Wort: Die Operette des Typs Offenbach ist für Kraus die einzige dramatische Form, welche den Möglichkeiten der Bühne wirklich entspricht.[4]

Der andere vorbildliche Künstler der Vergangenheit neben Offenbach ist in Kraus' Augen Johann Nestroy: ein durch und durch souveräner Mensch (»Er war Denker, und konnte darum weder liberal noch antiliberal denken.« – F 349/350, 1912, 17), ein Meister der Sprache und ein großer Satiriker:

»Der satirische Künstler steht am Ende einer Entwicklung, die sich der Kunst versagt. Er ist ihr Produkt und ihr hoffnungsloses Gegenteil.« (F 349/350, 1912, 23)

Selbst in dem glänzenden Nestroy-Aufsatz, den auch die Nestroy-Forschung hoch einschätzt, verzichtet Kraus nicht auf (oft unbegründet und unmotiviert) abwertende Urteile über Zeitgenossen, wie beispielsweise im folgenden Satz:

»Er [Nestroy, d. Verf.] verfährt anders als der bekanntere zeitgenössische Umdichter Hofmannsthal, der ehrwürdigen Kadavern das Fell abzieht, um fragwürdige Leichen darin zu bestatten, und der sich in seinem ernsten Berufe gegen einen Vergleich mit einem Possendichter wohl verwahren würde.« (F 349/350, 1912, 7)

Vom Richterpult dieses Satirikers aus gibt es eben nur zweierlei Erscheinungen in der Welt, gute und schlechte. Schlechtes, Ungeeignetes entdeckte er meist in der Gegenwart, in der Vergangenheit kannte er nur ein einziges wesentliches (und daher um so auffallenderes) Beispiel für Kritik: Heinrich Heine (*»Heine und die Folgen«*; F 329/330, 1911, 1–33). Im Zuge des Versuchs, Heine um jeden Preis bloßzustellen, unterlaufen Kraus offensichtliche Willkürlichkeiten, Zitatmißbrauch und Unterstellungen. Während Nestroy nichts für die verständnislose »Nachwelt« könne (*»Nestroy und die Nachwelt«*, 1912), wird Heine persönlich für die »Folgen«, die Verknüpfung von Presse und Literatur, die aus seinem Feuilletonismus herrührende journalistische Phrase, verantwortlich gemacht.

So ungestüm und ungerecht die Angriffe auf Heine jedoch sind, die mit konkretem Material aus der Gegenwart belegte Anprangerung des Feuilletons, die Abrechnung mit dem literarischen Ornament und die Hinweise auf den Mißbrauch von Sprache sind bemerkenswert. In keiner anderen Arbeit ist die

Ambivalenz von Kraus' Positionen und Stellungnahmen so deutlich wie in dieser.

Ob Tradition oder Gegenwart – im weitesten Sinne interessierte Kraus alles, was mit Kultur zusammenhängt, ist er ein wirklicher Kulturkritiker. Darum spottete er:

»Die Straßen Wiens sind mit Kultur gepflastert. Die Straßen anderer Städte mit Asphalt.«[5]

Immer wenn er Gefahren für ein kulturvolles, menschenwürdiges Leben sieht, meldet er sich zu Wort. Er verurteilte die Psychoanalyse, weil sie in der innersten Schicht der Privatsphäre, in der Menschenseele, herumkrame, prangerte Ärzte an, die gegenüber Journalisten ihre Schweigepflicht brechen, verurteilte alle Erscheinungen, bei denen die Zweckmäßigkeit der Dekoration geopfert wird, vom Festzug[6] Makarts anläßlich des 60. Jahrestages der Thronbesteigung von Franz Joseph (das Motiv kehrt in Musils »Mann ohne Eigenschaften« wieder) bis zum Fiaker:

»Die Leute, die uns bedienen, sie sind Sehenswürdigkeiten. Der Kutscher ist eine Individualität, und ich komme nicht vorwärts. Der Kellner hat Rasse und läßt mich deshalb auf das Essen warten. Der Kohlenmann singt vergnügt auf seinem Wagen, und ich friere.« (F 266, 1908, 9)

Skeptisch betrachtet er den bürgerlich-liberalistischen Fortschrittsbegriff, der Fortschritt mache »Portemonnaies aus Menschenhaut«. (F 287, 1909, 10) Dem setzt er entgegen: »Wir *stehen* im Zeichen des Fortschritts.«[7] Man protze mit Scheinerfolgen, wie mit der Entdeckung des Nordpols, doch das sei ein »Pyrrhussieg«, denn die Natur lasse nicht mit sich spaßen, sie ermahne – mit dem Erdbeben in Sizilien, mit dem Untergang der Titanic usw. – die Menschheit: Das Manometer stehe auf 99, die Explosion erfolge bald, die Reiter der Apokalypse seien schon in Sichtweite.[8] Mit solchen apokalyptischen Visionen erreicht seine Kultur- und Zeitkritik einen absolut eschatologischen Punkt. Von 1908 an verkündet er ununterbrochen, daß die Katastrophe unvermeidlich ist.

Der Erste Weltkrieg galt Kraus von Anfang an als Verwirklichung der von ihm prophezeiten Apokalypse. Zunächst reagierte er allerdings mit Schweigen; die erste ›Kriegs‹-»Fackel« im Dezember 1914 verkündete:

»Die jetzt nichts zu sagen haben, weil die Tat das Wort hat, sprechen weiter. Wer etwas zu sagen hat, trete vor und schweige!« (F 404, 1914, 2)

Erst von Oktober 1915 an berichtet Kraus konsequent, mit Ausdauer und äußerster Konzentration über die »größte [...] Kulturpleite, die dieser Planet erlebt hat«. (F 413/417, 1915, 25) Die Registrierarbeit, überhaupt eine der bedeutungsvollsten Schichten seiner Aktivitäten, kulminiert in diesen Jahren. Immer wieder wird sie zugleich durch die Suche nach einer heilen, unberührten Idealwelt, nach »Natur«, wie dies schon in den früheren Arbeiten vorgeprägt war, unterbrochen und ergänzt. Neu ist deren Form. Kraus wendet sich – von einem pathetischen Prosastil ausgehend – der gebundenen, klar organisierten Sprechweise der Lyrik zu. Parks, Schmetterlinge, Pflanzen, Gewässer, Schweizer Täler erzeugen in den Gedichten Harmonie, die konfliktlose Kindheit wird als Gegenbild heraufbeschworen:

> Du großer Gott, laß mich nicht Zeuge sein!
> Hilf mir hinab ins Unbewußte.
> Daß ich nicht sehen muß, wie sie mit Wein
> zur Not ersetzen ihre Blutverluste.
>
> Du großer Gott, vertreib mir diese Zeit!
> Hilf mir zurück in meine Kindheit.
> Der Weg zum Ende ist ja doch so weit,
> und wie die Sieger schlage mich mit Blindheit.
>
> (*»Gebet während der Schlacht«*; F 443/444, 1916, 35)

Eine monumentale Synthese des Krausschen Schaffens ist das noch in den Kriegsjahren entstandene Drama *»Die letzten Tage der Menschheit«*. Das 800seitige Werk, »einem Marstheater zugedacht«[9], ist eine Montage von Zitaten, Momentaufnahmen, Glossen. Es entbehrt der kausalen Zusammenhänge, auffallend ist das kaleidoskophafte Nacheinander einzelner selbständiger Szenen mit exemplarischer Bedeutung. Angeklagt wird die das Menschliche vernichtende Zeit, in der alles im Zeichen der Unmenschlichkeit der »gepanzerten Kommerzwelt« (F 406/402, 1915, 109) und der »verantwortliche(n) Redakteur(e) des Weltkriegs« (IV. Akt, 29. Szene) steht; dieser Zustand würde sich auch im Frieden nicht ändern, denn dem »veränderten Leben, wenn's dann noch eins gibt, gesellt sich der alte Geisteszustand« (V. Akt, 49. Szene).

Schauplatz der meisten Bilder ist Wien, denn Kraus wollte am Beispiel Österreich–Ungarn, »Versuchsstation des Weltuntergangs«, Allgemeingültiges zeigen.

»Mein Patriotismus – eben ein anderer als der der Patrioten – vertrüge es nicht, einem feindlichen Satiriker die Arbeit zu überlassen«[10] –

sagt Kraus' Alter ego, der »Nörgler«, dessen Kommentare im Gespräch mit dem »Optimisten« die dargestellten Erscheinungen deuten, heller beleuchten sollen.

Kraus behauptete stets, die Sprache sei der zuverlässigste Verräter. So nahm er auch hier den Sprachgebrauch der am Krieg Beteiligten besonders sorgfältig unter die Lupe. Politiker, Offiziere, Beamte, Schieber werden allein durch ihre Worte lächerlich gemacht, gängige Phrasen verspottet, und der ewige Kraus-Feind, die Presse, quasi als eine der Hauptquellen des Übels entlarvt. Jeder Akt beginnt mit der lauten Verkündung der »Sonderausgabe«, auf Schritt und Tritt hört man »ich hab gelesen«, »haben Sie heut darüber gelesen«, »hat man ja lesen können«. Kleine, unbekannte Skribenten (wie zum Beispiel die Interviewer der aus Rußland zurückgekehrten Schauspielerin Elfriede Ritter) manipulieren den Leser ebenso wie ›Profis‹ von der Art Ludwig Ganghofers und Hans Müllers sowie die »einzige weibliche Kriegsberichterstatterin«, »die« Schalek. Leiter und Lenker dieser marionettenhaften Figuren ist Moriz Benedikt, Chefredakteur der »Neuen Freien [oder wie ein Kleinkind im Drama sagt, ›Feilen‹] Presse«, der sich im Epilog als Antichrist entpuppt.

Alle Arten von Kriegsgewinnlern können auf die Verachtung des Nörglers rechnen, gleich, ob sie Historiker, Spekulanten, Geistliche, Wissenschaftler oder Soldaten sind. Traditionen der satirischen Reduktion entsprechend, werden diese Figuren, für die stellvertretend die in der Schweiz protzenden Monstren mit den sprechenden Namen Gog und Magog stehen können, mit wenigen skizzenhaften, aber weitgehend charakteristischen Zügen gezeichnet. Positive Figuren treten in diesem Panoptikum satirisch überhöhter Figuren so gut wie gar nicht auf.

Die Bedeutung des Dramas, das Georg Lukács zu Recht zu den großen selbstkritischen Satiren des Bürgertums zählte,[11] liegt in der künstlerischen Form der Gleichzeitigkeit, vor allem aber in der menschlich-moralischen Haltung des Autors, die Kurt Tucholsky 1920 mit den Worten würdigte: »Diese Dinge sind [...] in den Kriegsjahren geschrieben worden. Dieser infernalische Haß gegen eine große Zeit, diese unbedingte Ablehnung, durch nichts zu erschütternde Ablehnung des Blutvergießens ist damals eine Tat gewesen. Heute schreibt dergleichen die halbe Schweiz und ein Zehntel Deutschlands, und das will nicht viel besagen. Aber damals, als die Wellen der vaterländischen Begeisterung allzuhoch gingen – damals dergleichen gewagt und gesagt zu haben: das will etwas bedeuten. Und er hat's gewagt.«[12]

Zu den Schriftstellern, denen die völlig neue politische Situation im Donauraum nach 1918 schwer zu bewältigende Probleme verursachte, gehörte auch Kraus. Der Staat, dessen reaktionäre Erscheinungsformen und Tendenzen er zwei Jahrzehnte lang schonungslos kritisiert hatte, war von einem Tag zum anderen verschwunden. Kraus versuchte, seine Outsider-Position auch in der Republik zu bewahren, gleichzeitig aber dem neuen Staat durch Angriffe auf das Vermächtnis der Monarchie Schützenhilfe zu leisten. Wichtigstes Zeugnis dafür ist ein *»Nachruf«* (F 501/507, 1919) genanntes Werk, 120seitige Abrechnung mit dem Habsburgerstaat, die den »Letzten Tagen der Menschheit« sowohl zeitlich als auch textlich nahe steht, nur daß die Zeitdokumente hier in den Hintergrund treten, und sozusagen dem Nörgler allein das Wort erteilt wird. Die Vergangenheit dürfe, betonte Kraus mehrfach, nicht vergessen werden. Es sollten sich die Völker aber nicht einander gegenseitig ihre Untaten vorwerfen, sondern jeder müsse vor der eigenen Pforte kehren. Erhaben in all seiner charakteristischen Irrealität ist der in diesem Zusammenhang formulierte Gedanke:

»[...] ich stelle keine härtere Friedensbedingung und erachte das Weltgewissen für befriedigt, wenn die Befehlshaber und Parasiten unserer in Tod, Not, Ruhm, Syphilis, Hunger, Dreck und Erzlüge verlorenen Tage, wenn die Schinder und Schieber unserer Schulter an Schulter durchgehaltenen, gemusterten, einrückend gemachten, ausgebauten und vertieften Dummheit mit dem Leben und ein paar Ohrfeigen davonkommen.« (F 499/500, 1918, 32)

Zum zwanzigsten Jubiläum der Zeitschrift gratulierte Bundespräsident Karl Seitz dem Satiriker. In seinem Schreiben hob er hervor, daß alle Republikaner dankbar sein könnten für Kraus' Beitrag zur Vertreibung alter Gespenster. Kraus setzte in seinem Antwortbrief jedoch dagegen, daß er nach wie vor Gespenster sehe:

»Vor nichts fürchte sich einer mehr als vor Gespenstern, die man verjagt hat und die noch da sind.« (F 514/518, 1919, 28)

Die vorsichtige Suche nach Gemeinschaft in der Republik wird endgültig aufgegeben; Karl Kraus gebraucht wieder die erste Person Singular und wendet sich mit aller Schärfe gegen Mißstände im neuen Staat. An die Stelle einer mehr indiskreten Satire tritt dabei mehr und mehr offene Polemik.

Die bekannteste unter seinen recht umfangreichen Polemiken ist die Békessy-Affäre. Imre Békessy war nach dem Zerfall der Österreichisch-Ungarischen Monarchie aus Budapest nach Wien gekommen und hatte mit Hilfe von durch Inflationsgeschäfte reich gewordenen Geldgebern Zeitungen gegründet, in denen eine korrupte und erpresserische Journalistik herrschte. Als 1923 ein Prozeß Békessys gegen den »Österreichischen Volkswirt« mit einem Interessenausgleich endete, wurde Kraus aufmerksam und eröffnete den Kampf mit dem erklärten Ziel, Békessy aus Wien zu vertreiben. In Vorlesungen zählte er die Sünden Békessys auf, das Material füllte die Spalten der »Fakkel«. Auf Angriff folgte Gegenangriff, es wurde im wahrsten Sinne des Wortes gekämpft. Das offizielle Wien nahm seine Parole »Hinaus aus Wien mit dem Schuft!« (F 697/705, 1925, 176) zwar nicht an, stand aber schließlich und endlich auf Kraus' Seite, so daß Békessy von einem Kuraufenthalt nicht mehr nach Wien zurückkehrte. Kraus triumphierte, obwohl seine Aktion zugleich die Grenzen literarischer Polemik zeigte, war doch die Korruption mit all den Kräften, die hinter ihr standen, unangetastet geblieben, Békessys »Stunde« durfte sogar weiter erscheinen, nachdem die Mitarbeiter gelobt hatten, von nun an ›anständig‹ zu handeln.

Ohne wesentliche direkte Folgen blieb auch die nicht weniger umfangreiche Polemik mit Alfred Kerr als einem bestimmten Typus. Kerr hatte im Ersten Weltkrieg geschmacklose Hetzgedichte veröffentlicht und sich im Frieden als Pazifist gebärdet.

Auch Kraus' Versuch einer unmittelbaren Einmischung ins politische Geschehen war vergeblich. Zwei Tage nach den blutigen Ereignissen des 15. Juli 1927 erschien überall in Wien das Plakat:

An den Polizeipräsidenten von Wien
Johann Schober
Ich fordere Sie auf, abzutreten.
Karl Kraus
Herausgeber der »Fackel« (F 766/770, 1927, 46)

Die Republik, vor die klare Alternative gestellt, entweder den für das Blutvergießen Verantwortlichen zu entlassen oder die von Kraus geforderte moralische Konsequenz abzulehnen, entschied sich für Schober. (In dem satirischen Drama *»Die Unüberwindlichen«* (1928) ist er auf das Thema einer Staatsgewalt, die auf Arbeiter schießen läßt und Schieber und Erpresser begünstigt wie deren Handlanger, eine korrupte, von den Spekulanten unterstützte Presse, zurückgekommen.) Aber auch das war eine Art

»Flucht in die geistigen Dinge, [...] in das Theater der Dichtung und in die Sprachlehre«. (F 845/846, 1930, 3).

Unter »Theater der Dichtung« verstand er die Vorlesungstätigkeit aus Schriften fremder Autoren, vor allem Shakespeares; »Sprachlehre« bezeichnet die seit etwa 1908 in aphoristischer Form auftretenden, seit 1921 in essayistisch-theoretischen Aufsätzen festgehaltenen Ansichten zum Kommunikationsproblem.

»Er beherrscht die deutsche Sprache – das gilt vom Kommis. Der Künstler ist ein Diener am Wort« (F251/252, 1908, 44) –

lautet der Aphorismus, der Kraus' Sprachauffassung vielleicht am deutlichsten zeigt. Unbedingte Hingabe forderte er vom Künstler, der dafür von der Sprache – einer weiteren Dimension der Krausschen Idealwelt Natur – belohnt werde. Form und Inhalt werden als untrennbare Einheit aufgefaßt, wobei doch der Form Priorität zukommt:

»Weil ich den Gedanken beim Wort nehme, kommt er.« (F 323, 1911, 21)

Kunst bedeutet demnach das Finden des »alten Wortes«, der Reim sei eine notwendige »Übereinstimmung von Zwang und Klang« (F 767/758, 1927, 37). Auf der anderen Seite entblößten sich schlechte Gedanken durch ihre schlechte sprachliche Hülle: »Die Phrase und die Sache sind eins.« (F 360/362, 1912, 25) Man brauche zur Feststellung der Wahrheit also nur die Sprache zu untersuchen. Die allgemeine Gültigkeit dieser Auffassung ließe sich gewiß diskutieren, unbestritten ist jedoch, daß Kraus sie wie kein anderer deutschsprachiger Autor durch treffendes und entlarvendes Zitieren beweiskräftig zu machen vermochte. Die Kritik sprachlicher Schluderei gehört zu seinen größten Verdiensten.

Die Ereignisse des Jahres 1933 in Deutschland enttäuschten

und verbitterten Karl Kraus, der, wie bereits im Ersten Weltkrieg, zunächst mit Schweigen reagierte. »Mir fällt zu Hitler nichts mehr ein«, hieß es im Sommer 1933. Im Oktober dann erschien eine »Fackel« von vier Seiten Umfang, die neben der Trauerrede auf Adolf Loos die Erklärung für das Schweigen enthielt:

Man frage nicht, was all die Zeit ich machte.
Ich bleibe stumm;
und sage nicht, warum.
Und Stille gibt es, da die Erde krachte.
Kein Wort, das traf;
man spricht nur aus dem Schlaf.
Und träumt von einer Sonne, welche lachte.
Es geht vorbei;
nachher war's einerlei.
Das Wort entschlief, als jene Welt erwachte
(F 888, 1943, 4)

Das hätte als ein letztes Wort Gültigkeit beanspruchen können, wäre seinem Lebenswerk angemessen gewesen. Doch er schrieb und publizierte weiter, und Brecht urteilte mit Recht darüber: »Als wir den Beredten seines Schweigens wegen entschuldigt hatten / Verging zwischen der Niederschrift des Lobs und seiner Ankunft / eine kleine Zeit. In der sprach er. / / Er zeugte aber gegen die, deren Mund verbunden war / und brach den Stab über die, welche getötet waren. / [...] / / So bewies er / Wie wenig die Güte hilft, die sich nicht auskennt / Und wie wenig der Wunsch vermag, die Wahrheit zu sagen / Bei dem, der sie nicht weiß.«[13]

Natürlich kann man sowohl im 315 Seiten starken »Fackel«-Heft *»Warum die Fackel nicht erscheint«* (F 890/905, 1934) und in den letzten Heften der Zeitschrift wie auch im erst 1952 durch Heinrich Fischer veröffentlichten Band *»Die dritte Walpurgisnacht«* (der bereits bei Erscheinen der »Fackel« 888 mit dem »Man frage nicht«-Gedicht fertig vorlag, und aus dem wichtige Passagen in die Nummer 890/905 eingebaut wurden) treffende Formulierungen, großartige Beobachtungen zum Zeitgeschehen entdecken. In all dem ist aber zu erkennen, daß dem scharfen humanistischen Kritiker Kraus die Kraft zum effektiven Kampf gegen diesen Feind fehlte, daß er dessen historisch verhängnisvolle Gefährlichkeit und völkermordende Brutalität nicht in vollem Maße einzuschätzen wußte. Dafür griff er nun unwesentliche, oft unschuldige Gegner an, beschäftigte sich mit neutralen Themen und lobte als »kleineres Übel« Dollfuß.

Vielleicht bewahrte ihn der Tod davor, mit seinen Urteilen weiter in die Irre zu gehen, auf jeden Fall aber verhütete er, daß ihm – wie so manchem Wiener Zeitgenossen – Schreckliches widerfuhr.

Biographische Notiz

Karl Kraus, am 28. April 1874 in der böhmischen Kleinstadt Gitschin [Jičin] als neuntes Kind einer wohlhabenden deutsch-jüdischen Familie geboren, lebte von seinem dritten Lebensjahr an in Wien, das bis zu seinem Tode Stätte, ja: Bühne seines Wirkens blieb. Nach Volksschule und Gymnasium inskribierte er 1892 auf Wunsch des Vaters Jura an der Universität Wien und wechselte dann die Fakultät (Philosophie, Germanistik), gab das Studium aber bald auf. 1892/98 für mehrere Wiener und deutsche Zeitschriften tätig. 1899 Gründung der »Fackel«, die er ab 1911 ohne Mitarbeiter schrieb. Ab 1910 Auftreten als Vorleser, zuerst eigener, später auch fremder Schriften (insgesamt 700); 1899 Austritt aus der jüdischen Religionsgemeinschaft, konvertierte 1911 zum Katholizismus; aus Protest gegen die Haltung der Kirche im Krieg und gegen ihre Unterstützung des Kulturbetriebs 1923 Austrittserklärung, gab aber den Glauben nicht auf, Gott blieb ihm Inbegriff ethischer Werte. 1908/12 Zusammenstellung von vier Auswahlbänden aus der »Fackel«. Seine letzten Jahre galten vor allem der Bearbeitung von Shakespeares Dramen (1934/35) und der Vorbereitung einer Sprachlehre, die erst postum (1937) erschien. Zweimal, 1925 und 1926, wurde er – ohne Erfolg – von der Sorbonne zum Nobelpreis vorgeschlagen.

Karl Kraus starb am 12. Juni 1936 in Wien an Gehirnblutung.

Horst Nalewski

Rainer Maria Rilke

Ein Grundzug von R. M. Rilkes (1875–1926) Wesen, dem Werk tief eingewurzelt, ist Heimatlosigkeit. Sein ganzes Leben lang sah er sich als einen, »dem die Heimat- und Heimlosigkeit so dicht zusetzt« (AB 2, 168)[1]. Die offene Welt war zwar seinem Dasein und Dichten zur Bedingung geworden, doch den anderen Pol, eben eine Heimat, empfand er in seinem Fehlen immer wieder schmerzlich. Kurz vor dem Krieg hatte Rilke seine Sympathie für das Slawische und seine Antipathie gegen das Österreichische zum wiederholten Male bekräftigt, möglicherweise unter dem Aspekt romantischer Verklärung, doch solche Verklärung sprach dann immerhin Sehnsucht aus nach einer Ganzheit im Nationalen, die dort hätte fördernde Kräfte sich entdecken wollen. Solches blieb Rilke in seinem Prager Ursprung versagt.

»Prag (ist) düster [...] warum?; einmal ist es alt, hat eine schwere verworrene, nie ganz ausgelebte Vergangenheit und – ist österreichisch. Wäre es rechtzeitig, früher, slavisch geworden, so hätte, wenn auch nicht sein Temperament, doch die Ausübung desselben andere Wege genommen: [...]. Und darin hat Österreich so viel auf dem Gewissen: daß es, von Anfang an, den an ihm betheiligten Völkern ihre Nationalität und die Stärke dieser Nationalität verdarb, sie ihnen zur Hälfte wegnahm und einschränkte, ohne eine neue National-Einheit aus den Elementen zu bilden [...] man muß nur Rußland gesehen haben, um zu wissen, aus welcher Ganzheit heraus diese Herzen leben.«[2]

Bis 1850 überwog in Prag die deutsche Bevölkerung; in dem nachfolgenden halben Jahrhundert änderte sich das grundlegend. Die industrielle und gesellschaftliche Entwicklung ließ die Stadt enorm anwachsen, so daß um 1900 die Deutschen zu einer Minderheit geworden waren. Die aus der Geschichte resultierende Besonderheit war, daß die Deutschen Prags keineswegs einen Querschnitt der Bevölkerung darstellten, sondern den gesellschaftlichen Oberbau repräsentierten. So polarisierten sich die latenten Spannungen zwischen Tschechen und Deutschen nicht nur im Nationalen. Das tschechische Nationalbewußtsein drängte zur staatlichen Souveränität, während das Prager deutsche Bürgertum nach Wien blickte und die Deutschen der böhmischen Grenzgebiete ›großdeutsch‹ dach-

ten. Rilkes Eltern gehörten zu den habsburgisch-kaisertreuen Bürgern, keinesfalls frei von überbetontem Deutschtum, besonders auf seiten der Mutter, die als Tochter des Kaufmanns und Kaiserlichen Rats Carl Entz aus den gehobenen Ständen stammte, während der Vater, Beamter bei der Eisenbahn, seine Vorfahren als Bauern und Handwerker bis in den Anfang des 17. Jahrhunderts zurückverfolgen konnte. Rilke selbst hatte – einer Familientradition folgend – der Idee angehangen, adliger Abstammung zu sein; einem Geschlecht anzugehören, das im 13. Jahrhundert in Kärnten erwähnt, über Sachsen im 15. Jahrhundert schließlich nach Böhmen gelangt sei. Diese nahezu snobistische Idée fixe mag sich anfangs aus dem Versuch erklären, einer Herkunft aus penetranter Kleinbürgerlichkeit zu entrinnen, später, die tiefe Unsicherheit künstlerischer Existenz zu einer geglaubten Tradition zu befestigen. Eine zunächst geplante Offizierslaufbahn – sie war mit einem Stipendium verbunden – schlug fehl; zurück blieb das lebenslange Trauma einer schon über die Kindheit verhängten grausamen Heimsuchung. Auch der Besuch einer Handelsakademie und ein Jurastudium wurden abgebrochen, gegen den Widerstand der Familie. Ein erst insgeheimes, sodann demonstriertes Dichter-Bewußtsein – oftmals bis zur Karikatur hypertrophiert – stellte den Willen eigenen Lebensweges zur Schau. Der junge René Rilke wollte unbedingt Erfolg haben; daher seine Vielschreiberei in Lyrik, Epik, Dramatik, einschließlich der Kritik. Der späte Rilke hat jenes Treiben selbst am strengsten beurteilt.

»[...] meine sogenannte ›Frühzeit‹ [...] jene leider vorhandenen Proben sind in der Tat für nichts heranziehbar, sie sind nicht, in keiner, keiner Weise, der Anfang meiner Arbeit, vielmehr das höchst private Ende meiner kindlichen und jugendlichen Ratlosigkeit.“ (GB 5, 69f.)[3]

In die noch zu Rilkes Lebzeiten von Anton Kippenberg geplante sechsbändige Werkausgabe (1927) ist fast nichts aus jener »Frühzeit« aufgenommen. Setzt man eine Zäsur in Rilkes Schaffen in das Jahr 1903 – Zeit des Erscheinens des »Rodin«-Buches und der Vollendung des »Stunden-Buches« –, so wird sichtbar, daß Rilke in den neun Jahren zuvor mehr geschrieben und publiziert hat als in den 23 Jahren danach.

Herkunft und Erziehung nach hätte Rilke in den nationalistischen Vorurteilen eines deutschen Bürgersohnes befangen sein müssen; doch das Gegenteil ereignete sich. Die Literatur wurde für den jungen Rilke Brücke zu einer ausgesprochen slawophilen Haltung.

Die deutschsprachige Prager Literatur war die einer Insel. Wollte sie sich realisieren, mußte sie die böhmisch-tschechische Welt aufnehmen: Geschichte, Brauchtum, historische Gestalten und Kulisse, Märchen, Sage, Volkslied. Rilke hat all das versucht. Er überging die Spannungen zwischen Tschechen und Deutschen nicht; all seine Hinwendung gehörte den Tschechen, dem Volk – wenn auch der Begriff ›Volk‹ für ihn der des slawophilen Klischees war: voll östlich trauriger Melancholie. Noch 1899 läßt Rilke seinen König Bohusch sagen:

»Die Deutschen sind überall, und man muß die Deutschen hassen. Ich bitte Sie, wozu das? Der Haß macht so traurig. Sollen die Deutschen tun, was sie wollen.

Sie verstehen unser Land doch nicht, und deshalb können sie es uns niemals fortnehmen. [...] die vielen Felder und Wiesen und Flüsse, das ist unsere Heimat, das gehört uns, wie wir dazu gehören mit allem in uns.« (Werke 3, 83)[4]

»Larenopfer« (1896) nannte der Zwanzigjährige seinen zweiten Gedichtband. Es ist das am intensivsten tschechisch-böhmisch geprägte Buch des jungen Rilke, voller Wirklichkeit wie kein anderes Werk des Anfangs: Schlösser, Paläste, Dome, Kirchen, Klöster, der Strom und die Brücken, historische Gestalten – so Kaiser Rudolph, Ritter Dalibor, Rabbi Löw –, der Dreißigjährige Krieg, tschechische Dichter wie Kajetan Týl, Jaroslav Vrchlicky, Julius Zeyer, das Landvolk und die proletarischen Elendsgestalten. Verehrung und Tribut, gezollt dem Ort des Ursprungs: Prag und Böhmen, dem Volkslied oftmals nahe wie in jener schlichten Strophe:

Mich rührt so sehr
böhmischen Volkes Weise,
schleicht sie ins Herz sich leise,
macht sie es schwer.
(*»Volksweise«*; Werke 1, 98)

Dennoch war diese Literatur eine ohne Publikum, sie blieb im Zirkel der Prager Intellektuellen. Rilkes Bemühungen um deutsche Redaktionen und Verlage – in Straßburg, Nürnberg, Berlin, Breslau, Erfurt, München usw. – unterstrichen jene Situation. Wie nach ihm Werfel und Kisch ist auch er frühzeitig aus Prag in die Welt aufgebrochen; Kafka bildet unter den bedeutenden Schriftstellern eine Ausnahme. Denn das Insel-Dasein dieser Literatur war verknüpft mit einer isolierten Sprache, dem Prager Deutsch, das dem künstlerischen Bewußtsein zum Problem werden mußte. Rilke hat noch 1914 in einem Brief an August Sauer, seinem Prager Universitätslehrer und Förderer, diese für ihn andauernde Schwierigkeit reflektiert:

»Innerhalb der Sprache, deren ich mich nun bediene, aufgewachsen, war ich gleichwohl in der Lage, sie zehnmal aufzugeben, da ich sie mir doch außerhalb aller Spracherinnerungen, ja mit Unterdrückung derselben aufzurichten hatte. Die unseligen Berührungen von Sprachkörpern, die sich gegenseitig unbekömmlich sind, hat ja in unseren Ländern dieses fortwährende Schlechtwerden der Sprachränder zur Folge, aus dem sich weiter herausstellt, daß, wer etwa in Prag aufgewachsen ist, von früh auf mit so verdorbenen Sprachabfällen unterhalten wurde, daß er später für alles Zeitigste und Zärtlichste, was ihm ist beigebracht worden, eine Art Abneigung, ja eine Art Scham zu entwickeln sich nicht verwehren kann.«[5]

Daß die Faszination großer Teile des Rilkeschen Werkes jedoch gerade von seinem unvergleichlichen Sprachvermögen ausgeht, das ist von Robert Musil und Klaus Mann bis zu Johannes R. Becher und Louis Fürnberg empfunden und ausgedrückt worden. Als Ergebnis fortwährender Arbeit gegen ungünstige, ja fast verhindernde Voraussetzungen und Anfänge wurde diese Sprache, diese sprachlich-poetische Realisierung eines Weltbildes eigenster Prägung, schließlich höchster Bewunderung wert.

Rilkes Aufbruch aus Prag 1896, aus der provinziellen Enge der Familie, des literarischen Lebens, der Sprache und des nationalistischen Denkens mündete nicht im deutschen Kulturraum. Es begann vielmehr eine kaum vergleichbare Unstete seines dichterischen und menschlichen Daseins. Bis zur Übersiedlung in die Schweiz 1919 hat er etwa hundert verschiedene Wohnsitze gehabt: in Deutschland, Italien, Rußland, Frankreich, Dänemark, Schweden, Nordafrika, Spanien. Allein seine Verwurzelung in der deutschen Sprache blieb ein tiefer und haltbarer Bezug zum Nationalen, machte ihn zum deutschen Dichter. – Während des Krieges schrieb er:

»Um zu wissen, wie arg mir diese Zeitläufte anhaben, müssen Sie sich denken, daß ich nicht ›deutsch‹ empfinde, – in keiner Weise; ob ich gleich dem deutschen Wesen nicht fremd sein kann, da ich in seiner Sprache bis an die Wurzeln ausgebreitet bin, so hat mir doch seine gegenwärtige Anwendung und sein jetziges aufbegehrliches Bewußtsein, soweit ich denken kann, nur Befremdung und Kränkung bereitet [...]. Wie soll ich da, ich, dem Rußland, Frankreich, Italien, Spanien, die Wüste und die Bibel das Herz ausgebildet haben, wie soll ich einen Anklang haben zu denen, die hier um mich großsprechen!«[6]

Hatte den jungen Prager Dichter der Holsteiner Detlev von Liliencron – das einzige Vorbild von Format – mit großzügig-wohlwollendem Wort bestärkt, so wies in München Jakob Wassermann ihn auf das Werk des Dänen Jens Peter Jacobsen hin. Hier spürte Rilke zum erstenmal etwas von der Ernsthaftigkeit dichterischer Arbeit. Da war eine Synthese, die jenseits von Naturalismus und lyrischem Ungefähr die Vorstellung von großer Kunst aufkommen ließ: von Subtilität in der Formung eines Eindrucks und Präzision sowie dichten sprachlichen Ausdrucks. Verantwortungen, die ihm erst später, besonders in Paris, richtig bewußt wurden.

Den nachhaltigsten Impuls für die Ausprägung seines Denkens und Fühlens empfing der Dichter allerdings durch das unmittelbare Erlebnis Rußlands, das einer latenten Individualität entgegenkam und sie zugleich formte. Rilke steht am Anfang einer schöpferisch gewordenen Rezeption Rußlands durch bürgerliche deutsche Künstler, die von Thomas Mann, Heinrich Mann, Hermann Hesse über Arnold Zweig, Ernst Barlach bis zu Stefan Zweig reicht. Gemeinsam mit Lou Andreas-Salomé, die – aus Petersburg stammend, Tochter einer deutschen Mutter und eines russischen Generals hugenottischer Abstammung, selbst Schriftstellerin und Publizistin – dem jungen Rilke Freundin war, später lebenslang geistige Partnerin, unternahm Rilke zwei ausgedehnte Rußlandreisen, die sich seinem momentanen Bewußtsein tief einprägten, in der Anverwandlung des realen Bildes in seine Anschauung von der Welt andauernd wirksam und aufgehoben blieben:

»Das Entscheidende war Rußland: weil es mir, in den Jahren 1899 und 1900, nicht allein eine mit nichts zu vergleichende Welt, eine Welt unerhörter Dimensionen, eröffnete, sondern auch, durch seine humanen Gegebenheiten, mir gewährte, mich unter Menschen brüderlich eingelassen zu fühlen [...]. Rußland [...] wurde, in gewissem Sinne, die Grundlage meines Erlebens und Empfangens.«[7]

Rilke, der Welt und ihren großen Einflüssen offen sein ganzes Leben, hat kaum etwas mit solcher Intensität aufgenommen wie alles Russische. Wir lesen über vierzig Namen von russischen Schriftstellern in seinen Aufzeichnungen. Eine russische Ausgabe von N. G. Tschernyschewskis »Was tun?« befand sich in seinem Nachlaß; er übersetzte Tschechow, Dostojewski, Lermontow, Droschin, das »Igorlied« und schrieb selbst Gedichte in russischer Sprache. Doch der stärkste Eindruck, immer wieder mit Ergriffenheit festgehalten, war die von ihm so gesehene Gottverbundenheit des russischen Menschen. Rußland schien ihm das einzige Land, »durch welches Gott noch mit der Erde zusammenhängt« (SW 5, 494)[8]. Zugleich verband sich ihm damit die Vorstellung einer Brüderlichkeit und Gemeinschaft der Menschen, wie sie nirgendwo sonst Realität war. Sie wurde Vision, Utopie im *»Stunden-Buch«* (1905); ein in das Werk aufgehobenes, mit individuellem Akzent versehenes Humanum menschheitlicher Sehnsucht von gesellschaftlicher Relevanz. Freilich ging Rilke mit idealisierender Einseitigkeit über die Darstellung des russischen Menschen bei Tolstoi und Dostojewski hinaus und nannte Gorki gar einen »Westler«[9]. Empörung, Widerstand, Wille nach Gerechtigkeit und zur Veränderung nahm Rilke nicht zur Kenntnis. Er sah nur das heilige, alte, demütig leidende und religiöse Rußland; einzig unter diesem Aspekt vollzog sich seine Rezeption des Landes, der Landschaft, Kultur, des Bauern, des dunklen Gottes. Das waren die Züge des dahinschwindenden Rußland, aber sie waren wirklich noch da. Nicht die prager-österreichische Komponente, auch nicht der größere deutsche Raum sind es gewesen, die Rilke in seinem Zentrum befestigten, seine Individualität entscheidend förderten, sondern Rußland bot eine Wirklichkeit und kam der Subjektivität, der künstlerischen Eigenart Rilkes entgegen:

»[...] was verdank ich Rußland –, es hat mich zu dem gemacht, was ich bin, von dort ging ich innerlich aus, alle Heimat meines Instinkts, all mein innerer Ursprung ist dort.«[10]

Zwischen den beiden Rußlandreisen, im Herbst 1899, war jenes kleine Werk entstanden, das zunächst nicht einmal einen Verleger interessierte, in bearbeiteter Fassung 1904 in einer Prager Zeitschrift abgedruckt wurde, als Büchlein 1906 nur etwa 50 Käufer fand und erst 1912 als Nr. 1 der Insel-Bücherei seinen überraschenden und alle Rekorde dieser Reihe schlagenden Siegeszug antrat: *»Die Weise von Liebe und Tod des Cornets Christoph Rilke«.* Heute übersteigt die Auflagenhöhe eine Million. Auf der Suche nach Beweisen einer adligen Abstammung seiner väterlichen Familie war Rilke eine Notiz in die Hände gefallen, die zur Keimzelle des kleinen Werkes wurde.

»Appel Rilke, Herr auf Langenau, Gränitz, Greußen u. s. f. hat drei Söhne. Der Jüngste, Otto, tritt in österreichische Dienste. Er fällt, 18 Jahre alt, als Cornet in der Compagnie des Freiherrn von Pirovano gegen die Türken in Ungarn. (1664)«. (SW 3, 291)

Es ist die Geschichte eines Tags und einer Nacht, in der ein Achtzehnjähriger Liebe und Tod erfährt. Eine lyrische, vielfach rhythmisierte Prosa, von nur 14 Seiten, teilweise gereimt, die Rilkes populären Weltruhm begründete – eine Tatsache schon zu Lebzeiten, die ihn schließlich sehr genierte. Als das Werk während des Krieges, melodramatisch vertont, nationalistisch ausgebeutet wurde, sprach Rilke selbst von »gegenständlichem Mißbrauch,« von einer »widerwärtigen Unternehmung«[11]; noch 1919 versuchte er, das Mißverstehen zu korrigieren, seine eigentliche Intention darzulegen.

Da war nicht Krieg gemeint, da ich dies schrieb
in *einer* Nacht. Kaum Schicksal war gemeint,
nur Jugend, Andrang, Ansturm, reiner Trieb
und Untergang der glüht und sich verneint.
(*»Für Fräulein Elisabeth von Gonzenbach«;* Werke 2, 56)

Heute gehört diese einst populärste Dichtung Rilkes wohl zu den abgetanen Teilen seines Werkes.

Als Rilke Ende August 1900 nach Worpswede kam, war dieses kleine Moordorf unweit Bremens in der Kunstwelt schon bekannt. Es war eine europäische Erscheinung, daß junge Maler – des glatten Akademismus oder eines oberflächlichen Naturalismus am Ende des Jahrhunderts müde – nach einer Lebens- und Schaffensform suchten, die eine unmittelbare Gefühlsbeziehung zur Landschaft und eine Gemeinschaft von Gleichstrebenden zuließ. Daß dabei eine romantische und idealisierende Haltung zur Wirklichkeit entstehen konnte und eine Flucht aus den Widerständen der Wirklichkeit mit im Spiele war, sah später einer der wichtigsten und produktivsten Repräsentanten der Worpsweder: Heinrich Vogeler. Dennoch stellte diese Enklave von Natur- und Heimatverbundenheit, zu der Otto Modersohn, Fritz Mackensen, Hans am Ende und Fritz Overbeck gehörten, zusammen mit Heinrich Vogeler und in loser Verbindung Paula Becker und Clara Westhoff, eine der damals fortschrittlichen Malerkolonien in Deutschland dar. Rilke mußte sich durch die ebene norddeutsche Landschaft und das ihr verbundene Bauerntum an Rußland erinnert fühlen. Er wußte sich geborgen und gestauter Spannungen ledig:

Ich bin bei euch. Bei Brüdern oder Bäumen
ist man so ruhig, wie in eurem Kreis.
Ich kenne dies Getrostsein kaum aus Träumen:
dies Ohne-Angst-Sein etwas zu versäumen
und dies Genießen dessen, was man weiß. (SW 3, 706)

Gleich zu Beginn seines Aufenthaltes in Worpswede, seines täglichen Umgangs mit den Maler-Freunden, war Rilke eines bewußt geworden:

»Mir ist, ich lerne jetzt erst Bilder schauen [...] ich muß nach Weihnachten auf jeden Fall nach Paris [...] Rodin besuchen und unendlich vieles nachholen, dem ich in meiner Einsamkeit mich entfremdet habe. Die russische Reise mit ihren täglichen Verlusten ist mir ein so unendlich banger Beweis meiner unreifen Augen, die nicht zu empfangen, nicht zu halten und auch loszulassen nicht verstehen, die, mit quälenden Bildern beladen, an Schönheiten vorübergehen und zu

Enttäuschungen hin. Und wenn ich von Menschen lernen kann, sind es diese hier.« (TB315)[12]

Rilke heiratete die Bildhauerin Clara Westhoff, Schülerin Rodins; allein, schon nach eineinhalb Jahren lebten sie getrennt voneinander, um »jeder als eingeschränkter Junggeselle, wie vorher, der Arbeit zu leben«.[13]

Ehe und vor allem Liebe problematisierten sich Rilke auf solche Weise, daß er sie zu ›leisten‹ meinte kapitulieren zu müssen. Sein Leben lang hat er diese Phänomene reflektiert, vor allem in den Briefen, und, indem er sie verallgemeinerte, wohl manche Verwirrung gestiftet. Denn im Grunde ging es um Künstlerproblematik, die zum Beispiel von Thomas Mann, auch in diesem Punkte, ähnlich gesehen, doch anders aufgenommen wurde. Rilke sah seinen innersten Bereich bedroht, das Werk gefährdet. Da ihm eine Synthese unmöglich schien, wählte er die Kunst. Er wählte mit solcher Ausschließlichkeit, daß das Leben ihm anfangs zum Antipoden seines Daseins für die Kunst wurde. Ein Grundkonflikt, den er später nicht mehr so schroff benannt hat, der sich vielmehr dahingehend korrigierte, dem Leben als dem Größeren zuzustimmen und dem Dichter selbst als Gegengewicht zu seiner Berufung einen Beruf zu wünschen, wie er es bei Mallarmé, Valéry, Carossa, Spitteler gesehen hatte.

Die bedeutendste lyrische Veröffentlichung Rilkes in dieser Übergangszeit war *»Das Buch der Bilder«* (1902). Der Titel ist ein Programm. Zwar erstreckt sich die Sammlung auf die Jahre 1898–1901 und enthält vieles im Stil und der Empfindungsweise der vorangegangenen Publikationen, der Gefühlsschwelgerei in der Seele junger Mädchen, der Süßlich- und Rührseligkeiten, des lyrischen Redens über Seiten, doch zugleich deutet manches auf die höhere Stufe, die in Paris in der Objektivität der »Neuen Gedichte« erreicht wurde. Im Worpsweder Tagebuch überschrieb Rilke das folgende Gedicht noch mit »Gebet«, in der Sammlung erhielt es den Titel *»Fortschritt«*; für ihn bedeutete er das wachsende künstlerische Vermögen:

Und wieder rauscht mein tiefes Leben lauter,
als ob es jetzt in breitern Ufern ginge.
Immer verwandter werden mir die Dinge
und alle Bilder immer angeschauter.
Dem Namenlosen fühl ich mich vertrauter:

Mit meinen Sinnen, wie mit Vögeln, reiche
ich in die windigen Himmel aus der Eiche,
und in den abgebrochnen Tag der Teiche
sinkt, wie auf Fischen stehend, mein Gefühl.
(Werke 1, 332)

Eine Auftragsarbeit: für die von Richard Muther herausgegebenen Künstlermonographien einen Rodin-Band zu schreiben, führte Rilke nach Paris. Bis zum Juli 1914 wurde diese Stadt, auch wenn er sich oft und für lange von ihr entfernte, für ihn zum Zentrum seines Lebens, wie er ein anderes nie gehabt hat. Schon der erste Brief an seine Frau setzte leitmotivisch Akzente für Jahre:

»[...] abends werden meine Stunden sein: Lesen einiger Bücher, Schreiben von Notizen, Nachdenken, Ruhe, Einsamkeit: alles, wonach ich mich sehnte. Bei Tage such ich mir die Dinge, die ich sehen will [...] in der Stadt zusammen [...]. Der Louvre [...], Notre Dame [...], Musée de Luxembourg [...], das Panthéon [...]. Und dann kommt nur noch Rodin.«[14]

Nach Rußland und Worpswede mußte Rilke die Weltstadt Paris zu einem Alptraum werden; die Hektik ihres Lebenstriebes ängstigte und entsetzte ihn. Viele Passagen der Briefe dieser Jahre stellen quasi Studien dar für »Malte Laurids Brigge«. Mitte Dezember hatte er das Manuskript seines *»Rodin«*-Buches (1903) abgeschlossen. Ein Begriff trat ganz in den Vordergrund, weil er identisch war mit Rodin und übertragbar: der Begriff der »Arbeit«. Rilke kannte die Gefahren seines eigenen Lebens: das gefühlsmäßige Umherschweifen, das Stimmungshafte seines Wesens, das ständige Beeindrucktwerden, das Sich-Verströmen an einen Gegenstand. Bei Rodin lernte er etwas anderes, aller Inspiration Entgegengesetztes:

»[...] er schwieg eine Weile und sagte dann, wunderbar ernst sagte er das: ›Oui, il faut travailler, rien que travailler. Et il faut avoir patience.‹ Man soll nicht daran denken, etwas machen zu wollen, man soll nur suchen, das eigene Ausdrucksmittel auszubauen und alles zu sagen [...]. Das ganze Leben in diesen Kreis hineinzuziehen, *nichts* haben außerhalb dieses Lebens [...]. ›J'ai y donné ma jeunesse‹, sagte er [...]. Entweder Glück oder Kunst. ›On doit trouver le bonheur dans son art‹ [...] Die großen Menschen alle haben ihr Leben zuwachsen lassen wie einen alten Weg und haben alles in ihre Kunst getragen.«[15]

Tonfall des Briefes, Wiederholungen und Unterstreichungen verraten, wie sehr Rilke sich mit diesen Aussagen identifizierte, wie unmittelbar er glaubte, die Formel seines Daseins gefunden zu haben. Was Rilke der Rodinschen Plastik ablas, wurde ihm zur Maxime seines Gedichts: Die Dingwerdung von Sehnsüchten und Ängsten der menschlichen Seele. Trotz aller Objektivierung und Versachlichung ist der Ausgang der Gedichte im Subjekt zu suchen, seinen Ängsten und Sehnsüchten, die auch Hoffnungen und Ideale sind, welche in das Ding gerettet werden möchten. Das Ding in seiner Haltbarkeit, Unantastbarkeit und Vergegenständlichung wird letztes Refugium des Subjekts in einer Welt, die das Subjekt immer mehr bedroht, nivelliert, in Frage stellt. Insofern spricht sich in Rilkes Ding-Gedichten weniger ein psychologisches Phänomen als vielmehr ein gesellschaftlicher Tatbestand aus.

Das früheste und zunächst einsam in seiner Meisterschaft dastehende Gedicht dieser neuen Phase ist *»Der Panther«*, wahrscheinlich schon Ende 1902 in Paris entstanden. Rilke stand an einer Wegscheide seines Denkens und Dichtens, seit er in Paris war; doch die Unsicherheit in den Anfängen der neuen Position zeigte sich, als er, den 3. Teil des »Stunden-Buchs« niederschreibend, »Das Buch von der Armut und vom Tode« (1903), in den alten lyrischen Ton zurückfiel. Dennoch war hiermit ein zyklisches Werk vollendet, dessen erster Teil unmittelbar nach der ersten Rußlandreise entstanden war, »Das Buch vom mönchischen Leben« (1899), fortgesetzt im Westerweder Herbst mit dem »Buch von der Pilgerschaft« (1901).

Verglichen mit den Anfängen, stellt *»Das Stunden-Buch«* (1905) einen dichterischen Gipfel dar: In der Geschlossenheit seiner Form und Idee sowie den überquellenden Bildern den späten Zyklen verwandt. Die Religiosität ist ganz unkonventionell. Gott wird mit so unendlich vielen Namen angeredet, daß pantheistisches Anschauen ihn in die Realität auflöst oder gar die benannten Dinge in ihrer Anschaulichkeit als das Eigentliche dastehen läßt. Rilke hat später die Schwäche und Sackgasse solcher Art von aneinandergereihter lyrischer Wirklichkeitsanrufung sehr deutlich gesehen: »Ich hätte endlos ähnliche Verse weiterdichten können, und was dann?«[16]

Ein betender Mönch, der Italien und der Renaissance ebenso verpflichtet ist wie den Ikonen, Pilgern, Kirchen Rußlands und der von den großen Städten spricht, die für Rilke in Paris den Ausdruck moderner Gegenwart gefunden hatten. Dieser Mönch hat die Rolle sowohl eines Malers, Bildhauers, Baumeisters wie auch die eines Dichters übernommen. Er bindet die drei Teile des Buches zu einem Ganzen. Rückzug (und Isolierung) in die Mönchszelle wird zum Ausdruck einer leidenschaftlich abgelehnten Welt bürgerlichen Gepräges und zur Voraussetzung einer romantischen Gesellschaftsutopie antikapitalistischen Akzents.

Die Städte aber wollen nur das Ihre
und reißen alles mit in ihren Lauf
[...]
Und ihre Menschen dienen in Kulturen
und fallen tief aus Gleichgewicht und Maß,
und nennen Fortschritt ihre Schneckenspuren
und fahren rascher, wo sie langsam fuhren,
und fühlen sich und funkeln wie die Huren
und lärmen lauter mit Metall und Glas.
(*»Das Buch von der Armut und vom Tode«*; Werke 1, 298)

Dem steht gegenüber seine Vision einer anderen, oftmals idyllisch verklärten Welt:

Alles wird wieder groß sein und gewaltig.
Die Lande einfach und die Wasser faltig,
die Bäume riesig und sehr klein die Mauern;
und in den Tälern, stark und vielgestaltig,
ein Volk von Hirten und von Ackerbauern.

Und keine Kirchen, welche Gott umklammern
wie einen Flüchtling und ihn dann bejammern
wie ein gefangenes und wundes Tier, –
die Häuser gastlich allen Einlaßklopfern
und ein Gefühl von unbegrenztem Opfern
in allem Handeln und in dir und mir.
(*»Das Buch von der Pilgerschaft«*; Werke 1, 271)

Wenn auch das ganze dritte Buch »von der Armut« spricht, Gott selbst »der Arme, [...] der Mittellose« und Franz von Assisi »der Armut großer Abendstern« genannt wird, so ist doch kein Vers Rilkes berühmt-berüchtigter und mehr mißdeutet-mißbraucht worden, als der da sagt: »Denn Armut ist ein großer Glanz aus Innen«. (Werke 1, 292) George Grosz verzierte damit eine seiner Elendszeichnungen, Kurt Tucholsky und Erich Weinert attackierten ihn bös-satirisch, Alexander Abusch nahm ihn in seine kritische Notiz vom Tode Rilkes auf. Eine Verklärung sozialer Not, gar eine Poetisierung von Elend war nicht gemeint; vielmehr das Akzeptieren eines Daseins, das frei ist von Besitz, von Eigentum, von einem das ganze Wesen des Menschen bestimmenden Haben-Wollen.

Rilke glaubte nicht an die Möglichkeit, soziale Verhältnisse, Ungerechtigkeiten ändern oder beseitigen zu können; er nahm die gegebene Welt hin, indem er die Kraft des Durchstehens, die Demut des Leidens rühmte. Der russische Mensch schien ihm dafür das Beispiel gegeben zu haben: für den Armen schlechthin.

Natürlich befindet sich eine solche Auffassung in sehr bedenklicher Nähe einer Apologie der gesellschaftlichen Verhältnisse. Es darf jedoch nicht die Intention und der Zusammenhang dieses eigenwilligen Denkens übersehen werden. Rilkes Sympathie gehörte den Armen, denn mit ihnen verband sich für ihn die Zukunft der Menschheit. Von Anfang an, schon vor der Rußlandreise, gebrauchte Rilke das Wort »Armut« in einem kunstschöpferischen Kontext:

»[...] in unserem Schauen liegt unser wahrstes Erwerben. Wollte Gott, daß unsere Hände wären, wie unsere Augen sind: so bereit im Erfassen, so hell im Halten, so sorglos im Loslassen aller Dinge; dann könnten wir wahrhaft reich werden. Reich aber werden wir nicht dadurch, daß etwas in unseren Händen wohnt und welkt [...]. Denn Besitz ist Armut und Angst.«[17]

Hier liegt eine Verkehrung des üblichen Sinns vor: Der Besitzende, der die Dinge hält, sie haben will, ist der eigentlich Arme; der da bereit ist, sie nur zu schauen, sie in ihrer Eigenexistenz zu belassen, ist der eigentlich Reiche. Wenn auch eine Distanzierung von der Welt des Habens mitzuhören ist, diese Haltung – es ist eine ästhetische – zielt auf subjektive Verinnerlichung als Alternative zur realen Welt.

Alle Berührung Rilkes mit anderen Künsten trieb die Vorstellung von der notwendigen Position seines eigenen Gedichts schärfer heraus; so war es in dem Erlebnis der Plastik Rodins, so wurde es in seinem Verstehen der Malerei van Goghs und Cézannes. Dabei nahm er den Begriff »Armut« abermals auf; er wurde ihm zum Synonym interesselosen, nur anschauenden, sachlichen Sagens. Bei Cézanne meinte er bewundernd eine »unbegrenzte, alle Einmischung in eine fremde Einheit ablehnende Sachlichkeit«[18] zu entdecken.

In der Geschichte der deutschen Lyrik stellen die *»Neuen Gedichte«* (1907/08) einen wesentlichen Fortschritt dar. In ihrer Respektierung der Selbständigkeit der Objektwelt vor dem menschlichen Bewußtsein und einem dennoch dialektischen Zusammenhang ihres Daseins mit dem des Menschen sind diese Gedichte in ihrer vielfachen Sinnbildhaftigkeit und sprachlichen Präzision ein Höhepunkt deutscher Lyrik. Allerdings schloß diese Respektierung der Wirklichkeit für Rilke die ganze Wirklichkeit ein: auch das Häßliche, Furchtbare, Schreckliche. Er zwang sich zu einem Ja vor dem Elend der Welt, selbst vor dem Phänomen des Tötens, auch vor Gewalttätigkeit und Grausamkeit der Herrschenden. Hatten sie diese Eigenschaften nicht, wie in jenem zynischen Gedicht *»Der König von Münster«*, so hörten sie in Rilkes Weltbild auf, Könige zu sein. Der Preis solcher Objektivität in der Kunst war der Verzicht auf jedes Parteiergreifen, auf Güte, auf Mitleid; eine schöne, aber auch schauerliche Wirklichkeit könne von dem Künstler nur wehrlos akzeptiert, ja sie müsse sogar »gerühmt« werden. Zweifellos gingen von dieser Entscheidung Rilkes, die immer noch das Ganze der Realität im Blickfeld hatte, die Wege über eine Grenze in die eindeutige Dekadenz, die Inhumanität, die zynische Rechtfertigung von Ausbeutungs- und Unterdrückungsverhältnissen. Was Gültigkeit haben konnte für die Welt der Dinge, in die der Mensch eingeschlossen war, mußte in ein Gegenteil umschlagen, wenn die Welt des Menschen in seiner Gesellschaftlichkeit dargestellt werden sollte.

Rilkes Werk dieser mittleren Periode ist bis in die Gegenwart hinein von Kritikern und oft auch vom Publikum nur mit Distanz aufgenommen worden, als unter dem Einfluß Rodins »bedauernswerte Verirrung« oder gar, den *»Malte«* betreffend, als »geradezu zersetzend«[19]. Hier, wo wohl das Bleibende des Rilkeschen Werkes zu finden ist, kam immer wieder die Meinung auf, daß – gemessen am Spätwerk der »Elegien« und »Sonette«, selbst am »Stunden-Buch« der frühen Zeit – Rilke bar dessen sei, was er eigentlich zu geben habe: eine Botschaft, eine religiöse Verkündigung, reine Mystik. Abgesehen von der verheerenden Stupidität, mit der Ersatz-Religion und Ersatz-Weltanschauung in eine große Kunstbemühung hineingedeutet wurde, man übersah die Darstellung der Widersprüche zeitgeschichtlicher Wirklichkeit im Gesamtwerk, die einer Botschaft und Verkündigung schlecht ansteht, und man übersah die große Bedeutung des mittleren Rilke.

1903 begonnen, über größere Zeiträume liegengelassen, seit 1906 intensiv gefördert, war Anfang 1910 Rilkes Prosawerk vollendet: *»Die Aufzeichnungen des Malte Laurids Brigge«*. Damit stand ein gleichgewichtiges Werk der Epik neben den »Neuen Gedichten«; die Lyrik war zu diesem Zeitpunkt noch nicht die ausschließliche Äußerungsform Rilkes. Es ist die fiktive Geschichte eines achtundzwanzigjährigen dänischen Dichters adliger Abkunft, Malte Laurids Brigge, des letzten Sprosses seiner Familie, der nur mit einem Koffer und einer Bücherkiste zu Anfang des Jahrhunderts als Armer nach Paris kommt und an dieser »Hölle« zugrundegeht. In einer Mischform von Romanhaftem, Tagebuch, Erinnerungen, Reflexionen, Lektürefragmenten und scharfsichtigen Beobachtungen ersteht das Bild des vereinzelten, aus allen Bindungen herausgetretenen, deshalb jeglichen Einwirkungen der Umwelt bis ins Zerstörerische ausgesetzten Menschen. Der Zusammenhang dieser Prosa mit der Kunsthaltung der *»Neuen Gedichte«* ergibt sich aus dem Verhältnis zur Wirklichkeit. Im Zentrum steht der Begriff der »Erfahrung« und die Zurückweisung des »Gefühls«. Der Anfang jener berühmten Passage im *»Malte«* lautet:

»Verse sind nicht, wie die Leute meinen, Gefühle (die hat man früh genug) – es sind Erfahrungen.«

Ähnlich hatte sich – das Kunstschaffen betreffend – Thomas Manns Tonio Kröger geäußert, indem er auf das Stümperhafte verwies, Empfindungen und Gefühle zur Basis des Schreibens zu machen; später Bertolt Brecht, der das Erlebnis, dunkle Assoziationen, anonyme Gefühle, aus der Kunst notwendigerweise entfernte, weil mit ihnen die Wirklichkeit nicht wiederzugeben sei.[20] Rilke steht mit diesem Prosawerk – was man erst sehr viel später sah – im Zentrum moderner, teilweise realistischer Kunstbemühungen.

Die Fähigkeit und Neigung Maltes, sich mit den Leiden und Ängsten der anderen zu identifizieren, sammelt in ihm selbst alle Not menschlicher und dinglicher Umwelt. Als radikal Vereinzelter und Einsamer glaubt er, alles Schwere selbst durchstehen zu müssen und zu können. Doch er scheitert. Malte scheitert vor allem an seiner verzweifelt festgehaltenen Vorstellung einer notwendigen Asozialität des Menschen: Will die Persönlichkeit sich bewahren, muß sie aus aller Inanspruchnahme durch den anderen heraustreten. Konsequenterweise führt Rilke die Frage der Sozialität des Menschen bis in den ihm problematischsten Bereich: die Liebe. Das Buch endet mit der seltsamen Umbiegung der biblischen Geschichte des verlorenen Sohnes in »die Legende dessen [...] der nicht geliebt werden wollte« und sich Gott nur deshalb zuwendet, weil »keine Gegenliebe von ihm zu fürchten war« oder wenigstens »noch nicht«. (Werke 3, 884, 853) Rilke ging mit Malte den Weg konsequenter Vereinzelung zu Ende, bis zum notwendigen Scheitern, was ihn jedoch nicht zu einer gedanklichen Umkehr veranlaßte. Für ihn blieb der Widerspruch unaufhebbar. Noch 1915 schrieb er:

»Was im Malte Laurids Brigge [...] ausgesprochen [...] steht, das ist ja eigentlich nur dies [...]: wie ist es möglich zu leben, wenn doch die Elemente dieses Lebens uns völlig unfaßlich sind? Wenn wir immerfort im Lieben unzulänglich, im Entschließen unsicher und dem Tode gegenüber unfähig sind, wie ist es möglich dazusein?«[21]

Rilke waren die »Aufzeichnungen« zu einer inneren Notwendigkeit geworden. Er hatte gehofft, durch sie hindurchzugehen und an ihnen zum »Rekonvaleszenten«[22] zu werden. Doch er geriet selbst tiefer und verstörter in eine Krise hinein. Andere mußte er vor dem Buch warnen:

»[...] wer der Verlockung nachgibt und diesem Buch parallel geht, muß notwendig abwärts kommen«; man müsse es »gegen den Strom zu lesen unternehmen«.[23]

Die Tatsache dieser Krise im Schaffen Rilkes, des Stockens und zeitweilig völligen Versiegens der dichterischen Produktion ist oftmals als eine unvergleichliche Erscheinung beschrieben worden, um so das ›Wunder‹ und die ›Gnade‹ der Entstehung der »Duineser Elegien« und der »Sonette an Orpheus« in jenem Februar 1922 genügend aufleuchten lassen zu können.

Rilke hat zu dieser Sehweise selbst viel beigetragen. Ganz gewiß ist das Jahr 1910 eine Zäsur im Schaffen Rilkes gewesen. Die Zeit der frühen und raschen sowie der mittleren großen Produktivität war vorbei. Doch die Chronologie der vereinzelt gedruckten, mehr noch der nachgelassenen Gedichte und Fragmente gibt Einblick in mehrere schöpferische Phasen dieser Zwischenzeit und in eine Anzahl von bedeutenden Gedichten, die mehr als ein Bändchen hätten füllen können. So war in den Jahren von Anfang 1912 bis Ende 1915 etwa die reichliche Hälfte der Verse der *»Duineser Elegien«* (1923) entstanden. Die Zeit tatsächlicher Unterbrechung reduziert sich auf 4 Jahre, von Dezember 1915 bis Ende 1919; es waren nicht zufällig die

Jahre der Verschärfung des imperialistischen Ersten Weltkrieges und der Niederlage der Novemberrevolution.

Das stockende dichterische Vermögen drängte ihn zum Brief und zur Übersetzung. Rilke hat weit über zehntausend Briefe geschrieben; an Umfang übertreffen sie die Dichtung um mehr als das Doppelte, im Gehalt – besonders dieser Jahre 1910/22 – sind sie vielfach erschütternder Monolog eines um seine künstlerische Existenz ringenden Dichters. Es sprach für die Sicherheit seines Urteils, daß er sehr früh Begabung und Bedeutung Hermann Hesses (1899), Thomas Manns (1902) und Jakob Wassermanns (1902) erkannte. Der Briefschreiber erweist sich als einer der ersten deutschen Leser von Marcel Proust (1913) und Franz Kafka (1914), als begeistert von Franz Werfel und Georg Trakl, er hat auf André Gide, Jean Giraudoux und Paul Valéry aufmerksam gemacht. Die Übertragung großer Lyrik der Weltliteratur war für Rilke Ausdruck einer Not, doch sie wurde ihm auch zur Tugend, indem er gerade durch die Fähigkeit intensivsten Einfühlens in das Fremde: Michelangelo, Leopardi, d'Annunzio, Lermontow, Barrett-Browning, Labé, Guérin, Gide, Valéry, eine Bereicherung, Erweiterung und Steigerung der eigenen Ausdrucksmöglichkeiten erreichte, wie sie wohl nur noch von Hölderlin durch die Übertragung aus dem Griechischen für dessen lyrische Sprache geleistet worden ist.

Unter den vielen Reisen dieser Jahre bis zum Ausbruch des Krieges heben sich zwei heraus, die in der Nachhaltigkeit ihres Eindrucks an die Bedeutung der Rußland-Erlebnisse 1899–1900 heranreichen: Rilkes Begegnung mit der Pharaonischen Welt Ägyptens Anfang 1912 und der Spanienaufenthalt um die Wende 1912/13. Die Stadt Kairo war ihm wie ein Überfall:

»[...] da ist eine weite, rücksichtlos ausgebreitete Großstadt, da ist das ganze, bis zur Trübe dichte arabische Leben, und dahinter stehen immerfort, abhaltend und mahnend wie ein Gewissen, diese unerbittlich großen Dinge Ägyptens, mit denen man sich gar nicht einlassen sollte.«[24]

Nahe bei Kairo stand er auf dem Boden von Memphis, vor 5000 Jahren Hauptstadt des Alten Reiches, sodann 600 km südlich in Karnak und Luxor, Kultstätte der Hauptstadt des Neuen Reiches, Theben:

»[...] der Luxortempel mit den hohen Kolonaden knospiger Lotos-Säulen, eine halbe Stunde weiterhin diese unbegreifliche Tempelwelt von Karnak, die ich gleich den ersten Abend und gestern wieder im eben erst abnehmenden Monde sah, sah, sah, – mein Gott, man nimmt sich zusammen, sieht mit allem Glaubenwollen beider eingestellter Augen – und doch beginnt's über ihnen, reicht überall über sie fort.«[25]

Elf Jahre später taucht aus dem Erinnern in der *»Zehnten Elegie«* Ägypten herauf:

der erhabene Sphinx –: der verschwiegenen Kammer
Antlitz.
Und sie staunen dem krönlichen Haupt, das für immer,
schweigend, der Menschen Gesicht
auf die Waage der Sterne gelegt. (Werke 1, 612f.)

Aus der Krise führte jener tiefe Eindruck Rilke nicht; aber ein Grunderlebnis blieben die ägyptischen Dinge über viele Jahre und Äußerungsformen bis nach »Duineser Elegien« und »Sonetten an Orpheus« als Beweise des Überdauernden, Haltbaren, Dastehenden seit Jahrtausenden. Die ägyptische Welt war ihm wichtiger und wesentlicher geworden als alles Römische und Griechische.

Auch die spanische Reise vermochte nicht die angestauten künstlerischen und Lebensprobleme aufzuheben, wohl aber eine Wirklichkeit vorzustellen, Landschaft und Stadt, die Rilke zum dichterischen Sprechen brachte. Von allen Orten, die er sah, Toledo, Cordoba, Sevilla, Ronda, war es vor allem die Stadt El Grecos, die ihn im Innersten betroffen machte:

»Diese unvergleichliche Stadt hat Mühe, die aride, unverminderte, ununterworfene Landschaft, den Berg, den puren Berg, den Berg der Erscheinung, in ihren Mauern zu halten, – ungeheuer tritt die Erde aus ihr aus und wird unmittelbar vor den Toren: Welt, Schöpfung, Gebirg und Schlucht, Genesis ...«[26]

Die in Ronda entstandene *»Spanische Trilogie«*, ein Gedicht von großer gedanklicher und sprachlicher Zucht, zeigt Rilke unter der Last der geschauten Dingwelt, gegen die er sein Ich zu behaupten sucht. Rilkes aus dem Konventionellen gänzlich herausfallende religiöse Vorstellungen erfuhren im katholischen Spanien eine polemische Schärfe, die überrascht, doch – die weitere Entwicklung beweist es – durchaus als konsequent verstanden werden muß:

»[...] ich bin seit Cordoba von einer rabiaten Antichristlichkeit [...] Hier meint man in einem Christlichen Lande zu sein, nun auch hier ists längst überstanden, [...] eine Gleichgültigkeit ohne Grenzen, leere Kirchen, vergessene Kirchen, Kapellen, die verhungern, – wirklich man soll sich länger nicht an diesen abgegessenen Tisch setzen [...]. Die Frucht ist ausgesogen, da heißts einfach, grob gesprochen, die Schalen ausspucken [...] ohne das Telephon ›Christus‹, in das fortwährend hineingerufen wird. Hallo, wer dort? – und niemand antwortet.«[27]

Zu den Bekannten Rilkes in diesen Jahren gehörten Eleonora Duse, Romain Rolland und Emile Verhaeren. Über Verhaeren schreibt er:

»Dieser große Dichter [...] war mir ein wunderbarer und mächtiger Freund [...], wie er mehr und mehr die ganze Kraft und Werbung, die Menschen zu Gott werfen, auf die Menschen zu richten vermocht hat, zu denen er Zutrauen, Erwartung, strahlende Freude –, ja eben den Glauben eines großen gewaltigen Gläubigen zu fassen und aufzuwenden wußte.«[28]

»Brief des jungen Arbeiters«, inmitten der »Elegien« des Februar 1922 entstanden, sollte zuerst »Erinnerung in Verhaeren« heißen. Das war nicht nur als Widmung gedacht, sondern durch die Gestalt des Arbeiters und die Diesseitigkeit des Denkens dem Freund und Dichter in seiner Anschauung des Menschen und des Lebens gleichgestimmt und verpflichtet.

Rilke war wenig vorbereitet, den Ausbruch des Krieges zu begreifen; allerdings stellte er darin auch keine Ausnahme unter den deutschen Intellektuellen und Künstlern dar. Allein auf dem Hintergrund der schon seit Jahren erlebten Krise der Vereinzelung und Vereinsamung des Menschen und der doppelten Erschwernis in dem Versuch, diese Situation zu akzeptieren, ist der emotionale Einbruch der Augusttage 1914 in Rilke zu verstehen:

»[...] niemand hats schwerer, als wer unhandelnd zurückbleibt: wird er überhaupt die übernächste neue Zeit begreifen, die so anders sein wird? – [...] so mit einem in Einer Gewalt und Einem Gefühle zu sein, besonders nach den vielwilligen Zeiten, die uns alle längst beirrt und ermüdet haben.«[29]

Aus solchem Geist kam der Anstoß für *»Fünf Gesänge«* (e. 1914); doch schon Mitte September konnte sich Rilke nicht entschließen, sie noch einmal abzuschreiben. Es begann die Zeit des Leidens an diesem Krieg, des Schmerzes, der Verzweiflung, des Verstummens. Der Rückfall aus dem Moment der Begeisterung: Entfremdung durchbrochen, Anschluß an den momentanen großen Willen einer momentanen großen Gemeinschaft gefunden zu haben, erfolgte nicht in die gesellschaftliche Wirklichkeit, sondern in metaphysische Kategorien:

»[...] es kommt auf den Einzelnen [...] völlig nicht an, ob ich gleich auch die Gemeinsamkeit nicht sehe, auf die es ankommen dürfte [...]. Die Vergangenheit bleibt zurück, die Zukunft zögert, die Gegenwart ist ohne Boden, aber die Herzen, sollten die nicht des Schwebens Kraft besitzen und sich erhalten im großen Gewölk? [...] die Not und das Unheil sind vielleicht gar nicht vorhandener als vorher, nur greifbarer, tätiger, sichtlicher. Denn die Not, in der die Menschheit täglich lebt seit Anbeginn ist ja eigentlich durch keine Umstände zu steigern.«[30]

Die Misere solcher Anschauungen, deren Hauptmerkmal die Auffassung von der Geschichtslosigkeit der Welt ist, bestand in ihrer Wehrlosigkeit und Passivität den realen gesellschaftlichen Kräften gegenüber. Rilkes Humanismus betonte abermals seine Innerlichkeit. Es mag kein Zufall sein, daß eines seiner berühmtesten und am häufigsten zitierten Gedichte, *»Es winkt zu Fühlung fast aus allen Dingen«*, in jenen ersten Augusttagen entstand. Hier präzisierte sich ein Begriff, der, von der Kritik strapaziert, für den späten Rilke selbst von weiterführender Bedeutung gewesen ist: »Weltinnenraum«. Wenn eine menschlich-moralische Betrachtungsweise sich auch immer wieder in den Vordergrund schob, so ergaben sich für Rilke nun aber auch Zusammenhänge, die darüber hinausgingen.

»[...] das Verstörende ist ja nicht die Tatsache dieses Krieges, sondern daß er in einer vergeschäfteten, einer nichts als menschlichen Welt ausgenutzt und ausgebeutet wird.«[31]

Und:

»Wieviel Vertuschung in den Städten, wieviel schlechteste Zerstreuungen, welche Heuchelei im unentstellten Hinleben, unterstützt durch gewinnsüchtige Literatur und erbärmliche Theater und geschmeichelt von der widerwärtigen Presse [...] Lügen zu hunderten haben Tatsachen zu tausenden in die Welt gesetzt [...] verschlungen von dem ›Unternehmen‹ dieses Krieges, der Gewinn zu bringen hat.«[32]

Angesichts des Krieges wurde Rilke die Kunst abermals tief fragwürdig, gerade weil er sah, daß der so geartete imperialistische Krieg in der Lage war,

»Beweise von Herzhaftigkeit, Hingabe und Großheit zu erzwingen. Während wir, die Künste, [...] in eben denselben Menschen nichts hervorriefen, nichts zum Aufstieg brachten, keinen zu verwandeln vermochten. Was ist anderes unser Metier als Anlässe zur Veränderung rein und groß und frei hinzustellen, – haben wir das so schlecht, so halb, so wenig überzeugt und überzeugend getan? Das ist die Frage, das ist der Schmerz seit bald einem Jahr, und Aufgabe, da mans gewaltiger täte, unerbittlicher. Wie?!«[33]

Es reicht an Tragik heran, wenn ein Künstler so dringlich und verzweifelt nach seinem und der Kunst Sinn fragt, sich zu der Aufgabe bekennt, »daß mans gewaltiger täte, unerbittlicher. Wie?!«, nicht aber in der Lage ist, Kommunikation herzustellen. Er fragt voller Ratlosigkeit und mit Emphase nach denen, die gegen den Wahnsinn dieses Krieges aufstehen, scheint aber von Karl Liebknechts Kampf nichts gewußt zu haben.

Unerwartet kam, trotz zuvor erklärter »Untauglichkeit« Anfang 1916 die Einberufung zum Militärdienst in Wien. Freunde Rilkes bewirkten zunächst seine Versetzung ins Presseamt des Kriegsarchivs – dort befanden sich auch Hermann Bahr, Alfred Polgar, Stefan Zweig –, schließlich seine Entlassung. Die innere Verstörtheit Rilkes war durch dieses Erleben noch größer geworden; jetzt setzte die eigentliche Krise, das dichterische Verstummen für fast vier Jahre ein. 1916 war das Jahr vollständigen Brachliegens, 1917 entstand eine Übertragung *»Die vierundzwanzig Sonette der Louize Labé. Lyoneserin 1555«*. 1918 das eine Gedicht *»Musik, Atem der Statuen«*. Die Briefe wurden zu Rilkes einzigen Lebenszeichen. Die Worte »Erstarrung«, »Teilnahmslosigkeit«, »Vereisung« tauchen immer wieder auf. In all die Ratlosigkeit und Verzweiflung, in das Abwarten und Nicht-Begreifen kam die Nachricht vom Ausbruch der Oktoberrevolution. Rilkes Zustimmung war spontan:

»[...] das herrliche Rußland [...]. Wie erkenn ichs nun wieder. Dieser Aufruf der Regierung vorgestern, mit der Überschrift: ›an alle, die leiden und ausgenutzt worden sind‹ [...] dies als Sprache einer Regierung –: neue Zeit, Zukunft endlich!«[34]

Da Rilkes Rußlandbild fixiert war, teilweise noch orthodoxer als das Tolstois, geschweige denn den Vorstellungen und Analysen Gorkis oder Lenins nahe, ist sein Verstehen und Mißverstehen der revolutionären Ereignisse widerspruchsvoll. Gesprächsweise hatte er jedoch gemeint, der Westen könne die Vorgänge in Rußland nicht begreifen, und die Revolution nicht abgelehnt.[35] Als der Krieg mit der Novemberrevolution endlich sein Ende fand, empfand Rilke das wie eine Erlösung. Rilke stand, meist unerkannt und voll Anteilnahme, inmitten Tausender Versammelter, hörte den Rednern zu, Professoren, Studenten, Soldaten von der Front, Arbeitern. In einer Versammlung hielt er selbst eine Rede aus dem Stegreif, auch an Besprechungen über den Empfang heimkehrender Truppen nahm er teil. Kurt Eisner, erster Ministerpräsident der Bayrischen Republik nach dem Sturz der Monarchie, wurde von Rilke sehr geschätzt. Er ließ ihm manche Anregung, manch besänftigenden Rat durch Mittelsleute zukommen, wie Oskar Maria Graf[36] berichtete. In Rilkes Wohnung, Ainmillerstraße, trafen sich junge Revolutionäre wie Ernst Toller und Alfred Kurella – wohl aus dem Gefühl, in dem Menschen und Dichter Rilke einen Sympathisierenden zu finden. Rilkes Definition der Revolution, wie er sie in seinen Briefen gab, unterstreicht zwar seinen humanistischen Anspruch an die Zukunft: »ein einfaches reines Ins-Recht-Setzen des Menschen«[37] und »die Überwindung von Mißbräuchen zugunsten der tiefsten Tradition«[38], offenbart aber auch seinen Abstand zu den tatsächlichen Vorgängen.

Im Januar waren Karl Liebknecht und Rosa Luxemburg in Berlin ermordet worden, im Februar Kurt Eisner in München. Im Mai hatte die Konterrevolution, unterstützt von Berliner Truppen, die Bayrische Räterepublik, die erst Mitte April entstanden war, niedergerungen. Der weiße Terror forderte viele Opfer. Gustav Landauer fiel bei Straßenkämpfen, Eugen Leviné wurde standrechtlich erschossen, Ernst Toller zu fünf Jahren Festungshaft verurteilt. Kurz vor Errichtung der Räterepublik schrieb Rilke einen Brief, der die ganze Lauterkeit seines parteiergreifenden Denkens und richtigen Erkennens widerspiegelt. Der Revolution gegenüber gebe es nur

»zwei wahrhaftige Haltungen: den Widerstand oder das Sich-an-sie-Aufgeben, gläubig. Statt dessen haben die unheilbar Unernsten die feige Verlogenheit gehabt, sich ›auf den Boden der Revolution zu stellen‹, wie man wochenlang überall lesen konnte. Das Unehrlichste: da Revolutionen ihrer Natur nach keinen Boden haben! Nun aber übersiedelte jeder, wie ein Zinnsoldat, mit seinem alten Stehbrettchen in das vorgeblich Neue, und das schließliche Ergebnis war, daß die ganze Revolution auf den aus den kleinen Stehbrettchen schon wieder gebildeten Boden des Bürgers zu stehen kam: für eine Revolution wohl die lächerlichste Lage. Daß es zum Töten kam ist eine Folge der Verzweiflung jener, die das zuerst verkannten, und die nun an die Zerstörung dieses Bodens gingen. Ich begreife das unbedingt, wie ich überhaupt einen Untergang der revolutionären Krater, aus dem das Urfeuer des menschlichen Innern fährt, immer noch eher zugeben mag, als die künstlichen Opfer des Kriegs.«[39]

Noch über die Zeit der »Elegien« und »Sonette« hinaus empfand Rilke – wenn auch oft in einer das Geschichtliche und Gesellschaftliche mystifizierenden Weise – Kriegsende und Revolution als eine »Wende«[40], als Chance, die jedoch in Deutschland nicht genutzt worden sei:

»Deutschland [...] war nur auf Rettung bedacht in einem oberflächlichen, raschen, mißtrauischen und gewinnsüchtigen Sinn, es wollte leisten und hoch – und davonkommen [...]. Es wollte beharren, statt sich zu ändern [...], daher die unbeschreibliche Besorgnis, die Angst, das ›Vorgefühl eines jähen und gewaltigen Sturzes‹ [...] Was tun?«[41]

Das im Spätwerk Rilkes enthaltene zeitenthobene Gefühl ständiger Gefährdung und Bedrohtheit des Menschen zeigt sich zweifellos gebunden auch an diesen Moment historischen Versagens, der in sich Widersprüche, ja sogar Katastrophen barg: die Entwicklung der bürgerlichen Weimarer Republik zum Faschismus. Das Leben in Deutschland war Rilke unerträglich geworden. Er nahm die erste Gelegenheit wahr, einer Einladung in die Schweiz zu folgen. Deutschen Boden hat er danach nicht mehr betreten; der Weggang aus München kam einer Emigration gleich.

Nachdem es Rilke gelungen war, mit Hilfe neugewonnener Freunde ein Dauervisum für die Schweiz zu erwerben, und er die Staatsbürgerschaft der jungen Tschechischen Republik erhalten hatte, konnte er auch wieder reisen: nach Venedig, nach Paris. Er kam nicht umhin, eine veränderte und den Dichter ganz neu herausfordernde Wirklichkeit zuzugeben. Er spürte,

»daß sich das Leben nicht [...] an die Bruchstellen der Vorkriegszeit wird ansetzen lassen«, daß »Reisen« und »alles ästhetische Anschauen, das nicht unmittelbar Leistung ist, fortan unmöglich sein« wird, daß man sich wird hüten müssen »vor der unmittelbarsten Wiederholung, vor dem bloßen Nocheinmal und dessen ganzer heilloser Unfruchtbarkeit«.[42]

Allein das Wiedersehen mit Paris – natürlich bemerkte Rilke ein anderes Paris, so bei vielen Menschen einen »äußersten, blindesten Chauvinismus«, von dem er allerdings schrieb, daß er »dem ›Alldeutschesten Berlin‹ und dem Grauen, das es erregt, nicht durchaus entsprechend«[43] sei – dieses Wiedersehen ließ deutlich seinen einzigen Wunsch durchbrechen: die Vollendung der *»Duineser Elegien«*. Ein Wunsch, der gleich nach dem Krieg aufkam, der schließlich immer dringlicher, ja existentiell für ihn wurde. Es war kein weltgeschichtliches Abseits, in das Rilke sich in der Schweiz begeben hatte; seine Briefe bezeugen Beobachtung, Anteilnahme, Urteil. Die Entwicklungen in Rußland zum Beispiel blieben in seinem Blickfeld.

»Das, was Bolschewism heißt, ist ja nicht so zu fürchten, der Name hat nie etwas genau Vorstellbares bezeichnet und was sich so langsam unter seinem Schutz herausgefördert hat, kann das und dies sein, auch Gutes, auch Günstiges und die

Spannung zu einer Zukunft ist darin mehr, als sie in jedem Rückfall zu den abgethanen Formen wäre«.[44]

Dieses aber, den »Rückfall zu den abgethanen Formen«, hatte Rilke den Staaten Westeuropas, insbesondere Deutschland, in all den Jahren nach dem Krieg als tiefes Versagen vor der Geschichte immer wieder vorhalten müssen.

Als endlich ein abgelegenes einsames Domizil gefunden war, das Schlößchen Muzot – ein altes Gemäuer, dessen Anfänge in das 13. Jahrhundert zurückreichen (zu Rilkes Lebzeiten blieb es ohne elektrisches Licht und ohne fließendes Wasser) –, lebte Rilke in aller Bewußtheit, sich konzentrierend, arbeitend, wartend auf dic Vollendung der »Elegien« zu. Und es gelang. Es war wie ein Dammbruch: Innerhalb von drei Wochen im Februar 1922 vollendete Rilke den Zyklus, der nun erst den Namen »Duineser Elegien« erhielt, drei davon waren neu, die 7., 8., 5., zugleich entstanden, die »Elegien« gleichsam umklammernd, zuvor 26, danach 29 Sonette – die beiden fast vollständigen Teile der »Sonette an Orpheus“. Daneben noch einzelne Sonette, bedeutende Gedichte und Fragmente. Rilkes Gefühl der Befreiung war groß und glückhaft, in vielen Briefen ausgesprochen.

Von Anfang an, dem Januar/Februar 1912, da er als Gast der Fürstin Marie von Thurn und Taxis auf deren Schloß Duino an der Adria weilte, war Rilke der zyklische Charakter der »Elegien« bewußt gewesen; deshalb hatte er gewartet und sie nicht als Fragment herausgegeben. Spannweite und Polarität des Ganzen war schon damals ablesbar an der 1. und dem Beginn der 10. Elegie, deren fünfzehn Anfangsverse als Bruchstück unmittelbar nach der 1. Elegie entstanden waren.

DIE ERSTE ELEGIE
Wer, wenn ich schriee, hörte mich denn aus der Engel
Ordnungen? und gesetzt selbst, es nähme
einer mich plötzlich ans Herz: ich verginge von seinem
stärkeren Dasein. Denn das Schöne ist nichts
als des Schrecklichen Anfang, den wir noch grade ertragen,
und wir bewundern es so, weil es gelassen verschmäht,
uns zu zerstören. Ein jeder Engel ist schrecklich. [...]
(Werke 1, 579)

DIE ZEHNTE ELEGIE
Daß ich dereinst, an dem Ausgang der grimmigen Einsicht,
Jubel und Ruhm aufsinge zustimmenden Engeln.

> Daß von den klar geschlagenen Hämmern des Herzens
> keiner versage an weichen, zweifelnden oder
> reißenden Saiten. Daß mich mein strömender Antlitz
> glänzender mache; daß das unscheinbare Weinen
> blühe. O wie werdet ihr dann, Nächte, mir lieb sein,
> gehärmte […] (Werke 1, 609)

Die *»Elegien«* stellen den letzten großen Versuch spätbürgerlicher deutscher Lyrik dar, ein Weltbild in wesentlich humanistischer Sicht zu entwerfen. Rilke betonte den entscheidenden Schritt über die Problematik des »Malte« hinaus, der »beinahe zum Beweis« geführt hatte, »daß dieses so ins Bodenlose gehängte Leben unmöglich sei«.[45] Das Leben erfahre die »endgültige Bejahung« – trotz des Krieges und all des Leides, das er mit sich gebracht, denn die ausdrückliche Rühmung findet sich erst in den 1922 entstandenen Elegien, der 7. und 9. Der Engel der »Elegien« – Rilke hat es ausdrücklich unterstrichen – hat nichts mit dem des christlichen Himmels gemein. Er ist zu begreifen als das an den Himmel projizierte, vom Menschen abgelöste, vollkommene Bewußtsein[46], das als quasi unendlicher Kontrapunkt etwas wie eine Handlung, wie dramatische Spannung im Verlauf der Dichtung möglich macht. So potenziert, ist das angesprochene Gegenüber »schrecklich«; solcher Gegensatz macht aber um der Selbsterhaltung des Menschen und des Dichters willen das Rühmen des »Unseren« notwendig. Es durchbricht schließlich die Klage, die lastend in jeder Elegie das Anderssein des Menschen beschreibt: anders als der Engel, als Bäume, Blume, Tier, ist es ungesichert, inneren Abgründen ausgesetzt, unzulänglich allem Gelingen. Solcher »grimmigen Einsicht« setzt Rilke den lakonischen, aber tragenden und nicht widerlegten Satz gegenüber »Hiersein ist herrlich« (Werke 1, 601). Er verband diesen absoluten Diesseits-Akzent mit der Ablehnung eines jeden Jenseits und akzeptierte den Tod mit der gleichen Intensität wie das Leben. Vergangenheit und Zukunft, Tod und Leben, Dieseits und Jenseits fallen für ihn in einem Ganzen, einer Einheit, einem Sein zusammen. Ein problematischer subjektiver Erlösungsversuch, die Widersprüche der Realität in einem dichterischen Monismus aufzuheben. Doch sichtbar bleiben Antriebe, groß gesehene Elemente der Wirklichkeit in poetischer Verdichtung. So der antichristliche Akzent eines Verzichts auf Vertröstung; die Betonung der Einmaligkeit allen Daseins; das seit der Revolution erfahrene Bewußtsein einer Wende; die Kritik an der den Menschen sich selbst entfremdenden Macht des Geldes; schließlich die Bewahrung alles im humanen Sinn Großen der Welt. Freilich ist diese Bewahrung ausschließlich eine der Innerlichkeit zugemessene, nach Rilkes Vorstellung eine Verwandlung der Erde ins Unsichtbare des Herzens.

»Sonette an Orpheus« (1923) sind zugänglicher als die »Elegien«, dennoch nicht leicht. Das Zentrum des Zyklus ist Orpheus, der antike mythische Sänger, für Rilke Urbild des Dichters, ein Gott. Keine Mythe konnte dem späten Rilke so nahe sein wie eben diese: hatte Orpheus doch teil an beidem, am Leben und am Tode:

Ist er ein Hiesiger? Nein, aus beiden
Reichen erwuchs seine weite Natur.
Kündiger böge die Zweige der Weiden,
wer die Wurzeln der Weiden erfuhr.
(*Erster Teil, VI;* Werke , 619f.)

Stand für Rilke vor dem Krieg das Akzeptieren der ganzen Wirklichkeit mit allen ihren Widersprüchen im Vordergrund, trotz schmerzhafter wie auch sehnsuchtsvoller Bezüge, so wurde nun das Rühmen der ganzen Welt für ihn zum Inbegriff seines dichterischen Sprechens. Orpheus ist »Ein zum Rühmen Bestellter« (Werke 1, 620). Darin hob sich eine unbeschränkte Daseins- und Diesseitsbejahung auf. Sie ist in der Lage und willens, die Materiellität des Lebens zu preisen, »O diese Lust, immer neu, aus gelockertem Lehm!«, und die moderne Technik zu bejahen, »der Maschinenteil / will jetzt gelobt sein«. (Werke 1, 647, 626) Weder dämonisierte Rilke die Technik, doch lehnte er sie in romantischem Antikapitalismus ab (wie einst im »Stunden-Buch«); sie soll dem Menschen dienen, er soll ihr den Sinn geben, »ein reines Wohin«, nicht umgekehrt. (Werke 1, 629) Dennoch gibt es die Klage um Unabänderliches; sie darf für Rilke »Nur im Raum der Rühmung« (Werke 1, 621) geschehen, sie gehört zum Gerühmten.

Nicht sind die Leiden erkannt,
nicht ist die Liebe gelernt,
und was im Tod uns entfernt,

ist nicht entschleiert.
Einzig das Lied überm Land
heiligt und feiert.
(*Erster Teil, XIX;* Werke 1, 627)

So besteht keinerlei Zusammenhang zwischen der Klage und einem kritischen Verhalten zur Wirklichkeit. Der Verlust dieser Kategorie im Weltbild der »Sonette« weist abermals auf den Abstand hin, der entstanden ist zum Menschen von heute, der auf Weiterentwicklung, Veränderung bedacht ist durch kritisches Engagement zum Ganzen der Wirklichkeit. Das stellt nicht die unvergleichliche Schönheit und poetische Intensität des einzelnen Gedichts in Abrede, wohl aber distanziert es von der Grundhaltung eines unterschiedlosen, allumfassenden Rühmens.

Die Gedichte Rilkes der Jahre 1922/26, besonders der produktiven Zeit 1924/25, leben im wesentlichen aus dem hymnisch-zustimmenden, wirklichkeitsnahen Ton der »Sonette«. Landschaft – hier des Wallis – ist mit einer Konkretheit in zumeist zwei- oder dreistrophige Gedichte eingegangen wie nur ein einziges Mal zuvor: Prag und Böhmen in den gelungenen Jugendgedichten. Es sind vor allem die vier kleinen Sammlungen französisch geschriebener überwiegend Vierzeiler, die Rilke aus Dankbarkeit an eine Landschaft und deren Menschen gerichtet hatte, auch an eine Sprache, die ihm in Jahrzehnten die zweitvertraute geworden war. Der deutsche Chauvinismus nahm freilich Anstoß an einem Dichter, der so wenig im Nationalen verwurzelt war, nun sogar in einer fremden Sprache dichtete. Die deutschsprachigen Gedichte, der Natur vielfach verbunden, aber auch nuanciertester Innerlichkeit, stellten Meisterleistungen dar, deren Formvollendetheit und Harmonie von Subjekt und Objekt eine wohl zeitenthobene, dennoch beeindruckende Klassizität erreichten. Abgesehen von einigen Gedichten, wie *»Gong«* oder *»Idol«*, die in einer Zeit tiefster Depression (November 1925) geschrieben wurden und von Theoretikern des Modernismus zum neuen Anfang deklariert worden sind, erscheint ein anderer Ton viel beachtenswerter: der hinausgeht über die hymnisch-bejahende Welthaltung und eine Dimension menschlicher Aktivität und Leistung einbringt und zum Maßstab gewinnt, damit aber frühere Positionen einer behutsamen Korrektur unterzieht und – nochmals betont – eine Klassizität erreicht, deren Humanismus reicher geworden ist:

Wunder ist nicht nur im unerklärten
Überstehen der Gefahr;

erst in einer klaren reingewährten
Leistung wird das Wunder wunderbar.

Mitzuwirken ist nicht Überhebung
an dem unbeschreiblichen Bezug,
immer inniger wird die Verwebung,
nur Getragensein ist nicht genug.
(Werke 1, 789)

Der von Gottfried Benn einzig und für eine ganze Generation als gültig apostrophierte Vers Rilkes aus *»Requiem für Wolf Graf von Kalckreuth«* (1908): »Wer spricht von Siegen? Überstehn ist alles.« (Werke 1, 560) wird in diesen Strophen fast widerlegt. Solchem Sinn sich anschließend, sprechen andere Gedichte von der Erneuerung und Bewegung des Lebens, von seiner Festigung, vom Ausbrechen aus Starre und Verneinung. Hier wäre vielleicht ein Ansatz zu finden gewesen, der die Richtung eines neuen Welt- und Wirklichkeitsverständnisses möglich gemacht hätte. Die im Jahre 1926 erfolgte Wahl in die Sektion für Dichtkunst der Preußischen Akademie der Künste lehnte Rilke ab, wie er auch 1918 eine »Allerhöchste Auszeichnung« der Österreichischen Regierung zurückgewiesen hatte – »zur Wahrung seiner persönlichen Unscheinbarkeit, zu der gerade seine künstlerische Arbeit ihn unbedingt verpflichtet«.[47] Allein das Werk sollte in die Welt wirken, die Person des Dichters wollte aus ihr zurückgenommen sein.

Biographische Notiz

Rainer Maria Rilke (eigtl. René Karl Wilhelm Johann Josef Maria Rilke) wurde am 4. Dezember 1875 als Sohn eines Eisenbahnbeamten in Prag geboren. Er besuchte ab 1882 die Schule der Piaristen, ab 1886 die Militär-Unterrealschule St. Pölten, ab 1890 die Militär-Oberrealschule Mährisch-Weißkirchen. Abbruch des Schulbesuchs, privates Abitur 1895 in Prag und Beginn des Studiums der Philosophie, Literatur- und Kunstgeschichte; Wechsel zu Jura. 1896 Übersiedlung nach München; sporadische, sodann aufgegebene Studien in München und Berlin. 1899 erste und 1900 zweite russische Reise. 1901 Ehe mit Clara Westhoff, Tochter Ruth Rilke. Arbeit für Zeitschriften und Redaktionen. 1902 in Paris; Begegnung mit Rodin. Aufenthalte in Italien, Worpswede, Dänemark, Schweden. 1904 Bekanntschaft mit Ellen Key. 1905 Sekretär bei Rodin; Beziehung zu Anton und Katharina Kippenberg; Freundschaft mit Emile Verhaeren. 1906 Bruch mit Rodin. 1907 Begegnung mit Maxim Gorki auf Capri. Erlebnis der Bilder Cézannes in Paris. Brief der Versöhnung und Freundschaft von Rodin; Vortragsreise über Rodin in Deutschland; Begegnung mit Hugo von Hofmannsthal. 1909 Freundschaft mit der Fürstin Maria von Thurn und Taxis. 1911 Ägyptenreise. 1912 Aufenthalt in Duino; Wende 1912/13 in Spanien. Bekanntschaft mit Romain Rolland in Paris. Bei Kriegsausbruch in München; Verlust der Pariser Habe. 1915 Militärdienst in Wien. 1917 »Dekret über den Frieden« der jungen Sowjetmacht beeindruckt Rilke. 1918 Anteilnahme an der Novemberrevolution in München. 1919 Rilke verläßt Deutschland. Reisen nach Italien und Frankreich. 1921 Entdeckung des Turms von Muzot. Begegnung mit der Dichtung Valérys. Schwankungen der Gesundheit in den letzten Lebensjahren. Zahlreiche Besucher in Muzot. Internationale Zuschriften zum 50. Geburtstag. 29. Dezember 1926 Tod an Leukämie in Val-Mont bei Montreux, beigesetzt am 2. 1. 1927 in Rarogue.

Siegfried Rönisch

Robert Musil

In den intensiven Diskussionen der Nachkriegszeit über die Positionen der deutschen Literatur vor und während der faschistischen Diktatur finden sich kaum Hinweise auf Robert Musil (1880–1942). Dies änderte sich 1952, mit Erscheinen der von Adolf Frisé herausgegebenen Werkausgabe, durch die auch größere Teile seiner Tagebücher und des literarischen Nachlasses an die Öffentlichkeit gelangten. In der Folge wurde Musil rasch und weithin der Rang eines der »bedeutendsten [...] Prosaisten der europäischen Literatur vor und nach dem ersten Weltkriege«[1] eingeräumt. So entstand seit etwa Mitte der fünfziger Jahre eine stetig anwachsende, heute nur noch schwer zu überschauende und von den unterschiedlichsten weltanschaulichen und methodischen Prämissen bestimmte internationale Auseinandersetzung um dieses Werk und seine Stellung in der bürgerlichen Literatur- und Geistesgeschichte des 20. Jahrhunderts.

Die Literaturwissenschaft der DDR hat sich Musil bislang nur zögernd genähert. Die Gründe dafür sind vielschichtig und können hier nicht im einzelnen erörtert werden. Wichtig waren dabei vor allem die komplizierte und widerspruchsvolle Struktur seiner Werke, Musils zwiespältige Haltung zum organisierten Kampf der Arbeiterklasse, sein umstrittenes Auftreten auf dem »Internationalen Schriftstellerkongreß zur Verteidigung der Kultur« 1935 in Paris, aber nicht zuletzt auch zahlreiche, zum Teil gravierende Mißverständnisse über Grundaussagen seines Werkes. Hinzu kam, daß das engagierte Eintreten Ernst Fischers[2] für Robert Musil in seinem Essay von 1957 wie die als Kommentarband zu »Der Mann ohne Eigenschaften» 1975 erschienene umfang- und kenntnisreichere Studie Rolf Schneiders[3] zugleich auch mit Deutungen und Ansichten belastet worden waren, die eine ernsthafte Hinwendung und gesellschaftliche Verständigung erschwerten.

So blieb es in verschiedenen Lexika und größeren literaturgeschichtlichen Darstellungen im wesentlichen bei mehr oder weniger allgemeinen Verweisen auf die große Bedeutung dieses Erzählers, ohne daß in der Folge – von einem bemerkenswerten Essay Eberhard Hilschers[4] abgesehen – über das Gesamtwerk oder einzelne seiner Teile eigenständige Analysen und Wertungen erarbeitet und vorgelegt werden konnten. Auch diese Studie kann nur der Versuch einer Annäherung sein.

Robert Musil entstammt einer traditionsreichen bürgerlich-liberalen Familie, aus der angesehene Wissenschaftler, Ärzte, Ingenieure, hohe Offiziere und Staatsbeamte der Habsburger Monarchie, aber auch zahlreiche künstlerische Begabungen hervorgegangen sind.[5] Der Vater war ein erfolgreicher Wissenschaftler, Forscherdrang, strenge Disziplin und pedantische Genauigkeit zeichneten ihn aus; für seine technisch-wissenschaftlichen Verdienste wurde ihm 1917 der erbliche Adel verliehen.

Die Mutter wird als anziehende, kunstverständige und in verschiedenen Belangen sehr eigensinnige Frau geschildert, die über die mögliche Perspektive des Sohnes ganz andere Vorstellungen besaß als der Vater. Besonders folgenreich für Robert Musil gestaltete sich der Umstand, daß die Ehe der Eltern lang und spürbar von einem Verhältnis überschattet wurde, das Hermine Musil mit einem langjährigen Freund des Hauses unterhielt. Dies führte zu einer frühen Entfremdung von Vater und Mutter, zu Roberts ›Kinder-Zimmer-Einsamkeit‹; aber bald auch zu Konflikten, gereizten Ausbrüchen und zunehmend stärker werdendem Widerstand gegen Ansprüche und Forderungen seiner Eltern. Die Folge davon war, daß Musil im zwölften Lebensjahre auf eigenen Wunsch in die Militär-Unterrealschule nach Eisenstadt und danach in die Militär-Oberrealschule nach Mährisch-Weißkirchen [Hranice] gegeben wurde.

Die Hoffnungen, die der junge Musil selbst an sein Weggehen aus dem Elternhause geknüpft hatte, zerbrachen rasch an den Realitäten des Anstaltslebens, das durch stumpfen Drill, eifernde religiöse Betreuung wie zugleich durch eine hohe fachliche Ausbildung in naturwissenschaftlichen Fächern im Gleichgewicht zu halten versucht wurde. Musils distanziertes Verhältnis zu seinen Eltern wandelte sich zu einer kritischen Haltung gegenüber einem wichtigen Realitätsbereich der Monarchie. Später wird er über diese Zeit urteilen:

»MW-Hranice (Das A-Loch des Teufels). Kavalleriekadetten u. Militäroberrealschüler. Die wahre Geschichte des Törleß«. (Tb 953)[6]

In diesen Jahren verstärkte sich seine Isolation, zugleich wuchs in ihm das Gefühl, den Umständen und dem allgemeinen Geschehen hilf- und hoffnungslos ausgeliefert zu sein.

Im Sommer 1897 endeten diese Jahre; Suche nach der ihm adäquaten Lebensform blieb, sie drückt sich auch aus im Wechsel der Studienrichtungen. Die etwa seit 1898 einsetzenden, relativ regelmäßigen Tagebucheintragungen zeigen, daß sich neben seinen technisch-wissenschaftlichen Studien ganz andere geistige Interessenfelder ausgebildet hatten.

Die wohl frühesten Notierungen tragen die Überschrift »Blätter aus dem Nachtbuche des monsieur le vivisecteur«. Bewußt werden literarische Techniken angewandt, um eine Art

Resümee zweier Lebensjahrzehnte zu konturieren, sich über die eigene Lebenssituation zu verständigen und gewisse Ausblicke zu umreißen:

»Nachtbuch! Ich liebe die Nacht, weil sie schleierlos ist, bei Tage werden die Nerven dahin und dorthin gezerrt bis zum Erblinden, aber die Nacht ist es, [...] wo sich das Leben der Nerven aus der Betäubung des Tages erholt und nach Innen entfaltet, wo man eine neue Empfindung von sich selbst bekommt [...] Mein Leben: – Die Abenteuer und Irrfahrten eines seelischen Vivisectors zu Beginn des zwanzigsten Jahrhunderts! [...] Bei mir ist es die Wonne mit mir selbst allein zu sein, ganz allein. Die Gelegenheit in der nicht uninteressanten Geschichte m. l. v. blättern zu können, ohne obligo mich hier zu entrüsten dort zu freuen, mein eigener Historiker sein zu können, oder der Gelehrte zu sein der seinen eigenen Organismus unter das Mikroskop setzt und sich freut sobald er etwas neues findet.« (Tb 2f.)

Nicht zu übersehen die tiefe Skepsis und Distanz zu seiner Wirklichkeit: Alleinsein wird als Glück und Wonne empfunden. Diese geistige Ausrichtung – auf das Seelische und das eigene Ich –, der ›Weg nach innen‹, steht in unverkennbarer Parallele zur zeitgenössischen österreichischen Literatur der Jahrhundertwende.

Die späteren Eintragungen folgen konsequent diesem Ausgang, zugleich verdeutlichen sie, daß nicht nur unmittelbare Wirklichkeitsbegegnung und -erfahrung die verschiedenartigen Betrachtungen auslösen, denn zunehmend werden es Bücher, Ansichten von Philosophen und Künstlern, Kunstbegegnungen und Gespräche, die für Musils Nachsinnen und Meditieren die Gegenstände und Themen vermitteln. Es geht dem Autor dabei immer auch um Selbsterkenntnis und um die Suche nach einer sinnvollen Daseinsmöglichkeit. Neben der aufmerksamen Rezeption der österreichischen Literatur- und Kunstentwicklung mit ihrer entschiedenen Abgrenzung vom französischen und deutschen Naturalismus und der damit einhergehenden Hinwendung zu den psychischen Vorgängen und Problemen des Menschen sind es in diesen Jahren besonders Novalis, Nietzsche, Maeterlinck und bald auch Dostojewski, die auf Musils Weltverständnis und Wirklichkeitsempfinden starken Einfluß ausübten.

Die Beschäftigung mit den vielfältigsten geistig-weltanschaulichen Fragen wird schließlich so beherrschend, daß er schon bald die kaum begonnene Tätigkeit als Ingenieur und Assistent an der Technischen Universität in Stuttgart aufgibt und bei seinen Eltern die Aufnahme eines dritten Studiums durchzusetzen vermag.

In Berlin beginnt er 1903, Philosophie und Psychologie zu studieren. Dieser erste Berliner Aufenthalt, dauernd bis 1911, gestaltete sich für ihn zu einer Zeit, in der er sich ganz seinen Neigungen und Interessen widmen konnte und so in verschiedenen geisteswissenschaftlichen Disziplinen eine gleichermaßen umfassende wie gediegene Bildung erwarb. Hier fand er einen kleinen Freundeskreis, lernte seine spätere Frau, Martha Marcovaldi, kennen und gewann auch mannigfache Einblicke in das gesellschaftliche und geistig-kulturelle Leben der Metropole des deutschen Kaiserreiches.

Die Tagebucheintragungen dieser Jahre weisen intensive philosophische Studien aus; besondere Aufmerksamkeit galt Aristoteles, Rousseau, Kant, Schelling, Schopenhauer, Emerson und Nietzsche; aber auch die zeitgenössischen bürgerlichen Denker Husserl und Mach (über die erkenntnistheoretischen Schriften Machs promoviert Musil 1908) wie die Ansichten und Denkweisen der in Berlin lehrenden Dilthey, Simmel, Weber und Stumpf wurden aufmerksam verfolgt. Zugleich zeigte er sich intensiv mit den Ergebnissen und Lehren der sich um die Jahrhundertwende rasch ausbildenden Schulen und Methoden der modernen Psychologie befaßt. Das Verhältnis von Körper und Geist, Sinnlichkeit und Rationalität wie die Phänomene Seele, Geist, Trieb, Erkenntnis und individuelle Kultur bilden hier die übergreifenden Erkenntnisinteressen. Diese Studien wurden sicher kaum eines akademischen Examens wegen betrieben, eine kritisch reflektierende Haltung dominiert.

Kennzeichnend für die Berliner Jahre wird so das Nebeneinander von wissenschaftlichen Studien und literarischem Schaffen; denn noch als Student schreibt er seinen ersten Roman, *»Die Verwirrungen des Zöglings Törleß«* (1906). So kann es auch nicht überraschen, in den Diskussionen wie in den Meditationen des jungen Törleß alle jene Themen und Fragestellungen wiederzufinden, die den Autor in den ersten Jahren seines Studiums beschäftigt haben. Der Roman fand eine beachtliche Resonanz, der Erfolg öffnete ihm Zugang zu verschiedenen literarischen Kreisen Berlins, brachte ihm die Bekanntschaft mit Schriftstellern und Kritikern und, was wohl das wichtigste war, er bereitete die Entscheidung vor, sich fortan ganz dem Schreiben zu widmen.

Der Stoff seines Erstlings (e. 1904/05) ist autobiographisch geprägt, verweist auf die Zöglingsjahre in Mährisch-Weißkirchen. Wichtiger aber waren ganz offensichtlich allgemeinere philosophische und psychologische Interessen:

»›Der Sechzehnjährige‹, meinte ich, ›ist eine List‹. Verhältnismäßig einfaches und darum bildsames Material für die Gestaltung von seelischen Zusammenhängen, die im Erwachsenen durch zuviel andres kompliziert sind, was hier ausgeschaltet bleibt.« (GW 8, 996)

Beide Komponenten strukturieren also dieses frühe Werk und bilden so eine spezifische Erzählhaltung, die auch für sein weiteres Schaffen bestimmend bleiben wird.

Schon der Titel vermittelt wichtige Hinweise. »Verwirrungen«, ein Begriff aus dem geistig-emotionalen Bereich, erscheint als eine thematische Ankündigung; von einem inneren Geschehen also, von Empfindungen, Vorstellungen und Gedanken wie ihren auslösenden Motiven soll erzählt werden. Zugleich deuten »Verwirrungen« eines »Zöglings« auf ein Abweichen von einer normalen Verhaltensweise wie auch darauf, daß ein vorübergehender, nicht andauernder Zustand zur Sprache gebracht wird.

Zu Beginn des Romangeschehens befindet sich Törleß, der in einem Adelskonvikt auf einen späteren Militär- oder Staatsdienst vorbereitet werden soll, in einer komplizierten, von tiefen Depressionen geprägten Situation. Sinnlos und inhaltsleer empfindet er sein Leben, geistige Anlagen und Bedürfnisse durch ein unheimliches und starres Reglement auf eine grausame Weise unterdrückt.

»Er erlebte ja nichts, und sein Leben dämmerte in steter Gleichgültigkeit dahin, aber dieses Glockenzeichen fügte dem auch noch den Hohn hinzu und ließ ihn in ohnmächtiger Wut über sich selbst, über sein Schicksal, über den begrabenen Tag erzittern.« (GW 6, 16; VZT 18)

Aus diesem Gefühl des Unausgefülltseins erwächst in ihm eine leidenschaftliche Sehnsucht nach einem irgendwie anderen Dasein, einem ›anderen Zustand‹, wie ein zentrales Motiv in Musils Gesamtwerk schließlich lauten wird. Der junge Törleß, der sich in dem Alter der erwachenden Geschlechtsreife befand, besaß allerdings keine Vorstellungen davon, wie für ihn ein erfülltes Sein zu erreichen sei. Sein Verhältnis zu den Eltern war empfindlich gestört, denn sie

»waren es zufrieden. Sie liebten ihn mit einer starken, gedankenlosen, tierischen Zärtlichkeit.« (GW 6, 10; VZT 10)

Die toten Formeln der Lehrer boten keine Antworten auf die ihn bewegenden Fragen, auch hatte er nicht vermocht, einen Freund und Vertrauten zu finden. So gerät seine Suche ins Spontane und Ziellose, auf das Feld sich zufällig ergebender wie auch nicht überblickbarer Möglichkeiten.

Noch im Vorfeld der eigentlichen »Verwirrung« ist eine Episode angelegt, in der die spätere Konfliktkonstellation des Zöglings in wichtigen Momenten schon entfaltet erscheint. Es ist dies die Begegnung mit einer Dirne. Božena, bei der die Männer der Umgebung, aber auch einige Zöglinge verkehrten, hatte in Törleß starke und zugleich heftig widerstreitende Gefühle ausgelöst:

»Božena erschien ihm als ein Geschöpf von ungeheuerlicher Niedrigkeit«, zugleich reizte es ihn, »nackt, von allem entblößt, in rasendem Laufe zu diesem Weibe zu flüchten«. (GW 6, 30; VZT 35)

Ein solcher Ausbruchsversuch konnte Erfüllung nicht bringen; er hinterließ nur eine intensive, andauernde innere Erregung und die Einsicht, daß hinter der so geordnet und behütet erscheinenden Bürgerwelt noch eine andere Wirklichkeit existierte, eine dunkle, ihm noch verborgene und geheimnisvolle.

Das eigentliche Verhängnis setzt ein, als Törleß und Beineberg von einem Besuch bei Božena in das Institut zurückkehren. Hier war der Zögling Basini von einem anderen, Reiting, eines Gelddiebstahls überführt worden. Reiting und Beineberg einigen sich darauf, dies nicht der Institutsleitung zu melden, um so selbst ein »Richteramt« ausüben zu können. Basini gerät so in völlige Abhängigkeit von diesen beiden, die nun allnächtlich in einer verborgenen und besonders hergerichteten Bodenkammer »Sitzungen« abhalten, in denen Basini in grauenvoller Weise erniedrigt, demoralisiert und körperlich mißhandelt wird. Ohne eigenes Zutun, aber auch ohne Widerstand wird Törleß nun in einen Strudel anwachsender Perversion und Verrohung hineingezogen, an dessem Ende sich ein homosexuelles Verhältnis mit Basini entwickelt.

Die Aufmerksamkeit des Erzählers folgt sodann der Analyse

der Charaktere Reiting, Beineberg und Basini, der ironischen und kritischen Betrachtung der offiziellen Vertreter des Instituts und schließlich dem widerspruchsvollen Weg von Törleß' Selbstfindung, seinem Wieder-zu-sich-Kommen.

Mit Reiting und Beineberg führt Musil menschenverachtende, inhumane Charaktere im jugendlichen Alter vor; beide kommen aus angesehenen Familien und bereiten sich auf eine Tätigkeit im höheren Staatsdienst vor.

»Reiting kannte kein größeres Vergnügen, als Menschen gegeneinander zu hetzen, den einen mit Hilfe des anderen unterzukriegen und sich an abgezwungenen Gefälligkeiten und Schmeicheleien zu weiden, hinter deren Hülle er noch das Widerstreben des Hasses fühlen konnte. ›Ich übe mich dabei‹, war die einzige Entschuldigung, und er gab sie mit liebenswürdigem Lachen.« (GW 6, 40; VZT 47)

Auch Beineberg verachtet seine Mitmenschen, ist kaltblütig und berechnend, besessen von der Leidenschaft, herrschen zu müssen. Ein Unterschied besteht nur in der inneren Motivation, denn Beineberg strebt nach einem exklusiven Leben und glaubt, durch seine Kenntnisse altindischer Philosophie über geistige Kräfte zu verfügen, die ihn zur Herrschaft über andere Menschen befähigen.

Basini ist als schwach, feige und charakterlos gezeichnet, als ein Typ vorgeführt, der leicht mißbrauch- und beherrschbar ist und dem Unrecht keinen Widerstand entgegenzusetzen vermag. Auch er also, der Erniedrigte und Gequälte, kann Törleß einer Freundschaft nicht würdig erscheinen.

Törleß' letzter Versuch, sich selbst zu erklären und auch die Vorgänge im Institut aufklären zu helfen, scheitert an ins Groteske reichenden Mißverständnissen. Die Vertreter des Instituts sind nur daran interessiert, möglichst rasch und mit geringem Aufwand den Schein einer heilen Welt wieder zu errichten. Mit der Entfernung von Törleß und Basini aus dem vornehmen Konvikt erscheint ihnen alles Notwendige getan, Moral, Ordnung und Anstaltsfrieden wiederhergestellt zu haben.

Die Überwindung von Törleß' Verwirrung, seine Selbstfindung, geht einher mit dem Erkennen des Charakters der anderen Zöglinge und der deutlichen Distanzierung von ihnen. Das Gespräch mit seinen Lehrern vermittelt ihm dann den letzten Beweis für die Erkenntnis, daß er an diesem Orte Verständnis und Vertrauen, Freundschaft und sinnvolle Gemeinsamkeit nicht finden kann. So ist er wieder auf sich selbst zurückgeworfen, allein und einsam, wie er schon vor seinem Eintritt ins Institut war. Jedoch erwächst ihm daraus keine Resignation:

»Eine Entwicklung war abgeschlossen, die Seele hatte einen neuen Jahresring angesetzt wie ein junger Baum, – dieses noch wortlose, überwältigende Gefühl entschuldigte alles, was geschehen war.« (GW 6, 131; VZT 159)

Nicht ein reales Leben in der Gemeinschaft – und fraglos strebte er danach – gewährt hier Erfüllung, sondern nur ein inneres Leben, ein seelisches und geistiges Reifen, und dies ist getragen von der tiefen Überzeugung, mehr, tiefer und genauer zu empfinden und zu sehen als alle anderen. Hierauf gründet sich dann auch die produktive Sinngebung des eigenen Daseins, der festen Absicht Törleß', der Beschaffenheit der menschlichen Natur bewußt nachzuspüren und die dabei gewonnenen Einsichten aufzuschreiben. »De natura hominum« schrieb er auf die erste Seite eines Heftes, in das er seine Erfahrungen, Erlebnisse, Empfindungen und Gedanken über das Leben im Adels-Konvikt aufzuschreiben begann. Dieses Notat korrespondiert mit einer Tagebucheintragung Musils von 1905:

»Ich beginne heute ein Tagebuch; ganz gegen meine sonstige Gewohnheit, aber aus klargesehenem Bedürfnis [...] Persönliches werde ich nur selten notieren und nur, wenn ich glaube, daß es mir einst von geistigem Interesse sein wird, an das Betreffende erinnert zu werden. Alle Gedanken zur ›Wissenschaft vom Menschen‹ sollen hierher kommen. Fach-Philosophisches nicht. Entwürfe ja.«
(Tb 131)

Grundlegende Elemente von Musils Zeit- und Gesellschaftsverständnis, seiner weltanschaulichen und ästhetischen Ansichten wie ganz spezifische Aspekte seines künstlerischen Schaffens erscheinen derart in »Verwirrungen des Zöglings Törleß« deutlich vorgeprägt; sie werden sich im einzelnen noch wandeln und modifizieren und auch durch einige andere gravierende gesellschaftliche Erfahrungen noch bereichert werden, aber in ihrer Grundstruktur in wesentlichen Aspekten erhalten bleiben. Dies betrifft besonders den immer wieder schmerzhaft empfundenen Widerspruch zwischen der tiefen Sehnsucht nach einer sinnvollen, produktiven Gemeinsamkeit und dem Bewußtsein der unüberbrückbar erscheinenden Isolation, der eigenwilligen Dialektik von Zeit- und Gesellschaftskritik und der damit einhergehenden Bemühung um Selbstrechtfertigung, nicht zuletzt schließlich den wichtigen weltanschaulichen und ästhetischen Ansatz, Fragen der gesellschaftlichen Wirklichkeit des Zeitgeschehens vorrangig aus der Beschaffenheit der *menschlichen Natur* fassen und erklären zu wollen.

Der Erste Weltkrieg markiert im Leben und Schaffen Robert Musils – wie bei zahlreichen anderen Schriftstellern und Künstlern – einen tiefgreifenden Einschnitt. Die Summe seiner Erfahrungen zieht er in der programmatischen Maxime: »Vorhandene Stoffe mit einer anderen Moral betrachten.« (Tb 445)

So entstehen das Stück »Die Schwärmer« (1921), die Posse »Vinzenz und die Freundin bedeutender Männer« (1924) sowie bis 1924 die drei Novellen »Grigia« (1923), »Tonka« (1924) und »Die Portugiesin« (1923). In wesentlichen Aspekten noch stark den Intentionen des Vorkriegsschaffens verpflichtet, sind in diesen Werken die überaus sensiblen psychologischen Analysen von Partnerschaftsbeziehungen fortgeführt, die mit den beiden Prosatexten des Bandes »Vereinigungen« (1911) thematisch eröffnet worden waren. Eine neue Moral, und das meinte unzweifelhaft auf der Grundlage eines neuen Zeit- und Gesellschaftsverständnisses, wird noch kaum sichtbar.

Umfassender und direkter als in den beiden Stücken und der Novellistik ist die Wandlung seiner weltanschaulichen Auffassungen im essayistischen Schaffen erkennbar. In den Essays werden die großen gesellschaftlichen Themen und Problemstellungen wie Krieg, Politik, Staat, Nation, Europa, Geschichte, Monarchie, Revolution, Demokratie, Parlamentarismus, Moral, Kultur und Kunst die beherrschenden Gegenstände einer intensiven und umfassenden geistigen Auseinandersetzung. In dieser entschiedenen Hinwendung zum Essay, deren Anfänge schon vor dem Kriege liegen und die sich in der ersten Hälfte der zwanziger Jahre zu dem bestimmenden Teil seiner Produktion entwickelt, muß das Hauptfeld der geschichts-, gesellschafts- und kulturphilosophischen Vorbereitung der Arbeit an »Mann ohne Eigenschaften« gesehen werden.

Zunächst ist auf die Korrektur von Musils Verhältnis zum Krieg zu verweisen; denn noch im September 1914 hatte er – wie viele dem Einfluß nationaler Demagogie erlegen – in dem

Aufsatz *»Europäertum, Krieg, Deutschtum«* ein eigenartig engagiertes Bekenntnis abgegeben.

»Als gieriger mit jeder neuen Stunde Todesfinsternis um unser Land aufzog und wir, das Volk im Herzen Europas und mit dem Herzen Europas, erkennen mußten, daß von allen Rändern dieses Weltteils eine Verschwörung herbrach, in der unsre Ausrottung beschlossen worden war, wurde uns ein neues Gefühl geboren«. (GW 8, 1021)

Musil zeigt sich beeindruckt von dem Aufbruch eines Gefühls, einer Massenbewegung, in der – wie er meinte – wahre Tugenden und Werte wie »Treue, Mut, Unterordnung, Pflichterfüllung, Schlichtheit« (GW 8, 1022) lebendig waren, und genau dies empfand er eine gewisse Zeit als befreiend und beglükkend. Erklärbar ist diese Verirrung nur aus einem tiefen allgemeinen Unbefriedigtsein, dem schmerzhaften Empfinden der Leere, Öde und Sterilität seiner Wirklichkeit, seiner sozialen Bindungslosigkeit und der von dort immer wieder genährten Sehnsucht nach einer tätigen Gemeinsamkeit. Natürlich kann nicht übersehen werden, daß Musil trotz einer umfassenden, nahezu enzyklopädischen Bildung eben auch ganz elementare gesellschaftliche und soziale Zusammenhänge verborgen geblieben waren.

Ernüchterung und radikale Desillusionierung setzten rasch ein, schon in den ersten Kriegstagen, von denen er im Tagebuch neben einen kritisch-distanzierten Bericht über Erscheinungen des nationalistischen Taumels in Berlin notiert:

»Gegensatz und Parallele dazu, was Einstein erzählt: in den Kasernen Unordnung, Entfesselung. Mit Ausnahme des Dienstes. Zentimeterhoher Schmutz, Notlager, Trinken. Es wird wie verrückt gestohlen. Koffer erbrochen. Liegen lassen darf man überhaupt nicht [...] Die Verlustlisten: ... tot ... tot ... tot ... so untereinandergedruckt, niederschmetternder Eindruck.« (Tb 299)

Das Erleben des Krieges, das blindwütige Töten, die verheerenden Zerstörungen, die Qualen der Verwundeten und Verstümmelten, die umfassende Demoralisierung an der Front wie im Hinterlande leiten einen tiefgreifenden wie lang andauernden Prozeß der Veränderung von Musils Ansichten über Gesellschaft und Zeit ein.

Keineswegs nun läßt sich dies als ein geradliniger Zugewinn von objektiven Einsichten in gesellschaftliche und geschichtliche Zusammenhänge und Abläufe darstellen, denn die Verarbeitung seiner Realitätserfahrungen der Kriegs-, Revolutions-

und Nachkriegszeit bleibt in folgenreicher Weise an den Widerspruch geknüpft, daß er zum einen sich selbst unentrinnbar eingebunden erkennt in ein übergreifendes Geschehen – Flucht, wie in »Törleß«, oder Wechsel der Interessenfelder, wie auf seinem Bildungsgange praktiziert, ist nicht mehr möglich –, und daß er zum anderen von einem tiefen, kaum überwindbaren Mißtrauen gegen Massenbewegungen beherrscht wird. Die Korrektur und Überwindung der eigenen Verwirrung führt ihn also wieder entschieden zurück in Isolation und Einsamkeit, allerdings nun auch in der Weise, daß sich nunmehr die entscheidenden Fragen der Gesellschaft und Epoche zum bestimmenden Erkenntnisinteresse entwickeln.

Die deutliche Hinwendung zu zeitgeschichtlichen Fragen und Problemen ist besonders in den Studien nachvollziehbar, die bis etwa 1922 entstehen. Den Höhepunkt dieser zeitkritischen Erörterungen bilden zwei Essays, in denen er eine Art weltanschaulicher und geschichtsphilosophischer Bilanz zieht und jene grundlegenden Einsichten begründet, die für sein weiteres Schaffen Geltung behalten werden.

In *»Die Nation als Ideal und als Wirklichkeit«* (1921) kennzeichnet Musil ›Nation‹ als ein mißbrauchtes und falsches Ideal. Er geht dabei aus vom Nachweis des Zusammenbruchs zweier großer, von Millionen Deutscher getragener Illusionen, dem

> »Sommererlebnis im Jahre 1914, den sogenannten Aufschwung zu großer Zeit«, in dem das »berauschende Gefühl enthalten« war, zum »ersten Mal mit jedem Deutschen etwas gemeinsam zu haben«,

wie dann von der gegen Ende des Krieges erwachenden Hoffnung, daß aus der Einsicht in die Sinnlosigkeit des Tötens und Zerstörens eine neue Menschenordnung entstehen werde:

> »War nicht eine österliche Weltstimmung da: verfrüht wie ein warmer Februartag, die Überzeugung, daß eine neue Zeit für die Menschheit anhebt? Und auch sie war, verglichen mit dem erschütternden Dementi, das sie erlitt, nur eine Trunkenheit, eine Psychose, eine Massensuggestion, ein Blendwerk gewesen.« (GW 8, 1061)

In der Nichtbewältigung und Verdrängung dieser beiden großen geistig-moralischen Bewegungen des Volkes glaubte Musil den entscheidenden Grund für den Niedergang wie die Ziel- und Orientierungslosigkeit der Nachkriegszeit zu erkennen. In den Mittelpunkt seiner Betrachtung rückte er deshalb folgerichtig die Auseinandersetzung mit geistigen und ideologischen Tendenzen seiner Zeit, in denen er dieses falsche Ideal noch am Leben sieht: nämlich in der Ideologie von der Nation als Gemeinschaft einer Rasse, in den verschiedenartigen Auffassungen, nach denen die Nation eine homogene staatliche Einheit darstelle, wie schließlich in jener von der Nation als organisch gewachsener geistiger Gemeinschaft.

Musils Kritik an der Rassenideologie ist schon in jenen Jahren überaus klar und, wie sich zeigen sollte, weitschauend. Die kritische Erörterung der wichtigsten Positionen dieser Ideologie schließt Musil mit der zusammenfassenden Bemerkung:

»Da mit etwas so Urtümlichen, wie es die Rasse ist, überdies nur urtümliche Tugenden verknüpft sein können, werden schließlich auch die Geister, welche sich des gleichen Bluts berühmen dürfen wie ihre Richter, nicht mehr ans Ohr der Nation gelassen, falls sie nicht so schreiben wie Herr Walter Bloem oder so denken wie Herr Hilthy, also nicht treu, tapfer, keusch sind und mit weiteren fünf deutschen Indianertugenden ihr Auslangen finden. Auf diesem Wege des Idealismus ist der Rassengedanke zur deutschen Selbstbeschädigung geworden und saugt der Nation in jahrzehntelangem Mißbrauch das Mark aus.« (GW 8, 1065)

Dabei richtet sich der Kern der Kritik gegen die Konsequenz des Rassengedankens: Die Entlassung des einzelnen, der sich ja nur auf die Tugenden seiner Rasse zu besinnen habe, aus jeglicher sozialer und gesellschaftlicher Verantwortung.

Nicht minder ernsthaft und entschieden setzt sich Musil, zwei Jahre nach der Etablierung der bürgerlichen Parlamente in Österreich und Deutschland, mit dem bürgerlichen Demokratie-. und Staastsbegriff wie der politischen Praxis des Parlamentarismus auseinander:

»Es bilden ja nicht nur die Regierung und die Exkutive diesen Apparat des sogenannten gemeinsamen Willens, sondern auch die Parteien und die Interessenvertretungen jeder Art; es besteht da ein durchgehendes, sozusagen histologisches Aufbaugesetz, wonach die Elemente der Organisation wieder nur Organisationen sind, und es wird anscheinend desto fühlbarer, je weiter ins Demokratische die Entwicklung geht. Demokratie ist nicht Herrschaft des Demos, sondern seiner Teilorganisationen.« (GW 8, 1067)

Der einzelne ist der Herrschaft der Organisationen weitestgehend hilflos ausgesetzt, er kann nicht *Tun* und *Handeln*, möglich ist ihm nur die Haltung des »Gewährenlassen«, des Gebens einer »Generalprokura«, die sich der Kontrolle der Individuen jedoch entzieht. – Die folgenden Ausführungen umkreisen das Phänomen kapitalistischer Entfremdung:

»Das Zusammenleben der Menschen ist so breit und dick geworden, und die Beziehungen sind so unübersehbar verflochten, daß kein Auge und kein Wille mehr größere Strecken zu durchdringen vermag, und jeder Mensch außerhalb seines engsten Funktionskreises unmündig auf andere angewiesen bleibt; noch nie war der Untertanenverstand so beschränkt wie jetzt, wo er alles schafft.« (GW 8, 1068)

In der Stellung des einzelnen sieht Musil also ein entscheidendes ungelöstes Problem; genau hierin macht er jenes virulente Konflikt- und Spannungsfeld aus, das die großen gesellschaftlichen Katastrophen der Vergangenheit hervorgebracht habe und das, da es unbewältigt blieb, neue Gefahren und Katastrophen zeitigen müsse. Bestechende Klarsicht wie ziemlich eindeutige Grenze in der Beurteilung dieses Zusammenhanges wird in der diesen Problemkomplex abschließenden Bemerkung noch einmal sehr deutlich:

»Wenn man aber sagt, in den Zeiten von Kriegsausbrüchen seien Massensuggestionen im Spiel, so ist das nur als das Zerbersten einer Ordnung an ihren ungewollten vernachlässigten Spannungen zu verstehn. Dieser explosive Aufschwung, mit dem sich der Mensch befreite und, in der Luft fliegend, sich mit seinesgleichen fand, war die Absage an das bürgerliche Leben, der Wille lieber zur Unordnung als zur alten Ordnung, der Sprung ins Abenteuer, mochte es noch so moralische Namen erhalten. Der Krieg ist die Flucht vor dem Frieden.« (GW 8, 1071)

Kritisch setzt er sich auch mit der These von der Nation als auf einer großen Kulturtradition basierenden geistig-moralischen Gemeinschaft auseinander. Auch hierin sieht er, bei Anerkennung einer Reihe wichtiger Aspekte, gleichermaßen ein falsches Ideal, ein Ideal, das durch die Realitäten der Gegenwart hinreichend widerlegt sei:

»Von ihr selbst wird jene ideelle Einkleidung als ein falsches ›Wir‹ empfunden. Es ist ein Wir, dem die Wirklichkeit nicht entspricht. Wir Deutsche, das ist die Fiktion einer Gemeinsamkeit zwischen Handarbeitern und Professoren, Schiebern und Idealisten, Dichtern und Kinoregisseuren, die es nicht gibt. Das wahre Wir ist: Wir sind einander nichts. Wir sind Kapitalisten, Proletarier, Geistige, Katholiken [...] und in Wahrheit viel mehr in unsere Sonderinteressen und über alle Grenzen weg verflochten als untereinander.« (GW 8, 1070)

Im zweiten Essay, *»Das hilflose Europa oder Reise vom Hundertsten ins Tausendste«* (1922), nahm er eine Problemstellung auf, die in seinem frühen Schaffen dominierte: Das Erkunden der ›Natur‹ und der geistigen und moralischen Beschaffenheit des Menschen. Nunmehr ist Musil jedoch bemüht, gewonnene Einsichten in gesellschaftliche, soziale und geschichtliche Zusammenhänge und Bedingungen für die Erörterung dieses Fragenkomplexes produktiv zu machen. Er strebte nach einer

Synthese dieser beiden Erkenntnisbereiche. An diesem Punkt nun tritt die spezifische Kontur seines Weltverständnisses besonders deutlich hervor. Ausgangspunkt seiner Überlegungen bildet die Beobachtung, daß sich der Mensch nach all dem Erlebten und Erlittenen eigentlich nicht geändert habe:

»Zweifellos machen wir seit zehn Jahren Weltgeschichte im grellsten Stil und können es doch eigentlich nicht wahrnehmen. Wir sind nicht eigentlich geändert worden; ein bißchen Überhebung vordem, ein bißchen Katzenjammer nachdem; wir waren früher betriebsame Bürger, sind dann Mörder, Totschläger, Diebe, Brandstifter und ähnliches geworden: und haben doch eigentlich nichts erlebt. Oder ist es nicht so? Das Leben geht doch genau dahin wie früher, bloß etwas geschwächter und mit etwas Krankenvorsicht; der Krieg wirkte mehr karnevalisch als dionysisch, und die Revolution hat sich parlamentarisiert.« (GW 8, 1075f.)

Die Nachkriegsprobleme erscheinen so als Vorkriegsprobleme, alles geht weiter, als wäre nichts geschehen:

»Der Mensch hat sich seit 1914 als eine überraschend viel bildsamere Masse erwiesen als man gemeinhin annahm [...] und die Erfahrung des Kriegs hat es in einem ungeheuren Massenexperiment allen bestätigt, daß der Mensch sich leicht zu den äußersten Extremen und wieder zurück bewegen kann, ohne sich im Wesen zu ändern. Er ändert sich, aber er ändert nicht *sich*.« (GW 8, 1080)

Deutlich wird hier der starke Einfluß Nietzsches auf Denken und Problemstellungen Musils, zugleich ist aber auch Distanzierung unverkennbar. Gerade in der Bildsamkeit und Beeinflußbarkeit der Menschen erkannte Musil nicht nur eine Gefahr, sondern zugleich eben auch eine bedeutsame geschichtliche Chance. Es ist dies genau der Punkt, wo seine Zeitkritik umschlägt in die Suche nach Alternativen, nach geschichtlichen Möglichkeiten, einen ›anderen Zustand‹ zu erreichen. Musil betont in diesem Zusammenhang, in solcher Betrachtungsweise stecke »ein ungeheurer Optimismus«:

»Denn hängen wir mit unsrem Sein nicht an der Spule irgendwelcher Schicksalspopanze, sondern sind bloß mit einer Unzahl kleiner, wirr untereinander verknüpfter Gewichte behangen, so können wir selbst den Ausschlag geben.« (GW 8, 1082)

Die folgende gedankenreiche Analyse der geistigen und kulturellen Situation der Zeit enthält Erörterungen über den Zustand der Philosophie und der Wissenschaften, über die Künste, das Bildungswesen, die Medien und die Massenkultur. Alle diese Analysen und kritischen Betrachtungen werden konsequent bezogen auf die Probleme und Belange des einzelnen und seine Bedürfnisse. Musil gelangt zu dem Ergebnis, daß der einzelne tausend einander widersprechenden, sich durchkreuzenden und bekämpfenden Tendenzen und Einflüssen ausgesetzt ist, die ihn nicht zum Erkennen der eigenen Natur, seiner Bedürfnisse und wahren Interessen wie auch zu einem Verständnis der realen Probleme gelangen lassen:

»Unsre Zeit beherbergt nebeneinander und völlig unausgeglichen die Gegensätze von Individualismus und Gemeinschaftssinn, von Aristokratismus und Sozialismus, von Pazifismus und Materialismus, von Kulturschwärmerei und Zivilisationstrieb, von Nationalismus und Internationalismus, von Religion und Naturwissenschaft, von Intuition und Rationalismus und ungezählt viele mehr [...] Es ist ein babylonisches Narrenhaus; aus tausend Fenstern schreien tausend verschiedene Stimmen, Gedanken, Musiken gleichzeitig auf den Wanderer ein, und es ist klar, daß das Individuum dabei der Tummelplatz anarchistischer Motive wird, und die Moral mit dem Geist sich zersetzt.« (GW 8, 1087)

Diesem Begriff des einzelnen als gleichermaßen schuld- wie hilflosem Opfer unterliegt – bei aller gedanklichen Schärfe auch des Fassens und Bezeichnens wesentlicher Erscheinungen – eine ungenaue Vorstellung von den objektiven sozialen und ökonomischen Gründen dieser Situation, bleibt sie doch ausschließlich auf ideologische Reflexe und die Konstatierung des Wertezerfalls reduziert. Sie mündet in der Forderung, eine neue Ethik zu begründen, in der eine

»Übersicht der Gründe, der Verknüpfungen, der Einschränkungen, der fließenden Bedeutungen menschlicher Motive und Handlungen, – eine Auslegung des Lebens« (GW 8, 1094)

überzeugend gegeben werden muß, eine Ethik also, die in der Lage wäre, das gesamte geistig-kulturelle Leben vollkommen neu zu formieren, um auf diese Weise auch die gesellschaftliche Praxis beherrschbar zu machen und einen grundsätzlich ›anderen Zustand‹ herbeiführen zu können. Diese Grenzen in Musils Weltverständnis sollten jedoch nicht den zutiefst demokratischen und humanistischen Charakter seiner Zeit- und Kulturkritik übersehen lassen, welche ohne Zweifel tief in den Idealen der europäischen Aufklärung wie in den Traditionen des progressiven Bürgertums des 18. und 19. Jahrhunderts wurzelt.

Besondere Aufmerksamkeit verdienen die Eingänge beider Essays; denn in ihnen ist ein gesellschaftliches Kommunikationskonzept begründet, das über die in den Studien vermittelten zeitkritischen Inhalte hinaus für Musils weiteren Weg große Bedeutung erlangen wird. Beide Essays nämlich werden eingeleitet mit der Klage, daß die entscheidenden Fragen der Zeit im öffentlichen Bewußtsein nur als ein Meer von Phrasen existieren, und nirgends das Bemühen erkennbar wird, sie ernsthaft aufzugreifen und einer Klärung zuzuführen. Dies zu beginnen, sei dringend notwendig. Vorerst habe er selbst aber nur »Teilantworten oder Antworten, die nur zum Teil befriedigen«, und kenne auch nur solche, trotzdem müsse begonnen werden, auch wenn man in »nicht fertiger Überzeugung von der Sache« (GW 8, 1059) zu sprechen beginne, denn:

»[...] die Wahrheit liegt bei einem solchen Gegenstand nicht in der Mitte, sondern rundherum wie ein Sack, der mit jeder neuen Meinung, die man hineinstopft, seine Form ändert, aber immer fester wird.« (GW 8, 1075)

Dieser Vorstoß blieb ohne Resonanz. Auch sozialistische Künstler und Kulturschaffende erwiesen sich in der Zeit, als Musil am weitesten an die Frage nach einer objektiven Alternative zur bürgerlichen Gesellschaft herangekommen war, aus den unterschiedlichsten Gründen nicht als produktive Dialogpartner. So blieb ihm erneut nur der Rückzug, nicht frei von Enttäuschung und Bitterkeit. Später wird sich hieraus jener ironische Grundgestus seines Schreibens und Denkens entwikkeln, der dann sein Hauptwerk so entscheidend prägen und ihm zugleich den Vorwurf des Elitären und auch politisch Desinteressierten einbringen wird.

Die Mitte der zwanziger Jahre verdichtete sich für Musil zu einer Zeit weittragender Entscheidungen. 1923 hatte er für »Die Schwärmer« den Kleistpreis erhalten, auf eine Bühne kam das Stück jedoch erst 1929, in einer gekürzten, nicht autorisierten Fassung[7]. Diese Linie seiner Produktivität konnte so keine Fortsetzung finden, obgleich er an sein dramatisches Schaffen große Hoffnung geknüpft hatte. Auch das essayistische und literaturkritische Schaffen geht ab Mitte der zwanziger Jahre spürbar zurück.

Musils Weltbild hatte eine relativ stabile Kontur erhalten, und er konnte keine Notwendigkeit erkennen, es im Grundsätzlichen korrigieren zu müssen. – Die Suche nach einer angemessenen Form führte zur Prosa, zu dem Entschluß, die kritische Analyse bürgerlicher Endzeit in einer umfassenden, differenzierten wie in sich geschlossenen Weise zur Darstellung zu bringen.

Die für eine adäquate Interpretation von Musils Hauptwerk

wesentliche Prämisse, daß er unmittelbar aus dem Reflexionsfeld seiner zeit- und kulturkritischen Studien der frühen zwanziger Jahre hervorgegangen ist, wird auch in einem im Nachlaß gefundenen Essayfragment, *»Der deutsche Mensch als Symptom«*, überzeugend einsichtig. Es ist der Versuch einer ersten übergreifenden Zusammenschau seiner Auffassungen von Zeit und Gesellschaft. Dieser etwa fünfzig Seiten umfassende Text ist von einer solchen gedanklichen Dimension, die jede Ausführung in einem Essay gänzlich unvorstellbar erscheinen läßt. Er mußte Fragment bleiben.

Den Ausschlag schließlich für Musils Entscheidung, sich ab Mitte der zwanziger Jahre ungeteilt der Arbeit an *»Der Mann ohne Eigenschaften«* (1930/38) zu widmen, ergab sich auch aus einschneidenden Veränderungen seiner sozialen Situation. Nach der Aufkündigung seiner Tätigkeit im österreichischen Staatsdienst, der allgemeinen Geldentwertung in der Nachkriegszeit und dem Tod seiner Eltern 1924 war Musil rasch und unerwartet in arge materielle Bedrängnis geraten. Die Einkünfte, die ihm aus literarischer Arbeit erwuchsen, waren gering, sie reichten in keiner Weise hin, sein zwar höchst diszipliniertes, aber auch nicht gerade gänzlich anspruchsloses Leben zu sichern. So kam Mitte der zwanziger Jahre zwischen Ernst Rowohlt und Robert Musil ein Vertrag zustande, der Musil auf Jahre hinaus eine regelmäßige Zuwendung garantierte und ihn zugleich verpflichtete, das Manuskript für einen großen zeitkritischen Roman abzuschließen, für den jedoch bei Vertragsabschluß keineswegs ein ausgereiftes Konzept vorgelegen haben dürfte.

Im April 1926 werden in einem Interview für die »Literarische Welt« wichtige strukturelle Elemente umrissen. Über die allgemeine Intention des Werkes bemerkte Musil auf eine entsprechende Frage:

»Wo ich meinen Roman einordne? Ich möchte Beiträge zur geistigen Bewältigung der Welt geben. Auch durch den Roman. Ich wäre darum dem Publikum sehr dankbar, wenn es weniger meine ästhetischen Qualitäten beachten würde und mehr meinen Willen. Stil ist für mich exakte Herausarbeitung eines Gedankens. Ich meine den Gedanken, auch in der schönsten Form, die mir erreichbar ist.« (GW 7, 942)

Die Arbeit am Roman, dessen Titel hier noch mit »Die Zwillingsschwester« angegeben wurde, währte dann nahezu zwei

Jahrzehnte, ohne Unterlaß hat Musil daran gearbeitet, ohne daß je ein Abschluß in Sicht gekommen wäre. Diese Arbeit war zugleich begleitet von zunehmender sozialer Not, starken Depressionen und physischen Zusammenbrüchen, die sich in den Jahren der Emigration in tragischer Weise zuspitzten und denen er schließlich erlag.

1930 erschien der erste Band mit den Teilen »Eine Art Einleitung« und »Seinesgleichen geschieht«, 1933 der zweite mit dem Teil »Ins Tausendjährige Reich«. Für 1938 war die Veröffentlichung eines dritten Bandes vorgesehen; die Auslieferung wurde durch die Besetzung Österreichs jedoch verhindert.[8]

Es ist kein wesentliches Motiv in Musils Werk nachweisbar, das nicht in irgendeiner Weise im Roman erneut aufgenommen wird und damit auch neue Deutung und Zuordnung erfährt. Der Roman enthält solcherart eine ungewöhnliche Dimension von Sinngehalten und Bezügen, die hier auch nicht annähernd umrissen, geschweige denn analysiert und gedeutet werden können. Dieser verwirrenden Dimension des diskutierten Gedankenmaterials steht der Umstand gegenüber, daß die im Grunde sehr einfache und überschaubare Grundstruktur des Romanfragments in wichtigen Zügen schon in »Verwirrungen des Zöglings Törleß« vorgeprägt ist. Strukturelle Entsprechungen gibt es vornehmlich auf drei Ebenen: Die Suche des Zöglings Törleß nach sinnvoller Gemeinsamkeit wie das Motiv der Rechtfertigung seines So-Seins kennzeichnen auch wesentliche Aspekte der Anlage Ulrichs, der Hauptfigur in »Mann ohne Eigenschaften», die Institutswelt als Modell der Realitätserfahrung weitet sich zu Kakanien, als symbolischem Modell der Bürgerwelt vor und nach dem Ersten Weltkrieg. Übereinstimmung besteht auch darin, daß in beiden Romanen die wirklichkeits- und zeitkritische Haltung des Autors über die Analyse von einzelnen Charakteren und deren Auffassungen über Zeit und Gesellschaft vermittelt wird. Episches Geschehen im Sinne eines determinierten Handlungsablaufes ist jedoch in »Törleß« stärker ausgebildet, im Romanfragment steht dafür eine Aktion, die im strengen Sinne keine ist, die nichts mehr bewirkt und auslöst. Konstituierend für »Der Mann ohne Eigenschaften« sind drei eng miteinander verzahnte, dennoch deutlich unterscheidbare Ebenen: Die »Parallelaktion«, die kulturkritische Analyse der Zeit (besonders über das kritische Aufklären von Denken, Verhalten und geistigen wie moralischen Wertvorstellungen der zahlreichen Romanfiguren) und schließlich das immer wieder neu ansetzende Nachdenken Ulrichs über seine Stellung in dieser Zeit.

Die »Parallelaktion« ist eine Erfindung des Autors, und sie ist auch das, was nach einem traditionellen Romanverständnis durchaus treffend als epischer Vorgang bezeichnet werden kann. Von den Beteiligten als »Staatsaktion«, als »große patriotische Aktion« empfunden, steht sie deutlich im Mittelpunkt des Erzählgeschehens. Sie hat einen Anfang, eine umfassend erörterte und geschilderte Daseinsweise wie auch ein gewisses Ende, in jenen fünf letzten Kapiteln des zweiten Bandes nämlich, in denen die »Parallelaktion« durch Konfrontation mit dem geschichtlichen Realgeschehen ad absurdum geführt wird.

Sie besteht im Grunde in nichts anderem als in relativ regelmäßigen Zusammenkünften verschiedener Repräsentanten der k. u. k. Monarchie im Salon der Frau eines hochgestellten Regierungsbeamten. Dieser Kreis wurde genau ein Jahr vor Ausbruch des Ersten Weltkrieges zusammengerufen mit der Absicht, das für 1918 erwartete siebzigjährige Regierungsjubiläum des österreichischen Kaisers Franz Joseph I. (gegenüber dem nur dreißigjährigen des preußischen Königs und Kaisers) durch eine lang und umfassend vorbereitete Aktion zu einem großen nationalen, möglichst auch bedeutendem europäischen Ereignis gestalten zu können. Die gesellschaftspolitische Grundtendenz dieser »Parallelaktion«, schon vor der ersten Zusammenkunft konzipiert, wurde von einem der Initiatoren mit vier Losungsworten zu charakterisieren versucht: »Friedenskaiser, europäischer Markstein, wahres Österreich und Besitz und Bildung.« (GW 1, 87; MoE 1, 109) Der Sinn nun der Zusammenkünfte sollte darin bestehen, über die gegebenen Grundorientierungen hinaus Vorschläge und Ideen zu erörtern und eben ein Konzept für die geplante Aktion zu begründen, das gleichermaßen wert wie geeignet war, in eine wirkliche gesellschaftliche Aktivität überführt zu werden. Es zeigt sich bald die Unmöglichkeit, aus der Vielzahl der eingebrachten Vorschläge ein Übereinkommen herzustellen, das über die immer wieder von allen energisch geforderte Ansicht hinausgelangte, es müsse wirklich etwas geschehen. Die Parallelaktion findet also nicht statt, sie verbleibt generell auf einem vorbereitenden

Felde und erweist sich so in letzter Konsequenz als leere, auf nichts hinauslaufende Diskussion ohne praktischen Folgen. Eine Diskussion allerdings, deren äußere Umstände durchaus noch Glanz und Pracht wie den Eindruck einer sprühenden Vitalität zu entfalten vermögen.

Unabhängig von dem kommunikativen Leerlauf wie der Aktionslosigkeit der Parallelaktion ›geschieht‹ etwas; denn von den fünf letzten Kapiteln des Romanfragments enden allein vier mit der Ankündigung »Ein großes Ereignis ist im Entstehen«, das letzte davon schließlich noch mit dem lakonischen Beisatz »Aber man hat es nicht gemerkt«.

Ein erster und wichtiger Interpretationszusammenhang, der sich aus der Gestaltung dieses Widerspruchsfeldes ergibt, bezieht sich in einem engeren Sinne auf österreichische Geschichte. Die Parallelaktion wird derart interpretierbar als ein ironisch-kritisches Modell österreichischer Staatspolitik genau ein Jahr vor dem Ersten Weltkrieg und dem damit eingeleiteten Untergang der Habsburger Doppelmonarchie. Musil setzte diese geschichtliche Zuordnung unter das bezeichnende Motto »Seinesgleichen geschieht«, womit zugleich angedeutet ist, daß die zu Krieg und Untergang hintreibenden Kräfte auf dem Boden der Monarchie selbst erwuchsen.

Wiederholt betonte der Autor, er habe nie die Absicht gehabt, einen Geschichtsroman zu schreiben, also etwa eine historisch stimmige Analyse des Unterganges der österreichisch-ungarischen Monarchie zu geben. Viel mehr bewegten ihn seit Anfang der zwanziger Jahre zentrale gesellschaftspolitische Probleme. Die starken Bezüge zur österreichischen Geschichte und Kultur im Roman geben unter diesem Gesichtspunkt vor allem den Stoff und das Material ab, an denen Musil die ihn bewegenden Zeitprobleme transparent zu machen versuchte. So erhielt denn auch der dritte, 1933 veröffentlichte Teil des Romans die Überschrift »Ins Tausendjährige Reich« wie den Untertitel »Die Verbrecher«, womit unzweideutig der Bezug zum Untergang der Weimarer Republik ins Gesichtsfeld gerückt wird.

Musils Ansatz für eine tiefere Aufklärung und Deutung der verschiedenartigen Niedergangserscheinungen liegt nun besonders auf der Ebene einer umfassenden Kultur- und Moralkritik. Dieser Ausgang ermöglichte es ja auch, den Verfall der

Habsburger Monarchie als stimmiges Paradigma für den Zerfall der bürgerlichen Gesellschaft im 20. Jahrhundert zu betrachten.

Das große Ensemble von Figuren, das im Roman vorgeführt wird, setzt sich vor allem aus Repräsentanten der Monarchie, aus Vertretern industrieller Großunternehmen und des Bankwesens sowie Künstlern, Wissenschaftlern und Angehörigen verschiedener Organisationen zusammen. Ihr Auftreten beschränkt sich weitestgehend auf Gespräche, die sie untereinander oder mit Ulrich führen. Ihre Themen bilden neben der Vorbereitung des Regierungsjubiläums alle Skandale, Probleme oder aber auch ernsteren Fragen der Zeit. Die kritische Reflexion und Analyse dieser Gespräche macht den weitaus größten Anteil des Erzählvorganges aus.

Dabei ist eigentlich alles einbezogen, womit der Autor sich in seinen Brünner Jahren befaßt und auseinandergesetzt hat. Die einzelnen Figuren symbolisieren und vertreten oder aber diskutieren die Ansichten von Staatsmännern, Führern verschiedener politischer Parteien wie hoher Militärs, zentrale Theoreme der zeitgenössischen Philosophie, der Morallehren und der Staats- und Rechtsauffassungen, Grundsätze der verschiedenartigen Religionen, Sekten, rassischer wie sozialer Bewegungen und nicht zuletzt Probleme der Künste, der allgemeinen Kultur wie des Bildungswesens. Der Roman konstituiert auf diese Weise ein ästhetisches Paradigma des »babylonischen Narrenhauses« (GW 8, 1087), ein vieldimensioniertes und beeindruckendes Panorama der geistigen Situation am Vorabend großer gesellschaftlicher Katastrophen.

Die kritische Analyse der Auffassungen der einzelnen Figuren geht einher mit einer sukzessiven Erhellung der ihnen zugrundeliegenden Motivationen. Die unterschiedlichen Denk- und Verhaltensweisen der Menschen werden damit einsichtig gemacht als folgerichtiger Ausdruck von Interessen unterschiedlicher gesellschaftlicher Gruppen, sozialer Schichten und Klassen, in einem hohen Maße aber werden sie eben zurückgeführt auf Charaktereigenschaften, auf individuelle Bedürfnisse, Leidenschaften und Verdrängungen, auf unreflektierte Traditionen, auf Halbwissen und verinnerlichte, aber nicht durchdachte und begriffene Modelehren.

Eine der bedeutendsten Leistungen des Romans muß also

darin gesehen werden, daß über die einzelnen Personen weltanschauliche und geistige Tendenzen des Jahrhunderts einer souveränen Analyse unterzogen werden. Damit, daß alle wichtigen Personen des Romans mehr oder weniger direkt auf die Parallelaktion bezogen sind, unterzieht Musil die behandelten Theoreme bürgerlicher Geisteswissenschaft einer vernichtenden Kritik: Denn die vorgeführten Lehren und Programme gehen alle an den realen Problemen der Zeit vorbei. Die Romanfiguren sind auch allesamt nicht in der Lage, untereinander und miteinander sich zu verständigen, zwischen ihnen ist keine andere Gemeinsamkeit ausmachbar außer der einer überlieferten Konvention entsprechenden Bereitschaft, zu unverbindlicher und folgenloser Konversation zusammenzukommen. Was also wirklich geschieht, ist etwas grundsätzlich anderes, oft Gegensätzliches von dem, was die einzelnen wollen, zu diskutieren wünschen oder zu verwirklichen meinen.

In dieser gesellschaftspolitischen Zuordnung der einzelnen Figuren wie ihrer Ansichten und Verhaltensweisen kulminiert Musils Zeitkritik; zugleich wird aber gerade in diesem Zusammenhang eine bestimmte Grenze seiner Auffassung von Geschichte faßbar, denn Geschichte erscheint so weitestgehend durch Unberechenbares und Zufälliges determiniert und ist danach im Prozeß ihres Werdens und Verlaufens nicht erkennbar. In dem Schlüsselkapitel »Seinesgleichen geschieht oder warum erfindet man keine Geschichte?« formuliert Musil – über Ulrich – seine Auffassungen:

»Man konnte übrigens ebensogut fragen, warum Diotimas vaterländische Aktion unsinnig sei?
Antwort Nummer eins: Weil Weltgeschichte zweifellos ebenso entsteht wie alle anderen Geschichten. Es fällt den Autoren nichts Neues ein, und sie schreiben einer vom anderen ab. Das ist der Grund, warum alle Politiker Geschichte studieren, statt Biologie oder dergleichen, [...]
[...] Ulrich erinnerte sich einer ähnlichen Erfahrung aus seiner Militärzeit: Die Eskadron reitet in Zweierreihen, und man läßt ›Befehl weitersagen‹ üben, wobei ein leise gesprochener Befehl von Mann zu Mann weitergegeben wird; befiehlt man nun vorne: ›Der Wachtmeister soll vorreiten‹ so kommt hinten heraus: ›Acht Reiter sollen sofort erschossen werden‹ oder so ähnlich. Auf die gleiche Weise entsteht auch Weltgeschichte.
Antwort Nummer drei: Würde man darum eine Generation heutiger Europäer im Alter der frühesten Kindheit in das ägyptische Jahr 5000 v. Chr. versetzen und dort lassen, so würde die Weltgeschichte noch einmal beim Jahr 5000 beginnen, sich zunächst eine Weile lang wiederholen und dann aus Gründen, die kein Mensch errät, allmählich abzuweichen beginnen.

[...] Das Gesetz der Weltgeschichte – fiel ihm dabei ein – ist nichts anderes als der Staatsgrundsatz des ›Fortwursteln‹ im alten Kakanien.« (GW 2, 360f.; MoE 458f.)

Ulrichs geschichtsphilosophische Interpretation der Parallelaktion (grundsätzliches Auseinandergehen von Intention und wirklichem Geschehen) bezeichnet gewiß wichtige Momente von Musils Zeitverständnis; aber es wäre wohl weit gefehlt, es durch diese ironisch negativen Befunde schon hinreichend erklärt zu finden. Ulrichs eigentliches intellektuelles Interesse wird ja im Grunde erst aktiv im Fragen und Suchen danach, ob der Staatsgrundsatz des »Fortwurstelns« nicht doch irgendwie durchbrochen werden könne und für die anstehenden Zeitprobleme Lösungen denkbar wären, die sich auf Wissen, Geist und Moral gründen und die zugleich auf eine demokratische Weise zustande kommen.

»Und doch ist nun einmal auch das Gegengefühl vorhanden und wird immer lebendiger, daß sich die Zeit der heroisch-politischen Geschichte, die vom Zufall und seinen Rittern gemacht wird, zum Teil überlebt hat und durch eine planmäßige Lösung, an der alle beteiligt sind, die es angeht, ersetzt werden muß.« (GW 2, 362; MoE 1, 360f.)

Mit diesem bilanzierend programmatischen Ausblick wird das Kapitel »Seinesgleichen geschieht« abgeschlossen; dieser Ausblick entfaltet zugleich äußerst prägnant die zentrale geistige Problematik der Hauptfigur des Romans.

Zum Sekretär der Parallelaktion berufen, nimmt er alles Geschehen um sich mit wachen Sinnen wahr, wird Kakanien für ihn zur pädagogischen Provinz. Rasch gewinnt er so genaue wie umfassende Einblicke in die verschiedenartigen Realitätsbereiche, in die Zusammenhänge und Mechanismen ihres inneren Funktionierens wie auch in die Ränke und Kämpfe der unterschiedlichen Parteiungen und Interessengemeinschaften. Zunehmend wird er selbst einbezogen, nach seiner Meinung wird gefragt, sein Rat erbeten; aber wie überrascht ist er, als er feststellen muß, daß seine Ansichten zwar stets Beifall finden – in keinem Falle aber wirklich ernst genommen werden. Kommunikation als Verständigung über wirkliche Probleme ist nicht möglich, all seine Versuche, sie dennoch irgendwie herbeizuführen, scheitern, da seine Partner auf eine ihm zunächst unerklärliche Weise in all ihren Ansichten irgendwie endgültig festgelegt erscheinen. Ulrich wird so ganz gegen seine ursprüngliche Intention zum Außenseiter und sieht sich in seinem elementaren Produktivitätsdrang zunehmend darauf verwiesen, hinter die Geheimnisse der ihn umgebenden Menschen zu gelangen.

Sein Erkenntnisinteresse gilt fortan den einzelnen Repräsentanten der Parallelaktion, der Art ihrer Lebensführung, ihrem Denken, Empfinden wie praktischen Verhalten. Auf diese Weise hofft er, gültigen Aufschluß über die konstituierenden Realien seiner Wirklichkeit zu bekommen. Die Ergebnisse sind deprimierend. Für Ulrich, der sein Leben stets als Aufgabe für seine Tätigkeit und Sendung ansah und nicht untätig zu sein vermochte, ergibt sich aus diesen Befunden eine paradoxe Situation; denn je umfassender und differenzierter sich sein Verständnis über die Wirklichkeit seiner Zeit ausbildet, desto schwieriger und schließlich unmöglicher wird es ihm, sich innerhalb des Gegebenen engagieren zu können. Der Mann ohne Eigenschaften ist mithin der Mensch, der gerade wegen seiner hohen Anlagen wie einem außerordentlichen Produktivitätswillen eben in seiner Wirklichkeit keine produktive Haltung mehr zu entfalten vermag.

Mit der Einsicht in die Sinn- und Perspektivelosigkeit seiner Zeit wie des eigenen Daseins will und kann er sich jedoch nicht abfinden. Mehr und mehr richtet er intellektuelle Anstrengungen auf die Suche nach einem ›anderen Zustand‹:

»Wenn es aber Wirklichkeitssinn gibt, und niemand wird bezweifeln, daß er seine Daseinsberechtigung hat, dann muß es auch etwas geben, das man Möglichkeitssinn nennen kann. Wer ihn besitzt, sagt beispielsweise nicht: Hier ist dies oder das geschehen, wird geschehen; sondern er erfindet: Hier könnte, sollte oder müßte geschehn; und wenn man ihm von irgend etwas erklärt, daß es so sei, wie es sei, dann denkt er: Nun, es könnte wahrscheinlich auch anders sein.« (GW 1; 16; MoE 1, 18)

Diese Maxime macht zugleich die Spezifik wie die utopischen Elemente seiner Humanitätsauffassung einsehbar.

Innerhalb der Parallelaktion führt dieser Utopismus dazu, daß Ulrich für eine sinnvolle Tätigkeit und Ausrichtung gesellschaftlicher Aktivitäten selbst einen Vorschlag einbringt:

»Da unternahm Ulrich einen unsinnigen Versuch. ›Erlaucht‹, sagte er, ›es gibt nur eine einzige Aufgabe für die Parallelaktion: den Anfang einer geistigen Generalinventur zu bilden! Wir müssen ungefähr das tun, was notwendig wäre, wenn ins Jahr 1918 der Jüngste Tag fiele, der alte Geist abgeschlossen werden und ein höherer beginnen sollte. Gründen Sie im Namen seiner Majestät ein Erdensekretariat der Genauigkeit und Seele; alle anderen Aufgaben sind vorher unlösbar oder nur Scheinaufgaben!‹« (GW 2, 596f.; MoE 1, 761f.)

Er stößt auch damit auf pures Unverständnis:

»Ich sage Ihnen, Herr Doktor hat sich vielleicht nicht ganz einwandfrei ausgedrückt, aber im Grund hat er ganz recht! Immer wird etwas Neues gemacht, kaum daß eine neue Zeit angefangen hat, und nie kommt etwas G'scheites heraus!«

Der Vorschlag zur Einrichtung eines »Erdensekretariat(s) der Genauigkeit« wie die Vision vom genauen Bilanzieren, vom wissenden und nur der Sache verpflichteten verantwortungsvollen Erörtern der nach Lösung drängenden Zeitfragen hat eine Parallele in des Autors großen zeitkritischen Essays, erinnert an die Hoffnungen, die Musil an das Zustandekommen einer solchen gesellschaftlichen Diskussion geknüpft hatte. Und auch im Roman kommt ein solches Gespräch nicht zustande. Ulrichs Dilemma bleibt: immer schärfer und genauer wird sein gesellschaftskritisches Bewußtsein und immer drükkender die Einsicht in die eigene Hilflosigkeit und Ohnmacht. Diese Romanfigur wird so zum Medium, den Prozeß des Gewinnens von Einsichten in die Bedingungen und Zusammenhänge der bürgerlichen Gesellschaft überzeugend vorzuführen; zum anderen ist Ulrich zugleich die Figur, an der Musil die eigene Existenz, die Probleme seines Lebens und Schaffens mit entschiedener Wahrhaftigkeit zu erklären und zu rechtfertigen versucht.

Nach Erscheinen des zweiten Bandes arbeitete Musil noch nahezu ein ganzes Jahrzehnt an der Weiterführung seines zeit- und kulturkritischen Werkes. Er mochte sich dabei nach 1933 durch das Verhalten der Massen wie großer Teile der Intelligenz in Deutschland, aber auch über die internationale Reaktion auf die Machtergreifung des Faschismus in wichtigen Überzeugungen bestätigt fühlen; folgenreicher für seine Arbeit wie das Neudurchdenken bestimmter Auffassungen wurde der Umstand, daß das zeitgeschichtliche Geschehen einschneidender und nachhaltiger als je zuvor unmittelbar in sein Leben eingriff, Musil gezwungen wurde, Berlin und später auch Wien zu verlassen, seine Bücher auf den Verbotslisten erschienen und somit die Grundlagen seiner sozialen und künstlerischen Existenz wesentlich beeinträchtigt wurden.

Zu einem Kulminationspunkt in der letzten Schaffensperiode entwickelte sich der »Internationale Schriftstellerkongreß zur Verteidigung der Kultur« 1935 in Paris. Schon Musils Teilnahme war ein deutliches Indiz dafür, daß er die wenigen Kontakte, die ihn noch mit realen, gegen den Faschismus gerichteten gesellschaftlichen Kräften verbanden, nicht abbrechen lassen wollte; zugleich wurde gerade aber auf diesem Kongreß erkennbar, wie weit er sich doch schon von ihnen entfernt hatte und in welcher Weise ihm trotz seiner hochentwickelten zeitkritischen Sensibilität einige grundlegende Zusammenhänge der aktuellen geschichtlichen Entwicklung unverständlich geblieben waren. Die Streit- und Differenzpunkte traten besonders nach seiner Kongreßrede hervor. In diesen Ausführungen, die er mehrfach betont als »unpolitisch« bezeichnet hatte und die durchaus als ein theoretisch formuliertes Fazit seines Romanwerkes gelesen werden können, hatte er einen Kulturbegriff begründet, in dessen Mittelpunkt die tiefe Überzeugung von der bestimmenden Rolle einzelner Persönlichkeiten für den kulturellen Fortschritt der Menschheit stand. Genau diese Überzeugung war es natürlich, die seine Arbeit an »Der Mann ohne Eigenschaften« im innersten motiviert hatte und sie überhaupt zustande kommen ließ; aber der deutliche wie entschiedene Widerspruch der Mehrheit der Kongreßteilnehmer wie der Verlauf des Kongresses überhaupt vergegenwärtigen auch, daß genau in dieser Frage ein wunder Punkt in seinem Zeit- und Wirklichkeitsverständnis berührt worden war.

Robert Musil hat diese Einwände sehr ernst genommen, und er zeigt sich auch lange mit den wichtigsten Differenzpunkten befaßt. Das Überdenken der eigenen Ansichten sowie der wichtigsten Aussagen des Pariser Kongresses, das höchst aufmerksame Verfolgen und Analysieren der weiteren Entwicklung der politischen, sozialen wie geistig-kulturellen Verhältnisse in Deutschland einschließlich der internationalen Diskussion darüber geht dabei unmittelbar einher mit dem Planen, Überdenken und unmittelbaren Fortführen der Arbeit an seinem Hauptwerk. Auch geben die Tagebucheintragungen aus den letzten Lebensjahren Aufschluß darüber, wie eines der Hauptthemen des Kongresses, Geist und Politik, auch zu einem zentralen Feld seiner Erkenntnisbemühungen geworden ist. Bestätigung und In-Frage-Stellen, Fortführen und Neubeginnen greifen dabei so vielfältig ineinander, daß die nachgelassenen Teile des Romans unbedingt in ihrem besonderen wie eigenständigen Charakter zu betrachten sind und also keinesfalls als bloßes Fortschreiben und eventuelles Abschließen des bis 1933 veröffentlichten Werkes aufgefaßt werden können.

»Der Mann ohne Eigenschaften« einschließlich des überlieferten Nachlasses ist trotz des Fragmentcharakters eines der bedeutendsten Werke der bürgerlichen Literatur des 20. Jahrhunderts; es vermittelt in einer faszinierenden Weise überaus genaue Einblicke in die dialektischen Bezüge zwischen dem Verfall von Geist, Kultur und Moral wie dem allgemeinen Niedergang der bürgerlichen Gesellschaft und seiner Staats- und Organistionsformen. Auch der Umstand, daß in diesem Werk nicht jene geschichtlichen Kräfte ins Blickfeld gerieten, die eine objektive Alternative aufzuzeigen vermochten, ändert wenig daran, daß auch ein historisch-materialistisches Geschichts- und Gesellschaftsverständnis durch Musils Werk vielfältig bereichert und angeregt werden kann. Der Autor hat in den letzten Jahren seines Lebens über sich und sein Werk ein höchst klares, präzises Fazit zu ziehen vermocht; es findet sich darin wieder deutlich jene Grenze markiert, die zu durchbrechen er sich immer wieder anschickte, die aber für ihn aus so vielen Gründen nicht überwindbar war:

»Zu meinem Verhältnis zur Pol. gehört [...]: Ich bin ein Unzufriedener. Die Unzufriedenheit mit dem Vaterland hat sich sanft ironisch niedergeschlagen im MoE. Ich bin aber auch von der Untauglichkeit des Kapitalismus oder des Bürgertums überzeugt, ohne daß ich mich ja für seine politischen Gegner hätte entschieden.« (Tb 950)

Biographische Notiz

Robert Musil wurde am 6. November 1880 in Klagenfurt (Kärnten) geboren. Sein Vater ist zu dieser Zeit Ingenieur an einer Maschinenfabrik ebd.; die Mutter entstammt einer deutsch-böhmischen Juristenfamilie. 1892/94 Besuch der Militär-Unterrealschule in Eisenstadt, 1894/97 der Militär-Oberrealschule in Mährisch-Weißkirchen [Hranice], ohne Abschluß. Danach wenige Monate Studium an der Technischen Militärakademie Wien, Wechsel an die Technische Hochschule Brünn [Brno], wo auch sein Vater lehrte, 1901 Ingenieurstaatsprüfung. Im Anschluß daran Militärdienst, verabschiedet als Reserveleutnant. 1902/03 Assistent an der Materialprüfungsanstalt der Technischen Hochschule Stuttgart; 1903/11 in Berlin Studium der Philosophie und Psychologie, 1904 in Brünn Nachholen der Reifeprüfung, 1908 Promotion zum Dr. phil. mit einer Arbeit über den Theoretiker des naturwissenschaftlichen Positivismus Ernst Mach (»Beitrag zur Beurteilung der Lehren E. M.s«) bei Carl Stumpf. Verzicht auf die (angebotene) Universitätslaufbahn, um freier Schriftsteller zu werden. 1911 Übertritt zum Protestantismus, um die um sechs Jahre ältere, einer Berliner jüdischen Kaufmannsfamilie entstammenden Martha Marcovaldi heiraten zu können, die zwei Kinder mit in die Ehe bringt. 1911/14 Bibliothekar an der Technischen Hochschule in Wien, 1914 Redakteur der »Neuen Rundschau« (Berlin). Teilnahme am Ersten Weltkrieg als Bataillonsadjutant der Landsturm-Infanterie an der italienischen Front (Tirol), Hg. der »Südtiroler Soldatenzeitung«, zuletzt (1918) im Kriegspressequartier. 1918/22 Beamter in Wien (bis 1919 im Pressedienst beim österr. Bundesministerium für Äußeres, danach im Amt für Heereswesen), dann als freier Schriftsteller, Theaterkritiker und Essayist in Wien und Berlin; Mitglied des »Schutzverbandes deutscher Schriftsteller in Österreich«, 1923/29 dessen Vizepräsident. 1935 Teilnahme am »Internationalen Schriftstellerkongreß für die Verteidigung der Kultur« in Paris. Nach der Annexion Österreichs Emigration nach Zürich. Verbrachte die letzten Lebensjahre, fast mittellos, in Genf, wo er am 15. April 1942 starb.

1923 Kleistpreis (zus. mit W. Lehmann); 1928 Gerhart-Hauptmann-Preis.

Kurt Böttcher/Jewgenij I. Netscheporuk

Stefan Zweig

Die in etwa fünfzig Sprachen übertragenen Werke Stefan Zweigs (1881–1942) gehören zum kulturellen Besitz vieler Völker. Zwischen den beiden Weltkriegen war er der international bekannteste deutschsprachige Schriftsteller. Romain Rolland empfahl ihn 1927 den französischen Lesern als »sehr bedeutenden österreichischen Schriftsteller, der in der deutschsprachigen Literatur in unwandelbarem Glanz europäische Vernunft und die erhabensten Traditionen von Kunst und Geist des alten Deutschlands vertritt, jenes Deutschland, dessen Tempel das heilige Weimar bleibt«[1].

Das frühe Erscheinen einer ersten Ausgabe Gesammelter Werke in russischer Sprache (12 Bde., 1927/32 mit 4 Auflagen) würdigte Maxim Gorki als einen »Festtag«[2]. Im Vorwort zu dieser Edition schrieb er Zweig eine »seltene und glückliche« Verbindung »des Talents eines tiefen Denkers mit dem Talent eines erstklassigen Künstlers« zu; er besäße ein feinfühliges, behutsames, sorgfältiges Herangehen an die menschliche Persönlichkeit und die Fähigkeit, das Beste im Menschen aufzuspüren; dies fordere die »Gesamtheit der Bedingungen des heutigen Lebens«[3]. In den Werken des Österreichers sah der große russische Schriftsteller jene Eigenschaft der Literatur verwirklicht, »den Menschen besser zu machen«[4].

Auch Lunatscharski zählte Zweig, zusammen mit Rolland, zur Plejade der Schriftsteller seiner Zeit. Sie seien »zwei hervorragende Vertreter der europäischen Intelligenz und dabei Führer ihrer fortschrittlichen Schichten«; zugleich stellte er eine »ziemlich bedeutende Distanz zwischen ihnen«[5] hinsichtlich ihrer gesellschaftlichen Position fest. Er verwies damit auf den Unterschied zwischen bürgerlichem Humanismus, dessen Repräsentant Zweig blieb, und sozialistischem Humanismus, auf dessen Positionen Rolland in den dreißiger Jahren mit anderen bürgerlichen Zeitgenossen überging.

Größe und Grenzen des bürgerlichen Humanismus, der nicht immer die Prüfungen der Geschichte zu bestehen vermochte, bestimmten Triumph und Tragödie Stefan Zweigs.

Unter der Last der erschütternden Ereignisse des Zweiten Weltkrieges und aus dem Wunsch, »in tödlicher Trauer zurückzublicken« (um ein Bild Alexander Blocks zu gebrauchen), schreibt Zweig 1940/41 seine Erinnerungen, *»Die Welt von gestern«* (1942), ein Buch des Abschieds von der Vergangenheit, der Bilanz, ein Buch auch des Schmerzes über das Schicksal der vom Faschismus geschändeten Heimat, die ihm kein Land der Alten oder Neuen Welt ersetzen konnte. In diesen »Erinnerungen eines Europäers«, einem Panorama des österreichischen und europäischen geistig-kulturellen und politischen Lebens in den ersten vier Jahrzehnten des 20. Jahrhunderts, spürt er den Bedingungen nach, die seine Entwicklung bestimmten und sein Werk herausforderten.

Geboren 1881 in einer der »zehntausend« wohlhabenden jüdischen Familien der österreichisch-ungarischen Metropole, ist Stefan Zweig durch Bande der Verwandtschaft – bald widerstrebend – mit dem Leben der privilegierten Kreise verbunden. Das Fin de siècle bringt gerade im Wiener Milieu jenen »subtilste(n) Typus des Literaten« hervor, der das Wesen der Welt über den Buchstaben, »die Wirklichkeit [...] durch das Medium der Bücher« begreift, eine »haardünne Schicht der

Kultur«, deren Erscheinung »etwas Wurzelloses«,[6] Wirklichkeits- und Volksfremdes anhaftet. Dies ist aber auch die Zeit, die empfindsamen Geistern unter der Oberfläche eines glanzvollen Lebens die Brüchigkeit der k. u. k. Gesellschaft bewußtmacht und in der eine Untergangsstimmung aufkommt, die man durch äußere Attitüden oder wirkliche Hingabe an Kunst und Kultur zu verdrängen sucht.

Stefan Zweig gehört zu dieser abgesicherten, kunstenthusiasmierten jungen Bürgergeneration, deren gesellschaftlich-soziale Ignoranz er später sehr kritisch beurteilte – ihr Vorbeisehen am Pangermanismus und Antisemitismus, Keimen des Faschismus, die sich seit Ende des 19. Jahrhunderts auf österreichischem Boden bemerkbar machten, wie an der Arbeiter- und sozialistischen Bewegung, die sich seit den siebziger Jahren entwickelt hatte, als »die Massen, [...] plötzlich unruhig« wurden, sich organisierten und »ihr eigenes Recht« verlangten.[7]

Früh stellt sich bei Zweig ein Unbehagen gegenüber den Lebensformen, Konventionen und Sinnsetzungen der Oberschicht ein. In seinem Erinnerungsbuch schildert er beispielsweise sehr bewegt die Methoden der Erziehung zu Untertanen in der österreichischen Schule, was ihm für sein Leben

»Haß gegen alles Autoritäre, gegen alles ›von oben herab‹ Sprechen [...] Abneigung gegen alles Apodiktische und Dogmatische« einprägt und ihn bewegt, in einigen Novellen »die lächerliche Mumie der Vorkriegs-Sittlichkeit noch einmal aus ihrem Sarge zu holen«, um die »gefährliche Psychose der Heuchelei, die ein Jahrhundert lang die europäische Sitte eingeschüchtert hat«, zu durchleuchten: »[...] der moralische Schein ist jener Epoche wichtiger als das menschliche Sein«[8].

Zweigs Entwicklung zum Schriftsteller vollzieht sich in Wien, der

»Wahrerin einer tausendjährigen Tradition«, einer Stadt, durch die hindurch die Wege und Kreuzwege von Geschichte und Zivilisation gegangen, in der »alle Ströme europäischer Kultur zusammengeflossen« sind, um »sich harmonisch aufzulösen in ein Neues und Eigenartiges, in das Österreichische, in das Wienerische«.

Um die Jahrhundertwende besitzt Wien ein stürmisches Kulturleben, in dem widerstreitende Tendenzen einander begegnen.

Wie die meisten österreichischen Schriftsteller dieser Jahrzehnte vom Naturalismus abgestoßen, neigt Zweig, wesentlich beeinflußt durch die Wiener musikalische Schule, Gustav Mahlers selbstlosen Dienst an der Kunst, von Joseph Kainz und Alexander Moissi (der ihm zeigt, daß »das Tiefste, Reinste in einem Menschen auch sein Unzerstörbarstes ist«[9]), in den ersten Werken zur impressionistischen Darstellung sensibler Empfindungen wie zum expressiven Ausdruck von Gefühlen.

Seiner frühen Lyrik – gesammelt in den Bänden *»Silberne Saiten«* (1901) und *»Die frühen Kränze«* (1906) – ist ästhetisches Empfinden und Intimität eigen. Bewahrt werden vorzugsweise kontemplative Eindrücke, liebevoll gezeichnete unkörperliche, vergeistigte Gestalten junger Mädchen und Frauen mit ihren unklaren Wünschen und Liebeserwartungen – anempfundenes Leid und Wehmut des jungen Poeten und schon geahnter Widerspruch zwischen vorgestelltem Leben und Wirklichkeit. Auch die frühen, impressionistisch-neuromantischen Erzählungen sind ohne zeitliche Bestimmtheit, verschwimmend zwischen Traum, Dichtung und Wirklichkeit, Spiel und Leben – so *»Erzählung in der Dämmerung«* oder *»Sommernovelle«*, die, verglichen mit dem ersten Erzählband, *»Die Liebe der Erika Ewald«* (1904), in vielem schon selbständiger sind.

Zweig findet früh Anerkennung, versteht aber bald nicht mehr, woher er den Mut zur Veröffentlichung seines ersten Gedichtbandes nahm, spürt an seinen Novellen »einen Geruch von parfümiertem Papier«. So folgt er – im Bewußtsein fehlender Lebenserfahrung – dem Rat Richard Dehmels, aus fremden Sprachen zu übersetzen (Verlaine, Verhaeren, Russel, Keats u. a.); zum erstenmal empfindet er dabei »eine Rechtfertigung seiner Existenz«. Müde »der sogenannten ›guten‹ Gesellschaft«, zieht es ihn fort aus Wien, begierig, jede ihm fremde Wirklichkeit aufzunehmen. Der Universitätswechsel nach Berlin führt in nicht gekannte Lebensbereiche; eine fast fieberhafte Reisetätigkeit macht ihm Europa zur Heimat, er sieht viele Länder Afrikas, Nord- und Mittelamerikas, Kanada, Indien. In die Vorkriegsjahre fällt auch die Freundschaft mit Emile Verhaeren, dem bäuerlichen Sänger der Demokratie, der Technik, des modernen Lebens, ein väterlicher Freund, der ihm gesuchte Lebenswerte bietet: Arbeit und Verantwortung.

Die Werke Zweigs aus dieser Zeit zeigen das Verlangen nach wirklichkeitsnahen Stoffen und Problemen. Mit der Hinwendung zum Drama, in der Tragödie *»Tersites«* (1907), schlägt er eines seiner Grundthemen an: die tragische Größe und das

Heldentum des Leidens, des Unterliegens. Nicht der »starke Mensch«, der strahlende Sieger Achill triumphiert, sondern der häßliche, feige Tersites als einer,

»der nicht im realen Raume des Erfolgs, sondern einzig im moralischen Sinne recht behält«.

Dieser dramatische Versuch verrät – wie die frühen, noch von einem Schimmer wienerischer Sentimentalität geprägten, novellistischen Arbeiten – bereits die Vorliebe für psychologische Themen und Probleme. Der zweite Novellenband, *»Erstes Erlebnis«* (1911), zeigt, daß Zweigs feinsinnige Erzählkunst besonders dazu angetan ist, jene Grenzjahre der Kindheit zu beschreiben, in denen sich die noch bloß geahnten Regungen des erwachenden Körpers zaghaft ins Bewußtsein heben. »Geschichten aus Kinderland« nennt er diese Erzählungen, denen man das Ressentiment eigener unerfreulicher Kindheitserlebnisse anmerkt. Zweig verbindet die Darstellung psychischer Vorgänge mit Kritik (an Elternhaus, Schule, Erziehungsinstitutionen), dabei den Maximen der ihm befreundeten schwedischen Individualpädagogin Ellen Key folgend, die es als »pädagogisches Verbrechen« ansah, »das eigene Wesen des Kindes zu unterdrücken und mit dem anderer zu erfüllen«[10].

Noch in den Vorkriegsjahren festigen sich die humanistischen Überzeugungen Zweigs. Er lehnt Nationalismus, jede Art von Völkerverhetzung und -diskriminierung ab, tritt für eine geistige Verbindung zwischen den europäischen Völkern auf der Basis der höchsten Errungenschaften ihrer Kulturen ein. Die von der Französischen Revolution verkündeten Ideale haben für ihn ihre Anziehungskraft nicht verloren; er vertraut dem Fortschritt in der Entwicklung von Gesellschaft, Wissenschaft und Kultur – später nennt er diese Haltung einen »überspannten Zivilisationsoptimismus«.[11]

So zählt Zweig nach einer sehr kurzen Etappe des Mitgerissenseins zu den wenigen deutschsprachigen Autoren, die noch 1914 gegen das Völkergemetzel protestieren und ihre literarische Arbeit in den Dienst von Versöhnung und Frieden stellen. Er gehört nicht zu den Unterzeichnern des »Manifests der 93«, in dem deutsche Intellektuelle dem Krieg ihre Zustimmung gaben, sondern veröffentlicht im September einen offenen Brief *»An die Freunde im Fremdland«*, in dem er zum Schweigen aufruft, zu einem Schweigen, das Protest bedeuten soll.

Romain Rolland, von Zweig später das »moralische Gewissen Europas« genannt, schickt eine Antwort: Schriftsteller zweier verhetzter, gegeneinander Krieg führender Nationen finden, während die Schlachten toben, zusammen, um Wege zur Überwindung des Völkerhasses zu suchen. »Sie sind wohl einer jener großherzigen europäischen Geister, denen unsere Zeit bedarf und auf deren Kommen ich [...] wartete.«[12] Rolland schlägt vor, »die wichtigsten geistigen Persönlichkeiten aller Nationen« in die Schweiz einzuladen, »um [...] einen solidarischen Appell im Sinne der Verständigung an die Welt zu richten«. Der Plan scheitert, aber geboren ist die Idee, durch eine »Internationale des Geistes« chauvinistischer Verblendung und Völkermord zu begegnen.

Für Zweig wird der Krieg zum Ausgangspunkt einer tieferen Sicht der Wirklichkeit: *»Erinnerungen an Emile Verhaeren«* (1917), eine Hymne auf den schöpferischen Menschen, sind eine Verteidigung des Humanismus; Protest gegen den Krieg ist die biblische Tragödie *»Jeremias«* (1917), in der die Verbrechen der Kriegstreiber angeprangert und auch die Verwirrungen des leidenden Volkes nicht verschwiegen sind. Vorgezeigt wird die Tragik des Propheten, der den Gang der Ereignisse vorhersieht, aber nicht zu ändern vermag: Konturen jenes Dramas, das bürgerliche Humanisten im 20. Jahrhundert durchlitten.

Ab Ende 1914 im Kriegspressearchiv tätig, erhält Zweig 1917 die Erlaubnis, in der Schweiz Vorträge zu halten und dort als Korrespondent der »Neuen Freien Presse« zu arbeiten. Er lernt Kriegsgegner wie F. v. Unruh, H. Hesse, J. Joyce, A. Kolb kennen, hat Kontakte mit pazifistischen Kreisen, sieht 1918 die Züricher Uraufführung des »Jeremias« (Regie: M. Reinhardt). In lebhafter publizistischer Tätigkeit tritt er bei Kriegsende für einen »Frieden des Ausgleichs« ein; er fordert

»Gerechtigkeit, Gleichheit, Selbstbestimmung des einzelnen und der Völker, das Ende der Gewalt, die ewige Eintracht [...] Nicht was eine Nation an der anderen verschuldet, sondern was eine der anderen verdankt«[13],

soll das künftige Zusammenleben der Völker bestimmen. Es ist der Versuch, aus Begegnungen mit bedeutenden Persönlichkeiten und fremden Kulturen, im Ausland und im Krieg gewonnene ethische Überzeugungen auf die Politik zu übertragen. Zweigs Grundgesinnung und -haltung hat sich ausgeformt:

der »humanen Verständigung zwischen Menschen, Gesinnungen, Kulturen und Nationen«[14] zu dienen.

Objektiv richtet sich sein Engagement gegen den imperialistischen Krieg (ohne dessen ökonomische und soziale Ursachen ins Kalkül zu ziehen).

»Wir trieben keine Politik – noch heute verabscheue ich sie –, wir bereiteten nur den Frieden vor«.[15]

Zweig hat später das Illusionäre seiner Bemühungen um »moralische Entgiftung Europas« (Titel eines Vortrags, 1932) eingestehen müssen, die Illusion auch, eine Gemeinschaft humanistischer Intellektueller aller Nationen werde die »Urzelle künftiger internationaler Gemeinschaft« sein. Enttäuscht über die Wirkungslosigkeit seines einzigen Versuchs, mit »idealistischer Menschheitspolitik« zur Gestaltung neuer, humaner Lebensformen beizutragen, beschließt er, sich künftig »der Politik zu enthalten«.[16] Sich als Fürsprecher des durch politische Gewalt bedrohten Individuums verstehend, setzt er seine Hoffnung auf die ethische Vervollkommnung des einzelnen durch Aufklärung: Erziehung zu Vernunft und humanistischen Grundsätzen als Bedingung für die Herstellung freundschaftlicher Beziehungen zwischen den Völkern. Die damit verbundene starre Entgegensetzung von Politik und Moral, Macht und Geist, Handeln und Betrachten – von vielen bürgerlichen Schriftstellern damals ähnlich artikuliert – bestimmt von nun an Leben und Schaffen Zweigs mit allen Konsequenzen auch für sein persönliches Schicksal.

Als Henri Barbusse 1919 die Gruppe »Clarté« gründet, beteiligt sich Stefan Zweig – der in dem französischen Schriftsteller »einen für Europa notwendigen Menschen«[17] sieht, weil er sich an Millionen wendet – als einer der ersten. Doch Barbusse, der ihm zusammen mit René Schickele die Führung der deutschen Sektion anvertraut, auf seinem Weg zu folgen, vermag er nicht. Barbusse wäre nach seiner Rußlandreise zur Überzeugung gelangt, so Zweig, daß

»bürgerliche Staaten und Demokratien unfähig seien, eine wahre Verbrüderung der Völker herbeizuführen, und nur im Kommunismus sei eine Weltverbrüderung denkbar. Unmerklich suchte er aus ›Clarté‹ ein Instrument des Klassenkampfes zu machen, wir aber verweigerten uns einer Radikalisierung [...]. Wieder hatten wir im Kampf um die geistige Freiheit versagt aus zu großer Liebe zur eigenen Freiheit und Unabhängigkeit.«

Zweig geht 1919 nach Salzburg. Mit zwei Zyklen unternimmt er es, je eine »Typologie« des Gefühls und des Geistes zu entwerfen. In dem erotisch gefärbten psychologischen Novellenkranz »Die Kette« *(»Erstes Erlebnis«, »Amok«, »Verwirrung der Gefühle«)* stellt er

»in abgeschlossenen Kreisen je einen anderen Typus des Gefühls, der Leidenschaft, der Zeit und Alterszone in verschiedener Abwandlung« vor, sucht sie »durch Gestaltung zur Welt« zu runden.

Dabei übt er, an Freud geschult, »bis ins tiefste Labyrinth der Seelenwissenschaft hinabsteigend«[18], immanente Kritik an bürgerlicher Moral und Konvention in der Darstellung oft monomanischer und dämonisch-tragischer Außenseitergestalten. In essayistischen Arbeiten (»Die Baumeister der Welt«) und Biographien verfolgt er eine »Typologie des Geistes«. Diese generalisierende Tendenz findet sich auch in seiner Lyrik (»Der Bildhauer«, »Der Maler«, »Der Dirigent«). Daneben entstehen weitere Dramen (»Volpone«, nach Ben Jonson; »Das Lamm des Armen«).

»Mich (hat) das Problem der Entstehung eines Kunstwerks sowohl in den biographischen wie in den psychologischen Formen mehr als alles andere beschäftigt [...].

Mir ist es nur gegeben, Ideen in Gestalten darzustellen.«[19]

Beide Äußerungen Zweigs decken Wurzeln seines biographischen und essayistischen Schaffens auf, seiner eigentümlichen Begabung.

Unter Zweigs Werken nehmen folgerichtig Biographien einen bedeutenden Platz ein. »Emile Verhaeren« (1910), »Romain Rolland« (1921), »Joseph Fouché« (1929), »Marie Antoinette« (1932), »Triumph und Tragik des Erasmus von Rotterdam« (1934), »Maria Stuart« (1935), »Castellio gegen Calvin« (1936), »Magellan« (1938), »Amerigo, Geschichte eines historischen Irrtums« (postum 1944), »Balzac« (postum 1946). Vor allem mit der biographisch-essayistischen Reihe »Die Baumeister der Welt« will Zweig, ohne ein »starres System« zu konstruieren, mittels psychologischer Analyse typologische Erscheinungen »im Literarisch-Charakterologischen« erfassen und so »Formen des Geistes« beschreiben.

Zweig versteht Geschichte als einen objektiv sich vollziehenden Prozeß, sinnvoll in sich (»Weltgeist mit seinen tausend Emanationen«[20]) und zugleich unberechenbar (»unsere begrenzte irdische Vernunft (reicht) nie aus [...], sie zu antizipieren«[21]); Sinn der Geschichte sei allerdings die Entfaltung der Humanität, daran mitzuwirken, Aufgabe des Menschen (in diesem Rahmen werde »Geschichte vom Menschen gemacht«[22]). Sich dem Verständnis der Geschichte, »Dichterin des Weltgeistes«, anzunähern, bedürfe es des streng sachlichen Dokumentierens geschichtlicher Ereignisse, nicht des Geschichtsromans und der romanhaften Biographie, die dazu verurteilt seien, hinzuzuerfinden, zu romantisieren, zu heroisieren:

»Die getreue Biographie erfindet nichts dazu, sondern deutet nur das Vorhandene aus, ehrfurchtsvoll folgt sie den halb erloschenen Runenspuren, und statt etwas zu erlügen, wird sie an manchen Stellen lieber ehrlich sagen: ›Nescio, hier weiß ich die Wahrheit nicht, hier kann ich nicht entscheiden.‹«[23]

Aufgabe des Geschichtsschreibers und -deuters sei es freilich nicht, in sterile Dokumentation zu verfallen, sondern das von der Geschichte Gedichtete durch Verstehen, Sehen und Bilden dem Bewußtsein aufzuschließen. Das bloße Faktum werde erst durch die Kunst des Erzählens und durch »exakte Seelenwissenschaft« zur Geschichte.

»Wo aber die an den Augenschein streng gebundene Forschung endet, [...] muß die Psychologie sich bewähren, deren logisch eroberte Wahrscheinlichkeiten oft wahrer sind als die nackte Wahrheit der Akten und Fakten. Hätten wir nichts als Dokumente der Geschichte, wie eng, wie arm, wie lückenhaft wäre sie! Das Eindeutige, das Offenbare ist die Domäne der Wissenschaft, das Vieldeutige, das erst zu Deutende und zu Klärende, die zugeborene Zone der Seelenkunst [...] Das Gefühl weiß von einem Menschen immer mehr als alle Dokumente.«[24]

Zweigs Resümee lautet:

»Wer Geschichte verstehen will, muß Psychologe sein«[25], und was »vom Individuum« gelte, »das hat auch stets für die Nationen Geltung – denn was sind Völker anderes als kollektive Individuen?«[26]

Auf dieser ›theoretischen‹ Grundlage deutet und beschreibt Zweig, im Bestreben, den Menschen in seinem geschichtlichen Tun und Wirken zu erfassen, die Besonderheit und Leistung einzelner, meist großer Gestalten – ein Verfahren, das zwar sozialökonomische Hintergründe aufscheinen läßt, aber doch die Darstellung realer geschichtlicher Faktoren weitgehend ausschließt – ökonomische, soziale, ideologische Zusammenhänge, Klasseninteressen und -kämpfe, die Funktion der materiellen Basis im Gesellschaftsprozeß – und das so kaum zur Erfassung dialektischer Widersprüche und historischer Gesetzmäßigkeiten findet. Denn Zweigs Tatsachentreue bezieht sich vor allem auf die Oberfläche geschichtlichen Werdens, auf Daten, Ereignisse, Zahlenmaterial – isolierte Tatsachen. Die geschichtliche Bewegung erscheint auf geistige Umbrüche und Konfrontationen, subjektive Triebkräfte und Motive großer Persönlichkeiten reduziert, die ihre Chance, ihre »Sternstunde«, wahrnehmen oder nicht: Eine poetisch dramatisierte, durch überzeugende, kunstvoll gehandhabte psychologische Analyse modernisierte personalistische Geschichtsdeutung in der Art Carlyles, die dem Leser – daher der große Erfolg – suggeriert, Geschichte und Kultur gewissermaßen ganz intim an ihren großen Gestalten und von innen her verstehen zu können.

Zweigs unter dem bezeichnenden Titel *»Die Baumeister der Welt«* versammelten Essays beruhen auf dieser Methode bildlicher Darstellung:

»Die ›Drei Meister‹ veranschaulichen Balzac, Dickens und Dostojewski als Typen der epischen Weltgestalter [...] ›Der Kampf mit dem Dämon‹ zeigt Hölderlin, Kleist und Nietzsche als dreifach abgewandelte Lebensform der von dämonischer Macht getriebenen tragödischen Natur, die ebenso über sich selbst wie über die reale Welt hinaus dem Unendlichen entgegenwirkt [...] Der Weg der ›Drei Dichter ihres Lebens‹ führt [...] einzig in sich selbst zurück«; dabei stellen Casanova, Stendhal und Tolstoi »drei aufsteigende Stufen [...] der Selbstdarstellung« vor: Casanova die »naive«, Stendhal die »psychologische« und Tolstoi die »ethisch-religiöse«.[27]

Die Essays des Bandes *»Die Heilung durch den Geist«* (1931) beschreiben

»drei Menschen [...], die, jeder auf einem anderen und sogar gegensätzlichen Wege, das gleiche Prinzip der Heilung durch den Geist an Hunderttausenden versuchten: Mesmer durch suggestive Verstärkung des Gesundheitswillens, Mary Baker-Eddy durch chloroformierende Ekstatik der Glaubenskraft, Freud durch Selbsterkennung und damit Selbstbeseitigung der unbewußt lastenden Seelenkonflikte«.[28]

Dasselbe Verfahren wendet Zweig in seinen Biographien an; sie schildern Typen des Menschlich-Geistigen: *»Joseph Fouché«* zeichnet das »Bild eines politischen Menschen«, *»Marie Antoinette«* das eines »mittleren Charakters« und *»Erasmus«* das Beispiel eines gewaltlosen, idealistischen Humanisten usw.

Zweig teilt in seinen Essays und Biographien die Schwächen der vor allem in den zwanziger Jahren in Mode gekommenen belletristischen Geschichtsbiographien und -romane (E. Ludwig u. a.): Ästhetisierung und Mythologisierung der Geschichte – wahlweise als Schicksal, Dichterin, Weltgeist oder übermächtige Naturgesetzlichkeit –, Darstellung der Persönlichkeit als an die Geschichte ausgelieferte Kraft bei gleichzeitiger Individualisierung durch Psychologisierung; Verdinglichung des Gedankens durch Verwendung bedeutungsschwangerer Bilder und Analogien (zur Identifizierung natürlicher und historischer Gesetze, zum – oft klischeehaften – biologischen Vergleich geschichtlicher Vorgänge mit solchen des menschlichen Lebens anstelle kausaler Analyse), Gebrauch superlativischer Vokabeln – wie »immer«, »nie«, »einzigartig«, »einzig«, »ewig« (wiederkehrend), »innerstes« (Wesen, Geheimnis) »Urkraft«, »Urtrieb« – zur Gewinnung generalisierender Aussagen und Umschreibung oder Bezeichnung des Allgemeinen, von Gesetzmäßigkeiten, was keineswegs mit dem Hymnus auf das Individuelle zusammenstimmt.

Gerade diese unverbundene Mischung aus auf geschichtliche Verallgemeinerung zielenden Versatzstücken und psychologischer Sezierkunst kam jenen breiten Schichten des kultur- und bildungsbeflissenen liberalen Bürgertums entgegen, denen es weniger um wirkliche Geschichtserkenntnis und Gegenwartsbewältigung ging, sondern angesichts der eigenen verunsicherten sozialen Existenz weit mehr um genußvoll zu lesende Modelle möglicher moralischer Identifikation oder Distanzierung, Bestätigung oder Verdrängung eigener Machtlosigkeit und Ausgeliefertseins.

Dem Denken, das den belletristischen Geschichtsbiographien und -romanen der zwanziger Jahre (und auch Zweigs biographischen Büchern und Essays) zugrunde liegt, haftet etwas Pluralistisches und Relativistisches, ja, Widersprüchliches und Simplifizierendes an. Denn Geschichte wird einerseits fatalistisch als Roboter und Koloß hingestellt, welche den Menschen »zernichtet«, als Ergebnis machiavellistischer Politik und Wiederkehr desselben, unterworfen ewig gleichen Gesetzen; andererseits wird ihr – vor allem von Zweig – ein Sinn unterlegt, nach dem schließlich alles Gute und Humane, »die Vernunft«, Freiheit und Gerechtigkeit siegen (»ihre Zeit wird kommen«). Auch bei der typologischen Beschreibung der ›Großen‹, der geistigen und politischen Führer, wird mit stereotypen (anthropologisierenden) Kategorien gearbeitet:

Schlecht und böse an sich sind Politik, Fanatismus (»Bastard aus Geist und Gewalt«[29]) und Macht, gut der Geist, das Moralische und Geistige, was andererseits nicht davor bewahrt, bei der Übertragung von Naturgesetzlichkeiten auf die Geschichte Moralität – lebensphilosophischen Maximen folgend: angesichts der »Fülle des Lebens«, des »Urtriebs« der Menschen, ihrer »sinnlosen« Leidenschaften –, preiszugeben.

Was Zweigs Essays und Biographien abhebt von der Flut der geschichtsbiographischen Modeware, ist die Betonung der Verantwortung des einzelnen – verbunden allerdings mit einer Überbewertung seiner Rolle im Geschichtsverlauf – und die Hinwendung zu einer Geschichtsschreibung von morgen, einer Kulturgeschichte der Menschheit, die nicht Kriegshelden oder Gewalttäter zu Protagonisten nimmt, sondern jene,

»die dem Geist gedient, die ihm neue Formen und neuen Ausdruck gegeben, die unser Wissen vermehrt und unserem irdischen Sinnen Macht über die Elemente und unserer Erkenntnis so vieler Geheimnisse des Himmels und der Erde verliehen haben.«[30]

Es ist schließlich die mitreißende psychologische Deutung seiner Protagonisten als Motoren oder Hemmfaktoren im – erhofften und herbeigeredeten – Prozeß der Entfaltung humanistischer Beziehungen in Gesellschaft, Politik und Kultur. Auf diesen moralphilosophischen Positionen beruht die positive, humanisierende Ausstrahlung seiner Bücher, ihre Kritik des Bestehenden, ihre Wirksamkeit für ein Zusammenfinden der Völker: Bausteine einer übernationalen humanistischen Geistes- und Kulturgemeinschaft, erziehen sie zu gegenseitigem Verstehen. Sie tun das mit werbender Kraft durch einfühlsame Darstellung der Gedankenwelt und der Persönlichkeit großer schöpferischer Geister. Denn Zweig gründet seinen Entwurf geistiger, künstlerischer und psychologischer Typologien auf intensives Quellenstudium, fleißige historisch-kritische und philologische Arbeit, der Verwendung unwiderlegbarer Fakten und Details (die den größten Umfang in seinen biographischen Büchern einnehmen), ohne allerdings damit die sozialen Verhältnisse aufzuschließen. Diese ›Materialisierung‹ – vereint mit der eminenten Sensibilität für Psychisches und Künstlerisches und einer den Leser mitziehenden sprachlichen Gestaltung – verleiht seinen Darstellungen jene Attraktivität, die sie bis heute nicht verloren haben.

Zweig blieb in seinem Schaffen stets empfänglich für Prüfung, Vertiefung und Erweiterung seiner Anschauungen, ohne sie in ihrer Substanz aufzugeben. So setzt er vor allem in den zwanziger Jahren »wesentliche Hoffnung auf das revolutionäre Rußland« (Jules Romain). Sein Fortschrittskonzept, die stete Aufgeschlossenheit für das Neue, bewahren ihn – obwohl ohne wirkliches Verständnis für die geschichtliche Zwangsläufigkeit sozialer Umwälzungen – Zeit seines Lebens, wie Romain Rolland formuliert, vor jenem »abscheulichen Kreuzzug der gesamten ›liberalen‹, ›demokratischen‹, ›republikanischen‹ Bourgeoisie Europas gegen die russische Revolution«[31].

Seine Liebe zu Rußland schuldet Zweig der tiefen Liebe zur russischen Literatur. Sie nährt sein Verlangen, das revolutionäre Rußland kennenzulernen, das ihm als »das faszinierendste Land des Nachkrieges« erscheint.

»[...] ich wäre kein [...] dem Neuen zugewandter Mensch gewesen, hätte es mich nicht gleichfalls verlockt, aus eigenem Augenschein mir ein Bild zu formen.«

Als sich 1928, anläßlich der Feier zum 100. Geburtstag von Lew Tolstoi, eine ›unpolitische‹ Gelegenheit bietet, fährt er als österreichischer Delegierter nach Moskau. Noch im selben Jahr schreibt er für die »Neue Freie Presse« eine vom Willen zum Verstehen geprägte Artikelserie, die auch in »Die rote Fahne« erscheint. Zweig mißfällt manches, aber er gelangt zur grundsätzlichen Bejahung dieses »kühnsten sozialen Experiments«:

»Ein Proletariat, eine geknechtete Bauernschaft von 140 Millionen ist aufgestiegen zur Macht, hat sich erhöht und befreit.« Er findet die russischen Menschen »an einer ungeheuren Sache beteiligt, welche die ganze Menschheit« betrifft. Beeindruckt ist er vor allem von der im Volk »plötzlich aufgebrochenen stürmischen Gier nach Bildung«. »Wir haben alle«, schreibt er, »unbewußt oder bewußt an Rußland ein Unrecht getan und tun es noch heute. Ein Unrecht durch Nichtgenugwissen, Nichtgenuggerecht sein«.

Eine klare Stellungnahme in den Klassenkämpfen am Ende des zweiten Jahrzehnts.

Zweigs Bericht deutet eine Korrektur seiner liberal-pazifistischen Ablehnung revolutionärer Gewalt an, die Idee einer Verschmelzung des bürgerlichen Humanismus mit der sozialistischen Revolution. Bezugspunkt dafür ist ihm die soziale und kulturelle Befreiung der Volksmassen durch die Oktoberrevolution, welche die

»weltweite Spannung zwischen reich und arm [...] so gewaltsam [...] endlich einmal zerreißen mußte.«

Dies ist einer jener Augenblicke in Zweigs Leben, in denen er davon abgeht, »seinen Humanismus«, wie Fedin später schrieb, »vor einer Berührung mit dem zwanzigsten Jahrhundert zu bewahren«[32].

Zweigs gesamtes Werk liefert Auskünfte über seine Ansichten zu Literatur und Kunst. Vor allem der mehrbändige Zyklus »Die Baumeister der Welt« (1920/31), die Sammelbände »Begegnungen mit Menschen, Büchern und Städten« (1937), »Zeit und Welt« (1943) und »Europäisches Erbe« (1960) bieten reichlich Material für die Erfassung seiner künstlerisch-ästhetischen Position, die über das eigene literarische Schaffen hinausgeht.

Den Verlust humanistischer Werte in Werken der ›modernen‹ Literatur, das Unvermögen, die Kompliziertheit des Lebens zu erfassen, hat Zweig schon in frühen Arbeiten festgestellt. In seinem Buch über Verlaine schreibt er – bei aller Begeisterung für den französischen Symbolisten – recht trokken über die Parnassiens und über die Präraffaeliten. Fremd sind ihm auch die Naturalisten, welche die integre Gestalt des Menschen zerstört hätten. An James Joyces »Ulysses« kritisiert er die subjektivistische Deformation der Wirklichkeit; ohne die große Begabung des Iren zu leugnen, sieht er in ihm einen Fanatiker, der für den Menschen »das Ergötzen eines Torquemada der seelischen Inquisition«[33] empfinde. Barbusses Roman »Das Feuer« versteht Zweig dagegen als »Sieg des klaren Geistes, der Wahrheit über die Phrase und ihren erbärmlichen Knecht: das Wort«: Barbusse »dichtet nicht zu, er harmonisiert nicht den Widersinn«[34] des Geschehenen. Und er bewundert jene realistische, durch die großen Romanciers des 19. Jahrhunderts ausgebildete Schreibweise, die ein weites, umfassendes, dynamisches Bild von Gesellschaft und Welt und einen Reichtum menschlicher Typen entwirft. Große Epiker sind in seinen Augen jene, »deren künstlicher Kosmos neben dem wirklichen existierte, aber identisch mit ihm«[35].

Zweig besaß eine geradezu enthusiastische Auffassung von der Rolle der Kunst in Geschichte und Gesellschaft. Größe des Menschen und der Menschheit verkörpern sich für ihn in den Schöpfern der Kultur, der »Baumeister der Welt«. In ihrem

Schöpfertum sucht er den »Sinn des Lebens und das Geheimnis des Lebens«[36] und in der Kunst »das Wesen und heroische Ziel der Menschheit«[37]. Das korrespondiert mit seiner idealistischen Vorstellung von der führenden Rolle des Geistes in der Geschichte. Schöpfertum gilt ihm als eine Erscheinung, die durch ein tiefes moralisches Bedürfnis hervorgerufen wird und die große Gewalt durch ästhetische Wirkung besitzt.

In seinen ästhetischen Betrachtungen stets die geistig-moralische Wirkung von Literatur auf den Leser einbeziehend, rückt Zweig die Persönlichkeit, die ethische Position des Schriftstellers in den Mittelpunkt; Analysen der Werke nehmen eine untergeordnete Stellung ein. Er bewundert die Einfachheit und Natürlichkeit, die »Klarheit des Herzens«, die menschliche Wahrheit und Volksverbundenheit Gorkis, und schmerzlich bekennt er 1926 in einem Brief

»Unsere deutsche Literatur ist stets und heute mehr denn je dem Volk verschlossen geblieben, sie war den Intellektuellen vorbehalten, jener Klasse, die studiert hat«.[38]

An Dostojewski, Turgenjew, Tolstoi bewundert er, daß sie das Volk niemals verachtet, sondern geliebt haben. Seine besondere Zuneigung gilt Dostojewski, dessen tiefgründiger Psychologismus »unter der flachen Schicht« einer »ruhigen Welt eine andere [...], ein Purgatorium aller Qualen«[39], enthüllt. Aus dem Vergleich mit den Realisten des 19. Jahrhunderts gewinnt Zweig die Erkenntnis der neuen Qualität der Gorkischen Volksverbundenheit. Gorkis Werk gestalte keinen Mythos der russischen Seele, er habe keine Symbolfiguren des russischen Lebens geschaffen, sondern

»Zehntausende von leibhaftigen Figuren [...] mit einer ungeheuren Wahrheit und Atemnähe greifbar vor uns hingestellt. Aus dem Volk geboren, hat er selbst ein ganzes Volk mit sich sichtbar gemacht,« heißt es in Zweigs Nachwort zu Gorkis Erzählungen (1931). »... sein Werk bezeugt den Willen eines ganzen Volkes, sich zu erheben und ins Geistige zu gestalten. Wir können dank seinen Werken Rußland brüderlich begreifen.«[40]

Sehnsucht nach Volksverbundenheit spricht aus diesen Äußerungen und der Wunsch nach einer Gestaltung des Menschen, die sich nicht in psychologischer Analyse erschöpft, sondern ihn als geschichtliches Wesen erfaßt. Beides findet er bei Gorki. Sich selbst wirft er vor, »die Psychologie zu weit zu treiben«.[41] Resigniert gesteht er ein, nicht mehr die »Kraft (zu) haben, ein Universum zu schaffen«[42], wie etwa Balzac, Zola, Tolstoi oder eben Gorki. Realistisch schreiben heißt nach Brecht, »den gesellschaftlichen Kausalkomplex aufdeckend [...] vom Standpunkt der Klasse aus schreibend, welche für die dringendsten Schwierigkeiten, in denen die menschliche Gesellschaft steckt, die breitesten Lösungen bereithält«[43]. Zweig mag empfunden haben, daß in seinem liberal-humanistischen Relativismus die Wurzel seines Verzichts auf ein »Werk von Tragweite«[44] steckte, und auch, daß die bloße Beschreibung psychischer Phänomene nicht der wirklichen Situation des Menschen in der Gesellschaft gerecht wird. Obgleich er – sich verteidigend – hoffte, mit

»einzelnen Werken [...] kommenden Generationen vielleicht ein Gesamtbild unseres Seelenzustandes [zu] vermitteln«.[45] So bemüht er sich, »an Intensität« zu erwerben, »was er an Extensität einbüßte«.[46]

Das besonders in der Novellistik. Dieses in der österreichischen Literatur bevorzugte Genre – Grillparzer, Marie von Ebner-Eschenbach, Ferdinand von Saar, K. E. Franzos, A. Schnitzler führten den Typ der sozialpsychologischen Novelle zu hoher Vollendung – war auch für Zweig die gemäße Form des Erzählens. Seine »kleine Prosa«, durch formale Vielfalt gekennzeichnet, reicht von der Legende (»Die Augen des ewigen Bruders«, 1922) bis zur »historischen Miniatur« (Zyklus »Sternstunden der Menschheit«, 1927, erw. 1936). Novellistisch strukturiert sind seine Essays, Biographien, der Roman »Ungeduld des Herzens«.

Zweigs Novellen – im wesentlichen in den Bänden *»Erstes Erlebnis«* (1911), *»Amok«* (1922) und *»Verwirrung der Gefühle«* (1927) versammelt – bestehen vorwiegend aus psychologisch geprägten Berichten über individuelle, an »Zwielichtfinsternisse der Unterwelt der Leidenschaften«[47] gekettete Lebenswege und -situationen: von ersten Erschütterungen in Kindheit und Jugend, den emotionalen Dramen der Lebensmitte und bis ins Alter, das von Erfahrung und Nachdenklichkeit gezeichnet ist. Daneben stehen kleine Prosawerke, in denen persönliches Schicksal unmittelbar zu historischen Ereignissen in Beziehung gesetzt ist (Sammlungen *»Kleine Chronik«*, 1929; *»Kaleidoskop«*, 1936). Zweigs novellistisches Schaffen gipfelt in der *»Schachnovelle«* (1941) – ein Werk, das auf ganz besondere Weise österreichische, deutsche, europäische Wirklichkeit vom Jahrhundertbeginn bis zum Anfang des Zweiten Weltkriegs spiegelt.

Wenngleich sich das Erzählte oftmals zur psychologischen Analyse verselbständigt – Zweigs Beitrag zur Aufdeckung des historischen Inhalts seiner Zeit besteht in der Darstellung des Widerstreits zwischen den fortwirkenden Normen und Alltäglichkeiten der bürgerlichen (Vorkriegs-)Welt und den natürlichen Bedürfnissen des Individuums, im Suchen nach freieren, humanen Formen menschlicher Beziehungen für die Gegenwart. Allein die sensible Aufmerksamkeit gegenüber den Regungen der Psyche war ein Affront gegen menschliche Verarmung und Monotonisierung in der bürgerlichen Gesellschaft. Unverhüllt zerstört aber wird die bürgerliche Fassadenwelt, die Fiktion unterleibsloser Anständigkeit durch die Schilderung extremer Beziehungen zwischen den Geschlechtern, die Darstellung des Unbewußten und der Sexualität – als Triebwerk menschlichen Handelns (darin der Freudschen Psychoanalyse folgend). Die österreichische Novelle vor Zweig kennt keine solche Eindringlichkeit, Unrast und Aufgeregtheit des Erzählens in der Schilderung von Leidenschaften, Affekten, geistigen Intensitäten, solch tiefe Auslotung des vielschichtigen Innenlebens vor der Kulisse einer rapid gesteigerten Erstarrung der gesellschaftlichen Umwelt, solche Spannung zwischen Alltäglichkeit und herbeigeführter erregter Hintergründigkeit. Gorki bemerkte einmal: »Ich glaube, noch niemand vor ihm hat so eindringlich, mit so erstaunlicher Barmherzigkeit zum Menschen über die Liebe geschrieben.«[48]

Vorwiegend ist es das Schicksalhafte ungewöhnlicher Begegnungen, die das mit psychologischem Realismus und »intuitiver Psychoanalyse«[49] geschilderte Leben der Zweigschen Helden verändern oder gar beenden. Die Novelle *»Angst«* (1920, bearb. 1925) bringt am Widerspruch von natürlicher Lebenslust und stereotyp genormter Bürgerlichkeit, an dem die Heldin fast zerbricht, zugleich die Zerbrechlichkeit scheinbar festgefügter, patriarchalisch dominierter Institutionen zum Vorschein. Gesellschaftskritisch gezielt ist auch die Novelle *»Verwirrung der Gefühle«:* Bericht über die Situation eines angesehenen, doch homosexuellen Professors – ein Plädoyer für die Öffnung des erstarrten Sittenkodex. In der Novelle *»Untergang eines Herzens«* überdenkt der Kommissionsrat Salomonsohn sein Leben; als einer der ersten in der Literatur des 20. Jahrhunderts behandelt Zweig hier das schon von Lew Tolstoi aufgegriffene Thema vom Bewußtwerden der Sinnlosigkeit der gelebten Existenz; einfühlsam dringt er in die Seele eines alten Mannes vor, der qualvoll einen Ausweg aus der ihn umstrikkenden Lüge sucht; er findet ihn im Verzicht auf Eigentum, in der Lösung seiner Beziehung zu Familie und bürgerlicher Welt.

Seine Aufgabe als Novellist sah Zweig auch darin, jene kleinen, hilflosen Menschen »zu verteidigen gegen den unerbittlichen Widerpart alles Lebens: Vergänglichkeit und Vergessensein«, Menschen, deren »mikrobenhaft winzige Existenz«[50] von der offiziellen Geschichtsschreibung nicht aufgezeichnet wird. Die Erzählungen »Episode am Genfer See«, »Leporella«, »Buchmendel« und »Unvermutete Bekanntschaft mit einem Handwerk« vereint die Themen Not, Heimatlosigkeit, Wehrlosigkeit des ›kleinen Mannes‹. Der Autor identifiziert sich mit seinem Leid, zeigt der Gesellschaft die Opfer vor.

Zweig wendet sich – nicht nur in den Novellen – gegen die (beispielsweise von Musil beschriebene) Auflösung des Ich, die Absage an individuelle Selbstfindung, er verteidigt den alten Individualismus, auch wenn das Individuum tragisch scheitert. Die meisten seiner Gestalten in den psychologischen Novellen sind Gegenfiguren zum bürgerlichen Alltag, Außenseiter, hochstilisiert zum ›Außergewöhnlichen‹, ›Einzigartigen‹, Monomanen, für die der Autor um Verständnis wirbt. Vorangetrieben von eindimensionalen Leidenschaften, Wissensdurst, Erkenntnisdrang oder dämonischer Liebe, erstreben sie jenseits des Bestehenden

> das »wahre Dasein«, suchen sie einen Sinn, »für den ich kein Wort finde als eben das Wort Leben selbst«: »Nicht mehr dieser Mensch werden, der ich war, [...] weil ich die Normen und Formen meiner Gesellschaft als wesenlos empfinde.«[51]

Eingefordert werden – lebensphilosophischen und psychoanalytischen Prämissen folgend – das Recht des Menschen auf Bejahung seiner Natur, »Vernatürlichung der Sitten«, abgelehnt äußere Konvention, Heuchelei, Zwang. Solche Thematik, angesiedelt jenseits von Berufsleben, Arbeit, Familie, dargeboten oft vor der exotischen, auch parfümierten Kulisse bourgeoiser Nichtstuer und Tagvertrödler, gestaltet in einer suggestiven, gehetzten, oft zu erotischer Hitze gepeitschten Sprache (welche die Aktionsarmut ausgleicht), kam vor allem dem Geschmack des aus der Vorkriegssecurity aufgestörten und in seiner gesellschaftlichen Selbstfindung verunsicherten, von Deklassierungsängsten getriebenen liberalen Bürgertums entgegen, einem Publikum, das – erzogen, seine Wünsche und Emotionen zu zügeln – mit der Auflösung der alten Sicherheiten spätestens seit Ende des Ersten Weltkrieges sich begierig der prächtigen, extraordinären Schilderung von Leidenschaften und Gefühlen, die man sich in seiner Alltäglichkeit versagen mußte, öffnete. Das kritische Anliegen Zweigs, zugleich die Hohlheit, Verlogenheit, Gefühlslosigkeit, Widernatürlichkeit nicht nur der ›mondänen Welt‹, sondern auch des bürgerlichen Durchschnittsmenschen vorzuzeigen, wurde, weil versteckt angeboten, weniger stark empfunden. Seine Novellistik muß heute um so mehr hinsichtlich ihres kritischen Gehalts entschlüsselt werden.

Faschismus und Zweiter Weltkrieg zerstörten Zweigs Zuversicht, mit seinem Werk an der ›Vorbereitung einer neuen Humanität‹[52] der Menschheit mitwirken zu können. 1933 verfällt er zunächst einer – in seiner Autobiographie übergangenen – Irritation. Wie viele bürgerliche Intellektuelle glaubt er, der faschistische ›Spuk‹ würde bald vorbei sein.

Zweigs »dringlicher Wunsch« ist es zunächst – und er verhält sich darin wie Th. Mann u. a. –, sich, »solange es möglich ist, von einem innerdeutschen Publikum nicht trennen zu lassen«[53]. Als er die Zusage, an Klaus Manns Zeitschrift »Die Sammlung« mitzuarbeiten, auf Bitte des Insel Verlages zurücknimmt, wird das als Aufkündigung der Teilnahme am antifaschistischen Kampf und als Zeugnis der Selbstentmündigung des »unpolitischen« liberalen Humanismus verstanden, zumindest als arge Selbsttäuschung, wie Zweig schon wenig später erkennt:

»[...] jetzt ist die Entscheidung gefallen – man kann nichts mehr mit Deutschland zu tun haben. Ich breche alle Brücken ab.«[54]

Brüskiert, verstört durch die Suchaktion nach Waffen, die nach der blutigen Niederschlagung der Wiener Februarkämpfe 1934 durch das klerikal-faschistische Dollfuß-Regime auch auf sein Haus in Salzburg, die Wohnstätte eines international bekannten Pazifisten, ausgedehnt wird, verläßt Zweig das Land:

»Am selben Abend begann ich meine wichtigsten Papiere zu packen, entschlossen, nun immer im Ausland zu leben.«

1935 nimmt er seinen Wohnsitz in London, 1939 in dem Kurort Bath, 1937, nach einem letzten Aufenthalt in seinem Geburtsland, gibt er die Salzburger Villa auf. Zugleich zieht sich Zweig immer mehr von der Öffentlichkeit zurück. Er pflegt zwar persönliche Kontakte, beteiligt sich jedoch an keiner Exilunternehmung oder -organisation. Jetzt, da die »Unabhängigkeit des Geistes« mit Stiefeln zertreten, der Humanismus auf dem Scheiterhaufen verbrannt wird, hält er sich, entgegen seinen Aktivitäten am Ende des Ersten Weltkriegs und in den zwanziger Jahren von öffentlichen Bekundungen und Aktionen fern. »[...] als Mitkämpfer auf unsere Seite zu treten«, war er nicht imstande (Arnold Zweig, Nachruf).

Seine Auseinandersetzung mit dem Hitlerfaschismus suchte Zweig – abgesehen von einigen Vorträgen, die er in überseeischen Ländern hält (u. a. 1938 in den USA »Geschichtsschreibung von morgen«) und in denen er hinsichtlich einer noch möglichen Verhinderung eines neuen Weltkriegs einen nicht mehr vorhandenen Optimismus vortäuscht – anfangs in der geschichtlich-ungeschichtlichen Analogie. Dabei öffnet er sich dem Problemhaften seines liberal-humanistischen Konzepts: *»Triumph und Tragik des Erasmus von Rotterdam«* (1934) ist eine »verschleierte Selbstdarstellung«, sie konserviert Hoffnungen, spiegelt Niedergeschlagenheit, bietet Ansatzpunkte einer Selbstkritik.

An der Gestalt des Erasmus, seinem Ideal, legt Zweig paradigmatisch, doch ohne eindeutige Selbstkorrektur eine der Hauptschwächen des liberal-pazifistischen Humanismus bloß: den Glauben, durch Belehrung und Bildung jenseits aller Politik und ohne Veränderung der gesellschaftlichen Verhältnisse eine höherere Humanität bewirken zu können.

»Der Humanismus«, heißt es, »ist seinem Wesen nach niemals revolutionär«, er »verabscheut jede Gewalt«, jeden Fanatismus, jede Ideologie. Vorbedingung für das Glück der Menschen sei »die Ausschaltung jeder Gewalt und Abschaffung des Krieges«.

»Wenn«, schrieb Georg Lukács in einer ersten Kritik, »die Parole des Humanismus so viel bedeutet, daß eine gewaltsame Umwälzung der Gesellschaft in seinem Namen verworfen werden muß, [...] dann besteht ein Widerspruch zwischen Humanismus und gewaltsamem Sturz des faschistischen Regimes, zwischen Humanismus und Mobilisierung der Volksmassen für eine demokratische Revolution in Deutschland«[55].

In einem Punkt aber findet Zweig Worte der Zurücknahme und klaren Kritik: Der »tragische Fehlschluß« großer Teile der bürgerlich-humanistischen Intellektuellen, welche die »Menschheit abstrakt lieben«, sei es, durch ihr Streben nach der »Herrschaft der Bildungsaristokratie« eine Kluft zwischen Volk und Gebildeten aufzureißen.

»Dieses Vorbeisehen am Volke, diese Gleichgültigkeit gegen die Wirklichkeit hat von vornherein dem Reich des Erasmus jede Möglichkeit der Dauer und seinen Ideen die unmittelbar wirkende Kraft genommen: der organische Grundfehler des Humanismus war, daß er von oben herab das Volk belehren wollte, statt zu versuchen, es zu verstehen und von ihm zu lernen.«

Nach diesem Buch der Selbstverteidigung und -kritik ringt sich Zweig *»Castellio gegen Calvin oder Ein Gewissen gegen die Gewalt«* (1936) ab. Er gibt darin ein Bildnis jenes Mannes, der er selbst hätte sein wollen: Beispiel eines mutigen Kämpfers »um die unveräußerlichten Rechte der Menschheit und der Menschlichkeit«, gegen tyrannische Gewalt, dem Gewaltanwendung zur Verteidigung des Menschlichen nicht mehr völlig fremd ist.

In Erasmus, der Beschreibung »erasmischer« Menschen, unabhängiger, gewaltloser, verstehender, geistig freier, für Verständigung wirkender Naturen, findet sich Zweig – trotz aufgekommener Vorbehalte gegenüber dem liberal-pazifistischen Humanismus – selbst in der Gestalt Castellios entwirft er in deutlicher Anspielung auf die Ereignisse nach der nazistischen »Machtergreifung« sich und den Zeitgenossen das Vorbild eines kämpferischen Humanisten: Beide Biographien sind Spiegelungen, Rückzugsgefechte, Wunschbilder.

In England lebt Zweig zurückgezogen, zumal die Hauptwelle österreichischer Exilanten erst vier Jahre später, 1938, die Insel erreicht und sich eine spezifisch österreichische Schriftstelleremigration kaum entfaltet. Dann bringt »jener Septembertag 1939« für ihn »den endgültigen Schlußstrich unter die Epoche, die uns Sechzigjährige geformt und erzogen hat«. Als die militärischen Anfangserfolge Hitlerdeutschlands ein erschreckendes Ausmaß annehmen, ein Sieg »für die Freiheit der Welt« gefährdet scheint, fällt Zweig, getrennt von seiner Heimat Österreich und den Gefährten seines Denkens – ungeachtet vorgetäuschter Bemühungen, dem Exil nicht nur

»Verbitterung und seelische Verarmung [...], sondern auch gesteigerte Anspannung und inneres Wachstum«

abgewinnen zu wollen (1939 an Thomas Mann) – in immer tiefere Depression.

Nach einem letzten Aufenthalt auf dem Kontinent drängen ihn Freunde zu einer dritten Amerika-Vortragsreise. Sie führt über New York nach Uruguay, Chile, Argentinien und Venezuela. Den Erlös läßt Zweig Mitemigranten zukommen. Angesichts der drohenden Invasion Englands kehrt er nicht nach Europa zurück.

Ein neuer Versuch, ein positives Leitbild zu entwerfen, ist die Biographie *»Magellan. Der Mann und seine Tat«* (1938). Wieder ist es eine außergewöhnliche Situation, in der der Held seinem Ziel, das auch das Ziel der Menschheit ist, besessen bis in den Tod treu bleibt. In Magellan verkörpert Zweig jenen Typ, der aus selbstgewählter Verantwortung nach den Geboten der historischen Notwendigkeit handelt. Was ihm fast unvereinbar erscheint – humane Idee und ihre Verwirklichung durch die Tat –, macht die ideelle Substanz des spannend zu lesenden Buches aus (seine früheren Helden stehen demgegenüber isoliert und als Märtyrer in der Welt). Doch Zweigs intellektuelle Existenz bleibt in Frage gestellt.

Der Verlust der Heimat stärkt den Wunsch, sich Österreichs, seiner und der europäischen Kultur zu versichern, Zeugnis abzulegen über eigenes Tun, die Geschehnisse seines Lebens Revue passieren zu lassen. Der Plan, nach *»Ungeduld des Herzens«* (1939), wie die »Schachnovelle« mit österreichischem Kolorit und österreichischen Gestalten ausgestattet, noch eine »Art österreichischen Roman« zu schreiben, wird jedoch aufgegeben; dafür rückt, in Erinnerung an einen Vortrag über das »Wien von gestern«, den er kurz vor dem Einmarsch deutscher Truppen in Paris gehalten hat, das Projekt der Autobiographie »Die Welt von gestern« in den Vordergrund.

Mit *»Schachnovelle«* (1942) wählt Zweig nach der pazifistischen Antikriegserzählung »Der Zwang« (1920) zum erstenmal wieder ein unmittelbar politisches Thema: die Warnung vor dem – wenngleich nur als moralisch-psychisches Problem begriffenen – faschistischen Primitivismus und Terror, deren Brutalität der Sensibilität und differenzierten Intelligenz bürgerlicher Humanität überlegen ist; die Logik der erzählten Situation – das Zusammentreffen zweier genialer Schachspieler – fordert dazu auf, den zerstörerischen Mächten entgegenzutreten: ein letzter Versuch, den kontemplativen Humanismus zu überwinden.

Doch die völlige Trennung von der »europäischen Geisteswelt«, die Gewißheit, dort noch Freunde in Todesgefahr zu wissen, aus der er sich hatte retten können, steigern sein Bewußtsein unermeßlicher Machtlosigkeit und Einsamkeit, die Verbitterung, hilf- und tatenlos dem Geschehen zusehen zu müssen. Seinen geradezu metaphysischen Glauben an eine Höherentwicklung der Menschheit allein durch die humanisierenden Einwirkungen des Geistes hat die Wirklichkeit widerlegt. Die Maxime, wer »Geschichte verstehen will, muß Psychologe sein«[56], reicht nicht, der barbarischen Gegenwart eine Perspektive abzuringen. Persönliche Isolation tut das übrige. Das Gefühl tödlicher Ermattung, das ihn am Schaffen hindert, ist für Zweig, dessen Leben völlig seinem Werk untergeordnet ist, eine unstillbar blutende Wunde. So nimmt er mit seinem (letzten, unvollendeten) Essay über den Skeptiker Montaigne – dessen Worte »Das Leben hängt vom Willen anderer ab, der Tod von unserem« von ihm jetzt oft zitiert werden –, einer Arbeit, die, wie das Erasmus-Buch wesentliche Spuren eines Selbstporträts aufweist, Abschied nicht nur von einer imaginierten »entschwundenen Welt«, sondern auch von der selbstgewählten schriftstellerischen Aufgabe: Eingeständnis der Machtlosigkeit des autonomen »Geistes« und des Versuchs, Gegenwelten zur »Monotonisierung« und »Politisierung« der Welt aufzubauen, der Ohnmacht seiner altruistischen Humanismuskonzeption in einer von Chauvinismus, Klassenkämpfen und Kriegen beherrschten Welt. Zweig, »Realist im Mikrokosmos der menschlichen Psyche, aber Idealist im Makrokosmos der gesellschaftlichen Bewegungen«[57], blieb Utopist voll progressiver Ideale. Und tatsächlich liegt in den von ihm vertretenen humanistischen Ideen etwas weit über die Grenzen seiner Zeit Hinausgehendes, in die Zukunft Weisendes: der Traum von einem Zeitalter der Vernunft, der »Vereinigung der Nationen im Zeichen gemeinsamer Kultur«[58].

Im Februar 1942 geht Stefan Zweig – äußerste Kosequenz eines »erasmischen« Menschen – zusammen mit seiner zweiten Frau in den Tod, in seinen Abschiedsworten der jungen Generation wünschend, sie möge die »Morgenröte« besserer Zeiten erleben.

Noch im selben Jahr zeichnet sich die Wende des Krieges ab.

Biographische Notiz

Stefan Zweig, am 28. November 1881 in Wien geboren, entstammt einer großbürgerlich-jüdischen Familie (Industrielle). Nach Gymnasium Studium in Wien und Berlin (Romanistik, Philosophie und Germanistik), Promotion (Dr. phil.). Bereiste danach europäische und außereuropäische Länder (Nordafrika, Indien, Amerika), enge Freundschaft mit E. Verhaeren und R. Rolland. Während des Ersten Weltkrieges zunächst im Kriegspressearchiv tätig, danach in der Schweiz, öffentliches Eintreten für einen gerechten Völkerfrieden. Lebte seit 1919 in Salzburg, verheiratet mit Friderike von Winternitz (bis 1939). 1928 Reise in die Sowjetunion. Nach der Niederschlagung des Februaraufstandes der österreichischen Arbeiter nahm er in England zweiten Wohnsitz. 1938 endgültige Emigration, 1940 von England über New York nach Brasilien, wo er in Petropolis am 22. Februar 1942 zusammen mit seiner zweiten Frau, Lotte Altmann, Selbstmord beging.

Alfred Klein

Ernst Weiß

Die Mit- und Nachwelt hat sich dem Schaffen von Ernst Weiß (1882–1940) nur zögernd genähert. Erst die postume Publikation des Romanmanuskripts »Der Augenzeuge« (1963) zog eine nachhaltige Rückbesinnung auf den bis dahin fast vergessenen Autor nach sich. In ihrem Zentrum stehen die in drei Jahrzehnten angestrengten Schreibens hervorgebrachten Romane, weniger die in expressionistischer Manier verfaßten Gedichte und Stücke. Ruf und Rang von Ernst Weiß gründen sich vor allem auf seine außerordentliche erzählerische Leistung.

Ernst Weiß fragte von Anfang an nach der moralischen Verfassung seiner Zeitgenossen, und von Anfang an diskutierte er dieses Problem anhand außergewöhnlicher Charaktere und Lebensläufe. In seinem ersten Roman, *»Die Galeere«* (1913), steht ein junger experimentierfreudiger Röntgenologe im Mittelpunkt, der mit seinen Eltern in Konflikt gerät, in Ausübung seines als Berufung aufgefaßten Berufs am Tode anderer Menschen schuldig wird und schließlich selbst zugrunde geht. Die Titelgestalt des zweiten, *»Franziska«* (1916/19), opfert ihrer Karriere als Pianistin letztlich alle persönlichen Bindungen. In *»Mensch gegen Mensch«* (1919) schließlich erscheint der Krieg als überdimensionale Ausdehnung individueller Konfliktkonstellationen, die schon im Frieden angelegt sind.

Es hat ihn nicht mehr losgelassen, das Phänomen der Gewalt in den Beziehungen von Menschen und Völkern. Der Hauptgegenstand seines schriftstellerischen Interesses war indessen nicht der gesellschaftliche Grund von Mord und Völkermord, sondern die individuelle Prädisposition für Gewalttätigkeit. *»Tiere in Ketten«* (1918/22/30) erzählt die Geschichte einer aus Hörigkeit zur Mörderin herabsinkenden Prostituierten. In *»Nahar«* (1922) wird einer indischen Tigerin ein grausames Menschenschicksal angedichtet: Das Motiv von der angeblich tierischen Natur des Menschen erscheint in seiner Umkehrung. Die Erzählung *»Die Feuerprobe«* (1923) und der Report *»Der Fall Vukobrankovics«* (1924) führen die Mordproblematik weiter und vertiefen sie. Im Balzac-Roman *»Männer in der Nacht«* (1925) stürzt der große Schriftsteller durch das Geständnis eines Mörders in einen tiefen Konflikt zwischen seinem anteilnehmenden Verständnis für den einzelnen und seinem sozialen Gewissen als Bürger.

»Boëtius von Orlamünde« (1928) markiert dann den Übergang zu den großen epischen Entwürfen des letzten Schaffensjahrzehnts. Zu ihnen gehören die Romane »Georg Letham, Arzt und Mörder«, »Der Gefängnisarzt oder die Vaterlosen«, »Der arme Verschwender«, »Der Verführer« und »Der Augenzeuge«. Die im Weltkrieg massenhaft produzierte Brutalität in den menschlichen Beziehungen bildet den Erfahrungs- und Erlebnishintergrund auch dieser Werke. Ernst Weiß bewertet sie unter dem von ihm in den ersten Nachkriegsjahren entwickelten Aspekt, trotz des grauenvollen Geschehens habe sich die Menschheit nicht geändert. Wenigstens den einzelnen zu Einkehr und Umkehr zu bewegen wurde sein literarisches Programm, das er freilich erst in gültiger Weise zu realisieren vermochte, als er in der zweiten Hälfte der zwanziger Jahre zu der ihm gemäßen Gestaltungsweise fand. Von nun an machte er den Weg einer mittleren Generation von der Jahrhundertwende bis zur Gegenwart zu seinem bevorzugten Stoff, die Zerstörung durchschaubarer und geregelter Verhältnisse in Familie, Ehe und Beruf zu seinem bevorzugten Thema und die Kunstform der Autobiographie zu seinem bevorzugten Erzählmedium. In der fiktiven Selbstdarstellung entdeckte er das ideale Instrument für eine aufrichtige und beispielhafte Rechenschaftslegung über das Verhältnis des Invididuums zu seiner Umwelt – und zugleich das ideale Instrument für eine direkte Herausforderung des Lesergewissens.

Doch ob in seinem von erheblichen Stil- und Niveauunterschieden geprägten frühen Schaffen oder in den epischen Synthesen seiner späteren Jahre, Ernst Weiß suchte stets vor Augen zu stellen, daß gerade für die elementarsten und scheinbar sichersten menschlichen Bindungen eine Zeit tiefster Krisen angebrochen war. In allem, was er hervorbrachte, droht das Streben nach Selbstverwirklichung ständig in Rücksichtslosigkeit umzuschlagen, wächst Mißtrauen statt Vertrauen, entsteht Isolierung statt Gemeinschaft. Ein nicht mehr aufzuhaltender Kampf aller gegen alle scheint entbrannt und fordert seine Op-

fer. Der Krieg steigert und bestätigt den Verlust an Menschlichkeit. Er wird als Vernichtung der einst verbindlichen Glaubens- und Moralnormen gleich welcher Richtung gedeutet, sie wirken nur noch als anachronistisch gewordene Überzeugungen weiter, die den Realitäten nicht mehr entsprechen, oder als pharisäische Hülle für die egoistischsten Interessen. Was aus der Sicht des Autors bleibt, ist das enthemmte Walten angeblich ewigmenschlicher Urtriebe, die von längst ausgehöhlten, soll heißen: entsittlichten, Rollenkonventionen im Verhältnis zwischen Eltern und Kindern, Brüdern und Schwestern, Männern und Frauen, Freunden und Feinden, Vorgesetzten und Untergebenen, Älteren und Jüngeren nur noch notdürftig überspielt werden. Die im Unterbewußtsein wirkenden psychischen Kräfte entziehen sich der kontrollierenden Vernunft ebenso wie den Geboten der Anständigkeit, wozu die geschilderten sozialen Umstände und Erziehungspraktiken maßgeblich beitragen. Der Tatsache, daß sich Einzelinteressen in Gruppen- und Klasseninteressen bündeln, gestand Ernst Weiß keine oder nur geringe Bedeutung zu; wo er es unternahm, Massenerscheinungen wie die kollektive Aggressivität im Krieg oder den Fanatismus der Hitlergefolgschaft zu erklären, wertete er sie als Rausch und Wahn, als massenhafte Entfesselung sonst verdrängter Instinkte.

Ihm schien, daß nun ein kaum noch durchschau- und beherrschbarer Wechsel von Todessehnsucht und Selbsterhaltungstrieb, Haß und Liebe, Unterwürfigkeit und Herrschsucht das Leben und das Schicksal jedes einzelnen dirigierte. Dies transparent zu machen war seine Absicht. Die Trugbilder einer heilen Welt ließ er nicht gelten, nicht aber auch Programme und Bewegungen, die revolutionäre Veränderung der Gesellschaftsverhältnisse zum Ziel hatten. Er sah die Macht des Geldes und kritisierte die wachsende Besitzgier, und er erwies sich darüber hinaus auch als scharfer Kritiker der erbarmungslosen kapitalistischen Konkurrenzverhältnisse. Doch war Ernst Weiß Zeit seines Lebens weit entfernt davon, in ihnen die entscheidende Ursache für die heillose moralische Verkommenheit der spätbürgerlichen Gesellschaft zu erkennen.

Andererseits war er nicht im mindesten bereit, die chaotischen Zustände in der Welt zynisch zu akzeptieren. Er sah es im Gegenteil als notwendig an, »die tragische Vereinsamung des Menschengeschlechtes von heute unter dem entgötterten Himmel«[1] heroisch als allgemeine Daseinsprämisse anzuerkennen, nicht in frühere Ordnungen zurückzuwollen und aus dem »Und doch« jedes einzelnen eine neue Sittlichkeit zu gewinnen, gegründet nicht auf veraltete Götterbilder, sondern auf das Vorbild großer Künstler, Ärzte, Forscher und aller jener, »die im Kleinen Gutes gewirkt haben.«[2] In der moralischen Läuterung des Individuums erblickte er die einzige Möglichkeit wenn nicht zur Beherrschung, so doch zur Zügelung der von ihm so genannten »Unterseele«, in selbstloser Arbeit und asketischer Lebensführung das praktische Korrelat für den Entschluß, sittlich zu handeln.

Die Menschen- und Gesellschaftsanschauung von Ernst Weiß konstituierte sich unter dem Einfluß bedeutender Leitbilder und Anreger. In ihr finden sich wesentliche Spuren der psychoanalytischen Deutung des Verhältnisses von Individuum und Gesellschaft durch seinen Lehrer Sigmund Freud und durch die wissenschaftlichen und literarischen Ansichten Arthur Schnitzlers; auch die sozialdarwinistische Interpretation der Gesellschaftskonflikte als »Kampf ums Dasein«, die

Moralpostulate Fjodor Dostojewskis und Leo Tolstois, die Modelle totaler menschlicher Selbstentfremdung des Freundes Franz Kafka, der Empiriokritizismus Ernst Machs und die Philosophie des »Als ob« Hans Vaihingers haben sie mitgeprägt. Dazu kommt ein außerordentlich hoher Bildungsstand auf fast allen Gebieten der Medizin und ihrer Forschungsproblematik. Indessen geht die literarische Leistung von Ernst Weiß nicht etwa in epigonaler Fortsetzung oder gar eklektizistischer Kompilation auf. Ihre Eigenart entsteht vielmehr nicht zuletzt aus der souveränen Kritik an Vorläufern und Zeitgenossen, und zwar vor allem dort, wo religiöse Verklärungen oder philosophische Mystifikationen die Unterschiede zwischen blinder Natur und menschlicher Bewußtheit zu verwischen und den Weg zu einer humanen Bewältigung der nun in der Tat als übermächtig empfundenen Daseinsprobleme des Menschen zu verschütten drohten.

Ernst Weiß wuchs unter mehreren Geschwistern in der Familie eines begüterten jüdischen Kaufmanns auf. Als es ihm nach erfolgreichem Medizinstudium trotz harter Arbeit am Operationstisch nicht gelang, ohne materielle Unterstützung durch die Familie auszukommen, und als außerdem eine Lungenkrankheit an seinen Kräften zu zehren begann, faßte er den Entschluß, »auf dem Gebiet der Literatur den Lebenskampf«[3] aufzunehmen. In dem Arzt und Schriftsteller Arthur Schnitzler fand er dafür ein Vorbild, in Richard A. Beermann und Albert Ehrenstein verständnisvoll-hilfsbereite Partner und schließlich in Franz Kafka einen Freund, mit dem er bis zu dessen Tod über ein Jahrzehnt lang verbunden blieb.

Freischaffender Schriftsteller wurde er indessen erst nach dem Ersten Weltkrieg. Ernst Weiß begab sich 1912/13 als Schiffsarzt auf den Dampfer »Austria« vom Österreichischen Lloyd, mit dem er über Port Said bis nach Indien, Japan und in die Karibik gelangte. Auch das Erlebnis des Fernen Ostens und seiner philosophischen Weisheit hat sich auf sein Schaffen ausgewirkt. Noch tiefer aber gruben sich die Schrecken des Krieges in sein Gedächtnis ein. Er erfuhr sie als unaufhebbaren Widerspruch zwischen der humanen Mission der Ärzte und dem ihnen auferlegten Zwang, Menschen zum Zwecke ihrer erneuten Verwendung in einem sinnlosen Völkermorden zu heilen; als Folge wahnwitziger nationalistischer Verblendung und als brutalisierendes Geschehen, das die schlimmsten Instinkte aller Beteiligten entfesselte.

Ernst Weiß kehrte als engagierter Kriegsgegner, überzeugter Antimilitarist und Freund noch der kleinsten unterdrückten Minoritäten heim, ohne diese seine Grundüberzeugungen je mit einer unmittelbar politischen Tätigkeit zu verbinden. Er fühlte sich einem Inferno entronnen, das Dantes Phantasie noch übertroffen und die Welt für immer aus ihrer Harmonie-Illusion gerissen hatte. Wie die deutschen Expressionisten hoffte er auf eine ethische Wandlung der Menschheit und des Menschen, wie sie sah er sich darin durch die Nachkriegsentwicklung gründlich getäuscht. Auch in der Oktoberrevolution und in den revolutionären Aufschwüngen in Westeuropa vermochte er keinen Ansatz zur Änderung der Verhältnisse zu erblicken. So sehr er auch für soziale Gerechtigkeit eintrat, so gering schätzte er die geschichtsbildende Kraft der proletarisch-revolutionären Emanzipation von den Fesseln der Ausbeutergesellschaft.

Bevor Ernst Weiß Ende 1920/Anfang 1921 nach Deutschland übersiedelte und sich nach einem Zwischenaufenthalt in München in Berlin niederließ, arbeitete er noch ein Jahr im Allgemeinen Krankenhaus in Prag. Nebenher befaßte er sich mit der Überarbeitung beziehungsweise Ausführung früherer Romanentwürfe. Zudem schrieb er *»Tanja«* (1920), ein Stück der Brüderlichkeit, das im November 1919 mit der Münchner Schauspielerin Rahel Sanzara in der Titelrolle uraufgeführt wurde, nur wenig später in Wien jedoch durchfiel. Wo vor dem Krieg seine ersten literarischen Versuche verständnisvoll gefördert worden waren, verweigerte sich ihm die Kritik jetzt. Die expressionistische Emphase des Stücks mißfiel. Ernst Weiß trennte sich in Berlin sowohl vom Stückeschreiben als auch von den äußeren Attributen des Expressionismus, die er zeitweise auch in sein Romanschaffen integriert hatte. Und er ließ seine geliebte mährische Heimat hinter sich »wie ein schweigendes, ausklingendes, bis auf den Grund erschöpftes Leben«[4].

Bei aller Kontinuität wurde das Berliner Jahrzehnt für ihn eine Zeit des literarischen Neubeginns, ja der dauerhaften Begründung seiner schriftstellerischen Existenz. Im Zeichen der allgemeinen Hinwendung zu neusachlichen Haltungen fand er zu einem Stilideal zurück, das ihm in der schlichten Faktentreue medizinischer Berichte schon weitaus früher begegnet war. Ihm folgte er nicht nur bei der wiederholten Überarbeitung manches schon Geschaffenen, sondern vor allem in seinen Zug um Zug entstehenden neuen Werken, die, auf die Erschütterung des Lesers durch nüchternste Beschreibung einer Fülle von alltäglichen Verhaltensweisen, dramatischen Konfliktsituationen und psychischen Reaktionsfeldern gerichtet, das expressionistische Ideal der Wandlung durch Läuterung unter der Oberfläche einer spannungsgeladenen Tatsachengestaltung insgeheim doch weiter verfolgte, gleichsam als Fortsetzung des Frühwerks mit anderen Mitteln. Auch die Übertragung von Werken Balzacs, Daudets und Prousts dürfte nicht allein dem Broterwerb, sondern auch dem Zweck gedient haben, Anschluß an bedeutende literarische Traditionen und Standards zu gewinnen. In die gleiche Richtung deuten die Beiträge für den »Berliner Börsen-Courier«, wo Ernst Weiß regelmäßig neue Romanliteratur des In- und Auslandes rezensierte und sich über das von ihm verehrte Kunsterbe, das »Unverlierbare« bei Mozart und Beethoven, Cervantes, Balzac, Tolstoi, Stifter und Joseph Conrad äußerte. Nicht zuletzt nahm er hier zu Zeit- und Weltanschauungsfragen Stellung.

Eine Bedingung für die Bewältigung dieses immensen Arbeitspensums war ein Lebensstil, der nur wenig Ablenkung vertrug. Ernst Weiß lebte in Berlin ziemlich zurückgezogen und hat offenbar unentwegt und intensiv an der Verwirklichung seiner Pläne gearbeitet – wie alle seine Romangestalten, die sich bis zur Erschöpfung für die Erfüllung ihrer Berufspflichten und -ziele verausgaben. – Die Kehrseite davon ist, daß er sich selbst am Beginn der dreißiger Jahre, wo Neutralität angesichts der faschistischen Gefahr für ihn und seinesgleichen fast schon an Selbstaufgabe grenzte, aus der politischen Auseinandersetzung weitgehend heraushielt, wenngleich seine publizistischen Äußerungen an seiner Verurteilung von Faschismus und Revanchismus schon damals keinen Zweifel ließen. Die Bekanntschaft mit Thomas Mann und der Umgang mit dem Arzt und Schriftsteller Alfred Döblin, mit Yvan Goll, Walter Mehring, Heinz Liepmann oder Hermann Kesten vermochten seine Isolierung vom immer dringlicher werdenden gemeinsamen Kampf gegen den zunehmenden Abbau der demokratischen Rechte und Freiheiten und die soziale Demontage der Weimarer Republik nicht zu kompensieren.

Die Politik und mit ihr die Klassenkonfrontationen von der revolutionären Nachkriegskrise bis zum Beginn der dreißiger Jahre blieben zunächst weitgehend auch aus der Kunstform der fiktiven Autobiographie ausgeklammert. Ernst Weiß begann sie zu entwickeln, als er sein ganz aufs Individuelle gestellte ethisch-literarische Konzept mit den Wirkungsmöglichkeiten einer sachlich-realistischen Schreibweise zu verbinden suchte. Die Beobachtung der zeitgenössischen Memoirenliteratur führte ihn zunächst zu dem Schluß, jeder Mensch könne von Natur aus erzählen und damit wenigstens einen guten Bericht schreiben, »nämlich den des eigenen Daseins und Dagewesenseins« – nur hätten die meisten diese ursprüngliche Fähigkeit wieder verloren, so daß es doch eine »eigenartige Kunst des Erzählens«[5] geben müsse. Fortan nutzte er die autobiographische Darstellungsweise mit faszinierender Konsequenz zum Aufbau erfundener literarischer Gestalten. Er schuf den Schein authentischer Selbstdarstellung, um seine eigene Lebensproblematik der Isolation zugleich verhüllen und enthüllen zu können.

Die Reihe der so disponierten Werke wird eingeleitet mit *»Boëtius von Orlamünde«* (1928). Thema des Romans ist die Geschichte einer verfehlten Erziehung, dargeboten von ihrem Opfer, dem Sproß eines einst berühmten, längst aber in tiefe Armut und Bedeutungslosigkeit gestürzten und nur noch den vornehmen Anstrich wahrenden Adelsgeschlechts, der in dem völlig von der Außenwelt abgeschnittenen Knabenstift Onderkuhle standesgemäß aufgezogen worden ist. Der mit dem Gestus äußerster Selbstbeherrschung in lakonischen Sätzen vorgetragene Rechenschaftsbericht des Boëtius Dagobert von Orlamünde enthüllt die Unfähigkeit der aristokratischen Elite, die Absurdität ihrer anachronistisch gewordenen Existenzweise zu begreifen und der jungen Generation eine Perspektive der Lebensproduktivität zu bieten.

Zum Symbol für die Morbidität einer Welt, die nicht mehr imstande ist, eine andere Alternative zu sich selbst als ihren eigenen Untergang hervorzubringen, wird ein Onderkuhle vernichtender Brand, der Boëtius von Orlamünde am Ende seines ansonsten untadeligen und mutigen Verhaltens doch versagen läßt. Er muß es einem anderen, weit weniger mitfühlenden Kameraden überlassen, einen jüngeren Schüler aus den Flammen zu retten. Ohne Schuld schuldig geworden, bringt er nun endlich den Mut und die Kraft auf, seinem Leben eine andere Richtung zu geben. Der Achtzehnjährige bricht mit den lebensfremden Traditionen seiner Kaste und sucht sich Arbeit als Kranführer in einer Turbinenfabrik, entschlossen, als »Teil der bewegten und bewegenden Maschinerie« das elitäre Lebensgefühl von Onderkuhle zu vergessen.

Ernst Weiß hat die Zeit der autobiographischen Rechenschaftslegung und der Lebensentscheidung des Boëtius von Orlamünde auf das Jahr 1913 datiert. Seine Romangestalt empfindet die Gegenwart konkret und gleichnishaft als »Übergang in die Zeiten des Todes«. Dem Autor ging es um eine Alternative zu einem sozialen Bedingungsgefüge, das Todesfurcht und Todesverachtung zugleich produziert. Aus dieser Sicht stellt sich der Weg in eine hochgradig vergesellschaftete Produktion als notwendiges Experiment dar, er führt »in die Wirklichkeit«, wo der einzelne nun allerdings nur als Teil eines seelenlosen Getriebes zu existieren scheint.

In dem bedeutendsten Werk seiner Berliner Jahre, dem Roman *»Georg Letham, Arzt und Mörder«* (1931), hat Ernst Weiß die ihn bewegenden Moralkonstellationen des 20. Jahrhunderts weitaus umfassender und tiefer aufgeworfen als zuvor, was darauf deutet, daß sein neues Großstadterlebnis die alten Fragestellungen noch erheblich verschärft haben dürfte. Dem Ideal restlosen Vertrauens zueinander verpflichtet, wertet er die Kriegs- und Nachkriegszeit als anarchische Übergangsperiode zwischen dem ruhmlosen Ende der alten religiösen Glaubensregeln und dem mühseligen Beginn einer Epoche, in der einzig und allein das Prinzip der humanen Verantwortung des einzelnen sich und anderen gegenüber als höchste Sittlichkeitsnorm herrscht. Er deutet die Gegenwart als Schnittpunkt zwischen dem Nicht-Mehr und einem Noch-Nicht: die neue Norm kündigt sich in Gestalt einer Elite der Sittlichkeit erst an, während die von der Allgemeinheit in Anspruch genommenen und praktizierten Moralgrundsätze nur noch der heuchlerischen Verschleierung höchst egoistischer Ziele und Verhaltensweisen dienen. Seelische und materielle Besitzansprüche verstecken sich hinter Liebesbeziehungen, Hilfs- und

Opferbereitschaft erweisen sich als Funktion von Herrschsucht. Die vielfach gebrochene Moral der bürgerlichen Gesellschaft und ihrer staatlichen Institutionen wird empfindlich getroffen, doch bekämpft Ernst Weiß auch in diesem Roman nicht ihre systembedingten, sondern allein ihre individuellen (aber einer schlimmen Erziehung geschuldeten) Quellen und läßt damit den objektiven Ansatz für die Verwirklichung seiner Ideale außer Betracht.

In der Entwicklung der von ihm gesetzten zeitlich-moralischen Prämissen aber verfährt er bestechend logisch und konsequent. Am Lebenslauf eines Arztes, der sich in Anspielung auf Shakespeares Hamlet Georg Letham nennt, und zwar Georg Letham der Jüngere, weil schon sein Vater mit extremen Verhaltensalternativen unter extremen Existenzbedingungen konfrontiert war, demonstriert er eine Welt, die im Gegensatz zu der These von der besten aller möglichen Welten aus den Fugen ist und kaum noch wieder eingerenkt werden kann. Nach dem Mord an seiner Frau wird Letham zu lebenslänglicher Zwangsarbeit auf einer Insel jenseits des Ozeans verurteilt. Dort sühnt er seine Tat mit der kräftezehrenden und lebensgefährlichen Erforschung des Gelbfiebers. Er verschwindet schließlich (wie auf andere Weise schon Boëtius von Orlamünde) »in der Menge«, nachdem er ohne Rückkehrerlaubnis begnadigt worden ist und an der Assanierung eines großen Seuchengebietes mitgewirkt hat.

»Experimente oder Schuld und Sühne« sollte der Roman in beziehungsreicher Anspielung auf Dostojewskis Werk ursprünglich heißen, und in der Tat bildet der Mord Georg Lethams an seiner im Grunde todessüchtigen Frau nur den exzeptionell-paradigmatischen Ausgangspunkt für die von da an nicht mehr abzuweisende Frage, inwieweit Versuche an »lebenden Seelen« (ob Mensch oder Tier) im Dienste der Gesundheit des Menschen gerechtfertigt sind, ob sie immer schuldig machen und gesühnt werden müssen oder nicht, wo hier Notwendiges und Vertretbares aufhören und Verwerfliches beginnt. Eine Kette von Fällen dient der Ausbreitung und Aufhellung dieser Gewissensfrage. Sie soll vor Augen führen, daß sich Experimente, die sich allein auf das verheerende Gefühl »gottähnlicher« Machtvollkommenheit gründen, wie sie Beruf oder Amt zu verleihen scheinen, unbedingt verbieten, sei der Eingriff in fremdes Leben nun von gewissenloser Brutalität oder umgekehrt von Mitleid diktiert. Den wissenschaftlichen Versuch an Lebewesen legitimiert nur eins: die Achtung vor dem Wert jedweden Menschenlebens, ja jedweden Lebewesens überhaupt. Seine sittlich am höchsten stehende Form ist das Experiment des Forschers an sich selbst.

Die Motivationen und den Verlauf seiner »Experimente an lebenden Seelen« und den damit verbundenen sittlichen Erkenntnisprozeß zu Protokoll zu geben, versteht Georg Letham der Jüngere als seinen vielleicht letzten wissenschaftlichen Versuch. Er will durch rückhaltlose Offenlegung der Tatsachen alle seine seelischen Leiden und Freuden verständlich machen und damit ein vertrauenstiftendes Beispiel für restlose Ehrlichkeit vor sich selbst wie vor anderen schaffen. Als er mit der Analyse der Gründe und Folgen seiner Tat beginnt, ist er vierzig Jahre alt, und kaum ein Jahr älter ist er, als es ihm und seinen Gefährten nach zahllosen Analysen glückt, die »Gelbfiebermücke« Stegomyia fasziata als Infektionsüberträger zu entdecken. So steht am Ende Tat gegen Tat. Ist die eine das Resultat der väterlichen Devise, daß der Mensch entweder zur Kategorie der brutalen Ratten oder zu der der heuchlerischen Frösche gehört, so die andere ein Resultat eines befreienden und wieder Hoffnung gebenden Willensaktes, der weder unterwürfige Heuchelei noch zynische Brutalität als menschengemäße Lebensweise akzeptiert. Um nicht abermals schuldig zu werden, sieht sich Georg Letham in der Verbannung sogar gezwungen, sich von dem ihm aufopferungsvoll dienenden Freund Marc zu trennen und die ebenfalls nach Geborgenheit suchende Frau seines an den gemeinsamen Experimenten zugrunde gegangenen Freundes Walter zurückzuweisen. Nicht in pessimistischer Hoffnungslosigkeit oder gar nihilistischer Verzweiflung besteht die Botschaft seiner Lebensbilanz, sondern in der (utopischen) Idee, in der Gesellschaft und für sie leben und arbeiten zu wollen, ohne ihre konventionellen Zwänge teilen zu müssen. Absolute Askese empfindet diese großartige Forschergestalt als die einzig mögliche Alternative zu einem Leben in fortdauernder unverschuldeter Schuld.

Trotz der höheren sittlichen Zwecke, die Ernst Weiß verfolgt, erstarrt sein Roman nicht etwa zum langweiligen Moraltraktat. Im Gegenteil. Auf einer exakt-nüchternen Beschreibung medizinischer Experimente und Risiken wie auf einer ebenso ruhigen Darlegung psychischer Sachverhalte und Abläufe aufgebaut, hört die Spannung bis zum Schluß niemals auf, wobei bekannte Muster der Unterhaltungsliteratur von der groben Kriminalstory bis zur sentimentalen Liebesgeschichte und vom fesselnden Reisebericht bis zur exotischen Reportage zu homogenen Bestandteilen des moralisch-epischen Kontextes umfunktioniert sind. Marcus Clarkes berühmter Roman »Lebenslänglich« (»For the therm of his natural life«, 1874) und H. H. Houbens »Der Ruf des Nordens« (1927) mit den Schilderungen »Der Untergang der ›Jeanette‹«, »Ein Todesmarsch« und »Kapitän De Longs letztes Tagebuch« haben hier ebenso Material und Konstruktionen geliefert wie die weit unter diesem Niveau stehende literarische Massenware. Der ironische Bezug auf sie dient der Kritik an den bürgerlichen Familien- und Eheverhältnissen, an den Justizorganen einschließlich der Institutionen des Strafvollzugs, an der pseudoromantischen Verklärung ferner Länder – und er dient zugleich der Denunziation der in jedem Sinne billigen Kolportageliteratur.

So genau die Hauptgestalt des Romans ihre jeweiligen Lebens- und Arbeitsbedingungen auch schildert, sie verzichtet zugleich weitgehend auf nationale Konkretheit. Auch daß es sich um die zwanziger Jahre handelt, wird nur ganz allgemein deutlich, etwa durch den Bezug auf den Krieg. Der heimatlos gewordene Ernst Weiß zielt kosmopolitisch auf einen desolaten Weltzustand schlechthin, nicht auf nationalstaatliche Sonderfälle. Zwei Passagen mit Schlüsselbedeutung begründen dieses Vorgehen. Über die Weltkriegsjahre heißt es:

»Was aber jene Zeit in mir niedergerissen hat – ich schweige. Wie sie das Werk meines Vaters vollendet hat – ich spreche es nicht aus. Er – der Vater, sowie es – das Vaterland, ja die Vaterländer alle in der ganzen Welt sind nicht unschuldig an der Entwicklung meines Wesens.«[6]

Und über die Kriminalisierung der eigentlichen Menschheitselite liest man:

»Diese gelben Strafkolonisten waren keine ›gemeinen Verbrecher‹, wie es das Strafgesetz zartfühlend nennt, es waren Menschen erster Klasse, politische Rechtsbrecher, Irregeleitete, aber idealistische, begeisterte, opferwillige Menschen waren es, die ihrem politischen Ideal zuliebe vor nichts zurückscheuten, auch nicht vor dem geheiligten Besitz der Nation, nämlich dem investierten Kapital des Mutterlandes. Ihre Einsicht: Fragezeichen. Ihr Charakter: Rufzeichen.

Und dafür als Lohn: nun ich sage nicht mehr, als daß sie unter Mördern und anderen Schwerverbrechern im Dreck lagen.«[7]

Das Thema Vater- und Vaterlandslosigkeit hat Ernst Weiß in *»Der Gefängnisarzt oder die Vaterlosen«* (1934) nochmals aufgegriffen, einem Roman, der die politischen Wirren der Nachkriegskrise einschließlich des damals aufkommenden Nationalsozialismus an den Irrungen der jungen Generation festmacht. Weiß beendete das Werk in Prag, wo er nach den furchtbaren Ereignissen von 1933 Zuflucht gesucht hatte und bis zum Tode seiner Mutter Anfang 1934 blieb. Danach ging er ins Exil nach Paris. Abermals lebte er sehr zurückgezogen, doch fand er in Anna Seghers, Willi Bredel und Franz Carl Weiskopf auch einige neue Freunde, die den Dialog mit ihm nicht abreißen ließen und ihm aus seiner Isolierung von den gemeinsamen antifaschistischen Bestrebungen der exilierten Schriftsteller herauszuhelfen versuchten. Ihrer Vermittlung ist es zu danken, daß er neben seinen Kontakten zu den Kreisen um die Publikationsorgane »Pariser Tageblatt«, »Maß und Wert« und »Das neue Tagebuch« auch Zugang zu den in Moskau erscheinenden antifaschistischen Exilzeitschriften »Internationale Literatur« und »Das Wort« fand. Die Ansichten der mit der Sowjetunion und der internationalen Arbeiterbewegung verbundenen Kollegen vermittelten ihm Sympathien für manches, was ihm und seinesgleichen aus bürgerlichem Milieu bis dahin fremd geblieben war, und unter dem Einfluß ihres »Erziehungswerkes«, so bekannte er, trat er schließlich sogar der Pariser Gruppe des »Schutzverbandes Deutscher Schriftsteller« im Exil und einer unter dem Vorsitz von Heinrich Mann arbeitenden Volksfrontgruppe bei. Das Erlebnis des faschistischen Terrors auf der einen und des von den sozialistischen Schriftstellern initiierten antifaschistischen Bündnisses auf der anderen Seite hinterließen in seinem Leben und zuletzt auch in seinem Schaffen deutlich sichtbare Spuren.

Ernst Weiß lebte und arbeitete in Paris zumeist in kleinen Hotelzimmern, eine Zeitlang auch bei Freunden. Mit den meisten anderen Exulanten teilte er das Los der Armut, das durch Almosen bessergestellter Kollegen und durch Unterstützungen jüdischer Hilfsorganisationen nur wenig gemildert wurde. 1934 verlor er seine langjährige Freundin, die Schauspielerin Rahel Sanzara, und zu alledem kam eine schwere Magenkrankheit, die seine ohnehin seit langem geschwächte Gesundheit noch mehr untergrub. Trotzdem schrieb er unentwegt weiter. Er erlebte noch, daß sein (Stefan Zweig gewidmeter) Roman »Der arme Verschwender« von der »Internationalen Literatur« als eine der bisher stärksten Leistungen der deutschen antifaschistischen Literatur bezeichnet wurde,[8] daß Thomas Mann den ihm gewidmeten Roman »Der Verführer« zu dem Guten und Merkwürdigen zählte, das weit über dem Durchschnitt stehe,[9] und daß Hermann Kesten im Juniheft 1939 der »Internationalen Literatur« Raum für eine umfassende Würdigung seines Gesamtwerkes bekam, worin es heißt, »daß diese Prosa in ihrem reinen klassizistischen Ton und ihrer niedergehaltenen, verborgenen Leidenschaft der besten Prosa Franz Kafkas«[10] ebenbürtig sei.

Der Roman *»Der arme Verschwender«* (1936) bildet den Höhepunkt des Schaffens von Ernst Weiß. Unter dem Blickwinkel der Erfahrung Faschismus wird die »Welt von gestern« (Stefan Zweig) nochmals besichtigt. Vor dem Hintergrund des Untergangs der alten österreichischen Monarchie legt der Sohn des berühmten Augenarztes Maximilian K. eine umfassende Lebensbeichte ab. Seine Schilderung setzt mit Episoden aus Kindheit und Schulzeit um die Jahrhundertwende ein und endet in der Mitte der zwanziger Jahre. Erneut begegnet ein von liebevoller Zuneigung und zeitweiliger Auflehnung gleichermaßen geprägtes Verhältnis zum Vater, erneut schöpft Ernst Weiß seine Kenntnisse über den Weg von der Schule zum Medizinstudium und von da an in den Krieg aus. Das Kriegserlebnis, eine viel zu frühe Heirat und das tragische Geschick seiner kranken Geliebten prägen das weitere Leben des sich in rastloser Sorge um die Seinen aufreibenden und daran schließlich zugrunde gehenden »armen Verschwenders«.

Der Titel bezeichnet genau das Grundmotiv, das Ernst Weiß bis in feinste Verästelungen hinein durchgeführt hat. Er gibt der Hauptgestalt die außerordentliche Begabung des Vaters für den Arztberuf auf ihre Lebensbahn mit und zugleich ein »zu reiches Herz« – das der Mutter, die sich von ihrem unzeitgemäßen religiösen Glaubensbekenntnis nicht lösen kann. Für das Bestreben, anderen eine Freude zu machen, zu helfen, zu lindern und zu heilen, kurz: sich uneigennützig zu zeigen, erntet »der arme Verschwender« nichts als Undank, er bezahlt mit materiellen Einbußen, kommt um wissenschaftliche Erfolge und wird körperlich und seelisch krank. Für sein selbstloses Verhalten gibt es keine adäquate Umwelt mehr.

Er scheitert trotz aller Askese, weil unter den gegebenen gesellschaftlichen Bedingungen die Moral zum Luxus und der Moralist zum armen Verschwender werden muß, ja zum Parasiten, der für seine Wohltaten die Unterstützung anderer braucht. Karl Marx hat diese Paradoxie einmal so beschrieben: »Und nicht nur deine unmittelbaren Sinne, wie Essen etc., mußt du absparen; auch Teilnahme mit allgemeinen Interessen, Mitleiden, Vertrauen etc., das alles mußt du dir ersparen, wenn du ökonomisch sein willst, wenn du nicht an Illusionen zugrunde gehn willst.«[11] Gerade so aber vermag sich nur der Vater, nicht aber der Sohn zu verhalten. Der alte Maximilian K. verkörpert den Typ des durch eigene Tüchtigkeit Emporgekommenen, der sich dem Kampf um Besitz bedingungslos stellt. Dem »Sichtbaren« verpflichtet, illusionslos und voller Ironie gegenüber der Unwissenheit der Familie, hat er sich nach und nach eine angesehene Stellung und ein beträchtliches Vermögen verschafft, zugleich aber seine moralische Integrität und seine wissenschaftliche Befähigung verloren, ihm bleibt nur die Rolle des technisch perfekten Routiniers. Moral und Weltanschauung werden dem Prinzip des »Habens« untergeordnet und sind mit der Gegenwelt des »Unsichtbaren«, der Sphäre der Sittlichkeit, nicht mehr zu vereinbaren.

Die ständige Präsenz der Vatergestalt im Leben und im Bewußtsein des Sohnes ist der sinnfällige Ausdruck für die Allgegenwart der Schranken, die eine ausschließlich von Besitzdenken beherrschte Umgebung der Persönlichkeitsentwicklung auferlegt. Beide Partner handeln mit zwangsläufiger Notwendigkeit und müssen sich ebenso zwangsläufig immer weiter voneinander entfernen. Das zwischen ihnen herrschende Schweigen, ein weiteres Romanmotiv, zeigt den Grad ihrer Entfremdung an. Im Krieg erreicht der Generationskonflikt seinen Kulminationspunkt: Der Vater mit seiner blinden Zustimmung zur Obrigkeit, seiner ahnungslosen Klugheit und seiner unerschütterlichen Ruhe wird nun abgelehnt, als hätte er den Krieg entfesselt, die feindlichen Russen aber haßt der Sohn nicht. Haß empfindet der Medizinstudent und Kriegsteilnehmer zeitweise gegenüber seiner Frau Vally, die der Vater als Gattin seines Sohnes nicht akzeptiert, als sparsame Verwalterin des Haushalts und des Vermögens aber außerordentlich schätzt. Das Besitzdenken hat auch die unteren Volksschichten ergriffen.

Wie schon zuvor, jedoch wesentlich bewußter und ausgefeilter, handhabt Ernst Weiß in diesem Roman eine epische Technik, die ihre Wirkung wesentlich durch die Kombination und wechselseitige Erhellung psychologisch relativ konstanter Charaktere erzielt. Zu ihr gehört, daß aus der Beschreibung körperlicher und seelischer Eigenarten leitmotivisch wiederkehrende Kennzeichen abgeleitet werden, die das unveränderte Wesen der betreffenden Figur charakterisieren: die klaren Augen und das undurchsichtige Lächeln des Vaters etwa oder die kleine, schmale, braune, abgearbeitete Hand Vallys. Dieser Individualisierung steht der Verzicht auf die Ausschreibung der Nachnamen, bei der Hauptgestalt sogar auf die Nennung des Namens überhaupt gegenüber. Der Erzähler verfährt hier ähnlich wie Franz Kafka und will damit zweifellos eine Verallgemeinerung erreichen, die das Dargestellte nicht dem Mißverständnis aussetzt, lediglich Ausnahmeerscheinungen zu betreffen. Die Bewegtheit des Romans entsteht aus der verschiedenartigen Konfrontation der Figuren, nicht aus ihrer Entwicklung. Sorgfältig ausgearbeitete Verhaltenspolaritäten mit Rollentausch bestimmen das Geschehen.

Die Hauptgestalt wird von seinem leiblichen Vater oft wie ein Fremder, von dem Obersten von Cz. dagegen wie ein leiblicher Sohn behandelt. Die Schwester Judith, der als Kind jeder Wunsch erfüllt worden ist, dringt später energisch auf die Sicherung des Vermögens, ihr spartanisch erzogener Bruder dagegen gerät in den Ruf eines Verschwenders. Während der mit Nachhilfeunterricht über die Runden gebrachte Jagiello zum vermögenden Mann wird, steht der wesentlich Begabtere am Schluß völlig verarmt vor den Trümmern seiner Existenz, und dies wiederum korrespondiert mit dem Aufstieg des von einer Geisteskrankheit geheilten »Perikles« zum sendungs- und machtbesessenen Führer faschistischer Observanz. Der Kreis der Figuren ist weiter gezogen als in den früheren Romanen. Er spiegelt bis zu einem gewissen Grade sogar die nationale und soziale Struktur des alten Habsburgerstaates. Der Zusammenbruch der Monarchie ändert sie nicht entscheidend. Die sich anschließende Reproduktion der ausschließlich auf Besitz gegründeten Lebensweise vollzieht sich sogar auf höherer Stufe und verbindet sich mit noch größeren politischen Gefahren, die jedoch nur angedeutet werden.

»Ich erwarte nichts Gutes mehr von der Welt, und die Welt konnte nichts Gutes von mir erwarten«, lautet das resignierte Lebensfazit des armen Verschwenders. Nicht die Umwelt fügt sich ihm, er muß sich ihr beugen. Er entsagt seiner Laufbahn als Psychiater und übernimmt mit der Praxis des Vaters auch dessen Sorge für die Familie. Und wie der Vater einst ohne Skrupel arme »Pilgerim« abwies, so muß er jetzt aus ökonomischen Gründen auf die Übernahme einer Krankenhausabteilung für Fabrikarbeiter verzichten. Seine Hoffnungen setzt er am Ende einzig noch auf die »Tochter seiner Wahl«, das Kind seiner Geliebten. Doch sie muß er der Erziehungsgewalt seiner kühl-berechnenden Schwester übergeben, weil ihm keine andere Möglichkeit bleibt. Die Lebensumstände zu vermenschlichen, sieht er keinen Weg, aber auch keinen, sich ihnen völlig anzupassen, und so kommt es zu einem deprimierenden und letztlich tödlichen Kompromiß. Der Rechenschaftsbericht des armen Verschwenders schließt wie der von Georg Letham mit dem siebenten Kapitel, aber während dieser mit der Perspektive einer nicht mehr erzählenswerten Anonymität endet, wird jener nicht mehr fortgesetzt, weil die Erwartung künftiger neuer Lebensabschnitte offenkundig nur noch die Selbstenttäuschung eines Sterbenden darstellt. Die vernichtende Kritik an der Inhumanität der Zeitverhältnisse wird mittels einer menschlich-moralisch lauteren Gestalt realisiert, die sich tapfer, aber vergeblich gegen ihren Untergang wehrt.

In *»Der Verführer«* (1938) nahm sich Ernst Weiß des Verhältnisses von Verführer und Verführten an, einer hochaktuellen Dialektik, die er hier jedoch nur in ihrer individuellen und nicht in ihrer politischen Dimension entwickelt. Er engt sie auf die psychologische Strategie eines zu wirklicher Liebe unfähigen, mit kühler Berechnung auf den Unterwerfungstrieb seiner Partner setzenden Mannes ein, der am Ende selbst als betrogener Betrüger dasteht. Ein zweiter Band, der ebenfalls die Jahre des Zusammenbruchs der österreichisch-ungarischen Monarchie zum Hintergrund haben sollte, erschien nicht mehr oder wurde gar nicht erst geschrieben. Der Nachlaß des Dichters gilt als verloren, darunter auch seine Tagebücher, die er als sein wichtigstes Kunstwerk betrachtet haben soll. Als letztes Manuskript blieb das des Romans *»Der Augenzeuge«* (1963) erhalten. Von einem Preisausschreiben der »American Guild for German Culturel Freedom« angeregt, ist es als noch nicht endgültig ausgeführte und durchgeformte Arbeitsfassung zu betrachten.

Sie weist eine entschiedene Hinwendung zur Gegenwart des faschistischen Deutschlands und des antifaschistischen Exils auf. Die Aktualisierung der Romanthematik geht mit einer Politisierung einher, die sich der psychologischen Grundfiguration des Zusammenhangs von Verführer und Verführten bemächtigt und sich auch Grundmotive des »armen Verschwenders« einverleibt. Der angeblich schwächste Roman von Ernst Weiß stellt sich in seinem konzeptionellen Ansatz wie in seiner kompositionellen Anlage als bedeutsamer epischer Entwurf dar, mit dem die Kunstform der fiktiven Autobiographie zu einem einzigartigen Dokument des antifaschistischen Widerstands avancierte und der Widerstandsreport eines Einzelgängers die gar nicht so umfangreiche Literatur des Exils zum Phänomen Hitler um einen gewichtigen Beitrag bereicherte.

Der Autor trug den Vorfall, der ihm den novellistischen Kern für sein letztes Buch lieferte, schon lange mit sich herum. Am Beginn des Exils war er durch Vermittlung der Redaktion des in Paris erscheinenden Blattes »Das neue Tagebuch« dem Arzt Dr. Edmund Forster begegnet, der im November 1918 in einem Pasewalker Lazarett den vorgeblich giftgaserblindeten, in Wahrheit aber an simulierter hysterischer Blindheit erkrankten Gefreiten Adolf Hitler geheilt hatte. Diese symbolträchtige Episode bot ihm die geradezu ideale Möglichkeit, der Forderung des Tages nach unmittelbarer literarischer Stellungnahme zu gehorchen, ohne die Grundlinie seines Schaffens verlassen zu müssen. Seine politische Neutralität aufzugeben, fühlte er sich um so mehr gedrängt, als Mitte der dreißiger Jahre die Ausdehnung des faschistischen Terrors auf andere Länder begann und die klägliche ›Nichteinmischungspolitik‹ der Westmächte den Hitlerfaschismus tolerierte, wenn nicht gar noch ermutigte. Ernst Weiß entschloß sich, die zufällige Begegnung des Lazarettarztes mit seinem ungewöhnlichen Patienten als ideell-erzählerisches Zentrum für eine prinzipielle moralisch-politische Abrechnung der vernünftigen Humanität mit dem Herrschaftsanspruch antihumaner Unvernunft zu nutzen.

Vita activa oder Vita contemplativa lautet die alte, seit dem Weltkrieg und erst recht nach dem Übergang zum Faschismus mit neuer Intensität diskutierte Frage, die er zuletzt mit aller Konsequenz aufwarf. Der Titel »Der Augenzeuge« meint den Vorsatz eines seinen Lebenslauf beschreibenden Arztes, unter allen Umständen allein seiner Berufspflicht zu genügen und es im übrigen bei einer streng objektiven, betrachtenden, im buchstäblichen wie im übertragenen Sinne unparteiischen Haltung zu belassen, im Kleinen wie im Großen. Dieser hochbegabte, fleißige, spartanischen Grundsätzen folgende Mensch, der sich mit der kühl-distanzierenden Sicht La Rochefoucaulds auf die Eigenliebe der Menschen zu identifizieren versucht, sieht sich von seiner Fähigkeit zum Mit-Leiden in entscheidenden Augenblicken immer wieder zu helfendem Handeln gedrängt und tritt schließlich auch im politischen Sinn für die Vernunft ein.

Das Wissen um den gefährlichen Größenwahn des ehemaligen Patienten und nachmaligen Diktators führt ihn in eine demokratische Partei, die das bürgerlich-parlamentarische System der Weimarer Republik bewahren möchte; die sorgsam als Waffe gegen Hitler gehüteten Krankheitsprotokolle bringen ihn ins Konzentrationslager. Die Familie kann das Leben des »Augenzeugen« nur durch die Übergabe der gefährlichen Papiere an die Gestapo retten, ein Akt, den er als Verrat empfindet und der ihn in Verzweiflung stürzt. Erst ein Kinderfoto aus Spanien löst ihn aus seiner Starre; der Augenzeuge wird wieder zum Handelnden, er meldet sich freiwillig bei den Republikanern und wird von ihnen als Arzt eingesetzt. Zuvor nimmt er voller Achtung und Dank von seiner Familie Abschied. Keiner der früheren Romanschlüsse weist eine derart komplexe und befreiende Lösung der individuellen wie der gesellschaftlichen Entscheidungszwänge auf. Sie schließt als einzigartigen Vertrauensbeweis ein, daß der künftige Spanienkämpfer alle seine Aufzeichnungen seiner Frau überläßt, womit am Ende wohl auch ein Bekenntnis des Autors zur literarischen Reflexion über die Welt, ja zur Nützlichkeit des Schreibens überhaupt vorliegt.

Aber nicht etwa, daß Ernst Weiß damit etwas von der bei

ihm üblichen Kompliziertheit der psychologisch-moralischen Mechanismen zurückgenommen hätte. Im Gegenteil. Der »Augenzeuge« erlebt das von der »Unterseele« gesteuerte und die kontrollierende Vernunft immer wieder außer Kraft setzende Gegeneinander von Liebe und Haß, Herrschsucht und Hörigkeit, Unterwerfungstrieb und Machtgier regelrecht doppelt und dreifach: im Kreise seiner Familie und bei seinen Freunden, auf der Ebene der Politik und nicht zuletzt an sich selbst. Auch den Einfluß der Faschisten und namentlich den Hitlers definiert er als Produkt einer zynisch kalkulierten Massensuggestion auf der einen und einer nur allzu bereitwilligen Preisgabe vernünftigen Denkens und Verhaltens auf der anderen Seite. Diesem Teufelskreis fallen der Vater und seine Familie, die Freundin und der Freund und zeitweise selbst seine Kinder zum Opfer, die er zusammen mit seiner jüdischen Frau zunächst in Deutschland zurücklassen muß. An dem Verhältnis dieser Menschen zueinander und zu ihm demonstriert Ernst Weiß erneut die Vertrauensproblematik, die er diesmal jedoch entschiedener noch als zuvor von bloßer Vertrauensseligkeit abgrenzt.

Bleiben so die historischen wie wirtschaftspolitischen Ursachen des Übergangs von der bürgerlich-parlamentarischen zur faschistischen Herrschaftsform des Monopol- und Finanzkapitals im Hintergrund, so beschränkt sich Weiß in seinem letzten Roman doch keineswegs auf die psychoanalytische Deutung der Vorgänge. Er hebt ausdrücklich hervor, daß die Vernunft vor allem in Krisen- und Elendszeiten ins Hintertreffen gerät, gerade die Verzweifelten und Irrenden lassen sie vermissen. Aber er erklärt auch, daß eine der wichtigsten Bedingungen für den Aufstieg Hitlers die Unterhöhlung der Weimarer Republik durch die militaristisch-revanchistischen Kreise der Reichswehr war, und vor allem gelingt es ihm, den eigentlichen Kern der eklektizistischen Ideologie und Demagogie des deutschen Faschismus herauszuschälen: die Vorbereitung des Volkes auf den Revanchekrieg, agitatorisch ins Werk gesetzt durch skrupellose antisemitisch-antikommunistische Lügenpropaganda, abgesichert durch eine brutale Führer-Gefolgschaftsideologie und -praxis. Bei weitem nicht alle bürgerlich-humanistischen Hitlergegner haben die imperialistische Zielstellung der faschistischen Machthaber so tief begriffen.

Am 1. September 1939 überfiel die faschistische Wehrmacht Polen, im April 1940 besetzte sie Dänemark und Norwegen, im Mai des gleichen Jahres fiel sie in Luxemburg, den Niederlanden, Belgien und Frankreich ein. Ernst Weiß setzte seinem Leben Mitte Juni ein Ende, zu der Zeit, als Paris besetzt wurde. Das Manuskript des Romans »Der Augenzeuge« überdauerte seinen Autor nur, weil es die »American Guild for German Culturel Freedom« bewahrte, während ein weiter ausgearbeiteter Text, der schon Mitte 1939 vorlag, vermutlich nicht mehr existiert. Willi Bredel schrieb in einem Nachruf: Ernst Weiß »stand auf der Höhe seiner Schaffenskraft; viele von ihm noch geplante Romane bleiben nun ungeschrieben. In nicht einmal dreißigjähriger literarischer Tätigkeit hat er fünfzehn Romane, fünf Bände Erzählungen, zwei Dramen, einen Band Gedichte und einen Band Essays geschrieben; dies Gesamtwerk, recht ungleich in seinem künstlerischen Wert, in den gelungensten Schöpfungen aber zu Spitzenleistungen deutscher Prosakunst ausgereift, sichert ihm einen bleibenden Ehrenplatz in der deutschen Literatur«.[12]

Biographische Notiz

Ernst Weiß wurde am 28. August 1882 als Sohn eines jüdischen Kaufmanns in Brünn [Brno] geboren (er selbst hat 1884 als Geburtsjahr angegeben). Dort Besuch der Volksschule und eines Gymnasiums, später von Gymnasien in Leitmeritz [Litoměřice] und Arnau [Hostinné]. 1902 Reifeprüfung am Zweiten Staatsgymnasium in Brünn. Danach Medizinstudium in Prag und Wien, 1908 Promotion; schlug die Chirurgenlaufbahn ein, welche ihn als Assistent an die Seite von Professor Kocher in Bern und Geheimrat Bier in Berlin führte; 1911 nach Wien zurückgekehrt, wurde er lungenkrank und begann zu schreiben. 1912/13 als Schiffsarzt im Fernen Osten und in der Karibik; 1914/18 als Arzt beim k. u. k. Landwehrregiment Nr. 2 in Ungarn und Wolhynien, zeichnete sich hier bei der Bekämpfung von Cholera und Fleckfieber aus. Nach Kriegsende ein Jahr im Allgemeinen Krankenhaus in Prag tätig, im Anschluß daran als freier Schriftsteller kurzzeitig in München ansässig, Anfang der zwanziger Jahre Übersiedlung nach Berlin, 1933/34 Emigration über Prag nach Paris, wo er sich im Juni (15.?) 1940 angesichts der anrückenden faschistischen Wehrmacht das Leben nahm.

Helmut Richter

Franz Kafka

Immer wieder hat Franz Kafka (1883–1924) versucht, sich in seinen Tagebüchern und im Briefwechsel mit Freunden, in aphoristischen Betrachtungen und parabelhaften Erzählungen über seine Stellung in der Welt und über Sinn und Möglichkeiten seines literarischen Schaffens Klarheit zu verschaffen. Nach 1917, unter dem Eindruck einander potenzierender geschichtlicher und individueller Krisen, erreichte dieses Bemühen seinen Höhepunkt, wobei die Probleme seiner Existenz in aller Schärfe aufbrachen. Vor allem Texte aus dem Jahre 1920 zeigen sie in eindringlichen visionären Bildern. Aus dem Herbst jenes Jahres stammt die Skizze *»Nachts«*:

»Versunken in die Nacht. So wie man manchmal den Kopf senkt, um nachzudenken, so ganz versunken sein in die Nacht. Ringsum schlafen die Menschen. Eine kleine Schauspielerei, eine unschuldige Selbsttäuschung, daß sie in Häusern schlafen, in festen Betten, unter festem Dach, ausgestreckt oder geduckt auf Matratzen, in Tüchern, unter Decken, in Wirklichkeit haben sie sich zusammengefunden wie damals einmal und wie später in wüster Gegend, ein Lager im Freien, eine unübersehbare Zahl Menschen, ein Heer, ein Volk, unter kaltem Himmel auf kalter Erde, hingeworfen wo man früher stand, die Stirn auf den Arm gedrückt, das Gesicht gegen den Boden hin, ruhig atmend. Und du wachst, bist einer der Wächter, findest den nächsten durch Schwenken des brennenden Holzes aus dem Reisighaufen neben dir. Warum wachst du? Einer muß wachen, heißt es. Einer muß da sein.« (BeK 116)[1]

Gestalt geworden ist das Wissen des Dichters von der elementaren Bedrohung des Menschen in einer Welt scheinbarer Zivilisation, seine Fähigkeit, die bequemen Selbsttäuschungen der Zeitgenossen zu durchschauen, das Verantwortungsbewußtsein, in dem er seine bessere Einsicht als verpflichtenden Auftrag begreift. Die ruhige, Zweifel und Fragen abweisende Gelassenheit dieses Sprechens, begründet in der Schutzbedürftigkeit der ihm anvertrauten Menschen wie in der Gewißheit, nicht allein zu stehen, deuten auf ein ungebrochenes Selbstverständnis, wie es nur wenige andere Texte des Dichters offenbaren.

Schroff entgegengesetzte Sicht bestimmt einen wenig später geschriebenen Nachtrag zu dieser Skizze:

»Ein Wächter! Ein Wächter! Was bewachst du? Wer hat dich angestellt? Nur um eines, um den Ekel vor dir selbst bist du reicher als die Mauerassel, die unter dem alten Stein liegt und wacht.«[2]

Basis dieser polemischen Korrektur ist ein Bild der eigenen Existenz, das sich in mehrfacher Variation vor allem in einigen der gleichzeitig entstandenen und unter dem Titel *»Er«* zusammengefaßten Aufzeichnungen findet.

»Er fühlt sich auf dieser Erde gefangen, ihm ist eng, die Trauer, die Schwäche, die Krankheiten, die Wahnvorstellungen der Gefangenen brechen bei ihm aus, kein Trost kann ihn trösten, weil es eben nur Trost ist, zarter, kopfschmerzender Trost gegenüber der groben Tatsache des Gefangenseins. Fragt man ihn aber, was er eigentlich haben will, kann er nicht antworten, denn er hat – das ist einer seiner stärksten Beweise – keine Vorstellung von Freiheit.« (BeK 292)

Als einsamer Gefangener, nicht als einer der Wächter vor einer Gemeinschaft fühlt Kafka sich hier, als ein Gefangener zudem besonderer Art: Seine Unfreiheit und Ohnmacht sind nicht allein Resultat äußerer Gewalt, sondern wurden offenbar durch die anhaltende Erfahrung solcher reduzierten Existenz zur Unfähigkeit selbständiger Lebensführung verinnerlicht, so daß kaum mehr zuverlässig gesagt werden könnte, was für die andauernde Gefangenschaft letztlich verantwortlich ist. Ausgehend von den latenten Gefahren, die Kafkas Bild der Welt prägen, erscheint Gefangenschaft in einem benachbarten Text des Zyklus nicht nur als die der Lebensuntüchtigkeit angemessene, sondern sogar als ersehnte Existenzform, die Furcht und Zukunftsangst eindämmen kann. Freiheit, zu deren Verteidigung sich der Wächter aufgerufen fühlte, wird in einer Welt übermächtiger Gefahren und vereitelter Selbstverwirklichung sinnlos, verwandelt sich in bloßes Ausgeliefertsein. Das Fazit heißt: »Als Gefangener enden – das wäre eines Lebens Ziel.« (BeK 291)

Solchen gegensätzlichen Selbstdeutungen entsprechen konträre Stellungnahmen zum literarischen Schaffen. Auch hier enthüllt ein permanenter Dialog die Sorge Kafkas, seinem eigentlichen Auftrag nicht gerecht und auf fragwürdige Wege zur individuellen Rettung abgedrängt zu werden. Der Auffassung vom Wächteramt des Dichters folgend, erklärte er das »Dasein der Kunst« aus der Notwendigkeit »eines wahren Wortes von Mensch zu Mensch« angesichts der im Alltag herrschenden »strategischen Rücksichten«.[3] In diesem Sinne warnte er in seinem Werk vor der Unterwerfung des Menschen unter die Herrschaft seiner ihm entfremdeten Produkte und gesellschaftlichen Strukturen, vor dem Rückfall in die Barbarei, den doktrinäre, den Menschen in leere Abstraktionen auflösende Systeme mit sich bringen; mahnte er, nicht nur sich selbst zu leben, sondern das Gesetz menschenwürdigen Daseins zu suchen, und bestreitet er das Existenzrecht einer Kunst, die ohne Dienst an der Gemeinschaft Ansprüche an sie erhebt. Dazu schuf er sich eine unverwechselbare, gestochen klare Sprache, die aus Bildern lebt, die den Leser ebenso fesseln wie erschrecken, ja oft abstoßen.

»Ich glaubc«, schrieb Kafka schon mit zwanzig Jahren, »man sollte überhaupt nur solche Bücher lesen, die einen beißen und stechen. Wenn das Buch, das wir lesen, uns nicht mit einem Faustschlag auf den Schädel weckt, wozu lesen wir dann das Buch? Damit es uns glücklich macht, wie Du schreibst? Mein Gott, glücklich wären wir eben auch, wenn wir keine Bücher hätten, und solche Bücher, die uns glücklich machen, könnten wir zur Not selber schreiben. Wir brauchen aber die Bücher, die auf uns wirken wie ein Unglück, das uns sehr schmerzt, wie der Tod eines, den wir lieber hatten als uns, wie wenn wir in Wälder verstoßen würden, von allen Menschen weg, wie ein Selbstmord, ein Buch muß die Axt sein für das gefrorene Meer in uns. Das glaube ich.«[4]

Empfand er sich jedoch als Gefangener seiner Umwelt, so diente ihm Dichtung als emotionale und intellektuelle Lebenshilfe, um das immer neue Erlebnis des Scheiterns, der Angst, des Ausgeschlossenseins künstlerisch zu objektivieren und sich damit wenigstens partiell schöpferisch zu behaupten. Deshalb hat Kafka in vielen Werken die Welt in tief zwiespältiger Weise poetisch transformiert: Erscheint sie einerseits auf einen sinnentleerten, von unerkennbaren Regeln und Praktiken beherrschten Mechanismus reduziert, in dem Bürokratie, Korruption und Schlamperei untrennbar zusammenwirken, so wird dieses gleiche System andererseits als Werkzeug rätselhafter, in mythischer Ferne bleibender höchster Instanzen verstanden, deren Herrschaftsanspruch und Legitimität trotz aller bestürzenden Erfahrungen nicht prinzipiell in Frage gestellt werden.

Unter diesen Bedingungen vermochte sich Kafkas aufklärerisch-moralische Konzeption der Dichtung nicht ungebrochen durchzusetzen, aber sie blieb stets gegenwärtig. Sie ist wirksam in der Entschiedenheit, mit der er sein primär von Angst, Schwäche und passiver Klage diktiertes Schreiben wiederholt als »Teufelsdienst« wertete, als »Hinabgehen zu den dunklen Mächten, diese Entfesselung von Natur aus gebundener Geister, fragwürdige Umarmungen«[5], vor allem aber im kritischen, sorgsam differenzierten Umgang mit seinem Werk, in dessen überzeugendsten Stücken seine gegensätzlichen Haltungen zur Wirklichkeit so miteinander verknüpft sind, daß sich dem Leser Wege produktiven Weiterdenkens eröffnen. In diesen starken inneren Spannungen wurzeln die von Kafkas Schaffen ausgehenden Impulse, seine bleibende Faszination und weltliterarische Ausstrahlung.

Wenn sich bei Kafka tatbereites Verantwortungsbewußtsein, geboren aus der Erkenntnis lebensbedrohender Krisen und Gefahren, und lähmendes Gefühl der Schwäche, der Übermacht äußerer Gewalten, schroff gegenüberstehen, so ist dies nicht nur in seiner Individualität begründet. Auf den übergreifenden Bedingungszusammenhang von Individuum und Gesellschaft deuten die – nicht nur für das Verständnis Kafkas wichtigen – Betrachtungen hin, die Ludwig Börne, der allseitigen Aufklärung des einzelnen wie der praktischen Humanisierung der Gesellschaft gleichermaßen verpflichtet, über die politisch-soziale Struktur und die Atmosphäre der Habsburger Monarchie niedergeschrieben hat, in die ein halbes Jahrhundert später Kafka hineingeboren wurde und in der sich fast seine gesamte Entwicklung vollzog. Anlaß dieser Betrachtungen war Anastasius Grüns Gedichtband »Spaziergänge eines Wiener Poeten« (1831), der den Beginn der literarischen Vormärz-Bewegung in Österreich markiert: »Dieses Buch hat die stillen Schauer in mir aufgeregt, die [...] durch alle meine Nerven rieselten, so oft ich das Wort Österreich hörte [...]. So oft ich erfuhr, was man in Österreich tut und duldet, frug ich leise [...]: Warum? Warum? Fiele ich in Lissabon als Schlachtopfer unter tausend Schlachtopfern, nun, da sehe ich doch einen Tyrannen, der Lust hat an unserem Schmerze, einen Tiger, der unser Blut trinkt. Ich weiß warum. Aber in Österreich ist Tyrannei, und ich sehe keinen Tyrannen; Unterdrückung, und ich sehe keinen Unterdrücker; des Lebens kostbarste Güter werden geraubt, und ich sehe keinen Räuber, der sie genießt, der sie auch nur vergeudet. Warum? Knecht ist alles. Knecht ist der Kaiser wie der gemeine Soldat; Knecht der Minister wie der niedrigste Schreiber; Knecht ist der Untertan, und Knecht ist das Gesetz. Wo ist der Herr? Mauer um Mauer gezogen, eine Mauer beschützt die andere – und warum? Was wird denn endlich beschützt? Ein ungeheures Gebäude aufgerichtet, worin die Menschen, die es bewohnen sollen, mit eingemauert, als Karyatiden, als Säulen, Decke und Gewölbe tragend – warum?« Und Börne resümiert: »Es ist ein furchtbares Naturgeheimnis in diesem österreichschen Staate, das ich nie ergründen werde.« Und über den Verfasser des Buches, der allein an diesem »furchtbaren Naturgeheimnis« zu leiden scheint, heißt es: »Wir anderen in allen Städten und Ländern klagen auch; aber wir klagen doch nicht allein. Es klagen viele mit uns. Tausend Gleichgültige gehen vorüber und reichen uns keine Hand; aber sie gehen doch vorüber. Sie verstehen uns nicht; aber sie mißverstehen, sie hören uns doch. Berge ringsumher schallen unseren Weheruf zurück. Aber dieser trauernde Mensch auf einer menschenleeren Insel ausgeworfen, allein atmend in einer leblosen Welt, ringsumher eine Wasserwüste, kein Echo für seinen Schmerz, unter sich das nahe Grab und über sich nur der ferne Gott – es ist etwas darin, das den tiefsten Grund meiner Seele bewegt, zu dem noch kein Gefühl hinabgereicht.«[6]

»[...] die Sehnsucht zu schreiben hat überall das Übergewicht«, schreibt Kafka 1922 an Max Brod und kommentiert:

»Ich bin von zuhause fort und muß immerfort nachhause schreiben, auch wenn alles Zuhause längst fortgeschwommen sein sollte in die Ewigkeit. Dieses ganze Schreiben ist nichts als die Fahne des Robinson auf dem höchsten Punkt der Insel.«[7]

Das von Börne in einer die Bildkraft Kafkas vorwegnehmenden Sprache beschworene »Naturgeheimnis« der Habsburger Monarchie ist von Friedrich Engels nach 1848 nüchtern als mühsam bewahrtes System einer »künstlichen Stabilität« entschlüsselt worden, das sich auf eine riesige, zu einer eigenen Hierarchie herangebildeten Bürokratie und eine in allen Bereichen, von der Familie über die sozial-ökonomischen Beziehungen bis hin zum Staat, streng beachtete tradierte Autorität stützte.[8] Wichtige Elemente dieses Systems erhielten sich lange; es diente, abgestimmt auf die Strategie der ökonomisch herrschenden Klassen, ihre Herrschaft nur indirekt auszuüben, der Verschleierung der realen Machtverhältnisse, der wechselseitigen Relativierung der Gegensätze und erschwerte, wie schon Börne registriert hatte, gesellschaftlich engagiertes Denken und Handeln. Engels nannte noch 1893 »Indifferenz und Stagnation« als die charakteristischen Erscheinungsformen der etablierten Gesellschaft[9] und leitete daraus desto bessere Erfolgsaussichten für eine zielbewußt-kämpferische Arbeiterpartei ab. Die Entwicklung der österreichischen Sozialdemokratie, in die bald danach reformistische und bürgerlich-nationalistische Tendenzen eindrangen, hat diese Erwartungen nur in einem begrenzten Maße bestätigt: dennoch deutete ihr stetes unaufhaltsames Wachstum auf die Polarisierung der sozialen, nationalen und politischen Kräfte nach der bürgerlich-kapitalistischen Umwälzung und während des Übergangs zum Imperialismus.

Im »Kronland Böhmen« und seiner Hauptstadt Prag, in der Franz Kafka 1883 geboren wurde und fast sein gesamtes Leben verbrachte, häuften und verschärften sich die allgemeinen Konflikte der Monarchie. In keinem anderen ihrer Länder wurde die Vorherrschaft der deutschen Minderheit so von einer kraftvollen nationalen Bewegung bekämpft und zurückgedrängt wie hier von der der Tschechen; in Böhmen, dem am meisten industrialisierten Teil des Reiches, prägten sich Ausbeutung, Wirtschaftskrisen und Klassengegensätze am modernsten und schärfsten aus, hier auch rang eine breite, wenn auch vielfach differenzierte demokratische Bewegung am entschiedensten um die Beseitigung der tradierten politischen Strukturen. Diese Konflikte sprengten nicht selten in dramatischen Aktionen die Hülle der »künstlichen Stabilität«, ohne sie jedoch bereits revolutionär in Frage zu stellen.

Mit besonderer Intensität wurde die spannungsgeladene gesellschaftliche und geistige Atmosphäre von der jungen Schriftstellergeneration aufgenommen, die zu Beginn des neuen Jahrhunderts, zunächst im Anschluß an eine Gruppe nur wenig älterer Autoren um Rilke und Meyrink, aus der deutschen Minderheit hervorging. Von ihren jeweiligen sozialen Erfahrungen und kulturellen Voraussetzungen ausgehend, strebten sie nach der künstlerischen Objektivierung und Bewältigung ihrer Krisenerfahrung, wobei die Fülle und Differenzierung der Konflikte die Erfassung des gesellschaftlichen Gegenstandes erschwerte; der einzelne wurde stark auf sich selbst, auf eine psychologisierende, moralisierende oder ästhetisierende Ausdeutung seines individuellen Erlebens verwiesen. Die große Aufmerksamkeit, die die Prager deutschsprachige Literatur in den literarischen Zentren Berlin, München und Leipzig fand, und die führende Rolle von Autoren wie Max Brod und Franz Werfel in der jungen Literatur deuten darauf hin, daß sich hier wesentliche Elemente der expressionistischen Revolte gegen die imperialistische Gesellschaft vor dem Ersten Weltkrieg herausbildeten.

Kafka stammte aus einer jüdischen Familie, die aus der von den Tschechen geprägten böhmischen Provinz nach Prag gekommen und hier bemüht war, sich der deutschen herrschenden Minderheit zu assimilieren. Dadurch war er mit den nationalen, sozialen und geistigen Konflikten der Stadt vielfältig verknüpft, erlebte sie gleichsam wie von einem Brennspiegel gebündelt. Andererseits aber wuchs er in einem Milieu auf, in dem diese komplizierte Situation durch bewußte Abkehr von den gesellschaftlichen und geistigen Problemen, eine resolute Beschränkung auf Selbstbehauptung und ökonomisch-sozialen Aufstieg verdrängt werden sollte. Die im Elternhaus herrschende Lebenshaltung war der jenes ›politisch ziemlich indifferenten, in Phäakentum aufgehenden Philistertums in den Städten‹ verwandt, das Engels als Produkt wie Voraussetzung der Gesamtstruktur Österreichs im ausgehenden 19. Jahrhundert benannt hat und das »vor allem seine Ruh und seine Genüsse haben«[10] wollte.

Mit dem Eintritt in die imperialistische Periode hatte das Leben des Kleinbürgertums freilich seine bescheiden hedonistischen, unbekümmerten Züge weitgehend eingebüßt und war, wie der Alltag auch der Familie Kafka, erfüllt vom ständigen Ringen um die Behauptung des erreichten Besitzstandes. Daß Franz Kafka eine solche Lebenshaltung nicht zu übernehmen, die Erfahrung der Widersprüche in seiner Umwelt nicht zugunsten der Konzentration auf eine planmäßig-überschaubare Karriere zu verdrängen vermochte, ist die Keimzelle seines dichterischen Schaffens, in dem sich die bestürzende Erfahrung der allseitigen Bedrohung des Menschen und die moralistische Kritik an bourgeoisem Karrierismus und individualistischem Egozentrismus verknüpften.

Kafkas Vater, aus plebejisch-ärmlichem Milieu stammend, hatte wie viele seiner Glaubensgenossen, verunsichert durch einen besonders auf dem Lande wachsenden Antisemitismus und angelockt durch die rasche wirtschaftliche Entwicklung in den Städten, sein Heimatdorf Woßek bei Strakonice verlassen und sich nach einer an Entbehrungen und Arbeit reichen Jugend in Prag eine selbständige Existenz aufgebaut: Er handelte, zunächst en detail, später en gros, mit Kurzwaren und Modeartikeln. Diese Position setzte kaufmännisches Geschick, vor allem aber die Fähigkeit voraus, sich den Normen und Erwartungen eines möglichst großen Publikums anzupassen. Hermann Kafka bewies beides im Umgang mit seinen tschechischen wie deutschen Kunden in hohem Maße und wußte auch seine bemühte Assimilation an die deutsch-christliche Oberschicht mit der Aufrechterhaltung der Beziehungen zur jüdischen Gemeinde zu verbinden. Basis dieser Geschäftstüchtigkeit war freilich die rücksichtslose Ausbeutung seiner Angestellten, die bis zur Verachtung sich steigernde Gleichgültigkeit gegenüber den Partnern, die allein unter dem Aspekt ihrer Nutzbarkeit interessierten, und gegenüber allen nicht unmittelbar in Geld zu berechnenden Werten sowie Abstinenz in den gesellschaftlichen und geistigen Auseinandersetzungen. Letztere beruhte auf einer konservativ gestimmten Loyalität gegenüber dem herrschenden System, das sich in ähnlicher Weise auf bloßen Existenzerhalt durch Anpassung und Ausgleich konzentrierte. Mit Ironie und Hohn wurde bedacht, was sich in das Programm materieller Sicherung und sozialen Aufstiegs nicht einordnen ließ: Hermann Kafka beobachtete nicht nur die Entwicklung seines Geschäfts mit verbissenem, rasch in Aggressivität umschlagendem Mißtrauen, sondern auch die seiner Familie, um Gefahren und Abwege früh erkennen und bekämpfen zu können.

Daß Franz Kafka auf die soziale und familiäre Instabilität nicht mit der entschlossenen Weiterführung des Weges reagieren konnte, den sein Vater eingeschlagen und dessen Fortsetzung in höhere gesellschaftliche Bereiche der von seinem Sohn erhofft hatte, als er ihn das deutsche Gymnasium besuchen und studieren ließ, ist auf seine anders gearteten Jugenderfahrungen ebenso zurückzuführen wie darauf, daß er nicht die robuste physische und psychische Natur des Vaters besaß, sondern die zarte und sensible der aus einer Intellektuellenfamilie stammenden Mutter. Während diese sich ihrem Mann in Bewunderung seiner Lebenstüchtigkeit untergeordnet hatte, wurde das empfindsame, phantasievolle und träumerisch veranlagte Kind schon früh durch die Atmosphäre mißtrauischer Distanz am Aufbau fester Wechselbeziehungen zur Umwelt gehindert, was sich dadurch verstärkte, daß ihm auch die Eltern, die bis auf wenige gemeinsame Mahlzeiten und Abendstunden ganz unter dem Diktat des Geschäfts standen und auch in der Freizeit noch innerlich von ihm beherrscht waren, kaum als verständnisvolle und geduldige Bezugspersonen begegneten. Einsamkeit und Kontaktschwäche, Unbehagen, Mißtrauen, ja Furcht vor Menschen und Verhältnissen, deren Wesen sich ihm kaum in direkter Beziehung erschloß und die Gegenstand subjektiver Vermutungen und Deutungen blieben, wurden dominierende Haltungen des Heranwachsenden zur Wirklichkeit; hinzu trat bald eine besondere Feinfühligkeit für die der kapitalistischen Gesellschaft eigene Unterordnung des Menschen unter die Gesetze der Ökonomie.

Der hier sich notwendig entwickelnde Konflikt mit der Familie wurde von kindlichem Respekt und Unterordnung zunächst am offenen Ausbruch gehindert, aber auch dadurch verzögert, daß Kafka die Familie als Organ wie Produkt tatsächlicher oder auch nur vermeintlicher, durch ein konformistisches Lebensprogramm verinnerlichter gesellschaftlicher Zwänge erlebte. Aus dieser ihrer Funktion als Vermittler sozialer Tatbestände und Verhaltensweisen in den privaten Bereich erklärt sich auch die lebenslange starke Abhängigkeit Kafkas von seinem Vater, dessen nüchternen Geschäftssinn er weniger von individuellen Charakterzügen geprägt sah als von äußeren Notwendigkeiten, denen er selbst, wenngleich in ganz anderer Weise, nicht überzeugend zu begegnen wußte. Früh auch empfand er den tragischen Charakter dieses Kampfes gegen Abhängigkeit und Armut, in dem jeder Sieg mit dem Verzicht auf Möglichkeiten humanen Daseins bezahlt werden mußte; er wurde zu einem zentralen Thema seines Werkes. Einsichten solcher Art, die eher Verständnis, ja Mitleid auslösten als Abgrenzung, sind mitverantwortlich dafür, daß Kafka sich niemals von seiner Familie und einer kleinbürgerlichen Weltsicht wirklich zu lösen vermochte.[11]

Unentschlossenheit prägte die Berufswahl nach dem Abitur: Kafka wandte sich zunächst der Chemie, dann der Germanistik zu, nahm aber bald, dem Beispiel anderer aufstrebender jüdischer Familien folgend, das Studium der Rechte auf, das zu einer leitenden Position in der Verwaltung, dem Gerichtswesen oder der Industrie führen konnte. Das Studium, mit Ausnahme eines kurzen Münchener Zwischenspiels in Prag absolviert, vermochte Kafka keinen größeren Anteil abzugewinnen; seine bei der Promotion 1907 bestätigten mäßigen Leistungen schraubten bald die ehrgeizigen Pläne der Familie zurück.

Das nur pflichtmäßige Interesse war eine Folge auch der zunehmenden Hinwendung zur Literatur. Die gemäßigt deutschnationale und liberale, auch Studenten jüdischer Herkunft offenstehende »Lese- und Redehalle der deutschen Studenten in Prag« vermittelte Kafka mit Vorträgen und Lesungen viele Anstöße zur Auseinandersetzung mit Schriftstellern der Vergangenheit und Gegenwart. Der intensiven Beschäftigung mit dem Frühwerk Hofmannsthals, in dem poetisch und essayistisch die Möglichkeit rechten Lebens und originären dichterischen Schaffens in einer von Oberflächlichkeit und Verfall gezeichneten Welt erörtert wird, kommt dabei eine zentrale Bedeutung zu. Vor allem der Essay »Ein Brief« (1902), der die tiefe Fremdheit des Individuums gegenüber der Wirklichkeit und die darin wurzelnde Unfähigkeit diskutiert, »über irgend etwas zusammenhängend zu denken oder zu sprechen«[12], mußte Kafka unmittelbar ansprechen. Die von Hofmannsthals fiktivem Briefschreiber genannten Symptome, Konsequenzen und Versuche zur Kompensation solchen Unvermögens, den Zusammenhang der Dinge und damit auch die eigene Stellung in der Welt zu bezeichnen, finden sich in Leben und Werk Kafkas wieder: das Unvermögen, aus weltanschaulichen Systemen und Leitbildern Orientierungshilfen zu gewinnen, das Streben, den verlorengegangenen Bezug zur Totalität des Daseins in der Hinwendung zu den einfachen, kleinen Dingen wiederzufinden, der Versuch, der bodenlosen Individualität durch mechanische Nachahmung der tradierten Pflichten und Konventionen des Alltags Halt zu geben. Dies alles kann aber das Gefühl tiefer Unsicherheit nicht aufheben: aus ihm erwächst jene Furcht und Hoffnung verbindende Erwartung einer klärenden, sinngebenden Begegnung mit dem »unbekannten Richter«[13], einer höchsten Instanz des Lebens, wie er sie später in seine Dichtung einführte.

Kafka stand seinen eigenen literarischen Versuchen, die gegen Ende der Schulzeit einsetzten, mit strenger Kritik und tiefem Mißtrauen gegenüber. Erst auf Drängen seines Freundes Max Brod entschloß er sich, 1908 acht und 1909 nochmals zwei Prosastücke in der von Franz Blei und Carl Sternheim in München herausgegebenen Zeitschrift »Hyperion« zu veröffentlichen. Einen umfassenderen Einblick in sein Schaffen gibt erst der Band *»Betrachtung«*, ein Zyklus von 18 episodischen und aphoristischen Texten, die Kafka 1912 aus Arbeiten der vorangegangenen Jahre, vor allem der zwischen 1904 und 1910 entstandenen Erzählung »Beschreibung eines Kampfes«, herausgelöst hat. Sein Titel bezeichnet das kontemplative Weltverhältnis des Menschen, als dessen monologische Aussage das Buch angelegt ist. Der protokollartige Bericht über einen in bedrückender Einsamkeit verbrachten Kindheitstag leitet den Zyklus ein, in dem Isolation und ein gestörtes Verhältnis zur Welt in nüchternem Bericht, hilfloser Klage und verzweifelten Ausbruchsversuchen immer neu gestaltet werden. Nur ein Text (*»Der Kaufmann«*) weist auf soziale Voraussetzungen dieser Situation: Sein kleines Geschäft beansprucht den Kaufmann so total, daß sich Lebensinhalte und menschliche Beziehungen, die solchen Einsatz rechtfertigen würden, nicht entwickeln können. Arbeit wird zum mechanischen Prozeß, der Mensch degeneriert zum bloßen Werkzeug, die Sehnsucht nach seelischem Ausgleich kann sich nur in kurzen, phantastischen Wachträumen von exotisch-idyllischen Ersatzwelten Befriedigung suchen. Seine Erfahrung sinnentleerten Daseins und der Existenzangst überträgt der Einsame endlich auch auf seine Sicht der Umwelt, die er gleichfalls von ermüdender Wiederkehr des Gleichen, Ratlosigkeit und Scheitern gezeichnet sieht. Mit seiner Komposition des Zyklus enthüllt Kafka solche problematischen Tendenzen einer inhuman-verdinglichenden Sicht des Menschen und grundsätzlicher Abwertung des Lebens als bloße Rettungsversuche dessen, der das Gefühl *einsamen* Leidens überwinden will: Im abschließenden Stück, *»Unglücklichsein«*, einem Dokument ganz persönlicher Not, wird die Überzeugung von der Zugehörigkeit des einzelnen zur Gemeinschaft, von seiner Mitverantwortung für das Leben als Voraussetzung für das Ausmaß des Leidens an der Einsamkeit und als Zentrum des Werkes deutlich, das die tiefe Verstörung eines sensiblen Menschen durch den bürgerlichen Alltag manifestiert.

Der Eintritt in das Berufsleben markiert einen wesentlichen Einschnitt in der Entwicklung Kafkas. Der besondere Charakter dieser Arbeit, vor allem angesichts der sozialen Entwicklung bis zum Ersten Weltkrieg und ihrer Konsequenzen auch für seine Familie, bereicherte und vertiefte sehr rasch seine menschlichen und gesellschaftlichen Erfahrungen. Unter ihrem Eindruck zerbrach das mühsam bewahrte relative Gleichgewicht zwischen den äußeren Bedingungen und Anforderungen seines Lebens und seinen individuellen Voraussetzungen. Dieser Prozeß ist der Hintergrund der zweiten, bis etwa zum Ende des ersten Kriegsjahres dauernden Schaffensperiode Kafkas, in der sich seine spezifische Weltsicht und künstlerische Gestaltungsmethode voll herausbildeten.

Die Jahre zwischen 1907 und 1914 waren eine Zeit dicht aufeinander folgender Weltwirtschaftskrisen, in der die Auswirkungen der Überproduktion und der forcierten Rüstung für die Lage der Volksmassen zusammentrafen. Steigerung der Lebenshaltungskosten bei gleichzeitigem Verfall der Löhne und hoher Arbeitslosigkeit, Zusammenbrüche von Banken und Unternehmen aller Größenordnungen waren an der Tagesordnung und lösten wie in allen kapitalistischen Ländern auch in Österreich soziale, von nationalen Faktoren intensivierte Unruhen und politische Krisen aus. Durch Herkunft und Beruf wurde Kafka auf eine für die Biographie zeitgenössischer bürgerlicher Autoren ungewöhnlich unmittelbare Weise in diese Probleme hineinverflochten. In der Arbeiterversicherungsanstalt für den Arbeitsschutz und die Einordnung der Fabriken in Gefahrenklassen verantwortlich, nach denen deren Versicherungsbeiträge festgelegt wurden, hatte er in seinen Sprechstunden wie auf seinen regelmäßigen Inspektionsreisen in das nordböhmische Industriegebiet direkten Kontakt mit der Not der bis an die Grenze ihrer Leistungskraft ausgebeuteten, ganz unzureichend geschützten Arbeiter, aber auch mit den durch die Krisen hart bedrängten Unternehmern. Seine Beiträge zu den Jahresberichten der Anstalt und speziellen Darlegungen über Arbeitsschutzprobleme einzelner Produktionszweige belegen, mit welcher Sachkenntnis, Sorgfalt und Verantwortung Kafka seinem Auftrag gerecht zu werden versuchte[14], dessen systembedingt enge Grenzen er sehr bald erkannte, wie seine von Freunden überlieferten Urteile über die Anstalt beweisen. Max Brod erinnerte sich Kafkas Erstaunens über die Bescheidenheit der um ihr Recht nachsuchenden Arbeiter, in dem sein Wissen von den geringen Möglichkeiten der Anstalt ebenso zum Ausdruck kommt wie das von den asozialen Machenschaften der Unternehmer, die vor allem beim Arbeitsschutz zu sparen versuchten:

»Wie bescheiden diese Menschen sind. […] Sie kommen zu uns bitten. Statt die Anstalt zu stürmen und alles kurz und klein zu schlagen, kommen sie bitten.«[15]

Zugleich war er jedoch Sohn eines Kaufmanns, teilte die Sorge um den Bestand des Geschäfts, das immer wieder seine Mithilfe forderte, ja er unternahm sogar den Versuch, durch die Beteiligung an einer Fabrik sein stets sehr geringes Gehalt aufzubessern, sich von der Familie materiell unabhängig zu machen und so einen Beitrag zu deren Konsolidierung zu leisten. In diesem Versuch, der ihm zunächst als Nachweis bürgerlicher Tüchtigkeit dienen sollte, sah er freilich angesichts der wachsenden Leitungs- und Aufsichtsverpflichtungen bald eine verhängnisvolle Fehlentscheidung.

Solche Bedingungen schlossen die Position des ›Betrachters‹ nunmehr aus: Auf den unterschiedlichsten Ebenen erlebte und erlitt er unmittelbar die Ausbeutung und Entwürdigung des Menschen durch die sozialen Zwänge des kapitalistischen Systems. Diese Erfahrungen, aufgenommen vor dem Hintergrund der sich rapide zuspitzenden allgemeinen Probleme der österreichischen Gesellschaft vor dem Ersten Weltkrieg, führten zu einer tiefen Krise in Kafkas bürgerlichem Selbstverständnis, die sich zunächst vor allem in zermürbenden Zweifeln an seiner Fähigkeit äußerte, seinen vielfältigen beruflichen Pflichten und der mit ihnen verknüpften menschlichen Verantwortung gerecht zu werden. Diese Krise wurde verschärft dadurch, daß sein dichterisches Schaffen unter dem Druck der komplexen Krisenerfahrung eine neue Intensität und Qualität erhielt: Das Schreiben wurde Kafka zur Möglichkeit einer gelegentlich fast rauschhaften Befreiung vom Druck des Alltags. Nicht im Sinne einer Flucht, sondern als dessen poetische Steigerung zu einer in sich geschlossenen und überschaubaren Welt, in der die bedrängenden Probleme und Fragen, dic in der Wirklichkeit weder klar zu erkennen noch auszutragen waren, mit letzter Deutlichkeit gestellt und zu Ende gedacht werden konnten. Hier erlebte er die Selbstverwirklichung, die ihm sein bürgerliches Dasein verweigerte. Erhielt das Schreiben damit eine gleichsam lebensrettende Funktion, so erfuhr er es andererseits als existenzbedrohende Hypothek dadurch, daß es der Überlastung durch berufliche und familiäre Verpflichtungen in einem kräftezehrenden Kampf abgerungen werden mußte. Das führte zu ständigen Konflikten mit dem eigenen bürgerlichen Pflichtbewußtsein wie mit dem Vater, der in den literarischen Neigungen seines Sohnes nur Spielerei und Zeitvergeudung sah und ihn mehr und mehr als einen Versager und zudem Undankbaren betrachtete, der die in ihn investierten Zuwendungen nicht durch Eifer und Disziplin zu lohnen bereit war.

Unter solchen Bedingungen wurde Kafkas Streben nach selbständiger Existenz in einer Ehe mit der kaufmännischen Angestellten Felice Bauer, die er im Sommer 1912 kennengelernt hatte, zu einer zusätzlichen schweren Belastung. Immer weniger lösbar erschien ihm die Aufgabe, ein gemeinsames Leben durch erfolgreiche Arbeit im Beruf materiell zu sichern und dennoch dem als eigentlichen Lebensauftrag begriffenen dichterischen Schaffen treu zu bleiben, so daß er die nach schier endlosen selbstzerstörerischen Grübeleien und quälenden brieflichen Diskussionen im Mai 1914 geschlossene Verlobung schon wenige Wochen später wieder löste.

Die Werke dieser Zeit spiegeln Kafkas gesellschaftliche Erfahrungen und seine persönlichen Probleme in zum Teil bereits bildhaft überhöhter, die Konflikte zu schockierender Anschaulichkeit steigender Gestaltung wider. In den Erzählungen »Das Urteil« und »Die Verwandlung« (beide 1912) und in den unvollendet gebliebenen Romanen »Der Verschollene« (1912/14) und »Der Prozeß« (1914/15) erzählt er vom Bemühen junger Kaufleute und Angestellter, für sich und ihre Angehörigen eine gesicherte Existenz aufzubauen, wobei sie in tiefe Konflikte zwischen den Anforderungen des Berufs und denen einer wirklich menschlichen Lebensführung geraten.

Am unmittelbarsten sind die sozialen Erfahrungen Kafkas in den Entwurf *»Der Verschollene«* eingegangen, der als einziger seiner Romanversuche noch in der Tradition des Entwicklungsromans einsetzt und die Wirklichkeit überwiegend in den Formen des Lebens gestaltet. Der sechzehnjährige Karl Roßmann aus Prag ist von seinen Eltern ungerecht und mit brutaler Härte verstoßen und nach Amerika geschickt worden, wo er den Vorwurf, ein mißratener Mensch zu sein, widerlegen und sich möglichst rasch eine sichere Lebensposition erarbeiten will. Schon die ersten Versuche, zuerst unter der Obhut eines wohlhabenden Onkels, danach als Liftjunge in einem großen Hotel, mißlingen, weil der Alltag, im privaten Bereich wie im Beruf, ganz auf mechanische Pflichterfüllung und materiellen Nutzen orientiert ist: Schon eine kleine Unterbrechung der Arbeitsprozesse durch natürliche menschliche Regungen und Interessen wird mit unnachsichtiger Härte geahndet. Bei falschen Freunden in ein verwahrlostes, mit erniedrigenden Diensten zu bezahlendes Asyl aufgenommen, zieht Karl die Konsequenz, sich in einer künftigen Arbeitsstelle völlig deren Anforderungen zu unterwerfen.

»Wenn aber Karl«, so faßt Kafka die Überlegungen seines Helden zusammen, »einmal einen solchen Posten in einem Büro hätte, dann wollte er sich mit nichts anderem beschäftigen [...]. Wenn es nötig sein sollte, wollte er auch die Nacht fürs Büro verwenden [...]. Er wollte nur an das Interesse des Geschäftes denken, dem er zu dienen hätte, und allen Arbeiten sich unterziehen, selbst solchen, die andere Bürobeamte als ihrer nicht würdig zurückweisen würden.«[16]

Mit den Träumen von einer künftigen Anstellung bricht das Fragment ab; Kafka hat später ein Kapitel angefügt, in dem Karl, den sein vorbehaltloses Streben nach bürgerlicher Bewährung endlich tief kompromittiert hat, eine utopische Perspektive in einem artistischen »Naturtheater« erhält.

Kafkas Darstellung der kapitalistischen Gesellschaft folgt unmittelbar dem Weg seines Helden und ist auf dessen Perspektive beschränkt: die Denunziation der unmenschlichen Züge ihres Systems wirkt dadurch besonders überzeugend. Herkunft und pragmatisches Lebensprogramm lassen Karl seinen Weg nicht in kritischer Haltung antreten, er begegnet der Welt vielmehr naiv und mit dem festen Willen, sich rasch und erfolgreich einzugliedern. Protest und Anklage ergeben sich gleichsam unfreiwillig aus der wiederholten Zwangslage, nur zwischen erniedrigender Abhängigkeit und Karrierismus wählen zu können. Derjenige, der an menschlichem Denken und Fühlen festhält und seinen Verpflichtungen anständig nachzukommen sucht, bleibt arm, ja versinkt immer tiefer in Not; ein Aufstieg zu gesicherter Existenz ist nur dem möglich, der sich unter Verzicht auf alle ›Ablenkungen‹ den Gesetzen und Spielregeln der Gesellschaft unterwirft. Karls Überlegungen zeigen, in welcher sozialen Situation endlich doch die Bereitschaft zu solcher Unterwerfung entstehen kann; sie weisen zugleich voraus auf den Augenblick, wo er mit Verzweiflung und Selbstverachtung den Preis erkennt, den der Weg nach oben forderte.

Genau an diesem Konflikt zwischen bürgerlicher und menschlicher Bewährung knüpfen die kurz nacheinander entstandenen Erzählungen *»Das Urteil«* und *»Die Verwandlung«* an, in denen Kafka der Frage nach dem endgültigen Schicksal seines Helden nicht nur nicht ausweicht, sondern zu dessen unmißverständlichen Gestaltung den Bereich erfahrbarer Wirklichkeit verläßt und eine phantastische, aber in sich folgerichtige Welt erschafft, die seiner Erfahrung und Bewertung der aufgeworfenen Probleme adäquat ist. Hierin liegt die bahnbrechende Bedeutung beider Erzählungen für die Entwicklung des Dichters: schon zuvor gab es bei Kafka bildhafte Umsetzungen von Welterfahrung[17], doch war ihre Herkunft aus dem Bewußtsein der Erzählerfiguren direkt ablesbar und ihre Gültigkeit auf dieses begrenzt: Von nun an konstituieren sie eine eigenständige, künstlerische Welt.

Der Kaufmann Georg Bendemann *(»Das Urteil«)* hat seit dem allmählichen Ausscheiden seines Vaters aus dem Geschäft durch großen persönlichen Einsatz gute Erfolge gehabt, die seine Heirat mit einem Mädchen aus wohlhabender Familie krönen soll. Aus einem fast beiläufigen Gespräch über einen etwas schwierigen Freund, zu dem er seit einiger Zeit keinen Kontakt mehr hat, entwickelt sich eine immer heftigere Auseinandersetzung mit dem Vater, aus der hervorgeht, daß Georg über seinen geschäftlichen Anstrengungen seine menschlichen Pflichten gegenüber Eltern und Freund vernachlässigte. Georg muß erkennen, daß seine Stellung in der Familie, in deren Interesse er sich doch gemüht hatte, zerrüttet ist, die Zerstörung von Vertrauen und Liebe entwertet die ökonomischen Erfolge wie die geplante Selbständigkeit. Als der Vater wie ein Fremder, ein nur der Sache verpflichteter Richter erklärt, er verurteile ihn »zum Tode des Ertrinkens«, kann sich Georg der Logik des Spruches nicht entziehen, stürzt aus dem Haus und läßt sich mit den Worten »Liebe Eltern, ich habe euch doch immer geliebt« (En 67f.)[18] von einer nahen Brücke in den Fluß fallen.

Kafka will die Verdrängung menschlicher Verpflichtungen als ein Verbrechen denunzieren, das wie jedes andere unwiederbringliche Werte zerstört und deshalb auch härteste Strafe verdient. Da es keine Institution gibt, vor der ein solches Verbrechen angeklagt werden könnte, läßt er sie aus dem Leben selbst hervorgehen, indem die Familienszene schrittweise zum Tribunal wird. Noch entschlossener verläßt Kafka die Ebene empirischer Realität zur klaren Herausarbeitung des Konflikts und seiner erzählerischen Wertung in *»Die Verwandlung«*.

Gregor Samsa, als Handelsreisender allein für den Lebensunterhalt seiner Familie sorgend, ist immer weniger den Anforderungen seines Berufs gewachsen: Erfolg und Aktivität gehen so zurück, daß ihm, als er eines Tages den Beginn der Arbeit verschläft, durch den sogleich zu ihm entsandten Prokuristen gekündigt wird. Doch als jener empört die Wohnung betritt, hat Gregor seine eigentliche Strafe schon ereilt: Er, der wissen mußte, was sein Versagen für die von ihm abhängige Familie bedeuten mußte, ist zur Kennzeichnung seiner Minderwertigkeit in ein Ungeziefer verwandelt worden. Das Versagen bei der Arbeit wird als Vorsatz gedeutet, sich nunmehr von seinen Angehörigen durchschleppen zu lassen; das Weiterleben als Wanze ist das Stigma seines Schmarotzertums. Auch Gregors Ende – er stirbt vor Hunger, Scham und an den Folgen einer rohen Mißhandlung durch den Vater – ist tragisch: Aus seinen Überlegungen nach der Verwandlung geht hervor, wie lange und intensiv er um die Erfüllung seiner Pflichten gerungen hatte, bevor er unterlag, doch auch für ihn gibt es weder eine Möglichkeit der Verteidigung noch mildernde Umstände.

Kafka ist energisch bemüht, den in »Der Verschollene« aufgeworfenen Konflikt zwischen den Anforderungen des bürgerlichen Berufslebens und den natürlichen Pflichten und Bedürfnissen des Menschen im Sinne eines Moralismus zu lösen, der von der Vereinbarkeit beider Bereiche ausgeht: aus dieser Sicht werden der im kapitalistischen Alltag menschlich Verkümmerte wie der wegen seiner Sensibilität beruflich Erfolglose als Versager in gleicher Weise rigoros abgestraft. Sieht man die Erzählungen im Zusammenhang mit den persönlichen Problemen des Autors in jener Zeit, so sind in diesem Rigorismus selbstquälerische Härte, ja Anzeichen eines Minderwertigkeitskomplexes nicht zu verkennen. Der schwer erarbeitete soziale Aufstieg seiner Familie, die Erfahrung ihres schwierigen, doch gemeinschaftlich bewältigten Alltags, der bisher auch seine als tief problematisch empfundene Existenz getragen hatte, mußten ihm seine Schwierigkeiten bei der Bewältigung des Lebens in grellem, oft beschämendem Licht zeigen. In diesem Sinne belegen die Erzählungen das für Kafka charakteristische Streben nach Integration in die Familie und ein Leben in bürgerlicher ›Normalität‹, die ihm angesichts der fundamentalen Gegensätze und Krisen in der sozialen und politischen Struktur seiner Umwelt einen hohen Wert repräsentieren mochten.

Dies verweist darauf, daß es in Kafkas Weltbild kaum Voraussetzungen zu jener kritischen Ausgliederung aus der vorgefundenen Gesellschaft gab, die den Differenzierungsprozeß in der bürgerlichen Literatur um die Jahrhundertwende wesentlich vorantrieb. Zu einem solchen Schritt, das zeigen die Handlungsstrukturen und Helden aller seiner Werke, fehlte Kafka die Fähigkeit, ja schon die innere Freiheit alternativen gesellschaftlichen Denkens: Beide hatten sich angesichts seiner Herkunft und seiner komplexen Krisenerfahrung kaum herausbilden können. Das Elternhaus mit seiner assimilatorisch-konformistischen Grundhaltung hatte hier Anstöße weder geben können noch wollen: Oppositionelle Bewegungen, seien sie primär nationaler, sozialer, politischer oder ideologischer Natur, fanden hier kein Echo. Ebensowenig war er mit einem weltanschaulichen Fundus ausgestattet worden: weder mit jenem Erbteil josefinischer Aufklärung oder vormärzlichen Denkens, in dem andere österreichische Autoren wurzelten, noch mit der emanzipatorischen Tradition des aufsteigenden Bürgertums, die deutschen Schriftstellern eine zwar brüchige, aber kritischen Abstand zur kapitalistischen Wirklichkeit sichernde Basis ihres Schaffens boten. Der heranwachsende Franz Kafka war nicht nur oft einsam gewesen, er war auch geistig allein geblieben gegenüber der ihn bedrängenden Wirklichkeit. Aus dieser Erfahrung heraus war er seit seiner Jugend auf der Suche nach Wahrheit, zielte dabei jedoch, aufgewachsen in einer Welt vieler einander relativierender Positionen, auf eine so absolute Verbindlichkeit, daß diese Suche fast notwendig ergebnislos blieb. Dies erklärt den problematischen Charakter der Kontakte, die er zu ganz unterschiedlichen ideologisch-politischen Bewegungen aufnahm: Mit leidenschaftlichem Interesse begonnen, wurden diese Beziehungen zumeist rasch wieder fallengelassen und hinterließen kaum tiefere Wirkungen. Kafka konnte weder in geistigen Bewegungen der Vergangenheit noch in zeitgenössischen oppositionellen Strömungen überzeugende Antworten auf seine Fragen finden und blieb so weithin auf die vorgefundenen Strukturen fixiert.

Der Gegensatz zwischen solcher Bindung an den Status quo und den beunruhigenden gesellschaftlichen Erfahrungen ist die Wurzel der tiefen Krise Kafkas vor dem Ersten Weltkrieg, die sich im Zweifel an seiner beruflichen Qualifikation wie der zu Ehe und Familie ebenso äußert wie in der Unsicherheit gegenüber seinem Schreiben. Wie sehr sich Kafka dieser Spannungen und damit auch der Fragwürdigkeit des von ihm verinnerlichten bürgerlichen Moralismus bewußt war, beweist eine Tagebuchnotiz, in der er jene Partien seiner Erzählungen, die das Scheitern Georgs und Gregors als tragischen Vorgang zeigen, als »das Beste« bezeichnete, was er geschrieben habe:

»An allen diesen guten und stark überzeugenden Stellen handelt es sich immer darum, daß jemand stirbt, daß es ihm sehr schwer wird, daß darin für ihn ein Unrecht und wenigstens eine Härte liegt und daß das für den Leser, wenigstens meiner Meinung nach, rührend wird.«[19]

Das Spannungsverhältnis zwischen bürgerlichem Moralismus und realistischer Einsicht in die gesellschaftliche Determiniertheit individuellen Handelns wurde zum Motor der weiteren weltanschaulich-künstlerischen Entwicklung Kafkas. In den beiden folgenden, seine zweite Schaffensperiode abschließenden Werken, dem Romanfragment *»Der Prozeß«* (e. 1914/15) und der Erzählung *»In der Strafkolonie«* (e. 1914), überwand er die Gleichsetzung von bürgerlichen und menschlichen Normen und seinen starren, letztlich zu Inhumanität führenden Rigorismus und fand zu seiner charakteristischen, Kritik und Unterwerfung widersprüchlich verknüpfenden Haltung zur bürgerlichen Gesellschaft.

Der Romanplan entwickelt sich aus dem gleichen Problem wie »Das Urteil«. Josef K., sein Held, hat sich nach schwerer Jugend als Halbwaise durch harte Arbeit zum Bankprokuristen emporgedient und dabei – ohne es recht gewahr zu werden – alle menschlichen Beziehungen seiner Karriere aufgeopfert. Nach anfänglicher rechthaberischer Selbstsicherheit kommt er am Ende eines seltsamen, mit der Verhaftung an seinem dreißigsten Geburtstag einsetzenden Prozesses zur Einsicht in seine Schuld:

»Ich wollte immer mit zwanzig Händen in die Welt hineinfahren und überdies zu einem nicht zu billigenden Zweck. Das war unrichtig.« (Pro 269)[20]

Anders aber als Georg Bendemann vermag er die tödliche Konsequenz nicht selbst zu ziehen: Obwohl er weiß, daß die zwei Männer, die – »in Gehröcken, bleich und fett, mit scheinbar unverrückbaren Zylinderhüten« (Pro 266) – ihn am Vorabend seines Geburtstages abholen und in einen verlassenen Steinbruch führen, erwarten, daß er sich des »dünnen, beiderseitig geschärften Fleischmessers« bediene, mit dem sie ostentativ vor ihm hantieren, läßt er sie das Verfahren zu Ende bringen:

»[...] an K.s Gurgel legten sich die Hände des einen Herrn, während der andere das Messer ihm tief ins Herz stieß und zweimal dort drehte. Mit brechenden Augen sah noch K., wie die Herren, nahe vor seinem Gesicht, Wange an Wange aneinandergelehnt, die Entscheidung beobachteten. ›Wie ein Hund!‹ sagte er, es war, als sollte die Scham ihn überleben.« (Pro 272)

Die konzeptionellen Unterschiede beider Werke ergeben sich aus Kafkas Bemühen, nunmehr auch seine kritische Sicht der gesellschaftlichen Wirklichkeit und der Entscheidungsmöglichkeiten des einzelnen in die Gestaltung einzubringen, ohne deshalb die moralische Verurteilung individuellen Versagens aufzugeben. Wie in »Urteil« die Familienszene, so verwandelt er hier die gesamte Umwelt des ›Helden‹ in ein Tribunal, vor dem er sich vom Augenblick seiner Verhaftung an zu verantworten hat, wobei die egozentrische Verarmung seines Lebens offenbar wird. Zugleich braucht der Autor das Milieu Josef K.s, um in dessen eigentümlicher Gestaltung die Summe seiner sozialen Erfahrungen ins Bild zu setzen. Konzentriert findet sie sich in der Legende *»Vor dem Gesetz«*, einem Schlüsseltext zum Verständnis des Werkes. Struktur und Erscheinungsbild der Gesellschaft, so besagt sie, sind wie das Leben aller ihrer Bürger davon geprägt, daß niemand »das Gesetz«, eine allen verbindliche Ordnung menschlichen Zusammenlebens, kennt. Damit aber fehlt dem Leben eine sinngebende innere Mitte: brutaler Egoismus, angstvolle Unruhe, hektische Betriebsamkeit und vegetative Apathie kennzeichnen die Menschen, die von einer riesenhaft aufgeblähten, jeden verantwortlichen Auftrags baren Bürokratie mehr schlecht als recht verwaltet werden oder als blinde Werkzeuge in diesem Apparat funktionieren. In dieser Grundvorstellung, die in vielen Szenen und Gesprächen detaillierte Gestalt erhält, monumentalisiert Kafka einander potenzierende Phänomene und Mechanismen der Habsburger Monarchie und der imperialistischen Gesellschaftsstruktur: die Entfremdung des einzelnen vom Ganzen der Gesellschaft und ihrer Entwicklung, die wachsenden Schwierigkeiten bei der Erkenntnis der tatsächlichen Machtstrukturen, die Verschärfung der sozialen Antagonismen, die wachsende Rolle der Verwaltungsapparate bei der bürokratischen Manipulation dieser Antagonismen, wobei ihr politischer Auftrag im gesellschaftlichen Bewußtsein hinter die scheinbare Unabhängigkeit zurücktritt, mit der sie die Interessenkonflikte zu neutralisieren bemüht sind.

Gerechtigkeit im Sinne jenes allgemeinen Gesetzes kann sich in einer solchen Welt höchstens auf mystisch-irrationale Weise Geltung verschaffen: Der Dichter postuliert denn auch nur die Existenz eines solchen Gesetzes, das in unzugänglicher Ferne thronen soll. Auf rätselhafte Weise signalisiert es seinen Dienern die Gesetzesbrecher, deren Verfolgung sich in den gleichen Formen der Willkür, der Korruption, der Ahnungslosigkeit und Verzweiflung am Sinn allen Tuns vollziehen muß, die diese Welt generell charakterisieren. Da es in einer Welt ohne Gesetze keine substantielle Anklage, keine zielgerichtete Ermittlung und Verteidigung und natürlich auch keinen begründeten Schuldspruch geben kann, so bleibt auch die Verhaftung des Angeklagten zunächst eine bloße Feststellung: Ein Prozeß kann nur in Gang kommen, wenn jener Angeklagte den Hinweis, sein Leben sei nicht in Ordnung, nicht verdrängen kann, seine Beziehungen zur Welt überprüft und dabei seine Verfehlung selbst erkennt. Da diese Überprüfung aber automatisch auch zur Einsicht in die Gesetzlosigkeit und Willkür der herrschenden ›Ordnung‹ führen muß, fehlt der Selbstkritik die Überzeugungskraft, die zur Selbsthinrichtung erforderlich wäre: Wo alle gleichermaßen schuldig sind, keine Alternative besseren Lebens sichtbar ist, verliert Strafe ihren Sinn, muß als bloße Willkür erscheinen. Der Sieg solcher Gerechtigkeit wird durch seine Paradoxie und soziale Folgenlosigkeit ad absurdum geführt, um so mehr, als ihr einziges Organ das Gewissen des Angeklagten ist.

Mit dem Abbruch der Arbeit an dem als ›sogar künstlerisch mißlungen‹[21] empfundenen Vorhaben hat Kafka die Konsequenz aus der Widersprüchlichkeit seiner Gestaltungsabsichten gezogen. Dennoch: Die Intensität, mit der sich Kafka um die aufrüttelnde Gestaltung seiner bedrückenden Erfahrungen bemühte, die Unbedingtheit seiner Frage nach der Verantwortung des einzelnen für sein Leben und die trotz aller Problematik faszinierende Konsequenz des gestalteten Bilds der Welt verleihen dem Fragment hohen moralisch-ästhetischen Rang. Er ist von Generationen von Lesern bestätigt worden, unabhängig davon, ob sie Kafkas Bild vom Menschen und von seiner Zeit als gültig akzeptieren konnten.

Bezeichnet *»Der Prozeß«* einerseits den Endpunkt von Kafkas Versuch, an der Möglichkeit humaner Bewährung in der bürgerlichen Gesellschaft festzuhalten, so ist er andererseits Ausdruck einer neuen Haltung zur Wirklichkeit. Das Romanfragment ist auch die Geschichte vom Versuch Josef K.s, zur Einsicht in Wesen und Legitimation des Gerichts vorzustoßen. Die dabei gesammelten Erfahrungen lassen seine Zweifel an diesen offenbar einzigen Ordnungsinstanzen des Lebens bis zum Ende nicht schweigen. Mit wachsender Schärfe deckt er ihre nur formale Existenz auf; die Versuche seiner Diener, trotz der Unzugänglichkeit des Gesetzes dessen Anspruch zu behaupten, wertet er als den Versuch, »die Lüge [...] zur Weltordnung« (Pro 264) zu machen. Das Fragment dokumentiert eine kritische Distanz zur Umwelt, die trotz letztlicher Unterordnung auf die Herausarbeitung objektiver Widersprüche, Fragwürdigkeiten und Gefahren abzielt und von nun an zu einem zentralen Motiv für Kafkas Schreiben wird.

Es ist unübersehbar, daß sich in den der Vorstellung und Diskussion des Gerichtsapparats gewidmeten Partien – wie auch bei der Gestaltung der Verwaltungsbürokratie im späteren »Schloß«-Fragment – Elemente einer satirischen Kritik am Herrschafts- und Verwaltungssystem der k. u. k. Monarchie finden, das Friedrich Engels auf den Begriff »Despotismus, gemildert durch Schlamperei«[22] gebracht hatte. Ebenso sicher ist es jedoch, daß Kafkas Konzept weit über eine Satire auf einen *einzelnen* Bereich der zeitgenössischen Gesellschaft hinausgeht. Es geht ihm um »das Gesetz«, nicht nur um die Gesetze, um »das Gericht«, nicht nur um die Gerichte. Beziehungen zwischen beiden Bereichen ergeben sich daraus, daß sich die Unerkennbarkeit eines »Gesetzes« auch aus dem Zustand der vorhandenen Gesetze erklärt, so wie die juristische Praxis Notwendigkeit und Charakter des »Gerichts« mitbestimmt. Kafkas Thema steht also zu den politisch-administrativen und juristischen Institutionen der Habsburger Monarchie in organischer Beziehung, zielt aber auf Grundstrukturen der modernen bürgerlichen Gesellschaft insgesamt. Hermann Broch sah hier die epochale Leistung Kafkas: in der »Aufdeckung jener neuen Wirklichkeit, die zur Ur-Heimat des modernen Menschen wurde«, der »Wirklichkeit der *aufgelösten* menschlichen Form, die trotzdem als Form verharrt, die Wirklichkeit der *entlösten* menschlichen Beziehungen, die desungeachtet als menschliche Beziehungen weiter bestehen«.[23]

Aus solcher wesentlich erweiterten Sicht auf die Gesellschaft hat Kafka auch in der Erzählung *»In der Strafkolonie«* das Problem der Wiederherstellung von Recht und Gerechtigkeit gestaltet. Nicht so sehr Schuld und Sühne des Angeklagten als Geist und Praxis des autoritären Systems einer Sträflingsinsel stehen im Mittelpunkt. Der Bericht von der Abschaffung eines Gerichtsverfahrens, bei dem die Schuld des Angeklagten »immer zweifellos« (En 206) ist, und einer sadistischen, sich aber als einzig menschenwürdig verstehenden Exekutionsmethode, bei der eiserne Nadeln dem Verurteilten das Gesetz, gegen das er sich verging, auf den Leib schreiben, wird nicht aus der Perspektive des Opfers, sondern aus der eines welterfahrenen Reisenden vorgetragen, von dem es heißt, er habe »in seinem Leben zu viel erfahren, als daß er hier hätte schwanken können« (En 225). Sein Votum bewirkt die Abschaffung dieser Methode, beunruhigt jedoch von der barbarischen Konsequenz des ihr zugrundeliegenden Denkens, an dessen endgültige Überwindung er nicht zu glauben vermag, verläßt er fluchtartig die Insel.

Die Erzählung ist eine der am schwersten zu deutenden Arbeiten Kafkas. Im Kontext seiner Werkentwicklung zielt sie zweifellos auf die selbstkritische Korrektur der vergleichbar ›zweifellosen‹ Gerichtsverfahren in den Erzählungen »Das Urteil« und »Die Verwandlung«, mit denen sie der Dichter zu einer Sammlung mit dem Titel »Strafen« vereinigen wollte.[24] Zugleich aber ist die Härte, mit der Kafka die Perversion des Denkens und der Macht gestaltete, nicht denkbar ohne die Erfahrung des Krieges, der gerade in der Zeit der Niederschrift der Erzählung im Herbst 1914 unter Berufung auf nationale und menschheitliche Interessen Hunderttausende Menschenleben fordert.

Auf Bedenken des Verlegers Kurt Wolff, der das Werk erst nach Kriegsende veröffentlichte, antwortete Kafka 1916:

»Ihr Aussetzen des Peinlichen trifft ganz mit meiner Meinung zusammen [...]. Zur Erklärung dieser letzten Erzählung füge ich nur hinzu, daß nicht nur sie peinlich ist, daß vielmehr unsere allgemeine und meine besondere Zeit gleichfalls sehr peinlich war und ist.«[25]

Wie zahlreiche andere Schriftsteller hatte Kafka bei Ausbruch des Weltkriegs auf eine moralisch-politische Erneuerung der Gesellschaft aus der Erfahrung gemeinsamen Schicksals gehofft. Nachdem er dies als Illusion erkannt hatte, wandte er nach einer fast zweijährigen Schaffenspause seine Aufmerksamkeit seit dem Winter 1916/17 stärker der objektiven Situation des Menschen in der von Krieg und Krisen geschüttelten Gesellschaft zu. Durch diese Wendung zur Wirklichkeit vertiefte sich seine zunächst subjektiv-emotionale Auffassung von der Problematik der Gegenwart; die aktuelle Entwicklung bestimmte auch seine Lebenserfahrungen und führte ihn dazu, die Überzeugung von der Verantwortung des Menschen objektiver und damit wirksamer zu gestalten. Er fühlte sich aufgerufen, seine Stellung in der Gesellschaft, die nicht mehr primär durch das Gefühl der Einsamkeit und des *individuellen* Versagens geprägt war, neu zu definieren. Ein anderes Ergebnis dieser Neurorientierung war, daß Kafka die Überzeugung vom esoterischen Charakter seines Schreibens fallen ließ und in bisher ungekanntem Umfang Arbeiten zur Veröffentlichung freigab, ja sogar in Lesungen selbst vortrug. Von sich aus trat er an Verlage heran und nahm Kontakte auf zu anderen Autoren, vor allem der expressionistischen Literaturbewegung in Deutschland. Dies war auch ein Ergebnis der ersten öffentlichen Anerkennung seines Schaffens, die ihm im Oktober 1914 mit dem Entschluß Carl Sternheims zuteil geworden war, die 800 Mark, die er mit dem Fontane-Preis erhalten hatte, an Kafka weiterzugeben.

Ein wichtiger künstlerischer Neuansatz war die Wendung zu Kleinformen des Erzählens, zum gedrängten Bericht über Situationen oder Ereignisse, zum dramatisch-pointierten Erzählen novellistischer Episoden, jeweils verbunden mit eindringlicher Erörterung der registrierten Fakten und Probleme. Diese Prosastücke beruhen fast stets auf der parabolischen Umsetzung von Erfahrungen, wobei die Bildmotive unterschiedlichen Bereichen, dem Alltag und der Mythologie, der Geschichte und der Tierwelt, entnommen sind. Diesen Fundus nutzt Kafka mit unbegrenzter künstlerischer Freiheit, wobei der Eindruck der Willkür dadurch vermieden wird, daß er nach der Entscheidung für eine bestimmte poetische Konstellation seine Idee mit oft beklemmender, an die Zwangsläufigkeit von Träumen erinnernder Konsequenz durchführt. Nachdem der »Prozeß«-Entwurf auch daran gescheitert war, daß sein Bild der Welt Wechselbeziehungen und Entwicklungen im Verhältnis des einzelnen zur Gesellschaft und damit literarische Großformen herkömmlicher Struktur weitgehend ausschloß, fand er in den parabolischen und reflektierenden Prosastücken die adäquate Methode zur Gestaltung seiner in ausweglose Konfrontation und Isolation mündenden Wirklichkeitserfahrungen. Kafka selbst hat wiederholt darauf hingewiesen, wie sehr sein Schaffen vom intensiven Reflex punktueller Begegnungen mit der Umwelt lebt, sich auf die Registratur momentaner Eindrücke beschränken muß und eben deshalb stärkster bildhafter Ausdruckskraft bedarf.

»Unsere Kunst ist ein von der Wahrheit Geblendet-Sein«, notierte er 1917: »Das Licht auf dem zurückweichenden Fratzengesicht ist wahr, sonst nichts.«[26]

In dem Band *»Ein Landarzt«* (1919) hat Kafka die nach seiner Ansicht gelungensten der in den Kriegsjahren entstandenen »kleinen Erzählungen« zusammengestellt; er wählte sie aus zahlreichen Prosastücken aus, deren Rest später in dem Nachlaßband »Beschreibung eines Kampfes« publiziert wurde. Sie vermitteln lebendige Bilder und Impressionen einer von tiefen Gegensätzen zerrissenen und von unberechenbaren Mächten bedrohten Welt sowie der inneren Verfassung der ihr ausgelieferten Menschen. Dabei ist der Dichter im Gegensatz zu den vorausgegangenen Werken bemüht, das Erzählte als Summe kollektiver Erfahrung darzubieten. Der bisher dominierende Ich-Erzähler ist häufig ersetzt durch einen Berichterstatter, der für eine Gemeinschaft spricht und deren Sorgen die seinen sind. Das Bewußtsein schuldhafter Verstrickung in die Welt, das bisher die Helden Kafkas beherrschte, fehlt; die Problematik der gesellschaftlichen Situation und einer gemäßen Selbstbehauptung steht im Zentrum. Eine umfassendere Beziehung zur Umwelt wird sichtbar, die Hinwendung zu den Lebensbedingungen der anderen; sie wird Grundlage für Kafkas – von Unsicherheit immer wieder in Frage gestelltes – Selbstverständnis als eines Wächters in gefahrvoller Zeit wie für die Selbstkritik der auf lebensfremde Artistik abgedrängten oder sich zurückziehenden Künstlerfiguren in seiner letzten Schaffenszeit.

Vier Themenkomplexe treten bei der Betrachtung der vierzehn Erzählungen des Bandes und der in ihrem Umkreis entstandenen anderen Prosastücke hervor. In einer ersten Gruppe gestaltete Kafka, gelegentlich im Bereich der Erfahrungswirklichkeit bleibend, sein Erlebnis der sozialen Gegensätze, der materiellen Not in der Gegenwart *(»Auf der Galerie«, »Besuch im Bergwerk«, »Der Kübelreiter«).* Dabei arbeitet er drastisch die Konflikte heraus und bezeichnet zugleich die Mechanismen, die trotz der Erkenntnis der Antagonismen deren Beseitigung verhindern. In anderen Erzählungen wird vom plötzlichen Einbruch bedrohlicher oder durch ihre Fremdartigkeit beunruhigender Mächte in den Alltag berichtet *(»Der neue Advokat«, »Ein altes Blatt«, »Die Sorge des Hausvaters«).* Mit tiefer Sorge werden Herkunft, Wesen und Konsequenzen solcher Erscheinungen erörtert, die die gewohnte Existenz in Frage stellen. Erfahrungen dieser Art sind in anderen Stücken Grundlage für die verzweifelt-dringliche Suche oder schon resignierte, aber lebensnotwendig bleibende Sehnsucht nach verbindlichen Normen des Lebens, nach dem »Gesetz«, nach sinngebender Verbindung des einzelnen mit dem Ganzen *(»Vor dem Gesetz«, »Eine kaiserliche Botschaft«).* Den sozial unterschiedlich fixierten, aber stets mit Akribie des Details und innerer Wahrheit ausgestatteten Erzählerfiguren gemeinsam ist die Beschränkung auf den Bericht über die beunruhigenden Tatbestände und die letztlich ergebnislose Erörterung der Möglichkeit, mit ihnen geistig oder praktisch fertigzuwerden. So müssen sie endlich die Wirklichkeit als ihr Schicksal hinnehmen, was jedoch angesichts existentieller Bedrohung wie des Bewußtseins der Verantwortung niemals ein passives Sichabfinden bedeutet: Unbehagen und Unrast, pausenloses Befragen seiner selbst wie der Umwelt prägen den Erzählgestus jedes Stückes.

Besonders eindringlich wird dieses quälende Bewußtsein im Prosastück *»Auf der Galerie«,* in dem Kafka in nur zwei spannungsreich gefügten Sätzen scheinbar zwei Vorgänge und zwei menschliche Reaktionen einander gegenüberstellt. Würde eine hinfällige, schwindsüchtige Kunstreiterin, so heißt es zunächst, von ihrem Impresario erbarmungslos monatelang durch die Manege getrieben, so hätte vielleicht wenigstens einer der Zirkusbesucher den Mut, offen ein Ende solcher offenbaren Unmenschlichkeit zu fordern. Da sich aber der Zirkusbetrieb ganz anders darstellt, eine festlich geputzte, lebenssprühende Dame, von einem freundlichen Direktor mit rührender Sorgfalt geführt, ihre schwierigen Übungen mühelos absolviert,

»legt der Galeriebesucher das Gesicht auf die Brüstung und, im Schlußmarsch wie in einem schweren Traum versinkend, weint er, ohne es zu wissen« (En 155).

Erst die abschließende zweite Reaktion enthüllt Inhalt und Thema des Stücks: nicht zwei verschiedene Arten von Zirkusbetrieb, ein nur möglicher und ein tatsächlicher werden dargestellt, sondern der Widerspruch zwischen Sein und Schein *eines* Vorgangs und dessen Konsequenzen für den Menschen, der ihn durchschaut. Die Herrschaft des schönen Scheins führt dazu, daß die Wahrheit nur thesenhaft behauptet werden, auch sprachlich nur in der Möglichkeitsform erscheinen kann: Als Wirklichkeit präsentiert sich das geschminkte Trugbild, von dem deshalb auch aus der Faszination des naiven Zuschauers erzählt werden muß. Die Reaktion des Besuchers, der hinter die Kulissen gesehen hat, wird zwar von seiner Kenntnis der wahren Situation bestimmt, diese kann jedoch nicht zur Tat führen, zu der sie eigentlich verpflichtet. Sie verhindert den Beifall, der nach der Logik der »Tatsachen« zu erwarten wäre, doch aktiver Protest muß ausbleiben: nach außen ist alles in Ordnung, er würde unter der Masse der naiven Zuschauer kein Echo finden. So wird sich das Unerträgliche bis »in die immerfort weiter sich öffnende graue Zukunft« (En 154) fortsetzen.

In anderen Erzählungen werden einige der Auswirkungen reflektiert, die das Leben in solcher von unlösbaren Widersprüchen erfüllten Welt auf die innere Situation des einzelnen hat. Vorgeführt wird, wie sich unter dem Druck eines von Vergeblichkeit und Gleichlauf gezeichneten Lebens Raum und Zeit relativieren, ja gegenstandslos werden, das Dasein den Charakter eines Angsttraums gewinnt *(»Das nächste Dorf«, »Der Landarzt«)*, das Streben nach Selbstverwirklichung unmenschlich pervertiert wird *(»Ein Brudermord«)*. Fast mit innerer Notwendigkeit entsteht auch der Wunschtraum von der Erlösung durch den Tod, der Gedanke an den Selbstmord, mit dem ein ohne Sinn und Erfolg hingebrachtes Dasein wenigstens in mutig-entschlossener Aktion beendet wird *(»Ein Traum«)*.

Nur schwer scheint sich die letzte, diesem Wunschtraum folgende Geschichte in den Zusammenhang des Zyklus einzufügen. Erzähler und Held aus *»Bericht für eine Akademie«* ist ein im afrikanischen Urwald eingefangener Menschenaffe, der nach langer und harter Gefangenschaft im Zoo, den Freitod ausdrücklich verwerfend, beschließt, die verachteten Lebensformen seiner ihm zutiefst verhaßten menschlichen Peiniger zu imitieren, in der Hoffnung, daß sich ihm dadurch die Türen seines Käfigs öffnen werden. Getrieben vom verzweifelten Wunsch nach einem »Ausweg« verwirklicht er im heftigen Kampf gegen seine ursprüngliche bessere Natur diesen Plan und schafft sich als bestaunter Artist eines Zirkus eine gewisse Freiheit und bescheidenen Wohlstand. Dieser Existenz als Mensch mißt er als bloß opportunistischer Anpassung ausdrücklich keinen Wert an sich zu, er akzeptiert sie nur als Alternative zu lebenslänglicher Unfreiheit und Isolation, in der er Spott und Verachtung ausgeliefert geblieben wäre.

Auf einer ersten Bedeutungsebene ist dies die konsequente Weiterführung der vorangegangenen kritischen Berichte mit kräftig satirischen Mitteln: Selbst ein Affe, der doch stolz sein müßte, den Entwicklungsschritt zum Menschen geschafft zu haben, kann dessen Dasein, wie es sich in der gegenwärtigen Welt darstellt, nur für erstrebenswert halten, wenn als Alternative ewige Gefangenschaft droht. Zugleich ist der Affe der erste ›Held‹ Kafkas, der sich durch die Verbindung von kritischer Betrachtung mit mechanischer Nachahmung seiner Umwelt das lähmende Bewußtsein schicksalhafter Gebundenheit an die Welt durch die aktivere Haltung pragmatischer Anpassung zu überwinden vermag. Hier liegt die tiefere Bedeutung der Geschichte im Kontext der Werkentwicklung des Dichters: Kafka gestaltet eine Position, die Fazit und Gleichnis der Entwicklung seiner Helden ist. Deren Verzweiflung darüber, einsame, als Versager wehrlose Gefangene einer in sich geschlossenen Welt zu sein, war durch nähere Betrachtung der Umwelt abgelöst worden von der Einsicht, daß die eigene Problematik Teil einer insgesamt tief zerrissenen Wirklichkeit war, was größere innere Unabhängigkeit und kritische Freiheit nach außen gab.

Die Vermutung, daß die Erzählung eine werkgeschichtlich-autobiographische Bedeutungsebene besitzt, wird dadurch bestärkt, daß sie die erste Künstlergeschichte Kafkas ist. Die von ihrem Helden praktizierte, ihm selbst fatale Verknüpfung von Distanzierung und Anpassung und die zwischen Verachtung und Respekt schwankende Haltung der Menschen zu ihm stehen in bezug zur Situation jener Künstler, die sich aus ihrer Erfahrung der bürgerlichen Gesellschaft nicht mit dieser identifizieren können, jedoch auch zu keinen Gegenpositionen finden, die zu entschiedener Opposition befähigen würden. Kafka stellt eine solche Haltung jedoch nicht nur im Bilde dar, sondern wertet sie auch mit dessen Hilfe: In der poetischen Konstruktion des *äffischen* Lebenskünstlers und Artisten ficht Kafka die Position des un-verantwortlichen Außenseiters nicht nur ironisch an, sondern denunziert sie als des *Menschen* unwürdig. Deutlich wird, daß er seine Überzeugungen von der Verantwortung des Menschen für seine Welt nicht aufzuheben gedenkt. Auch hinter dieser sich so gelassen gebenden Erzählung, dem vielleicht am meisten von ironischen und satirischen, ja selbst humoristischen Elementen erfüllten Werk Kafkas, steht eine intensive innere Auseinandersetzung.

Welchen lebensbestimmenden Charakter diese Auseinandersetzung trug, belegt die neuerliche tiefe Krise, in die Kafka seit Sommer 1917 angesichts der sich dramatisch verschärfenden gesellschaftlichen Widersprüche in der zweiten Kriegshälfte geriet, die er auch weiterhin nur aus der humanen Betroffenheit eines Bewußtseins reflektieren konnte, das den aktuellen weltanschaulich-politischen Auseinandersetzungen keine alternativen Denkansätze entnehmen konnte. So mußte ihm sein dichterischer Auftrag zu einer schweren Hypothek werden; nicht zufällig wurde die Geschichte des Landarztes, der sich, maßlos überfordert von der Verantwortung seines Berufs, auf ewig nackt »dem Froste dieses unglückseligsten Zeitalters« (En 153) preisgegeben fühlt, zur Titelgeschichte des Bandes, der das künstlerische Fazit der Kriegsjahre enthält. Kafka empfand diese Last um so mehr, als durch seine stärkere Eingliederung in das literarische Leben sein Verständnis von der sozialen Verantwortung des Schriftstellers gewachsen war. Dies hatte ihm zunächst die Kraft verliehen, sich – etwa mit der Widmung des »Landarzt«-Zyklus an seinen Vater – selbstbewußter zu seinem Werk zu bekennen und sich mit der Wiederaufnahme der Beziehungen zu Felice Bauer schrittweise aus der Welt des Elternhauses zu lösen. Letztes Ziel dieses Plans war eine völlige Neuorientierung seines Lebens, die Aufgabe des bürgerlichen Berufs und ein Leben als freier Schriftsteller. Schon 1914 war ihm klargeworden, daß dies nur »außerhalb Österreichs« möglich sein würde, weder in Prag – »aus dem ich weg muß« –, noch in Wien, »das ich hasse und in dem ich unglücklich werden müßte«.[27] Die Vorbereitung dieses so rigorosen Schrittes drängte Kafka zu einer Selbstüberprüfung, aus der sich im Sommer und Herbst 1917 die tiefste Krise seines Lebens entwickelte, in der sich die alten Zweifel an seiner Lebenstüchtigkeit verstärkten durch die Unsicherheit über seine moralische Legitimation als Schriftsteller.

In dieser Situation erlebte er den schweren Blutsturz, mit dem sich im August 1917 eine doppelseitige Lungentuberkulose manifestierte, als Möglichkeit der Befreiung von einem ausweglosen, seine Kräfte übersteigenden Konflikt und zugleich als Ausdruck des endgültigen Scheiterns der Versuche zur Eingliederung in die Gesellschaft:

»Ich halte nämlich diese Krankheit im geheimen gar nicht für eine Tuberkulose, wenigstens zunächst nicht für eine Tuberkulose, sondern für meinen allgemeinen Bankrott.«[28]

Einem Freund interpretierte er diesen »Bankrott« als das Versagen vor allen menschlichen und sozialen Pflichten,

»in der Stadt, in der Familie, dem Beruf, der Gesellschaft, der Liebesbeziehung [...], der bestehenden oder zu erstrebenden Volksgemeinschaft«[29].

Die Krankheit schien ihn dazu zu legitimieren,

»nicht nur privat, nicht nur durch Beiseite-Sprechen, sondern offen« einzugestehen, »daß ich mich hier nicht bewähren kann«[30],

und nunmehr auch die zweite Verlobung aufzulösen. Die Krankheit leitet den schrittweisen, durch immer längere Kur- und Erholungsaufenthalte erzwungenen Rückzug vom Beruf ein und besiegelte auch das Ende seiner Rolle als Fabrikant; sein literarisches Schaffen gewann größere Freiheit, ohne doch zur Grundlage seiner Existenz zu wenden, da er durch Gehalt und spätere Pension materiell gesichert blieb. Die Tuberkulose wurde damit in tragischer Weise zu dem Hilfsmittel, das Kafka endlich eine gewisse Emanzipation vom Druck der bürgerlichen Gesellschaft ermöglichte, partieller Ersatz einer Ausgliederung aus eigener Einsicht und Entscheidung.

Es schien zunächst, als könne die Krankheit Kafka tatsächlich wenigstens teilweise von dem auf ihm lastenden Druck befreien: die erste Zeit nach ihrer Diagnose war für den Dichter recht produktiv, sein Lebensgefühl entspannte sich während längerer Erholungsaufenthalte auf dem Lande, er war kontaktfreudig und nahm trotz der stets gegenwärtig bleibenden Erfahrungen mit Felice Bauer wieder Verbindungen zu Frauen auf. Bereits nach kurzer Zeit aber stellten sich sowohl in den menschlichen Beziehungen wie in der literarischen Arbeit die unbewältigten Fragen wieder ein, verstärkt durch neue psychische Probleme wie eine wachsende pathologische Reizbarkeit, hektische Unrast und lähmende Entschlußunfähigkeit selbst in alltäglichen Fragen. So scheiterten Eheversuche 1919 und 1920 nach zermürbenden Krisen, keines der von Herbst 1917 bis Frühjahr 1922 zwischen Phasen völligen Verstummens geschriebenen Werke glaubte er veröffentlichen zu können, seine Beziehungen zur zeitgenössischen Literaturentwicklung lockerten sich wieder, und es befestigte sich seine latente Befürchtung, auch als Künstler gescheitert zu sein.

Die poetischen Konsequenzen seiner statischen Weltsicht wurden dabei potenziert durch die Aufgabe, die Kafka sich nach dem Ausbruch der Krankheit gestellt hatte. Gestützt auf die günstigeren äußeren Voraussetzungen, wollte er die persönlichen Probleme, die sein Schaffen lange geprägt hatten, weiter zurückdrängen und allgemeine Gesetze des menschlichen Lebens erkunden und gestalten. Im Herbst 1917 notierte er in sein Tagebuch:

»Zeitweilige Befriedigung kann ich von Arbeiten wie ›Landarzt‹ noch haben [...] Glück aber nur, falls ich die Welt ins Reine, Wahre, Unveränderliche heben kann.«[31]

An anderer Stelle spricht er von seinem »Endziel«, die

»ganze Menschen- und Tiergemeinschaft zu überblicken, ihre grundlegenden Vorlieben, Wünsche, sittliche Ideale zu erkennen, sie auf einfache Vorschriften zurückzuführen«.[32]

Deshalb wandte er sich neben parabolischen Kurzformen wiederholt dem Aphorismus zu und adaptierte mythologische und literarische Stoffe (»Prometheus«, »Poseidon«, »Die Wahrheit über Sancho Pansa«). Der Kontext solcher Aufzeichnungen weist aus, daß ihr Ziel nicht Integration in die Gesellschaft, sondern eine tiefere, objektive Legitimation seiner Außenseiterposition als Künstler war, die bisher vorwiegend negativ, im Scheitern *bürgerlicher* Bewährung begründet war. An solcher Legitimation lag ihm um so mehr, als ihm vor dem Hintergrund der Nachkriegskrisen die Künstlerexistenz als Flucht aus der praktischen Verantwortung erschien.

Vom humanen Gehalt und der möglichen sozialen Funktion seiner Wirklichkeitserkundung mußte daher Kafkas Selbstverständnis entscheidend abhängen. Bereits seine Kritik am hektischen utopischen Aktivismus und an der subjektivistisch-irrationalen Verinnerlichung[33], die den Zerfall der expressionistischen Bewegung nach Krieg und Revolution charakterisierten, deutet darauf hin, daß ihm ein Aufbruch in die Illusion ebenso unbefriedigend war wie die Konstruktion von Modellen individueller Selbstbehauptung. Im Gegenteil: In den bis 1922 entstandenen Prosastücken wird die bereits früher gestaltete Erfahrung vom zutiefst willkürlichen Charakter der gesellschaftlichen Beziehungen, vom Fehlen verbindlicher Gesetze, vom einzelnen als Spielball des Schicksals bestätigt und vertieft. Dies ist Grundlage der elementaren Schwäche und Ziellosigkeit des Menschen in Kafkas Werk jener Zeit; Feststellung und ratlose Diskussion der Unmöglichkeit wirklicher Erkenntnis und sinnvollen Handelns werden zum eigentlichen Gegenstand des doch aufklärerisch intendierten Schreibens. Die Suche nach dem rechten Weg entlarvt sich als törichtes Unterfangen, dem von allen Seiten ein höhnisches »Gibs auf!« (BeK 115) entgegenschlägt. Die universelle Bedrohtheit des Lebens, Ohnmacht und Aussichtslosigkeit alternativen Strebens sind andere zentrale Motive, oft in der lapidaren Weise der *»Kleinen Fabel«* von 1920 gestaltet.

»›Ach‹, sagte die Maus, ›die Welt wird enger mit jedem Tag. Zuerst war sie so breit, daß ich Angst hatte, ich lief weiter und war glücklich, daß ich endlich rechts und links in der Ferne Mauern sah, aber diese langen Mauern eilen so schnell aufeinander zu, daß ich schon im letzten Zimmer bin, und dort im Winkel steht die Falle, in die ich laufe.‹ – ›Du mußt nur die Laufrichtung ändern‹, sagte die Katze und fraß sie.« (BeK 119)

Daß auch die Flucht aus der Welt in ein vielfach abgesichertes Asyl die Sorgen und Gefahren nicht bannen kann, sondern im Gegenteil das Gefühl totalen Ausgeliefertseins potenziert, ist die Erfahrung, die im Zentrum des großen Erzählfragments *»Der Bau«* (1923) steht.

In den Werken dieser Zeit erreicht die früh erkennbare Tendenz Kafkas zur dogmatischen Verabsolutierung partieller Einsichten in soziale und psychische Mechanismen und Zwänge der imperialistischen Gesellschaft ihren Höhepunkt. Der bei all seiner Ambivalenz hermetische Charakter dieser Prosa ist Ausdruck der Illusionslosigkeit gegenüber dieser Gesellschaft, aber ebenso der Skepsis gegenüber den neuen geschichtlichen Entwicklungen seit 1917: In den Briefen und Tagebüchern des Dichters werden die geschichtlichen Wendepunkte der Zeit wie die Oktoberrevolution in Rußland und die Revolution von 1918 ebensowenig erwähnt wie die ihn ganz unmittelbar betreffende Gründung der Tschechoslowakischen Republik.

Die Zurückhaltung gegenüber aktuellen geschichtlichen Entwicklungen hat Kafka nur in einem Fall durchbrochen: in seinem Interesse für die nationaljüdische Bewegung, die sich in Mitteleuropa im Zusammenhang mit der durch den Krieg ausgelösten Einwanderung vieler osteuropäischer Juden entwickelt hatte. Kafka interessierten weniger die zionistischen Bestrebungen – so sehr ihn gelegentlich die Vorstellung eines völligen Neubeginns für das jüdische Volk in Palästina zu faszinieren vermochte – als vielmehr die Begegnung mit dem in diesen Menschen lebendigen Bewußtsein nationaler, vor allem geistig-kultureller Eigenständigkeit, die Erfahrung aktiver Solidarität, die in so entschiedenem Gegensatz standen zu der Bereitschaft opportunistischer Anpassung, die er in seiner Jugend als den »besonderen Geist der wohlhabenden Juden«[34] in Prag erfahren und erlitten hatte. Deshalb galt Kafkas Aufmerksamkeit besonders der Erziehungs- und Bildungsarbeit nationaljüdischer Organisationen und Institutionen: sie prägte sehr stark seine letzten Lebensjahre und gab ihm auch die Kraft, sich endlich doch von Prag zu trennen. Seit Herbst 1923 lebte er gemeinsam mit Dora Diamant, einer Mitarbeiterin des Berliner Jüdischen Volksheims, die er auf einer Urlaubsreise an die Ostsee kennengelernt hatte, in dem von Nachkriegskrise und Inflation geschüttelten Berlin.

Diese neuen Erfahrungen verstärkten Kafkas Unbehagen gegenüber den fatalistischen Ergebnissen seiner Suche nach dem »Reinen, Wahren, Unveränderlichen«, die mit dem Sinn des Lebens auch den seines Schreibens in Frage stellten: Dieses Unbehagen wurde schon durch die Anfang 1920 niedergeschriebene und 1922 wiederholte testamentarische Verfügung signalisiert, in der er Max Brod beschwor, alle seine nicht von ihm selbst zur Veröffentlichung freigegebenen Arbeiten zu verbrennen. In diesem Zusammenhang steht wohl auch sein Plan eines Romans, in dem er den verzweifelten Versuch eines Außenseiters gestalten wollte, sich wieder in die Gemeinschaft einzugliedern. Die 1922 entstandenen Kapitel des Werkes, das den Titel *»Das Schloß«* (1926) erhalten sollte, lassen jedoch erkennen, daß die Anstrengungen des weitgereisten, überall abgewiesenen Landvermessers K., im „Dorf" seßhaft zu werden, nur zu einem quälend langwierigen Kampf mit dessen im »Schloß« gleichsam verschanzter Bürokratie führen konnten, die der des Gerichts in »Der Prozeß« eng verwandt ist; ihr Ergebnis sollte offenbar ein gegenseitiges widerwilliges Hinnehmen, ein Kompromiß im Zeichen allgemeiner Ratlosigkeit sein. Die Konzeption ließ kein Ergebnis erwarten, das Kafkas anspruchsvoller Auffassung von der Aufgabe der Kunst hätte entsprechen können, und so ließ er auch seinen dritten Roman unvollendet.

In dieser Situation wandte sich Kafka der poetischen Selbstverständigung über Voraussetzungen und Möglichkeiten der Kunst in der Gegenwart zu: ihr Resultat sind die vier zwischen 1922 und 1924 geschriebenen »Geschichten« des Bandes *»Ein Hungerkünstler«* (1924), die der Dichter in bemerkenswertem Gegensatz zu den vorangegangenen Arbeiten jeweils fast unmittelbar nach ihrer Niederschrift zur Veröffentlichung freigab. Dieser Band enthält den Ertrag der letzten Schaffensperiode, ja er wurde zu einem letzten Wort des Dichters auch in dem Sinne, daß er die Korrekturbogen des Bandes im Sanatorium Kierling bei Wien durchgesehen hat, wohin er nach der dramatischen Verschlechterung seines Gesundheitszustands im Frühjahr 1924 gebracht worden war. Hier ist er am 3. Juni unter furchtbaren Schmerzen gestorben.

Die Bedeutung dieser Geschichten in der Entwicklung Kafkas sowie ihr Stellenwert unter vergleichbaren Künstlergeschichten der bürgerlichen Literatur des 20. Jahrhunderts beruht auf der Entschiedenheit, mit der Kafka die ›Normalität‹ des Daseins und nicht zuletzt die Lebensbedingungen und Bedürfnisse des Volkes zum Maßstab erhebt, an dem Leistung und Anspruch des Künstlers gemessen werden. Dieser Konzeption entspricht die klare, weniger verschlüsselte Aussage: die erzählte Welt präsentiert sich hier nicht als ein undurchschaubarer, widersprüchlicher Mechanismus, der Erkenntnis und sinnvolles Handeln weitgehend ausschließt, sondern trägt in den ersten drei Geschichten prinzipiell die vertrauten Konturen bürgerlichen Alltags; selbst in der vierten, in der im Leben des Volks der Mäuse das Bild der schwierigen, vielfältig bedrohten Existenz einer sozialen Gemeinschaft vorgeführt wird, ist sie einleuchtend strukturiert. Auf solcher Grundlage kann Kafka alles Interesse auf die Künstlerfiguren und ihr Verhältnis zur Umwelt konzentrieren. Auf Konzentration und Objektivierung zielt auch die Erzählperspektive: nur eine der Geschichten ist eine Ich-Erzählung aus der Perspektive des Künstlers, die anderen werden aus der Distanz objektiven Berichts, beziehungsweise von einer Figur vorgetragen, die sich als Sprecher der Gemeinschaft versteht.

Kafka schuf aussagekräftige Modellsituationen für seine schmerzliche Erfahrung der Kluft zwischen Kunst und Leben, für die Verunsicherung des Künstlers angesichts seines vergeblichen Bemühens um verbindliche und eingreifende Erkenntnis und die aus ihr erwachsende selbstkritische Abwertung seines Schaffens als eines Abfallprodukts der Lebensuntüchtigkeit, für seine Überzeugung endlich, daß in einer Welt, in der das Überleben Hauptinhalt aller Anstrengungen der Gemeinschaft wird, eine ratlose, in formalen Ansprüchen erstarrte Kunst ihre Daseinsberechtigung verliert, um so mehr, wenn der Künstler als privilegierte Ausnahmeexistenz zu leben versucht.

In *»Erstes Leid«* erzählt Kafka von einem Trapezkünstler, der um der Vollendung seiner Kunst willen nur noch auf seinem Trapez lebt und die normalen Lebensformen als Bedrohung seiner Meisterschaft ängstlich flieht, bis ihm eines Tages die Unnatur solchen Lebens zum Bewußtsein kommt:

»Nur diese eine Stange in den Händen – wie kann ich denn leben!« (En 244)

Sein Impresario kann ihn zunächst noch mit dem Versprechen beruhigen, in Zukunft ein zweites Trapez in die Zirkuskuppel zu hängen, doch ist klar, daß solche Gedanken »existenzbedrohend« sind: »Mußten sie sich nicht immerfort steigern?« (En 244) Erwächst hier die Bedrohung einer sich dem Leben entgegenstellenden, auf sensationelle Effekte konzentrierten Kunstfertigkeit im Künstler selbst, so wird dessen Existenz in der zweiten Geschichte von außen her in Frage gestellt. Der Erzähler in *»Eine kleine Frau«*, der sich nicht ausdrücklich als Künstler vorstellt, aus dem Kontext aber als solcher zu erschließen ist, wird in Unruhe versetzt durch die Feindseligkeit einer Nachbarin, die mit seinem gesamten Leben nicht einverstanden scheint. Nur an einer Stelle, fast verborgen hinter angestrengter Selbstrechtfertigung, wird der Anlaß dieser Unzufriedenheit und damit der Kern der Geschichte benannt: Die Frau hält den Erzähler für einen gänzlich unnützen Menschen. Das immer wieder neu ansetzende, zwischen Selbstsicherheit, Sorge und Aggressivität schwankende Nachdenken über diesen Vorwurf zeigt, daß auch hier Krisenprozesse ausgelöst und zugleich eigene Zweifel verstärkt wurden, die »existenzbedrohend« werden müssen.

Innere Voraussetzungen solchen sich vom Leben abwendenden Künstlertums zeigt Kafka in *»Der Hungerkünstler«*. Der Hungerkünstler eines Zirkus ist tief unglücklich darüber, daß er mit seinem Auftreten einen falschen Anspruch erhebt, daß er Beifall empfängt für eine Ausdauer, die nicht einer Leistung, sondern seiner als Schicksalsschlag erlittenen natürlichen Veranlagung entspringt: sein Hungern ist ein einfaches Resultat der Unmöglichkeit, eine Speise zu finden, die ihm schmeckt.

»Hätte ich sie gefunden«, sagt er zu seinem Aufseher, »glaube mir, ich hätte kein Aufsehen gemacht und mich vollgegessen wie du und alle.« (En 267)

Die vierte Geschichte, *»Josefine, die Sängerin, oder Das Volk der Mäuse«*, ist die beziehungsreichste des Bandes, weil in ihr nach dem Schicksal der Kunst gefragt wird in einer Kafkas Gegenwartserfahrung entsprechenden fiktiven Situation, erfüllt von täglichen »Überraschungen, Beängstigungen, Hoffnungen und Schrecken« (En 273). Dargestellt und diskutiert werden die Beziehungen zwischen einem Volk, dessen Leben zu schwierig geworden ist, als daß Kunstausübung und -genuß noch möglich wären, und einer Sängerin, die dennoch behauptet, in ihrem Gesang die Kunst der Vergangenheit zu bewahren. Tatsächlich vermag Josefines Gesang trotz seiner Kunstlosigkeit, ja Trivialität, die jeden Vergleich mit der musikalischen Tradition verbieten, und trotz der im Volk herrschenden ›praktischen Schlauheit‹ etwas mitzuteilen, was dem von echter Musik ausgehenden und fast schon vergessenen »Verlangen nach dem Glück« (En 269) wenigstens ähnlich ist:

»Etwas von der armen kurzen Kindheit ist darin, etwas von verlorenem, nie wieder aufzufindendem Glück, aber auch etwas vom tätigen heutigen Leben ist darin, von seiner kleinen, unbegreiflichen und dennoch bestehenden und nicht zu ertötenden Munterkeit.« (En 282)

Indem sie so vor allem in Augenblicken der Gefahr furchtlos Gemeinsames bewußt macht, vermag sie den Willen zur Selbstbehauptung zu stärken:

»Josefine behauptet sich, dieses Nichts an Stimme, dieses Nichts an Leistung behauptet sich und schafft sich den Weg zu uns; es tut wohl, daran zu denken.« (En 278)

Trotz solcher Wirkung schweigen die Zweifel im Volk nicht, ob Josefines Gesang wirklich noch Kunst sei, und so wird ihre Forderung,

»man solle ihr [...] die Sorge um das tägliche Brot und alles, was sonst mit unserem Existenzkampf verbunden ist, abnehmen« (En 284),

entschieden abgelehnt. Ihr enttäuschtes und verbittertes Verschwinden aus der Öffentlichkeit wird zum Beleg dafür, daß das Schicksal der Kunst »in unserer Welt nur ein sehr trauriges werden kann« (En 290). Aus dieser Überzeugung erhält Josefine gerade wegen ihres Festhaltens an der Möglichkeit der Kunst am Ende fast tragische Züge, und ihr wird ein Platz unter den »Helden unseres Volkes« (En 291) vorausgesagt.

Damit unterliegt auch in Kafkas letztem Werk der problematische Außenseiter einem kritisch-selbstkritischen Moralismus, dessen Verdikt durch Achtung und Mitgefühl nicht aufgewogen werden kann. Die wesentlich neue, durch die Erfahrung von Krieg und Nachkriegskrise geprägte Qualität dieses Ausgangs besteht darin, daß die Forderung nach Eingliederung des Individuums sich nicht mehr auf spezifische Strukturen der bürgerlichen Gesellschaft bezieht, sondern auf die Gemeinschaft des Volkes, das sich unter schwierigsten Bedingungen solidarisch zu behaupten hat. Aus *seiner* Sicht wird gefragt, ob die Kunst diese Bedingungen zu überleben vermag, und aus hoher Achtung vor ihrer fast nicht mehr nachzuvollziehenden Größe mit tiefer Skepsis geantwortet. Der Rigorismus, mit dem Kafka die objektiven Schwierigkeiten, aber auch die neuen Möglichkeiten der künstlerischen Subjektivität übergeht, kann angesichts seiner Stellung zu seinem Werk und zur Gesellschaft kaum überraschen. Daß er aber mit solchem Rigorismus in diesen Jahren schärfster sozialer und geistiger Auseinandersetzung nicht allein stand, belegt Thomas Manns wenig später getroffene Feststellung, daß das »Künstlerische« in der Gegenwart zu einem »konservativen Begriff« geworden sei, »welcher das geistige Gewissen *gegen* sich hat und für den Augenblick wirklich kaum noch moralische Lebensmöglichkeiten besitzt«.[35]

Dies lenkt wiederum den Blick auf die Funktion des Moralismus im Werk Kafkas. Angesichts der ihm stets drohenden Gefahr, auf die Position eines einsamen Außenseiters abgedrängt zu werden, und der davon geprägten Tendenz, einzelne unbewältigte Erfahrungen und Emotionen zu verabsolutieren, stellt Kafkas Wachen vor der ›Normalität‹, dem Anspruch des Lebens an sich, so sehr jener abstrakt oder irrational, gelegentlich auch in objektiv apologetischer Funktion auftritt, die einzige Barriere dar gegen das Abgleiten in Egozentrik und Nihilismus. In diesem Moralismus scheinen Totalität und Prozeßcharakter der Wirklichkeit ihren Anspruch auf die Frage durchzusetzen, ob das vom einzelnen *unmittelbar* erfahrene und erlittene Leben schon das *ganze* Leben ist: in diesem Sinne hält er die Möglichkeit von Zukunft, die Chance eines Auswegs offen, bedeutet »Hoffnung jenseits der Hoffnungslosigkeit«[36]. So wird verhindert, daß das Dasein versinkt in der Überzeugung von der Relativität aller Positionen, die durch das Fehlen verbindlicher Normen nahegelegt zu werden scheint, in soziale Apathie und Verantwortungslosigkeit, in selbstzerstörerische Zweifel und lähmende Angst, in die Sorge nur für sich selbst und den nächsten Augenblick.

Wie kein anderer Schriftsteller des 20. Jahrhunderts hat Kafka diese tödliche, aus der tiefen Krise der bürgerlich-kapitalistischen Gesellschaft erwachsende Gefahr gespürt und ihr Ausdruck verliehen. »Bedenkt man es mit einigem Mut«, schrieb Elias Canetti, »so ist unsere Welt eine geworden, in der Angst und Gleichgültigkeit vorherrschen. Indem Kafka sich ohne Nachsicht ausgedrückt hat, hat er als erster das Bild *dieser* Welt gegeben.«[37] Daß Kafka dies niemals als passiver Registrator tat, ist vor allem diesem nur dem Leben verpflichteten Moralismus zu danken, der in Verbindung mit jenen Elementen seines Erzählens, die die realen Voraussetzungen seines Bilds der Welt durchscheinen lassen, seinem Werk die Kraft sicherte, den Leser zu kritisch-produktivem Nach- und Weiterdenken über die Hintergründe seiner Welt-Bilder zu zwingen. »Wie schwierig es ist«, betonte Martin Walser, »ein Gewissen zu haben und doch abends noch lachend auf die Straße zu gehen, das ist uns ja kaum mehr gesagt worden seitdem. Eine Wirklichkeit, die aus allen Nähten platzt und sich schier nicht lassen kann in der Feier ihrer bloßen Kräftigkeit, scheint unserer mehr genußfreudigen Literaturauffassung zuträglicher als die schneidende Anstrengung dieses bis zum Irrsinn zarten Gewissens namens Kafka. Aber Kafka, dieser absolute Moralist, kann tatsächlich nur übertönt, nie aber überholt werden.«[38]

Kafkas Moralismus darf nicht mißverstanden werden als einfaches Produkt ungenügender Einsicht in die gesellschaftlichen Determinanten individuellen Verhaltens: vor allem in den großen Erzählungen und den Romanfragmenten wird individuelles Fehlverhalten als Reflex gesamtgesellschaftlicher Zustände sichtbar, so wie Kafka auch seine eigene Problematik durchaus als Resultante der historisch-sozialen und geistigen Bedingungen seiner Herkunft und Entwicklung zu sehen verstand. Man wird im Gegenteil seinen Moralismus als den Versuch verstehen müssen, den Teufelskreis, der durch die gerade von ihm erfahrene allseitige, scheinbar unausweichliche gesellschaftliche Determination des einzelnen zu entstehen droht, zu durchbrechen. Da er keine Ansätze zu umfassenden politisch-sozialen und geistigen Alternativen wahrnehmen konnte, blieb als Adressat seiner fordernden Fragen nur das Individuum, dem er nicht das Recht zubilligte, sein Versagen als objektiv bedingt zu entschuldigen. Stets sollte es die Aufgabe des einzelnen und der Auftrag des Künstlers bleiben, nach den Konsequenzen des persönlichen Verhaltens für die Gemeinschaft zu fragen – ein Impuls, der auch und gerade einer Gesellschaft, die den Menschen als Ensemble der gesellschaftlichen Verhältnisse und die Gesellschaft als veränderbar versteht, nicht als fremd und überlebt erscheinen kann.

Vor diesem Hintergrund disqualifizierte sich die – vor allem auf die von Max Brod aus dem Nachlaß herausgegebenen Romanfragmente und Erzählungen gestützte – Kafka-Mode nach dem Zweiten Weltkrieg im Grunde selbst. Mit der Umdeutung seines poetischen Bilds der Welt in eine illustrierte Weltanschauung suchten zahlreiche Intellektuelle und Künstler, vor allem aus Westeuropa und Amerika, eine Möglichkeit, mit der unbewältigten Erfahrung des Faschismus, mit der Sorge vor der scheinbar unaufhaltsamen Konsolidierung des Imperialismus in ihrem Teil der Welt, aber auch mit ihrem Unbehagen gegenüber dem Aufbau einer neuen Gesellschaft in dem andern Teil der Welt fertig zu werden. Nichts konnte dem Selbstverständnis Kafkas fremder sein als die Art, wie der bürgerliche Literaturbetrieb der fünfziger Jahre in allen Künsten und Medien – mit den Worten des zeitgenössischen Kritikers Walter Heist – »die Kafka'sche Einmaligkeit zu industrialisieren begann«, getragen von dem Bemühen, »ihre Unfähigkeit zu verschleiern, mit realen Gegebenheiten zu einem Weltbild zu kommen«.[39] So überzeugend auch einzelne Autoren Kafka-Elemente entweder aus verwandter Wirklichkeitserfahrung heraus in ihr eigenes Werk zu integrieren vermochten, wie etwa die österreichische Autorin Ilse Aichinger, oder auf neue Weise poetisch produktiv machten, wie Martin Walser in seinen frühen satirischen Erzählungen – für die Masse dieser Kafka-Rezeption trifft zu, was derselbe Kritiker 1952 feststellte: »Was aber diese Gespensterliteratur in ihrer Gesamtheit ausstrahlt, ist die systematisierte, metaphysisch verabsolutierte Kapitulation vor der Geschichte.«[40]

Aus ähnlicher Perspektive und Gesinnung hatte Bertolt Brecht schon Ende der zwanziger Jahre mit leidenschaftlicher Schärfe vor einer Einvernahme und Vermarktung Kafkas durch bürgerliche Feuilletonisten gewarnt: »Alle Versuche, ihn für einen der Ihrigen zu erklären, müßte dem Geschmeiß ... eventuell auch mit Mitteln verleidet werden, die in ihrer Zweckdienlichkeit vielleicht nur früheren barbarischen Zeiten geläufig waren. Ich würde im Bedarfsfall vor völliger Existenzvernichtung keinen Augenblick zurückschrecken.«[41] Aus Brechts Exilzeit stammen programmatische Überlegungen, die Richtschnur einer auch in Kafkas Sinne gemäßen Aneignung dieser »wirklich ernsten Erscheinung« sein können: »Oft dienen die Schriftsteller uns auch mit dumpfen, dunklen und schwer zugänglichen Werken, die man mit großer Kunst und

Sachkenntnis lesen muß, als wären sie illegale Zuschriften, dunkel aus Furcht vor der Polizei. Und man kann auch mit Nutzen Werke voll von Irrtümern lesen, wenn sie auch anderes enthalten. Mißtrauen vernichtet nicht das Lesen, sondern Mangel an Mißtrauen.«[42]

Biographische Notiz

Franz Kafka wurde am 3. 7. 1883 als Sohn eines Kaufmanns in Prag geboren. Dort besuchte er die Volksschule und anschließend das Altstädter Deutsche Staatsgymnasium. Das 1901 begonnene Studium der Rechte schloß er 1906 mit der Promotion ab und trat nach einjähriger Praktikantenzeit in den Versicherungsdienst ein, zunächst bei einer privaten Gesellschaft, seit Juli 1908 bei der halbstaatlichen »Arbeiter-Unfall-Versicherungs-Anstalt für das Königreich Böhmen«. Im gleichen Jahr wurden in der Zeitschrift »Hyperion« (München) seine ersten Prosastücke veröffentlicht; das Jahr 1912 bezeichnet seinen eigentlichen künstlerischen Durchbruch. Seit September 1917 zwang ihn eine Lungentuberkulose zu immer längeren Unterbrechungen seiner Berufsarbeit, bis er sie 1922 völlig aufgeben mußte. Im Juli 1923 siedelte er, erstmals sich von Prag und seiner Familie unabhängig machend, nach Berlin über. Anfang 1924 verschlechterte sich sein Gesundheitszustand so sehr, daß er nach Prag und anschließend in das Sanatorium Kierling bei Wien gebracht werden mußte, wo er am 3. 6. des gleichen Jahres starb.

János Szabó

Egon Erwin Kisch

Jedermann hat einige fertige Schemata über Egon Erwin Kisch (1885–1948) parat: »der rasende Reporter«, »der klassische Journalist«, »Lehrmeister und Vorbild einer Generation junger und begabter Reporter«, ein äußerst sympathischer Mensch mit Schnörkelschrift, großem Arbeitseifer und sehr vielen Freunden; jedes »Eintritt verboten« lockte ihn zum Eintritt; er erzwang, in die Redaktion der Wiener »Neue Freie Presse« eingedrungen, die Schlüssel des Hauses vom eigenen Bruder; er landete aus einer Höhe von 18 Fuß (5,5 m) in Australien, wobei er sich das Bein brach usw., usf. Nichts von alldem ist falsch – es obliegt jedoch immer dringender der Literaturwissenschaft, zu zeigen, welchen Stellenwert diese teils vom Autor, teils durch stark persönlich gefärbte Arbeiten der Sekundärliteratur kolportierten Elemente im vielschichtigen Ganzen des Schaffens von Egon Erwin Kisch wirklich einnehmen; worin die kaum bezweifelbaren Werte seines Lebenswerkes bestehen.

Zu den bestimmenden Jugenderlebnissen Kischs gehörte die frühe Konfrontation mit der äußerst komplizierten Situation seiner Vaterstadt Prag, in der sich eine halbe Million Tschechen einer kleinen, nicht einmal einheitlichen deutschsprachigen Minderheit gegenübersah. Bei dem aufgeschlossenen, energischen, wie viele Gleichaltrige im Habsburger Staat für Theater und Fußball schwärmenden jungen Mann erweckte diese Ausgangssituation weder Aristokratismus, selbstgewählte Isolation, noch drückende Ängste, Visionen, Hemmungen. Im Gegenteil: Er baute sich ein Bezugssystem aus, in dem die Liebe zur jüdischen Familientradition ebenso Platz hatte wie die Verehrung der deutschen Muttersprache und eine Beziehung zum tschechischen Volk, die sich grundlegend von der offiziellen deutschen Politik unterschied.[1]

Es gehörte von Anfang an zu den Hauptanliegen Kischs, das Leben in all seiner Kompliziertheit zunächst in dieser Stadt kennenzulernen. Die Mitarbeit an Prager Zeitungen, anfangs als Lokalreporter, bot ihm dazu vorläufig die beste Möglichkeit. Er zeigte eine außerordentliche Vorliebe für zugespitzte Lebenssituationen, und so wurde er ständig mit der Welt des Verbrechens konfrontiert, einer Welt, in der er als ehrlicher Denker bald erkennen mußte, daß böse Erscheinendes nicht unbedingt bis ins Mark faul ist, daß der Mensch manchmal durch seine Verhältnisse gezwungen wird, gegen Gesetze zu verstoßen, daß auch in der Unterwelt empfindsame Menschen, eigenartige Persönlichkeiten leben, wie etwa die von ihm des öfteren beschriebene Prostituierte Tonka Šibenice, alias Galgentoni, die wegen ihrer uneigennützigen Hilfsbereitschaft selbst aus der untersten Gesellschaftsschicht ausgestoßen wird.

»Aus Prager Gassen und Nächten« (1912) beziehungsweise *»Prager Kinder«* (1913) sind bezeichnenderweise jene Buchveröffentlichungen des jungen Kisch betitelt, die (nach lyrischen und belletristischen Versuchen) bereits das Profil seines Schaffens markierten. Sie vereinigen, thematisch nur lose geordnet, in Zeitungen erschienene Berichte Kischs über typische Erscheinungen der Prager Wirklichkeit, die ihn als einen markanten Vertreter der in der Österreichisch-Ungarischen Monarchie seit der Jahrhundertwende blühenden sozialen Reportageliteratur ausweisen.[2]

Aus demselben Erlebnismaterial entstand auch der Roman *»Der Mädchenhirt«* (1914). Er zeigt, daß dem Autor in dieser Zeit doch noch ein Durchbruch in der traditionell belletristischen Erfassung der Welt vorschwebte.

Die Lage der Frau beschäftigte – besonders nach Otto Weiningers Buch »Geschlecht und Charakter« (1903) – zahlreiche Schriftsteller der Österreichisch-Ungarischen Monarchie. Der Ungar Frigyes Karinthy verdammte die Frau als Ursprung allen Übels, in Stücken Krležas, bei Kafka und Italo Svevo sieht man animale, verführerische weibliche Wesen; Peter Altenberg verherrlicht demgegenüber selbst die letzte Prostituierte als Göttin, und Karl Kraus stellt in seiner merkwürdig zweideutigen Auffassung das Weib als Verkörperung der Natur dar. Bei Kisch wird die Frage weder in die eine noch in die andere Richtung mystifiziert. Er zeigt im Roman, den er nicht ganz unbegründet »den ersten Prager naturalistischen Roman« nennt[3], die Umstände, unter denen aus einem jungen Mann ein Zuhälter (»Mädchenhirt«), und aus den armen Mädchen in seiner Umgebung seine ›Schützlinge‹ werden. Als dominanten

Aspekt in diesem Werk, für das klare Linienführung, suggestiver Stil und großes moralisches Engagement bezeichnend sind, kann man wiederum den sozialen erwähnen, wobei der Autor eindeutig für die Unterdrückten und Ausgebeuteten Partei nimmt.

Als der Roman erschien und die ersten, meist positiven Kritiken erhielt, befand sich Egon Erwin Kisch schon an der serbischen Front: Anstatt eine bequeme Stelle als Historiograph (»wie der Euphemismus für Reklamechef lautet«; GW 7, 312[4]) anzunehmen, zog er gemeinsam mit anderen Pragern in den mehr oder minder als einmaliges Abenteuer empfundenen Krieg, um den wirklichen, ungeschmückten Alltag der Soldaten festzuhalten, um über Leiden, Freuden, Hoffnungen authentisch zu berichten.

Das Kriegstagebuch *»Soldat im Prager Korps«* (1922) erregte bei Erscheinen kein großes Aufsehen, als es aber 1929 im wesentlichen unverändert, mit Anspielung auf die ständig wiederholte Aufforderung der Kameraden *»Schreib das auf, Kisch!«* betitelt neu aufgelegt wurde, erkannten Kritik und Publikum, daß es eines der bedeutendsten Antikriegsbücher ist, wie der in der Tschechoslowakei lebende ungarische Schriftsteller Zoltán Fábry[5] treffend feststellte.

Nach einer Verwundung kam Kisch zeitweilig von der Front nach Prag zurück. In einigen Monaten war er aber schon wieder in Frontnähe: fast zwei Jahre verbrachte er in den südungarischen Kleinstädten Orsova [Orşova], Temesvár [Timişoara] und Gyula. In dieser Periode ging es ihm nicht mehr in erster Linie darum, die rasende Zeit festzuhalten. Aufgrund von Milieustudien und Quellenforschungen entstanden Arbeiten wie die über die Insel Ada Kaleh, die Beschreibung von einigen Monaten in der Geschichte der ungarischen Königskrone, sowie die Nachforschungen über Dürers Ahnen in Gyula. Sie zeigen eine neuartige Qualität in seinem Schaffen, wie er in einem Brief an die Mutter betonte:

»Kaspar [Kischs Bruder Friedrich; d. Verf.] hat mir erzählt, daß Euch meine Feuilletons nicht gefallen. Ja, so leichtfertig sind sie nicht mehr, wie die vor 8 Jahren, aber sie haben geradezu dokumentarischen Wert.«[6]

Natürlich nahm er die Versetzung ins Kriegshauptpressequartier mit gewisser Erleichterung zur Kenntnis; Wien galt doch zweifelsohne als der geeignetste Ort zur beruflichen Weiterentwicklung. Aber nicht nur darauf kam es ihm an. Der bisher instinktmäßige Kritiker der bestehenden Verhältnisse entwickelte sich in diesen Monaten endgültig zu einem bewußten Gegner der Habsburger Monarchie, zu einem Revolutionär, der als Mitglied illegaler Soldatenräte mit Aufklärungsarbeit in der Armee beauftragt wurde. Auch in Pola, von wo er über die erste Ausfahrt der Flotte der Monarchie berichten sollte, hatte er konspirative Aufgaben zu erfüllen, und als im November 1918 in Wien die Revolution ausbrach, beteiligte er sich als Gründer und Leiter der Wiener Roten Garde an den Ereignissen. Aus diesen Tagen stammt die – wenn auch nicht wahre, so gut erfundene – Anekdote über die seltsame Begegnung zwischen Paul Kisch, dem stellvertretenden Chefredakteur des wichtigsten bürgerlichen Blattes in Österreich, »Neue

Freie Presse«, und dem Revolutionär Egon Erwin, der von seinem Bruder »die Schlüssel des Hauses« forderte, worauf der andere, mit Hinweis auf die wichtigste Bezugsperson der Familie Kisch unwillig entgegnete: »Da hast du die Schlüssel! Aber ich sag's der Mutter!«[7]

Kisch, der »beinahe [...] Präsident der österreichischen Republik geworden (wäre)«[8], zog sich bereits 1919 auf das eigentliche Betätigungsfeld, die literarisch-journalistische Arbeit, zurück. Er lebte in Berlin. Von dort ging er auf »Abenteuer in fünf Kontinenten« (so der Titel eines seiner späteren Bände) und gab jene Bücher, Früchte einer eifrigen Vorbereitungsarbeit, heraus, die ihn berühmt machen sollten: die Reportagensammlung *»Der rasende Reporter«* (1924), deren gut getroffener Titel zum Synonym von Egon Erwin Kisch geworden ist, *»Hetzjagd durch die Zeit«* (1926) und *»Wagnisse in aller Welt»* (1927).

Thematische Vielfalt ist in diesen Bänden oberstes Prinzip. Mal sehen wir den Autor beim Besuch eines Wallfahrtsortes in Frankreich, mal unter Obdachlosen in England, mal in Berlin, wo er sich die Frage stellt, »Wat koofe ick mir for een Groschen?«; in Zürich findet er »Lenins möbliertes Zimmer«, in der Deutschen Bücherei sucht er die »Giftschränke« auf, die verbotene Literatur aufbewahren, er berichtet über die Flugreise »Prag–Wysotschan–Paris«; wir lernen das Vermächtnis einer Leipziger Kupplerin, eine »Silvesternacht in Marseille«, das »Kuriositätenkabinett des Viehhofes«, den, »der das Radio sieht« und vieles andere kennen. Im Mittelpunkt der Aufmerksamkeit von Kisch stehen stets die Menschen. Mit den einen – den ehrlichen, freundlichen, arbeitenden – sympathisiert er, die anderen werden kritisch betrachtet. Das gesellschaftlich Wichtige, Aktuelle, Typische wird stets durch das Persönliche, Individuelle aufgedeckt – und das bleibt für das ganze Schaffen Kischs charakteristisch.

Mit dem 1927 erschienenen Band *»Zaren, Popen, Bolschewiken«* setzte sich bei Kisch ein Buchtyp durch, in dem der anekdotische Aufbau, die Mosaikhaftigkeit der früheren Sammlungen zwar aufrechterhalten werden, durch die Konzentrierung auf einen bestimmten Kern entsteht aber ein thematisch streng zusammenhängender Komplex. In diesem Reportagenband ist es eine Reise in die junge Sowjetunion (1925/26). Kisch erforscht mit großer Aufmerksamkeit das Neue in dem Staat, der schon seit Jahren dabei ist, die Ideen zu verwirklichen, um die anderswo noch erfolglos gekämpft wurde. Lunatscharski konnte den ungezwungen-locker, auch auf ironische Töne nicht verzichtenden, jedoch engagiert, mit überzeugter und überzeugender Vorliebe für das Geschilderte vorgetragenen Beobachtungen vor allem Wahrhaftigkeit bescheinigen.[9]

Einen offensichtlichen Kontrast zu dieser Reise bildet der illegale Besuch in den USA 1928/29, dessen Beschreibung unter dem Titel *»Egon Erwin Kisch beehrt sich darzubieten: Paradies Amerika«* (1930) erschien. Der zyklische Aufbau ist hier viel stärker als im Sowjetunion-Buch zusammengehalten durch das Alter ego des Autors, Doktor Becker. Ihn begleiten Erzähler und Leser überallhin, wobei Kisch leicht zwinkernd immer wieder daran erinnert, wer dieser Mann ist, der die ernsteste amerikanische Wirklichkeit, so etwa die unmenschlichen Arbeitsumstände in den hochmodernen Ford-Werken, erlebt.

»Asien gründlich verändert« (1932) beschreibt, mit klaren Reminiszenzen an das vorangegangene Sowjetunionbuch, das neue Leben im asiatischen Teil des ersten sozialistischen Staates der Welt. Ein Gegenstück dazu bildet – wie »Paradies Amerika« zu »Zaren, Popen, Bolschewiken« – die Darstellung einer 1930 aus der Sowjetunion gestarteten illegalen Reise durch China unter dem Titel *»China geheim«* (1933). Dient in der Sowjetunion alles – wenn auch nicht immer frei von der rückständigen Wirkung bestimmter jahrtausendealter Traditionen – dem Wohle der arbeitenden Menschen, so herrscht in jener anderen Region Asiens eine beinahe unvorstellbare Ausbeutung der Menschen vor: Die Arbeitskraft der Rikscha-Kulis ist in einigen Jahren völlig erschöpft; die Kinderarbeit, die der Kapitalismus in Europa und Amerika sich nicht mehr erlauben konnte, blüht hier; den Europäern kommt es einzig und allein auf ›gute‹ Geschäfte an.

Die Kisch-Bücher dieser Jahre sind schon in hohem Maße von einer eindeutigen klassenkämpferischen Position, von klaren sozialistischen Stellungnahmen durchdrungen. So nimmt es nicht wunder, daß Kisch in den meisten kapitalistischen Ländern ungern gesehen wurde und zu den ersten gehörte, die nach dem Reichstagsbrand von den Hitlerfaschisten verhaftet wurden. Nur schwer – mit Hilfe der Tschechoslowakei, deren Bürger er geblieben ist – konnte seine Freilassung erreicht werden, was zugleich den Anfang der langen Exiljahre für Kisch bedeutete.

Seine vielseitigen Aktivitäten in diesen Jahren – angefangen bei der Teilnahme am Spanischen Bürgerkrieg (Eduard Claudius berichtet schön darüber, daß Kisch auch in dieser Situation Zeit zur Förderung junger Talente fand[10]), über die organisatorische Tätigkeit unter Schriftstellern in Paris bis hin zu verschiedenen Auftritten auf Massenveranstaltungen – beweisen, daß Kisch einer jener sozialistischen Autoren war, die eine Einheit von handelndem und schreibendem Menschen nicht nur gepredigt, sondern auch selbst angestrebt haben. Ein einleuchtendes Beispiel dafür bilden seine Abenteuer in Australien, wo die rückständigen Behörden zwar die Teilnahme des Delegierten des Weltkomitees gegen Krieg und Faschismus am Friedenskongreß in Melbourne verhindern konnten, nicht aber seine »Landung«. Eine mitreißende und den mosaikhaften Aufbau seiner Bücher beinahe sprengende Beschreibung der nicht alltäglichen Abenteuer »unseres Mannes« (wie im Amerika-Buch spricht Kisch auch hier in dritter Person von sich, verwendet nur statt des dortigen Pseudonyms die Benennung »unser Mann«) stellt das Buch *»Landung in Australien«* (1937) dar.

Vor dem immer gefährlicher werdenden faschistischen Terror floh Egon Erwin Kisch über Frankreich und New York nach Mexiko. Auch im Exil – wo sich für unmittelbares Handeln weniger Möglichkeiten boten – fand er bald Anschluß an progressive Kräfte,[11] und als schriftstellerisches Betätigungsfeld erfand er sich das Unternehmen *»Entdeckungen in Mexiko«* (1945). Im Band, der konstruktionsmäßig eine Rückkehr zum Sowjetunion-Buch und den nachfolgenden Arbeiten über einzelne geographische Einheiten bedeutet, lernt der Leser mal mit sorgfältiger Kleinarbeit herausgegrabene kulturgeschichtliche Fakten, mal das zeitgenössische Leben des mittelamerikanischen Landes betreffende Angaben kennen, und zwar wiederum weitgehend unterhaltend, fesselnd dargestellt – so daß Kischs Werk von vielen für das beste Buch über Mexiko gehalten wird.[12]

Sowohl thematisch als auch seiner Konstruktion nach gilt der Band *»Marktplatz der Sensationen«* (1942) – obwohl etwas früher als das Mexiko-Buch entstanden – als eine Art Synthese schriftstellerischer Methoden und Themen: einerseits erfaßt er erneut große Themen der Jugend, sogar wieder in erster Person Singular erzählt, aus kleinen, nur lose zusammenhängenden Anekdoten aufgebaut; besonders durch die leitmotivische Verwendung eines Prager Volkssängers, des blinden Methodius, der gleichzeitig Selbstparodie Kischs und Bekenntnis zu eigenen schriftstellerischen Bestrebungen darstellt, wird der zyklische Aufbau dieses Zeitdokumentes vielleicht auf die höchste Stufe erhoben.

Die Rückkehr nach Prag, die geistig bereits mit diesem Band vollzogen wurde, hatte auch physisch den Lebensweg von Egon Erwin Kisch abzurunden. Noch einige wertvolle Arbeiten beendend (von denen der philologisch gründliche, den Klassiker des Marxismus in unmittelbarer menschlicher Nähe zeigende Aufsatz *»Karl Marx in Karlsbad«*, 1953, hervorzuheben ist), verstarb er 1948 in seiner geliebten Vaterstadt.

Das Stete im oben geschilderten abwechslungsreichen, eine klare ideologisch-weltanschauliche Entwicklungslinie aufweisenden Lebenswerk von Egon Erwin Kisch ist das unaufhörliche Ringen mit dem Feuilleton. In der zeitgenössischen Literatur des ostmitteleuropäischen Raumes begegnet man – unabhängig von sprachlichen oder politischen Grenzen – den verschiedensten Varianten dieser anekdotisch zugespitzten, keine weitschweifigen Beschreibungen duldenden, ausschließlich auf Wesentliches konzentrierten, in erster Linie aus der Symbiose der sich sprunghaft entwickelnden Presse und der Literatur erklärbaren Erzählweise.

Als für Kisch repräsentative Spielart des Feuilleton wird in der Fachliteratur die Reportage, der Bericht, genannt. Tatsächlich war ihm, wie vielleicht keinem seiner Zeitgenossen, die Zugehörigkeit zur Zeitung in vielfacher Hinsicht förderlich bei der Arbeit. Bei der Beschaffung von Informationen verwendete er die sorgfältige Methode des Berichterstatters; in den Zeitungen (anstatt, wie damals üblich, in Kaffeehausgesprächen) konnte er seinen Gedanken die primäre und weiter zu vervollkommnende Form verleihen; er wußte das gewachsene gesellschaftliche Prestige des Reporters für sich in Anspruch zu nehmen. Er suggerierte daher dem Leser, daß er – beziehungsweise sein Alter ego, jenes Mittelding zwischen dem allwissenden Autor der klassischen Prosaliteratur und der nur aus begrenzter eigener Perspektive urteilenden epischen Figur, das stets seine Maske trägt – weiter nichts als ein gewissenhafter Reporter ist, und nichts anderes zu bieten hat als die möglichst genau reproduzierte Realität.

Im Vorwort des Bandes *»Der rasende Reporter«*, datiert vom 1. Oktober 1924, skizziert er die Aufgaben des Reporters:

»Der Reporter hat keine Tendenz, hat nichts zu rechtfertigen und hat keinen Standpunkt. Er hat unbefangen Zeuge zu sein und unbefangen Zeugenschaft zu liefern, so verläßlich, wie sich eine Aussage geben läßt, – jedenfalls ist sie (für die Klarstellung) wichtiger, als die geniale Rede des Staatsanwalts oder des Verteidigers.«[13]

Die Betonung der Objektivität spiegelt die frühe Erkenntnis von Kisch wider, daß zum Ausdrücken von eigenen Gedanken nicht allein die von gewissen Theoretikern stark verteidigte »freie Gestaltung«, die vielgepriesene Fiktion, geeignet ist, sondern auch die anspruchsvolle Befriedigung des zunehmenden Publikumsanspruchs auf Tatsachen. In den Worten »so verläßlich, wie sich eine Aussage geben läßt« ist gleichzeitig die Notwendigkeit eines engagierten, parteilichen Auftretens angedeutet, jene Stellungnahme, die in späteren theoretischen Äußerungen Kischs zweifelsohne ausgereiftere Formulierungen bekam.

Das Aufzeigen der Wahrheit schwebte Kisch stets vor. Das schließt kleinere Ungenauigkeiten nicht aus; er selbst leugnet ja nicht, daß ihn sein Gedächtnis manchmal im Stich läßt. Da er auf dem Meeresboden keine Muschel findet, sagt er: »Na, liegt auch nichts dran, ich kaufe mir morgen irgendeine Muschel und lege sie auf meinen Schreibtisch. Nach ein, zwei Jahren werde ich schon selber steif und fest glauben, daß ich sie vom Meeresgrunde aufgelesen habe.« (GW 5, 17) Präzise philologische Forschung kann ihn nicht selten bei Ungenauigkeiten ertappen. Josef Poláček hat nachgewiesen, daß es den berühmten Mühlenbrand, anhand dessen Kisch über seinen Beruf Gedanken entwickelt, gar nicht gegeben hat; der Dichter, den Kisch aufgrund eines einzigen Wortes als Prager entlarvte, war er selbst; seine Erinnerungen an die Entdeckung der Spionage-Affäre Redl, des Symbols der Morschheit des k. u. k. Staates, stimmen nicht immer usw.

So sehr Kisch die weniger wichtigen Bezüge auch für auswechselbar, ersetzbar, variierbar hält, das Wesentliche in den

Erscheinungen, die charakteristischen Einzelheiten müssen stets stimmen, wie dies etwa durch *»Buchstabe ›n‹ und die Weltgeschichte«*[14] beziehungsweise *»Perverses Vorspiel«*[15] modelliert wird.

In der ersten Geschichte wird erzählt, wie sich bei einer zufälligen Kaffeehausunterhaltung in Brünn der Tischnachbar des Erzählers (»Solid angezogen, etwas korpulent, trug einen Zwicker, war aus Brünn«) sich als jener Prochazka entpuppt, über den – als dem Generalkonsul der Österreichisch-Ungarischen Monarchie in Serbien – sonderbare Gerüchte kursieren. Der Erzähler stellt ihm also die »diskrete« Frage: »Ist es wahr, Herr Generalkonsul, daß Sie 1912 von den Serben kastriert worden sind?« – Aus dem bündigen, in freundlichem Ton vorgetragenen Bericht von Herrn Prochazka nun wird ersichtlich, daß schuld am Gerücht eigentlich der Telegraphenapparat war, der dem Telegramm »Konsul Prochazka u Skoplje« [K. P. in Skoplje] einen Buchstaben hinzufügte; das Wort »uskopljen« bedeutet aber »entmannt«. Für die Wiener Blätter,

»für die es ein besonderer Glücksfall schien, Erotik und Kriegspolitik mit Sensation in ein und derselben Meldung vereinigen zu können«,

bot das Telegramm einen willkommenen Anlaß zu zügelloser Hetze gegen die Serben. Der gemütliche Herr sagt abschließend:

»Ich selbst ahnte nichts von dem verstümmelten Telegramm und seinen welthistorischen Konsequenzen. Nach meiner Rückkehr hat mir Sektionschef Montlong die ganzen Folgen des Buchstaben ›n‹ erklärt. Daß ich von den Serben nicht ›uskopljen‹ worden sei, wußte ich allerdings schon vorher«.

Der Erzähler der Geschichte ergänzt dies mit den beiden kurzen Sätzen:

»Ein hübsches Mädchen kommt ins Café. Herr Generalkonsul Prochazka mustert es mit einem interessierten Blick.«

»Perverses Vorspiel« behandelt dasselbe Thema. Kernpunkt ist auch hier die an einem Kaffeehaustisch geäußerte »diskrete« Frage des Erzählers, auf die der Betroffene mit der Darstellung des genannten Falles reflektiert. Die meisten Einzelheiten sind jedoch anders. Die Anknüpfung des Gespräches ist nicht das Ergebnis eines Zufalls, sondern beruht auf Beobachtungen des Autors in einer Brünner Pension, wo er auf eine ältere Dame und ihren Sohn (»ein untersetzter Herr, Mitte der Dreißig, vielleicht ein Bankbeamter«) aufmerksam wird. In einem Café,

wohin der Erzähler mit einem Freund vor dem Regen flüchtet, wird dann Herrn Prochaska (der Name wird hier mit »s« geschrieben) die Frage nach seiner Kastrierung gestellt.

Sehr ausführlich erzählt der (nicht mehr General-) Konsul die Geschichte von den Folgen des überflüssigen Buchstaben. Seine Worte werden vom Erzähler regelmäßig mit »Ganz recht, Herr Nachbar« unterbrochen, und dieser stehenden Wendung folgen Kommentare, die nicht nur die geschichtlichen Umstände der Affäre beleuchten, sondern auch die Nichtigkeit und Mitschuld dieses scheinbar ahnungslosen Mannes klarmachen. Nicht mehr der gemütliche Hinweis auf eine erhalten gebliebene Männlichkeit, sondern die Erwähnung der harten Folgezeit schließt diese Geschichte ab:

»Für die Zeitung ist ein Konsul, der weder kastriert wurde noch potent genug war, einen Krieg zu zeugen, so uninteressant, wie er mir zuerst erschienen war. Die Aktualität der Prochaska-Affäre war vorbei. Schon ein paar Monate nach ihrer Aufhellung verdunkelt sich das europäische Firmament von neuem. Größere Ereignisse als die angebliche Verletzung des Völkerrechts durch die angebliche Verletzung eines Konsuls sind fällig, ein Mordanschlag auf den österreichischen Thronfolger zum Beispiel.«

Aus einem Vergleich der beiden Arbeiten ist ferner ersichtlich, daß Kisch – wie zahlreiche seiner Zeitgenossen: Polgar, Hašek, Čapek, Kraus, Karinthy, Altenberg und andere, die sich mit dem zunehmenden Nicht-zur-Kenntnis-Nehmen ihrer Worte nicht abfinden konnten – ein Thema gern wiederholt aufgreift und bearbeitet. Bemerkenswert ist der unterschiedliche ideologische Gehalt der beiden Fassungen. In der ersten wird in recht allgemeinen Zügen, anekdotenhaft auf politische Praktiken hingewiesen, während in der zweiten ein konkretes, nicht einmal menschlich gerechtfertigtes, und für weitere Zusammenhänge beispielhaftes Exempel aus der Österreichisch-Ungarischen Monarchie erzählt wird, was die wachsende politische Klarsicht, die immer eindeutigere klassenbewußte Stellungnahme des Autors verdeutlicht.

Auf der Suche nach Wahrheit bedient sich Kisch der verschiedensten Formen und Methoden. Mal schreibt er ein Filmdrehbuch, mal einen fiktiven Brief oder ein »Vademecum für Volksküchenbesucher«, man begegnet unter seinen Schriften einem »Kasperltheater«, einem »Zweifarbendruck«, einem »Stoff für eine Pantomime«, dem »Referat eines Verbrechers über die Polizeiausstellung«, einem »kulturgeschichtlichen

Kolleg« und einer »umgekehrt erzählten Geschichte«. Aufzählung, Kontrast, Antithese, Vergleich, Wiederholung, Vorblendung, Verzögerung, Schock und (scheinbare) Fehlleistung gehören zu seinen wichtigsten Kompositionsmethoden.[16]

In Kischs Feuilletons, »Bilderbuch des Lebens«[17], kann die Aufmerksamkeit des Lesers für keine Sekunde erschlaffen. Meistens scheint sich der Autor mit dem »objektiven« Aufzeigen einzelner Tatsachen und Tendenzen zu begnügen und die Wertung dem Leser zu überlassen. Zur richtigen Orientierung geht er allerdings auch mit ironischen Bemerkungen nicht sparsam um, und wenn nötig, spricht er das Urteil klipp und klar selbst aus, wie bereits im Titel des Berichtes »Seine Majestät die Nickmaschine«[18] oder die Beschreibung der Grabinschriften auf einem amerikanischen Hundefriedhof:

»Über Dolly steht nichts dergleichen [keine lange Inschrift; d. Verf.] auf ihrem Marmorobelisk. Nur zwei Daten: geboren 24. Oktober 1914, gestorben 6. Oktober 1918. Dennoch blickt der Doktor Becker lange auf diese Buchstaben und Ziffern. Nicht jeder, der um diese Zeit geboren wurde, nicht jeder, der um diese Zeit starb, hat ein Grab, geschweige denn ein solches wie das vierjährige Hündchen.« (GW 4, 173)

Kisch übernimmt als Erzähler gern etwas ungünstige Rollen. Eigene Vergeßlichkeit oder Eitelkeit werden ausgespielt, gern gibt er seinen Arbeiten provokative, marktschreierische Titel, oft verkleidet er sich beinahe als Clown.[19] »Ich habe die Würde nie erlernt« (GW 7, 69) – sagt er von sich. Diese bewußte Auflehnung gegen die modische franzjosephinische Väterrolle dürfte einer der wichtigsten Gründe seiner meist latenten, manchmal aber für ihn erstaunlich offen zutage tretenden Abneigung gegen Karl Kraus sein, dessen kritische Äußerungen stets exklusiv waren und aus der Position eines allwissenden Richters ertönten. (An Kraus' spitzen Bemerkungen über Kisch ist nichts Erstaunliches, gehörte doch der persönliche Angriff zu seinen wichtigsten polemischen Methoden.) Und doch gibt es vielleicht keine so klare Parallele zum Schaffen des Globetrotters Kisch, wie das des Wien fast nie verlassenden »Nörglers«. Beide entlarvten und bekämpften unter weitgehender Verwendung der Möglichkeiten der Presse, oft zur Darstellungsweise der Satire greifend, die Sprache hoch in Ehren haltend – wenn auch auf grundverschiedener gedanklicher Basis stehend –, die lügnerische Scheinwelt der Österreichisch-Ungarischen Monarchie und davon ausgehend die bürgerliche Gesellschaft überhaupt.

Kisch tritt häufig in der Rolle eines sensationslüsternen, »rasenden« Reporters auf, womit seinen Arbeiten eine Oberfläche geliehen wird, die an billigsten Journalismus erinnert und selbst den literarisch gänzlich uninteressierten Leser mitreißt. Die Geschichte *»Die Mutter des Mörders«*[20] wird beispielsweise durch folgenden Satz eingeleitet, der quasi als Köder für Freunde der Kriminalliteratur hingeworfen wird:

»Um fünf Uhr nachmittags war Frau Bergmann ermordet und beraubt in ihrer Wohnung aufgefunden worden; der Verdacht lenkte sich sofort auf den Geliebten des Dienstmädchens (die Hausbesorgerin hatte ihn um drei Uhr das Haus verlassen sehen), und um sechs Uhr waren sowohl das Mädchen wie auch Franz Polanski verhaftet und dem Sicherheitsdepartement eingeliefert.«

Bei der Mutter dieses Franz Polanski stellt sich nun der Reporter ein, der in erster Person Singular über die Ereignisse berichtet. Er will, die Kollegen überholend, Material über den Mörder sammeln. Im Verlaufe des Gesprächs wird er immer überzeugter davon, daß der Sohn von der Mutter, die nach eigener Aussage mehrmals an die Schwelle des Mordens geraten war, diese schreckliche Neigung ererbt hatte, was die Tat durchaus motivieren könnte. Plötzlich tritt aber Franz Polanski ein, denn er ist – nach erwiesener Unschuld – aus der Haft entlassen worden.

Hinter diesem »sensationellen Reportagefall« verbirgt sich ein Tatbestand, den der schockierte Leser erst eine Weile nach der Lektüre begreift. Was er kennenlernt, ist nämlich das menschenunwürdige Schicksal einer Proletarierin, die durch die kapitalistische Gesellschaft in dem Maße gedemütigt, ausgebeutet wird, daß es sie größte Selbstüberwindung kostete, *nicht* zu töten. Von solch erschreckenden Details im Leben der Alltagsmenschen erfährt man normalerweise nichts. So benötigte Kisch eine extreme Situation, in der sich der ›treue Diener‹ der Wahrheit (in irgendeiner Beziehung war ja ein jeder Schriftsteller aus dem österreichisch-ungarischen Raum ein ›treuer Diener‹), der Reporter, scheinbar blamiert, um einen eindeutigen Beleg für eine bekannte These zu erbringen, das allgemein Bekannte in unmittelbare Nähe zu rücken: Er behauptet nicht, er zeigt, daß der Kapitalismus schlecht ist.

Eine zentrale Rolle bei Egon Erwin Kirsch spielt die intensive Beziehung zur Sprache. Das verbindet ihn ebenfalls mit den meisten zeitgenössischen Autoren auf dem Territorium der ehemaligen Habsburger Monarchie, vor allem aber mit jenen deutscher Muttersprache: Sie entwickelten eine fast abgöttische Verehrung gegenüber der Sprache als idealer Ausdrucksmöglichkeit und kritisierten die im Gebrauch verzerrte Form der Sprache, die Rede. In diesem Bezugssystem ist das Schaffen von Karl Kraus zu sehen, bei Rilke, Schnitzler, Hofmannsthal und anderen sind entsprechende Elemente zu entdecken, und nicht nur Literaten werden durch die Sprachproblematik ergriffen, man denke etwa an sprachbezogene Leistungen der Philosophie in dieser Region.[21]

Die Sprachverehrung Kischs zeigt sich vor allem in der außerordentlichen Sorgfalt, mit der er das eigene Schaffen in Richtung Idealsprache lenken wollte. Das von seinen Kennern einstimmig hervorgehobene Streben nach Präzision, der durch schwere Arbeit errungene leichte Stil wären undenkbar ohne betontes Vertrauen zu Ausdrucksmöglichkeiten der Sprache, ohne den Glauben, die Sprache bringe alles an den Tag.

Wendungen wie »Quecksilber im Menschen, Menschen im Quecksilber«, »Liebe und Lepra«, »Hollywoods Natur«, »Kultur und Skulptur«, »Der Kaugummi, erzählt vom Ende bis zum Anfang«, »Borinage, vierfach klassisches Land« lenken die Aufmerksamkeit des Lesers – wie auch zahllose andere Titel oder in den »Gesammelten Werken« leider nicht wiedergegebene Seitentitel und einzelne Textstellen – anscheinend spielerisch, aber äußerst einprägsam auf Beobachtungen des Autors; sie beleuchten blitzartig einzelne Tatbestände. Redensarten werden nach ihrem Wirklichkeitsgehalt untersucht (z. B. bei der Beschreibung eines Erdbebens »er fühlte den Boden unter sich wanken«; GW 7, 713) oder wörtlich genommen: »[...] packe meine Siebensachen. (Mehr als sieben sind es wirklich nicht.)« (GW 4, 109) Berühmte Zitate werden angeführt oder geistvoll modifiziert, wie etwa die Worte von Kaiser Wilhelm II. durch den Präsidenten eines himmlischen Gerichtshofes: »Ruhe! Ich kenne keine Parteien, ich kenne nur Seelen.« (GW 1, 512 bzw. GW 7, 229)

Menschen werden in den Werken von Kisch durch ihren Sprachgebrauch charakterisiert. Besonders oft entlarvt der Autor Pressepraktiken, beispielsweise Auslassungen und Berichtigungen.[22] Selbst die kleinste Beobachtung besagt manchmal viel:

»So zum Beispiel tragen die Aborte der Touristenklasse [auf dem Schiff, mit dem Doktor Becker nach Amerika reist; d. Verf.] die Aufschriften ›Gentlemen's Lavatory‹ und ›Ladies Lavatory‹, während auf jenen der dritten Klasse nur ›For Men‹ beziehungsweise ›For Women‹ steht, noch dazu in allen europäischen Sprachen, weil man bei solch armseligem Pack die Kenntnis des Englischen nicht voraussetzt.« (GW 4, 7)

Durch ihre grobe Redeweise entpuppt sich die primitive Lebensauffassung der Amerikaner und Australier. Der sogenannte Gaelic test, den die australischen Behörden zur Verhinderung der Einreise von Unerwünschten verwenden, wird von Kisch vernichtend entblößt. (GW 4, 328) Über das berüchtigte »Pidgin-Englisch« stellt er fest:

»Eine solche Selbstentlarvung, wie sie der Imperialismus in seiner Sprachschöpfung vollzieht, hätte man sich nicht träumen lassen.« (GW 3, 573)

Und anhand dessen, daß der zum Tode verurteilte Massenmörder K. H. Frank sein letztes Abendbrot »Henkerskost« nannte, bemerkt Kisch:

»Aber es ist kein richtiges Deutsch, er wollte sagen: ›Henkersmahlzeit‹, das ist: letztes Essen eines Mannes, den der Henker holt. Das sei hier erwähnt, weil es zu jeder schwankenden und unklaren Politik gehört, schwankend und unklar zu sprechen oder zu schreiben.« (GW 2/2, 348)

Die Sache seiner Muttersprache lag Kisch stets am Herzen. Die kleine Studie über das Prager Deutsch[23] wird selbst in sprachwissenschaftlichen Auseinandersetzungen genannt. Hört er irgendwo in der Welt deutsche Worte, sei es in China, Südamerika oder Südungarn, so spürt er dem Schicksal der Sprecher nach. Es ergibt sich wohl aus der in der Prager Jugend gewonnenen Einstellung, daß in seinen Arbeiten als eigenartiges Kolorit Ausdrücke der Sprache der jeweils aufgesuchten Länder auftauchen, ja er erlaubt sich sogar auch in diesem Zusammenhang so manche Spielerei. Wird beispielsweise in »Ada Kaleh, Insel des Islam« seine Kenntnis der ungarischen Sprache durch ein Wortspiel mit dem Namen der Donauinsel (»Adó kell-e?« = »Steuern brauchst du?«) bewiesen, so folgt nach einigen Zeilen unter den Aufschriften an einer Wachstelle der k. u. k. Armee als Familienname von einem »István« ein Wort, das zwar manchmal an die Wand gekritzelt, als Familienname aber bestimmt nicht zugelassen wird. (GW 5, 85) Gerne spielt er mit Möglichkeiten der Übersetzung –

»In der Mitte der Fahrbahn wandern Tataren, ›Starjo beru‹ schreiend, was russisch ist und angeblich wörtlich bedeutet: ›Einkauf von Lumpen, Papier, Kleidern und überhaupt allem.‹« (GW 3, 42) –,

der Groß- und Kleinschreibung – ein australischer Trainer schlang seine Arme um den Hals seines toten Pferdes

»und schluchzte gottserbärmlich und war nicht wegzubringen und verweigerte Speise und trank.« (GW 4, 517).

Sprachlich-stilistische Parodie steht ihm nicht fern[24], und die heitere Untersuchung von Lehnwörtern gehört überall zu seinen Lieblingsbeschäftigungen[25].

Alles in allem: Der Autor Egon Erwin Kisch hatte zahlreiche Eigenschaften, die tatsächlich jeder jungen Journalistengeneration als Beispiel hingestellt werden können: Arbeitsdisziplin, genaue Beobachtung, Auswahl typischer Punkte, Aufmerksamkeit für scheinbar unwichtige Details (z. B. die Rede), Ausdauer, Aufgeschlossenheit, wirkungsvolle Herstellung menschlicher Kontakte, Vermeidung von Oberflächlichkeit, Schaffung eines organischen Gleichgewichts zwischen Inhalt und Form, Ehrfurcht vor Themen und vor der Sprache, soziales Verantwortungsbewußtsein, ideologische Klarsicht, Fähigkeit zur Entwicklung.

Gleichzeitig ist aber das Lebenswerk von Egon Erwin Kisch auch als wesentlich mehr denn die Gesamtheit beispielhafter Reportagen eines ausgezeichneten Journalisten anzusehen. Es ist ein originales, in erster Linie an Möglichkeiten der Presse geknüpftes literarisches Lebenswerk, das nicht nur zahlreiche Gemeinsamkeiten mit dem Schaffen vieler, ebenfalls in der Österreichisch-Ungarischen Monarchie wurzelnder Zeitgenossen aufweist, sondern gleichzeitig zeigt, daß auch aus diesem Milieu ein künstlerisch gangbarer Weg zu den progressivsten weltanschaulichen Positionen führte.

»Er hat den Kreis, den er sich gezogen hatte, ganz ausgefüllt.«[26]

Biographische Notiz

Egon Erwin Kisch wurde am 29. April 1885 in einer wohlhabenden deutsch-jüdischen Tuchhändlerfamilie in Prag geboren. Nach dem einjährigen Militärdienst, einem kurzen Studium in Prag und dem Besuch der Journalistenschule in Berlin arbeitete er als Lokalreporter (»Prager Tagblatt« und »Bohemia«). Im Ersten Weltkrieg kämpfte er als Soldat in Serbien. Nach Verletzung verbrachte er – nun schon als Offizier – zwei Jahre in Südungarn, dann einige Monate im Kriegspressequartier in Wien. Während dieser Zeit bereits Beteiligung am Januarstreik 1918 bzw. an Aktionen der illegalen Soldatenräte; November Wahl zum Führer der Wiener Roten Garde (1918/19). 1919 tritt er der KPDÖ bei. Nach seiner Ausweisung aus Österreich 1921 Übersiedlung nach Berlin. Seit 1925/26 aktive Arbeit in den KPD-Organisationen, kommunistischer Presse (»Rote Fahne«, »Arbeiter-Illustrierte Zeitung«, aber auch »Weltbühne«, »Berliner Börsen-Courier« und »Neue Bücherschau«) und in Schriftstellerverbänden. Er bereiste ganz Europa und viele Länder auf anderen Kontinenten, so dreimal die Sowjetunion sowie Asien und Nordafrika, illegal auch die USA und China. Seit 1930 längere Aufenthalte in der Sowjetunion (Lehrtätigkeit an der Journalistenfakultät in Charkow, Funkarbeit in Moskau). In der Nacht des Reichstagsbrandes in Berlin Verhaftung, auf Intervention der Familie als tschechoslowakischer Staatsbürger wieder freigelassen und in die Tschechoslowakei abgeschoben. Mitte 1933 bis Ende 1938 im Pariser Exil, literarische, literaturpolitische und politische Arbeit. 1934 vom »Weltkomitee gegen Krieg und Faschismus« zum Antikriegskongreß in Melbourne delegiert, Einreiseverbot durch die australischen Behörden und wirksamer Kampf dagegen. Auftreten auf dem europäischen antifaschistischen Arbeiterkongreß in Paris (1933) und auf den Kongressen zur Verteidigung der Kultur in Paris (1935) und Madrid (1937). 1937/39 bei den Interbrigadisten in Spanien. 1938 Wahl zum Mitglied des Stadtrates in Prag. Zu Beginn des Zweiten Weltkrieges Emigration in die USA, seit Ende 1940 in Mexiko, tätig im Heinrich Heine-Klub, für die Zeitschrift »Freies Deutschland« und den Verlag »El Libro Libre«. 1946 Rückkehr in die Vaterstadt Prag, wo er am 31. März 1948 verstarb.

Arpád Bernáth

Hermann Broch

»Man muß immer wieder auf Goethe zurückgreifen« (GW 7, 86)[1] – so Hermann Broch (1886–1951) im Frühjahr 1933, gewiß auch unter dem Eindruck der imposanten Goethe-Gedenkfeiern des Vorjahres. Der mehr als Vierzigjährige, entschlossen, sich nunmehr ganz literarischer Arbeit zu widmen, schrieb dies jedoch vor allem aus einer tiefen, langsam reifenden und lang währenden Überzeugung heraus. Nur indem man immer wieder, eben auch in den dreißiger Jahren des 20. Jahrhunderts, auf Goethe zurückgreift, könne eine zeitgemäße Dichtung begründet werden. Nur wenn der Dichter der Moderne die Aufgabe, vor die er sich gestellt sah, als eine solche zu betrachten vermochte, die einst und zuerst der gefeiert-bestätigte Vorgänger auf sich genommen hatte, schien Broch die Fortsetzbarkeit poetisch-schöpferischer Tätigkeit vor jeglicher Infragestellung gesichert.

Denn von zweifelnden Fragen beschattet war Brochs geistige Laufbahn reichlich, insbesondere ihr Anfang. Der junge Hermann Broch sah sich zunächst als Fremder im 20. Jahrhundert: Die sich für ihn immer klarer abzeichnende, moderne »Vergottung der ›Wissenschaftlichkeit‹« (KW 9/2, 43) – zunehmend auch in jenen Bereichen dominierend, denen sein Interesse von früher Jugend an galt: Literatur (in Form des Naturalismus) und Philosophie (in Form des Positivismus) – erschien ihm, dem mehr oder weniger geheimen Dichter und publizierenden Essayisten des »Brenner«-Kreises, dem Nietzsche-Leser und Schopenhauer-Verehrer, als eine Verarmung des menschlichen Geistes, als ein Verrat an der Platonschen Idee, deren Abbildung (im Sinne von »Die Welt als Wille und Vorstellung«) Pflicht und zugleich Leistung jeder echten Philosophie und jeder echten Kunst zu sein habe.

Unter solchen Voraussetzungen wurde Goethe für Broch nicht aus purem Traditionalismus, durch pflichteifriges Lesen seiner Werke zum wegweisenden »Vorbild«, maßgebenden »Nacheiferungsziel« (GW 6, 133). Die zentrale Stellung Goethes im Nachdenken über das Wesen des Dichterischen und die Erkenntnisfunktion der Kunst in einer ihr feindlichen Zeit wurde erst durch verzweigt-langatmige Reflexionen – Brochs ›Philosophie‹ – erarbeitet und begründet.

Mit dieser Aussage wird ein verbreitetes, von ihm selbst gefördertes[2] Bild über den Dichter an einem wesentlichen Punkt korrigiert: Gemeint ist die Frage, ob Broch (wie vielleicht Platon) »ein Dichter wider Willen«[3] war, ob Dichtung (wie die Magie für Goethes Faust) »Ungeduld der Erkenntnis« (KW 9/2, 49) ist. Broch war eher ein ›Philosoph wider Willen‹, Philosoph unter dem Druck des aufzulösenden Konflikts zwischen dem geistigen Milieu der Jahrhundertwende in Wien und seinen innersten Neigungen. Die philosophischen Schriften Brochs sind von einem ungeduldigen Dichter geschrieben worden, der sein eigentliches Ziel, die Begründung der Notwendigkeit von Dichtung, schon erreicht sah, bevor all die aufgeworfenen philosophischen Probleme zu Ende gedacht waren. Broch unterbrach also seine philosophischen Untersuchungen nicht aus Ungeduld ob des ausbleibenden Resultats. Er fing mit größeren dichterischen Unternehmungen in dem Moment an, als es für ihn quasi als erwiesen galt – und zwar erwiesen durch Überlegungen, die sich an den strengen methodologischen Kriterien des kritischen Positivismus messen wollten –, daß das Ende der Kunst (oder wie Heine einst schrieb: »die Endschaft der ›goetheschen‹ Kunstperiode«[4]) durch die Vergottung der Wissenschaftlichkeit nicht total und endgültig erreicht ist. Konkret: Broch entwickelte zuerst eine Werttheorie, die auch eine Aussage über den Wert der Dichtung beinhaltete, um seinen Erstling, der mehr als ein ›Drauflos-Fabulieren‹ (GW 6, 235) sein sollte, schreiben zu können. Diese Werttheorie fand – in Form von essayistischen Einschüben – Aufnahme in den dritten Band seines Erstlingswerks: die Romantrilogie »Die Schlafwandler«.

Mit den Ideen des Positivismus wurde Broch erstmals 1904/05 konfrontiert: als junger Student der Wiener Universität in den Vorlesungen des Physikers Ludwig Boltzmann, eines Verfechters und Weiterentwicklers der Philosophie von Ernst Mach. Broch war beeindruckt von der Eindeutigkeit, Klarheit und Folgerichtigkeit des neuen Denkstils, aber auch erschrokken über das erklärte Ziel und die sich abzeichnenden Folgen dieser Art des Philosophierens. Wollte der Positivismus die

Aufhebung der Philosophie erreichen, indem er der Reihe nach alle klassisch-metaphysischen Probleme der Philosophie als Scheinprobleme qualifizierte, weil sie mit Hilfe der symbolischen Logik und der Mathematik nicht zu lösen waren, so zerstörte er die Grundlage einer absoluten Ethik – nach Broch inhärenter Teil der Philosophie und unabdingbare Voraussetzung für die Dichtung. Die Entthronung der vorkantischen Philosophie im Namen der Fachwissenschaften konnte Broch jedoch keinesfalls als Verirrung, als eine falsche Orientierung der Wiener philosophischen Schule und später des so weit über Wien hinaus Wirkung erzielenden Wiener Kreises um Ludwig Wittgenstein und Rudolf Carnap betrachten. Erfuhr er doch gleichzeitig in der Realität, daß auf dem Gebiet der einzelnen wissenschaftlichen Disziplinen die Aneignung der Welt tatsächlich desto schneller vorangeht, je mehr und je konsequenter die Vertreter der empirischen Wissenschaftszweige sich vom Spekulativen, vom »Grundlegenden«, von allem Metaphysischen abwenden. Während die Mathematisierung der verselbständigten Wissenschaftszweige – im Sinne der Kantschen Aussage, daß die Wissenschaft nur soweit Wissenschaft sei, wie sie Mathematik enthalte (vgl. KW 10/1, 189) – sich in der Praxis als erfolgreich erwies, waren dadurch die Vertreter der klassischen, vorkantischen Philosophie entweder zum Schweigen verurteilt, oder ihnen wurde der Stempel Dilettantismus aufgedrückt.

Hermann Broch wurde dennoch bald klar, daß die Überbewertung logisch-mathematischer Mittel der Erkenntnis nicht Ursache, sondern lediglich Symptom für die Verengung der Philosophie zu bloßer Wissenschaftstheorie war. Er sah, daß die sich auf die Erforschung von Teilgebieten beschränkenden Wissenschaften und jedes praktisch-soziale Handeln, das kein übergeordnetes Ziel kennt, nur Symptome für die innere Zerrissenheit einer Zeit waren, die zum Ersten Weltkrieg (und bald danach zum Zweiten) hintaumelte.

Um die »heutige Weltlage dichterisch umzusetzen« (GW 8, 102), die tief wurzelnden Ursachen der Zerrissenheit der Zeit verstehen zu können, wandte sich Broch dem Studium der Geschichte geistiger Bewegungen zu. Worum geht es bei diesem Verstehen, bei diesem ›Umsetzen-Können‹? Um es noch einmal zu unterstreichen: Es geht hier letzten Endes nicht um eine wissenschaftliche Erforschung der Geschichte, sondern um die Rechtfertigung dichterischer Tätigkeit als einer nicht bloß welt-interpretierenden, sondern auch dem Handeln zielsetzenden Form der (fiktionalen) Darstellung möglicher Welten.

Bis Mitte der dreißiger Jahre kristallisierte sich in Broch eine verhältnismäßig originäre Betrachtungsweise heraus, innerhalb derer er die Geschichte der Philosophie als Wellenbewegung zwischen den Polen eines dialektisch gefaßten Idealismus und einem äußerst induktiven Positivismus erfaßte. In seinem eigenartigen Schema der Entwicklung der Philosophie ist die Einsamkeit des Ich Quelle des idealistisch geformten Erkenntnisinteresses, das allein über die logische Kraft der dialektischen Überlegung zur Erkenntnis der Mannigfaltigkeit der Welt verfüge. Diese Denkrichtung erscheine freilich nicht einmal in der extremsten Ausprägung, im Solipsismus, rein, enthalte vielmehr immer Elemente ihres Gegenpols, des induktiven Positivismus. Dessen Erkenntnisinteresse nähre sich aus der unendlichen Unbekanntheit der unendlich mannigfaltigen Welt, sein Ziel sei, den Dingen durch immer präzisere Beobachtungen die Welterkenntnis zu entlocken.

Die Einsamkeit des Ich und die Frage nach dem Ursprung der Weltganzheit sind für Broch jedoch nicht allein die Quellen des Erkenntnisinteresses der Philosophie, sondern auch der Religion im weitesten Sinne. Der einzige Unterschied zwischen Philosophie und Religion bestehe in diesem Zusammenhang darin, daß die Religion die quälende Einsamkeit des Ich nicht durch den Nachweis einer logischen Möglichkeit der Weltvielfalt, sondern durch die Setzung eines Gottes und durch einen mystischen Aufschwung zu diesem Gott aufhebt. Die Religion erschöpfe sich freilich nicht darin, sondern führe als Ausdruck und rationale Rechtfertigung des mystischen Erlebnisses zu einer Kosmogonie, einer Lehre über die Entstehung der Welt, deren höchste Leistung jedoch keine primär ontologische, sondern eine wesentlich ethische sei: Sie wolle nicht das Unfaßbare erfaßbar machen, sondern die Menschen von der Angst vor dem Unerfaßbaren befreien, nicht erklären, sondern trösten, nicht sagen: was ist, sondern auffordern zu Tun und Unterlassen.

Die klassische Erscheinungsform des dialektischen Idealismus ist für Broch der Platonismus, er bilde damit auch den ureigensten Rahmen für die Religion, die ihre vollkommenste Ausprägung im Christentum erreichte. Aber auch die Religion kenne positivistische Phasen ihrer Entwicklung, in denen die jeweilige Kosmogonie ihrer eigentlichen religiösen Funktion beraubt wird. Die höchste Welle des religiösen dogmatischen Positivismus habe sich im Mittelalter herausgebildet, worauf – als Gegenbewegung – die Reformation gefolgt sei. Sie nun erschuf keine neue Kosmogonie, dadurch habe das Durchdringen des Alltagslebens mit Symbolen der Religion aufgehört, die Einordnung des Seins und Tuns der Menschen in das Gefüge des Religiösen sei aufgehoben worden: Die Reformation sei daher Verinnerlichung und Entgeistigung zugleich. Indem die Religiosität sich radikal auf das Ich beschränkte, konnten sich die Naturwissenschaften, nunmehr frei von der religiös-symbolischen Betrachtungsweise, dem unmittelbar Gegebenen zuwenden. Wohl wissend, daß der induktive Positivismus sich seinem Ziel höchstens annähern, es aber nie erreichen kann, und wissend, daß jeder Wissenschaftler des Positivismus an dem Bau des Turms zu Babel arbeitet, sei nun – anstelle der Reformation – der Aufbau einer neuen, wissenschaftlich begründeten Kosmogonie begonnen worden, die freilich nur ontologische und keine ethische Funktion mehr haben sollte.

Dies nun sei der historische Augenblick, wo auch die Philosophie selbständig wird: Wetteifernd mit den empirischen Wissenschaftszweigen, wurde sie zunächst auch Werkstatt der Hervorbringung einer solchen nun fehlenden, nichtsdestoweniger notwendigen Kosmogonie, die hier und jetzt imstande sein soll, die weltumfassenden Ordnungsprinzipien vollständig und erschöpfend aufzuweisen. Befreit von der Aufgabe, die Religion mit auszudrücken, werde die Philosophie jedoch immer weniger zum Ausdruck der kosmogonischen Ungeduld, sondern erscheine als selbständige Wissenschaftsdisziplin selbst immer mehr vom Positivismus durchdrungen. Indem sie sich den einzelnen Wissenschaften als ihrem unmittelbar gegebenen Gegenstand zuwendet, werde sie zur Metawissenschaft der Wissenschaften, zur Wissenschaftstheorie. Dies der (unzulängliche) Zustand, den der junge Broch in Wien vorfand.

Die wichtigste Schlußfolgerung dieses nicht so sehr der Originalität etwas abseitigen Philosophierens, vielmehr der logischen Strenge wegen bestechenden – und unter den verschiedensten Aspekten immer wieder dargelegten – Gedankengangs bildet die Einsicht, daß weder die moderne Philosophie, noch die moderne Wissenschaft den Platz einnehmen könne, den die klassische Philosophie in der Symbiose mit der Religion innehatte.

Es fragt sich nun, ob dieser Platz überhaupt noch zu besetzen ist. Wenn jede zeitgemäße geistige Haltung in der Endkonsequenz eine Hinwendung zum Unmittelbaren beinhaltet, dann – und hier setzt Brochs Kritik an – kann nicht allein das Außenwelterlebnis der Sinne, sondern auch das Erleben des eigenen Ich in seinem »Erlebenserlebnis« (KW 10/1, 175) Quelle des Unmittelbaren sein. Neben dem Weltganzheitsbewußtsein, das sich in der Erfahrung der Außenwelt begründet, soll es demzufolge neben dem fertigen Plan des Babel-Turms der Wissenschaften auch ein sich aus der mystischen Erfahrung des Ich nährendes Gottesbewußtsein geben, eine immerwährende Religiosität, die eine ethische Kosmogonie erfordert. Die zeitgemäße Werkstatt dieser Kosmogonie ist in diesem Gedankensystem Brochs die Dichtung. Man könnte mit dem Schriftsteller geradezu sagen: Sie ist nur soweit Dichtung, wie sie Werkstoff für ethische Kosmogonie wird; der Rest ist Schweigen oder Dilettantismus, Kitsch. Daher sind Weltganzheitbewußtsein und Gottesbewußtsein die irrationalen Pole, zwischen denen der logische Ort der Dichtung liegt; dort ist, wie Broch es zuerst in Platonscher Symbolik sagt, die unsichtbare Wand der Welthöhle, dorthin schreibt, um es mit einem alttestamentarischen Bild auszudrücken, die unsichtbare Hand des Propheten ihr Menetekel, dort schauen wir das Unfaßbare und Tröstende, wie es in einem Brief des Apostels Paulus zu lesen ist, »durch einen Spiegel in einem dunklen Wort«. (KW 10/1, 176) Fassen wir Broch zusammen: An die Stelle der ihrem Wesen nach ethischen, im Rahmen eines dialektischen Idealismus erarbeiteten, das mystische Erlebnis des Ichs auszudrückenden religiösen Kosmogonie traten *formal* die Philosophie und die Wissenschaften, *der Funktion nach* hingegen nahm die weltschaffende, die Einheit Gottes, des Ichs und der Welt erahnende und ahnen lassende Dichtung deren Platz ein. Oder anders: Die fehlende Kosmogonie wird nicht von der Philosophie und nicht von der Wissenschaft in der Nachfolge der »Kritik der reinen Vernunft«, sondern einzig und allein von der im Brochschen Sinne religiösen Dichtung in der Nachfolge von »Faust« und »Wilhelm Meisters Lehrjahre« verkörpert. Daher müsse man

»immer wieder auf Goethe zurückgreifen, nicht nur weil in Goethes Person die wissenschaftlichen und künstlerischen Strebungen in einer seit der Renaissance nicht erhörten Weise vereinigt waren, sondern viel mehr noch, weil Goethes Idee der ›Bildung‹ schon vor hundert Jahren der Dichtung eine Rolle zuwies, die, bei aller Festhaltung an der Autonomie der Kunst, deren Durchtränkung mit wissenschaftlichem Geist bereits in sich schließt und fordert: denn die kognitive Aufgabe des Dichterischen in ihrer allgemeinen und goetheschen Bedeutung ist Fortsetzung der rationalen Erkenntnis über die rationale Grenze hinaus, ist Hinabsteigen ins Irrationale und zu den Müttern, und ebendiese Totalität des Erkennens und Erlebens, diese letzte Bewältigung des Chaotischen, dem Goetheschen Schaffen vorausschwebend, sie gibt ihm jene Richtung, die zwar auf das Ziel aller Wissenschaft, nämlich auf die Erkenntnis an sich hinweist, und trotz alledem nicht im Strombett der Wissenschaft liegt, sondern wie eine unterirdische mächtige Wasserader den Strom begleitet, immer wieder emporbrechend, immer aufs neue ihn speisend.« (GW 7, 86)

Dieses Broch-Zitat ist einem kleinem Aufsatz von 1933 entnommen, er entstand – wie die meisten theoretischen Schriften[5], die hier zur Skizzierung der Brochschen Gedankenwelt herangezogen wurden – nach dem Abschluß der »Schlafwandler«-Trilogie und vor dem Beginn der Arbeit an dem »Bergroman«-Komplex. Daraus ergibt sich, daß hier in großen Zügen und mit scharf gezogenen Konturen ein System von Anschauungen vorgestellt wird, dessen wesentliche Funktion nicht in der Rechtfertigung der Abfassung eines Romans im Zeitalter »von Maschinen und Eisenbahnen« (KW 1, 59) – also der »Schlafwandler«-Trilogie – erschöpft ist. Es sollte vielmehr der Vorbereitung für ein neues Buch dienen, das sich auf die »eigentliche« Aufgabe, das Ethisch-Religiöse konzentriert. In diesem Sinne war sogar die »Schlafwandler«-Trilogie nur eine Vorbereitung (und das trifft vorzugsweise auf die 1929 abgeschlossene erste Fassung zu), war ein »historischer Roman« – wie Broch zunächst seine Trilogie »am liebsten« genannt hätte[6] – von psychologischer Färbung und stand vor dem »erkenntnistheoretische(n)« Zeitroman (GW 8, 23), der sich in der längeren Erzählung *»Die unbekannte Größe«* (e. Juli/November 1933) und im Drama *»Die Entsühnung«* beziehungsweise *»Die Totenklage«* (U. 15. 3. 1934, Schauspielhaus Zürich, u. d. T.: »... denn sie wissen nicht, was sie tun«) andeutete. Erst im *»Bergroman«*-Komplex wurde dann der Versuch unternommen, ihn voll zu verwirklichen.

Es war die härteste Kritik an Brochs theoretischen Bemühungen um die Bestimmung des logischen Ortes der zeitgenössischen Dichtung, daß gerade der erkenntnistheoretische Zeitroman, der sozusagen im Zentrum des für die Dichtung abgegrenzten geistigen Raumes stehen sollte, künstlerisch mißlang. Das kommt nicht nur darin zum Ausdruck, daß er Fragment geblieben ist – Fragment, indem die geplante Trilogie (vgl. GW 8, 144f.) nie fertig wurde, aber auch in dem Sinne, daß der in erster Fassung fertiggestellte erste Teil nie seine endgültige Form erreichte (daher rühren auch die teils nicht textidentischen Ausgaben unter verschiedenen Titeln wie: »Der Versucher« [GW 4], »Demeter« [1967], »Bergroman« [1969] und »Die Verzauberung« [KW 3]). Bevor jedoch die tiefer liegenden Ursachen für das Scheitern des Versuches, einen »religiösen Zeitroman« zeitgemäß zu schreiben, ausführlich behandelt werden, ist – auch um dieses Mißlingen begründen zu können – zuerst auf die historische Trilogie einzugehen, das erste und zugleich bedeutende Werk Brochs: *»Die Schlafwandler«* (1931/32). Das Buch ist – nachdem das Manuskript von mehreren Verlagen abgewiesen wurde – zwischen Dezember 1930 und April 1932 im Rhein Verlag, dem Verlag des in München und Zürich wirkenden Ungarn Daniel Brody, erschienen.

Die Trilogie könnte auch nach einer formalen Definition eine ›historische‹ genannt werden: Die dargestellten Ereignisse spielen in einer eindeutig bestimmten und während des Abfassens der Romane bereits zurückliegenden Epoche der Geschichte, in den Jahren 1888, 1903, 1918. Dazu kommt eine zweite Schicht der Historizität, eine Veränderung des Stils innerhalb der Trilogie von Roman zu Roman von einem (in der Sekundärliteratur als fontanisch apostrophiert) klassischen bis zu einem (im Sinne der Bestrebungen eines John Dos Passos, eines Robert Musil und vor allem eines James Joyce um die Erneuerung der Romanform) avantgardistischen Stil[7]. Nach Broch wäre die Trilogie jedoch mehr ihrem Wesen nach historisch zu nennen. Wollte er damit doch wohl einen Prozeß darstellen, der durch Gesetzmäßigkeiten bestimmt ist, die – in seinen Augen – auch die Geschichte der europäischen Zivilisation determinieren. Die Folgen des Zerfalls der ethisch-relevanten Kosmogonie werden in einer sich verändernden Romanwelt abgebildet, deren Existenz zwar in der deutschen Geschichte von 1888 bis 1918 angesiedelt ist, die – der Geschichtsauffassung des Autors entsprechend – jedoch für den ganzen abendländischen Kulturkreis charakteristisch sein soll. Die wichtigsten Thesen der Brochschen Geschichtsphilosophie, die der Trilogie als eine Theorie der Ereignisse zugrunde liegt, sind, wie bereits erwähnt, im dritten Roman in einem Essay mit dem Titel »Zerfall der Werte« in zehn eingestreuten kurzen Kapiteln dargelegt. Die doppelte Funktion dieser Betrachtungen – Erklärung der Geschichte und Begründung einer modernen Dichtung – kommt unter anderem darin zum Ausdruck, daß Dr. phil. Bertrand Müller, der fiktive Verfasser des Essays, zugleich als Ich-Erzähler der Verfasser eines »Geschichtels« ist, das als Einlage im dritten Roman der Trilogie in 16 Kapiteln abgedruckt ist. Diese Erzählung, »Die Geschichte des Heilsarmeemädchens in Berlin«, zeigt ironisch-paradigmatisch, daß sich die Liebe zwischen dem Heilsarmeemädchen Marie und dem orthodoxen Juden Nuchem unter den Bedingungen des Weltzustandes von 1918 nicht anders gestalten kann, als es auf Grund der geschichtsphilosophischen Überlegungen zu erwarten ist: Dr. Müller versucht vergebens, seine Geschöpfe aus der Gefangenschaft ihrer Gemeinschaften zu befreien und zusammenzuführen, er muß sich eingestehen, daß die »Instanzen, welche die Geschicke bestimmen, weit außerhalb (seiner) Macht- und Denksphäre (liegen)« (KW 1, 616).

Die zentrale Gestalt des dritten Romans ist freilich nicht der in Berlin wirkende Dr. Bertrand Müller, obwohl sie für die Auslegung der Trilogie auch dadurch an Bedeutung gewinnt, daß er, Räsoneur im ursprünglichen Sinne, Vertreter der Vernunft, als eine Figurenvariante von Eduard von Bertrand zu betrachten ist, der im ersten Roman, »Pasenow oder die Romantik 1888«, eine mephistophelisch-zentrale Rolle spielt und im zweiten, »Esch oder die Anarchie 1903«, in einer turmgesellschaftähnlich-abgerückten Sphäre lebt und Selbstmord begeht. Der eigentliche Held dieser Zeit, der Titelheld des dritten Romans (»Huguenau oder die Sachlichkeit 1918«), stammt aus dem elsässischen Colmar und entfernt sich im Frühling 1918 vom Kriegsschauplatz und von den deutschen Truppen. In einer Kleinstadt der Mosel-Gegend rehabilitiert er sich im Wirrwarr des Kriegsendes und der »örtlichen Novemberrevolution« durch verborgen gebliebene Frevel an Esch und verlogene Verdienste um Pasenow und – wie wir aus dem Epilog des dritten Romans erfahren – schafft sich schließlich eine angesehene bürgerliche Existenz in seiner Geburtsstadt. Sachlichkeit ist im Brochschen Werk also nicht gleichbedeutend mit einer gefühllosen und von persönlichen Interessen freien Haltung; dem philiströsen Huguenau wird Objektivität bescheinigt, weil sein Leben zwischen den spannungslosen Polen einer formlosen Irrationalität und einer starren, keine Formung mehr zulassenden Überrationalität stilfrei und wertfrei, sozusagen jenseits von Gut und Böse verläuft.

Die Anarchie ist nun eine Stufe auf dem Weg »der positivistischen Wertauflösung« (KW 1, 703), ist Vorstufe der Sachlichkeit. Dem philiströsen Individuum, das nur ein einziges Ziel – Freiheit von allen ethisch-sozialen Gebundenheiten –

kennt, geht der Mensch von radikal-heftigen Haltungen voran, verkörpert in August Esch, der sich bereits aus jedem Wertverband entlassen fühlt, unter dieser anarchistischen Freiheit aber leidet:

»Sein Wunsch geht nach Eindeutigkeit: er möchte eine Welt formen, deren Eindeutigkeit so stark ist, daß seine eigene Einsamkeit daran festgebunden wäre wie an einem eisernen Pfahl.« (KW 1, 595)

Romantik ist dagegen, wenn man, wie Joachim von Pasenow, noch bestrebt ist, durch die Wiederbelebung von Partialsystemen der alten, Einheit stiftenden ethischen Weltordnung »das Verschwimmende und Verfließende des Lebens aufzuheben« (KW 1, 24f.), und zwar auch dann, wenn einem, wie dem Glockenklang und Chorgesang hörenden Faust, der Glaube daran bereits fehlt. Solche Partialsysteme sind zum Beispiel das Wertsystem des Militärs, anerkannt durch die Uniform, die der preußische Premierleutnant Pasenow trägt, oder das der Familie, wie es durch Pasenows Eheschließung mit einer jungen und keuschen Adeligen möglich wird.

Romantik, Anarchie, Sachlichkeit bezeichnen zwar Epochen, die einander bedingen, sie heben sich jedoch nicht gegenseitig auf: Bertrands Beobachtung, die noch dem jungen Pasenow und seiner Geliebten in Berlin galt, erlangt durch den dritten Roman der Trilogie geschichtsphilosophische Bedeutung:

»es (leben) so viele Menschen verschiedener Zeitalter zugleich miteinander«. (KW 1, 90)

Im ersten Roman schienen Romantik und protestantisches Preußen, im zweiten Anarchie und katholisches Rheinland noch zusammenzugehören. Im dritten Roman dagegen büßen geographisch-konfessionelle Unterschiede in Europa hinsichtlich der Geschichtsentwicklung ihre Bedeutung ein. Der dritte Roman ist nämlich mehr als nur ein Huguenau-Roman, mehr als ein Roman über die Sachlichkeit, und nicht erst wegen des losgelösten Erzähl-Komplexes um Dr. Müller von der Haupthandlung – eine solche Tendenz ist bereits im zweiten Roman in bezug auf Bertrand zu beobachten. Die Besonderheit des dritten Romans besteht auf der Handlungsebene vielmehr hauptsächlich darin, daß er auch ein umfangreiches Nachspiel zu den ersten beiden in sich abgeschlossenen Romanen enthält.

Wir treffen in Huguenaus ›Operationsgebiet‹ den am Ende des ersten Romans frisch verehelichten Premierleutnant Pasenow als Major und Stadtkommandanten und den am Ende des zweiten Romans im Theatergeschäft bankrottierten, frisch verheirateten Esch als Zeitungsherausgeber wieder. Es hat sich jedoch bei ihnen – »Und-wenn-sie-nicht-gestorben-sind-dann-leben-sie-noch-heute« – nichts geändert. Pasenow ist ein Romantiker geblieben, wenn er im Leitartikel der Lokalzeitung die Rückkehr zu den Ideen der Reformation propagiert, die in seiner Interpretation als umfassendstes Partialsystem auch die Ideologie des Militärs und die der Familie in sich aufnahm. Diese Manifestation der Romantik ist gewiß unzeitgemäß wie jede Romantik ab ovo im Brochschen Sinne, ihr Gehalt jedoch, hier die Reformation, ist nicht ohne Zusammenhang mit der Zeit. Wie wir es bereits aus Brochs Geschichtsphilosophie kennen und Dr. Müllers Erörterungen entnehmen können, gab die Reformation die ersten Hinweise »auf die Auflösung des christlich-platonischen Weltbildes« (KW 1, 705), war sie sogar Auslöser jenes Prozesses, der zur Entstehung einer Welt der Sachlichkeit führte, in der jedes Individuum wie Huguenau »auf seine eigene empirische Autonomie gestellt« und so an keinem »übergeordneten System (mehr) beteiligt ist« (KW 1, 692). Auch Esch, »ein Mensch impetuoser Haltungen« (KW 1, 595f.), sucht noch immer die Eindeutigkeit, will »nur so ein Hausmittel zum Wohlbefinden, Rezepte zum Reichtum«[8], bis er dann im Verlauf der bewegten Ereignisse des Kriegsjahres 1918 seine Einsamkeit an dem verrosteten Pfahl der Romantik festbindet:

»Die Betrachtungen des Majors [im Leitartikel], die an das deutsche Volk gerichtet waren, hatten auf einen […] Teil der Nation ihre Wirkung ausgeübt, und dieser Teil war eben Herr Esch.« (KW 1, 479)

Dieses Nachspiel wird mit der Huguenau-Handlung dadurch verbunden – und zugleich ironisch gedeutet –, daß Pasenows von Bibel-Zitaten durchwobener Leitartikel gerade dann in der von Esch gegründeten Zeitung erscheint, als diese durch Betrug von Huguenau erworben wurde. Damit zeigt sich unmittelbar, daß Zeitungsartikel von der Pasenowschen Art eine Entwicklung nicht aufhalten können; ebensowenig vermögen das jene Bibelstunden, die der durch die Leitartikel entflammte Esch gehalten hat. Die Entwicklung, die sie letztlich selbst in Gang gesetzt hatten und die zu einem »Kampf aller gegen alle« und mit allen Mitteln führt (KW 1, 698) – dargestellt an den chaotischen Ereignissen der lokalen Novemberrevolution 1918 –, können sie nicht aufhalten. Ist aber durch diese Umstände ein Endpunkt erreicht? Um das Spezifische des Schlusses aufzeigen zu können, müssen wir die Romanenden der einzelnen Teile der Trilogie miteinander vergleichen.

Die ersten beiden Romane bestehen gleicherweise aus je vier Kapiteln bei geringer Zunahme des Umfanges zugunsten des zweiten Romans, wobei die letzten – kurze Epiloge, geraffte Berichte über das Schicksal der Helden nach ihrer Heirat – weniger als eine Seite beanspruchen. Das letzte Kapitel des dritten Romans ist wiederum ein Epilog, trägt seine Gattungsbezeichnung sogar als Überschrift. Es ist jedoch mit 27 Seiten bedeutend länger als die vorangehenden. Dies rührt einerseits daher, daß das letzte Kapitel zugleich der abschließende Teil von Dr. Müllers Essay über den Zerfall der Werte ist. Andererseits erreicht Huguenaus Geschichte ihr Ende erst im Epilog. Der Schluß-Topos in den ersten beiden Romanen – nämlich die Eheschließung – erscheint hier erst im Epilog. So entbehrt die Huguenau-Geschichte einer Geschlossenheit; ihre letzte, vor dem Epilog dargestellte Phase ist nicht als Ende im aristotelischen Sinne zu charakterisieren. Nach Darstellung des ungestraft gebliebenen Mordes an Esch, nach Erzählung der endgültigen Trennung zwischen Marie und Nuchem beginnt das Epilog-Kapitel des dritten Romans mit den Worten: »Es war alles gut.« (KW 1, 698).

Diese lakonische Feststellung ist die ironische Bestätigung dafür, daß sich eine von verschiedenen Gestalten der Trilogie ausgesprochene Hoffnung erfüllt habe: »alles (wird sich) zum Besten wenden« (KW 1, 532). Als solche markiert sie gewiß die *Endphase* eines Prozesses, des Zerfalls der Ethik in Partialethiken der einzelnen Lebensbereiche (L'art pour l'art, Geschäft ist Geschäft, Krieg ist Krieg usw.) bis hin zur »Privatethik« der letzten »Zerspaltungseinheit« (KW 1, 698) des Individuums. Die Feststellung »Es war alles gut« ist zugleich eine ironische Paraphrase der mehrmals wiederholten Worte im ersten Buch Mose, im Buch der Genesis, die 1545 von Martin Luther so übersetzt wurden: »Und Gott sahe das es gut war.« Sie markiert also die *Anfangsphase* eines Prozesses, die der Weltschöpfung des Bösen. Es entsteht aus ihr etwas weiteres, und zwar im Sinne der Broch-Müllerschen Geschichtsphilosophie mit Notwendigkeit: Die Fortsetzung der Huguenau-Geschichte im Epilog zeigt, daß es nicht beim Kampf aller gegen alle bleibt. Es entstehen wieder Partialsysteme, nunmehr als *negativ-imitative* Spiegelbilder der Partialsysteme der zerfallenen positiven Weltganzheit, und es entstehen Systeme von solchen Partialsystemen bis hin, wie sich Dr. Müller in Anlehnung an den Sprachgebrauch der Kirche ausdrückt, zum »Totalsystem [...] des Antichrist« (KW 1, 704f.).

Ist dieser Epilog also ein düsteres Urteil ohne Hoffnung? Ist die Fortsetzung im Nachspiel als Steigerung bis zum totalnegativen Endzustand zu verstehen? Wenn der erste Satz des Epilogs eine solche Annahme suggeriert, dann löst der letzte Satz sie auf: Er ist keine ironische Anspielung, sondern ein wörtliches Zitat aus der Bibel: »Tu dir kein Leid! denn wir sind alle noch hier!« (KW 1, 716). Das Zitat erscheint ebensowenig unvorbereitet wie die kapiteleröffnende Paraphrase, indem es Motivreihen des Mordes und Selbstmordes – und vor allem des Gefängnisses – abschließt.

Das Gefängnis-Motiv wird bereits im ersten Roman angedeutet, als Pasenows Geliebte auf Bertrand schießt. Im zweiten erscheint es durch die Darstellung der Geschichte eines Gewerkschaftsführers, der unschuldig ins Gefängnis geworfen wird. Im dritten tritt es in Erscheinung als gewaltsame, von der Ermordung eines Wärters begleitete Befreiung der Insassen der städtischen Strafanstalt während der revolutionären Ereignisse im November. Diese letzte Entfaltung des thematischen Motivs Gefängnis als aus Brochs Sicht negativ-imitative Spiegelung steht den biblischen Geschehnissen am nächsten, die den Kontext zum Ausruf des Apostels Paulus bilden. Es geht dort auch um Befreiung aus dem Gefängnis und um das Schicksal eines Wärters, dem die Insassen – Paulus und seine Anhänger – unter Auflage der Todesstrafe anvertraut wurden. Die Vorzeichen sind aber umgekehrt: Nicht menschliche, sondern eine höhere, sich als Naturkraft manifestierende Gewalt befreit die Gefangenen, und der Wärter wird nicht ermordet, sondern gerettet:

»Schnell aber war ein großes Erdbeben, also daß sich bewegten die Grundfesten des Gefängnisses. Und von Stund an wurden alle Türen aufgetan und aller Bande los. / Als aber der Kerkermeister aus dem Schlafe fuhr und sah die Türen des Gefängnisses aufgetan, zog er das Schwert und wollte sich selbst erwürgen, denn er meinte, die Gefangenen wären entflohen. / Paulus aber rief laut und sprach: Tu dir kein Leid! denn wir sind alle noch hier!«

Diese Verse aus dem 16. Kapitel der Apostelgeschichte finden sich im 63. Kapitel des dritten Romans der Trilogie. Esch liest sie während einer Bibelstunde in Anwesenheit des Majors Pasenow (vgl. KW 1, 585). Von daher sollte der Schluß des Romans freilich nicht als Flucht Eschs in die Romantik aufgefaßt werden, wenn dieser sagt:

»Sinnlos jede Flucht, freiwillig müssen wir die Haft auf uns nehmen.« (KW 1, 586)

Ein solcher Schluß will sagen: sei nicht verzweifelt, denn die Mauern des Gefängnisses, die Stützen des negativen Totalsystems, stürzen notwendigerweise ein, und Freunde werden aus den Feinden. Es handelt sich dabei, wie die Unterschiede im Kontext, in der strukturellen Position und im werkimmanenten Kommentar der zweimal zitierten Bibelstelle zeigen, nicht um eine Manifestation des bösen Prinzips innerhalb des Romantischen (vgl. KW 1, 597), um die Forderung oder Weissagung einer Rückkehr zu den Ideen des Christentums oder gar zu denen des Urchristentums. Und – wie die motivische Verankerung unterstreicht, ist das Schlußzitat auch nicht funktionslos-lose aufgesetztes Hoffnungsornament, vielmehr wird durch den Hinweis auf eine überlieferte historische Situation, aus der einst eine allumfassende Ethik entstand, allein die geschichtsphilosophisch begründete Hoffnung ausgedrückt, daß die Wellenbewegung der Geschichte auch nach Erreichen des negativen Punktes nicht aufhört, daß dem Menschen der »Schein des Himmelslichts« (Goethe)[9] nicht zu nehmen ist, oder wie Broch die Trilogie selbst kommentiert: »[...] die Sehnsucht nach Erweckung und Errettung«, die Sehnsucht nach einem »neue(n) Ethos« (KW 1, 723) ist dem Menschen unverlierbar. Was aber dieses neue Ethos beinhaltet, wird nicht definiert. Der Gehalt von Brochs erstem großen Werk begründet – nicht anders als seine ›Philosophie‹ – zwar die Notwendigkeit einer im Sinne des Autors goethisch-zeitgenössischen Dichtung, behandelt jedoch nicht ihr Thema. Dadurch wird aber erst recht die Größe, wenn nicht die Unlösbarkeit der selbstgestellten Aufgabe klar: ein Dichtungswerk zu schreiben, welches (weil nur die Dichtung dazu fähig sein soll!) eine neue Religion, eine neue ethisch-relevante Kosmogonie, ein neues, für einen jeden verbindliches Ethos schafft. Das ist die Forderung der Theorie und des Tages nach dem Erscheinen der Trilogie. Brochs persönliche Reaktion darauf: »Und vor Größenwahn hat man sich zurückzuhalten.«[10]

Der Tag, der hier Forderungen stellt, ist nicht allein die Zeit für den nächsten Schritt innerhalb einer inneren Entwicklung, der Verwirklichung des Brochschen Arbeitsprogramms, sondern auch die Zeit der Geschichte, die politische Gegenwartsentwicklung in Österreich und vor allem in Deutschland. Konnte im Epilog der Trilogie über die Entstehung eines Totalsystems des Bösen noch als über eine Entwicklungstendenz der Geschichte geschrieben werden, so ist dieses System 1933 durch den Machtantritt Hitlers eine erfahrbare Realität. Und in diesem Moment tut sich die ganze Problematik einer ethischen Geschichtsphilosophie auf, die einerseits überzeugt behauptet, daß die Zukunft eine mit naturgesetzlicher Notwendigkeit heraufziehende ist, andererseits mit aller Entschiedenheit die Entstehung eines Totalsystems der Versklavung verhindern und alle Ansätze dazu bekämpfen will, obwohl sie – gemäß dieser Philosophie – die unabdingbare Voraussetzung zu einer besseren, zur Wiedergeburt einer harmonischen Welt der Freiheit führenden Zukunft ist. Die Forderungen der ›Müllerschen‹ geschichtsphilosophischen Theorie an den Autor sind also widersprüchlich und stellten ihn vor ein Dilemma, zumal er selbst diese Auffassung vertritt. Broch entscheidet sich immerhin für den Kampf gegen den Faschismus und damit für die Ausführung des dichterischen Programms, wenn auch nicht ohne Zögern, weil am Erfolg zweifelnd.

Ergebnis dieser Entscheidung ist die erste Fassung des *»Bergroman«*. Nach Abschluß des Manuskripts bleibt jedoch Skepsis:

»Der Roman ist fertig und dürfte einige Qualität haben, freilich solche, die in der Relativität der *Fabulierkategorie* verbleiben. Die Frage wozu? warum? für wen? steht ja heute mehr denn je hinter all dieser Beschäftigung.«[11]

Der Hinweis auf die »Fabulierkategorie« und die Tendenz der späteren, zweimal in Angriff genommenen, durch Brochs Tod schließlich abgebrochenen Überarbeitung verrät die Quelle der Unzufriedenheit und der Ungewißheit. Sollte die

Entlarvung des faschistischen Mythos (oder wie der »Beauftragte des Führers zu Überwachung der gesamten geistigen und weltanschaulichen Schulung und Erziehung der nationalsozialistischen Bewegung«, Alfred Rosenberg, es verkündet hatte: »der Mythus des 20. Jahrhunderts«) als Ersatzreligion und damit als Demagogie durch den »Bergroman« gelungen sein, die Lösung der Hauptaufgabe, die Darstellung einer neuen Religion als Gegenkraft, blieb zweifelsohne auch für den Autor unbefriedigend.

Und mußte sie nicht notwendigerweise unbefriedigend bleiben? Geht es doch letzten Endes darum, zwischen einem ›guten‹ und einem ›bösen‹ Irrationalen zu unterscheiden, dies, obwohl im letzten Teil des Essays »Zerfall der Werte« zu lesen ist:

»alles, was sich von ihm [dem Irrationalen; d. Verf.] aussagen läßt, beschränkt sich auf die Feststellung, daß es da ist und unter die Kategorie des Bösen subsumiert zu werden hat.« (KW 1, 699)

Oder ist das Gottesbewußtsein, das sich aus der mystischen Erfahrung des Ich nährt und eine ethische Kosmogonie fordert, ein rationales Phänomen? Ein unmittelbar Gegebenes, durch die Dichtung Gegebenes, und zwar auch für diejenigen, die nie ein solches mystisches Einheitserlebnis hatten? Broch versucht eine bejahende Antwort auf diese Fragen, wenn er auf Symbole der Platonischen und neuplatonischen Philosophie und überhaupt auf Symbole und Mythen der griechischen Religion zurückgreift. Die Handlung: Der Wettstreit um die Seele der Menschen in zwei Dörfern mit Sozialstrukturen und Problemen der dreißiger Jahre. Die zwei Kontrahenten: Mutter Gisson und Marius Ratti, die ihren Kampf um die ethische Führerschaft über die Dorfbewohner auszufechten haben. Diese Personen tragen allzu auffällige Züge von archaischen Göttern und Geistlichen – und zum Schaden des Romans sind eben diese Züge kaum integriert. Ihr Verhältnis zu ihren »platonischen Ideen«, zu ihren möglichen göttlichen und geistlichen Präfigurationen sind aber grundverschieden. Mutter Gisson, teilhabend an den Eigenschaften ›des Ewig-Weiblichen‹, ist eine Schwester der Steine, Pflanzen und Tiere, Abkömmlingin der durch Erde und Wasser, Bäume und Höhlen versinnbildlichten Göttin der Fruchtbarkeit und Gemeinschaft Demeter, während ihr Widerpart, der hergelaufene Bursche Marius

Ratti, jene Wanderpriester der Vatergottheiten imitiert, die einst über die Muttergottheiten des Matriarchats gesiegt haben. Er ist bloß ein Imitator, indem er nicht Fortschritt, sondern Rückkehr fordert und keine Beziehung zum Göttlichen hat, er ist gar ein gefährlicher Imitator, weil er nur Macht und Zerstörung im Sinne hat und nicht Ratio und Formung. Als geschickter Imitator hat er jedoch auch eine gewaltige Anziehungskraft, und zwar nicht nur auf ›einen‹ Teil der Nation (wie ein Romantiker in »Schlafwandler«, der seine Rolle noch ehrlich spielte), sondern auf die verschiedensten sozialen Schichten. Und wenn seine Demagogie nicht ausreicht, hat er durch seinen zwerghaften Untertan Wenzel, den Anführer von Schlägertruppen, auch noch Gewalt zur Verfügung. Am Ende wird die Verlogenheit des leicht auf die aktuellen Vorgänge in Deutschland zu beziehenden Rattismus auch vom Chronisten der Dorfgeschichte durchschaut, von einem Intellektuellen, dessen Aufgabe es ist, die Menschen zu heilen, vom Arzt der Gemeinde. Er kann freilich weder das Unheil, einen pseudokultisch verbrämten Mord, noch den (altersbedingten) Tod der Mutter Gisson verhindern. Doch die neun Monate umfassende Geschichte endet mit der Geburt eines Kindes – Symbol der »ewigen Wiedergeburt« des mütterlichen Prinzips wie auch eines Neuanfangs. Auch der Frühling, der einzieht, als der Verfasser die Aufzeichnungen seiner Erlebnisse vom vorangegangenen Jahr abschließt, ist ein solches Symbol. Diese Sinnbilder der Hoffnung sind archaischer und zugleich allgemeinverständlicher als der Ausdruck des Zukunftsglaubens im Paulus-Zitat am Ende der »Schlafwandler«-Trilogie, aber auch allgemeiner, verschwommener und schwächer. Das Positive wird ebensowenig zur Handlung geformt wie im ›historischen Roman‹, nur das Verhältnis des Beobachters zu den Ereignissen hat sich geändert. Nicht wie Bertrand und Dr. Müller mit Selbstmord und mit einem den Wertzerfall beschreibenden Essay reagiert der Chronist auf die Geschehnisse, die in der Dorfgemeinschaft anstelle des Zerfalls jetzt »das Ringen der Werte«[12] spiegeln, wenn auch in einem anderen Sinne und mit einem anderen Ergebnis, als es von Alfred Rosenberg in einem europäisch-kulturgeschichtlichen Zusammenhang dargestellt worden war, sondern mit Lebenszuversicht und mit ein Gotteserlebnis vermittelnder Naturlyrik in Prosa.

Immerhin, der »Bergroman« blieb im ganzen gesehen ein unzulängliches Werk, nicht zuletzt auch für den Autor: Broch brach die Arbeit daran ab und begann (praktische Anwendung seiner Werttheorie) die Ausarbeitung einer »Deklaration zum Schutze der allenthalben vergewaltigten *Menschenwürde*« (KW 11, 195), die durch Unterstützung namhafter Persönlichkeiten und weltweit wirkender Humanitätsorganisationen den Rang einer Völkerbund-Resolution erreichen sollte. Mit dem rapiden Zerfall des Ansehens der Weltorganisation – infolge der politischen Entwicklung, unter anderem der Austritt Italiens und die Folgelosigkeit der wegen des Überfalls auf Äthiopien verhängten Wirtschaftssanktionen gegen dieses Land – erwies sich dieser Resolutionsentwurf für Broch als genauso überholt wie der Versuch, soziale Wirkung durch ein dichterisches Werk zu erzielen. Allerdings setzte er seine literarische Tätigkeit nach dem persönlichen Krisenjahr 1937 und auch nach der Emigration in die USA fort, und zwar sowohl als politischer Schriftsteller als auch als Dichter. Die sozialpolitischen Aspekte der »Bergroman«-Problematik gingen auf in den politologischen und massenpsychologischen Studien: *»Zur Diktatur der Humanität innerhalb einer totalen Demokratie«* (1939), *»Vorschlag zur Gründung eines Forschungsinstitutes für politische Psychologie und zum Studium von Massenwahnerscheinungen«* (1939), *»Massenwahntheorie«* (1939/48). Die religiös-ästhetische Problematik erhielt Gestalt in dem zweiten großen abgeschlossenen Roman, *»Der Tod des Vergil«*. Natürlich sind die beiden Hauptanliegen des Autors nicht völlig voneinander zu trennen, so findet man in »Massenwahntheorie« Hinweise auf Vergil als auf einen, der gleich Rousseau am Vorabend der französischen oder Tolstoi am Vorabend der russischen Revolution, Dichter und Prophet einer »Neufundierung der Menschenwürde und Menschenfreiheit« (KW 12, 148) war. Im Roman wiederum wird mehrfach das Problem Dichter – Masse und soziale Funktion der Dichtung behandelt. Wichtiger sind jedoch die Unterschiede: Die massenpsychologischen Arbeiten haben das Ziel, die in einem »schlafwandlerischen Dämmerzustand« lebenden Menschen der Zeit zur Demokratie zu bekehren, im Roman hingegen versucht der Autor noch einmal, die mystische Erfahrung Gottes und der Neuschöpfung der Welt darzustellen.

Die Ziele für die politologischen und die poetischen Arbeiten sind somit nicht nur unterschiedlich, sie widersprechen auch einander. Die Bejahung der von Broch hier avisierten Form von Demokratie ist ja gleichzusetzen mit der Einsicht, daß es kein einheitliches Wertsystem gibt und geben kann, das jegliches Handeln zu bestimmen hat. Die zu etablierende neue ethische Kosmogonie hätte dagegen die Funktion, die Grundlage zu einem solchen Wertsystem zu liefern. Der Gegensatz wird jedoch in der Annäherung zu diesen Zielen aufgehoben, indem auch »Der Tod des Vergil« letzten Endes kein ›erkenntnistheoretischer Roman‹ ist. Wie die Demokratie nur die *Struktur* des Entscheidungsprozesses bestimmt, aber den Inhalt der Entscheidung offen läßt, so wird die Gotteserfahrung und die daraus resultierende Welt-Neuschöpfung in diesem Werk – ähnlich dem Epilog der »Schlafwandler«-Trilogie – durch eine historische Analogie nur in seiner Struktur erfaßt.

Infolge dieser Reduktion der dichterischen Aufgabe und der darzustellenden Handlung konnte die kurze »historische« Erzählung, deren erster Entwurf im Frühjahr 1936 entstand und die der Autor bereits unter dem Titel *»Die Heimkehr des Vergil«* im März 1937 im Wiener Rundfunk in gekürzter Fassung vortrug, für Broch neben und über den Bergroman hinaus immer wichtiger werden. Vergil als Vorahner des Christentums (so wurde er im Mittelalter interpretiert), als »Vater des Abendlandes« (Theodor Haecker, 1931)[13], als Verfasser des »messianischen Gedichtes«[14] (so wurde er von zahlreichen Interpreten seiner 4. Ekloge um die Zeit der Feierlichkeiten zur zweitausendsten Wiederkehr seines Geburtstages gewürdigt) wird von dieser Zeit an immer mehr eine Identifikationsfigur. Für Broch selbst, am ehesten vielleicht in Erwartung des Todes im Gestapo-Gefängnis im März 1938, und eine Identifikationsfigur auch für seine wichtigsten Nebengestalten früherer Romane: die Beobachter. Vergil, welcher (der überlieferten Biographie zufolge) auch *Medizin* und *Philosophie* studierte, wird im Brochschen Werk eine Variante von Bertrand, in dessen Benehmen so oft »etwas von *ärztlicher* [...] Fürsorge« (KW 1, 150f.) zu spüren war, vom *Arzt*, der die Geschichte von Mutter Gisson und Marius Ratti erzählte, von Dr. Müller, der *geschichtsphilosophische* Abhandlungen verfaßte. Im neuen Werk steht dieser Typus aber ganz im Zentrum des Geschehens, wenn Vergil auch nur ein Beobachter ist, ist er doch immerhin ein Beobachter seines langsamen Sterbens, seines Eingehens in den Platonischen Logos, seiner Vision von der Neuschöpfung der Welt.

Der Leser der fünften und letzten, zuerst im März 1945 in New York erschienenen Fassung von *»Der Tod des Vergil«* erlebt die letzten 24 Stunden im Leben des aus Platons Athen mit Cäsar Augustus nach Brundisium heimkehrenden Dichters. Sie stehen für den Moment des Übergangs vom Leben zum Tod, den existentiellen Moment des Rilkeschen »Nochnicht-und-doch-Schon« (KW 4, 351), und zugleich für den historischen Moment des Übergangs vom Überholt-Alten zum Notwendig-Neuen im Zeitalter des Augustus und dem von Broch. Die vier Kapitel des Buches: Die Ankunft, Der Abstieg, Die Erwartung, Die Heimkehr – so die jeweils zweiten Teile der doppelten Kapitelüberschriften – enthalten auf verschiedenen metaphorischen Ebenen immer wieder das gleiche Hinabsteigen in die Unterwelt, den Hades, den Weg von Orpheus und Äneas wiederholend, antizipierend den Weg Dantes unter Vergils Führung, den Weg Fausts zu den Müttern. Die vier Kapitel sind gleichsam vier Strophen eines riesenlangen Gedichts, vier Sätze einer riesengroßen Symphonie, vier Bestandteile eines einzigen Ganzen, ähnlich den vier Elementen Wasser, Feuer, Erde, Äther, aus denen nach alten Mythen die Welt erschaffen wurde – diese vier Elemente bilden übrigens den jeweiligen ersten Teil der Kapitelüberschriften.[15] Vergil erlebt seinen Tod als eine Rücknahme der alttestamentarischen Schöpfung, die nicht mehr gut war, als Rückkehr zum Logos, zum Urbild, zum Wort, als eine Hinfahrt zur Mitte des Universums, zum Ort, woher die neutestamentarische Schöpfung, die Weltschöpfung des Guten, ersehbar ist: Zeilen aus der 4. Ekloge deuten auf sie hin, eingewoben in die Textur neuplatonischer Sinnbilder, alter griechischer Mythen, altüberlieferter Geschehnisse der Genesis:

»Und in der Mitte des Weltenschildes ward es [das menschliche Antlitz; d. Verf.] erblickbar in unendlichster Tiefe, dort ward es erblickbar inmitten unendlich menschlichen Seins und Hausens, erblickbar zum letzten und doch auch zum ersten Male: der kampflose Friede, das menschliche Antlitz in kampflosem Frieden, erblickbar als das Bild des Knaben im Arme der Mutter, vereint mit ihr zu trauernd lächelnder Liebe. So sah er es, so sah er den Knaben, so sah er die Mutter, und sie waren ihm so überaus vertraut, daß er sie fast zu benennen vermochte, freilich ohne ihre Namen zu finden; indes noch weitaus vertrauter als das Gesicht und der unauffindbare Name war das Lächeln, das Kind und Mutter verband, und es schien, als sei in diesem Lächeln bereits der ganze *Sinn* des unendlichen Geschehens enthalten, als werde das sinnvolle Gesetz in diesem Lächeln angekündigt – die mild-furchtbare Herrlichkeit des menschlichen Loses, gezeugt vom Worte und in der Zeugung schon des Wortes Sinn, des Wortes Trost, des Wortes Gnade, des Wortes Fürsprache, des Wortes Erlösungsstärke, des Wortes Gesetzeskraft, des Wortes Wiedergeburt, nochmals ausgedrückt und ausdrückbar in den unzulänglichen und doch allein noch zulänglichen irdischen Bildern menschlichen Tuns und Wandelns, in ihnen verkündet und bewahrt und wiederholt für immerdar.« (KW 4, 452f.)

Das ist die Geschichtsphilosophie des Epilogs aus der Romantrilogie »Die Schlafwandler«. Das ist der Stil der letzten Sätze dieses Epilogs und auch der Stil der pathetischen Naturbeschreibungen des Arztes im »Bergroman«, auch der Stil der frühen und späten Broch-Gedichte: ein versuchtes Hinabgreifen unter den geschichtlichen Bau der Sprache. Ein ganzes Buch lang nur hier durchgehalten, allein hier gerechtfertigt durch die Wahl des Helden und die Einmaligkeit seiner Situation.

Die existentielle Grenzsituation, der Moment des Sterbens, ist jedoch keine Erzählsituation im epischen Sinne. Die Darstellung von Vergils Ich in seinem Todeserlebnis kann zwar die Struktur eines mystischen Aufschwungs zum Gott erleben lassen, sie erlaubt aber nicht die Mit-Darstellung eines handelnden Menschen im Zeichen einer neuen Ethik. Somit kommt nur die lyrische Komponente der Brochschen Auffassung von zeitgemäßer Dichtung in diesem Werk voll zur Geltung, obwohl sie nur die Bedingung bildet zur Gestaltung einer großen Epik mit Totalitätsanspruch, mit Anspruch auf den Platz, den die vorkantische Philosophie in der Symbiose mit der Religion einst innehatte. Zugleich spürt man hier, daß das Lyrische Brochs eigentliches Element ist, es ist die Quintessenz seines Wesens als Autor. Das Lyrische war es, das durch »die Vergottung der ›Wissenschaftlichkeit‹« verdrängt war und das durch die Ratio eines Philosophen und die Praxis eines Romanciers legitimiert und befreit werden mußte. Daher ist auch verständlich, daß Broch nach dem Abschluß des Gedicht-Romans keine neue, größere poetische Arbeit mehr begann.

Der Verzicht war nicht nur eine ethische Tat des politischen Menschen, sondern auch innere Notwendigkeit. *»Die Schuldlosen. Roman in elf Erzählungen«* (1950) faßt früher geschriebene Novellen und Gedichte überarbeitet und ergänzt zusammen. Die Kernerzählungen wurden bereits in den frühen dreißiger

Jahren geschrieben. Damals wollte Broch einen Novellenband herausgeben. Den Plan gab er später auf und begann am »Bergroman« zu arbeiten. Als er dann Ende der vierziger Jahre im amerikanischen Exil von Freunden und Verlegern aus der Schweiz, aus Österreich und aus Westdeutschland immer wieder aufgefordert wurde – sozusagen als »Beitrag zur Welt-Neugestaltung« (KW 5, 306) nach dem Zweiten Weltkrieg –, neue Erzählungen zu schicken, entschloß er sich nach langem Zögern, aus den vorhandenen, teils unveröffentlichten Novellen und Gedichten einen einheitlichen Komplex zu komponieren. Im Mittelpunkt sollte die Schuldfrage stehen, das Problem der moralischen Verantwortung des einzelnen für die Geschehnisse, die in Deutschland 1933 zur Machtergreifung Hitlers führten. Um dieses Problem zu lösen, muß man zuerst nach den Ursachen dieser Entwicklung fragen. Für Broch aber waren es die gleichen Ursachen, die er für den Zusammenbruch am Ende des Ersten Weltkrieges verantwortlich machte, für den Verfall der bürgerlichen Gesellschaft, den Zerfall der Werte. Die Hauptursache war ihm eine Art Überrationalität, die die unverlierbaren irrationalen Sehnsüchte des Menschen verdrängte und den einzelnen der formlosen, haltlosen Irrationalität, seinen tierisch-unbewußten Trieben auslieferte. Das ist aber, wie der Leser des »Epilogs« in »Die Schlafwandler« wohl weiß, noch nicht der Endpunkt der Entwicklung im Negativen: Die Vereinsamung des Menschen als Folge seiner Entlassung aus dem Bande eines umfassenden, umfangenden Wertsystems führt nicht nur zum Kampf aller gegen alle; sie liefert das Individuum auch den Demagogen einer falschen Gemeinschaft aus. Diese in »Die Schlafwandler« nur noch theoretisch angedeutete Möglichkeit, ja Notwendigkeit der historischen Entwicklung wurde dann zwar in dem in der ersten Fassung fertiggestellten ersten Band der geplanten ›erkenntnistheoretischen‹ Trilogie, in *»Die Verzauberung«*, dargestellt, aber zunächst nicht veröffentlicht. Deshalb sollten die Novellen so umgearbeitet und weitergeschrieben werden, daß sie sowohl als Fortsetzung zu »Die Schlafwandler« als auch als Ersatz des »Bergromans« gelten konnten. Sie wurden drei geschichtlichen Daten – 1913, 1923, 1933 – zugeordnet und die dargestellten Ereignisse als Nachahmung einer mythischen Handlung gestaltet. In der letzteren lehnt sich Broch hauptsächlich an die Don-

Juan-Geschichte an, die für ihn die Urgeschichte der Unfähigkeit zu dauerhafter Bindung, für die permanente Vereinsamung, ist. Namen von Personen deuten auf das Grundmuster des Romans hin; man kann die einzelnen Gestalten als Varianten von Personen aus »Die Schlafwandler« und »Die Verzauberung« verstehen. Stärke und Schwäche dieser, der unterschiedlichen Entstehungsgeschichte der Einzelteile wegen notwendigerweise nicht immer überzeugenden Darstellung sind auch die des »Bergromans«: brillant-satirische Durchleuchtung des Demagogischen (»Die vier Reden des Studienrats Zacharias«), verschwommene, realitätsentrückte Darstellung des Positiven (»Ballade vom Imker«)[16]. Auch die Schuldproblematik ist in der Brochschen Geschichtsauffassung, wie am »Bergroman« schon gezeigt wurde, nicht konsequent zu lösen. Der Titel des Werkes, *»Die Schuldlosen«*, ist jedoch nach Intention des Autors ironisch zu verstehen. A., ein Holländer in den besten Jahren, ein Mann impetuoser Haltungen, erkennt am Ende, was die anderen Vereinsamten nicht einsehen können: Gleichgültigkeit, auch seine, hatte die tragischen Entwicklungen um ihn und in der Welt erst ermöglicht. In der abgekürzten Benennung A. ist übrigens auch ein Hinweis auf Franz Kafka, dessen Wirkung auf Broch seit den dreißiger Jahren immer stärker war, aber auch auf Hugo von Hofmannsthal, auf den Autor des Romanfragments »Andreas«, enthalten. Daher ist auch nicht verwunderlich, daß Brochs letzte bedeutende Arbeit, die weder zu den poetischen, noch zu den politologischen zu zählen ist, eine Rechenschaft über die österreichischen Wurzeln seines geistigen Habitus und ein versteckter Selbstkommentar über seine Stellung im österreichischen Geistesleben war, eine umfangreiche Abhandlung *»Hofmannsthal und seine Zeit«* (1951). In ihr ist zu lesen, was er unmittelbar fortzusetzen gedachte, jenseits des Goetheschen Programms, jenseits des Vergilschen Beispiels. Wer es ist, der die Brochsche Arbeit tatsächlich fortsetzte, ist schwer zu sagen. Es soll der Hinweis auf Elias Canetti genügen, den Autor des Romans »Die Blendung« (1935), des Dramas »Die Befristeten« (1952) und des Essays »Masse und Macht« (1960).

Hermann Brochs Werke finden immer mehr Leser, Kommentatoren, verehrende und ablehnende Kritiker. Einer, der ihn früher abgelehnt hatte, schrieb später in einem Forschungsbericht: »Es kommt doch vor allem darauf an, daß er in einer epochalen Krise der bürgerlichen Gesellschaft die Probleme des Menschen auf eine tiefe und in ihrer Ratlosigkeit sehr wahrhaftige Weise dargestellt hat. [...] Das Werk Brochs (hat) weder seinen Zeugnis- noch seinen Anrufcharakter verloren, (besitzt) also nach wie vor repräsentative Bedeutung.«[17]

Biographische Notiz

Hermann Broch wurde am 1. November 1886 als Sohn eines jüdischen Textilfabrikanten in Teesdorf bei Wien geboren. 1903/06 in Wien und Mühlhausen (Elsaß) Ausbildung zum Textilingenieur, Praktika in deutschen und böhmischen Fabriken, 1906 Studienreise nach Amerika. Entwickelte (zus. mit einem elsässischen Industriellen) eine Baumwollmischmaschine. Nach zweijährigem Militärdienst Eintritt in das väterliche Unternehmen, das er 1916/27 leitete. Ende 1909 Ehe mit der zwei Jahre älteren Franziska von Rothermann. Als führendes Mitglied des Österreichischen Industrieverbandes Beschäftigung mit Arbeitsproblemen. Ab 1912 über die Bekanntschaft mit Franz Blei (Hg. der Zs. »Summa«) in das literarische Leben Wiens eingeführt, Kontakte zu Polgar, Musil, Werfel, Gütersloh. Veröffentlichte in den Zeitschriften »Summa« und »Brenner« eine Reihe kleinerer kritischer und philosophischer Arbeiten sowie die Erzählung »Eine methodologische Novelle«, eine Satire auf den Expressionismus (1918, in: »Summa«). Während des Ersten Weltkrieges Leiter eines Garnisonsspitals. 1923 Ehescheidung, 1927 Verkauf der väterlichen Fabriken, die auch durch nach dem Krieg versuchte Modernisierungen nicht mehr zu halten waren. Neben schriftstellerischer Tätigkeit 1925/29 Studium an der Wiener Universität (Mathematik bei Hans Hahn, Philosophie bei Moritz Schlick und Psychologie bei Karl Bühler), seit 1935 als freier Schriftsteller in Wien, Tirol und der Steiermark lebend. Nach der Annexion Österreichs vom 13. bis 31. März 1938 durch die Gestapo inhaftiert (wegen Abonnements der in Moskau erscheinenden Zeitschrift »Das Wort«). Nach Freilassung Emigration: über Großbritannien Oktober 1938 in die USA, die ersten Monate in Killingworth, Connecticut, ansässig, danach in Princeton (bis 1940), 1941 Ermordung der Mutter im KZ Theresienstadt. Beschäftigung vor allem mit massenpsychologischen Studien. Mehrere der großen amerikanischen Stiftungen sicherten ihm ein bescheidenes Auskommen. Dezember 1949 in New York zweite Ehe mit Annemarie Maier-Graefe, geb. Epstein. In den letzten Lebensjahren auch Tätigkeit am Sybrook-College der Yale University in New Haven, 1950 Honorary Lecturer im German Department der Yale University. Im gleichen Jahr zum Nobel-Preis vorgeschlagen.

Hermann Broch starb am 30. Mai 1951 in New Haven, er wurde in Killingworth begraben. Seine Manuskripte hat er testamentarisch der Yale University vermacht, sie wurden in den Goethe-Raum der Bibliothek überführt.

Lajos Némedi

Georg Trakl

Sehr viel ist über den rätselhaften Charakter, ja die Undeutbarkeit der reifen Poesie Georg Trakls (1887–1914) geschrieben worden. Zugegeben, die Sprache dieses Dichters ist an vielen Stellen dunkel, manche sind schlechterdings undechiffrierbar – das Wagnis, ein Bild von der *Entwicklung* dieses Dichters zu entwerfen, soll hier dennoch versucht werden – ist doch allein auf diese Weise dem Kern seines Werkes näherzukommen.

Es handelt sich im Grunde genommen um nur acht Schaffensjahre; aber Trakl ist in dieser Zeit nicht derselbe geblieben. Man kann bei ihm stets neue Anläufe zu gleichem Ziele feststellen. Deshalb ist es falsch – belegt durch Zitate aus verschiedenen Perioden seines allerdings kurzen Lebens –, vom ›Traklschen Gedicht‹ schlechthin zu sprechen; dies führt sehr leicht zu Fehleinschätzungen, wie die Forschungsgeschichte zur Genüge beweist.

Man kann diese Dichtung verstehen. Sie kann beglücken, gerade durch ihren tiefen Ernst, durch die bezaubernde Musikalität und durch die dunklen Töne ihrer Sprache.

Trakl hat nicht mit Gedichten begonnen, sondern mit Prosa, erschienen 1906 im »Salzburger Volksblatt«. *»Traumland«* heißt die erste Erzählung: ein Rückblick auf ein Kindheitserlebnis. Die Welt ist noch heil, Mensch und Natur sind im Einklang:

»Im Garten habe ich gelegen im Gras und habe den Duft von tausend Blumen eingeatmet«. (GW 2, 14)[1]

»Aus goldenem Kelch« betitelt Trakl zwei Texte: *»Barrabas. Eine Phantasie«* und *»Maria Magdalena. Ein Dialog«*. Beide kreisen um Christus, konfrontieren heidnische Lebensfreude und christliche Askese. Das Christentum wird als ein Traum erlebt, wie in Rimbauds »Une saison en enfer«. Der Dialog erinnert stark an eine Erzählung von Anatole France (»Le procurateur de Judee«, 1892). Im letzten der erhaltenen Prosastücke – Trakl hat wohl mehrere vernichtet – findet sich bereits eine morbide Atmosphäre: Ein vereinsamter Graf lebt im Turm seines Schlosses. Im Teich schwimmen weiße Lilien, sie sind »wie kleine tote Frauenhände« (*»Verlassenheit«;* GW 2, 30).

1906 auch wurden im Salzburger Stadttheater zwei kleine Dramen des jungen Mannes aufgeführt: *»Totentag. Dramatisches Stimmungsbild in einem Akt«* und *»Fata Morgana. Tragische Szene«*. Da diese Texte verschollen sind, lassen sie sich nur aus zeitgenössischen Kritiken erschließen. Es waren wohl neuromantische dramatische Versuche in der Nachfolge Ibsens und Maeterlincks. Die katholische Presse entrüstete sich.

Das Drama blieb eine Verlockung, eigentlich bis zum Ende. Zwischen 1906 und 1908 entstanden die Fragmente *»Don Juans Tod«* und 1910 *»Blaubart. Ein Puppenspiel«*. Besonders das letztere Thema ist zu dieser Zeit oft bearbeitet worden. Man denke nur an Béla Bartóks »Blaubarts Schloß« (»A kékszakálu herceg vára«, 1911) nach dem Text von Béla Balázs. Diese Dramenfragmente führen bereits in das Wesen des Traklschen Werkes. Tragik der Sexualität, Mord, Sadismus waren nicht nur verbreitete

Themen in der Literatur dieser Zeit, sie wurden vielmehr bearbeitet, weil sie des Dichters schmerzlichste Lebenserfahrung widerspiegeln. Vorbilder gab es genug. Das Don-Juan-Thema wird im Sinne Lenaus ausgelegt. Don Juan ist die Verkörperung der stärksten Lebenskräfte. Gewirkt haben könnte auch der zum Sadistischen tendierende Roman »Le jardin des supplices« (1899) von Octave Mirbeau, welcher bekanntlich auch bei Franz Kafka (»In der Strafkolonie«, 1914) bis in die kleinsten Details nachklingt.

1908 endlich erscheint in der »Salzburger Volkszeitung« das erste Gedicht: *»Das Morgenlied«.* Es ähnelt dem ersten Prosastück. 1909 dann ist die bekannte, charakteristische Traklsche Sicht der Welt da. Das Sonett *»Herbst«* (1913 u. d. T. »Verfall« erschienen) bleibt lange Zeit sein bekanntestes Gedicht.

Am Abend, wenn die Glocken Frieden läuten
Folg ich der Vögel wundervollen Flügen,
[...]
Hinwandelnd durch den dämmervollen Garten
Träum ich nach ihren helleren Geschicken
[...]
Da macht ein Hauch mich von Verfall erzittern. (GW 1, 13; Fü 54)

Die Schlüsselwörter finden sich bereits: Abend, Herbst, Verfall. Es ist immer noch die »décadence«, das Wiener »fin de siècle«, das bei dem Provinzdichter in Salzburg einen verspäteten Widerhall findet.

Trakl hat aber tiefere und schmerzlichere Dinge zu sagen. 1909 kann er dem Freund Erhard Buschbeck eine ganze Reihe von Gedichten schicken. Sie wurden von diesem sehr viel später, 1939, unter dem Titel *»Aus goldenem Kelch«* veröffentlicht. Die reife Dichtung übertrifft natürlich diese frühen Gedichte. Es lohnt sich aber trotzdem, sie heranzuziehen, will man die Entwicklung Trakls verstehen.

»Blutschuld« heißt das eine, es ist von dem bis dahin wichtigsten Erlebnis des Dichters inspiriert:

Es dräut die Nacht am Lager unsrer Küsse.
Es flüstert wo: Wer nimmt von euch die Schuld?
Noch bebend von verruchter Wollust Süße
Wir beten: Verzeih uns, Maria, in deiner Huld! (GW 2, 74; Fü 15)

Die Liebe zu seiner Schwester Margarethe, die alles einschloß, was man unter Liebe versteht, ist dieses Erlebnis. Es ist eine Bindung, die einzige dieser Art in seinem Leben, die bis zum Tode hin anhält und die Quelle von Wollust und Qual bleibt. Blutschuld und nicht Blutschande nennt er diese verhängnisvolle Leidenschaft, die er also nicht nur im moralischen Sinne verurteilt, sondern überhaupt für eine Sünde hält. Blutschuld ist eine Hauptschuld, eine Todsünde, die die Todesstrafe nach sich zieht. Daher die Gestalt des Mörders in vielen Gedichten, des Mörders, der auch eine Todsünde begangen hat. Blaubart ist ebenfalls ein Mörder, ein Lustmörder.

Der Dichter kommt von dem Thema nie wieder los. Für ihn ist es eben kein literarisches Thema, wie für viele in der Weltliteratur, sondern das Leben selbst. Mit unerbittlichem Ernst gesteht er die Tat, immer aufs Neue. Am deutlichsten in der dritten Ballade der frühen Sammlung von 1909:

Ein schwüler Garten stand die Nacht.
Wir verschwiegen uns, was uns grauend erfaßt.
[...]
Es blühte kein Stern in jener Nacht
[...]
Ein Dämon nur hat im Dunkel gelacht.
Seid alle verflucht! Da ward die Tat.
(*»Ballade«;* GW 2, 56; Fü 13)

Wir alle sind verflucht. Der Mensch ist ein Nachkomme von Kain *(»Das Grauen«)*. Im Grunde der Traklschen Dichtung ist beinahe immer etwas von dieser schwarzen Verzweiflung da.

Die Auffassung, das Leben sei eine rätselhafte Tragödie, ist keineswegs nur Dichtern um 1910 eigen. Die Dichtung der Moderne entstand bei Baudelaire und Rimbaud aus solchen fürchterlichen Erfahrungen, die der Mensch aus den Tiefen der eigenen Seele heraufbeschwört. Trakl war einer derjenigen, die davon etwas in die deutschsprachige Dichtung hinübertrugen.

Die »décadence« mündet um 1900 bei den meisten Wiener Dichtern in Ästhetizismus. Trakl vertritt aber dabei bereits die zweite Generation, die sich in Melancholie und Schönheit nicht mehr tröstet. In *»Confiteor«* lesen wir:

Und da von jedem Ding die Maske fiel,
Seh' ich nur Angst, Verzweiflung, Schmach und Seuchen,
Der Menschheit heldenloses Trauerspiel,
[...]
Mich ekelt dieses wüste Traumgesicht. (GW 2, 71; Fü 14)

Die »traumgeschaffnen Paradiese«, die »paradis artificiels« Baudelaires, erfüllen »dies trauervolle, müde Herz« auch nur mit Ekel *(»Ermatten«).*

Den wichtigsten Zyklus der frühen Gedichte bilden die zwölf Lieder *»Gesang zur Nacht«.* Eine Sehnsucht nach vollkommener, tiefer Ruhe, Stille, Nacht und Tod singt hier; die Sehnsucht, »Ein Unempfangener in süßem Schoß« zu sein: »Und nie gewesen, wesenlos!« (GW 2, 52; Fü 13). Man fühlt, Trakl hat seine eigene Sprache noch nicht gefunden. Es ist viel Nachempfundenes und Nachgesprochenes in den frühen Gedichten. Er spricht aber grundlegende Erfahrungen und Gefühle der Moderne aus. Der Wunsch, »ein Unempfangener« zu sein, geistert bei vielen, auch der nach unbedingter, absoluter Ruhe. Die Weisheit des »silens« könnte das Leitmotiv für Kafkas gesamtes Werk sein: »Das Allerbeste sei es, nicht geboren zu sein, das Zweitbeste, bald zu sterben ...«

Das letzte Stück der Sammlung von 1909 ist *»Die tote Kirche«* betitelt; Trakl sieht sie nur noch als Schauplatz von Riten, die ihren Sinn verloren haben. Die Entgötterung der Welt ist ein wichtiger Wesenszug der Krise um 1900 in Europa. Das Krisengefühl –

»Weltunglück geistert durch den Nachmittag« (*»Trübsinn«,* 1. Fassung) –

erfaßte natürlich vor allem die Empfindsamen und die Denkenden. Für viele war die Zeit um 1900 eine im wesentlichen problemlose Zeit der Prosperität.

Trakls Gedankenwelt und seine Sprache enthüllen viele mythische und wohl auch Elemente dieses »ruinösen« Christentums, woraus die moderne Lyrik schöpft. Er ist kein Christ mehr. Seine Sehnsucht nach Erlösung greift viel weiter ins Menschliche, ins Mythische aus, wenn er sie auch oft in Bildern ausdrückt, die der christlichen Mythologie entnommen sind. Er selbst hat eine religiöse Erziehung genossen, und er spricht zu Mitmenschen, denen die christlichen Vorstellungen noch geläufig sind.

Der Zeitpunkt, als Trakl »die heiß errungene Manier«[2] seiner Arbeiten voll bewußt wird, läßt sich aus den Briefen datieren. Der Moment also, als er ein Besonderer, Unverwechselbarer geworden ist. Es ist im Juli 1910 in Wien. Er hatte noch ganze vier Jahre zu schreiben, wie nur er es in deutscher Sprache konnte.

Aber selbst in dieser kurzen Zeitspanne (Rimbaud hatte eine noch kürzere!) sind Wandlungen zu bemerken; die reifen Arbeiten dieser Jahre kann man keineswegs als Teilchen in einem Kaleidoskop auffassen, die stets neue Konstellationen der gleichen Elemente ergeben. Zutreffend hingegen ist, daß Trakl »sich des gleichen, unheimlich schmalen Vorrats von Zeichen«[3] bediente. Näher kommt man dem Verständnis des Werkes jedoch nur, wenn man davon ausgeht, daß die gleichen Zeichen, zwar nicht reich an Zahl, in kurzen, sich ablösenden Etappen zwischen 1910 und 1914 verschiedenen dichterischen Intentionen gehorchen.

Da seit dem 1. Mai 1912 viele Gedichte von Trakl bald nach ihrem Entstehen in der bedeutenden literarischen Zeitschrift Österreichs, »Der Brenner«, erscheinen (von Kommunikationsstörungen in diesem Sinne kann also keine Rede sein!), sind wir in der Lage, die Etappen der inneren Wandlung des Dichters ziemlich genau zu verfolgen. Nach dem Juli 1910 kommt mit *»Psalm«* am 1. Oktober 1912 ein erneuter Einschnitt. Genau ein Jahr später dann ein weiterer mit dem Übergang zu den Prosagedichten. Die sogenannten Tiroler Gedichte (Mai–August 1914) zeigen wieder einen neuen Einsatz an, ebenso sind die letzten Gedichte in den ersten Kriegswochen aus einer nochmals veränderten Haltung entstanden.

Zu Trakls Lebzeiten erschienen 51 Gedichte unter dem schlichten Titel *»Gedichte«* (1913). Auch den zweiten Band, *»Sebastian im Traum«* (1915), hat er noch selbst zusammengestellt und auch korrigiert. Trakl komponierte diese Sammlungen nach inneren (musikalischen) Grundsätzen, mit einer Sorgfalt ohnegleichen. Er ändert noch während des Druckes an der Reihenfolge in einem Zyklus und nimmt sich die Zeit, dem Verleger einen Brief zu schreiben, um das Weglassen eines Kommas mitzuteilen. Dies berechtigt unser Verfahren, die beiden Gedichtbände getrennt nach Themenkreisen zu analysieren. Weiterhin sind die Gedichte aus dem Nachlaß zu berücksichtigen.

1913 schreibt Trakl an Ludwig von Ficker, Herausgeber des »Brenner«, der Trakls Genius entdeckte und ihn, den Hilflosen, mit Rat und Tat unterstützte:

»Es [ist] ein so namenloses Unglück, wenn einem die Welt entzweibricht.«[4]

Unter ähnlichem Vorzeichen war 1910 die deutsche expressionistische Dichtergeneration auf den Plan getreten. Jakob van Hoddis mit »Weltende«, Alfred Lichtenstein mit »Die Dämmerung«. Trakl wollte seiner ersten Sammlung ursprünglich auch den Titel »Dämmerung und Verfall« geben; daß es bei dem neutralen »Gedichte« blieb, ist ein Zugeständnis an den Verleger. Er und seine ganze Generation bemächtigten sich der neuen dichterischen Gestaltungsmittel, die eigentlich seit Baudelaire und Rimbaud da waren und kurz nach 1900 auch deutsch zugänglich wurden. Diese moderne Lyrik entsteht – in der Nachfolge der großen Franzosen – im selben geschichtlichen Augenblick in ganz Europa, aber nur im deutschen Sprachgebiet gesellt sich dazu eine solche spezifische Endzeitstimmung, nur hier wird so viel von dem nahen Untergang der Welt gesungen. Bezeichnenderweise und nicht von ungefähr in den von Wilhelm II. und Franz Josef I. regierten Gebieten.

Weltuntergang ist eine allgemeine Empfindung. Auch bei Trakl lesen wir von »Weltunglück« (*»Trübsinn«*, 1. Fassung), von »sterbenden Völkern« (*»Abendland«*, 4. Fassung). Sehr viel stärker aber – wenn auch damit verbunden – sind bei ihm die Töne, die das persönliche Unglück, die Schuld, den Fluch der Inzestliebe beklagen und nach Erlösung schreien. Diese spezielle Situation sichert ihm eine Sonderstellung innerhalb seiner Generation. Und natürlich die Tatsache, daß er als Dichter seine Zeitgenossen überragt.

Der Band »Gedichte« zeigt einen modernen Dichter, der wesentliche Anregungen von den Franzosen bekommen, aber seine eigene Stimme gefunden hat und im Hauptstrom der europäischen Lyrik steht. – Welche sind die Hauptmerkmale der »heiß errungenen Manier«? Es sind die der modernen Lyrik überhaupt, aber mit Besonderheiten, die die Gedichte Trakls unverwechselbar machen.

Bereits 1916 schrieb Oskar Walzel gerade im Zusammenhang mit Trakl von einer Entpersönlichung der Lyrik.[5] Das Ich verschwinde aus dem Gedicht. Trakls *»Verfall«* (»Herbst« in der unveröffentlichten Sammlung von 1909) ist noch ein Ich-Gedicht. In den 51 Gedichten des ersten gedruckten Bandes kommt »ich« nur in neun vor. Sonst gibt es »man«, »wir«, »du«, wobei man keine Gewißheit hat, ob der Dichter sich mit diesem »du« selbst anspricht. Anonyme Gestalten bevölkern die Gedichte: Der Einsame, Der Unbekannte, Der Spazierende, Der Fremdling usw. Das Ich ist ein anderer geworden.

Trakl entpersönlicht ganz bewußt in den Varianten, die zu immer wieder neuen Gedichten werden und keine bloßen Varianten bleiben. Im Herbst 1911 schickt er ein überarbeitetes Gedicht an den Freund Buschbeck:

»Es ist umso viel besser als das ursprüngliche als es nun unpersönlich ist, und zum Bersten voll von Bewegung und Gesichten. Ich bin überzeugt, daß es Dir in dieser universellen Form und Art mehr sagen und bedeuten wird, denn in der begrenzt persönlichen des ersten Entwurfes.«[6]

Diese Briefstelle spricht für sich und macht den ganzen Vorgang sichtbar. Entpersönlichung ist kein unverbindliches Spiel mit den Worten, mit den poetischen Ausdrucksmitteln. Es steht ein ernster Wille dahinter, Gültigeres auszusprechen als es in der persönlichen Form möglich wäre.

Die logische Struktur des Gedichtes schwindet und verschwindet. *»Verfall«* ist noch ganz logisch aufgebaut, nach den klassischen Regeln. *»Die schöne Stadt«* gibt nunmehr eine Reihe von Impressionen, crescendo und decrescendo. In *»Musik im Mirabell«* ist die Isolation der einzelnen Teile noch größer und die Logik gar locker. Der Dichter kehrt im Gedicht heim, und wenig später tritt er als weißer Fremdling wieder ins Haus. Aus Tag wird plötzlich Nacht. Das alles sind Verfremdungseffekte. Es geht bis zu völliger Inkohärenz: *»Im Winter«* kann wie gewohnt, aber auch von der letzten Zeile aus rückwärts gelesen werden. Der Sinn ändert sich nicht. Doch es ist ein Sinn da, der Winter.

Auch der Vergleich schwindet. Der frühe Trakl schreibt noch eine ›Wie‹-Lyrik. Aber bei den Zeilen:

»Blutbefleckte Linnen blähen / Segel sich auf dem Kanal« *(»Winterdämmerung«)*

begegnet uns ein unentwickelter Vergleich. Denn was wird womit verglichen? Die Interpreten vertreten recht verschiedene Meinungen. Ein Komma könnte alles entscheiden, es wird bewußt nichts entschieden, der Leser in Halbdunkel und in Ungewißheit gelassen. Unterscheidungen zwischen Realem und Visionär-Unrealem gibt es nicht. Es ist das eine Welt, in der nichts gewiß ist, aber auch nichts ausgeschlossen. Sprachliche Entsprechungen dafür sind: manchmal, vielleicht, oder, irgendwo, jemand. Diese deformierende Verfremdung der Realität ins ›Absurde‹ ist nicht einfach artistisches Spiel (wie so oft bei den Dadaisten), sondern sittlicher Ernst, eine Expedition nach der Wahrheit hinter der vordergründigen Realität. Ähnliches läßt sich von den Bildern Picassos sagen.

Trakls Leben spielte sich größtenteils in Salzburg ab. Man findet in seinen Gedichten die kleine, von der industriellen Revolution noch nicht berührte Stadt wieder. Diese alte Residenz von Kirchenfürsten ist eine vergangene Lebensform: Kirchen, Brunnen, Monumente, Häuser stehen noch wie vor hundert Jahren. Trakls Dichtung zeigt nur das Alte, das Vergehende. Dies ist der Schauplatz der Jugendjahre, wohin auch der reife Dichter oft zurückkehrte, wo die Erinnerungen wohnen und wo das Vaterhaus steht, die Familie lebt. (Spielte die Familie doch eine wichtige, verhängnisvolle Rolle im Leben Trakls und so auch in seiner Dichtung.) Hier ist der braune Garten, wo das Schauervolle geschah, die Begegnungen mit der Schwester.

»Die schöne Stadt« heißt ein bekanntes Gedicht:

> Alte Plätze sonnig schweigen.
> Tief in Blau und Gold versponnen
> […]
>
> Kronen schimmern in den Kirchen
> (GW 1, 16; Fü 29)

Robert Rovini wittert bereits im Titel bittere Ironie: Die Stadt, die man schön nennt, die von vielen Fremden aufgesucht wird, ist wie ein Museum.[7] Beunruhigende Momente stören das scheinbar Ruhende, Idyllische. Nonnen hasten traumhaft unter »schwüler Buchen Schweigen«, »Blumenkrallen drohn aus Bäumen«, durch die Blumen an den Fenstern flimmern »müde Lider« »silbern«, und am Abend kommt ein Gewitter. Die Idylle wird ganz zerstört.

»Staub tanzt im Gestank der Gossen. […] / Kranke kreischen im Spitale« (*»Der Gewitterabend«;* GW 1, 19; Fü 32).

»Westliche Dämmerung«, ein zeitgleiches Gedicht aus dem Nachlaß, zeigt eine wirkliche Großstadt, Wien. Hier studierte Trakl, konnte die Stadt aber nie liebgewinnen. Reale Elemente einer nicht genannten Großstadt und großartige Visionen, wie sonst nur in Rimbauds »Illuminations« zu lesen:

Ein Faungeschrei durch Funken tollt,
In Parken schäumende Lichtkaskaden,
Metallischer Brodem um Stahlarkaden
Der Stadt, die um die Sonne rollt. (GW 2, 140)

Gewalt, Gier, feurige Bewegung, Gold beherrschen die Stadt. Die beiden nicht veröffentlichten Fassungen von *»Unterwegs«* ergänzen das Bild der höllischen, gigantischen, modernen Großstadt. An Bildkraft und Prägnanz gehört das Gedicht mit zum Besten, was Trakl je gelang. Im Mittelpunkt steht die Gestalt der Prostituierten: Die Kleine, »die vorm Kaffeehaus wartet«, »sanft und weiß« (GW 2, 138). In der gewaltigen Stadt, wo sich – auch im Gedicht – alle Kräfte des modernen Lebens dämonisch entfalten, wo Gewalt, Habgier und Luxus herrschen, ist es sie, die Erniedrigte, die Sanfte, der des Dichters ganze Sympathie gehört. – Trakls Mitleid gehört im allgemeinen den Schwachen, Leidenden, Verachteten, den schwangeren Frauen, den jungen Mädchen. Auch den Arbeitern, die irgendwo in der Stadt »durch ein Tor strömen« und in Quartieren »voll Elend und Gestank« wohnen. Trakl weiß wohl um das Leid und die Not anderer Menschen, kümmert sich nicht nur um sein eigenes leidvolles Schicksal!

Das Häßliche der Stadt offenbart er in *»Vorstadt im Föhn«:*

Am Kehricht pfeift verliebt ein Rattenchor.
In Körben tragen Frauen Eingeweide,
Ein ekelhafter Zug voll Schmutz und Räude,
[…]
Und ein Kanal speit plötzlich feistes Blut
Vom Schlachthaus in den stillen Fluß hinunter.

Das Schreckliche des Alltags verschwindet in der letzten Strophe in Visionen, die wiederum an Rimbaud erinnern:

Aus Wolken tauchen schimmernde Alleen,
Erfüllt von schönen Wägen, kühnen Reitern.
Dann sieht man auch ein Schiff auf Klippen scheitern
Und manchmal rosenfarbene Moscheen.
(GW 1, 59; Fü 59)

In Rimbauds »Une saison en enfer« liest man im Kapitel »Alchimie du verbe«: «Je m'habitai à l'hallucination simple: je voyais très-franchement une mosquée à la place d'une usine […] des calèches sur les routes du ciel.» [Ich gewöhnte mich an die einfache Halluzination: ich sah sehr deutlich eine Moschee an

Stelle einer Fabrik [...] Kaleschen auf den Himmelsstraßen.][8] Wie man sieht, erscheinen bei Trakl gewisse charakteristische Elemente aus Rimbauds Werk als Collagen. Deswegen auch nennt Herbert Cysarz Trakl den »österreichischen Rimbaud«[9] – ein Lob, das von den Franzosen gern akzeptiert wird. Ist doch Trakls Welt nicht weniger reich, seine Kunst nicht weniger gewaltig und ebenso eigenmächtig.

Die Großstadt (Wien, später Berlin), die »steinerne Stadt« (*»Passion«,* 3. Fassung), hat für Trakl stets etwas Schreckliches, wenn auch Imposantes. Aber auch Salzburg bleibt nicht die schöne Stadt. In *»Traum des Bösen«* ist es immer noch die Vaterstadt. Aber während der Vogelflug in *»Verfall«* noch in die Richtung der möglichen Rettung, der »helleren Geschicke« wies, lesen nun »Aussätzige, die zur Nacht vielleicht verwesen«, »des Vogelfluges wirre Zeichen«. (GA 1, 52; Fü 33) In einem anderen Gedicht, *»In der Heimat«,* ist wieder der alte Platz da vor dem väterlichen Haus: Resedenduft, der aber »durchs kranke Fenster irrt«; im braunen Gärtchen die Geschwister, auf die durchs Dach ein goldener Strahl traumhaft und verwirrt fließt; »Der Schwester Schlaf ist schwer«. (GW 1, 84; Fü 54) Die Heimat ist zugleich der Schauplatz der Inzestliebe: Sinnliche Bilder, erotische Symbole drücken jetzt auf einer viel höheren Stufe künstlerischer Verallgemeinerung aus, was bereits in der zitierten dritten Ballade kunstlos ausgesprochen war.

Ist die Natur der unschuldige Gegensatz zur sündigen Stadt, zur Höllenstadt? In Briefen spricht Trakl von beruhigenden Erlebnissen in der Natur.

»Manches löst sich in traurigen Spaziergängen – die Tage sind hier so sonnig und einsam«.[10]

Die Natur – Landschaften, Tiere, Pflanzen – spielt eine große Rolle in seiner Dichtung. Die Wahrnehmung der Naturerscheinungen erfolgt durch Synästhesie.

»Leise eine Orgel geht, / Mischet Klang und goldenen Schein, / Klang und Schein.« (*»Geistliches Lied«;* GW 1, 20; Fü 34)

»Kleines Konzert« heißt ein Gedicht, ein Konzert von Farben, aber kein heiteres. Es enthüllt, was die Natur für den Dichter bedeutet, wie sie sich ihm offenbart:

Ein Rot, das traumhaft dich erschüttert –
[...]

Du fühlst dein Herz verrückt vor Wonne
Sich still zu einer Tat bereiten.

In Mittag strömen gelbe Felder.
(GW 1, 30; Fü 40f.)

Plötzlich tut sich die Tiefe auf:

»Im grünen Tümpel glüht Verwesung. [...] Aussätzigen winkt die Flut Genesung.«

»Gottes Odem« ist auch da, aber auch der »Geist Dädals«, des Erbauers des Labyrinthes, ist gegenwärtig und beängstigt das Herz. Das Gedicht zeigt das Doppelgesicht der Natur, wenn »Verwesung« und »Genesung« sich reimen und »Gottes Odem« und der »Geist Dädals« rhythmische Entsprechungen bilden. (Man sieht übrigens auch an diesem Beispiel, daß Trakls Gedichte in der Stimmigkeit aller ihrer Glieder gelegentlich sogar von mathematischer Strenge sind!) – Das Gedicht endet in der Zerstörung der Harmonie, nach erschreckend banalen Bildern der Wirklichkeit.

Wie die Natur nicht einfaches Gegenbild der verfluchten Stadt ist, sind die einfachen, naturnahen Menschen, die Bauern, bei Trakl nicht die gesunden unkomplizierten Gegenbilder zu den schuldbeladenen Stadtbewohnern. Auch die Bauern sind Kains Kinder, auch sie sind von Instinkten, Gier, Sexus beherrscht. Trakls längstes Gedicht, *»Die junge Magd«*, handelt vom Schicksal eines einfachen Mädchens. In der Vertonung von Paul Hindemith wurde daraus ein melancholisches Klagelied auf das allgemeine Menschenschicksal. Die junge Magd ist von ihrer Sinnlichkeit beherrscht, die sie auch in den Tod führt. Der Knecht vertritt die männliche Brutalität im sexuellen Leben, so wie Trakl es sieht. *»Die Bauern«* bildet den Hintergrund zur Einzeltragödie. Landarbeiter essen in der Mittagspause im »schwarzverräucherten niederen Saal« (GW 1, 39; Fü 35). In dieser Welt gibt es nur die schwere Arbeit und die Befriedigung der vitalen Bedürfnisse (»Und manchmal treffen sich Blicke voll Gier«). Dieselbe Problematik wird später mit noch stärkeren Akzenten in den Gedichten *»Im Dorf«* und *»Landschaft«* wiederholt.

Für Trakl gibt es also kein einfaches Zurück zur Natur aus der verdorbenen modernen Gesellschaft, auch in dem utopischen Sinn nicht, wie es bei Rilke zu finden ist: »Alles wird wieder groß sein und gewaltig. / [...] / die Bäume riesig und sehr klein die Mauern; / und in den Tälern, stark und vielgestaltig / ein Volk von Hirten und von Ackerbauern.« (»Stundenbuch. Das Buch von der Pilgerschaft«)

Wohl gibt es auch hellere Töne bei Trakl. Aus dem Nachlaß könnte man *»Sonniger Nachmittag«* und *»Leuchtende Stunde«* heranziehen. *»Heiterer Frühling«* heißt ein wichtiges Stück der ersten Sammlung. Die verschiedenen Elemente des Lebens mischen sich wie im Kaleidoskop. »Dich lieb ich treu, du derbe Wäscherin« – ein Gemeinplatz der Weltliteratur, das Bild des gesunden einfachen Lebens. Dann heißt es aber: »Wie scheint doch alles Werdende so krank!« Am Schluß klingt es wie eine Zusammenfassung: »So schmerzlich gut und wahrhaft ist, was lebt.« (GW 1, 25f; Fü 44–46) Trakl bewundert am Leben, an der Natur in erster Linie nicht die Schönheit, sondern Güte und Wahrhaftigkeit.

Der Herbst ist die Jahreszeit der Vollendung, der Früchte, aber auch das Ende, der natürliche Verfall, ja die Verwesung. »Das geht in Ruh und Schweigen unter« (GW 1, 34; Fü 37), so die letzte Zeile von *»Verklärter Herbst«*. Ruhe, Stille und Schweigen sind das Höchste, was die Natur uns gewähren kann. Und wenn sie es nicht tut, dann sucht der Mensch »den Schlaf von Mohn«. Das merkwürdige Gedicht *»Seele des Lebens«* hebt mit dem Wort »Verfall« an und endet mit dessen Erklärung: »Vergängliche Gebilde gehen unter.« (GW 1, 29; Fü 37) Wesen, Werden und Verwesung stehen nebeneinander und stellen den natürlichen Gang alles Irdischen dar. Seit dem Barock hat es kein anderer Dichter so nachdrücklich und oft ausgesprochen wie eben Trakl. (Erst in den letzten Tagen seines Lebens entdeckte er sich Johann Christian Günther in einem Reclam-Heft!)

Nicht die Verwesung stört den Frieden der menschlichen Seele auf, sondern die Schuld, die Schuldverfallenheit, die bei Trakl an den Sexus gebunden erscheint. Gewalt in der Sexualität, die eigene Leidenschaft für die Schwester bildet für den Dichter das Grunderlebnis, schmerzlich, herzzerreißend, die untersten Tiefen der Seele aufrüttelnd. Der Dichter bekennt unzählige Male seine Schuld, wühlt sich immer tiefer in Schmerz und Qual. Die Gestalt der Schwester erscheint stets verlockend, aber hell und weiß, und sie teilt nie die Schuld des Mannes. Wie eine Heilige grüßt sie im letzten Gedicht (»Grodek«) die toten Helden.

Einen ganz besonderen Platz nimmt in der ersten Sammlung das Gedicht *»Psalm«* ein. Es markiert den Durchbruch des reifen Dichters:

> Es ist ein Licht, das der Wind ausgelöscht hat.
> Es ist ein Heidekrug, den am Nachmittag ein Betrunkener verläßt.
> [...]
> Es ist ein Raum, den sie mit Milch getüncht haben.
> Der Wahnsinnige ist gestorben. Es ist eine Insel der Südsee
> (GW 1, 63; Fü 49f.)

Während sich der Psalmendichter im Alten Testament an Gott wendet, ist dieser Psalm ein Monolog. Die Welt ist in Stücke zerfallen. Es gibt nur noch isolierte Einzelerscheinungen, die aber auch unwirklich sind: »ein Licht, das der Wind ausgelöscht hat.« Plötzlich taucht eine Insel der Südsee mit ihren Eingeborenen auf. Es ist »unser verlorenes Paradies«, das auch der Maler Gauguin vergeblich gesucht hat. Auch die antike Welt ist vorbei, die »Nymphen haben die goldenen Wälder verlassen«. Der Sohn des Pan erscheint in der Gestalt eines Erdarbeiters. Er schläft auf dem glühenden Asphalt der modernen Stadt, wo herzzerreißende Armut und müßiges, elegantes Leben zu finden sind. Die Schwester erscheint, sie ist in dieser heutigen Welt die mächtigste Gestalt, »spielt« mit den Sternen des Dichters, bestimmt bis zum Ende das Schicksal des Bruders. Bilder der Stadt, erschreckende, beängstigende Bilder des zerstörten Lebens ohne festen Zusammenhang werden aufgeblendet:

> »Der Platz vor der Kirche ist finster und schweigsam, wie in den Tagen der Kindheit.« (2. Fassung)

Ein weißer Magier spielt in seinem Grab »mit seinen Schlangen«. Das Gedicht ist Karl Kraus gewidmet, den der Dichter wenig später »zürnender Magier« nennt *(»Karl Kraus«).* Und endlich die Schlußzeile: »Schweigsam über der Schädelstätte öffnen sich Gottes goldene Augen.« Schädelstätte ist die Übersetzung von Golgatha. Gott ist also unleugbar da, aber unendlich weit entfernt. Varianten zeigen, daß der Dichter ursprünglich ohne das Bild Gottes auskommen wollte:

> »Immer über der Schädelstätte tanzen magnetene Monde.«

»Helian«, Schlußgedicht der Sammlung, kommt besonderes Gewicht zu. Interpretationen des Titels und der Titelfigur gehen recht weit auseinander. Es soll einmal Heiland, in altsächsischer Form Heliand, sein. Aber Verlaine wurde auch »le pauvre Lélian« genannt. Oder gibt es einen Zusammenhang mit Hėlios, dem Sonnengott? Wie auch immer, Helian ist ein wohlklingendes Wortgebilde, fein, musikalisch, aus wohltönenden Vokalen und Konsonanten zusammengesetzt. Da die Musik bei Trakl eine dominierende Rolle spielt, ist auch diese einfache Deutung möglich. Es ist die größte lyrische Schöpfung des Dichters, eine Sinfonie in fünf Sätzen, könnte man sagen.

Der erste Satz gibt das Bild des harmonischen menschlichen Lebens, einer noch naturnahen Kultur. Vom Mittag zum Abend, vom Sommer zum Herbst reichen die Bilder. Der Tod ist auch da, in seiner ganzen ruhigen Majestät, die nichts Erschreckendes an sich hat. – Im zweiten Satz erscheint das Böse, Schuld und Schuldgefühl. Der »junge Novize«, der Dichter, rührt »in kalter Nacht die weißen Wangen der Schwestern«. Der »heilige Bruder« (Hölderlin?) geht »Versunken in das sanfte Saitenspiel seines Wahnsinns«. (GW 1, 87; Fü 60f.) – Im dritten Teil wird der erschütternde Untergang des menschlichen Geschlechtes beklagt, den der Schauende (Rimbauds le voyant) sieht. Bald aber tritt das Besondere, das Schicksal der eigenen Familie, an die Stelle des Allgemeinen. Die dichterischen Bilder vermengen christliche Mythologie und menschliches Privatleben auf eine sonderbare Weise. – Der vierte Teil handelt verschlüsselt, aber eindeutig von Christus und der Erlösung (»Kidron«, »Zeder«, »Schäfer«).

Im fünften Teil erst wird Helian, offenbar ein Alter ego des Dichters, mit Namen genannt. Aufrüttelnde, dramatische und beruhigende Bilder stehen nebeneinander. Das Ende aber ist »sanfte Umnachtung«. Der Enkel nimmt die Sünden der verfluchten Familie auf sich und sinnt dem dunkleren Ende nach. Über ihn senkt der »stille Gott« »die blauen Lider«. Stiller Gott und sanfte Umnachtung bedeuten dasselbe: das Nirwana. Ein Hinuntersteigen in die Tiefen der eigenen Seele, wo einzig noch Rettung und Ruhe zu finden sei. Es ist keine Himmelfahrt, sondern ein Gang zu den »Müttern« hinab, mit Hilfe von berauschenden Giften.

Sebastian, die Titelgestalt des Bandes von 1915 *(»Sebastian im Traum«)*, ist Trakl selbst, der sich gern mit dem jungen Märtyrer verglich. Im Titel-Gedicht spricht er über seine Kindheit, die im Schonklima des wohlhabenden Bürgerlebens hinfloß. Traurig nennt er sie. Die frierende »Hand der Mutter« deutet auf die fehlende und schmerzlich entbehrte Liebe der Mutter, die sich nur allzugern in ihre Zimmer zurückzog und selber rauschsüchtig gewesen sein soll (»Trunken vom Safte des Mohnes«).

Jedes Gedicht des schmalen Bandes verdiente eine eingehende Studie. Wir können aber nur fragen: Auf welchen Wegen suchte Trakl Lösungen für seine vom Schuldgefühl verdüsterte Existenz, und wie sah er Vergangenheit, Gegenwart und Zukunft der Menschheit? Denn Trakl dachte nicht nur in den Dimensionen der eigenen tragischen Existenz, sondern war wahrlich ein Schauender, ein »voyant«, der viele tausend Jahre der Menschheitsentwicklung zu überblicken vermochte und Möglichkeiten eines sinnvollen menschlichen Daseins erträumte.

Zwischen Sommer 1912 und Herbst 1913 entstanden jene Gedichte, von denen jetzt einige herangezogen werden sollen, den Deutungsversuch zu untermauern. Das Eingangsgedicht heißt *»Kindheit«*:

»[...] ruhig wohnte die Kindheit / In blauer Höhle.« (SiT 5)

Eine neue mythische Gestalt entsteht: Elis, ein idealer Jüngling, der Dichter selbst in der verlorengegangenen Kindheit. Bereits in der ersten Sammlung fand das Gedicht *»An den Knaben Elis«* Aufnahme. Der neue Band wiederholt es, ergänzt durch *»Elis«*. Offenbar, weil das Problem für wichtig gehalten wird. In *»Abendland«* kommt Trakl im Frühjahr 1914 in Berlin noch einmal mit Nachdruck auf die Lieblingsgestalt zurück.

Elis ist eine Gestalt aus der schwedischen Volkssage. Seine Geschichte wurde schon von E. T. A. Hoffmann bearbeitet (»Die Bergwerke zu Falun«), auch Hugo von Hofmannsthal widmete sich mehrere Jahre seinem Drama »Das Bergwerk zu Falun«. Trakl kann davon nur das Vorspiel bekannt gewesen sein. Die Sage geht zurück auf eine Begebenheit aus dem 18. Jahrhundert. In einem tiefen Schacht des Bergwerkes zu Falun fand man den Leichnam eines fünfzig Jahre zuvor gestorbenen Jünglings, Elis Tröbom, unversehrt in Vitriol. Aus diesem konkreten Kern enstand die Sage von der Königin des Bergwerkes, die sich in den schönen Jüngling verliebt und ihn in einen tiefen Schlaf versenkt hat. Entsprechungen gibt es in griechischer Mythologie: Selene – Endymion.

Die dichterische Phantasie Trakls folgte keinem Vorbild genau.

Elis, wenn die Amsel im schwarzen Wald ruft,
Dieses ist dein Untergang.
Deine Lippen trinken die Kühle des blauen Felsenquells.
(*»An den Knaben Elis«;* SiT 10)

Der Amsel Ruf bedeutet in der Volkssage den Tod. Elis Tröbom muß in die Tiefe des Berkwerkes. Der Elis des Gedichtes taucht in die Tiefen seiner Seele, steigt zurück in die Zeit der Kindheit. Elis trinkt vom Wasser des Lebens.

Der Dornenbusch im Gedicht ist nicht der Dornenbusch des Alten Testaments. Er tönt ja. Es handelt sich um ein schwer dechiffrierbares Zeichen in der privaten Mythologie des Dichters, die sich natürlich aus den verschiedensten Elementen zusammensetzt, so auch christlichen, woraus sich aber Trakls Christentum nicht ableiten läßt. In der neuen Sammlung folgt jetzt *»Elis«*. Der Jüngling erscheint unter »alten Eichen«, »ein Ruhender mit runden Augen« (SiT 11). Rund ist die vollkommenste Kurve. Idyllische Bilder folgen und die schwerwiegende Zeile:

»O! wie gerecht sind, Elis, alle deine Tage.« (SiT 11)

Gerecht ist ein wichtiges Schlüsselwort bei Trakl. Er selbst wollte stets das Wahre tun. Er ist kein Ästhet, von Schönheit spricht er meist nur in Zusammenhang mit menschlichem Verhalten. In *»Helian«* heißt es:

»Schön ist der Mensch [...] / wenn er staunend Arme und Beine bewegt«. (GW 1, 87; Fü 61)

»Ein goldener Kahn / Schaukelt, Elis, dein Herz am einsamen Himmel«, dann aber versinken »Zeichen und Sterne«, und »Hinter dem Hügel ist es Winter geworden«. Nur »Gottes einsamer Wind« tönt an »schwarzen Mauern«. Auch in Sebastians Schatten erstarb »die Silberstimme des Engels«. *»Kaspar Hauser Lied«*, ein Lied über den sonderbaren Findling, gehört ebenfalls zum Mythos der Kindheit und immer noch, wie Elis, ist Kaspar Trakl selbst.

»Er wahrlich liebte die Sonne, [...] / Die Wege des Walds [...] / Und die Freude des Grüns.« (SiT 21)

In der unbekannten Stadt angelangt, sucht ihn bereits der Mörder. Die Kindheit ist zu Ende. »Schnee fiel in kahles Gezweig.«

Die Kindheit ist nur die eine Dimension für die Flucht aus der verwirrenden Gegenwart ohne Sterne. Eine allgemeinere, befreiendere scheinen 1913 für Trakl der Wohllaut der Musik und das Rauschgift zu sein.

Die Musik ist eines der wichtigsten konstitutiven Elemente der Traklschen Dichtung. Die Gedichte selbst, die meisten, sind von einem berückendem Wohlklang. Der Dichter baut seine Verse, Zyklen und Bände nach strengen musikalischen Regeln, wie nur klassische Musikwerke, etwa die von Mozart, gebaut sind. Der Bau ist von mathematischer Strenge, Genauigkeit, bis zu Kommata, Alliterationen und Vokalen. Aber so, daß man die Anstrengung nicht spürt, das Gerüst nicht sieht. – Trakl singt immerfort von Musik. Von den 51 Gedichten der ersten Sammlung hören wir in 37 Musik in irgendeiner Form, oder es wird ein Musikinstrument erwähnt.

Nun, die Musik, der Gesang, deutet an und für sich schon in die Tiefen der menschlichen Seele. Der Weg dahin wird dem Dichter erleichtert durch Wein und Rauschgift. Die Leidenschaft und das Verhängnis teilt auch die Schwester:

Stille wohnt
An deinem Mund der herbstliche Mond,
Trunken von Mohnsaft dunkler Gesang.
(*»Verklärung«;* GA 1, 114; Fü 93)

»Nächtiger Wohllaut« und »sanfter Wahnsinn« (GA 1, 147; Fü 100) bleiben eine Zeitlang des Dichters ständige Begleiter:

Auf schwarzer Wolke
Befährst du trunken von Mohn
den nächtigen Weiher,
Den Sternenhimmel.

Und als Erhöhung

»tönt der Schwester mondene Stimme / Durch die geistliche Nacht«. (*»Geistliche Dämmerung«;* GW 1, 137; Fü 92)

Was ist aber der tiefere Sinn des Wohllautes, der Musik? – *»In ein altes Stammbuch«* heißt ein kurzes Gedicht der ersten Sammlung:

Demutsvoll beugt sich dem Schmerz der Geduldige
Tönend von Wohllaut und weichem Wahnsinn.
Siehe! es dämmert schon. (GW 1, 55; Fü 39)

Der Schmerz sublimiert sich also in Musik. Eine ästhetische Metamorphose vollzieht sich. Wie Baudelaire sagt: »Tu m'as donné de la boue et J'en ai fait de l'or.« [Du hast mir Kot gegeben und ich schuf daraus Gold.] Orpheus ist die mythische Verkörperung dieses Lebensgefühls. Rilke widmet Orpheus seine Sonette! Immer ist aber Musik an ein Herabsteigen gebunden: Orpheus muß in die Unterwelt, wenn er Euridice befreien will.

»Untergang« ist ein Gedicht an den Freund Karl B. Heinrich betitelt.

»Über unsere Gräber / Beugt sich die zerbrochene Stirne der Nacht« (5. Fassung).

Nacht, Tod, Traum sind im Gedicht und eine irreale Musik:

»Immer klingen die weißen Mauern der Stadt.« (GW 1, 96; Fü 105)

Untergang und Nacht sind keineswegs im alltäglichen Sinne zu nehmen. Der (scheinbare) Eintritt in die (scheinbare) Nacht kann der Beginn (Neubeginn) eines Tages (eines neuen Lebens) sein. *»Die Sonne«* scheint Schilderung des gewohnten Gangs des Jahres (der Geschichte?) und des Tages. Am Ende heißt es überraschend:

Wenn es Nacht wird,
Hebt der Wanderer leise die schweren Lider;
Sonne aus finsterer Schlucht bricht.
(GW 1, 145; Fü 105)

»Schwere Lider« weist eindeutig auf Rauschwirkungen hin, die in der Umnachtung eine neue Sonne erscheinen lassen, eine »geistliche« (vergleichbar der Erfahrung in »Geistliche Dämmerung«).

»Siebengesang des Todes« meint die sieben Saiten an Orpheus' Leier. Die Natur ist frühlingshaft, »blühendes Apfelgezweig« schwankt »in feuchter Luft«. Der Mensch allein ist dem Tode geweiht: »O des Menschen verweste Gestalt.« (GW 1, 142; Fü 101) Rettung ist nur im Versinken in Nacht, Stille, Ruhe, Nirwana zu finden. Tod und Liebe sind versöhnt, Eros und Thanatos bewirken die rettende Flucht aus dem bewußten, schuldbedrängten Leben:

»Dein blauer Mantel umfing den Sinkenden / Dein roter Mund besiegelte des Freundes Umnachtung.« (*»Nachts«;* GW 1, 100; Fü 77)

In dieselbe Richtung der Flucht weist auch die erschütterte und erschütternde Erkenntnis in dem Gedicht *»Frühling der Seele«*: »Es ist die Seele ein Fremdes auf Erden.« – Nicht zu überhören ist der Schrei, von einmaliger Intensität bei Trakl: »Reinheit! Reinheit!« (GW 1, 149f.; Fü 113)

Für den einzelnen, für sich selbst also, scheint Trakl keinen anderen Ausweg zu finden als eine musikalische Metamorphose des Leides und die Umnachtung. Doch gibt es bei ihm eine Reihe von Gedichten, die nicht das persönliche Schicksal, nicht die eigene Schuldverfallenheit (oft mit einer unerhörten Offenheit!) aussprechen, sondern Menschheitsfragen berühren. Es handelt sich dabei um die Menschen in der modernen Großstadt, aber auch viel allgemeiner um die Geschichte der Menschheit seit ihren Anfängen und um die mögliche Zukunft.

Bei Rilke finden wir Ähnliches, scheinbar sozial konkreter bestimmt: »Aber der Reichen Tage sind vergangen / und keiner wird sie dir zurückverlangen«. Die Lösung ist schnell gefunden: An die Stelle der heutigen schlechten Welt tritt eine bessere, das Erbe der Reichen übernimmt »Ein Volk von Hirten und von Ackerbauern«.[11] Ein solches Zurück zur Natur gibt es bei Trakl nicht: »Groß ist die Schuld des Geborenen« (*»Anif«;* GW 1, 134; Fü 87f.). Das ist gültig für alle. Zwar gilt sein Mitleid den Armen, den Leidenden, den Verachteten in der Stadt, aber sie tragen keine erlösende Mission.

Bei Trakl ist alles viel verschlüsselter. Jeder Deutungsversuch muß mit einer Fehlerquelle rechnen. Vergegenwärtigen wir uns die zehn Zeilen des wunderbaren, bildkräftigen *»Menschheit«*:

Menschheit vor Feuerschlünden aufgestellt,
Ein Trommelwirbel, dunkler Krieger Stirnen,
Schritte durch Blutnebel; schwarzes Eisen schellt,
Verzweiflung, Nacht in traurigen Gehirnen:
Hier Evas Schatten, Jagd und rotes Geld.
Gewölk, das Licht durchbricht, das Abendmahl.
Es wohnt in Brot und Wein ein sanftes Schweigen,
Und jene sind versammelt zwölf an Zahl.
Nachts schrein im Schlaf sie unter Ölbaumzweigen:
Sankt Thomas taucht die Hand ins Wundenmal.

(GW 1, 71; Fü 41)

Urmenschliche Primitivität, blutige Kriege, ein Bellum omnium contra omnes [Krieg aller gegen alle] und wohl die allgemeinsten Triebkräfte: »Hier Evas Schatten, Jagd und rotes Geld« = Sexus, Aggressivität, Habgier. – Es ist dies aber nur die eine Seite des Menschseins. Es gibt auch die Sanften, die Gewaltlosen – die Zwölf, versammelt um das Abendmahl. Man hat mit Recht auf den Gegensatz hingewiesen: »hier« und »jene«, das heißt, wir sind unseren Trieben ausgeliefert, das Abendmahl, das Reich der Sanften ist fern. Immerhin wird damit auf die Möglichkeit eines anderen Daseins hingewiesen, und dies geschieht auch in anderen Gedichten unter dem Zeichen »Brot und Wein« *(»Ein Winterabend«, »Herbstseele«).* Es ist kein konkretes, aktuelles Christentum, sondern die Hinwendung zur Bibel, zum Urchristentum, zu den allgemeinmenschlichen ethischen Inhalten. Es geht nicht um die geschichtliche Mission des Christentums, sondern um dessen in die Zukunft weisende ethische Gehalte.

Wir wissen, daß der Dichter im Sommer 1913 Bücher über deutsche Geschichte las, offenbar um seine Visionen von der Menschheitsgeschichte zu konkretisieren. Assoziationen aus solcher Lektüre, beispielsweise aus Karl Lamprechts »Deutscher Geschichte« klingen, dichterisch wundervoll gedrängt, in *»Abendländisches Lied«* an:

> Hirten gingen wir einst an dämmernden Wäldern hin
> [...]
>
> O, ihr Kreuzzüge und glühende Martern
> Des Fleisches, [...]
> [...]
> O, ihr Jagden und Schlösser; Ruh des Abends,
> Da in seiner Kammer der Mensch Gerechtes sann,
> In stummem Gebet um Gottes lebendiges Haupt rang.
> (GW 1, 139; Fü 92)

Heute erlebt das Abendland »die bittere Stunde des Untergangs«. Es kommt aber eine Zeit, eine merkwürdige bessere Zukunft, da der Mensch wieder als »*Ein* Geschlecht« aufersteht. Der uralte Mythos vom Androgyn geistert seit dem Alten Testament vor allem bei den Mystikern, so zum Beispiel bei Jakob Böhme. Für Trakl scheint er deshalb so wichtig zu sein, weil er auch die Auflösung des sittlichen Konfliktes der Geschwisterliebe bedeuten kann.

Nach der verfluchten modernen Zivilisation der Großstadt muß etwas Erlösendes, Neues kommen. Das Neue wird bei Trakl – wir sahen es schon – oft mit christlichen Bildern angedeutet. Woher soll aber das Neue kommen? Wer bringt es der Menschheit? Arbeitet jemand bereits an dem herannahenden Neuen? – Dechiffrierbares sagen uns die Zeilen des Gedichtes *»An die Verstummten«*, wo nach den Versen

»[...] O, der Wahnsinn der großen Stadt [...] O, das gräßliche Lachen des Golds«

die geheimnisvollen Worte den Schluß bilden:

Aber stille blutet in dunkler Höhle stummere Menschheit,
Fügt aus harten Metallen das erlösende Haupt.
(GW 1, 133; Fü 95)

Wer ist hier gemeint? Wir wissen es nicht. Wichtig scheint zu sein, daß die Erlösung oder Änderung nicht von überirdischen Kräften, etwa von einem Gott erwartet wird, sondern von Menschen, die eine Gruppe bilden, also eines Willens sind. Dieses Gedicht folgt dem Epigramm *»Karl Kraus«*. Da die Reihenfolge der Gedichte bei Trakl nie zufällig, sondern Ergebnis sorgfältigen Überlegens ist, darf man daran denken, daß die bessere Zukunft, eine grundlegende ethische Wandlung, von Menschen seines Schlages vorbereitet wird. Kraus erscheint im Epigramm als Krieger, als zürnender Magier, ja als »Weißer Hohepriester der Wahrheit«. Vielleicht meint Trakl jene, die er im Kreise um Karl Kraus kennenlernte? Oder den »Brenner«-Kreis, dem er so viel zu danken hatte? Oder Ludwig von Ficker, ohne dessen Hilfe es die Dichtung Trakls gar nicht gäbe? Kleine Gruppen von gleichgesinnten Menschen als Vorbilder für eine zukünftige Gesellschaftsordnung, das war übrigens auch schon für Schiller der Weisheit letzter Schluß (»Briefe über die ästhetische Erziehung des Menschen«)!

Das letzte Gedicht der Sammlung »Sebastian im Traum« ist *»Gesang des Abgeschiedenen«*. Trakl schickt mit dem Gedicht dem Freund K. B. Heinrich dessen Buch »Briefe über die Abgeschiedenheit« zurück. Es ist die bei Meister Eckhart, dem Mystiker, oft gebrauchte »abegescheidenheit« – Ausdruck für Abwendung von der sündigen Welt, für In-sich-Kehren. Aus diesem Gedicht Trakls geht ebenfalls hervor, daß Ähnlichgesinnte eine kleine Gemeinde bilden können, auch heute in der modernen Gesellschaft. So umfangen den Duldenden (den Dichter) am Ende »Maß und Gesetz und die mondenen Pfade der Abgeschiedenen«. – Sind sie die stummere Menschheit? Sind Maß und Gesetz mit der Wahrheit des »Hohepriesters« Karl Kraus identisch? Wie auch immer, am Ende der Sammlung wird die gewaltige Kraft von Maß und Gesetz betont, die – in dem bewußt verwendeten Wortschatz des Dichters ein einziges Mal gebraucht – ein besonderes, spezifisches Gewicht erhalten.

Das Gedicht umfaßt übrigens beide Sphären: die allgemeinmenschliche und die persönliche. Es ist auch die

»Klage eines großen Geschlechts, / Das fromm nun hingeht im einsamen Enkel«, der »strahlender immer erwacht aus schwarzen Minuten des Wahnsinns«

und der in der Allgemeingültigkeit von Maß und Gesetz die Lösung auch für seine Probleme findet.

Diese Lösung ist noch nicht das letzte Wort. Ein ganz besonderes Maß und Gesetz wird der Duldende erst in den Wirrsalen der ersten Kriegsmonate finden. Bis dorthin ist aber noch ein langer Weg, ein Weg des Leidens, eine Passion.

Anfang März 1914 hatte Trakls Schwester in Berlin eine Fehlgeburt, die »mit außerordentlich vehementen Blutungen verbunden war«[12]. Der Dichter eilte in die »steinerne Stadt«. Seine Vaterschaft ist kaum in Zweifel zu ziehen. – Für den Menschen Trakl scheint es keine Erlösung zu geben auf Erden. *»Unterwegs«* heißt ein Gedicht, vom Sommer 1913, in dem seine Liebesleidenschaft und Schuldverfallenheit besonders stark durchbricht:

Deine Lider sind schwer von Mohn und träumen leise auf meiner Stirne.
Sanfte Glocken durchzittern die Brust. Eine blaue Wolke
Ist dein Antlitz auf mich gesunken in der Dämmerung.

[...]
Unsäglich ist alles, o Gott, daß man erschüttert ins Knie bricht.

O, wie dunkel ist diese Nacht [...] (GW 1, 103; Fü 69)

Ein schwerer Fluch liegt auf dieser Liebe: »Jemand flüstert drunten im Garten; jemand hat diesen schwarzen Himmel verlassen.« In einer Fassung steht ausdrücklich und klar: »Gott hat diesen schwarzen Himmel verlassen.«

In Berlin, zu »den kühlen Füßen der Büßerin«, entstand das Gedicht *»Passion«*, das in den ersten Fassungen noch Beziehungen zur Leidensgeschichte Christi hat. Die endgültige Fassung verfolgt nur die erschütternde Leidensgeschichte der beiden armen Liebenden.

Unter finsteren Tannen
Mischten zwei Wölfe ihr Blut
In steinerner Umarmung

In der Eingangszeile führt »Orpheus silbern die Laute«. Die Allmacht des Gesanges siegte also über die christlichen Vorstellungen von Gnade und Erlösung, die in den Varianten noch da sind. Zu Füßen der Sünderin tönt »dunkler Verzückung / Voll das Saitenspiel.« Die bereits erläuterten Begriffe »nächtiger Wohllaut« und »sanfter Wahnsinn« kehren wieder. (GW 1, 146f.; Fü96f.)

In Berlin entstand das Else Lasker-Schüler in Verehrung gewidmete *»Abendland«* – die beste Zusammenfassung all dessen, was Trakl über sein Schicksal, über seine schönsten Träume (die wunderbaren Zeilen über Elis!) und über die Schicksale der abendländischen Menschheit im verhängnisvollen Sommer 1914 zu sagen hatte:

Gewaltig ängstet
Schaurige Abendröte
im Sturmgewölk.
Ihr sterbenden Völker!
(GW 1, 173; Fü 113)

Ende 1913 und Anfang 1914 – parallel zu den bereits behandelten Gedichten – entstehen die Prosagedichte, fünf an der Zahl. Eine ergreifende psychologische Selbstbiographie, können sie den großen Confessiones der Weltliteratur an die Seite gestellt werden. Sie führen uns in die Kindheit, ins Vaterhaus: Eine Verzweiflung spricht hier, die alles bekennen will, bis der Mensch »mit stummem Schrei ins Knie bricht«. Selten hat ein Dichter die tiefsten Tiefen der Seele mit dieser Offenheit aufgewühlt und das dort Gefundene in solch dramatische Bilder zu bannen vermocht. Es ist wahrhaftig ein Vorstoß ins Unbekannte, »vers l'inconnu«. Der zürnende Gott des Alten Testaments bestraft den Besessenen. Einzelmomente des Abendmahles tauchen auf: Das Brot wird in der Hand der Mutter zu Stein. Eine entsetzliche Parodie auf das Sakrament. Eine »unheilbare Selbstbestrafungsphantasie«[13] nannte Otto Basil diese Prosagedichte. »Ich habe nicht das Recht, mich der Hölle zu entziehen«[14], sagte Trakl.

Nach der Rückkehr aus Berlin entstehen in Innsbruck die

sogenannten Tiroler Gedichte, die am stärksten den Geist des Expressionismus spüren lassen. Schon die Monotonie in der Titelgebung spricht für einen neuen Ansatz, dem der Ausbruch des Krieges dann Abbruch tut: »Das Herz«, »Der Schlaf«, »Das Gewitter«, »Der Abend«, »Die Nacht«, »Die Schwermut«, »Die Heimkehr«. Die Szenerie ist Tirol, die hohen Berge, Gletscher, Windsbraut. Die Klage des Dichters wird zum Schrei. Es erfolgt der Widerruf des früheren Ausweges von »nächtigem Wohllaut« und »sanftem Wahnsinn«. »Des Abends blaue Taube / Brachte nicht Versöhnung«, heißt es in *»Das Herz«* und in *»Der Schlaf«*: »Verflucht ihr dunklen Gifte, / Weißer Schlaf!« (Das bedeutet leider keinen Verzicht!) Der Dichter bekennt lediglich, daß die Betäubung keine »dunkle Verzückung« sei, sondern ein »höchst seltsame[r] Garten / [...] Erfüllt von Schlangen, Nachtfaltern, / Spinnen, Fledermäusen.« – Für die Menschheit zieht ein Gewitter heran:

So bläulich erstrahlt es
Gegen die Stadt hin,
Wo kalt und böse
Ein verwesend Geschlecht wohnt,
Der weißen Enkel
Dunkle Zukunft bereitet.
(*»Der Abend«;* GA 2, 186; Fü 134)

»Gewaltig bist du dunkler Mund / Im Innern« *(»Die Schwermut«).* Der Dichter lauscht auf die Töne, die aus seiner Seele kommen, als wären es nicht die eigenen. Der dunkle Mund prophezeit die nahende Weltkatastrophe: »Golden lodern die Feuer / Der Völker rings.« *(»Die Nacht«)*

»Vom Hügel, wo sterbend die Sonne rollt / Stürzt das lachende Blut – [...] Erglänzt mit Sternen / Über zerbrochenem Männergebein / Die stille Mönchin.« *(»Die Schwermut«)*

Im Mittelpunkt der aufgewühlten Gedanken und der zerrissenen Gefühle steht eine Menschengestalt, die Mönchin, die Schwester.

»Mönchin! schließ mich in dein Dunkel, [...] Und zum Grabe wird der Raum / Und zum Traum dies Erdenwallen.« (*»Nachtergebung«;* GA 1, 193; Fü 139)

In diesem Leben gibt es für den Dichter nur noch eine Gewißheit, die Schwester, erlösende Frauengestalt. Bei ihr sucht er Zuflucht.

Und als der Krieg ausbricht, der gewisse Tod herannaht,

wird wieder kein Gott, kein Christus, sondern das einzige menschliche Wesen angerufen, zu dem er Liebe und Vertrauen hat. Nicht mehr Rettung, Bergung wird verlangt. Die Schwester wird als Todeszeugin angerufen:

»Schwester stürmischer Schwermut / Sieh ein ängstlicher Kahn versinkt / Unter Sternen, / Dem schweigenden Antlitz der Nacht.« (*»Klage«;* GA 1, 200; Fü 140)

Die Sterne bedeuten keine Hoffnung hier. Der Mensch stirbt, sie bleiben. Sie bedrohen keinen, aber sie trösten auch keinen.

Und schließlich das letzte Gedicht, *»Grodek«,* Name des ostgalizischen Dorfes, wo die erste große Schlacht an der Ostfront des Ersten Weltkrieges stattfand. Nach den »Tiroler Gedichten« liest man hier wieder lange Zeilen, und man hört einen freien Rhythmus. Es ist eine Elegie in ruhigem Tonfall.

»Am Abend tönen die herbstlichen Wälder / Von tödlichen Waffen.«

Die Wälder tönen, sie schreien nicht. Die Nacht, keine indifferente Macht, umfängt die sterbenden Krieger: »Alle Straßen münden in schwarze Verwesung.« Wirklichkeit wurde, was bisher nur prophetische Vision war.

Verse und Wortwahl geben dem Gedicht den Duktus eines Trauermarsches auf hoher Stilebene. Nirgends ist Trakl Hölderlin so nahe wie hier. Auf dem Schlachtfeld gibt es keine Soldaten, sondern Krieger, Helden. Hier, im Angesichte des Todes, gibt es keine Feinde, keinen Haß mehr. Alles ist wie eine grandiose Totenfeier:

Unter goldnem Gezweig der Nacht und Sternen
Es schwankt der Schwester Schatten durch den schweigenden Hain,
Zu grüßen die Geister der Helden, die blutenden Häupter

Rhythmus und Stilebene geben der ganzen Erscheinung einen sakralen Charakter. Schwester wird sie genannt, wie schon in *»Klage«,* nicht Mönchin oder Jünglingin, wie so oft. Einfach, menschlich: Schwester. Aber warum erscheint sie auf dem blutigen Schlachtfeld?

O stolzere Trauer! ihr ehernen Altäre,
Die heiße Flamme des Geistes nährt heute ein gewaltiger Schmerz
Die ungebornen Enkel.

»Altar« erinnert an Opfer, Entsühnung. Ludwig von Ficker besuchte Trakl Ende Oktober 1914 im Krakauer Militärkrankenhaus. Der Dichter las ihm eine Fassung des Gedichtes vor, die über die ungeborenen Enkel noch Weiteres aussagte. Von Ficker konnte sich aber später nicht mehr erinnern, in welchem Sinne.

»Klage« und *»Grodek«* zeigen einen Dichter auf der Höhe seiner Kunst. Der feierliche Ton, das Fehlen von dissonanten Tönen suggerieren eine majestätische Absage an das Leben, inmitten einer Weltkatastrophe, die Millionen Menschen den Tod bringen wird. (Dieses Opfer der Millionen ist vielleicht die vollkommene Sühne ...) Menschheitsschicksal und die Schicksale des einzelnen verflechten sich in den letzten Gedichten zu einer untrennbaren Einheit.

Biographische Notiz

Georg Trakl wurde am 3. Februar 1887 im Schaffnerhaus am Waagplatz Nr. 2 in Salzburg als Sohn eines Eisenhändlers geboren. Die Familie lebte in bescheidenem Wohlstand. 1897/1905 Besuch des k. u. k. Staatsgymnasiums in Salzburg (ohne Abschluß); danach Praktikum in einer Apotheke. 1908/10 Pharmazie-Studium an der Universität Wien. 1910 Tod des Vaters. Nach Sponsion zum Magister der Pharmazie Antritt des Militärdienstes als Einjährig-Freiwilliger in Wien. Ende 1911 zweimonatige Tätigkeit als Rezeptuarius in der Salzburger Apotheke »Zum weißen Engel«, danach Dienst in der Apotheke eines Garnisonsspitals in Innsbruck. Hier Begegnung mit Ludwig von Ficker, Herausgeber der Halbmonatsschrift »Der Brenner« (gegr. 1910), und Karl Kraus. 1913/14 hauptsächlich in Innsbruck, Aufenthalte in Wien und Berlin. Mitte März 1914 Reise nach Berlin zu seiner kranken Schwester Margarethe, Begegnung mit Else Lasker-Schüler. Am 24. August 1914 Abreise nachts mit einem Militärtransport aus Innsbruck zum Feldspital 7/14 in Galizien, Einsatz in der Schlacht von Grodek/Rawa-Ruska (6.–11. 9.), Stationierung in Limanowa; von dort Anfang Oktober Einweisung in das Garnisonsspital in Krakau zur Beobachtung seines Geisteszustandes. Am 3. November Tod durch eine Kokainvergiftung. Georg Trakl wurde drei Tage später auf dem Rakoviczer Friedhof in Krakau beigesetzt.

Oskar Metzler

Franz Werfel

»Es ist November in der Welt.«

Der empfindsame und unstete Franz Werfel (1890–1945) fühlte sehr früh die Berufung zum Dichter, zumal er, aus wohlhabender großbürgerlicher Familie, der Notwendigkeit des Broterwerbs nicht ausgesetzt war. Nachdem der Einundzwanzigjährige mit der Sammlung »Der Weltfreund« als Dichter Erfolg hatte, suchte er, gegen den Willen des energischen Vaters, Handschuhfabrikant und Kaufmann, keine andere Lebensform mehr.

Werfel war einer der bedeutenden Repräsentanten jener hauptsächlich ideellen Vereinigung von Angehörigen der jüngeren Prager deutschen Dichter- und Intellektuellengeneration, die um die Jahrhundertwende heranwuchs. Diese Jungen fanden in der Auseinandersetzung mit neuen geschichtlichen Erfahrungen, im Bemühen um deren dichterische und weltanschauliche Reflexion, Gemeinsamkeiten und zugleich das Trennende in ihrem Verhältnis zu den älteren Generationen. Sie nahmen den religiös, national und sozial gegebenen Inselzustand der Prager deutsch-jüdischen Oberschicht intensiv als eine Besonderheit ihres Lebens auf, registrierten feinfühlig die Erstarrung in den gesellschaftlichen Verhältnissen und die wachsende Fremdheit in den menschlichen Beziehungen. Sich selbst als Opfer ihrer Herkunft empfindend, sahen sie sich dem Ansturm der jungen tschechischen Nation ebenso ausgesetzt wie dem in Österreich rassisch konzipierten Antisemitismus. Ihre Wendung gegen das Überkommene verstanden sie als Generationskonflikt: In den bürgerlich saturierten Vätern, die geistig dem Liberalismus des 19. Jahrhunderts verbunden waren, glaubten sie, die Urheber ihrer Lebenssituation und zugleich die Gegner ihrer Lebensabsichten sehen zu müssen.

In diese Absage war auch Prag einbeschlossen. Franz Werfel nannte 1922 seinen »endgültigen« Weggang aus der Heimatstadt im Jahre 1912 einen »Rettungsversuch«:

»Mein Lebensinstinkt wehrte sich gegen Prag. Für den Nichttschechen […] hat diese Stadt keine Wirklichkeit, sie ist ihm ein Tagtraum […] ein lähmendes

Ghetto [...] eine dumpfe Welt, aus der keine oder falsche Aktivität herkommt [...] Der deutsche Prager, der zur Zeit fortging, ist schnell und radikal expatriiert, und doch liebt er seine Heimat, deren Leben ihm wie ein ferner Wahn vorkommt.«[1]

Als deutscher Prager hatte Franz Werfel die Gedichte der Sammlung *»Der Weltfreund«* (1911) geschrieben, liedhafte Gedichte, freie Rhythmen, Hymnen, Oden, Sonette, in denen sich auch die spontane Auseinandersetzung mit der »bösen Menschenwelt«[2] des Elternhauses und der Prager deutschen Gesellschaft artikulierte. In expressionistischem Pathos wird der Wunsch »An den Leser« verkündet, »Dir, o Mensch, verwandt zu sein!«[3]

Die Gedichte dieser Sammlung sind Weltanschauungslyrik. In ihnen ist sein späteres Welt- und Menschenbild schon angedeutet. »Welt« ist das abstrakte Gegenbild zur Prager Wirklichkeit. Die »Weltfreundschaft« des Dichters sucht Menschlichkeit in ideellen Bereichen. So entsteht das poetisch realisierte Bild menschlicher Möglichkeiten. In dem Gedicht *»Ich habe eine gute Tat getan«* heißt es:

Herz frohlocke!
Eine gute Tat habe ich getan.
Nun bin ich nicht mehr einsam.[4]

Ein Inhalt der »guten Tat« ist nicht genannt. Wert erlangt allein die also erreichte andere Beziehung zur gesellschaftlichen Umwelt: verlorene Fremdheit.

Werfels Kunst-»Welt« kommt ohne extensive gesellschaftliche Gegenständlichkeit aus. Dafür trägt sie den Glauben des Dichters an einen freilich expressionistisch absolut gedachten Menschen. Irrational gegründet, stellt die »Weltfreundschaft« des Dichters der Prager deutschen Gesellschaft eine abstrakte Menschlichkeit entgegen. Für die expressionistische Dichtung wurde diese Haltung zu einem Modellfall von allgemeiner Gültigkeit.

Werfel verließ Prag, um in Deutschland als Dichter zu bestehen, Gesinnungsgenossen zu finden. 1910 wurde er – der Form nach – Lektor im Kurt Wolff Verlag Leipzig, der sich um Dichtungen und Dichter des Expressionismus bemühte. In dieser Zeit entstanden die beiden Gedichtsammlungen »Wir sind« und »Einander« sowie das radikal-pazifistische Drama *»Die Troerinnen«* (1915, nach Euripides).

Seine als »Rettungsversuch« aufgefaßte Flucht aus dem jüdisch-bürgerlichen Prag führte ihn in die Welt des entwickelten Imperialismus. Wenn die »Weltfreundschaft« des Dichters als weltanschauliches Motiv noch von Prag weg zeigen konnte, so gab es nun keinen räumlichen Ausweg mehr. Es blieben allein die weltanschauliche Bewertung und die poetische Aufnahme der vorgefundenen »Welt«.

Anders als in Prag wird die gesellschaftliche Wirklichkeit von dem zweiundzwanzigjährigen Dichter jetzt als gegebene, nicht vertauschbare Voraussetzung für die menschliche Existenz gesehen. Was nicht heißt, daß der Dichter ihr So-Sein akzeptiert. Vor allem ihre die menschlichen Beziehungen zerstörende und das menschliche Wesen verletzende Gesellschaftlichkeit wird erfaßt und abgelehnt. Ein positives Bild des Menschen aus der gesellschaftlichen Praxis zu gewinnen, vermag Werfel so nur bedingt. Er versucht nun, das Wesen des Menschen göttlich herzuleiten.

Der spätere Zionist Max Brod beklagte das offenbar überraschende Bekenntnis des Dichters zur christlichen Religion. Doch waren dem Prager Werfel weltanschauliche Auseinandersetzungen nicht fremd. Der jüdische Religionsphilosoph Martin Buber oder Theodor Herzl, der theoretische Begründer des politischen Zionismus, hatten in Prag Vorträge gehalten; Blaise Pascals »Pensées« oder die christliche Philosophie Sören Kierkegaards waren erörtert worden. – Das hatte nicht zu erklärten religiösen Bindungen des Dichters geführt. Nun wird das abstrakte Pathos des Glaubens an den Menschen in der ersten Gedichtsammlung ersetzt durch den Glauben an Gott.

Damit legte sich Werfel sehr früh und zugleich endgültig weltanschaulich fest, mit auffälligen Folgen für sein Werk. Weltanschauliches Reflektieren beherrscht sein Schaffen von nun an in starkem Maße. Das mochte bestimmten lyrischen Gestaltungsweisen sogar entgegenkommen, drang aber in Werfels Epik und Dramatik häufig gestalterisch unverarbeitet ein. Es belastet die Ganzheit des Werks und äußert sich in einem assoziativ beladenen Sprachduktus. Das gilt auch für die Werke, in denen der Rolle der Volkskräfte in der gesellschaftlichen Bewegung nachgefragt ist.

In den der ersten Sammlung folgenden Gedichten baute der Dichter seine religiöse Position auf: Einen christlich getragenen Messianismus, der sich später als eine Art jüdische Christusgläubigkeit des Dichters theologisch fixiert.

Die Gedichte von *»Wir sind«* (1913) sind thematisch noch an die Prager Lebenssituation gebunden, führen aber bereits in das Thema der Mißgestaltetheit der Welt als christliche Schuld und Erbsünde ein. In *»Einander«* (1915) wird Gott zur lyrischen Gestalt.

Werfels religiöse Position ist in dieser Zeit auf den Menschen, in dem sich das Göttliche ausdrücke, orientiert:

> Gottes Hauch wird im Atem der Menschen geboren.
> […]
> Die Welt fängt im Menschen an.
>
> (*»Lächeln, Atmen, Schreiten«*)[5]

1915 wurde Werfel in die k. u. k. Armee einberufen und kam an die Ostfront. Hier entstanden die Gedichte des Bandes *»Der Gerichtstag«* (1919). In ihnen ist Gott in das Zentrum lyrischen Denkens gerückt. Das Mensch-Gott-Verhältnis ist einem Welt-Gott-Verhältnis gewichen. Der »eine Vater« wird jetzt zweifach begriffen: christlich und jüdisch-messianistisch. Das verdeutlicht vor allem die Jesus-Gestalt, in der sich für den Dichter das Göttliche als Beispiel sittlichen Handelns offenbart.

Die stoffliche Aufnahme des Evangeliums erfolgt bereits in *»Jesus und der Äser-Weg«* (in »Einander«). Hier wird Gott vom Heiland im Gebet gezwungen, seine Liebe zu offenbaren. In *»Gebet Mosis«* aus der Sammlung »Gerichtstag« aber fordert der Führer der Israeliten am Sinai Gott auf, zu erscheinen und sich zu rechtfertigen. Darin schlägt sich die Erfahrung des Krieges nieder. Im erlebten Elend ist Werfel der Glaube an die göttliche Sittlichkeit, die Jesus in dem vorher genannten Gedicht noch zu verwirklichen vermocht hatte, gänzlich verlorengegangen. In dem Moses-Modell ist allein noch messianistischer Zorn, die jüdische Kritik an einem gegenwärtig gedachten Gott, das Mittel weltanschaulichen Reagierens.

So entstand das Glaubensbild des Dichters, in dem eine jüdische Frage bis zuletzt aktiv bleibt. Sie wurde Werfel zuerst christlich bewußt. Trotz seiner zunehmenden Hinneigung zu katholischer Religiosität, sagte sich Werfel, der in der Prager Piaristenschule ganz selbstverständlich den jüdischen Religionsunterricht besucht hatte, von seinem ihm von Prag her bürgerlich-sozial angestammten Judentum niemals los. Er versuchte, in einem religionsgeschichtlich abgeleiteten Kompromiß Juden- und Christentum zu verbinden, um noch 1944, unter dem Eindruck des grausamen Schicksals der Juden in Europa, resignierend festzustellen, daß ihm die christliche Antwort auf seine jüdische Frage mißlungen war: »Kein Weg!«[6] Werfel wertete sein frühes Judentum lediglich aktuell um, er adaptiert es christlich. Die Christlichkeit des Dichters bewahrte immer Elemente jüdischen Denkens. Diese religiöse Ambivalenz, das Schwanken zwischen beiden Religionen ist eine Folge des Widerspruchs zwischen des Dichters praktischen und theoretischen Möglichkeiten, in der imperialistischen Ordnung eine humanistische Position zu finden, zwischen praktischem und theoretischem Unvermögen schließlich, der politischen Wirklichkeit zu begegnen. Werfels Schaffen demonstriert eine zweifache Bewertung der gesellschaftlichen Wirklichkeit: die Neigung zur theoretisierenden, christlichen Negation und den Wunsch, diese Negation jüdisch-praktisch aufzuheben.

Für die epischen und dramatischen Werke Werfels, die im folgenden betrachtet werden, können somit zwei Reaktionsweisen ausgemacht werden: Zum einen wird die christliche Idee als Ausdruck des sittlichen Anliegens didaktisch vorgeblendet. Sie dominiert also den sozialen Ort und die Thematik und deduziert damit den dichterischen Vorgang religiös. Zum anderen reflektiert Werfel die gesellschaftliche Praxis weltanschaulich unvermittelt und gewinnt so eine Thematik von sozialer Bedeutung. In der Durchführung jedoch wird das Thema auch dabei weltanschaulich verkleidet und eschatologisch in das vorgegebene religiöse Weltbild eingebettet.

In der Sammlung »Einander« findet sich auch *»Revolutions Aufruf«*. Die expressionistische Sprache dieses Gedichts gefällt sich in der Darstellung anarchistischen Verhaltens. Es endet mit der Zeile:

»Renne renne renne gegen die alte, die elende Zeit!!«[7]

Mit dem »Offenen Brief« *»Die christliche Sendung«* (e. 1917), gerichtet gegen den politischen Aktivismus Kurt Hillers, Ludwig Rubiners und auch Max Brods, erhob Werfel »die Zerstörung des alten Bewußtseins«[8] zum politischen Bekenntnis des Christen.

Tatsächlich ging der Dichter während der Revolution im November 1918 in Wien auf die Straße und war Mitglied der »Roten Garde«. Für kurze Zeit schien es, als sehe er seinen Platz an der Seite linker Intellektueller. Berührte sich doch der Erlösungsmythos des humanistischen Pazifisten in einem Punkt mit der Theorie der proletarischen Revolution: die Adressierung beider Programmatik an die Unterdrückten. Seine spätere Frau, Alma Mahler-Werfel, die der Dichter im Herbst 1917 in Wien kennenlernte, gibt in ihren Lebenserinnerungen unter dem 12. November 1918, dem Tag der Ausrufung der Republik Österreich durch die provisorische Nationalversammlung – pejorativ gefärbt – an, Werfel habe »auf Bänken auf dem Ring stehend, wilde kommunistische Reden gehalten und ›Stürmt die Banken!‹ und ähnliche unbedachte revolutionäre Schlagworte geschrien«[9].

Als ein dichterischer Reflex solcher Haltung wie auch seiner Kriegserlebnisse ist die zu Beginn der zweiten Hälfte des Jahres 1919 entstandene Novelle *»Nicht der Mörder, der Ermordete ist schuldig«* (1920)[10] anzusehen.

Von einem Vatermord auf dem Wiener Prater angeregt, gestaltete Werfel einen expressionistischen Vater-Sohn-Konflikt. Dieses erste wichtige erzählerische Werk vermittelt Zeitgefühl und objektiviert unmittelbar die radikale Position des Dichters. Dieses Bemühen führte zur Vermischung von expressionistisch-pathetischen Stilelementen mit analytisch-realistischen, ein Weg, auf dem der Expressionismus in der Werfelschen Prosa dann immer mehr zurückgedrängt wird. Der Ich-Erzähler der Novelle, ein Leutnant Duschek, befindet sich, reflektierend, in der Situation »eines Geretteten« und vermittelt rückschauend sein Schicksal aus dieser Position.

Werfel analysiert die vorrevolutionäre Gesellschaft am Beispiel eines entmenschten Militärapparats, dessen Repräsentant der Vater des Helden ist. Der Leutnant, nachdem er in einer galizischen Garnisonsstadt den Umgang mit einfachen Menschen, Fuhrleuten, Bauern und Juden, gesucht hat, verbindet sich russischen Anarchisten und will ein Attentat auf den Zaren ausführen. Der Plan mißlingt. Jetzt verändert er seine Position von innen her. Er vergleicht sich mit Christus und sucht mit *seinen* Wahrheiten über das Leben beim Vater Versöhnung. Vergebens. Daraufhin will er den Vater töten, erfährt aber eine Läuterung. Er läßt von seinem Vorhaben ab, nimmt Abschied von der »alten Welt«, um sich in Amerika in einer »neuen Wirklichkeit« als Landwirt anzusiedeln. Diese Ausgliederung des Helden ist ein Schritt in die Utopie. Dem entspricht die Wendung des Dichters von der spontanen Aktion in den Tagen der Revolution zu allein gedanklichem Reflektieren der revolutionären Vorgänge.

Der bedeutende Gegenstand der Novelle wie die Tatsache, daß sie einen wichtigen Wendepunkt des Dichters spiegelt, verleihen ihr den Stellenwert eines Schlüsselwerks. Finden wir in diesem Text die Entwicklung des Autors doch charakteristisch verdichtet. So wie die Novelle thematisch und weltanschaulich bis Prag zurückreicht, ist in ihr zugleich sein weiterer Weg vorgezeichnet.

Von Bedeutung ist aber auch, daß Franz Werfel das Thema der Revolte stofflich mit Österreich verbindet und sich so mit diesem autobiographisch wie geschichtlich bedeutsamen Werk zur Literatur seines Herkunftlandes bekennt. In dem Roman *»Barbara oder Die Frömmigkeit«* (1929) ist das Thema der österreichischen Revolution erneut aufgenommen. Der stoffliche Bezug zu Österreich im Werk Werfels wird schließlich 1939 mit dem Roman *»Der veruntreute Himmel«* beziehungsweise mit dem 1938/39 entstandenen, Fragment gebliebenen Roman *»Cella oder Die Überwinder«* beendet. Die im Prag der Monarchie, in der österreichischen Armee während des Krieges und schließlich in den Wiener revolutionären Ereignissen gewonnenen Erfahrungen und weltanschaulichen Positionen prägen jedoch auch sein weiteres Schaffen.

Illusionen hinsichtlich der sittlichen Erneuerung des Menschen durch die Revolution hielten sich bei ihm offenbar bis in das Jahr 1922. Das Sonett *»Der Revolutionär«* dann ist Ausdruck von Ernüchterung. »Entsetzenswort: Es hat sich nichts verändert.«[11]

Die durch die Revolution tatsächlich bewirkten gesellschaftlichen Veränderungen hatten zur Folge, daß Werfel, indem er seine partiell anarchistische Position aufgab, sich dem Austromarxismus zuwandte, der in diesen Jahren viele Intellektuelle anzog. Die im »roten Wien« als Verwirklichung des Sozialismus zur Schau gestellten sozialen Verbesserungen ließen den Dichter nunmehr nach den Kräften fragen, die in der Revolution tatsächlich wirksam gewesen waren.

Das erste Zeugnis von des Dichters Auseinandersetzung mit dem ›Volk‹ findet sich in der »Vorrede« zu der zusammen mit Rudolf Fuchs herausgegebenen Sammlung *»Die schlesischen Lieder des Petr Bezruč«* von 1916. Am Beispiel der Geschichte des tschechischen Volkes ist hier eine Auffassung vom Volk gewonnen, die religiös verklärt blieb, sie beeinflußte das Schaffen Werfels ebenso wenig wie das bei Bezruč zu erkennende enge Dichter-Volk-Verhältnis.

Jetzt, unter austromarxistischen Einflüssen, näherte sich Werfel der Revolution theoretisch. Er fragt nach der Rolle der Volkskräfte in den geschichtlichen Vorgängen und nach der

Funktion des einzelnen in der geschichtlichen Bewegung. Die Antwort auf diese Fragen suchte er in der dramatischen Gestaltung eines historischen Stoffes, der liberalen Revolution in Mexiko 1854/75.

Das Sujet der »Dramatischen Historie in drei Phasen und dreizehn Bildern« *»Juarez und Maximilian«* (1924) erfaßt die Endzeit der Unterdrückung Mexikos durch die Fremdherrschaft vom Herbst 1865 bis zur Hinrichtung Maximilians am 19. 6. 1867. In dieser Zeit zerbricht das Staatsgebilde des Maximilian mit gesetzhafter Notwendigkeit. Bruder des österreichischen Kaisers Franz Joseph I., war er 1864 auf Veranlassung Napoleons III. zum Kaiser von Mexiko erhoben worden mit dem Ziel, der französischen Bourgeoisie das Land Mexiko gegen den Widerstand der fortschrittlichen Kräfte als Kolonie zu erhalten.

Maximilian hofft, einen »neuen Kaisergedanken« durchsetzen und Juarez für sich gewinnen zu können. Er isoliert sich dabei jedoch und steht bald zwischen Juarez und den Kräften, die ihn legitimierten. Sein Untergang wird aus zwei vermittelten Zusammenstößen mit Juarez hergeleitet, die so geartet sind, daß sie ihn in Widerspruch mit sich selbst bringen. Die Haltung Juarez', der übrigens in keiner Szene auf der Bühne erscheint, verletzt den Stolz des Kaisers. Dieser handelt gegen seine menschlichen Einsichten und führt dadurch sein Ende selbst herbei.

Die Notwendigkeit dieses Untergangs ist damit eher aus dem Charakter Maximilians abgeleitet, als aus der geschichtlichen Überlegenheit des Juarez. Auch die Lösung des Konflikts erfolgt entsprechend, denn Maximilian rechtfertigt seinen eigenen Tod. Er spricht von »Fehlern« und der »Lüge« in seinem Wesen und weiß: »Die souveräne Epoche ist vorüber.«[12] Jene auf die kaiserliche Herkunft gegründete Orientierung des Maximilian ist damit ohne Perspektive. Ihm bleibt nur die Möglichkeit, ›groß‹ zu sterben.

Juarez, Führer der Volkskräfte, verkörpert die »Vernunft«, die der »Güte« des Maximilian entgegengestellt ist. Die Wirksamkeit der Vernunft führt zum Untergang Maximilians, dessen gütige Hilflosigkeit endet in menschlicher Größe. Die Maximilian-Gestalt ist sittlich hoch gewertet, ihr Scheitern trägt tragische Züge. Mit seinem Tod gehen ›reine‹ menschliche

Werte verloren. Juarez hingegen vertritt bedingungslos die soziale Notwendigkeit. In ihm und seinem Wirken findet die verändernde Kraft der Volksmassen Ausdruck. Werfel kennzeichnet damit deren Vermögen, die Gesellschaft zu bewegen, doch den humanistischen Charakter dieser Bewegung spart er aus, Sittlichkeit ist vielmehr auf seiten Maximilians, doch bleibt sie angesichts der Gesetze gesellschaftlicher Entwicklung bedeutungslos. Werfel akzentuiert die geschichtlichen Veränderungen durch seine Gestaltung so auf den Sturz der Monarchie.

In der tragischen Konzeption der Maximilian-Gestalt ist Werfels Antwort auf seine Fragen nach der Rolle der Volksmassen in der Revolution und dem Schicksal des einzelnen in der geschichtlichen Bewegung elegisch gebrochen. Sein ethischer Idealismus erlangt das Übergewicht.

Bereits vor diesem Drama, 1923, war das umfangreiche historische Werk *»Verdi. Roman der Oper«* (1924) entstanden. Die Beziehung des Dichters zu Werk und Gestalt des Komponisten Guiseppe Verdi reicht zeitlich bis Prag zurück und über die Entstehung des Romans weit hinaus.

In einem »Vorbericht« erklärte der Autor, der Plan sei schon zwölf Jahre früher entworfen worden. Offensichtlich waren erst unter den nachrevolutionären Bedingungen in Österreich historischer Stoff und künstlerisches Anliegen in Übereinstimmung zu bringen, denn Verdi ist ohne seine Verwurzelung im italienischen Risorgimento und im Volk nicht erklärbar. Werfel bedurfte des Erlebnisses der Revolution, bevor er dieses wichtige Element im Schaffen Verdis, die Volksverbundenheit, zu aktualisieren und auf sein eigenes Künstlertum zu beziehen vermochte. Dem Verhältnis von Künstler und Volk geht der Dichter in diesem Werk vor allem nach.

Die Verdi-Handlung des Romans wird vom Weihnachtsabend des Jahres 1882 bis zum späten Abend des 13. Februar 1883 geführt. Der neunundsechzigjährige Verdi, der seit zehn Jahren kein neues Werk geschaffen hat, hält sich in Venedig auf, wo er Richard Wagner weiß, um »sich selber ins Auge zu sehen«. Wir erfahren von dem ergebnislosen Bemühen Verdis, mit einer neuen Oper, »König Lear«, Wagner, in dem er seinen Antipoden, ja, den Verursacher seiner Schaffenskrise sieht, etwas Einmaliges entgegenzusetzen. Als sich die Schöpferkraft nicht wieder einstellt, vernichtet er, tief resigniert, die schon fertiggestellten Teile des Werkes. Dies ist der in das Innere Verdis gelegte novellistische Wendepunkt. Der Held gewinnt seine Ruhe zurück, in der Überzeugung, sein Werk sei abgeschlossen und werde neben dem Wagners bestehen. Er will Wagner in Freundschaft besuchen, um dann Venedig zu verlassen. Der Tod Wagners verhindert das Zusammentreffen. In einem Vorgang der Inspiration befreit sich Verdi von allem »Tod« und findet sein musikalisches Vermögen wieder, das ihn Jahre später »Othello« und »Falstaff« schaffen läßt.

Dieser Handlungskern ist von wuchernden Reflexionen des Autors oder seiner Gestalten überlagert, und er ist von einem komplizierten Handlungsgefüge umgeben. Darin sind drei aufeinander bezogene Themen ausgeführt, in denen der Erzähler den Beziehungen Verdis zum italienischen Volk, zur Kunst und zu seiner Zeit folgt. Ein Generationen-Motiv nimmt Gestalten aus der Musikgeschichte auf. Es greift bis in das 17. Jahrhundert zurück, zeigt den sechsundsiebzigjährigen Monteverdi kurz vor seinem Tode und weist mit einer jungen Generation in das 20. Jahrhundert hinüber.

Eine solche Erzählkonstruktion weitet das Werk zum »Roman der Oper«; bestimmt wird Verdis Platz in der Musikgeschichte: Er ist der »Retter der totgesagten Oper« (V 112)[13].

In zwei sehr umfangreich ausgeführten Episoden findet Verdi seine Auffassungen von Musik und von seinem Verhältnis zum Volk bestätigt. Es ist die nationale Komponente, in der sich beides verbindet. Dadurch erlangt er das Selbstbewußtsein, um sich dem Deutschen Wagner zu stellen: »Ich bin Verdi und du bist Wagner.« (V 22) Es wird deutlich, daß Verdi, indem er Musik und Volk vereinigt, die Kunst als »ein Ding [sieht], das im Lebensgefüge des Menschen seinen Platz hat« (V 82).

Verdis großer Widersacher ist der »Geist der Romantik«. Seinen Vertretern ist eine dem Volke entfremdete Wirklichkeit des Lebens und Schaffens gemeinsam, was sich im Elitedenken, im betonten Herausstellen des Geistigen und Analytischen, in einem snobistischen Kunst- und Selbstbewußtsein äußert. Verdi dagegen verkörpert die Einheit von Kunst und Volk oder von Kunst und Leben, und das glaubt Werfel seiner Gesellschaft vorstellen zu müssen. Die (angestrebte) Volksverbundenheit wird jedoch letztlich als religiöse Gesetzmäßigkeit ›erkannt‹. Monteverdi sind die Worte in den Mund gelegt:

»Nicht ich habe recht, sondern [...] dieses Volk [...] In diesem Volk [...] ist Gottes Wille«. (V 261)

So wird, ähnlich wie in »Juarez und Maximilian«, an die Stelle sozialer Bedingtheit geschichtlicher Bewegung ein sittlicher beziehungsweise religiöser Inhalt gesetzt. Monteverdi gebraucht den Begriff »Synergismus«. Der Mensch sei räumlich und zeitlich im Unendlichen bewahrt. Der Künstler trage aber die Verantwortung dafür, daß der Wille Gottes im Volk und das Volk als künstlerische Kraft wirksam werden. Das ist die weltanschauliche Formel des Verdi-Romans.

Werfel hat die bei Petr Bezruč zuerst erkannte und in den hier betrachteten Werken erreichte Nähe zu den geschichtlichen Kräften des Volkes später nicht wiedergefunden. Der im Verdi-Roman zuerst gebrauchte Begriff »Synergismus« aber bleibt erhalten. Er wird Bestandteil der religiösen Problematik bei Werfel und festigt den Irrationalismus seines Weltbildes.

Anfang 1927, nach dem Tod Rainer Maria Rilkes, sagte Werfel über diesen Dichter:

»Er fühlte das Erbteil aller nichtslawischen Prager: Doppelte und dreifache Heimatlosigkeit. In seinen letzten Lebensjahren hat sich dieser deutsche Dichter, dessen Seele in Rußland erwacht war und der französische Poesien schrieb, immer wieder die Frage stellen müssen: ›Wohin gehöre ich?‹. Doch gerade auf diese Frage gibt es keine Antwort.«[14]

Für Werfel ist dies die Frage nach der nationalen Zugehörigkeit. Er stellt sie häufiger und intensiver, je mehr die erste österreichische Republik, als deren Mitschöpfer in einem religiös-anarchistischen Sinne er sich betrachtete, seinen sittlichen Idealen widersprach und je mehr er sich selbst als Jude sozial exponiert fand. Die soziale Wertigkeit dieser Fragen ist eindeutig. Aber Werfel suchte nur noch religiöse Antworten.

Bereits 1925 nahm er die religiöse Problematik aus der Zeit vor 1918 wieder auf. In der »dramatischen Legende in sechs Bildern« *»Paulus unter den Juden«* (1926)[15] führte sie der Dichter zu der religionsgeschichtlich fundierten Entscheidung für das Christentum. Doch bereits in dem Entwicklungsroman *»Barbara oder Die Frömmigkeit«* (1929) tritt zum erstenmal im Werk Werfels das gegenwärtige Judentum aus dem Hintergrund hervor und bringt sich bedeutend zur Geltung.

Der Held, Ferdinand R., aus einer Offiziersfamilie stammend, entwickelt sich, indem er die Zeit und ihre Ereignisse wie Krieg und Revolution intensiv erlebt, zu einer aus aller Gesellschaftlichkeit herausgelösten Persönlichkeit, die den Sinn ihrer Existenz göttlich gesichert weiß. Er ist, sechsunddreißigjährig, Schiffsarzt. In einer Rahmenhandlung verbindet er sich in einem »Hymnus« mit Gott gegen alle gesellschaftliche Wirklichkeit, die ihm unveränderlich erscheint. Die Idee seines Lebens sieht er im Wesen seiner Kinderfrau Barbara gegeben: in ihrer gänzlich außerintellektuellen, gleichermaßen natürlichen Gottesnähe.

Als Kontrastgestalt des Helden agiert Alfred Engländer, ein von der »katholischen Weltanschauung« eingenommener Jude, der einem großbürgerlichen Elternhaus entstammt. Er spielt die Rolle des intellektualisierenden Theoretikers, der glaubt, daß sein Leben

»die Lage von ganz Israel im Kerne enthält [...]: Die faktische Verleugnung unseres Messias gegen besseres Wissen!« (B 515)[16]

In krankhaft-angestrengter Geistesverfassung nennt er sich schließlich den »Bischof aller christusgläubigen Juden« (B 549). Der Prozeß gegen Jesus von Nazareth soll wiederholt werden. Er erhofft den »großen Frieden zwischen Israel und Christus« (B 526).

In Engländers Schicksal gestaltet Werfel sinnbildhaft seine Auffassung von der Passion des modernen Judentums, das nicht religiös, sondern höchstens »intellektuell« zu existieren vermag wie Alfred Engländer. Oder »materiell« in Anpassung an die gegebenen gesellschaftlich-kapitalistischen Bedingungen wie dessen Brüder. Engländer ist Werfels Sprecher. Sein Held Ferdinand R. aber, ebenfalls mit Zügen aus der Biographie des Dichters versehen, lebt die Theoreme Alfred Engländers praktisch, ohne sich ihrer bewußt zu sein. Die Frömmigkeit Ferdinands fängt das Scheitern Alfred Engländers auf. Das Bekenntnis Werfels zu beiden Gestalten, zu einem in Ferdinand R. bewahrten Engländer, ist Ausdruck seiner Position eines »christusgläubigen Juden«.

Dieser Roman ist ein Werk des Übergangs: Die Absage an die Revolution und an die nachrevolutionäre Entwicklung läßt die religiöse Richtung im Schaffen des Dichters siegen, aus der sich im weiteren zwei Linien ableiten. Die eine, auch unter dem Eindruck der Judenausrottung in Deutschland und in ganz Europa, verfolgt die Position des Alfred Engländer weiter, die andere hingegen führt von Barbara beziehungsweise Ferdinand R. zu einer Vertiefung der christlich-katholischen Auffassung des Dichters.

In der ersten Linie steht zunächst das »Bibelspiel« *»Der Weg der Verheißung«* (1935)[17], in dem Werfel synergistisch die Rettung des Judentums im Zusammentreffen mit dem Christus-Messias im Zeitlosen zeigt. Anders die auf Aktuelles bezogene, während der Emigration in Frankreich entstandene Erzählung *»Die wahre Geschichte vom wiederhergestellten Kreuz«* (1942)[18], Teil aus dem Roman-Fragment »Cella oder Die Überwinder«. Darin wird ein Jude auf dem Weg ins Exil von den Faschisten aufgefordert, ein aus einem Grabkreuz hergestelltes Hakenkreuz zu küssen. Er stirbt, nachdem er das christliche Kreuz wiederhergestellt, geküßt und einem katholischen Kaplan in die Hand gegeben hat.

Auch in der »Komödie einer Tragödie« *»Jacobowsky und der Oberst«* (1944) geht es um die weltliche Bewährung eines Juden auf der Flucht vor den deutschen Faschisten in Frankreich. Aber ihm ist der katholische Oberst zugesellt, und in der Rettung der beiden vor dem gemeinsamen Feind bleibt der Gegensatz zwischen Judentum und Christentum bewahrt: »Unser Duell ist ewig.« Es ist in allen diesen Kontrastfiguren die Allegorie auf einen ewig parallel verlaufenden Weg der Juden und Christen. So finden wir schließlich auch in der Welt des utopischen »Reiseromans« *»Stern der Ungeborenen«* (1946), an dem der Dichter bis zu seinem Tode arbeitete, die beiden religiösen Kräfte wieder. Allein die Funktion der gegenseitigen Zeugenschaft für den »einen« Gott kommt hier noch hinzu.

Als zweite Linie ist die Weiterführung des Magd-Themas auszumachen, das aus Werfels Prager Kindheit, aus der Bewertung der eigenen Kinderfrau, gewachsen ist, in seiner expressionistischen Lyrik anklang, im Verdi-Roman von der Gestalt der Bianca Carvagno, deren »bäurische« Religiosität herausgestellt ist, repräsentiert wird und das in der Barbara-Gestalt zum erstenmal episch breiter ausgeführt wurde.

Dieses Thema geht in Werfels Auffassung vom Volk ein und reichert es religiös an. Der Dichter sucht das Vermögen des Volkes jetzt nicht mehr in gesellschaftlichen Bewegungen, sondern bei einfachen, arbeitenden Menschen, vorwiegend in der Lebenskraft ländlicher Frauen: Mägde im weltlichen wie im geistlichen Sinne.

Der bedingungslosen Frömmigkeit der Barbara ist das religiöse Verhalten der Teta Linek aus *»Der veruntreute Himmel«* (1939) und der Bernadette Soubirous aus *»Das Lied von Bernadette«* (1941) verwandt. Bestimmte Akzente ergeben sich daraus, daß diese beiden Romane in der Emigration entstanden, in die der Dichter 1938 unvermittelt gezwungen wurde. Während Barbara in ihrer Frömmigkeit ruht, tritt Teta Linek mit dem »Auftrag zum erbarmungslosen Neubeginn« an. Ihr ist das Leben auf der Erde nur eine Unterbrechung des ewigen Lebens, und den Himmel will sie sich verdienen. Um ihre Bemühungen betrogen, erhält sie 1937, auf einer Pilgerfahrt nach Rom, die Absolution. Teta stirbt, versehen mit dem Segen des Papstes und mit den heiligen Sakramenten, des Himmels sicher.

Dieses novellistische Geschehen ist in einen komplizierten Rahmen gesetzt, in dem ein Ich-Erzähler wirkt, dem autobiographische Züge eigen sind. Über seine Beziehungen zur Heldin wie zu einem katholischen Geistlichen macht sich Werfel die Katholizität dieser Gestalten zu eigen und theologisiert seine Position.

1941 geriet Werfel auf der Flucht vor den Deutschen in die Pyrenäen und suchte in Lourdes Schutz. Er gelobte, einen Roman über die Heilige dieses Wallfahrtsortes zu schreiben, wenn ihm die weitere Flucht nach Amerika gelänge. Diese Verpflichtung einlösend, schrieb er nach seiner Niederlassung in Beverly Hills ein Buch, das ein amerikanischer Bestseller wurde.

In der Aktualisierung der angeblichen Wunder-Vorgänge aus der zweiten Hälfte des vergangenen Jahrhunderts in Lourdes bezieht Werfel die mit der Teta-Gestalt gewonnene Katholizität auf den Wunderglauben der katholischen Kirche. Der als religiöses Subjekt sehr irdisch um den Himmel bemühten Teta folgt Bernadette, die Objekt des Göttlichen ist, indem sie das Wunder der Offenbarung des Himmels trägt. In dieser Gestalt ist nicht nur Religiosität als Lebenspraxis, sondern auch eine extreme Erscheinungsweise dieser Praxis vorgeführt. Raum und Zeit werden von ihren Materie-Eigenschaften gelöst; der Mensch durchdringt sie intuitiv im Erinnern oder im Erleben.

Schon die Bildhaftigkeit der besonderen Erinnerungskraft des Ferdinand R. trug künstlerisch-intuitive Eigenschaften. Auch in der Rahmenhandlung des Jeremias-Romans *»Höret die Stimme«* (1937) bringt Werfel theosophische Ansichten ins Spiel. Clayton Jeeves, ein junger Dichter, Halbjude und Epileptiker, befürchtet auf dem Platz, wo einst der alte Tempel der Juden stand, einen Anfall seiner Krankheit. In Sekunden erlebt er die Vorgänge der Romanhandlung um den Propheten Jeremias. Danach aber weiß er, daß eine »Heimrufung«, daß übersinnliche Kräfte in Zeit und Raum für seinen Zustand verantwortlich waren.

Diese Darstellungsmethode läuft auf den Versuch hinaus, sittliche Werte, die in einer mystischen Gegenwart gesucht werden, ›gegen die Welt‹ zu stellen. In kosmisch gedachter Weite scheint sich die Sittlichkeit verborgen zu halten. Das ist dann vor allem das Prinzip in *»Stern der Ungeborenen«*. Zivilisationspessimistische Auffassungen sind hier in synergistischen Denkmodellen aufgefangen. Ein geheimnisvolles »Isochronion« schafft die »Allgegenwärtigkeit« im Bewußtsein des Menschen. Es hebt jedes zeitliche Nacheinander auf. Der Mensch selbst begreift sich als kosmische Kategorie. In solcherart Utopie ist das Gesetz des Synergismus sophistisch zu Ende gedacht. Es bindet alle Elemente der Weltanschauung des Dichters an eine unbekannte dritte Größe: Im Kosmos bezieht sich, mental, alles zu allem. Jeder Gewinn beruht auf einem Verlust, jeder Fortschritt auf einem Rückschritt. Gott ist das Geist-Zentrum der Welt. Die Bewegung von Gott weg ist die Bewegung zu Gott hin. Die ewige Gegenwärtigkeit des Menschen scheint so gefunden.

Diese eigenwillig-religiöse Komponente seines Werkes offenbart, daß Werfel die Wirklichkeit des Lebens als dualistisches Verhältnis von göttlich verwesentlichtem Einzelmenschen und fremder, staatlich und politisch organisierter Gesellschaft auffaßte. Für ihn ist die Gesellschaft der profane, stoffliche, eben negative Ausgangspunkt für die Existenz des Menschen. Der einzelne wird also aus seiner tatsächlichen Lebenspraxis herausgenommen und als der abstrakt-sakrierte Zielpunkt künstlerischer Erkenntnis versinnbildlicht. Er erscheint sittlich typisiert und steht einer gesellschaftlichen Wirklichkeit gegenüber, die enthumanisiert und nicht mehr veränderbar ist. Die literarischen Helden sind Künder von Weltanschauung und vertreten weitgehend didaktisch das humanistische Anliegen ihres Schöpfers.

Indem Werfel seine Helden in die gesellschaftliche Wirklichkeit stellt, demonstriert er die sittliche Unvereinbarkeit dieses Bezuges. Die Helden werden von gesellschaftlichen Vorgängen zufällig und schicksalhaft betroffen. Dagegen gesetzt ist sittliche Größe, die religiös fundiert ist und im eigenen Schicksal die Unsittlichkeit der Welt auffängt. So wird die Unmenschlichkeit der Gesellschaft ebenso gemessen wie die Menschlichkeit der Helden. Der Humanitätsgehalt im Werk Werfels ist in diesem Sinne in der novellistischen Reduktion der epischen Totalität auf die Darstellung einer ›reinen‹ Sittlichkeit zu finden. Die novellistische Wendung ist charakteristisch, sie besteht zumeist in einer häufig psychologisch motivierten Situation der Verinnerlichung oder gar der Intuition des Helden. Durch den sicheren Gebrauch der Rahmentechnik erweitert der Dichter das novellistische Geschehen und stellt es in größere Zusammenhänge.

Werfels Hauptwerk ist der historische Roman *»Die vierzig Tage des Musa Dagh«* (1933). Die Romanidee entstand 1929, während seines zweiten Aufenthaltes in Palästina, wo er auf das Schicksal der Armenier in der Türkei aufmerksam wurde. Mit der Niederschrift begann er im Jahre 1932, als der Antisemitismus in Österreich und in Deutschland bedrohende Formen annahm. Sie war an die Konzeption eines ›Helden wider Willen‹ gebunden.

Zwischen Idee und Niederschrift des Werks schuf Werfel sein Drama *»Das Reich Gottes in Böhmen«* (1930), in dem ein Sujet aus der Spätphase der Hussitenbewegung gestaltet ist. In dieser »Tragödie eines Führers« gehen sowohl der Priester Prokop der Große als auch die Hussitenbewegung zugrunde. Werfel sucht die Ursachen dafür nicht in den geschichtlichen Bedingungen, sondern in der inneren Beziehung des Helden, der damit der Maximilian-Gestalt vergleichbar wird, zur eigenen Sache. Zwischen Prokop und seinem Volk steht die Differenz der falschen Tat.

Im Schicksal des Prokop entwirft Werfel die große Gestalt des danach ausgeführten Romans, Gabriel Bagradian. Das Sujet von *»Die vierzig Tage des Musa Dagh«* umfaßt eine Episode des Widerstands der Westarmenier gegen ihre Ausrottung durch den türkischen Staat nach 1915. Handlungsort ist der an der Mittelmeerküste gelegene Moses-Berg.

Das Geschehen basiert darauf, daß der bürgerlichen Revolution von 1908 in der Türkei unmittelbar eine reaktionäre Politik folgte. Das Land geriet unter den Einfluß des imperialistischen Deutschland; Höhepunkt dieser Politik war die Teilnahme der Türkei am Ersten Weltkrieg auf deutscher Seite. Dem Abenteurertum nach außen entsprach Terror im Innern, der sich zuerst gegen die starke armenische Minderheit richtete. Dabei bediente man sich der seit Jahrhunderten geförderten religiösen Vorurteile in der mohammedanischen Bevölkerung gegen die christlichen Armenier.

Entsprechungen zum Schicksal der Juden unter der Politik des faschistischen Deutschlands sind darin leicht zu erkennen. Die Gemeinsamkeiten in den historischen Vorgängen boten sich zum Vergleich an. Der Stoff erlaubte es, die Volks- und Lebensfeindlichkeit imperialistischer Staaten bis in ihre faschistische Form hinein darzustellen.

Die epische Behandlung des Stoffes zeigt, daß Werfel in dem grauenvollen Vorgang der Ermordung von über einer Million Menschen das Wesen der imperialistischen Gesellschaft so tief wie in keinem anderen seiner Werke darzustellen vermochte. Durch ein ausführliches Quellenstudium setzte er sich dazu in die Lage. Er informierte sich über die staatspolitischen Beziehungen zwischen der Türkei und Deutschland während des Ersten Weltkrieges. Er studierte die Geschichte und die Kultur des armenischen Volkes. Angaben über die Geschehnisse auf dem Musa Dagh und eine Fülle von Einzelheiten über die Armenierausrottung fand er in Dokumentationen, Statistiken, Protokollen und authentischen Erlebnisberichten.

Werfel folgte diesen Quellen so direkt, daß manche seiner Gewährsmänner, zum Beispiel Dikran Andreassian und Johannes Lepsius, zu Gestalten des Romans werden.[19] Auch deutsche und türkische Staatsmänner jener Zeit sind namentlich und in ihrer auf das Schicksal der Armenier bezogenen politischen Funktion in das Werk übernommen.

Die Komposition des Romans besteht zunächst, wie im

Verdi-Roman, aus einer an den Helden gebundenen und novellistisch geführten Kernhandlung. Gabriel Bagradian, Enkel eines weltbedeutenden armenischen Großkaufmanns, der, seiner Heimat und seinem Volk entfremdet, sozial völlig unabhängig, in Paris als »Gelehrter und Schöngeist« gelebt hat, befindet sich mit seiner französischen Frau und seinem dreizehnjährigen Sohn in Stambul – von dem todkranken Bruder, der das Handelsunternehmen der Vorfahren nicht mehr führen konnte, zur Wahrnehmung der Familieninteressen gerufen –, als der Erste Weltkrieg ausbricht. Eine Rückkehr nach Frankreich ist nicht mehr möglich. Auch ist Gabriel Bagradian türkischer Staatsbürger. Er begibt sich mit seiner Familie in sein Heimatdorf am Fuße des Musa Dagh, in das »Haus der Kindheit«, mit der Einberufung zum türkischen Heer rechnend.

Statt dessen beginnen aber die Türken die Deportation und Ausrottung der Armenier, und auch die Einwohner der sieben armenischen Dörfer in dem Tal am Musa Dagh sind bedroht. Als die Austreibung und Vernichtung bevorsteht, inspiriert Bagradian die Flucht auf den Berg und die Verteidigung gegen die Türken. Er wird der militärische Führer des Widerstandes, den er vierzig Tage lang gegen die türkische Übermacht organisiert. Im letzten Augenblick retten französische Kriegsschiffe, die zufällig an die Küste Syriens geraten, die Überlebenden, etwa 4000 Menschen. Der Held, dessen Sohn getötet worden ist und dessen Frau sich an einen Fremden verloren hat, bleibt aus auch ihm selbst nicht erklärbaren Gründen unbemerkt zurück. Türkische Kugeln töten ihn am Grab seines Sohnes.

Die Fabel umgreift die Geschehnisse an und auf dem Musa Dagh, die europäische Vergangenheit des Helden ist in einer Vorgeschichte dargestellt. Die Bagradian-Handlung wird von einer Parallelhandlung begleitet, in der die Bemühungen des Johannes Lepsius vorgestellt sind, gegen die türkische und deutsche Politik in das Armenierschicksal einzugreifen. In den beiden Kapiteln »Zwischenspiel der Götter« ist das bis ins Kreatürliche geführte Geschehen auf dem Musa Dagh mit den geschichtlichen Vorgängen in der Welt verbunden. Der militante Humanist Bagradian erhält in Lepsius eine christlich-humanistische Parallelgestalt, deren Aufgabe es ist, anzuklagen und politische Zusammenhänge aufzudecken.

Die Bagradian-Gestalt ist eine große schöpferische Leistung Werfels. Für sie gibt es in den Quellen keinen Anhaltspunkt. Mit der Wahl und Ausführung dieses Helden überträgt der Dichter seine in dieser Zeit kämpferisch ausgeprägte Auffassung von Humanismus auf die Darstellung imperialistischer Politik. Die Verinnerlichung, die der Dichter sonst dem »Zeitgeist«, dem realen gesellschaftlichen Wirken, entgegenstellte, wird partiell aufgegeben. Werfel führt, mit welcher weltanschaulichen Motivation auch immer, seinen Helden zur humanen sozialen Tat. Das macht die einzigartige Stellung der Bagradian-Gestalt im Gesamtwerk des Dichters aus.

Als Europäer war dieser Held seinem Volk entfremdet. Jetzt, im »Land der Väter«, beginnt die vom Dichter in der »Blut«-Zugehörigkeit begründete Reassimilation des Helden. Dieser ahnt bald die Gefahr:

»Wer niemals um seiner Rasse willen gehaßt worden ist, kann das nicht begreifen.« (MD 61)[20]

Ein innerer Prozeß schlägt in äußeres Handeln um. Immer stärker melden sich »Kraftströme«, und in einer synergistischen Denkweise stellt er sich den fatalistischen Auffassungen der Geistlichen entgegen, nach denen man sich nur Gott anvertrauen müsse: »Aber man muß Gott auch *unterstützen.*« (MD 74)

Auf einer »großen Versammlung« soll das Volk am Musa Dagh selbst über sein Schicksal entscheiden. Dabei kommen die Kräfte des Helden zur Geltung, die nicht aus ihm selbst erwachsen, sondern gespeist sind von der »Macht, die ihn hierher geführt hat auf den langen Umwegen der Jahrhunderte und auf dem kurzen Umweg seines eigenen Lebens« (MD 191). So vermag er es, die 5000 Armenier zum Widerstand gegen den Tod auf den Musa Dagh zu führen. Held und Volk verbinden sich. Die individuellen Reaktionen des Helden schlagen in gesellschaftliche Gesetzmäßigkeit um. Damit rückt aber auch das Volk als die Kraft, die den Kampf zu leisten hat, gestalterisch in den Blickpunkt. Der armenische Stamm auf dem Musa Dagh wird Subjekt seiner Lebenssituation. Er demonstriert seine moralische Überlegenheit gegenüber der ihn bedrängenden Großmacht sinnbildhaft in der »Prozession des Feuers«. Diese Auffassung des Volkes läßt das Werk zu einem Höhepunkt des Realismus im Schaffen Werfels werden.

Gabriel Bagradian wird zum Führer seines Volkes, ohne dessen soziale Interessen vor und nach dem Kampf zu teilen. Die Herkunft des Helden zeigt seine Nähe zu dem Bildungsbürger Werfel. In der Überwindung dieser Position entfernt er sich wie keine andere seiner literarischen Figuren von seinem Schöpfer. Eine individuelle Perspektive in dieser Rolle vermag dieser ihm freilich nicht zu geben. Er kehrt zurück in die Abstraktion des Todes, der in der Vereinigung mit dem gestorbenen Sohn allerdings auch nicht ohne symbolische Bedeutung ist.

Die nationale Bindung des Helden wird in der religiösen Determination rassisch erklärt. Wie der Dichter in der armenischen Geschichte Parallelen zur jüdischen Geschichte fand, so vermittelt er den armenischen Gestalten seines Buches, hauptsächlich den Intellektuellen, Züge, die seinem geschichtlichen Bild des Juden entsprechen. Hinzu kommt in der Behandlung des Geschehens auf dem Moses-Berg der Gebrauch einer reichen religiösen Symbolik mit Elementen aus den alttestamentarischen »Büchern Mose«. Diese Anklänge an die jüdische Tradition tragen dazu bei, die aktuelle Bedeutung des Werkes zu verdeutlichen. Gabriel Bagradian steigt zum Führer eines antifaschistischen Volkskampfes auf.

Die religiöse Komponente des Werkes, die vor allem in der schicksalhaften Lenkung des Helden sichtbar wird, steht außer Zweifel. Aber mit dem Helden steigen Volkskräfte auf, steht gestalterisch gleichwertig neben ihm das Bild des Volkes, das kämpfend zu sich und zu seinen humanistischen Möglichkeiten gelangt.

So ist dieser historische Roman nicht nur das wichtigste Werk im Schaffen Franz Werfels, sondern es zählt zu den großen Leistungen spätbürgerlich-humanistischer Literatur. Es ist der bedeutendste antifaschistische Roman der ersten österreichischen Republik.

Biographische Notiz

Franz Werfel, geboren in Prag am 10. September 1890 als Sohn einer wohlhabenden jüdischen Kaufmannsfamilie, wuchs in der böhmischen Metropole auf. Nach dem Besuch des Gymnasiums 1909 Studium ebd. Bekanntschaft mit Franz Kafka und Max Brod. Fortsetzung der Studien in Leipzig und Hamburg. Nach einjährigem Militärdienst in der k. u. k. Armee 1910 für kurze Zeit auf Wunsch des Vaters Volontär einer Speditionsfirma in Hamburg. Als Lektor des Kurt-Wolff-Verlages (1911/14) einer der Wortführer des Expressionismus; begründete gemeinsam mit Walter Hasenclever und Kurt Pinthus die Sammlung »Der jüngste Tag« (1913/21). 1914/17 Soldat an der Ostfront (Galizien), danach gemeinsam mit Franz Blei und Robert Musil im Kriegspressequartier in Wien. 1918 Sympathien für die Revolution, Bekanntschaft mit Egon Erwin Kisch und Gustav Landauer. Freischaffender Schriftsteller seit dieser Zeit, hauptsächlich in Wien ansässig. 1925/35 ausgedehnte Reisen, u. a. nach Italien, Ägypten und Palästina. 1929 Ehe mit Alma Mahler-Gropius. 1933 aus der Preußischen Dichterakademie ausgeschlossen. Nach der faschistischen Angliederung Österreichs an Deutschland Emigration nach Frankreich; 1940 gemeinsam mit Heinrich Mann gefährliche Flucht über die Pyrenäen nach Spanien; über Portugal in die USA, wo er sich – wie viele andere Emigranten – in Beverly Hills (Kalifornien) niederließ. Dort starb Werfel am 26. August 1945.

1919 Johannes-Fastenrath-Preis der Stadt Köln; 1926 Mitglied der Preußischen Dichterakademie; 1926 Grillparzer-Preis (für »Juarez und Maximilian«); Staatspreis der Tschechoslowakischen Republik und Schiller-Preis (zus. mit Fritz von Unruh und Hermann Burte).

Jochanaan Christoph Trilse

Ferdinand Bruckner

So ist jedes Kunstwerk, auch wenn es nicht von heute ist, von heute.[1]

Es gab und gibt immer noch Fragen um Ferdinand Bruckner (1891–1958), der eigentlich Tager hieß und sich bis zu seinem siebenunddreißigsten Lebensjahr, 1928, Theodor Tagger nannte, danach unter dem Pseudonym Ferdinand Bruckner publizierte (»Krankheit der Jugend«), eine Weile noch geheim, 1929 enttarnt wurde und unter diesem Namen auch in die Literatur- und Theatergeschichte eingegangen ist.

Warum Tagger und dann Bruckner? Während die ersten Erfolgsstürme tobten und Kritiker sich schlugen, rätselte man herum, wer denn dieser Autor sei; weder die Ehefrau noch der enge Freund Franz Theodor Csokor wußten bis 1929, wer der Dramatiker Bruckner war. Erst mit dem Welterfolg ward das Geheimnis gelüftet, dem Welterfolg des Historiendramas *»Elisabeth von England«*, einsetzend mit der glanzvollen Aufführung von 1930 im Deutschen Theater Berlin (Regie: Heinz Hilpert, mit Agnes Straub, Werner Krauss und Gustaf Gründgens). Bei der Wiener Aufführung zeigte sich der Autor zum erstenmal, von den Schauspielern gezwungen, vor dem begeistert applaudierenden Publikum, in Bremen war er erstmalig offiziell anwesend. Das Tabu war durchbrochen.

Welterfolg, und dann viele Erfolge. Davor reüssierten 1926 bereits *»Krankheit der Jugend«*, eine Inszenierung von Gustav Hartung, dem um Bruckner über lange Zeit so Verdienten, im Renaissance-Theater, einer Gründung Taggers von 1923, von ihm geleitet bis 1928, und *»Die Verbrecher«*, ebenfalls eine Hilpert-Inszenierung im Deutschen Theater, 1928 mit einem erlesenen Ensemble, Glanz-Namen deutscher Theatergeschichte, wenn auch nicht alle gleichermaßen der politischen: Lucie Höflich, Hans Albers, Gründgens, Mathias Wieman, Leonard Steckel. Danach *»Timon«* im Jahre 1932 im Burgtheater und im Deutschen Theater fast gleichzeitig, dort unter Albert Heine mit Paul Hartmann als Timon, da unter Hilpert mit Oscar Homolka. 1933 die nächste Uraufführung, *»Die Marquise von O.«*,

unter Hartung in Darmstadt. Und es wäre so weitergegangen …

Wenn nicht Adolf Hitler und seinen NS-Faschisten die Macht zugeschoben worden wäre. Bruckner, Jude, Linksbürger und konsequenter Antifaschist, von den Nazis bestens gehaßt, schon vorher in ihren Hetzblättern diffamiert, mußte emigrieren. Die nächste Uraufführung, *»Die Rassen«*, erste Auseinandersetzung mit dem Phänomen Faschismus, fand 1933 bereits im Züricher Schauspielhaus statt, jener berühmten Stätte deutschen Exiltheaters. Regie führte der Vertraute Hartung, zusammen mit dem Ausstatter Teo Otto und mit Emil Stoehr, Sybille Binder, Ernst Ginsberg, Erwin Kalser, wieder eine Reihe glanzvoller Mimen, die nun auch der politischen Geschichte Ehre gemacht haben.

Doch sollte dies für längere Zeit der letzte Triumph des erfolggewohnten Autors bleiben. Das nächste Stück, die Komödie *»Napoleon der Erste«*, wurde 1937 uraufgeführt, im Nationaltheater Prag, immerhin auch dort von einem der ersten Regisseure, Karl Dostal (1950 erst die deutsche Erstaufführung). Auch in der ČSR war in Bälde jede progressive Regung unmöglich. 1936 emigrierte Bruckner in die USA, wo er es sehr schwer hatte, auch materiell. Lediglich einige Bearbeitungen konnte er hier auf die Bühne bringen, so eine von Lessings »Nathan der Weise« *(»Nathan the Wise«)*, von den eigenen Stücken lediglich das vom Widerstand in Norwegen gegen die faschistische Besatzung und dem norwegischen Quisling handelnde Schauspiel *»Denn seine Zeit ist kurz«* – und dies nicht in den USA, sondern in Mexiko, in einer Aufführung des Heinrich Heine-Clubs, freilich zum Teil von Berufsschauspielern, Regie führte Steffanie (Steffie) Spira. Die großen Stücke aus dieser Zeit – *»Heroische Komödie«* (e. 1944/45) und die beiden Schauspiele unter dem Titel *»Simon Bolivar«* – mußten auf die Zeit nach dem Krieg warten.

Zahlreiche der früheren und Exilstücke wurden dann im Nachkriegsdeutschland, zunächst vor allem in der BRD, in der Schweiz und in Österreich aufgeführt. »Simon Bolivar« bezeichnenderweise fast ausschließlich in der DDR. Auch neue, nach 1945 entstandene Stücke (*»Fährten«*, 1947; *»Früchte des Nichts«*, um 1950; *»Pyrrhus und Andromache«*, um 1950; *»Der Tod einer Puppe«*, 1954/55; *»Das irdene Wägelchen«*, um 1955/56, nach Sudraka »Vasantasena«) und andere wurden uraufgeführt. Doch wurde es stetig stiller um Bruckner, der sich ab 1948 wieder viel in Europa, meist in Wien und Berlin, aufhielt und sich erst 1953 endgültig in Westberlin niedergelassen hatte.

Daß er heute nur wenig gespielt wird, ist eigentlich nicht zu verstehen. Doch steht die Abstinenz der Bühnen nicht allein. Die Verlage zeigen kaum anderes. In der Mehrzahl wurden seine Werke nicht wieder aufgelegt, vieles blieb unveröffentlicht. Sein riesiges Briefcorpus liegt in Archiven in Wien und Berlin (West), ebenfalls die Tagebücher, ungedruckt. – Ähnlich die Lage in der Sekundärliteratur.

Geistige Windstille also um einen Mann, der wie wenige die Öffentlichkeit bewegt hatte.

Im Ursprung des balkanisch, wienerisch wie gallisch beeinflußten, dabei freisinnigen und von den Eltern her bereits assimilierten Juden Bruckner war der Geist, die Idee. Kierkegaard und Nietzsche prägten sie so wie Pascal und Martin Buber. Und die Musik. Tagger war im Anfang Musiker (Schüler Franz Schrekers für Klavier und Komposition), und er verfaßte etliche Arbeiten über Musik. Von der Fachwelt durchaus positiv beurteilte Versuche. Immerhin ist davon einiges geblieben: die strenge Komposition der Stücke, bis hin zu einer Art Kontrapunktik, das eminent Dialogische – wie Duette –, überhaupt Opernhafte, die großen Ensembles und Finales, die Melodik der Sprache, die natürlich auch viel Wienerisches an sich hat (bestimmte Wortstellungen, Satzflüsse, indes nichts Dialektales).

Auch Judentum spielt eine Rolle, zu diesem Zeitpunkt und später. 1916 trat Tagger aus dem jüdischen Religionsverband aus. Den nationalen Grundlagen des Zionismus blieb er noch verhaftet, einstweilen. Und ganz unreligiös, im Sinne modernen Atheismus, wird erst Bruckner. Dichterischer Beleg jener Phase sind die Übertragungen der Psalmen Davids; später beschäftigt er sich damit in »Die Rassen«.

Einige Jahre später erkannte er das »jüdische Problem« voll in allen Zusammenhängen:

> »Ich muß aufrichtig sagen, daß mir in den ersten Hitlerjahren das jüdische Problem viel näher ging, als heute [...] Wenn wir gescheit sein wollen, gibt es gerade heute kein eigentliches Judenproblem, sondern nur eines der verfolgten Völker, unter denen die Juden das kleinste sein dürften. [...] Eine Lösung für die Juden kann nur gefunden werden zusammen mit einer Lösung für alle Minoritäten.«[2]

Was der Autor hier Gültiges und Wichtiges gesagt hat, könnte man linksbürgerlich und revolutionär-demokratisch nennen, weit abgerückt auch von idealistischen Positionen der Frühzeit. Bruckner hatte das Problem zumindest für sich und geistig gelöst.

Aber noch andere Linien und Wege sind nachzuziehen: Drei theoretische Schriften belegen seine Ausgangspunkte, ästhetische zumal.

In *»Das neue Geschlecht«* und *»Über einen Tod«* (beide 1917) grenzt er sich von Kierkegaards Todesdenken ab, bleibt aber dessen Irrationalismus und überhöhter Geistigkeit verpflichtet. In dem Aufsatz *»Marsyas und Apoll«* (1917), der programmatisch für die Zeitschrift »Marsyas« stand, in der namhafte

Vertreter der expressionistischen Bewegung publizierten oder solche, die ihr nahestanden beziehungsweise zugeordnet wurden, theoretisiert er über die neue Kunst, unter der – mit Abstrichen – Expressionismus gemeint war.

Geistiger Übervater war hier Nietzsche, dessen Kult des Individuums ebenso wie Anbetung von Intellektualität und gleichermaßen Ekstase. Tagger bedient sich dessen Begriffspaar vom Dionysischen und Apollinischen, kehrt es jedoch um: Marsyas siegt über Apoll, die neue Expression über die klassisch-bewahrende Kunstauffassung. Außerdem löst er sich unter dem Einfluß Sternheims von Psychologismus wie Subjektivismus. Das ist in doppelter Weise interessant: Zum einen läßt diese Haltung den künftigen »Forscher der Wirklichkeit«[3] ahnen, die Absage an bloße Seelenerkundung. Dabei interessiert ihn stets das Individuum, wird er die Spiegelungen der Zeitkonflikte im Psychischen und lange auch über Psychoanalyse suchen und finden. Ein Weg ist vorgezeichnet, er wird ihn mit manchen Biegen und Kurven und Umwegen begehen, diesen Weg der Suche nach dem großen Subjekt, welches die Konflikte des Objekts, der Gesellschaft in sich austrägt, nur wird die Dialektik Subjekt – Objekt nicht immer stimmen.

Kurz erwähnt seien noch die beiden vollendeten Erzählungen aus jener Zeit: *»Vollendung eines Herzens«* (1917), eine Mädchenseelen-Geschichte, die so zart ist, als ob sie Stefan Zweig, der sie sehr rühmte, selbst geschrieben hätte (fast zwanzig Jahre später nimmt der Autor deren Thematik in *»Mussia«* wieder auf). *»Auf der Straße«* (1920, nicht unter Ps. erschienen) handelt von der Abdankung eines Literaten und Ästheten mit dem ironischen Namen Basil Müller, der das literarische Treiben satt hat, einer von einer Ehe übersättigten Frau das Leben rettet und in deren Dienste tritt, als Chauffeur, als »Arbeiter des Lebens«: Er ist nun »auf der Straße«, auf der Straße des Lebens. Tagger deutet seinen Abschied von bisherigem Tun, dieser Art Literatur an, seinen neuen Weg zur Wirklichkeit, der auch ein Weg zum Theater sein wird, zur sogenannten Neuen Sachlichkeit und darüber der Weg zum Realismus.

Zu dieser Zeit, als er das eine verließ und das andere suchte, gibt Tagger im Grunde selbst eine literarische Figur her: eine Art Projektemacher, eine Cervantes-Gestalt oder eine von Balzac, von der Art der hektischen Produktion her, von Titeln wie

»Das Gesicht der menschlichen Gesellschaft« und »Komödien vom Untergang der Welt«, aus denen nichts oder wenig wurde, es sei denn die beiden Komödien *»Harry«* und *»Anette«* mit dem übergreifenden Titel *»1920 oder die Komödie vom Untergang der Welt«* (1920), die auch ein Balzac-Thema haben: die Jagd nach Geld, die den Untergang verursachen wird; oder sogar von einer Balzac-Adaption her: *»Esther Gobseck«,* eine Collage verschiedener Balzac-Motive, in Reißermanier, von der Kritik verrissen. Dennoch: das soziale Thema, und mit ihm Bruckners Antikapitalismus, kündigten sich an. Die Kapitalgesellschaft lernte er in dieser Zeit so richtig kennen, lieferte er sich doch mit seinen Projekten voll dem Markt aus: als Schriftsteller, Bearbeiter, Theatergründer (Renaissance-Theater), Theaterleiter, Regisseur. Tagger durchlebte 1919/25 eine wirre Zeit, erdrückt fast von Finanzsorgen und verfolgt vom Gerichtsvollzieher, auch das wie bei Balzac. Er diagnostizierte die Krankheiten der Gesellschaft und entdeckte zuerst die »Krankheit der Jugend«.

Drei Zeitstücke –, das schwache strindbergisierende Ehedrama *»Die Kreatur«* (U. 1930 München; Deutsches Theater Berlin, R.: M. Reinhardt) nicht gerechnet – mit Gegenwartsstoff machten zunächst den Ruhm Bruckners als Zeitdramatiker aus: »Krankheit der Jugend« (1928), »Die Verbrecher« (1929) und »Rassen« (1933). Die Historien »Elisabeth von England« (1930), »Timon« (1932) und »Die Marquise von O.« (1933, nach Kleist-Motiven) lassen seine Thematik, seine Absichten und Zielrichtungen, sein Weltbild, vor allem seine Dimension als Ganzes so richtig erkennen, seinen Rang. Alle Themen und Ideen sind gegeben, voll oder weniger ausgeprägt. Es wird in der Exildramatik Entwicklungen und Ausweitungen geben, andere Akzente, einige Vertiefungen und neue Versuche nach 1945. Der eigentliche Bruckner ist da mit *»Krankheit der Jugend«* (e. 1925) im Jahre 1926 (in der Hamburger U. unter Mirjam Horwitz), voll erkannt und durchgesetzt mit der Hartung-Inszenierung im Renaissance-Theater Berlin, bezeichnenderweise erst, als Bruckner (noch als Tagger) sein Theater abgegeben hatte.

Bruckner schreibt aus der Rückschau, anläßlich einer Aufführung 1945 in Rom,

»daß Freder ein vorgeahnter sexualpathologischer Herrenmensch ist, der damals für einen Einzelfall gehalten wurde, sich aber so sehr als allgemeiner Typ der deutschen bürgerlichen Jugend herausgestellt hat, ob also wirklich das Stück ›als klinischer Befund einer Zeit‹ gelten kann, ›die den Auftakt zu dem Grauenhaften bildet, das wir erlebten‹« (an Csokor, 22. 9. 1945 New York)[4].

Im Stück sagt es dieser Freder selbst so:

»Die Barbaren des zwanzigsten Jahrhunderts, wo bleiben sie? fragt Nietzsche mit Recht. Hier steht einer vor Ihnen.« (DW 1,16)[5]

Am Verhalten einer Gruppe junger Menschen, meist Studenten, der Mädchen Marie, Desiree, Irene und Lucy, und der jungen Männer Freder, Petrell und Alt wird die geistige Lage einer entwurzelten bürgerlichen Jugend vorgeführt, die anfällig ist für schändliche Ideologien, schließlich für Verbrechen. Freder könnte man sich sehr gut in SS-Uniform vorstellen, ein Barbar des 20. Jahrhunderts.

Bruckner schrieb dies 1925. Es zeichnet ihn aus als Dichter, so weit vorausgeblickt zu haben. Er hatte recht, zwanzig Jahre später betonte er, daß er in den Stücken des Zyklus »Krankheit der Jugend« keine historischen Fakten gegeben habe, sie

»geben psychologische und soziale Situation wieder und sind deswegen in einem viel eigentlicheren Sinn historisch«. Ihr Nichtspielen würde es »den Sartres und zu erwartenden anderen Romantikern leicht machen [...], als neu zu erscheinen. [...] Die Stücke sind so geschrieben, dass die Menschen auf der Bühne sich nicht um die Absichten des Autors kümmern, sondern um ihren eigenen Kram kümmern.« (an Friedrich Eisenlohr, 14. 5. 1947).

Die Erklärung seiner Dramaturgie, der Spielweise, deutet auf Episches, Vorführendes. In der Tat, Bruckner führt vor, liefert die Figuren aus, der Kritik, vor allem des Zuschauers.

Im Stück heißt es:

»Erwachte Jugend, die nicht gleichzeitig ihren Platz gefunden hat, schwebt in latenter Lebensgefahr. Gar eine ziellose Jugend wie wir nach diesem Krieg – da wird Jugend selbst zu einer Krankheit.« (DW 1,55) ·

Das ergab schon fast den Titel des Stücks und sogar des geplanten Zyklus (»Jugend zweier Kriege«), der allerdings erst allmählich entstanden ist, von Bruckner aber nicht mehr so ediert wurde. Zu den drei genannten zählte er noch *»Denn seine Zeit ist kurz«* (e. 1942), *»Die Befreiten«* (e. 1944) und *»Früchte des Nichts«* (e. 1949/51) – Stücke, die eine ähnliche Problematik, aber nicht mehr die gleiche Durchschlagskraft haben: Zwar konzentrierte Auseinandersetzung mit dem Faschismus, doch unzureichender

Einbezug der Arbeitenden, gar ihrer Klassenkraft, zu viel Reminiszenz der geistigen Lage von 1930, die sich ja verändert hatte. Insgesamt bietet der Zyklus jedoch ein eindrucksstarkes Bild. Reflex einer chaotischen imperialistischen Welt, der allgemeinen Krise des späten Kapitalismus in dem, was dieser geistig anrichtet. Reflex also der Bewußtseinskrisen, insonderheit der Intelligenz und der Führungsschichten, der Ideologie und des Überbaus, schließlich auch der Geisteslage der Widerständischen. (Die geistige Seite der Führenden wie auch des Widerstandes erforscht und analysiert Bruckner vorwiegend an historischer Wirklichkeit, von »Elisabeth« bis »Heroische Komödie«, von »Marquise« bis zur Werfel-Adaption »Kinder des Musa Dagh«.)

»Die Verbrecher« sind ironisch gemeint. Die dort gezeigten und angeklagten Leute sind keine Verbrecher, die von der Justiz ausgenommen. Diese Richter, Anwälte, Verteidiger sprechen Unrecht, genauer: Klassenrecht, dabei mit den seltsamsten persönlichen Begründungen. Selbst der eine jüngere Richter, dem das System suspekt ist, erkennt Recht – in Polemik zu dem zynischen älteren, einem Erzkonservativen – als von Menschen, bürgerlichen Menschen »vereinbarte Festlegung«. In der Folge dann:

»Viel eher scheint mir Anarchie dieses Dasein des stumpfen, egozentrischen Nebeneinanderlebens, des Zusehens, des Nichteingreifens. Das sind die wirklichen Verbrechen, denn ihr Ursprung ist Bequemlichkeit des Herzens, Trägheit des Verstandes – also vollkommenste Verleugnung des Lebensprinzips und des Gemeinschaftsgedankens. Diese Verbrechen werden aber nicht bestraft. Die andern, aufrührerischen Handlungen sind Kundgebungen des Lebenswillens und schon deswegen positiv, aber in allen ausgesprochenen Fällen werden sie als Verbrechen bestraft. Hier schneidet sich der Mensch ins eigene Fleisch und nennt das ›Gesetz‹. Hier kastriert sich das Volk bei lebendigem Leibe immer wieder selbst ›im Namen des Volkes‹.« (DW 1, 186f.)

Da ist viel Richtiges getroffen, vor allem falsche Haltung. Doch die Ursächlichkeiten in der Verleugnung des Lebensprinzips zu begreifen, den Widerstand dagegen als Kundgebung des Lebenswillens zu sehen – das macht die Figur klein. Nun kann der Dramatiker eine Figur bewußt begrenzt zeigen, doch diese ist seine Artikulationsfigur und mithin Träger seiner Aussage, die sich in ihrer idealistischen, von Bergson her bestimmten Position eben als begrenzt erweist. Indes bleibt die Justiz von ihrer Praxis kritisch überführt.

Doch geht Bruckner im Gesamtvollzug des Stückes, dessen Handlung auf mehreren Ebenen eines Wohnhauses verläuft, dramaturgisch-szenisch simultan angelegt (die vom mittelalterlichen Mysterienspiel, von Barock und Nestroy hergeleitete Simultanbühne), viel weiter und unmittelbar ins Soziale. Er zeigt ziemlich genau, wie seine Figuren, arme Leute, Arbeiter, Kleinbürger, Arbeitslose und bereits Deklassierte: die Sekretärin Olga Nagerle, der Student Kummerer, der Kellner Tunichtgut, der Volontär Fischau, Frau Berlessen, die Köchin Ernestine Puschek und andere in soziale Not und Verbrechen getrieben, dann allein gelassen und zerstört werden. Auf Grund herrschender Verhältnisse kapitalistischer Ausbeuterordnung und der folgenden Entfremdung. So entstehen aus sozialer Not Verbrechen, die keine sind, indessen von jener Justiz so genannt werden. Des Dramatikers Urteil ist eindeutig. Daß dieses Stück seine Zeitgenossen so erregte und die Nazis erboste, mag nicht verwundern. Hier hatte einer einen Nerv getroffen. Es gilt und wird gelten, solange die im Schlußsatz des Stückes implizierte Forderung nicht eingelöst ist (sie ist Kummerer, dem Studenten, in den Mund gelegt):

»Aber die Störungen der Ordnung können nicht aufhören, solang nicht auch vor dem Leben alle gleich sind.« (DW 1, 224)

Wird hier der Antikapitalismus Bruckners deutlich, so in *»Die Rassen«* der Antifaschismus, eines zum andern gehörig, wie der Faschismus eben eine Herrschaftsform des Kapitalismus in schwerer Krise ist. Und nicht ad hoc entsteht, sondern vorgebildet wird, sich entwickelt. Auch in den vorigen Stücken zeigte sich davon schon manches (das Barbarentum aus krisenhafter Bodenlosigkeit, die soziale Deklassierung, die Justiz), nun erscheint eine der scheußlichsten Fratzen dieses Systems, der Rassismus. Dargestellt wird auf der einen Ebene die Geschichte von vier Studenten: Dem Durchschnittsdeutschen Karlanner, der zum Faschisten wird und sich davon lossagt, als er die Brüchigkeit in Argument und Tun der Nazis und deren Verbrechen durchschaut; dem assimilierten jüdischen Liberalen Siegelmann, der von den NS-Leuten gedemütigt wird, Opfer von Gewalt und eigener Schwäche; dem Intellektuellen und Nazi Tessow, einem Nachfolger Freders, obskurantem Biologismus folgend; dem Schlageter-Typ Rosloh, gleich seinem Vorbild Schlageter, ein ›Märtyrer‹ der faschistischen Bewegung, ein verkrachter Student, zivil gescheitert. Daneben die Geschichte des jüdischen Kapitalisten Geheimrat Max, der sich bei den Nazis anbiedert, nahezu verkauft, jedoch nicht verschont wird, und seiner Tochter Helene, die sich zum Exil entschließt und retten kann. Karlanner verfällt der faschistischen Lynchjustiz, was in normaler Sprache Mord heißt.

Bruckner führt seine Figuren und deren Konflikte weithin überzeugend, lotet die Faschisierung des Denkens genau aus. So spricht Tessow:

»Aufs Biologische kommt es an, nicht auf Gott. Das übersah der gute alte religiöse Antisemitismus, deswegen konnte er auch nie ans Ziel kommen.« (DW 1, 231)

Zwischen zynischem Mißbrauch alles Guten (einschließlich Luther, Klassik und Wagner) und maßlosem Zusammenwurf all dessen, was irrationalistisches Gewese herausgebracht hat, bildet sich jene ›Endlösungs‹-Ideologie heraus, welche Menschen verkrüppelt hat, bevor es an die Massenvernichtung ging. Der Klassencharakter der NS-Ideologie wird deutlich. Daß der Autor wenigstens Karlanner eine Entwicklungschance gibt, ist aller Ehren wert:

»Wir waren eine schwache und hilflose Demokratie. Wir hätten eine starke aus ihr machen sollen.« (DW 1, 336).

Zu spätes Einsehen, kurz vor seinem Tod. Insgesamt erscheint mir seine Position, die des Anti, zu schwach. Freilich, gab es eine stärkere? Die Niederlage von 1933 war allgemein, bis ins linke Lager.

Ein weiterer Einwand gegen das mitreißende bittere Stück bestand (und besteht) hinsichtlich der Isolation des Rassenproblems, was Faschismus unzureichend charakterisiere. Mag für sich gesehen stimmen. Doch wer kann schon in einem Schauspiel das Gesamtphänomen Faschismus erfassen? Das war ja auch Brecht nicht gelungen. Man möchte zu Bruckners Ehre auf den Zyklus verweisen, wo er sich eine Erscheinung nach der andern vornimmt. Und die Historien sollte man auch einbeziehen. Andererseits: Die Basis trifft er tatsächlich nur selten, und die Vorgänge des Großkapitals ebenfalls nicht. Immerhin führte er seinem Publikum ziemlich viel vor, seine Einsichten griffen vorweg. Heutiges Publikum, mit besserem Wissen, vermag sicher belangvolle Einblicke tun; solches ohne Wissen lernt immer noch viel.

Jedenfalls wirkten besonders »Die Rassen« nachhaltig: Es gab Aufführungen in siebzehn Ländern, in Frankreich kam Bruckner mit allen drei Hauptstücken in mehr als fünfhundert Vorstellungen zum Zuge (allein »Die Verbrecher« in der Inszenierung von Pitoëff mit dreihundert), auch in Polen und der ČSR wurden sie lange gespielt. »Die Verbrecher« und »Die Rassen« gab es sogar unter den schwierigen USA-Bedingungen: Letztere 1934 (Theatre Guild) und 1942 (Hunter College New York, Regie: Berthold Viertel), »Die Verbrecher« (1941 von Piscator inszeniert u. d. T.: Deutschland 1926).

Wo er auch immer dazu imstande war, bewegte Bruckner den antifaschistischen Kampf. Da er in den USA als Dramatiker kaum wirksam werden konnte, arbeitete er in Komitees, publizierte in Journalen und entfesselte in seinem riesigen Briefcorpus geradezu eine antifaschistische Strategie. Mit Brecht, B. Viertel, Feuchtwanger und anderen gründete er den Aurora-Verlag in New York (dort kam auch »Simon Bolivar« heraus). Er korrigierte falsche Berichte der USA-Zeitungen, trat führenden Journalisten wie Ludwig Ullmann entgegen und entlarvte den – in der Tat späten (und halbherzigen?) – Antifaschismus Franz Werfels, der noch bei Dollfuß und Schuschnigg ein- und ausgegangen sei und »Die vierzig Tage des Musa Dagh« in Hitler-Deutschland mit einem Vorwort des NS-Barden Hanns Johst vertreiben ließ.[7] Was Bruckner freilich nicht hinderte, eben diesen Roman zu bearbeiten (*»Die Kinder des Musa Dagh«,* e. 1940/41), in einer freilich sehr freien Form, um politischer, entschiedener antifaschistisch, die »Würde der Menschheit« zu verteidigen. Er arbeitete in der »Arbeitsgemeinschaft für eine demokratische Republik Österreich« mit, formulierte die Ursachen für den Untergang der ersten Republik in der Folge der Schüsse, die Dollfuß auf die österreichischen Arbeiter feuern ließ, und des Verrats von Schuschnigg, sah die tieferen Ursachen im katholischen Ständestaat, der die Keime des Faschismus (Austro- und ›Reichs‹faschismus) in sich getragen hatte, wie die des Antisemitismus.[8]

Rückblickend schrieb Ferdinand Bruckner 1955:

»Aufgabe des Dramatikers war es seit je, den *Menschen* zu zeigen, in seinen Leistungen und Verfehlungen, seiner Größe und seinem Versagen: in seinem Erlebnis der Welt, durch das sie zur Heutigkeit wird. [...] Diese liegt ganz woanders, im konstanten Inneren der Zeit, wo sich die Auseinandersetzung abspielt, die seit dem ›Gefesselten Prometheus‹ die ganze große Weltliteratur durchzieht, die Auseinandersetzung im Innern eines jeden Menschen zwischen dem Individuum, das er ist, und dem Teil einer Gemeinschaft, das er gleichzeitig ist.«[9]

Das Heutige im Erlebnis der Welt: das ist es, worauf es hier ankommt. In diesem Sinn verstand Bruckner seine Historien als Zeitstücke. Auch *»Elisabeth von England«* (1930), seinen Durchbruch zum Weltautor. Jenes Stück, das bereits 1934 in Spanien gespielt und als »antispanisch und antikatholisch«, in jedem Falle als politisch empfunden worden ist.

Hatte er mit seinen Zeitstücken auf unmittelbar sicht- und spürbare Probleme und Krisenerscheinungen gezielt, so vermochte er mit historischen Stoffen, an denen Zeitalter-Konfrontation über Personen sichtbar gemacht werden konnte, Epochenprobleme zu erfassen, etwa das Durchsetzen von Fortschritt oder die Frage Krieg – Frieden. Dessen bedurfte es zweier Kunstgriffe: die bereits bewährte Simultanbühne, um Vorgänge gleichzeitig erscheinen lassen (Elisabeth und Philipp haben sich nie gesehen); und die Montage von Ereignissen, die zeitlich auseinander lagen (der Untergang der spanischen Armada Philipps, 1588, und die Hinrichtung des Grafen Essex, Günstling der Elisabeth, 1601). Der Dramatiker verschmolz den historischen und den persönlichen Konflikt, um den historischen ins Innere verlegen zu können. Schließlich wird die Geschichte von Menschen gemacht, Menschen in ihren Verhältnissen, und von Führern als Repräsentanten von Klassen und Völkern. So brachte er beides auf der Bühne zusammen und blieb dennoch bei der historischen Wahrheit, die eine gegenwärtige zu sein hatte.

Essex gehörte zur Kriegspartei am Hofe und wollte Elisabeth zu voreiligen Handlungen veranlassen. Sie hatte sich dem Kriege widersetzt, solange es irgend möglich war. Sie haßte Krieg, »weil nämlich sein Wesen Verschwendung ist«. So formulierte es Lytten Strachey, Verfasser einer damals weitverbreiteten und vielgelesenen Elisabeth-Biographie, Bruckners Quelle, neben einer Reihe Essex-Dramen (Laube, Lenormand, Bronnen u. a., damals gespielt). Ähnliche Sätze sagt Elisabeth in Bruckners Stück. Letztlich erweist sich der Krieg als unumgänglich, er war historisch so nötig (Spaniens Philipp war der

Angreifer, den Niedergang des Mittelalters aufhalten wollend) wie sein Ausgang logisch. Doch geht es Bruckner um die Verantwortung des Führenden, und so wurde das Stück auch verstanden.

Über die Krieg-Frieden-Frage ging es ihm jedoch auch um den Fortschritt im Kampfe der Zeitalter. Er siegt, weil mit der Vernunft im Bunde. Doch während Elisabeth noch vom letzten Krieg, der da sein soll, träumt, läßt Bacon, der englische Aufklärungsphilosoph, bürgerliche Rationalist und Politiker, den Zuschauer nicht im Unklaren: Dieser Fortschritt wird auch der der Vormacht des bürgerlichen Englands sein, sein Aufstieg zur Weltmacht, der der kapitalistischen Ausbeutung und Beherrschung der Welt. Als klügste Figur des Stückes sagt er die Wahrheit, so bitter sie ist. Das eigentlich macht Elisabeth zur tragischen Figur, neben Philipp, der ihr Ebenbürtige auf der Seite des Alten. Über Philipp, noch im Besitz der vollen Macht, ist die Geschichte längst hinweggegangen, über Elisabeth, die siegende Gegenspielerin, ist sie hinwegzugehen im Begriffe. Deutlich wird das in den beiden grandiosen Simultanszenen des dritten und fünften Aktes, den Szenen pompösester Machtentfaltung und Tod des Spaniers, des endgültigen Kriegsentschlusses und des Erschreckens über Sieg und den Gang der Geschichte auf Seiten der Britin. Dennoch: Es bleibt die Überzeugung von der Vernunft letztes Wort des Stückes. Elisabeth liest Petrarca, den Renaissance-Denker und Aufklärer, der die Leidenschaft liebte, die »schöne, klare, große Leidenschaft« (DW 2, 152); und sein Buch »Del dolor e della Ragione« [»Vom Schmerz und von der Vernunft«] nimmt sie am Ende zur Hand (DW 2, 164).

Von Schmerz und Vernunft, von der Verantwortlichkeit wie der Weisheit, wie von deren Schwäche, handelt auch *»Timon«* (1932). Die Quellen sind neben Shakespeare Plutarch und Lukian, das Stück hat mehrere Fassungen, die zweite mit dem Untertitel »Tragödie vom überflüssigen Menschen in fünf Akten«. Die Änderungen zur späteren Fassung (es gibt noch weitere Varianten) betreffen vor allem den Schluß (Tod als Unglück oder in der Einsicht eines verfehlten Lebens). Das Pakkende an »Timon« ist zum einen die Darstellung dessen, was Reichtum, Gold, Kapital also, aus Menschen machen kann, Kapital und durch es die Macht, vorgeführt an Alkibiades und den Seinen: »Menschheitsverwüstung« hatte es ein Kritiker der Wiener Aufführung im Theater an der Josefstadt nach dem Kriege genannt. Zum anderen die Lähmung des Intellektuellen, die Passivität des kulturgenießenden Bildungsbürgers, des reinen Geistes mit Zügen der Stoa. Die Bewertung von Timons Haltung, sein stoisches Untergehn, ist in der zweiten Fassung in dessen Selbsturteil gleich mitgegeben. Timon sagt im letzten Akt, kurz vor dem Ende, nach dem Fund des neuen Goldes:

»Meine nunmehr unaufhaltbare Macht. Die Macht eines Unbrauchbaren.« (DW 2, 272)

Ich denke, darin ist auch bereits die Einsicht enthalten, daß Kapital auch den Besitzer deformiert, eine durchaus Marxsche Erkenntnis. Timon ist bei Bruckner gleichermaßen tragischer Held und eine große Figur.

Es ist ein gedankenreiches, nicht leichtes Stück, ein Ideendrama, das Hofmannsthal (»Der Tor und der Tod«) in bezug auf das Nahen des Todes, der zum Schlüssel des wahren Lebens wird, so wenig verleugnet wie die Gedankenspiele Georg Kaisers und möglicherweise »die pädagogische Dramatik Brechts«, wenn man Jhering folgen mag. Und es ist ein programmatisches Stück, ein Schlüsselwerk für Bruckners Abrechnung mit sich selbst, seiner langwährenden Überbewertung des Geistigen, für seine Weltsicht, seinen Antikapitalismus wie Antifaschismus, seinen Humanismus wie Realismus, den er später »humanitäre(n) Realismus« nennt, die »eine große Hauptstraße« der Weltliteratur.[10] Zu diesem »humanitäre(n) Realismus« gelangte der Autor im Verlauf eines längeren Weges und entschiedener geistiger Anstrengungen wie Teilnahme an den Kämpfen der Zeit, Auseinandersetzung mit vielen Richtungen und Strömungen in Denken und Kunst.

Ein Urteil aus Freundesmund, in diesem Zusammenhang passend. Csokor schreibt: »[...] dem Timon ist nicht zu helfen, weil man dem Einzelmenschen hier nicht helfen kann. Es ist eine männliche Kassandra, aber weder Götter noch Menschen lieben einen, der ihnen hinter die Karten schaut.

Schön empfinde ich Wien hinter Deinem Athen und die österreichische Hybris, die wieder von österreichischer Selbstverachtung abgelöst wird. Klar liegen die Typen im Volk, [...] klar die Trias der Volksführer mit dauernder Gültigkeit, sie könnten Krupp, Thyssen und Stinnes heissen. Beliebt im Dritten Reich machst Du Dich nicht mit diesem Stück.«[11]

Große Gestalten, sei's in tragischer oder enthusiastischer Sicht, ›Führer‹personen von Gewicht, in den nächsten Stükken. Auch andere Schriftsteller deutscher Zunge suchten in Historie oder Mythos nach satirischen Analogien oder Gegenentwürfen zu den in Europa wütenden Faschistenführern, Hitler voran: Heinrich und Thomas Mann, Feuchtwanger, Döblin, Bruno Frank und andere. Ähnlich wie H. Mann versuchte es Bruckner mit der Gestalt des guten Königs Henri IV., doch blieb das Fragment. Ebenso ein Lafayette-Drama (Stoff ähnlich wieder aufgenommen im »Lexington«-Stück) oder eines über den letzten Stuart-Prinzen. Erfolgreicher verlief es mit Napoleon und gleich zweimal: einmal erscheint er leibhaftig *(»Napoleon der Erste«)*, das andere Mal ist er die Hauptperson, die nicht vorkommt.

In *»Heroische Komödie«*, fungiert er als Gegenspieler einer Frau: Germaine de Staël. Denkbar wäre hier eine Stückfolge oder Trilogie um Napoleon gewesen. Die nicht auftretende Hauptperson Napoleon ist hier der Imperator, über den seine Besieger auf dem Wiener Kongreß zu Gericht sitzen und die Beute verteilen. Germaine de Staël erscheint als nahezu ebenbürtige Gegnerin, vom Kaiser stets verfolgt, die für Freiheit kämpft, sich mit den fragwürdigen Gegnern wie dem Zar von Rußland ins Benehmen setzen möchte und nach dem Fall Napoleons Gegner seiner Gegner wird. Die »heroische Komödie« ihres Kampfes nimmt kein Ende. Germaine ist einerseits ein umgekehrter Timon. Der wußte, tat nichts. Germaine, zumindest die Brucknersche, tut, doch weiß sie zu wenig, bei aller Bildung. Wie die Bücher der historischen Germaine belegen, vermochte sie wenig zu differenzieren und folgte einem sehr abstrakten, gar aristokratisch-libertinistischen Freiheitsideal, so daß sie am Ende gegen jeden kämpfte, eigentlich nur noch, um zu kämpfen. Haltungen dieser Art mochte Bruckner gar zu oft begegnet sein, und den abstrakten Humanismus kannte er von sich selbst, bekämpfte er. So ist diese »Heroische Komödie« – welche Ironie schon im Titel – eine kämpferisch-ironische Abrechnung mit seinesgleichen, nicht ohne Achtung. Letztes Wort der überzeugend luzid gebauten Komödie: »Es geht weiter.«

Wie man erfolgreich um Freiheit und Befreiung kämpft, zeigt Bruckner in seinem reifsten Stück, *»Simon Bolivar«*. Geplant war eine Trilogie, realisiert wurden 2 Teile: »Der Kampf mit dem Engel« spielt 1811/12, behandelt die Niederlage des ersten venezolanischen Freiheitskampfes und den Lernprozeß Bolivars, »Der Kampf mit dem Drachen«, 1817/25, die Zeit der Siege bis zur Gründung von Großkolonien. Im vorgesehenen dritten Teil sollte die Frage des Umgangs mit der Macht behandelt werden – die Tragödie Bolivars, der diesen nicht zu bewältigen mochte. Man nimmt an, daß Bruckner während der Siegesphase der Völker im Kampf gegen den Faschismus diese Frage nicht darstellen wollte, um solche Probleme nicht zur Unzeit zu behandeln. Mag sein.

Die Ausgangsfrage im ersten Teil ist schon interessant, weil bezeichnend für den Autor: die Adelsrevolutionäre um Bolivar, Ribas und Giradot, begeistert von den Ideen der französischen Revolution, sowie der progressive Franziskanerpater Madariaga wollen zwar Unabhängigkeit und Revolution gegen Spanien, doch mit Hilfe von Milde und Versöhnlichkeit. Nur General Miranda, mit revolutionären Erfahrungen dieser, besteht auf revolutionärer Gewalt:

»Die Freiheit, ihr Affen, kostet entweder nur Worte – oder sie kostet Blut [...] Dazwischen gibt es nichts.« (SB 37)[12] – Die Tragik ist, »daß der Gegner die Tonart des Krieges bestimmt. Und wenn dein Gegner aus der Hölle kommt, kannst du kein Engel sein.« (SB 45f.)

Doch Mirandas Einsicht setzt sich nicht durch, man ist sogar gegen ihn, hält ihn, einer taktischen Kalkulation wegen, für einen Verräter, auch Bolivar, der ihn festsetzt. Alle fallen in die Hände der Spanier und sterben, nur Bolivar kommt davon. Das Volk leidet, wird manipuliert.

Doch hat Bolivar gelernt. Im zweiten Stück siegt er. Wird zur Tat, wie seine Gefährtin Manuela es ausdrückt. Wendet revolutionäre Gewalt an, revolutionäre Justiz gegen Feinde. Die Entwicklung »vom Idealismus zum Realismus«, wie der Autor es nennt (an Csokor, 26. 9. 1944). In dieser epischen Chronik tritt nun erstmals bei Bruckner das Volk handelnd in Erscheinung. Bauern und Hirten kämpfen, neben britischen Soldaten. Bolivar hat keinen gleichwertigen Gegenspieler, überragt alle. – Auch der historische Bolivar war eine charismatische Persönlichkeit, zugleich ein Genie der Improvisation. Das kam Bruckners Konzept vom großen Charakter entgegen. Doch hatte Bolivar auch das beste politische und strategische Konzept: das von der Überleitung der nationalen in die kontinentale Revolution. Das allerdings ist im Stück nicht so deutlich formuliert, wiewohl es Praxis wird. Bolivar verkündet:

»Mancher Traum ist vorgelebte Wirklichkeit; und wir handeln, vom Ziel getrieben.« (SB 109)

Im Sieg deuten sich erste Probleme der Machtausübung bereits an, Bolivar weiß, daß auf Großes viel Kleines kommen werde. Jedenfalls scheiterte der historische Bolivar in letzter Konsequenz daran, daß der Übergang in die dritte Phase der Revolution, die soziale, nicht gelang, nicht gelingen konnte: Hatte er doch selbst darüber unzureichende Vorstellungen und eine zu starke Gegnerschaft in den eigenen Reihen. Und Bruckner scheiterte am dritten Teil, der Inkonsequenzen des zweiten hätte korrigieren können, weil er, der linksbürgerliche Humanist, die Praxis dieser sozialen Revolution wohl kaum hätte beschreiben können. Dennoch bleibt dieses Stück sein reifstes, führt ihn um Mitte der vierziger Jahre zur höchsten Einsicht ins Gesellschaftlich-Politische und noch einmal auf die Höhe seiner Kunst.

Zu Ende des Weltkrieges hatte Bruckner knapp zwanzig Stücke aufzuweisen. Unmittelbar nach 1945 wurde er wiederholt auf europäischen Bühnen gespielt, auch in den deutschen Besatzungszonen. Mit Wirkung zunächst.

In den Nachkriegsjahren dominierte die publizistisch-aufklärerische und kulturpädagogische Tätigkeit. Als dramatischer Autor stellte er sich der veränderten, im Grundsätzlichen gleichbleibenden Realität. Hatte er mit *»Die Befreiten«* (e. 1944) auf Bewältigung des Faschismus gezielt, genauer auf Abrechnung – an einem italienischen Vorfall –, so mit *»Fährten«* (1948) auf Bewährung des Menschen und Humanisierung. In *»Früchte des Nichts«* (U. 1952) kehrte er zum Generalthema von »Jugend zweier Kriege« zurück, zum Nihilismus, zur Hoffnungslosigkeit, zum Verfall der Werte. Zwar erkannte er besonders das letzte Thema richtig, doch blieb er zu sehr im Vergangenen. Ein Borchert mit »Draußen vor der Tür« traf die Situation der sogenannten verlorenen Generation viel besser. Friedrich Wolf und Günther Weisenborn hatten den Faschismus und die Folgen genauer beschrieben, und inzwischen hatte Brecht angefangen, die Deutschen das Denken zu lehren. Für Bruckner rächte es sich, daß er neue Stücke zu deutschen Themen von den USA aus schrieb. Trotz seiner zahlreichen Europa-Reisen fehlte ihm genauere Kenntnis. Dies erkennend, versuchte er, wie so oft in seiner Laufbahn, einen ästhetisch-künstlerischen Wandel. Er tat, echter Künstler, der er war, das Unerwartete: den Schritt zur großen Tragödie.

Dies enthielt auch eine Wendung gegen die Verkleinerung von Theaterfiguren der Vergangenheit, wie in der damaligen, von der anglo-amerikanischen und gallikanischen Welle überschwemmten Theaterlandschaft üblich:

»[...] vielmehr muß es uns umgekehrt bewußt machen, daß auch die kleine Großstädterin von heute, wenn es das Leben von ihr verlangt, eine Andromache werden kann.«[13]

Im Essay *»Einer neuen Tragödie entgegen«* betont er:

»So bleiben wir durchaus innerhalb des Realismus, wenn wir in der Wiedergabe unserer Zeit den großen Schritt zur geschlossenen Tragödie wagen, zu zeigen, daß auch die heutigen Gesellschaftsbedingungen tragische Charaktere von mythischer Größe schaffen, und zu versuchen, nach dem Beispiel der Griechen, im besonderen Einzelfall die schicksalhafte Allgemeingültigkeit aufzudecken.«[14]

Diese Überlegungen – sie gelten in erster Linie der Begründung seines Weges zu *»Pyrrhus und Andromache«* (e. 1949/51) sowie zwei andern Tragödien, *»Der Tod einer Puppe«* und *»Der Kampf mit dem Engel«* (e. 1954/55) – sind in mehrfacher Hinsicht bedeutsam. Das Bekenntnis zur Antike – das ist nicht eben neu, nur von Belang, weil aus seinem Munde, wichtiger ist, der kleinen Großstädterin das Format einer Andromache zu geben. Eine kluge Überlegung! Zumal die schwierigste künstlerische Aufgabe. Fast alle Erfahrungen gehen darauf hinaus, daß der Alltagsmensch erst über den Einbezug mythischer oder historischer Elemente solche Größe bekommt. Darüber hinaus sind Bruckners Äußerungen Polemik, gegen das Theater des Absurden, den gehobenen Boulevard, aber auch Brecht.

Wie recht hatte er mit den eigenen Versuchen? Hatten sie Wirkung oder gar Bestand? *»Pyrrhus und Andromache«?* Vorlage bildete die gleichnamige Tragödie Racines, doch übernahm der Autor stoffliche Elemente bei Homer, Euripides und Vergil. Aus fünf Akten wurden drei, die drei Einheiten sind durchgehalten; neu ist ein Chor als »Personifikation des sozialen Gewissens«[15]. Geschrieben in einem ziemlich trockenen, sicher ungeeigneten Blankvers. Abweichend auch vor allem der dritte Akt mit dem Finale: Pyrrhus wird von Orest getötet, Andromache flieht mit dem Sohn, Hermione verübt Selbsttötung, der einsam zurückgelassene Orest soll sich dem Leben zuwenden. Entscheidender Akzent der Umformung ist die Betonung der freien Entscheidung des einzelnen, vor allem des Pyrrhus, der seine Maßlosigkeit überwindet, er wird eine Art Thoas, freilich im Sinne eines eher modernen individualpsychologischen Individualismus. Gegenspieler Orest bleibt indes wie Hermione auch determiniert, vom Haß. Sie sind quasi die existentialistischen Figuren, die Bruckner verurteilt. Polemik gegen Sartres »Fliegen«? Es ist anzunehmen. Hauptanliegen ist die Behauptung der Humanität gegenüber den zerstörerischen Kräften, insofern aktuell, doch weitgehend allgemein. Es ist der – durchaus tragische – Konflikt von Freiheit und Notwendigkeit vor der größeren, sicher ewigen Spannung zwischen Ideal und Wirklichkeit.

Das bedeutende Stück (U. 1952) hat sich nicht durchgesetzt. Es ist nicht leicht mit klassizistischen Programmen beziehungsweise Dramen auf der Gegenwartsbühne. Das haben andere auch schon gespürt, spätere. Doch einen Beweis liefert Bruckners Stück: Daß es Tragödien gibt und geben wird, allen Beschwörungen wie denen Dürrenmatts zum Trotz. Weil es zu viele tragische Konstellationen gibt. Zwei solcher verarbeitet er in den beiden »Gegenwarts-Tragödien«. Doch sind es solche hier wirklich? Sicher ist der in *»Tod einer Puppe«* (1956) abgehandelte Fall tragisch von seiner Substanz her: ein Mensch wird zum totalen Objekt kapitalistischer Modeindustrie und Werbung, ist formale Existenz nur. Adrienne kann nicht mehr lieben, ist kaum noch Frau, fast nur Schönheit. An einem unvorhergesehenen Gefühl scheitert sie, stirbt an Veronal, sie – die Puppe. Doch gibt das eine Tragödie her, in Versen? Mir scheint das eher ein Stoff für eine Groteske zu sein.

»Der Kampf mit dem Engel« (1956) ist eine Variante des Wassa-Schelesnowa-Stoffes: Clarisse, die Großkapitalistin und Konzerndirektorin, scheitert an der Liebe zu einem reinen Menschen. – Aber dies in einem Versdrama mit Chor?

Es zeigt sich: Ein Teil seines Werkes ist überholt, anderes aufhebbar und spielbar. Über Zeiten standen geistige und

Theater-Verumständungen gegen Bruckner. Doch im Maße, wie der subjektive Faktor immer größere Bedeutung erlangt, wird es wieder Zeiten für diesen Dramatiker geben, den Streiter für die Persönlichkeit, ihren Erforscher. Seine Theaterpotenz ist – für einen Teil seiner Stücke – ungebrochen, vielleicht entdecken ihn zuerst Schauspieler wieder. Oder – bei der Dominanz der Frauenrollen – Schauspielerinnen! Seine Stellung auf seiten der Demokratie und gegen den Faschismus ist unumstritten. Noch 1960 schrieb Csokor, daß Bruckners Werk gegen den erwachenden Faschismus gedacht war. Das galt 1930 wie es heute gilt. Die für mich schlüssigste Formel für Gesamtwerk und Erscheinung dieses »Forschers der Wirklichkeit« ist die vom »humanitären Realismus«.

Biographische Notiz

Ferdinand Bruckner (eigtl. Theodor Tag[g]er) wurde am 26. August 1891 als Sohn eines Wiener jüdischen Kaufmanns und einer Französin in Sofia geboren. Verbrachte die Kindheit in Wien. Besuch des Gymnasiums und eines Jesuiteninternats in Graz, danach in Berlin. 1909 Musikstudium in Paris, daneben 1908/11, Musikkritiker (Beiträge zu Bizet, H. Wolf, zur Pariser und Wiener Moderne bis Schönberg); ab 1910 Universitätsstudium in Wien und Berlin (Philosophie, Musik, Medizin); seit 1911 Publikationen in Zeitschriften. 1913 Volontär bei einer Breslauer Tageszeitung, 1914 Lektor bei der Deutschen Verlagsanstalt, 1915 erster Aufenthalt in einem Lungensanatorium. 1918 Mitarbeiter des Verlegers Kurt Wolff; 1919 Dramaturg beim Deutschen Volkstheater (Wien); 1920 Ehe mit Bettina Neuer und Rückkehr nach Berlin, Dramaturg am Neuen Theater am Zoo, 1922 Gründung einer eigenen Bühne, des »Renaissance-Theaters«, Hardenbergstraße. 1926 U. von »Krankheit der Jugend« (Hamburg und Breslau) unter dem Ps. Ferdinand Bruckner; 1927 Abgabe des Renaissance-Theaters an Gustav Hartung und Übernahme (bis Ende 1928) des Theaters am Kurfürstendamm; 1930 gibt sich Tagger als Bruckner zu erkennen, erscheint in Wien (»Elisabeth von England«) das erste Mal auf der Bühne. 1933 von Wien aus Emigration: Zuerst Schweiz, dann Paris, 1934 erster Aufenthalt in den USA, später in Nizza, 1935 Paris und London; 1936 in die USA, zunächst nach Californien (Versuche zur Filmarbeit mit Ernst Lubitsch), 1937 New York, Lehrtätigkeit an Colleges über europäisches Theater, 1940 Zusammenarbeit mit Erwin Piscator (»Die Verbrecher« u. a. Stücke); 1948 erstmals wieder in Europa (Wien und Paris), 1953 Übersiedlung nach Berlin (West), dort bis 1956 Dramaturg am Schillertheater; 1958 Ausbruch des Lungenleidens, dem er am 5. Dezember erliegt.

1957 Preis der Stadt Wien für Literatur.

György M. Vajda

Josef Weinheber

Das ärztliche Gutachten, in dem die vermutlichen Umstände festgehalten sind, die zum Tod des gefeiertsten österreichischen Poeten der dreißiger Jahre führten, lautet wie folgt: »Herr Prof. Josef Weinheber, der zu unseren hervorragendsten Dichtern zählte, litt durch die sich überstürzenden Ereignisse der letzten Zeit schwer an seiner seelischen Haltung, wozu noch die unheilvolle Wirkung übermäßigen Alkoholgenusses trat. Um seine Erregungszustände zu bekämpfen, ergab er sich in letzter Zeit der Betäubung durch Morphium. Da er, um die erwünschte Wirkung zu erzielen, zu immer größeren Dosen seine Zuflucht nehmen mußte, so griff er schließlich zu einer so hohen Dosis, daß seine ohnehin geschwächte Gesundheit erlag und er aus seiner Betäubung nicht mehr erwachte.«[1]

Als dies geschah, waren die Truppen der Roten Armee bereits in der Nähe von Kirchstetten, Niederösterreich, wo Josef Weinheber (1892–1945) sich nach 1936 in einem Landhaus niedergelassen hatte, und in dessen Garten er dann begraben wurde. Wie es zu diesem Ende kam, dessen ärztliche Begründung auf Selbstmord, den freiwilligen Tod des dreiundfünfzig Jahre alten Mannes von kräftigem Körperbau schließen läßt, der erst dreizehn Jahre, seitdem er der Österreichischen Bundespost Adieu gesagt hatte, als freischaffender Schriftsteller lebte, soll im folgenden kurz skizziert und gleichzeitig der Versuch unternommen werden, die Hintergründe eines solchen Endes zu beleuchten.

Kein Zweifel besteht darüber, daß der in den dreißiger Jahren Vielgeehrte sich in seinen letzten Lebensjahren als einen sowohl dichterisch wie menschlich Gescheiterten betrachtete. Wiederholt hat er sich einer ärztlichen Kur in Nervensanatorien unterwerfen müssen, um sich das massive Trinken abzugewöhnen, um Beruhigung und neue Arbeitskraft zu finden. Der Krieg, dessen Ausbruch er – wie aus Briefen hervorgeht – in heroischer Pose und doch ambivalent hingenommen hatte,[2] lastete später immer schwerer auf seinem Gemüt. Zunehmend gewann er Einsicht in die Verstrickungen, in die er mit seinen

überzeitlichen, scheinbar apolitischen Dichtungen geraten war. Dokumente seiner Gewissensqual sind die einzigartigen Bekenntnisgedichte – *»Janus«* (1941), *»Mit fünfzig Jahren«* (1942) und andere, die im Nachlaßkonvulut den Untertitel »Ein Zyklus gegen mich und die Zeit« tragen – in *»Hier ist das Wort«* (e. 1940/42, 1947), sind Verse wie die folgenden:

»Er sah auf einmal. Schaute mit Erbleichen / sein eignes Antlitz«; »Geschwür, das sich nicht schließt, / Verwundung, die nicht heilt«, »und wie ich gut gewollt /wie ich bös getan, / der Furcht, der Reu gezollt / und wieder neuem Wahn«. (SW 2, 465, 467, 468).

Von Politik verstand Weinheber lebenslang wenig, er interessierte sich nie eigentlich wirklich dafür, und ist in dieser Hinsicht auf dem Niveau des biederen, kleinbürgerlichen Postbeamten geblieben, der er bis zu seinem vierzigsten Lebensjahr war. Seine (bisher strittige) frühe NSDAP-Mitgliedschaft (1931) geht darauf zurück, daß er die Nationalsozialisten nicht als Partei unter Parteien, sondern als Erneuerungsbewegung gegen die »verrottete Zeit« begriff. Ein Apolitischer der Gesinnung nach berauschte ihn die Anerkennung, die ihm – endlich! – Mitte der dreißiger Jahre, nach dem Erscheinen seines ersten bedeutenden Gedichtbandes, *»Adel und Untergang«* (1934), im Ständestaat Österreich wie von seiten des nationalsozialistischen Deutschland zufiel. Als repräsentativer völkisch-nationaler Autor feierte er den »Anschluß« Österreichs an Hitlerdeutschland *(»Hymnus auf die Heimkehr«),* und in *»Österreich frei!«* finden wir Verse wie:

»Zum deutschen Himmel hebt die Hand / und schwört dem größern Vaterland / […] / Blut, Kerker, Nacht: / Heut ists vollbracht«.[3]

Unter Jubel bereiste er 1936 Hitlerdeutschland, dessen Machthaber die Aussage und den Stil seiner »heroischen« Dichtung als für ihre Zwecke brauchbar beurteilten. In seiner Rede *»Die deutsche Dichtung und die Wirklichkeit des Volkes«* auf dem »Großdeutschen Dichtertreffen« in Weimar (1938) ließ er sich dann hinreißen zu den folgenden, mindestens bedauerlichen Äußerungen:

»Zweiundzwanzig Jahre stand ich im Dunkel einer ziellosen, verzweifelten, frustranen Kunstbetätigung in den Schreibtisch hinein. Daß ich heute, in einem fast unbegreiflichen Maße angesichts eines so schwierigen Werkes, ins Volk gedrungen bin, danke ich dem Nationalsozialismus. Er war es, der erst wieder auch *jene* Wechselwirkung zwischen *hoher* Dichtung und Volk aufgerissen hat.« (SW 4, 116)

Und mehr noch erachtete er zu sagen für notwendig:

»Die Ausrichtung aller Deutschen, und besonders der in der Welt zerstreuten, auf seine Dichter hin wäre in einer früheren Geisteslage des Volkes nicht möglich gewesen. Jetzt, wo unter einer wahrhaft genialen Führung Volk sich als Volk sieht und empfindet, erscheint uns diese Ausrichtung als das Gemäße, Selbstverständliche.« (Ebd.)

So fühle sich der Dichter verpflichtet, sein Bestes zu geben, um

»die Größe des Geschehens, in das er hineingestellt ist, nicht zu entweihen […] Größe tut not im Worte. Und Größe ist *Form*.« (Ebd.)

Zumal Bejahung und Verneinung dessen, was man von ihm erwartete.

Anstelle des politischen Dichters meldete sich der ›Formkünstler‹, der ›Sprachkünstler‹ zum Dienst. Wie immer wir sein Benehmen beurteilen wollen, die Haltung, die in der Rede zum Ausdruck kam, war von der einen Seite absolut unverzeihlich, von der anderen eine stille Beharrlichkeit in den Prinzipien, die Weinheber sich aneignete, als er sich – als Einsamer – zur Gefolgschaft der Meister seiner Dichtung: Rilke, George, Hölderlin, Trakl, Karl Kraus beschwor.[4] Als Postsymbolist und zugleich der Wiener Tradition in der Verherrlichung der Musik ergeben, hat er es ernst gemeint, daß die *schöne* Form das Höchste ist, was ein Dichter der Welt zu schenken vermag. Hat er doch in seinem postumen Band *»Hier ist das Wort«* in dem für seine Dichtung so charakteristischen Gedicht *»Die Schwestern«* das an die Musik gerichtete Wort der Sprache gegeben:

Helle Geliebte, du, anders uns teuer
als deine Schwester im dunkelnden Schleier,
führe die Schwester! Die Schwester ist blind.
Zeitlos schauen die blicklosen Sterne
in den unendlichen Raum einer Ferne,
die auf dem Grund der Seele beginnt.

Gib ihr die Hände, daß sie erfühle
solcher Geformtheit kristallene Kühle,
fühle das Zwingende deiner Gewalt!
Laß sie ertasten unsterbliche Nähe,
daß ihr das Wunder der Augen geschehe,
jenes der Griechen: die reine Gestalt. (SW 2, 419f.)

Mit Recht hat die Kritik wiederholt darauf hingewiesen, daß in *»Adel und Untergang«* der Grundton Weinheberscher Dichtung angeschlagen ist und daß die nachfolgenden Gedichtbände – *»Späte Krone«* (1936), *»Zwischen Göttern und Dämonen«* (1938), *»Kammermusik«* (1939) und schließlich *»Hier ist das Wort«* (1944) – Varianten und Variationen des ersten sind, in dem sich die Handhabung der verschiedensten lyrischen Formen bereits in vollem Reichtum entfaltete. Der Dichter komponierte in Zyklen, die im glücklichen Fall eine stimmungsmäßige Einheit bilden und der Gesamtkomposition des Bandes untergeordnet sind.

»Adel und Untergang« setzt mit dem Zyklus »Antike Strophen« ein, einer Folge von überwiegend Horazischen Oden, umrahmt von zwei Gesängen »Vom Manne« und »Vom Weibe«. Den zweiten Zyklus bilden »Variationen auf eine Höl-

derlinische Ode«, es folgen »Heroische Trilogie«, »Das reine Gedicht«, ein Zyklus mit dem Titel »Blumenstrauß« sowie zwei in Hinsicht auf den Gesamtaufbau des Bandes weniger bedeutende.

Der schon im Titel des Bands zum Ausdruck kommende »heroische Pessimismus«, der sichtlich auf Nietzsche, Spengler, Rilke und die Hölderlin-Auffassung des George-Kreises zurückgeht, entsprach der ›geistigen Situation‹ der Zeit, besonders der in Italien und Hitlerdeutschland, aber auch der des dem Abgrund entgegentaumelnden Österreich. Weinheber gelang es, eine pseudoheroische Haltung (die später, angesichts der geschichtlichen Ereignisse, zusehends leerer und ausgehöhlter wurde) in majestätischer Sprache und in vollkommenen antiken Rhythmen vorzutragen, die den gehobenen Stil seiner Verse sicherten. Von der Erhabenheit klassischer Stilhöhe wurden klassischen Gegenständen Gesänge gewidmet, die zum Teil fast wie Chorgesänge anmuten, sie sollten der Jugend, dem Volk, dem Vaterland die antike Moral vor Augen halten. Dem Dichter-Vates, dem Auserwählten, oblag das Amt des Lehrers, ein leidvolles und doch überreiches Schicksal:

> Teil des Helden ist es, zu sterben; wie es
> Teil des Knechts ist, zu bleiben. Ihm indessen,
> dem ein tieferes Leiden
> unsre Gestirne enthüllt,
>
> ist verhängt der Ruf, die Klage, die Mahnung …
> (*»Sache des Sängers«;* SW 2, 14)

Dem Sänger mußte dabei klar sein, daß die traditionellen Gegenstände der Poesie wie die individuellen lyrischen Gefühle unzulänglich, untauglich sind gegenüber einer Welt im Untergehen; die Dichtung, die aus dieser Situation hervorgeht, ist heroisch getönt und zugleich dekadent:

> All ihr, des Singens wert, durch ein tätiges
> und währendes Jahrtausend, ihr hattet Keim
> und Recht und Zeit, und jede Zeit war
> sicher genug einem breiten Liede –
> […]
> Zu wenig auch, ich einzelner ich! Sein Ruf
> verweht. Was ist im Sturm denn ein krankes Herz?
> […]
> Lebt wohl … Ihr werdet untergehn wie
> ich, euer Mund, euer letzter Adel.
> (*»Abschied von den Dingen des Dichters«;* SW 2, 22)

»Adel und Untergang« ist die Frucht eines spät gekommenen Ästhetizismus. Die heroischen Töne bedingen den Erfolg dieses Bandes. Weinheber wäre ohne diese nicht der gefeierte Dichter geworden. Vom zweifelhaften Tribut, den ihm die faschistische Zeit gerade seiner heroischen Töne wegen zollte, abgesehen, findet man im Band auch seltene Schönheiten, freilich nicht in der heute schon gespreizt wirkenden heldischen Manier. Die feinen Gedichte auf Blumen aber haben eine bis heute währende Blumenpoesie in die österreichische Lyrik eingebracht, in *»Hymnus auf die deutsche Sprache«* erklingt das geflügelte Wort von Karl Kraus:

Sprache unser!
Die wir dich sprechen in Gnaden, dunkle Geliebte!
Die wir dich schweigen in Ehrfurcht, heilige Mutter! (SW 2, 93)

Ob Weinheber von Paul Valéry und seiner *poésie pure* wußte, ist nicht belegt – in der Suche nach dem ästhetisch reinen, sozusagen gegenstandslosen Gedicht stimmten beide überein. Weinheber nannte es das »reine Gedicht«, dessen kunstvollste Beispiele solche aus einem früheren Band übernommenen Stücke waren wie »Menschliche Landschaften« oder *»Die Badende«*. Letzteres besteht aus nur einem Bild – der sich in den See hinablassenden Wolke – und zeugt von den dichterischen Qualitäten seines Schöpfers, die in der Schule der deutschen Parnasse der Jahrhundertwende nicht einfach anzueignen waren:

Das Wasser wartete schon grau
der Nacht entgegen. Alles schwieg.
Jedoch im matten Himmelsblau
stand einer Wolke klarer Sieg,
durchsichtig Fleisch und helles Blut:
Wie eine Königin.
Ein Beben ging die Weiden hin,
ganz leis.
Die wunderbare Wolke stieg
in ihrem Abglanz, gliederweiß, unirdisch, in die Flut. (SW 2, 73)

Wie wenig überzeugt gegenüber solchen (wenn auch nicht großen, aber echten) Versen die Formbravour der Variationen auf Hölderlins »An die Parzen«. Die in alkäischen Strophen geschriebene, den Variationen vorangestellte Ode Hölderlins ist zuerst in sapphische Strophen transfiguriert, die sich einigermaßen an das Original halten können, die Weinhebersche Variation kommt jedoch – durch Silbentrennung einiger Wörter am Zeilenende sowie Häufung des Enjambements – der Prosa näher. Entfernter vom Urtext die zweite Variation: Sie ist in freien und halbgereimten daktylischen Rhythmen geschrieben. (Es tut fast weh, die Vollkommenheit der Hölderlinschen Worte und der Form so zerrüttet zu sehen und hören!) Die darauffolgenden drei Stücke, die als an Hölderlin entzündete Rollengedichte bezeichnet werden könnten, lassen den Dichter zuerst in der Gestalt eines »in das Diesseits gerichteten Menschen« sprechen, der seinen Ruhm noch auf Erden erleben möchte, im zweiten Stück singt »der Tote, der Mensch des Jenseits«: Er klagt nicht, er weint nicht, er läßt sich schweben, die Erdenqualen hinter sich lassend. (Man ist – ohne einen Zusammenhang beweisen zu wollen – an Mallarmé erinnert, an das Lied des aufwärts fliegenden Geistes von Johannes dem Täufer aus dem zweiten Bruchstück der »Hérodiade«). Es wirkt etwas befremdend, wenn sich Hölderlin im dritten Stück an Weinheber als den »späten Sohn« wendet, das Los der eigenen, von einem barbarischen Gericht ausgelöschten Dichtung beklagt, und urteilt, daß die Zeit keines Sinnbilds mehr wert sei. Man glaubt Weinheber zu verstehen: Er zielte vielleicht auf die Formauflösung der modernen Dichtung, die er als Hohn auf die strenge Form des Hölderlin empfand. Doch ein Bild wie: »Wahllos stürzt das heilige Leid in das Schwert« (SW 2, 38) hätte Hölderlins Beifall gewiß nicht gefunden.

Nach den beiden Transfigurationen und den drei Rollengedichten, die die Hälfte des Zyklus ausmachen, werden drei Verarbeitungen einzelner Phrasen aus Hölderlins Ode dargeboten. Aus dem »süßen Spiele« des Dichters wird ein »Notturno« auf das süße Liebesspiel, aus dem »göttlichen Recht der Seele« ein »Scherzo« über das irdische Recht der Seele, die Freude, mit einigen Kalenderdichtung-Flachheiten, wie »Trauern um der Trauer – das ist schlecht, Lust ist Gnade, Lachen ist gesund«. (SW 2, 40) Die Triade wird von einem »Rondo« über »den Heros für den reifen Gesang« abgeschlossen. Um die runde Zahl zehn und die abgerundete Struktur des Zyklischen zu erreichen, schließt eine Dithyrambe, aus der Wort-Urmasse der Hölderlinschen Ode geschöpft, die Variationen. Der Zyklus wird also mit einer neuen Transfiguration des Urtextes in asklepiadeisch-glykoneische Strophen beendet. Nach dem musikalischen Umweg kehrt das Hauptthema zurück, und die letzten Akkorde sind wieder Hölderlinsche.

Einen Sommer nur, einen Herbst
gönnt zu reifem Gesang mir, ihr Gewaltigen!
Daß mein Herz von dem süßen Spiel
mir gesättigt ach, sterbe dann williger.

Ward der Seele ihr göttlich Recht
nicht im Leben, sie ruht dort auch im Orkus nicht.
Doch wenn einst mir das Heilige,
das am Herzen mir liegt, wenn das Gedicht gelang,

dann willkommen, o Stille der
Schattenwelt! Mir genügts, wenn auch mein Saitenspiel
nicht hinab mich geleitet; *ein-*
mal wie Götter gelebt: Andres bedarf es nicht. (SW 2, 41f.)

Wirkungslos oder unschön könnte man eine solche Dichtung nicht nennen, obwohl das Thema ein Entlehntes ist, doch in einer kunstvollen Variation neu bearbeitet wie eine musikalische Paraphrase. Die Modernität der Transkription wird durch die Kühnheit des Enjambements in der letzten Strophe bezeugt. Sie steht in der Tradition Mallarmés und Rilkes, wo das *Wort* wichtiger als die *Aussage*, das Wort das einzig ›Wirkliche‹ ist: im dichterischen Wort offenbart sich die Wirklichkeit an sich.

Die Gedichte des Bandes *»Adel und Untergang«* gehen zum Teil auf älteres Material zurück, ergänzt mit neuem. Die Sammlung stellt eine Auswahl dar aus der Produktion von anderthalb Jahrzehnten und ist eine Zusammenfassung der besten von Weinheber bis zu seinem zweiundvierzigsten Lebensjahr geschaffenen Dichtung. Sie bildet zugleich Abschluß und Ouvertüre zur zweiten Phase der Laufbahn des bis dahin nur in Wien und in Österreich bekannten, aber noch wenig anerkannten Dichters.

Weinheber, der eine schwere Kindheit hatte, neigte später dazu, sie zu heroisieren: Im Jahre 1917 (datiert vom 27. März) schrieb er an seine spätere erste Frau, Emma Fröhlich:

»Wenn ich Ihnen sage, daß ich ganz, ganz von unten herkomme, daß ich vom Waisenknaben zum Brauknecht, vom Brauknecht zum Kellner, vom Kellner zum Pferdefleischschauer-Aufhackknecht, von dort ganz knapp am Zuhälter vorbei zum Kutscher und zur ›Kraft für alles‹ bei einem Milchhändler geworden bin, die Zwischenstadien seelischer Natur, Anarchismus und Verzweiflung; Roheit, *innere*, aus Sehnsucht nach Reinheit, Charlatanerie aus furchtbarster Zerrissenheit – gar nicht gerechnet –, wenn ich Ihnen das sage und – Ihnen noch mehr verschweige, kommt Ihnen das Wort noch nicht auf die Zunge? Immer noch trag ich den Schmutz des Proleten an den vom Gottsuchen blutig geschundenen Füßen – Blut und Schmutz: Es ist keine gesegnete Mischung.« (SW 5, 23f.)

Jedoch schämte sich der ›aufwärtsstrebende‹ Kleinbürger seines Herkommens, anstatt sich zu dessen plebejischer Komponente zu bekennen. Ohne eine Ahnung von Klassenbewußtsein hat er sich »Prolet« genannt, was in seinem Sprachgebrauch nichts weiter heißt als ein aus der Vorstadt kommender Besitzloser. Apolitisch und soziologisch ungebildet trat er in die Gefolgschaft Rilkes und des um die Jahrhundertwende neuentdeckten Hölderlin, ohne von letzterem jemals mehr als seine Rhythmen zu verstehen. So gehört er zu jenen Vertretern des Hölderlin-Kults unter der Naziherrschaft, von denen ein Johannes R. Becher und dessen sozialistische Dichter- und Kritikergenossen, wie György Lukács, den Jakobiner und Patrioten Hölderlin zurückerobern mußten.

Die Erfahrungen, die er »in der Tiefe« seiner frühen Jugend gemacht haben mochte, als wirkliches Lebensmaterial zu verarbeiten, war Weinheber nicht imstande. Seine Prosaversuche – Romane wie *»Das Waisenhaus«* (1925) oder *»Der Nachwuchs«* (1927) und einige Novellen, die auch autobiographische Elemente enthalten – bleiben weit hinter dem Niveau seiner Gedichte zurück. Bereits in seinem ersten Gedichtband, *»Der einsame Mensch«* (1920), stehen persönliche Existenzprobleme, Schwermut und Klage im Mittelpunkt, deutliche Spuren dieser dichterischen Haltung sind noch im ersten repräsentativen Band, »Adel und Untergang«, zu beobachten. Seine durch und durch lyrische Natur scheint von Jugend an stets außerhalb des realen Lebens gestanden zu haben: nur seine ›Wiener‹ Gedichte (auf die wir noch zurückkommen) bezeugen, daß er auch im Diesseits zuhause war. In seiner Schrift *»Über mein Verhältnis zu Rilke«* (1939) hebt er ausschließlich literarische Erlebnisse als Quellen seiner Dichtung hervor: Wildgans, Matthias Claudius, Droste, Dehmel und natürlich vor allem Rilke und Hölderlin sind die Namen, auf die er sich beruft, und er gesteht, daß er auch über Hölderlin eigentlich auf Rilke zurückgreift. In dem Band *»Zwischen Göttern und Dämonen«* merkt er an, dieser sei der bewußte Versuch, sich »der Sprache der großen Vorgänger, Vorsänger« (Rilke und Hölderlin) zu bedienen. Er betrachtet seine (in der österreichischen Lyrik zur Sprachtradition gewordene) Rilke-Nachfolge als

»eine Selbstverständlichkeit der Verwandtschaft [...] die sich aus der natürlichen Polarität der Wert- und Weltvorstellungen einerseits, aus der Gleichräumigkeit der Leidenschaft und der Klage, sowie aus der Familientradition des Genialischen andererseits ergibt«.[5]

Auf dem Gipfel seines Ruhmes hörte Josef Weinheber also auf, sich seiner sozialen Herkunft zu schämen, vielmehr stilisierte er sich – übrigens auch in der Nachfolge Rilkes – zum edlen und auserlesenen Genie.

Für den jungen Lyriker existierte tatsächlich kaum etwas außer dem eigenen Selbst. Diese überbetonte Subjektivität wurde später durch das stolze Bewußtsein des Künstlertums, durch ein entschlossenes Kunstwollen abgelöst und trug die manchmal unheilvollen Früchte der Formkünstelei.

Doch auch das Künstler-sein-Wollen führte Weinheber kaum über die Ich-Fixierung hinaus. Obwohl er beide Weltkriege erlebte, gibt es in seiner Lyrik kaum einen Widerschein von deren Gräßlichkeiten. Auch der Zusammenbruch der Donaumonarchie, das Zusammenschrumpfen Österreichs zu einem kleinen Land, ließ ihn sichtlich unberührt. Eine einzige seiner Oden in dem 1936 erschienenen Band *»Späte Krone«* ist der Wiener Kaisergruft gewidmet. Doch ist sie weder Nostalgie, wie doch in der zeitgleichen österreichischen Literatur üblich, noch Kritik, und auch nicht Huldigung des Hauses Habsburg beziehungsweise des ehemaligen Habsburgerreichs. Weinheber feiert vielmehr, seiner Einstellung gemäß, den Herrscher, den Helden, den geschichtsformenden großen Mann:

»Ja Staub, er wird zu Staub. Doch Fürst bleibt Fürst. Nur die Bettler sterben ganz, mit dem Fleische«. (SW 2, 211)

Solche Dichtung entstand aus Weinhebers Feder erst auf dem Höhepunkt seiner Karriere. In den Jahren des Zweiten Weltkrieges wurden dem gefeierten Dichter spezielle Aufgaben übertragen: Er hielt Vorträge, Kurse, eine Sammlung seiner Verse wurde den Soldaten an der Front in die Hände gegeben. In den zwanziger Jahren, während er als Postbeamter der ersten Österreichischen Republik zurückgezogen, still und gewissenhaft diente, schrieb er träumerische und stimmungsvolle

Gedichte, um die von seiten der Kritik nicht viel Aufhebens gemacht wurde, mit denen er aber doch erste öffentliche Anerkennung erntete. Ansonsten führte er ein zurückgezogenes Leben in meist kleinbürgerlicher Gesellschaft, hatte Freunde und Gönner in den bescheideneren Bereichen des literarischen Lebens, stand in guter Beziehung zu einigen Verlagen, kam aber mit den bedeutenden Gestalten der österreichischen Literatur seiner Zeit, einem Stefan Zweig, einem Robert Musil, einem Karl Kraus, dessen Verehrer er zeitlebens blieb, nicht in Berührung. Felix Salten, Bruno Brehm und Leo Perutz waren die Angesehensten, zu denen er in persönlicher Beziehung stand. Im Geleitwort zu der von dem Lyriker und Erzähler Friedrich Sacher herausgegebenen »Anthologie junger Lyrik aus Österreich« (1930) charakterisierte Richard von Schaukal Weinheber (in der Reihe nach Ernst Scheibelreiter – wer kennt noch diesen Namen!) mit den folgenden Worten: »Josef Weinheber ist weicher, voller, tiefer; ohne Zwang ist er und bleibt er bei sich, unübersehbar, ohne sich zu recken, hält er unter heftiger Bewegten, nur von innern Melodien quellend, eine sichere Rast.«[6]

Zur Zeit des Erscheinens dieser Anthologie war Weinheber bereits achtunddreißig. Er entwickelte sich langsam und offensichtlich ohne Bezug auf zeitgenössische Strömungen und Bewegungen der jungen deutschsprachigen und europäischen Literatur. Fotografien aus seiner Jugendzeit zeigen ihn oft mit der Laute oder Gitarre in der Hand, und da er eine angenehme, einschmeichelnde Stimme hatte, sang er gerne Lieder oder trug selbstvertonte eigene Gedichte vor.

Sein ganzes Auftreten wies damals auf die kleinbürgerlich-plebejische Wiener Vorstadt hin, der er entstammte, sein Aussehen verriet zeitlebens den Wiener Kleinbürger, der aber als Dichter verstand, dem Wiener Volk auf den Mund zu schauen, wie er dies später in seinem Gedichtband *»Wien wörtlich«* (1935) bewies. Er ließ diesen Band zwischen »Adel und Untergang« und »Späte Krone« erscheinen, beide in der gehobenen Sprache Rilkes und Hölderlins. Weinheber war also fähig, die Wiener Volkstradition zu bewahren und gleichzeitig Impulse der deutschsprachigen Moderne der Jahrhundertwende aufzunehmen. Allerdings stand seine frühe Lyrik abseits der tonangebenden und modern zu nennenden Richtungen der europäischen und der deutschsprachigen Dichtung seiner Entwicklungszeit, der zwanziger Jahre. Der Avantgarde gegenüber verhielt er sich zeitlebens ablehnend, sogar feindlich, und fand mit Genugtuung seine Ansichten bestätigt, als die offizielle deutsche Literaturkritik 1933 die Worte »Entartung« und »entartete Kunst« in Umlauf setzte. Ja, er nimmt sie auf, wie in der schon erwähnten Weimarer Rede:

»Es gibt Menschen, die gut sehen, und es gibt Menschen, die schlecht sehen. Jene sind imstande, die sichtbare Welt rasch und vollkommen in sich einzubringen, vermöge ihrer gesunden Augen; diese sind es nicht vermöge der Entartung ihres Gesichtssinns. Wem in aller Welt wird es einfallen, den Gesunden als mißgebildet und den Entarteten als Typ hinzustellen?« (SW 4, 104f.)

Ein frühes, unvollendetes Gedicht aus dem Jahre 1917 weist, neben anderen, auch auf expressionistische Einflüsse. Es beginnt mit den typischen fiebrigen Zeilen:

Ha, meine Seele!
Feierlich aufgeputzte Quecksilbersäule!

Verse die Gradeinteilungen,
Nullpunkt Tod, Nullpunkt Philistertum,

100grädige Liebe, Siedepunkt heiliger,
und dazwischen die vielen Staffeln,
36gradiges Leben,
ruhig, heiter, gestillt, ohne Begehr, ohne Müdigkeit,
und ein wenig darunter – alles in Versen –! (SW 1, 319f.)

In diesem zerrissenen Stil beschreibt der Dichter sich selber: nackt, sehnsüchtig, mit Rosen in den ausgebreiteten Händen in einem Marmor- und Goldsaal auf dem Rücken liegend und die Wolken über der offenen Saaldecke betrachtend. Die scheinbar antikisierende Vision, die mit einer Berufung auf Griechenlands Himmel endet, verrät deutlich ihren eigentlichen Ursprung: Jahrhundertwende, Jugendstil.

Die Wurzeln der Dichtung Weinhebers reichen zweifelsohne in den Boden der Jahrhundertwende zurück; dieser treu, blieb er den Versuchen der Avantgarde, die übrigens in Österreich nicht besonders stark war, fern. Rilke gab seiner frühen Dichtung – wie er selbst hervorhob – das »weibliche« Element und Dehmel das »männliche«. Dehmels »leidenschaftliche, erdnahe Problematik« bilde sozusagen ein Gegengewicht zu Rilkes »ins Unendliche-Hinausmusizieren«.[7] Über George und Rilke wurde Weinheber, wie bereits erwähnt, zu Hölderlin geführt, und da der Hölderlin-Kult in den dreißiger Jahren ständig zunahm, hielt er an Hölderlin fest, ohne Wissen darum, wie wenig dieser geheime Jakobiner und Fortführer humanistischer Freiheitstraditionen dazu taugte, im Dritten Reich gefeiert zu werden. Einerseits müssen wir daher Weinhebers Hölderlin-Nachfolge als eine rein äußerliche und formale betrachten, andererseits müssen wir feststellen, daß er auch an dem ideologischen Umbau Hölderlinscher Dichtung mitgewirkt hat. War Hölderlin für ihn doch nicht nur der große Meister der Sprache, sondern auch Wegweiser zum »Deutschtum« im Sinne Hitlerdeutschlands:

> Und königlich durch dich, unternehmen wir
> das Deutsche wieder. Aber gesät hast du.
> Du hast gestiftet. Denn das Wahre,
> Wirkliche stiften mit Schau die Dichter.
>
> Es sei dein Leiden deshalb uns aufbewahrt
> wie eine Krone: Dichtestes deutsches Deutsch.
> In *deinem* Schatten werden nie wir
> sterben, Verklärter: Die Götter leben!
> (*»Hölderlin«,* 1. Fassung; SW 2, 431)

In der Nachfolge Hölderlins stehen die zehn Odenkreise des Bandes *»Zwischen Göttern und Dämonen«* (1938). Weinheber versucht sich im prophetisch dunklen Ton des Meisters, will das klassische Weltbild verteidigen und es zugleich den Forderungen der Zeit anpassen. Der Mensch befindet sich in der Mitte, ist Mittler zwischen hellen Göttern und dunklen Dämonen: Seine stärkste Waffe ist der Gedanke, der Traum, dem die Tat nachfolgt, sein höchster Sieg die Schönheit, die Kunst.

> Da, von ihren goldenen Stühlen, neidlos
> Menschliches zu ehren, erheben sich die
> Götter; die Dämonen im finstern Haus verhüllen sich weise.
>
> Gleichgewicht hält wieder die Welt; es haben
> keine Vorherrschaft die Gewalten: Siegreich
> ist der Mensch, solange er schön ist ... (SW 2, 367)

Einem neuen Klassizisten gleich vertrat Weinheber die Moral der Schönheit, und man hat den Eindruck, daß er sich – bewußt oder unbewußt – vor der stets düsteren Zeit in die Abstraktheit der »reinen Kunst« rettete. Dies erklärt auch, warum er den letzten, noch vor dem Krieg herausgebrachten Lyrikband, *»Kammermusik«* (1939), ganz der Musik, der abstraktesten der Künste, unterstellte. Hier sprechen, singen, konzertieren nur noch Instrumente. Eine Feststellung wie die, daß Weinhebers »neue Humanität« sich in seiner These vom »Menschen der Mitte« offenbare,[8] trifft auf diesen Band kaum zu, entfernte sich der Autor darin doch von einem Weltbild, in dessen Mitte der Mensch steht, um im Glasperlenspiel der Musik durch Sprache Zuflucht zu finden.

Weinheber hat in seinen sprachtheoretischen Überlegungen (komprimiert in dem Aufsatz *»Buchstabenmystik und Lautsymbolik«*, 1935) betont, daß der Laut imstande ist, als volle künstlerische Realität für das Ding zu stehen. Nicht Lautmalerei sei hier gemeint, vielmehr »Versinnlichung und Endformulierung des Dingwesentlichen durch die Sprache, also im Laut« (SW 4, 201). Die Sprache sei für den Dichter also nicht einfach Ausdruck von etwas anderem, Dahinterstehendem, sondern eben das Material, das Wesen alles Dichterischen. Die Sprache des Dichters ahmt nicht Musik nach, sondern ist fähig, Sinnbild für das Ding ›Musik‹ zu sein, stellt nicht ein Bild, eine Landschaft oder die Natur oder andere Dinge dar, sondern steht für sie als Wort und Laut, als Wirklichkeit der Sprachkunst. In diesem Sinne ist das sprachliche Kunstwerk reines »Wortkunstwerk« – ein Ausdruck, von dem Weinheber gerne Gebrauch machte und der möglicherweise von Karl Kraus inspiriert war.[9]

Die Auffassung von der rein ästhetischen Funktion der dichterischen Sprache geht einerseits auf die Symbolisten zurück (Mallarmé sprach es vermutlich als erster aus, daß Gedichte nicht aus Ideen, sondern aus Worten aufgebaut sind), zum anderen war die Ansicht – von der modernen Linguistik, der Phänomenologie, den russischen Formalisten und anderen herkommend –, daß die Sprache der Dichtung, im Gegensatz zur mitteilenden Funktion auf anderen Kommunikationsebenen, den Zwecken der Sprachkunst diene, in den dreißiger Jahren schon allgemein verbreitet.

Dabei ist jedoch auch zu berücksichtigen, daß das überaus große Gewicht, das die Sprache für Weinheber hat, auch mit seinem Österreichertum im Zusammenhang steht. War doch in der österreichischen Literatur eh und je die Tendenz vorhanden, »mit der Sprache zu spielen, sich der Sprache bewußt zu sein, im Material zu arbeiten«[10]. Die Großen der österreichischen Literatur: Grillparzer, Lenau oder Stifter, Rilke, Kafka, Musil und Broch sind Zeugen dafür. Weinheber kann zwar in einem Zug mit ihnen nicht genannt werden, er ist ihnen aber ähnlich in der Verehrung der Sprache.

Lyrik, die dem Anspruch von Kunst in Weinhebers Verständnis entsprechen konnte, waren weder seine eigenen Jugendgedichte, noch die für ihn unkontrollierten Ausbrüche des Expressionismus, auf keinen Fall aber utilitaristischen Zwecken dienende Lyrik, das heißt mehr oder weniger bestimmte Ausstaffierungen bestimmter Inhalte mit Hilfe von lyrischen Ausdrucksmitteln, sondern eben nur Werke der Sprachkunst. Mit Verachtung blickte er von dieser Höhe auf die engagierte Zeitdichtung wie auf die populäre ›didaktische‹ Großstadtlyrik der Nachkriegszeit, deren ärgster Repräsentant für ihn Erich Kästner war. Der bitter-scharfe Sarkasmus der Berliner ›Gebrauchslyrik‹ blieb ihm fremd, und er hielt die Satiren, Chansons, Kabarettlieder für Schändung der erhabenen Dichtkunst. Aus der Perspektive seiner Wiener ›Idylle‹ (gegen die übrigens der von ihm hochgeschätzte Karl Kraus zu Felde zog) hatte er keinen Sinn für diese Art Großstadtwitz. Und doch schuf Weinheber zwei Gedichtbände in ›leichter‹ Manier: *»Wien wörtlich«* (1935) und *»O Mensch, gib acht. Ein erbauliches Kalenderbuch für Stadt- und Landleut«* (1937), die Perlen österreichischer Lyrik sind. Mit liebevollem Humor und scharfer Beobachtung beschwört er im ersten Band die spezifische Wiener Atmosphäre; der zweite ist eine Sammlung lyrischer Stücke, die mit vollem Recht zur ›Gebrauchslyrik‹ gezählt werden können.

In *»Wien wörtlich«* wiederholt Weinheber, diesmal selbstironisierend, die Gedanken, die er in dem Artikel *»Gedanken zur Lyrik«* (1934)[11] als Angriff auf die populäre Unterhaltungslyrik formulierte:

> Ein oarmer Dichter, wenig nur bekannt,
> der soagt sich, meine Weis is überspannt,
> bei dem Sonetten- und Terzinendreck
> bleibt mir am End die ganze Kundschoaft weg …
> […]
> Des hat kan Goethe gschriebn, des hat kan Schiller dicht',
> is von kan Klassiker, von kan Genie,
> des is a Weaner, der mit *unsern* Göscherl spricht,
> und segn S', erst *des* is für uns Poesie.
>
> (*»Leitspruch«*; SW 2, 123)

Dargeboten wird eine Folge von amüsanten, witzigen und geistreichen lyrischen Stücken, die Schönheiten der Heimat besungen, kleine Straßenszenen aus dem Wiener Leben beschrieben – manchmal hochdeutsch (mit feinen österreichischen Einschlägen), manchmal derb wienerisch; die Pensionisten in Schönbrunn, der Frühling im Prater, der Kahlenberg, lustige Landpartien werden besungen, moritatartige Schauerballaden und Bänkelsängerlieder dargeboten und dazu ein Pasticcio in theresianischem Stil. In dieser Sammlung findet sich auch das schon früher verfaßte Meisterstück Stimmungs- und Stilgefühls, *»Biedermeier«*:

Der Herr Vater okuliert
gelb- und rote Rosen.
Die Frau Mutter wischt gerührt
Staub von Spind und Dosen.

Tante stapft zum Schlummersitz
in die Laubenecke.
Um ihr Antlitz, grau und spitz,
flirren Sonnenflecke.

Jettchen träumt von ihrem Franz,
Franz von seiner Jette.
Und er schreibt ihr einen Kranz
zierlicher Sonette.

Abends in der Dunkelheit,
beim Staketenzaune,
ach, wie schnell vergeht die Zeit
zärtlichem Geraune.

Unterm Glassturz schlägt die Uhr
folgsam Stund um Stunden:
Zeit, von einer Nippfigur
neckisch überwunden.

Plötzlich wettert scharfe Luft
in den Trödelladen:
Spielerischer Traum verpufft
auf den Barrikaden. (SW 2, 145 f.)

Diese Dichtung ist echter und lebensnaher als alles andere, zum Teil in der Rilke- und Hölderlin-Nachfolge Entstandene. Von der Kritik wurde und wird sie bis heute nicht genügend geschätzt. Kurt Adel[12] zum Beispiel hält »Wien wörtlich« in seinem Weinheber-Porträt von 1974 kaum der Erwähnung wert, vielleicht dem Autor folgend, der diesen Band als »Nebenwerk« einschätzte.

Eine solche Rangordnung innerhalb Weinhebers Werk sollte man ändern. Man müßte erkennen, daß er ein volkstümlicher, humorvoller, humaner Dichter hätte sein können, wäre er seiner eigentlichen Begabung gefolgt, hätte er sich nicht Aufgaben gestellt, denen zu entsprechen er wegen der Grundrichtung seiner sonst zweifelsohne ansehnlichen Begabung nicht fähig war. Er hat sich selbst mit großer Anstrengung zu einem Meister der Form heraufgearbeitet, seine Dichtung verlor dabei mehr und mehr an Gehalt und bedeutender Aussage, und er selbst an Kraft. Man denke nur an solche Leistungen wie den Sonettenkranz in *»Späte Krone«* (1936), aufgebaut auf dem Sonett »An die Nacht« des angebeteten Michelangelo, oder an den Zyklus *»Von den Formen«* des postumen Bandes *»Hier ist das Wort«* (1947), wo – wie einer der Kritiker Weinhebers bereits von seinen früheren Bänden feststellte – eine Art Beispielsammlung klassischer Vers- und Strophenvarianten, wie in den alten Lehrbüchern der Poetik, dargeboten wird.[13]

Ist dieses virtuose Handhaben poetischer Mittel an dichterischem Wert, nicht an Formkünstlertum, mit einem Gedicht aus »Wien wörtlich« zu vergleichen, wie beispielsweise *»Vorstadtgasse im Sommer«*, in dem soziale Anteilnahme dem dichterischen Wort einen humanen Inhalt verleiht?

Gasse glastet weiß
in der Mittagsglut,
Leben schlaff und greis
an der Planke ruht.

Kinder gnomenhaft
mit den Köpfen groß
– Weh der Mutterschaft! –
wachsen hoffnungslos.

An dem Fenster grau
die verstaubte Blum
pflegt die alte Frau
als ein Heiligtum ... (SW 2, 170f.)

In *»Wien wörtlich«* und auch im anderen ›volkstümlichen‹ Band, dem mit dem Nietzsche-Wort betitelten *»O Mensch, gib acht«*, zeigte Weinheber plötzlich seltene Fähigkeit zur Veranschaulichung des Gesehenen, Gehörten, Erlebten, entpuppte er sich als Anekdoten-Erzähler, als Maler von Genrebildern und Landschaften (Weinheber übte sich übrigens lebenslang in der Landschaftsmalerei mit Farben und Pinsel), als ein heiterer und erfinderischer Nachahmer und Nachbildner volkstümlichen alten deutschen Stils. Das Selbstbildnis des Meisters Anton Pilgram unter der Kanzel im Stephansdom zu Wien läßt er folgendermaßen sprechen:

> Dem HERRN zum Preis, mir selb zu Ehr,
> schau ich aus meiner Luken her.
> Halt noch den Zirkel in der Hand,
> darmit ich gfunden Bug und Kant,
> als da ich hab voll Zier und Pracht
> die Trepp und Kanzel hie gemacht
> mit allem Fleiß und auch Gelück,
> recht als ein redlichs Meisterstück.
> Möget mein Sach mit Gunst besehn:
> Die Kunst mueß durch das Handwerk gehn!
> (*»Meister Anton Pilgram«;* SW 2, 264)

In dem »erbaulichen Kalenderbuch für Stadt- und Landleut«, »O Mensch gib acht«, sind einem jeden Monat sieben Gedichte gewidmet, deren erstes die Eigenschaften des betreffenden Monats beschreibt und dazu die Menschentypen, die unter dem jeweils dominierenden Sternbild geboren sind. Einem jeden Monat ist ferner ein Stand zugordnet: dem Januar der Arbeiter, dem Februar der Handwerker, dem März der Bauer; dazu kommen der Soldat, der Kaufmann, der Gelehrte und so fort. Je ein Gedicht wurde einem wichtigen Festtag des Monats gewidmet, ja, ein Charakterbild gemalt, eine moralische Erzählung oder ein Sinngedicht hinzugefügt, und am Ende jedes Monats eines nützlichen, zum Leben des einfachen Menschen gehörenden Gegenstandes – wie der Uhr, der Schlüssel, der Truhe, des Kranzes – gedacht.

Früher als Weinhebers »Kalenderbuch« erschien »Dr. Erich Kästners lyrische Hausapotheke«. Vielleicht gibt es überhaupt keinen philologischen Zusammenhang zwischen den beiden, literaturgeschichtlich gesehen stellt aber Weinhebers Kalenderbuch sozusagen ein Gegenstück zu diesem populären Band dar: ein österreichisches Gegenstück zu Kästners norddeutsch gefärbter Intellektualität, ein bäuerliches, heimatliches, hausbackenes Österreichertum gegenüber der industrialisierten deutschen Großstadt und deren scharfem, höhnisch-sarkastischem Geist. Wenn irgendwo, so zeigt sich Weinheber in »O Mensch, gib acht« wirklich human und menschenfreundlich, und dabei tritt er als ein vielschichtiger Dichter *und* Wortkünstler hervor.

Seine südliche, wienerische Humanität manifestiert sich mit köstlicher Selbstironie und mit dem Bewußtsein des Wieners in solchen Gedichten wie *»Wir Wiener«* (aus: »Wien wörtlich«), das zumal eine glänzende und anschauliche Parallele zu der Großstadtdichtung Kästnerschen Typs abgibt und aus der gewisse aktualgeschichtlich-politische Obertöne auch nicht fehlen:

Uns interessiert schon nimmer,
was uns am End verschluckt.
Unsre Coleur war immer
ein Untergangsprodukt.
Sie rauften allerenden,
den Rest beglichen wir,
mag sichs wie immer wenden,
wir zahln und bleiben stier.

Wir bleiben stier und pfeifen
im ausverschenkten Saal.
Eh wir zum Gasschlauch greifen,
fahrn wir zum Opernball.
Die Menschenwürde geht uns
im Grunde nichts mehr an,
und jener Nörgler schmäht uns,
ders nicht begreifen kann. (SW 2, 128f.)

Weinheber hinterließ ein umfangreiches lyrisches Werk: mehr als zwölf Gedichtbände, von denen zu seiner Zeit mindestens sieben als dichterische Ereignisse gefeiert wurden. Noch heute hat er überzeugte Anhänger, und es gibt seit 1956 eine Weinheber-Gesellschaft, die sich der Pflege und Erforschung seiner dichterischen Hinterlassenschaft widmet. Die umfangreichste Monographie, die seine Laufbahn beschreibt und sein Werk analysiert, stammt von dem ihm persönlich ergebenen Wiener Professor Josef Nadler[14], Verfasser der berühmt-berüchtigten deutschen Literaturgeschichte »nach Stämmen und Landschaften«. Zu Weinhebers fünfzigstem Geburtstag vertonte Richard Strauß zwei seiner Lieder und hat ihm die Notenmanuskripte persönlich gewidmet. Schon seit den dreißiger Jahren hat sich eine reiche Sekundärliteratur zu entfalten begonnen, die nach des Dichters Tode ins fast Unüberschaubare anwuchs (eingeschlossen eine Vielzahl von Dissertationen[15]) und erst im zurückliegenden Jahrzehnt nachgelassen hat. Im Kontext der in den letzten Jahren einsetzenden Forschungen zu den dreißiger Jahren und zum Austrofaschismus[16] sind auch zu Weinhebers Leben und Werk neuere Forschungsergebnisse erbracht worden. Sie geben schlüssige Antworten[17] auf Unentschiedenheiten in der Bewertung seines Ranges wie seiner Stellung im konkreten Diskurs der geschichtlichen Realität der dreißiger und vierziger Jahre.

Einige Kritiker, zum Beispiel Friedrich Heer[18], haben hervorgehoben, daß sein Werk europäische Aufmerksamkeit verdiene, nicht nur wegen der poetischen Leistung, sondern auch des »Wiener Experiments« wegen, die ›hohe‹ und die ›niedere‹, volkstümliche Dichtung zu vereinen.

Ein neuer Hölderlin ist Weinheber gewiß nicht geworden, die Rolle eines österreichischen Béranger wollte er nicht übernehmen. Vielleicht hat er recht gehabt, als er 1917 die verhängnisvollen und zugleich verheißungsvollen Strophen verfaßte:

> ... Verkaufen wir alle uns nicht
> irgend um Schandlohn dem Leben?
> Hab nicht auch ich um ein Linsengericht
> die Seele preisgegeben?
>
> Mit brennendem Herzen hab ich gesucht.
> Wer aber segnet mein Weinen?
> Das Tor ist verschlossen, der Weg ist verflucht,
> Blut klebt an Staffeln und Steinen.
>
> Was ist mein Leben – –? Ein Schrei in den Wind,
> wie er dem Wahnsinn eigen.
> Und der Schrei verweht und dahinter beginnt
> das Schweigen. Das trostlose Schweigen.
>
> (*»Einsame Seele«;* SW 1, 226)

Biographische Notiz

Josef Weinheber wurde am 9. März 1892 in Wien geboren. Der Vater, ein gelernter Metzger, starb 1901. W. kam noch zu Lebzeiten der Mutter in das Waisenhaus zu Mödling, wo er harte und entbehrungsreiche Jahre durchlebte und nach dem ebenfalls frühen Tod der Mutter und beider Schwestern sich vollends einsam fühlte. Hier besuchte er auch das Gymnasium (ohne Abschluß). Eine Zeitlang wurde er von einem Onkel unterstützt. Künstlerische Betätigung als Dichter und Maler seit der Waisenhauszeit, danach autodidaktische Weiterbildung und Beginn einer Lehre; übte in der Folge verschiedene Tätigkeiten aus, u. a. arbeitete er in einer Metzgerei und einem Milchladen. Ab 1912 Postbeamter in Wien, zuletzt Inspektor, ließ sich 1932 außer Dienst setzen und wurde freischaffender Schriftsteller. 1925 Reisen durch Frankreich, Italien, Dalmatien, Deutschland, Schweiz. 1927 Übertritt zum Protestantismus. 1939/42 Hg. der Zeitschrift des Wiener Dichterkreises »Der Augarten«; 1931 Eintritt in die NSDAP. Mai 1933

Leiter der »Fachschaft für Schrifttum« der seit 1931 bestehenden österreichischen Zweigstelle des »Kampfbund für dt. Kultur«; Herbst 1934, nach Verbot der NSDAP, Einstellung der Mitgliedsbeiträge. Beginn seines Aufstiegs als repräsentativer österreichischer Lyriker im Ständestaat und nationaler Dichter der Deutschen; Wiederaufnahmeantrag in den vierziger Jahren; während des Krieges Distanzierung vom Faschismus, vor allem in Privatbriefen, und Bewußtwerden der unheilvollen Allianz des hohen geistig-künstlerischen Anspruchs seiner Kunst mit der faschistischen Barbarei. W. war zweimal verheiratet. 1936 Erwerb eines Landhauses in Kirchstetten, wo er bis zu seinem Tode (vermutlich Selbstmord) am 8. April 1945 lebte.

1925 Preis der Stadt Wien; 1936 Mozart-Preis der Goethestiftung (München); 1940 Großer Dichterpreis der Stadt Wien; 1941 Grillparzer-Preis; 1936 Prof., 1942 Dr. phil. h. c. der Universität Wien; Ehrenmitglied der Akademie der Bildenden Künste Wien. Seit 1956 besteht in Wien eine J.-W.-Gesellschaft.

Zsuzsa
Mádl

Joseph Roth

In die Literaturgeschichte ist Joseph Roth (1894–1939) als Chronist des Zerfalls, des unausweichlichen Untergangs der Habsburger Monarchie eingegangen. Sein spezifischer Beitrag zur österreichischen Literatur der Zeit zwischen den beiden Weltkriegen ist weitgehend bestimmt durch geographische und familiäre Herkunft und Historie sowie durch die Themenwahl aus dem Bereich der einstigen »Kronländer« des Vielvölkerstaates. Roths schriftstellerische Welt offenbart sich in einer beinahe unnachahmlichen Einfachheit: Wirklichkeit und ›Lust zu fabulieren‹ wurden bei ihm in einer Weise verknüpft, in der weder das eine noch das andere etwas einzubüßen hat. Die Schilderung der österreichischen Vergangenheit aus einer elegischen und gleichzeitig kritischen Sicht erhebt ihn zum Dichterrepräsentanten eines Staates, den es zur Entstehungszeit seiner Werke nicht mehr gab.

Prägend für Roths Entwicklung wurde das kleinjüdische Milieu des galizischen Brody, gelegen im äußersten Nordosten der einstigen k. u. k. Monarchie, und die Bindung an diese osteuropäische Landschaft, eingeschlossen das bunte Gemisch seiner vielsprachigen Bewohner. Beides bedeutete zugleich Verbundenheit mit dem einfachen Volk. Zum anderen war ihm die Zugehörigkeit zur deutschen Sprache und zur österreichischen Kultur und Literatur sehr wichtig; sie schienen ihm gleichbedeutend mit Fortschritt und menschlichem Vorwärtskommen überhaupt.

Mit seiner Herkunft, mit seinem Hineinwachsen in die Hauptstadt der Monarchie und mit seiner seltsamen Lebensführung – die einschloß, daß er sich in allen Ländern und Großstädten Europas heimisch fühlte – ist zu erklären, daß Roth für viele nationale und internationale Probleme seiner Zeit unvoreingenommen aufnahmebereit war und früher als andere Schriftsteller in sich eine Affinität und Toleranz entwickeln und diese für sein ganzes Leben behalten konnte:

»Nationale und sprachliche Einheitlichkeit kann eine Stärke sein, nationale und sprachliche Vielfältigkeit ist es immer.« (W 3, 838)[1]

Diese Behauptung gilt sowohl dem damaligen Lemberg als auch der Hauptstadt Wien. Die Kaiserstadt wird er in ihrem Äußeren und auch in ihrer näheren Bestimmung in allen seinen Werken auf diese Weise betrachten und seinen Lesern vorführen.

Wien bedeutete für ihn Zugang zu Wissen und Kultur. Sein früher literarischer Geschmack bildete sich nach dem seines Wiener Professors Walther Brecht; seine ersten dichterischen Vorbilder waren aber Goethe und Schiller, dann folgten Grillparzer, C. F. Meyer, Mörike und andere. Roths Gedichte aus der Schulzeit und aus den ersten Wiener Jahren – philosophierende, melancholische, zuweilen an Mörike erinnernde Verse –, ließen schon damals den Meister der sprachlichen Schlichtheit und Klarheit erkennen.

Obwohl ganz von seiner dichterischen Berufung überzeugt und eigentlich Pazifist, darüber hinaus vom Militärdienst wegen schwächlicher Konstitution zurückgestellt, meldete sich Roth – gemeinsam mit einem Kommilitonen, dem späteren polnischen Dichter und Freund Joseph Wittlin – 1916 als Kriegsfreiwilliger. Von der Ostfront schrieb er:

»Dieser grausame Krieg hat unsre Jugend ganz still gemacht. Wenn wir ihn überleben, sind wir reife Menschen.« (B 34)[2]

Die Tätigkeit für die Kriegspresse ließ ihm aber auch in dieser Zeit die Möglichkeit, Gedichte, kleine Reportagen und Feuilletons in verschiedenen österreichischen Zeitungen zu veröffentlichen. Roth entwickelte sich zu einer Zeit zum Schriftsteller, in der die Monarchie ihrem endgültigen Verfall entgegenging, in Ungarn die Räterepublik ausgerufen wurde, die Tschechoslowakei nationale Selbständigkeit errang und Deutsch-Österreich sich (im November 1918) als Republik etablierte. (Dem neuen Staat, der sich zum »Bestandteil der deutschen Republik« erklärte, wurde von den Siegermächten bald nach dem Friedensvertrag von Saint-Germain 1919 die offizielle Staatsbezeichnung »Deutsch-Österreich« untersagt.) Jener Roth, der sich, aus einem der entlegensten Teile der Monarchie kommend, durch deutschsprachige Schulbildung aus fremdsprachiger Umgebung in die Zentren deutscher Geistigkeit hatte erheben wollen, war mit seinem Studium kaum fertig, als er im Jahre 1918, heimatlos, seine Welt in Trümmer fallen sah. Und nach einem weiteren Jahrzehnt, hauptsächlich in Berlin und auf Reisen verbracht und darum bemüht, sich in dieser veränderten Welt wieder zurechtzufinden, drohte der Welt durch Hitler und die deutsche Aggressionspolitik erneut großes Unheil. Vieles in Roths Werken und in seiner Haltung ist Vorahnung dieses Unheils – was er bereits in einem Essay im Jahre 1925 zusammenfassend folgendermaßen formulierte:

»Ehe ich zu leben angefangen hatte, stand mir die ganze Welt offen. Aber als ich zu leben anfing, war die offene Welt verwüstet.« (W 3, 881)

Für Roths Lebensweise war schon damals das ständige Wandern charakteristisch; er lebte in Hotels von Albanien bis Amsterdam, von Moskau bis Marseille; kurz: in ganz Europa. Er besaß nie eine eigene Wohnung, ein Haus oder auch nur ein möbliertes Zimmer. Bis auf eine Ausnahme: Im Juni 1929 mietete er in Berlin eine Wohnung, nahm jedoch im Sommer 1930 sein Wanderleben wieder auf.[3] Während seiner Reisen suchte er in den größeren Städten – Berlin, Marseille, Paris oder Frankfurt am Main – immer dieselben Hotels auf. Auch hegte der ewig mittellose, auf Vorschuß schreibende und lebende Roth nie den Traum von bürgerlichem Dasein, zu sehr hatte er in den Nachkriegsjahren die Mentalität des Kleinbürgertums erkannt. In einem Brief gesteht er:

»Mir liegt nichts an einem bürgerlichen Fundament. Es hindert mich eher. Es macht mich krank.« (B 56)

Als Arbeitsorte dienten ihm Hotelhallen, Kaffeehäuser oder kleine Konditoreien:

»So einsam, wie ich im Café, wo ich schreibe, ist kaum Einer in einer Zelle. Ich brauche keine Abgeschlossenheit. *Ich bin abgeschlossen.*« (B 438)

Abgesehen von den schon erwähnten Jugendgedichten tritt Roth zunächst vor allem als Journalist an die Öffentlichkeit. Obwohl er bereits vor Kriegsausbruch für Wiener Zeitungen schrieb und, von der Front zurückgekehrt, bei »Der Neue Tag« angestellt wurde, gelten erst die Jahre 1920/23, wo er in Berlin, Prag und Wien gleichzeitig bei mehreren Zeitungen tätig war, als seine ›echten‹ journalistischen Anfänge. Auch für das Zentralorgan der Vereinigten Sozialdemokratischen Partei Deutschlands, »Vorwärts«, schrieb er. Authentische Beobachtungen waren es, durch die er in seinen Artikeln die sozialen Mißstände der Weimarer Republik enthüllte. Es ist eigentlich bis heute ungeklärt, ob jener Roth, der zwischen 1920 und 1930 über tausend Zeitungsartikel verfaßte, die ihn als einen im Trubel des Lebens wirkenden, politisch interessierten Menschen zeigen, der echte Roth war, oder aber der überaus sensible Mensch, der schließlich in eine selbst geschaffene Welt floh und in dieser inneren Welt seiner Romane alles Schöne und Wertvolle der bisherigen Kulturgeschichte vor dem Faschismus in eine bessere Zukunft hinüberzuretten versuchte. Eines aber ist sicher: Nichts war für ihn in beiden Schaffensperioden wichtiger als seine Arbeit, das Schreiben. Von seiner schriftstellerischen Berufung völlig überzeugt, lebte er – allen Behinderungen trotzend –, seine Auffassung in tägliche Taten umzusetzen. Die Zeilen, die er seinem Schützling Bernard von Brentano schrieb, treffen auch auf ihn selbst zu:

»Sie werden die schriftstellerische Vollkommenheit nie erreichen, wenn Sie nicht in dem Augenblick, in dem Sie Papier und Feder ergreifen, nüchtern werden, wie ein Schläfer durch einen Kübel Wasser. Sie sind ein Mitteiler, vergessen Sie das nicht. Auch Ihre Dämmerzustände müssen verständlich ausgedrückt sein. Es trägt in Deutschland wenig Ruhm ein. Nur die Stammler sind hier große Dichter. Aber Sie sind ja ein Liebling der Vernunft, wie ich. Bleiben Sie ihr auch treu und lassen Sie Sich nicht von den Lockungen deutschen holden Wehes verführen. [...] Sie werden [...] Ihre Genugtuung haben.« (B 71)

Diese Äußerung stammt aus dem Jahre 1925. Damals war Roth bereits seit zwei Jahren ständiger Mitarbeiter der »Frankfurter Zeitung«, in der er eine große Artikelserie veröffentlichte: *»Reise durch Deutschlands Winter«*. Mit dieser Zeitung blieb er dann bis zum Beginn seiner Emigration verbunden. Hier erschienen die Romane »Hotel Savoy« und »Zipper und sein Vater« in Fortsetzungen, zur gleichen Zeit empörten die unter dem Pseudonym Cuneus veröffentlichten Artikel wegen ihrer sozialen Polemik die Industriellen des Saargebietes.

Zu einer Wende in seiner schriftstellerischen und menschlichen Haltung kam es durch die Wirkung Frankreichs. Verschönerung und Glorifizierung dieses Landes einerseits sowie Kritik und Verachtung deutscher Verhältnisse andererseits hatten bei Roth dieselben Wurzeln. 1925 notierte Roth, in dem Skepsis, Resignation und Zweifel zunehmen, in Paris:

»Ich kann nicht sehen, wie ganz Deutschland ein großer masurischer Sumpf wird. Wäre ich jetzt dort, ich würde wahnsinnig. Alles wird bei mir persönlich. Wenn man den Becher einsperrt, sitze *ich* in Haft. [...] Ich wäre imstande jemanden zu erschießen, Bomben zu werfen, ich glaube, ich würde ein Ende nehmen und kein gutes.« (B 64)

Während er sich so verbittert und unglücklich über Deutschland äußerte – durchaus mit Blick auf die auch in Österreich zu beobachtenden restaurativen, ja reaktionären Entwicklungen – war er gleichzeitig stolz darauf, der »Frankfurter Zeitung« anzugehören, dem letzten Blatt, in dem man noch unangefochten die Wahrheit schreiben könne. Wie Egon Erwin Kisch hatte er eine hohe Auffassung von der Arbeit für die Zeitung;

»Man kann Feuilletons nicht mit der linken Hand schreiben. Man *darf* nicht *nebenbei* Feuilletons schreiben. Es ist eine arge Unterschätzung des *Fachs*. Das Feuilleton für die Zeitung ist ebenso wichtig, wie die Politik für den Leser *noch* wichtiger. [...] Die moderne Zeitung braucht den Reporter nötiger, als den Leitartikler. [...] *Ich zeichne das Gesicht der Zeit* [...] Ich bin ein Journalist, kein Berichterstatter, ich bin ein Schriftsteller, kein Leitartikelschreiber.« (B 87f.)

Der Ernst solcher Überlegungen führt auch zur Klarstellung der eigenen schriftstellerischen Position. Roths Abneigung gegen »Denker-Künstler« (»lauter Philosophen!«[4]) wie Musil, Broch, Walter Benjamin, Th. W. Adorno und andere kommt dabei offen zum Ausdruck. Im »Vorwärts« attackierte er Deutschlands »schweigsame Dichter«, weil sie die gefährliche politische Entwicklung des Landes nicht wahrnehmen wollten. Auf Thomas Mann anspielend schreibt er:

»und jener fährt durch die Städte und hält Vorträge über sein okkultistisches Erlebnis. Er wohnt in München und erlebt nicht die Materialisation der Brutalität Adolf Hitler – sondern die Materialisationsphänomene des Schrenck-Notzing.« Der Blick solcher Schriftsteller sei »so auf die Nachwelt gerichtet, daß sie an dem Untergang der Mitwelt schuldig werden«. (W 4, 205–207)

Entrüstung und Empörung konnte er auch nicht verbergen, als der Hochverratsprozeß gegen Hitler, Röhm, Ludendorff und andere am Münchener Putschversuch Beteiligte vor einem Sondergericht stattfand:

»Ich leugne die Wirklichkeit des Hitlerprozesses […] Mitten im Karneval kommt ein Gerichtshof zusammen, macht seine Reverenzen vor den Angeklagten, […]. Weil aber dem so ist […], muß ich annehmen, […] daß ich ganz Deutschland geträumt habe; seinen analphabetischen Tapezierer, meinen Kollegen, der, kaum daß er lesen und schreiben aus einer Rassenfibel gelernt, schon Schriftsteller und eine politische Persönlichkeit ward.« (W 4, 531–533)

Seine diesbezügliche Meinung verfestigte sich, als die NSDAP 1930 bei den Reichstagswahlen einen unerwarteten Zuwachs erzielte.

Das Krisenhafte der Epoche hatte Roth bereits seit einem Jahrzehnt durchdrungen. Am liebsten hätte er eine eigene Zeitung gegründet, um laut zu verkünden:

»*Jeder,* der vertuscht, daß Blut geflossen ist, ist *mitschuldig* am vergossenen Blut, bis zum harmlosen ›Ansager‹ am Radio […]. Wenn es geflossen ist, darf man es nicht verschweigen.« (B 224)

Eine seiner Reportagereisen für die »Frankfurter Zeitung« führte ihn ins Saargebiet. Hier begann er seine Arbeit nach soziologischen Gesichtspunkten. Er beobachtete die Arbeiter in ihren freien Stunden, besuchte sie in ihren Wohnungen und an Tanzabenden, wohnte Versammlungen bei. Er untersuchte Kinos, Buchhandlungen nach ihrer Funktion im Leben der deutschen Arbeiter, sah Not und geistige Anspruchslosigkeit:

»Wie aber soll man in dieser Enge, dieser Qual ästhetische Forderungen aufstellen? Wieviel Arbeiter des Ruhrgebietes wohnen noch in dichtgefüllten *Häusern*

[...] in abgegrenzten Winkeln auf Dachböden, in feuchten Kellern, Bettgeher schlafen in einem Bett mit Vermietern, Kindern auf Strohsäcken, Großmütter auf Kochherden.« (W 3, 676)

Roth ist durchdrungen von diesen bedrückenden Erlebnissen; man sucht aber vergebens nach Aufschlüsselungen logischer oder gar politischer Zusammenhänge. Vermittelt werden literarische Bilder, die außerordentlich anschaulich sind – Egon Schieles Zeichnungen oder Käthe Kollwitz' Graphiken aus dieser Zeit erinnern vielleicht am meisten an Roths Beschreibungen aus dem Arbeitermilieu. Wirklichkeitsgetreu zeichnet er das Gesicht seiner Zeit, kommt jedoch zu folgendem Schluß:

»[...] die deutsche Revolution war im wesentlichen *keine Revolution auf geistigem Gebiet.* Die geistige Entwicklung vollzieht sich in einer steten, nur zeitweise abirrenden oder gehemmten *Evolution.*« (W 4, 188)

Mit großen Erwartungen reiste Roth 1926 in die Sowjetunion. Hatte er bisher in Deutschland Redner im Ruhrgebiet vor Arbeitern über den Sozialismus als etwas Zukünftiges sprechen hören, sah er jetzt den konkreten Aufbau des Sozialismus in einer den historischen und gesellschaftlichen Bedingungen dieses Landes entsprechenden Form. Er hebt Erfolge hervor, reagiert aber zugleich da empfindlich, wo die Wirklichkeit seinen Erwartungen zuwiderläuft. Sein Fazit:

»Alles, was Toller und Kisch über Rußland erzählt haben, war falsch. Alles, was gegen es geschrieben wird, ist nicht nur ungerecht, sondern auch verkehrt. Es ist, als wenn man mit Fliegenaugen eine menschliche Wohnstätte gesehen hätte. Es handelt sich nicht um die positive oder negative Einstellung den Sowjetstaaten gegenüber – ich will Ihnen deutlich machen, daß sowohl die Positiven als auch die Negativen vollkommen falsch gehn, wenn sie politisch sehen. Das Problem aber ist hier keineswegs ein politisches, sondern ein kulturelles, ein geistiges.« (B 95)

Im Oktober 1920 hatte Roth – der sicher niemals über einen Gefühlssozialismus hinausgekommen ist – anläßlich der »Sowjet-Ausstellung in Berlin« bezeichnenderweise hervorgehoben:

»Das Wertvollste an der ganzen Ausstellung ist ein Satz, das fünfte von den zehn Geboten der Sowjetrepublik. Er lautet: Richte deine Kraft gegen die Reichen, die Mittleren laß in Ruh, den Armen hilf! Das ist die Weltanschauung der politischen Nächstenliebe: liebe nicht deinen Nächsten, sondern deinen nächsten Armen, wie sich selbst! [...] Daß *befohlen* wird, spürt man deutlich. Man befiehlt zum Beispiel: Idealismus, Gewissen, proletarisches Bewußtsein, Nächstenliebe. Der Zarismus befahl: Mord, Pogrom, Barbarei. Ein Fortschritt ist also da.«[5]

Joseph Roth, der mit seinen frühen Romanen und besonders den Feuilletons in die erste Reihe der gesellschaftskritischen Autoren gerückt war, in die Nachbarschaft der sozialistischen Erzähler, stand nicht nur politischen Systemen mehr und mehr argwöhnisch-skeptisch gegenüber, sondern verhielt sich auch in bezug auf Gruppierungen abwehrend.

Nüchternheit, analytische Schärfe und erzählerische Distanz zeichnen seine Werke zunehmend aus, sein vehementes antifaschistisches Engagement jedoch ist auch stark gefühlsbetont. Roth hat die nazistische Gefahr früher und in ihrer Tiefe besser erkannt, als dies manchem anderen Schriftsteller möglich war. Im Gegensatz zu anderen gab er sich auch keinerlei Illusionen hin. Pierre Bertaux hat zum Beispiel eine Prophezeiung überliefert, die der Dichter während einer Abendgesellschaft bei dem Verleger Samuel Fischer 1928 aussprach (anwesend waren auch Döblin, Toller, Wassermann, Grosz):

»›In zehn Jahren wird a) Deutschland gegen Frankreich Krieg führen, b) werden wir, wenn wir Glück haben, in der Schweiz als Emigranten leben, c) werden die Juden auf dem Kurfürstendamm geprügelt werden.‹ Keiner schenkte dem verzweifelt lächelnden Roth Glauben.«[6]

Diese Aussage wurde früher als veranschlagt Wirklichkeit, wenn auch nicht immer wörtlich. 1933, unmittelbar auf Hitlers Machtübernahme, emigrierte Roth nach Frankreich. Während seiner Emigrationszeit – verbracht in Hotels in Frankreich, Belgien und Holland – gehörte er zu den kompromißlosesten und heftigsten Gegnern des Nationalsozialismus. An Stefan Zweig schrieb er nach dem »Anschluß«:

»Ich habe die Österreicher und Preußen im Krieg kennengelernt, als ich einer preußischen Division zugeteilt war. Von da an datiert mein *aktiver* österreichischer Patriotismus«.

Benno Reifenberg, Redakteur der »Frankfurter Zeitung«, hatte er schon 1925, nach der Wahl Hindenburgs zum deutschen Reichspräsidenten, geschrieben: *»Ich bin verzweifelt«,* und – bezogen auf die Anschlußbestrebungen der SPÖ:

»Was wollen sie? Sie wollen Hindenburg? Als der Kaiser Franz Joseph starb, war ich schon ein ›Revolutionär‹, aber ich weinte. [...] Eine Zeit wurde begraben. Mit dem Anschluß wird noch einmal eine *Kultur* begraben. Alle Europäer müssen gegen den Anschluß sein.« (B 65)

In der Emigrationszeit sind Roths Artikel gegen den Nationalsozialismus leidenschaftlich, die reine Empörung. Er trat auch, obwohl vor großem Publikum gehemmt, öffentlich auf. Im Mai 1938, dem 5. Jahrestag der Bücherverbrennung, veranstaltete der Schutzverband Deutscher Schriftsteller in Paris eine Kundgebung zu Ehren des im KZ ermordeten Carl von Ossietzky. Zu den Rednern gehörte – neben Egon Erwin Kisch und Bruno Frei – auch Joseph Roth. Auf Einladung des Polnischen PEN-Clubs begab er sich 1937 auf eine Vortragsreise nach Warschau und Lemberg.

In einer polnischen Zeitung wandte er sich gegen die damalige deutsche Kultur, die er von der österreichischen konsequent unterschied. Nicht nur dem Land Österreich, auch dem »österreichischen Gedanken« blieb er treu, er klammerte sich sogar um so mehr daran, je auswegloser dessen Verwirklichung erschien. In einem Antwortbrief auf Lesermeinungen schrieb er 1935:

»Wir sind dennoch nicht – ›das kleine Alpenländchen‹, in dem zu leben wir gezwungen sind, wir sind immer noch jener große Gedanke, ohne den nicht einmal unser ›kleines Ländchen‹ eine Woche Bestand haben könnte! Der ›Österreichische Gedanke‹ ist kein ›patriotischer‹, sondern beinahe ein religiöser. Wir sind nicht ›der zweite deutsche Staat‹, sondern der erste, sozusagen: *der allererste deutsche und übernationale und christliche Staat!*« (W 4, 722)

Eine Möglichkeit, den »Anschluß« zu verhindern – und darum ging es ihm letzten Endes – sah Roth in der Wiederherstellung der Monarchie. Er war von der Berufung Österreichs so sehr überzeugt, daß er auch praktische Anweisungen gab. Kurz vor dem Einmarsch der deutschen Truppen in Wien schrieb er an Bertaux:

»Für Frankreich MEINE Ratschläge:
a.) MIT Rußland
b.) mit der Tschechoslowakei *offen* zu erklärendes MILITÄRISCHES BÜNDNIS;
c.) Eintreten für Österreich, offen.“ (B 520)

Und er hofft:

»Österreich wäre *›angeschlossen‹* an das Reich, diesem niemals *›eingefügt‹*. Als ein staatspolitischer Bestandteil des Deutschen Reiches wäre es ein Fremdkörper, ein rebellierender, ständig gereizter, aufreizender und gehässiger Fremdkörper«. (W 4, 437f.)

Der tatsächliche »Anschluß« im März 1938 rief in ihm dann äußerst große Verzweiflung hervor:

»Verloren haben sie nicht nur Beethoven, Mozart, Schubert, Brahms, sondern auch das letzte Land, wohin sich die großen Schatten Deutschlands noch geflüchtet hatten, ohne Paß«. (W 4, 731)

Ausweglosigkeit der politischen Lage in Deutschland, die Abgeschlossenheit und Einengung in der Emigration, der zunehmende Alkoholismus (den man letzten Endes als eine Krankheit begreifen muß) – jene Isoliertheit, in der Roth lebte, ohne Familie immer mehr auf sich gestellt, erklären hinreichend, warum der einst so radikal gesinnte Dichter den monarchistischen Bestrebungen westlicher bürgerlicher Kreise anheimfiel, warum er einzig von dem im belgischen Exil lebenden Thronprätendenten Otto von Habsburg Hilfe für sein Land sah. Er stellte dem Nationalsozialismus von nun an eine – wenn auch überholte – Staatsform gegenüber: die Vielvölkermonarchie mit ihren positiven, humanen Traditionen. Dafür war er auch organisatorisch tätig. Die vom Habsburg-Legitimismus bestimmten Ansichten Roths waren wirklichkeitsfremd, was ihre Nützlichkeit betrifft. Seine persönliche Haltung, seine Konsequenz und Kompromißlosigkeit, seine Absage an Nationalismus und Faschismus hätten vielen Schriftstellern als Beispiel dienen können.

Unbegreiflich war ihm das Zögern vieler deutscher Intellektueller, den Bruch mit dem Nationalsozialismus zu vollziehen oder die Einbildung vieler, es könne nicht so schlimm werden. An den langjährigen Freund Stefan Zweig schrieb er, nachdem dieser die Zusage zur Mitarbeit an Klaus Manns antifaschistischer Emigrantenzeitschrift »Die Sammlung« nach einem Drohartikel im »Börsenblatt für den Deutschen Buchhandel« vom 10. 10. 1933 zurückgezogen hatte:

»Sie müssen entweder mit dem III. Reich Schluß machen oder mit mir. Sie können nicht irgendeine Beziehung zu einem Vertreter des III. Reiches haben – und das ist dort jeder Verleger – und zugleich mit mir.« (B 289).

Schon im April 1933 (nachdem die Geschäftsräume des Kiepenheuer-Verlages von der Gestapo ausgeplündert und ein Großteil der Verlagsproduktion vernichtet worden war) hatte er den »Weisen vom Kapuzinerberg« eindringlich beschworen:

»Was ich Ihnen schon geschrieben habe, ist wahr: unsere Bücher sind im Dritten Reich unmöglich. Nicht einmal inserieren wird man uns. Auch nicht im Buchhändler-Börsenblatt. Die Buchhändler werden uns ablehnen. [...] Beim Rassentheoretiker Günther findet sich *Ihr* Bild als das des typischen Semiten. Es gibt keinen Kompromiß mit diesen Leuten. Passen Sie auf! Ich rate Ihnen! Man ist [...] seines Lebens auch in Salzburg nicht sicher, wenn man sich vorwagt. Verkehren Sie mit Niemandem. Finden Sie Sich damit ab, daß die 40 Millionen, die Goebbels zuhören, weit davon entfernt sind, einen Unterschied zu machen zwischen Ihnen, Thomas Mann, Arnold Zweig, Tucholsky und mir. Unsere ganze Lebensarbeit ist – im irdischen Sinne – vergeblich gewesen. Man verwechselt Sie nicht, weil Sie Zweig heißen, sondern, weil Sie ein Jude sind, ein Kulturbolschewik, ein Pazifist, ein Zivilisationsliterat, ein Liberaler. Jede Hoffnung ist sinnlos.« (B 261)

Zwar ist die Zeit pauschaler Verurteilungen von Dichter und Werk des Rothschen Monarchismus wegen vorbei, die Kluft zur objektiven Einschätzung aller anderen Mittel, die über seine Werke hinaus von seiner humanistischen Grundeinstellung und seinen Taten zeugen, nicht mehr so groß – den progressiven Impetus seines Konservatismus: die Erhaltung der Menschheitskultur, sollte man besonders in unserer Zeit immer wieder hervorheben.

Roth war der Typ eines Schriftstellers, der sein Leben lang immer dasselbe schrieb, den immer selben Inhalt auszudrükken bestrebt war: den Untergang einer Epoche. Das Schicksal einzelner Figuren wird aufgezeichnet und in den Mittelpunkt eines Geschehens gestellt. Diese Schicksale sind von Anfang an determiniert und einer Probe unterworfen; das Ergebnis aber weiß der Dichter schon im voraus: Sie sind Vertreter des Untergangs in Europa.

Roths erster Roman, *»Das Spinnennetz«* (1967), erschien im Herbst 1923 in der Wiener »Arbeiterzeitung« in Fortsetzungen. Als Helden des Romans lernen wir den Studenten Theodor Lohse kennen. Aus kleinbürgerlichem Milieu kommend, im Krieg Leutnant der Reserve, wird er Mitglied einer rechtsradikalen Organisation. Mit diesem Lebenslauf erfaßte Roth politische, soziale und psychologische Hintergründe des keimenden Nationalsozialismus, der »völkischen« Bewegung. Lohses Vorbild ist Hitler, wie es für H. Manns Dietrich Heßling der Kaiser war. Lohse, der mörderische Kleinbürger, der typische Nachkriegsmensch, dem scheinbar kein Betätigungsfeld geboten wird, der zu den höchsten Staatsämtern aufsteigt und im Auftrag seiner Vorgesetzten einen Aufstand der streikenden Landarbeiter niederschlägt, bleibt eine wiederkehrende Romanfigur bei Roth.

Für *»Hotel Savoy«* (1924) bietet das gleichnamige Hotel im damaligen Lemberg den Hintergrund. Dem Nachkriegsmenschen, Heimkehrer ohne Heimat, der nicht weiß ›wohin‹, ›wie zu leben‹, ist in diesem Roman ein Paralleltyp, der Tatmensch, der Revolutionär entgegengestellt.

In allen späteren Werken bleiben die positiven Figuren irgendwie mit diesem geographischen Gebiet, mit Roths ursprünglicher Heimat verbunden. Die Stadt an der Grenze zwischen Osten und Westen versinnbildlicht bereits in diesem Roman eine Bestandsaufnahme einer Epoche, die Roth später klarer herausarbeiten wird.

In den ersten beiden Romanen stellte Roth einerseits den mit der Welt in Konflikt geratenen einzelnen dar, andererseits die Masse, die in der Schilderung zwar grau bleibt, jedoch durch ihre Betonung Gewicht bekommt. In *»Die Rebellion«* (1924) ist Andreas Pum, ein Kriegsinvalide, der Hauptheld, ein unwissender kleiner Mann, der von gesellschaftlichen Zusammenhängen nichts ahnt, und den eine bescheidene Existenz als Leiermann vollkommen befriedigt. Durch eine Reihe scheinbarer Zufälle ist er aber zum Scheitern verurteilt und stirbt – wie er meint – daran, daß er einmal seine Meinung frei äußern wollte. Wie sich Roth in das bis zur Einfältigkeit ehrliche Denken des Helden einfühlen konnte und ein Bild des politisch sterilen ›guten Mannes‹, des Kleinbürgers, gestaltete, ist zu dieser Zeit ohne Beispiel. Diese Randfiguren der Gesellschaft bedeuten ein gestalterisches Übungsfeld für Roths späteres Schaffen. Andreas Pum macht, wie die meisten seiner Helden, kaum eine Entwicklung durch. Die Zeitproblematik wird aber gerade anhand einer solchen Figur immer genauer und tiefer erfaßt, und das bestimmt die eigentliche Bewegung im Gesamtwerk.

Ein Jahr später erschien *»Die Flucht ohne Ende. Ein Bericht«* (1927). Dieser Roman ist von mehreren Gesichtspunkten aus interessant. Roth gelang mit diesem Buch der Durchbruch bei den deutschen Lesern; aber damit beginnt er auch, seine Autobiographie immer neu variierend, zu mythisieren, indem er tatsächlich Geschehenes mit Produkten seiner Phantasie verbindet und zu einem Ganzen zu verschmelzen sucht. Vom Aufbau her kam er mit diesem Roman bestimmten Lesererwartungen, dem Modestil der literarischen Gattung weitgehend entgegen. Im Vorwort heißt es, den »Bericht«charakter unterstreichend, der Autor wolle die Geschichte seines »Freundes und Gesinnungsgenossen Franz Tunda« erzählen; er »habe nichts erfunden, nichts komponiert. Es handelt sich nicht mehr darum zu ›dichten‹. Das wichtigste ist das Beobachtete.« (W 1, 317)

Diese Anlage des Romans wurde von der Kritik als ein Programm der Neuen Sachlichkeit verstanden. Roth wollte aber natürlich mehr. Und er rückte auch bald ab von der betont nüchternen, sachlichen Haltung des Berichterstatters.

Erzählt wird von der Flucht eines ehemaligen deutschen Oberleutnants, der einsam in Sibirien lebte. Er stieß zur Revolution, bei der er auch mitkämpfte; später verliebt er sich in ein russisches Mädchen. Nach langen Wanderungen gelangt er dann nach dem Westen, wo Umrisse deutscher Städte auftauchen, um dann zum Schluß in Paris seinen Platz zu suchen. – Roth bleibt seinem Programm treu: Es gelingt ihm, den Lesern die Wichtigkeit des genauen Beobachtens der Realität im Gegensatz zum Dichten – was mit dem Erfinden gleichbedeutend ist – vor Augen zu führen. Er bleibt aber nicht dabei stehen, auch von der Psyche Franz Tundas wird berichtet, eine seelische Reportage dieser Gestalt vermittelt. Roth gibt die Gegenwart wieder, er fügt nichts hinzu, er dokumentiert. Das Buch schließt wie folgt:

»[...] da stand mein Freund Tunda, 32 Jahre alt [Roth war im selben Alter, d. Verf.], gesund und frisch, ein junger starker Mann von allerhand Talenten [...] und wußte nicht, was er machen sollte. Er hatte keinen Beruf, keine Liebe, keine Lust, keine Hoffnung, keinen Ehrgeiz und nicht einmal Egoismus. So überflüssig wie er war niemand in der Welt«. (W 1, 421)

Daß Roth den aus dem Vorwort zitierten Satz nicht so ausschließlich gemeint hatte, belegt auch der Artikel, *»Es lebe der Dichter!«* (1929). Unter dem »Ruf nach dem Dokumentarischen« sei »durchaus *nicht* die berühmte ›Neue Sachlichkeit‹ gemeint, die das Dokumentarische mit dem Kunstlosen verwechseln möchte«. (W 4, 224) Dies ist nicht nur Abwehr von Zuordnungen, von Gruppenbildung.

In dem 1928 erschienenen Roman *»Zipper und sein Vater«* ist der Held, Arnold Zipper, wieder ein Vertreter der verlorenen, machtlosen, das heißt zu Passivität verurteilten, in ihrem Handlungsradius eingeschränkten jungen Generation. Sie ist der väterlichen gegenübergestellt: Zippers Vater, ein widersprüchlicher Spießbürger, mittelständischer Bourgeois, ist in seiner Entwicklung stehengeblieben, und dem Leben gegenüber ein aggressiver Tatmensch. Roth verewigt im Sohn Arnold den kleinen Mann der Kriegsjahre mit seinen armseligen Freuden und seinem düsteren, engen, trägen Alltag. Er beweint in dieser Gestalt wieder seine eigene Generation, deutlich werden das Leiden daran, sich nicht orientieren zu können, aber auch seine Furcht vor den Massen und die Ungewißheit über die Zukunft.

»Rechts und Links« (1929), der zweite Roman, behandle dagegen

»den Unterschied der Generationen [...] der deutschen Geheimverbindungen, Separatisten, Rathenaumörder – also die Generation unserer jüngeren Brüder, der heute 25jährigen«. (B 116)

Das Werk erschien in kurzer Zeit in zwei Auflagen, was für einen gewissen Erfolg spricht. Die Handlung, soweit man davon überhaupt sprechen kann, spielt im Nachkriegsdeutschland. Das Buch wurde als modernster Roman des Autors betrachtet, trete er doch nicht nur als Berichterstatter, sondern auch als Ordner und Sinngeber seiner Zeit auf. Heinrich Mann und Stendhal werden als Ahnherren reklamiert. Roth selbst äußerte dazu, er sei bestrebt gewesen,

»im Leser ein gewisses Gefühl der *Langeweile* zu erzeugen, die eine notwendige Konsequenz sprachlicher Sorgfalt ist«, und bemüht, »die Hohlheit der Gegenwart nicht etwa konvex aufzuzeichnen, die Substanzlosigkeit unserer Zeitgenossen nicht etwa als ›Tragik‹ oder ›Dämonie‹ darzustellen, sondern die banale Trostlosigkeit dieser Welt präzise widerzuspiegeln [...] Ich habe dem Menschen der Gegenwart sein eigenes Bild vorgehalten. Kein Wunder, daß er es nicht ansehen will. Es graut ihm davor«. (W 4, 242)

Die Ausweglosigkeit der Zwischenkriegszeit, die Unentschlossenheit des bürgerlichen Schriftstellers darüber, ob eine Entwicklung durch oder ohne eine Revolution möglich beziehungsweise voraussehbar wäre, wie dem drohenden Rechtsradikalismus der Wind aus den Segeln genommen werden könne – all das macht sich bei Roth in einer Krisenstimmung bemerkbar, die in dem unvollendeten, 1929 in der »Neuen Rundschau« publizierten Roman *»Der stumme Prophet«* kulminiert. Erzählt wird die Lebensgeschichte eines in Rußland geborenen und in Österreich aufgewachsenen Intellektuellen, der sich der Revolution verschrieben hatte und nach deren Sieg entdecken muß, daß sich seine Ideale nicht verwirklichen lassen. Die Handlung beginnt im Jahre 1908 und reicht bis etwa 1923. Friedrich Kargan trägt Züge Trotzkis wie des Autors.

Roths Versagen bei dem Versuch, ein politisches Werk zu schaffen, ist damit zu erklären, daß ihn Politik zwar immer interessierte, ihr tatsächliches Wesen ihm aber stets fremd blieb.

Statt der Ideen konnten ihn eher deren Träger, die Individuen, in ihrem Bann halten. War es doch vor allem seine Absicht, das Spektrum des Menschen auszuschreiten, seine Größe und seine Grenzen. Dies bedeutete für ihn jedoch nicht Abkehr von Realität, den Fragen des Tages:

»Nur Blinde können glauben, daß mit der ›rein literarischen‹ Wirkung eines Mannes nicht zusammenhängen: seine Leidenschaft, an den sogenannten ›Aktualitäten‹ teilzunehmen; seine Liebe zum Tag und alles, was zu ihr gehört: das Volk, die Bitterkeit der Armut und die Härte des Reichtums und seiner Gesetze. Niemand kann sich über die Erde erheben, auf der er lebt«.[7]

Bisher wurde aufzuzeigen versucht, wie der Autor sich allmählich dem einzelnen zuwandte, als ob er genügend Erfahrungen im öffentlichen Leben gesammelt hätte, die ihm aber tatsächlich wenig halfen, sich zurechtzufinden. 1930 erschien *»Hiob«*, einer seiner bekanntesten Romane, dessen Hauptfigur, ein frommer Jude, Prototyp ist des kleinen, von Schicksalsschlägen heimgesuchten Menschen. Der arme Mendel Singer muß erleben, wie seine Familie völlig zerfällt. Einer der Söhne wandert aus; der andere lebt wie ein russischer Bauer ohne den alten Glauben; Mirjam, die Tochter, gibt sich mit Kosaken ab; Menuchin, das vierte Kind, ist schwachsinnig. Der mittellose Lehrer Mendel Singer folgt dem Ruf seines Sohnes nach Amerika, wo er sich erneut einzuleben hat. Dieser Sohn fällt aber im Krieg an der Seite der Amerikaner, Mirjam wird wahnsinnig, Singers Frau stirbt. Nach so vielen und schweren Prüfungen wird der Mann seinem Gott abtrünnig. Am Ende des Romans taucht der in Polen zurückgebliebene, seitdem genesene und zum großen Musiker gewordene Menuchin auf; der Vater ist überglücklich und alles endet mit einem Happy end. Das ganze Buch hat eine lyrische Stimmung, ist die Vergegenwärtigung der kaum zu ertragenden Unglücksfälle und schließlich des Glückstaumels.

Ein Wandel in den Rothschen Werken, eine Abkehr von dem augenfällig Politisch-Gesellschaftlichen in Richtung Privatsphäre, um von dieser her etwas Allgemeingültiges auszusprechen, ist – mit diesem Roman beginnend – genau zu verfolgen. Das Wunder – oder etwas, was als solches empfunden werden kann – und das Unwahrscheinliche, das das Leben des einfachen, gläubigen Menschen in seiner Enge erträglich macht, kann Roth psychologisch so darstellen, daß man ihm diesen Schluß abnimmt. Das Zusammenleben der armen Juden mit den polnischen Bauern, ihr Aufeinander-angewiesen-Sein und Zueinanderkommen, das Auswandern als eventuelle Lösung zur Überwindung der materiellen Not für Juden und Christen am Anfang unseres Jahrhunderts – dies alles wird in Roths Buch einer breiten Analyse unterzogen und wirkt dadurch politisch aktuell.

Das bekannteste und berühmteste Werk Roths ist *»Radetzkymarsch«* (1932), in dem er am Beispiel einer Familiengeschichte über drei Generationen den Zerfall der Österreichisch-Ungarischen Monarchie aufzeigt.

Die Zeit zwischen 1859 und 1916 wird in diesem Roman hauptsächlich mit den Augen des müden Enkels des Helden von Solferino, Carl Joseph Trotta, betrachtet. Mit dem Großvater Trotta, dem treuen Soldaten, und dem Vater, einem zuverlässigen Beamten, werden zwei wichtige Stützen der Monarchie, Militär und Beamtentum, ins Bild gebracht. Die schwache Enkelgeneration ohne Zukunft, Perspektive und Glauben symbolisiert ihr unausweichliches Ende. Carl Joseph kann und will in dem Rahmen, den er von der veralteten Staatsform zugewiesen erhält, nicht existieren, er hat dem aber auch keine Alternative entgegenzusetzen.

Hermann Hesse schrieb über das Buch im Zusammenhang einer Kritik zu Musils »Der Mann ohne Eigenschaften«: »Er [Musils Roman; d. Verf.] hat im Grunde denselben Gegenstand wie Joseph Roths ›Radetzkymarsch‹, aber während Roth in einer virtuosen, bewundernswert neutralen Objektivität die Menschen des Österreich von 1914 wie arme Marionetten in ihren Untergang schlendern läßt, interessiert und gewinnt uns Musil für seinen Helden, der nicht einen Typus vertritt, sondern ganz erlebte, einmalige Persönlichkeit ist.«[8] Roth ging es tatsächlich um die objektive Großaufnahme, und die wichtigsten sozialen Faktoren des Untergangs werden in den Einzelschicksalen der dargestellten Personen geschildert. Georg Lukács warf dem Autor vor, nicht alle Faktoren des Zusammenbruchs dargestellt zu haben – so zeige er zum Beispiel nicht, daß die »unterdrückten Klassen nicht mehr nach der alten Art leben wollen«, sondern nur, »daß die regierenden Klassen Österreich-Ungarns nicht mehr nach alter Art leben *können*«. Doch muß er gestehen: »Hätte Roth nicht seine Illusionen, so hätte es ihm kaum gelingen können, so tief in die Welt seiner Beamten und Offiziere hineinzublicken und so voll und ganz und wahrhaftig den Prozeß ihres sittlichen und sozialen Verfalls darzustellen.« Dieser Realismus mache Roths Werk zu einem »der künstlerisch geschlossensten und überzeugendsten der neueren deutschen Literatur«[9]. Der Autor selbst ist – wie seinen Briefen zu entnehmen ist – mit dem Werk nicht zufrieden; mit warmen Worten bekennt er sich lediglich zu seinem Thema:

»Ein grausamer Wille der Geschichte hat mein altes Vaterland, die österreichisch-ungarische Monarchie, zertrümmert. Ich habe es geliebt dieses Vaterland, das mir erlaubte, ein Patriot und ein Weltbürger zugleich zu sein, ein Österreicher und ein Deutscher unter allen österreichischen Völkern«. (W 4, 405)

Roths Konservativismus führt nach »Radetzkymarsch« notwendigerweise zum Roman *»Die Kapuzinergruft«*, einer Fortsetzung des Themas Verfall der Habsburger Monarchie beziehungsweise Ausweglosigkeit Deutschösterreichs. Der Roman über den endgültigen Verfall des Geschlechts der Trotta endet am 12. März 1938, dem Tag, an dem der Held hören muß:

»Volksgenossen! Die Regierung ist gestürzt. Eine neue deutsche Volksregierung ist vorhanden.« (W 2, 979)

Der Schauplatz ist im Vergleich zur Breite im vorhergehenden Roman enger gefaßt, hauptsächlich auf Wien konzentriert. »Die Kapuzinergruft« ist ein Roman ohne Ausweg, ohne Perspektive. Roth präzisiert hier noch einmal seine Aussage: er unterwirft die letzten zwanzig Jahre Österreichs einer Prüfung. Wieder wurde – seiner Meinung nach – etwas falsch gemacht, denn das schreckliche Unheil ist mit dem »Anschluß« ins Land gedrungen.

Der Ich-Erzähler, erneut einer aus dem Geschlecht der Trottas, erzählt in einem Ton, wie das eigene Leben langsam zu Ende geht. An seiner Ratlosigkeit ist abzulesen, daß er unfähig ist, an einer Zukunft mitzuwirken, daß es ihm an Kraft zum Widerstand fehlt. Roth, der auch sonst in seinen Analysen sehr sparsam vorgeht, wird in diesem Werk noch zurückhaltender; er möchte durch halbe Worte, durch Gesten, durch Heraufbeschwören alter, von ihm schon oft wiederholter Bilder, Anspielungen und Assoziationen, die seine Anschauungen summieren, verstanden werden. Durch die Kraft des dichterischen Wortes und durch die Stimmung wird demjenigen, der Roths

Werke kennt, in diesem Buch der Dichter eindeutig verständlich. Trotta hatte aus dem Zusammenbruch der Monarchie keine Lehren gezogen:

»Ich lebte in der fröhlichen, ja ausgelassenen Gesellschaft junger Aristokraten, jener Schicht, die mir neben den Künstlern im alten Reich die liebste war. Ich teilte mit ihnen den skeptischen Leichtsinn, den melancholischen Fürwitz, die sündhafte Fahrlässigkeit, die hochmütige Verlorenheit, alle Anzeichen des Untergangs, den wir damals noch nicht kommen sahen.« (W 2, 871)

Es klingt fast wie eine Selbstkritik, als würde sich auch der Autor selbst an den Geschehnissen für schuldig halten. An dem Buch ist gewiß vieles auszusetzen. Leutnant Trotta in »Radetzkymarsch« war eine tragische Figur, sein Vetter wirkt eher wie ein sentimentaler Deklassierter. Auch die einzelnen Episoden fügen sich nicht mehr so leicht zu einem größeren Ganzen zusammen. Die Ereignisse nehmen keine festen Umrisse an, und auch der Hintergrund bleibt verschwommen. Die Sprache ist knapp, nicht liebevoll ausmalend. Trotzdem ist dieser Roman Roths persönlichstes Werk, und das Lyrische dringt in ihm klarer als in anderen durch.

In den erwähnten großen Werken ist die Abkehr von politisch-aktuellen Themen immer mehr spürbar, und angesichts der Wirklichkeit befiel den Humanisten Roth Ende der dreißiger Jahre wachsende Resignation. Er kann an eine Möglichkeit zu vernunftgemäßer politischer Veränderung nicht mehr glauben. Die öffentliche Sprache, die politischen Artikel verlieren seiner Meinung nach ihre Wirkung, und er flieht in eine andere Sphäre sprachlich-stilistischen Ausdrucks, wendet sich der Legende und dem Märchen zu. Zahlreiche Arbeiten der Exiljahre nehmen einen Legenden-Ton an oder gelten als Mahnruf, auch wenn es sich um Zeitungsartikel handelt. Da der Dichter seiner Wahrheit gewiß ist, aber das Wirken durch die Sprache überhaupt beschränkt wird, muß und will er die Menschen noch stärker ›klassisch‹ ansprechen. Er beschränkt sich auf Formen der Bibel oder auf die der einfachsten profanen literarischen Urgattungen, auf das Märchen. All dies ändert nichts daran, daß er seiner Aussage von der Welt weiterhin treu bleibt, nur ›die Verpackung der Ware‹ ist eine andere geworden.

Der Held des Romans *»Tarabas. Ein Gast auf dieser Erde«* (1934) ist ein ›Bruder‹ des Autors. Oberst Tarabas trägt ebenso

Züge des Heimkehrers aus dem Roman »Hotel Savoy« wie des Enkels des Helden von Solferino aus »Radetzkymarsch« und des Oberleutnants aus »Flucht ohne Ende«. Der »dichtende Erdengast« Joseph Roth schildert von nun an immer häufiger jenen Fremdling, für den es hier auf Erden kaum Buße und Erlösung gibt. Er erzählt die Legende vom wilden, furchtbaren, stolzen, in der Revolution gefürchteten Menschen Tarabas, der am Ende seines Lebens als unerkannter Bettler an der Schwelle des elterlichen Hauses einen Teller Suppe löffelt und nicht sterben kann, ehe ihm ein alter Jude das ausgerissene Büschel roter Barthaare verziehen hat. Zeitgenössische Kritiker beanstandeten bei Erscheinen des Romans den nur sehr vermittelten Zeitbezug des Werkes, sie hielten es aber unbestreitbar für eine schön erzählte »Heiligenlegende« in modernem Gewand.

Mit dem Roman *»Die hundert Tage«* (1934) erging es Roth ähnlich. Er wollte eigentlich einen historischen Roman schreiben, aber sein Napoleon hat mit dem Rückkehrer von der Insel Elba nur Namen, Uniform und äußere Gestalt gemein. Schildert Roth den Napoleon nach Waterloo doch als einen Sünder, dem (wie Tarabas) bewußt wird, daß Gewalt sinnlos ist. Roths Sprache trägt prophetische Akzente. Wenn man bedenkt, daß auch der Essay von 1934, *»Der Antichrist«* (»Antichrist« als die Verkörperung des Faschismus) in solchem Stil verfaßt ist, kann man daran Roths Ohnmacht, seine katatonische Zwangstat ablesen; er hat seine Arbeit nach bester Überzeugung getan – mehr konnte er nicht.

Die Novelle *»Legende vom heiligen Trinker«* (1939) hat mit den vorangegangenen Werken nur den legendenhaften Charakter gemeinsam. Andreas, dem Helden, der für zwei Jahre wegen Totschlag im »Kriminal« saß und nun ein Trinker ist, unter Brücken schläft, widerfährt ein Wunder: Ein gutgekleideter Herr gibt ihm Geld, mehr als ein Almosen: zweihundert Franc. Der auch in seinem Elend zur Großzügigkeit Neigende will die Schuld freilich zurückerstatten. Der Schenkende beauftragt den Bettler nun, das Geld der kleinen heiligen Therese zu opfern. Der fast nie nüchterne Mann ist, von gutem Willen erfüllt, entschlossen, sein Wort zu halten, aber er wird gerade wegen seiner Güte und Schwäche immer daran gehindert. Er stirbt, bevor er seine Schuld hätte begleichen können. Die Novelle wird von ihrer sprachlichen Kraft und ihrer visionären

Vergegenwärtigung getragen. Man weiß kaum, wann es um die Haltung geht und wann nur die sprachliche Geformtheit mitschwingt. Ein schwieriges Menschenschicksal wird mit Anteilnahme aufgezeichnet, das an einem hauchdünnen Faden hängt und ständig vom Absturz in die Tiefe bedroht ist.

In dem Roman *»Die Geschichte der 1002. Nacht«* (1939) kommt Roth noch einmal zum Thema der Monarchie und dabei speziell auf Wien zurück.

Der Roman ist durchgehend im Stil eines orientalischen Märchens erzählt. Mit schwacher Ironie, welche die Liebe zum Sujet aufhebt, läßt Roth alle Figurentypen seiner bisherigen Werke noch einmal aufmarschieren. Als Gesamtergebnis erscheinen die Menschen wieder echt mit ihren Schwächen und Fehlern, bleiben jedoch lebendige Gestalten der Jahrhundertwende und des beginnenden zwanzigsten Jahrhunderts; es sind Hocharistokraten ohne materiellen Hintergrund, Journalisten oder Neureiche; Roths liebevolle, die Gestalten nicht denunzierende Menschenschilderung reicht hin bis zu den »Unwürdigsten«, deren Schicksal an das von Lumpen grenzt.

Roth nahm in der Prosaliteratur der zwanziger und dreißiger Jahre einen bedeutenden Platz ein. Man kann diesen Autor nicht allein von der Vernunft her verstehen und beurteilen. Ihn haben nicht in erster Linie Ideen beeinflußt, vielmehr interessierte ihn deren Reflex in den Individuen, das, was sie auslösten: Gefühle, Reaktionen, Taten. Ideen oder politische Überlegungen fanden nur insofern Anerkennung und Bejahung, sofern sie das Verhalten von einzelnen oder Gruppen motivierten. Die österreichische Tradition schöpferisch bewahrend, zeichnete Roth ein melancholisches und gefühlvolles, gleichzeitig objektives Bild einer bereits vergangenen, aber von ihm wahrheitsgetreu heraufbeschworenen Epoche.

Biographische Notiz

(Moses) Joseph Roth wurde am 2. September 1894 in Brody in Galizien (Wolhynien) geboren. Sein Vater, ein Jude chassidischer Glaubensrichtung, der ursprünglich Rabbi werden wollte, hatte in Geschäften alles Geld verloren, in der Folge geistesgestört, vegetierte er bis zu seinem Tode im Hofstaat eines Wunderrabbis dahin; die Mutter durfte ohne seine bewußte Einwilligung zur Ehescheidung nicht wieder heiraten. Unbemittelt und ohne Vater aufgewachsen, wurde R. von vermögenden Verwandten unterstützt: Er besuchte die jüdische Gemeindeschule in Brody (neben Polnisch und Hebräisch betrieb er Deutsch) und 1905/13 das deutsche Gymnasium. Nach glanzvoll bestandener Matura Studium der Germanistik und Philosophie, anfangs in Lemberg (Lwow), dann (ab Sommersemester 1914) in Wien. 1916/18 als Kriegsfreiwilliger an der Ostfront. Heimgekehrt, heimatlos und ohne Beruf, wurde er – unterstützt von Alfred Polgar – als Journalist in Wien tätig, ab 1922 in Berlin. Mitarbeiter der Zeitungen »Vorwärts«, »Lachen links«, »Berliner Börsen-Courier«, »8 Uhr Abendblatt« u. a. 1922 heiratete er die Wienerin Friderike Reichler, die nach drei Jahren schon Anzeichen von Verwirrtheit zeigte, Ende der zwanziger Jahre mußte sie in eine Anstalt gebracht werden, die sie nie mehr verlassen durfte. 1923/32 ständiger Mitarbeiter der »Frankfurter Zeitung«, in deren Auftrag er ganz Europa bereiste, 1926 Reise in die Sowjetunion. Daneben schrieb er Artikel für »Münchener Neueste Nachrichten«, »Das Tagebuch«, »Die literarische Welt« und »Neue Rundschau«. Ausdruck seines unruhigen Lebens war, daß er keinen festen Wohnsitz hatte und fast ausnahmslos in Hotels logierte. 1933, einen Tag nach der Machtübernahme durch die Faschisten, emigrierte Roth nach Frankreich; er lebte u. a. in Nizza, Marseille und Paris. Während der Emigration publizierte er in »Das neue Tagebuch«, aber auch in habsburgisch-konservativen Presseorganen. Ein Ausdruck seiner immer manifester werdenden Verzweiflung war der zunehmende Alkoholismus. Am 27. Mai 1939 starb Joseph Roth in einem Pariser Armenhospital an Delirium tremens und Lungenentzündung.

Klaus Krippendorf

Theodor Kramer

»Sein Werk ist ein wesentlicher Bestandteil der österreichischen Exilliteratur und harrt noch immer der entsprechenden Edition und Würdigung«, heißt es in einer Annotation über eine von Bruno Kreisky eröffnete Ausstellung, die aus Anlaß des 25. Todestages des Dichters vom Dokumentationsarchiv des österreichischen Widerstands veranstaltet wurde.[1] Diese Ausstellung setzte an dem an, was unmittelbar nach dem Kriege von entschiedenen Antifaschisten eingeleitet worden ist. 1946 hatte der Globus-Verlag in zwei schmalen Bänden das Exil-Werk bekanntgemacht; in der Zeitschrift »Österreichisches Tagebuch« sind Arbeiten aus der laufenden Produktion publiziert worden. Die Kontakte zur literarischen Öffentlichkeit sind jedoch bald abgebrochen; der vordringende Konservatismus wie die Orientierung auf das hermetische, sprachexperimentelle als das moderne Gedicht haben Werke wie das von Theodor Kramer (1897–1958) über Jahrzehnte hin kaum ins öffentliche Bewußtsein dringen lassen. Die zweibändige Literaturgeschichte von Adalbert Schmidt, »Dichtung und Dichter Österreichs aus dem 19. und 20. Jahrhundert« (1964), hat für ihn – rechnet man die Verszitate ab – so viel Raum, wie für Hans Winterl, Siegfried Freiberg, Ernst Lothar: eine halbe Seite.[2]

1957 aus dem Exil zurückgekehrt, starb Kramer bereits sieben Monate später. Der Bundespräsident hatte dem Mittellosen eine Ehrenpension zugesprochen. Den Literaturpreis der Stadt Wien habe er nicht mehr in Empfang nehmen können.

Eine Werkausgabe – wie sie Richard Billinger frühzeitig bekommen hat – gab es nicht. Das vor dem Exil entstandene Werk war bisher fast nur in Sammlungen zugänglich, die Freunde herausgegeben haben.[3] Und die frühe Dichtung – »ganz eigenbrödlerische Gedankenlyrik«[4] – dürfte nicht überliefert sein; Datierungen bleiben unsicher, weil sich bei diesem Dichter nur vorsichtig von der Buchausgabe auf die Entstehungszeit einzelner Gedichte schließen läßt; sehr viel ist noch ungedruckt; nur wenige Lebenszeugnisse sind nutzbar ge-

macht (daher rührten auch Unsicherheiten[5] in der Bewertung dieses Dichters). Die wissenschaftliche Beschäftigung hat sich nur langsam entwickelt.[6]

In der DDR haben schmale Ausgaben ihn nicht hinreichend vorgestellt, aber in helles Licht gerückt. Der Verlag Volk und Welt hat ihn in eine Reihe aufgenommen, die Weltliteratur darbietet. Dort findet sich Kramer neben Majakowski, Éluard, Vallejo, Enzensberger und anderen. Das Poesie-Album stellt seine Gedichte jungen Leuten zur Verfügung.[7] Dichter unseres Landes verschiedener Generationen haben sich zu dem Österreicher bekannt. Der Lyriker Adolf Endler, der heute im fünften Lebensjahrzehnt steht, sieht sich in einer Traditionslinie »von Walther von der Vogelweide über die Vagantenpoesie und Johannes Günther zu einem Dichter wie dem Österreicher Theodor Kramer, den ich allen anderen Poeten des 20. Jahrhunderts vorziehe«[8]. Bei allen Stufungen und Unterschieden hat das Interesse der Lyriker, die nach Brechts, Fürnbergs und Bechers Tod zu schreiben begonnen haben, seine Basis darin, daß der Österreicher die Welt von den Unteren her mit betroffen machender Genauigkeit und Wahrhaftigkeit in Augenschein nimmt. Das scheint auch die heute jüngste Lyriker-Generation noch zu faszinieren.[9]

Der Vater Theodor Kramers war Gemeindearzt für mehrere Dörfer in einer vorwiegend landwirtschaftlich genutzten Gegend. Er konnte dem Sohn wohl den Besuch einer Realschule in Wien ermöglichen, die Fortsetzung des Studiums nach Kriegsende jedoch nur kurze Zeit finanzieren. Kramer arbeitete dann als Angestellter, Buchhändler und Vertreter.

Wenn man weiß, daß der Vater als Jude unter deutsch-österreichischen Bauern praktizierte, deren Gesinde zum Gutteil aus nichtdeutschen Bevölkerungsschichten kam, weiß man schon viel über die prägenden sozialen Erfahrungen. Der Kriegsdienst in der k. u. k. Armee wie die soziale Unsicherheit in den zwanziger Jahren dürften die frühe Prägung gefestigt haben. Die Teilnahme an einem Buchhändlerstreik – über die berichtet wird – paßt in dieses Bild.

In der zweiten Hälfte der zwanziger Jahre begann Kramer, Gedichte zu publizieren. 1928 erhielt er den Literaturpreis der Stadt Wien und sein erstes Buch, *»Die Gaunerzinke«*, kam heraus. Dichtauf folgen *»Kalendarium«* (1930) – erschienen im Dezember 1930 als Flugblatt Nr. 12 in der Reihe »Die Anthologie«, herausgegeben vom »Kartell lyrischer Autoren und des Bundes Deutscher Lyriker«, einer Fachgruppe des »Schutzverbandes Deutscher Schriftsteller« (diese Publikationsform ist nicht nur von Debütanten, sondern auch von namhaften Autoren wie Werner Bergengruen oder Johannes Urzidil zur Publikation genutzt worden) – und *»Wir lagen in Wolhynien im Morast«* (1931), ein antiheroisches Gedichtbuch über den Krieg, das wie die Prosa Remarques, Renns und Kischs oder auch Georg von der Vrings in der Weise des lyrischen Berichts einen Eindruck vom Grauen vermittelt, das von den einfachen Soldaten durchstanden worden ist.

Als Kramer 1931 wegen seiner Kriegsverletzung erst arbeitsunfähig, dann arbeitslos geworden war, konnte er es wagen, seine Existenz auf das Schreiben von Gedichten zu stellen. Mehrere Stunden Arbeitszeit täglich werden freigehalten für Korrespondenzen, in denen er Zeitungen, Zeitschriften, Rundfunkanstalten und anderen Institutionen Angebote machte. Er weiß also, daß Öffentlichkeit organisiert und Kunst verkauft werden muß. Zugleich ist er ein disziplinierter Arbeiter:

»Das lyrische Schaffen allein nimmt mir zwei bis vier Stunden am Tag. Ich arbeite nämlich [...] täglich. Dies mag merkwürdig erscheinen; doch es ist so; vielleicht brauche ich diese Tätigkeit, wie sie Pianisten, Artisten, Tennisspieler auf ihrem Gebiet brauchen.«[10]

Für wenige Jahre bekommt er Angebote und Aufträge. Er publiziert in der sozialdemokratischen »Arbeiter-Zeitung«, wird im Funk gelesen, findet sich neben Peter Huchel und Günther Eich in »Die Kolonne«. Offenbar hat er einen Nerv der Zeit getroffen. Für den jungen Mann interessieren sich Gruppierungen unterschiedlicher politischer und künstlerischer Auffassungen. Die Gedichte sind nicht einfach auslegbar, und der Autor legt sich nicht fest. Eines bleibt aber festzuhalten: die Faschisten wissen sehr früh, daß sie einen Feind vor sich haben. Alfred Rosenberg schrieb über das erste Gedichtbuch: »Wir kennen Herrn Theodor Kramer nicht. Aber *eines* wissen wir: die Einfühlung in die Ostjudenseele ist ihm gelungen. Denn was die marxistische Führerschaft tut, ist nichts anderes, als Gaunerzinken aufs deutsche Haus zeichnen. Anstecken tun's dann die angeführten Massen.«[11]

1933 verbietet Kramer den Druck seiner Gedichte im faschistischen Deutschland.[12] 1934, mit dem Verbot der Arbeiterparteien in Österreich, gingen die Wirkungsmöglichkeiten für den kurz zuvor zum stellvertretenden Vorsitzenden des Sozialistischen Schriftstellerverbandes (VSSÖ) gewählten Kramer weiter zurück. Sein eigentliches ›Buch der Zeit‹, das umfängliche *»Mit der Ziehharmonika«*, brachte er 1936 mit Hilfe von Freunden und Verehrern bei einem kleinen Wiener Verlag heraus.[13] Es ist Höhepunkt und fast schon Abschluß der produktiven Phase, die das Bild seiner Lyrik geprägt hat. Aus der Anthologie »Die Landschaft der deutschen Ostmark im lyrischen Gedicht«[14] aus dem Jahre 1939 bleibt er ausgeschlossen.

Überblickt man das Werk, fällt auf, daß es fast ausschließlich aus Reimstrophen besteht. Es hat chronikalische Elemente, manche der Chroniken erinnern an den frühen Brecht. Zugleich gibt es Liedhaftes, ein deutlich wahrnehmbares lyrisches Urteil schwingt mit. Die objektivierende Sachlichkeit erlaubte es Kramer, das, was er wahrnimmt, mit Genauigkeit darzustellen; sein eigenes Dichtungsverständnis drängt zum Lobpreis der Welt in ihrer schmerzhaft empfundenen Widersprüchlichkeit.

Die Verssprache ist dicht und schlank, der Reim gliedert, ohne hervorzustechen. In zahlreichen besonders überzeugenden Gedichten verwendet er die fünfzeilige Strophe, in der eine Weise die Ordnung lockert. Leitmotivik gliedert und vertieft den Empfindungsgehalt; die oft aus dreisilbig gefüllten Takten gebaute Langzeile ermöglicht bei lyrischer Konzentration die Entfaltung detailgesättigter Anschauung.

Eines der Jahreszeitengedichte mag Kramers Lyrik vorstellen. *»Kalendarium«* will die natürlichen Rhythmen des Jahres ausleuchten. *»Schatten im Sommer«* ist Teil eines Zyklus'.

Wann oft im Sommer, am heißesten Tag,
für Sekunden die Wolken die Sonne verbergen,
fällt das Grasland zurück aus dem üppigen Schein,
die Gebüsche und Brennesseln zittern am Rain,
und ein Frösteln kommt her von den Bergen.

Das Gehämmer der Spechte erstirbt im Gehölz,
hinter Feldmauern weicht das Geläut einer Herde;
nun erscheinen, erkaltet, erst Distel und Dorn
an das wuchernde Fleisch eines Wachstums verlorn,
schon vom Stengel an stumpf und gesäuert von Erde.

Auf die Stacheln der dumpfigen Kletten tritt Seim;
den die Kringel der Sonne sonst zitternd verdecken;
das Gemäuer verfällt, der Holunder erblaßt,
und die Baumwanzen fallen gleich Schuppen vom Ast,
und das Klaubholz wird sichtbar samt Netzen und Zecken.

Und kein Herbstgrund liegt lebloser da als das Land
rings im stumpfen Gewand übersättigter Zellen;
nur die Dunstwolken schieben sich zögernd dahin,
und die faulige Fäulnis des Wassers beziehn
zwischen Ufergewächsen erschlaffte Libellen.[15]

Im üppigen Sommer strotzt Fäulnis, Gefahr, Vergänglichkeit. Leben erzittert, fröstelt, erblaßt, erkaltet, verfällt, erstirbt. Überlieferte Sommer-Bilder gelten nicht; der Sommer ist nicht etwas, was sich gleichbleibt.

Vorgänge auf kleinstem Raum werden sprachlich vergewissert; genau und bildkräftig ist der Zugriff (Feldmauer, wucherndes Fleisch eines Wachstums, stumpf und gesäuert von Erde, Klaubholz, Gewand übersättigter Zellen). Die in vielen Gedichten anzutreffende Einfärbung ins Bayrisch-Österreichische verstärkt den Eindruck von Authentizität. Für die Leser aus anderen Sprachräumen sind dazu Worterklärungen mitgegeben.

In dem zitierten Gedicht scheint der Mensch – wie es in einem anderen Gedicht heißt – in einer Senke zu verschwinden. Die Natur ist sich überlassen, sie scheint nicht beherrschbar. Es gibt auf der Schattenseite des Lebens Bewegungen, die nicht gern wahrgenommen werden. Das Gedicht faßt eine ganz sinnliche Fülle von Erscheinungen zusammen. Dadurch wird es weder zur Nachricht von Bedrohung und Verfall, noch signalisiert es Chaos. Es entdeckt eine Widersprüchlichkeit, die die Möglichkeit qualitativer Umschläge in sich birgt. Das lyrische Subjekt stellt sich dieser Bewegung, es liefert sich ihr nicht aus. Die hypotaktischen Strukturen verraten, wie hier eine Erscheinungsfülle überschaubar gemacht und geordnet wird. Titel wie »Korn im Marchfeld«, »Im Lößland«, »Neusiedlersee« sind zumindest für das Werk charakteristisch, das Ende der zwanziger, Anfang der dreißiger Jahre entstanden ist. Das sinnenhaft-konkrete Sprechen kommt aus dem Erlebnis einer Landschaft, die in den meisten der Gedichte gegenwärtig ist. Es ist die Landschaft zwischen dem Neusiedlersee und dem Waldviertel. – Ein später Brief gibt eine Erklärung für die Landschaftsgebundenheit:

»Vielleicht hab ich es leicht, weil schwer, gehabt. Auf dem Land geboren, aber Sohn des jüdischen Arztes.
Dann lebte ich in der Stadt. Ich gehörte nie ganz dazu und nicht nur sah ich deshalb besser, sogar meine Empfindungen, ja meine Triebe waren heftiger. Und unbedingte Ehrlichkeit wurde mir gepredigt.«[16]

Lose eingebunden in die Schicht der Intelligenz und also wohl einsam in der Stadt lebend, suchte er die Stätten, wo er sich heimisch gefühlt hatte. Es ist das Land seiner Kindheit, der land- und forstwirtschaftlich genutzte ärmere Norden und Osten Österreichs. Kramer wird aber nicht zu einem Heimatdichter im konservativen Sinne. Frühe Erfahrungen haben ihm den Blick geschärft für soziale Differenzierungen auf dem Lande. Von denen, die sich im Besitz wohl fühlen konnten, aus rassischen Gründen getrennt, gehörte seine Sympathie den

Armen, aber Ungebundenen und Vorurteilsfreien. Der Dichter sah die Welt von unten. Seine Vorstellungen von dem, was wertvoll ist, wurden bestätigt durch das, was ihm im Verhalten der sozial schwächsten Schichten begegnete.

Mit gewissem Recht wird er als Dichter der Häusler, Brenner, Knechte bezeichnet. Eine frühe Stufe in der Werkentwicklung scheint aber durch den Vagabunden besser zu kennzeichnen sein. Dieser hat bei ihm all das, was Vagabunden zu haben pflegen:

Ich hebe mich aus meinem langen Sitzen
und schreit', erfüllt von namenlosem Glück,
mit harten Schritten wieder vor die Steine,
als wär ich selbst der Erde Weit und Breit.

Auf dem Felde seines Widerparts, des Bauern, liegt er frierend und fremd, seine Grube mit Rebenschlingen bedeckend:

Wie viel es, Bauer, sind, die mich vertreiben;
an dir allein versteh ich Haß und Ruh.
Ich lieg, der Erbfeind, hier vor deinen Scheiben
und liebe doch das Land so tief wie du.

Abhängiger und Unabhängiger treten sich gegenüber, Besitzer und Besitzloser, Ansässiger und Fremder. Es treten sich die gegenüber, die das Recht haben, und die, welche es beanspruchen. Das bekommt Schärfe, weil es nicht moralisch hergeleitet ist:

Wir sind ein alt Geschlecht
Verbellt von Hunden
verlogen, diebisch, zuchtlos, hungertoll.
Und stammt doch manches Lied von Vagebunden,
der Gnade hell und dunkler Erden voll.
(*»Vagabund«;* G 18f.)[17]

Mit dieser Figur steht Kramer in einer Überlieferung, die weit zurückzuverfolgen ist. Für das Kernland des ehemaligen Vielvölkerstaates mit seiner Geschichte und ökonomischen Struktur war sie in den zwanziger Jahren sicher noch kein reiner Anachronismus. Dem Dichter bot sie die Möglichkeit, sich ihr anzugleichen, zugleich scheinen durch ihre Konflikte die gesellschaftlichen Verhältnisse durch, die in den Proletariern zu einer gültigeren Gestalt finden:

»Du bist die Magd, ich bin der Knecht, / der Bauer sitzt auf Hof und Grund«. (*»Magd und Knecht«;* Z 31)[18]

Es wird sichtbar gemacht, daß nur der Herr, nicht aber die, über die er verfügt, eine Familie gründen und sich in Kindern fortsetzen können. Läßt den Tagelöhner die Gutsarbeit frei, ist seine Ernte erfroren, und es ist nichts »mir anders worden in diesem gewaltigen Jahr« (*»Der Taglöhner«;* G 35); das Kind möge des Vaters Lage, des Kalkbrenners, nie verstehn, denn

»Der Bauer bringt den Roggen ein, / was durch den Rost fällt, ist nicht mein« (*»Kalkbrenners Schlaflied«;* Z 11);

der Donauschiffer wird ausgepowert, darf weder Liebste besuchen noch die Krankheit ausheilen; Barbara Chlum,

»nachts auf dem Gürtel betroffen, / Stickerin, arbeitslos, ledig, zuständig nach Frain« (*»Abschaffung«;* G 38)

wird des Landes verwiesen; der Fremde von den Eingesessenen, dem »feinen Pack«, aus der Geselligkeit ausgeschlossen:

»Schmaler, Bruder, ist als schmal das Leben / dann am Samstag hier für den Slowak« (*»Samstag vor den großen Feiertagen«;* Z 130);

der Antisemitismus fordert schließlich die ersten Opfer. Von der sozial genau erfaßten Lage der Landproletarier her erschließen sich weitgefaßtere Antagonismen. Der Dichter bekommt die städtischen Proletarier in den Blick, und die Folgen der Wirtschaftskrise – die Arbeitslosigkeit erlaubten es nicht, daß man sich als Mensch fühle, denn man werde nicht gebraucht. Viele einzelne sind in ihrer Besonderheit erfaßt; in der Summe zeigen sie die soziale Physiognomie der unteren Schichten einer Gesellschaft, in der sich der Kapitalismus durchgesetzt hat.

Die Gedichte wollen nicht Kausalitäten bloßlegen, sondern zeigen, wo humane Werte bewahrt und erneuert werden. Der Gänger (*»Auf Stör«;* G 13) folgt den aus der Stadt führenden Gleisen in das Hügelland. Der Ausbruch in die freie, wilde Natur – »wo der Habicht schreit« (G 13) – ist der Versuch, sich von Verhältnissen zu befreien, in denen der Mensch allein als Ware Arbeitskraft interessiert. In der wenig spezialisierten Landwirtschaft kann sich der Gänger »auf Stör« (Arbeit außerhalb gesetzlich geregelter Verhältnisse) verwirklichen, wie es ihm Spaß macht. Das Leben nach den Rhythmen der Natur aber gibt weder Sicherheit noch bringt es bürgerlichen Erfolg. Wer sich lebt, lebt sich aus: die Wurzel verglüht im Flammenfraß.

Der Leser fühlt sich zuweilen an den jungen Brecht erinnert. Unterschiede müssen jedoch sichtbar gemacht werden. Der spätere Kommunist hat gegen jede Art falscher Ideologie geprüft, wie Lebensansprüche realisiert werden können. Ehe er zu der Erkenntnis gekommen ist, daß die Verhältnisse selbst umgewälzt werden müssen, hat er untersucht, wie produktive Strukturen durch Anpassung ausgenutzt werden können. Kramer hatte für solche Fragestellungen kein Verständnis.

Er setzt nicht in den Städten beim Widerspruch zwischen Herrschenden und Massen an, sondern sucht bei den proletarischen Randschichten menschenwürdige Haltungen, die sich von dem abheben, was sich mit dem Kapitalismus durchsetzt. Seine Figuren sind in ihrer Besonderheit unverwechselbare, ganze Menschen; ihnen gehört seine Sympathie. Die Haltung ist hymnisch-elegisch. Gerade das, was Brecht in »Lesebuch für Städtebewohner« und »Mann ist Mann« mit einem Schuß zynischer Sachlichkeit konstatierte, führte ihn auf die Barrikade.

In einem der Schlußgedichte des Bandes »Die Gaunerzinke« wird einem Packer die Unmenschlichkeit eines Systems bewußt, das Menschen wie Nummern behandelt: Wegen einer Hungerrevolte an der Front soll jeder zehnte Mann erschossen werden. Er und seine Genossen befreien sich von den Offizieren; die Revolution praktiziert Humanität neuer Art.

> Und wir schlugen uns meuternd die Herbstwälder durch,
> Bis der Russe gefangen uns nahm.
> Im Lager, in Hütten, in Schächten, im Schnee.
> Dann hob sich rings Freiheit zu mir.
>
> Ich Zehnter, ich schreit' in der Roten Armee,
> verloren das Wort als Panier:
> Mann bleibt Mann.
>
> (*»Der Zehnte«;* G 59)

Die Empörung schafft Freiheit, die Oktoberrevolution eröffnet das menschliche Zeitalter. Eine solche Erfahrung ist nicht auslöschbar; sie wird gegen die Restauration der alten Machtverhältnisse im Nachkriegsösterreich gesetzt. Gegen alle Irritation (»sie taten, als wär nichts geschehn«) hält der Heimgekehrte fest:

> Und schießt Ihr mich nieder und scharrt Ihr mich ein:
> Ihr könnt sie nicht drosseln, Ihr dämmt sie nicht ein,
> die dröhnenden Jahr nach dem Krieg.
>
> (*»Der Heimgekehrte«;* G 61)

In der Revolution haben die kleinen Leute einmal zu sich gefunden, diese Erinnerung sei den Herrschenden eine Gaunerzinke. Als notwendiges Ergebnis einer Entwicklung hat Kramer die Revolution nicht verstanden. Im Wolhynien-Buch, wo sie hingehört hätte, findet sie sich nicht. Wichtiger als die historisch notwendige Massenaktion war ihm der Lebensmut der kleinen Leute. Reflexion der Klassenkämpfe, die der in der Sozialdemokratie organisierte Dichter miterlebt hat, gibt es im poetischen Werk selten.

Das einfache Volk hat seine Blumen – Kamille, Mohn, Wermut; das junge, tuberkulöse Liebespaar erlebt am Rande der Jutefabrik einen reichen Sommer; die Vorstadthure möchte einmal einen beschenken können, der schlechter dran ist als sie. Die Not ist den Zügen der Gestalten eingeschnitten, der Aktionsraum eingeschränkt. Diese Armen halten sich aufrecht oder richten sich auf, und sie sind keine vollkommenen Menschen, was immer man sich darunter vorstellen mag. Das einfache Volk lebt ein eigenes, in seiner Weise reiches Leben. Und das entdecken die Gedichte für uns.

Der böhmische Knecht war ein Gänger: mit seiner Rotte hat er sich bis zu seiner Verletzung von Gut zu Gut verdingt, sich beim Bauern für seinen Schweiß gerade noch »neu gewandet jedes Jahr« (*»Der böhmische Knecht«;* Z 21) gefunden. Er macht sich jedoch nicht klein, wie es seine Lage erwarten ließe. Frei von Angst erhebt er sich über sein Elend, und in seiner Kraft und seinem Stolz ist er schön. Es will scheinen, als komme er aus der Familie des »Kanonengießers« des ersten deutschen Dichters des Proletariats, Georg Weerth.

Oft ist allein »die untere Schenke« der Ort, wo das Elend sich löst. In der Gemeinschaft und im Austausch bekommt das Leben derer, die verworfen scheinen, Glanz; ihre Kultur erhebt sich über Einsamkeit und Gleichgültigkeit.

Kramers poetisches Credo wird vielleicht am deutlichsten in dem berückenden *»Josefa«*-Gedicht. Mit dreisilbig gefüllten Takten, männlicher Kadenz, paargereimt und ohne Enjambements, von einer Strenge, welche die dichte Anschauung und mitschwingende Emotionalität zügelt, teilt es bis zum Vers »[...] weist nicht die Türe im Finstern Josefa dem Mann« mit, wer wo wie lebt, und zeigt dann, wie die Ausgestoßene am großen Leben teilhat. Nicht Liebe führt die Männer zu ihr, sondern Leidenschaft, die Leid vergessen macht. Die Frucht, welche die wahrhaft Mütterliche empfangen hat, kann sie nicht wachsen lassen.

> Ob die Akazien blühn, ob die Disteln verwehn,
> keiner im Dorf hat sie jemals sich kleinmachen sehn;
> samt ihrem Haus, ihrer Geiß, ihrem kleinen Stück Feld
> zählt auch Josefa sich füglich zum Dorf und zur Welt. (Sch 37)[19]

Kramers Gestalten leben mutig und mit Würde, ihrem Leben können und wollen sie aber keine andere Richtung geben. Die Bedingungen, unter denen es sich vollzieht, sind noch überschau- und bewertbar. Sie verwirklichen sich in ihrem Elend nach eigenem Maß und bewahren und entwickeln dabei humane Werte, die in der kapitalistischen Gesellschaft verlorengegangen sind. Die Weise der Leute, am Rande zu leben, ihre Hoffnungen, ihre Lieder gehören zu Österreich, auch wenn sie sich im Bewußtsein der Herrschenden als dem herrschenden Bewußtsein kaum wiederfinden. Die Sehnsucht des Dichters nach Werten, die im Leben proletarischer Randschichten aufgehoben sind, rückt ihn in die Nähe derer, die um das scheinbar so harmonische Habsburger Reich trauern. Das ist ohnehin keine homogene Gruppe. Die poetische Genauigkeit des Dichters läßt seinen Ort bestimmen. Der Herbstregen schädigt Bauer und Tagelöhner nicht gleichermaßen, heißt es selbst im Lied. Die soziale Welt wird nicht zur naturhaften mythisiert. Es gibt und es gab keine heile Welt im Sinne des Habsburg-Mythos. Die kleine Welt wird in vielfältiger, aber auch und insbesondere in aus der sozialen Lage erklärbarer Widersprüchlichkeit vergegenwärtigt. Die plebejische Existenz evoziert den sozialen Antagonismus zwischen den modernen Hauptklassen. Wenn Kramer auch mit Vorliebe Lebensformen gestaltete, die sich bereits in Auflösung und Umwandlung befinden, so ist es doch nicht eine vergangene Welt. Eher das Gegenteil: Er nahm seine Welt mit einer Tiefenschärfe auf, die verfestigte Anschauungen aufbrechen konnte.

Silvia Schlenstedt hat festgestellt, daß Kramer in Tageszeitungen auf herausragende politische Gelegenheiten zwar selten, aber doch lyrisch reagiert hat. Aus dem vor 1946 in Buchform publizierten Werk bleiben die politischen Kämpfe, in denen der Dichter gelebt hat, seltsam ausgeschlossen. Das kann für die Zeit nach 1934 mit der Zensur erklärt werden. Tatsache bleibt aber, daß Kramer keine lyrischen Sprechweisen ausgebildet hat, mit denen er in politische Auseinandersetzungen hätte eingreifen können.

Nach dem Einmarsch der Faschisten rechnete er selbstkritisch mit sich ab. Unfruchtbares »Wortgekletzel und Gehäkel« habe ihn angewidert, erst im Freien und auf dem Lande habe er im vollen Überschwang leben können. (Wien 75)[20] Die durch das tagespolitische Ereignis notwendig gewordene Positionsbestimmung und die Auseinandersetzung mit dem Gegner werden etwas gewesen sein, dem er sich als Mitglied der SPÖ politisch gestellt hat; die Einordnung des poetischen Schaffens in die praktisch-politische Bewegung hätte bei seinen Voraussetzungen wohl Verstummen bedeutet.

In anderer Weise kehrt bei ihm aber etwas wieder, was uns bei vielen wichtigen sozialistischen Dichtern aus der Zeit vor der Machtübernahme der Faschisten begegnet: der Dichter stellt sich als Person im lyrischen Subjekt nicht aus. Eine der Ausnahmen aus dem Buch von 1936 kann uns der Erklärung näherbringen. In *»Nach einem Ausflug«* (Z 109) wird selbstgerecht auf diejenigen herabgeblickt, die sich in den Alltag einpassen. Der Ausbruch in die Natur überwindet nicht die kleinbürgerliche Genügsamkeit. Er bleibt Freizeitgestaltung, die soziale Strukturen nicht in Frage stellt.

Wenn Kramer sich auch zeitweilig vom Druck der Lebensbedingungen befreien kann, so hat er – kriegsverletzt und mit hoher Leidensfähigkeit ausgestattet – die Suche nach menschengemäßen Lebenswerten für alle nie aufgegeben. Die Solidarisierung mit den Ausgebeuteten hat ihn zu lyrischen Situationen und Gestalten finden lassen, die das eigene, kleine Leben nicht hergab. »Pfiff der Uferbahn«, »Koksgeklirr im Scherbenkran«, »Lärm aus den Kantinen« gehörten ins Gedicht, heißt es im Buch aus dem Jahre 1936; er verzichte darauf, von »Blatt und Beer« und »von der Kindheit viel und viel vom Wind« zu sprechen. (Z 172) Wie andere mit dem Proletariat verbundene Dichter der zwanziger und dreißiger Jahre verzichtete Kramer bewußt darauf, Welt in der durch die Überlieferung vorgegebenen Weise lyrisch auszusprechen. Er bekannte sich zu den Erfahrungen in einer Epoche, in der die Massen in Bewegung gekommen sind, und er artikulierte sie. Wollte sein Werk anfangs bürgerlicher Selbstzufriedenheit

Gaunerzinke sein, so verschob sich innerhalb weniger Jahre die Akzentuierung. Selbstbewußt wird nun verkündet:

»was spricht aus mir / steht für die, die ohne Stimme sind« (Z 153).

In einer Fülle vielschichtig und genau erfaßter lyrischer Gestalten bekommen die Menschen, die am Rande der bürgerlichen Gesellschaft leben, Präsenz. Es ist aber nicht eigentlich die Arbeiterklasse und schon gar nicht ihre revolutionäre Avantgarde. Der Dichter bekennt sich zu denen, die gegen die ihnen oktroyierten zerstörerischen Lebensbedingungen nicht auf ihren Lebensanspruch verzichten.

Daß sich das poetische Werk nicht unabhängig von seiner Stellung in den politischen Tageskämpfen entwickelte, zeigt die Tatsache, daß im Bändchen *»Die untere Schenke«* einige der reifsten Gedichte stehen. Im hier besprochenen Zusammenhang ist es nicht so wichtig, ob diese Gedichte im Exil geschrieben worden sind oder kurz vor 1938; die Frage nach der Stellung der Volksmassen hat sich mit der nach dem Geschick der Nation verbunden. In *»Bei einem Treffen im Waldviertel«* erklärt der lyrische Sprecher den Genossen in der Stadt – den Industriearbeitern – die besondere Lage und Mentalität der Steinbrecher, Brenner und Tagelöhner in land- und forstwirtschaftlich genutzten Regionen. Bei aller Besonderheit ist sie Ausdruck eines überregionalen Antagonismus: »In jedem Dorf ist eine untre Schenke«, für Brenner, Häusler und dergleichen Pack. (Sch 15) Eine solche Verallgemeinerung schafft die Voraussetzung, daß ein lyrisches Triptychon wie *»Die Heimkehr des Burgenländers«* solche Repräsentanz bekommen kann. Ich lese in dem sozial so außerordentlich genauen existentiellen Gedicht das Bekenntnis zur nationalen Verantwortung mit.

Nach dem Einmarsch der Deutschen in Wien, dem sogenannten Anschluß, war den jüdischen Staatsbürgern die Existenzgrundlage entzogen. Der Dichter, der sich trotz der Politik der Konservativen im Volk seines Heimatlandes aufgehoben fühlte, hat sich auf die veränderte Situation einzustellen versucht. Die Gedichte des Bandes *»Wien 1938/Die grünen Kader«* (1946), die mit der Anmerkung versehen sind »Geschrieben in Wien/März bis August 1938«, dokumentieren den Lernprozeß. Sie sind ein im deutschen Sprachraum einzigartiges lyrisches Tagebuch.

»Die Wahrheit ist, man hat mir nichts getan«: Ausquartierung, Zwangsverpflichtung, öffentliche Ächtung riefen in Kramer das Gefühl hervor, aus seiner Zeit herausgefallen zu sein[21]. Trotz gelegentlicher Bekundungen von Anteilnahme weiß er nicht mehr und versteht nicht, was seine Leute vom Rande denken und tun. Auf sich selbst zurückgeworfen, muß er das Leben von Grund auf neu verstehen lernen. Um auf die Wahrheit zu kommen, zeichnete er den Umriß der Dinge nach, und fand zu einer bestürzenden Einsicht:

> Als es noch Zeit und Reden alles war,
> schwiegst du nicht oft und zogst kaum deine Brauen
> ein wenig hoch, und schenktest Jahr für Jahr
> nicht ein paar Leuten blind du dein Vertrauen,
> um bar der Sorge ungestört zu ruhn,
> anstatt für dich zu prüfen, was sie tun?

Sein Geschick ist mit dem seines Landes verbunden; als Dichter kann er nur weiterleben, wenn er sich zum Sprecher der Befreiung vom Faschismus macht:

> Geh tief in dich und halt den Atem an:
> mit dem, was ist um dich, lebst du verbunden;
> entzieh dich ihm: du bleibst ein kranker Mann;
> nicht eher, als es blüht, wirst du gesunden.
> Nun schlaf; so wahr dich dies gefangen hält,
> wächst schwach aus solchem Schlaf schon neu die Welt.
> (*»Wenn du zur Ruhe gehst«;* Wien 37)

Kramer sah die Notwendigkeit, sich samt Wurzeln auszureißen »und zu setzen in ein anderes Land« (Wien 37), um bleiben zu können, der er war. Doch trotz Fürsprechern in den USA und in England, konnte er sich gegen die Schikanen der Einreisebehörde nur schwer durchsetzen. Erst Thomas Mann gelang es 1939, die Erlaubnis für einen Zwischenaufenthalt in England für ihn zu erwirken.[22] Dort wurde Kramer mit anderen Antifaschisten bei Kriegsausbruch auf der Isle of Man interniert. 1942 gelang es ihm dann, am Technical College in Guildford eine Anstellung als Bibliothekar zu finden. Er hat dennoch versucht, am Kampf der österreichischen Antifaschisten in dem Sinne teilzunehmen, wie er wohl zuerst von der KPÖ am 12. März 1938 formuliert worden ist: »Durch seine eigene Kraft und durch die Hilfe der Weltfront des Friedens wird ein freies, unabhängiges Österreich wiedererstehen.«[23] In allen ihm möglichen Formen (auch durch handschriftliche Verbreitung von Gedichten[24]) hat er an der Selbstverständigung der Antifaschisten und an ihrem Kampf teilgenommen. In *»Verbannt aus Österreich«* (1943), einem Buch, das ihm das österreichische PEN ermöglicht hat, adressierte er Gedichte nach Österreich, und er fand Haltungen, die Entscheidungshilfen sein konnten. Ein Vater zum Beispiel, dessen besserer Sohn durch eine Schober-Kugel umgekommen ist, trennt sich von dem anderen (der sich bezeichnenderweise nur für die Technik, nie für die Natur interessiert hat!), weil er mit den braunen Banden kalten Blutes Menschen tritt. *(»Der Vater«)*[25]

Ob die eingreifend gedachten Verse eine Wirkungschance haben, blieb dem Dichter zweifelhaft. Der Flüchtling fühlt sich jedenfalls, als sei er ein Verräter, »wenn sie die Besten der Genossen fangen« (vgl. *»O Österreich, ich kann für dich nicht streiten«;* Wien 71f.)

Der Kampf der Partisanen in Osteuropa (und der Widerstand in Österreich selbst[26]) hatte eine Situation geschaffen, in der Kramer dem eigenen Lied nicht mehr auf die Kehle treten mußte.[27] Die einfachen Menschen vertraten im Kampf ihre sozialen und nationalen Interessen. Die Gedichtgruppe, die nun entstand, hat einen unverwechselbaren Platz in der deutschsprachigen antifaschistischen Lyrik. Von Volksgestalten in der heiteren Überlegenheit des Sieges vorgetragen, haben die lyrischen Vorgänge eine durch den Gang der Geschichte beglaubigte Simplizität, die ihnen eine Evidenz gibt, wie sie das Volksmärchen zuweilen hat. Und doch sind dies Gestalten aus der lyrischen Welt Kramers. Der Tagelöhner, der einst die Fron im Schnaps vergessen machen wollte, nimmt seine Lage nicht mehr hin und hält dem Großherrn spöttisch entgegen:

»Wann der Pirol flötet übers Jahr, / baumelst wie ein Zwetschlein, Gospodar«. (*»Wann der Pirol flötet früh im Jahr«*; Wien 61)

Den unaufgeklärten Rest, der ihm beim Flöten des Pirol immer geblieben war, beginnt er nun zu verstehen: Die sozialen Beziehungen sind nicht unabänderlich, nicht naturgegeben, das in scheinbar ewige Zwänge gespannte Leben kann nicht alles sein.

Der erfüllte Traum des Partisanen: »kein Mensch mehr Knecht und jeder Gospodar« (vgl. *»Slawisch«;* Wien 62), ist das bis in politische Schlußfolgerungen hinein verlängerte Ethos seines Werks. Die Konsequenz bleibt aber dem Befreiungskampf der Völker geschuldete Episode.

Nach Kriegsende wechselte er Briefe mit Freunden und Verehrern, wie Hilde Spiel und Michael Guttenbrunner. Den Einladungen zur Rückkehr, wie der des kommunistischen Kultursenators von Wien, folgte er nicht; die bald wieder herrschenden konservativen Gruppierungen scheinen ihn nicht gebraucht zu haben. Sicher spielte auch die Erinnerung eine Rolle, daß die Mutter aus dem Kreis der Mitbürger heraus nach Theresienstadt gebracht und dort ermordet worden ist. Kramer blieb jedenfalls noch lange im Exilland, von schweren Krankheiten heimgesucht, von Untermiete zu Untermiete ziehend.

1972 erschien *»Lob der Verzweiflung«*. Der Band lag – nach Mitteilung Ervin Chvojkas – seit 1948 in dieser Anordnung vor, hatte aber keinen Verleger gefunden. Es ist ein Buch des Alters und des Abschieds und sprachlich konventioneller; der wirklichkeitsgesättigte Langvers kommt kaum noch vor. Die bisher verfolgte Konzeption reicht zwar herein, so in den Eisenbahner-Gedichten *(»Hinterm Güterbahnhof«)*, Volksgestalten, welche die proletarische Klasse in Umrissen mitdenken lassen, verschwinden aber zusehends. Das Buch ist ein Lob der Alten und Gebrechlichen, die sich in schier aussichtsloser Lage dem Leben stellen. Wer Kramer liebgewonnen hat, wird nach vergleichbaren Alterswerken fragen. Ein Seitenblick auf »Lamentationen« von Heinrich Heine etwa läßt einen erschreckt inne werden, wie wenig Kramer fähig und bereit war, seine Position als historische zu verstehen. Und doch ist das nicht die ganze Wahrheit der Gedichte. Die Spinnweben, der Rost, die Dachpappe, die Hallen, der Fabrikplatz und andere mißachtete alltägliche Dinge werden schön, weil sie zum Leben gehören, die Arbeit des Alten im Magazin, die Gäßchen hinterm Altmarkt, das kleine Café am Morgen, in denen die sitzen, auf die niemand wartet. Der alte Mann ersehnt sich einen Schatz; die leidenschaftliche und doch behutsame Liebe, die ganz sinnlich gegenwärtig wird, weiß von sich, daß sie nicht andauern kann. Das eigene kleine Leben wird zum Erkundungsfeld. Die Konturen des lyrischen Ich sind eher verschliffen; es versteht sich als Wesen, wie es massenhaft vorkommt (vgl. *»Bei Bier und Rettich«;* Lob 47)[28].

Das späte Werk hat kaum noch Sprengkraft; es macht aber auf eine leise und feine Art nachhaltig betroffen. Noch nie ist mir das Altwerden in den großen Städten so persönlich begegnet, wie in den unbekannten und unerkannten Gedichten des Österreichers aus London.

Der Verlust an Kraft, Gesundheit, Produktivität, Perspektive, menschlichen Bindungen löst Verzweiflung aus, und sie muß beim Branntweiner und im Bordell niedergeschlagen werden. Das Gefühl der Verzweiflung wird ausgelotet. Es wäre aber nicht Kramers Gedicht, wenn dem nichts entgegengestellt wäre. Er preist den Trotz und das bittere Muß, die Liebe und den ehrlichen, grimmigen Haß, er preist – und nur hier verstand er sich in dieser verschwommenen Form als historischen Charakter –

»den Kampf, der mit Kugel und Blei / beseitigt, die schänden die Welt« (*»Ich preise«;* Lob 190)

Seine Positivität ist nicht bloßes Einverständnis, sie lädt ihm Verantwortung für das süße, bittere Leben auf:

Wann unser immer einer
sich fallen läßt und fällt,
so wird um ihn gleich kleiner
und ärmer auch die Welt.
Es gilt, noch viel zu wagen,
wieviel mir auch verrann;
oh, könnt ich doch nun sagen:
es kommt auf mich nicht an!
(*»Ob käm's auf mich nicht an!«;* Lob 149)

Was Kramer nach seinem letzten Buch geschrieben hat, läßt sich noch nicht ausmachen. Tausende von Gedichten sollen im Nachlaß liegen. Zeitschriften-Publikationen zeigen, daß die österreichische Landschaft ihn erneut beschäftigte.[29] Hat man aber »Lob der Verzweiflung« aus der Hand gelegt, glaubt man, Kramers Vermächtnis gelesen zu haben. Es ist wenig wahrscheinlich, daß er danach noch einen großen, produktiven Neuansatz gefunden hat.

Stichworte wie Hermetik, Alogik, leere Transzendenz und andere mehr, mit denen bürgerliche Literaturwissenschaft in den fünfziger und sechziger Jahren das Gedicht auf seine Modernität hin befragt hat, greifen hier nicht.[30] Wer für sie Bestätigungen sucht, verfehlt Kramers Werk. Die krisenhafte Isolierung des Intellektuellen hatte er aufgebrochen, als er sich in denen wiederfand, die ohne Stimme sind. Das Gedicht ist konsistent, die lyrische Situation bestimmt gefaßt und in reicher Anschauung entfaltet. Das im Text anwesende lyrische Urteil ist profiliert, der Adressatenbezug spürbar. Die Gedichte kommen aus einer kommunikativen Situation oder wollen zumindest eine schaffen. Ein Blick auf das Druckbild macht glauben, man habe es hier mit etwas recht Konventionellem zu tun. Wer sich auf die Gedichte einläßt, wird sich nicht nur der Stoffe und Themen wegen korrigieren müssen. Sie haben eine eigenartige Spannung, weil lyrische Situationen, balladeske Vorgänge und Figuren, sachlich und sprachlich genau und differenziert vergegenwärtigt, in starker Emotionalität ausgestellt sind. Gerade im Aufeinandertreffen von spröder Sachlichkeit und empfindungslyrischem Urteil sind sie unverwechselbar neu.

> Nicht fürs Süsse, nur fürs Scharfe
> und fürs Bittre bin ich da;
> schlag, ihr Leute, nicht die Harfe,
> spiel die Ziehharmonika ...[31]

Kramer wollte im Literaturbetrieb keiner der Wohlgefälligen und Angenehmen sein. Er vergegenwärtigte Lebenshaltungen in der widerspruchsvollen Einheit von Freud und Leid, Überschwang und Verzweiflung, Leben und Tod, wie sie ihm oft bei Menschen in bedrängter Situation, bei den Proletariern und denen, die aus den gesellschaftlichen Prozessen ausgestoßen werden, begegneten. Sein Werk ist aber nicht vorwiegend an sie adressiert, dafür hatte er keine Kunstsprache ausgebildet. Aus einem relativ engen Bereich heraus schuf Kramer ein lyrisches Werk, in dem in großer Weise geschichtliche Zusammenhänge und Entwicklungen vom Standpunkt der Unteren vergegenwärtigt und bewertet werden. In der Dichtung, die dem Sozialismus verbunden, ist sein Werk nicht austauschbar und also unersetzlich.

Das Österreich Kramers mit seinen Armen gibt es nicht mehr. Das Werk ist historisch geworden. Das Interesse, auf das es stößt, rührt aber ganz bestimmt nicht nur daher, daß in ihm Menschenschicksale aus wichtigen Jahrzehnten des Jahrhunderts bewahrt sind. Es enthält einen Fundus an Haltungen, der auffordert, eigene Erfahrungen kritisch zu reflektieren und sich mutig den Konflikten zu stellen.

Biographische Notiz

Theodor Kramer wurde am 1. Januar 1897 als zweiter Sohn eines jüdischen Gemeindearztes geboren. Nach häuslichem Privatunterricht seit 1907 Besuch des Realgymnasiums in Stockerau, 1908/14 der Realschule in Wien, Abschluß mit der Reifeprüfung. 1915 Einberufung zum Kriegsdienst, 1916 bei St. Olyka schwere Verwundung, 1918 (als Leutnant) erneut an die Front (Italien) geschickt. Nach Rückkehr Beginn eines Universitätsstudiums in Wien, als außerordentlicher Hörer erst an der Philosophischen, dann an der Juristischen Fakultät, 1920/21 Abbruch der Studien; 1919/21 statistischer Beamter in einer Kriegs-Getreide-Anstalt; 1921/31 Angestellter in verschiedenen Buchhandlungen und Verlagsvertreter. In dieser Zeit wahrscheinlich Wanderungen durch Niederösterreich und das Burgenland. 1931 nach längerer Erkrankung arbeitslos, danach freier Schriftsteller. Seit Ende der zwanziger Jahre Veröffentlichungen in Zeitschriften und Zeitungen (u. a. »Arbeiter-Zeitung«, Wien), Lesungen im Arbeiterbildungsverein und »Urania« in Wien. Kramer gehört zu den sechs Autoren, die 1933 die Gründung der »Vereinigung Sozialistischer Schriftsteller Österreichs« (VSSÖ) vorbereiteten, seit der Gründungsversammlung im Vorstand der VSSÖ (mit F. Brügel, E. Waldinger, O. M. Graf, H. zur Mühlen u. a.); 1934 Wahl zum stellvertretenden Vorsitzenden; nach den Februarkämpfen wurde die weitere Tätigkeit dieser Vereinigung durch die Zerschlagung der sozialdemokratischen Organisation unmöglich; danach grundlegende Verschlechterung der Existenzbedingungen, es gab nur noch wenig Publikationsmöglichkeiten, und ins Exil wollte er nicht gehen. Zieht 1933 aus Protest gegen die Publikation seines Gedichts »Maifeuer« in »Die literarische Welt« im Sinne des Einverständnisses mit dem Faschismus seine Arbeiten aus Deutschland zurück. Im gleichen Jahre Ehe mit der Rezitatorin Inge Halberstam (bis 1943). 1938 Berufsverbot und Verlust der Wohnung; 1939 sämtliche Schriften in der Liste des schädlichen und unerwünschten Schrifttums aufgeführt. 1939 Ausreise nach England, dort 1940 als »feindlicher Ausländer« interniert. Seit 1943 Bibliothekar im Country Technical College in Guildford. Im gleichen Jahr Tod der Mutter im KZ Theresienstadt. 1941/45 gelegentlich Lesungen in der BBC, Sendung für Österreich.

Nach der Befreiung kehrt er trotz der Angebote, insbesondere des kommunistischen Kulturstadtrats von Wien, Viktor Matejka, nicht nach Österreich zurück. Schwere Depressionen. September 1957 Rückkehr nach Wien. Am 1. 1. 1958 wird ihm (er besitzt keine Pensionsberechtigung) die Ehrenpension des Bundespräsidenten zuerkannt. Am 3. April 1958 stirbt Theodor Kramer nach einem Schlaganfall.

1928 Preis der Stadt Wien für Lyrik: 1929 Preis der Julius-Reich-Stiftung; 1956/57 Förderpreis der Theodor-Körner-Stiftung.

Árpád Berczik

Ödön von Horváth

In den letzten Jahrzehnten fanden die Werke des nach einem kurzen, durch die Herrschaft des Nationalsozialismus jäh unterbrochenen Aufstiegs über dreißig Jahre vergessenen Ödön von Horváth (1901–1938) immer häufiger Aufnahme in die Spielpläne deutschsprachiger Theater; die Wirkung setzte sich fort durch zahlreiche Übersetzungen. Dabei standen vor allem seine ›großen‹ Stücke im Vordergrund.

Die erstaunliche internationale Renaissance dieses Autors begann in den sechziger und siebziger Jahren. Horváth wurde als der kritischste deutschsprachige Dramatiker neben Brecht eingestuft und begann, den Rang eines ›Klassikers‹[1] einzunehmen. Diese Anerkennung kam spät. Doch immerhin war ihm schon 1931 auf Vorschlag Carl Zuckmayers der Kleist-Preis zugesprochen worden, der ihn in seiner Laudatio »die stärkste Begabung und, darüber hinaus, den hellsten Kopf und die prägnanteste Persönlichkeit«[2] nannte.

Diese Jahre um die Wende von den zwanziger zu den dreißiger Jahren waren die fruchtbarsten im kurzen Leben des Schriftstellers. Während seine Anfänge kaum von Belang sind und auch die in der Emigration entstandenen Werke teils der Umstände, teils fehlender künstlerischer Substanz wegen bis auf den heutigen Tag ziemlich wirkungslos blieben, waren und sind es vor allem seine »Volksstücke«, die damals schon Aufmerksamkeit erregten und die auch seinen späten Ruhm begründet haben. Unter seinen ingesamt 17 Bühnenwerken hat deshalb die Aufmerksamkeit vor allem den vier Volksstücken zu gelten: *»Revolte auf Côte 3018«* (1927), das umgearbeitet 1929 u. d. T. *»Die Bergbahn«* an der Berliner Volksbühne uraufgeführt wurde, *»Italienische Nacht«* (1930), *»Geschichten aus dem Wiener Wald«* (1931) und *»Kasimir und Karoline«* (1931, U. 1932 in Leipzig). Sie nehmen sich in Horváths Gesamtwerk »wie ein Brennpunkt« aus, »in dem sich die Aspekte seines Werks sammeln«.[3]

Obwohl diese Werke in Berlin und München entstanden sind, erweist sich der Autor gerade in ihnen am stärksten mit

Österreich, seiner Tradition und Literatur verbunden, wenngleich darüber hinausreichende Erfahrungen vor allem des heraufziehenden Faschismus in Deutschland in sie eingegangen sind. Unübersehbar ist der Bezug auf die Traditionen des Wiener Volkstheaters, dessen bedeutendste Vertreter Ferdinand Raimund (1790–1836) und Johann Nepomuk Nestroy (1801–1862) waren. Soziale und politische Spannungen hatten sich vor allem bei Raimund in Zaubermärchen und Besserungsstücken niedergeschlagen. Von der alten Wiener Volksposse ausgehend, vereinte er – nicht ohne illusionäre Zielsetzung – Humor und melancholischen Ernst, märchenhafte Idealdichtung und lokalen Realismus. Nestroy hingegen verdrängte den Humor durch die Satire. »Er bezog seine Spiele verbindlicher auf die bestehende Gesellschaftsstruktur und verstand es zugleich, deren Defekte mit realistischen Mitteln aufzudecken.«[4]

Auf dieses Genre und besonders auf Nestroy bezog sich Horváth, allerdings mit einer eigenen Ars poetica. Obwohl er sich im allgemeinen kaum mit theoretischen Problemen befaßte, hat er sich zu seinen Auffassungen vom Volksstück doch mehrfach geäußert. So in einem Interview mit Willi Cronauer – Horváths ehemaligem Mitschüler –, Mitarbeiter des Bayrischen Rundfunks, anläßlich der Verleihung des Kleist-Preises am 6. April 1932:

»Ich gebrauchte diese Bezeichnung ›Volksstück‹ nicht willkürlich, d. h. nicht einfach deshalb, weil meine Stücke mehr oder minder bayerisch oder österreichisch betonte Dialektstücke sind, sondern weil mir so etwas ähnliches, wie die Fortsetzung des alten Volksstückes vorschwebte. – Des alten Volksstückes, das für uns junge Menschen mehr oder minder natürlich auch nur noch einen historischen Wert bedeutet, denn die Gestalten dieser Volksstücke, also die Träger der Handlung haben sich doch in den letzten zwei Jahrhunderten ganz unglaublich verändert. [...] Will man also das alte Volksstück heute fortsetzen, so wird man natürlich heutige Menschen aus dem Volke – und zwar aus den maßgebenden, für unsere Zeit bezeichnenden Schichten des Volkes auf die Bühne bringen. Also: zu einem heutigen Volksstück gehören heutige Menschen, und mit dieser Feststellung gelangt man zu einem interessanten Resultat: nämlich, will man als Autor wahrhaft gestalten, so muß man der völligen Zersetzung der Dialekte durch den Bildungsjargon Rechnung tragen [...]. Nun hab ich zu meinen Gestalten, wie aber natürlich auch zu jeder Handlung, in puncto ihrer Möglichkeit, sich zu 100 % als soziale Wesen zu entwickeln und nicht nur zu etablieren, keine positive, eher eine skeptische Einstellung, und dies glaube ich damit am besten zu treffen, indem ich eine Synthese von Ernst und Ironie gebe. Aus dieser Erkenntnis zog ich die Konsequenz. Mit vollem Bewußtsein zerstörte ich das alte Volks-

stück, formal und ethisch – und versuchte als dramatischer Chronist die neue Form des Volksstückes zu finden. [...] ich stehe zur Satire absolut positiv. Ich kann gar nicht anders«. (GW 1, 11f.)[5]

Mit den herkömmlichen Volksstücken haben die von Horváth in Form und Intention kaum mehr etwas gemeinsam – mit einer Einschränkung: auch seine Personnage sind Leute ›aus dem Volke‹. Dies gilt für sein Gesamtwerk – neben den Stücken noch drei Romane und zahlreiche nachgelassene Fragmente –, in dem er mit großer Eindringlichkeit die Mentalität des Kleinbürgers ausleuchtet, bis hin zu deren faschistischer Konsequenz. Der Autor bleibt aber nicht dabei stehen, Niedertracht, Dumpfheit, Brutalität und Selbstmitleid seiner Gestalten, Spießer, aufzuzeigen, vielmehr verweist er auch auf die sozialen, ökonomischen und sozialpsychologischen Determinanten. Dazu gehört die immer präsente Unterhaltungsindustrie (Oktoberfest, Sport, Heuriger), die vor allem auf diese Schichten zugeschnitten ist, ihnen Erlösung vorgaukelt und die Erkenntnis der eigenen Lage verstellt.

»Man wirft mir vor, ich sei zu derb, zu ekelhaft, zu unheimlich, zu zynisch und was es dergleichen noch an soliden, gediegenen Eigenschaften gibt – und man übersieht dabei, daß ich doch kein anderes Bestreben hatte, als die Welt so zu schildern, wie sie halt leider ist [...]. Der Widerwille eines Teiles des Publikums beruht wohl darauf, daß dieser Teil sich in den Personen auf der Bühne selbst erkennt – und es gibt natürlich Menschen, die über sich selbst nicht lachen können – und besonders nicht über mehr oder minder bewußtes, höchst privates Triebleben [...]. Es ist doch eine sonderbare Tatsache, daß sich Leute einen Platz kaufen und ins Theater gehen und sich schön anziehen und parfümieren, um dann auf der Bühne mehr oder minder ehrenrührigen Dingen zu lauschen oder zuzuschauen, wie einer oder auch zwei umgebracht werden, – und hernach das Theater zu verlassen und zwar in einer weihevollen Stimmung, ethisch erregt. Was geht da in dem einzelnen Zuschauer vor? Folgendes: seine scheinbare Antipathie gegen die kriminellen Geschehnisse auf der Bühne ist keine wahre Empörung, sondern eigentlich ein Mitmachen, ein Miterleben und, durch dieses Miterleben ausgelöst, Befriedigung asozialer Triebe. Der Zuschauer ist also gewissermaßen über sich selbst empört. Man nennt diesen Zustand Erbauung. [...] Daß das Interesse am Theater im breiten Volke nachgelassen hat, liegt wohl auch daran, daß wir kein richtiges echtes Volkstheater mehr haben – aber auf dem Wege zu ihm sind wir.« (GW 1, 13–15)

Daß diese Auffassungen auch Einflüssen Sigmund Freuds und seiner Psychologie des Trieblebens und des Unterbewußten geschuldet sind, wird an anderer Stelle noch deutlicher:

»Selbstverständlich müssen die Stücke stilisiert gespielt werden, Naturalismus und Realismus bringen sie um – denn dann werden es Milljöhbilder und keine Bilder, die den Kampf des Bewußtseins gegen das Unterbewußtsein zeigen – [...]. Bitte achten Sie genau auf die Pausen im Dialog, die ich mit ›Stille‹ bezeichne – hier kämpft das Bewußtsein oder Unterbewußtsein miteinander.« (GW 8, 663f.)

Die psychologische Genauigkeit wie die der Sprache waren Voraussetzung für die realistische und poetisch wirksame Gesellschaftskritik in diesen Volksstücken, dafür, daß die Demaskierung kleinbürgerlichen Bewußtseins gelang. Sie haben jene Denk- und Verhaltensweisen sozial entwurzelter kleinbürgerlicher Massen zum Gegenstand, deren verhängnisvolle politisch-gesellschaftliche Rolle sich in der Entstehungszeit dieser Stücke abzeichnete und als ein Jahrhundert-Phänomen aktuell blieb. Dieser Aktualität wie der bewußten Aufnahme literarischer Volkstraditionen war die Horváth-Renaissance, vor allem eben die seiner Volksstücke, geschuldet.

Der äußere Anlaß für sein erstes Stück dieser Art, *»Revolte auf Côte 3018«* (u. d. T. *»Die Bergbahn«* in 3 statt in 4 Akten), war ein Zusammenstoß zwischen Arbeitern und Betriebsleitung beim Bau der Zugspitzbergbahn. Empörung gab es vor allem darüber, daß sich die Unternehmer für die technische Leistung feiern ließen, die drei bei dem Projekt tödlich verunglückten Arbeiter aber schnell vergessen wurden.

Das Stück, das nach authentischen Zeitungsmeldungen entstand, zeigt, wie billig das Leben ist, wenn der Profit gefährdet ist. Der Kampf zwischen Profitgier und bedrohter Existenz ist die Tendenz des Stückes. Es gehört zum Genre jener sozialen Arbeiterdramen, die mit Gerhart Hauptmanns »Die Weber« in der deutschsprachigen Literatur einsetzten.

Wie bei Hauptmann spielt auch hier die Mundart eine wesentliche Rolle. Niemals wieder hat Horváth sie in solchem Maße als Mittel dramatischer Darstellung verwendet. Es finden sich allerdings auch schon Ansätze jenes modernen Bildungsjargons, den der Schriftsteller in seinen theoretischen Überlegungen wie in seinen weiteren Werken als Zersetzungsprodukt des volkssprachlichen Dialekts auffaßte. Der funktionale Einsatz dieser verschiedenen Sprachelemente ist vielleicht in diesem frühen Volksstück am deutlichsten wahrzunehmen. Hier ist schon in der Sprachgestalt des Dialogs die wahre Gesinnung des Dichters zu erkennen: ›hochdeutscher‹ Bildungsjargon erklingt auf den Lippen des Ausbeuters und seines Handlangers, die Arbeiter sprechen Mundart.

Letztere leben oben in den Bergen, von der Welt abgeschlossen, im ewigen Hader miteinander, mit der Außenwelt, mit der Gesellschaft und mit Gott. Nie mehr in Horváths Œuvre sprechen sich die Figuren so offen, so frei aus, wie in diesem Stück, allerdings im Dialekt der Alpländer, in ihrer vertrauten Sprache.

Zentrale gesellschaftliche Fragen werden sehr direkt aufgeworfen und am konkreten Vorgang die gesellschaftlichen Unterschiede herausgearbeitet:

»Da liest überall vom Fortschritt der Menschheit und die Leut bekränzn an Ingineur, wie an Preisstier, die Direkter sperrn die Geldsäck in d'Kass und dem Bauer blüht der Fremdenverkehr. A jede Schraubn werd zum ›Wunder der Technik‹, a jede Odlgrubn zur ›Heilquelle‹. Aber, daß aner sei Lebn hergebn hat, des Blut werd ausradiert!« (GW 1, 71)

Davon ausgehend läßt Horváth seine Arbeiterfiguren zu weitreichenden Verallgemeinerungen gelangen, wobei gleichzeitig eine treffende Differenzierung der Auffassungen und Charaktere erfolgt:

»*Maurer:* Des Grundübel, des is die kapitalistische Produktionsweise. Solang da a solche Anarchie herrscht, solang darfst wartn mit den Idealen des Menschengeschlechts. Die Befreiung der Arbeiterklasse –
Simon (unterbricht ihn): Des san Sprüch.
Maurer: Was san des?
Simon: Sprüch. – Und weist warum? Weil mans nur hört, aber net spürt! Da hat erst neuli einer drunt gesprochn, vor der letztn Wahl wars, un Leut warn da von weit und breit, gstecktvoll! Und gredt hat der, zwa Stund! Vom Klassenbewußtsein und der Herrschaft des Proletariats, und vom Zukunftsstaat, zwa Stund – aber nacher, da hat er mit an Gendarm kegelt, vier Stund! [...]
Sliwinski: [...] Was nützt des Redn ohne Macht?
Simon: [...] Aber wie willst denn du die Macht erobern? [...]
Sliwinski: Mit der Faust! (Er schlägt auf den Tisch).« (GW 1, 72)

Diese Arbeiter – selbst in ihrer Abgeschlossenheit – sind selbstbewußt und solidarisch, bei aller Skepsis, die anklingt. Befreiung erwarten sie nicht von einer örtlichen Revolte, sondern von einer radikalen Revolution:

»*Simon:* Wartn, Xaverl, wartn! Kimmt scho no! Kimmt scho! Es gibt bereits welche, die mehr sprengen, als a Bergbahn braucht samt Hotel mit Bad und Billard! Die sprengen die ganzn Paläst und Museen, alles, von dem der arbeitende Bürger nix hat! Die Moskowiter, sag i euch, hint im riesign Rußland, die habn alles anbohrt, auch an härtestn Marmor, Pulver neigsteckt und angsteckt! Piff! Paff! *Schweigen.*« (GW 1, 81)

Hier werden Vorgänge reflektiert, die das Genre zu überfordern drohen, und allein wohl durch die isolierte Situation der Figuren und durch ihren anarchistischen Gestus in der Balance gehalten werden. Auch schlagen in solchem Diskurs wie auch in dem zugespitzten Konflikt noch Einflüsse des Expressionismus durch, die Horváth im weiteren vollständig ablegt.

Ganz im Element des Volksstücks dagegen sind einige antiklerikale Passagen gehalten. Die Arbeiter sind – wie viele Alpenländler – nicht ausgesprochen religiös, die Vertreter der Kirche werden häufig ironisch betrachtet:

»*Maurer singt:*
Guten Morgen, Herr Pfarrer
Wo is der Kaplan?
Er liegt auf der Köchin
Und kraht wie a Hahn!
Schallendes Gelächter« (GW 1, 68)

Neben der komischen Variante aber gleich wieder die tragische. Als einer der Arbeiter – in den Bergen ein Neuling, ein Friseur – im ungewohnten Gelände den Tod findet, beginnt ein anderer neben dem Leichnam zu beten. Der Anführer kanzelt den Betenden grob ab:

»Verflucht! Ka Litanei, ka Rosenkranz! Der da drobn is taub für uns arme Leut! *In weiter Ferne Donnerrollen.* Ja, donnern, des kann der! Und blitzn und stürmen! Schreckn und vernichtn! – Was gedeiht, ghört net uns. Was ghört dem armen Mann? Wenn die Sonn scheint, der Staub, wenns regnet, der Dreck! und allweil Schweiß und Blut!« (GW 1, 90)

Es ist unleugbar, daß Horváth mit den Arbeitern, mit den kleinen Leuten sympathisiert, die in ihrer eigenen Heimat heimat- und brotlos bleiben. Das sind Positionen, die er so direkt nicht weiterführt, die in der Folge aber in die Grundlagen seines Schaffens eingehen und die Wertungen mit bestimmen.

Das ist schon erkennbar bei dem in sieben Bilder gegliederten Volksstück *»Italienische Nacht«*. Keines von Horváths Stükken beruht in dem Maße auf direktem Erleben wie dieses. Im Jahr der Entstehung des Werkes besuchte er seine Eltern in Murnau und wurde Augenzeuge einer Saalschlacht zwischen Republikanern und Nazis. Anläßlich dieser Prügelei trat er am 22./23. Juli 1931 in einem Prozeß als Zeuge auf und wurde wegen seiner Aussage von der faschistischen Presse angepöbelt. Diese Erfahrungen waren impulsgebend für die Arbeit an dem Stück. Wenn in »Bergbahn« das soziale Problem im Mittelpunkt stand, so hier die aktuelle Politik. Der linksliberale Demokrat Horváth sah mit Erbitterung, daß die Nazis im September 1931 bei den Wahlen zum deutschen Reichstag 6400000 Stimmen und damit 107 Sitze erwarben.[6]

Schauplatz des Stücks ist eine kleine süddeutsche Stadt, wo die mit Vereinsmeierei und Gezänk beschäftigten Anhänger der Weimarer Republik eine »italienische Nacht« veranstalten. Im selben Wirtshaus wollen aber auch die Nazis ihren »Deutschen Tag« abhalten. Ein Zusammenstoß zwischen den Trägern der rosa-roten und braunen Ideologie scheint unvermeidbar. Doch die von der älteren (und laueren) Generation der Demokraten ausgestoßene Fraktion der Jungen – an ihrer Spitze der radikale Martin – rettet im letzten Augenblick die Situation, indem sie die Faschisten verprügelt und damit verjagt.

Der berühmte Horváthsche »Bildungsjargon« beherrscht die Dialoge. Dem selbstzufriedenen Stadtrat, Vorsitzender der Sozialdemokraten, mangelt es völlig an Haltung und Aktivität. Er betrachtet sich zwar als berufenen Schützer der Republik, verspricht Sicherheit vor den Nazis, doch erweist er sich als unfähig und im entscheidenden Augenblick auch noch als feig. Selbst seine Frau durchschaut und brandmarkt ihn treffend: »Draußen Prolet, drinnen Kapitalist!« (GW 1, 152) Und dieselbe Frau ist es dann, die ihn vor den faschistischen Schlägern in Schutz nimmt.

Der »Bildungsjargon« trägt wesentlich dazu bei, die Halbherzigkeit des Kleinbürgers zu entlarven. Nach ausgestandener Angst und Demütigung gibt der Stadtrat großmäulig kund:

»Von einer akuten Bedrohung der demokratischen Republik kann natürlich keineswegs gesprochen werden. Kameraden! Solange es einen republikanischen Schutzverband gibt – und solange ich hier die Ehre habe, Vorsitzender der hiesigen Ortsgruppe zu sein, solange kann die Republik ruhig schlafen!«
Darauf antwortet Martin pointiert: »Gute Nacht!« (GW 1, 156)

Mit derselben Wendung setzt das Stück auch ein, sie umrahmt sozusagen die dazwischenliegende Handlung. Es ist eine satirische Warnung vor Sorglosigkeit und mangelnder Wachsamkeit gegenüber der heraufziehenden politischen Reaktion.

Die Nazis hingegen dreschen große Wörter, sie plappern eingebüffelte Flachheiten, die den Zuhörern eingehämmert werden sollen:

»Überhaupt hat uns der Jude in den Krieg hineinschlittern lassen! 1914 war es für ihn die höchste Zeit! Denn es hätte der Zeitpunkt kommen können, wo die Völker vielleicht hellhörig geworden wären. Nehmen wir einmal an, über die Welt wäre eine Epidemie gekommen, da hätten die Leute schon gesehen, daß die Juden dran schuld sind!« (GW 1, 123)

Dieses Stück ist ein Paradigma für die verhängnisvollen Wege jener ersten deutschen Republik, deren Gründung schon von Halbheiten gekennzeichnet war. Das Krankheitsbild der sterbenden Weimarer Republik, das Horváth vor unseren Augen entwirft, ist demaskierend. Die Fronten, die sich in der Kleinstadt auftun, sind typisch: die braune Phalanx der Nazis, das schwache, innerlich ausgehöhlte Kleinbürgertum und eine zum Handeln entschlossene, aus der Sicht Horváths aber zu radikale Linke, womit sicher auch ein wunder Punkt getroffen war. Und überall der entlarvende »Jargon«, manchmal so harmlos wie die ›Prognose‹ des doppelzüngigen Wirts:

»Ich denk jetzt an meinen Abort. Siehst, früher da waren nur so erotische Sprüch an der Wand dringestanden, hernach im Krieg lauter patriotische und jetzt lauter politische – glaubs mir: solangs nicht wieder erotisch werden, solange wird das deutsche Volk nicht wieder gesunden –« (GW 1, 148f.)

Dann aber immer wieder konträr dagegengesetzt die aufgeblasene Hohlheit großer Worte, die nur die Kapitulation verschleiern:

»Es gibt nun mal Augenblicke im Leben, wo sich auch der Kühnste der Stimme der Vernunft beugen muß, und zwar gegen sein Gefühl! Kameraden! Das wäre doch ein miserabler Feldherr, der seine Brigaden in eine unvermeidliche Niederlage hineinkommandieren tät! In diesem Sinne schließe ich nun hiermit unsere italienische Nacht! Vis major, höhere Gewalt! Wo ist mein Hut?« (GW 1, 151)

Horváths Ironie zeigt sich auch in solchen paradoxen Elementen, daß die Faschisten einerseits als Antisemiten auftreten, andererseits aber alkoholisch beschwingt die »Loreley« des Juden Heine singen.

Auch Freud und Marx werden direkt zitiert, in Szenen und Sentenzen allerdings, die schon ans Absurde grenzen:

»*Martin erhebt sich langsam:*
Herr Stadtrat! Sag einmal, Herr Stadtrat, kennst du noch einen gewissen Karl Marx?
Stadtrat schlägt auf den Tisch
Natürlich kenn ich meinen Marx! Und ob ich meinen Marx kenn!
Und außerdem verbitt ich mir das!« (GW 1, 105)

Das alte Volksstück hatte einen versöhnlichen Ausgang. Bei Horváth ist das Ende gallig und unlustig. Hinter dem scheinbar Alltäglichen und Banalen tun sich Abgründe menschlicher Niedertracht auf, die sich dem Zuschauer als das Wesentliche vermitteln. Er fühlt: Die Nazis konnten diesmal zurückgeschlagen werden, doch läßt sich ahnen, daß diese Gegenkräfte ihrem Terror auf die Dauer nicht die Stirn zu bieten vermögen.

Nach der politisch gezielten Warnung in »Italienische Nacht« hat Horváth in seinem bekanntesten Volksstück, *»Geschichten aus dem Wiener Wald«* (1931), die Verlogenheit und Gefährlichkeit des spießbürgerlichen ›Durchschnitts‹ der Menschheit in einem umfassenden Sinne angeprangert.

Es ist der kunstlose Alltag, den Horváth hier auf die Bühne bringt. Nicht früher und auch nicht später suchte er so sehr das ganze Leben in der Bescheidenheit der Verhältnisse und das Groteske im Banalen darzustellen. Die Wirklichkeit wirkt in diesem Stück durch ihre Vertrautheit erschütternd. Der Autor ist hier Realist im engsten Sinne des Wortes und er stellt diese Realität gleichzeitig vollkommen in Frage. Sein Personal ist mittelständisch, depraviertes Kleinbürgertum, der einst herrische k. u. k. Offizier, der pensioniert wenigstens den Schein ehemaliger Herrlichkeit zu wahren sucht, die verwelkte Tabaktrafikantin, die sich die Liebe junger Strizzis erkauft, einen Kleinkrämer und einen Fleischhauer, und natürlich auch die stehende Figur der alten Volksstücke, das ›süße Maderl‹. Horváth hat in diesem Stück zustande gebracht, was Csokor bei Nestroy vermißte: Die ›kannibalische Biedermeierwelt‹, allerdings mit der Misere der Weltwirtschaftskrise im Hintergrund.[7] Es ist ein Bestiarium der Leidenschaft; hinter der Maske freundlicher Harmlosigkeit bringt man einander lächelnd um.

Wie im alten Volksstück, kommt auch bei Horváth der Musik eine bedeutende Funktion zu; sie ist nicht mehr untermalend-stimmungsfördernd, sondern soll das Geschehen kontrastieren: Durch die Musik werden szenische Prozesse gebrochen, verzerrt. Im Stück erklingen Lieder, Walzer, Märsche – alle kontrapunktisch zum Text gesetzt, ihn verfremdend und kritisierend. Eine unsichtbare Anfängerin klimpert irgendwo im gespenstischen »staccato« den Straußschen Walzer »Geschichten aus dem Wiener Wald«, und die süßen, aber unbeholfen vorgetragenen Melodien hören in kritischen Augenblikken des Vorgangs – mitten im Takt – abrupt auf, um ebenso plötzlich wieder einzusetzen – ein seltsam-krasses und aufschlußreiches Verfahren.

Ähnlich auch die Sprache, die nicht in erster Linie Lokalkolorit vermittelt. Im Gegensatz zu Raimund und Nestroy – die den Dialekt schematisch stilisierten – verwendet Horváth seine Bühnensprache zur genauen Charakterisierung der Figuren, sie ist »organischer Bestandteil ihrer Individualität«[8]. Die Personen des Stückes sprechen nicht Wiener Dialekt, doch sie gebrauchen die unverfälschte Wiener Redeart, gebrauchen Floskeln, die typisch, aber nicht kitschig wirken. Es ist jener Jargon der vorgeprägten Sprach- und Redeformen, die Horváthsche Kunstsprache, die zugleich schon nicht mehr nur zu sprachlichen Verständigungsschwierigkeiten führt, sondern die zwischenmenschliche Verständnislosigkeit ausdrückt, um die es dem Autor geht. So läßt Horváth den Herrn Rittmeister, der beim Heurigen sitzt, sagen:

»Wir verstehen uns alle nicht mehr, liebe Frau Valerie! Oft verstehen wir uns schon selber nicht mehr«. (GW 1, 222)

Das ist nur eine Variante dessen, was der Wirt in »Italienische Nacht« – ein Vorzugsgedanke Horváths – äußert:

»Ich glaub, wir reden aneinander vorbei«. (GW 1, 108)

Schauplatz des Dramas ist Wiens 8. Bezirk, die Josefstadt; es spielt also in der Stadt, die Horváth am liebsten hatte, die ihm am vertrautesten war. Die Handlung gründet sich auf eine traditionelle, sentimentale Geschichte, die aber immer in ihr brutal realistisches Gegenteil umschlägt. Das ›süße Madl‹, Marianne, läuft am Tage der Verlobung ihrem biedern Bräutigam, dem Fleischhauer Oskar, mit dem leichtfertigen, arbeitslosen und arbeitsscheuen Alfred davon, von dem sie dann ein Kind bekommt. Sie wird von ihrem Vater, dem Spielzeugkrämer – Zauberkönig genannt – verstoßen und lebt mit ihrem Geliebten im äußersten Elend. Um dem zu entkommen, wird das Kind zu Alfreds Großmutter und Mutter in die schöne Wachau gegeben, wo die senile und boshafte Großmutter dafür sorgen wird, daß es stirbt. Der hartherzige Vater sieht seine Tochter im Lokal »Maxim« als nackte allegorische Figur wieder. Ein vor kitschiger Heimatliebe triefender, aus Amerika heimkehrender ehemaliger Österreicher überführt Marianne des Diebstahls. Nach ihrer Entlassung aus dem Gefängnis trifft die ganze Gesellschaft in der Wachau zusammen, um die Versöhnung zwischen Vater und Tochter und die Freude des Großvaters am Enkelkind zu feiern. Es ist aber zu spät, das Kind ist tot, doch kommt es zu einem grotesken Happy-End: Während die Großmutter auf ihrer Zither »Geschichten aus dem Wiener Wald« spielt, schließt Oskar die entlaufene Braut mit den Worten in seine Arme:

»Ich hab dir mal gesagt, daß ich es dir nie wünsch, daß du das durchmachen sollst, was du mir angetan hast – und trotzdem hat dir Gott Menschen gelassen – die dich trotzdem lieben [...] Ich hab dir mal gesagt, Mariann, du wirst meiner Liebe nicht entgehn –«. Und Mariannes Ausruf: »Ich kann nicht mehr. Jetzt kann ich nicht mehr«, übertrumpft er mit einem »Dann komm.« (GW 1, 251)

Die Hölle beginnt erst in dieser Fleischhauer-Liebe, an der Seite dieses penetrant selbstgerechten, heuchlerischen, unmenschlichen Spießers. Die vorgebliche Idyllik dieser Geschichte aus dem Wiener Wald, die Sentimentalität traditioneller Personnage und verharmloster Konfliktstrukturen wird demaskiert und erscheint in ihrer für Horváth bitteren Aussichtslosigkeit und brutal-seelenlosen Ahumanität. Dabei sind die aktuellen sozialen Verhältnisse stets im Hinter- und Untergrund präsent. Besonders die durch die weltweite Wirtschaftskrise ausgelöste katastrophale Arbeitslosigkeit. Geprägt wird das Stück aber nicht von einem sozialen Realismus, sondern eher von einer absurden Verkehrung der Umstände und Werte, von Formen mit inadäquaten Inhalten bis hin zum Titel und den typisierenden, wenn nicht gar glossierenden Namen der Figuren. Von einem Stück mit diesem Titel erwartet man etwas anderes, anstelle der angelegten rührenden Geschichte wird ein Panoptikum der Leblosigkeit, der Vorspielung, der Halbheiten vorgestellt. Heinz Hilpert, Regisseur der Berliner Uraufführung, schrieb richtig: »Horváth hatte [...] ohne Zittern eigentlich das dargestellt, was geschieht in dem, was zu geschehen scheint. Es war eine Wahrhaftigkeit in der Darstellung der Beziehungslosigkeit der Menschen zueinander, daß man von einer großen Roheit sprach, von Zynismus und Ironie; was alles nicht der Fall war. Denn Horváth selbst war ja doch ein heiterer Mensch – zwar sehr melancholisch und sehr belastet – gewesen, aber er war ein Mensch, der absolut nicht mit negativen, sondern mit Röntgenaugen das Leben gesehen hat, – so wie es wirklich war.«[9]

Im Unterschied zu »Italienische Nacht« steht Politisches nicht im Mittelpunkt des Stückes, doch ohne Anspielungen darauf kommt Horváth auch hier nicht aus. Das heranziehende Gewitter deutschnationalistischer Bedrohung stand zu sichtbar am Horizont, als daß der Dichter es hätte übersehen können. Ein zwanzigjähriger zackiger Student aus Kassel – Preuße unter diesen Österreichern –, wird nach Alfred das Gspusi der alternden Tabakhändlerin. Er ist eine Art Jung-Nazi. Dem Brautpaar wünscht er »viele brave deutsche Kinder. Heil«. Auf den ironischen Einwand hin »Nur keine Neger! Heil« wird er prinzipiell:

»Verzeihung, gnädige Frau, aber über diesen Punkt vertrag ich keine frivolen Späße! Dieser Punkt ist mir heilig. Sie kennen meine Stellung zu unserem Rassenproblem.« (GW 1, 180)

Aber weder seine Schieß- und Kommandierwut, noch solche scheinheiligen Prinzipien hindern ihn daran, sich aushalten zu lassen.

»Bei jungen Mädchen verschwendet man seine Gefühle an die falsche Adresse. Dann schon lieber eine reifere Frau, die einem auch etwas geben kann«. (GW 1, 186)

Die komplizierte Problematik des preußisch-österreichischen, beziehungsweise deutsch-österreichischen Verhältnisses klingt in einem Dialog zwischen ihm und dem ehemaligen Offizier der k. u. k. Armee an:

»*Erich:* Sie sind Österreicher? Fesch, aber feig!
Rittmeister: Was hat er gesagt?
Erich: Ich habe gesagt, daß die Österreicher im Krieg schlappe Kerle waren und wenn wir Preußen nicht gewesen wären –.
Rittmeister fällt ihm ins Wort: Dann hätten wir überhaupt keinen Krieg gehabt!
Erich: Und Sarajevo? Und Bosnien-Herzegowina?
Rittmeister: Was wissen denn Sie schon vom Weltkrieg, Sie Grünschnabel?!« (GW 1, 211)

Was Horváth dem »Zauberkönig« – Typ des Wiener Bürgers vom ›alten Schlage‹ – mit Spürsinn in den Mund gibt, ist zwar die kennzeichnende Redeweise des Kleinbürgers, enthält aber eine Prophezeiung, die sich in wenigen Jahren bewahrheiten sollte:

»Ja, ja, Europa muß sich schon einigen, denn beim nächsten Krieg gehen wir alle zugrund – aber kann man sich denn alles bieten lassen?! Was sich da nur die Tschechen wieder herausnehmen! Ich sag dir heut: morgen gibts wieder einen Krieg! Und den muß es auch geben! Krieg wirds immer geben!« (GW 1, 241)

Wie Krammer[10] hervorhebt, herrscht trotz des Grotesken und Bitteren im Stück auch eine wehmütige Atmosphäre. Alles ist wie durch einen feinen Schleier gesehen, der die zackigen Kanten mildert. Aus der Feenwelt des alten Wiener Volksstükkes ist der Name »Zauberkönig« herübergenommen, der die aus den Fugen gegangene Gesellschaft charakterisiert:

»Mit oder ohne Phantasie – diese heutige Zeit ist eine verkehrte Welt! Ohne Treu, ohne Glauben, ohne sittliche Grundsätz. Alles wackelt, nichts steht mehr fest. Reif für die Sintflut.« (GW 1, 184)

Besonders die Figur des Alfred wirft ein kennzeichnendes Licht auf die gegenwärtige Welt. Er hat es längst aufgegeben, einer geregelten Arbeit nachzugehen, pumpt seine Großmutter an, läßt sich aushalten, lebt als Tagedieb und »Rennplatzkapazität«. In Glück und Zufall sieht er die einzigen Chancen. Alfred ist ein typischer ›Schlawiner‹, Strandgut der schwierigen sozialen Verhältnisse, dabei nicht unsympathisch. Eigene Überlegungen ersetzt er durch aufgelesene Phrasen. Er ist manipulierbar und fällt leicht auf Versprechungen herein, oberflächliche Illusionen leiten ihn:

»Ich taug nicht zum Beamten, das bietet nämlich keine Entfaltungsmöglichkeiten. Die Arbeit im alten Sinne rentiert sich nicht mehr. Wer heutzutage vorwärtskommen will, muß mit der Arbeit der anderen arbeiten. Ich habe mich selbständig gemacht. Finanzierungsgeschäfte und so –« (GW 1, 160)

Neben ihm Marianne, das Gretchen aus Österreich – »eine der rührendsten Mädchengestalten in Horváths langer [...] Galerie: sehr irdisch, sehr real, von echtem Gefühl beseelt, auch wenn es mit Kitsch beschlagen ist«[11]. Das »süße Weaner Maderl«, voll Vertrauen, voll Hingebung, ein ganzer Mensch, der aber unter den gegebenen Bedingungen zu nichts anderem fähig ist, als entweder – wenn die Ehe glückt – eine biedere Hausfrau zu werden, oder aber »auf den Strich« zu gehen. Ihr verzweifelter Aufschrei klagt den Vater wie die Gesellschaft an:

»Und hör jetzt mal – wenn das so weitergeht, ich kann nichts verdienen – und auf den Strich gehen kann ich nicht, ich kann das nicht, ich habs ja schon versucht, aber ich kann mich nur einem Manne geben, den ich aus ganzer Seele mag – ich hab ja als ungelernte Frau sonst nichts zu geben – dann bleibt mir nur der Zug ... Ich werf mich noch vor den Zug.« (GW 1, 232)

»Geschichten aus dem Wiener Wald« sind der Höhepunkt in Horváths Werk, das Stück war auch schon der entscheidende Erfolg zu seinen Lebzeiten. Hier ist die Isolierung, die Entfremdung des einzelnen unter konkreten historischen Bedingungen auf künstlerisch beeindruckende Weise dargestellt. Hier ist aber auch in Stoff, Milieu, Tradition und Sprache lokales und nationales Kolorit Grundlage der intensiven und weitreichenden Wirkung. Mindestens dieses Stück hat Horváth, den – trotz seiner ungarischen Staatsbürgerschaft – Heimatlosen, zum österreichischen Dichter gemacht. Dem widerspricht auch nicht die erfolgreiche Premiere in Berlin am Deutschen Theater im November 1931, trugen doch Schauspieler wie Hans Moser und Paul Hörbiger zu der Einsicht bei, daß sich in diesem Werk hohe Allgemeingültigkeit der Problematik mit der Spezifik österreichischer Tradition und Lebensweise vereint. Es ist ein-kritisch-realistischer Modellfall für den Vorgang, wie der materielle Druck den Menschen demoralisiert und ihn zum Wolf degradiert. Diese Kritik nimmt aber auch die Form des theatralisch Absurden an: »[...] in den grotesken Situationen, in der charakteristischen Verkörperung des Motivs der Einsamkeit, der Isolierung der Menschen, die einander Fragmente stereotyper Sätze ›an den Kopf warfen‹ und einander ewig ›mißverstehen‹, in dem ständigen Durchscheinen des Irrationalen in knappen Alltagssätzen mit besonderer Suggestivkraft, gleichsam getaucht in abgrundtiefe Pausen, in denen sich die ganze Sinnlosigkeit und Hoffnungslosigkeit dieser Sätze schlaglichtartig offenbart«.[12]

Wenn »Bergbahn« den Auftakt zu den Volksstücken Horváths bildete, so war das zwischen den Premieren von »Italienische Nacht« und »Geschichten aus dem Wiener Wald« im Elternhaus in Murnau geschriebene Stück *»Kasimir und Karoline«* der Abgesang Horváths in dieser für sein Werk entscheidenden Gattung. Auch hier ist die Perspektivelosigkeit der Menschen – dargestellt an kleinbürgerlicher Personnage – das wesentliche Anliegen dieses bedeutenden Zeitkritikers. Hatte er in »Geschichten aus dem Wiener Wald« die verlogene Heurigen-Idyllik mit bis zum Grotesken vordringender Schonungslosigkeit entlarvt, so ist auch hier das Milieu eines Volksfestes, einer Veranstaltung, die verwässert, verflacht, höchst anspruchslos Unterhaltungsbedürfnisse breitester Massen zu befriedigen vorgibt, Hintergrund und aktiver Mitspieler des Geschehens.

Horváth fühlte sich von den großen Unterhaltungsveranstaltungen immer angezogen, in Wien besuchte er gern den Prater und genoß die seltsame Atmosphäre, den lebendigen Wirbel derartiger Plätze. Er fühlte sich besonders von als abnorm Ausgestelltem – Liliputaner, Verwachsene – angezogen, die ihm ein Bild der Gesellschaft in einem Zerrspiegel zu geben schienen.

Von allen Volksstücken Horváths ist »Kasimir und Karoline« am meisten poetisch, beinahe balladesk. Als eine Satire hat er das Stück nicht gesehen:

»es ist überhaupt keine Satire, es ist die Ballade vom arbeitslosen Chauffeur Kasimir und seiner Braut mit der Ambition, eine Ballade von stiller Trauer, gemildert durch Humor«. (GW 8, 666)

Das in 117 lose aneinandergereihte Szenen gegliederte Stück ist beinahe schon ein Drehbuch zu einem Film. Kasimir, der von einem Tag auf den anderen arbeitslos gewordene Kraftfahrer, und seine lebensfrohe Braut, Karoline, besuchen das berühmte Oktoberfest in München. Kasimir ist wegen seiner aussichtslosen Lage mürrisch und überempfindlich, Karoline hingegen ausgelassen. Aus dieser Spannung entsteht der Konflikt: die Auflösung der Verlobung. Beide möchten den Bruch rückgängig machen, doch mit jedem Versuch dazu geraten sie nur noch weiter auseinander. Kasimir widersteht der Versuchung, Verbrecher zu werden, Karoline verdankt es einem Autounfall, daß sie moralisch nicht völlig scheitert. Am Ende gehen sie – jeder mit einem anderen Partner – ihre eigenen Wege.

Sehr fragwürdig bleibt, ob sie bei den ihnen auf dem Oktoberfest zugewehten Partnern tatsächlich ihr Lebensglück finden werden. Eher möchte man das Gegenteil erwarten. Der Schluß auch dieses Stücks enthält – trotz des scheinbar guten Ausgangs – den Keim einer neuerlichen unheilvollen Entwicklung. Damit will der Autor den Zuschauer zum Weiterdenken zwingen.

Die Privatsphäre der beiden Hauptgestalten wird wesentlich durch die trostlose Weltwirtschaftskrise, die zum Himmel schreiende Arbeitslosigkeit bestimmt. Verstärkt durch tatsächliche und eingebildete soziale Unterschiede. Kasimir, dem Arbeiter, wird wiederholt vorgeworfen, daß Karoline als Angestellte, Beamtin, auf der gesellschaftlichen Leiter höher steht. Sie soll nach dem Wunsch ihrer »pensionsberechtigten« Eltern »standesgemäß« heiraten:

»*Karoline:* Oh du undankbarer Mensch! Hab ich nicht immer zu dir gehalten? Weißt du denn nicht, was das für Schwierigkeiten gegeben hat mit meinen Eltern, weil ich keinen Beamten genommen hab und nicht von dir gelassen hab und immer deine Partei ergriffen hab?!« (GW 1, 260)

Hinter der leisen Tragödie zweier Menschen, doch damit organisch verwachsen, singt, musiziert und säuft eine fröhliche Menschenmasse, deren aufgeräumtes Miteinander die tatsächliche Kommunikationslosigkeit nur verdeckt: »Sie verhaspeln sich im Gestrüpp abgegriffener Redensarten, meinen nicht das, was sie sagen, oder sagen nicht das, was sie meinen, – oder sagen, was sie meinen mit falschen Worten«.[13]

»Ja man ist ziemlich allein« (GW 1, 291) – stellt Kasimir fest und ist damit Sprecher für die Mehrzahl der Horváthschen Figuren. Karoline ist aus anderem Holz. Ihre Tragik besteht darin, daß sie ihre Gefühle nur mit falschen Worten, abgedroschenen Phrasen ausdrücken kann. Allerdings treffen ihre klischeeartigen Redewendungen ihre spezielle Situation ziemlich genau:

»Ich habe es mir halt eingebildet, daß ich mir einen rosigeren Blick in die Zukunft erringen könnte – und einige Momente habe ich mit allerhand Gedanken gespielt. Aber ich müßt so tief unter mich hinunter, damit ich höher hinauf kann ... Man hat halt oft so eine Sehnsucht in sich – aber dann kehrt man zurück mit gebrochenen Flügeln und das Leben geht weiter, als wär man nie dabei gewesen.« (GW 1, 321f.)

Karoline entbehrt der Tragik der Marianne aus »Geschichten ...«, sie ist eher ein Durchschnittstyp, unterhaltungslüstern, vielleicht nicht ganz so leichtsinnig wie sie zu sein scheint. Horváth hat in einem Notizbuch einige Züge dieser Gestalt skizziert:

»Unter einer Wiesenbraut versteht man in München ein Fräulein, das man an einem Oktoberfestbesuch kennen lernt [...]. Die Wiesenbraut verläßt die Ihren, verläßt ihr Milljöh, [...] opfert ihren Bräutigam, sie denkt nicht, sie lebt. [...] Nur im Märchen bekommt die Wiesenbraut einen Prinzen. In Wahrheit versinkt sie in das Nichts sobald die Wiese aufhört.« (GW 2, 659f.)

Der Schauplatz des Stückes repräsentiert die Welt. Das Gebrüll des Ausrufers, das Dröhnen der Achterbahn, das Geklimper des Ringelspieles, vor allem aber die vom Autor genau vorgeschriebene Musik (hauptsächlich Märsche!) untermalen kontrastiv die Dialoge der sich immer weiter voneinander entfernenden Titelhelden, deren wachsende Einsamkeit. Die Leute singen Schunkellieder, während der Merkl Franz seine Geliebte grundlos beleidigt und den ahnungslosen Kasimir als Unterwelt-Helfershelfer gewinnen will. Die Musik, das Durcheinander des Volksfestes, der böse Liliputaner, die Abnormitäten in den Schaubuden ersetzen die Feenwelt der alten Volksstücke, sie stellen die Feerie des heutigen Volksstückes dar.

Wurde Horváth bereits wegen »Italienische Nacht« von der braunen Presse gedroht, konnten »Geschichten aus dem Wiener Wald« und »Kasimir und Karoline« in Berlin nur mit polizeilicher Hilfe aufgeführt werden, so bleiben ihm für das nächste Stück, den »Totentanz« *»Glaube Liebe Hoffnung«* (1932), das auf eine scharfe Kritik der Strafgesetzpraxis bürgerlicher Klassenjustiz hinauslief, die Bühnen der Berliner Theater verschlossen. Mit dem Sieg der Nazis schwand die Hoffnung auf gesellschaftliche Veränderung. Durch die Emigration des Dichters brach ein großer Teil seiner persönlichen Beziehungen ab. Es geschah mit ihm das, was er an seinen Figuren demonstrierte: die Verdrängung der eigenen Problematik. Parallel dazu sank die politische und gesellschaftliche Relevanz seiner künstlerischen Arbeit. Er fühlte sich in ein geistiges Ghetto gedrängt; wie ein Angstschrei klingt die Mahnung an den ebenfalls emigrierten Franz Theodor Csokor:

»Die Hauptsache, lieber guter Freund, ist: Arbeiten! Und nochmals: Arbeiten! Und wieder: Arbeiten! Unser Leben ist Arbeit – ohne sie haben wir kein Leben mehr.« (GW 8, 681)

Doch die Possen und Komödien, die er in diesem Jahr schreibt, erreichen nicht mehr die Durchschlagkraft seiner Volksstücke. Zum Teil wendet er sich religiös-metaphysischen Problemen zu, so in *»Himmelwärts. Ein Mysterium«* (1934) oder dem in zehn Sprachen übertragenen Roman *»Jugend ohne Gott«* (1937). In dem Roman *»Ein Kind unserer Zeit«* (1937) wendet er sich wie schon in dem früheren *»Der ewige Spießer«* (1930) der Analyse des Kleinbürgertums als der Massenbasis der Faschisten zu, wobei ihn besonders die psychologischen Reaktionen interessieren. In diesem ›Spätwerk‹ (Horváth starb mit 37 Jahren) findet sich nicht mehr jene sprachliche und szenische Meisterschaft der Charakterisierung der Figuren, wie sie in den großen Volksstücken vorhanden war und sich besonders in derem Drang wie der Unfähigkeit zeigte, ihre existentielle und gesellschaftliche Situation auszudrücken.

Gelegentlich wurde dem Autor vorgeworfen, seine Volksstücke stellten ein Panoptikum der Brutalitäten dar. Wollen wir gerecht sein: Nicht seine Figuren sind brutal, sondern die Gesellschaft, in der sie lebten und die sie vernichtete. Dem lag die Überzeugung des Dichters zugrunde, daß die Genesung des Individuums nur durch eine fundamentale Änderung der Gesellschaftssysteme erreichbar ist. Ödön von Horváth war kein Revolutionär, doch enthält sein Werk Ansatzpunkte für den Kampf um einen freien, erfüllten, würdevollen Menschen.

In der Rocktasche des Toten auf den Champs Elysées wurde

ein kleines Gedicht gefunden, das als Grabspruch des Menschen und Dichters Ödön von Horváth hätte dienen können.

Und die Leute werden sagen
In fernen blauen Tagen
Wird es einmal recht
Was falsch ist und was echt.

Was falsch ist, wird verkommen
Obwohl es heut regiert.
Was echt ist, das soll kommen –
Obwohl es heut krepiert. (GW 8, 688)

Biographische Notiz

Ödön von Horváth, Sohn eines Diplomaten aus ungarischem Kleinadel, wurde am 9. Dezember 1901 in (dem damals ungarischen) Susak b. Fiume [Rijeka] an der Adria geboren. Die Mutter war deutscher Herkunft. Horváth verlebte die Jugend in mehreren europäischen Großstädten: Belgrad, Budapest, München, Preßburg [Bratislava] und Wien. Ab 1919 Studium der Theaterwissenschaft, Philosophie und Germanistik in München (überzeugt, allein zum Schriftsteller geboren zu sein, ohne Absicht auf einen bürgerlichen Beruf). Mitarbeiter an den Zeitschriften »Simplicissimus« und »Jugend«. Seit 1923 freischaffender Schriftsteller. Von 1924 an in der Berliner Theaterszene. 1930 Reise nach Spanien. Lebte seit 1932 abwechselnd in Murnau, Berlin, Wien und Henndorf bei Salzburg. Von der rechten Presse befehdet; emigrierte 1938, bei Einmarsch der deutschen Wehrmacht in Österreich, über Ungarn, Jugoslawien und Italien in die Schweiz.

Horváth wurde während eines Aufenthaltes in Paris am 1. 6. 1938 auf den Champs Elysées von einem herabstürzenden Ast erschlagen.

1931 Kleistpreis für »Geschichten aus dem Wiener Wald«.

Martin Reso

Hugo Huppert

Im Nachwort zu Hugo Hupperts (1902–1982) erstem, in der Emigration für den Druck vorbereiteten Gedichtband, *»Vaterland«* (1940), schrieb Erich Weinert, über ein Phänomen Huppertscher Sensibilität reflektierend: »Hugo Huppert wuchs in einem Städtchen des alten österreichischen Schlesiens auf, an der verschwimmenden Grenze des deutschen und des slawischen Kulturkreises. Um seine Jugend ist ein buntes Gewimmel verschiedener Nationalitäten: dort fühlen sich Sudeten- und Beskiden-Deutsche, Tschechen, Polen und Slowaken gleichermaßen heimisch. Die Arbeiter in den Bielitz-Bialaer Leinewebereien und Kammgarnspinnereien sprechen jeder zwei Sprachen, in den Kohlengruben des anliegenden Karwiner Beckens arbeiten Polen und Deutsche, die Metallarbeiter sind Tschechen und Deutsche. Im Schatten der Fabriken stehen die Schulen. Huppert wurde deutsch erzogen. Aber schon in der Kindheit wurde ihm die Melodie des Slawischen vertraut; seine Wiegen- und Kindheitslieder waren polnische Volksweisen, die seinen Sinn früh empfänglich machten für den Wellengang slawischer Sprachen und in ihm wohl nachklangen, als er viel später das Russische hörte und verstehen lernte. Seine besondere Neigung galt den musikalischen Elementen der Rede, da er, wie er selbst einmal andeutete, von Kind auf zunächst für akustische Eindrücke empfindlicher war als für visuelle«.[1]

Damit ist auch eine Komponente des dichterischen Schaffens von Hugo Huppert angesprochen: Ein nicht geringer Teil seines kreativen Bemühens galt dem Erschließen fremder Literaturen. Die Bemerkungen des deutschen Dichterkollegen geben ebenso eine Erklärung für sein kongeniales Nachdichten fremdsprachiger Texte. Hat Huppert dem deutschsprachigen Leser doch den »Kontinent sowjetischer Lyrik erschlossen«[2]: Majakowski, Pasternak, Twardowski, Wosnessenski und – weiter zurück – übertrug das georgische Nationalepos aus dem 13. Jahrhundert, Schota Rusthawelis »Der Recke im Tigerfell«. Man sollte sich allerdings davor hüten, solche Feststellungen

wie die von Weinert allein als Erklärung für die Mittlerrolle Hupperts zu nehmen. Sie liefern ebenso entscheidende Indizien für die originäre poetische Praxis.

Sie ist gespeist aus vielen Quellen und immer wieder Lernprozeß, Selbstkorrektur. Huppert, der sich als »österreichischer, deutschsprachiger Schriftsteller« verstand, nannte wiederholt Vorbilder: Karl Kraus, den »unüberbietbaren Nestroy«, Lenau und Grillparzer, Thomas und Heinrich Mann, Weinert, Becher, Goethe, Whitman, den »ungebührlich verkannten« Albrecht Schaeffer, Majakowski und Wosnessenski, der in »modernisiert«, erneut anwies »auf die Bekanntschaft mit internationalen lyrischen Ergebnissen der allerletzten Jahre«[3], und weiter Nicolas Guillén, Pablo Neruda ...

Diese »vielseitige Interessengruppierung« verdanke er seiner

»Doppelgleisigkeit«, das heißt dem intensiven, durch Sprachbarrieren nicht eingeengten Kontakt mit der Sowjetwirklichkeit, seinem »Wirtsland« über Jahrzehnte[4], bekannte Hugo Huppert, Doktor der Staatswissenschaften, Absolvent des Moskauer Instituts der Roten Professur, Dozent des Moskauer Literaturinstituts und Professor auch für sein umfangreiches literarisches Schaffen. – Der Begriff der »Doppelgleisigkeit« weist auch auf die wechselhafte Vita des Autors:

Im österreichischen Schlesien geboren, wurde Wien für ihn die erste Wahlheimat; hier studierte er Nationalökonomie und Staatswissenschaften und promovierte beim »Vater der Verfassung der [ersten] Republik Österreich«, Prof. Dr. Hans Kelsen, mit einer Arbeit zum Thema *»Das Majoritätsprinzip in der Klassengesellschaft«* (1925). Danach wandte er sich nach Paris und belegte an der Sorbonne Soziologie und Geschichte, wurde jedoch nach einem Jahr aus Frankreich ausgewiesen. In Wien fand er – Folge der einsetzenden Weltwirtschaftskrise – keine Anstellung. Über seine spätere erste Frau kam Huppert mit der sowjetischen Handelsvertretung in Wien in Verbindung und fand schließlich die Möglichkeit, in der Sowjetunion eine Anstellung zu erhalten. Aus diesem durch ökonomische Umstände erzwungenen Exil wird später die durch politische Haltung notwendige Emigration, aus der Huppert erst nach 1945 in seine Wahlheimat Wien zurückkehren konnte. Diese ›Umleitung‹ seines Lebensweges prägte entscheidend sein weiteres Geschick. Als politischer Emigrant lernte er das vielfältige kulturelle Leben des Sowjetlandes kennen, fand Zugang zum Majakowskischen Kreis der LEF [Levyj front iskusstv/Linke Kunstfront, 1922/29] und arbeitete gleichzeitig am Marx-Engels-Institut als wissenschaftlicher Mitarbeiter der MEGA [Marx-Engels-Gesamtausgabe].

Der junge Wissenschaftler war jedoch bestrebt, »zurückzusatteln zur schönen Literatur«[5]. Nach Absolvierung des Instituts für Rote Professur, literarisch-publizistische Fakultät, folgte allerdings in der Hauptsache journalistische und propagandistische Tätigkeit; daneben beschäftigte sich Huppert schon intensiv mit der Nachdichtung von Majakowskis Gesamtwerk und publizierte kontinuierlich Erzählungen, Reportagen und lyrische Arbeiten.

Nach der Befreiung Wiens, an der er als Major der Roten Armee teilhatte, war er aktiv tätig für die Normalisierung des gesellschaftlichen Lebens: als Leiter der Kulturabteilung der »Österreichischen Zeitung«, als Mitbegründer des österreichischen Schriftstellerverbandes und der Österreichisch-Sowjetischen Gesellschaft. Seine intensive kulturpolitische Arbeit wurde 1948 durch die Rückkommandierung in die Sowjetunion jäh unterbrochen. Diese von ihm selbst als zweites Exil charakterisierte Zeit dauerte bis 1956, wo er endgültig nach Wien zurückkehrte.

In der Sowjetunion arbeitete er als Publizist und Übersetzer, durch einen Zufall sei Georgien ihm in dieser Zeit Heimat geworden. Huppert erhielt über einen ehemaligen Frontkameraden eine Einladung der Sowjetregierung Georgiens und siedelte von Moskau nach Tbilissi über. Er sollte das georgische Nationalepos »Der Recke im Tigerfell« von Schota Rusthaweli ins Deutsche übertragen. Dieses gigantische, ihn überaus fesselnde Nachdichtungswerk wurde in 28 Monaten angestrengtester Arbeit bewältigt. Über die Gründe, die ihn bewogen haben, diesen Auftrag zu übernehmen, schrieb er:

»Daß die so emsige und findige deutsche Übersetzungsliteratur [...] jahrhundertelang an einer so imposanten Erscheinung wie Rusthaweli eigentlich achtlos vorübergegangen ist, bleibt in der Tat erstaunlich. Dabei handelt es sich hier um einen genialen Vorläufer der europäischen Renaissance, um einen west-östlichen Humanisten und Klassiker vom Range Dantes, Petrarcas und Ariosts, um einen hochmusischen Autor, der hundert Jahre vor Dante und vierhundert Jahre vor Shakespeare die umwälzende Entdeckung des Realismus in der Seelenspiegelung gemacht hat. Den besonderen Reiz Rusthawelis bildet die nur ihm eigene Verquickung abendländischer Romangestaltung, Komposition und Dramatik mit dem Element morgenländischer Stimmungslyrik, Farbenfreude und Bildschwelgerei. Aber auch dort, wo in der Detailzeichnung vereinzelte Merkmale orientalischer Konvention auftreten, sind sie dem vorwaltenden Gefühl für Zucht und Maß bildnerisch untergeordnet. Weder der für Rusthaweli genau zeitgenössische Autor der Parzival-Epopöe, Wolfram, noch Ariost, der Dichter des ›Rasenden Roland‹, besaß diese innere Ideenfreiheit und Weltbewandtheit, welche hier zustande kam – dank der Vermählung von hellenistisch-byzantinischer Bildung mit östlichem Sentiment ...«[6]

Hupperts Nachdichtung des altgeorgischen Nationalepos gilt zu Recht als kongenial, diese Nach- beziehungsweise Neuschöpfung hat sich auch gegenüber späteren Übertragungen als treffendste erwiesen – dafür sprechen nicht zuletzt die kontinuierlichen Nachauflagen. Die Zeit seines Aufenthaltes in Georgien (interessante Einzelheiten sind dem dritten Band seiner Autobiographie zu entnehmen) war – wie sich spätestens bei

Erscheinen des Bandes *»Georgischer Wanderstab«* (1954) zeigte – von großem Einfluß auf sein lyrisches Schaffen:

»Georgien hat meiner Farbpalette [...] eine Reihe von Tönungen und Koloritmischungen beigetragen, die ich auch heute zum Rüstzeug meiner literarischen Betätigung (besonders auf lyrischem Feld) zähle«.[7]

Nach Abschluß dieser Arbeit 1956 nach Wien zurückgekehrt, arbeitete Huppert an kommunistischen Zeitungen mit, besonders als Theater- und Literaturkritiker, mußte sich aber vor allem als freischaffender Schriftsteller durchschlagen, was in dem politischen Klima nach dem Staatsvertrag nicht immer leicht war. In dieser Zeit begann er, sich intensiv mit der »Wahlheimat DDR« zu beschäftigen, von deren Ministerium für Kultur er großzügig unterstützt wurde, um die Etablierung des Schriftstellers in Wien zu erleichtern. Huppert schrieb für »Die Weltbühne« und unternahm mit Unterstützung dieser Zeitschrift etliche Reisen, die zur Publikation interessanter Reisebücher führten, unter anderem dem Italienbuch *»Münzen im Brunnen«* (1962, erw. 1965). Von 1959 an besuchte er regelmäßig die DDR. (In dem Band *»Kerngesundes Land«*, 1961, vor allem hat er darüber berichtet.)

Bereits in den ersten Jahren seines Aufenthaltes in der UdSSR hatte Huppert begonnen, Majakowskis Werk ins Deutsche zu übertragen:

»Der Erfolg meines ersten Nachdichtungsversuches bei Majak und dann bei seiner Tischrunde [...] ist damals zum ermutigenden Auftakt eines großen Beginnens geworden. Sehr bald erfolgte mein feierliches Versprechen: [...] Ich erwog die Absicht, Majaks Dichtwerke systematisch ins Deutsche zu übertragen und hierdurch zu internationalisieren. In der gräßlichen Stunde der Totenwacht an Majakowskis Bahre im Verbandsheim der Schriftsteller, Woronskistraße, habe ich mir im Geiste nochmals den Lebensentschluß bekräftigt: meinem Meister und Mentor diese postume Gabe darzubringen.«[8]

Über die berühmte Begegnung anläßlich der ersten Übersetzung berichtet Huppert in *»Erinnerungen an Majakowski«*:

»›Ich warne Sie! ich warne Sie!‹ brummte (Majak), – da machte ich mich mit einem Ruck frei, stand auf und rezitierte im Flüsterton, aber kunstgerecht und ausdrucksvoll, eine erste Variante meiner Nachbildung des ›Linken Marsches‹. Wladimir Wladimirowitsch lehnte sich zurück, kniff leicht die Augen zusammen; er hörte aufmerksam zu und murmelte nach der dritten und vierten Strophe das verlangsamte, abgehackte, herabgestufte Kehrreimwort ›Links! Links! Links!‹ auf deutsch mit. Dann erhob er sich, legte mir nur beide Hände gewichtig auf die Schultern und sprach [...] sein Urteil: ›Außer *links* und *Entente* habe ich nicht einen Buchstaben kapiert, beinahe. Aber lassen Sie sich ab heute von keinem Menschen und auch von mir nur nicht einreden, daß meine Sachen unübersetzbar seien [...]‹ Sein mächtiger Mund verzog sich heiter. Er las mir meine Glückseligkeit von den Augen ab und fuhr fort: ›Wenn Ihnen sowas Spaß macht – dann interpretieren Sie mich in Gottes Namen weiter! Ich autorisiere alles‹.«[9]

Die ersten Bände der Majakowski-Übersetzungen erschienen 1940/41 auf Veranlassung der Komintern im Verlag für fremdsprachige Literatur Moskau. Sie sind in der DDR durch die gleichlautende Publikation des SWA-Verlages bekanntgeworden. Die sich lange Jahre hinziehende intensive Arbeit der Nachdichtung mündete schließlich in die fünfbändige Ausgabe der Werke des »Oktoberpoeten« (Huppert), die 1974 abgeschlossen vorlag. Mit der Nachdichtung des Majakowskischen Lebenswerkes betrachtete Huppert seine Übersetzer- und Nachdichtertätigkeit im wesentlichen als abgeschlossen. Er hatte den Eindruck, es wäre an der Zeit, dem eigenen lyrischen Schaffen den ihm gebührenden Platz einzuräumen, den Vormarsch in die »andere Bewandtnis« – so der Titel des Gedichtbandes von 1968 – anzutreten, um die eigentliche poetische Selbstbegegnung formulieren zu können.

Über die so bedeutungsvolle Arbeit des Nachdichters Huppert haben sich verschiedene Kollegen geäußert, so Bertolt Brecht mit dem Vorschlag zur Verleihung des Nationalpreises oder Kuba, der in seinem Geleitwort zu »Georgischer Wanderstab«, schrieb: »Menschen, die Gedichte übersetzen, sind Dichter, die ihr Talent einem anderen Dichter schenken, sie sind Treuhänder der Völkerfreundschaft und immer verehrenswert. Ein solch verehrenswerter Treuhänder der deutsch-sowjetischen Freundschaft ist Hugo Huppert ...«[10]

Der Autor Huppert hat sich den Problemen des Nachdichtens auch theoretisch zugewandt. In dem Essay *»Sinnen und Trachten«* (1973) sind seine schöpferischen Erfahrungen auf dem Feld der Dichtung und sein ästhetisches Credo als Lyriker bündig niedergelegt. Bei der Überwindung der Sprachschranke – so meinte er im Hinblick auf die Nachdichtung – komme es darauf an, etwas Neues zu schaffen, sonst bewirke die Übertragung nichts. Nachdichtung sei nicht Übersetzung! Er betonte:

»Nachdichtung (ist) eine Neudichtung [...], sonst ist sie keine Dichtung [...], man (muß) unbedingt den Rückgriff vollziehen [...] zum Startpunkt der Vorlage, der Originärschöpfung«.[11]

Die Lyrik nimmt innerhalb Hupperts literarischem Schaffen einen zentralen Platz ein. Auf diesem Gebiet verdiente er sich die ersten Sporen. Die (unveröffentlichten) Versuche aus den Jahren 1919/21 zeigen den Einfluß des Expressionismus, das gleiche gilt für das pazifistische Jugenddrama *»Die Besiegten«* (e. 1920 in Wien, unveröff.). Der Klassengegensatz, so Huppert im Interview mit Fritz Mierau, sei hier noch »mythisiert, mystifiziert«: Es »geht immerzu um Leben und Tod, um die Unversöhnlichkeit«.[12] Sein Debüt hatte Hugo Huppert in der Berliner Zeitschrift »Die neue Bücherschau«. Über den ersten Zyklus seiner Gedichte schrieb der Herausgeber Gerhart Pohl: »Noch hatte niemand versucht, jegliches Gefühl beiseite lassend, den von Sentiments unbeschwerten Gedanken ins Gedicht zu tragen. Solche absolute Intellektdichtung, die alle Klangfarbe, allen Rhythmus brüsk ablehnt, bringt in der reinsten Form Hugo Huppert«. Und er nennt auch Gründe für die antisentimentalen Akzente dieses Lyrikers: »Der immerwache Intellekt mag noch nicht mit einfachen Worten Einfaches sagen (was Bert Brecht schon wieder wagt), sondern sucht Umschreibungen, Bilder, um das Gefühl nicht aussprechen zu müssen, und gebraucht, wenns nicht anders geht, den künstlichsten – oder den geläufigsten, plattesten Ausdruck, leise seine Verachtung andeutend. Da wird das Erlebnis einer Landschaft zurückgeführt auf den gleichgültigsten Gegenstand [...], um gleichsam die Größe des ersten Erlebnisses künstlich zu verkleinern [...]. Erst im revolutionären Aufruf werden bei Huppert Gefühl, Intellekt, Form eins und finden sich in grandios-kraftvollem Abgesang, der die Furcht vor lyrischer Weichheit überwunden hat, und wachsen zusammen im Gedicht«.[13]

Über Jahre hinweg hat der Lyriker dem frühzeitig gefundenen Stil (der von ihm »Kolon-Gedicht« genannten Form) die Treue gehalten, wobei mit zunehmender Reife ein Prozeß der Sublimierung unverkennbar ist. Um das Phänomen dieser variablen Konstanz zu charakterisieren, könnte man von einer Verlagerung des Schwerpunktes ›nach innen‹, von einer Transsubstantiation sprechen. Sein Weg führte von den freirhythmischen Gedichten der Frühphase über Perioden der metrischen Rhythmisierung (mit der Faszination der Strophik) zur neuen Form des »Kolon«-Gedichts.

Huppert hat im Interview eine Bilanz seines lyrischen Schaffens gezogen:

»Das war nun einmal ein Gedichtband [»Vaterland«; d. Verf.], der allzu stark vielleicht imitatorisch die verschiedenen Eindrücke und Vorbilder aus sowjetischer Lyrik in der Zeit in deutscher Sprache und deutscher Realisierung wiederzugeben versuchte. Ich war auch noch sehr von meinen Vorstellungen aus den 20er Jahren abhängig, vielleicht auch von expressionistischen Eindrücken, und hing sehr am lyrischen Werk von Karl Kraus. Er nannte dies sein Schaffen ›Worte in Versen‹. [...] Und so ist das Buch *Vaterland* ein Buch von sehr gereimten und sehr geformten Gedichten geworden, das das Epigonale nicht verleugnen kann. Schon wesentlich selbständiger war das folgende Lyrikbuch *Jahreszeiten.* Es hat auch noch stark explikative Züge, wenn auch nicht mehr imitatorische. Ich bin mit diesem Buch schon eher einverstanden und finde, daß mein *Georgischer Wanderstab* diese Linie fortgesetzt hat. Der *Georgische Wanderstab* gehört schon in den Anfang der 50er Jahre und hat mich schon losgelöst von den Vorbildern. Wenn ich nicht irre, steht dort dieses Gedicht vom Erbe, worin ich mich auch zu Walt Whitman bekenne und zu der Besonderheit einer implikativen Lyrik, wie ich sie heute nenne, das ist meine gegenwärtige Theorie, die also nicht nur auf den Reim verzichten kann, sondern auch metrische Prinzipien ersetzt durch neue syntaktische Regeln der Versgestaltung und Prosodie.«[14]

Die Gedichte des Bandes *»Georgischer Wanderstab«* (1954) lassen deutlich den Einfluß Hölderlinscher, sogar Klopstockscher, metrisch gebundener Ordnungen erkennen. Sie haben kaum etwas gemein mit den Sprechtaktzeilen seiner Lyrik in den zwanziger Jahren. Nicht zufällig berührt Huppert dies Thema in seinem Gedicht *»Gute Stube«* (1967) mit einem Hinweis auf zweites Jungsein und Jugendschaffen:

Steht einer vor der Tür und klopft an,
so höre er unsere Stimme: »immer nur
rein in die gute Stube voll Jugend
und Gegenprobe!«
Wir haben beschlossen, abzuschaffen
die Sprache der Vorbehalte, den Ruf
»immerhin!«, das säuerliche Gönnertum
mit dem Schlüsselbund und das Lied
der Gebetsmühle.

Eine solche Aussage, verstärkt durch den Schluß des Gedichts:

[...] O du gute Stube voll Rauch und Lyrik,
voll Neugier, Gelächter, Freundschaft
und neidloser Kraft![15]

bekennt und betont ein Nein gegen überwundene, überalterte Traditionen und Konventionen – auch in der lyrischen Praxis.

Das Motiv dieser variablen Konstanz im Schaffen Hupperts liegt offenkundig in der Weltneugier, im Wanderschaftstrieb.

Ein Gedichttitel wie »Treffpunkt: Ortswechsel« oder eine Zeile wie

»Und wenn ich dran vergehen sollt, / dies Glück der Unrast, ich begehr es!«
(»Abend in Suchumi«)

drücken dies prägnant aus.

»Was ist mir Ortswechsel? [...] Das Wort ›Räume durchmessen‹ sagt etwas von ›Maß‹, und ›Maß‹ ist mir der Sinn des ›Strecken-Zurücklegens‹ [...]. So erweist sich [...] der Wanderschaftstrieb letzten Endes als Flucht in eine Station, zu einem Ruhepunkt (einer Maßkerbe, einem Limes, einem Meilenstein). Von hier aber setzen mich allemal zwei Dinge in hurtige Bewegung: die erwähnte Sehnsuchts-Neugier, zu fahren und zu erfahren, zweitens: der revolutionäre Impuls einer bei jeder Station sich wiederholenden Aufwallung des Überdrusses, der Ablehnung des Erreichten, des Bestehenden.«[16]

Die Bedeutung des Pilgerschaftsmotivs in Hupperts lyrischem Schaffen signalisieren schon Gedichttitel wie »Jahreszeiten«, »Landauf, landab«, »Georgischer Wanderstab«, »Andre Bewandtnis«, »Quadrat im Rückspiegel«, »Narbengesichtige Zeit«, »Indizien oder Vollmond auf Bestellung«. Die äußeren Stationen eines bewegten Lebens, die diesen und anderen Gedichten abzulesen sind, kehren in seiner Lyrik als Suche nach gültiger Gestalt, als Forschen nach treffender Formgebung wieder. Beim Nachvollzug Huppertscher Gedichtsequenzen kann man den Impetus der Auseinandersetzung mit Neuem und Veränderungsträchtigem, das Auffinden der »anderen Bewandtnis« spüren. Die Jahre und Länder lösen einander ab, vermitteln die Thematik, bestimmen das Neuartige der Form. Seine revolutionäre Fähigkeit, den bewegten Gehalt der Epoche sinnfällig zu machen, sucht den jeweils angemessenen Weg zur Gesamtheit.

In *»Fernmündliche Mondfähre«* heißt es:

Ich habe einen Fährmann geheuert,
den großen Beförderer und Versucher:
vom Mund zum Mond –
das Wort ...[17]

Damit sind gleichermaßen Begriff und Medium beschworen, werden Transport- und Verständigungsmittel benannt, die ihm den Sachverhalt auszusprechen gestatten.

Ein wesentliches Charakteristikum im lyrischen Schaffen Hupperts darf nicht unbeachtet bleiben: ›Liebe zur Wortkunst‹. Huppert ist ein Lyriker, dessen Ausdrucksmittel unverwechselbar bleiben. Wenn einmal festgestellt worden ist, daß Kühnheit und Wagemut die Muskeln des Talents seien, so ist damit gleichermaßen das Inhaltliche wie das Artifiziell-Wortkünstlerische gemeint. Die »ostschlesische Koloritmischung«, von der Weinert sprach, nahm später Wiener Charme und Hofmannsthalsche Artistik an. Huppert begegnete diesem diffusen Klangbild, indem er sich auf seinen Lehrmeister Karl Kraus besann und eliminierte, was der Originalität abträglich war. Um das Neuerertum Hupperts recht zu verstehen, muß man seinem Traditionsbewußtsein Rechnung tragen. In dem Gedicht *»Ein Wort vom Erbe«* faßte er den Rückblick auf Herkommen und Vorbilder in die Verse:

Und Verhaeren wies und Whitman
manche Bahn dem jungen Trieb:
wie man welterfüllte Rhythmen
geistig frischen Atems schrieb.
Freilich wirkt im Österreicher
das gewitternde Idyll,
bunter, sanglicher und weicher
als er manchmal selber will ...[18]

Huppert bewegte sich rasch weg vom Rilkeschen Kammermusikton, wobei sein revolutionäres Temperament, seine an russischer Dichtung – vor allem Puschkin, Nekrassow, Block, Majakowski – geschulte Prägnanz und seine umfassende humanistische Bildung den Reifeprozeß beschleunigten. Huppert fand bald zu jener so reizvollen wie poetisch subjektiven Anschauungs- und Schreibweise, die zum Miterleben der gleitenden Assoziationen provoziert. Der Autor gibt keine Rätsel auf, fordert aber beim Leser empfängliche Unrast heraus, ohne die eigene Sensibilität zu verhehlen. Der Dichter glaubt an seine Mitwelt und teilt seinen Pulsschlag im »Takt der Neugier-Tokkata«[19] mit.

Der Lyriker Huppert billigt dem Kunstwerk eine konstitutive Funktion zu für die Ausbildung des »menschlichen Menschen«, dessen Heraufkommen er nicht in eine ebenso ferne wie imaginäre Zukunft verlegt, sondern in die reale Ausführung und Durchdringung des von der sozialistischen Praxis bereits Erreichten oder des programmatisch Vorgezeichneten. In dem Band *»Andre Bewandtnis«* (1970) finden sich die weltanschaulich tiefgründigen drei *»Steckbriefe gegen mich selbst«*, die jeweils einer Gruppe von spannungserregenden, konfliktreichen

Betrachtungen über das Verhältnis Individuum – Gesellschaft vorangehen. Es handelt sich um subtile, selbstkritische Positionsbestimmungen des Autors, die – nicht frei von Ironie und Persiflage – mit einer überlieferten Vorstellungskraft und deren Vokabular witzig-pointierend aufräumen:

> Seine verschworene Luzidität ist luziferisch, –
> das wird jede Straßenumfrage
> bezeugen.
> Seine Handflächen, nachgedunkelt vom Schatten
> der Druckerschwärze, haben
> nichts übrig für glatte Abwicklungen.
> Schon sechsunddreißig Stunden hat sein Tag.
> [...]
> Und keine Beschwichtigung lockert ihm den Trotz
> gesammelter Abwehrbereitschaft.
> Ihr Biedern, es ist Zeit: macht ihn dingfest!

Diese an die Bürgeradresse gerichteten galligen Bemerkungen offenbaren Hupperts Haltung: Unnachgiebig und widerspenstig. Die Adressaten freilich haben sich revanchiert. Er hatte – wie es in »Innere Emigration« heißt – »den Kopf hingehalten«, um »freizuhaun diese Weltgegend«:

> man sage nicht: –
> schlecht ist er beraten gewesen.
> Nur liegt er jetzt
> nackt in vertrauter Fremde
> und preisgegeben ...
> Da kanns für ihn nur Verborgenheit geben
> oder Gegenwehr bis aufs
> Messer. Die Wünschelrute, sobald
> er sie faßt in die Faust, wird
> zur Zuchtrute werden.
>
> *(»Erster Steckbrief gegen mich selbst«)*[20]

Huppert bediente sich in seinen Gedichtbänden unterschiedlichster lyrischer Genres. Reisereflexionen reihen sich an moderne Sinngedichte; hymnische und philosophische Texte, Lyrogramme des Erlebens wechseln mit Zeitbetrachtungen. Widmungsstücke, Anrufe und visionäre Skizzen komplettieren das Bild der lyrischen Weltbetrachtung und -eroberung. Man kann Formenlehre der modernen Poesie an diesen Objekten studieren. Poesie ist diesem Lyriker eine eigenständige Form-Inhalt-Verbindung. Alle Gedichte werden von einer ausgesprochenen Subjektivität der wechselseitigen Durchdringung von Intellekt und Affekt getragen. Marxistische Position und umfassende Bildung setzen Phantasie und Gestaltungswillen frei, prägen letztlich die Struktur des Gedichts. Der Dichter vermochte das Abbild der Zeitrealität ins Rationale und Emotionale des Verses umzumünzen und nutzte dabei den biographischen Innenfundus. Nie verleugnete er die Authentizität der Intimsphäre. Der dichterische Gedankengang mündet ins weite Wahrnehmungsreservoire des sozialen Eingreifens.

In der Lyrik Hupperts erkennt man den Willen zum Aufbau einer sozialistisch-realistischen Poetik durch luzide Anwendung kunstspezifischer Ausdrucksmittel. Die Gedichte offenbaren das aktive Weltverhältnis des Dichters, der in Meditation und Reflexion, in Positionsverteidigung und Attacke seine »Existenz als Tendenz«[21] nachwies. Das Anliegen solcher polemischen Verse ist zugleich Selbstverständigung. Das lyrische Ich schafft sich auf diese Weise den Raum, in dem es sich aktiv entfalten kann, um das Bild der Epoche aufrichten zu können.

Zeitlebens die Erweiterung der lyrischen Palette anstrebend, bemühte sich Huppert – als einer der wenigen Lyriker unserer Zeit – auch um die Wiederbelebung des Poems: *»Rhapsodie: Brot und Rosen«, »Der Trommelbusch kommt«, »Das Taubenhaus«* und *»Brandenburger Tor«* sind – mit unterschiedlichem Erfolg – Versuche, geschichtliche Prozesse in ihrer Zeitbezogenheit und Fortwirkung sprachlich gültig auszudrücken. Sie machen deutlich, daß hier ein Lyriker am Werke ist, dem Bereitschaft zum Experiment ebenso eignet wie geistige Jugendfrische eines originellen poetischen Konzepts.

Im Verlauf seines poetischen Schaffens, das bis ins letzte Lebensjahr anhielt, hat der Dichter die »implikative« Methode des Schreibens begründet und verteidigt. Unter poetischer »Implikation« verstand Huppert das intuitiv-assoziative Gestalten, Verdichten (im zwiefachen Sinn dieses Ausdrucks) und stellte ihr das »Explizieren« gegenüber, womit eine ›nacherzählbare‹ Poesie gemeint ist. Die »Implikation« hingegen will die Phantasie aktivieren und sie in den Rezeptionsprozeß einbeziehen. Vor allem in den Gedichten etwa ab »Georgischer Wanderstab«, dann aber im Spätwerk, hat Huppert diese Methode vollendet ausgebildet. Durch deren konsequente Handhabung unterscheidet er sich von manchem seiner lyrischen Zeitgenossen. Einig war er sich mit ihnen darin, daß »Lyrik die große Chance der Literatur«, das Gedicht »der höchste Gebrauchsgegenstand der Kultur«[22] ist.

Sein Credo im Hinblick auf die Lyrik unserer Zeit hat er in dem Essay *»Sinnen und Trachten«* (1973) theoretisch formuliert. Huppert bekannte:

»Wenn und wofern Weltbegegnung und Selbstbegegnung als Inhalt der Poesie nicht bloße Pose und Phrase sein wollen, können Gedichte (ob Naturlyrik, ob moderner Minnesang oder politischer Tribünen-Appell) nirgendwo nach Stoff und Vorwurf Bagatellen sein [...]. Lyrik wird im Sozialismus eine dominierende Literaturgattung sein«.[23]

Als ein prägendes und entscheidendes Kriterium Huppertscher Welteroberung hatten wir den Wanderschaftstrieb benannt. Dessen Bedeutung wird nicht allein bei Betrachtung der Gedichte sichtbar, sondern offenbart sich vor allem beim Anschauen der Reisebilder und Reportagen, die ja das Reisen zur Voraussetzung haben, zumindest jedoch den Ortswechsel. Der Autor definiert sich im Interview mit Fritz Mierau als einen Sänger und Vaganten, dessen Lied die Zuhörer mit Fakten, Begebenheiten und Landschaften bekannt macht, die ihnen sonst unbekannt blieben. Welche Verantwortung ist ihm damit auferlegt! Allerdings muß den heutigen Fahrenden nicht mehr das Gefühl bedrücken, er berichte etwas Falsches, denn die modernen Massenmedien bringen das Ferne und Fremdartige in die Wohnung. Solche optisch-akustische Information kann aber das geschriebene Wort, die spezifische Sicht des Schreibenden, nicht ersetzen. Sie erst gibt dem Ganzen die Kontur, verstärkt das Gewicht der parteilichen Autorensicht und -anschauung.

Reisebild und Reportage haben eine große Tradition. Wer diesem Genre huldigt, muß der Ahnengalerie Tribut zollen, einem Seume, einem Heine, einem Kisch und einem Holitscher, muß Polgar oder Goldschmidt kennen und verarbeitet haben, um das ihm Eigene ausbilden zu können. Je stärker das poetische Talent, umso größer die Verwurzelung in der Tradition; je mehr ein Autor in der Tradition steht, desto intensiver wird seine Darstellung neuartige Züge tragen können.

Hupperts Reisebilder sind Augenzeugenberichte, poetische Testate der durch Reisen gewonnenen Erkenntnisse und Erfahrungen. Sie machen deutlich, wie die Kenntnis der Realität in ihrer widersprüchlichen Entwicklung das Wissen erweitert und den Blick für die Mitmenschen schärft, denn dies Genre kann des kreativen Individuums nicht entbehren, wenn es wahr sein will. Das Reisebild zeugt von der Begegnung mit Landschaft, Menschen und Geschichte. Der Reisende erfährt Welt im umfassenden Sinne. Immer wird sich der Autor dieser Wirkung auf sich selbst bedienen, um ein den Leser beeindrukkendes Bild geben zu können: Je größer sein Erlebnisvermögen ist, desto umfassender ist das vermittelte Bild und damit die Wirkung. Die ›erfahrene Welt‹ verhilft zur Einsicht in die Gesetzmäßigkeit der Entwicklung, prägt die Individualität des Schreibers und wirkt auf diese Weise auf den Leser ein, um dessen Weltbild formen zu helfen.

Die Huppertschen Erfahrungen machen deutlich, daß ihm Reisen nicht zum Selbstzweck wurde. Die ausschlaggebende Motivation für die Fahrten ist die Suche nach dem Neuen, die für das Schreiben die bewußte Einflußnahme auf den Rezipienten. Der Ortswechsel ist immer gekoppelt mit den politischen Anschauungen des Autors und bringt jenen Typus der Wanderschaftsdarstellung hervor, der die Prosabände prägt. Die von Huppert bevorzugte Form des Reisebildes ist die Heinrich Heines, sie gestattete ihm, seiner Individualität genügend Platz einzuräumen und das, was aus den Dingen nicht herauszusehen ist, in sie hineinzusehen.

In seinem Italienbuch *»Münzen im Brunnen«* (1962, erw. 1965) berichtete Huppert im Vorwort von einer Begegnung mit einem profunden Kenner Italiens. Auf dessen Frage, was man denn eigentlich Neues über das oft dargestellte Land bringen könne, erwiderte er:

»Meine Bemühung, die *objektive* Wahrheit des heutigen Italiens heraufzubeschwören, will und kann ich nur in ganz *subjektiver* Sicht vollstrecken. Mein Landsmann Peter Altenberg, der unvergeßliche, nannte sein erstes Buch ›Wie ich es sehe‹; diese impressionistische Anmaßung leistet er sich im viertletzten Sommer des 19. Jahrhunderts. Ich bin beileibe kein Impressionist.«

Und über den Charakter seines Italienbuches sagte er aus, daß der Leser in ihm weder

»Reportagen noch Kolportagen [...], keinen verknappten Touristen-Baedeker [finde] noch eine popularisierte Kunstgeschichte, auch keine feuilletonistische Südlandskoketterie mit mondäner Reisebuch-Anekdotik.«

Die poetische Darstellungsweise definierte er wie folgt:

»[Es ist] das Wanderschaftsbuch eines in Bildern Denkenden: ein Stück Poesie mit Einbezug des Bildungsgutes und der sozialgeschichtlichen Einsichten, also mit geradezu nutzbringendem Erkenntniswert [...]. Es huldigt der Form nach einem von Heinrich Heine geschaffenen, von Kurt Tucholsky und Karel Čapek unterschiedlich fortentwickelten Genre essayistisch-novellistischer Reisebilder.«[24]

Zwischen den beiden Büchern »Münzen im Brunnen« und *»Sibirische Mannschaft«* (1934) liegen dreißig Jahre, sie offenbaren jedoch – bei aller Eigenart im einzelnen – ein wirkendes Grundprinzip Huppertscher Reisedarstellung. »Sibirische Mannschaft« war die erste Buchpublikation Hupperts. Über deren Vorgeschichte berichtete er:

»Der Anstoß war ein journalistischer. Das Zusammenführen von Literatur und Leben vollzog sich dazumal (unter anderem) in einer Vielzahl von Schriftstellerbrigadefahrten ›zum Objekt‹. Man reiste in Gruppen, zusammengestellt vom sowjetischen Schriftstellerverband, in die ›Aufgabengebiete‹. Nicht Besuch und Besichtigung war der Zweck, sondern ein richtiges Einleben, Zusammenwirken, Hineinwachsen, ein Mitatmen mit dem Bau- oder Werkkollektiv [...]. Ich sagte oben, der Anstoß sei journalistischer Natur gewesen. Es handelte sich nämlich um einen Wunsch und Auftrag der Zeitung ›Iswestija‹, des bekannten zentralen Presseorgans der Sowjetregierung. Chefredakteur Gromow wollte Korrespondenzen aus dem Kusbass von einer multinationalen Schriftstellerbrigade haben. Der Verband also stellte die Gruppe, der Redakteur instruierte sie. Wir fuhren los, hielten gut zusammen, schrieben kollektiv unsere Zeitungsberichte, telegraphierten oder telephonierten sie von unserem jeweiligen Standort nach Moskau und erfüllten unseren Presseauftrag leidlich gut. Was jeder nebenher an dichterischen oder prosaischen Zusatzproduktionen förderte, war seine Privatsache. Ich förderte die ›Sibirische Mannschaft‹«.[25]

Dieses »Skizzenbuch aus dem Kusbass« stellt sich dar als ein Gefüge aus Reportage, Tagebuch, historischer Konfrontation, literarischem Porträt und novellistischem Exkurs. Es darf als eine sehr eigene Prägung des Genres angesehen werden. Man findet den stimulierenden Willen zum Anderswerden, die Triebkräfte der revolutionären Prozesse. Der Autor sprach von einem »Horizont höchster sittlicher Würde und Schönheit«[26], der das Planen und Realisieren beim Übergang vom ersten zum zweiten Fünfjahrplan der UdSSR bestimmt habe.

Der heutige Leser wird sich dem Schwung dieser Schilderungen ebensowenig entziehen können wie der zeitgenössische. Johannes R. Becher schrieb zum Beispiel: »Dir ist es unbedingt gelungen, einen der entscheidenden Abschnitte des Aufbaus lebendig und zusammenhängend darzustellen; man bedauert oft, daß viele Teile nicht ausführlicher und länger sind. Also: Du hast eine gute Arbeit fertiggebracht. Liest man Deine Seiten – so beginnt man oft unwillkürlich, die eigene

Arbeit an der gewaltigen Arbeit, die überall in der UdSSR geleistet wird, zu messen – und dieses Maß anlegend, wird man bescheiden und kleinlaut. Das wollte ich Dir schreiben, und auch das: ich bedauere, dieses Buch nicht eingeleitet zu haben. Soweit ich es überhaupt sehen kann: *hier* liegt Deine Begabung.«[27]

Innerhalb des Prosaschaffens verdient die essayistisch-publizistische Produktion Hupperts unbedingt Beachtung, auch wenn der Autor sich zu Teilen davon kritisch äußerte[28]. Der Publizistik hatte sich Huppert schon früh verschrieben. Bereits als Student schriftstellerte er und hat zeitlebens ein fast unüberschaubares Pensum an Artikeln, Essays und Übersichtsdarstellungen bewältigt. Seine Arbeiten befassen sich mit allen ihm zugänglichen Gebieten des öffentlichen Lebens. In seiner Autobiographie berichtete er ausführlich darüber. Immer war sein literarisches Wirken mit der Entwicklung der Arbeiterklasse verbunden, befaßte er sich mit Themen, die von den gegenwärtig zu lösenden Aufgaben bestimmt wurden. Das trifft für die Mitarbeit an ökonomisch-staatsrechtlichen Journalen (für die er durch seine Ausbildung als Nationalökonom prädestiniert war) ebenso zu wie für Artikel, in denen er sich zu kulturellen und künstlerischen Entwicklungstendenzen äußerte. Besonders nach seiner Übersiedlung in die UdSSR hat er die publizistische Arbeit intensiviert, nach der Rückkehr im Jahre 1956 erhielt sie einen neuen Aufschwung.

Von 1974 an widmete sich Huppert ganz und gar der Aufgabe, sein Leben, seine Begegnungen mit Zeitgenossen und die Umstände seines Weges als Dichter und Schriftsteller, als politischer Mensch zu erzählen. Dieses großangelegte, drei Bände umfassende Werk – *»Die angelehnte Tür«* (1976), *»Wanduhr mit Vordergrund«* (1977) und *»Schach dem Doppelgänger«* (1979) – ist ein Unternehmen, das ›ein Zeitalter besichtigt‹, von einer Jugend berichtet, »Stationen eines Lebens« darstellt und »Anläufe der Reifezeit« beschreibt. Der Autor ist ein erfahrener Erzähler, der weiß, wie man die Akzente setzt, um den Leser in Atem zu halten, was man ihm anbieten muß, um sein Interesse wachzuhalten, wo man eine Geschichte abbrechen kann, um sie an anderer Stelle wieder aufzunehmen und mit ihr in anderem Zusammenhang fortzufahren. Da die Biographie Hupperts reich an bewegenden Ereignissen und Begegnungen mit interessanten Persönlichkeiten ist, muß das in den Bänden Vorgelegte attraktiv im doppelten Sinne sein: Einmal aus dem chronologischen Auf und Ab der Vita und zum anderen durch die subjektive Sicht auf die Menschen, die seinen Weg kreuzten.

Huppert bediente sich einer Erzählmethode, die er als eine Form des konzentrischen Erzählens charakterisiert hat.[29] Er ging von ›Inseln des Erinnerns‹ aus, um jene hervorstechenden Begegnungen und erinnerungswürdigen Begebenheiten so zu erzählen, daß sie die Chronologie der Lebensstationen offenlegen, zugleich aber einen freien Umgang mit den Fakten ermöglichen. Mit anderen Worten: Der Autor hält sich nicht an die Chronologie im Sinne des exakten zeitlichen Ablaufs, sondern zieht fernerliegende, aber ideell zusammengehörige Fakten zusammen, um im weiteren Bezug die Erlebnisse einer Lebensetappe darzustellen:

»Ein Lebensberichterstatter, ein Autobiograph, ist kein Annalenschreiber, sondern ein Erzähler. Und als solcher sehe ich mich mitunter veranlaßt, aus Gründen der Sachkomposition, gewisse Umstellungen vorzunehmen; Goethe nennt diesen Kunstgriff einmal ›Hinterst-Zuvorderst‹, und die klassische Philologie bezeichnet den Kunstgriff als ›Hysteron-Proteron‹«.[30]

Die autobiographischen Bücher Hupperts sind sehr detailreich, erzählen minutiös von den Besonderheiten eines fast acht Jahrzehnte währenden Lebens, verlieren sich aber kaum jemals in Unwichtiges. Es zeigt sich vielmehr, daß der Autor auch die privaten Details so in den zeitgeschichtlichen Zusammenhang eingebaut hat, daß der Leser ständig gefesselt ist und zum Herstellen weiterer Bezüge gezwungen wird. Die Bände zeigen im Spiegel des eigenen Werdens den Gang der Weltereignisse, offenbaren Stationen des Kampfes um das gesellschaftliche und individuelle Fortschreiten, das durch den historischen Fortschritt ermöglicht und erzwungen wird. Ein Werk wie dies autobiographische Großunternehmen muß poetisch intensiviert erzählt sein, wenn es wirken soll. Wie sollte aber ein poetisch so subtiler Mensch wie Huppert auch anders als poetisch über sein Leben und seine Zeit schreiben? Huppert verlangt seinem Leser viel ab. Er gibt ihm aber auch viel, das belegt nicht zuletzt die lebhafte Reaktion[31] auf diese drei Bücher.

Hugo Huppert, Nationalität und Staatsangehörigkeit nach

Österreicher, war in seinem Land als Dichter wenig bekannt. Friedrich Heer nannte in einer Rezension für den Österreichischen Rundfunk Gründe dafür: »Dieses Übersehen des Hugo Huppert, des Lyrikers, Erzählers, Übersetzers, Zeit- und Kulturkritikers, hierzulande hat drei vorzügliche Gründe: Huppert ist Kommunist, Altkommunist, von Jugend auf. Huppert gehört also einer Literatur an, von der man nur spricht, wenn sie aus dem gelobten, verfluchten Land, aus der Sowjetunion und den anderen Oststaaten auswandert, oder zumindest in die innere Emigration geht, oder zumindest die Hoffnung weckt, zur inneren Resistance zu gehören. Huppert befaßt sich mit ›abseitigen‹ Themen, die hierzulande nicht interessieren, zumindest in dieser seiner rot-roten Optik nicht anzusehen sind. Huppert schreibt, als Schüler, als Freund älterer europäischer und auch amerikanischer Dichter, Literaten, in Stilen, die hier nicht ›liegen‹, die einfach fremd wirken.«[32]

In den letzten 25 Jahren seines Lebens arbeitete und lebte Huppert in Wien. In seinem letzten Buch, *»Briefe aus Wien«* (1982), stellt er Österreich mit seinen Bundesländern dar und zeigt es als ein Land mit großer historischer, kultureller, vor allem lebendiger Vergangenheit, die er dem Leser in einprägsamen Episoden und Begebenheiten nahebringt. In den einundzwanzig an fiktive Partner in den USA gerichteten »Briefen« vermittelt er ein Bild Österreichs, das die eigene Verbundenheit mit Land und Leuten offenbart und zeigt, daß er mit Leib und Seele Österreicher gewesen ist. Wenn seine Verbindung mit den Vertretern der modernen österreichischen Literatur auch nur locker war, gehört sein Werk doch zur Literatur dieses Landes.

Biographische Notiz

Hugo Huppert wurde am 5. Juni 1902 im schlesischen Bielitz-Biala [Bielsko-Biela] als Sohn eines Postbeamten geboren. Schulbesuch und Matura in seiner damals zur k. u. k. Monarchie gehörenden Heimatstadt; 1920/25 – nach der Option für Österreich – Studium der Staatswissenschaften und Nationalökonomie in Wien (Dr. rer. pol.), 1921 Mitglied der kommunistischen Studentenfraktion der österr. Hochschülerschaft, Mitglied KPÖ; hörte 1925/26 an der Sorbonne in Paris Geschichte und Soziologie (Bekanntschaft mit H. Barbusse, G. Duhamel, J. Cocteau), Ausweisung aus Frankreich; fand in Wien keine Anstellung, 1927 nach der Juli-Erhebung der Wiener Arbeiter gegen die Klassenjustiz Polizeihaft und Haussuchung; 1928 Heirat, Emilia Huppert starb wenig später; 1928/32 am Marx-Engels-Institut in Moskau (Mitarbeit an der MEGA, u. a. Marx' »Ökonomisch-philosophische Manuskripte«); 1928/30 enger Kontakt mit Majakowski und LEF; 1932/35 Studium am Institut für Rote Professur (literarisch-journalistische Fakultät); zweite Eheschließung; Begegnung mit Gorki; ausgedehnte Reisen durch die Sowjetrepubliken (u. a. 1928/29 Nordrußland, Karelien, 1933 Ural, Westsibirien, 1934 Krim, Ukraine). Danach journalistische und literarische Arbeit und Übersetzertätigkeit, u. a. leitende Tätigkeit an »Deutsche Zentralzeitung« (1934/38 Kulturredakteur) und »Internationale Literatur. Deutsche Blätter« (ab 1936 als stellv. Chefredakteur) in Moskau; 1938/39 durch Denunziation Gefängnishaft ebd.; 1939/41 Dozent am Maxim-Gorki-Institut für Weltliteratur; zweijährige Tätigkeit als Lehrer an Antifa-Schulen für österr. und dt. Kriegsgefangene und Arbeit für das »Nationalkomitee ›Freies Deutschland‹«, im Sommer 1944 Sekretär Ilja Ehrenburgs; 1944/45 als Major der Roten Armee Teilnahme am Kampf gegen den Hitlerfaschismus (Rumänien, Ungarn, Slowakei, Niederösterreich, Befreiung Wiens). 1945/49 aktive Beteiligung am Aufbau des kulturellen Lebens in der zweiten Republik Österreich; 1949/56 erneut in der Sowjetunion: literarische und publizistische Arbeit, u. a. in Georgien als Nachdichter tätig; danach seit 1956 in Wien als freischaffender Schriftsteller ansässig; dritte Ehe; seit 1953 Mitarbeit an »Die Weltbühne« (Berlin), 1946/57 Mitglied des österr. PEN-Zentrums (wegen politischer Differenzen ausgeschlossen), 1947 Mitglied des Wiener Schriftsteller- und Journalisten-Klubs »Concordia«; ab 1958 Mitarbeit im PEN-Zentrum der DDR; 1963 Korr. Mitglied der Akademie der Künste der DDR, seit 1957 Studienreisen: ČSSR, Ungarn, Jugoslawien, BRD, Frankreich, Schweiz, Italien, Sowjetunion. 1969 verlieh ihm der österr. Bundespräsident den Professorentitel für literarische Verdienste, von der Stadt Wien wurde ihm eine Ehrenpension zugesprochen. Hugo Huppert starb am 25. März 1982 in Wien.

1956 Literaturpreis für Nachdichtung und 1957 Sonderpreis für das literarische Gegenwartsschaffen des Ministeriums für Kultur der DDR; 1964 Heinrich-Heine-Preis, 1967 Nationalpreis der DDR, 1967 Orden »Zeichen der Ehre« des Präsidiums des Obersten Sowjets und Ehrenurkunde vom Präsidium des Schriftstellerverbandes der UdSSR; 1970 Lenin-Medaille in Gold; 1972 Maxim-Gorki-Preis des Weltfriedensfonds; 1976 Kunstpreis der Gesellschaft für Deutsch-Sowjetische-Freundschaft und Goldene Ehrennadel für literarische Verdienste der Gesellschaft »Österreich – DDR«; 1977 Österreichisches Ehrenkreuz Erster Klasse für Wissenschaft und Kunst.

Zsuzsa Széll

Elias Canetti

Die geistigen Konturen eines schöpferisch tätigen Menschen zu erfassen ist immer mit großen Schwierigkeiten verbunden. Bei Elias Canetti (geb. 1905) wird solches Beginnen auf eine besonders harte Probe gestellt, da sein Schaffen an Überraschungen reich ist. Schon die gattungsmäßige Variabilität läßt erstaunen: Dramen werden vom Roman abgelöst, diesem folgt ein wissenschaftliches Werk von innerlich und äußerlich gleichermaßen großen Dimensionen, das Gesellschaftsforschungen auf mehreren Ebenen in sich vereint. Das politische Pamphlet wird ihm genauso zur Ausdrucksform, wie die fach- und sachkundige literarische Analyse, feinziselierte Kurzerzählungen und Kommentare zum Zeitgeschehen entstehen in unmittelbarer Nachbarschaft zueinander. Dies alles gewann ihm die Anerkennung und Achtung der jeweiligen Sachkenner, doch breitere Leserkreise wendeten sich ihm nur langsam zu. In den siebziger Jahren aber trat er mit einem Werk hervor, das mit einem Schlag zum Bestseller wurde: der Roman seiner Kindheit, *»Die gerettete Zunge«* (1977). Der Erfolg erklärt sich durch die Buntheit und den Reichtum der inneren und äußeren Stationen eines Kinderlebens und die Kavalkade der dargestellten Epochenbilder: Canettis Geburtsstadt, das bulgarische Rustschuk des Jahrhundertbeginns (belebt von türkischen, zigeunerischen und vor allem jüdischen Einflüssen), und all die anderen Orte, an denen er aufwuchs: das bürgerliche Manchester, das aus seinem Kulturrausch in den Krieg taumelnde Wien, das zugleich nüchterne und idyllische Zürich während und nach dem Ersten Weltkrieg. Das Kind (Elias Canetti) gerät im Laufe häufiger Orts- und Sprachwechsel von den ersten Erkenntnissen in den Zauber der Bildung und des Wissensdurstes, um sich schließlich den harten Ansprüchen der Wirklichkeit gegenübergestellt zu sehen. Der Dichter Canetti aber zeichnet diese Entwicklung als kundiger Seelenforscher so, daß die Aufeinanderfolge der Kapitel auch ihrem Stil nach die sich entfaltende, sich erweiternde Aufnahmefähigkeit des Kindes vermittelt. Bildlich und – im besten Sinne des Wortes –

volkstümlich wird dargestellt, aus wie verzweigten Wurzeln sich die Gedankenwelt nährt, die der Autor des Werkes im Laufe seines Lebens aufgebaut hat.

Was bei dem siebzigjährigen Canetti dieser gelösten Tonhaltung zum Durchbruch verholfen haben mag, wäre wohl gänzlich kaum zu erraten, obwohl es gar nicht so schwer ist, die gewichtigsten Ursachen zu bedenken. Über den Zenit eines sich selbst gegenüber mit maximaler Strenge und Anforderung verbrachten schöpferischen Lebens hinaus, blickt er zurück, um vor sich und der Welt Rechenschaft abzulegen. Dies wird vor allem aus dem zweiten Band seiner Lebensgeschichte ersichtlich, *»Die Fackel im Ohr«* (1980), aus dem wir nicht bloß erfahren, warum er sich in seinen Wiener Studienjahren mit Naturwissenschaften, hauptsächlich mit Chemie beschäftigte, um schließlich seinen Doktor zu machen. Ersichtlich wird, welche Impulse sein Denken und die Entfaltung seiner dichterischen Persönlichkeit dem Gilgamesch-Epos oder Aristophanes entnahm, wie Karl Kraus und andere Zeitgenossen auf ihn wirkten. Die wertvollsten und erregendsten Kapitel des Bandes bieten Einblicke in das geistige Leben Berlins der zwanziger Jahre beziehungsweise in politisch-gesellschaftliche Ereignisse der Zeit wie die Inflation nach dem Ersten Weltkrieg, die Ermordung Rathenaus, den Wiener Arbeiteraufstand von 1927. Der dritte Band, *»Das Augenspiel. Lebensgeschichte 1931–1937«* (1985), eröffnet Einblicke in die Zusammenhänge seiner literarischen Werke (»Die Blendung«, »Hochzeit« und »Komödie der Eitelkeit«) und dem Wien der dreißiger Jahre, auch hier bestechen die – in mancher Hinsicht zwiespältigen – aus innerer Beteiligung erwachsenen Charakterzeichnungen einzelner Menschen, angefangen von der selbstsüchtigen Herrscherin Alma Mahler, bis zu Robert Musil, Hermann Broch und Dr. Sonne oder dem Partner Fritz Wotruba. Da sich dieser Band jedoch zeitlich nur bis 1937 erstreckt, können wir nur von einem folgenden erwarten, mehr darüber zu erfahren, wie der Schriftsteller Canetti zu einem in den jeweiligen Fachkreisen anerkannten Sinologen, Mythosforscher, Ethnologen und Psychologen wurde.

Einer solchen Vielseitigkeit steht man heute im allgemeinen argwöhnisch gegenüber. Die – meist nicht ganz unbegründete – Vermutung hat sich durchgesetzt, daß ein Polyhistor in un-

serer Zeit nur Dilettant sein kann. Canettis Werk liefert den Gegenbeweis. Es beruht nämlich auf einem anderen Begriff von Polyhistorie. Canettis Ziel ist es nicht, möglichst viele Wissenschaftszweige fachgemäß zu beherrschen. Seine Bemühung gilt dem Überwinden der Detail-Spezialisierung, der fachwissenschaftlichen Einkapselung. Statt Einseitigkeit und Fachbarbarei strebt er nach Erfassung der in der Vielschichtigkeit der Wirklichkeit und des Individuums verborgenen Vollkommenheit und Einheit. Wäre das ein Kampf gegen Windmühlenflügel? Jedenfalls ist es ein fast übermenschliche Anstrengungen erfordernder Kampf, der aber – so Canettis Ansicht – für ihn als Dichter und als Denker die einzige Möglichkeit biete, etwas dazu beizutragen, daß unser Dasein zu einem menschlichen werde:

»Mein ganzes Leben ist nichts als ein verzweifelter Versuch, die Arbeitsteilung aufzuheben und alles selbst zu bedenken, damit es sich im Kopf zusammenfindet und darüber wieder Eines wird. Nicht alles wissen will ich, sondern das Zersplitterte vereinigen.«[1]

Der die Welt in ihren Zusammenhängen, in ihrer Einheit erfassende Blick verbindet sich bei Canetti mit der festen Überzeugung, daß es grundlegendes Bedürfnis des Menschen – jedes Menschen – ist, seine verschiedenen Möglichkeiten, seine Vielfalt zu verwirklichen.

Diese zusammenfassende Sicht und von der Vielseitigkeit des Menschen ausgehende Polyhistorie des Wissenschaftlers findet ihr Pendant in der Totalitäts-Bemühung und Menschbezogenheit des Epikers. Und wir mögen der Wahrheit auf der Spur sein, wenn wir vermuten, daß er mit seinem autobiographischen Werk eben den zu diesen Zielen führenden Weg als Einheit und nacherlebbar zu gestalten trachtet. Fügt sich doch durch die ethische Absicht sein wissenschaftliches und sein dichterisches Schaffen zu einem einzigen Bogen der Verpflichtung gegenüber dem Menschen und der Welt.

Canettis Weltschau und seine ethischen Beweggründe, seine Absichten und seine Ergebnisse gestalten sich zu einer Einheit, verwirklichen den keineswegs bloß subjektiven Sinn, den er selbst seinem Leben verlieh. Aber bei der Analyse und Darstellung dieser Einheit müssen wir schrittweise vorgehen. Wir können dazu den Weg wählen, der bei ihm vom Interesse am einzelnen zu seinen Ansichten über die Gesellschaft, vom anthropologischen Gesichtspunkt zu soziologischen Erkenntnissen führte, selbst wenn in seiner denkerischen Entwicklung all das nicht in so schrittweisem Nacheinander erfolgte.

Unser Ausgangspunkt sei demnach eine verhältnismäßig spät notierte Einsicht Canettis:

»Der Mensch, der sich für den Maßstab aller Dinge hält, ist beinahe noch unbekannt, seine Fortschritte in der Kenntnis von sich sind minimal, jede neue Theorie verdunkelt von ihm mehr, als sie erleuchtet. Nur die unbefangen konkrete Erforschung einzelner führt allmählich weiter.«[2]

Darum strebt er mit unermüdlicher Hingabe danach,

»[...] Menschen ganz in mich aufzunehmen, um sie immer wieder von neuem zu begreifen«.[3]

(Anhand ihrer Werke, Notizen, Briefe und anderen Äußerungen »nahm er in sich auf« – und verewigte für uns – schöpferische Persönlichkeiten, wie Konfuzius, Tolstoi, Karl Kraus, Franz Kafka oder Robert Musil, aber auch solche zerstörender Natur, wie einige Geisteskranke oder zum Beispiel Hitler.)

Nach Obengesagtem ist es wohl schon zu erwarten, daß Canettis tiefes Interesse am Menschen sich nicht in irgendeinem abstrakten, luftleeren Raum bewegt. Er selbst sagt klar und eindeutig:

»Wer meint, daß ihm gegeben sei, seine innere Welt von der äußeren zu trennen, hat gar keine innere, von der etwas zu trennen wäre.«[4]

Alpha und Omega des menschlichen Seins und der Veränderungen dieses Seins sind für ihn die gegenseitige Bedingtheit, das Aufeinander-Angewiesen-Sein innerer und äußerer Lebenssphäre.

Laut Canetti liegt Grund und Ursprung der Menschwerdung des Menschen in dessen Veränderungsfähigkeit. Dies gilt jedoch nicht nur für die historische Entwicklung der Menschheit, nicht nur philogenetisch, sondern ebenso für die Entwicklung des Individuums, also auch ontogenetisch. Die Umwelt fordert vom Individuum ständig Anpassung, also Veränderung seiner selbst. Die Natur des jeweils gegebenen Anforderungs-Systems bestimmt die Möglichkeiten des immerwährenden Prozesses der Menschwerdung. Ideal wäre ein Anforderungs-System, das den vielschichtigen Betätigungsansprüchen der menschlichen Natur Rechnung trägt, gleichzeitig aber die Grenzen der Veränderungsfähigkeit nicht überspannt. Stellt das gegebene Weltsystem zu große körperliche und geistige Anforderungen, dann wird das geistig-seelische Gleichgewicht des Individuums gestört, sein gesunder Verstand gefährdet. Die dadurch ausgelöste Geistesstörung kann in zwei extremen Formen auftreten: entweder als Ich-Aufgabe oder aber als krampfhaftes Bemühen zur Bewahrung des Ich. Canetti erkannte, daß in unserem Jahrhundert diese Gefahr größer ist denn je. Die Ursache dafür sieht er in der Leistungszentriertheit:

»Wenn ein Mensch etwas kann, muß er es immer besser können, bis er es zum Schluß so gut kann, daß er eben in dieser Beziehung zur besten Leistung imstande ist, – aber alles übrige zählt nicht. Der ganze übrige Mensch, das meiste woraus er besteht, ist einfach nicht mehr da.«[5]

Diese durch Spezialisierung – beziehungsweise einseitige Entwicklung – verursachte Ich-Verengung hat zahlreiche schädliche Wirkungen zur Folge. Nicht nur die Verkümmerung der übrigen Fähigkeiten, sondern damit auch die des Verantwortungsgefühls allem gegenüber, was sich nicht auf die engbemessene Fachausübung bezieht. Eine Haltung macht sich breit, die in der Redewendung »Was ich nicht weiß, macht mich nicht heiß« prägnant erfaßt ist. Aber selbst die Verantwortung innerhalb des Fachbereiches erstarkt nicht zu ethischer Stellungnahme; bloß solche Urteile werden gefällt, die beschränkten Sachverhältnissen gelten. Darauf bezieht sich auch die Bemerkung Canettis, die den gesellschaftlichen Aspekt des Ich-Verlustes – nebenbei bemerkt: auch in Berufung auf Konfuzius – auf die Formel bringt:

»Spezialistentum ist ja nichts anderes als die Benutzung von Menschen zu Werkzeugen«.[6]

All diese Überlegungen scheinen äußerst abstrakt. Wenn wir uns aber im Zeichen dieser Gedanken Canettis 1932 entstandenen Roman *»Die Blendung«* (1936) nähern, wird ihr pulsierender Wirklichkeitsgehalt sofort sichtbar.

Eine Äußerung des Autors verweist uns darauf, daß er mit diesem Roman die gesteigerte Gestaltung gewisser Zeitsymptome anstrebte. Diese Übersteigerung der Wirklichkeit scheint manchem Leser selbst heute noch – fast fünfzig Jahre nach der Niederschrift – bizarr, ein Hirngespinst, das Widerstand in ihm auslöst. Leider ist es aber so, daß diese Übersteigerung keine Verzerrung oder gar Verfälschung der Wirklichkeit in sich barg, sondern eher dazu diente, reale Erscheinungen besser erkennen zu lassen.

Der ›Hauptheld‹ des Romans, der hochqualifizierte und mit Recht weltberühmte Sinologe Professor Peter Kien und seine blöd-primitive Haushälterin Therese schließen – einem Mißverständnis zufolge und ohne jede gefühlsmäßige oder sexuelle Neigung zueinander – eine Ehe. Dieses Ehebündnis ist an und für sich so grotesk, daß man es als absolute Absurdität empfinden mag. Es ist aber durchaus kein Nonsens, sondern die Transponierung einer mehr als bedenklichen gesellschaftlichen Erscheinung in die Sphäre der Bildlichkeit und des Privatlebens. So sehr der Professor und Therese sich auch voneinander unterscheiden, ja als Gegensätze erscheinen, charakterisiert sie doch etwas Gemeinsames. Man könnte sagen, daß sie zweierlei Erscheinungsweisen, zweierlei Symptom-Reihen ein und derselben Zeiterkrankung verkörpern. Canettis Verdienst liegt gerade darin, daß er hinter den unterschiedlichen Symptomen die gleiche Krankheit diagnostiziert und erkennbar macht. Auf der einen Seite die draufgängerisch aggressive Beschränktheit, ja Unlogik, auf der anderen den Rückzug des hoch entwickelten Intellekts von allem, was außerhalb des Faches liegt. Sowohl Kien als auch seine Haushälterin sind – jeder auf seiner Ebene – Prototypen der Ich-Einengung. Ihre Wertvorstellungen sind grundverschieden und füreinander unzugänglich, da beide – wie auch alle anderen Figuren des Romans – im engen Rahmen ihrer Weltschau befangen sind, unfähig, sich darüber zu erheben. Kien und Therese verhalten sich zueinander, wie die beiden Seiten einer Münze. Ihr ›Bündnis‹ ist genauso ein zwangsmäßiges Ergebnis ihrer Einstellung, wie sich einige Jahre nach der Entstehung des Romans mit gewisser historischer Zwangsläufigkeit die Herrschaft der aggressiven Unlogik, des Faschismus, über Europa, über die europäische Kultur, ergab. (Deshalb konnte das Kiens Bibliothek verzehrende Feuer zum vorausmahnenden Symbol späterer Bücherverbrennungen erwachsen.)

Der Roman beginnt mit einem Zwiegespräch. Während des Morgenspazierganges wird Kien auf einen Jungen aufmerksam, der die Wissen versprechenden Bücher in der Auslage eines Buchladens betrachtet. Kien erkennt im Laufe des Gesprächs den scharfen Verstand und den mächtigen Wissensdurst des Knaben. Und er weiß – für diesen einen Augenblick –, daß er sich um den Kleinen, um dessen geistige Entwicklung kümmern muß. Später aber weist er den Jungen ab, schickt ihn fort, um sich weiterhin ungestört seiner Arbeit widmen zu können. Kiens riesige Bibliothek versperrt das Wissen, statt es zugänglich zu machen. Kien weist den Jungen ab, und damit – wie mit allem, was er tut – schließt er sich selbst von den – anscheinend – außerhalb des Bereichs seiner Bücher liegenden Wirklichkeitsaspekten aus. Das einleitende Zwiegespräch steht kontrapunktisch zum Ganzen des Romans. Seine Funktion ist, zu verdeutlichen: Die Menschen könnten miteinander sprechen, sich einander verständlich machen, jedoch ihre gesellschaftlich bedingte Einengung erstickt die Möglichkeit jedweden fruchtbaren Dialogs. Jede einzelne Figur des Romans lebt in ihrer Einengung nur ein Teil-Dasein und somit ein Schein-Dasein. Dieses Schein-Dasein wird in der Darstellung Canettis bis in seine letzten Konsequenzen verfolgt. Nirgends die mindeste Spur irgendwelcher wahrhaft menschlicher Beziehungen. Eben deshalb mündet das individuelle Schein-Dasein notwendigerweise in falsche soziale Bindungen, in Schein-Gemeinschaften, die sich als einziger – eben scheinbarer – Zufluchtsort anbieten.

Die Entstehung von Scheingemeinschaften gestaltet Canetti – sogar zwiefach – in den Pogromszenen um die Pfandleihanstalt. Die Triebfedern sowohl der sich spontan ansammelnden als auch der organisierten Scheingemeinschaften werden aufs genaueste bloßgelegt. Keiner in der sich zusammenballenden Menge weiß eigentlich, was geschehen ist. Das hysterische Geschrei Theresens hat die Aufmerksamkeit erweckt, und ein Wust von Vermutungen steigert die Stimmung. Die Leute sind arm, sie tragen gerade ein letztes Wertstück in die Pfandleihe, und selbst der gerissene Taschendieb Fischerle kann bei ihnen nichts finden. Sie haben es schwer und sind demnach verbittert. Sie hören von Diebstahl und Mord, von Untaten, die sie in ihrer Verbitterung wahrscheinlich auch schon verüben wollten, vor denen sie aber in ihrem individuellen Verantwortungsgefühl oder aus Angst vor den Folgen zurückschreckten. Doch jetzt – als Menge, als Meute – können sie unbarmherzig losschlagen. Durch ihre in der Masse gewonnene Anonymität wird selbst ein etwaiger Mord gefahrlos.

Die Verbitterung der einzelnen wird durch das unverstandene Fanal der Schreie zur allgemeinen Aufregung, die sich als gemeinsame Gewalttat entladen kann:

»[...] sie holen zusammen tief Atem und atmen begeistert aus«. (B 323)[7]

Beglückende Gemeinsamkeit, beglückende Entladung, die noch durch die Vorstellung, Gerechtigkeit zu üben, verstärkt wird:

»Die unmittelbar Beteiligten halten sich selbst für die Polizei, und die entfernter Stehenden hoffen, es noch so weit zu bringen.« (B 320)

Der ekstatische Zustand flaut ab, als die Uniformierten wirklich erscheinen. Man beneidet die Polizisten, deren Uniform Symbol einer dauernden Gemeinschaft, einer dauernden Gewaltausübung ist:

»An der Uniform spürt man, was die immer dürfen.« (B 321)

Die Scheingemeinschaft zerfällt in nichts, ihre Glieder werden wieder zu bedrückten Einzelwesen:

»Teils saßen sie wieder hinter Schaltern, teils hielten sie mit flehenden oder trotzigen Mienen Pfänder hin.« (B 324)

Die Erleichterung, die das gemeinsame Handeln für Augenblicke bieten konnte, ist verpufft, nichts hat sich verändert. Doch der sozial-psychologische Grund der Bereitschaft zu solchem Handeln wurde in der Darstellung offenbar.

Einen anderen Aspekt des Massenwahns können wir in den Szenen von Canettis Drama *»Komödie der Eitelkeit«* (e. 1934, 1950) beobachten. Der Schriftsteller geht auch hier von einem bizarr scheinenden Einfall aus. Thematischer Kern des Stükkes: eine staatliche Verordnung verbietet jede Art von Eitelkeit und die Macht verleiht diesem Verbot durch administrative Mittel Kraft und Gültigkeit. Der Befehl wird anfangs nicht nur blind befolgt, man kommt ihm – trotz seiner Absurdität – mit Freuden nach. Zu Beginn des Stückes dominiert die Lust der Menschen am Wegwerfen ihrer Spiegel und Photographien, die sich hier als die Lust äußert, zur Masse zu werden. Die allgemeine Begeisterung zeigt: Der absurde Befehl hat die Individuen zu einer Scheingemeinschaft geballt. Bald aber stellt sich heraus, daß weder die Eitelkeit noch andere Gefühle des einzelnen auf die Dauer und vollkommen auslöschbar sind. Zwangsmäßiges Ergebnis solcher Unterdrückung ist, daß das Individuum früher oder später diese Bande zerreißt. Der einzelne muß seiner Individuation unbedingt Ausdruck verleihen können.

Es wäre aber verfehlt, wollte man aus all dem den Schluß ziehen, Canetti bekenne sich zu einem Kult des Individuums oder zur Massenverachtung. Nicht die Masse oder gar die Kollektivität wird von ihm angegriffen und bloßgestellt, sondern immer nur die Scheingemeinschaft, also eine auf Anruf und ohne zentralen Wert sich bildende Menge, deren Glieder ihrer Persönlichkeit verlustig gehen. Die Scheingemeinschaft nivelliert die Individuen, enthebt sie ihrer menschlichen Würde und ihres Verantwortungsgefühls, degradiert sie zu auf Befehl handelnde Marionetten. Kaum gibt es andere bürgerliche Dichter und Denker, die mit gleichem Nachdruck wie Canetti das Aufeinander-Angewiesen-Sein der Menschen, die Wichtigkeit der Schaffung echter menschlicher Gemeinschaften betonen. Die Hauptgefahr der Einengung, des Eingeengt-Werdens des Individuums sieht er eben darin, daß jeder auf Teilgebieten errungene Sieg eigentlich immer ein Schritt zur Selbstvernichtung ist, weil er den Menschen von seinen Mitmenschen entfernt. Sogar in der hinduistischen Philosophie irritiert ihn »der Hochmut der Erlösung«, da die einzige wahre Erlösung des Menschen nur in den anderen zu finden ist. Individuelle Ekstase oder Abkapselung aber entfernt uns voneinander.

Diese Abkapselung und Eingeengtheit wird samt ihren Gefahren im Roman vielfach versinnbildlicht. Kien, der anfangs in seiner zwar geräumigen, jedoch fensterlosen Bibliothek lebt, meint sich vor den Angriffen Theresens retten zu können, indem er ihre Machenschaften nicht wahrnimmt, die Augen schließt, körperlich erstarrt – und dadurch nur den Prozeß seiner Selbstverblendung und Selbstzerstörung beschleunigt. Der einstige Polizist und jetzige Hausmeister, der Kraft- und Gewaltmensch Pfaff, liegt in dem engen Kabinett seiner Wohnung vor einem Guckloch auf der Lauer nach Bettlern, überzeugt davon, daß er so seiner Pflicht und der Gerechtigkeit nachkomme, während er selbst zum Mörder an Frau und Tochter wird. Der bucklige Zwerg Fischerle sucht Zuflucht unter dem Bett einer Prostituierten, wo er schließlich nur einen schrecklichen Tod findet.

Diese sinnbildliche Abgeschlossenheit der einzelnen entspricht ihrer geistigen Besessenheit, den jeweiligen Wahnideen, die sie daran hindern, den anderen, ja selbst die eigene Situation, irgendwie richtig zu erfassen. Jeder will seine innere Welt – mit Canettis Wort: seinen Privatmythos – absichern, ist deshalb bemüht, die Wirklichkeit zu negieren und fördert so die eigene geistige wie physische Desintegration.

All das ist – wie schon in vielen Analysen des Werkes festgestellt wurde – sozusagen unter ›Nichteinmischung‹ des Autors dargeboten. Scheinbar kommentarlos werden diese von ihren fixen Ideen determinierten Figuren zueinander in Bezug gebracht, was einerseits eine Vielfalt der – falschen – Auffassungen, Wertvorstellungen und Perspektiven ergibt, andererseits eben die Zerfallenheit, die Atomisiertheit der Welt eindringlich darstellt.

Canetti sah und gestaltete die Verstümmelung des Menschen, sah und gestaltete die Mißstände der Gesellschaft dieser Zeit. Aber er bemühte sich auch, die Wurzeln des Übels, den Ursprung der Krankheit aufzudecken. Im Roman bieten dazu die wichtigsten Anhaltspunkte einige Überlegungen von Peter Kiens Bruder Georg. Diese einzige weltoffene Figur des Romans, einst erfolgreicher und beliebter Frauenarzt, hatte ein erschütterndes Erlebnis, das ihn bewog, sein Leben zu ändern, und ihm durch den schweren Dienst an Irren Inhalt zu verleihen. Dabei begegnet er einem menschlichen Wesen, das in zwanghafter Isolation gehalten wird. Es ist der beraubte und verpönte Bruder eines steinreichen Bankiers, der sich – von der Familie zu Zimmerhaft verurteilt – äußerlich in ein gorillaartiges Geschöpf verwandelt, innerlich jedoch seine eigene Freiheit errungen hat. Keinerlei Konvention verhindert sein Selbst-Sein, dem er sogar in der Schaffung einer eigenen Sprache, einer Einheit von Klang und Bewegung, »vom ganzen Körper erzeugt«, Ausdruck verleiht. Dieser Sprache haftet nichts an vom sinnlosen Leerlauf, der das Sprechen aller anderen kennzeichnet, sie ist Ergebnis einer Persönlichkeitseinheit, wie sie Georg noch nie begegnet ist, und die er als etwas Wesentliches erkennt. Doch trotz dieser Erkenntnis ist auch Georg, der nunmehr ein anerkannter Psychiater wird, nicht fähig, seinem Bruder zu helfen. Ja gerade dieses Versagen Georgs beschleunigt Peter Kiens Selbstvernichtung.

Der Roman konnte – seinen eigenen Gesetzen gemäß – Möglichkeiten eines menschenwürdigen Lebens bloß andeuten. Für Canetti entsprang daraus die innere Nötigung einer wissenschaftlichen Klärung der erfahrenen Probleme. Jahrzehnte später sagt er darüber:

»Anderthalb Jahre vor dem Ausbruch des Krieges hatte ich mir ein Verbot rein literarischer Arbeit auferlegt. Ich wollte begreifen, was geschehen war und den Dingen endlich wirklich auf den Grund gehen ... Ein Recht auf irgend ein Leben hatte man nur, wenn man mit dem Begreifen ernst machte.«[8]

Manche Literaturwissenschaftler haben bereits darauf hingewiesen, wie verwandt diese Entscheidung einerseits mit Hermann Brochs Hinwendung zur Gesellschaftswissenschaft ist, andererseits mit Bertolt Brechts Feststellung, daß wir in Zeiten leben, in denen ein Gespräch über Bäume schon Sünde ist.

Canetti hat sich in seine wissenschaftliche Arbeit quasi eingegraben. Die Aufarbeitung eines schier unübersehbaren Materials wurde von ihm schließlich in seinem Werk *»Masse und Macht«* (1960) zusammengefaßt. Im Laufe eines späteren Gesprächs bekannte er, diesem Buch Jahrzehnte gewidmet zu haben.

»Ich habe sehr lange versucht, zu überhaupt keinem Begriff zu kommen. Ich habe mich vollgestopft – man kann es nicht anders sagen – mit Äußerungen über diese Erscheinungen unserer Zeit, Äußerungen jeder Art, ich habe unzählige Biographien von Machthabern gelesen, Dokumente über sie, oder unzählige Schilderungen von Massenvorgängen. Ich bin Massenvorgängen in klinischen Fällen nachgegangen, Massenvorgängen in Mythen, Massenvorgängen in religiösen Dokumenten, und habe vorläufig immer versucht, diese Dinge nur aufzufassen, sie festzustellen, und sehr langsam dann zu Schlüssen zu kommen, zu Gedanken zu kommen, die sie erklären könnten, und dafür nun bewußt mich an eine eigene Terminologie zu halten versucht, die aus dieser Untersuchung selbst entstand.«[9]

In dem Inhalt wie Volumen nach gleichermaßen bedeutenden Werk (dessen Fortsetzung zu erhoffen ist) analysiert Canetti, vom Studium archaischer Kollektiv-Formen ausgehend, die Beschaffenheit der Macht, die Merkmale ihrer Entstehung und ihres Bestandes. Eine erschöpfende Zusammenfassung seiner Aussage auf geringem Raum ist kaum möglich, aber eine Annäherung an das Wesentliche soll hier anhand einiger – besonders interessanter – Gedankengänge versucht werden.

Einer seiner Erkenntniskreise befaßt sich mit dem Problem des Überlebens. Die wesentliche innere Triebfeder des über Macht Verfügenden sei die Gier, möglichst viele Menschen zu überleben. Das Erlebnis zu bestehen, wenn andere untergehen, erzeugt das Gefühl der Unverwundbarkeit und stärkt so das Selbstvertrauen des Überlebenden. Um ihre Selbstsicherheit zu bestärken, greifen die Machthaber zur Gewalt, zu Mord und Massenmord. Das Überleben ist der elementarste Erfolg, nämlich zeitweiliger Sieg über den Tod. Demgemäß ist der Moment der Tötung ein Siegesmoment, das heißt der eigentliche Augenblick der Macht. Das Überleben verleiht den Kriegen – selbst den verlorenen – eine gewisse Glorie, ja es verleiht ihnen nachträglich scheinbaren Sinn. Canetti zieht diese Schlüsse aufgrund der Untersuchung archaischer Lebensformen und an Paranoia Erkrankter, und erklärt damit auch indirektere, verstecktere Formen des Überlebens beziehungsweise der Vernichtung anderer. Doch gibt er sich mit der bloßen Feststellung der Tatsachen nicht zufrieden. Er versucht zu ergründen, wie man den – allen ethischen Normen widersprechen – Siegeswillen des Überlebens zügeln könnte.

Im Epilog von »Masse und Macht« sieht er in der sich um Unsterblichkeit bemühenden schöpferischen Einsamkeit eine derartige, wenn auch individuelle Möglichkeit, die – wie Canetti selbst schreibt – ihrer Natur nach nur wenigen offen steht. Darum spricht er einer neuen Moral das Wort, deren – eigentlich uralter – Kern die Achtung vor dem Leben ist. Dieser Überzeugung verleiht er übrigens unübertrefflichen literarischen Ausdruck in einer nur wenige Seiten umfassenden, doch unvergeßlichen Erzählung des Bandes *»Die Stimmen von Marrakesch«* (1967). In der Titelgestalt – »Der Unsichtbare« – verewigt er einen Menschen, der im Gewühl und Getriebe des arabischen Marktes nur ein Fetzenhaufen zu sein scheint, doch sein kaum zu erahnendes, kaum flackerndes Sein, das nur von einem einzigen, sich ständig wiederholenden Laut bezeugt wird, hebt ihn ab von der Welt der Dinge; die Heiligkeit des Lebens und ihre Kraft strahlt sogar von diesem wortwörtlichen Unglückshäufchen aus.

In der Moralauffassung Canettis ist jene Beweisführung besonders wichtig, die sich auf den Befehl, dessen Bedeutung und Funktion bezieht. Seiner Meinung nach besteht jeder Befehl für den, dem er erteilt wird, aus einem Antrieb und einem Stachel. Das anspornende Element zwingt ihn, dem Befehl Folge zu leisten. Aber in ihm bleibt und verkrustet der Stachel, der daher stammt, daß jeder Befehl eine Drohung in sich birgt, in letzter Instanz die Todesdrohung. Vom Tod geschwängert ist der Befehl auch dann, wenn er in domestizierter Form auftritt, wenn nämlich die ihm innewohnende Drohung in der Aussicht auf Belohnung versteckt ist. Diese Drohung kann von niemandem und nie vergessen werden, sie strebt nach Revanche, mit Canettis Worten: nach ihrer »Umkehrung«, nach der Wiederholung der Befehlssituation mit umgekehrter Rollenverteilung. Nur so kann sich der Mensch von dem einmal in ihn eingedrungenen Befehls-Stachel befreien. Das Heer ist demnach diejenige Institution, deren Disziplin einerseits auf dem Befehl, andererseits aber – durch das System der Beförderung – auf der Befreiung vom Befehls-Stachel (genauer gesagt: auf der Speicherung und Weiterleitung von Befehlsstacheln) beruht. Wenn man bedenkt, daß der Befehl nicht nur Widerspruch ausschließt, sondern sich meist auch auf minimale Sprachelemente beschränkt, ja manchmal nicht einmal der Sprache bedarf (gestische Anweisungen, Tieren gegebene Befehle), kann man ermessen, welch beängstigende Ich-Einengung mit jedem Befehl verbunden ist, und was eine Befehlsherrschaft eigentlich bedeutet. Wer dem Befehl wehrlos ausgeliefert ist, setzt trotzdem oder gerade deshalb meist seinen Stolz darein, daß blind mit ihm umgesprungen wird,

»als gehöre ein besonderes männliches Wesen dazu, sich in diese Blindheit zu ergeben«.[10]

In engstem Zusammenhang mit diesen Erwägungen steht Canettis Kritik an der bürgerlichen Deutung des Begriffes Freiheit. Ihre frappierendste Formulierung ist in einer Rede über Georg Büchner zu finden. Über Woyzeck heißt es dort, er verfüge über

»die Freiheit zur Ergebenheit in jede Art von Mißbrauch seiner menschlichen Natur, Freiheit zur Versklavtheit um dreier Groschen willen.«[11]

Und Woyzeck steht als einer für viele. Aufgrund all dieser Tatsachen und ihrer Bewußtmachung folgert Canetti: Frei kann nur der Mensch sein, »der es verstanden hat, Befehlen auszuweichen«.[12]

Diese Freiheits-Vorstellung ist eher ein Ideal, dessen Verwirklichung nur in einer Gesellschaft möglich wäre, die den Befehl verwirft, also von Befehlsherrschaft frei ist.

Eine andere Ideal-Forderung Canettis könnte man Todes-Feindschaft nennen. Er selbst qualifiziert seinen Kampf gegen den Tod als einen besessenen, aber, schreibt er, der Tod ist es,

»den ich nicht anerkennen kann, obwohl ich nie von ihm absehe, den ich bis in seinen letzten Schlupfwinkel aufstöbern muß, um seine Anziehung und seinen falschen Glanz zu zerstören«.[13]

Des Autors unablässiger und hartnäckiger Kampf gegen den Tod ist eigentlicher Ausdruck seiner Achtung vor dem Leben, Schutz des Lebens. So wird er zum Kern seiner ethischen Ansichten. Genauso entschieden, wie er alle religiösen Trost- und Verklärungs-Versuche um den Tod abweist – ganz zu schweigen von den den Tod verherrlichenden romantischen oder kriegsbegeisterten Ideen –, leugnet er die Richtigkeit der einen Todestrieb voraussetzenden psychoanalytischen Auffassung. Seiner Meinung nach ist nur davon die Rede, daß unser Widerstand dem Tod gegenüber, unsere Verachtung des Todes noch unzulänglich ist. Schon seit langem betonte er:

»Solange es den Tod gibt, ist jeder Spruch ein Widerspruch gegen ihn«[14]

Die Existenz des Todes sei es, die uns schlecht sein läßt. In seinem Drama *»Die Befristeten«* (1964) gestaltet er eine Welt, in der die Menschen nicht nur wissen, daß, sondern auch wann sie sterben müssen. Die durch das Wissen um den Tod hervorgerufene Ich-Einengung, Selbstsucht und Bosheit werden durch die Kenntnis des Zeitpunkts nur noch gesteigert. Der Antagonismus zwischen Lebenden und Toten vergiftet mit seiner Unüberwindbarkeit und seiner Ständigkeit unser Dasein, verleiht dem Überleben den Schein, ein Sieg zu sein.

»[...] das Einzige, was man *nie* sein darf, ist ein Sieger. Aber man ist es, über jeden Menschen, den man gut kennt und überlebt. Siegen ist überleben. Wie soll man es machen: weiter leben und doch nicht Sieger sein? – Die moralische Quadratur des Zirkels.«[15]

Diese Berufung auf eine geometrische Unmöglichkeit kann unsere Vorbehalte Canettis Tod-Verneinung gegenüber vielleicht entschuldigen. Aber diese Berufung weist vor allem darauf hin, daß er sie selbst nicht als erreichbares Ziel, jedoch als unermüdlich zu bestehenden Kampf auffaßt. Sie wirft ein Licht auf die Kraft, mit der Canetti eine tief humane Grundposition glaubensartig auf sich nimmt.

Zugänglicher und einleuchtend ist all das, was Canetti über die Zukunft, insbesonders über die zukünftigen Aufgaben der Literatur sagt. Er geht davon aus, daß in der Wirklichkeit beziehungsweise in unserem Wirklichkeitsbewußtsein in den letzten Jahrzehnten große Veränderungen vor sich gegangen sind. Es habe sich sozusagen ausgeweitet, nicht nur dadurch, daß wir über eine reichere Vergangenheit verfügen und in weitere Zeittiefen zurückblicken können, sondern auch durch die viel detaillierteren und genaueren Kenntnisse über die gegebene Wirklichkeit. Darüber hinaus: Unser Wirklichkeitsbewußtsein enthält mehr Elemente der Zukunft als jedes frühere. Unser heutiges antizipierendes Bewußtsein wird aber auch dadurch charakterisiert, daß die Wirklichkeit unserer Epoche eine zwiespältige – Canetti nennt sie »gespaltene« – Zukunft in sich birgt. Vielversprechende Perspektiven eröffnen sich, doch gleichzeitig drohen uns vernichtende Gefahren. Diese reale Duplizität fordert Verständigung, drängt auf planmäßige Friedensgestaltung als unumstößliche Notwendigkeit. Für die Literatur bedeutet diese Veränderung der Wirklichkeit, daß der Realismus unserer Zeit ohne die Gestaltung der im Heute keimenden Zukunftsaspekte undenkbar ist. Der Schriftsteller ist – so sieht es Canetti – immer Diener, Zusammenfasser und Widerpart seiner Zeit. Der Künstler verneint die allgemein akzeptierte Wirklichkeit im Namen der Zukunft, das heißt, er gestaltet ihre Gegenbilder. Ist es doch seine Pflicht, nicht nur seine Zeit darzustellen, sondern auch die gegebene Zeitauffassung zu überwinden.

Untersucht man nun, auf welche Art und Weise Canetti in seinem literarischen Werk den eigenen Forderungen nachkommt, kann man ein eigenartiges Verfahren feststellen. Luciano Zagari nennt es treffend eine »normativ-hypothetische Technik«[16]. Das Wesentliche dieser Technik liegt darin, daß die bekannte Welt durch Einführung eines eindeutig fiktiven Elements zu einer neuen Dimension gelangt. Dieses fiktive Element kann eine überraschende Vorschrift, ein eigenartiges Verbot sein (wie in »Komödie der Eitelkeit« der Befehl, alle Spiegel und Photographien zu vernichten), es kann eine neue biologische oder physische Voraussetzung sein (z. B. die Kenntnis des Todesdatums in »Die Befristeten« oder die bis ins Absurde konsequente Abkapselung aller Helden in »Die Blendung«). Mit Hilfe der so gewonnenen neuen Dimensionen zeigt Canetti sozusagen in vergrößerten Bildern die verborgensten Mißstände unserer Wirklichkeit, zeigt ihre bestürzende Gefährlichkeit. Gleichzeitig aber verdeutlicht er, wie der Mensch seine Würde, seine relative Autonomie wahren oder wiedergewinnen könnte, wie man die Gesellschaft gestalten müßte, damit das möglich würde.

Canetti mahnt: Das Dasein muß gewagt werden, denn unser Sein in der heutigen Welt bedeutet ein Anders-Sein. Dieses Wagnis enthält notwendigerweise gesellschaftliche Implikationen, die in den Ausführungen Canettis des öftern den gesellschaftlichen Forderungen des Marxismus entsprechen oder diesen zumindest nahekommen. Daraufhin angesprochen, erklärte Canetti, er habe sich bemüht, die Erscheinungen unter Nichtbeachtung der bestehenden Begriff-Systeme, sozusagen auf naive Art und Weise in den Griff zu bekommen. In ihrer Deutung möge er eventuell zu ähnlichen Ergebnissen gekommen sein wie Marx.

»Man muß aber auch bedenken, daß Marx selbst schärfer als jeder andere Denker vor ihm betont, daß das Bewußtsein von den gesellschaftlichen Verhältnissen her bestimmt ist. Nun ist ja doch sehr die Frage, ob unsere gesellschaftlichen Verhältnisse noch dieselben sind, wie zur Zeit, da er sie untersucht hat.« In diesem Sinne antwortet er auf die Frage: »Also Ergänzung, Vermehrung von Marx?« mit einem teils bestätigenden, teils ausweichendem: »Zum Beispiel, ja.«[17]

Die Bedeutung von Canettis wissenschaftlicher Tätigkeit ist noch nicht voll ausgewertet. Auch ihre Bezüge zu seiner dichterischen Persönlichkeit sind noch nicht geklärt. Die Einheit des Dichters und des Denkers Canetti bestimmt jedoch vor allem seine Deutung der Masse. Die für den Dichter unvermeidliche anthropologische Sicht, die in gewissem Sinne – vor allem seine ethische Einstellung betreffend – auch dem Wissenschaftler zu Nutzen kommt, wird durch seinen Massen-Begriff ihrer Einseitigkeit enthoben.

Seine Beschäftigung mit dem Phänomen Masse ist auf persönliche Erlebnisse zurückzuführen: noch als Schüler in Frankfurt und vor allem als Student in Wien erlebte er als Zeuge von Massendemonstrationen das Gefühl der Zugehörigkeit zur Masse. Er erfuhr die Masse als etwas in ihm – in jedem Menschen – Verankertes. Anhand seiner späteren Untersuchungen kam er zum Ergebnis, daß der Mensch, da er gesellschaftliches Wesen ist, zwei entgegengesetzte Triebe in sich vereint: das Streben nach Individuation und das Streben, Teil der Gemeinschaft, eben Masse zu sein. (Den Begriff Masse setzt er deshalb deutlich ab von Begriffen wie Menge oder Meute.) Wahrhaft menschliches, menschenwürdiges Dasein ist demnach nur unter Umständen möglich, die der Entfaltung und Verwirklichung sowohl der Individuation als auch der Vergemeinschaftlichung Möglichkeiten bieten. Die Persönlichkeit kann nur in der Vergemeinschaftlichung, die Gemeinschaft nur durch freie Persönlichkeiten zustande kommen.

Diese Einsicht mag wohl mitbestimmen, daß Canettis Werke in allgemein verständlicher Sprache geschrieben sind. Das wurde ihm sogar angekreidet. In Hinsicht auf »Die Blendung« warf ihm zum Beispiel Dieter Liewerscheidt vor, daß der das atomisierte Dasein, die Isoliertheit des Menschen gestaltende Roman mit dem Leser sprachlich eigentlich unproblematisch kommuniziere, das verrringere die gesellschaftskritische Schärfe des Buches, da es den Leser den geschilderten Epochenphänomenen sozusagen entzieht.[18] Der Kritiker hätte recht, wenn dem Autor neben der Gesellschaftskritik nicht auch daran gelegen wäre, die Notwendigkeit und Möglichkeit der Überwindung dieser trostlosen Situation zu vermitteln. Canetti unterscheidet sich von seinem Professor Kien gerade in dem wesentlichen Bezug, daß für ihn nicht nur der Bereich der Wissenschaft, sondern auch »Die Provinz des Menschen« wichtig ist.

Elias Canetti vereinigt in seinem Kopfe alle von ihm für

wichtig gehaltenen Aspekte der Vielseitigkeit des Menschen und der Gesellschaft, um so »zu Schlüssen [...], zu Gedanken zu kommen«. Jedoch nicht auf Art einer elektronischen Rechenmaschine, sondern als schöpferischer, im Bewußtsein seiner Verantwortung schöpferischer Mensch. Neben seinen nicht abzustreitenden wissenschaftlichen Verdiensten und seinem bedeutenden dichterischen Werk ist auch seine persönliche Haltung von vorbildlichem Wert. Sein Wirken als Intellektueller erschöpft sich nicht in geschliffenen Gedankengängen und polyhistorischem Wissen, auch nicht in den Eingebung und Bewußtheit vereinigenden Gestaltungen des Epikers. Durch die Vielfalt und Einheit seiner Tätigkeit, durch seine Offenheit und seine Entschlossenheit hat er bewiesen, daß der Mensch den Erkrankungen seiner Epoche gegenüber immun werden kann, daß er fähig ist, seinem Leben Sinn zu verleihen, wenn er sich in den Dienst der Menschen und der Welt stellt.

Abschließend wäre noch zu erörtern, inwiefern der 1905 in Rustschuk geborene, in den ersten Lebensjahren in spanischer Muttersprache aufgewachsene, in vielen Ländern Europas herumgekommene und nun schon seit Jahrzehnten in England lebende Canetti als österreichischer Schriftsteller gelten kann. Um Beweisführungen, die die Verwandtschaft seiner Problematik und seiner gedanklichen Haltung mit österreichischen Schriftstellern wie Kafka, Musil, Broch und Saiko nachweisen, war der Verfasser dieser Zeilen schon anderwärts bemüht.[19] Hier mag ein ausschlaggebendes Bekenntnis Canettis die Sachlage klären:

»Die drei wichtigsten Werke meiner ersten Lebenshälfte: die ›Blendung‹ und die beiden Dramen ›Hochzeit‹ und ›Komödie der Eitelkeit‹ sind nicht nur in Wien entstanden, Wien ist ihre Substanz.«[20]

Diese Substanz Wien, die den Wertverlust der bürgerlichen Welt so früh spürbar werden ließ, die die Labilität des bestehenden (Musilsch: des sich »fortwurstelnden«) Systems, die Unzulänglichkeit der herkömmlichen Ideenwelt in sich trug, diese Substanz war es, die auch den Dichter und Denker Elias Canetti zum Diener, Zusammenfasser und Widerpart und somit zu einem der gewichtigen Deuter seiner Zeit werden ließ.

Biographische Notiz

Elias Canetti wurde am 25. Juli 1905 in Rustschuk (Bulgarien) geboren. Er entstammt einer begüterten Kaufmannsfamilie, deren Vorfahren Spaniolen (im frühen Mittelalter aus Spanien emigrierte Juden) waren. Das Spanische des 15. Jhs. und Bulgarisch sind die ersten Sprachen, die der älteste der drei Söhne von Mathilde und Jaques Canetti lernt. 1911 übersiedelt die Familie nach Manchester, wo der Vater als Compagnon in die Textilfabrik seines Schwagers eingetreten war. Besuch einer englischen Schule, daneben Französischunterricht bei der französischen Gouvernante. 1912 Tod des Vaters; die gebildete und überaus energische Mutter übersiedelt mit den Kindern nach Wien, dem geht ein längerer Aufenthalt in der Schweiz voraus, wo der Achtjährige von der Mutter in einer Gewaltkur die deutsche Sprache vermittelt bekommt. Nach Ausbruch des Ersten Weltkrieges in Wien als Ausländer unangenehme Konfrontation mit dem Nationalismus; erste Erfahrungen des Kindes mit großen Massen. 1915 Aufnahme in ein Wiener Realgymnasium, bald darauf Umzug in die neutrale Schweiz, Zürich wird zur neuen Heimat, erste Schreibversuche. 1921 zieht die Mutter ins Deutschland der Inflation, um den Sohn mit einer harten Wirklichkeit zu konfrontieren. Besuch des Wöhler-Realgymnasiums in Frankfurt (Main). Nach dem Abitur 1924 Studium in Wien, Hauptfach Chemie; bis 1938 hauptsächlich in Wien lebend. Dies ist die Zeit seines literarischen Durchbruchs und seiner – meist ambivalenten – Kontaktaufnahme mit Zeitgenossen. Starker Einfluß von Karl Kraus, dessen Vorlesungen er regelmäßig besucht, wo er auch seine spätere Frau Veza Taubner-Calderon kennenlernt. 1928 Aufenthalt in Berlin, in den Semesterferien Übersetzungsarbeit für den Malik-Verlag. Bekanntschaft mit Wieland Herzfelde, George Grosz, Isaak Babel, Bertolt Brecht u. a.; 1929 Promotion zum Dr. phil. (Dissertationsthema: »Über die Darstellung des Tertiärbutylcarbinols«). Danach erneuter Aufenthalt in Berlin, Übersetzung von Upton Sinclair. 1934 Heirat; 1937 Tod der Mutter. Neben der schriftstellerischen Tätigkeit Hinwendung zur wissenschaftlichen Untersuchung brennender Zeitfragen, vor allem diese Arbeit wird nach der Emigration (Herbst 1938) in London mit äußerster Intensität fortgesetzt. 1939/69 fast ausschließlich Studien zu »Masse und Macht«. 1954 Reise nach Marrakesch als Begleiter eines Filmteams. 1963 Tod Veza Canettis. 1971 Beginn der Arbeit an der Autobiographie; zweite Ehe mit Hera Buschor, 1972 Geburt der Tochter Johanna. Canetti ist noch heute in London ansässig. Seine Werke sind in mehr als 25 Sprachen übersetzt.

Seit 1970 Mitglied der Akademie der Künste Berlin (West) sowie korrespondierendes Mitglied der Bayerischen Akademie der Schönen Künste und (seit 1972) der Deutschen Akademie für Sprache und Dichtung Darmstadt, 1979 Aufnahme in den Orden »Pour le Merite«.

1949 Grand prix Internationale du Club Français du livre; 1966 Literaturpreis der Stadt Wien; 1967 Deutscher Kritikerpreis (Berlin [West]); 1968 Großer Österreichischer Staatspreis; 1969 Literaturpreis der Bayerischen Akademie der Schönen Künste (München); 1971 Literaturpreis des Kulturkreises der dt. Industrie; 1972 Georg-Büchner-Preis (Darmstadt); 1975 Nelly-Sachs-Preis (Dortmund); 1977 Gottfried-Keller-Preis (Genf); 1980 Johann-Peter-Hebel-Preis (Baden-Württemberg); 1981 Kafka-Preis (Klosterneuburg) und Nobelpreis für Literatur [bei der Entgegennahme besondere Danksagung an vier Schriftsteller: Karl Kraus, Franz Kafka, Robert Musil, Hermann Broch]; 1983 Großes Verdienstkreuz der Bundesrepublik Deutschland.

Dieter Schoß

Fritz Hochwälder

»Freilich, ich bezeichne mich nicht unbedingt als ›Schriftsteller‹, mit Vergnügen bleibe ich Analphabet, um auf meine Weise Stücke auf die Bretter zu stellen – unliterarisch, unprätentiös, volkstümlich« (ÜmT 113)[1] –

äußerte Fritz Hochwälder (1911–1986) rückblickend auf mehr als zwei Jahrzehnte dramatischen Schaffens. In dieser Selbsteinschätzung ist auch die Erkenntnis enthalten, Außenseiter zu sein. In gewisser Weise ist der österreichische »Stückeschreiber« und »Theatermacher« dies auch. Fest verwurzelt in der österreichischen Tradition des Volkstheater (und deshalb »verdammter Moralist«[2]) – er bezieht sich auf Stranitzky, vor allem auf Raimund, auf Nestroy und Horváth –, ist er doch keiner zeitgenössischen literarischen Strömung eindeutig zuzuordnen.

Als der Siebenundzwanzigjährige am 18. August 1938 in Zürich jenen Boden betrat, der ihm im Exil zur künstlerischen Heimat werden sollte, hatte er sich in Wien bereits im dramatischen Genre versucht. Die umstrittene Aufnahme, die zwei seiner frühen dramatischen Arbeiten – *»Jehr«* (1933), in dem das Inzest-Motiv aufgenommen ist, und *»Liebe in Florenz«* (1936) – bei Publikum und Presse fanden, nahm dem Autor zumindest nicht jede Hoffnung, in seiner Heimatstadt auch weiterhin der vorerst als Hobby betriebenen Schriftstellerei nachgehen zu können. Über seine Flucht in die Schweiz, die ein entscheidender Einschnitt in seinem Leben war, schrieb er später:

»Wenn es nach mir gegangen wäre, hätte ich Wien nie verlassen. So unablösbar fühlte ich mich dieser Stadt verbunden, daß ich fürchtete, anderswo würde mein Schicksal das eines Fisches auf dem Trockenen sein. Aber bekanntlich ging es nicht nach mir.« (ÜmT 102)

Die gesellschaftlichen und künstlerischen Bedingungen im Österreich der anfangdreißiger Jahre waren für einen jungen Autor nicht gerade günstig, und seine eigentliche Berufung als Stückeschreiber mußte Hochwälder erst noch entdecken.

Diese Entdeckung nun vollzog sich in der schwierigen Situation des Schweizer Exils, nachdem Hochwälder auch seiner christlich-demokratischen Gesinnung wegen aus dem annektierten Österreich hatte fliehen müssen. Als er an der Vorarlberger Grenze über den Alten Rhein schwimmend das Ufer der Freiheit erreichte, trug er als Hoffnung auf eine Zukunft lediglich den soeben erworbenen Meisterbrief des Tapezierers bei sich – aber selbst diese kleine Hoffnung auf eine neue Existenz wurde ihm zunächst genommen. Denn auch in der Schweiz war es Emigranten bis Kriegsende untersagt, irgendeiner Erwerbstätigkeit nachzugehen. Wie viele andere Schicksalsgefährten lebte Hochwälder von einer kärglichen Unterstützung und machte seine bisherige Liebhaberei zu einer, wie er selbst sagte, »brotlosen Ganztagsbeschäftigung«: Er fand gezwungenermaßen die Muße, Stücke zu schreiben. Mit feiner Selbstironie erinnerte er sich:

»Da meine Bühnenschreiberei an keinerlei praktische Bedürfnisse gebunden war, und da ich überdies wußte, daß meine Arbeit, zufolge der Unmöglichkeit einer Auswertung während des Krieges, nichts abwerfen würde, befand ich mich als völlig Unbemittelter faktisch in der Situation eines reichen Privatiers, der sich den Luxus leisten kann, zu schreiben was ihm Spaß macht.« (ÜmT 103)

So entstand im Sommer 1940 das Schauspiel *»Esther«*, eine Dramatisierung des gleichnamigen alttestamentarischen Buches mit seinen legendären Vorgängen der Judenverfolgung im alten Perserreich unter der Herrschaft des Königs Ahasveros. Die Aufnahme gerade dieses christlich-mythologischen Stoffes steht deutlich in Beziehung zum persönlichen Schicksal des Autors wie zu den historischen Vorgängen überhaupt.

Bekannt wurde Fritz Hochwälder mit dem nachfolgenden Schauspiel, *»Das heilige Experiment«* (1947). Sein Interesse für den bemerkenswerten Sozialstaat der Jesuiten, der über anderthalb Jahrhunderte, von 1609 bis 1767, in Paraguay bestanden hatte, reichte bis ins Jahr 1936 zurück. Im Schweizer Exil dann konnte er sich dem Studium der einschlägigen Literatur widmen. Das Schauspiel entstand im Frühjahr 1942 innerhalb von zwei Monaten. Es brachte ihm nicht nur den ersten, sondern zunächst auch den größten internationalen Erfolg (inzwischen übertroffen von »Der öffentliche Ankläger«). Über sein Anliegen äußerte er:

»Bei näherer Beschäftigung mit dem Stoff erkannte ich die einzigartige Möglichkeit, ewige Probleme der Menschheit, die Fragen nach sozialer Gerechtigkeit und dem Reich Gottes auf Erden, durch Ansiedlung in einem geschichtlichen Raum zu objektivieren und unserer Gegenwart nahezubringen.« (ÜmT 103f.)

Auch wenn Hochwälder sich dagegen verwahrte, als katholischer Autor eingestuft zu werden, und die Auffassung äußerte, daß dieser Eindruck »ohne sein Zutun« dadurch entstanden sei, weil dieses Stück »den christlich-sozialen Jesuitenstaat behandelt und deshalb im katholischen Gewand auftreten mußte« (ÜmT 106), wird hier doch – wie auch in anderen seiner Stücke – sowohl in der Wahl als auch in der Behandlung des Stoffes eine idealistische Weltanschauung christlicher Prägung deutlich. Allein seine Absicht, die soziale Gerechtigkeit mit dem Reich Gottes auf Erden zu assoziieren und diese zu ewigen Problemen der Menschheit zu erklären, beweist eine unhistorische Sicht gesellschaftlicher Entwicklungsprobleme; daran ändert auch das Bemühen nichts, sie durch Ansiedlung in einen geschichtlichen Raum zu objektivieren.

Das »heilige Experiment«, das eine Gruppe von Jesuiten – Ausnahme in der Geschichte dieses Ordens, der seit seiner Gründung in der Zeit der Gegenreformation im 16. Jahrhundert eine eindeutig reaktionäre Rolle gespielt hat – im 17. und 18. Jahrhundert in Paraguay vollbrachte, war der Versuch einer ›humanen‹ Kolonialisierung der indianischen Ureinwohner. Im Unterschied zu den weltlichen und geistlichen Nachbarn dieser sozialen Gemeinschaft, den spanischen Großgrundbesitzern und katholischen Würdenträgern, die mit dem Segen der Kirche das reiche Land rücksichtslos ausplünderten und die Eingeborenen erbarmungslos versklavten und ausrotteten, errichteten einige Jesuiten in Paraguay einen Staat, der sich auszeichnete durch gemeinsame Arbeit der Jesuiten und Indios, gleichmäßige Verteilung der erarbeiteten Produkte, soziale Sicherheit aller Bürger und durch den gemeinsamen militärischen Schutz dieser Errungenschaften. Inmitten einer feindlichen Umkreisung schien hier ein alter Traum der Menschheit Gestalt geworden zu sein, wie er beispielsweise 1516 in »Utopia« von dem englischen Staatsmann Thomas Morus und 1602 im »Sonnenstaat« von dem italienischen Mönch Thomas Campanella als unerreichbare Utopie beschrieben worden war. Die Jesuiten vermochten dieses »Reich Gottes auf Erden« so weit auszubauen und zu stabilisieren, daß es in der Mitte des 18. Jahrhunderts aus etwa 150000 christianisierten indianischen Untertanen bestand, die von nur 100 Patres der Gesellschaft Jesu geführt wurden.

Hochwälder gestaltete in seinem »aus dem spanischen Erbgut des wienerischen Theaters« (ÜmT 104) schöpfenden Schauspiel den tragischen Untergang dieses Jesuitenstaates. Die Handlung ist konzentriert auf den 16. Juli 1767. An diesem schicksalhaften Tag wird das »Reich der Liebe und der Gerechtigkeit«, das die Jesuiten unter den Indios errichten wollten, liquidiert, der spanischen Staatsräson geopfert. Das soziale Experiment wie der den Jesuiten daraus zufließende Reichtum haben den Unwillen und Neid der feudalen Grundbesitzer und der katholischen Kirche erregt. Vor allem befürchten sie, daß jenes Beispiel ihre Untertanen unzufrieden machen und ihre Einkünfte beeinträchtigen könnte. Miura, der Visitator des spanischen Königs, muß zwar erkennen, daß die gegen die Jesuiten vorgebrachten Beschuldigungen zu Unrecht bestehen, ist jedoch im Sinne der herrschenden Staatsräson verpflichtet, seinem Auftrag nachzukommen. Er spricht offen aus, warum dieser beispielhafte Gottesstaat, vor dem die Herrschenden zittern, vernichtet werden muß:

»Was habt ihr aufgerichtet da draußen in Steppe und Urwald, in einem Gebiet, das wir nie betreten hätten! – Ein Reich der Liebe und Gerechtigkeit. Ihr sät und erntet ohne Habgier – die Indios singen euer Loblied – und laufen unsern Grundbesitzern davon! Eure Produkte gehen in die Welt hinaus – unsere Händler verarmen. Bei euch herrscht Frieden und Wohlstand – im spanischen Mutterland Elend und Unzufriedenheit. Dieses Land, das wir mit unserem Blut erobert haben – ihr macht es groß: gegen uns!« (Stücke 39)[3]

Bei der Auflösung des Jesuitenstaates wird der Vertreter der spanischen Krone unterstützt von Querini, dem Legaten des Ordensgenerals, der dadurch der drohenden Gefahr des Verbotes der Gesellschaft Jesu entgegenzuwirken versucht. Zwischen diesen reaktionären Kräften und den Indios, die unter Führung von Pater Oro militärischen Widerstand leisten, steht der Pater Provinzial im Widerstreit seines heiligen Lebenswerkes mit dem geforderten Gehorsam gegenüber seinem Orden. Er entscheidet sich schließlich für den letzteren, doch nimmt er, als er sterbend jene Welt verläßt, »in der noch immer allüberall Unterdrückung herrscht« (Stücke 63), nicht seine ketzerische Überzeugung zurück, die er vorher als Gewißheit verkündet hat:

»[...] das Experiment ist gelungen. Es wird wiederholt werden. In Jahrhunderten. Bis endlich in die Welt jener Frieden kommt, den die Menschheit ersehnt«. (Stücke 15)

Es spricht für den kämpferischen Humanismus Hochwälders, daß er seine Jesuiten – im Gegensatz zu den geschichtlichen Ereignissen – der Vernichtung ihres Staates Widerstand entgegensetzen und sich dabei auf die rebellierende Kraft der Volksmassen stützen läßt.

Als Hochwälder in der Einsamkeit seines Holzhäuschens am Lago Maggiore dieses Stück schrieb, lebte er in einer durchaus vergleichbaren Inselsituation wie die Jesuiten mit ihren Schützlingen in Paraguay: inmitten von Unrecht, Gewalt und Krieg, die unterschiedliche gesellschaftliche Ordnungen bedrohten und zerstörten. Diese furchtbare Zeit des Zweiten Weltkrieges wurde für ihn aber auch zu einer künstlerisch fruchtbaren: Sie forderte ihn heraus, Unrecht und Unterdrükkung – wenn auch in historischer Verkleidung – mit Namen zu nennen und ihre Beseitigung als wünschenswert und in der Perspektive auch als möglich zu beschreiben. Indem Hochwälder dieses Zeitproblem seiner Gegenwart nahezubringen versuchte, wurde »Das heilige Experiment« zu einem erregenden Schauspiel von brennender Aktualität. Nicht im mißverstandenen Ewigkeitswert der dargestellten menschlichen Probleme, sondern in ihrer aktuellen zeitgenössischen Beziehung zur Gegenwart der Kriegs- und Nachkriegszeit lag die besondere Wirkung dieses Stückes.

Noch während des Krieges, am 24. März 1943, wurde es in der Schweiz vom Städtebundtheater Biel/Solothurn uraufgeführt. Nach Kriegsende ging es mit großem Erfolg über zahlreiche Bühnen Europas und wurde auch in Amerika und Afrika gespielt. Die große Wirkung steht auch im Zusammenhang mit dem Vordringen sozialer Ideen und dem Problem der Beendigung von Kolonialherrschaft. Auch in den nachfolgenden Jahrzehnten war es immer wieder in den Spielplänen westeuropäischer Theater zu finden.

Hochwälder wollte nach diesem Schauspiel ausschließlich für das Theater schreiben – ein Vorsatz, an den er sich im wesentlichen gehalten hat. Sein nächstes Stück war eine Komödie, *»Hôtel du Commerce«* (e. 1944), nach der Novelle »Boule de suif« [»Fettklößchen«] von Maupassant. Die novellistisch zugespitzten Ereignisse aus dem deutsch-französischen Krieg von 1870/71 nach der Schlacht bei Sedan boten dem Autor die Möglichkeit, das widersprüchliche Verhalten sozial unterschiedlicher Menschen in der Ausnahmesituation Krieg kritisch-satirisch darzustellen.

Auch seine nachfolgenden Stücke behandeln die Themen Krieg und Klassenkrieg, zeitgenössische Anliegen. Im Frühjahr 1945 entstand das Schauspiel *»Der Flüchtling«* (1948) auf Anregung und nach einem Entwurf Georg Kaisers, mit dem Hochwälder in der Emigration freundschaftlich verbunden war. In diesem Zeitstück, dessen Schauplatz weder örtlich noch zeitlich konkretisiert ist, wird der antifaschistische Widerstandskampf reflektiert – als Widerschein in den Beziehungen dreier Personen, des Flüchtlings, des Grenzwächters und seiner Frau. Dieses Schauspiel – der Autor ordnet es seinen schwachen Arbeiten zu – gehört nach der Uraufführung 1945 zu seinen meistgespielten. (In den ersten fünfzehn Jahren ist es allein in der BRD von 44 Theatern aufgeführt worden.)

Obwohl Hochwälder nach Kriegsende nicht in seine Heimatstadt zurückkehrte, blieb er mit Österreich verbunden, sowohl im Weiterführen literarischer Traditionen als auch in der Auseinandersetzung mit den sich entwickelnden gesellschaftlichen Verhältnissen. Wie auch andere österreichische Dramatiker, die von unterschiedlichen Positionen aus antifaschistische Zeitstücke schrieben, setzte er sich nach dem Zweiten Weltkrieg mit der faschistischen Vergangenheit und ihren katastrophalen Folgen auseinander.

Zunächst wandte er sich dazu wieder historischen Vorlagen beziehungsweise Stoffen zu. In dem Schauspiel *»Meier Helmbrecht«* (e. 1946) nutzt der Autor die mittelalterliche gesellschaftskritische Dichtung – in der der junge Helmbrecht seinen bäuerlichen Stand verläßt und als Raubritter durch das Land zieht –, um aktuelle Bezüge zur jüngsten Vergangenheit herzustellen und den Fragenkomplex von Schuld und Mitschuld aufzuwerfen. Die Aktualität des Stückes bestätigte sich bei der Uraufführung im Wiener »Theater in der Josefstadt« im Herbst 1947 – dennoch und vielleicht gerade deshalb wurde es nicht nachgespielt. – Diesem Anliegen gilt auch das auf die Zeit der Französischen Revolution zurückgreifende Schauspiel *»Der öffentliche Ankläger«* (e. 1947/48):

»Der Ankläger ist Fouquier-Tinville, der Staatsanwalt des Terrors in der Französischen Revolution. Die poetische Lizenz, die ich mir bei der Handlungserfindung gestattete – Fouquier übernimmt im Auftrag der Thermidor-Regierung ahnungslos den Geheimprozeß gegen sich selbst –, schien mir durch den Zweck, den dieses Kriminal-Lehrstück anstrebte, gerechtfertigt: es sollte in Art einer Teufelskomödie gezeigt werden, wie sich der Schrecken selbst das Haupt abschlägt.« (ÜmT 104)

Das dramatisch wirkungsvoll gebaute, von kriminalistischer Spannung getragene Stück spielt im Amtsraum des öffentlichen Anklägers in der Conciergerie. Gezeigt wird das harte und skrupellose politische Ringen zweier Machtgruppierungen in der Zeit vor der Auflösung des jakobinischen Revolutionstribunals am 9. Thermidor (27. Juli) 1794. Im Zentrum der Handlung stehen Fouquier-Tinville, der öffentliche Ankläger des Revolutionstribunals, und seine Gegenspielerin Theresia Tallien, die Frau des Konventspräsidenten Jean Tallien. Fouquier-Tinville hat im Auftrag der jeweiligen Macht die Feinde der Jakobiner und später diese selbst guillotinieren lassen. Da er an zahllosen Prozessen und Hinrichtungen führend beteiligt war und die neuen Machthaber durch seine Vergangenheit diskrediert und durch seine Geheimakten gefährdet, wird er von Theresia Tallien, der »lieben Frau vom Thermidor«, dazu verführt, sich in einem geheimen Prozeß nun ebenfalls ans Fallbeil zu liefern. Nach seinem Tod geht der Kampf der neuen Mächtigen untereinander unvermindert weiter.

Abgesehen davon, daß Hochwälder mit den historischen Fakten sehr frei umging (von einem Historiendrama im engeren Sinne kann deshalb kaum gesprochen werden), offenbart diese historische Parabel mit ihrer Gleichsetzung von Jakobinerdiktatur und Naziterror in eklatanter Weise Unverständnis dieser großen historischen Umwälzung gegenüber. Deutlich werden damit auch Tücken und Grenzen eines abstrakten Humanismus. (Das Stück liest sich heute wie eine Vorwegnahme der imperialistischen Totalitarismusdoktrin.) Und auch der mystische Geschichtsoptimismus, der mit der Charakterisierung des Stückes als einer »Teufelskomödie« nahegelegt ist, in der gezeigt werden soll, wie sich der Schrecken selbst das Haupt abschlägt, seine schließliche Selbstvernichtung, ist fragwürdig, gefährlich.

Eine solche Aussage, bei der man dem Autor nur die humanistische Absicht zugute halten kann, stieß natürlich in der Zeit der Entnazifizierung, der politischen und geistigen Abrechnung mit dem Faschismus, auf empfängliche Gemüter – und erst recht unter den besonderen Bedingungen in Österreich. Denn Fouquier-Tinville wird in gewisser Weise dadurch rehabilitiert, daß er sich darauf beruft, lediglich als Befehlsempfänger einer unerbittlichen Macht gedient zu haben:

> »Ich habe mich gegen diese Maschine gewehrt, solange ich das konnte, ohne mich selbst in Gefahr zu bringen [...] Ich habe den Schrecken in eigener Person vertreten – aber kommt der Schrecken von einem einzelnen? – Klage die Zeit an und die Ideen, die sich der Menschen bemächtigen – aber laß das Beil aus dem Spiel, bring den vor die Schranken, der es zurichtet! Ich war immer nur das Beil! Köpft man ein Beil?«[4]

Nach diesem Schauspiel der Katharsis von der blutbeladenen Vergangenheit kündigte sich bereits jene Tendenz an, die sich im Verlauf der nächsten Phase seines dramatischen Schaffens immer deutlicher ausprägte: die Tendenz zur ›Verinnerlichung‹, der Erkundung des Innenraums seiner Figuren. Eine der Ursachen dafür ist gewiß in der Entwicklung der gesellschaftlichen Verhältnisse in Österreich zu suchen, die jede Hoffnung auf eine konsequente Bewältigung der reaktionären Vergangenheit bald begrub und die Richtigkeit seiner Entscheidung, nicht wieder in die Heimat zurückzukehren, in der zweiten Hälfte der fünfziger Jahre bestätigte. Eine andere möglicherweise die (unbeabsichtigte?) Freisprechung des einzelnen von seinen Taten und Handlungen im vorhergehenden Stück. Schon in den Stücken seiner vorangegangenen Schaffensphase ist das Bemühen erkennbar um psychologische Vertiefung der Figuren, sie agieren aber im Rahmen großer historischer und gegenwärtiger politischer Auseinandersetzungen. Charakteristisch für die Stücke bis Anfang der sechziger Jahre ist nun die radikale Einschränkung des politischen Aktionsradius seines Stückpersonals. Angestrebt wird, ausgehend vom christlichen Humanismus der Nächstenliebe, sittliche Läuterung des einzelnen.

Ein deutliches Beispiel dafür ist das 1954/56 entstandene Stück *»Die Herberge«* (1956). Diese »dramatische Legende« ist »in einem zeitlich und räumlich nicht fixierten europäischen Nordosten angesiedelt« (ÜmT 105). Hochwälder sieht dieses im slawischen Gebiet des alten österreichischen Nationalitätenstaates spielende Drama als Gegenstück zu »Das heilige Experiment«:

»Schöpfte ich beim Jesuitendrama unbewußt aus dem spanischen Erbgut des wienerischen Theaters, so ist die slawische Legende nicht minder im alten Österreich zu Haus. Der Haupt- und Staatsaktion im dialektischen ›Experiment‹ entspricht das symbolische Geschehen in der ›Herberge‹«. (ÜMT 104)

Schauplatz des Stücks ist eine Herberge in einem einsamen Dorf, die von dem geizigen Wirt Kavolius und seiner Tochter Staschia betrieben wird. Eines Abends kehrt hier der unbarmherzige Makler und Wucherer Berullis mit seinem schwerfälligen Knecht Andusz ein, dem er befiehlt, die mitgebrachte Kassette mit tausend Goldgulden zu bewachen. Minjotai, ein armer Holzfäller, der Geld braucht, um Staschia heiraten zu können, stiehlt die Kassette und versteckt sich im Stall. Während der Untersuchung durch den Amtmann Smalejus geraten alle Personen in Verdacht, nur der wahre Dieb nicht. Als das Gold gefunden und der aus dem Dorfe verwiesene Wanderer Schimke verdächtigt wird, gesteht Minjotai den Diebstahl. Der Wucherer, der das Gold einst dem Vater des Holzfällers abgejagt hatte, zieht daraufhin seine Anzeige zurück und verzichtet – reuig – auf die Rückgabe. Auf die fassungslose Frage des Amtmannes, wo denn da die Gerechtigkeit bleibe, antwortet ihm der Pilger:

»In unserer Brust, Herr. Mitten im Unrecht wohnt Gottes Gerechtigkeit – wie ein Kern in der Frucht.« (Stücke 140)

Es geht dem Autor in diesem Stück um die Erkenntnis von der »Schuld in der eigenen Brust«, die dem einzelnen auch »kein Idealstaat« abnehmen könne (ÜmT 104f.).

Ein solcher Appell an die moralische Verantwortung des einzelnen bleibt natürlich Appell in einer Welt, deren Existenzbedingung die Ungerechtigkeit ist. Die geübte Gerechtigkeit in der dramatischen Handlung des Stücks ist Ausnahme, Illusion – wie schon der Untertitel sagt: eine schöne Legende. Und was der Wanderer Schimke, durchaus vergleichbar dem Pilger Luka in Gorkis »Nachtasyl«, zu predigen versucht, wird durch den in der Realität stehenden und auf Ordnung sinnenden und dringenden Amtmann Smalejus entschieden in Frage gestellt, wenn er ihm entgegnet:

»Was redest du von Gott, von Gerechtigkeit? Der Blinde, der im Irrtum Wahrheit findet – einmal, ein einziges Mal! – handelt der gerecht? Was zwischen Traum und Wachen verweht, geschieht das immer? Was einmal war, ist nicht gewesen!« (Stücke 140)

Nicht im blinden Glauben an eine göttliche Gerechtigkeit also liegt der eigentliche Aussagekern dieses Stücks, sondern im berechtigten Zweifel daran.

Nach der Uraufführung am 30. März 1957 im Wiener Burgtheater wurde die »dramatische Legende« von zahlreichen Theatern besonders in der BRD gespielt und 1969 auch vom Fernsehen der BRD gesendet. Anläßlich der Premiere des Stückes im Westfälischen Landestheater Castrop-Rauxel im Oktober 1959 schrieb Hochwälder:

»Ich möchte wünschen, daß die Botschaft dieses meines mir liebsten und teuersten Stückes in weiten Kreisen des Volkes gehört wird – in einer Zeit, die materiell zwar gesichert scheint, gerade deshalb jedoch des schlichten Wahrwortes bedarf.«[5]

Hochwälders Botschaft wurde in weiten Kreisen gehört – aber ist sie auch verstanden und beherzigt worden? Dieses Stück der schönen, aber wirkungslosen Innerlichkeit bietet ebenfalls die Möglichkeit, das subjektiv humanistische Anliegen in objektiv reaktionäre Wirkungen zu verkehren.

Nach der vornehmlich gleichnishaften Gestaltung von zumeist historischen und legendären Stoffen kam Hochwälder in seiner nächsten Schaffensphase, die in der ersten Hälfte der sechziger Jahre einsetzte, zu einer neuen Qualität seines dramatischen Werkes. Sie besteht in der konsequenten Hinwendung zur Gegenwart und einer eindeutigen Politisierung.

Von der Schweiz aus hatte Hochwälder mit Besorgnis den Neofaschismus in der BRD und in Österreich verfolgt; seine früheren Zweifel an einer grundlegenden Veränderung der aus der unbewältigten Vergangenheit in die österreichische Nachkriegsgesellschaft hinübergetragenen Geisteshaltung wurden bestärkt. In den nächsten dramatischen Werken deckte er mit der kritischen Darstellung neonazistischer und mitläuferischer Verhaltensweisen ideologische und politische Beziehungen zwischen der faschistischen Vergangenheit und der monopolkapitalistischen Gegenwart Österreichs auf.

Diese neue Qualität im Schaffen Hochwälders fand gültigen Ausdruck in *»Der Himbeerpflücker«* (U. 1964). Die Komödie markiert einen Höhepunkt nicht nur im Gesamtwerk dieses Autors, sondern auch der österreichischen Dramatik dieser Jahre. Führt der Autor darin doch seine schärfste Auseinandersetzung mit einer Gesellschaft, die den alten faschistischen Geist noch immer nicht ausgerottet hat und die es duldet, daß er wiederbelebt wird und neue, kuriose und gefährliche, Blüten treibt.

Über die Wurzeln des Faschismus in unterschiedlichen Klassen und Schichten Österreichs schrieb Hochwälder im Zusammenhang mit seinem Stückanliegen:

»Der alpenländische Nazismus österreichischer Provenienz, der Ur-Nazismus demnach, war und ist keineswegs, als was man ihn unentwegt hinzustellen beliebt: das Werk einiger Volksverderber und Rattenfänger, die sich Elend und Verzweiflung zunutze machten. In Wirklichkeit entspringt der ungebrochene faule Zauber der unstillbaren Sehnsucht jener vielen, die nie, nie wieder ihr eigenes Abbild so erfolgreich gesteigert sehen werden, wie es in vergangener Blutzeit geschah: in Person eines ihnen aus Visage und Wesen geschnittenen, verkorksten und verstunkenen Troglodytenführers, einer miserablen Schwank- und

Possenfigur, der ums Haar gelungen wäre, wovon man in Bad Brauning träumt: die Welt dem Diktat der eigenen Minderwertigkeit zu unterwerfen. Wahrlich, der Schoß ist fruchtbar noch, aus dem das kroch. [...] genau da setzt meine Komödie ein, die leider keine Erfindung, sondern Reportage ist, vielfach abgeschwächt und gemildert allerdings, auf daß sich einige Glaubwürdigkeit einstelle.«[6]

Die Handlung spielt am Beginn der sechziger Jahre in einer österreichischen Kleinstadt, die den bezeichnenden Namen Bad Brauning trägt. Ausgerechnet im Gasthof »Zum weißen Lamm« feiert der alte nazistische Ungeist seine makabre Auferstehung, fletschen lauernd die einstigen Wölfe unter der biederen Maske der Unschuldslämmer ihre noch scharfen Zähne und wittern neue Gelegenheiten. In dem Einbrecher und Hochstapler Kerz, der sich mit seiner alternden Geliebten Grappina in diesem Gasthof vor der Polizei in Sicherheit zu bringen versucht, glaubt der Hausknecht Zagl den flüchtigen einstigen SS-Scharführer Meiche wiederzuerkennen, dessen sadistische Gewohnheit es gewesen war, die Häftlinge des nahe gelegenen Konzentrationslagers Wüstenhofen beim Himbeerpflücken abzuschießen. Steisshäuptl, Besitzer des Gasthofes und Bürgermeister von Brauning, der als Ortsgruppenleiter bei der Auflösung des Lagers die Beute des »Himbeerpflückers«, zwei Kisten mit Zahngold, zur Verwahrung übergeben bekommen hatte, setzt zunächst seine Tochter Sieglinde auf den vermeintlichen Massenmörder an, um dessen Absicht zu erkunden. Auch die anderen ›ehrenwerten‹ Honoratioren der Stadt, die alle wissen, daß Steisshäuptl sich am Banditenschatz gesundgestoßen hat, versuchen nun – in der Hoffnung auf neue »große Zeiten«, von denen sie jahrelang vergeblich träumten –, sich gegenseitig bei dem mutmaßlichen ehemaligen SS-Führer auszustechen. Steisshäuptl, der die Aufdeckung seiner ›Veruntreuung‹ befürchtet, droht seinen alten Kameraden mit Enthüllung ihrer nazistischen Vergangenheit und schmiedet sie wieder zusammen, um den von der Polizei gesuchten KZ-Aufseher nach Südamerika abzuschieben. Kerz, der nun Angst bekommen hat, als Massenmörder zu gelten und diese Gesellschaft auszunehmen, wird von seiner Geliebten aus Eifersucht als Gauner verraten und verhaftet. Als die Nachricht eintrifft, daß der KZ-Aufseher inzwischen gefaßt wurde und sich der Verantwortung durch Selbstmord entzogen hat, triumphiert Steisshäuptl, seine Gesinnungsgenossen übertölpelt zu haben.

In dieser »gallbitteren Komödie«[7] werden Vertreter des bürgerlichen Mittelstandes, Gewerbetreibende und Intellektuelle als ehemalige und gegenwärtige Nazis entlarvt, die nichts aus der Vergangenheit gelernt haben und unbelehrbar an ihrer »glorreichen« alten Zeit hängen. Deren Traum von der einstigen Größe wird ins Groteske gesteigert, wenn Steisshäuptl, der Häuptling dieser Troglodyten, sich in verklärter Begeisterung erinnert:

»Was war man damals und was ist man jetzt? – reich, aber vom Idealen her betrachtet ein Dreck! [...] Ortsgruppenleiter! Wenn ich dran denk', kommt mir die Gegenwart wie ein böser Traum vor, damals hat das Erwartungsfrohe geherrscht, das Aufopferungsvolle – damals haben wir den Alltag vergessen, nein: er hat uns vergessen, er war keiner, die Fanfaren, der Fahnenschmuck, die Standarten, die Straßen haben gedröhnt unter unserem Schritt, schwarzes Lederzeug, der Atem der Geschichte – und plötzlich ist alles wieder da, mit einem Schlag bin ich wieder der alte, junge Kämpfer, und warum? [...] – weil wieder ›Blut und Ehre‹ um mich ist, er hat's mitgebracht – jawohl, ich bin stolz darauf, daß ein Held bei mir eingekehrt ist, ich mach' aus meinem Herzen keine Mördergrube: ich möcht' weitermarschieren, und wenn alles in Scherben fällt!« (Stücke 140)

Hinter dieser komischen Figur, die ob ihrer Unbelehrbarkeit als anachronistisch verlacht zu werden verdient, wird damit auch das Grauen sichtbar, die Gefahr, die aus der nicht bewältigten Vergangenheit erwächst. Steisshäuptls ökonomischer Erfolg in der Vergangenheit und sein politischer Erfolg in der Gegenwart bestärken seine Ideologie, die noch immer der Vergangenheit verhaftet ist, auch für die Zukunft.

Zur Entlarvung der neofaschistischen Verhaltensweisen bediente sich Hochwälder, wie auch schon in früheren Stücken, einer dramatischen Vorlage, hier der Modellsituation des »Revisor« von Gogol. Aber während es bei Gogol dem falschen Revisor tatsächlich gelingt, die korrupte und bornierte altrussische Gesellschaft auszunehmen, ist in dieser modernen Version der falsche Massenmörder der Skrupellosigkeit, mit der ihm Altfaschisten achttausend Morde anzuhängen versuchen, nicht gewachsen. Wie in Gogols ist auch in Hochwälders Komödie das Gelächter der Zuschauer die einzige positive Gegenkraft – doch das Lachen über die ewig Gestrigen gefriert im Wissen um die weitere Gefährlichkeit der zu Verlachenden.

Hochwälders Komödie war in der Zeit ihrer Entstehung außerordentlich aktuell, und das Bedeutsame, aber auch Bedrükkende an ihr ist, daß diese Aktualität immer größer zu werden scheint. Darum ist es auch nicht erstaunlich, daß gerade dieses Stück nach Fernseh- und Theaterpremiere von Bühnen in Österreich und in der BRD nur vereinzelt gespielt wurde.

In einem Brief an den Regisseur der Leipziger Inszenierung des Stücks[8] schreibt Hochwälder:

> [...] die Leitlinie wäre der Satz von Karl Kraus aus den ›Letzten Tagen der Menschheit‹: ›Aus Tod wird G'spaß!‹, wobei die Umkehrung für Stück und Inszenierung noch richtiger und wichtiger ist: ›Aus G'spaß wird Tod!‹ – [...]. Wichtig und wesentlich bleibt, daß das ›Engagement‹ des Stückes deutlich herauskommt – die Denunziation des Nazitums nicht von gestern, sondern von heute!«[9]

Auch mit dem nachfolgenden Stück, *»Der Befehl«*, 1965 für den Rundfunk entstanden und 1967 zur Bühnenfassung erweitert, schrieb Hochwälder ein Kapitel Vergangenheitsbewältigung, wobei er den Ansatzpunkt dafür wiederum in der Gegenwart der sechziger Jahre fand. Den Befehl, ein Verbrechen aufzuklären, das 1942 an der Tochter eines ehemaligen holländischen Widerstandskämpfers begangen wurde, erhält der Wiener Kriminalbeamte Mittermayer, der selbst der gesuchte Mörder ist, die Tat aber erfolgreich verdrängt hatte. Nach dieser erschütternden Erkenntnis geht er in den Freitod. Dieses Stück zeigt ›gewöhnlichen‹ Faschismus vor – der Mörder kann jedermann sein – und ist eine Mahnung an diejenigen, die die faschistische Vergangenheit ›vergessen‹ haben. Es wurde 1967 zunächst als Fernsehspiel gesendet und am 3. März 1968 am Wiener Burgtheater uraufgeführt. Es ist ebenfalls kaum nachgespielt worden.

Nach der politischen Krise, die das monopolkapitalistische System in Österreich durch die demokratischen Massenbewegungen in der ersten Hälfte der sechziger Jahre erfahren hatte, begann am Ende dieses Jahrzehnts ein verstärkter Rechtskurs der österreichischen Interessenvertreter der in- und ausländischen Monopole. Durch den Abbau demokratischer Rechte und sozialer Errungenschaften der Werktätigen kam es zu einer spürbaren Verschlechterung der Lebenslage breiter Kreise der österreichischen Bevölkerung. Als Antwort auf diese reaktionäre Politik der herrschenden Klasse ging der progressivste Teil der österreichischen Arbeiterklasse am Beginn der siebziger Jahre in die ideologische Offensive. Dadurch wurde eine wichtige Voraussetzung für ein noch breiteres Bündnis aller demokratischen Kräfte geschaffen und der Prozeß der gesellschaftlichen Polarisierung in Österreich vorangetrieben. Ein Ergebnis dieses Polarisierungsprozesses war die Herausbildung neuer Erscheinungen und Tendenzen in der österreichischen Dramatik am Anfang der siebziger Jahre, wobei die Profilierung einer jungen konsequent-demokratischen Autorengeneration und das Auftreten erster Elemente einer sozialistischen Dramatik besonders hervorzuheben sind. Einige Dramatiker der jüngsten Generation, die ihre Ablehnung der bürgerlichen Gesellschaft zunächst in radikalen Anti-Haltungen geäußert hatten, begannen nun, auch den sozialen und politischen Kampf der demokratisch-proletarischen Kräfte zu gestalten.

Hochwälder dagegen vermochte in den siebziger Jahren, die zugleich die sechziger Jahre des Autors waren, das andere Ufer nicht zu erreichen. Die Grenzen seiner bürgerlich-humanistischen Weltsicht ließen nicht zu, eine Alternative zur kapitalistischen Gesellschaftsordnung zu gestalten. Ein erneuter Versuch einer gesellschaftskritischen Vergangenheitsbewältigung ist das Schauspiel *»Lazaretti oder Der Säbeltiger"*, 1975 während der Salzburger Festspiele uraufgeführt, in dem das Terroristenproblem aufgegriffen ist. Auch dieses Stück steht in der Kontinuität eines dramatischen Schaffens, das sich der Darstellung zeitgenössischer Probleme vom bürgerlich-humanistischen Standpunkt aus verpflichtet fühlt. Die bürgerliche Kritik reagierte auf die Uraufführung dieses Werkes sehr herablassend, in disqualifizierender Manier.

Was die Wirkung seiner früheren Stücke in dieser Entwicklungsphase betrifft, so ist um die Wende von den sechziger zu den siebziger Jahren eine auffällige Konzentration von Inszenierungen bestimmter Stücke vor allem in der BRD zu beobachten. Es handelt sich vorwiegend um Werke aus der Kriegs- und Nachkriegszeit, die die Problemkreise Recht und Gewalt sowie auch Schuld und Sühne behandeln: »Das heilige Experiment«, »Der Flüchtling«, »Der öffentliche Ankläger« und »Die Herberge«. Noch im Jahre 1969 hatte Hochwälder rückblikkend auf sein Gesamtwerk und dessen Wirkung geschrieben:

»An meinen zurückliegenden Arbeiten erstaunt mich immer wieder, daß sie trotz denkbar ungünstiger Konstellation entstehen konnten. Ich habe zu je einem Drittel schlechte, mittelmäßige und gute Stücke geschrieben, das letzte Drittel hält sich recht ordentlich im internationalen Repertoire; auf bundesdeutschen Bühnen, wo vornehmlich das Geniale kultiviert und infolgedessen häufig das damit verwechselte Dilettantische inszeniert wird, hatte es eo ipso nur geringe Chancen.«[10]

Im letzten Punkt irrte sich Hochwälder, die Aufführungsstatistik widerlegt ihn. Er irrte sich nicht in der Hinsicht, daß in der BRD jene Stücke eo ipso nur geringe, eigentlich keine Chancen hatten und haben, die sein eindeutiges politisches Engagement gegen die zunehmende Faschisierung dieser Gesellschaft beinhalten. Gespielt wurden diejenigen seiner Stücke, die auf Grund ihres fragwürdigen Geschichtsbildes, ihrer abstrakten Konfliktkonstellationen und ihrer Tendenz zur Verinnerlichung vieldeutige und damit auch verfälschende Interpretationen ermöglichen.

Befragt man nun Hochwälders dramatisches Werk nach seinem Platz in der österreichischen Literaturentwicklung nach 1945, so nimmt es – trotz aller enthaltenen Widersprüchlichkeit – unbestritten eine bedeutende Position innerhalb der demokratischen Literatur dieses Zeitraums ein. Seine Stücke, die zur Weiterentwicklung und Stärkung der demokratischen Literatur in Österreich wesentlich beitrugen, zeichnen sich aus durch stoffliche Breite und gestalterische Meisterschaft, durch politisches Engagement und internationale Wirkung. Die Profilierung seiner weltanschaulichen und künstlerischen Position äußerte sich in der zunehmenden Hinwendung zu Gegenwartsstoffen, an denen er zeitgenössische Probleme in wachsender sozialer Konkretheit und politischer Brisanz behandelte. Seine Kritik der bürgerlichen Gesellschaft wurde treffsicher in dem Maße, wie es ihm gelang, zu sozialen und politischen Grundfragen dieser Gesellschaftsordnung vorzudringen. In seiner Verbundenheit mit seinem Heimatland und besonders mit seiner Heimatstadt, einer tiefen und starken Verwurzelung, die vor allem durch die Tradition der Literatur und des Theaters geprägt ist, vollzog und bestimmte Hochwälder auch von der Schweiz aus die Entwicklungstendenzen der humanistisch-demokratischen Richtung der österreichischen Dramatik in ihren einzelnen Perioden nach 1945 im wesentlichen mit. Wiederholt bekannte er sich ausdrücklich zu dieser nationalen Verbundenheit:

»Ich bin und bleibe Wiener. Die Theatereindrücke, die ich in meiner Jugend empfing, waren im besten Sinn wienerische. Sie sind es, die meine Bemühungen als Bühnenschriftsteller immer wieder bestimmen, auch an fremden Stoffen, im fremden Gewand und an fremden Orten. Die Tradition, der ich mich zugehörig fühle, ist die des Wiener Volkstheaters. Und nichts, keine Zeitwidrigkeit, kein Exodus, kann eine Tradition, die man einmal in sich aufgenommen hat, verdrängen und ersetzen. Die Wiener Luft hat mir Unschätzbares gegeben: Klarheit des Gedankens, Sinn für Form, Theaterblut.« (ÜmT 109f.)

Hochwälders Stücke bestechen durch handwerkliche Solidität, bühnengerechte Handhabung, formstrenge Gestaltung, überhaupt durch Theaterwirksamkeit und hohen Gebrauchswert für das zeitgenössische Theater. Der Autor hat den Blick des Dramatikers für interessante Stoffe und aktuelle Themen, für konfliktgeladene Situationen und lebenswahre Charaktere. Im Anknüpfen an die Traditionen des Wiener Volkstheaters sieht Hochwälder eine positive Chance für die Wirksamkeit seiner Stücke. Die negative Chance glaubt er in der Situation des zeitgenössischen Dramas zu sehen:

»So war es eigentlich ein Negativum, der Mangel an echten Theaterstücken, das Überhandnehmen des kabarettistischen Dramas, das meinen Stücken [...] die Chance gab, sich international durchzusetzen.« (ÜmT 113)

Hochwälder vertritt konsequent das Illusionstheater, das kathartische Wirkungen anstrebende aristotelische Drama. Seine Stücke sind Musterbeispiele dieser Dramaturgie. Die Ideologie jedoch, die er daraus abzieht, zeigt die (idealistischen) Grenzen seiner Position: Der Autor setzt die von ihm favorisierte Dramaturgie nicht nur gegen den vermeintlichen Formverfall des zeitgenössischen Dramas, gegen die Auflösung der traditionellen dramatischen Formen (vgl. ÜmT 110), sondern meint auch, dem gesellschaftlichen Verfall durch konservative Theaterformen entgegenwirken zu können:

»Gerade weil das Menschen- und Weltbild infolge zweier Weltkriege und ihrer Begleiterscheinungen von Zerfall bedroht ist, tut uns auf dem Theater wieder feste Form not [...]. Gerade weil Verzweiflung und Hoffnungslosigkeit in den Seelen wohnen – merkwürdigerweise auch dort, wo zur Zeit materieller Wohlstand ausgebrochen ist –, gerade deshalb ist es die derzeitige Aufgabe des Theaters, die andere Seite stark zu machen, ein bißchen Hoffnung im Rampenlicht aufzuzeigen, der umsichgreifenden Niedertracht das Edle vorzuhalten, das immer vorhanden ist, auch heute.«[11]

Biographische Notiz

Fritz Hochwälder wurde am 28. Mai 1911 im Wiener Gemeindebezirk Neubau als Sohn eines Tapeziermeisters geboren. Erlernte nach Besuch der Volksschule und der unteren Klassen der Mittelschule das Handwerk des Vaters (Meisterbrief). Daneben autodidaktische Weiterbildung und in Kursen der Wiener Volkshochschule, Arbeit als Gewerkschaftsfunktionär. 1938 Emigration in die Schweiz (Zürich), Bekanntschaft mit Georg Kaiser. Die Eltern wurden als Juden deportiert und ermordet. Kehrte nach Kriegsende nicht nach Österreich zurück und lebte als österreichischer Staatsbürger in Zürich; 1960 Ehe mit der Wienerin Susanne Schreiner und Geburt der Tochter. Hochwälder starb am 20. Oktober 1986 in Zürich.

Er war Mitglied der »Genossenschaft dramatischer Schriftsteller und Komponisten« (Wien), des »Verbandes Dt. Bühnenschriftsteller und Bühnenkomponisten« (Berlin [West]), des »Verbandes Deutscher Schriftsteller« (VS) und (seit 1947) des Österreichischen PEN-Zentrum, 1964 wurde ihm vom österr. Bundespräsidenten der Professorentitel verliehen.

1955 Preis der Stadt Wien für Literatur; 1956 Grillparzer-Preis (AdW Wien); 1963 Anton-Wildgans-Preis der österr. Industrie; 1966 Großer Österreichischer Staatspreis; 1972 Ehrenkreuz 1. Klasse für Wissenschaft und Kunst vom österr. Bundespräsidenten und Ehrenring der Stadt Wien; 1979 Franz-Theodor-Csokor-Preis (österr. PEN).

Jochanaan Christoph Trilse

Jura Soyfer

Der österreichische proletarisch-revolutionäre Dichter, Erzähler, Reporter, Stückeschreiber und Kabarettist Jura Soyfer (1912–1939) wurde nicht nur in den dreißiger Jahren, sondern auch nach der Zerschlagung des Faschismus gehört. Sein Werk wurde gebraucht, als die zweite Republik Österreich sich anschickte, ein neues Selbstverständnis zu finden. Verbreitung und Aneignung waren mit Namen wie Otto Tausig, Helmut Qualtinger und Conny Hannes Meyer verbunden.[1]

Diese Phase der Soyfer-Rezeption verebbte Mitte der fünfziger Jahre. Besonders nach dem Staatsvertrag 1955 und bald einsetzender Restauration wie ›Wirtschaftswunder‹-Ideologie ließ das Interesse an linker, revolutionärer Politik, Kultur und Literatur nach. Es zeigte sich aber: Seine Dichtung, für den Tag geschrieben, bewährte sich als Waffe im Klassenkampf. Und auch für heute gilt: Die Hinterlassenschaft des Sechsundzwanzigjährigen, etwa tausend Seiten, hat den bewegten Zeiten standgehalten, ist ›klassisch‹ geworden. Jura Soyfer ist ein Klassiker der österreichischen Literatur, ja der revolutionären Weltliteratur, dies belegt nicht zuletzt die neue Phase der Soyfer-Rezeption seit Mitte der siebziger Jahre.[2]

Die Rolle des kompromißlosen Kritikers der eigenen Welt und des proletarischen Poeten, ja sogar des Parteidichters, wie er im deutschsprachigen Raum etwa seit Georg Weerth und im russischen durch Majakowski Gestalt geworden ist, war ihm der großbürgerlich-jüdischen Herkunft nach zunächst gar nicht zugemessen.

1927, als die fortschrittliche Bewegung versandete und die konterrevolutionären Kräfte erstarkten, wurde Jura Soyfer Mitglied des »Bundes sozialistischer Mittelschüler«, veröffentlichte erste Gedichte in dessen Zeitschrift »Der Schulkampf« (z. B. *»An alte Professoren«*) und war aktives Mitglied des Aufsehen erregenden Klubs der »Achtzehner«. Bereits der Fünfzehnjährige liest marxistische Schriften, zunächst die der Austromarxisten Victor Adler, Otto Bauer und Julius Deutsch, zunehmend die von Marx und Engels. 1929 schreibt er für eine

kabarettistische Revue in einem Ferienlager satirische Verse, wird damit entdeckt und ans Kabarett der Sozialdemokratischen Partei geholt. Der Rezitator trägt, wie Majakowski und Weinert, seine Gedichte auf Arbeiterversammlungen vor. Und ein Jahr darauf – mit Erscheinen des ersten Beitrags, *»Menschen der Landstraße«*, in der Wiener »Arbeiter-Zeitung«, dem Zentralorgan der SPÖ, beginnt auch seine journalistische Laufbahn. 1932 unternimmt er eine mehrwöchige Reise durch Deutschland, während der er Hitler reden hört. Ziemlich schnell werden ihm die Gefährlichkeit und zugleich dumme Brutalität des Faschismus klar. Ab 1932 schreibt der Zwanzigjährige regelmäßig für die »Arbeiter-Zeitung«, aber auch für andere Presseorgane und für Textsammlungen wie »Die politische Bühne«. Er klärt auf, mahnt, warnt, appelliert – bis zum

12. Februar 1934, als der Austrofaschismus unter Dollfuß die Republik erledigte, bei schmählichem Versagen der österreichischen Sozialdemokratie, einer mitgliederstarken, durchorganisierten, aber auch bürokratisierten, verkleinbürgerlichten Partei mit großer Stimmenzahl im Parlament. Soyfer, den diese Niederlage tief erschütterte, wird sich bis zu seiner Verhaftung mit der Analyse der gesellschaftlichen Zustände und Entwicklungen sowie deren Ursachen befassen, vor allem in dem Fragment gebliebenen Roman *»So starb eine Partei«* (GW 324–451; Ord 225–376)[3].

Dieses Werk über die Sozialdemokratie schrieb indes bereits ein Kommunist, ein aktiver, um die Partei verdienter Genosse. 1934 war er – in der Folge eben jenes 12. Februar – Mitglied der KPÖ geworden, die zum gleichen Zeitpunkt verboten wurde. Er leistet illegale Organisations- und Nachrichtenübermittlungsarbeit. Auch als Journalist bleibt er weiterhin tätig, nun im »Sonntag«, der Wochenendbeilage des Wiener »Tag«, wenngleich mehr als Literatur-, Theater- und Filmkritiker. Zwar konnte man im klerikalen Ständestaat noch weiterleben und -arbeiten, doch eingeschränkt. So suchte Soyfer ein neues Medium, sich politisch auszudrücken, und fand es: im Kabarett, auf Bühnen der Wiener Kleinkunst wie »Literatur am Naschmarkt« und Leon Askins (Leo Aškenasy) »ABC« – konsequent linken Bühnen in der Mitte zwischen Kammerspiel, Agitprop und Kabarett. Fast alle dramatischen Texte Soyfers sind dafür entstanden, in kollektiver Arbeit: von »Weltuntergang« bis zur »Broadway-Melodie«; neben den eigentlichen Stücken auch kombinierte literarische Programme.

Die letzten 15 Monate dieses nur wenig mehr als 26 Jahre währenden Lebens sind düster umschattet. Im November 1937 verwechselte ihn die österreichische Staatspolizei mit dem KPÖ-Spitzenfunktionär Franz Marek und verhaftete ihn. Zwar klärte sich der Irrtum auf, doch fand man genügend »belastendes Material«, darunter das Roman-Manuskript. Er hat jedoch Glück, aufgrund einer Amnestie wird er im Februar 1938 entlassen. Nach einem knappen Monat ist diese Freiheit schon wieder zu Ende, diesmal endgültig. Am 14. März, unmittelbar nach dem »Anschluß«, will Soyfer über die Alpen in die Schweiz emigrieren. Als glänzender Skiläufer wählt er einen kaum bekannten Weg. Wahrscheinlich verraten, fiel er in die

Hände österreichischer Polizei. Vom Polizei-Gefängnis Innsbruck aus, wo sogar eine Fluchtmöglichkeit bestanden hatte, die Soyfer und Marek nicht wahrnahmen, wurden beide nach Dachau gebracht. Dort bewährte sich der Kommunist Soyfer unter den Bedingungen des faschistischen Konzentrationslagers und praktischer Klassensolidarität. Kurz nach ihrer Einlieferung schrieb er das erst später bekannt gewordene *»Dachaulied«* (GW 246; Ord 34).

Organisierendes poetisches Prinzip ist hier – wie oft bei ihm – die Umwertung eines Satzes, einer Idee, in diesem Fall des pervers-zynischen Spruches »Arbeit macht frei« über dem Lagertor von Dachau. In vier Strophen mit wiederkehrendem Refrain orientiert er in diesem Lied auf die wirklich befreiende Kraft der Arbeit, wie das wohl nur ein Marxist tun kann.

Im Frühjahr 1938 erfolgte dann, wie es hieß, die »Überstellung« nach Buchenwald. Zwar wurde Jura Soyfer nicht direkt ermordet, es konnten – aufgrund internationaler Proteste und der der bereits in den USA weilenden Familie sowie anderer Verbindungen – sogar Entlassung und Ausreise erwirkt werden, doch hatte man ihn vorher in die Typhusbaracke beordert. Dort infizierte er sich und starb am 16. Februar 1939.

Ein nur kurzes Leben, ein tapferes Leben, ein großes Leben. Auch ein geradliniges. Man sucht vergeblich Kurven, Sprünge, eklatante Widersprüche.

Bereits vom Zwanzigjährigen stammt *»Das Lied von der Ordnung«*, mit deren Hilfe schreiende soziale Widersprüche zementiert werden, deshalb stehe die Frage nach »einer andern Ordnung« (GW 45; Ord 5). Im gleichen Jahr schreibt er zwei theaterästhetisch-dramaturgische Artikel. Dort bestimmt er nicht nur seine Theaterästhetik, die er im Zuge seiner Arbeit an den Stücken in den späteren Jahren weiterentwickelt, sondern seine Ästhetik und Kunstpraxis generell. Er zerstört die bürgerliche Demagogie eines angeblich »unpolitischen« Theaters und fordert für die Arbeiterklasse ein Theater,

»das nicht außerhalb, sondern innerhalb ihres Freiheitskampfes steht: die politische, revolutionäre Bühne.
Das Agitationstheater ist eine wirksame Waffe im Klassenkampf. Die Kleinbühne leiht uns ihre satirische Kraft, das Massentheater sein wuchtiges Pathos.
Ob das, was wir schaffen, Kunst ist oder nicht, das ist uns gleichgültig. Wir die-

nen nicht der Kunst, sondern der Propaganda. Mag sein, daß unsere Gesinnung, unsere ethische Kraft uns manches Mal künstlerischem Schaffen nahebringt« (*»Politisches Theater«*; GW 465).

Wenn dieser Schriftsteller sich vorrangig als Parteiarbeiter versteht, so kann – bei seinen Fähigkeiten – nicht der Schluß gezogen werden, daß er künstlerische Maßstäbe vernachlässigte. Sein Werk beweist sein ästhetisches Gewissen. Gelegentlich finden sich freilich Nachlässigkeiten, die sich aus dem Aktualitätszwang herleiten lassen, oft auch aus der ungesicherten Überlieferung des Werkes eines Mannes, der es selbst nicht mehr sichern konnte und dessen Freunde meist erst ihr Leben sichern mußten. In vertraulichen Äußerungen, besonders an die Geliebte Helli Ultmann, offenbart er ein äußerst sensibles Verhältnis zur großen Lyrik, auch zur subjektivsten, von Goethe, Claudius oder Verlaine.[4]

Überdies entwickelt der Zwanzigjährige bereits eine Publikumsästhetik. Im Beitrag *»Die Tendenzbühne und ihr Publikum«* (1932) begreift er das Proletariat als *das* Publikum:

»Denn nur das *Theater für das Proletariat* führt zum *proletarischen Theater*« (GW 468), und betont, »[...] daß unsere Zuschauer eine sich stetig entwickelnde, mit ihrem Theater *in fortwährender Wechselbeziehung* stehende Schicht sind. Wir gelangen zu einer fruchtbaren Definition der sozialistischen Tendenzbühne durch die *dialektische Betrachtung des Publikums*!« (GW 468)

Zu erinnern wäre in diesem Zusammenhang an ähnliche oder auch an anderslautende Wirkungsästhetiken der zwanziger Jahre, so von Walter Benjamin oder Bertolt Brecht, Sergej Tretjakow oder Wsewolod Meyerhold. Solche Überlegungen lagen in den revolutionären Bewegungen der Zeit.

Es bedarf natürlich nicht erst des Wortes, um darzulegen, daß dieser Autor ein Dialektiker ist. Dialektik mag er tatsächlich von Adler und Bauer gelernt haben. Materialist ist er in jeder Zeile; in seinen Betrachtungen über Politik und Ökonomie, Kapitalismus und Faschismus beweist er, daß er auch ein historischer Materialist ist. Konkrete Analysen in beinah jedem Gedicht, in den Prosa-Texten, auf der Ebene eines phantastischen und überhöhenden Realismus in den Stücken, in epischer Totalität im Roman. Die Frage nach den Gründen dieser Denk- und Kunstleistung führt folgerichtig zu Traditionen. Hier tut sich ein breites Feld auf: Der Bürgersohn mit Gymnasialbildung und akademischem Geschichts- und Literaturstudium hatte natürlich Möglichkeiten, Kultur und für ihn wesentliche Traditionen zu erkennen, an sie anzuknüpfen – und er nutzte sie.

Soyfer, der österreichische Jude ukrainischer Herkunft, war ein weitläufig geprägter Europäer, der in der deutschen Sprache lebte wie nur wenige. Viele Faktoren, die mehr als eine solide Summe ergaben: bürgerliche wie proletarische, aristokratische wie plebejische, regionale wie internationale, ästhetisch-dramaturgisch-mimetische wie sprachlich und literarische.

Beginnen wir mit den österreichischen Traditionen. Eine lange Geschichte hat die Sprachkritik, in doppeltem Verständnis der Kritik an Sprache (die gesellschaftliche Strukturen konserviert, Verhärtungen anzeigt, Verhältnisse verschleiert) oder mittels Sprache. Es gab sie, wenn auch – da nur wenige Texte überliefert sind – schwer nachweisbar, im Volkstheater des 18. Jahrhunderts von Prehauser und Laroche. Ausgeprägt freilich war sie bei Nestroy, der zu den erklärten Vorbildern Jura Soyfers gehört. Ihm widmete er 1937 eine schöne Laudatio *(»Vom lebendigen Nestroy. Zum 75. Todestag«)*, eine bekennende sogar. Nestroys Einflüsse sind in der Sprachtechnik und in der Dramaturgie der Stücke feststellbar. Auch Raimunds Zauberstück-Dramaturgie hatte Wirkung, wenngleich kaum so direkte. Um so eindeutiger der Einfluß von Karl Kraus, der seinerseits gerade die Sprachkritik, auf der eine philosophische Richtung, maßgeblich vertreten durch Ludwig Wittgenstein, ihr Lehrgebäude errichtete, zu einer so noch nicht gekannten Höhe gebracht hatte, in all ihren radikalen, auch negativen Konsequenzen. Soyfer nun setzte die entscheidende Schwäche Kraus', die Verabsolutierung der Sprache, nicht fort, sondern machte dessen Methode soziabel, politisierte sie. Dennoch erwies er Kraus' auserlesenen Respekt: direkt im Nestroy-Artikel, wo er ihn gleichzeitig, der berühmten Nestroy-Vorlesungen gedenkend, in geschichtliche Beziehung setzt; indirekt im Stück »Der Weltuntergang«, indem er den »Nörgler« (Kraus' Stellvertreter-Figur) apostrophierte und Kraus, dem »geistig Unbeugsamen«, seine Verehrung zollte. Überrascht diese Reverenz gar nicht, so doch eher die kritisch-respektvolle Besprechung Hugo von Hofmannsthals (»Er war einer, der die Augen nicht verschließen konnte ...«; GW 455). Diese kleine Laudatio deutet immerhin Soyfers Kultur- und Schönheitsbewußtsein an, sein Verständnis der sublimen bürgerlichen Endzeitkultur und Leidenspoesie. Als Poet verstand er Poesie. Obwohl ein direkter Einfluß nicht nachweisbar ist – näher und in mancher Hinsicht Bruder im Geiste war Soyfer jedoch der Österreicher ungarischer Herkunft Ödön von Horváth. Zwar hatte dieser nicht das linke Engagement und Pathos Jura Soyfers, war ihm indes in der Analyse bestimmter Gesellschaftsstrukturen und Klassen, besonders des Kleinbürgers, verwandt, gelegentlich überlegen, vorbildhaft. Zehetner aus *»So starb eine Partei«*, Sozialdemokrat und außerdem Christlich-Sozialer und im geheimen Nationalsozialist, den es empfindlich trifft, von seiner Frau »Prolet« genannt zu werden – diese Figur ist so perfid genau, daß sie Horváth erfunden haben könnte. (Sie steht aber auch gleichwertig neben zu Synonymen gewordenen Kleinbürgergestalten wie Kraus' Dreckwitz oder Qualtingers Herr Karl.) Vor allem mit seinen Dramen steht Soyfer in der Tradition des Horváthschen »Volksstücks«.

Volkstheater, darüber hinaus Volkskultur, Volksliteratur, auch Kabarett, letzteres in seiner ausnehmend österreichischen Ausprägung der Wiener Kleinkunst: Soyfers Stücke sind ohne diesen Boden überhaupt nicht zu denken. Hier sei noch seiner kritischen Verteidigung dieser Art Volkskunst gedacht. Der Besprechung eines 1937 im Kabarett »Literatur am Naschmarkt« aufgeführten Versspiels »Die Knechte und der Mond« von Lothar Metzl. Dreierlei ist ableitbar: 1. Der Dichtungscharakter von Volkskunst und ihre Aussagemöglichkeit – auch und vor allem im Faschismus; 2. Kleinkunst ist ein »ernster Kulturfaktor« (GW 484); 3. das Bekenntnis zum Österreichischen – angesichts der ›großdeutschen‹ Bedrohung von äußerster Wichtigkeit:

»Jungen österreichischen Dichtern kann es letzten Endes nur um eines gehen, nämlich um die Mehrung und Wahrung der österreichischen Kultur.« (GW 485)

Doch auch deutsche Traditionen spielen eine Rolle. Vor allem die demokratische politische Literatur war es, die Literatur eines Börne, Heine, Tucholsky, Weinert oder gar Brecht, die ihn anzog. Für Börne schrieb er eine Laudatio zu dessen 100. Todestag. Das Motto wählte er von Heine. Soyfer, allzeit ein guter Taktiker, tat das Richtige: Er akzentuierte nicht die Differenzen zwischen den beiden, sondern betonte ihr revolutionäres Tribunentum, ihre Positionen als politische Schriftsteller. Heine, der für ihn selbstverständlich der größere Künstler war, ist unbestrittene Autorität. Soyfer hatte frühe Gedichte in Heines Manier geschrieben, doch noch wichtiger erscheint die poetische Verpflichtung. Er stellt sich als Lyriker und – wenn auch nicht unvermittelt – als Prosaautor in Heinesche Tradition. Das meint Ästhetik und Poetologie – also den kühnen Stoffzugriff –, aber auch Technik unmittelbar, reicht bis in den Rhythmus, den der oft gewählte Heine-Vers bestimmt, sogar die »Wintermärchen«-Strophe – wie *»Testament des Christlich-Sozialen«*, *»Heldensage, gleichgeschaltet«*, *»Genfer Abrüstungsrede«* und *»Der deutsche Kronprinz vor dem Reichstag«* zeigen. Auch *»Lied des einfachen Menschen«* mit seiner Verkündung des neuen Ideals gehört in diesen Zusammenhang. Zwei Gedichte heißen *»Fabel«*: Eines gibt eine satirische Betrachtung der sich faschisierenden Welt aus der Sicht eines Taxis, das andere beschreibt eine Disputation zwischen Fortschritt und Konservatismus in Gestalt einer Walze und eines Kamels. Des Dichters Standpunkt ist sichtbar, doch läßt er den Wettstreit offen. Auch das assoziiert Heine. »Romancero«-Töne, und zwar unmittelbar, in *»Chronik aus dem Jahre 1683«* und – hier bis ins Modell – in *»Disput«*. Im ersten Gedicht stellt er die positive Rolle, die ein Fürst Starhemberg in der Schlacht von 1683 gegen die türkischen Eroberer spielte, dem Starhemberg gegenüber, der eine reaktionäre Politik macht, der 1930 die Heimwehr offen zur faschistischen Organisation formierte. Im anderen Gedicht streiten – analog Heines Romanze – zwei Reaktionäre, ein Monarchist und ein Faschist, um die Seele des Volkes, des Arbeiters. Doch dieser gibt die salomonisch-heinesche Antwort:

> Doch sprach da übler Laune
> Der Prolet? Mich will bedünken,
> Daß der Grüne und der Braune,
> Daß sie alle beide stinken ... (GW 120).

Seine Satiren auf Militarismus, Faschismus oder die Sozialdemokratie, die zu Anklagen gesteigert werden, rücken ihn hinsichtlich ihrer literarischen Weise und Technik in die Nähe Weinerts und Tucholskys. So verwandte Soyfer 1933 für eine in der Zeitschrift »Der Kuckuck« publizierte Serie von etwa zwanzig Gedichten – wie vorher schon Tucholsky – Fotos als verfremdenden Kontrast, um die desillusionierende Aussage des Textes zu unterstützen. *»Heil Hitler«* ist eine der überaus scharfen Bild-Wort-Satiren betitelt: Beschrieben wird die grotesk-charismatische Heil-Jubelei von Jung und Alt in Deutschland; das Foto zeigt Massen am Straßenrand mit zum faschistischen Gruß hochgerecktem Arm. Die letzten Verse lauten:

»Blutige Jahre werden vergehen, / Dann wirst du alles verstehen.« (GW 178f.)

Thematisch greift Soyfer – wie Tucholsky – in viele soziale Bereiche, so in die Kleinbürgersphäre, in die Familie, ins Arbeitslosenmilieu und in die Herrenwelt, verspottet die Traumfabrik des Films, enthüllt die Taktiken des Großkapitals und attackiert besonders haßvoll die Juristen *(»Aufmarsch der deutschen Juristen«)*.

Noch eine andere Seite rückt die genannten Autoren und ihre Strophen zusammen: ihre Rhetorik, ihre Sprechbarkeit. Auch Soyfers Gedichten merkt man die praktische Erprobung, das Vortragen auf politischen Meetings und in Kellerbühnen an. Man kann da sogar den großen, eher Weinert- oder gar Majakowskischen Ton vom Brechtschen Ton unterscheiden, der freilich immer Soyfer-Ton war. Die Lieder für die Kleinkunstbühnen *(»Ballade vom Pepi«)* oder aus den Stücken haben einiges vom Moritatenton der »Dreigroschenoper« (die der Jüngere nicht nur erwähnte, sondern 1936 auch im »ABC« aufführte, wobei er 30 Worte änderte): Mag *»Gehn ma halt a bisserl unter«* dabei noch das Wienerisch-Liebenswürdigste sein, *»Journalisten-Chanson«, »Song des Guck«* oder *»Von der Käuflichkeit des Menschen«* haben derart charakteristische antikapitalistische Züge, daß man sie in die Nähe Brechts rücken kann.

Von Brecht aus führt der Weg unmittelbar zum großen Ahn aller Liedermacher, Kabarettisten und Podiumsvaganten, zu Villon, dem er nicht nur einen famosen Gedenkartikel *(»François Villon. Der unsterbliche Lump«)* schrieb, sondern den er verinnerlichte, was neben Identität auch Distanz heißt:

»[...] wieder überschneiden zwei Zeitalter einander.« (GW 463)

Der den aus dem Mittelalter ausbrechenden Franzosen meinende Satz gilt für Soyfer selbst: Auch seine Dichter-Position ist im härtesten Konflikt der Zeitalter angesiedelt.

Alle Traditionsfelder weisen eindeutig auf die plebejisch-revolutionäre Linie, auf die radikal-maliziöse Kritik von unten wie auf das kräftige Pathos des klassischen Idealismus (worauf auch seine emphatische Würdigung des Philosophen Fichte hinweist!). Daß dennoch die Perspektive von unten dominiert, mag zusätzlich seine Liebe zur Schwejk-Gestalt belegen. Mit dem fast gleichaltrigen Hans Weigel schrieb er 1934 mehrere neue Schwejk-Episoden, voll im Stil des böhmischen Originals und dennoch neu, auf aktuelle Situationen zielend.

Aus der spezifischen gesellschaftspolitischen und auch kulturellen Situation der ersten Republik läßt sich auch die Gattungsgeschichte des nur wenig mehr als ein halbes Jahrzehnt währenden Schaffens von Soyfer erklären. Talent, Situation und Funktion bestimmten ihn zunächst zum Lyriker – der Tribun kam auf diese Weise in den Jahren 1932/33 am besten zu Wort. Aber 1934, nach dem Februar, als die Zensur verschärft, die »Arbeiter-Zeitung« verboten wurde, schrieb er mehr Prosa: erzählende, berichtende, kritische. Daneben arbeitete er – um Analyse bemüht – am Roman. Öffentliche politische Wirksamkeit erzielte er von 1935 bis 1938 auf den genannten Kleinkunstbühnen. Soyfer war eine universale Begabung, vermochte sich in allen Genres und Medien auszudrücken und sich den Erfordernissen und Bedingungen entsprechend einzurichten. Wenn hier über das Gesagte hinaus noch etwas zur Lyrik bemerkt wird, zudem an erster Stelle, hat das nichts mit dem klassischen Gattungskanon zu tun, sondern ergibt sich aus der Genesis des Werkes.

Etwa 150 Gedichte hat er geschrieben – in den meisten Fällen ungemein sorgfältig gearbeitet. Deren Überlieferung verlief – trotz ebenfalls gegebener Varianz – nicht derart kompliziert wie die der Stücktexte oder des lange Zeit verlorengeglaubten Roman-Fragments: Die weitaus meisten wurden gedruckt, jeweils von dem Organ, für welches sie bestimmt waren, die meisten erschienen in „Arbeiter-Zeitung". Im Zusammenhang mit der Darstellung von Traditionen und Einflüssen wurde auf den Formenkanon verwiesen, auf Vers und Sprache: Überwiegend Formen der Volksdichtung – von der Volksliedstrophe bis zu Ballade, Chronik, Moritat, Song, Chanson, Marterl aus katholisch-österreichischer Volkspoesie. Die Gedichte sind gereimt, immer auch rhythmisch, für den Vortrag gedacht, vor allem das Verstandenwerden: vom gemeinen Mann, vom Volk, von der Klasse, der er sich verschrieben hatte. Seine Ästhetik ist von dieser Grundhaltung, dieser Grundentscheidung geprägt. Stoffwahl, Sujet und das Arsenal der Kunstmittel unterliegen dieser Funktion, zu der neben Appell und Vorgriff das Eingreifen (besser: Angreifen), natürlich auch das Enthüllen gehören. Solcherweise erklären sich die zahlreichen Parodien und Travestien alter Sujets und Formen. Sie werden umfunktioniert, um aufklärend-enthüllende und satirische Wirkungen zu erzielen. So das Kinderlied: »Schlaf, Kindlein schlaf, / Dich schützt der Paragraph« (*»Schlaflied für ein Ungeborenes«;* GW 99f; Ord 7), das Kirchenlied: »Ein' feste Burg ist unser Krupp / Ein' gute Wehr und Waffen« und »Hitler meine Zuversicht« (*»Reformiertes deutsches Kirchenlied«;* GW 143; Ord 17), das Volkslied: »... weißt du, wieviel Sternlein kleben / Auf der Generale Brust« (*»Galgenfrist bewilligt«;* GW 71; Ord 22), auch national-patriotische und nationalistische Kampflieder werden aufgenommen (z. B. »Fest steht und treu die Wacht am Rhein«, »Lützows wilde verwegene Jagd«, »Gaudeamus igitur«, selbst das »Horst-Wessel-Lied«) und bekannte Klassiker-Zitate.

Daß unser Dichter ohne die österreichische Tradition der Sprachkritik und des Wortwitzes nicht zu denken ist, belegen Texte wie *»Kommentar zur Weimarer Verfassung«*, wo es heißt:

Da stand eines Tages im Deutschen Reich
Die Staatsmacht ergriffen da.
Und zwar von Hitler. (GW 104; Ord 8)

Eine solche Anwendung des Partizipium Perfekti macht aufmerksam, denn zunächst assoziiert der Leser die psychische Erschütterung, die untergründig auch gemeint ist, aber ironisiert wird mehr noch der sogenannte Anschluß. Oder in *»Heldensage, gleichgeschaltet«* das Wortspiel:

Wenn Barbaros-SA dann marschiert
Gen Ost oder zum Rhein,
Heiho und horrido, das wird
Ein Hakenkreuzzug sein. (GW 152; Ord 33)

Moderne Sprache, Leichtigkeit und Eleganz, enthüllende Treffsicherheit und anhaltende Aktualität ist auch seiner Prosa eigen. *»Verzweiflung der Jugend«* zum Beispiel beginnt mit der Feststellung:

»Die Welt befindet sich in einer Übergangsphase und ist darum qualvoller und widerspruchsvoller, als je eine Zwischenzeit es war [...] Je tiefer die Zweifel des Bürgertums an der inneren Berechtigung seiner Herrschaft sind, desto brutaler werden seine faschistischen Offensiven, desto rücksichtsloser seine Herrschaftsmittel.« (GW 276; Ord 39) Und weiter heißt es: »Neunzig Prozent der Briefe jugendlicher Selbstmörder lauten: Das Leben hat für mich keinen Sinn ...« (GW 277; Ord 40)

Soyfer beschreibt die Lage und auch die Auswegversuche – bis hin zum Ruf nach dem Führer. – Wie sich die Bilder gleichen, denkt man an die Massenarbeitslosigkeit in den kapitalistischen Ländern und die daraus erwachsenden Probleme der Jugendlichen, zum Beispiel ein solch schlimmes Schicksal wie in dem Bericht der Christiane F., »Wir Kinder vom Bahnhof ZOO«[5], beschrieben.

Immer wieder verblüffen die genauen sozialen Beschreibungen und Bestimmungen. Anläßlich der Besprechung des Fritz-Lang-Films »Fury (Furor americanus)« erklärt er, was »Mob« ist (GW 493). Daraus wird sogleich eine klassenmäßige Darstellung verschiedener Schichten des Volkes, der Unterschiede von Mob, Pöbel, Masse, der Gemeinsamkeiten von herabgekommenem Lumpenproletarier und trägem Spießbürger sowie des Verhältnisses der Intellektuellen dazu, deren Mißverstehen von Mob als Volk. Man muß schon Texte von ersten Publizisten zum Vergleich heranholen, um derlei wiederzubegegnen. Unabhängig von der Definition selbst: Die Methode – es handelt sich hier um eine Filmkritik – fasziniert. Ebenso – an anderer Stelle – die historisch richtige Fixierung von »kleinbürgerlicher und großbürgerlicher Fraktion des Faschismus« (GW 262; Ord 67).

Insgesamt läßt sich Soyfers Prosa in drei Gruppen ordnen: Journalistische, erzählende und kritische Prosa. Letztere wurde bei anderen Überlegungen herangezogen. Von Belang erscheinen diese Arbeiten für das Traditionsfeld des Dichters sowie für seine Literaturauffassung; die Wertungen sind anzweifelbar (z. B. die Aussagen zu Fichte). Wesentlicher sind andere Bereiche, beispielsweise wäre Soyfer auch in beste Reporter-Historie einzuordnen. Die Deutschland-Berichte von 1932 geben ein scharf gezeichnetes Bild faschistischer Tendenzen. Ein Artikel trägt die Überschrift *»Bericht aus dem deutschen Bürgerkrieg«* (GW 257). Der Report über das von der SA verwüstete und in ein Sturmlokal umgewandelte Berliner Antikriegsmuseum in der Parochialstraße beginnt mit dem Satz:

»Die Zukunft Deutschlands ist nicht nur grau, sie ist feldgrau.« (GW 262; Ord 67)

Daß in *»Kalte Schlote an der Nordsee«* noch von glorreichen Schlachten bei den Falklandinseln, damals von Engländern und Deutschen ausgetragen, berichtet wird, mag Aktualität aus Zufall sein, die dort dargestellten Zusammenhänge zwischen Produktionsrückgang, Arbeitslosigkeit und Tendenz zum Faschismus als Zeichen großer Krisen bleiben aktuell.

Die Wiener Berichte von 1935/37 sind nicht so massiv – immerhin wirkte die Zensur. Aber auch die ›Sklavensprache‹ beherrschte Soyfer. Die Schilderungen in *»Naschmarkt, 2 Uhr früh«* sagen über soziales Elend mehr aus als manche nationalökonomische Studie. Die Märchen *»Motorräder«* und *»Goldgräber von Ottakring«* sollen die bekannten Legenden vom möglichen Aufstieg des kleinen Mannes zerstören, sie geben Verzerrungen spiegelverkehrt als Verzerrungen wieder. Diese Seitenverkehrungen ins Groteske kennzeichnen auch seine Kurzgeschichten, im Grunde Herr-Karl-Satiren, dem Kleinbürger zugedacht.

Soyfers wichtigste Prosaarbeit ist der Roman *»So starb eine Partei«*, von dem die ersten sechs, annähernd vollständigen und zusammenhängenden Kapitel wiedergefunden worden sind, ferner das 19. und 28. sowie ein 1936 in England erschienener Einzeltext, der, rückübersetzt, hinzugefügt wurde. Selbst diese Bruchstücke verraten etwas von der Größe der Absichten, des Entwurfs. Soyfer unternahm den Versuch von Darstellung, Analyse und Wertung des Zusammenbruchs der österreichischen Republik, des Sieges des Faschismus und vor allem des Versagens der Sozialdemokratie. Beschrieben wird im Grunde nur die Vorgeschichte des Februar 1934, der blutig niedergeschlagenen Erhebung der Arbeiter gegen das Dollfuß-Regime. Viele kleinere Geschichten von einzelnen Personen und Personenkreisen machen insgesamt die große Fabel aus: die Geschichte von Klasse und Volk. Die im vorhandenen Text vorgestellten und agierenden Personen gehören mehr oder weniger alle zur sozialdemokratischen Seite. Soyfer arbeitet, um diese riesige Personnage unterzubringen, mit der Technik der vielsträngigen Fabel (Polymythie). Dazu bedarf es einer außergewöhnlichen Übersicht und Gestaltungskraft, ist sie doch eine der schwersten Techniken, doch notwendig, um kollektives Geschick, ja Gesellschaftsvorgänge darstellen zu können. Da treten überaus farbige, widersprüchliche wie festgelegte Figuren auf: Dvořak, Dreher, Blum und vor allem Zehetner, historische Personen wie Otto Bauer, die Alten und die Jungen, zwischen denen sich die nächsten Widersprüche auftun. Schon aus diesen Teilstücken werden Hauptgründe für das Versagen der Sozialdemokratie deutlich, beispielsweise Verbürgerlichung und Egoismus. Zweimal werden Demonstrationen geschildert, mit all den vielen Empfindungen und Aktionen der einzelnen, die die Masse bilden, ein Organismus, der zwar noch einer ist und als solcher funktioniert, doch bereits ziellos und in sich brüchig. Eine der ganz großen Stellen deutschsprachiger Prosa. Wie überhaupt dieses Fragment etwas besonderes ist – sowohl in der österreichischen als auch in der deutschsprachigen Literatur, sogar in der europäischen. In mancher Hinsicht Anna Seghers vergleichbar, nicht nur dem thematisch ähnlichen »Weg durch den Februar«, sondern ihrer Weise des Erzählens überhaupt: ihrem Format und ihrem Bemühen, dem großen bürgerlichen Roman des 20. Jahrhunderts den sozialistischen entgegenzustellen. Die bürgerlichen Autoren haben vor allem Untergänge beschrieben, Hermann Broch und Robert Musil ebenso wie die Manns und Arnold Zweig, Joseph Roth und Stefan Zweig. Auch Soyfer beschreibt einen Untergang, doch ohne Trauer und Verklärung, mit dem Wunsch nach Veränderung. Von den Österreichern übrigens keiner so genau wie er: weder die Parteiführer Julius Deutsch und Otto Bauer – der »vor den Kräften des Gegners mehr Respekt als vor denen der Arbeiterklasse«[6] hatte –, noch Paula Wallisch in ihren Erinnerungen an ihren 1934 hingerichteten Mann, auch nicht Fritz Brügel oder Otto Roland in »Nacht über Österreich« (1982). Wie betrüblich, daß diese Analyse damals unbekannt bleiben mußte, nicht wirken konnte. Um so höher die Verpflichtung für die Späteren, die aktuellen Warnungen aufzunehmen.

Die Wirkungsabsicht, mittels satirischer Darstellung zu Veränderung und Vernichtung des Alten aufzurufen, bestimmt auch das dramatische Werk. Es wurde schon darauf hingewiesen, daß Soyfer sich 1934 verstärkt der dramatisch-theatralischen Kunst widmete. Daß er sich dabei gerade der Wiener Kleinkunstbühne zuwandte, hat einen weiteren Grund: das österreichische Theatergesetz, das Theater unter 50 Sitzen von der Zensur weitgehend ausnahm. Es gab also eine große Zahl von Theatern mit 49 Sitzen, die just ihrer Vielzahl wegen doch eine größere Anzahl von Menschen erreichen konnte. Zumal diese Gruppen meist in Keller-Restaurants oder Kaffeehäusern auftraten – Orte, an denen der Wiener einen Großteil seiner Freizeit verbrachte. Diese Produktions- und Rezeptionsbedingungen hatten einmal ein besonderes Genre zur Folge, das halb Kabarett und halb Theater war. Anfang und Ende der Progamme bildeten: Soli, Sketchs, Chansons und Conference, den Hauptteil das ›Mittelstück‹, zumeist ein mehr oder weniger richtiges Theaterstück, dem dramatischen Genre zugehörig. Soyfers Stücke sind für diese Bedingungen produziert, sie sind solche der Kleinkunst, mit großem Gegenstand allerdings, bestimmt, ins Große zu wirken. Eine zweite Folge jener spezifischen Bedingungen ist die kollektive Arbeit – der Text wurde weiterentwickelt mit den Schauspielern und anderen Beteiligten – wie zu manchen großen Theaterzeiten, wie im Wiener Volkstheater oder im heutigen Gruppentheater. Das wiederum – in Verbindung mit Verhaftungen, mit Flucht- und Haftsituation – macht Überlieferung und Textkonstitution so schwer.

Die Typoskripte wurden oft unter abenteuerlichen Umständen gerettet. Von den Stücken liegen in der Regel mehrere, in sich mitunter unvollständige oder beschädigte Textvarianten vor. Ihre Wertigkeit ist schwer bestimmbar, zumal es keine vom Autor autorisierten Druckfassungen gibt. Zwar zeugt die kritische Gesamtausgabe von großer Gewissenhaftigkeit des in den USA lebenden Herausgebers Horst Jarka, doch ersetzt dieser konstituierte Text keinen autorisierten, besonders nicht bei Bühnenwerken. Heutige Wertungen müssen von diesem Umstand ausgehen. Vergleich und Diskussion der Fassungen können hier nicht geleistet werden. Grundsätzlich werden auch Bild und Hauptanteil Soyfers nicht in Frage gestellt. Letzteres bezeugen mehrere Zeitgenossen und Kampfgefährten, selbst ein politisch anders orientierter Mann wie Hans Weigel.[7]

Zehn dramatische Texte liegen vor (einige weitere sind offensichtlich verlorengegangen): zwei als »Proletarische Feiern« bezeichnete Agitprop-Szenen mit Lehrstück-Charakter (*»Christbaum der Menschheit«* und *»König 1933 ist tot – Es lebe König 1934. Rote-Spieler-Szene«*), drei weitere Szenen, darunter die Satire *»Geschichtsstunde im Jahre 1035«* und der parabelartige Text *»Treuester Bürger Bagdads«*, des weiteren fünf größere Stücke, die nachdrücklich bestätigen, wie schnell sich der Autor die Gesetze des Genres angeeignet und darin gesteigert hat.

Das erste der umfangreicheren Stücke ist das gedanklich an Kraus angelehnte *»Weltuntergang«*, ein in Raimund- und Nestroy-Dramaturgie gebauter Text mit phantastischer wie historischer Personnage und vielen Couplets (darunter das herrlich wienerische »Gehn ma halt a bisserl unter« und »Chanson der Titze-Tante«). Die Gestirne unseres Sonnensystems haben das Treiben der Menschen – »Ungeziefer« des Erdballs – satt und beschließen deren Untergang, den der Komet Konrad vollstrecken soll. Auf der Erde weiß lediglich Professor Guck um das Bevorstehende, und er kennt auch ein Gegenmittel. Doch niemand will es haben, niemand versteht ihn, die Sprache ist zur Barriere geworden. Allein der Umstand, daß Komet Konrad sich in die Erde verliebt, sichert ihr Überleben. (An dieser Stelle wird »Lied von der Erde« als »Kometen-Song« gesungen).

Das Stück entstand 1936 und wurde im Sommer des gleichen Jahres aufgeführt – als leidenschaftliche Warnung: am 11. Juli wurde das Hitler-Schuschnigg-Abkommen geschlossen, das Österreich bereits dem Faschismus auslieferte, zugleich der letzte Spieltag des Stückes. Vorher waren deutsche Truppen ins demilitarisierte Rheinland einmarschiert, wenige Tage später begann der Spanische Bürgerkrieg. Die Zeichen standen auf Sturm.

Nach dem Weltuntergang, der »Zweiter Weltkrieg« hieß und der mit dem Blitz des möglichen totalen Untergangs endete, konnte man immerhin noch sagen: »Wir sind noch einmal davongekommen« (Titel des vielgespielten Stücks von Thornton Wilder). Daß Soyfer die Welt in seinem Stück nicht untergehen ließ, hat mit seiner revolutionären Grundhaltung zu tun, die nihilistischen Untergangskonzeptionen entgegenstand.

Einen Schritt weiter geht er in dem bemerkenswerten *»Der Lechner-Edi schaut ins Paradies«*, seinem nächsten Stück, das auch vom Weltuntergang handelt. Edi ist einer von damals 350000 österreichischen Arbeitslosen. Die Schuld für seine Lage gibt er den Maschinen. Er begegnet jedoch eben der Maschine, an der er gearbeitet hat; ebenfalls überflüssig geworden, will der Motor sich »auf Tank umkonstruieren« lassen, ist das Militär doch die einzige Institution, »die heutzutag no an Bedarf auf frisches Material« hat (GW 655; Ord 82). Beide wollen nun nach den Ursachen der Arbeitslosigkeit forschen und treten mit Edis Freundin Fritzi eine »Reise in die Vergangenheit« an. Der Motor verwandelt sich dazu in eine Zeitmaschine à la Majakowski. Auf der Suche nach den Schuldigen begegnen sie Galvani, Galilei, Kolumbus, Gutenberg, selbst Siegfried, Archimedes und anderen. Da alle unschuldig sind, gelangen sie schließlich an die Tore des Paradieses – bereit, die Erschaffung des Menschen zu verhindern. *»Moritat im Paradies«* ist der grausige Höhepunkt des Stücks. Ein rückwärtsgewandter Protest also? Das wäre Soyfers Sache nicht, und so hilft er sich mit einem ebenso simplen wie genialen Kunsttrick: Der Mensch, der vom »Baum der Erkenntnis genascht hat«, ist fähig zu Ja und Nein, die Entscheidung über seine Zukunft liegt also in seiner Hand. Edi weiß nun:

»Alles kommt auf mi an. Kannst du uns wieder in die Gegenwart führen?« Und dann: »Frag net so vül – auf uns kommt's an.« (GW 587; Ord 109).

Der Motor der Zeitmaschine wird wieder auf Vorwärts geschaltet. Mit dieser Umwendung kehrt sich die Fabel von der Kritik zum Appell an die Massen, zum Kampf-Aufruf für die Einheitsfront.

Auf die intellektuell-politische Höhe eines Brechtschen Lehrstücks gelangt Soyfer mit *»Astoria«*, einem Stück mit durchgearbeiteten Charakteren, das in die Nähe Horváths kommt und im Grunde schon einer großen Bühne bedarf. Da wird ein fiktiver Staat gegründet, der nichts aufzuweisen hat als die »Astorische Gesandtschaft« in einem existierenden Land, von der aus ein wirksamer Apparat zur Ausplünderung und Unterdrückung aufgebaut wird, eingeschlossen Propagandamittel. Mit deren Hilfe wird dieser Staat als Interessenvertreter der Entrechteten und Ausgebeuteten, als vollendeter Traum von Utopia dargestellt, um den dann aber alle, die daran glauben, betrogen werden, bis auf die, die daran verdienen. Die Kritik am Ausbeuterstaat und faschistischen Schimären richtet sich darüber hinaus gegen Menschen, die sich manipulieren lassen. Auf dem Höhepunkt des Stücks wird das »Lied von der Käuflichkeit des Menschen« gesungen. Doch Soyfer führt seine Figuren, Hupka vor allem, zur Einsicht in die Mechanismen des Ausbeuterstaates. Hupka schert aus und wird am Ende verhaftet. Auf dem Weg ins Gefängnis singt er das Lied vom »Land, das dir gehört / Auf diesem Erdenrund«. (GW 627) Es ist dies ein Aufruf zur Solidarität. Das 1937 aufgeführte Stück wurde alsbald abgesetzt und schließlich verboten. Kritik an der Politik von Nazideutschland war seit dem Hitler-Schuschnigg-Abkommen nicht mehr zugelassen, zumal die austrofaschistischen Hunde bellten, die sich zu Recht getroffen fühlten.

»Vineta« (1937) zielt nicht nur im Titel auf das Wien von 1937, es ist ein Gleichnis schlechthin. Fast könnte man von einer Vorwegnahme eines Theaters des Absurden sprechen, von einem Theater allerdings, das absurde Zustände vorführt, um zur Veränderung aufzufordern, nicht aber die Welt an sich für absurd hält. Der betrunkene alte Seemann Jonny gerät in einen Traum, der ihn ins untergegangene Vineta führt. Hier findet er absolute Isolation, Entfremdung, Sprachlosigkeit, Vergessen, verzweifelt wehrt er sich dagegen. Vinetas Bewohner sind bar jeden Gefühls, auch des für Zeit, sie kennen nicht Liebe und Tod, nicht Auflehnung und Kampf, wohl aber Geschäfte, Profit und Krieg. Aus dem Alptraum erwacht, meditiert er im letzten Bild:

»Aber wenn einmal eine Sturzflut kommt, ein großer Krieg, eine große Barbarei, ob da nicht die ganze Welt zu Vineta wird? [...] Da müßten wir doch alle unsere ganze Kraft dransetzen, wir alle und sofort, daß die Sturzflut nicht kommt«. (GW 647; Ord 181)

Das Motiv des Vergessens richtet sich mit besonderer Vehemenz gegen Züge Wiener Mentalität, die ihren leider allzu populären und charmanten Ausdruck durch jenes weltberühmt gewordene Lied von Johann Strauß »Glücklich ist, wer vergißt ...« erhalten hat: »Soyfers Schreckbild ist die radikale Umkehr des ›Glücklich ist ...‹, und sein Protest richtet sich gegen den tödlichen Trost, daß ›nichts mehr zu ändern ist‹.«[8]

Da solche Haltung nicht ausgestorben ist, erneut manipuliert wird im Zeichen der Bedrohung, bleibt »Vineta« eine gültige Parabel, die gerade heute wieder dringend gebraucht wird.

»Broadway-Melodie 1492« (1937) ist Soyfers letztes Stück. Erfolgreiche Premiere und Aufführungsserie hat er nicht mehr erlebt. Es ist eine Adaption des Lustspiels »Christoph Columbus oder Die Entdeckung Amerikas« von Walter Hasenclever und Kurt Tucholsky, das im faschistischen Deutschland längst verboten war. Etwa ein Viertel des Textes wurde fast wörtlich

übernommen, alles übrige ist neu. Aus sieben Bildern wurden einundzwanzig, aus der linksbürgerlichen Unterhaltungskomödie Berliner Geistes politische Satire aus marxistischer Sicht mit österreichischem Kolorit. Aus der Vorlage stammen die Verspottung des Hofes und des Klerus sowie die Sympathie zu den Eingeborenen. Ganz abweichend ist die Demontage des Columbus, in manchem Hacks vorwegnehmend. Columbus wird zum Liberalen, der Ausbeuter bleibt infolge seiner Inkonsequenz im Grunde gefährlicher als der kapitalistische Gegenspieler Vendrino oder Königin Isabella, einer, der sogar Rassenvorurteile nicht ablegt, genau genommen eine Inkarnation des dritten Weges. Seine besondere Stärke erhält dieser Text durch die fünfzehn Songs, von denen dreizehn von Soyfer stammen, darunter *»Ballade der Drei«* und *»Chanson von den zerrissenen Verträgen«*, die das Stück eindeutig antiimperialistisch fixieren, obgleich bereits die Fabelführung (die Machenschaften, die zur Landnahme führen) ohnehin Schärfe und Brisanz hat. Die Klassenfronten sind klar. Die Vendrino-Kultur steht der Kultur der Freiheit gegenüber, der Intellektuelle, der sich nicht entscheiden kann, wird zerrieben. Die Dialektik des Stückes erweist sich in der Akzentuierung des Stoffs, die vormalige Weltenwende (Durchsetzung des Kapitalismus in der Frühform) wird zur Weltenwende von heute, dem Spätkapitalismus im Zeitalter der sozialistischen Revolution. Deutlich wird das im Schlußlied:

»Ja, man entdeckt die eigene Gegenwart, / Wenn man ein Stück Vergangenheit entstaubt. / Und sie ist gut und schlecht und furchtbar hart / Und nicht so leicht zu lenken, wie man glaubt. / / Aber die Zukunft der Welt / Sie halten Menschenhände. / Bis einst am Weltenende / Der ewige Vorhang fällt.« (GW 841)

Dieser Text, der sich im Typoskript findet, wurde vermutlich nicht gespielt. Angesichts der sich formierenden Antihitlerkoalition und der Aufnahme vieler Exilanten in den USA wird eine Fassung inszeniert worden sein, die auf gemeinsame Interessen Rücksicht nahm. In der Fassung, die heute als die gültige angesehen wird, steht eine noch weiter vorgreifende, echt Soyfersche Strophe, ähnlich dem Schlußteil des mitreißenden »Lied von der Erde« (GW 560f.; Ord 213f.):

»Die Zeit geht vorwärts, und sie stoppt nie / Den dröhnenden Takt. / Ein verrückter Kapitän / Half die Erde weiterdrehn, / Sein Herz saht ihr nackt, / Doch nun endet der Akt – / Die Zeit geht vorwärts, und sie stoppt nie / Den Takt / Der Zukunftsmelodie.« (GW 724)

JURA SOYFER

Biographische Notiz

Jura Soyfer, Sohn eines jüdischen Industriellen, wurde am 8. Dezember 1912 in Charkow geboren. Die Familie floh 1920, nachdem sich auch in der Ukraine die Sowjetmacht konsolidierte, in die Türkei, anschließend nach Wien. Dort Schulbesuch, trat (gegen den Willen der Eltern) in den letzten Schuljahren dem »Bund sozialistischer Mittelschüler« bei und schrieb seit 1930 Gedichte, Kritiken, Reportagen und Agitprop-Szenen, vor allem für das Zentralorgan der SPÖ, »Arbeiter-Zeitung« (ständige Rubrik »Zwischenrufe links«). 1931 Matura, Studium (Germanistik und Geschichte) in Wien. Nach der Niederschlagung der Arbeitererhebung gegen das Dollfuß-Regime im Februar 1934 aus Enttäuschung über das Versagen der SPÖ Beitritt zur bald verbotenen Kommunistischen Partei. Illegale Parteiarbeit und schriftstellerische Tätigkeit für Wiener Kleinkunstbühnen: Gedichte, Lieder und Stücke; mehrere Male verhaftet. Am Tag der Besetzung Österreichs durch deutsche Truppen beim Versuch, in die Schweiz zu fliehen, verhaftet, ins KZ Dachau und später nach Buchenwald deportiert, wo er am 16. Februar 1939 an Typhus starb.

Hans Richter

Paul Celan

Das »Österreich-Lexikon in zwei Bänden« (Wien/München 1966) verzeichnet mit Selbstverständlichkeit den Dichter Paul Celan (1920–1970). Zählt er aber wirklich zu den österreichischen Schriftstellern? 1920 lag seine Vaterstadt Czernowitz schon in den Grenzen Rumäniens. Seit 1940 gehört sie – mit folgenschwerer Unterbrechung durch die Kriegsläufte – zum Territorium der Ukrainischen SSR. Celans Wahlheimat aber war Frankreich. Dort hatte er 1938 ein erstes Studium begonnen (er sollte Arzt werden), dessen Weiterführung durch den Kriegsausbruch verhindert wurde. Dort konnte er 1950 endlich sein in Czernowitz betriebenes Romanistikstudium abschließen. Vom Juli 1948 bis zum April 1970, während der entscheidenden Schaffensperiode also, lebte er in Paris. Dort hatte er eine feste Anstellung als Sprachlehrer. Dort hatte er Frau und Kind. (Er war seit 1950 mit der Graphikerin Giséle de Lestrange verheiratet.) Dort gab er sich den Tod, noch ehe er fünfzig war; Tag und Stunde seines Sterbens in der Seine sind unbestimmt geblieben.

Zu seiner Herkunft aus der Bukowina, die bis zum Zusammenbruch der habsburgischen Monarchie fast anderthalb Jahrhunderte hindurch zu Österreich gehört hatte, bekannte er sich freilich immer. Und wer ihn sprechen hörte, vernahm als leichte Tönung die Spuren des Herkommens aus dem österreichischen Sprachraum. Daß sein erster Gedichtband 1948 in Wien erschien, wohin ihn sein väterlicher Dichterfreund und Förderer Alfred Margul-Sperber empfohlen hatte, war kein Zufall: Trotz einiger Versuche des ganz ungewöhnlich Sprachbegabten, rumänisch zu schreiben, stand von Anfang zweifelsfrei fest, daß die Sprache des jungen Dichters seine Muttersprache, das Deutsche, sein würde. Sein Wiener Aufenthalt vom Dezember 1947 bis zum Juli 1948 war eine wichtige, aber sehr kurze Etappe seines Lebens. Stoffliche und thematische Bindungen seines Werks an Österreich wird man fast völlig vergeblich suchen; und was man dann doch noch findet, wird nicht zählen neben den vielen anderen Bezugnahmen Celan-

scher Dichtung auf Weltkultur und Menschheit. (So wie sein Wortschatz kaum Austriazismen, dafür aber eine Fülle sprachlicher Funde aus ganz andern Bereichen aufweist.) Daß er in seiner Jugend Rilke besonders liebte, eine Neigung zu Trakl hatte, schon als sechzehnjähriger Gymnasiast Hofmannsthals Chandos-Brief zu lesen bekam und Kafka ebenso früh für sich entdeckte, stiftet noch keinen spezifisch österreichischen Charakter seiner dichterischen Welt. Das tun dann schon eher die Thematisierung des Wortes, das empfindliche Sprachbewußtsein, die kritische Sprachreflexion; sie zeichneten seine Poesie jedenfalls in ständig wachsendem Maße aus. Bitter ernst scherzend, nannte er sich 1962 gegenüber Margul-Sperber, am Ende eines Briefs voll sarkastischer Bemerkungen über die Bundesrepublik, die Schweiz und Wien, einen »Russkij poët in partibus nemetskich infidelium«[1]. Was Celan Anlaß gab, sich einen russischen Dichter zu nennen? Daß er des Russischen mächtig war und schon in seinen Bukarester Jahren (1945–1947) Prosa von Tschechow, Lermontows »Ein Held unserer Zeit« und Simonows Schauspiel »Die russische Frage« ins Rumänische übersetzt hatte, war es wohl nicht. Aber gegen Ende der fünfziger Jahre waren ihm hervorragende Nachdichtungen von russischer und sowjetischer Lyrik gelungen, von Alexander Blocks »Die Zwölf« sowie von zahlreichen Gedichten Ossip Mandelstams und Sergej Jessenins. Dabei konnte er sich von diesen Dichtern in vielem bestätigt finden, hatte er sich mit ihnen stellenweise bis zur ausdrücklichen Identifikation eingelassen. (Übrigens erschien in jenem Jahr 1962 auch gerade Celans Übertragung von Jewgeni Jewtuschenkos Poem »Babij Jar«.) Während nun einzelne Interpreten bestimmte Gedichte, besonders den Text *»Dunstbänder-, Spruchbänder-Aufstand«* aus dem Band *»Atemwende«* (1967) willkürlich und hartnäckig antisowjetisch auslegen, übersehen sie geflissentlich, daß Paul Celan als Nachdichter Jessenins seine Sprachgewalt in den Dolmetschdienst eines sowjetischen Lyrikers stellte, der im Gedicht eindeutig und leidenschaftlich für den Kommunismus, für Lenin und die Revolution Partei ergriff: daß Celan die »Ballade von den sechsundzwanzig« übertrug, ein Loblied auf die Standhaftigkeit kommunistischer Kämpfer und auf die Früchte ihres Kampfes, spricht eine beredte Sprache. Celan ist freilich kein russischer Dichter, sowenig er als Nachdichter französischer Lyrik von Baudelaire, Rimbaud, Valéry und Apollinaire bis Char, Daive und Michaux, sowenig er als Staatsbürger der Republik Frankreich ein französischer Poet geworden ist. Einen österreichischen Dichter oder einen deutschen aus Rumänien hätte er sich allenfalls nennen mögen. Aber uneingeschränkt und schlechthin einen deutschen? Wohl nie.

Das schloß seine Biographie zwingend aus. Der Tod, vor dem sich der kleine Paul Anczel sehr gefürchtet haben soll, wenn seine Eltern nicht daheim waren, der begegnete dem eben erwachsenen in fürchterlicher, übermächtiger Gestalt als »ein Meister aus Deutschland«[2] – die Eltern wurden von deutscher SS deportiert und ermordet. Wie schwer ihn der Tod des Vaters traf, ist aus dem Werk kaum ablesbar. Als Kind hatte er nicht selten unter der Strenge seines Erzeugers gelitten. Der mochte Märchen nicht und hielt Erzählen für Zeitvergeudung; der zwang sein Kind gegen dessen Willen in die hebräische Volksschule und zum Violinspiel. Der erzog mittels Schlägen und Hausarrest. Als Gymnasiast erkämpfte sich der Junge dann zwar die Befreiung von den Hebräischstunden, kam aber nicht umhin, an der jüdischen Konfirmation teilzunehmen; doch die

Gebetsriemen, die Phylakterien, legte er später nie wieder an. Der kleinbürgerliche Zionismus des Vaters war ihm ebenso zuwider wie dessen berufliche Tätigkeit als Makler im Brennholzhandel. Alle einstige Spannung zwischen Vater und Sohn dürfte freilich nichts an der tiefen Betroffenheit geändert haben, die der Tod der Eltern ihm verursachen mußte; noch der Dichter der *»Engführung«* sieht sich erschüttert gebannt an den »Ort, wo sie lagen«, von ihren Mördern »Verbracht / ins Gelände«[3]. Der Verlust der geliebten Mutter war dem jungen Dichter ebenfalls so schmerzlich, daß er davon sofort in seinen Versen Zeugnis geben mußte. Und dieser Verlust mit seinen ursächlichen Umständen und tiefen Gründen sollte unverschmerzt, unvergessen bleiben. Er vor allem sollte auch die intime Beziehung des Dichters zu jüdischer Thematik und Motivik bedingen. Schon vordem antifaschistisch inspiriert, wurde Paul Celan vom Schicksal zu unversöhnlicher, erbitterter Feindschaft gegenüber dem Nazismus in allen seinen Spielarten und Ableitungen herausgefordert, und in dieser verpflichtenden Gesinnung blieb er sich gewissenhaft treu, bis hin zu äußerstem Mißtrauen und bissiger Aggressivität. Wenn man späterhin Anlässe fand, von Verfolgungswahn und Schizophrenie zu sprechen, in seinem unaufhebbaren schweren Betroffensein durch die neu-deutsche Barbarei lagen dafür tiefe Wurzeln.

Aber seine Poesie? Sie gilt weithin als ein ausgemachtes Beispiel esoterischer Dichtung. Und tatsächlich steckt sie voller Dunkelheiten und Rätsel. Ihr Schöpfer jedoch dachte sie entschieden und nachdrücklich als lesbar. Zum Erklären aufgefordert, empfahl er ganz ehrlich: »Lesen Sie. Immerzu nur lesen, das Verständnis kommt von selbst.«[4] Die Lyrik Celans fordert freilich einen besonders lesefähigen Leser und einen von ähnlicher Belesenheit, wie sie den Dichter selbst auszeichnete. Die generelle Schwierigkeit des Celanschen Gedichts ergibt sich daraus, daß es nicht in der Tradition einer Lyrik steht, die ungeachtet aller Bildhaftigkeit oder Metaphorik das Verhältnis des dichtenden Subjekts zur Realität in mimetischen Formen namhaft macht. Im entscheidenden Augenblick der Konzeptionsbildung – in der Phase der durchgreifenden Faschisierung Rumäniens, auf die eben die oppositionelle Lyrik des Landes mit einer Neigung zum allegorisierenden Sprechen reagierte – wirkte neben symbolistischen, expressionistischen und romantischen Traditionen besonders die Poesie des Surrealismus, nicht zuletzt durch dessen rumänische Vertreter vermittelt, so lebhaft auf den jungen Dichter ein, daß er sich ein Verfahren höchst uneigentlichen Ausdrucks als methodisches Grundprinzip erarbeitete. Mit dem Blick auf den Fundus, aus dem Celans Erstling *»Der Sand aus den Urnen«* (1948) hervorgehen sollte, schrieb Margul-Sperber in seinem Empfehlungsbrief, den er dem Schützling auf den freudigen Weg nach Wien mitgab: »Sein Werk scheint mir unter allen Äußerungen der jüngsten deutschen Dichtergeneration die eigenartigste und unverwechselbarste; es gibt sich dem Leser allerdings nicht leicht und fordert liebende Aufgeschlossenheit, Bereitschaft und Hingabe. Nicht nur, daß die Begebenheiten seiner Dichtung in einem mythischen Raum spielen – das Licht, das darin waltet, entstammt einem anderen Spektrum –: auch die poetische Wirklichkeit ist transfiguriert, es ist sozusagen der Astralleib dieser Wirklichkeit, was uns begegnet. Das Emotionelle, Sonore, Visionäre, alles hat versetzte Vorzeichen, die Assoziation ist die Assoziation des Traums, die (auch sprachliches) Neuland abtastet.«[5] Einen einheitlichen mythischen Raum kannte die frühe Dichtung Celans allerdings nicht. Die Gedichte haben ihre je verschiedenen Welten, die sich nicht ohne weiteres einander zuordnen lassen, selbst wenn sich wichtige wörtliche und motivische Berührungen ergeben, wie zwischen dem Gedicht *»Ein Lied in der Wüste«* und der berühmten *»Todesfuge«* (beides im Band »Mohn und Gedächtnis«). Ihre Entfernung von der direkt wahrnehmbaren Wirklichkeit ist unterschiedlich groß. Im übrigen aber hat der erfahrene und verständige Dichter Margul-Sperber treffend auf bezeichnende, nahezu durchgängige Eigenschaften Celanschen Dichtens aufmerksam gemacht: Die weithin dunkel scheinende Lyrik dieses Dichters hat ihr höchst eigenartiges eigenes Licht. Sie vermag damit auch dort noch einzuleuchten, wo sie sich einem lange bemühten Verstehen verschließt; die Transfigurationen und Assoziationen lassen zumeist ihre Notwendigkeit und Gesetzmäßigkeit spüren, ohne sich schon einem gedanklichen Zugriff preiszugeben. Celans Lyrik vermag meist auch dort noch anzusprechen, wo ihre Bedeutung mehr oder weniger verborgen bleibt, denn das Sprechen teilt im Vollzug fast immer seine poetische Legitimation zwingend mit. Anfangs geschieht das noch wesentlich mit Unterstützung suggestiver Rhythmik und Melodik, wie sie sich in *»Todesfuge«* beispielhaft präsentieren, ab und an auch noch unter Nutzung des Reims (der seit Mitte der sechziger Jahre fast restlos vermieden wird.) Späterhin erfolgt es häufig durch das Vorführen des lyrischen Sprechens als eines suchenden, tastenden, produzierenden Vorgangs, der gelegentlich wie die Resultante aus dem Zusammenwirken von Antrieben und Hemmungen erscheint. Schließlich realisiert es sich durch die strikte Verschränkung polysemantischer Posten zu einer als stimmig gesetzten Summe. Über alle Veränderungen hinweg aber behauptet sich in Celans Lyrik, den ernsten Gefährdungen zum Trotz, als erste und letzte bedeutungsschaffende Energie, die sich immer wieder erneuert, wenn sie zwischenein auch schon versiegt scheint: ihr dialogischer Duktus. Gewiß, Celans poetische Konzeption ist schon da, ehe ihm Gottfried Benns Apotheose des absoluten Gedichts[6] entgegentritt, die apodiktische Setzung des Gedichts ohne Glauben und an niemand gerichtet. Aber die Entwicklung der Celanschen Lyrik vollzieht sich geradezu als Opposition zur Bennschen Position: Paul Celan entwirft ein betont relatives Gedicht, ein Gedicht an jemand gerichtet. Und während Gottfried Benn im Vers behauptet, es gebe nur zwei Dinge, die Leere und das gezeichnete Ich[7], und sich mit selbstgefälliger Melancholie auf dieses Ich zurückzieht, weigert sich Celan inständig, sein gezeichnetes Ich aus der Welt herauszunehmen und es an der Welt Statt zu setzen; er unternimmt vielmehr, hoffnungsvoll bis verzweifelt, den konträren Versuch, dieses Ich zur Welt in eine würdige Beziehung zu setzen, so unwürdig diese Welt ihm auch immer wieder scheinen mag. Er geht als Dichter und in seiner Dichtung auf die Suche nach einer menschlichen Welt.

Wie unauflöslich Epochenerfahrung, Dichterexistenz und menschliche Sinngebung seiner Poesie miteinander verbunden sind, läßt schon ein einzelnes kleines Gedicht aus dem Band *»Mohn und Gedächtnis«* (1952) ganz sinnfällig werden. (Das Buch zählt als der eigentliche Erstling, weil der Dichter das Wiener Bändchen von 1948 wegen einer übergroßen Zahl von entstellenden Druckfehlern zurückzog und die besten Stücke daraus in den neuen Band aufnahm.) Die Evokation der Mutter-Seele in *»Der Reisekamerad«* ist die Beschwörung eines wirksam tätigen Schutzgeistes; sie stellt das eigene Dichterwort unter die Obhut dieses guten Geistes, und sie erklärt es zum Hoffnung spendenden Gefährten auf dem Weg ins Leben, in die Welt. Zugleich zeigt das Gedicht, gerade weil es deutlich auf eigenes Erleben des Autors reagiert, daß seine Poetik es ausschließt, den Stoff des persönlichen Lebens vordergründig zu entfalten oder erlebnislyrisch umzusetzen. Und so überrascht nicht, daß sich die Funktionsbestimmung für seine Poesie gerade im unpersönlichen Gedicht fortsetzt und entfaltet, wenn Celan einige Jahre später *»In memoriam Paul Eluard«* schreibt: »Lege dem Toten die Worte ins Grab, die er sprach, um zu leben.«[8] Das ist, wenngleich nicht als solches formuliert, ein ganz persönliches Bekenntnis: Paul Celan spricht, um zu leben. Wie wahr und wie grundlegend dieser Satz für die Existenz dieses Dichters ist, das zeigt sein weiterer Weg, das zeigt sein ganzes Werk.

Das zitierte Gedicht zum Gedächtnis des Surrealisten, Widerstandskämpfers und Kommunisten Paul Eluard gehörte schon zu der Substanz des 1955 erschienenen Buches *»Von Schwelle zu Schwelle«*, das mit solchen meisterhaften Stücken wie *»Assisi«* und *»Schibboleth«* den militant humanistischen Geist wie den hohen dichterischen Rang Celans eindrucksvoll demonstrierte. Es gab wohl Resonanz, aber kein angemessenes Echo. Als ihm 1958 der Literaturpreis der Freien Hansestadt Bremen überreicht wurde, war das gewiß eine wertvolle öffentliche Anerkennung für den Dichter. Wirklich erkannt konnte er sich in der Lobrede Erhard Kästners allerdings kaum finden. Aber die Auszeichnung wurde Celan immerhin zum verbindlichen Anlaß, dem Publikum erstmals von seinem poetischen Credo zu sprechen. Seine Bremer Dankesworte lassen bei aller Behutsamkeit und Zurückhaltung deutlich erkennen, wie bestimmend er selbst sein Geschichtserlebnis empfand und wie bewußt er seine Art des dichterischen Sprechens auf seine Erfahrung zeitgenössischer Geschichte zurückführte. Die Sprache zum Geschehen der Epoche in Beziehung setzend, umriß er unmißverständlich den politischen Horizont und den antifaschistischen Grund seiner Poesie, begründete er aber auch zugleich das Prinzip der Mittelbarkeit seines poetischen Sprechens: Die Sprache, so sagte er rückblickend,

»mußte nun hindurchgehen durch ihre eigenen Antwortlosigkeiten, hindurchgehen durch furchtbares Verstummen, hindurchgehen durch die tausend Finsternisse todbringender Rede. Sie ging hindurch und gab keine Worte her für das, was geschah; aber sie ging durch dieses Geschehen. Ging hindurch und durfte wieder zutage treten, ›angereichert‹ von all dem. In dieser Sprache habe ich [...] Gedichte zu schreiben versucht: um zu sprechen, um mich zu orientieren, um zu erkunden, wo ich mich befand und wohin es mit mir wollte, um mir Wirklichkeit zu entwerfen.«[9]

Daß der Rückbezug des Gedichts auf den Dichter keine Abwendung vom Adressaten, keine Verweigerung gegenüber dem Publikum sein soll, bekundete der Redner durch das fundamentale Bekenntnis, als Erscheinungsform der Sprache sei das Gedicht »seinem Wesen nach dialogisch«, es sei »eine Flaschenpost« und halte »auf etwas zu«[10]. Ebenso wie Mandelstam in einer fünfundzwanzig Jahre älteren Aufzeichnung nannte nun Celan das Dichten ein »Unterwegssein«[11]. Dessen Motive und Richtung erhellte er abschließend, indem er den Dichter seiner Generation, im Grunde aber sich selbst, als einen beschrieb, der

»zeltlos [...] auf das unheimlichste im Freien, mit seinem Dasein zur Sprache geht, wirklichkeitswund und Wirklichkeit suchend«[12].

Nur zwei Jahre später – der Band *»Sprachgitter«* (1959) war inzwischen erschienen und hatte neue Möglichkeiten des Dichters überzeugend aufgewiesen – ehrte die Deutsche Akademie für Sprache und Dichtung Darmstadt den fast Vierzigjährigen mit dem Büchner-Preis. Der eindringlichen und respektvollen Laudatio von Marie Luise Kaschnitz folgte eine doppelt so lange Rede des Preisträgers, das umfänglichste Stück Prosa, das er jemals veröffentlicht hat. Sie handelt von Georg Büchner, von der Kunst und von ihm selber; sie schlägt einen magischen Zirkel um ihren Gegenstand und schafft sich mit der sinnbildlichen Figur des Meridians, auf die sie hinführt, ihren eigenen Namen. (Sie wurde späterhin unter dem Titel »Der Meridian« publiziert.) Die eingeweihte Befragung Büchners und die Selbstbefragung zum Thema Kunst entwikkelt sich zu einer ergreifenden Synthese von Programm und Eingeständnis, von Resignation und Anspruch. Früher Gesagtes wird darin bestätigt und entfaltet; daß das Gedicht ein Gegenüber braucht, daß Gedichte Wege zu einem wahrnehmenden Du sind und es das ›absolute‹ Gedicht nicht geben kann. Als Neues aber tritt hinzu die geradezu bestürzend klare Beschreibung der Schwierigkeiten, denen Celan das aktuelle Gedicht ausgesetzt sieht; es zeige, sagt er,

»eine starke Neigung zum Verstummen« und hole sich, »um bestehen zu können, unausgesetzt aus seinem Schon-nicht-Mehr in sein Immer-Noch zurück«.[13]

Celan folgert daraus nicht das Recht zum Verzicht, sondern vielmehr die Verpflichtung, die zugleich eine Ermutigung für ihn selbst sein muß:

»[...] geh mit der Kunst in deine allereigenste Enge. Und setze dich frei.«[14]

Bezeichnend freilich für die neue Stufe des poetologischen Denkens ist, daß das letzte Wort der Lucile aus Büchners »Danton« (ihr Ruf: »Es lebe der König!«) in den Rang eines symbolischen Zeichens für den Sinn der Kunst eintritt, daß Paul Celan die Dichtung jetzt als ein im Lichte der Absurdität erscheinendes Gegenwort zur Gegenwart deutet. Bezeichnend für seinen fortschreitenden Hoffnungsverlust ist die bittere Definition, die ihm zwischendurch, aber sicher nicht unversehens einkommt:

»Die Dichtung, meine Damen und Herren –: diese Unendlichsprechung von lauter Sterblichkeit und Umsonst!«[15]

Der tiefwurzelnde Ernst dieser Gedanken hatte sich schon Monate zuvor in einem Brief an Hans Bender geäußert, in dem Paul Celan – voller Groll gegen die modische Betonung des »Machens« von Gedichten – sein Programm und seine Lage mit den schlichten Worten umschrieb:

»Nur wahre Hände schreiben wahre Gedichte. Ich sehe keinen prinzipiellen Unterschied zwischen Händedruck und Gedicht. [...] Wir leben unter finsteren Himmeln, und – es gibt wenig Menschen. Darum gibt es wohl auch so wenig Gedichte. Die Hoffnungen, die ich noch habe, sind nicht groß; ich versuche, mir das Verbliebene zu erhalten.«[16]

Als Hans Magnus Enzensberger im bewegten Jahr 1968 eine Umfrage zum Thema »Ist eine Revolution unvermeidlich?« provozierte, antwortete Paul Celan, seiner Erfahrung und geistigen Disposition entsprechend, weder bejahend noch verneinend, sondern mit dem vorsichtigen Ausdruck der Hoffnung:

»Ich hoffe, nicht nur im Zusammenhang mit der Bundesrepublik und Deutschland, immer noch auf Änderung, Wandlung.«[17]

Das Wort hat Gewicht, zumal es mit seinem »noch immer« unüberhörbar auf die geschichtlichen Gründe dieser Hoffnung zurückweist. Gleichzeitig deutet Celan auf die Möglichkeiten einer Revolution, die er sieht: »Sie fängt, in Deutschland, hier und heute, beim Einzelnen an.«[18] Stellt er sich damit nüchtern der revolutionsfernen Wirklichkeit, oder stellt er sich damit in die alte Tradition idealistischen Glaubens an die Möglichkeit, einen gesellschaftlichen Wandel über die Veränderung des Individuums erwarten zu können? Eine kommentierende Funktion hat in diesem Zusammenhang, daß der Dichter 1969 in seiner Ansprache vor dem Hebräischen Schriftstellerverband in Tel Aviv von der Gegenwart als »diesen Zeiten der allenthalben wachsenden Selbstentfremdung und Vermassung«[19] sprach; ein Lyriker, der die Welt um sich herum so einschätzt, wird sicher noch am ehesten auf die Fähigkeit des einzelnen hoffen können, sich zu besinnen und sein Leben zu ändern. Andererseits aber läßt dieses späte Wort Celans eine bedenkliche Verdüsterung seines geschichtlichen Horizonts erkennen, die schon als ein Motiv seines Abschieds vom Leben gelten muß und die seine Hoffnung auf die Wandlungsmöglichkeit des einzelnen schließlich als unwirksame Selbsttäuschung erscheinen läßt. Diesen Widerspruch im Denken des Dichters bringt, wie könnte es auch anders sein, seine Lyrik noch deutlicher und prägnanter zum Ausdruck; in dem Band *»Atemwende«* (1967), der die letzte Schaffensphase eröffnet, stehen die folgenden programmatischen Verse, die zwar keine leichtfertige Absage sind, aber letztlich Unmögliches entwerfen:

Fadensonnen
über der grauschwarzen Ödnis.
Ein baum-
hoher Gedanke
greift sich den Lichtton: es sind
noch Lieder zu singen jenseits
der Menschen.[20]

Die Dichtung Celans hat im Laufe der Jahre und Jahrzehnte bei aller Kontinuität ganz beträchtliche Veränderungen durchgemacht. Wer die klangvollen, rhythmisch und melodisch entfalteten, oft weit ausschwingenden und mit Reimen geschmückten Verse der Frühzeit neben die späten Kurzgedichte mit ihrer ausgeprägten Neigung zu sarkastischer Schärfe, zur Kurzzeile, zum retardierenden Aufspalten der Wörter, zum Wortenjambement hält, kann leicht den Eindruck gewinnen, er habe es mit Arbeiten ganz verschiedener Autoren zu tun. Wer aber Celans Gedichte als den Prozeß einer stetigen, stets aufs neue (und auch immer wieder auf sich selbst) reagierenden Auseinandersetzung mit der Welt liest, wird die Einheit dieses Werks erleben und die den verschiedenartigen Bestandteilen des Gesamtwerks zugrunde liegenden einheitlichen Bedingungen entdecken können. Es ist am Ende der gleiche geschichtliche Boden, die gleiche Welt- und Lebenserfahrung, woraus beispielsweise Gedichte wie die sprachmusikalisch strukturierte »Todesfuge« aus dem ersten Buch Celans und diese technisch völlig andersartigen Verse aus dem postum erschienenen Band *»Schneepart«* (1971) erwuchsen:

DIE NACHZUSTOTTERNDE WELT
bei der ich zu Gast
gewesen sein werde, ein Name,
herabgeschwitzt von der Mauer,
an der eine Wunde hochleckt.[21]

Das zentrale Nomen nennt eben die übermächtige Welt, die das lyrische Ich zurücklassen wird, die es hier zugleich von diesseits und jenseits des Todes sieht, dabei immer unausweichlich und »wirklichkeitswund« an sie gebunden. Was hier nur untergründig wirkt, tritt in anderen Gedichten deutlich zutage und wird gelegentlich sogar ausdrücklich benannt: Celans Art, die Welt wahrzunehmen, steht im Zeichen ständigen Erinnerns und Gedenkens; auch längst Geschehenes bleibt ihm ganz gegenwärtig und so gibt es keine Vergangenheit und kein Vergessen. Daß der lyrische Dichter Zeit und Raum im Gedicht zusammenzieht, das ist natürlich immer sein souveränes Gattungsrecht; wenn aber Paul Celan »Allerorten ist Hier und ist Heute«[22] sagt, dann meint dieses Schlüsselwort, daß sein Hier und Heute alle traumatisierenden Momente seiner Erfahrung einschließt, und die eben sind es, die sein Lebensgefühl und damit den elegischen (in der reifen Lyrik dabei durchaus unsentimentalen) Grundzug seiner Gedichte bestimmen.

Ausnahmsweise kommt es bei ihm zwar auch zu hymnischen Aufschwüngen und Aufhellungen, wenn sich das lyrische Ich tragfähiger Partnerschaft vergewissern kann, insbesondere also in der Begegnung mit der Geliebten oder in anderen Augenblicken beglückender Ich-Du-Vertauschung, etwa in dem Gedicht *»Es ist alles anders«* (aus: »Die Niemandsrose«), in dem lyrisches Ich und Ossip Mandelstam »in eins« genommen werden. Das visionäre Zusammenziehen zweier fester Städte, des französischen Brest und jenes russischen Brest, das sich im Sommer 1941 bekanntlich vier Wochen lang heldenhaft gegen den Ansturm der faschistischen deutschen Truppen gehalten hat, gerät zu einem der zuversichtlichsten, ja heitersten Gedichte Celans, und es vermag sich dann eben auch eines erstaunlich liedhaften Ausdrucks von seltener Simplizität und Direktheit zu bedienen:

NACHMITTAG MIT ZIRKUS UND ZITADELLE

In Brest, vor den Flammenringen,
im Zelt, wo der Tiger sprang,
da hört ich dich, Endlichkeit, singen,
da sah ich dich, Mandelstamm.

Der Himmel hing über der Reede,
die Möwe hing über dem Kran.
Das Endliche sang, das Stete, –
du, Kanonenboot, heißt »Baobab«.

Ich grüßte die Trikolore
mit einem russischen Wort –
Verloren war Unverloren,
das Herz ein befestigter Ort.[23]

Auch dieser Text aus dem Band *»Die Niemandsrose«* (1963) kann als repräsentatives Beispiel für Celans Technik des vielschichtig-vielstelligen Ausdrucks gelten, wenngleich er sich mit seiner syntaktischen Vollständigkeit und Geradlinigkeit, die im Laufe der späten sechziger Jahre immer seltener wird, und erst recht mit seinem ungebrochen positiven Lebensgefühl durchaus nicht als Regelfall darstellt. Viel bezeichnender freilich für Paul Celans vorherrschende Erlebnis- und Wertungsweise ist schon das Gedicht *»Schibboleth«*, worin sich das trotzige Widerstandsbekenntnis des Antifaschisten mit der Trauer über die Niederlagen verbindet, die die Wiener Arbeiter im Februaraufstand 1934 und die Kämpfer für die Spanische Republik 1938/39 schließlich hinnehmen mußten:

Setz deine Fahne auf Halbmast,
Erinnerung.
Auf Halbmast
für heute und immer.[24]

Diese Strophe aus dem Band »Von Schwelle zu Schwelle« hat geradezu programmatische Bedeutung und klärt unmißverständlich die weltanschaulich-politischen Motive für den elegischen Grundzug der Celanschen Lyrik.

Zu den späten Zeugnissen für des Dichters anhaltendes Offensein gegenüber dem Unerledigten der Epochengeschichte und für seine Bereitschaft zur poetischen Reaktion auf politische Untaten des deutschen Faschismus und seiner Wegbereiter zählt ein Gedicht aus dem Winter 1967/68, dessen Entstehungsbedingungen von Peter Szondi vollständig mitgeteilt werden konnten[25] und das darum zugleich einen äußerst weitgehenden Aufschluß über Celans poetische Methodik und Technik zu vermitteln vermag. In die Akademie der Künste von Westberlin zu einer Lesung eingeladen, übernachtete Celan dort kurz vor Weihnachten 1967 in einem großfenstrigen Neubau mit dem Blick auf den winterlichen Tiergarten. Am Tage hatte er auf dem Weihnachtsmarkt am Funkturm einen schwedischen Adventskranz aus rotgestrichenem Holz mit Äpfeln und Kerzen, aber auch die Strafanstalt Plötzensee mit ihren Hinrichtungswerkzeugen aus der Hitlerzeit gesehen. Ihm war das neue Apartmenthouse gezeigt worden, das an der Stelle des früheren Hotels »Eden« steht und dessen alten Namen bekommen hat, und man hatte ihm, dem es in seinem Quartier an Lektüre fehlte, das eben erschienene Buch »Der Mord an Rosa Luxemburg und Karl Liebknecht. Dokumentation eines politischen Verbrechens« überlassen. Aus den disparaten Eindrücken jener Stunden, dem Gelesenen, Gesehenen und dem im Zusammenhang damit Gehörten, erwuchs auf der Grundlage seiner latenten Betroffenheit, seiner intimen Beziehung zum Gegenstand, seiner ganzen geistigen Haltung der folgende Text:

Du liegst im großen Gelausche,
umbuscht, umflockt.

Geh du zur Spree, geh zur Havel,
geh zu den Fleischerhaken,
zu den roten Äppelstaken
aus Schweden –

Es kommt der Tisch mit den Gaben,
er biegt um ein Eden –

Der Mann ward zum Sieb, die Frau
mußte schwimmen, die Sau,
für sich, für keinen, für jeden –

Der Landwehrkanal wird nicht rauschen.
Nichts
stockt.[26]

Das Du, mit dem Ich identisch, sichert den anredenden Gestus des Gedichts, das nach dem Willen des Autors ein Gegenüber sucht und anstrebt. Diese Öffnung zum Leser hin ermöglicht aber auch, die einleitende Ortsangabe als die kritisch getönte Beschreibung eines scheinhaften Idylls zu lesen, in dem sich der angesprochene andere belassen könnte, jedoch nicht sollte: Er wird aufgefordert, die Unstimmigkeit der ihn umgebenden Welt wahrzunehmen, die der Dichter betont, indem er die Fleischerhaken (die ohne Szondis Mitteilung allerdings nicht in ihrer realen politisch-geschichtlichen Bedeutung erfaßt werden könnten) und die weihnachtlichen »Äppelstaken«, räumlich und im Grunde auch zeitlich Entferntes, kontrastierend zusammenrückt. Celan organisiert dann in seinem Gedicht eine gegenläufige Bewegung, indem er den Weihnachtsmarkt gleichsam kommen läßt, ihn mit der dreifachen, in sich höchst gespannten Anspielung auf den biblischen Garten Eden, auf das neue Apartmenthouse »Eden« und auf jenes historische Hotel verknüpft, aus dem die Mörder ihre Opfer Liebknecht und Luxemburg holten. Die Ermordung der beiden deutschen Arbeiterführer und Juden, die Fragen nach dem Sinn ihres Märtyrertods und nach dessen Folgen, nach der Antwort der Geschichte darauf werden mit den sparsamsten Mitteln gestaltet, doch versäumt der Dichter nicht, deutliche Wertungen und Impulse zu geben, die übrigens noch als Reimworte sorgfältig vorbereitet und exponiert sind: das Sterben der Rosa Luxemburg »für jeden«, das Unabgegoltene des Mords, ja sein Unbeachtetbleiben, all das wird herausfordernd hart ans Ende gesetzt, wobei durch den dreifachen Tempuswechsel und die versetzt gebrauchten grammatischen Zeiten die poetisch fixierte Zeit gleichsam zum Raum der Epoche wird. Als charakteristisch für Celans Lyrik ist auch noch die zitierende Bezugnahme auf das dokumentarische Buch zu registrieren, durch die hier übrigens ein Einschlag vulgärer Sprache vermittelt wird. Von ihr macht Celan besonders seit dem Band *»Atemwende«* auch sonst bewußt und auffällig Gebrauch. Als paradigmatisch aber ist über die Einzelheiten des besonderen Beispielfalls hinaus festzuhalten: Die auf dem bitteren Boden eigener Lebenserfahrung gewachsene Parteinahme für die Opfer des Kampfes gegen Reaktion und Faschismus, der aufmerksame Sinn für Wunden der Menschheit, die als eigene empfunden werden, die Unversöhnlichkeit, mit der Celan alle abwehrt und aus der Dichtung ausschließt, die solche Wunden schlagen und deshalb mit schweigender Verachtung gestraft werden, sind eine inhaltliche Grundeigenschaft Celanschen Dichtens. Seine Form aber wird wesentlich charakterisiert durch die Tatsache, daß der Dichter Erlebtes und Visionäres, Gesehenes und Gelesenes, Gedachtes und Gefühltes jeweils in einen einzigen, mit möglichst sparsamen und doch zugleich äußerst beziehungsreichen Mitteln modellierten und in sich höchst spannungsreichen sprachlichen Ablauf bringt. Im Detail wirkt dann noch Celans entwickelter Sinn für die Ausdruckskraft des sprachlich zusammengetriebenen Widerspruchs, des paradoxen Bilds, der Kontraktion von Verschieden-Sprachigem, stark mit.

Von hier aus wird Wesentliches des gesamten Werks sichtbar. Gleichermaßen »wirklichkeitswund und Wirklichkeit suchend«, muß der Dichter ja das Zugleich des Ungleichen, das Gegensätzliche des Gegebenen und des Wünschbaren lebhaft empfinden und auszudrücken trachten. Es ist eine der großen Stärken Celans, daß er schon früh gelernt hat, trotz seiner Wunden nicht wehleidig und voll Selbstmitleid zu sprechen, sondern seiner inneren Welt einen sachlich-überpersönlichen, objektivierenden Ausdruck zu geben. Die Freude am Wortspiel, die man ihm schon in seiner frühen Jugend angemerkt haben soll, trug beizeiten Früchte und schlug sich als Fähigkeit ausgemacht dialektischer Sprachgestaltung nieder:

»Schwärzer im Schwarz, bin ich nackter, / Abtrünnig erst bin ich treu. / Ich bin du, wenn ich ich bin«[27],

lautete eine Strophe bereits in »Mohn und Gedächtnis«. Seine Kunst dialektisch-paradoxen Sprechens hat Celan mit immer erneuter Inspiration von Band zu Band zu entfalten oder gar zu steigern vermocht. Eines der nicht von ungefähr längst berühmten Gedichte auf diesem Wege ist *»Psalm«* mit seiner kühnen Verarbeitung von Rilkes Grabspruch, dem Bild der »Niemandsrose«, das zum Titelmotiv eines ganzen Bandes wurde. Darin offenbart sich dieses spezifische sprachliche Vermögen

Celans besonders auch in der Gestalt ebenso überraschenden wie zwingenden Umschlagens des einen Bildes in das nächste. In den späteren Bänden zeigt sich dann freilich in wachsendem Maße die Gefahr, daß – unter dem lastenden Eindruck einer dem Menschen ungemäßen Welt – aus der Fähigkeit oder Gewohnheit paradoxen Sprechens mehr und mehr die Neigung zu einer Sprache des Absurden wird. Während das Gedicht *»Tübingen, Jänner«* (ebenfalls aus dem Band »Die Niemandsrose«) mit seinen beweiskräftigen Hölderlin-Zitaten noch als realistische Satire auf eine heruntergekommene Welt erscheint, liest sich der folgende Text aus *»Schneepart«* wie ein groteskes Selbstporträt, das den verzweifelt-bitteren Verzicht auf die eigene dichterische Sendung einschließt:

Zur Nachtordnung Über-
gerittener, Über-
geschlitterter, Über-
gewitterter,

Un-
besungener, Un-
bezwungener, Un-
umwundener, vor
die Irrenzelle gepflanzter

seelenbärtiger, hagel-
äugiger Weißkies-
stotterer.[28]

Gewiß ist auch hier noch Realismus zu beobachten, wenn der Sprecher sich als unfähig zu erkennen gibt, in billiger Anpassung sozusagen ›zur Tagesordnung überzugehen‹, wenn er sich ingrimmig zu einer gespenstischen Gegenfigur des manipulierten Zeitgenossen erklärt; gewiß gestaltet der Dichter seine objektive Unfreiheit ebenso wie seine erbitterte Rebellion dagegen noch in der sprachlichen Struktur des Gedichts. Aber das Ganze ist doch schon durch so viel Selbstironie gebrochen, daß es sich am Ende als ein Selbstgericht darstellt, überhaupt wenn man es noch in Beziehung setzt zu jenen früheren Texten, in denen Celan die Sprache und sein Gedicht als Gewähr oder Möglichkeit einer Gegenwelt behauptet, beispielsweise als

»Silben- / mole, meerfarben, weit / ins Unbefahrne hinaus«[29].

In den letzten Gedichtbüchern Celans lassen sich nicht wenige Texte finden, die heute, da sein Leben und Schreiben abgeschlossen ist, den Eindruck erwecken, als sei der Dichter dort schon an letzte Grenzen gestoßen. Es ist müßig, über die Gültigkeit dieses Eindrucks zu diskutieren, und man sollte auch postum nicht den Zynismus fortführen, den sich die Kritik zu Lebzeiten Celans leistete, als sie bei Gelegenheit des Buches *»Atemwende«*, halb blind, halb fühllos, mit apodiktischer Unbekümmertheit befand: »Paul Celan ist ein Dichter der Unbezogenheit. Die einfachste Konsequenz wäre die, zu verstummen.«[30] Frühere Fragen, ob und wie es denn eigentlich weitergehen könne, hatte der Dichter dann jedesmal aufs neue durch neue Leistungen erledigt. Gewiß: Der Widerstand, den die Wirklichkeit ihm entgegensetzte, machte sich ständig stärker geltend und ließ sich nicht verkennen oder überspielen. Aber dem Dichter verschlug es dennoch die Sprache nicht; ihr gewann er, hartnäckig-menschlich tätig, Möglichkeiten ab, sich trotz alledem, illusionslos-bitter und doch poetisch zu behaupten. Das ging nicht durchweg ohne die Hereinnahme des Häßlichen ab; jedoch ein Beispiel aus dem Band *»Lichtzwang«* (1970) zeigt es schön:

Anredsam
war die ein-
flüglig schwebende Amsel,
über der Brandmauer, hinter
Paris, droben,
im
Gedicht.[31]

Darf das nicht als ein achtbares Muster für die gedachten »Lieder [...] jenseits der Menschen« gelten?

Wie unvermeidlich auch immer das eingetretene Ende sein mochte und wie unverkennbar manchen der spätesten Gedichte der Klang von Abschiedsworten eignen mag, alles in allem hat Celan sein Ringen um ein produktives »Unterwegssein« und um ein dialogisches Gedicht, das sich dem menschlichen Gegenüber zuwendet, mit bewundernswerter Produktivität und einer tiefen Respekt gebietenden Konsequenz durchgehalten.

Ablesbar wird das nicht zuletzt an den zahlreichen Gedichten, in denen Liebe, Partnerschaft, zwischenmenschliche Beziehungen gestaltet oder gesucht, befestigt oder erstrebt werden. Sie haben an den verschiedenen Bänden in wechselnder Zahl Anteil, aber sie fehlen in keinem von Celans Büchern, auch in den letzten nicht. Sicher ist das Liebesgedicht seit jeher und für alle Menschenzeiten ein unverzichtbarer Bestandteil der Weltlyrik. Aber ebenso sicher ist Celans Beitrag zur Liebeslyrik der Gegenwart nach Umfang und Vielfalt, nach Originalität und Dichte durch einen seltenen Rang ausgezeichnet. In seiner poetischen Ausdeutung verbindet sich die erotische Thematik schon früh mit einem großen emanzipatorischen Anspruch. *»Corona«*, überhaupt eines der schönsten Gedichte aus den frühen Jahren, unterscheidet sehr genau zwischen dem sprechenden Ich und dessen Partnerin, der Geliebten, um sie zugleich desto nachdrücklicher zum Wir zusammenschließen zu können. Aber dabei wird das Liebespaar nicht in einen Raum der Selbstvergessenheit entrückt, sondern ins Offene gestellt und der Welt fordernd vorgeführt:

> Wir stehen umschlungen im Fenster, sie sehen uns zu von der Straße:
> es ist Zeit, daß man weiß!
> Es ist Zeit, daß der Stein sich zu blühen bequemt,
> daß der Unrast ein Herz schlägt.
> Es ist Zeit, daß es Zeit wird.
> Es ist Zeit.[32]

Das ist freilich nur ein Beispiel aus der Vielzahl der erotischen Gedichte, mit seinem kraftvoll-selbstgewissen Lebensgefühl und Weltempfinden eher eine große Ausnahme als ein gewöhnlicher Fall in der Lyrik Celans. Seine frühen Verse neigen ansonsten mehr dazu, die Liebe einfach als schönes Wunder zu feiern; das mag ein zweistrophiges Gedicht aus *»Mohn und Gedächtnis«* zeigen, das surreal genommene Bilder und paradoxes Sprechen zu einer poetischen Definition erotischer Erfüllung verbindet:

> Der Tauben weißeste flog auf: ich darf dich lieben!
> Im leisen Fenster schwankt die leise Tür.
> Der stille Baum trat in die stille Stube.
> Du bist so nah, als weiltest du nicht hier.
>
> Aus meiner Hand nimmst du die große Blume;
> sie ist nicht weiß, nicht rot, nicht blau – doch nimmst du sie.
>
> Wo sie nie war, da wird sie immer bleiben.
> Wir waren nie, so bleiben wir bei ihr.[33]

Menschlich wie künstlerisch gereift, kann Celan einige Jahre später das Erlebnis der Liebe mit weit größerer Strenge gestalten; Leidenschaft und Bedeutsamkeit der erotischen Begegnung hält er in starken und dabei kargen Bildern fest, erfaßt aber zugleich auch den Aspekt der Vergänglichkeit, wenn er schreibt:

Bretonischer Strand

Versammelt ist, was wir sahen,
zum Abschied von dir und von mir:
das Meer, das uns Nächte an Land warf,
der Sand, der sie mit uns durchflogen,
das rostrote Heidekraut droben,
darin die Welt uns geschah.[34]

Paul Celan hat dann in der Folgezeit, aus der Erfahrung des gelebten Lebens schöpfend und nichts verklärend, das Thema der Gechlechterbeziehung nach allen Seiten hin befragt und gestaltet; seine Dichtung deutet Erotisches in seinen Höhen und Tiefen, in den Augenblicken glücklicher oder schmerzhafter Harmonie der Partner, wie in den Stadien der Konflikthaftigkeit und ihres Sich-Entfernens, in den Formen übersinnlicher Geistigkeit wie denen des drastisch Physischen (das sich in den Gedichten der letzten Lebensjahre immer deutlicher kenntlich macht). Wenn dabei wiederholt das Motiv des Kranichpaars erscheint, das zweifellos aus Brechts »Mahagonny«-Oper[35] stammt, dann bezeugt das, mit welcher Bewußtheit Paul Celan seine Liebesgedichte auf andere Muster bezieht und von ihnen absetzt. Bei allem Wandel, unterschiedlichem Gelingen und manchem Fragwürdigen bleibt festzuhalten, daß der Dichter dem »Mitsammen«, das er gelegentlich – sprechend genug – ein »Zeltwort«[36] nennt, eine fundamentale Bedeutung beimißt, daß er immer wieder die Würde und den Wert des Gegenübers zu behaupten, zu sichern oder zurückzugewinnen trachtet. Selbst unter den spätesten Gedichten finden sich solche Stücke, die das geradezu leidenschaftlich ausdrücken und trotz ihrer großen stilistischen Entfernung an den Geist des frühen »Corona«-Gedichts zurückerinnern. In dem Band *»Lichtzwang«* (1970), dem letzten vom Dichter selbst in Druck gegebenen Buch, findet sich dieses außerordentliche Dank-Gedicht an die Partnerin:

Wie Du dich ausstirbst in mir:

noch im letzten
zerschlissenen
Knoten Atems

steckst du mit einem
Splitter
Leben.[37]

Und der Band *»Zeitgehöft«* (1976), der nur noch nachgelassene Manuskripte zusammenfassen konnte und dadurch zum lyrischen Testament des Toten wurde, fixiert das verzweifelte, von der Realität widerlegte und dennoch gültige, wahre Wort:

Komm, leg die Welt aus mit dir,
komm, laß mich euch zuschütten mit
allem Meinen,

Eins mit dir bin ich,
uns zu erbeuten,
auch jetzt.[38]

Das Leben hat Paul Celan dazu berufen, in eigener Sache, und das hieß zugleich: in der Sache des Menschen unserer Epoche nach bestem Können und Gewissen zu zeugen. Mit diesem Auftrag war er in den starken Konflikt gestellt, eine Sprache zu finden, die sich Verständnis erringt, die dem Mißverständnis wehrt und die sich dagegen sichert, beliebig gebraucht und verbraucht zu werden. Nicht einfach Sprachnot war es, sondern dieses Bündel von Widersprüchen, was ihn zu hartem, ernstem, verzweifeltem Ringen zwang und das dann doch immer wieder Lösungen fand, ja solchen schlichten Ausdruck wie eben diesen:

Ihr meine mit mir verkrüppelnden Worte, ihr
meine geraden.[39]

Es war Paul Celan nicht gegeben, das Abenteuer der Dichtung wie ein Arthur Rimbaud genial zu bestehen und dann kurzerhand gegen ein abenteuerliches Leben zu vertauschen. Er mußte, um leben zu können, schreiben und weiter schreiben. Er mußte in seine »allereigenste Enge« gehen und unter dem »Neigungswinkel seines Daseins«[40] Gedichte schaffen, genötigt von den Grundtatsachen seiner Biographie, angefochten von der gesellschaftlichen Welt um sich herum, geleitet aber von einem früh gereiften strengen Kunstverstand, der ihn stets weit entfernt hielt von der leichtfertigen Anpassung an das bloß Modische, der ihn vor jeder kunstgewerblichen Selbstzufriedenheit bewahrte und ihn immer neue Möglichkeiten entdecken ließ, sein Talent zu entwickeln. Seine besten Gedichte sind Zeugnisse und Zeichen menschlicher Selbstbehauptung samt deren Schwierigkeiten und Grenzen. Sie haben ihre eigentümlichen Dunkelheiten und werden davon genug behalten, auch wenn die bereits erhebliche Reihe der Interpretationen noch viel länger wird; sie haben ihr eigentümliches Licht. Und beides wirkt als Bestandteil ihrer starken Ausstrahlungskraft. Es wirkt nicht zuletzt auf die nachfolgende Dichtung. Denn Paul Celan vermochte, beispielhaft anregend, die Grenzen des in deutscher Sprache Sagbaren beträchtlich zu erweitern, durch das Freilegen verschütteter Quellen, durch die erfindungsreiche Nutzung der vielfältigsten Wortbildungsmöglichkeiten, durch die überzeugenden methodisch-technischen Neuerungen lyrischen Sprechens.

Die Poesie Celans drängt dem Leser kein verbindliches, ihn bindendes Erlebnismuster und kein fertiges Weltbild auf. Wenn er sich nur irgend von ihr erreichen läßt, stört sie ihn vielmehr aus Gewohnheiten und Beharrung auf. Dann gibt sie ihm Impulse für die Suche nach Klarheit und Wahrheit. Dann provoziert sie nicht zuletzt das Erkennen und Bedenken der Bedingungen, aus denen diese Dokumente des wichtigen Menschen Celan erwachsen sind. Dann fordern und fördern sie noch das Nachdenken über die Voraussetzungen einer Welt, die so menschlich eingerichtet wäre, daß niemand mehr »Lieder [...] jenseits der Menschen« zu erhoffen gezwungen wäre. Der Dichter Paul Celan hat das Seine getan. Sache des Lesers ist es, daraus zu gewinnen, was sich daraus gewinnen läßt: eine verpflichtende Botschaft an den Nachgeborenen. Magie des Sprachkünstlers, gewiß, mag immer im Spiele sein. Im Innersten des Werks aber wirkt die Kraft des humanen Anspruchs und Zuspruchs, wie sie aus diesen an den Sohn Eric adressierten Versen vernehmbar wird:

Die Unze Wahrheit tief im Wahn,

an ihr
kommen die Teller der Waage
vorübergerollt,
beide zugleich, im Gespräch,

das kämpfend in Herz-
höhe gestemmte Gesetz,
Sohn, siegt.[41]

Biographische Notiz

Paul Celan (eigtl. Paul Anczel), am 23. November 1920 als einziges Kind des jüdischen Ehepaares Anczel-Teitler in Czernowitz (Bukowina) geboren, besuchte nach der hebräischen Volksschule das Staatsgymnasium. 1938 begann er ein Medizinstudium in Frankreich, mußte aber im Sommer 1939 in die Vaterstadt zurückkehren und immatrikulierte sich an der dortigen Universität als Student der Romanistik. Die Besetzung von Czernowitz durch deutsche und rumänische Truppen im Juli 1941 zwang ihn ins Ghetto. 1942 wurden die Eltern als Juden verschleppt und ermordet. Er selbst geriet in ein rumänisches Arbeitslager. Im Dezember 1943 kehrte Anczel in seine (nunmehr zur Sowjetunion gehörende) Heimatstadt zurück und studierte dort 1944 weiter. 1945 ging er als Übersetzer und Verlagslektor nach Bukarest, wo er im Mai 1947, von Alfred Margul-Sperber gefördert, unter dem Namen Paul Celan erstmals Gedichte veröffentlichen konnte. Ende 1947 übersiedelte er nach Wien und schon im Sommer 1948 für immer nach Paris, wo er erneut ein philologisches Studium begann, nach dessen Abschluß seit 1950 als Lektor an der École Normale Supérieure tätig. 1968 wurde Celan Mitherausgeber der Zeitschrift »L'Éphémère«. 1969 führte ihn seine letzte Auslandsreise nach Palästina. Ende April 1970 fand er vorsätzlich den Tod in der Seine.

1957 Literaturpreis des Kulturkreises im Bundesverband der dt. Industrie; 1958 Literaturpreis der Freien und Hansestadt Bremen; 1960 Georg-Büchner-Preis (Darmstadt).

Sabine Döbler

Ilse Aichinger

Zu den wichtigsten deutschsprachigen Autoren der Gegenwart gehört Ilse Aichinger (geb. 1921) zweifelsohne. Seit Beginn ihres Schaffens bemüht sich die in Österreich geborene, das literarische Leben ihres Heimatlandes wie der BRD mitbelebende, mitbestimmende Lyrikerin, Prosa- und Hörspielautorin um eigene, ihrem Äußerungsbedürfnis adäquate Ausdrucksformen. Es fällt deshalb schwer, ihr Werk vorbehaltlos in eine österreichische Traditionslinie einzuordnen.

Als 1948 in Österreich ihr erstes Buch, der Roman *»Die größere Hoffnung«*, erschien, vermutete man den Beginn einer avantgardistischen Nachkriegsliteratur. Doch Ilse Aichinger blieb mit diesem Vorstoß allein, wohl weil sie »niemals ihre poetische Sensibilität zugunsten der strikten experimentellen Konsequenz aufgibt«[1]. Das Mißtrauen gegen jegliches Programm führte dazu, daß ihr Werk auch in der BRD, wo sie seit Anfang der fünfziger Jahre lebte und ihre Leser und Ge-

sprächspartner gefunden hatte, keiner Strömung zugeordnet wurde; und dies ist auch heute nicht möglich. Allerdings blieben die Diskussionen jener Zeit, die Auseinandersetzungen zum Beispiel mit existentialistischen Sichtweisen, sicher nicht ohne Einfluß auf ihr Werk.

Niemals war Ilse Aichinger eine Bestseller-Autorin. Der Anspruch ihres Werkes ist hoch, es fordert den aufmerksamen, ansprechbaren Leser, den ganzen Menschen:

Gib mir den Mantel, Martin,
aber geh erst vom Sattel
und laß dein Schwert, wo es ist,
gib mir den ganzen.

(*»Nachruf«*)[2]

Demjenigen, der sich mit den Erzählungen, Gedichten, Hörspielen und Dialogen dieser Autorin einläßt, erschließt sich ein weiter Raum von Erfahrungen und Einsichten, die die Autorin in der schmerzhaften Auseinandersetzung mit ihrer Zeit im Laufe ihres Lebens gewann und unablässig und beharrlich überprüft hat, eine – um es mit den Worten Ilse Aichingers zu sagen – verlorene Dimension,

»der tiefe Raum, in dem während der Kindheit und frühen Jugend die Szenen abliefen«.

Hier werden die Koordinaten der »erwachsenen Leute«[3] fragwürdig, verlangt das eigene Dasein nach einer neuen Ordnung.

Wie eine scheinbar festgefügte Ordnung unter geänderten Bedingungen zerbrach und mit einem Male keinen Halt mehr bot, hat Ilse Aichinger selbst erlebt. 1939, ein Jahr nach dem Einmarsch der Hitlertruppen in Österreich, beendete sie in Wien das Gymnasium. Was sich hinter dem Wort Judenverfolgung verbarg, erfuhr sie, die Halbjüdin, in der eigenen Familie. Die vertraute Gewohnheit hatte sich als eine unheilvolle Täuschung erwiesen. Mit dem Vertrauten schwand das Vertrauen, in Arglosigkeit zu leben wurde gefährlich, lebensgefährlich. Das Bewußtsein ständiger Bedrohung des Menschen in der bürgerlichen Welt ist ihrem Werk eingeschrieben, es stellt ein wichtiges Motiv und einen Impuls für die schriftstellerische Arbeit dar. Aus dem sensiblen Gespür für Bedrohliches erwächst ihre Verantwortung gegenüber den Mitmenschen. Um ihnen ihre Situation bewußtzumachen, in ihnen Betroffenheit auszulösen, dafür schreibt Ilse Aichinger. Mit ihrem Mittel, der Sprache, verfremdet sie die gewohnte Wirklichkeit und entzieht diese den vertrauten Zusammenhängen, Beleuchtungen, Horizonten – und sie reflektiert zugleich über den eigenen Sprachgebrauch. Sie verunsichert den Leser nicht nur hinsichtlich seiner Wirklichkeitssicht, sondern stellt auch sein Vertrauen in die Sprache in Frage. Die Idee der bewußten Verunsicherung als Anstoß zu einem kritischen Durchdenken der Wirklichkeit war in ihrer ersten öffentlichen Äußerung, *»Aufruf zum Mißtrauen«* (1946), bereits formuliert, die mit den Worten schloß:

»Werden wir mißtrauisch gegen uns selbst, um vertrauenswürdig zu sein!«[4]

Ihre erste bedeutende literarische Arbeit, den als Vorabdruck in der Wiener Zeitschrift »Turm« im Februar 1947 erschienenen Roman *»Die größere Hoffnung«*, schrieb sie während des Studiums. Als dieser 1948 als Buch vorlag, hatte sie nach dem fünften Semester ihr Studium bereits abgebrochen, um sich ganz dem Schreiben zu widmen. Wie die meisten Neuerscheinungen jener Zeit mit der jüngsten Vergangenheit befaßt, ragte der Roman zugleich aus ihnen hervor, stellte er doch, wie Paul Celans »Todesfuge«, nicht nur scharf und eindringlich Zustände der Barbarei dar, sondern übertrug sie überzeugend in Zusammenhänge ebenso herstellende wie durchleuchtende Bilder.

Der Leser begleitet die Protagonistin, das halbwüchsige Mädchen Ellen, auf einer Reise durch Traum und Wirklichkeit. Ellen, deren jüdische Mutter das Land verlassen mußte und deren Nazi-Vater als Wehrmacht-Offizier in den Krieg zog, zählt zu den Kindern

»mit falschen Großeltern […] ohne Paß und ohne Visum, Kinder, für die niemand mehr bürgen konnte […] Keines von ihnen hatte einen Rettungsgürtel«. (H 5)[5]

Bereits zu Beginn des Romans ist sich Ellen im Traum ihrer Situation bewußt, als niemand anders als ein Haifisch sie um das Recht bittet, »sie vor den Menschen beschützen zu dürfen« (H 6). Erwacht, hofft sie dennoch weiter auf das Visum für das Land, in das ihre Mutter geflohen ist: Amerika. Und sie hofft störrisch und leidenschaftlich, bis sie – zuerst aus dem Munde des Konsuls, von dem sie Hilfe erwartet – hören muß:

»Wer sich nicht selbst das Visum gibt, [...] der kann um die ganze Welt fahren und kommt doch nie hinüber.« (H 13)

In der weiteren Handlung vollzieht sich ein Prozeß der Verinnerlichung dieser Erfahrung. Mit jedem Abschied (von den jüdischen Freunden, der Großmutter, vom Jungen und dem Soldaten) ist Ellen stärker auf sich zurückgeworfen, einsamer, findet aber dafür desto sicherer ihren Weg, den ihr Spiel und Träume weisen. Er führt durch eine feindliche Welt, doch das Mädchen geht ihn so, daß ihre »Verfolger zum Gefolge der Verfolgten«[6] werden. Mit dem Voranschreiten der Handlung, deren Atem immer hastiger geht, steigt die Todesgefahr, sie treibt die Heldin, die dem Tod zuvorkommen, »nach Hause« will, vorwärts:

»Lauf schneller [...] Bleib nicht mehr stehen, sonst fällst du, denk nicht mehr nach, sonst vergißt du! Warte, bis du dich einholst!« (H 204)

Der Roman endet mit dem Tod des Mädchens an einem offenen Brückenbogen. Dieses Bild, im Werk der Aichinger immer wiederkehrend –

»habe auch hier den Kai am liebsten, die Donau, Gegenden mit Schiffen und Brücken, an denen noch gebaut wird«[7] –

ermöglicht Übergänge, Öffnungen – hier zum Stern hin, der, vielschichtigstes und bedeutsamstes Bild des Romans, eine Art Zielsymbol darstellt. Die zu Anfang konkrete Hoffnung – in Amerika die Mutter zu finden –, mit der aber zugleich schon die abgehobenere, abstraktere Hoffnung auf das Land, »wo alles blau wird« (H 11), korrespondierte, wird transformiert in eine rein geistige, ganz und gar verinnerlichte Hoffnung, Ellens einzig möglicher Schild gegen die Verzweiflung an einer für sie unabänderlichen Wirklichkeit.

Diese vage, unbestimmte, in die Zukunft verlegte Hoffnung entsprach der allgemeinen Stimmung des Neubeginns Ende der vierziger Jahre. Sie ist vor dem Hintergrund der Ruinen, im Zusammenhang mit einer tiefgreifenden seelischen und geistigen Verunsicherung der Menschen zu sehen. Die Schrecken des gerade beendeten Krieges ließen viele, besonders die bürgerlichen Intellektuellen, das Leben als einen »irrationalen Traum« (Hans Werner Richter) empfinden, in dem sich der entfremdete Mensch orientierungslos bewegte. Zwischen Verzweiflung und Hoffnung, Angst und Vertrauen, Tod und Leben bewegt sich auch das Mädchen Ellen, das Halt nur in sich selbst findet. Wie zahlreichen Werken jener Zeit ist auch dem Roman Ilse Aichingers die Auseinandersetzung mit existentialistischem Gedankengut anzumerken. Ellen, die immer bewußter von ihrem sie als Bedrohung umgebenden Tod her lebt, richtet sich in dem Bemühen um Selbstverwirklichung nach einem in die Zukunft projizierten Bild, den ›Entwurf‹ ihres Seins. Dieser hilft ihr, Hindernisse auf dem Weg zu sich selbst zu überwinden. Demgegenüber tritt Analyse der determinierenden gesellschaftlichen und sozialökonomischen Faktoren in den Hintergrund.

Der Faschismus, eine prägnante Grunderfahrung Ilse Aichingers (Bilder der Deportation und anderer grausamer Praktiken durchziehen ihr Werk), stellt für sie eine latent vorhandene Extremsituation menschlichen Daseins dar, in der die Kategorie des Harmlosen nicht mehr existiert, bloße Gedankenlosigkeit zur Gefahr, ja zum Verrat an Menschheit und Menschlichkeit werden kann. Dieser ständigen Bedrohung stellt die Autorin mit der Gestalt der Ellen symbolisch eine Möglichkeit der menschlichen Bewältigung unmenschlicher Situationen entgegen. Die gesellschaftliche Determiniertheit des einzelnen ist dabei außer acht gelassen, seine Verantwortung für den Zustand der Welt wird dafür – wenn auch stärker ethisch akzentuiert – desto deutlicher.

Der poetischen Konzeption des Romans, der Verflechtung seiner vielstimmigen Bilder und Symbole entspricht die bild- und assoziationsreiche Sprache, deren scheinbar einfache Sätze in ihrem Zusammenspiel einen Sinn eher umkreisen, als daß sie ihn fassen.[8] Das Moment des Fragens und Abtastens, das den Erkundungen des Mädchens Ellen immanent ist, vermittelt sich auch über den Gestus der Sprache. Die starke Expressivität, der diese Prosa ihre mahnende Eindringlichkeit hauptsächlich verdankt, ist nicht nur durch tropische Stilmittel gewonnen, sondern ebenso durch Paradoxie, Übersteigerung, Personifizierung.

So ist dieses Buch kein Zeitroman. Worauf Ilse Aichinger in allen ihren Arbeiten sieht, das ist mit einer Inventarisierung von Realien und Fakten nicht dingfest zu machen, ebensowenig nutzt die Beschränkung auf geschichtliche Daten. Auch in ihrem »Selbstporträt« *»Die Vögel beginnen zu singen, wenn es noch* *finster ist«* (1952) räumt sie dem eigenen Erleben des Krieges nur insofern Bedeutung ein, als es sich »mit dem Gültigen deckt«[9]. Das zielt auf Zusammenhang, auf die Verwobenheit von Personal- und Weltgeschichte und meint eigentlich die poetische Fixierung von Situationen, in denen Menschen unversehens Entscheidungen, ja, sogar dem Tod gegenüberstehen und damit dem Zwang, ihr bisheriges Leben in einem schneidend-hellen Licht zu sehen: Diejenigen, die »die Erfahrung des nahen Todes gemacht haben«, können diese Erfahrung nicht wegdenken

»und die anderen nicht freundlich darüber hinwegtrösten. Aber sie können ihre Erfahrung zum Ausgangspunkt nehmen, um das Leben für sich und andere neu zu entdecken.«[10]

Nach dem Roman wandte sich Ilse Aichinger kürzeren Prosaformen zu, die ihrem Drang zu bildhafter Abstraktion besser entsprachen. Ihr erster Erzählungsband, *»Rede unter dem Galgen«*, erschien 1952 in Wien. Für die darin enthaltene *»Spiegelgeschichte«* (e. 1948) hatte sie 1952 den Preis der »Gruppe 47« erhalten, deren herausragende Bedeutung, das Neue, das sie signalisierte, Walter Jens nach der Lesung zu Recht deutlich hervorhob. Streng komponiert – die Sprache ist genau und treffsicher –, zieht sie den Leser in den Bann eines unerhörten Begebnisses:

Eine junge Frau ist – in den Augen ihrer Mitwelt – soeben gestorben. Der fiktive Erzähler aber weiß sie in einem Grenzland zwischen Leben und Tod, in welchem die Gesetze der realen Welt in ihrer Gültigkeit eingeschränkt sind. Indem er die Grenzgängerin in beschwörendem Ton anspricht – das konsequent verwendete »Du« fordert auch den Leser ein –, veranlaßt er sie, dieses von einschränkenden Urteilen und Gesetzen freie Niemandsland als Chance eines Neubeginns zu begreifen. Die übliche Blickrichtung des Menschen (von der Geburt zum Tod hin) wird umgekehrt; das Ende wird zum Ausgangspunkt genommen, von ihm aus das Leben bis zur Geburt zurückverfolgt. Ein altes Mythenmotiv, der Tod als Rückgang in den Mutterleib, klingt hier an.

Das Einswerden beziehungsweise die Vertauschbarkeit solcher Zeitbegriffe wie Anfang und Ende begegnete schon im Roman. In der Erzählung wird diese Sichtweise exemplifiziert, eine Sicht, die neue Zusammenhänge herstellt, alles Geschehen in einem anderen Licht erscheinen läßt und Unmögliches ermöglicht:

»Mach mir mein Kind wieder lebendig! Das hat noch keine von der Alten verlangt. Aber du verlangst es. Der Spiegel gibt dir Kraft.« (Sprache 49)[11]

Um eine Existenzweise, die eine ursprüngliche Bedrohung immer gegenwärtigt, geht es in *»Der Gefesselte«*. Die Parabel auf den Menschen in Fesseln führt vor, wie der Protagonist gerade innerhalb und angesichts seiner Grenzen – objektiven wie subjektiven – zu ungewöhnlichen, sich selbst überwindenden Leistungen fähig wird.

Ilse Aichingers eigenständige, bereits im Roman erkennbare Vorstellungen vom Erzählen gewinnen in diesem Erzählungsband zusehends an Konturen. Die auf dem Prinzip der Verfremdung beruhende Bildung unerwarteter, poetischer Namen, Bilder und Handlungsmomente wird weiterentwickelt. Die Geschichten enthalten weder psychologische noch historisierende Momente. Die Dichterin schöpft Gestalten, ohne sie mit sichtbaren individuellen Zügen auszustatten; sie dienen ihr vielmehr dazu, Modelle möglicher Existenzweisen zu entwerfen, mit deren Hilfe allgemeinere Vorgänge sinnfällig werden. Ähnlich den Erzählungen Franz Kafkas werden die Handlungen oft durch Elemente des Absurden in Gang gesetzt. Jeder aktuelle Bezug wird bewußt vermieden, um der Aussage einen möglichst hohen Grad an Allgemeinheit zu verleihen. Doch von Kafkas radikaler Sicht der Ausweglosigkeit unterscheidet sich Ilse Aichingers Poetik grundlegend.[12] Es ist die poetische Wirklichkeit der Erzählung, worauf sie setzt und der sie die Kraft zuschreibt, »zu den großen Strömen der Kindheit«[13] zurückzuführen und auf die reale Welt innovatorisch zu wirken. Dieses durch das ganze Werk verfolgbare, wesentliche, sich aber wandelnde Moment der Hoffnung entspringt also nicht der Einsicht in konkrete historische Zusammenhänge, sondern entspricht dem existentialistischen Denkansatz.

Poetisch abstrahiert ist auch die in Ilse Aichingers erstem Hörspiel, *»Knöpfe«* (Erstsendung 16. 12. 1953; U. als Schauspiel 1957), dargestellte Arbeitswelt. In ihm findet sie anschauliche und zugleich bös überraschende Bilder für die Entfremdung des Menschen im spätkapitalistischen Arbeitsprozeß, führt sie vor, wie der einzelne gleichsam ohne Widerstand seine Individualität verliert, genauer: aufgibt. So verändern sich im Hörspiel Frauen, Sortiererinnen von Knöpfen, psychisch und physisch, bis sie auf einer neuen Knopfsorte nur noch als Glanz vorhanden sind, die dann ihren Namen trägt. Die Hauptgestalt, Ann, beginnt den geheimen Mechanismus zu ahnen und widersetzt sich, indem sie, trotz drohender Arbeitslosigkeit, ihre Anstellung aufgibt.

Bill: Bei uns hätten Sie Arbeit, Ann, und keine schwere. Sie kommen um halb neun und gehen um halb sechs. Sie sind eingearbeitet und alles ist Ihnen vertraut. Und am Wochenende bekommen Sie Ihr Gehalt. Sie sind geborgen.
Ann: Ich weiß, zuletzt in Fächern.
Bill: Bei uns wären Sie sicher, Ann!
Ann: Weil ich Ihnen sicher wäre. Wie Jean.
Bill: Wenn Sie jetzt gehen, gehen Sie für immer.
Ann (schon aus der Ferne): Ich gehe, Bill![14]

Die durchaus nicht selbstverständliche Selbstbehauptung Anns wirkt auf den Rezipienten stimulierend. Sie führt ihm vor Augen, daß Selbstbewußtsein mit einem allerdings beträchtlichen Kraftaufwand gepaart sein muß, will man in Entscheidungssituationen bestehen.

Das Hörspiel, das feinsinnige Wahrnehmung einzelner Erscheinungen der kapitalistischen Wirklichkeit verrät, zeigt zugleich eine gegenüber dem Roman gewandelte, neue Art von Hoffnung an. Ilse Aichinger setzt ihre Hoffnung jetzt entschiedener in die Möglichkeit der Selbstbefreiung aus unwürdigen, unmenschlichen Verhältnissen.

Mit seinem eindringlichen, zuweilen bedrückend-suggestiven, Ausbrüche immer aber scheuenden Sprachgestus, der in Verbindung mit anderen akustischen Mitteln beunruhigende Bilder evoziert, gehört »Knöpfe« in das reiche Ensemble der Hörspielproduktion der BRD in den fünfziger Jahren. (Die Autorin – die, verheiratet mit Günter Eich, der als der wichtigste Vertreter des Hörspiels der »verinnerlichten Sprachmagie«[15] gilt, in der BRD lebte – hatte sich auch während ihrer Tätigkeit an der Hochschule für Gestaltung in Ulm mit dem Genre Hörspiel befaßt.) Diese Form eröffnete eine Vielzahl neuer Gestaltungsmöglichkeiten: durch Stimmen und Geräusche, ihr Nebeneinander und ihre Verwandlungen boten sich neuartige Assoziationsmöglichkeiten, wurde die poetische Wirklichkeit erweitert, ihre Wirkung intensiviert. Begünstigt wurde das Hörspielschaffen jener Jahre durch die engagierte Tätigkeit des Hörspielautors und damaligen Intendanten des

Nordwestdeutschen Rundfunks Ernst Schnabel[16]. Bemerkenswert ist auch, daß Merkmale dieser Hörspiele, wie das lyrisch-magische Sprechen, die »ortlose Dramaturgie« (Günther Weisenborn), Monologform und Montagetechniken, auf die anderen Literaturgattungen zurückwirkten.

Durch das Hörspiel angeregt, aber dennoch grundlegend von ihm (wie auch vom Drama) unterschieden, sind die Dialoge Ilse Aichingers, die 1957 in der Sammlung *»Zu keiner Stunde«* erschienen. Sie bedurften einer Ergänzung oder Verstärkung durch akustische, optische oder darstellende Elemente nicht. Allein aus der Sprache nehmen die Dialoge ihre Kraft und Spannung.

Die relativ knappen, sehr dichten Gespräche zwischen zumeist wenigen Personen unterscheiden sich im Duktus von den bisher entstandenen Werken. Die warme Anteilnahme mit der Hauptfigur des Romans oder des Hörspiels ist gänzlich einem distanzierten, unterkühlten Grundton gewichen. Einfachste Syntax kontrastiert mit der komplizierten Thematik der Texte, die der Titel – »Zu keiner Stunde« – andeutet. Es geht hier um das Erleben der Zeit als eines wesentlichen Seinsmoments ebenso wie um die Fragwürdigkeit herkömmlicher Zeitbegriffe. Die Form des Gesprächs ermöglicht deren meditatives Erörtern, ohne zu einem abschließenden Ergebnis kommen zu wollen (und zu müssen). Die sprechenden Gestalten verkörpern unterschiedliche Existenzweisen (sie tragen keine Namen, sondern sind nur durch verallgemeinernde Bezeichnungen – wie Pförtnerin, Student, General – bestimmt), zwischen denen sich im Dialog eine Spannung entwickelt, in deren Feld der Leser veranlaßt wird, Partei zu ergreifen. Daß er dabei die Erfahrung machen kann, eine Seinsweise zu verteidigen, die seiner eigenen entgegensteht, wird zu Selbstbefragungen führen. Diese Wirkung der Dialoge liegt nicht zuletzt auch darin begründet, daß sich die Personen zum Teil ahnungslos an der Schwelle zu Bedrohlichem, Unheimlichem befinden. Der Leser erfährt davon durch die Regieanweisungen. Nicht selten erkennt er die künstlich *und* kunstvoll hergestellte Unbefangenheit, Kühle und Leichtigkeit, mit denen die Gespräche geführt werden, als sträflichen Leichtsinn.

Es ist der Drang nach höchster Allgemeinheit, dem die Dialoge den Charakter der poetischen Meditation über philosophische Fragestellungen und Wirklichkeitserfahrungen verdanken. Einige spielen um die Grenze von vergänglichem Sein zu einem »immerwährenden« (Sp 213)[17]. In *»Das erste Semester«* bittet eine Studentin um Aufnahme in ein Wohnheim, das sich bald als eines des ewig gleichen Tages unter »milchigem Himmel [...] bei leichtem Regen« (Sp 215) herausstellt. Anfangs kaum merklich, kristallisiert sich im Verlauf des Gesprächs die unheimliche Bedeutung des Wortes »immer« heraus. Es bindet jegliche Entscheidung und bedeutet letztlich die Aufhebung der Individualität. Der Leser wird am Ende von seinem Unbehagen erlöst – frei von Mißtrauen wird er freilich nicht sein:

»Sie zieht den Fuß zurück [...] es beginnt in großen, wässerigen Flocken zu schneien.« (Sp 217)

Einen vorrangigen Stellenwert nimmt in den Dialogen die Demonstration der Möglichkeiten von Sprache, ihrer Kraft und Magie ein. Auf der Ebene der Sprache kann die Einstrangigkeit des Zeitablaufs durchbrochen werden, Gegenwart, Vergangenheit und Zukunft existieren hier nebeneinander. Ilse Aichinger nutzt die sich so ergebenden Sprach-Spiel-Räume in allen ihren Dichtungen.

In dem Hörspiel *»Besuch im Pfarrhaus«*, das 1961 zusammen mit drei Dialogen in einem gleichnamigen Band erschien, finden sich Nennen und Anrufen von Erinnerungsbildern und Handlungen als konstitutives Element. Zwei Kinder berichten dem Pfarrer, was sie an einem bestimmten Tag, einem Sonntag, der hier für »Zeit schlechthin«[18] steht, erlebt haben. Die jeweils genannten Erlebnisse entfalten sich in der Folge als Handlung. Erinnertes korrespondiert, assoziiert sich mit Gegenwärtigem, die Zeitbarrieren sind aufgehoben. Zwischen diese Szene ist als Rahmensituation das Gespräch der Kinder mit dem Pfarrer eingeschaltet, das Distanz schafft und Klärung ermöglicht. Die eindringlichen, sprachlich genau gefaßten Bilder schaffen Beklommenheit. Von Ängsten ist die Rede, von Endängsten –

»Davor, daß unsere Sonne schwarz wird« (Wo 136)[19] –

und von der Angst vor einem abstrakt verstandenen Mut, denn der

»Mut ist ein zweifarbiges Tuch, der Mut ist gefaltet über die Dächer und dreht sich nach dem Wind« (Wo 148).

Diejenigen, die in diesem Text in gewisser Weise überlegen erscheinen, sind die Kinder, sie schenken mit ihrem selbstverständlichen Tun und ihrem Gegenwärtigsein der schwarzen Sonne des Pfarrers kaum mehr als ein Lachen und können andererseits ohne weiteres auf Erbauung durch aufgesteckte bunte Lichter verzichten.

Das Hörspiel wurde auch in den Band *»Wo ich wohne«* aufgenommen, der 1963 folgte und neben Dialogen einige Erzählungen früherer Bände, fünf neue Prosatexte und – erstmals – Gedichte enthält. Diese Sammlung markiert den Beginn einer neuen Entwicklungsphase der Autorin. Die Möglichkeit der Selbstbehauptung, die in den früheren Texten Quelle der Hoffnung war, ist jetzt weitgehend zurückgenommen. Dem Individuum wird das Vermögen, etwas durch sein Tun zu bewirken, abgesprochen, sogar seinen Selbstschutz scheint es nur in beschränktem Maße gewährleisten zu können. Die Erfahrung des Ausgeliefertseins, die die feinsinnige und illusionslose Autorin angesichts der Wirklichkeit machen mußte, stellte einen wesentlichen, neuen Impuls für ihr Werk dar.

Die Eigenart ihres Erzählens setzt sich endgültig gegen normative Gattungsbegriffe durch. Dem Monolog gehört jetzt und weiterhin ihre Vorliebe. Diese Äußerungsform ergibt sich folgerichtig aus gewissen Anzeichen für Rückzug und Kommunikationsverlust. Sie sind den neuen Prosatexten deutlich abzulesen. In klaren, dabei teils bis zum Absurden gesteigerten Bildern werden auch hier Modelle von Existenzweisen aufgezeigt und nüchtern abwägend betrachtet. Die Verfremdung (ein Mittel, das den jetzt und künftig in Sprache verwandelten Lebenshaltungen immer angemessener scheint) leisten Figuren wie eine Maus oder eine Puppe, die als Erzähler-Ich fungieren, ebenso wie ein Esel, über den mancherlei Mutmaßungen angestellt werden. Diesem grünen Esel aus dem Elektrizitätswerk gilt das uneingeschränkte Interesse der Erzählerin. Entspringt das Tier ihrer Phantasie oder der mit eigenen Augen gesehenen Wirklichkeit? Doch heißt es »mein Esel«, und das scheint Tatsache genug. Nicht nur, daß eine objektive Sicht abgelehnt wird, auch das subjektive Wissen-Wollen erscheint noch als Mangel:

»Ich will lernen, mich auf Vermutungen zu beschränken, […] später auch auf weniger.« (Wo 87)

Die sich hier offenbarende Haltung des Nicht-wissen-Wollens bezeugt letztlich schon das in den nächsten Erzählungen stärker zum Tragen kommende Mißtrauen gegen Symbole sowie gegen Kennzeichnung und Einordnung im allgemeinen.

Die Haltung des unbeteiligten, aber genauen Beobachtens wird uns im Monolog der Maus vorgeführt. An ihrem engen, aber sicheren Aufenthaltsort erwägt die Maus mögliche Konsequenzen eines Aufbruchs, der, im Falle des Scheiterns, das Bewußtwerden der Gefangenschaft und damit Verzweiflung oder aber, sollte er glücken, die Freiheit zur Folge hätte. Nur müßte sie sich Gefahren aussetzen und – das wäre das weit Schlimmere für sie – die Aufgabe ihrer Haltung, nur »zugegen« zu sein, riskieren:

»[...] ich kontrolliere nichts, ich bin zugegen. Das ist auch ein Vorteil meiner Lage. Alle anderen kommen leicht in den Verdacht, sie möchten etwas kontrollieren, in die Hand bekommen, sich über etwas setzen. Aber ich nicht.« (Wo 95).

Doch letztlich weigert sie sich, »Werte zu bestimmen oder nur Maße zu nehmen« (Wo 95). Hier ist von bewußter Beschränkung, von Rückzug die Rede – Anzeichen einer Resignation, die einer grundlegenden Erschütterung des Vertrauens der Dichterin in die Zukunft entspringt. Ilse Aichinger erfaßt mit dem Text aber auch die Armseligkeit einer solchen Mauselochexistenz, die sich jegliches Wirken nach außen hin selbst verbietet.

Ilse Aichingers neue Art zu erzählen ist, wie der Band *»Eliza Eliza«* (1965) erkennen läßt, als eine Folge der schon angesprochenen Erfahrung des Ausgeliefertseins, der Machtlosigkeit, die in eine verstärkte Abkehr von der Gesellschaft mündete, zu deuten. In der Konsequenz dieser Abkehr von den Normen und Formen der bürgerlichen Gesellschaft entstehen Texte, die hinsichtlich ihrer Bildwelt eigenen Gesetzen unterliegen, autonom sind. Ohne Konzession an herkömmliche Formgesetze entfaltet die Autorin ihre weitgreifenden, ins Phantastische reichenden Assoziationen. Dem Leser werden kaum Orientierungshilfen gegeben. Die usuellen Raum- und Zeitbegriffe sind aufgehoben, Orte haben zwar einen Namen, können auf dem Globus der Dichterin jedoch beliebig verschoben werden und sind als Anhaltspunkte wenig zu gebrauchen. Auch Personennamen wie Herodes, Ajax, Diogenes werden ihrer personalgeschichtlichen Parameter entkleidet. Alle möglichen Denk- und Schlußfolgerungsschemata sind zugunsten assoziativer, traumartiger Folgerungen aufgegeben. In einem späteren Text charakterisiert Ilse Aichinger selbst ein wesentliches Moment ihrer Schreibweise:

»Niemand kann von mir verlangen, daß ich Zusammenhänge herstelle, solange sie vermeidbar sind.« (SW 8)[20]

Der auffallende Kontrast zwischen dieser Verweigerung logischer Abläufe und der präzisen, nüchternen Sprache ihrer klar gebauten Sätze läßt einen geheimen Zusammenhang, poetisches ›Kalkül‹ vermuten.

Ilse Aichinger greift Redewendungen, Namen, Begriffe auf, die im Leser bestimmte Assoziationen, Gedankenverbindungen und Empfindungen auslösen. Den genau einbedachten Denk- und Empfindungsrichtungen werden dann aber überraschend neue, eigene entgegengesetzt. Ähnliches geschieht auch durch Bilder, die sich zum Beispiel durch den Wechsel der Blickeinstellung gleich einem »Vexierbild«[21] verändern können.

In diesem Zusammenhang verwundert auch nicht, daß das Symbol an Bedeutung verliert beziehungsweise der Symbolgebrauch sich verändert. Wenn Bezeichnungen wie »Holzfahrschein« oder »Fächer« emblematischen Charakter zu haben scheinen, so verdanken sie das allein ihrer Stellung im Text – ihrer funktionalen Verwendungsweise. Ihre semantische Leistung besteht jetzt nurmehr darin, Zusammenhänge anzudeuten statt sie als konkreten gedanklichen Hintergrund zu veranschaulichen. Die Sprache der Autorin gehorcht dementsprechend mehr und mehr einer Eigengesetzlichkeit, und die sprachlichen Vergegenwärtigungen und Assoziationen nehmen einen immer breiteren (Spiel-)Raum ein. Diese Tendenz, die auf Kosten der Verständlichkeit geht, haftet den Texten der nachfolgenden Sammlung noch stärker an.

Dennoch wird Ilse Aichingers gesamte Dichtung von einem wesentlich dialogischen Moment bestimmt. Gerade auch die monologischen Texte brauchen den Leser als Kommunikationspartner. Das Offenhalten der Texte, der Duktus des Vorzeigens, die emotionsarme kühle Sprache – textliche Eigenschaften, die erstens im Gegensatz stehen zu den starken expressiven Bildern und zweitens zum Gewicht der behandelten Themen (zumeist wesentliche existentielle Situationen) – veranlassen den Leser (und ermöglichen es ihm), sich in aktive Beziehung zu Thema und Text zu setzen. Dabei zieht sich die Sprache in einigen Texten hinter ihren Gegenstand zurück, gerät also nicht ins Blickfeld einer ersten, zumal oberflächlichen Lektüre. In anderen Texten wird die Sprache selbst zum Thema.

Ein wesentliches Stilelement dieser Prosa bleibt nach wie vor die Verfremdung mit den Mitteln der Paradoxie und Übersteigerung. In einer der wenigen theoretischen Äußerungen Ilse Aichingers, die nahezu ausnahmslos sehr früh entstanden (*»Die Sicht der Entfremdung«*, 1954, ein Ernst-Schnabel-Porträt), schrieb sie:

»Daß der Columbus von heute nicht die fremde Welt bekannt machen muß, sondern die allzubekannte fremd.«[22]

Einen ähnlichen Weg wie der bereits erwähnte Ernst Schnabel, von dem sie sagt: »[...] er durchdringt die Wirklichkeit bis zur Geisterhaftigkeit und zeigt sie neu«[23], geht Ilse Aichinger selbst.

Diese die Wirklichkeit bis auf die Wurzel verfremdenden Verfahren lösen im Leser Verwunderung, ja Verblüffung aus. Erstaunt, vielleicht sogar betroffen oder beunruhigt wird er nicht nur über die ihm vorgeführte Sichtweise sein, sondern auch und vor allem darüber, daß er die in den Texten als eingleisig und unrealistisch demonstrierten Denk- oder Empfindungsgewohnheiten mitunter als die eigenen erkennen muß. In diesem Demonstrationsakt liegt der wesentliche kritische und produktive Ansatz der Texte dieser Sammlung.

Sie sind daher trotz – oder gerade wegen – ihres Phantasie- und Assoziationsreichtums alles andere als wirklichkeitsfremd. Mittel wie »extreme Verkürzungen« und »vielwinklige Spiegelkonstellationen«[24] können, so sehr sie auch die Verständlichkeit erschweren, ein lebendiges, sich bewegendes Bild realer Zustände (deren sprachlicher Reflex zusehends in den Mittelpunkt eines kritischen Nachdenkens gerät) evozieren. Das Verfahren, die real erfahrene in die poetische Wirklichkeit aufzuheben, führt allerdings zu einem immer höheren Abstraktionsgrad, der kaum noch konkrete Zeitbezüge (auch keine autobiographischen) zuläßt. Mindert diese Abgehobenheit der Texte auch ihre unmittelbare Wirkung, so ist ihre Welthaltigkeit doch offenkundig. Den genauen, einfühlsamen Leser werden sie nicht nur nicht unberührt lassen, sie werden seine Aufmerksamkeit für die Gegebenheiten seiner Welt sicherlich schärfen.

»Holzfahrscheine« beginnt mit den lapidaren Sätzen:

»Ich habe meinen Holzfahrschein verloren, wie ich weiterkommen soll, weiß ich nicht. Hier in der Gegend sind Holzfahrscheine üblich.« (Sprache 100)

Der gemeinte Fahrschein ist ein wirkliches Faktum dieser Gegend. Der Ich-Erzähler ist gezwungen, sich mit der Existenz wie mit dem Verlust seines Holzfahrscheines (wer denkt hier nicht an den sprichwörtlichen Holzweg?) auseinanderzusetzen, wenn dieser auch längst zu einem Anachronismus geworden zu sein scheint, dessen Sinn am ehesten, wenn überhaupt noch, in seinem Ursprung zu suchen wäre. Ängstlich erwägt der Fremde, wie er sich verhalten solle, mit Mißtrauen betrachtet er die Umgebung; die »Gegend« mit »grauen kindischen Häusern«, bewohnt von »großmütigen Treibern, die ihre Finger nirgends anders lassen können als auf fremden Schultern« (Sprache 103), behagt ihm nicht. Hier setzt man sich »mit Porzellan zur Ruhe« und an »den Straßenrändern bröckeln die Mahnmale ab« (Sprache 102). Allzu deutlich erfährt er, daß sich die Menschen hier mit einer bequemen, schöngefärbten Wirklichkeit zufrieden geben. Als er sich aber nach allen Ängstigungen zu einer fast trotzigen Nichtachtung des Gebotenen (des Holzfahrscheins) aufrafft, macht er die verblüffende Entdeckung, daß er diese ›Gegend‹ wahrscheinlich ohne Behinderung überwinden wird.

Die meisten Gestalten Ilse Aichingers sind nicht in solcher ›Gegend‹ zu Hause, geraten aber doch immer wieder hinein, müssen Situationen abwägen, Positionen beziehen. Für die Autorin selbst sind die Texte Orientierungsversuche in einer als doppelbödig empfundenen Wirklichkeit. Daß äußerliche Markierungen von Raum- und Zeitkoordinaten, von Grenzen zwischen Traum und Wirklichkeit, Innen- und Außenwelt hierbei unbrauchbar sind und fehlleitend wirken können, diese Erfahrung hat Ilse Aichinger zu ihrer Aufgabe bewogen. Doch wird die Möglichkeit, durch Dichtung überhaupt die erahnte Vielschichtigkeit der Wirklichkeit zu erfassen, stets auch hinterfragt. *»Port Sing«,* die Geschichte der Hasen, die sich zum »heiligen Berg« aufmachen, endet mit der an den Leser und an den Erzähler selbst gerichteten Frage:

»War es jemals erlaubt, von Hasen zu sprechen? Oder von Port Sing?« (Sprache 171)

Die Autorin stellt somit ihren gesamten Text in Frage. Fragen-Stellen, In-Frage-Stellen werden immer konsequenter zu einem Hauptanliegen ihrer Prosa.

Häufig ist es die Sprache selbst, der mißtraut wird, so den Namen und Begriffen, die kennzeichnen und in fertige Schemata einordnen (Herodes, Diogenes, Freiheitsheld, Bastard). In *»Der Querbalken«* entpuppt sich ein allgemein bekannter Begriff nach und nach als ungesichert und höchst unverläßlich. Jeder, der nach dem Querbalken befragt wird, füllt den Begriff mit einem anderen Sinn. Die rätselvollen Antworten bringen die verschiedensten Gegenständlichkeiten ins Gespräch und sind nur Anlaß zu neuen Fragen und führen letztlich zu der einen, grundsätzlichen Frage:

»Was ist ein Querbalken? Da ist sie wieder, und dabei bleibe ich. Die Frage sattle ich mir und rücke sie mir zurecht, ich lasse sie unter den dürren Birken grasen und erlaube ihr alles. Und sollte sie mich der Willkür in die Arme treiben, die ich fürchte; ich entkomme ihr doch nicht mehr.« (Sprache 162)

Der Ich-Erzähler beharrt auf ihr, weil allein sie einen gewissen Halt, wenn auch keinerlei Garantie für eine gültige Antwort verleiht. Die Offenheit der Frage erscheint als das kleinere Übel gegenüber den einschlägigen, subjektiven, weitere Nachforschungen abbrechenden Festlegungen einer Antwort. Am Ende des Textes lautet sie: »was ist er?« (Sprache 165) Für das Objekt der Frage steht ein Pronomen, das ebenso wie die Frage selbst übertragbar geworden ist.

In allen Texten ist der Versuch spürbar, das Unsagbare mit einzufangen. Sehr treffend formulierte ein Kritiker: »Sie dichtet die Tatsachen und zugleich deren Transparenz.«[25] Die Eigenart der Aichingerschen Sprache, über sich selbst, das heißt das Gesagte (das an Gegenständen, Figuren, Bildern Gesetzte – das Faktische), hinauszuweisen und Ungesagtes mitschwingen zu lassen, ist zugleich ein Grund für die Faszination dieser Prosa. Dabei beherrscht die Autorin die genaue – und kritische – Zeichnung gesellschaftlicher Situationen. Schon in *»Holzfahrscheine«* wurde eine ›Porzellan-Gegend‹ mit ihren Menschen unmißverständlich charakterisiert. In *»Das Faß«* ist in sehr eindringlicher Weise die Rede von der Apathie der »Völker«, die sich »blind und ohne Lust« (Sprache 172) vom

Rad der Geschichte überrollen lassen. Der – personifizierte – Tag in *»Nachricht vom Tag«* erlebt auf seiner Reise, wie Menschen »röcheln vor Langeweile, sterben vor Verdruß« (Sprache 181), aber auch, wie ein Polizeiarzt eine Großmutter (die Großmutter des Tages)

»auf dem Boden des Reviers sterben ließ, weil er sie für betrunken hielt« – aber: »So etwas vergißt sich, wenn man weiter will, und der Tag will weiter.« (Sprache 180)

Jenen, die der Tag zurück läßt, den Vergessenen, den Benachteiligten, den Einsamen, gilt die uneingeschränkte Sympathie der Autorin. Ihre Situation schildert sie in beeindruckenden Bildern.

Mit der wachsenden Zufriedenheit der Mehrzahl der Bürger westlicher ›Wohlstandsgesellschaften‹ wuchs das Unbehagen Ilse Aichingers. Noch kompromißloser, im Ton mitunter aggressiv sind daher die Texte des 1976 erschienenen Bandes *»Schlechte Wörter«*. Diese in drei Teile gegliederte Sammlung enthält neben Prosastücken strophische Texte und, mit *»Gare maritime«*, ein Hörspiel.

Ilse Aichinger setzt auch hier ihre Welterfahrung und Weltsicht unmittelbar, ohne Umwege über Verschlüsselungen und Symbole, in Sprache um, eine Sprache, der die Autorin allerdings Wandlungen anmerkt, die sie im Titeltext des Bandes *»Meine Sprache und ich«* (1978) selbst sinnfällig charakterisierte:

»Meine Sprache hatte früher einen lila Schal, aber er ist weg [...] Der lila Schal stand ihr gut, er überdeckte ihren langen Hals und gab ihrer unausgesprochenen Erscheinung zugleich Sanftmut und Entschiedenheit.« (Sprache 221)

Um die Sanftmut vor allem ist es wohl nun geschehen. Der nach wie vor kühle Grundton hat an Schärfe und Eindeutigkeit erheblich zugenommen. An einigen Stellen vermindert das stärker zu Wort kommende Engagement der Dichterin auch die ihren früheren Texten eignende Distanziertheit.

Die Sprache fungiert in diesem Werk aber nicht nur als Ausdrucksmedium, sondern sie ist auch Substanz, in und an der Geschehnisse der Wirklichkeit demonstriert werden. Die Kritik sprach deshalb von einem Atomisierungsprozeß, den die Sprache der Aichinger in Gang setze und an sich selbst illustriere.[26]

Die Autorin unternimmt den Versuch, dem einzelnen Wort

»seine ursprüngliche Kraft des Bedeutens«[27] wiederzugeben, indem sie verschiedene semantische Ebenen einbringt, ohne es in seiner Bedeutung als funktionaler Baustein der Sprache abzuschwächen. Die Assoziationen – das wesentliche Strukturelement dieser Prosa – folgen, indem sie an die Bedeutung, Funktion und Lautgestalt des Wortes anknüpfen, präzisen Gesetzen; sie werden an einigen Stellen sogar bestimmend, wobei das Wort der Dichterin auch hier, wo Lesbarkeit und Nachvollziehbarkeit gefährdet sind, den Leser mit geheimnisvoller Kraft anspricht. Insgesamt unterliegen sie einer genau kalkulierten Äußerungsabsicht. Logische Zusammenhänge, die auf den ersten Blick außer Kraft gesetzt scheinen, stellen sich oft auf kontextueller Ebene wieder her.

An dieser Stelle ist ein Wort zu Ilse Aichingers Verhältnis zur österreichischen Tradition der Sprachkritik vonnöten. Züge dieser Tradition, die von Hofmannsthal über Wittgenstein bis zur »Wiener Gruppe« reicht, finden sich ansatzweise auch in ihrem Werk. Den in Hofmannsthals »Chandos-Brief« zuerst diagnostizierten »Kontaktverlust zwischen Ich und Umwelt«[28] hat auch Ilse Aichinger erlitten. Die Unmöglichkeit, sich mit der kapitalistischen Wirklichkeit zu identifizieren, das Mißtrauen gegen die alten, bürgerlichen Normen führten zur Ablehnung einer Sprache, in deren Gebrauch sich diese Normen widerspiegeln. In der Erschaffung einer neuen, poetischen Sprache begreift die Autorin deshalb eine wesentliche Seite ihrer Kompetenz und Verantwortlichkeit als Schriftstellerin:

»Nur gebrochen sprechen wir unsere Sprache. Und ihr wollt das Deutsche verlernen? Ich helfe euch nicht dazu. Aber ich helfe euch, es neu zu erlernen, wie ein Fremder eine fremde Sprache lernt, vorsichtig, behutsam, wie man ein Licht anzündet in einem dunklen Haus und wieder weitergeht.« (H 68)

Trotz mancher Parallelen, wie ihre immer stärkere Konzentration auf die Sprache, deren Struktur und Eigengesetzlichkeit oder der bewußte, demonstrative Verzicht auf metaphorischen Sprachgebrauch, ungeachtet auch der zeitweiligen Zusammenarbeit (an der Hochschule für Gestaltung in Ulm) mit dem Schweizer Architekten, Kunst- und Literaturtheoretiker und Lyriker Eugen Gomringer, dem Initiator der »konkreten Poesie« in Europa, wahrte sie gegenüber den kühnen Folgerungen dieser neuen Richtung, zu deren Protagonisten die

Mitglieder der »Wiener Gruppe« gehörten, stets einen Abstand. Die Reduzierung des Wortes auf seinen bloßen Materialwert vollzieht sie nicht mit. Bei ihr behält das Wort einen Aussagewert und dient der Kommunikation. Sie sieht die Aufgabe des Dichters nicht wie Gomringer darin, die »inneren beziehungen der linguistischen struktur«[29] transparent zu machen, sondern sie versucht – allerdings ohne Konzessionen an das Bedürfnis nach allgemeiner Verständlichkeit –, ihre Wirklichkeitssicht in Sprache zu setzen und diese Umsetzung zugleich kritisch zu reflektieren. Zu der Gefahr der Abhebung und Verselbständigung der dichterischen Sprache (vor allem der späteren Texte), die aus ihrer konsequenten Individualität resultiert, bemerkt sie in *»Meine Sprache und ich«*:

»Ich habe sie [die Sprache; d. Verf.] im Verdacht, daß ihr nur an sich selbst liegt. Oder nichts an sich selbst. Oder beides.« (Sprache 21)

Daß sie diese Tatsache kritisch registriert, leuchtet ein, wenn man ihr unvermindertes moralisches Engagement, dessen Gerichtetheit, Direktheit sogar an Deutlichkeit und Schärfe zugenommen hat, ins Auge faßt.

Wie in den früheren Texten zeigt sich auch in diesem Band ihr eindeutiges, ja radikales, »moralisches Engagement«[30] für die Opfer einer zerstörenden Welt, die »kleinen Außenseiter [...] die den Fortgang verhindern« (SW 21) und verloren sind (wie die Liebhaber der Westsäulen), für die Insassen der Irrenanstalt (*»Privas«*), für Joe und Joan, die gequälten, geschundenen Hauptgestalten des Hörspiels *»Gare maritime«*. Entsprechend dieser unverstellt klaren Sicht auf eine untergehende Welt (das Wort »Untergang« gehört zu den wichtigsten dieser Sammlung) spürt Ilse Aichinger auch die Täuschungen auf, die sich »in unverkennbaren ovalen Nebelfeldern sacht auf und ab« (SW 48) bewegen. In *»Zweifel an Balkonen«* sind es die »Balkone der Heimatländer«, die zu vorschnellen Sicherheitsgefühlen Anlaß geben:

»Harmlosigkeiten haben diese Balkone immer bereit, Halma und Tee, Hausaufgaben, die Soldatenmützen liegen unbeachtet auf ihren Böden«. (SW 17)

Die Frage:

»Soll man wieder beginnen, die alten rührseligen Geschichten zu erzählen? Das Mitleid heraufzubeschwören?« (SW 59) ist eine Absage an Geschichten, die verdecken, anstatt aufzuzeigen, die über die tatsächlichen Entsetzlichkeiten hinwegtäuschen und, indem sie diese durch erfundene ersetzen, für eine nicht unmaßgebliche Zahl von Rezipienten als unentbehrlicher Seelenkitzel dienen.

Die sprachimmanenten Täuschungen, die »rasche[n] unzutreffende[n] Bezeichnung[en]« (SW 9) sind in mehreren Texten signifiziert. Texte wie *»Die Liebhaber der Westsäulen«* (die verloren sind), *»Der Gast«* (der vergebens wartet) oder *»Privas«* (mit seiner Irrenanstalt) belegen allesamt das Bestreben, betroffen zu machen, dem Leser jegliche Ausflucht in täuschenden Trost zu verwehren. Die zwischengeschalteten Prosastücke aber handeln von Selbstbehauptung. Sei es die Erfahrung dessen, der »die Balkone der Heimatländer« als »die großen unscheinbaren Täuscher« erkennt und weiß, daß sie nur den täuschen, »der getäuscht werden will. Oder getäuscht werden soll« (SW 20); oder Ambros' Warnung:

»Laßt euch nicht seichte Stellen in eure Schreie schieben, die sind nicht von euch, ihr wißt es.« (SW 32)

Auch der Text *»Dover«* muß in diesem Zusammenhang genannt werden. »Dover heißt so wie es ist« (SW 34), Name und Ort sind ›unbeträchtlich‹ – aber identisch. Diese Identität macht den Ort zu einem idealen, der Täuschung nicht zuläßt,

»das Irrenhaus von Privas im Auge behalten [wird] und die anderen Irrenhäuser auch [...] es [Dover] wird seine Schwächen zu Hilfe nehmen und seine Schwäche [...] Es wird die mißratene Verzweiflung nicht beiseite schieben, die unsere ist. Dover nicht.« (SW 37)

Gegen diese »mißratene Verzweiflung«, die in eine passive Lebenshaltung mündet, geht Ilse Aichinger unermüdlich an, aus ihr will sie heraushelfen, auch, seltener, herausstoßen. Ist der Versuch einer Befreiung, sei es aus stählernen oder geistigen Fesseln, zum Scheitern verurteilt, behält die Resignation in ihrem Werk nicht das letzte Wort. So endet das Hörspiel *»Gare maritime«*, dessen Hauptgestalten Joe und Joan einer zerstörerischen Gewalt hilflos ausgesetzt sind und deren letztlich auf Rückzug in die Verinnerlichung zielende Tarnungsversuche erfolglos bleiben, trotz allem mit einem Dennoch:

Joan: Meinst du daß wir vorankommen
Joe: Mir klebt dein Auge zwischen drei von deinen Rippen
Joan: Und ich habe einen Fetzen Drilch unter deiner Fußsohle

Joe: Dein Auge zwickt
Joan: Und kommen wir voran
Joe: Es näßt mich Zwischen deinen Rippen hindurch tränt es auf die meisten Doch doch Joan Ich glaube wir kommen voran (SW 127)

Trotz der beinahe rigorosen Illusionslosigkeit und der überscharfen Belichtung einer dem Untergang geweihten Gesellschaft, frappiert in ihrem Werk immer wieder das Moment der Hoffnung, eine Hoffnung allerdings, die von der »größeren« Hoffnung im Roman bis zu dem »wir kommen voran« (»Gare maritime«) eine – oben angedeutete – Wandlung durchlaufen hat. In dem Band *»Schlechte Wörter«* erscheint das Hoffen nahezu als Paradoxon, im Grunde nur als ein ›Dennoch‹ denkbar, das einer in der Zerstörung begriffenen Gesellschaft, die keinerlei Perspektiven bietet, abgetrotzt wird.

Neben dem Sammelband *»Meine Sprache und ich«* erschien 1978 mit *»verschenkter rat«* der erste selbständige Gedichtband Ilse Aichingers. Die knapp 90 Gedichte des Bandes entstanden in den Jahren 1948/78. Einige von ihnen waren schon vor 1978 in der Sammlung »Wo ich wohne« oder in Zeitschriften abgedruckt. Die Gedichte, meist kurze, in der Regel ein-, seltener zweistrophige Gebilde, sind nicht nach Entstehungsdaten geordnet, die chronologische Linie ist bewußt verwischt. Tatsächlich lassen sich kaum Entwicklungsphasen unterscheiden, auch qualitativ halten die Gedichte nahezu eine Ebene.

Von der Kritik, die dem Werk Ilse Aichingers bisher zumindest quantitativ wenig Aufmerksamkeit geschenkt hat, sind die Gedichte nahezu übersehen worden. Dennoch müssen sie als ein eigenständiger und unentbehrlicher Teil ihres Werkes betrachtet und gewürdigt werden. Gedichte und Prosatexte ergänzen einander, oft ist das eine für das Verständnis des anderen unentbehrlich. Mit einigen ihrer Gedichte antwortete sie auf theoretische oder philosophische Fragestellungen: so während des 3. deutsch-französischen Schriftstellertreffens, als sie ihre Gedanken zum Thema »Der Schriftsteller vor der Realität« in dem Gedicht *»Befehl des Baumeisters beim Bau der Prinz-Eugen-Straße«* zusammenfaßte. Daß sie die Träume herbeizitiert, verwundert nicht, auch nicht, welche Deutungen sie, an denen der »Staub [...] hoch [...] geht«,[31] in ihren Gedichten nehmen, ›Träume‹ – das meint keine abgelösten irrationalen Gespinste, sondern ein Wirklichkeitsbild, das sich von der konkreten Einzelerfahrung lösen kann zugunsten einer in ihren Zusammenhängen aufleuchtenden Realität. Ihre Träume entstehen aus der Wirklichkeit und wirken in jedem Fall auf sie zurück. Manchmal haben sie hellsichtigen, ja prophetischen Charakter, immer aber verdeutlichen, klären und desillusionieren sie. In dem die Sammlung eröffnenden Gedicht *»Gebirgsrand«* sind die Träume Jäger, die etwas aufspüren, ›aufs Korn nehmen‹ und ›darauf abzielen‹. Sie steigen hinab in unbeachtete, unbekannte Gegenden, die nicht im Blickfeld liegen.

Denn was tät ich,
wenn die Jäger nicht wären, meine
Träume,
die am Morgen
auf der Rückseite der Gebirge
niedersteigen, im Schatten. (vr 7)[32]

Dort, wo Verse auf Sätze der Prosa verweisen, sich Entsprechungen finden, lassen sich Entgegensetzungen entdecken. Beide müssen, soll sich ein zusammengreifendes Verhältnis ergeben, im Zusammenhang betrachtet werden. Aus dem Prosatext *»Schlechte Wörter«* erfuhr der Leser von der Absicht der Dichterin, Zusammenhänge zu vermeiden (SW 8); ihm steht das Gedicht *»Versuch«* entgegen:

Zwischen Leiter und Nordwand
Besuch am Nachmittag und verworfenem
Holz,
Apfel- und Schneeresten
ein Verhältnis herzustellen,
das unaufhebbar ist. (vr 25)

In ihm ist die Suche nach dem höheren »unaufhebbaren« Zusammenhang, nach dem in einer Welt der Relativität absolut Gültigen, klar und unmißverständlich ausgedrückt. Daß sich für die Dichterin damit die Suche nach dem sprachlich adäquaten Ausdruck an sich wie für das ›Gültige‹ verbindet, ist offenkundig. Ilse Aichinger ringt in allen ihren Werken – und sei es in negationem – um seine Evokation wie um seine sprachliche Artikulation. Wenn sie in einigen Dichtungen diese Möglichkeit bezweifelt, so steht dem doch die Furcht vor der Sprachlosigkeit, die für die Dichterin die Aufgabe ihrer Existenz beinhaltet, gegenüber (vgl. *»Ende des Ungeschriebenen«*; vr 20).

Diese Furcht und die Erkenntnis, daß Annäherung nur

durch Schreiben und nicht durch Schweigen möglich ist, sind gute Gründe dafür, daß Ilse Aichinger zu der Schlußfolgerung gekommen ist:

»[...] ich habe diese Unterhaltungen satt – sie werden meistens in Taxis auf den Wegen stadtauswärts geführt – und nehme meine angreifbaren Wendungen in Kauf.« (SW 8)

Biographische Notiz

Ilse Aichinger, am 1. November 1921 in Wien geboren, verlebte ihre Kindheit in Linz. 1939 Matura in Wien; als Halbjüdin zum Medizinstudium nicht zugelassen. Ihre Verwandten mütterlicherseits wurden von den Nazis verfolgt. Während des Krieges dienstverpflichtet. 1945 Studium der Medizin (5 Semester, ohne Abschluß). 1949/50 Lektorin in Wien, später Frankfurt (M.) (S. Fischer Verlag). Danach Mitarbeit an der Hochschule für Gestaltung in Ulm. Anfang der fünfziger Jahre zahlreiche Lesungen in verschiedenen Städten der BRD. 1953 Heirat mit Günter Eich, Übersiedlung nach Lenggries (Oberbayern.) Seit dem Tode Eichs (1972) lebt sie zurückgezogen in Grossgmain bei Salzburg.
Ilse Aichinger ist (seit 1956) Mitglied der Akademie der Künste Berlin (West), des PEN-Zentrums BRD (seit 1957) und der Akademie der Wissenschaften und der Literatur Mainz.

1952 Förderpreis des Bundesministeriums für Unterricht und Kultur (Wien; für »Rede unter dem Galgen«) und Preis der »Gruppe 47« (für »Spiegelgeschichte«); 1955 Literaturpreis der Freien und Hansestadt Bremen; 1955 Immermann-Preis (Düsseldorf); 1961 Literaturpreis der Bayerischen Akademie der Schönen Künste (München); 1968 Anton-Wildgans-Preis der österr. Industrie; 1971 Nelly-Sachs-Preis (Dortmund); 1974 Preis der Stadt Wien für Literatur und Würdigungspreis des Bundesministers für Unterricht und Kunst; 1975 Großer österreichischer Staatspreis; 1975 Roswitha-Gedenkmedaille (Bad Gandersheim); 1979 Georg-Trakl-Preis für Lyrik (Salzburg) und Franz-Nabl-Preis (Graz); 1982 Petrarca-Preis (München); 1983 Franz-Kafka-Preis (Klosterneuburg).

Rainer Fischer

Hans Carl Artmann

Einem breiteren Publikum wurde H. C. Artmann (geb. 1921) Mitte der sechziger Jahre ein Begriff, als bei renommierten Verlagen in der Bundesrepublik Deutschland Anthologien und Sammelbände mit Texten einer Reihe österreichischer Autoren erschienen, die bis dahin nur einem kleinen Kreis von Eingeweihten bekannt gewesen waren und deren Entstehung an die zehn, fünfzehn Jahre zurücklag. Der verspätete Triumph einer literarischen Richtung, die im nachhinein als »Wiener Gruppe« in die Literaturgeschichte einging, hängt damit zusammen, daß deren Produktionen just zu dieser Zeit einem Kunstgeschmack zupaß kamen, für den mit dem allemal nötigen kommerziellen und publizistischen Aufwand Begriffe wie »Neue Tendenzen«, »Happening«, »Pop-Literatur« und »konkrete Poesie« geläufig wurden. Die Parallelen in den Texten eines H. C. Artmann und seiner Wiener Mit-Poeten zu einer aus der Malerei kommenden Kunstrichtung in den sechziger Jahren, der *Pop Art*, in der programmatisch die tradierten Kriterien, nach denen ein Objekt zum Kunstwerk wird, auf drastische, spektakuläre Weise ad absurdum geführt wurden, sind allerdings nicht zu übersehen. Aber dieses verzögerte Eintreten des Artmannschen Werkes in die Rezeption unter fast ausschließlicher Inbeziehungsetzung zu aktuellen Überbauphänomenen verengte und verschob auch die Blickwinkel der Betrachtung: Artmann als der verfrühte Pop-Artist!

Dies nur eines der diversen einengenden, vereinnahmenden und sichtverstellenden Schlagwörter, von denen es dann in der sich rasch ausbreitenden Artmann-Sekundärliteratur noch die Menge geben sollte. Dem einen war er üppiges österreichisches Barock, anderen der letzte Romantiker, ein verspäteter Surrealist auch, blaßfarbiges Biedermeier und wörterzerstükkelnder konkreter Poet, ja einmal hat er sich gar in dem zweifelhaften Ruf eines Wiener Mundart- und Heimatdichters befunden. Manches trifft zu, wenn auch immer nur auf bestimmte Texte, anderes wiederum ist ein schlichtes Mißverständnis. Daß Artmann, bei dem Leben und Werk einander in

besonderem Maße durchdringen, sich fixierenden Kategorien entzieht, und eine lediglich mit Basiliskenblick auf den Text starrende Philologie ihm wenig abzugewinnen vermag[1], gerade dies ist Bedingung, Ergebnis und Bestandteil seiner Poetik. Was der Kritik und den Betrachtern seines Werkes bleibt, ist der Versuch einer bündigen, manchmal auch bloß wortreichen Begründung für die Begeisterung oder Ablehnung, auf die Artmanns Texte allenthalben stoßen. Er ist ihnen dann »narrenbunter Archipoet, Bauchredner der Weltliteratur, ein Rumpelstilzchen der Sprache«, seine Texte »Kurzwaren der Poesie und literarische Scherzartikel«[2] oder zu welcherart sprachlicher Eskapaden sich die Rezensenten angesichts des glitzernden Wortfeuerwerks und der davon ausgehenden Irritationen noch hinreißen ließen, denn auffällig ist, daß es ohne bildreiche

Sprachanstrengungen nicht abzugehen scheint. Ja, selbst die erbittertsten Gegner versteigen sich bei Charakterisierungen zu sprachlichen Kraftakten von wahrhaft artmanneskem Format, wenn der Dichter zum Beispiel als »literarisches Gegenstück zu unserem [Österreichs; d. Verf.] Jodler- und Schuhplattlerexport«[3] deklariert wird.

Freilich hat auch Artmann selbst der Mystifikation hinlänglich Vorschub geleistet, zumal sie ihm unveräußerlicher Bestandteil seiner dichterischen Existenz ist. In einem Brief, die Herausgabe eines Materialienbandes zu seinem Werk betreffend, schreibt er:

»Ich finde es *so* wichtig, dies auch alles aus der *magischen* warte zu betrachten, die ja schließlich & endl. die *meine* ist«.[4]

Liegt einem jedoch mehr an einer vermittelnden, explikativen Betrachtung von Werk und Person, muß die kulturelle Situation im Wien der Nachkriegszeit, die Artmann ja entscheidend bestimmt hat, beschworen werden. Das literarische Wien der Nachkriegszeit war ein Inside, ein wohlverriegeltes Treibhaus, außerhalb Wiens oder gar im Ausland kaum bekannt oder beachtet. Mangelnde Publikationsmöglichkeiten für junge Autoren, die Hermetik schöngeistiger Frustration, mit der sich die etablierte Vorkriegsliteratur ungebrochen fortsetzte, und die Intransingenz eines fragmentarischen, restaurativen Literaturbetriebs, der die Auftritte der Dichter um Artmann mit Überschriften wie »›Ent-artmänner‹ in der Sezession«[5] rezensierte und somit die Niederungen, aus denen es da herauftönte, mehr als bloß erahnen ließ, haben Gruppenbildungen unter den jungen Schriftstellern von Anfang an begünstigt. Es war weniger das Vergnügen an obskurer Geheimbündelei als der Zwang, sich durch solche Organisations- und Kommunikationsformen eine gewisse Öffentlichkeit selbst herzustellen, der die jungen Autoren eng zusammenrücken ließ und sich freilich auch auf ihr Schreiben auswirkte, denn »die Produktion hatte etwas Narrenfreies, man wußte, man würde die Sachen kaum unterbringen«[6].

An diesem Punkt zeigten sich schon sehr schnell Unterschiede zur literarischen Situation im Nachkriegsdeutschland. Nicht wenige auch der jungen österreichischen Autoren fühlten sich durch die faschistischen, von »Großdeutschland« ausgegangenen Verbrechen weniger belastet als ihre deutschen

Altersgenossen. Sie waren es sicher auch. So kam es in Österreich nicht in gleichem Maße zu dem Bedürfnis nach einem rigorosen Neubeginn, nach einem entschiedenen Neuanfang, der in den westlichen Besatzungszonen immer wieder mit dem von Wolfgang Weyrauch geprägten Begriff vom »Kahlschlag« bezeichnet worden ist. Zwar hatte auch Hans Werner Richter in »Der Ruf« – sicher für alle jungen Autoren sprechend – Freude und Genugtuung darüber geäußert, daß nun die Traditionen der europäischen Moderne wieder aufgenommen werden konnten; aber es war doch das Erleben von Krieg und Faschismus, das vor allem zum Schreiben drängte.

In der besonderen Nachkriegssituation in Wien konnte sich so besser jene »Rücklage experimentellen Schreibens«[7] herausbilden, die in der Bundesrepublik ein gutes Jahrzehnt später vehementer und theoretisch gehörig gestützt vor allem durch Helmut Heißenbüttel, Max Bense und Franz Mon die literarische Szene stark bestimmen sollte.

In dieser Zeit allerdings waren die Publikationsmöglichkeiten für junge österreichische Autoren äußerst beschränkt. 1950, im Jahr der ersten Veröffentlichung Artmanns, wenn man von einigen von Radio Wien gesendeten Gedichten absieht, gab es für die junge Avantgarde lediglich die vom Theater der Jugend herausgegebene Zeitschrift »Neue Wege«. Otto Basils berühmte Monatsschrift »Der Plan« hatte 1948, ein Heft bevor die ersten, bereits gesetzten Artmann-Texte herausgebracht werden konnten, ihr Erscheinen wegen Geldmangels einstellen müssen. Die Redaktion der »Neuen Wege« ist es auch, die 1950 eine Tagung einberuft, auf der mit jungen Autoren über Möglichkeiten, neue österreichische Literatur zu publizieren, beraten werden soll. Bei dieser Gelegenheit entsteht, neben langen und heftigen Debatten für und wider den Surrealismus – ein Reizthema unter Literaten und Künstlern in diesen Jahren –, der »Autorenkreis der ›Neuen Wege‹«, zu dessen Mentor und Wortführer der bis dato nur in den hermetischen Zirkeln der einschlägigen Wiener Kaffeehäuser – beispielsweise in den Kellern des 1947 von Albert Paris Gütersloh gegründeten »Art-Club« – bekannte H. C. Artmann wird. Artmann, der bereits im Herbst 1945 monatelang in einer privaten Bibliothek, die Werke der Vorexpressionisten, Expressionisten und Dadaisten enthielt, herumgestöbert hat, ist seinen Freunden nicht nur in der Kenntnis der wichtigsten und radikalsten Veränderer der deutschsprachigen Literatur weit voraus, sondern hat auf Grund seiner enormen Sprachkenntnisse auch wichtige Arbeiten zu der Zeit noch unübersetzter fremdsprachiger Literatur gelesen und fertigt informative Übersetzungen an, so von Federico García Lorca, Lucebert, Gabriela Mistral, Dylan Thomas, Rafael Alberti, Pablo Neruda und anderen, und hält den Autorenkreis mit immer neuen Namen, Anregungen und unbekannten Texten in Atem.

Die unruhestiftende Mitarbeit im Autorenkreis wird allerdings von der Öffentlichkeit und den Geldgebern wenig honoriert. Die die Zeitschrift finanzierende Behörde, das Unterrichtsministerium, nimmt Anstoß an Artmanns angeblich ›surrealistischen Tendenzen‹. Im November 1951 kommt es zum endgültigen Bruch, und es beginnt eine Entwicklung, die man als »behördlicherseits erzwungene Abdrängung in den Untergrund bezeichnen könnte«.[8] Was als publizistische Plattform für kurze Zeit noch bleibt, sind die 1951 von Andreas Okopenko begonnenen »Publikationen einer Wiener Gruppe junger Autoren«, so der Titel einer hektographierten Zeitschrift, die bis Anfang 1953 in jeweils 100 Exemplaren vierteljährlich herauskommt. Artmann ist von der ersten Nummer an dabei.

Da Konventionen literarischer Innerlichkeit dominierten, bot sich Artmann und seinen Mitstreitern keine Möglichkeit zu autonomer distanzierender Äußerung, konnte der Ausbruch aus diesen literarischen Klischees nur durch eine demonstrativ spektakuläre, emphatische Exzentrik erfolgen. Von daher versteht sich auch das bei allen Modifikationen dennoch durchgängige Weiterwirken von Dadaismus und Surrealismus, manifestierte sich in ihnen die Abkehr von den tradierten Ausdrucksformen doch am deutlichsten.[9] Die Einzigartigkeit Artmanns in der neuen deutschsprachigen Literatur hängt überdies noch mit einem weiteren zusammen: dem weitreichenden und konsequent durchgehaltenen Versuch, eine quasi neoromantische Haltung neu zu beleben: Existenz mit Dichtung zu begründen und umgekehrt, das Leben als »poetischen Act« zu gestalten. »er war mir anschauung, beweis, daß die existenz des dichters möglich ist«[10], bekannte Konrad Bayer, ein enger Freund und poetischer Mitstreiter. Und mit dieser Art von Existenz nebst ihren literarischen Hervorbringungen steht Artmann quer zu all dem, was von der damaligen ›literarischen Öffentlichkeit‹ anerkannt und sanktioniert war.

Die Mystifikation sprachlicher Muster, die sich durch sein gesamtes Werk zieht, macht auch vor Artmanns Biographie nicht halt. Selbst engere Freunde – gar nicht zu reden von den auf Faktizität erpichten Philologen – fühlen sich mitunter zum Narren gehalten, wenn er ihnen biographische Details vermittelt.[11] So besteht Artmann, der sich 1945 beim Ausfüllen eines Fragebogens in der amerikanischen Kriegsgefangenschaft selbst zum Dichter ernannte, darauf, in einem Weiler namens Sankt Achatz am Walde geboren zu sein, von dem bis heute auch der gewissenhafteste Kartograph nicht zu sagen wüßte, wo er sich eigentlich befindet, so daß dies wohl, wie andere Details der Artmannschen Biographie auch, ins Reich der Fiktion verwiesen werden muß. Sicherer ist, und die profunde, bis ins Atmosphärische gehende Lokalkenntnis, die seinen berühmt gewordenen Wiener Dialektgedichten eignet, liefert dafür reichlich Indizien, daß Artmann im Wiener Vorort Breitensee als Sohn eines Schuhmachers zur Welt kam. Es könnte als komisch-unfreiwillige Reverenz an das Artefaktum Artmann hingehen, daß selbst seriöse Literaturlexika[12] ihm dieses Sankt Achatz am Walde – womöglich gar noch mit dem explikativen Zusatz: Niederösterreich! – als Geburtsort zugestehen. Auch glaubten manche, sich Artmanns enorme Sprachbegabung – er konnte sich Fremdsprachen, und seien es die allerentlegensten, binnen kürzester Frist aneignen – nur so erklären zu können, daß Artmann Linguistik oder konfrontative Sprachwissenschaft studiert habe. Wahr ist, daß er niemals eine Universität, ja noch nicht einmal eine höhere Schule besucht hat.

Die ersten Gedichte Artmanns, naturhaft, märchenhaft, seltener bekenntnishaft (eine Ausnahme wäre vielleicht *»entwurf zu einer klage für einen gefallenen«*; brief 49–52)[13], zeigen zwar noch recht ungebrochen spätromantische Metaphorik und intensive Lorca-Lektüre, lassen zugleich aber bereits eine auch später anhaltende Beschäftigung mit dem Surrealismus erkennen. Auch Artmanns Prosa führt für seine spätere Dichtung Wesentliches bereits im Kern vor: die Respektlosigkeit, mit der literarische und sprachliche Muster adaptiert und zugleich das Preziöse, die Genauigkeit, ja Meisterschaft, mit der diese

Muster, und seien es die abgegriffensten, als Geistesblitze eines ironischen Anti-Realismus wieder zu schillernder Lebendigkeit geweckt werden. Artmanns Übersetzungen aus dem Spanischen, namentlich Federico García Lorca und Ramón Gómez de la Serna, mögen ihn zu seinen *Personnaggi, Fantasmagorien* und *Greguerías* angeregt haben, zumal Artmann diese Dichter hinsichtlich jener Jahre als wichtige Anreger erwähnt. Von *»Sieben fantasmagorischen greguerías«*, »einer hexe gewidmet, solange sie dir die taufe weigert«, lautet das erste:

> Spiegelbild im gedanken des wiedersehens:
> der wind in der sommerschwülen akazie
> wird dir zur leisen goldwaage. (Prosa 1, 14)[14]

Das Muster dieser von dem spanischen Dichter Ramón Gómez de la Serna (1888–1963) in provokatorischer und programmatischer Absicht Greguerías [Kauderwelsch] genannten Form des bis ins Paradoxe zugespitzten Aphorismus, wird dabei getreulich eingehalten, während die surrealen Bilder den Rahmen schier zu sprengen scheinen. Schon hier trifft man auf das, was für die ersten Dichterjahre Artmanns generell gilt: Das Suchen nach benutzbaren, vorgegebenen Formen, die es ihm ermöglichen, einerseits seine Phantasie zu strukturieren und andererseits die souveräne Beherrschung dieser Strukturen in einem Balanceakt zwischen getreuer Einhaltung und pretentiöser Übertretung ihrer Regeln zu erproben. So stützen sich zum Beispiel seine Gedichtzyklen *»treuherzige kirchhoflieder«* (1954) sowie die Prosastücke *»Von denen Husaren und anderen Seil-Tänzern«* (1959) mit den anhängenden *»xxv Epigrammata in teutschen Alexandrinern gesetzt«* – so der Untertitel einer Reihe von Versen über die »Vergänglichkeit und Aufferstehung der Schäfferei« – auf Gestaltungsmuster barocker Erzähl- und Verskunst nach den Vorbildern Johann Beer und Quirinus Kuhlmann:

> *auff einen kuß alß Trojaner-pferd*
> im wilden eichenthal die zarten turteltauben
> umflattern artmann itzt
> den seine *nymphe* küßt
> o kuß
>
> *trojaner*pferd
> im mund scheinst du gesüßt
> doch einmal drin im hertz
> wirst du die ruh ihm rauben (Prosa 1, 245)

Hinter der Maske einer beständig zwischen Nachahmung und Parodie konvertierenden barocken Rhetorik beschwört Artmann eine phantastisch-irreale Welt mit dem Gestus einer versunkenen Sprache und der einschlägigen Personnage aus Hexen, Menschenfressern und Werwölfen, mit Mars, Venus, Schäferei und derben Scherzen. Die »poeticastrischen luftsprünge«, »ohngereimten fabuln und anstößigen träume«, so der Dichter in seiner ironisch-devoten Vorrede zu den Husaren-Gedichten, beginnen dann sogleich mit einer als räsonnierender Tiefsinn getarnten Komik:

»Wer unter den menschenfressern erzogen, dem schmeckt kein zuspeis, es sei denn, sie hat hand und fuß« (Prosa 1, 139).

Die über-reale Bildlichkeit, die durch das bloße Wörtlich-Nehmen ganz abgegriffener Wendungen und Idiome entsteht, ist ein weiteres Charakteristikum Artmannscher Verfremdungskunst, dem wir auf Schritt und Tritt, aber immer wieder zu neuerlicher Verblüffung begegnen.

In dem vom »Art-Club« 1950 in Wien eröffneten Ausstellungslokal »Strohkoffer« finden die Literaten um Artmann, das sind zu dieser Zeit vor allem Wieland Schmied (geb. 1929), Andreas Okopenko (geb. 1930) und Hanns Weissenborn (geb. 1932), vorübergehend Asyl. Dort veranstaltete Leseabende machen sie auch über den engeren Kreis der »Neuen Wege« hinaus bekannt. Und hier finden sich schließlich um Artmann auch jene Gleichgesinnten zusammen, die das bilden, was dann in der Rückerinnerung »Wiener Gruppe« genannt werden sollte: der Architekt Friedrich Achleitner (geb. 1930), der Jurist und Mathematiker Oswald Wiener (geb. 1935), der Musikstudent Gerhard Rühm (geb. 1930) und schließlich Konrad Bayer (1932–1964). Die Gruppe bestand, nach ihrem rührigen Chronisten Gerhard Rühm, von 1952 bis 1964.[15]

Angesichts der buntschillernden Zügellosigkeit seiner literarischen Produktion muß die Mitwirkung, ja unstreitige Dominanz Artmanns in dieser wohl radikalsten Gruppierung der Wiener Avantgarde wie ein Mißverständnis erscheinen. Jahre später wird Artmann auch, danach befragt, sowohl seine Zugehörigkeit zur Gruppe als auch deren Existenz überhaupt in Zweifel ziehen beziehungsweise bestreiten. Seine Mit-Dichter wie auch andere Beobachter der damaligen literarischen Szene in Wien hingegen bezeichnen ihn als die integrierende Figur in diesem Kreis. Sicher ist, daß Artmann durch sein vehementes Eintreten für die radikalen Konzepte ihrer Dichtung, kraft seiner Persönlichkeit, seiner immensen sprachlichen, auch fremdsprachlichen Begabung und seiner umfassenden Kenntnisse über die europäische Avantgarde ein wesentlicher Übermittler der zur Gruppenbildung erforderlichen Leitideen gewesen ist. Sicher ist aber wiederum, daß ihm die theoretisch konstruktivistischen Verfahren und Poetologien seiner Freunde, der karge strukturelle Purismus, für seine eigenen literarischen Produktionen wenig zusagten. Wenn Artmann in den frühen fünfziger Jahren eine dichterische Radikalität im Sinne seiner Wiener Freunde bewies – *»erweiterte Poesie«* (1952), *»böse formeln«* (1954) und *»sieben lyrische verbarien«* (1954) oder auch die als Theaterstücke deklarierten Texte *»aufbruch nach amsterdam«*, *»die fahrt zur insel nantucket«*, *»kein pfeffer für czermak«* (alle 1954) und andere –, so standen all diese Montagen, seriellen Wortketten und vokabulären Reihungen immer nur im Dienste der Erkundung neuer Möglichkeiten sprachlicher Sinnlichkeit. Artmanns Vorliebe für entlegene Sprachen ließen auch das Spielerische mehr zur Geltung kommen. Poetische Verfahren etwa im Sinne eines verbalen Konstruktivismus ließen Artmann entweder gleichgültig, oder er benutzte sie lediglich imitatorisch, sie beim ersten Reiz am Wege bedenkenlos beiseite lassend. Was für die Konstruktivisten die Technik, ist für Artmann, knapp gesagt, der Stil. Alle poetischen Verfahren werden von ihm selektiv gehandhabt, und zwar im Sinne einer ästhetischen Selektion.

Im April 1953 schreibt Artmann eine *»Acht-Punkte-Proklamation des poetischen Actes«* und initiiert eine Reihe von, meistens geplant oder fragmentarisch gebliebenen, rebellisch-anarchischen »Processionen« und Aktionen, so zum Beispiel die von Bayer und auch Rühm protokollierte »Soirée aux amants funébres. 22. August 1953«, bei der die schwarzgekleideten und weißgeschminkten Teilnehmer durch die Straßen Wiens ziehen und an markanten Plätzen aus den Werken Poes, Baudelaires und Trakls rezitieren wollten.[16]

»Es gibt einen Satz«, so hebt Artmanns Manifest an, »der unangreifbar ist, nämlich den, daß man Dichter sein kann, ohne auch irgendjemals ein Wort geschrieben oder gesprochen zu haben. [...] Der poetische Act ist Dichtung um der reinen Dichtung willen [...], frei von aller Ambition nach Anerkennung.« Er wird

»starkbewußt extemporiert und ist alles andere als eine bloße poetische Situation, die keineswegs des Dichters bedürfte«. (brief, 8f.)

Die sektiererische Kostümierung dieses seinerzeit kaum beachteten Pamphlets täuscht leicht über den Ernst hinweg, mit dem Artmann dieses Konzept verfolgt hat. Eine Verwandtschaft mit dem Surrealismus ist unverkennbar, wenngleich auch nicht im Sinne tiefenpsychologischer Traummechanik wie bei André Breton und anderen – dazu wird auf die Bewußtheit poetischen Handelns (»starkbewußt«) zu großer Wert gelegt. Die »alogische Geste selbst«, der »Vorsatz, poetisch handeln zu wollen« wie es weiter heißt, ist Artmann wichtiger und hat Vorrang gegenüber den daraus eventuell hervorgehenden Produktionen. Der Widerspruch zwischen der Favorisierung einer poetischen Haltung, einer Gebärde, als Lebensform und der Nichtachtung dessen, was diese Haltung erst rechtfertigte, nämlich die Produktivität, dürfte auch Artmann nicht entgangen sein. Er hat ihn auf seine Weise aufgehoben: durch das beträchtliche Anwachsen seines Lebenswerks, damit zugleich deutlich machend, daß ein selbstironisches, imitatorisches, spielerisches Moment seinen poetischen Konfessionen ebenso eignet wie seinem Umgang mit literarischen Mustern.

Die Unbekümmertheit, mit der Artmann in den fünfziger Jahren seine Texte und Anregungen ausstreute, verließ ihn auch dann nicht, als sich nach Jahren öffentliche Anerkennung einstellte. 1958 gelang ihm mit den Gedichten im Wiener Dialekt – die nach langen Verhandlungen und unter Streichung einiger strittiger Texte 1958 schließlich unter dem Titel *»med ana schwoazzn dintn. gedichta r aus bradnsee«* in einem Salzburger Verlag herauskamen – das seltene »Phänomen eines lyrischen Bestsellers«[17]. Artmanns Experiment, einen synthetischen Dialekt zu basteln, der klingt, als gäbe es ihn wirklich, ergab, angereichert mit dem Makabren des Wiener schwarzen Humors und bevölkert mit den Figuren der Ringelspiele und Gruselkabinette der Praterwelt, eine abgründige, buchstäblich sur-reale Bildlichkeit, mit der er die Barriere zwischen poetischem Experiment und öffentlicher Resonanz durchbricht. Der überraschende Erfolg dieses Bandes beruht zum Teil auf einem Mißverständnis. Aber weder das warnende Vorwort von Friedrich Polakovics, noch die eigens von Artmann, zusammen mit Gerhard Rühm, entwickelte phonetische Orthographie, die ein ausgesprochen exotisches typographisches Bild ergab, so daß selbst der gebürtige Wiener sich seine Sprache stammelnd und buchstabierend neu aneignen mußte, konnten daran etwas ändern. Weil sich diese Dichtung scheinbar ganz zwanglos in das gewohnte Bild der urtümelnd-trivialen Wiener Dialektlyrik fügte, war die Öffentlichkeit diesmal entschlossen, die ihr im übrigen äußerst suspekten Verfahren der Wiener Dichter um Artmann zu tolerieren. Das Bändchen wurde ein großer Erfolg, und sein Mottogedicht war in aller Munde.

nua ka schmoez how e xogt!
nua ka schmoez ned ...

reis s ausse dei heazz dei bluadex
und haus s owe iwa r a bruknglanda!
fomiaraus auf d fabindunxbaun
en otagring ...
daun woat a wäu
bis s da wida zuaqoxn is des loch
des bluadeche untan schilee
und sog:
es woa nix! oda: gemma koed is s ned!

waun s d amoe so weid bist
daun eascht schreib dei gedicht
und ned eea!

Artmanns Vorliebe für ausgefallene Bilder, die zwischen schwarzer Romantik und Surrealismus ihre skurrilen Haken schlägt, kam der klangliche Reichtum, die Unmittelbarkeit des Ausdrucks, das Abgründige und Makabre des Wiener Dialekts sehr zustatten. Selbst echt surrealistische Elemente wirken in diesem Habitus ganz selbstverständlich und volkstümlich:

gima dein odn
das e s ned fagis
jezt en winta
wia de luft is
en schbedn abrü ...

gima dein mund
das e s gschbia
wia s am is
waun am a rosn
unta a aung foed
oes s a blinda
(dintn, 30)[18]

Mit den Dialektgedichten hatte Artmann jene Popularität gewonnen, die ihn seinen Freunden immer mehr entfremdete. Ein zweiter solcher Band, *»hosn rosn baa«* (1959), zusammen mit Friedrich Achleitner und Gerhard Rühm, ist die letzte gemeinsame Unternehmung. Artmann löst sich 1961 aus der herausfordernden Enge der Wiener kulturellen Szene. Während seines Wanderlebens durch das westliche Europa entsteht neben einer Reihe von Theatertexten, dem Kurzroman *»Dracula Dracula. Ein transsylvanisches abenteuer«* (1966) und Gedichtzyklen wie *»flaschenposten«* (brief 427ff.) das imaginäre Tagebuch vom Herbst 1963, *»Das suchen nach dem gestrigen tag oder Schnee auf einem heißen brotwecken. Eintragungen eines bizarren liebhabers«* (1964). Es nimmt in vielerlei Hinsicht eine Schlüsselstellung in Artmanns Werk ein.

Dieses Diarium, »höflichst den schmetterlingen Saskatchewans, den papageien der Tierra del fuego und den colibris des Rauriser tals« zugeeignet, entstand auch unter dem Eindruck des Tagebuchs »Lappländische Reise« des schwedischen Naturforschers Carl von Linné, das Artmann zu der Zeit für einen Verlag ins Deutsche übersetzt hat.[19] Linnés Notizen sind flüchtig hingekritzelte Momentaufnahmen, manchmal winzigste isolierte Erscheinungen und Details von Vorgängen in der Natur und den dortigen Einwohnern, überhaupt nicht feinsinnig oder ästhetisierend, auch ohne vorgegebene Orientierungssysteme oder Schemata, die den Phänomenen von vornherein ihren Platz im Ganzen zuweisen. Die Fundstücke und Beobachtungsfetzen, mitunter noch verdeutlicht durch ebenso akribische wie unbeholfene Zeichnungen, stehen einfach nebeneinander und geben in ihrer schlichten Faktizität dennoch einen Begriff von Landschaft und Leben.

Auch an Artmanns Tagebuch besticht die Fülle und Buntheit scheinbar regellos durcheinandergemischter Details, Wortspielereien, Travestien und von Obsessionen vorgesteuerter, meist nur im Ansatz nicht-fiktiver Erlebnisstenogramme, durchsetzt mit verqueren Augenblickseinfällen und Bruchstükken einer in die struppigen Seitenpfade der Literaturgeschichte ausschweifenden Lektüre. Der Vorspruch, eine rhythmische Wortkette mit trochäischem Grundmuster, hält sich vorerst noch strikt an Biographisches:

»Meine heimat ist Österreich, mein vaterland Europa, mein wohnort Malmö, [...] meine laune launisch, meine räusche richtig, meine ausdauer stark, [...] meine sehnsüchte wie die windrose [...]«,

um dann an sprachlichen Assoziationen entlang ins Phantastische auszuschweifen, wenn es heißt:

»in Polen poetisch, [...] in London ein vogel, in Bremen ein regentropfen, in Venedig ein ankommender Brief, in Zaragoza eine wartende zündschnur,« (Prosa 2,9)

Ausschließlich die sprachlichen, lautlichen Reize bestimmen noch den Fortgang des Textes, und »in Polen poetisch« steht dann nur wegen der Alliteration und Assonanz.

Auch in diesen Prosastücken finden wir, wie schon in den als lyrisch deklarierten reinen Wortketten, »Verbarien« genannt, ausschweifende Reihungen unter einer oft nur notdürftigen syntaktischen Klammer. So notiert Artmann für den 24. Oktober:

»Von Malmö nach Stockholm sind es 63 schwedische meilen, von Stockholm nach Haparanda sind es weitere 114, und dann geht es erst recht weiter und es erscheinen eisbären, polarsterne mit jagdflinten, eistauchervögel mit zylinderhüten aus biberfellen, fragezeichen mit blonden schnurrbärten, rufzeichen mit goldenen augenwimpern, russischsprechende fallenstellerzelte, eisverkrustetes neonlicht, plastikverpackte seufzer der langeweile und des unmuts, schatten, die sich von den wänden niemals loslösen, weil es so saukalt ist, weißfüchse, blaufüchse, gelb- und orangefüchse, lappländische vokabeln mit Beatleshauben, wahlberechtigte pelzfäustlinge, sozialversicherte kraniche, pfarrer mit schneeblinden psalmbüchern, versilberte flußlachse, die norwegische staatsgrenze mit rotblauen zahnplomben, die finnische mit weißblauem ersatzgebiß, kurzschlüsse in Jukkasjärvi, twistwettbewerbe in Karesuando, ein kleiner luchs in meinem wanderrucksack, vergrämte nordlichter, entflohene doktorhüte aus plissiertem flor, naturgeschützte talmulden und winzigkleine blüten unterm spiegeleis des borealen flußnetzes. Donner, das ist weit!« (Prosa 2, 50)

Die sichere Rhythmik, die gekonnte Balance zwischen Konstanz und Variabilität der einzelnen Kettenglieder in ihren lautlichen und inhaltlichen Beziehungen zueinander, all dies bezeugt ein poetisches Feingefühl im Umgang mit Sprache, mit dem Artmann seine Wiener Mit-Poeten weit überragt. Wie schon in den Dramen sind von Tom Parker und Frisco Kid bis Donald Duck, Mickey Mouse und Kater Carlo die legendären Figuren der Comic-Poesie und Groschenheftchenmythen der letzten dreißig, vierzig Jahre aufgegriffen und durch eine assoziative, überkreuz kombinierende Phantasie zu neuem Leben gekommen. Es ist, so will es scheinen, die Sicherheit des

Traumwandlers, mit der Artmann den Spielraum zwischen Parodie, Travestie und Imitation haarscharf ausschreitet und einhält, und der diesen Kabinettstückchen ihre verblüffende Wirkung verleiht:

»19. dezember.
Es wird langsam Weihnachten. Frisco Kid sagt: Ich darf nicht schießen, der schuß könnte vielleicht den lokführer treffen ... (Mr. Clover merkt Frisco noch nicht) Frisco Kid sagt: Dieses holzscheit ist besser. Wenn ich nur den Schurken treffen könnte ... (Mr. Clover ist getroffen) Mr. Clover: Ayeee! (Sie ringen) Ja, so ist es bei uns im winter.« (Prosa 2, 113)

Die Alltagsrealität ist in Artmanns Tagebuch lediglich Sprungbrett für Poesie, aber auch das Rohmaterial für eine Art von Poésie pure:

»Mein gegenwärtiger pfeifentabak heißt Egdeworth Extra High Grade Sliced Pipe Tobacco Larus & Bros. Co. Richmond, VA. U. S. A. und schmeckt etwas nach mausdreck in spitzenqualität. Ich kaufte ihn bloß wegen seiner schändlich schönen blauen blechschachtel. Seine feinen alten saloonbuchstaben wischten mir auf dem Kopenhagener boot die augen aus ...« (Prosa 2, 106)

Auch finden wir hier die skurrilsten Reihungen: eine sorgfältige Liste der Weltdetektive von Percy Stuart bis Phillip Marlowe, eine Liste der »diarienschreiber der vorzeit« von »Assurbanipal mit der zedernknospe« das ganze Alphabet hindurch beziehungsweise zurück bis »Zoroaster der asternlord«, das phantastische Angebot in »Buttericks zauberladen« oder eine in alttestamentlicher Manier gehaltene Genealogie der Herrscher imaginärer Zarenreiche, wenn er unter dem 22. Oktober als

»heroischen versuch, der vacuumverpackten grand merde mit anstand zu entfliehen«, einen »Aeronautischen sketch« (Prosa 2, 47) entwirft.

Mit den Entdeckungen im Trivialen, den Vampir- und Lykantropen-Geschichten oder den wahnwitzigen Phantasmen eines Howard P. Lovecraft, den Artmann auch ins Deutsche übersetzt hat[20], erweitert er seinen Fundus an Stoffen und Mustern. In der bildenden Kunst gab es zu der Zeit den analogen Vorgang: durch Auswahl und Beschriftung Fundstücke, Objets trouvés, aus der Trivialsphäre zu Exponaten deklarieren. So entsteht in den folgenden Jahren eine Reihe von Texten, in denen Artmann die Mythen der Kriminal-, Horror- und Comic-Literatur als Basis- und Strukturmaterial für poetische Exkurse und Erkundungen benutzt. Das sind unter anderem die Detektivgeschichten *»Tom Parker der Weltdetektiv«* (1971), *»Lord Listers briefe am nachmittag«* (e. 1964, 1967) oder, in Anlehnung an legendäre Stereotypen der schwarzen Romantik, *»Dracula Dracula. Ein transsylvanisches abenteuer«* (1966), *»Frankenstein in Sussex«* (1969) oder die Werwolf-Geschichte *»tök ph'rong süleng«* (1967) sowie Geistergeschichten in der Manier Poes oder Lovecrafts, *»Schatten wachsen nebenan«* (1969)[21] und die meisten Texte der Sammlung *»Die anfangsbuchstaben der flagge«* (1969).

Das schwedische Tagebuch gibt gute Einblicke in die Techniken Artmannscher Sprachalchimie, so daß sich sowohl frühere als auch spätere Texte diesem Zentrum zuordnen lassen, wie etwa die 1965 in Westberlin entstandene Traumdeutungsfibel *»Grünverschlossene botschaft. 90 träume«* (1967): Die Struktur der Motive und die Schlichtheit der Diktion aus den bekannten Traumdeutungsbüchern des 19. Jahrhunderts werden dabei strikt eingehalten. Die Motive selbst jedoch verfallen einer sukzessiven Verfremdung, die sich vornehmlich an sprachlichen Assoziationen entlangbewegt. So entstehen Gebilde, in denen durch die ausgeklügelte Balance von ironischer Verfremdung und strikter Einhaltung der durch die Vorlage gegebenen Regeln jene poetische Ambivalenz erzeugt wird, die für Artmann-Texte so typisch ist:

»53
Träumte dir, du kämest während eines sommerlichen abendbummels wie von ungefähr in ein wachsfigurenkabinett und du glittest auf teppichen von saal zu saal, und du fändest dich selbst im letzten in *dreiundfünfzig* situationen deines vergangenen und zukünftigen lebens vor, guten und bösen, so lege feuer in alle ecken und fliehe diesen sonderbaren ort, und halte erst, wenn die signale der feuerwehren die stille zerbrechen.« (Prosa 2, 210)

Ein ähnliches Verfahren liegt auch in der Fiktion einer antiquierten Fibel vor, *»Fleiß und Industrie«* (1967), in der Kindern die verschiedensten Berufe vorgestellt werden. Bei aller Verkünstlichung und ironischen Brechung bleibt in diesem Buch ebenfalls der Geist der Vorlage, die Struktur der Motive und die naive Diktion, erhalten. Die dreißig, strikt in jeweils acht numerierte Absätze gegliederten vorindustriellen Berufsidyllen stellen den Schuhmacher, den Schmied, den Teehändler, aber auch den Erzeuger von Tarockkarten, den Fahnenträger, den vollkommenen Lebensretter oder Holub den Archenbauer vor. Die Texte beginnen in einer Art demonstrativer Ahnungslosigkeit, wie wir sie vielleicht von schlechten Schulaufsätzen kennen, jedoch werden in der Folge immer mehr Abstrusitäten eingeschmuggelt, die vor allem durch das Kurzschließen von ganz außerlogischem Zusammenhang sich einstellenden sprachlichen Assoziationen erzeugt werden. So entstehen verblichen anmutende Idyllen voll Poesie und der zwar ironisch verfremdeten, aber doch nicht gebrochenen Unbeholfenheit kitschiger Postkarten und Lackbildchen, und die Verfremdung geschieht auf eine so ganz poetische, buchstäblich klammheimliche Weise, daß sogar ein Klopstock-Zitat im Metzger-Berufsbild sich bruchlos in das biedermeierliche Vokabular und die betuliche Diktion einfügt.

Seit einigen Jahren lebt der Dichter, inzwischen mit Preisen geehrt, in Salzburg. Den Früchten seiner Reisen, vor allem aber der Reisen durch die bunte Welt der entlegensten und naheliegendsten literarischen Muster und Stereotypen, die Artmanns Phantasie, auf die Assoziationskraft des Einfalls, der Wörter und sprachlichen Bilder bauend, vor uns entstehen läßt, begegnen wir in seinem Werk wieder, das von treuen Herausgeber-Freunden wieder zusammengetragen worden ist. Renommierte Verlage haben ihm mit Sammelbänden und Werkausgaben ein gewichtiges Standbild errichtet. Seine verblüffende imitatorische Fähigkeit, seine Maskierungs- und Verwandlungskunst haben ihm den Namen »Proteus der Weltliteratur« eingebracht. Schwer zu sagen, wer in diesem buntscheckigen Maskenzug Artmann selbst und was an Vorgegebenem durch seine assoziative Phantasie zu neuem Leben gekommen ist. Einen Personalstil scheint es bei ihm nicht zu geben, obwohl all seine Texte unverkennbar ›Echt Artmann‹ sind. Seine Schreibweise ist auch kaum zu kopieren, ohne daß bloß eine lächerliche Parodie oder Imitation herausschaute. Selbst wenn er Villon-Balladen nachdichtet oder Molière-Stücke übersetzt, werden sie alle zu unverkennbaren Artmann-Texten.

Bei aller saftigen Üppigkeit seines poetischen Arsenals kehren bestimmte Grundmotive immer wieder, die Ausdruck der Obsessionen oder Vorlieben des Dichters sind: zum Beispiel das Motiv der Ausfahrt, der Verwandlung, der Flucht auch, der See- und Luftreise (vorzugsweise in Verkehrsmitteln der ›guten alten Zeit‹) in exotische oder phantastische Gegenden oder – als Gegenstück – das Motiv des Einsiedlers. Diese Grundmotive konstituieren in ihrer Verknüpfung eine Eigenweltlichkeit und sind Ausdruck des Behauptungswillens eines Subjekts in einer poetischen Gegenwelt, in der es schließlich immer Artmann selbst ist, ein omnipotenter Phantasie-Artmann, der in den verschiedensten Maskierungen auftritt, so auch in dem Roman *»Die Jagd nach Dr. U.«* (1977), wo der »unaussprechliche« Dr. phil. Peterwardijn Unspeakable von einem J. A. Bancroft über diverse Kontinente verfolgt wird, eine allegorische Fabel über die zwei Seelen in unserer Brust, Faust und Mephisto, Dr. Jekyll und Mr. Hyde, kommentierend begleitet von Zitaten und Motti einer apokryphen oder teilweise schlechtweg erfundenen Literatur.

Die Tücke der Eigenweltlichkeit besteht nun darin, daß sie mit jedem Text neu konstituiert, neu heraufbeschworen werden muß. So erwächst der Eindruck von Entwicklungslosigkeit oder – positiv ausgedrückt: ewiger Adoleszenz. Das Beharren auf Jugend und Alterslosigkeit ist Artmanns wohl stärkste Obsession, das bezeugt nicht nur seine Vorliebe für die Comic- und Trivialliteratur und seine naive Lust an Ungeheuern, Abenteurern, Hexen, Menschenfressern, Werwölfen und Kannibalen, die allenthalben durch sein Werk geistern, sondern es scheint auch, als ginge hier ein (poetisches) Ich zu Werke, das sich beständig der Erfahrung verweigert oder jedenfalls deren Wert nicht allzuhoch veranschlagt.

So muß Artmann mit jedem neuen Text aufs Neue überraschen. Das gelingt ihm freilich nicht immer. Mitunter geraten seine Wortkaskaden auch zu überanstrengter Beliebigkeit, dies besonders deutlich bei längeren Texten wie *»Nachrichten aus Nord und Süd«* (1978), einem »Riesen-Quassel- und Bramar-basier-Roman«[22], in dem auf zweihundert Seiten interpunktions- und absatzlos über »das Leben«, das »nicht mehr den richtigen Sound« hat, räsonniert wird.

Eine solche Poetik, falls man bei Artmann überhaupt davon zu sprechen wagte, schließt ›Weiterentwicklung‹ in dem Sinne, daß sich sein Werk Schritt für Schritt zu immer höherer ›Reife‹ entwickele, weitgehend aus. Der Reiz der Artmannschen Texte beruht wesentlich auch auf einer akuten Störung gewohnter Lektüreerwartungen, sofern der Leser sich dazu bereit findet, all die Brüche, die Perspektive- und Ichverschiebungen, all das Fragmentarische, Angedeutete nachzuvollziehen, und nicht zuletzt auch auf der Freude des Entdeckers, wenn der Leser in dem bunten Zug der Masken den einen oder anderen Helden seiner früheren Leseabenteuer wiedererkennt.

Artmann ist vieles vorgeworfen worden: seine Texte seien hermetisch, exklusiv, für Bildungsübersättigte und -überdrüssige, zu unernst und überhaupt unrealistisch. Mag manches davon zutreffen, so doch das eine gewiß nicht, nämlich daß hier misanthropische Weltflucht waltet. Artmann lehrt uns nicht ›die Welt verstehen‹, auch bietet er nicht verarbeitete Lebenserfahrung in geordnetem Eins-nach-dem-anderen-Erzählen, die ein beruhigendes Einfühlen in das, ›was passiert‹, gestattet, als halbherzige Lebenshilfe an. Seine Reaktion auf die Wirklichkeit ist deren spielerische Veränderung und Überwindung mit der Kraft der Poesie. Und gerade in diesem utopischen Moment manifestiert sich ein Krisenbewußtsein, das sehr wohl um die Gefährdungen weiß, die der Welt – und beileibe nicht nur der poetischen – drohen.

Biographische Notiz

Hans Carl Artmann wurde am 12. Juni 1921 in Wien als Sohn eines Schuhmachers geboren. 1940 Einberufung zur deutschen Wehrmacht, 1941 Verwundung. 1945 amerikanische Kriegsgefangenschaft; danach Aufenthalte in Regensburg und Ingolstadt. Rückkehr nach Wien. Beschäftigung mit fremden Sprachen und Literaturen, eigene literarische Betätigung. 1947 erste Lyrikveröffentlichung im Sender Wien, nach 1949 literarische Aktivitäten im »Art-Club« und um die Zeitschrift »Neue Wege«. Seit 1953 engere Kontakte zu Konrad Bayer und Gerhard Rühm, es entsteht die sogenannte Wiener Gruppe. 1954 Reisen nach Holland, Belgien, Frankreich, Italien, 1955 Spanien. 1961 Lösung von der Wiener Kulturszene, Beginn eines Wanderlebens durch Westeuropa: Stockholm, 1962 Westberlin, 1963 Lund, später Malmö, 1965 Westberlin, 1966 Graz, 1968 Westberlin; seit 1972 in Salzburg ansässig.

Artmann ist Mitglied des Österreichischen Kultursenats (Wien) und ao. Mitglied der Akademie der Künste Berlin (West).

1974 Großer Österreichischer Staatspreis; 1977 Preis der Stadt Wien für Literatur; 1981 Ring der Stadt Salzburg und Rauriser Bürgerpreis; 1986 Stadtschreiber von Mainz.

Ursula Reinhold

Erich Fried

Poetische Formulierung seines Selbstverständnisses bildet eine durchgehende thematische Linie in der umfangreichen lyrischen Produktion dieses Dichters. Es ist von der Suche eines Standorts innerhalb der geschichtlichen Welt bestimmt. Schon in den noch vor Ende des Krieges entstandenen Gedichten wendet sich Erich Fried (geb. 1921) gegen die Dichter, die dem faschistischen Regime ihre Stimme liehen oder in die Gefilde der Innerlichkeit flüchteten, in denen sie von den Schreien der Geschlagenen nicht mehr erreichbar waren (»Dichter in Deutschland«)[1]. In der Nachkriegszeit tritt dieser polemische Bezug in den Hintergrund. Erst seit den sechziger Jahren wieder formuliert Fried sein Selbstverständnis nachdrücklich gegen eine Vorstellung von Dichtung, in der Ästhetik und Gesellschaft unvermittelte, separate Bereiche bilden.

»Was Dichtung nicht ist? / Das alles niederzuschreiben: / Die wachsende Angst / und den Kampf gegen allerlei / was sich zusammenbraut / aus dem Dritten ins Fünfte Reich [...] / Das alles niederzuschreiben / ist sicher nicht Dichtung / Und doch / was wäre / eine Dichtung ohne das alles / solange das Land / noch nicht ohne das alles ist?« *(»Dichtung 1975?«)*[2]

Unter dem programmatischen Titel *»Nichterfüllung des Kunstsolls«* bezieht Fried sich auf die ästhetischen Maßstäbe einer Kritik, in deren Namen seine Lyrik als »umstandsloser Transport von Fakten und Einsichten«[3], als »mechanische Lyrikproduktion«, die lediglich »lyrische Eintagsgebilde«[4] hervorbringe, abgetan wurde:

»Was soll das / wenn etwas / nichts soll / als einfach / nichts sollen?«[5]

Dabei findet bei Fried eine ständige Auseinandersetzung mit den eigenen Fluchttendenzen statt, mit der Versuchung zur Selbstaufgabe, mit dem »Rauschen der eigenen Worte«, die erinnerte Vergangenheit beschwören wollen. Diese Selbstbefragung konkretisiert sich im polemischen Bezug zu anderen Dichtern und zu Vorstellungen von zweckfreier Dichtung.

»Zu bestrafen ist allenfalls / die Verbreitung / der peinlich genauen / / Die schön verschwommenen / genießen / auch künftig / die Freiheit der Dichtung.« *(»Behauptung und Berichtigung«)*[6]

Gottfried Benns »Dennoch die Schwerter halten vor die Stunde der Welt« gilt ein Gegengedicht Frieds, in dem er aus Wortspielen und begrifflichen Wendungen eine dichterische Polemik aufbaut.

Auch in den poetischen Kommentaren zu Dichtern wie Celan, Brecht, Heißenbüttel und Enzensberger gibt er sein dichterisches Selbstverständnis zu erkennen. So konkretisiert er in *»Beim Wiederlesen eines Gedichtes von Paul Celan«* die assoziationsreiche Bildsprache Celans, läßt zu dessen viel interpretiertem Gedicht »Fadensonnen« Übereinstimmung und Distanz deutlich werden. Besonders die Schlußzeilen »[...] es sind /noch Lieder zu singen jenseits / der Menschen« rühren an ein Grundthema Frieds: Nachdenken über den Zusammenhang von Sprache und Menschenwelt. Das Sprachvermögen wird zum Inbegriff für die Zukunft der Menschheit, da beides sich voraussetzt. Darüber hinaus gilt ihm Sprache als eine Form der Aneignung der Welt, ihrer gedanklichen Verarbeitung und des Austauschs mit anderen Menschen. Im Kommentar zu Celans Gedicht, der sich auch zu anderen Interpretationen ins Verhältnis setzt, heißt es in direkter Zurückweisung:

»Lieder / gewiß / auch jenseits / unseres Sterbens / Lieder der Zukunft / jenseits der Unzeit in die wir / alle verstrickt sind / Ein Singen jenseits / des für uns Denkbaren / Weit / / Doch nicht ein einziges Lied / jenseits der Menschen«[7]

Das Gedicht ist dem Zyklus »p^2« (»Poesie über Poesie«) aus dem Band »Die Freiheit den Mund aufzumachen« (1972) entnommen, einem Zyklus, in dem Fried sein Literaturverständnis erneuter Prüfung unterzieht und dabei auf einen für ihn charakteristischen thematischen Grundzug zurückkommt: Nachdenken über die Möglichkeiten der Poesie bei stets erneuter Einlassung in die sich wandelnden Realitäten der geschichtlichen Welt. Dabei prüft er ständig sein Handwerkszeug, die Sprache, deren Ausdrucksmöglichkeiten er immer aufs neue erprobt. Im Zyklus *»Zweifel an der Sprache«* (aus: »Gegengift«) ist thematisiert, was seine Dichtung insgesamt strukturiert: der einfallsreiche Umgang mit den Wörtern, die Entwicklung einer dialektischen Begrifflichkeit, die aus dem Wort, der Wendung, dem Aufbau von These und Antithese immer neue Zusammenhänge erschließt und so stets neue Aussagenuancen hervorbringt.

Dieser Zug in Frieds Dichtung verweist ihn in eine österrei-

chische Literatur- und Kulturtradition, in die Ludwig Wittgenstein, der die Grenzen der Sprache als die Grenze der Welt für das benennende Subjekt festhält, und Karl Kraus gehören. Allerdings gibt es bei Fried kaum ausdrückliche Bezüge zu dieser Tradition. Die Bindung an Österreich stellt sich in erster Linie im thematisch-autobiographischen Bezug seiner frühen Gedichte dar, er ist auch als Bestandteil seiner späteren weltanschaulichen Standortbestimmungen greifbar. Seit den siebziger Jahren ist Fried stärker auch direkt in das österreichische Literaturgeschehen integriert, davon zeugen unter anderem die Teilnahme an Literatursymposien und 1981 am »Ersten Österreichischen Schriftstellerkongreß«[8] wie die Ehrung durch verschiedene österreichische Literaturpreise.

Im übrigen ist die dichterische Existenz Erich Frieds durch

die Tatsache bestimmt, daß er, der aus dem britischen Exil nicht zurückkehrte, sich in einer fremdsprachigen Umgebung als deutscher Dichter zu behaupten hat. Das Erlebnis des Fremdseins, die Entfernung von seinem natürlichen Sprachraum und die Begegnung mit der englischen Literatur- und Kulturtradition, für die er als Mittler eine Rolle spielt, haben seine Stellung innerhalb deutschsprachiger Literatur und sein Konzept als Dichter maßgeblich geprägt. Die gedankliche und emotionale Teilnahme am Geschehen in der Heimat, das Ringen des Dichters um die Sprache in einer Umgebung, die um des Überlebens willen die Integration verlangt, die Sorge um den Adressaten seiner Gedichte, den er als Fremder zu verfehlen fürchtet, bestimmen den gedanklichen Rahmen und die ästhetische Spezifik seiner dichterischen Position.

Als Erich Fried achtzehnjährig nach der Annexion Österreichs Wien verlassen mußte, wurde aus einem Schüler ein mittelloser jüdischer Emigrant, der sein Asyl in Großbritannien noch als Glück empfinden konnte, denn eben hatte die britische Regierung ein Visasystem beschlossen, das die Einwanderung wesentlich erschwerte[9] und den Emigranten nur Erlaubnis zu bestimmten Hilfsarbeiten gab. Daher war es kompliziert, Arbeit zu finden. Mit Kriegsbeginn veränderte sich diese Situation, das bestehende Arbeitsverbot wurde aufgehoben, »um den bestmöglichen Gebrauch von den Diensten der vielen Österreicher und Deutschen zu machen, die der britischen Sache wohlgesinnt«[10] waren. Zunächst aber internierte die britische Regierung viele Emigranten. Fried konnte einem solchen Schicksal durch Zufall entgehen. Die Solidarität mit den Betroffenen regte 1941 eines seiner frühesten Gedichte an, *»Ein Jahr Internierung«*[11], es eröffnet die Reihe der in österreichischen Emigrantenzeitschriften oder Anthologien erschienenen Verse des Autors.[12] Die ersten selbständigen Lyrikpublikationen, *»Deutschland«* (1944) und *»Österreich«* (1946), dokumentieren eine starke Betroffenheit durch die Zeitereignisse und zugleich das Erlebnis des Fernseins. Das persönliche Schicksal bildet den Anlaß, angestrebt wird jedoch gedankliche Verallgemeinerung über die durch Krieg und Faschismus heraufbeschworene Situation und deren Perspektiven nach dem Krieg. In den Gedichten des ersten Bandes spricht Fried als Österreicher, der Deutschland wenig kennt.

»Deutschland habe ich nur auf der Durchreise nach England gesehen. Deutsche habe ich bei der Besetzung meiner Heimat als Feinde, in der Emigration als Freunde kennengelernt. Vielleicht konnte ich diese Gedichte schreiben, weil ich jener innigeren Bindung entbehre, die nahe Angehörige angesichts tragischer Ereignisse verstummen läßt.«[13]

Diese Gegebenheiten schaffen, bei aller Betroffenheit, gedanklichen Abstand, der auch in der Mehrzahl der Gedichte über Österreich spürbar wird. Das wirkliche Fernsein und die versuchte Nähe zu den Ereignissen in Deutschland und den Fronten des Zweiten Weltkrieges bilden ein Spannungsmoment, das Fried in Rollengedichten ausdrückt, in denen er das notwendige Nachdenken über den Krieg, über das Danach bei deutschen Vätern, bei Soldaten im Osten, bei österreichischen Alpenjägern und Weinbauern, die den Faschisten auf den Leim gingen, bei tschechischen Soldaten in der deutschen Wehrmacht vorführt. Diese Form des Rollengedichts versucht, die innere Welt des Sprechenden mit dem notwendigen Vorgang des Nachdenkens, das der Dichter auslösen will, zu verbinden. Daneben gibt es Aufrufe an den deutschen Soldaten und das ganze Volk, zum Einhalt und zur Einheit, so in den folgenden Versen:

»Wer soll das Land befreien / aus seiner Angst und Pein? / Das kann kein Werk von Zweien, / das muß von allen sein« *(›Notgesang II‹)*[14]

Das Erlebnis der Fremde prägt auch sein Verhältnis zu Österreich, von dessen Schuld er in Ansprachen reimt:

An Österreich
Nicht Liebe wär's, von deiner Schuld zu schweigen,
die tief dich beugt und dich zu brechen droht.
Und diese Schuld wird ganz mein Eigen
wie deine Berge und wie deine Not
[...]
Du sollst einst nicht nur mit dem Finger zeigen:
den argen Nachbarn straft, der mir gebot!
Zu deiner Schuld mußt du dich selbst bekennen
und im Gericht den eignen Namen nennen. (Ö 13)[15]

Von einem Gefühl der Mitschuld sind diese appellierenden Rollengedichte getragen. In den Österreich-Gedichten spricht sich das lyrische Ich auch direkt aus, wird ein intimeres Verhältnis zum Schicksal dieses Landes durch Erinnerung an Kindheit und frühe Jugend hergestellt. Die Entfernung erst hat ein neues Verhältnis möglich gemacht, und die Erfahrungen des Emigrantendaseins haben die Sensibilität für frühe Eindrücke geweckt. Davon legt beispielsweise *»Heimkehr«* (Ö 8) Zeugnis ab.

Die Bildwahl dieser frühen Gedichte ist stark biblisch beeinflußt. Faschismus wird als Reich des Antichrist, der Krieg in Bildern der Apokalypse beschrieben. Selbst politische Entscheidungen, wie der Entschluß, zu den Partisanen überzugehen, werden in dieser Bildlichkeit ausgedrückt (z. B. *»Auf dem Weg zu den Partisanen«*; Ö 24).

Dem entspricht auch die Beschwörung eines hoffnungsvollen Danach, die in Naturbildern, Blühen und Grünen, ausgedrückt wird. Durch Aufrufe zu Friedfertigkeit und Liebe soll Haß überwunden und Humanität befördert werden. Die Abrechnung mit dem Faschismus wird als notwendiger Vorgang begriffen, dessen historischer Vollzug uneingelöst bleibt.

Der Auseinanderfall der Antihitlerkoalition und die politischen Fronten des kalten Krieges machten es schwer, deutsche Nachkriegsentwicklung zu begreifen. Fried versucht, in Zeitschriften (z. B. »Die Fähre«) mit Gedichten eine größere Öffentlichkeit zu erreichen, aber einen Verleger findet er nicht. Elisabeth Langgässer hatte sich 1948 bei ihrem Verleger Eugen Claasen für Frieds Zyklus »Landlos« verwendet, den sie als »ganz aus dem Wort geboren«[16] charakterisierte. Aber dieser entschließt sich erst 1958 zu einem selbständigen Band für Fried. Allerdings ermuntert er ihn und ebnet ihm verlegerisch den Weg für die bald einsetzende umfangreiche Übersetzungstätigkeit, mit der Fried zum Mittler zwischen zwei Kulturen wurde.[17] Die umfassende und intensive Beschäftigung mit der englischen Literatur hat aber auch Erich Frieds eigenes Schaffen beeinflußt. Ein besonderes Interesse galt sprachexperimentellen Verfahren, die einen wesentlichen Zug auch seiner Lyrik bilden. Mit ihnen gewinnt er dem Wort stets neue Wendungen und Pointen ab. Im 1958 erschienenen Band *»Gedichte«*, der Fried einem größeren Publikum im deutschen Sprachraum bekannt machte, bekennt er sich zu diesen Anregungen.

»Ich weiß mich nicht nur von der modernen englischen Lyrik und einzelnen englischen Dichtern beeinflußt, sondern vor allem von der Art und Weise, wie man in England – in jedem Land anders – mit Gedanken und Gefühlen umgeht, wie man sie gestaltet oder verschweigt, gegen sie oder mit ihnen lebt.

Ich hatte das Glück, in eine Zivilisation verschlagen zu werden, die den Fremden kaum heimisch werden läßt. So blieb mir meine Sprache erhalten, bereichert und zugleich bedroht und fruchtbar in Frage gestellt durch die Möglichkeit des Abstandes vom Gebrauch und Mißbrauch des Alltags, bereichert ferner dadurch, daß ich in London zu avantgardistischer und experimenteller Literatur, besonders auch zu Werken des deutschen Expressionismus, freieren Zugang hatte, als ein junger Leser in meiner Heimat ihn in jenen Jahren gefunden hätte.« Und der Dichter empfiehlt sich als »Teil jener zweiten Generation deutscher Lyrik auf englischem Boden, die in Deutschland noch so gut wie unbekannt ist. Die erste Generation emigrierter Dichter und Schriftsteller sprach oft vom Einfluß der Kultur ihres Gastlandes, doch war ein solcher Einfluß in ihren Werken selbst kaum zu merken, oder doch nur in der Thematik: Emigration, Fremde, Unrecht, Zeitgeschehen. Die zweite Generation wuchs in der anderssprachigen Umgebung heran und wendete sich – trotz aller Zeitverbundenheit – wieder den länger währenden Grundthemen der Dichtung zu.« (Ge 108f.)[18]

Die Gedichte dieser Sammlung geben in Metaphern aus der organischen und anorganischen Natur Zeichen existentieller Bedrohung, gegen die eine verzweiflungsvolle Sinnsuche aufgeboten wird. Suche nach Sinn und Zeichen der Hoffnung werden dagegen nicht aus dem Bild, sondern im Spruchgedicht, durch die Abwandlung von Wortteilen gewonnen, aus denen sich neue Sinnzusammenhänge erschließen:

Wenn der Starrsinn
den Sinn sucht
findet er erst den Unsinn
dann den Irrsinn
aber zuletzt das Entsinnen.
(*»Die letzte Hand«;* Ge 105).

Zu einigen dieser Gedichte hat Fried zehn Jahre später »Gegengedichte« geschrieben: *»Befreiung von der Flucht«* (1968). Im Vorwort betonte er, es sei ihm nicht darum gegangen, die früheren Gedichte umzuschreiben oder die eigene Entwicklung zu korrigieren. Die Gegengedichte knüpfen in Bildwahl und Gestus an die alten Verse an und tragen nur selten selbständigen Charakter. Der Autor versteht sie als

»Zeichen einer Befreiung von jener Flucht und Hoffnungslosigkeit, die in vielen der alten Verse den Ton angab, so daß sogar Auflehnung und Protest oft fast bis zur Unkenntlichkeit verschlüsselt waren.« (BF 6)[19]

Mitunter wird eine Selbstbefragung zu früheren Standortbestimmungen eingeleitet, so setzt er *»Traum im Traum«* (BF 7), Eingangsgedicht des 1958 erschienenen Bandes, *»Erwachen im Erwachen«* (BF 10) entgegen. Worte der Entzauberung hat er vor allem gegen »die Schatten- und Mondgedichte« gesetzt. 1968 heißt es dazu:

» Die Wirklichkeit / / tritt das Märchen mit Hufen / die Lüge sattelt die Sehnsucht / und reitet sie wieder zu Markt / und wieder zu Schanden / / Hochzeit / / von Hengst und Schlange / was war das? / Der Traum hört auf / / und im Alpwachen sehe ich: / der Nachkrieg / ist wieder / Vorkrieg.« (Gegengedicht zu »Siege«; BF 40).

Von den Zyklen des Bandes *»Das Reich der Steine«* (1963) weisen »Zwiespalt«, »Spiegelungen« und »Berechnung« die innere Zerrissenheit und Einsamkeit des lyrischen Ichs aus. »Zerklagung« und »Erbsenlesen« sind Versuche historischer Ortsbestimmung, im letzteren wird durch die Abwandlung des Rhythmus' eines Abzählreims (»Rucki di Guck, Blut ist im Schuck«), Abrechnung mit der faschistischen Vergangenheit stellvertretend zu leisten versucht. In den Zyklen »Anfang des Rechts« und »Die Zeit der Steine« stellt sich der Dichter – in pendelnder, abwägender Denkbewegung – den Widersprüchen der gegenwärtigen Welt. Sie werden auf der Ebene moralischer Kategorien und gedanklicher Abstraktionen abgebildet. Auf dieser Ebene setzt Fried sich auch zur Welt des Sozialismus in Beziehung:

»Das Recht hat zur Zeit seines Unrechts / seine Weisen von sich gewiesen / und hat sich zur Waise gemacht / und harte Herzen geerntet. / / In seinen Flegeljahren / beim Dreschen auf blutiger Tenne / hat das Recht seine Sänger erschlagen / das Korn verbrannt mit der Spreu.«

Der Schlußvers führt zu einer aus der gesamten Denkbewegung hergeleiteten Zuversicht, die aus sprachlichen Paradoxien gewonnen wird:

»Was keiner mehr singt / wird laut / Was keiner mehr weiß / wird deutlich / / was keiner mehr glauben will / / wird unwiderlegbar: / der Anfang des Rechts / das Ende unserer Tage«. (RST 153)[20]

Im Zyklus »Reich der Steine«, zu Beginn der sechziger Jahre entstanden, vollführt Fried die reflektorische Bewegung durch die variierende Abwandlung des Titelmotivs. Dadurch konstituiert sich bereits hier der Typus des Warngedichts – unter diesem Titel erscheint 1964 eine neue Gedichtsammlung des Autors – in dem vor der Versteinerung oder der Wiederholung des Krieges gewarnt wird, die nur mit der Steinzeit enden kann.

»Die Zeit der Pflanzen / dann kam die Zeit der Tiere / dann kam die Zeit der Menschen / nun kommt die Zeit der Steine.« (*»Die Zeit der Steine«;* RST 157)

Konstruktive Aspekte des Steinmotivs wollen die komplizierte Widersprüchlichkeit des Weltzustands andeuten: schwimmende Steine, die Fische retten, Steine als Arbeitsmittel und von der Sonne erwärmte Steine für die kalte Nacht assoziieren eine menschlichere Umwelt.

Frieds Prosa, der Roman *»Ein Soldat und ein Mädchen«* (1960) und der Erzählungband »Kinder und Narren« (1965) tragen auf Grund ihrer langen Entstehungszeit – Fried bekennt, der Roman[21] habe ihn seit Ende des Krieges beschäftigt – Spuren gedanklicher Auseinandersetzung mit den Nachkriegsentwicklungen. Im »Nachwort zur Neuauflage« 1982 weist er auf die Aktualität der hier behandelten Fragen hin: »Menschlichkeit und Auflehnung gegen jedwede Unmenschlichkeit sind unteilbar.« (SM 238)[22] Ein Schlüsselsatz für die komplizierte Problematik und Struktur des Romans legt Fried dem amerikanischen Soldaten in die Feder. *»Spruch«* entstammt dessen Gedichten:

»Ich bin der Sieg / mein Vater war der Krieg / der Friede ist mein lieber Sohn / der gleicht meinem Vater schon.« (SM 175)

Fried beschäftigen die Rechtmäßigkeit von Todesurteilen, der Rollenwechsel zwischen Sieger und Besiegten, der Umschlag von Verteidigungsbereitschaft in Tötungswahn, die Gefahr des Klischeedenkens bei Schuldsprüchen. Den Handlungskern des komplizierten, aus verschiedenen Elementen montierten Romans bildet ein Bericht über die Erlebnisse eines amerikanischen Soldaten und ehemaligen deutsch-jüdischen Emigranten, der sich während der Prozesse gegen deutsche Kriegsverbrecher in eine zum Tode verurteilte KZ-Aufseherin verliebt, die, jung und schön, vor Gericht keinerlei Reue zeigt, sondern sich zu ihren Taten bekennt. Auf ihren Wunsch verschafft er sich in der Nacht vor der Hinrichtung Zugang zu ihr, begreift ihre innere Welt, versucht sie zu retten, landet im amerikanischen Armeehospital und wird schließlich in die Heimat zurückgeschickt.

Der Autor führt einen Ich-Erzähler ein, der diesen Soldaten, dem das moralische Wertgefüge durcheinander geraten ist, kennenlernt und aus dessen Niederschriften den Roman montiert. Dieser Ich-Erzähler bestimmt die Anordnung der Materialien und gibt durch Glossen Interpretationshilfen, die die Schreibversuche des Soldaten auf dessen psychischen Zustand beziehen.

Der Handlungskern ist in Form eines Berichts und fünf verschiedenen Varianten über die Begegnung mit der Frau aus den Schriften des Soldaten wiedergegeben; der Autor will weniger den Umständen in ihrer geschichtlichen Dimension nachgehen, vielmehr den psychologischen Verstrickungen von Schuld und Mitschuld. Dadurch werden die moralischen Kategorien enthistorisiert. In verschiedenen Erzähl-Varianten sind die Motive wiederaufgenommen, die den Hauptbericht beschäftigen: Die im Abschnitt »Aus den letzten Kriegsjahren« erzählten Episoden stellen von autobiographischen Erfahrungen ausgehende Ereignisse dar, die symbolisch verschlüsselt und überhöht, zu Gleichnissen eines allgemeinen Schreckens geweitet werden, dem jeder widerstandslos ausgesetzt ist. Andere Episoden aus den »Schriften des Soldaten« vermitteln Gleichnisse für die Bedrohung des Alltagslebens, in einer grotesken Tiersymbolik ausgedrückt, deren Herkunft sich der dichterischen Welt Franz Kafkas verdankt. Mit mythologischen Motiven wird vor blindem Kollektivgeist, der Verrohung der Sieger, der Zwiespältigkeit und Ambivalenz der Ereignisse und Dinge gewarnt. »Gleichnisse vom Weiterleben« veranschaulichen ein Leben nach der Katastrophe. Es wird von der individuellen Erfahrung des Soldaten unvermittelt zu einer menschheitlichen Erfahrung verallgemeinert.

Zu der bewußt artifiziellen Struktur des Romans sah der Autor sich durch die Absicht veranlaßt, keine unmittelbare Zeugenschaft gegenüber Ereignissen vorzutäuschen, die in Berichten vielfach beschrieben worden sind. Er schafft sich mit dieser Konstruktion die Voraussetzungen, dem Leser einen gewissen Abstand zu ermöglichen und die Erfindung vor dem Versinken in Trivialität und Sentimentalität zu bewahren. Die mehrfach gebrochene Darstellungsweise löst die geschichtliche Konkretheit der Vorgänge auf, beschreibt sie als psychologischen Mechanismus und verwandelt sie aus ihrer geschichtlichen Einmaligkeit in allgemeines menschliches Sein. Dieser Zug zur Abstraktheit bewegt sich in einem Spannungsverhältnis zu Frieds erkennbarer Absicht, sich in politische Zeitereignisse einzumischen und vor neuen Verhängnissen warnend die Stimme zu erheben.

Erich Fried hat im Nachwort zur ersten Auflage des Romans ausdrücklich darauf verwiesen, bestimmte formale Eigentümlichkeiten, wie das »Kunstmittel der Aussage durch Montage von Wortklangassoziationen«[23] schon vor bestimmten Entwicklungen in der deutschen Literatur genutzt zu haben. Auffällig ist allerdings, daß weder diese Mittel, noch die artifizielle Struktur des Ganzen mit ihrer Tendenz zur enthistorisierenden Fragestellung, noch die groteske Episodenwelt des Romans besonderes Aufsehen erregten; sie ordneten sich durchaus in die in der BRD herrschenden literarischen Prämissen ein.[24]

Diese Situation änderte sich mit einem Schlag, als 1966 das schmale Gedichtbändchen *»und Vietnam und«* erschien. Die Vietnam-Gedichte Frieds stellten sowohl für die Entwicklung des Autors als auch für die Literaturentwicklung in der BRD einen Einschnitt dar. Deutlich wurde, daß die von der bürgerlichen Kritik sorgsam gehütete Abgrenzung zwischen Literatur und Politik nicht haltbar war. Dieser neue Entwicklungsabschnitt im Schaffen des Autors kündigte sich schon mit den Bänden »Überlegungen« und »Warngedichte« an.

»Überlegungen«[25], ein Privatdruck, den Fried zur Jahreswende 1964/65 Ernst Fischer gewidmet hatte, knüpft an die zyklische Gedankendichtung von »Reich der Steine«, vor allem den Zyklus »Anfang des Rechts« an. Fried stellt sich in den 32 Strophen des Bandes auf neue Weise den Entscheidungsfragen der Gegenwart, die er in dialektischer Gedankenbewegung umkreist. Ihre geschichtsphilosophische Bestimmung ergibt sich aus sozialer Konkretisierung. In seinen Zukunftserwartungen identifiziert sich der Autor in wachsendem Maße mit dem Sozialismus, wobei sein Verhältnis zu den konkreten Vorgängen im sozialistischen Teil der Welt distanziert und kritisch bleibt. Er steht in seinem Verständnis von Sozialismus im gedanklichen und kommunikativen Umfeld der sogenannten Neuen Linken, begreift die Entwicklung des Sozialismus als einen umfassenden historischen Vorgang, zu dem er sich als Intellektueller in Beziehung setzt. Davon legt sein Beitrag für das zusammen mit Paul A. Baran und Gaston Salvatore verfaßte Buch *»Intellektuelle und Sozialismus«* (1968) Zeugnis ab, in dem Fried die Gemeinsamkeit der Interessen zwischen Intellektuellen und Arbeiterklasse[26] herausarbeitet. Polemisch stellt er sich gegen intellektuelle Ungeduld und romantische Revolutionserwartungen und bestimmt bei allem kritischen Vorbehalt sein

Verhältnis zum Sozialismus konstruktiv. Er ist bemüht, die wirklichen Frontlinien nicht zu verwischen.

Die Polemik richtet sich gegen Tendenzen der Bevormundung des einzelnen, gegen Selbstgewißheit und mangelnde Bereitschaft zum Zweifel. Von den Aufforderungen der Feinde und falschen Freunde distanziert sich das lyrische Ich und artikuliert Verständnis dafür, daß das Neue nicht ohne die prägenden Male des Alten entstehen kann.

»Wer spottet daß neue Hoffnung / und neue Erkenntis / so schnell zum Glauben werden / mit Glaubensartikeln und Priestern / bedenkt nicht die Macht / des alten frei waltenden Unrechts / das auch seine Gegner geformt hat nach seinem Bild.«

Zur Du-Ansprache übergehend, erfolgt – nachdem die Ratschläge der falschen Freunde abgewiesen wurden – das Bekenntnis zu einer Haltung gegenüber dem Sozialismus, die sich kritischen Abstand bewahrt und den Vorwurf auf sich nimmt, »die Zeit der Entscheidungen zu verfragen« (Abschnitt 21). Hier wird ein veränderter geschichtlicher Standort erkennbar, dessen Voraussetzungen Fried rückblickend 1968 bei seinem programmatischen Abschiedskommentar von den deutschen Hörern der BBC benennt:

»Als ich hier im Funk mitzuarbeiten begann, herrschte in der Sowjetunion Stalin; und in Prag wurden Menschen, die ich in der antifaschistischen Emigration der Kriegsjahre in England gut gekannt hatte, unter falschen Anschuldigungen hingerichtet. Heute sind überlebende Opfer jener Prager Prozesse längst wieder frei und rehabilitiert; [...] die Länder unter Führung von Kommunisten, [...] haben sich davon weit mehr entfernt und erholt, als ich es zu jener Zeit für möglich gehalten hätte. Meine Zuversicht in die immanenten Heilkräfte des Systems war zu gering gewesen.«[27]

Diese veränderte Position setzte auch ein anderes Verhältnis zur Politik der imperialistischen Hälfte der Welt voraus, die auch das eigene Wirken in einem anderen Licht erscheinen läßt. Ergebnis kritischer Selbstprüfung ist die Erkenntnis, daß die

»Freiheit, die mir eingeräumt wurde, – [...] im Rahmen eines Ganzen« bewirkte, daß »meine Worte einen anderen Stellenwert einnehmen könnten«[28] als beabsichtigt war.

Dieser veränderte Standort konstituiert neue Gedichttypen, deren Züge sich zunächst im Typus des Warngedichts belegt finden. Gegenüber der verschlüsselten Bildwelt der frühen Texte, sind im Band *»Warngedichte«* (1964) neben die Bilder des

Untergangs, der Erstarrung und der Aushöhlung des Menschlichen, die jetzt mehr Bezüge zu realen geschichtlichen Vorgängen aufweisen, lakonische Spruchgedichte getreten, die mit der Angst und dem existentiellen Tief fertigwerden wollen. Insgesamt hat sich der Gestus verändert, die Gedichte rechnen stärker mit dem Adressaten, den sie warnen wollen und aufrufen, sich gegen Bürgeruntugenden – Denkfaulheit, Dumpfheit und Unmündigkeit – zur Wehr zu setzen. Rhetorische Elemente werden auffällig, es wird gefragt, gewarnt, ermuntert und widersprochen. Dieses veränderte Verhältnis zum Adressaten geht schrittweise auch mit einem veränderten Versbau einher. Das Spruchgedicht verdrängt den Vers mit der langzeiligen verschlüsselten Bildwelt:

»Die Unbelehrbaren / glauben an ihre Lehren / und lernen nie glauben daß Menschen / nicht zu belehren sind / Man müßte Menschen warnen / man müßte sie lehren / die Lehre von der Belehrbarkeit / nicht mehr zu glauben / Doch die Menschen sind unbelehrbar / und deshalb haben / die Unbelehrbaren / mit ihren Lehren Erfolg«. (*»Unbelehrbar«;* in: »Warngedichte«, S. 114).

Mit dem Titel seiner Vietnam-Gedichte knüpft Fried an eine eigene Tradition an, Ländernamen zu Titeln zu wählen. Die beiden frühen Bände »Deutschland« und »Österreich« offenbarten den konkreten zeitgeschichtlichen Bezug, der den Anlaß für die Gedichte bildete. Zudem waren diese Namen für ihn auch Orte von Sehnsucht, Hoffnung oder Sorge. Das zeigt sich auch in der Weiterführung dieser Ländernamentitel mit »Höre, Israel« und (in den siebziger Jahren der ausdrückliche Verweis auf das Fehlen von vaterländischer Identifikation) »100 Gedichte ohne Vaterland« sowie »So kam ich unter die Deutschen«.

Durch die Titelgebung *»und Vietnam und«* wird der ferne Krieg in eine Reihe mit ähnlichen Ereignissen gerückt. Er könnte einer aufzählende Reihe entnommen sein, in der neben Vietnam Guatemala, Santa Domingo, Bolivien und die Namen anderer Länder stehen, in denen der Freiheitswille der unterdrückten Völker niedergeworfen wurde. Das aufzählende »und« verweist auf die Gleichartigkeit und Wiederholbarkeit entsprechender Ereignisse. Der Band erschien zu einer Zeit, als die USA das Kriegsgeschehen auch auf die Demokratische Republik Vietnam auszudehnen begann. Der Vietnam-Krieg wurde in diesen Jahren ein wichtiger Faktor innenpolitischer

Auseinandersetzungen in vielen Ländern, darunter auch in der BRD, in deren Verlauf sich eine Protestbewegung entwickelte, die auch von Schriftstellern initiiert und getragen wurde[29]. Fried warf mit seinen Gedichten die Frage nach dem Zusammenhang von Politik und Literatur in einer direkten Weise auf und verstieß damit gegen eine Prämisse bürgerlichen Literaturverständnisses. Dementsprechend wurden diese Gedichte von den Kritikern bürgerlicher Zeitungen als unliterarisch abqualifiziert, aber auch unter den Schriftstellern schufen sie Fronten für beziehungsweise gegen das Protestgedicht[30].

In diesen Gedichten gibt es keine autonome dichterische Welt, politische Fakten und Vorgänge werden unverschlüsselt, zum Teil in dokumentarischer Manier wiedergegeben. Fried setzte sich damit auch in Gegensatz zu einem Konzept politischer Lyrik wie es einige Jahre zuvor von Hans Magnus Enzensberger vertreten worden war, der davon ausging, daß das Politische nur indirekt, gewissermaßen durch die Ritzen, auf vermittelte Weise in die Welt des Gedichts einzudringen habe.[31]

Frieds Vietnam-Gedichte bilden einen Zyklus, der thematisch untergliedert ist und in dem verschiedene Gedichtformen Anwendung finden. Der erste Teil, *»Das Land«*, ist ein Lagebericht, das ferne Geschehen wird in weltgeschichtliche Zusammenhänge eingeordnet:

»*Das Land* liegt sieben Fußtritte / und einen Schuß weit / / seine südliche Hälfte / heißt Demokratie / / In ihrer Hauptstadt Sodom / regiert ein Soldat der *Mein Kampf* lernt / / Die Mönche sind buddhistisch / oder katholisch / / In Wirklichkeit sind sie gelb / aber nicht wenn sie brennen / / Der Stamm Nung spricht chinesisch / und bringt schweigende Menschen zum Sprechen / Das wußte schon Tschiang Kai-Schek / das wußten auch die Franzosen / / Die Zungelöser der Nung / erhalten jetzt fünf Dollar täglich / Nicht aus Washington nur von Soldaten / auf eigene Rechnung / / Die New York Times nennt die Verhöre / *Orientalische Fragespiele* / / Gefangene Partisanen werden getauft / sie erhalten alle den Namen Patrice Lumumba / / Fleisch wird zubereitet / auf zweierlei Art / / Entweder langsam mit Napalm / oder schnell mit Benzin / / Letzteres gilt als barbarisch / ersteres nicht / / Geschlachtet wird vorher / bei keiner der beiden Methoden / / Das Land ist leicht zu erreichen / auch für größere Expeditionen / / Die Fremdenführer werden Ephialtes genannt / Man fährt durch die Bucht der Schweine / ohne Umweg zu den Bordellen / / Die Mädchen sind zierlich / ihre Särge sind leicht zu tragen / / Die Toten werden verbrannt / wie die Lebenden / / Wenn man die Augen zumacht / und völlig stillsitzt / / kann man von weitem sehen / was in dem Land geschieht.« (uVu 7)[32]

In »*Eiserne Ration*« spricht der Autor in Rollengedichten mit verstellter Zunge, um die innere Mentalität der Killer zu entlarven und erzielt dabei satirische Effekte. In »*Greuelmärchen*« demaskiert er die Ideologie eines Systems, aus dessen Mechanismen Kriege erwachsen. Fried beginnt hier, einen Gedichttyp zu entwickeln, der strikt auf das Faktische gerichtet ist, aber dennoch gedankliche Tiefe und Doppelbödigkeit erreicht. Sie ergibt sich, indem er die politischen Vorgänge dieses fernen Landes in ihrer bedrängenden Nähe vor dem Hintergrund einer verfälschenden Berichterstattung durch die bürgerlichen Massenmedien darstellt. Er ordnet das Geschehen in die Geschichte der Befreiungskämpfe und des gegen sie gerichteten imperialistischen Terrors ein und fragt:

»Wie weit ist es / von Guernica nach Man Quang / Wie weit ist es / von Guernica nach München?«

Vorherrschend ist die schmucklose Zeile, die sich auf die faktische Mitteilung beschränkt, Fragen stellt oder, den Stil der offiziellen Berichterstattung parodierend, die scheinlogischen Argumentationen der Medien entlarvt und so Urteil und Stellungnahme des Lesers herausfordert. Das lyrische Ich tritt in diesen Gedichten zurück, spricht nicht eigene Probleme aus, sondern wird als Mittler von Haltungen eingesetzt, der die Wahrheit über das Geschehen erkunden und verbreiten will.

»Ich habe Guernica gesucht auf der Karte / weil ich mir Man Quang / anders nicht vorstellen kann.« (*»42 Schulkinder«;* uVu 16)

Neben der Demontage des euphemistischen Sprachgebrauchs durch die offiziöse Berichterstattung der bürgerlichen Medien attackiert Fried auch verbreitete Haltungen des Opportunismus von Journalisten und Intellektuellen, die die Augen vor der Wahrheit verschließen, um unbequemer Stellungnahme aus dem Wege zu gehen. Fried nimmt ihre Schein-›Gründe‹ auseinander und setzt lakonisch die Konsequenz von Haltungen dagegen, die aus solchen Meinungen erwachsen. So den eigenen Standort auf vermittelte Weise dokumentierend.

»Weil das alles nicht hilft / Sie tun ja doch was sie wollen / / Weil ich mir nicht nochmals / die Finger verbrennen will / / Weil man nur lachen wird: / Auf dich haben sie gewartet / / Und warum immer ich? / Keiner wird es mir danken / / Weil da niemand mehr durchsieht / sondern höchstens noch mehr kaputtgeht / / Weil jedes Schlechte / vielleicht auch sein Gutes hat / / Weil es Sache des Standpunktes ist / und überhaupt wem soll man glauben? / / Weil auch bei den andern nur mit Wasser gekocht wird / / Weil ich das lieber Berufeneren überlasse / / Weil man nie weiß / wie einem das schaden kann / / Weil sich die Mühe nicht lohnt / weil sie alle das gar nicht wert sind / Das sind Todesursachen / zu schreiben auf unsere Gräber / die nicht mehr gegraben werden / wenn das die Ursachen sind« (*»Gründe«;* uVu 11)

Dieses Verfahren, das direkten Aufruf oder Überredung vermeidet und so die Gedankentätigkeit des Lesers anspricht, ist für den hier verwendeten Typ politischen Gedichts charakteristisch. Betroffenheit wird durch die lakonische Beschränkung auf die Mitteilung von Ereignissen, Fakten und Haltungen erzeugt. Auch Fußnoten, in denen die Tatsachen des Kriegsgeschehens mit den Meldungen der bürgerlichen Massenkommunikationsmittel konfrontiert werden, regen gedankliche Aktivitäten an. Peter Rühmkorf hat in einer der wenigen positiven Rezensionen auf Frieds Gedichte die öffentliche Wirkung dieser Verse sehr hoch veranschlagt. »Hier [...] kann das von den Meinungstrusts zum Analphabeten zweiten Grades herabgewürdigte Landeskind zum zweiten Male das Lesen lernen. Hier bekommt auch die Frage, was von Gedichten praktisch zu halten ist, einen sehr plausiblen Sinn. Weil sich jedes auf seine Art als Dechiffriergerät verwenden läßt, geeignet, herrschende Einwickelverfahren nachhaltig zu durchleuchten und somit ein Stück künstlich verdunkelter Welt zur Kenntlichkeit zu entwickeln.«[33]

Frieds politische Gedichte erreichen ihre literarische Qualität durch die Schlüssigkeit und Folgerichtigkeit des Gedankens, nicht durch das Pathos des Aufrufs oder der Überredung, wie in der Masse der Agitprop-Gedichte, die seit Mitte der sechziger Jahre in der BRD entstanden waren. Der schon über vielfältige literarische Erfahrungen verfügende Dichter wandte sich gegen verabsolutierende und übertriebene Erwartungen in die Wirkungsmöglichkeiten von Agitprop-Literatur:

»Ich glaube nicht, daß sich Agitpropgedichte von anderen Gedichten scharf abgrenzen lassen oder daß das nützlich wäre. Natürlich wird im allgemeinen ein Gedicht, das viel Wissen oder die Kenntnis schwieriger poetischer Formen oder Konventionen voraussetzt, zu agitatorischen und propagandistischen Zwecken weniger geeignet sein. Entscheidend aber ist, daß ein verständlicher Text in einem Zusammenhang gebracht wird, in dem er zum Denken, Formulieren und Handeln anregen kann.«[34]

In den folgenden Jahren hat Fried das gestalterische Spektrum seiner politischen Lyrik weiterentwickelt. Er nutzt dabei bevorzugt rhetorische Verfahren und Sprechweisen, die sich aus einer unmittelbaren Sprechsituation ergeben und den Adressaten in eine dialogische Situation bringen sollen. Sie resultieren aus Frieds Mitsprachebedürfnis in öffentlichen Angelegenheiten. Es bezieht sich auf alles, was Menschen unterdrückt, ächtet, bevormundet und vor allem auf die Gefährdung, die mögliche Auslöschung allen Lebens auf der Erde. Dabei rücken Öffentliches und Persönliches, Eigenes und Allgemeines eng zusammen:

»Zu den Menschen / vom Frieden sprechen / und dabei an dich denken / Von der Zukunft sprechen / und dabei an dich denken / Vom Recht auf Leben sprechen / und dabei an dich denken / Von der Angst um Mitmenschen / und dabei an dich denken – ist das Heuchelei / oder ist das endlich die Wahrheit?« *(»Reden. Für A. M.«)*[35]

Liebesgedichte und solche, die den eigenen existentiellen und dichterischen Standort zu bestimmen suchen, bilden neben der direkt politischen Thematik einen wichtigen Teil der lyrischen Produktion von Fried. So fügt sich der Band *»Liebesgedichte«* (1979) auf selbstverständliche Weise in das Gesamtwerk ein. In diesen Gedichten spricht ein lyrisches Ich, das sich sehnsuchts- oder angstvoll, verlangend oder zweifelnd an ein Du wendet, Ruhe, Glück und Verständnis beim Partner sucht und sich dabei die Anfechtungen dieses Glücks in einer vom Krieg bedrohten Welt bewußt hält. Die poetische Standortbestimmung schließt stets die Anfechtungen und Versuchungen zur Selbstaufgabe ein, so den Leser in einen dialektischen Vorgang einbeziehend.

»Sogar wenn ich fürs Volk, für Proletariat, für den Sieg der sozialistischen Gesellschaft zu schreiben versuche (all das bedarf selbst dringend näherer Bestimmungen!), für wen schreibe ich eigentlich, wenn ich beispielsweise gerade depressiert, pessimistisch, müde bin? Wahrscheinlich für mich selbst, um mir Mut zu machen, oder um weder stumpf zu werden, noch zu verzweifeln oder um vor Zorn über irgendeine Gemeinheit unserer Herrschenden [...] nicht einfach zu explodieren«.[36]

In den Bänden *»Anfechtungen«* (1967), *»Unter Nebenfeinden«* (1970), *»Gegengift«* (1974) hat Fried Müdigkeit, Anfechtungen und Zweifel am Sinn der Kämpfe und des eigenen Tuns artikuliert und zugleich deren Gegengifte beschworen, sie entstehen, indem die Ängste und Zweifel nicht unterdrückt, die Fragen ausgesprochen und das Fazit an unverbrauchter Hoffnung immer wieder neu gezogen wird:

»Zweifle nicht / an dem / der dir sagt / er hat Angst / / aber hab Angst / vor dem / der dir sagt / er kennt keinen Zweifel« (*»Angst und Zweifel«*; in: »Gegengift«, S. 20)

In *»Vorahnung des Endsiegs«* ist das Bild vom Sisyphos aus einem Symbol ewiger, sinnloser, niemals ans Ziel führender Arbeit in ein Zeichen für die Qual des Überlebens, in ein schwaches Zeichen von Hoffnung gewandelt.

Als gedanklichen »Ertrag« vielfacher Anfechtungen formuliert er:

Hoffnung sammeln / aus lösbaren Problemen / aus Möglichkeiten / aus allem / was etwas verspricht / / Die Kräfte sparen / für das / was wirklich / zu tun ist / / So wächst / im stillen / der Vorrat / an unverbrauchter / Verzweiflung. / (*»Ertrag«*; in: »Anfechtungen«, S. 48)

In die großräumig angelegten Standortbestimmungen der späteren Jahre ist auch autobiographischer Erlebnisstoff einbezogen. Der Autor verbindet Erinnerungen an das Vorkriegs-Wien und die eigene kindliche Erlebniswelt mit der Erfahrung der Gegenwart, in der er die bedrohlichen Töne der Gestrigen mit Sorge registriert. Mitunter verknüpft er in einem Gedicht beide Ebenen so miteinander, daß der Dichter sie – zwar typographisch voneinander abgesetzt – unmittelbar verschachtelt. In die autobiographische Erlebnissubstanz ist auch das frühe Werk einbegriffen, so Gedichte aus dem Band »Österreich«. Charakteristisch für dieses Verfahren ist der Zyklus *»Das fünfte Fenster«* (in: »Anfechtungen«). In den 27 Texten werden Bilder aus der kindlichen Welt beschworen, dazu Prämissen kleinbürgerlicher Erziehung des Sinns, sich um den anderen nicht zu kümmern. Diese Erinnerungen werden konfrontiert mit den späteren Erfahrungen: der Flucht, die Vernichtung seiner jüdischen Verwandten, die eine wache Aufmerksamkeit für die neuen Gefahren haben entstehen lassen. Das 26. Gedicht des Zyklus lautet:

Ich kann
meine Hirngespinste
nicht einfach
wegblasen

wie meine Großmutter
die man wegblies
damals
im Rauch

Man hat mir Beine gemacht
ich bin staubig geworden
auf den Wegen und Rückwegen
durch die Löcher und Risse der Welt
(»Anfechtungen«, S. 79)

Auch in Gedichten, die als Kommentar zu zeitgeschichtlichen Ereignissen aufzufassen sind, hat Fried ein weites Spektrum lyrischer Darstellungsformen entwickelt. Sie reichen von der mahnenden Ansprache eines lyrischen Ich in »Höre, Israel!«, über das Spruch- und Sinngedicht, in dem mit pointierter Schärfe und lakonischem Witz politische Sachverhalte benannt werden, bis zum langzeiligen, dokumentarisch gearbeiteten Gedicht. Der Dichter nutzt hier die Kunst, mit fremder Zunge zu reden oder in anderer Leute Kopf zu denken, dazu, Formen herrschenden Bewußtseins und Verhaltensmuster durch Sprechmontage, Zitat oder parodierende Entlarvung zu demaskieren. Diese Gedichte konstituiert weniger die Metapher, als vielmehr das Wort oder die Begrifflichkeit. Die vorherrschende Aufbauform ist durch Redeformen und Redefiguren bestimmt. Anklage, Verteidigung, Zuraten, Abraten, Lob, Tadel und Frage dominieren die Sprechweise. Der Strophenbau entspricht mitunter dem Gang von These – Antithese – Synthese. Die ideellen und thematischen Bezüge seiner politischen Gedichte resultieren aus einer antiimperialistischen und internationalistischen Haltung, die die Rechte des Menschen gegen neues und altes Unrecht, gegen Bedrohung und Versklavung einklagt. In Westeuropa, vor allem in der BRD, wendet er sich gegen alle Zeichen des Abbaus von Demokratie, gegen jede Rechtsbeugung, die die Wiederholung vergangener Entwicklungen signalisieren. Der Ausgangspunkt ist zumeist, wie im Zyklus *»Höre, Israel!«* (1974)[37], persönliche Mitverantwortung, hier für das Schicksal der Juden. Das schloß eine selbstkritische Auseinandersetzung mit den Hoffnungen ein, die in die Gründung des Staates Israel 1948 gesetzt worden waren. 1967, anläßlich des »Sechstagekrieges« gegen die arabischen Länder schrieb Fried ein Gegengedicht mit dem Titel *»Bibelfest«* zu dem 1946 entstandenen »Ägypten«:

»Seit Moses / gilt als gut: / daß Ägypter / sterben / / Ihr Tod / soll gerechte / Strafe / der Tod gegen sie / soll anders / sein / als alle / anderen Kriege / / Das alte / Buch / wird ein Freibrief / für neue Taten / / […].« (HI 25)

Das Zentrum des Bandes bildet ein Zyklus von 12 Gedichten, dessen Titel, »Höre, Israel!«, den Anfangsworten eines der wichtigsten Gedichte der jüdischen Liturgie entnommen wurde. Der Gestus wird von der Ich-Ansprache bestimmt, mit der sich Fried als Kritiker legitimiert:

»Als ihr verfolgt wurdet / war ich einer von euch / Wie kann ich das bleiben / wenn ihr Verfolger seid?« (HI 57)

Fried bezieht einen weiten Umkreis politischer und geschichtlicher Zusammenhänge ein, schreitet von der rhetorischen Warnung zur differenzierten Darlegung des arabischen Umfelds, der Geschichte des Zionismus und der Kennzeichnung der Hintermänner der aggressiven israelischen Politik vor. Die internationalen Zusammenhänge dokumentiert er mit *»Richtigen Falschmeldungen«*:

»Moshe Dayan / hat Allende erschossen / Nixon foltert / / die politischen Gefangenen der BRD / Die chilenische Junta / hält Athen und Nordirland besetzt / Hussein herrscht in Tel-Aviv / Golda Meir in Saigon / Genscher will auch mitschießen. / Seine Sonderkommandos / waren einsatzbereit / Die Hubschrauber wiehern gesattelt / Die freiheitlich-demokratische / Grundordnung wird verteidigt / wo auch immer / / gleichviel mit welchen Mitteln.« (HI 136)

In einzelne Verse hat der Autor die Anschuldigungen mit aufgenommen, die anläßlich des 1967 schon separat erschienenen Zyklus gegen ihn von zionistischen Kreisen erhoben wurden.[38] Er spricht seine Widersacher mit nuancierten Mitteln an; in der Sprache der Überlieferung und in der parodierten Sprache der heutigen Machthaber, deren Argumentation die gleiche Scheinlogik besitzt wie überall, wo imperialistische Herrschaftsinteressen verteidigt werden. Daneben hat er unter dem Zwischentitel »Gefundene Texte«, programmatische Aussagen der Begründer des Zionismus, Theodor Herzl und Max Nordau, in Verszeilen gebracht und mit kritischen Überschriften versehen. Damit machte er deutlich, wie sehr diese Ideen »an den Antagonismen der Gesellschaft kranken, in der sie entstanden waren« (HI 29ff.).

Ein großer Teil der Gedichte Frieds ist durch politische Vorgänge in der Bundesrepublik und in jüngster Zeit auch Österreichs angeregt. Im Vorwort zu *»So kam ich unter die Deutschen«* (1977) erinnert er die eigene optimistische Zuversicht aus dem Jahre 1960, die er in *»Heimatbesuch eines Emigranten«* zur Überwindung der faschistischen Vergangenheit geäußert hatte. Unmittelbaren Anlaß seiner lyrischen und auch politischen Aktivitäten[39] bilden der Abbau demokratischer Grundrechte, das Weiterwirken faschistischer Denk- und Verhaltensweisen, Verfolgung politisch Andersdenkender, Berufsverbote, Polizeiterror gegen Demonstranten, und die unmittelbare Lebensbedrohung durch Stationierung amerikanischer Raketen. Dies alles verweist für ihn auf die latente Gefahr faschistischer Herrschaftspraktiken. Direkt warnend richtet er sich an die Zeitgenossen:

Noch sind nicht alle Märzen vorbei
Wenn die Auszumerzenden
ausgemerzt werden
dann wird wieder ein März sein
wie der von dreiunddreißig. (So Dt 92)[40]

Aus dem Wortspiel März – merzen ergibt sich ein weiter historischer Bezugsrahmen, der die mögliche Wiederholung assoziiert. Eine andere Form, politische Vorgänge und Sachverhalte zur Sprache zu bringen, entwickelte Fried durch die parodierende Verwendung offizieller politischer Sprache oder der Sprache der Medien. Daraus gewinnt die dokumentierte Faktizität der Vorgänge eine Doppelbödigkeit, die den Leser hellhörig für die über ihn verfügende Sprache beziehungsweise die Sprache der über ihn Verfügenden macht (z. B. in *»Behördliche Erklärung«*).

Neben dem Reden mit verstellter Stimme arbeitet Fried mit Umstellungen, die herrschendes Bewußtsein satirisch entlarven. Man denke nur an das Günter Wallraff gewidmete Gedicht *»Bekenntnis zur Verwurzelung in der freiheitlich-demokratischen Gesellschaft«*:

»Ich glaube / an die freiheitlich-demokratische Gesellschaft / / Glaube / an die freiheitlich-demokratische Gesellschaft! / Der Glaube an die freiheitlich-demokratische Gesellschaft / macht selig / / Der Glaube an die selige Gesellschaft / macht freiheitlich-demokratisch / / Der Glaube an die selige Demokratie / macht die freiheitliche Gesellschaft / / Der Glaube an die selige Freiheit / macht die Gesellschaft demokratisch / / Der Glaube an die Seele der Gesellschaft / macht die Demokratie frei / / Der Glaube an die Freiheit der Demokratie / macht die Gesellschaft selig«[41]

Das Ringen, den Wörtern immer neue Bedeutungen und Nuancen abzugewinnen – durch übertragenen Gebrauch, Änderung eines Wortteils, Veränderungen der syntaktischen Perspektive, in denen sie erscheinen –, weist Fried als einen Autor aus, für den die Arbeit mit der Sprache, Wörtlichkeit und Begrifflichkeit wesentlicher werden als Bildhaftigkeit. Daher ist es nur folgerichtig, daß sich durch seine gesamte lyrische Produktion der Zweifel in die Möglichkeiten des Wortes, die Klage um die Abnutzung der Wörter zieht. So auch in dem mehrstrophigen *»Wortklage«*, in dem zugleich der Zusammenhang von Sprache und Humanität hergestellt wird:

»Wie noch das Wort erheben / gegen Entfremdung? / wie noch / gegen Verdinglichung? / / die Worte die immerzu fallen / sind gefallen / Zu überheblich / ist die gehobene Sprache / / Das zur Warnung vor dem Versinken / erhobene Wort / ist selbst schon versunken / Das Wort Entfremdung ist selbst entfremdet / das Wort Verdinglichung / selbst schon verdinglicht / / Also zurück / zur poetischen Anspielung? / Aber / was sich abspielt in dieser Welt / das spottet der Anspielungen / / Die Wortführer haben den Worten / den Hals umgedreht / als sie den Menschen / die Worte im Mund umdrehten / Sie haben die Worte mundtot gemacht / und worttot / die Münder der von ihnen / entmündigten Menschen / / Die Worte sind tot / Die Führer sind leben geblieben / Vielleicht werden sie erst sterben / wenn sie die anderen / mit toten Worten / in den Tod geführt haben«[42]

Sprachzweifel und Selbstzweifel wie der Angst vor der Gewöhnung an bedrohliche Verhältnisse setzt Fried die stets erneuernde Aktivität des Dichters entgegen, der mit seinen Mitteln auch das Gewohnte neu zu sagen versucht, damit es nicht einmal zu wenig gesagt sei:

Wie lange werdet ihr brauchen
um über das
was ich sage
nicht mehr empört zu sein?

Und werde ich dann noch da sein
um es zu sagen?
Und wird es dann noch helfen
wenn man es sagt?

Wird es dann nicht zu unverständlich sein
oder zu selbstverständlich?
Und werde ich dann nicht krächzen,
»Ich hat es schon immer gesagt«?

(»Fragen eines engagierten Dichters«)[43]

Biographische Notiz

Erich Fried, einziges Kind des Spediteurs Hugo Fried und der Graphikerin Nelly Fried (geb. Stein), wurde am 6. Mai 1921 in Wien geboren. 1927 Volksschule, 1931/38 Bundesgymnasium. April 1938, nach Einmarsch der deutschen Truppen in Österreich, Verhaftung der Eltern wegen »Vorbereitung zur Devisenverschiebung ins Ausland«; Ende April Gründung einer Widerstandsgruppe, Anfang Mai verläßt der Schüler das Bundesgymnasium, 24. Mai Tod des Vaters (als Folge eines Gestapo-Verhörs). August 1939 Emigration, über Belgien nach England (London, wo Fried bis heute ansässig ist), Anstellung bei »Jewish Refugee Comittee« (bis Herbst 1940), verschiedene Tätigkeiten: Gelegenheitsarbeiter in der Rüstungsindustrie, Milchlaborant und Bibliothekar, Mitarbeit in von Kommunisten organisierten Kultur- und Jugendorganisationen österreichischer und deutscher Emigranten, »Austrian Centre«, »Freier Deutscher Kulturbund«, »Young Austria«. Seit 1940 Gedichte in Exilzeitschriften und -Anthologien. 1942 Ermordung der Großmutter, Malvine Stein, im KZ Auschwitz; 1944 Austritt aus dem kommunistischen Jugendverband »Young Austria«; erste Ehe, Geburt Sohn Hans; Mitarbeit bei »Zeitung« (London) und dem britischen Magazin für die deutsche Bevölkerung »Neue Auslese« (1945/49) sowie der Illustrierten »Blick in die Welt«, 1949/50 Redakteur ebd., 1952 zweite Ehe. Beginn der Tätigkeit bei der BBC als politischer Kommentator des »German Soviet Zone Programme« (bis 1968). 1953 Reise nach Berlin, betritt seit 1938 erstmals wieder das europäische Festland. 1955/57 Mitarbeit an der Zeitschrift »Texte und Zeichen« (Hg. A. Andersch). 1958 Geburt des Sohnes David. Dezember 1960 Mitunterzeichnung der »Erklärung zum ›Manifest der 121‹«, ein Dokument der Solidarisierung der Autoren der »Gruppe 47« mit französischen Kollegen, die gegen den Krieg in Algerien das Recht auf Gehorsamsverweigerung geltend gemacht hatten; 1963 erste Lesung vor der »Gruppe 47« während der 25. Tagung in Salgau; 1965 Mitunterzeichner der »Erklärung namhafter Künstler und Wissenschaftler über den Krieg in Vietnam«; dritte Ehe, Geburt Tochter Petra; Oktober 1967 letzte Tagung der »Gruppe 47« im Landgasthof Pulvermühle (b. Waischenfeld/Oberfranken), in der Kontroverse unterstützt Fried die gegen Grass gerichtete Position R. Lettaus, Anreger und Mitunterzeichner der »Erklärung deutscher Schriftsteller« gegen das Monopol des Springer-Verlages. 1968 Aufgabe seiner Tätigkeit für BBC, Teilnahme am »Vietnam-Kongreß« der Technischen Universität Westberlin, Rede im Audimax der Universität München anläßlich der »Antifaschistischen Woche«; 1969 Geburt der Zwillingssöhne Klaus und Thomas, 1974 Beleidigungsprozesse gegen ihn in Hamburg und Westberlin (Freisprüche); Januar 1977 Lehrauftrag an der Universität Gießen, März öffentlicher Protest gegen die behördliche Verfolgung des Hamburger Rechtsanwalts Kurt Groenewold, Verteidiger im Stammheimprozeß; in einer von der CDU hg. »Dokumentation« über den Terrorismus werden auch Zitate Frieds angeführt, darauf folgten ein Mißbilligungsantrag der CDU in der Bremer Bürgerschaft gegen Fried-Gedichte im Schulunterricht sowie ein Schreiben des bayerischen Staatsministers für Unterricht und Kultur an einen Dortmunder Schulbuchverlag; für die erneute Zulassung des Lesebuchs in Bayern wird die Herausnahme von Texten Frieds, Wallraffs u. a. gefordert; 1978 Teilnahme am »Vierten Literaturgespräch« in Bremen zum Thema »Gewalt als Provokation der Literatur« und an der Festveranstaltung zum 70. Geburtstag Helmut Gollwitzers (Festrede Frieds: »Wie sah der antifaschistische Kampf aus und wie sollte er heute aussehen«). Dezember 1982 Teilnahme an der »Berliner Begegnung zur Friedensförderung«.

1965 Fördergabe des Schiller-Gedächtnispreises (Land Baden-Württemberg); 1973 Würdigungspreis für Literatur des österreichischen Bundesministeriums für Unterricht und Kunst: Weitergabe der Dotation, 50000 Schilling, an den Hamburger Rechtsanwalt Groenewold für unschuldig verfolgte Palästinenser und an Prof. Israel Schahak (Israel) zur Unterstützung der »Israelischen Gesellschaft für Menschen- und Bürgerrechte«; Prix Internationale des Editeurs 1977/78 für »100 Gedichte ohne Vaterland« – die Sammlung erschien damit gleichzeitig in sieben europäischen Sprachen; 1980 Preis für Literatur der Stadt Wien; 1983 Literaturpreis der Freien und Hansestadt Bremen.

Horst Haase

Franz Kain

Dieser Autor ist nicht der Typ des philosophierenden und oft müde resignierenden bürgerlich-intellektuellen Schriftstellers, und sein Werk wird nicht von einem krisenhaften Sprachbewußtsein geprägt, auch ist ihm Literatur kein Asyl, in das man sich rettend flüchtet vor den gefährdenden Bedrängnissen der Wirklichkeit, wie wir es bei vielen österreichischen Schriftstellern dieses Jahrhunderts bemerken können.[1] Dennoch ist Franz Kain (geb. 1922) alles andere als ein Außenseiter. Der Gegenstand seiner literarischen Bemühungen, sein Thema, ist Österreich, sind Geschichte und Schicksal dieses Landes, seine Landschaften, seine Menschen vor allem, deren Sprache er schreibt und deren Denken und Empfinden er nachspürt.

Was ihn jedoch von vielen anderen österreichischen Autoren unterscheidet, sind sein politischer und geistiger Standpunkt und die soziale Orientierung. In Kains Erzählungen und Romanen wird Österreich aus dem Blickwinkel einfacher Menschen des Volkes geschildert, und von einer Position aus gewertet, die in der österreichischen Literatur selten ist: von der der Kommunisten, zu denen sich dieser Autor von jung an bekannte und für die er nicht nur als Schriftsteller, sondern auch als politischer Funktionär tätig war und ist.

Objektiv steht Kain damit in einer bisher wenig beachteten Linie österreichischer Literatur, die vom »Bund der proletarisch-revolutionären Schriftsteller Österreichs«, der sich zwischen 1930 und 1934 um Ernst Fabri scharte, über Kain selbst und einige wenige andere bis hin zu jenen jungen Autoren der sechziger und siebziger Jahre reicht, die wie Michael Scharang oder Peter Turrini »Alternativen für die gesellschaftliche Entwicklung«[2] zu entdecken suchen. Daß diese Linie vom Ganzen österreichischer Literatur nicht isoliert ist, beweist auch das Werk Franz Kains, sowohl wenn darin über Schriftsteller wie Stefan Zweig oder Georg Trakl reflektiert wird[3], als auch insbesondere dadurch, wie es sich zu negativen Traditionen österreichischer Heimatliteratur in ein kritisches Verhältnis setzt.

Kain weiß, daß die »bekannten trivialen Heimat-Klischees«[4]

mit dem wirklichen Leben nicht viel zu tun haben. Es ist ihm wesentliches Anliegen, diesen Gegensatz aufzudecken. Schon in der Nachbemerkung des Verlags zur ersten Sammlung seiner Erzählungen 1959 hieß es: »Sprache und Komposition ist bewußt gegen die verfälschende und reaktionäre Schilderung des österreichischen Volkslebens gerichtet«[5]. Und in der abschließenden Betrachtung zu einem seiner Erzählungsbände, der er den aufschlußreichen Titel *»Von den Würgmalen«* gab, schrieb Kain 1974 selbst: »Daß die Geschichten dieses Bandes keine Jodler im Sinne der Fremdenverkehrswerbung, sondern ausgesprochene Antijodler sind, hat nichts mit Geringschätzung oder gar Mißachtung volkstümlicher Ausdrucksweise und bodenständigen Verhaltens zu tun. Aber das ›Kernige‹ der österreichischen Provinz hat nun einmal seine ganz eigenen, sozusagen arteigenen Tücken. Die Darstellung erfolgt von der Basis eines zornig Liebenden her, der unter seiner Liebe leidet.«[6]

Diese Autorenposition beruht auf zwei Voraussetzungen. Einmal auf der tiefreichenden Verbundenheit des Autors mit seiner Heimat, eben jener Liebe zu ihr, die in seinem Werk überall zu spüren ist und sich in den autobiographischen Passagen seiner Erzählungen und des Romans »Der Föhn bricht ein« auch an vielen Stellen deutlich erkennen läßt. Sie äußert sich vor allem im Verhältnis zu seiner engeren Heimat, der Berglandschaft des Salzkammerguts, der zahlreiche begeisterte Schilderungen gewidmet sind. Noch offener aber zeigt sie sich in der Darstellung von Menschen aus dem Volk, die in ihrem besonderen Habitus, ihrem Verhalten, ihren Vorzügen und Schwächen, so nur in Österreich anzutreffen sind. Aber die Gestaltung der Landschaft wie der Menschen unterscheidet sich bei Franz Kain von jenem Heimat-Klischee einer dem Trivialen zuneigenden Literatur dadurch, daß sie ganz ins Realistische, Wahrhaftige gewendet ist. Das wiederum hängt mit jener zweiten Voraussetzung zusammen, die für die Eigenheit seines Werkes kennzeichnend ist und die von einem sozialen und einem politischen Aspekt bestimmt wird.

Kains Landschaftsschilderungen sind keineswegs die eines schwärmerischen Betrachters, sondern die des Holzknechts, als der der Autor von seinem 15. bis zu seinem 18. Lebensjahr in den Forstrevieren von Bad Ischl und Bad Goisern für einen Hungerlohn tätig war. Und wenn er das Beerenmädchen oder

das alte Beerenweib schildert und durch die volkstümliche Verklärung hindurch deren mühselige, widrigsten Umständen abgetrotzte, den Aufwand kaum lohnende Plackerei sichtbar macht, dann schwingen auch darin Erfahrungen mit, die der Schriftsteller als drittes Kind einer Bauarbeiterfamilie mit äußerst kargem Familienetat sammelte.

Es sind also schmerzhafte soziale Erfahrungen, die das Bild der Heimat durch einen Realismus des beziehungsreichen Details prägen, die es aufrauhen und in einen Gegensatz bringen zur herkömmlichen Heimatliteratur.

Nun sind aber in jener Literatur des öfteren soziale Erfahrungen keineswegs völlig ausgespart. Wichtig ist deshalb die Wertung, die sie bei Kain erfahren und die wiederum nicht ohne sein politisches Selbstverständnis zu erklären ist.

Darauf hatte bereits der Vater eingewirkt, der 1914 in russische Kriegsgefangenschaft geraten war und nach 1917 zeitweilig in der Roten Armee kämpfte. Als Kind schon erlebte Kain die dramatischen politischen Vorgänge vom Februar und Juli 1934, die sich bis in die eigene Familie hinein sehr widersprüchlich auswirkten. 1936 bereits wurde er wegen Mithilfe bei der Verbreitung illegaler politischer Literatur vorübergehend inhaftiert, 1941 vom sogenannten Volksgerichtshof verurteilt und in ein Strafbataillon der Naziwehrmacht gesteckt. Nach dem Kriege war er als Journalist und Funktionär ständig für die Kommunistische Partei Österreichs tätig.

Seine politischen Auffassungen waren für sein Verhältnis zu Heimat und Vaterland außerordentlich bedeutsam. Die Frage nach dem selbständigen Charakter der österreichischen Nation war bekanntlich im geistigen und politischen Leben des Landes lange umstritten, und besonders in den Jahren vor dem gewaltsamen Anschluß Österreichs an das faschistische Deutschland im März 1938 erwies sich dieses Problem als politisch sehr brisant. In dem stark autobiographisch gefärbten Roman *»Der Föhn bricht ein«* hat sich Franz Kain damit umfassend auseinandergesetzt. Er beschreibt darin die Reaktionen verschiedener Vertreter der Arbeiterbewegung auf die nationale Frage und zeigt, wie schwer es fiel, eine gemeinsame Front aller österreichischen Patrioten gegen die mit Hitler paktierende Reaktion zu schaffen. Er verschweigt auch nicht, daß nur die bewußtesten politischen Kräfte diese Notwendigkeit in vollem Umfang begriffen. Bilder heimatlicher Landschaft, Streitgespräche über das Verhältnis zum National-Österreichischen, die Intonation der Nationalhymne sind wichtige Details in diesem Roman.

»Die Hymne war in der Republik nicht beliebt gewesen. Bei den Älteren galt das alte Kaiserlied als Symbol einer blutigen, vermoderten Vergangenheit und die Jüngeren wurden durch den Text zu allerlei Parodien geradezu herausgefordert [...] Nun aber, in der Nacht vom elften zum zwölften März 1938, war das berühmte Werk geläutert, frei von solchen Überlegungen. Es war wie ein Abgesang, ein Abschied. Als Huldigung gedacht, stand es wie ein ergreifendes Requiem am Ende einer langen Entwicklung.«[7]

Solche Reflexionen überschreiten den autobiographischen Horizont des Romans. Hier sind spätere Erkenntnisse des Autors, die er beim Studium der Geschichte Österreichs und der österreichische Arbeiterbewegung nach dem Kriege gewann, mit eingeflossen. Zwar hatte die österreichische Kommunistische Partei schon seit Anfang der zwanziger Jahre die Parole zum Anschluß an das imperialistische Deutschland als illusionär und verderblich verworfen[8], aber erst Mitte der dreißiger Jahre wurde – ausgehend vom VII. Weltkongreß der Komintern 1935 und gestützt auf die theoretischen Arbeiten von Alfred Klahr – der Standpunkt der Partei in der Frage eines selbständigen, unabhängigen Österreich eindeutig bestimmt. Das kam auf der Reichskonferenz der KPÖ im August 1937 und im Aufruf an das österreichische Volk im März 1938 deutlich zum Ausdruck.[9] Österreichs Kommunisten waren die einzige politische Kraft des Landes, die diese richtige politische Konzeption konsequent verfochten. Solche wesentlichen historischen Tatsachen spiegeln sich in Kains Roman. Sie sind darüber hinaus für seine gesamte literarische Konfession von grundlegender Bedeutung. Diese Einstellung zu Nation, Heimat, Vaterland beeinflußt das spezifisch Österreichische, die Art und Weise der Heimatverbundenheit, die sein Schaffen auszeichnet. Seine literarische Handschrift wird dadurch in erheblichem Maße mitgeformt.

Nach lyrischen Versuchen (unter anderem dem Sonettenkranz »Der Strom«, 1952) begann Franz Kain in den frühen fünfziger Jahren, Erzählungen zu veröffentlichen, in denen sich die Richtung seiner literarischen Arbeit klarer abzeichnete. Sie fanden zunächst meistens im literarischen Jahrbuch der Stadt Linz Aufnahme. Seine ständige journalistische Tätigkeit mag ihren Teil beigetragen haben zu der direkten Abschilderung von Vorgängen, die in der Prosa Franz Kains häufig zu finden ist und die sich in verschiedenen Perioden seiner Entwicklung auf unterschiedliche Weise mit der Gestaltung einer Kunstwirklichkeit verbindet.

In den ersten Erzählungen ist Kains Darstellungsweise von einer frischen Naivität. Erfahrungen der harten Arbeit von Holzfällern in den Bergen, aber auch ihrer Konflikte mit Vorgesetzten und Bessergestellten, verknüpfen sich mit Liebesgeschichten und eindrucksvollen Naturschilderungen. So in den beiden 1953 publizierten Arbeiten *»Dann kam die Lawine«* und *»Des Waldes Lied beweist nichts vor Gericht«*. Letztere zielt bereits zentral auf das Thema des Verhältnisses einfacher Menschen zu Heimat und Natur. Ein fälschlicherweise der Wilddieberei bezichtigter Holzarbeiter versucht vergeblich, dem Vernehmungsrichter zu erklären, daß er »nur so«, aus Freude an der Natur und ihren Schönheiten, in den Wald gegangen sei.

»[…] wir gehen durch das Jahr mit den Bäumen. Die Leute stellen sich vor, daß die Jahreszeiten am Nadelwald vorbeigehen. Dabei sind die Bäume genauso vorsorglich wie andere Wesen. Im Winter ziehen sich ihre Poren zusammen, und sie halten sich still, damit die wärmende Schneelast nicht von ihnen fällt. Der Wind, sonst ihr Gefährte, wird zum erbitterten Feind. Sie stemmen sich ihm förmlich entgegen, und beim Schneesturm ist es, als ob sich ihre Äste spreizen, damit sie sich gegenseitig berühren. Sie halten den Saft zurück, der in ihnen strömt, weil sie sonst bis ins Mark gefrieren würden. Aber schon Ende Februar, wenn der Schnee noch zwei Meter hoch liegt, bereiten sie sich auf den Frühling vor. Sie leiten den Saft wieder den Ästen zu. Es ist noch kein Frühling, aber die Fichte setzt bereits einen neuen Jahresring an. Was voriges Jahr noch Bast unter der Rinde war, wird zum weichen Holz. Die Lärchen legen ihren Schleier wieder an, und an den Ästen zeigen sich überall kleine blaßrote Pünktchen. Unter der Rinde beginnt der Saft zu fließen, und wir sagen: Es geht der Mai. Die Zweige der Fichten werden biegsam und überlassen sich willig dem Wind. Das alles geschieht fast unbemerkt. Nur wir wissen es und beobachten es genau.«[10]

Diese detaillierte Sicht und das liebevolle Verhältnis zu den natürlichen Vorgängen geben den Naturschilderungen Franz Kains etwas Charakteristisches. Sie durchbrechen das Klischee, während sich ansonsten noch manches in den Debüterzählungen herkömmlicher Trivialität einfügt. Sentimental aber sind diese Geschichten um die beliebte Figuration von Holzknechten, Förstern und Wilddieben, lebenslustigen Kellnerinnen und alten Knastbrüdern keineswegs; vielmehr ist ihnen eine Ernsthaftigkeit eigen, die Trauer und Erbitterung auslöst. Es ist das nicht die ›Traurigkeit‹ der schablonenhaften jungen Förstersfrau, die beim Tode des heimlich geliebten Wilddiebs heiße Tränen vergießt, sondern jene harter sozialer Realitäten, die menschliche Würde und Erfüllung beeinträchtigen.

Neben die Aufdeckung sozialer Verhältnisse treten im weiteren politische Sujets. Die Rahmenhandlung der 1954 gedruckten *»Vogelgeschichte«* spielt in einem faschistischen Konzentrationslager. Ein Häftling erzählt seinen Leidensgenossen, wie er einen wunderschönen Kreuzschnabel fing. Auch hier bestechen wieder Naturschilderungen, die im krassen Kontrast zu den Bedingungen stehen, unter denen diese Menschen vegetieren. Die Darstellung von Landschaft und Natur gibt Kraft, und das Symbol des seiner Freiheit beraubten sterbenden Vogels läßt die Zwangslage der Häftlinge bedrückend spüren.

Manche der in den fünfziger Jahren entstandenen Erzählungen, besonders diejenigen, in denen die Erfahrungen der österreichischen Arbeiterbewegung von 1934 ihren Niederschlag finden, enthalten über das dokumentarische Element hinaus eine hier und da aufdringlich wirkende Lehrhaftigkeit. Das gilt etwa für die Erzählung *»Über den Hausruck kam der Tag nicht mehr«*, in der Kain den tapferen Kämpfern jener Februartage ein Denkmal setzt. Doch die Charaktere bleiben einschichtig. Nicht ihre Individualität ist der Ausgangspunkt des Erzählten, sondern allein die Rolle, die sie in den Vorgängen spielen.

Gesammelt wurden die Erzählungen dieser Jahre in dem Band *»Die Lawine«*, der 1959 im Aufbau-Verlag Berlin veröffentlicht wurde. Hier sollten auch die meisten folgenden Bücher Kains erscheinen. Die Verbindung zu dem Verlag hatte sich ergeben, als Kain zwischen 1953 und 1956 Korrespondent der »Österreichischen Volksstimme« in der DDR war und am geistig-kulturellen Leben des deutschen Arbeiter-und-Bauern-Staates regen Anteil nahm. Er verkehrte in dieser Zeit unter anderen mit Bertolt Brecht, den Brüdern Gerhart und Hanns Eisler, mit Peter Huchel, Anna Seghers und Arnold Zweig. Erlebnisse im Berlin jener Jahre schlugen sich in der Erzählung *»Romeo und Julia an der Bernauer Straße«* (1955) nieder. An das klassische Motiv anknüpfend und es auf die zweigeteilte Stadt beziehend, registriert er nicht nur die teilweise absurden Vorgänge, die sich aus der damals offenen Grenze zwischen den beiden Gesellschaftssystemen ergaben, sondern er wertet sie auch eindeutig. Indem Kain die erbitterte Feindschaft zweier einstmals politisch nahestehender Arbeiter von diesseits und jenseits der Sektorengrenze in der Vereinigung der jungen Liebenden aufhebt, spricht er seine Hoffnung auf den künftigen Gang der gesellschaftlichen Entwicklung aus. Seine detailgetreuen Milieuschilderungen geben auch dieser Darstellung einen dokumentarischen Reiz, wenngleich nicht zu übersehen ist, daß der Autor mit der Denk- und Lebensweise von Berliner Arbeitern doch nicht in gleichem Maße vertraut ist wie mit der seiner heimatlichen Volksfiguren.

Eine Art Zusammenfassung seines Schaffens der fünfziger Jahre ist der Roman *»Der Föhn bricht ein«* (1962). An die eigene Biographie angelehnt, werden darin die Jahre vor und nach der Einverleibung Österreichs in das faschistische Deutschland dargestellt. Erlebnisse in der Familie und in einem Kreis von Schul- und Jugendfreunden, auch erste Liebesbeziehungen, sind unmittelbar mit zeitgeschichtlichen Erfahrungen verbunden. Das Wirken verschiedener politischer Gruppierungen in Österreich wie auch internationale Ereignisse – der Krieg in Spanien, die Okkupation der Tschechoslowakei, der Beginn des Zweiten Weltkrieges – werden reflektiert. Die Handlung ist weitgehend an den Erfahrungsbereich des autobiographischen Helden Franz Rainer gebunden: Schulverhältnisse im damaligen Österreich, spannungsvolle Beziehungen in der proletarischen Familie, besonders zu einem Bruder, der es mit den Nazis hält, das frühe Hineinwachsen in die politische Arbeit der Kommunisten, schließlich die schwere Arbeit als Holzknecht und die Konfrontation mit den reaktionären Staatsorganen, Gefängnis, antifaschistische Arbeit, Haft – das alles wird in diesem Roman lebensnah geschildert. Interessante Charaktere werden im Verhältnis zu dieser Zentralfigur dargestellt. Die Mutter etwa, von strenger Frömmigkeit und unbestechlicher Lauterkeit, zum Beispiel, wenn sie den antisemitischen Tiraden ihres Nazi-Sohnes die freundliche Hilfsbereitschaft des wegen »Rassenschande« verfolgten alten jüdischen Händlers entgegenhält. Oder Strasser, Bruder der Geliebten des Helden, mit den Zügen des ›edlen‹ Räubers und Wilddiebs, ein Mensch, der von der schiefen Bahn nicht herunterkommt und in der rauhen Luft des faschistisch ›erneuerten‹ Österreich unweigerlich zugrunde geht. Wichtig ist die Gestalt des Hans Lichtenegger, mit dem Franz Rainer heranwächst und der nach 1938 zur SS geht, Wächter in einem Konzentrationslager wird und dann als einer der ersten beim Überfall auf Polen fällt. Die Verführung der einfachen Menschen durch die Herrschenden ist in diesem Lebensweg ebenso veranschaulicht wie das Problem der historischen Verantwortung jedes einzelnen. An das Schicksal Lichteneggers knüpft die letzte Szene des Romans an: Seine Großmutter, eine Art Verkörperung des werktätigen Volkes, die schon ihre Söhne im Ersten Weltkrieg und nun ihren Enkel verloren hat, stirbt in den Bergen, auf dem herbstlichen Beerenschlag, in der Furcht davor, zu erleben »wie mit dem Donnern die letzte Angst übers Gebirge herüberkommt«.[11]

Der das Leben des Volkes bedrohende Krieg also als bittere

Konsequenz eines Geschehens, das Franz Kain beschreibt: die Aufmärsche und illegalen Übungen österreichischer Hitler-Anhänger, ihre Sympathisanten im Schuschnigg-Lager, der Opportunismus der rechten Sozialdemokratie, das Für und das so schwache Wider in Hinsicht auf die Einbeziehung Österreichs in Hitlers deutsches Reich. Und gleichzeitig das Ringen um Klarheit im Verhältnis zu Nation und Vaterland auf der Seite des Helden und seiner Gesinnungsgenossen als Voraussetzung für wirkungsvolles politisches Handeln, in den dreißiger Jahren wie auch noch in den fünfzigern, als dieser Roman geschrieben und ihm ein Epilog angefügt wurde, worin zu lesen ist, wie österreichische Demokraten dem frechen Auftreten deutscher Altnazis in einer Gastwirtschaft ein Ende bereiten, der Tatsache bewußt, »daß der Kampf noch immer nicht zu Ende war, der bereits über vierzig Jahre währte«.[12]

Diese operative Zielrichtung des Epilogs wie auch vieler historischer Partien, der ausführliche zeitgeschichtliche Dokumentarismus und vor allem die eingehende Schilderung sozialer Verhältnisse des werktätigen Volkes lassen dieses Buch als bemerkenswerten Beitrag zu einem in der österreichischen Literatur noch wenig beachteten Genre erscheinen: der proletarischen literarischen Autobiographie. Es ist ein Lehr- und Lesebuch für die Unterdrückten, geschrieben vom Standpunkt eines Kommunisten.

Im Verlauf der sechziger und siebziger Jahre bilden sich in der Prosa Franz Kains neue Qualitäten heraus. Das gilt sowohl für die Erzählungen, die in dem Band *»Der Weg zum Ödensee«* (1974) gesammelt wurden, als auch für den Roman *»Das Ende der ewigen Ruh«* (1978). Während stofflich und thematisch manches weitergeführt wird, drängt der Autor jetzt das allzu Lehrhafte und vordergründig Illustrative zurück. Der Neigung zum Trivialen begegnet er durch Ironisch-Kritisches, Naivität erscheint als Lakonismus, Unglück als Tragik. Die soziale Charakteristik wird psychologisch vertieft. Nicht so sehr vorgegebene ideelle Anliegen, sondern die Charaktere sind der Ausgangspunkt des Erzählens. In der Erzählweise werden Erfahrungen der modernen Literatur aufgenommen. So ist es kein Zufall, daß jetzt auch das Werk Georg Trakls als Vorbild beschworen wird, der – wie Kain formuliert – in der Dichtung »seine düster leuchtenden Bedrängnisse nach außen«[13] kehrte.

Die Erzählungs-Sammlung wird von zwei bekenntnishaften kurzen Prosa-Stücken flankiert. *»Unter dem Fieberbaum«* heißt der, eine knappe halbe Seite umfassende, voranstehende Text, in dem mit grellen Bildern der Kälte und des Fröstelns athmosphärisch eingestimmt wird auf das, was die meisten der folgenden Erzählungen ausmacht. Die abschließende Betrachtung erläutert, warum darin den »Würgmalen« der Geschichte die hauptsächliche Aufmerksamkeit gilt, warum vorzüglich »eine grelle Farbe der Idylle«[14] gezeigt wird. Es geht dem Autor um die Erhellung der jüngeren Historie Österreichs, vor allem um die Rolle des Subjekts darin. Um die verpaßten Gelegenheiten und um die bösen Gelegenheiten der Angepaßten.

»Gewiß rühren diese Würgmale weder allein von der österreichischen noch von der europäischen Entwicklung her, sie haben vielmehr mit der Weltgeschichte zu tun. Aber die Art und Weise, wie das Harz tropft, die genaue Lage und Beschaffenheit der Windungen auf dem Weg zum Ödensee sind nur für unser Land typisch, die Auswüchse und pechigen Stellen wurzeln in einer unverwechselbaren eigenen Vergangenheit [...], es orientiert sich an den Knoten, die sich geschürzt haben, und die Würgezeit hinterläßt ihre Male.«[15]

Das Bild des tropfenden Harzes ist für Kain charakteristisch. Er hat jenen Holzverstand, der ihn lehrt, daß »die astreichen und schadhaften Stellen des Stammes« oft mehr aussagen »über die Beschaffenheit eines Waldes [...] als schön ausgeformte Längen«.[16] Gesagt werden soll, daß solche Stellen im Holz Schäden hinterlassen, daß sie es aber auch besonders haltbar und widerstandsfähig machen. Dieser letztere Aspekt schlägt sich in einigen Erzählungen nieder, die vom unnachgiebigen Kampf gegen Unrecht und Unterdrückung, von einer zäh verteidigten Menschlichkeit im Widerstand gegen Reaktion und Faschismus zeugen *(»Asyl im Haus des Zimmermanns«, »Der Ochsenraub«)*.

Die neue Qualität des Schreibens läßt sich gut an einem Vergleich demonstrieren. Sowohl in *»Dann kam die Lawine«* von 1953 als auch in *»Schneefall«* aus der Sammlung von 1974 geht es um die Rivalität von Holzknechten mit einem Forstgehilfen dort, einem Holzhändler hier. In der frühen Geschichte endet der aufflammende Streit damit, daß eine Lawine beide Kontrahenten unter ihrer alles zerstörenden, den sozialen Unterschied ›ausgleichenden‹ Last begräbt. Das spätere Werk ist kunstvoller angelegt und sein Realismus greift tiefer. In ihm wird eine Wette ausgetragen: Gewinnt der Holzfäller sie, bedeutet das gleichzeitig den Tod seiner in den Bergen tätigen Kameraden. Es enthält so einen Vorgang voller Spannung, sowie eine wirkungsvolle, lakonisch ans Ende gesetzte Pointe, und eine echte Tragödie: der momentane Vorteil des Arbeiters ist Anlaß der Katastrophe für seinesgleichen. Der Gewinner der Wette jubelt zu früh, er bleibt der Betroffene. Die tragische Konsequenz entspricht den realen Verhältnissen. Während die Arbeiter sterben, träumt der Händler von der Expansion seines Profits. Es fällt ihm nicht schwer, das verlorene Faß Bier zu zahlen.

Solche erzählerisch differenzierte Darstellung ist auch zu bemerken, wenn die Niederlage der österreichischen Arbeiter 1934 im krassen Schnitt gegen die hoffnungsfrohe Erwartung des Siegs im kindlichen Spiel gesetzt wird *(»Revolutionsferientage«)*, wenn autobiographische Erfahrungen als intensive Erinnerungsströme gestaltet sind *(»Gewißheit im Mohn«)* oder nicht nur soziales Benachteiligtsein, sondern auch elementare menschliche Entwürdigung zum Kriterium verurteilungswürdiger Umstände gemacht wird *(»Der Narr«)*. Letztgenannte Erzählung etwa zeigt Franz Kain auf einem Wege, wie ihn auch jüngere Autoren, zum Beispiel Franz Innerhofer, eingeschlagen haben.[17]

Von besonderem Gewicht ist die Titelerzählung des Bandes *»Der Weg zum Ödensee«*. Zentrale Gestalt ist Ernst Kaltenbrunner, Leiter des Reichssicherheitshauptamtes, 1946 in Nürnberg vom Gericht der Völker zum Tode verurteilt und hingerichtet, Sohn der Stadt Linz. Kains Geschichte schildert Kaltenbrunners Weg in eine abgelegene Gebirgsgegend während der letzten Tage des Zweiten Weltkriegs, wo er sich verstecken will, um die für ihn gefährlichste Zeit abzuwarten. Der Jäger jedoch, der ihn führt, erkennt den Kriegsverbrecher und liefert ihn aus. Ein äußerlich karger Vorgang, aber er macht auch nicht das Wesentliche dieser Geschichte aus. Mittels des inneren Monologs wird die Denk- und Verhaltensweise Kaltenbrunners veranschaulicht und der Kern seines Charakters enthüllt. Diese Reflexionen sind sorgfältig komponiert und mit objektiv erzählten Partien verbunden. Dokumentarisches mischt sich mit Psychologischem, Collagen sind wirkungsvoll einmontiert, wiederkehrende Motive erhalten einen bedeutsamen Aussagewert. Durch eine unterschiedliche Typographie werden innerhalb der einzelnen Abschnitte der Geschichte jeweils verschiedene Erzählebenen aufgebaut.

Das Anliegen dieses literarischen Porträts ist in der Nachbemerkung des Sammelbandes vom Autor selbst sehr präzise beschrieben worden:

»Die Ausprägung eines Typus dauert gelegentlich jahrhundertelang. Dieser SS-Obergruppenführer Kaltenbrunner ist typisch österreichisch mitsamt seinem Versuch, nach dem Weg zum Ödensee wie nach einer langen Bergfahrt in die bürgerliche Idylle zurückzukehren, als ob nichts geschehen ist. Ein Ungeheuer mit polierter Oberfläche, ein höflicher Henker«.[18]

Es geht also um nationale Selbstkritik im Interesse eines demokratischen Entwicklungsweges. Dieser familienbewußte Beamte mit »Berggesinnung«, dieser Freund der Natur mit dem Polizeigehirn, der seine Verbrechen vor sich selbst juristisch verbrämt, soll als ein verhängnisvoller Auswuchs geschichtlicher Fehlentwicklungen begriffen werden. Indem Kaltenbrunner sich in der Erzählung als ein »guter Österreicher« präsentiert, will Franz Kain mit der Kritik dieser Haltung darauf hinaus, die aktuelle neofaschistische Verharmlosung fataler geschichtlicher Vorgänge bloßzustellen. Das Kaltenbrunner-Thema nimmt Kain später in »Das Ende der ewigen Ruh« noch einmal auf: eine Gruppe verhetzter junger Nationalisten will ihm in seiner Heimatstadt ein Denkmal errichten. Mit der Darstellung von Stoffen wie diesem will der Schriftsteller also nicht nur historische Bedingungen erhellen, sondern auch aktuellen politischen Erfordernissen gerecht werden.

Entscheidend ist aber der Charakter, den Kain hier vorführt; dessen genaue, zielstrebig entwickelte Kritik zeigt den Autor auf der Höhe seines schriftstellerischen Vermögens. Die Vielfalt und der gelungene Einsatz der erzählerischen Mittel, die subtile Erfassung des Psychologischen, die kompositionell sorgsam bedachte Einfügung des Landschaftsbildes, auch die Symbolik des Titels (»nach Ödensee«), sowie die eingestreuten aufschlußreichen Informationen, in jedem Detail bezogen auf ihre Funktion für die Aussage, alles das läßt diese Erzählung als eine bemerkenswerte Leistung erscheinen.

Die sich darin abzeichnenden Fähigkeiten Kains bestimmen auch den Roman *»Das Ende der ewigen Ruh«* (1978). Der Autor entfernt sich mehr und mehr von der autobiographischen

Orientierung seiner früheren Werke, erfindet exemplarische Vorgänge und Gestalten, die sich zu einer bewußt gebauten Kunstwirklichkeit zusammenfügen. Damit ist nicht gesagt, daß nicht nach wie vor konkrete Erfahrungen in die Darstellung eingehen. In diesem Roman betrifft das insbesondere Einsichten in Vorgänge, die Kain während seiner Tätigkeit als Funktionär der KPÖ und als Abgeordneter in der Stadt Linz gewonnen hat. Aber der Roman geht doch weit darüber hinaus, die Zusammenhänge werden ins Sinnbildhafte erhoben, zielen auf ein Urteil über gesellschaftliche Ereignisse, die mit Geschichte, Gegenwart und Zukunft Österreichs zu tun haben.

Im Gasthaus »Zur ewigen Ruh« – dem hauptsächlichen Handlungsort des Romans – ist noch etwas von der Liebenswürdigkeit des alten Österreich zu spüren, doch ist sein Verfall nicht aufzuhalten. An den Wertungen des Autors ist zu erkennen, daß er diese Entwicklung für historisch gerechtfertigt hält, doch kann er sich angesichts dessen auch einer gewissen Wehmut nicht entziehen. Diese widersprüchliche Position findet sich in einem Kernsatz des Werkes formuliert, enthalten in den Reflexionen eines aktiven jungen Gewerkschafters, der dabei ist, sich mit der ehemaligen Kellnerin des Gasthauses zu liieren:

»Wir bauen unser Nest auf den Trümmern der ›Ewigen Ruh‹. Wir haben kräftig mitgeholfen, etwas durch und durch Morsches einzureißen. Was fallen will, muß man stoßen. Richtig! Nur: bei jedem Niederreißen fällt etwas mehr, als dagestanden ist. Die ›Ewige Ruh‹ war ein Schlupfwinkel mit bösen Überraschungen, aber seine lauschigen Ecken und seinen intimen Geruch hatte sie auch. Wir werden uns gelegentlich nicht ohne Sehnsucht an sie erinnern.«[19]

Dieser Zwiespalt der Empfindungen teilt sich der Erzählweise mit. Während der »Weg zum Ödensee« mit entschlossener Rasanz an sein Ende geführt wurde, tastet sich der Autor hier an sein Thema heran, kreist er es ein, ist in der Erzählhaltung eine gewisse Behutsamkeit und gelegentlich auch Betulichkeit spürbar. Es wird das Panorama des Lebens in einer mittleren Stadt entworfen. Die Perspektive des Erzählens ist in den verschiedenen Abschnitten an jeweils andere Personen gebunden, so daß dadurch ein variabler Gestus bedingt ist. Die Skala derer, die hier erzählen, umschließt den ehemaligen Gaurichter und heutigen Stadtrat, und einen weiteren Altnazi, die neureiche Inhaberin des Gasthauses, den Telegraphenmeister und opportunistischen Vorsitzenden des Sparvereins, einen Lokaljournalisten und einen jungen kommunistischen Arbeiter, ein Strichmädchen und einen heruntergekommenen alkoholkranken ehemaligen Weinhändler, sowie einen aktiven Terroristen. Mit diesem Erzählerspektrum ist auch der Umkreis der Probleme gegeben: Bauspekulationen und kommunale Skandale, legale und illegale Geschäfte, faschistische Traditionen und neofaschistische Aktivitäten, das Wirtshaus- und Vereinsleben und käufliche Liebe innerhalb und außerhalb der »Ewigen Ruh«. Das Gasthaus der ansehnlichen Frau Walkobinger ist das Zentrum der Darstellung, auf die eine oder andere Weise sind alle Vorgänge mit seinem Gedeihen oder Untergang und damit untereinander verknüpft. Nicht vom Wandel der Geschehnisse, sondern von den treffend gestalteten Charakteren her ist der Roman organisiert, dieselben Ereignisse erfahren eine unterschiedliche Beleuchtung und Beurteilung. Aktiven Einfluß auf die Handlung nehmen allein die sentimentale, aber geschäftstüchtige Dirne, in der sich die Rache der immer Geschmähten und Verachteten verkörpert, und vor allem der politisch bewußte junge Arbeiter, in dessen gezielten Aktionen Franz Kain unaufdringlich belehrend seine Auffassungen von massenverbundener, wirksamer Tätigkeit der kommunistischen Vorhut unter den gegebenen Bedingungen zum Ausdruck bringt.

Bei aller Sympathie mit dem Milieu der »Ewigen Ruh« dominiert der gesellschaftskritische Impetus des Romans, die Darstellung des letztlich unabdingbaren Verfalls eines Gesellschaftssystems. Wichtige Symptome dafür kommen ins Bild. Traditionelle Motive dieser in der österreichischen Literatur des 20. Jahrhunderts nicht seltenen Thematik verschmelzen mit Einzelheiten, wie sie für das gesellschaftliche Leben Österreichs in jüngster Zeit typisch sind. Und im Denken und Tun des jungen Kommunisten ist eine Alternative zu all dem angedeutet, womit wohl die Spezifik des Herangehens dieses Autors an die wohlvertraute Fragestellung zum Ausdruck kommt.

So verschmelzen in dem Erzählungs-Band »Der Weg zum Ödensee« und in dem späteren Roman drei Tendenzen: Erstens die innige Beziehung Franz Kains zum Volksleben und seinen Traditionen, seine Liebe zu den einfachen Menschen und den Besonderheiten ihrer Existenzweise, zu ihrem kennzeichnenden Milieu und zur Landschaft. Als zweites sein Bestreben, eine volksverbundene Erzählweise mit den Errungenschaften moderner Erzählkunst zu verbinden. Und drittens das Element des unmittelbaren Zugriffs auf aktuelle politische Vorgänge sowie die Wertung des jeweils Dargestellten unter dem Aspekt einer Geschichtsauffassung, die unsere Zeit als eine Zeit des Übergangs zu neuen gesellschaftlichen Ufern begreift.

Von hier aus auf Franz Kains gesamtes Werk blickend, erscheint es wesentlich geprägt von seiner Herkunft und seiner politischen Überzeugung und gewinnt gerade dadurch einen besonderen Stellenwert in der neueren österreichischen Literatur.

Biographische Notiz

Franz Kain wurde am 10. Januar 1922 in Bad Goisern als dritter Sohn einer Bauarbeiterfamilie geboren; dort Besuch der Volks- und Hauptschule. 1936 wegen Mithilfe bei der Verteilung illegaler Schriften verhaftet, erhielt er daraufhin keine Lehrstelle. 1937/40 Arbeit als Waldarbeiter, Anschluß an die gewerkschaftliche Organisation der Holzfäller. 1940 wegen antifaschistischer Tätigkeit zu drei Jahren Zuchthaus verurteilt, dort entstehen erste Gedichte. 1942 im Strafbataillon 999, begab sich 1943 in Nordafrika in US-amerikanische Gefangenschaft (bis 1946). Nach dem Zweiten Weltkrieg Redaktionsgehilfe und Redakteur der »Neuen Zeit« in Linz. Mitglied der Kommunistischen Partei Österreichs. 1953/56 als Korrespondent im demokratischen Berlin. Weiterhin journalistische Arbeit.

Seit 1968 Mitglied des Zentralkomitees der Kommunistischen Partei Österreichs. Kommunalarbeit als Gemeinderat in Linz. 1979 Verleihung des Titels Professor.

1963 Förderungspreis für Literatur der Stadt Linz; 1966 Theodor-Körner-Preis (Wien).

Antal Mádl

Gerhard Fritsch

»Ein seltsames Land ist dieses Österreich«[1], – so der Reim des Chefredakteur Schallerbach, einer Figur aus dem Roman »Moos auf den Steinen«, auf Vergangenheit und Gegenwart der zweiten Republik. In diesem »seltsamen Land« versuchte Gerhard Fritsch (1924–1969), heimgekehrt aus dem Krieg, reich an bitteren Erfahrungen, sich als freischaffender Autor durchzusetzen und an der Gestaltung der literarischen Öffentlichkeit mitzuwirken. Auf die Frage, ob man in Österreich als freier Schriftsteller existieren könne, gab er die Antwort: »Nein, aber ich versuch's.«[2]

Fritschs Leben und Wirken bestand aus einer ununterbrochenen Reihe solcher Versuche, die sich von ästhetisch-literarischen Fragen, der »Bewältigung« einer älteren, der habsburgischen, und einer jüngeren, der hitlerschen Vergangenheit, bis zur Entfaltung eines neuen modernen Österreich und seiner Literatur erstreckten, eingeschlossen das Bestreben, sich in diesem sozialen und geistigen Rahmen eine Existenz zu schaffen.

Der Versuch, in Österreich geistig-künstlerische Selbstverwirklichung wie zum alltäglichen Leben notwendige materiell-finanzielle Sicherung als freischaffender Autor und Herausgeber von Zeitschriften vorzuexerzieren, war das selbstgesteckte Ziel, dessen Verwirklichung den Geist wie den Körper des Dichters vorzeitig zermürbte. Gerhard Fritsch, dem die österreichische Nachkriegsliteratur viel zu verdanken hat, schlug nicht den Weg mancher seiner Zeitgenossen ein, die – wie Ilse Aichinger oder Ingeborg Bachmann – als Mitglied der »Gruppe 47« ins Ausland, vor allem in die Bundesrepublik gingen. Auch den (zum Teil von ihm entdeckten) österreichischen Nachwuchsdichtern, Peter Handke und anderen, folgte er nicht. Und ein für österreichische Künstler nicht ungewöhnlicher Weg wie der von Thomas Bernhard, der diesen in die völlige innere Isolierung eines einsamen Bauernhofes führte, wurde von ihm gleichfalls abgelehnt. Fritsch stellte sich dem Wiener Alltag und seinen Problemen direkt. Von seinen Kritikern als Elegiker bezeichnet, erklärte er:

»[…] ich betrachte […] nur gern die Geschichte, die das wesentliche Selbstzeugnis des Menschen ist. Ich glaube deshalb auch an eine besondere österreichische Aufgabe und an einen Sinn des Lebens, den in Kameradschaft zu suchen wir nie aufhören dürfen.«[3]

Seine Bereitschaft, diese Aufgabe auf sich zu nehmen, war von manchen Jugendeindrücken und Erfahrungen geistiger und praktischer Art bereits weitgehend vorgeprägt. Die umfangreiche väterliche Bibliothek hatte ihm nicht nur die Klassiker der europäischen Literatur nahegebracht, sondern enthielt auch manches von dem, was nach 1938 in Österreich strengstens verboten war: die ›nicht-arische‹ deutschsprachige Literatur und deren große österreichische Vertreter, insbesondere der gesamte Expressionismus und andere avantgardistische Richtungen – beinahe alles, was mit Mitteln der Kunst, des

Stils und der Sprache, mit Mitteln einer künstlerischen Revolte gegen das Herkömmliche und Konventionelle aufzutreten suchte. Nach dem Krieg wurde dieses Leseerlebnis durch weitere Werke der Weltliteratur ergänzt, neben englischsprachigen Autoren ganz besonders durch die Russen, vor allem Tschechow und Gorki. Traditioneller Realismus und Aufgeschlossenheit allem (tatsächlich und vermeintlich) Neuen gegenüber verliefen so in den ästhetischen Anschauungen Fritschs parallel. Auf diese Weise konnte er sich völlig offen den neorealistischen Tendenzen stellen, denen er auf bürgerlicher Seite begegnete. Aber auch die sozialistisch-realistischen Bestrebungen, die ihn über den kommunistischen »Abend« und das von Ernst Fischer redigierte »Tagebuch« (in beiden veröffentlichte der angehende Schriftsteller Gedichte und Erzählungen) erreichten, waren ihm nicht fremd. Ähnlich traf ihn die neue avantgardistische Welle der »Wiener Gruppe« und der ihr folgenden Grazer Schriftsteller nicht unvorbereitet. Im Gegenteil, die von ihm redigierte maßgebende »österreichische Literaturzeitschrift« (Untertitel) der Nachkriegsjahre, »wort in der zeit«, bot gerade diesen Autoren die erste und anfangs beinahe einzige Publikationsmöglichkeit. Fritsch verteidigte diese Neoavantgardisten gegen die tonangebende Literaturkritik und ergriff, ohne ihre Positionen zu teilen, Partei für sie auch dann, als dadurch die Subventionierung der Zeitschrift gefährdet war. Nachdem deren Erscheinen eingestellt werden mußte, brachte er den Mut auf, erneut als Mitherausgeber und verantwortlicher Redakteur eine Literaturzeitschrift ins Leben zu rufen: die bis heute bestehende »Literatur und Kritik«.

Für das eigene Schaffen waren das spezielle österreichische geistige Erbe und unmittelbare Erfahrungen bedeutsam. Sein dichterischer Entwicklungsgang führte auf diese Weise von den Kriegs- und Nachkriegserlebnissen vorerst zurück zu einer früheren Vergangenheit und von dort wieder zur unmittelbaren Gegenwart. Die schwerwiegendsten Erlebnisse waren auch für Fritsch, der mit achtzehn Jahren zur deutschen Wehrmacht eingezogen wurde, der Krieg und dessen physische und seelische Verwüstungen. In *»Dieses Dunkel heißt Nacht. Ein Gedicht«* (1955) verknüpfte er sie unmittelbar mit der Gegenwart. Das Dunkel, das einst für den Jugendlichen »noch Landschaft und Abend« beinhaltete und eine »Allee auf der du dich sahst mit einem Fahrrad dahinschaukeln« (D 7)[4], wurde gleichbedeutend mit Nacht, »nassem Ruß«, Angst, Vernichtung und ständiger Fahrt in den Tod. Auf den Transporten konnte er dem Rattern der Räder nur eine stumpfsinnige Antwort entnehmen:

die Nacht hieß Angst
und die Räder die Räder
sie sangen
In Smolensk die Kathedrale
in Warschau das Schloß
Wilna am Abend
und grün so grün
das Ghetto von Sokolow
die Toten gehn
um und bieten sich an wie die Huren
komm mit
singen die Käuzchen
die Räder. (D 15f.)

Dieses Fahren in den Tod, dem er kaum entgangen war, verband sich zehn Jahre später in seinem langen Gedicht als visionärer Traum – von dem er sich nicht befreien, den er nicht bewältigen konnte – mit einer Eisenbahnfahrt in eine österreichische Kleinstadt, wo er einen Vortrag zu halten hatte. Die letzten Kriegsmonate sind in diesen Traumvisionen konfrontiert mit dem späteren geordneten Heim, Frau und Kind, mit dem Auftrag zu reden

»über Kultur und Lebensgefühl und ähnlich Zerredbares / der Vortrag soll positiv sein / aufbauend / leicht verständlich / leicht verdaulich / aber konkret / wie man es in den verschiedenen Sekretariaten / der Volksbildung zu fordern und mit Hilfsarbeitergagen / zu bezahlen gewohnt ist« (D 34).

Aber die Träume kehren wieder in den Morgenstunden:

Du bist noch immer nicht
fertig geworden mit dem Krieg
sagt mir manchmal ein Freund
er hat recht
ist die Welt fertig geworden
mit dem Krieg
Doch das ist eine Ausrede
wir sind alle einzelne und haben die Pflicht
jeder für sich fertig zu werden damit
auch ich möchte fertig werden mit dem Krieg
es ist auch schon besser als früher (D 37)

Die Vergangenheit zu bewältigen, sie aber zugleich als Lehre für die zukünftige Menschheit gegenwärtig zu halten – so ist im Gedicht der Widerspruch gefaßt, für den eine Antwort gefunden werden soll. Freunde können sie ihm auch nicht leichter machen, denn

> Der eine Freund sagt
> du bist noch nicht fertiggeworden
> mit dem Krieg
> der andere sagt
> du bist ein Spießer (D 40).

Eine Lösung wird im Schlußteil des Gedichts angestrebt, in dem das Erwachen im Zug beschrieben ist. In einer solchen Morgenstunde kann Verschiedenes geschehen: im Krieg war es die Zeit der Verhaftungen, der Hinrichtungen, jetzt – zehn Jahre später – ist es die Zeit, in der »der Bauer in den Stall tritt [...] der Arbeiter auf die erste Straßenbahn wartet« (D 47), und auch der Dichter, der »kleine Bibliothekar [...] weiß jetzt, was er erzählen werde in zwei Stunden« (D 49). Er findet zu anderen Menschen, und auch von den Rädern des Zuges vernimmt er ein neues Lied, »das Lied von der Kameradschaft aller / die unterwegs sind« (D 50).

Aus dem einstigen Gespensterzug mit seiner Verkündigung des Todes hat sich der Dichter in einen anderen hinübergerettet, der ihn jetzt Tagespflichten zuführt. Auf diese Weise löst sich der Widerspruch zwischen Bewältigung der Vergangenheit und Gefahr des ›Verspießerns‹, bildet sich ein neues Lebensziel heraus. Einstige schreckliche Erlebnisse sollen nicht vergessen sein, aber das Krähen des Hahns erinnert auch nicht mehr an den »Verrat an Jesus«, sondern ermuntert zu täglichen neuen Aufgaben und Pflichten. Wie das Rattern der Räder sich verändert hat, so wandelt sich auch der mehrmals wiederkehrende Refrain des Gedichts und weist über die Vernichtung und den Tod hinaus in eine Zukunft:

> In Smolensk die Kathedrale
> in Warschau das Schloß
> in Reims die gotischen Engel
> werde ich sagen
> die Trümmer von Paestum
> und jene von Danzig
> Säulen Ikonen und Schlösser
> Revolutionäre und Dulder

es krähen noch immer die Hähne
wir gehen noch immer
werde ich sagen
in eine Zukunft
die Nacht war aus Ruß
doch grün so grün sind die Wiesen
im Sommer der Hirten
die Zukunft ist unser Vaterland
die Zukunft der Erde
über Toten (D 53).

Dieses »lange Gedicht« ist weder eine versifizierte Erzählung über die Kriegszeit noch Bericht über eine nächtliche Zugfahrt zehn Jahre später. Die Fahrt bietet den Rahmen zur Vergegenwärtigung der einstigen Schreckenserlebnisse, die als Traumvisionen noch immer wiederkehren. Seelische Erschütterungen der Kriegszeit verknüpfen sich mit unmittelbar realitätsbezogenen Situationen. Die auf diese Weise hergestellte Kontinuität ergibt sich nicht einfach aus einer Reihenfolge von Handlungen, sondern aus dem ständigen Reagieren auf einen seelischen Zustand: Durch die Hinwendung zur Realität werden die Traumvisionen zwar nicht endgültig verdrängt, doch gewinnt das Leben, die Hoffnung auf eine Zukunft, die Oberhand. Wechsel von pathetisch-lyrischen Teilen mit tief skeptischen, stellenweise ironischen Partien bestimmen den Charakter dieses von der Kritik gelegentlich als eine neue Gattung der Nachkriegsliteratur bezeichneten »langen Gedichtes«.

Tatsächlich handelt es sich um die eigenständige Entwicklung einer Übergangsform, die in der österreichischen Literatur mindestens seit dem Vormärz nachweisbar und auf die einstige Nachahmung des Epos und der beschreibenden Reisedichtung zurückzuführen ist. Das von dem Zweifel als dem ›Haupthelden‹ getragene epische Gedicht Nikolaus Lenaus »Die Albigenser« mit dem skeptisch-zuversichtlichen Ausblick auf die Zukunft steht im Vorfeld dieses modernen »langen Gedichts«; allerdings verlor in den vergangenen hundert Jahren die durchgängige Handlung weitgehend an Bedeutung, und das Visionäre, das Intuitive erhielten Übergewicht.

»Dieses Dunkel heißt Nacht« ist nicht das einzige Werk des Autors, das die unmittelbar erlebten Kriegsschrecken zum Inhalt hat. Seine frühe Kurzprosa sowie die in den Bänden *»Zwischen Kirkenes und Bari«* (1952) und *»Lehm und Gestalt«* (1954)

erschienenen Gedichte haben ebenfalls zum großen Teil noch die Kriegserlebnisse, die eigene Beteiligung und Verantwortung sowie die anderer für den Krieg zum Thema. Der Dichter fühlte sich als »befohlener Tourist des Führers« (GG 30)[5], als er 1943 im Osloer Hafen weilte, und in Mons oder auch in Paris hätte er die Leute gern davon überzeugt, daß er zwar der Uniform nach »ein Feind für dich« (GG 29) sein mußte, in Wirklichkeit aber nur »die Schönheit eurer Stadt, ein edles Haus, / die Kirchen und die Speicher, die hier stehen« (GG 28) sehen wollte. In der Ukraine erschütterte ihn einst die Verwüstung, die von jenen Truppen angerichtet wurde, deren Uniform auch er zu tragen hatte:

kein Baum an der Straße,
kein Wind, der uns kühlt,
kein Brunnen, kein Bach und kein Haus
Kein Vogel, der singt,
keine Grille, die zirpt
im schweigenden Staub der Ukraine. (GG 36)

»Verflucht für alle Ewigkeit« (GG 37) trat er den Rückzug von verbranntem Boden an und folgte »den andern nach in Deutschlands Untergang« (GG 39).

Eines der schönsten Gedichte dieser Art ist *»Zwischen Kirkenes und Bari«*, in dem Fritsch eine Zusammenfassung seiner Kriegserfahrungen gibt: »Staub und Gräber, Gräber, Gräber – / das waren die Jahre der Jugend«; die letzten Reste heimatlicher Erinnerung, »das letzte Bild von einer alten Liebe« und auch die alten Ideale gingen unterwegs verloren. Von dem langen Marsch »bis an die Wolga« und zurück hat er aber auch etwas sehr Wertvolles mitgebracht:

»erworben haben wir im Krieg das Wissen, / daß wir uns leicht verstehen können«. (GG 43f.)

Ausgehend davon verfaßte Fritsch Gedichte, in denen der Gedanke an eine neue Welt, an eine neue Heimat, an einen neuen Kontinent »auf den Trümmern Europas« (GG 51) artikuliert wird. Ähnlich dem Gedicht »Dieses Dunkel heißt Nacht« tritt aber auch in den beiden Gedichtsammlungen die Diskrepanz zwischen Überwinden-Müssen und Nicht-Vergessen-Dürfen hervor. In *»Lied vom Vergessen«* wird in diesem Sinne alles aufgezählt, was vergessen werden müßte, um weiterleben zu können: die Länder, durch die der Dichter getrieben wurde, die verbrannten Städte, die Wohnungen, die zerbombt wurden, die gefallenen Freunde. Die Schönheiten der Natur sollen mithelfen, daß die Schreckenstaten leichter vergessen werden. Aber: auf der Wiese liegend und den Himmel beobachtend, können auch neue Bomber auftauchen – »viel zu spät« käme »die Erinnerung / dann sind wir auch schon halb erschlagen« (GG 53).

Solche Gedichte knüpfen an expressionistische Lyrik an – erinnert sei Fritschs frühe Rezeption des Expressionismus. Seine Intentionen decken sich weitgehend mit den Bestrebungen derer, die unmittelbar nach dem Zweiten Weltkrieg erneut das Sprachproblem für die gesamte Dichtung stellten und die im darauffolgenden Jahrzehnt in der österreichischen Lyrik dann auch jene Experimente hervorriefen, an denen – ausgehend von aktuellen Fragestellungen – das Anknüpfen an Vorkriegsstilrichtungen und/oder die Wiederbelebung der Mundartdichtung auffällig ist. (Der Einsatz von Dialektalem wurde u. a. zum belebenden Element der Dichtung der »Wiener Gruppe«.)

Fritsch blieb hier auf halbem Weg stehen: Er folgte weder der Mundartdichtung noch ging er in der experimentellen Richtung bis zu den äußersten Konsequenzen mit. Vielmehr wurde er dadurch zu Versuchen neuer Art angeregt. Die gereimte traditionelle Dichtung ist auch für ihn endgültig vorbei, gehört der Vergangenheit an. Der Mut des Wiener Neo-Expressionismus und ganz besonders auch des Neo-Surrealismus, Worte anders zusammenzufügen, neu zu ordnen und dadurch Schockwirkungen zu erzielen, wird auch in seiner Lyrik spürbar und ist zeitweise sogar bestimmend. Anklänge an die »O-Mensch«-Dichtung der ersten Expressionisten traten bei Fritsch im Thematischen zahlreicher Gedichte gerade in diesem Sinne auf. In dem 1962 – als die »Wiener Gruppe« bereits zu wirken begann – entstandenen Gedicht *»Wie heißen die Städte?«* ist das Sujet des Krieges in der zerhackten Form des Expressionismus und in dessen Bilderfarben mit dem O-Mensch-Gedanken auf meisterhafte Weise verknüpft:

Hölzerne Städte, ergeben
versinkend in Schimmel und Moos:
Eine von euch steht
auf

nächtens noch immer
und schreit.
Grün war
das Blut auf dem Markt
In sein Gedärm trat
ein Roß und das schrie
Was macht ihr?
Alle die hölzernen Städte
ertranken in Schimmel und Blut.
Das Roß schreit
in den Mond. (GG 196f.)

Ein ähnlicher Stoffkreis und gleiche Gedankengänge finden sich in seiner frühen Kurzprosa, die teils im Stiasny-Heft *»Geographie der Nacht«*[6] enthalten, teils nach der Erstveröffentlichung in »Tagebuch« bis heute nicht mehr erschienen ist. In der Kurznovelle *»Die Nacht von Ilikowo«* (1946)[7], zeitlich im Januar 1945 angesiedelt, ist das Geschehnis symbolhaft: Gerade die Wehrmachteinheit, die seinerzeit nach Moskau einmarschieren sollte, vernichtet sich auf der Flucht in einer stockenden Kolonne durch Alkohol und Meuterei selbst. Der russische Winter tut ein Übriges, so daß der anrückenden sowjetischen Patrouille nur mehr das Einsammeln von erfrorenen Leichen und Pferdekadavern bleibt. In dem Teilabdruck eines angekündigten Romans über Polen[8] werden Hitlerjungen dargestellt, die polnische Kinder von ihrem Spielplatz vertreiben und sie mißhandeln. Neben dem Faktenbericht ging es dem Autor auch hier um das Verhalten der ›Eroberer‹, um die Frage: Inwieweit stimmen sie überein, wie benehmen sich insbesondere jene unter ihnen, die denken und nicht nur Befehle ausführen. Eine Frau deutschen Namens tritt als Mahnerin auf, und ein Unteroffizier der Wehrmacht, der älteren Generation angehörend, wendet sich ebenfalls gegen die Mißhandlung der polnischen Kinder mit dem Hinweis, all das werde einst heimgezahlt. Der Stoßseufzer »Armes Deutschland« am Schluß der Novelle verdeutlicht gleichzeitig auch, wie ohnmächtig solche Versuche moralischer Selbstbehauptung waren.

Der Widerspruch zwischen Vergessen beziehungsweise Verdrängen der jüngsten Vergangenheit und mahnendem Gegenwärtigsein war für Gerhard Fritsch kein abstraktes philosophisches Problem, sondern ging in seine gesamte Weltanschauung und so auch in sein Verhältnis zur Heimat ein. Überhaupt mußte mit und nach Bewältigung der unmittelbaren Vergangenheit zuerst eindeutig die Frage gestellt werden, wohin er selbst gehört. Für ihn hat sich jenes Österreich als Heimat erwiesen, das

> im Echo seines geflüsterten Namens
> ist auferstanden in russischen Wintern und zwischen
> den Öfen von Auschwitz (GG, 211).

Das Suchen nach diesem Österreich, das mit einem Blick in die Zukunft zu leben gewillt war, führte den Dichter auch über den engeren Problemkreis der unmittelbar erlebten Vergangenheit hinweg. Das Poem *»Österreich«*, dem die zitierte Stelle entnommen ist, eröffnet einen weiten Ausblick auf die Geschichte und auch auf die Landschaft Europas, um dieses sein Österreich erfassen und umschreiben zu können. Fast im Sinne von Ernst Moritz Arndt fragt er:

»[...] was ist dieses Land?«, in dessen Geschichtsbuch Schlachten »mit Hunnen und Türken / Kurutzen Franzosen Preußen und Russen« stehen, »dieses Land / das sich selbst nicht gemocht hat / zwischen November und März«? (GG, 210).

Damit ging Fritsch auf die Epoche ein, die er für das Österreich der Gegenwart als entscheidend empfand: die Zeit zwischen der Auflösung der Monarchie gegen Ende des Jahres 1918 und dem »Anschluß« von 1938. Deren Vorgeschichte wird nur in einzelnen Andeutungen bewußtgemacht, so die Zeit Maria Theresias, der »nörgelnden Pflichterfüller« des Josefinismus, des Kaiser Franz usw. Eher wird darüber geklagt, daß der Radetzkymarsch zwar gespielt wird, Traditionen also formell ›bewahrt‹ werden, die Neigung jedoch, Vergangenheit zu vergessen, in Österreich viel größer sei als sonst irgendwo. Einer solchen historischen Skizzierung folgt die geographische:

> was ist dieses Land jetzt wo sich die Straßen
> kreuzen noch immer aus vier Richtungen Europas
> nicht nur aus drei auch im Osten ist Europa
> wer es vergißt
> kann nichts sagen über dieses Land (GG 210).

Die Antwort ist knapp formuliert:

»ein Volk / mit Vergangenheit Zukunft dauernde Gegenwart / im Kreuz der Straßen Europas im Schoß dieser Welt / lächelnd über seine Bestatter: Österreich« (GG 211)

Diesem Österreich wandte sich Fritsch in seinem ersten bedeutenden Roman zu: *»Moos auf den Steinen«* (1956), indem er die Vergangenheit nach dem Aufhebens-, Bewahrenswerten befragt. In die Entstehungszeit des Romans, insbesondere die Jahre 1953/55, fallen für den Autor wichtige Entscheidungen: Ein Jahr vorher erfolgte seine Loslösung von der Kommunistischen Partei Österreichs, mit der der angehende Schriftsteller mehrere Jahre hindurch versucht hatte, einen gemeinsamen Weg zu gehen. Auch seine Studien an der Wiener Universität mußte er endgültig aufgeben zugunsten eines Arbeitsverhältnisses bei den Wiener Städtischen Büchereien. Und nicht zuletzt fiel in dieser Zeitspanne die eindeutige und endgültige Entscheidung für Österreich.

Der Held des Romans, Michael Petrik, wie sein Autor Heimkehrer, wird mit dem alten Österreich konfrontiert, für das ein Barockschloß und seine Bewohner stehen. Das Schloß Schwarzwasser, am äußersten östlichen Ende des Landes gelegen, enthält – durch seine geographische Lage, die verfallene Barockfassade wie auch seine sich der Resignation völlig hingebenden Bewohner und die Gruft der Ahnen – potentiell alle Möglichkeiten, das alte einstige Österreich im Spiegel einer geplanten konjunkturellen Renovierung symbolisch der gegenwärtigen Republik Österreich gegenüberzustellen. Ein Freund Petriks, Mehlmann, bereits ein Mann der völlig aufs Geschäft fixierten Welt, möchte das Schloß mit entsprechendem Presserummel für kulturelle Zwecke renovieren lassen; selbst wenn er dazu die Baronesse heiraten müßte. Die unmittelbar Betroffenen, Baronesse Jutta, die sich mehr und mehr Petrik zuwendet, und ihr Vater, der einstige Major der k. u. k. Monarchie Suchy-Sternberg, versprechen sich nicht allzuviel von diesem Versuch, vor allem schrecken sie vor den unlauteren Mitteln zurück, mit denen er verwirklicht werden soll. Auch Lichtblau, der aus der Emigration zurückgekehrte verwahrloste jüdische Journalist und Freund des Barons, warnt vor diesem Abenteuer. Am Ende des bewegten Handlungsgeschehens muß dann noch ein Autounfall, der Petrik tötet und den Baron schwer verwundet, bemüht werden, den Plan der Renovierung zunichte zu machen. Die Probe, der alle Beteiligten bereits vorher und die Überlebenden auch nach dem Unfall ausgesetzt sind, zwingt zur Bewährung. Petrik muß sich aus seiner benachteiligten Lage die Neigung der Baronesse erkämpfen und erreichen, daß er von Lichtblau als der vielversprechende, begabte junge Autor anerkannt wird. Sein Unfall – ein Eingriff des Zufalls – unterbricht dann den weiteren Weg dieses jungen Dichters eines neuen Österreich. Mehlmanns Charakter erfährt durch die Erschütterungen, die er miterlebt, zwar eine Läuterung, aber auch er scheidet für die Weiterführung der Tradition aus. Ebenfalls ohne Perspektive bleiben jene Vertreter der Vergangenheit, die – aus verschiedenen Richtungen kommend – im Barockschloß einander zwar gut verstanden haben, aber doch die Zukunft nicht mehr repräsentieren können: der jüdische Journalist Lichtblau und vor allem der Baron, unter dessen Händen das Schloß völlig verfallen war. Er will zwar seit Jahrzehnten in einem Roman die Geschichte Alt-Österreichs beschreiben, ist jedoch über Materialsammeln und Titel nicht hinausgekommen. Die dritte Gestalt, Kovacz, steht nur in losem Zusammenhang mit dem Ort, tritt im Schloß nicht in Erscheinung. Der ehemalige Kapitän der Donau-Dampfschifffahrtsgesellschaft ist Besitzer einer Gaststätte und lebt in nächster Nachbarschaft, unmittelbar an der Donau, im Dreieck der Staatsgrenze.

Am Beispiel dieser drei Gestalten versucht Fritsch zu zeigen, was an Wertvollem mit einer früheren Welt zu verschwinden im Begriff ist und verdiente, aufgehoben zu werden.

Bei Lichtblau ist es der Kunstsinn des Wiener jüdischen Journalisten einer früheren Zeit. Er trägt Züge von Joseph Roth, wodurch wieder auf den Osten Europas hingewiesen wird, der einst zu Alt-Österreich gehörte. Dieser indirekte Bezug auf den Autor des »Radetzkymarsch« hat selbstverständlich auch die Funktion, das Problem des Nachtrauerns und gleichzeitig der elegisch gestimmten, aber dennoch abrechnenden Kritik an der einstigen Monarchie noch einmal in Erinnerung zu bringen. Der Baron bezeichnete sich selbst als »eine Art Oblomov« (M 84)[9]. Woran er glaubte, ist nicht so einfach zu definieren:

»Glaubte er an die Vernunft, an das weise wirkende Schicksal, das die geheime Religion so vieler altösterreichischer Hofräte und Offiziere war, die in Kaiser Joseph, der gepflügt und reformiert hat, den größten Herrscher ihres Reiches verehrten? [...] Ein bißchen glaubte er an die Vernunft [...]. Aber die Vernunft, wie vielgesichtig und wandelbar war die! Ein bißchen glaubte er an das Schicksal, [...] an die geheime Ordnung der Welt und ihrer Geschichte [...]. Ein bißchen glaubte er an die Menschheit, trotz allem, was er erlebt hatte [...]. Er glaubte, daß die Welt weder gut noch böse, weder sinnvoll noch sinnlos war. So hatte er gelebt, fröhlich [...] und bereit für die Gnade, an die er glauben wollte und die er nicht gefunden hatte, die zu suchen er aber für seinen, für jedes Menschen Auftrag hielt«. (M 113f.)

Die Denk- und Verhaltensweise dieser Gestalt bezeichnete der Autor als »modo austriaco«. Er zielte damit auf eine geistige Haltung, die der ganz und gar veräußerlichten des Emporkömmlings Mehlmann entgegensteht. In der Familiengruft entdeckt dieser auf einem Sarg eine ihn befremdende Aufschrift: »Er starb auf das tapferste und demütigste« (M 147). Eine solche »innere aristokratische Geisteshaltung des Österreichers«[10], die der Emporkömmling nicht versteht, der Baron aber noch verkörpert, ist nach Meinung des Autors bedroht, für immer zu verschwinden.

Durch die Einführung einer Gestalt wie Kovacz wird der Grenzlandcharakter in den Roman einbezogen. Noch mehr als das Schloß Schwarzwasser ist sein Gasthaus der äußerste Punkt, der noch zu Österreich gehört, ein Grenzpunkt also – wie einst der »tote Strom« (M 79), die Donau, die Römer und Barbaren, Süden und Norden trennte, später zum Zentrum eines mächtigen Reiches (M 82) und nun wieder zur Grenze wurde (M 157). Der ungarische Name dieses ›österreichischen‹ Gastwirtes, der zudem die slawischen Sprachen beherrscht, macht diese Grenzsituation noch deutlicher. Kovacz verschwindet auch etwas später – wie der Autor vermuten läßt, dürfte er in Richtung Osten gezogen sein –, womit ebenfalls angedeutet wird, was gerade in der Entstehungszeit des Romans mit einer solchen Grenze gemeint sein sollte:

»[...] wie nichtig eine Grenze ist und wie gewaltig und unüberwindlich eine Grenze sein kann« (M 157).

Diese Gestalt birgt aber darüber hinaus eine weitere ideelle Dimension; der Baron sucht Zuflucht bei Kovacz, weiß er doch, daß dieser

»zwanzig Jahre Matrose und Steuermann auf diesem verrotteten Donauschlepper war, daß er sich nachher zehn Jahre in der Welt herumgetrieben hat und nun schon seit fast zwanzig Jahren hier in dieser Keusche als Wirt und Fährmann sitzt, wer braucht es zu wissen? Er ist da, wenn ihn wer braucht. Das genügt. Er ist so alt wie ich, aber wer sieht ihm das an? Vielleicht hat er die Zeit überwunden. Er überwindet sie in jedem Augenblick«. (M 246)

Dieser Kovacz ist in der österreichischen Literatur nicht ohne Vorbild. Er steht außerhalb der Zeit und will sich deren

Gesetzen – ähnlich wie dies in Lenaus »Don Juan« Görg versucht – nicht beugen:

»Wir wollen alle erlöst werden, aber ich, der Gauner Kovacz, sage euch, daß wir uns selber erlösen müssen. [...] Man muß mit allem allein fertig werden«. (M 250f.)

Daß Kovacz früher Schiffskapitän war, verleitet den Autor gegen Ende seines Romans zu symbolischer Ausbeute, indem er die anderen Gestalten darauf bezieht und im Zusammenhang damit auf das versunkene Schiff der einstigen Monarchie verweist:

»Suchy und Lichtblau waren Vergangenheit, Kapitäne versunkener Gespensterschiffe, noch immer beschäftigt, die Tragödie der Untergänge zu verstehen und Lehrbücher des Bessermachens wenigstens gedanklich zu verfassen. Petrik hatte noch nie die stolze Fahrt eines heilen Schiffes erlebt, er kannte nur die Trümmerplanken der das nackte Leben Rettenden, ausgesetzt jedem Sturm. Kovacz hatte wirkliche Schiffe gesteuert, hatte Schiffbrüchige erlebt, bei denen keine einzige Planke übriggeblieben war, doch er sprach nie von der Vergangenheit, er hatte irgendwann einmal gelernt, über das Wasser zu gehen wie über einen Akker. Das war sein Geheimnis. Er besaß das Leben, weil er den Tod zu fürchten vergessen hatte.« (M 253f.)

Es steht noch eine dritte Gruppe im Figurenensemble des Romans aus: die Baronesse Jutta und ihr einstiger Spielgefährte Karl Bauer sowie dessen kranke Mutter. Tätigsein, Menschlichkeit und Zukunftszuversicht treten bei diesen Romangestalten am einprägsamsten hervor. Jutta hat durch den frühen Tod ihrer Mutter, die Lethargie des Vaters und die Abgeschlossenheit des Schlosses von der übrigen Aristokratenwelt die »ordentliche Arbeit« (M 51) kennengelernt, jene körperliche Arbeit, die »als Wohltat« (M 42) auf sie wirkt: Ihr Spielgefährte Karl hatte sie in diese andere Welt eingeführt. Sein Vater war

»ein Arbeiter, der geglaubt hat, daß man auf Erden das Paradies aufrichten könnte. Er hat die roten Fahnen und die roten Blumen gern gehabt« (M 112).

Karl war der Baronesse etwas entrückt, als sie sich in Petrik verliebte. Nach dessen Tod ist er aber wieder der einzige, der ihr das reale Leben vermittelt. Suchy-Sternberg, ihr Vater,

»erkannte in dem jungen Bauer das Gleichmaß, das nie aufhörende Weitergehen des Lebens. Manchmal hielt er diesen Mann auch für dessen Vater, den Ziegeleiarbeiter. Es bestand da eine Ähnlichkeit, die unter die äußerste Schicht des Aussehens reichte. Männer wie diese sind immer da, sind da [...] und sind das Leben, auch in der Ebene der sterbenden Schlösser« (M 292f.).

In der ärmlichen Wohnung Karl Bauers und seiner kranken Mutter findet Jutta schließlich Geborgenheit (M 300), und von hier richtet der Autor den Blick auf eine Zukunft, die es, wie er in seinem kurzen Schlußwort unter der Überschrift »Das zwölfte Kapitel wird die Zukunft schreiben« betont, geben muß, *»denn alles hat eine Zukunft, auch das Vergangene«.* (M 307)

Das Ringen mit der habsburgischen Tradition setzte sich im Schaffen Fritschs auch nach diesem ersten bedeutenden Roman fort. Inzwischen hatte sich jedoch die jüngste Vergangenheit, die er bereits ›bewältigt‹ zu haben glaubte, wieder nachdrücklich in den Vordergrund geschoben. Auf restaurative und neofaschistische Tendenzen in der österreichischen Gesellschaft hatte Anfang der sechziger Jahre bereits Hans Lebert in seinem Roman »Die Wolfshaut«[11] aufmerksam gemacht; Gerhard Fritsch griff dieselben Erscheinungen in noch schärferer Form in dem satirischen Zeitroman *»Fasching«* auf.

Erste Anzeichen der sich seit Mitte der fünfziger Jahre, ganz besonders als Folge der Neutralitätserklärung und des Staatsvertrages, abzeichnenden Veränderungen, die eine wirtschaftliche Konjunktur mit sich brachten, anfangs bei den Parteien der großen Koalition auf politischem Gebiet einen Ruck nach rechts bewirkten und sich auch in der Lebensführung breiter Schichten des Bürgertums bemerkbar machten, hatte Fritsch schon in seiner frühen Prosa behandelt.

In der Kurznovelle *»Kärtnerstraße«* (1955) wird auf negative Auswirkungen der ›Wohlstandsgesellschaft‹ hingewiesen[12], Veränderungen der politischen Moral werden in *»Ein Minister meditiert«* registriert. Auch diese Novelle von 1962 ist, wie so oft bei Fritsch, als innerer Monolog angelegt. Der einstige Dachau-Häftling und jetzige Minister macht immer wieder eine Erfahrung: Die einstigen Kreuzfahrer, unmittelbar nach 1945 »noch im Hintergrund«, sind wieder

> »alle da an der Krippe, wie die Rehe im Winter. Jetzt sind sie alle die besten Österreicher, die man sich denken kann. Nur wenn sie blau sind, singen sie Nazilieder«.[13] Und ihr Programm heißt: »Natürlich Befriedigung, die Vergangenheit bewältigen, nach vorne schauen, statt nach hinten«.[14]

Worin sie unabhängig von der Parteizugehörigkeit auf einen gemeinsamen Nenner kommen, ist der Antikommunismus. Auch andere Novellen dieser Jahre deuten bereits auf Probleme hin, die dann im Roman *»Fasching«* (1967) wiederkehren; das gleiche gilt für Namen von Figuren, deren Träger im Roman – wenn auch in anderen Funktionen, aber mit ähnlichen Eigenschaften – wieder auftauchen.

Felix Golub, der Held des Romans, gehört zu jenen, die während der Herrschaft des Ungeistes durch Taten und anderthalb Jahrzehnte später durch ihre einfache Anwesenheit provozierend wirken. Sie erschweren Beruhigung und Vergessen-Können, sind den »Neureichen« und Restaurativen ein Dorn im Auge. Golub ruft – ohne Absicht – der reaktionären kleinstädtischen Umwelt die unbewältigte Vergangenheit in Erinnerung. Nach zwölf Jahren Abwesenheit kehrt er in jenes steirische Städtchen zurück, wo er sich als »Deserteur« in Frauenkleidern verbarg, und in einem entscheidenden Moment verhindert hatte, daß der Kommandant die Stadt den Kampfhandlungen opferte. Sein plötzliches Erscheinen versetzt die Honoratioren von einst in Verlegenheit, sind sie doch wieder an der Spitze der wirtschaftlichen und politischen Macht. Golub bekommt angeboten, von der Stadt als Photograph angestellt zu werden, soll sich vorher jedoch Prüfungen unterziehen, Bereitwilligkeit beweisen, sich dem Bestehenden zu fügen. Die harten Prüfungen zielen auf die völlige Vernichtung seiner Persönlichkeit, seines Ansehens, seiner Menschenwürde. Es geht einfach darum, ihn soweit zu ›bearbeiten‹, daß er, der einstige Retter der Stadt, nicht nur keine Anerkennung erwartet, sondern seine Tat für belanglos erklärt, sich gar als schuldig empfindet.

Bei einem Heimkehrerball, auf dem die Anerkennung und die schrittweise Rehabilitierung der einstigen kriegerischen »Helden« praktiziert werden soll und wo er als »Kriegsverweigerer« allen möglichen Verachtungen ausgesetzt ist, muß Golub als Anspielung darauf, daß er sich in Frauenkleidern über das Kriegsende hinübergerettet hatte, die Rolle der Faschingsbraut auf sich nehmen. Die Masken der anderen enthüllen, sie offenbaren deren wahres Gesicht. Die Begrüßungsworte des ehemaligen faschistischen Stadtkommandanten geben dazu den Ton an:

»Wir, die wir unsere Pflicht getan haben, sind und bleiben Kameraden, die wissen, wofür und warum es gilt, wachsam zu sein, auf Posten zu stehen, jeder wo er steht«. (F 99)[15]

Beherrscht wird die kleine Stadt – wie vor zwölf Jahren auch jetzt – von der Witwe eines Majors des Ersten Weltkrieges, die Felix Golub damals in ein Dienstmädchen verwandelt und dadurch gerettet hatte. Selbstlos war diese Tat nicht, sie wollte einen jungen Liebhaber für sich gewinnen. In den letzten Kriegstagen, als die Lage für Felix besonders kritisch wurde, verbarg sie ihn in einem Loch unter den Dielen in ihrer Wohnung. Diese Szene wiederholt sich jetzt zwölf Jahre später, als das Faschingsspiel zu weit getrieben wird und die Wirkung des Alkohols den Gemütern noch freieren Lauf läßt. Der »Deserteur« geriete aufs neue in Lebensgefahr, würde die Majorin nicht noch einmal rettend eingreifen. Die lokalen Größen der Stadt sind dieselben wie einst, lediglich ihre Posten haben sich verändert. Ihr gemeinsames Interesse besteht darin, daß alles vergessen, daß an Einstiges nicht erinnert wird. Und da dieses Interesse am besten und am konsequentesten nach wie vor die Majorswitwe vertritt, gelingt es ihr auch, fast alle führenden ›Machthaber‹ der Stadt zu ihren Hörigen zu machen.

Wenig hat sich verändert: Die Wortführer in den Kriegsjahren haben nach der ersten Angst und nach vorübergehender Zurückgezogenheit wieder dort angefangen, wo sie einst aufhören mußten. Es handelt sich gerade deshalb nicht bloß um eine Restaurierung der alten Verhältnisse, sondern um »eine Kontinuität des Verfaulten«[16]. Dem Autor ging es nicht einfach darum zu zeigen, wie und daß das Alte weiter besteht, sondern um den Nachweis, daß das enorme Bemühen einzelner Menschen in einer solchen Umwelt vergeblich ist, daß der einzelne in eine Kette von Zwangskompromissen eingegliedert wird, bis er der inhumanen Umwelt physisch oder/und seelisch unterliegt.

Die wiedererstandene Herrschaft der »Neureichen« – ein gutes Jahrzehnt nach dem Zweiten Weltkrieg, inmitten einer wirtschaftlichen Prosperität des Landes, das auch politisch auf die Bereitschaft zum Vergessen und auf Kompromisse eingestellt ist – bildet nur die äußere Geschichte des Romans. Das tiefere Interesse des Autors gilt jenem einzelnen, der durch seine eindeutig positiven Taten am Kriegsende ein knappes Jahrzehnt später in eine Situation versetzt wird, in der sich männliche Haltung und die für die Mitmenschen verantwortliche Tat im Urteil derselben Umwelt in ihr Gegenteil verkehren, was zwangsläufig zu physischem und seelischem Untergang führt.

Felix Golub sitzt am Anfang des Romans in demselben Loch, in dem er schon einmal Zuflucht suchen mußte. Diese Wiederholung der Ereignisse – symbolhafte Kreisbewegung – zwingt den Helden, über sein Schicksal in den vergangenen zwölf Jahren nachzudenken. Dies macht die eigentliche Aussage und – auf einmalig geschickte Weise – auch die Komposition des Werkes aus. Die gegenwärtige Lage führt den Helden über die Fragestellung, was er in den vergangenen Tagen falsch gemacht hat, als er in die Kleinstadt zurückkehrte und auf Zureden seiner Braut und der ihm scheinbar wohlgesinnten alten Bekannten sich zu allen Prüfungen und Kompromissen bereit fand, zu dem Problem, was an seinen Handlungen der vergangenen zwölf Jahre richtig und was falsch war.

In den einzelnen Kapiteln des Romans ist jeweils eine Dreiteilung zu verfolgen: die Handlungen im Jahre 1945, die Geschehnisse bei der Rückkehr in die Stadt nach zwölf Jahren sowie die Reflexion darüber. Durch sie werden beide Aktionsstränge miteinander verknüpft und dem Helden neue Einsichten eröffnet. So gelangt Felix Golub gegen Ende des Romans zu der Erkenntnis, daß in dieser Stadt trotz aller Kompromißbereitschaft, trotz guten Willens seinerseits keine Befriedung, kein Vergessen möglich sein darf, denn sonst besteht die Gefahr, daß die ihm Ähnlichen völlig zu Hörigen gemacht werden.

Alle anderen Figuren des Romans – ausgenommen Tichy, den »einzigen echten Sozialisten« (F 174), der völlig isoliert wurde, aber dennoch nicht aufgibt – sind stark karikierte Figuren; sie bilden eine simplizianische Abenteuerwelt.

Die Kritik machte dem Autor auch unmittelbar nach Erscheinen des Romans den Vorwurf, er habe keine Charaktere, nur Karikaturen geschaffen, er habe keinen Roman, sondern nur ein Pamphlet geschrieben, kein großes Panorama geboten, sondern lediglich eine Posse verfaßt. Gleichzeitig mußte aber auch konzidiert werden, daß die Story leider allzu glaubwürdig ist und sich als ein großartiges Symbol – denn das und nicht mehr will der Roman sein – für Entwicklungstendenzen in der österreichischen Wirklichkeit der sechziger Jahre anbietet.

Mit der dynamischen Sprache, von Fritsch zum Hauptträger

des Werkes gemacht, mit der gründlich durchdachten kompositorischen Struktur und dem Versuch, nach Pop-Art zu montieren, kommt der Autor den Forderungen der Moderne, der ihm folgenden österreichischen Dichtergeneration, weitgehend entgegen. Sein Versuch, Absurdes und stark übertriebene ›Charaktere‹ mit einer historischen Realität der jüngsten Vergangenheit zu verknüpfen, führte zwangsläufig zu Mißverständnissen. In manchen Kritiken aus der engeren Heimat wurde das Symbolhafte allzu wörtlich genommen und deshalb alles als überspannt und dadurch unwahr befunden. Andere kritische Äußerungen wiederum – gefesselt von den bravourösen Sprach- und Stilleistungen, so zum Beispiel von Szenen, die an Operetten-Inszenierungen erinnern oder von parodistischen Stilnachahmungen, etwa Hitler-Reden – liefen auf den Vorwurf hinaus, der Autor behandele die angezielte gewichtige Aussage nicht ernsthaft genug, der kompositorische Aufwand sei gerade deshalb im Vergleich zum Ergebnis weit übertrieben.

Der in kurzer Zeit in fünf Sprachen übersetzte Roman erregte jedenfalls die Gemüter. Zusammen mit Hans Leberts »Wolfshaut« leitete er in der österreichischen Romanliteratur der sechziger Jahre eine bis heute anhaltende Tendenz ein, die sich mit inhaltlichen und formalen Mitteln gegen eine Tradition in der Wirklichkeit und in der Literatur richtete, mit Sprach- und Stilmitteln Veraltetes, Rückständiges abzubauen half, um einer neuen literarischen Welt Raum zu schaffen. Was in der österreichischen Literatur in den siebziger Jahren folgte, wäre ohne Fritschs Wirken kaum möglich gewesen. Wenn auch sein Versuch, in Österreich von der Literatur zu leben, letzten Endes gescheitert ist (sein Selbstmord kann kaum anders gedeutet werden) und auch sein hohes Ideal, in Kameradschaft mit Gleichgesinnten an einer »besonderen österreichischen Aufgabe« zu arbeiten, ein Wunschtraum geblieben ist, stand er doch meistens allein. Das, was heute als österreichische literarische Öffentlichkeit bezeichnet werden kann, hat Fritsch, seiner dichterischen, redaktionellen und organisatorischen Tätigkeit, viel zu verdanken.

Biographische Notiz

Gerhard Fritsch wurde als Sohn eines Gymnasiallehrers am 28. März 1924 in Wien geboren. Nach der Reifeprüfung im Sommer 1942 zum Arbeitsdienst und im Oktober zur Wehrmacht eingezogen. Als Funker einer Transportfliegergruppe 1942/44 an verschiedenen Kriegsschauplätzen, u. a. in Norwegen, Finnland und der Sowjetunion. 1945 mehrmals gefangengenommen, es gelang ihm aber immer wieder zu fliehen. Nach der Rückkehr in seine Heimatstadt begann er 1946 an der Universität Wien ein Studium (Germanistik und Geschichte) und war nebenbei berufstätig. Erste Gedichte erschienen 1948 im Wiener katholischen Wochenblatt »Die Furche«. Seit 1951 als Bibliothekar bei der Wiener Städtischen Bücherei tätig, wo er 1954 Referent, später Leiter der Bibliothekarsausbildung wurde.

Seit 1959 freischaffender Schriftsteller, 1959/65 Redakteur der Literaturzeitschrift »wort in der zeit«, nach deren Einstellung 1966/69 Mitherausgeber und Redakteur des Nachfolgeorgans »Literatur und Kritik« sowie der »protokolle«. Reisen führten ihn u. a. nach Jugoslawien, Italien, Frankreich, in die BRD und die Türkei. Ungarn besuchte er in den sechziger Jahren zweimal. Fritsch setzte sich engagiert für Übersetzungen aus der Weltliteratur ein und förderte als Zeitschriftenredakteur sowie als Herausgeber von Sammelwerken die Vertreter der jüngeren Generation österreichischer Dichter und Schriftsteller. Am 22. März 1969 schied Gerhard Fritsch aus dem Leben.

1954 Förderungspreis der Stadt Wien; 1956, 1957 Förderungspreis des Bundesministers für Unterricht und Kultur (Wien); 1959 Förderungspreis für Literatur des Theodor-Körner-Stiftungsfonds; 1963 Förderungspreis des Wiener Kulturfonds.

1970 wurde in Wien innerhalb der Österreichischen Gesellschaft für Literatur eine Gerhard-Fritsch-Stiftung »Verein zur Förderung österreichischer Autoren« ins Leben gerufen, die u. a. Jahresstipendien vergibt.

Klaus Pankow

Ernst Jandl

In seiner Rede zur Verleihung des Georg-Trakl-Preises an Ernst Jandl (geb. 1925) suchte der Salzburger Germanist Adolf Haslinger den Zusammenhang von künstlerischer Unbedingtheit und Rezeptionsprozeß zu beschreiben: »Damals wie heute kämpft gerade jener Dichter um die Anerkennung der Gesellschaft, der ihren poetischen Erwartungen kühn vorausgreift; der seine Existenz gefährdet, um Unerhörtes zu schaffen; der mit seiner neuen Poesie die vertrauten Normen befremdet.«[1]

Analogien zwischen dem Werk Georg Trakls und Ernst Jandls ließen sich finden. Die Grausamkeit des Krieges, der »nicht singt«, wie Jandl sagt, prägte die Jugend des 1914 aus dem Leben gegangenen Trakl nicht minder nachhaltig als die Ernst Jandls, der achtzehnjährig 1943 zur faschistischen Wehrmacht eingezogen wurde und 1946 aus amerikanischer Kriegsgefangenschaft nach Österreich zurückkehrte. Und die kompromißlose Gefährdung der eigenen Existenz, für Trakl wie für Jandl eine Grundbedingung künstlerischer Arbeit, führte beide Dichter in Bereiche sprachlichen und damit auch weltaneignenden Ausdrucks, die nicht leichthin und folgenlos beschritten werden können.

Nach mehr als zehn Jahren nur geringer Beachtung durch den offiziellen Literaturbetrieb seiner Heimat erregte Ernst Jandl erst 1966, bei Erscheinen seines sechsten Gedichtbandes, »Laut und Luise«, die Aufmerksamkeit der Medien. Seitdem ist Jandl zum Inbegriff des agilen und konzilianten Promotors sprachexperimenteller Literatur geworden. Gewiß entsprechen Autor und Werk solchen schnell fertigen Klischees nicht. So ist am Ende der siebziger Jahre eine tiefgehende individuelle Krise des Schriftstellers auszumachen, die zu einem überraschenden Sich-Offenlegen in lyrischen und dramatischen Texten geführt hat. Autobiographisches Sich-Offenbaren vollzieht sich hier *in* Kunst, und *nur* auf diese Weise; eine Identifikation von literarischen Texten und jeweiliger Autorenbefindlichkeit verbietet sich jedenfalls. Die Produktivität eines Künstlers, dessen Mangelerfahrungen und Verletzungen zum Impuls für

literarische Arbeit werden, und die widerspruchsreiche Spannung von künstlerischer Existenz und Werk sollten erfaßt und beschrieben werden; mit dem detektivischen Suchen nach der Person des Autors in den Einzelheiten literarischer Texte wäre dagegen wenig gewonnen.

Seine ersten Gedichte veröffentlichte Jandl mit sechsundzwanzig Jahren in der von Friedrich Polakovics geleiteten Wiener Literaturzeitschrift »Neue Wege«. Die zwischen 1952 und 1956 publizierten Gedichte verraten in Sujetwahl und Metaphorik die Nähe der aufklärend-elegischen frühen Entwürfe Wolfgang Borcherts, Günter Eichs und Ingeborg Bachmanns.

»da kann man nicht mehr zurück«, am 17. Mai 1952 geschrieben, faßt das Paradigma des Abschieds und der Umkehr in eine traditionelle Rhythmik und Bildfolge:

ich habe zugesperrt
und den schlüssel ins wasser geworfen
ich habe adieu gesagt
da kann man nicht mehr zurück

ich habe mich oft seither
an ihm vorbeigedrückt
ich habe mir oft seither
gesagt: das ist gut[2]

Hier wie in zahlreichen anderen Gedichten junger deutschsprachiger Nachkriegsautoren wird die lakonische, verknappte Sprache getragen von einem kaum zurückgehaltenen Pathos, das seinen Grund in einer künstlerischen und weltanschaulichen Aufklärungskonzeption findet. Ingeborg Bachmann ließ in ihrer Rede »Die Wahrheit ist dem Menschen zumutbar« (1959) der Hoffnung Raum, daß Humanität in den poetischen Modellen des Künstlers überdauern und Bewußtseinswandlungen initiieren könne. Eine solche Erwartung wurde von Ernst Jandl bis zur Mitte der fünfziger Jahre geteilt und manifestierte sich in kargen Inventur-Gedichten: »viele wege«, »auf einem dicken baumstamm«, »rückfahrt«. Jandl sah sich in dieser Zeit des Beginns in weitgehender Übereinstimmung mit einer Mehrheit gesellschaftskritischer, sich als »nonkonformistisch« begreifender Schriftsteller, die der depravierten Herrschaftssprache des deutschen Faschismus neue, unverbrauchte, dialogische Kommunikationsmöglichkeiten entgegensetzen wollten. Der »lyrische Proviant« des Gymnasiasten – der immer schon schreiben und veröffentlichen wollte – und des Kriegsheimkehrers und Studenten umfaßte Gedichte von August Stramm, Wilhelm Klemm, Bertolt Brecht, Carl Sandburg und Johannes R. Bechers »Lied«, das, nach Jandls Worten, auf Dauer wirkte: »Stern ob Straßen Bündel. / Weht dein Angesicht. / Winde krumme münden. / Schwarm der Häuser dicht. / / Licht-Fontänen sprießen. / Sonne tönt hier laut. / Rieseln Flöten-Tiere. / Mensch kreist hoch im Raum. / / Ausspann Wiesenhände! / Nacken Gletscher Berg. / Lippen Hügel-Länder. / Aug so Wald-Traum wirkt [...]«[3].

Jandls erster Gedichtband *»Andere Augen«*, 1956 in einer Auflage von 1000 Exemplaren im Wiener Bergland Verlag erschienen, fand in der Literaturkritik kaum Beachtung. Ein für seine weitere Entwicklung wichtiges Ergebnis dieser Buchveröffentlichung bestand aber im Kontakt zu den Autoren der »Wiener Gruppe«:

»Schon aber war ich nicht nur mit *Friedericke Mayröcker* [...] sondern auch mit *Artmann* und *Rühm* im Bunde und trieb mit ihnen eine ganz andere Art von Poesie als die, die der Herausgeber an mir so mochte.«[4]

Die im Jahre 1952 entstandene »Wiener Gruppe«, zu der Hans Carl Artmann, Gerhard Rühm, Oswald Wiener, Friedrich Achleitner und Konrad Bayer zählten, verstand es in kurzer Zeit, den konventionellen Kulturbetrieb ganz erheblich zu irritieren und Provokationen in Szene zu setzen, die an den Grundfesten einer überkommenen Gattungspoetik nicht einmal mehr explizit Kritik übten, sondern sie schlichtweg ignorierten. Die phantasievollen Manifestationen, Matinees und Prozessionen der Gruppenmitglieder und ihrer Freunde sind der Versuch, in bewußter Anlehnung an die Aktionen des Surrealismus, dem Kulturleben Österreichs die Aura des Besonderen und Höheren zu nehmen und dem vermeintlich Schöpferisch-Einmaligen des Kunstprozesses die Kombination des in der Wirklichkeit vorgefundenen Materials, der Farben, Töne und Worte, kritisch vorzuhalten. Daß eigentlich jeder Kunst ›machen‹ könne, es hierfür keiner begnadeten Begabung, sondern lediglich der Entscheidung, von nun an ein Künstler zu sein, bedürfe, war das provokante Leitmotiv der aufbegehrenden Wiener Aktionisten.

Der tiefgreifende und seit der Mitte des 19. Jahrhunderts andauernde Zweifel an der Möglichkeit, im alltäglichen Sprachgebrauch Aussagen formulieren zu können, die einer Adäquatheit von Sprache und Denken, von Zeichen und Bezeichnetem entsprächen, wurde zum Ausgangspunkt für die literarischen Projekte der »Wiener Gruppe«.

»Die literarischen Techniken, die in den Texten der Wiener Gruppe angewendet werden, lassen sich im wesentlichen durch die Kategorien Analytisch-antigrammatische Reduktion von Sprachmaterial und Kritische Reproduktion von vorgeformtem Sprachmaterial fassen.«[5] Diese poetischen Verfahren unterschieden sich prinzipiell von der mimetisch bestimmten Dichtungsmethode, die Ernst Jandl bis zur Mitte der fünfziger Jahre kaum in Frage stellte. Das Ausbrechen aus den Zwängen einer traditionsbeladenen Hoch-Literatur war befreiend, das bald praktizierte ›Gruppenleben‹ schockierte zwar ein konservatives Publikum, bewegte sich aber in den Regeln der ›Clique‹. Jandl spürte die eigene Fremdheit in dieser Verbindung egozentrischer Dichter:

»Wenn es nach mir gegangen wäre, hätten wir vier, Mayröcker, Artmann, Rühm und ich, den inneren Kern jeder progressiven Literaturgruppierung in Wien bilden müssen. Spätestens das erste literarische Kabarett der Wiener Gruppe, am 6. Dezember 1958, machte es mir klar, daß ich draußen war, nie drin gewesen, keine Figur in einem gemeinsamen Spiel.«[6]

Das Besondere der »Wiener Gruppe« kann nicht auf die Wiederentdeckung der Dialektdichung, verknüpft mit einem niemals klar definierten ›österreichischen‹ Element des Spielerischen, Jokusartigen, reduziert werden, wenn auch der große publikumswirksame Erfolg der Gruppe mit Dialektgedichten (so H. C. Artmanns »med ana schwoazzn dintn«, 1958) begründet wurde und das einst Skandalöse ihres Auftretens allzu bald ritualisiert genossen werden konnte. Das aktive und kritische Verhältnis zur Sprache, verbunden mit der Rezeption der subjektiv-idealistischen Sprachphilosophie Ludwig Wittgensteins, die Aktualisierung und Neubelebung der Barockdichtung, der Traditionen des Surrealismus, Futurismus und Dadaismus – dies alles ist vom Selbstverständnis der »Wiener Gruppe«, vor allem ihres prominentesten Vertreters, Hans Carl Artmann, nicht zu trennen.

Ernst Jandl hat aus den Kontakten zur »Wiener Gruppe« Impulse empfangen, eine längerfristige Mitarbeit an deren Aktionen gab es für ihn nicht. Parallel zur Berührung mit den Projekten Artmanns, Rühms und anderer fand Jandl sehr viel weiter gehende sprachkritische Ansätze bei den Autoren, die seit dem Beginn der fünfziger Jahre »konkrete« Texte schrieben und eine theoretische Fundierung ihrer Verfahren entwickelten. Max Bense, Eugen Gomringer, Franz Mon, Claus Bremer und Helmut Heißenbüttel waren die profiliertesten Vertreter der »konkreten Poesie« im deutschsprachigen Raum.

Jandls Bände »lange gedichte« (1964), »klare gerührt« (1964), »mai hart lieb zapfen eibe hold« (1965) und »Hosi-Anna« (1966) erweisen die enge und produktive Beziehung des Autors zu den in dieser Zeit bekanntesten »konkreten« Lyrikern. Max Bense (»lange gedichte«), Eugen Gomringer (»klare gerührt«) und Bob Cobbing[7] (»mai hart ...«) zeichneten als Herausgeber der Jandl-Gedichte verantwortlich und gaben dem Autor die Gelegenheit, seine Versuche in kleineren Verlagen und in speziellen Reihen vorzustellen.

Ernst Jandl hat in den sechziger Jahren das Mißtrauen und den Unwillen einer breiten Öffentlichkeit erfahren, die nicht bereit war, sich mit ungewohnten sprachkünstlerischen Projektionen auseinanderzusetzen. Der oft hörbare Vorwurf der Unverständlichkeit seiner Texte wurde selten begründet und blieb zumeist qualitativ auf der Ebene moralischer Entrüstung: »Kinder nehmen ja gern alles in den Mund; falls ich aber meines dabei erwischen sollte, daß es Herrn Jandls lyrischen Abfall aus der Mülltonne nimmt, um davon zu naschen, so würde ich ihm wehren und sofort anordnen: ›Spül düch den Mund, moyn Künd, aber dalli!‹«[8]

Der Autor beschreibt die möglichen Resultate einer Konfrontation mit ungewohnten sprachlichen Mustern gelassener:

»Die erste Begegnung mit einzelnen Beispielen experimenteller und konkreter Dichtung kann faszinieren, aber ebensogut verwirren, abstoßen oder ärgern. Was ins Auge springt, ist der, so oder so empfundene, Kontrast zu vielem, was man bisher an Dichtung kannte und liebte.«[9]

Die durch »konkrete Poesie« forcierte Auflösung der Schemata geläufiger Alltagssprache und die dadurch möglich gewordene Kombination und Collage von Wörtern, Silben, Lauten und Buchstaben hat dem modernen Gedicht Freiräume geschaffen, die nicht ausschließlich zwecklose Spielräume sind, sondern auch als durchaus neuartige Erfahrungsräume begriffen werden können. Der gesellschaftskritische Impetus der Arbeiten Ernst Jandls hat seit der Publikation der ersten Nachkriegsgedichte nichts an humaner Substanz verloren. Ernst Jandl und – in der BRD – Helmut Heißenbüttel sind diejenigen Vertreter »konkreter Poesie«, die den eminenten Zusammenhang von Sprach- und Gesellschaftskritik erkannt haben und in »konkreten« poetischen Verfahren *eine* Chance der Bewußtseinsveränderung von Rezipienten sehen. Daß in der Bilanz sprachexperimenteller Kunstbestrebungen primär die Erfolge der Produktwerbung in den Massenmedien zu Buche schlagen, sagt aus: Mit Sprache kann jederzeit manipuliert werden; literarische Modelle sind nicht voraussetzungslos ›progressiv‹. Das weiß Jandl; einer dogmatisch-theoretisierenden Erstarrung und Favorisierung konkreter Dichtung war er im Gegensatz zu anderen Autoren nie ausgesetzt.

Helmut Heißenbüttel und Otto F. Walter gaben 1966 in der Reihe »Walter-Drucke« Ernst Jandls ersten umfangreichen und vielbeachteten Gedichtband *»Laut und Luise«* heraus. Schon der Titel des Buches führt eine einfache und wirkungsvolle Verwandlungstechnik vor: Aus »laut und leise« – das Buch enthält viele Texte zum Laut- oder Leise-Sprechen – wird mittels Austausch eines Vokals im letzten Wort »Laut und Luise«. Dieses Wortspiel soll auch an Luise Jandl erinnern, die Mutter des Autors, eine passionierte Verfasserin von Gedichten für den täglichen Gebrauch. Diese Gedichte hielten gewiß einer kritischen Prüfung nicht stand, legte man die Maßstäbe einer akademischen Ästhetik an. Und doch haben die dilettierenden Versuche dem Sohn Erfahrungen vermittelt: Die ursprüngliche Freude am spielerischen und zugleich genauen Einsatz von Wörtern wäre wohl an erster Stelle zu nennen. Jandl hat das in seinem kleinen Aufsatz *»Autobiographische Ansätze«* (1978) dankbar vermerkt.

Das Manuskript von *»Laut und Luise«* lag bereits 1963 vor und erreichte über Reinhard Döhl den Lektor Otto F. Walter im gleichnamigen schweizerischen Verlag. Walter setzte sich für den ungekürzten Druck der Texte ein, ging dem Konflikt mit der Verlagsleitung und kirchlichen Amtsträgern nicht aus dem Weg und wurde schließlich fristlos entlassen. Die antiklerikale Aussage einer ganzen Reihe von Gedichten führte zu diesem Eklat. Otto F. Walter sagte dazu 1979 in einem Gespräch: »Sicher läßt sich die Kritik an der Sprache, um bei Jandl zu bleiben, von einer Kritik an den allgemeinen Zuständen letzten Endes nicht trennen. Da gibt es einen Konnex, der offensichtlich von den Leuten, die den Verlag in der Hand hatten, deutlich empfunden wurde. Wenn beispielsweise ein Gedicht, das sich über den ersten Vers der *Genesis* – ›Im Anfang war das Wort‹ – sprachspielerisch äußert, diesen Satz umdreht, ›verhunzt‹, wie man das nannte, so stellt es wohl ein ganzes Weltbild in Frage. Dies war der Punkt, an dem sich die politische Auseinandersetzung entzündete.«[10] Obwohl der von Walter erwähnte Text *»fortschreitende räude«* von Lektor und Autor vorsorglich aus dem Manuskript entfernt wurde und erst im Gedichtband »Der künstliche Baum« (1970) erschien, blieben genug Texte übrig, die den Protest konservativer Kräfte hervorriefen. *»ernst jandls weihnachtslied«* zum Beispiel ist mehr als eine simple Parodie auf das Kirchenlied »Macht hoch die Tür, die Tor macht weit«. Der syntaktische Bestand des Gedichtes ist zu reduzieren auf die Aussagen:

»machet auf den türel / dann kann herein das herrel / froe weihnacht / und ich bin nur ein hund«.

Erst die Wiederholung der trivialen und zugleich grotesken Informationen des Textes läßt den liturgischen Rhythmus entstehen, der jedoch durch die Art der Wortkombinationen und Wortveränderungen jedes feierliche Pathos vermissen läßt. »türel« und »herrel«, als »Tür« und »Herr« erkennbar, wecken Assoziationen, die an Diminutiva einer klischeehaften »Hundebesitzer«-Sprache erinnern. Dem Wunsch einer frohen Weihnacht ist durch den Entzug des Konsonanten »h« die Geläufigkeit genommen; das dann geschriebene »froe weihnacht« zeigt in der Buchstabenfolge Umgangssprache vor. Diese innersprachlichen Veränderungen unterstützen die kritische Intention des Autors, dem es zum einen darum ging, die optimistische Fröhlichkeit des Adventsliedes zu zerstören, zum anderen die tradierte Assoziation Herr – Heiland durch die Herrschaftsbeziehung »herrel« – »hund« zu ersetzen. Das Gedicht vermittelt im Gegensatz zu »Macht hoch die Tür ...« die Alltagserfahrung von Herrschaft und Kälte. Andere Gedichte aus »Laut und Luise« verstärken diese Intention auf unterschiedlichste Weise: »fragment«, »erschaffung der eva«, »weltgebräuche«, »zweierlei handzeichen«.

Der zentrale Begriff, der die Methode des Gedichteschreibens hier fassen könnte, wäre der der »Sprachüberraschung«, von Jandl in seinem Hörspiel *»Das Röcheln der Mona Lisa«* leitmotivisch verwendet. Jandl begibt sich in die vorgefertigte Sprache, benutzt das aufgefundene *Wort- und Satzmaterial*, in dem er die Leerstellen der nur scheinbar fertigen Sprache aufsucht und mit überraschenden und gegenstrebigen Inhalten füllt. Rhythmus und Lautung des Jandlschen Textes sind formal durchaus stimmig-harmonisch; dies intensiviert die so ›unstimmige‹ Botschaft seines Liedes. Die auf diese Weise gewonnene Freiheit des Umgangs mit erstarrter Sprache als veränderbarem und verfügbarem Material kann zur Freiheit des Umgangs mit herrschaftsbestimmten und manipulierten Ideologemen werden: also effektiver der Manipulation dienstbar zur Seite stehen oder sie kritisch sezieren.

Helmut Heißenbüttel hat in seinem Nachwort zu *»Laut und Luise«* auf die Traditionen hingewiesen, die Jandl aufnimmt und abwandelt: Lieder, Dialektgedichte, politische Gedichte, Liebesgedichte, autobiographische Texte, didaktische Gedichte, Lehrgedichte, Naturlyrik und Epigramme finden sich;

nimmt man die herkömmlichen lyrischen Genres zum Maßstab, ist eine systematisierende Auflistung der Texte möglich und doch wenig sinnvoll. Lyrische Genres sind für Jandl ebenfalls Material, das erst in seiner Umformung, Kombination, Persiflage usw. aktuelle Bedeutung erlangen kann. Das Austreiben jeglicher Pathetik und Sentimentalität aus den ›alten‹ Wörtern, Wendungen und Genres soll Imagination und Irrationalität verhindern und Rationalität befördern.

Unter der Kapitelüberschrift »krieg und so« sind in »Laut und Luise« Gedichte abgedruckt, in deren Zentrum die Erfahrung faschistischer Herrschaft steht: »die tränen«, »treidelweg«, »falamaleikum« u. a. »Wien: heldenplatz« (aus »Laut und Luise«) und das erst 1979 publizierte Gedicht *»epilog«* eint sowohl das Thema, Österreichs Verhältnis zu Nazideutschland, als auch die Poetik der disparaten Metapher, der Collage:

> der österreicher küßt die zerschmetterte hand
> die löwen tauchten aus der tiefe ihrer augen
> da tritt er heim durch mark und bein[11]

»wien: heldenplatz«[12] hat eine fanatische Rede Adolf Hitlers nach der Annexion Österreichs auf dem Wiener Heldenplatz im Frühjahr 1938 zum Anlaß und will Hysterie und Irrationalität in ihren Bestandteilen erfassen. Das Schlüpfrige, Geile und Brutale in der konkreten Situation des »Heim-ins-Reich«-Jubels wird durch onomatopoetische Wörter, Wortfetzen und Silben, durch Dehnung und Straffung von Wörtern mittels Einfügung oder Elimination vor allem von Konsonanten sprachlich aktualisiert.

Das Lautgedicht *»schtzngrmm«* hingegen gewinnt seine außerordentliche Wirkung aus einer anderen sprachlichen Operation: dem Wort »Schützengraben« sind alle Vokale entzogen. Franz Mon sagte dazu: »Um der Lautsymbolik willen unterdrückt Jandl in diesem Text bewußt alles Vokalische und so läßt sich beim Sprechen gut beobachten, wie die Konsonanten vokalisch mittönen.«[13] Jandl meint, daß es sich hier um eine Mischform zwischen Laut- und Wortgedicht, um ein »Sprechgedicht« handelt, dessen Potenzen sich erst beim Vortragen entfalten.

> »Es ist ein Kriegsgedicht. Seinem Basiswort sind die Vokale entzogen, Vokale kommen im Gedicht nicht vor. Wenn Sie wollen: der Krieg singt nicht!« Und weiter: »Laute und Lautfolgen werden […] imitatorisch eingesetzt; die Stimme imitiert Schlachtlärm.«[14]

Sie imitiert Schlachtlärm als Maschinenlärm. Das Grollen der Geschütze und das Bellen der Gewehre wird in ausdauernder Monotonie reproduziert. Die Imitation der Geräusche ist selektiv, symbolgeladen und intentional; eine Dokumentation von Kriegsgeschehen kann und soll nicht entstehen. Die regelmäßig in den Textablauf gesetzten »t-t-t«-Laute mit dem Abschluß »t-tt« suggerieren gerade wegen des ausgesparten Vokals »o« sowohl Kriegslärm als auch das Wort »tot«. Menschen kommen in diesem Gedicht als Tote, als Opfer des Krieges vor. Michael Wulff resümiert nach einer detaillierten linguistischen Analyse des Gedichts: »Auch Jandl fällt zur Kriegsabsurdität schließlich nichts mehr ein: Während er in den früheren der [...] Anti-Kriegs-Gedichte noch versucht, über etwas zu reden, zu überzeugen, versuchen die konkreten Texte schließlich nur noch, in der semiotischen Triade durch Understatement zu demonstrieren.«[15] Wulff spricht vom ohnmächtigen Trotzdem, das Jandls Gedichte immer wieder formulieren: »Zur Besinnung gerufen werden müßten jene, die Jandls Gedichte ohnehin nicht lesen oder sie und ihre Interpretationen als subversiv unterdrücken. – Außerliterarischer Erfolg und literarische Qualität scheinen unvereinbar.«[16] Dieser ernüchternden Einschätzung der realen Wirkungschancen von Literatur – den zitierten Worten Haslingers korrespondierend – kann kaum widersprochen werden. Nur hieße es wohl, Unmögliches von Kunst zu verlangen (und gar unter spätbürgerlichen Gesellschaftsverhältnissen), umfassende Bewußtseinsveränderungen mittels ästhetischer Modelle zu erwarten.

»Laut und Luise« markiert den Beginn einer Phase außerordentlicher Produktivität und Publizität, die bis zur Mitte der siebziger Jahre anhält und den Autor in die Lage versetzt, die ganze Vielfalt seines Könnens in den unterschiedlichsten literarischen Gattungen zu erproben. Zwischen 1966 und 1975 entstehen dreizehn Gedichtbände, zahlreiche Hörspiele, Stücke, Schallplatten und ein Fernsehfilm sowie Übertragungen aus der englischen Literatur. Auslandsreisen, Stipendien und Auszeichnungen, die Mitgliedschaft in Akademien: Zeichen der wachsenden öffentlichen Wirkung seiner künstlerischen Arbeit. Jandls Stimme zu literarischen, kulturellen und aktuell-politischen Problemen erhält in diesen Jahren ein besonderes Gewicht, zumal sich der Autor in Interviews und

Stellungnahmen anderer Art relativ selten äußert. Geschah dies dennoch, ging es ihm nie darum, einer Poetologie konkreter Dichtung zum Beispiel das Etikett der Ausschließlichkeit zu verleihen. Unbeirrbar allerdings vertritt Jandl den Standpunkt, daß moderne Kunst in der zweiten Hälfte des 20. Jahrhunderts sowohl die Verpflichtung habe, sich für die Humanisierung des gesellschaftlichen Lebens einzusetzen als auch den Anspruch des ›Avantgardistischen‹ im Bereich der Ästhetik nicht aufzugeben.

»Wer heute, angesichts der Tatsache, daß die Autoren der Avantgarde weiterhin vorhanden und produktiv sind, vom Scheitern der sogenannten Avantgardebewegungen spricht, für den waren diese schon immer gescheitert, waren für ihn überhaupt nur Verkörperung des Scheiterns, waren das Scheitern an sich.«[17]

Die Gefahr kultureller Autarkie und Provinzialität sieht Jandl geknüpft an die politische Erstarrung und Reaktion:

»Einmal war es schon erreicht, 1933 bis 1945 waren wir Selbstversorger, literarische Heimwerker, und wenn sich nur genug Gesinnungsgenossen zusammenfinden und verbissen genug daran arbeiten, werden sie es, freilich unter anderen Vorzeichen, anderen Fahnen, vielleicht auch diesmal schaffen.«[18]

Ernst Jandl hat sich zu Wort gemeldet, wenn es galt, Zensurmaßnahmen des österreichischen Kulturbetriebes zu kritisieren. Sein Eintreten für Alfred Kolleritsch, der Oswald Wieners »Die Verbesserung von Mitteleuropa« in der Zeitschrift »manuskripte« abdruckte, für Peter Weibel, der wegen seines Bildkompendiums »Wiener Aktionismus und Film« gerichtliche Klagen abzuwehren hatte, und für Fritz Herrmann, der mit seinen Spottversen »Trara Trara die Hochkultur!« einen Skandal herbeiführte, ist Beweis für die hohe Sensibilität gegenüber staatlichen Repressionen im Namen des oft zitierten und mißbrauchten ›gesunden Volkswillens‹. Anfang der siebziger Jahre sprach sich Jandl für die Organisierung eines Gegen-PEN-Clubs in Österreich und für die gesetzliche Absicherung finanzieller Autorenrechte aus. Er ging davon aus, daß die Grundsätze des internationalen PEN

»genau mit unseren Zielen übereinstimmen, unsern kulturpolitischen Zielen für unser Land, zu deren Verwirklichung wir nicht nur eine immer stärkere und bessere sozialistische Regierung hier in Österreich benötigen, sondern von außen Unterstützung, also internationale Solidarität.«[19]

In dem Aufsatz *»Zur Problematik des freien Schriftstellers«* setzt er sich für eine österreichische Autorengewerkschaft ein:

»So soll also jeder zusehen, wie er selbst es am besten zu etwas bringt. Soll er das? Gewiß doch. Allerdings ohne zu übersehen, daß die Tätigkeit des Schriftstellers, jedes Schriftstellers, innerhalb eines politischen und davon nicht trennbar, ökonomischen und gesellschaftlichen Rahmens erfolgt, der für uns alle derselbe ist.«[20]

Diese Belege für ein reges Sich-Einmischen in öffentlichen Debatten ließen sich ergänzen; auch sie zeigen, daß Ernst Jandl sein demokratisches Verantwortungsbewußtsein, getragen von einem rigorosen Antifaschismus, bewahrt und verteidigt.

Das Stereo-Hörspiel *»Fünf Mann Menschen«* (1967)[21], gemeinsam mit Friederike Mayröcker geschrieben, führt in einem räumlichen und akustischen Käfig die inhumane ›Sozialisation‹ von Menschen unter der Bedingung perfekt vollzogener Manipulation vor. Jeweils fünf Stimmen werden Säuglingen, Knaben, jungen Männern, Männern, Kinderschwestern und Berufsberatern zugeordnet. Der Schallraum des Studios ist ebenfalls in fünf Abschnitte geteilt; die Stimmen eins bis fünf nehmen hierin die von den Autoren bezeichneten festen Positionen ein. Die auf diese Weise bereits erreichte Abgeschlossenheit wird in den vierzehn Szenen des Hörspiels situativ und sprachlich bestätigt. Szene 1 und Szene 14 sind identisch; das Geschrei von Säuglingen in der »Gebärklinik«, der Chor der Schwestern: »Ein Sohn, ein schöner Sohn!« und die Antwort der fünf Männer: »Aha« wird vom Satz »Solange es Kinder gibt, wird es Kinder geben« eingeleitet. Jede Szene des Hörspiels wird durch Gemeinplätze, Liedanfänge oder Sprichwörter begonnen. Alle zusammen ergeben in ihrer Abfolge das Modell eines Menschenlebens in seiner Sinnlosigkeit, Austauschbarkeit und Wiederholbarkeit: »Gebärklinik – Im Elternhaus – Schule – Kino – Berufsberatung – Militär – Zugabteil – Wirtshaus – Spital – Gericht – Kerker – Erschießung – Wirtshaus – Gebärklinik«. Strukturelle Ähnlichkeiten mit Hörtexten Ilse Aichingers, vor allem aber mit Peter Weiss' groteskem Theaterstück »Wie dem Herrn Mockinpott das Leiden ausgetrieben wird«[22] (1968) sind aufschlußreich. Bei Weiss muß der gedemütigte Mockinpott vergleichbare paradigmatische Situationen durchstehen: »Im Gefängnis – Zuhause – Beim Arbeitgeber – Beim Arzt – Bei der Regierung – Beim Lieben Gott«. Mockinpott erhält aber vom Autor die Chance, aus den wechselnden Erniedrigungen wieder herauszugelangen, indem er lernt, seine Erlebnisse zu verarbeiten, soziale Erfahrungen macht und so die Möglichkeit zugesprochen bekommt, sich von anonymen Mächten zu emanzipieren.

Ganz anders »Fünf Mann Menschen«, deren prägendes Erlebnis nach Deformation durch Elternhaus und Schule der Militärdienst ist. Die Männer erfahren in allen Lebenssituationen Gewalt, so sind sie auf das Morden in Uniform vorbereitet: »Wer nicht wehren will, muß fühlen« ist der abgewandelte Sinnspruch der sechsten Szene. Gehorsam, Gleichgültigkeit und Grausamkeit sind alltäglich geworden: Die Männer warten auf ihre Hinrichtung (Szene 11), sie werden erschossen (Szene 12), die gleichen Männer sprechen im Wirtshaus über ihre Beteiligung an der Hinrichtung (Szene 13). Töten und Getötetwerden: Unterschiede sind unwesentlich. Die Wirkung des Hörspiels ergibt sich vor allem durch die intensive Beziehung von verknappter, banaler Sprache und Geräusch; Sprache ist *ein* Geräusch unter vielen anderen. »Die logische Substanz unserer Zeit wird von einem absurden, chaosnahen Geschehen übertönt, das hier durch die Geräusche (Töne) repräsentiert wird.«[23] Ein in sich abgeschlossenes und zutiefst resignatives ›Menschenbild‹ liegt dem zugrunde:

»Die Unscheinbarkeit der eigenen Person und Existenz verbindet den Autor mit nahezu allen gleichzeitig Lebenden. Das macht ihn sicher, verstanden zu werden, gerade auch dann, wenn er sich selbst, seine dürftige Rolle jetzt, die kläglichen Reste seiner Vergangenheit und sein Beharren auf der Unmöglichkeit der Zukunft in seine Gedichte mit aufnimmt. Jeden Versuch, ein die anderen überragendes Menschenbild zu entwerfen, in der Kunst, in der Politik oder sonstwo, vermag er nur mit einer Grimasse zu quittieren.«[24]

Diese Sätze hat Jandl im Jahre 1980 geschrieben, sein Hörspiel »Fünf Mann Menschen« macht Kontinuität kenntlich, eine Kontinuität im Beharren auf der Unmöglichkeit von Zukunft. Jandls Engagement für progressive Inhalte in Kultur und Politik steht hierzu nicht im Widerspruch: Von der prinzipiellen Sinnlosigkeit des Menschseins überzeugt, plädiert er für das Herstellen zeitweiliger Erträglichkeit eigenen und kollektiven Lebens. Die eklatanten Fehleinschätzungen konkreter und sprachexperimenteller Literatur durch linke Kritiker in den sechziger Jahren werden vor dem politischen Hintergrund der intellektuellen Proteste gegen das kapitalistische Gesellschaftssystem begreifbar. Peter O. Chotjewitz schrieb im Herbst 1967 in einer euphorischen Besprechung von »Laut und Luise«: »So wie die Beatles verhalten sich Chinas Rotgardisten, Hollands Provos und die Besten von Österreichs Literaten, unter ihnen Ernst Jandl [...], Jandl, Bayer, Rühm, Wiener und andere sind das österreichische Provotariat.«[25]

Jandl und die »Wiener Gruppe« haben provoziert, sie haben den auf Systemstabilisierung errichteten Kunstbetrieb entlarvt und produktive literarische Verfahren aus vergessenen und weithin verdrängten Traditionen entwickelt. In diesem Bereich liegt das Verdienst dieser Künstler. Daraus konnte aber zu keinem Zeitpunkt eine gesellschaftsumwälzende Funktion ihrer Aktivitäten abgeleitet werden. Jandls Kunst und sein Selbstverständnis als Autor stehen in einem Spannungsfeld, das durch die Pole Kunst als sukzessive Realisation von Freiheit und Unmöglichkeit einer herrschaftsfreien Gesellschaft begrenzt wird. Jandls prinzipieller Pessimismus, der sich seit der Mitte der siebziger Jahre nur noch verfestigt hat, und sein Weiterschreiben, sein Nichtaufgeben von Kunstproduktion, setzen ein Paradoxon, unlösbar und doch ständig humane Impulse weitergebend.

Die in der Zeit von 1970 bis 1979 geschriebenen Gedichte erschienen in den umfangreichen Sammelbänden *»die bearbeitung der mütze«* (1978) und *»der gelbe hund«*; die Mehrzahl der abgedruckten Texte stammt aus der Zeit nach 1975. Es ist keineswegs spekulativ, in der Mitte der siebziger Jahre eine neue Qualität der permanenten Krisensituation des Autors zu erkennen. Gab es zwischen 1966 und 1975 eine große Vielfalt von Textpublikationen, die traditionelle Schreibweisen, visuelle Gedichte, Laut- und Sprechgedichte unterschiedlichster Form einschlossen, ist danach eine Verengung künstlerischer Verfahren zu beobachten. Diese Tendenz bestätigt und verstärkt sich in *»selbstporträt des schachspielers als trinkende uhr«* (1983). Kindergedichte wie »ottos mops« und andere spielerisch-hintergründige Texte bilden nun die Ausnahme. Drei korrespondierende Techniken dominieren und sind sprachlicher Ausdruck sich verschärfender existentieller Not:

1. Das Schreiben innerhalb einer elegisch-metaphorischen Tradition.
2. Das Schreiben in einer »heruntergekommenen« Sprache als Demonstrationen hoffnungsloser Existenz.
3. Das Schreiben in einer verfremdeten Kindersprache als De-

monstration der Rückkehr zum Beginn: Geburt als Anfang des Sterbens, das gemeinhin Leben genannt wird.

In dem siebzehnteiligen Zyklus *»der gewöhnliche rilke«*[26], im Mai 1975 entstanden, versucht Jandl erst gar nicht, eine Einheit von ›gewöhnlichem‹ und ›ungewöhnlichem‹ Rilke zu konstruieren. Der unaufhebbare und unglückliche Widerspruch zwischen Name und alltäglicher Verrichtung, zwischen Mythos und Person wird aufgezeigt. Jandls Rilke ›lebt‹ in direkter, trivialer Weise: Er atmet, steht in seinen beiden Schuhen, trinkt ein Glas Wasser, schaut aus dem Fenster, redet zu Leuten Belangloses. Immer aber ist er Rainer Maria Rilke; mythischer Name und künstlerische Existenz vervollkommnen das alltägliche Unglück, das durch die Trivialität des ›Lebens‹ ohnehin gegeben ist.

Das kurze Gedicht *„rilke, reimlos«* aus dem genannten Zyklus kann die Dichtungsmethode des elegisch-metaphorischen Sprechens, das aber von »konkreter Poesie« entschieden mitgeprägt wird, besonders augenfällig machen:

rilke
sagte er

dann sagte er
gurke

leise dann
wolke

Die Wörter »rilke« – »gurke« – »wolke« verbindet die gemeinsame Endsilbe sowie die Buchstabenfolge Konsonant – Vokal – Konsonant der ersten Silbe. »rilke« und »wolke« bilden insofern einen Textrahmen, als hier noch die letzten drei Buchstaben identisch sind. Lautlich und ›inhaltlich‹ sind die Beziehungen zwischen »rilke« und »wolke« evident, steht doch der mythisierte Name des Dichters für eine wohlgesetzte, liedhafte und sanfte Lyrik. Dazwischen muß ein Bruch durch das Einfügen des Wortes »gurke« entstehen, das ja keineswegs Assoziationen hinsichtlich Autor und Werk wecken kann, sondern vor allem alltäglich und unangemessen diesseitig, wie ein Sakrileg, wirkt. Jandls Gedicht läßt – wie wohl alle Texte aus dem Rilke-Zyklus – in seiner sprachlichen Kargheit und Banalität das Bild eines kommunikationsarmen, hilflosen und verzweifelten einzelnen entstehen. Leiden an der eigenen Tätigkeit und dem damit auf immer verknüpften Namen kann so demonstriert werden. Die Wortfolge »rilke« – »gurke« – »wolke« ist nicht nur sprachlich-formal genau ausgearbeitet, sondern vermittelt sachliches Benennen, provokantes Dagegenreden und sentimentale Gefühligkeit. Ohne diesen Text interpretatorisch zu überfordern, kann gesagt werden, daß auf diese Weise drei typische Sprachgesten vorgeführt werden, die in ihrer Einheit den Mythos angreifen.

Im vierzehnteiligen Zyklus *»tagenglas«*[27], März 1976 verfaßt, entwickelt Jandl die Methode des Schreibens in einer depravierten Sprache, die aus der Kombination von verfremdetem ›Gastarbeiterdeutsch‹, österreichischen Dialektbrocken und generell gestörter Syntax, vor allem fehlender oder/und fehlerhafter Flexion, entsteht. Die Intention, die eigene Verstörung in einer rauhen und Selbsthaß signalisierenden Sprache zu fassen, wird in den egozentrischen, monomanischen Gedichten dieser Schreibweise direkt formuliert:

von einen sprachen

schreiben und reden in einen heruntergekommenen sprachen
sein ein demonstrieren, sein ein es zeigen, wie weit
es gekommen sein mit einen solchenen: seinen mistigen
leben er nun nehmen auf den schaufeln von worten
und es demonstrieren als einen den stinkigen haufen
denen es seien. es nicht mehr geben einen beschönigen
nichts mehr verstellungen. oder sein worten, auch stinkigen
auch heruntergekommenen sprachen-worten in jedenen fallen
einen masken von den wahren gesichten denen zerfressenen
haben den aussatz. das sein ein fragen, einen tötenen.
26. 10. 77

Ratlosigkeit angesichts dieser und vieler anderer Gedichte neueren Datums könnte aufkommen, hat man die Arbeit Ernst Jandls bislang ausschließlich mit dem Klischee des zweckfreien, intelligenten und unbeschwerten Sprachspiels versehen. »Wir sollen solche Dokumente weder über- noch unterbewerten: Sie erscheinen uns einerseits als Manifeste der Verzweiflung, andererseits aber liegt das Gerade-noch-formulieren-Können der Verzweiflung in der Mitte der Schriftstellerei, ist vielleicht ihre Nagelprobe. Literatur ist vielleicht dort am ehesten von Rang, wo sie fast schon keine mehr sein kann. Die äußerste Situation ist ihr Zentrum.«[28]

Grenzsituation als eigentliches Zentrum einer Literatur bürgerlicher Endzeit verstanden: Dieser Ansatz kann die paradoxe Produktivität Ernst Jandls teilweise erklären. Für einen Schriftsteller wie Jandl, der die ihn umschließende Inhumanität als etwas für die Zukunft Festgeschriebenes sieht, bleibt das Aushalten der Spannung zwischen Pessimismus und existentieller Gefährdung und dem Weiterarbeiten am freiräumigeren Formulieren, an der Ausweitung sprachlicher Artikulationsmöglichkeiten, der Drehpunkt seines Schaffens und zunehmend wohl seines ganzen Lebens. Die gewachsene Krisenhaftigkeit dieses Spannungsverhältnisses fordert es seit der zweiten Hälfte der siebziger Jahre geradezu, monologische, ständig um die Grunderfahrung eigenen und allgemeinen Unglücks kreisende Dichtungsverfahren zu entwerfen. Diese im Vergleich zur Zeit zwischen 1966 und 1975 festzustellende Einengung der Schreibweisen mit allen hieraus folgenden Verlusten an Vielfalt, Experimentierfreude und Agilität scheint der unabwendbare Preis für das immer genauere Registrieren von Not zu sein.

Die Gedichtzyklen »der gewöhnliche rilke«, »tagenglas« und »gedichte an die kindheit«, alle zwischen Mai 1975 und Dezember 1977 geschrieben, stehen in einem engen Zusammenhang, der die unterschiedlichen und korrespondierenden lyrischen Verfahren seit der Mitte der siebziger Jahre sichtbar macht. Stehen »der gewöhnliche rilke« für ein elegisch-metaphorisches Sprechen und »tagenglas« für eine Demonstration »heruntergekommener« Sprache, so wird in *»gedichte an die kindheit«* eine verfremdete, ›verkindlichte‹ Sprache erprobt, um Vergangenes zu erinnern. Zum Vergangenen gehört die erfahrene Ganzheitlichkeit des Lebens in seinen alltäglichen Details. Jandl betont, daß es sich um Gedichte *an* die Kindheit, nicht aber um Texte *aus* der Kindheit handelt. So wird ständig erhoffte, gewünschte Harmonie der Weltaneignung namhaft und zugleich als nicht aktualisierbar für ein Heute und Morgen verworfen.

Die folgenden Verse sind nicht ironisch gemeint, sondern vermitteln elegisch gestimmte Rückschau:

> er hat zu jeder alterszeit
> die art und weise, wie
> er schreibt.
> jetzt ist er alt genug

zu schreiben wie ein kind.
jedes gedicht ist jetzt ein
brief an das christkind.[29]

Im November 1978 schrieb Ernst Jandl:

»Keiner ist geladen, seine Geburt zu begrüßen, und wenig fordert mich nach 53 Jahren auf, mich zu meinem Leben zu beglückwünschen. Mit seiner eigenen Vergangenheit nicht leben zu können, erfordert die Abschnürung des Gedächtnisses und die Fernhaltung aller Gegenstände der Erinnerung. Paradox muß es unter solcher Voraussetzung anmuten, dennoch mit seinen Gedichten leben zu wollen, und zwar nicht bloß mit den jeweils letzten, sondern mit der Gesamtheit der bisher erzeugten und konservierenswert befundenen.«[30]

So hat sich der Leser, ist er erst einmal bereit für einen offenen Dialog mit dem Werk dieses Autors, auseinanderzusetzen mit dem Ernst Jandl der Sprechgedichte, der visuellen Poesie, der bitteren Antikriegsgedichte, der phantasieerfüllten Kinderverse und der dunklen, zutiefst resignativen Texte der letzten zehn Jahre. Diese Auseinandersetzung mit einer ungewohnten und verunsichernden Kunst kann zunächst mühsam sein; nimmt man die Last und das Wagnis der Entdeckungen auf sich, wird die Verunsicherung größer werden. Aber auch die Freude an den Variationen avantgardistischer Kunst wird sich einstellen und Ermutigendes erbringen.

Ernst Jandl und viele seiner Leser gewinnen Ermutigung aus der immer erneuten Konfrontation mit einer schwer zu tragenden Realität, das ist nicht wenig in dieser Zeit:

»Unser aller Sorge betrifft den Frieden; wenigstens tun alle so. Dazu, ein letztes Wort Büchners, aus dem Mund seines Danton: ›... wozu sollen wir Menschen miteinander kämpfen? Wir sollten uns nebeneinander setzen und Ruhe haben. Es wurde ein Fehler gemacht, wie wir geschaffen wurden, es fehlt uns etwas, ich habe keinen Namen dafür, wir werden es einander nicht aus den Eingeweiden herauswühlen, was sollen wir uns drum die Leiber aufbrechen?‹ Das ist ein Wort zum Frieden, welches unsere Unvollkommenheit, unsere Fehlerhaftigkeit, unser vorauszusetzendes Scheitern einbezieht. Mehr wird für uns nicht zu erreichen sein, als uns nebeneinander zu setzen und Ruhe zu haben.«[31]

Biographische Notiz

Ernst Jandl wurde am 1. August 1925 in Wien geboren. 1935/43 Besuch des Gymnasiums, Soldat der faschistischen deutschen Armee, amerikanische Kriegsgefangenschaft; 1946 Rückkehr nach Österreich. Studium der Anglistik und Germanistik (1946/50) in Wien, 1949 Lehramtsprüfung, 1950 Promotion (»Die Novellen Arthur Schnitzlers«). Danach Lehrer an Wiener Gymnasien, 1952/53 an der East Barnet Grammar School in England. Seit 1954 Freundschaft und künstlerische

Zusammenarbeit mit Friederike Mayröcker. Kontakte zur »Wiener Gruppe«. Englandaufenthalte 1965 und 1966; 1971 Visiting German Writer an der University of Texas in Austin; Frühjahr 1972 Vortragsreise durch die USA mit Friederike Mayröcker. Mitglied des »Forum Stadtpark« Graz, der Akademie der Künste Berlin (West), seit 1970, und der Deutschen Akademie für Sprache und Dichtung Darmstadt (seit 1981); 1973 Mitbegründer der Grazer Autorenversammlung.

1969 Hörspielpreis der Kriegsblinden; 1974 Georg-Trakl-Preis für Lyrik; 1976 Preis der Stadt Wien für Literatur; 1978 Österreichischer Würdigungspreis (Staatspreis); 1984 Großer Österreichischer Staatspreis; 1984 Georg-Büchner-Preis.

Klaus Schuhmann

Ingeborg Bachmann

Der Name der österreichischen Schriftstellerin Ingeborg Bachmann (1926–1973) wurde in den fünfziger Jahren über Nacht bekannt, als Hans Werner Richter die junge Redaktionssekretärin in Wien kennenlernte, ihre Gedichte las, sie in die »Gruppe 47« einlud und schließlich – nach einer zweiten Lesung im Jahre 1953 – der damals renommierte Preis dieser Gruppe an Ingeborg Bachmann vergeben wurde. Im gleichen Jahr erschien ihr erster Gedichtband, »Die gestundete Zeit«, dem in den nächsten Jahren zahlreiche andere Veröffentlichungen folgten: der Gedichtband »Anrufung des großen Bären« (1956), die beiden Hörspiele »Zikaden« (1955) und »Der gute Gott von Manhatten« (1958) und Essays über Musil und Wittgenstein. Außerdem schrieb sie das Libretto zu Hans Werner Henzes Oper »Der Prinz von Homburg« (1960), hielt in Frankfurt am Main Vorlesungen zum Thema »Literatur als Utopie« (1959/60) und präsentierte 1961 schließlich die Erzählungen, die in den vorangegangenen Jahren entstanden waren. Weitere namhafte Literaturpreise, die ihr zuerkannt wurden, machten deutlich, daß Ingeborg Bachmann innerhalb weniger Jahre zu einer von Verlegern und Kritikern hochgeschätzten Schriftstellerin geworden war (österreichische Literaturpreise folgten erst viele Jahre später).

Obwohl Ingeborg Bachmanns erste Gedichte und Prosastücke (zum Teil auch Literaturkritiken) in österreichischen Nachkriegszeitungen und Zeitschriften erschienen waren und auch ihr erstes Hörspiel »Ein Geschäft mit Träumen« 1952 in Wien urgesendet worden war, fand sie literarische Anerkennung zuerst in der BRD. Das erklärt sich nicht allein daraus, daß sie dort auf Förderer, Kollegen und Verleger traf, die sich für ihr Werk engagierten, der frühe Ruhm dieser Autorin gründet sich wohl vor allem darauf, daß es ihr relativ schnell gelang, die für ihr Schaffen bestimmende ›Richtung‹ zu finden. Das geschah, als sie damit begann, die für ihre Generation charakteristischen Zeiterlebnisse zu reflektieren, sich mit der zeitgenössischen Philosophie auseinanderzusetzen und sich jener

Werke und Autoren versicherte, die ihrem Schaffen den Weg weisen konnten. In Robert Musil und Ludwig Wittgenstein fand sie zwei Mentoren, deren Geisteswelt zwar unverkennbar von österreichischer Geschichte und Kultur geprägt war (Wittgenstein gehörte zum »Wiener Kreis«), zugleich aber die engen Grenzen des Geburtslandes übersprang und in den europäischen Raum hineinwirkte. Daraus erklärt sich auch die überraschende Wirkung des Werkes von Ingeborg Bachmann: ihr an Wittgenstein geschulter sprachkritischer Geist, der sich mit dem programmatisch formulierten ›Ideologieverdacht‹ vieler Schriftsteller in der BRD traf, und ihr an Musil orientiertes Utopiekonzept, mit dem sie ihren moralischen Veränderungswillen philosophisch begründete. Literatur im Spannungsfeld von Kritik und Utopie: Damit empfahl sich die Österreicherin als kongeniale Partnerin für Schriftsteller wie Böll und Andersch, Enzensberger und Walser.

Solche Übereinstimmung des dichterischen Wollens entstand ebenso unverkennbar aus generationstypischen wie aus ganz individuellen Voraussetzungen, die an Geburt und Herkunft der Autorin gebunden waren. In einer *»Biographisches«* überschriebenen Notiz gibt sie darüber Auskunft:

»Ich habe meine Jugend in Kärnten verbracht, im Süden, an der Grenze, in einem Tal, das zwei Namen hat – einen deutschen und einen slowenischen. Und das Haus, in dem seit Generationen meine Vorfahren wohnten – Österreicher und Windische –, trägt noch heute einen fremdklingenden Namen. So ist nahe der Grenze noch einmal die Grenze: die Grenze der Sprache – und ich war hüben und drüben zu Hause, mit den Geschichten von guten und bösen Geistern zweier und dreier Länder; denn über den Bergen, eine Wegstunde weit, liegt schon Italien.« (W 4, 301)[1]

Damit ist eine Grunderfahrung benannt, die in späteren Jahren – dann schon als eine Lebenshaltung formuliert – im literarischen Werk häufig wiederkehrt, gebunden an das Ausfahrt-Motiv in einzelnen Gedichten, aber auch als utopischer Lebensentwurf in Hörspiel und Erzählung vorgestellt, als Grenzüberschreitung im moralischen und im geistigen Sinne und als Aufforderung, in der Selbstverwirklichung des Menschen bis an die äußerste Grenze zu gehen, um des ganzen Glücks und der großen Liebe teilhaftig zu werden.

In diese Jugendjahre in Kärnten bricht jene Wirklichkeitserfahrung ein, die für die spätere Moral der Schriftstellerin von prägender Bestimmung war: der Einmarsch der deutschen Truppen und die darauf folgenden Jahre des Krieges, der Luftbombardements und des katastrophalen Endes. Die autobiographische Erzählung *»Jugend in einer österreichischen Stadt«* (1961) erinnert an diese Ereignisse des Jahres 1938 und später:

»Auf den Straßen ziehen Kolonnen von Marschierenden. Die Fahnen schlagen über den Köpfen zusammen ›... bis alles in Scherben fällt‹, so wird gesungen draußen [...] Später dürfen sie Süßigkeiten für die Verwundeten sparen oder Socken stricken und Bastkörbe flechten für die Soldaten, für die auf der Erde, in der Luft und im Wasser. Und derer gedenken, in einem Aufsatz, unter der Erde und auf dem Grund. Und noch später dürfen sie Laufgräben ausheben zwischen dem Friedhof und dem Flugfeld, das dem Friedhof schon Ehre macht. Sie dürfen ihr Latein vergessen und die Motorengeräusche am Himmel unterscheiden lernen.« (W 2, 89–91)

Was anfangs noch als kindliche Sinneswahrnehmung beschrieben wird, vertieft sich in den Kriegsjahren zu einer Grunderfahrung, die kritische Reflexion geschichtlicher Ereignisse möglich macht, wenn auch nicht unter einem prononciert politischen Aspekt: indem vor »Mördern und Irren«, die auch nach dem Ende des Krieges noch immer am Werk sind, gewarnt wird und die Schrecken der Hitlerjahre wieder in Erinnerung gerufen werden:

Sieben Jahre später
in einem Totenhaus,
trinken die Henker von gestern
den goldenen Becher aus.
Die Augen täten dir sinken.
(*»Früher Mittag«;* W 1, 44)

Aus der Erfahrung dieser Jugend erwuchs schließlich auch jene Skepsis, die im Gedicht *»Holz und Späne«* als kategorischer Imperativ formuliert wird: »Seht zu, daß ihr wachbleibt!«. Es ist ein Auftrag, für den in den späteren Vorlesungen das Losungswort »Wahrheit« steht. Im Gedicht ist dieses Versprechen noch bildhaft umschrieben:

Aber ins Holz,
solang es noch grün ist, und mit der Galle,
solang sie noch bitter ist, bin ich
zu schreiben gewillt, was im Anfang war!
(W 1, 40)

Solches Denken und Schreiben eröffnete sich für Ingeborg Bachmann erst, als sie ihr Weg an die österreichischen Universitäten in Innsbruck und Graz und schließlich nach Wien führte, wo sie zuerst Rechtswissenschaft und dann Philosophie studierte. Mit diesem Aufbruch erschloß sich der jungen Kärntnerin Schritt für Schritt die große Welt, all das, was in ihrer Vorstellung bislang unerreichbar gewesen war. Wien war für die Studentin der Philosophie jedoch nicht schlechthin die Hauptstadt ihres Landes. Es war »Heimat« in einem neuen Sinn: »zwischen Ost und West, zwischen einer großen Vergangenheit und einer dunklen Zukunft«.

Einige Gedichtüberschriften aus dem Band *»Die gestundete Zeit«* (1953) zeigen an, daß es zunächst der »Westen« ist, den die Lyrikerin für sich entdeckt. *»Paris«* und *»Abschied von England«* weisen auf reale Orte und Landschaften. Dennoch bleibt die Berührung mit dieser Wirklichkeit ohne tiefere Wirkung auf die Lyrikerin. Es ist, als sei dem »Abschied« keine wirkliche Ankunft vorausgegangen. Der Kontrast zu den späteren Italiengedichten ist unübersehbar:

Du hast meine Augen geschlossen
mit Meerhauch und Eichenblatt,
von meinen Träumen begossen,
hieltst du die Gräser satt;
aus meinen Träumen gelöst,
wagten sich Sonnen heran,
doch alles war wieder fort,
wenn dein Tag begann.
Alles blieb ungesagt ...

(W 1, 30)

Auch die »große Vergangenheit«, für die bis zum Jahre 1918 der Vielvölkerstaat Österreich-Ungarn stand, erwies sich nicht als »das Land meiner Seele«, das mit lebendiger Stimme zur Lyrikerin aus Klagenfurt sprach. Es ist, als sei die Zeit stehengeblieben, und die »Geister der Ebene, des wachsenden Stroms« sind nicht mehr gegenwärtig in jener geschichtlichen Wirklichkeit, die in der Elegie *»Große Landschaft bei Wien«* beschworen wird:

Alles Leben ist abgewandert in Baukästen,
neue Not mildert man sanitär, in den Alleen
blüht die Kastanie duftlos, Kerzenrauch
kostet die Luft nicht wieder, über der Brüstung
im Park weht so einsam das Haar, im Wasser
sinken die Bälle, vorbei an der Kinderhand
bis auf den Grund, und es begegnet
das tote Auge dem blauen, das es einst war.

(W 1, 60)

Das Gedicht bezeugt Trauer über eine von Zerfall und Wertverlust gezeichnete Welt. Es ist eine prosaische und entzauberte Welt, die von Tod und Erschöpfung gezeichnet ist. Sind es in diesem Gedicht (zum Beginn der fünfziger Jahre) vor allem die Zeichen der fortschreitenden Technisierung, die das Landschaftsbild entstellen, so gilt der kritische Blick in den späteren Erzählungen – am auffälligsten in dem Prosastück *»Das dreißigste Jahr«* – den Lebensformen dieser Stadt, die mehr und mehr dem utopischen Lebensentwurf widersprechen, den die Erzählerin mit zunehmender Bestimmtheit im gleichnamigen Erzählungsband (1961) exemplifiziert, ganz gleich, ob es ein junger Mann ist, der sich über sein bisheriges Leben Rechenschaft zu geben versucht, ein Vater, der seinen Sohn frei von jeglicher Konvention erziehen will, oder eine Frau, die ihre Ehe mit einem »Ungeheuer« namens Hans aufkündigt. Nicht von ungefähr wählt die Erzählerin auch einige Jahre später die Stadt Wien zum Schauplatz einer Romantrilogie, die den Titel »Todesarten« tragen sollte.

In der Titelerzählung *»Das dreißigste Jahr«* wird, wenn auch nur noch als Nachhall auf ein voraufgegangenes Erlebnis, jene Erlebniswelt heraufbeschworen, die für die dichterische Epiphanie der Ingeborg Bachmann von ebenso elementarer Bedeutung war wie der lange Weg von Klagenfurt nach Wien. »Rom ist groß. Rom ist schön« heißt es in diesem Prosastück. Es korrespondiert ebenso der Prosaskizze *»Was ich in Rom sah und hörte«* (1955), wie es noch einmal bestätigt, was schon im Gedicht *»Das erstgeborene Land«* – kontrapunktisch zu »Abschied von England« – ausgesprochen worden war:

Und als ich mich selber trank
und mein erstgeborenes Land
die Erdbeben wiegten,
war ich zum Schauen erwacht.

Da fiel mir Leben zu.

Da ist der Stein nicht tot.
Der Docht schnellt auf,
wenn ihn ein Blick entzündet.
(W 1, 120)

Das Land, das hier in einprägsamen Bildern vergegenwärtigt wird, ist kein südliches Idyll. Im Gegenteil: die Wirklichkeit präsentiert sich nackt, im grellen Licht der Sonne. So wird sie deutlich und erkennbar. Und auch die Lyrikerin lernt hier, was sie später mit philosophischen Begriffen benennen wird: »sehen, einsehen, durchschauen« (Chr. Wolf)[2]. Es ist das dichterische Vermögen, das sie auch im Hymnus *»An die Sonne«* rühmt:

Schönes Licht, das uns warm hält, bewahrt und wunderbar sorgt,
Daß ich wieder sehe und daß ich dich wiederseh!
(W 1, 136)

»Sehen, einsehen, durchschauen« heißt bei Ingeborg Bachmann vor allem, sich selbst kritisch zu sehen und danach zu befragen, ob ideeller Lebensentwurf und tatsächliche Lebenspraxis übereinstimmen, bedeutet also auch, das eigene Leben als »kündbar« zu begreifen. Die Formel von der »gestundeten Zeit«, bislang vorwiegend als Möglichkeit verstanden, menschliche Bindungen nur »immer auf Probe, auf Abruf« einzugehen, ist zu einem Gebot menschlicher Selbsterhaltung geworden.

»Umgebung« und »Vergangenheit« werden gekündigt, wenn sie den Menschen hindern, »sich in seiner wirklichen Gestalt zu zeigen«. Aufbruch bedeutet – wie in den Gedichten – zugleich auch Ortswechsel und Suche nach neuer Ursprünglichkeit, und er geht einher mit kritischer Reflexion. Für den dreißigjährigen Ich-Erzähler heißt das zuerst Wiederbesinnung auf das Land (Italien),

»wo er vor Jahren sein Erwachen, das Erwachen seiner Augen, seiner Freude, seiner Maßstäbe und seiner Moral erlebt hat« (W 2, 97).

Das ist ein Vorgang von existentieller Tragweite, dem nicht zufällig einige jener Begriffe korrespondieren, die es der Schriftstellerin in den fünfziger Jahren möglich gemacht hatten, ihre »Richtung« zu finden. In den »Frankfurter Vorlesungen« hat sie ausführlich darüber gesprochen. Der Titel dieser Vorlesungsreihe – *»Literatur als Utopie«* – verleugnet nicht, in welchem Maße ihre »Moral« (der Begriff hat bei Ingeborg Bachmann eine weitere Bedeutung als im ursprünglichen Sprachgebrauch) und ihr Denken von zwei österreichischen Autoren bestimmt wurden: Robert Musil und Ludwig Wittgenstein.

Aus der 1950 verfaßten Dissertationsschrift *»Die kritische Aufnahme der Existentialphilosophie Martin Heideggers«* ist schon zu ersehen, daß von diesem Philosophen – der kritischen Aufnahme seiner Philosophie – nicht gehandelt werden konnte, ohne vom »logischen Positivismus« Wiener Prägung zu sprechen. Obwohl Rudolf Carnap als Repräsentant dieser Richtung vorgestellt wird, ist damit schon der Schritt zu Ludwig Wittgenstein getan, der dann zwei Jahre später auch ins Zentrum der philosophischen Erörterungen tritt, zuerst im Radio-Essay *»Sagbares und Unsagbares – Die Philosophie Ludwig Wittgensteins«* (1953) und dann noch einmal in einem Aufsatz, der für einen Sammelband geschrieben wurde (1954). Was die promovierte Philosophin von Wittgensteins Philosophie rezipiert, bezieht sich weitgehend auf dessen 1930 erschienenes Frühwerk »Tractatus logico-philosophicus«. Das Grundthema heißt: die Erkennbarkeit der Welt, die Grenzen menschlichen Denkens.

In den Erzählungen der fünfziger Jahre wird diese Problematik mehrfach thematisiert. In der Titelgeschichte *»Das dreißigste Jahr«* ist die Suche nach der neuen Sprache zum Inbegriff der Weltveränderung schlechthin geworden:

»Der große Streik: der augenblickliche Stillstand der alten Welt. Die Niederlegung der Arbeit und des Denkens für diese alte Welt. Die Kündigung der Geschichte, nicht zugunsten der Anarchie, sondern zugunsten einer Neugründung«. (W 2, 131f.)

Der abschließende Satz nimmt die Logik Wittgensteins noch einmal auf und denkt sie – auf die Formen menschlichen Zusammenlebens übertragen – zu Ende: »Keine neue Welt ohne neue Sprache.« (W 2, 132)

Wird der Sprache hier eine weltverändernde Wirkung zugesprochen, so zeigt die Erzählung *»Ein Wildermuth«* (1961), in welchem Maße die Sprache eines Menschen daran beteiligt ist, die Wahrheit zu sagen oder zu verfehlen. Was Wildermuth als Wunschbild vorträgt, ist für ihn nicht erreichbar gewesen:

»[...] welch eine tiefe Befriedigung ist es, Übereinstimmung zu erlangen, die Entsprechung herzustellen. Sagen: Es regnet – wenn es regnet. Sagen: Ich liebe – wenn man liebt.« (W 2, 249f.)

In welchem Maße Sprachskepsis und Erkenntniszweifel solche »Übereinstimmung« erschweren oder gar ausschließen, zeigt sich daran, daß ihm »schon über diesen Tisch« eine wahre Aussage nicht mehr möglich erscheint. Aus diesem Sprachdenken (es setzt ein primär von der Sprache bestimmtes Weltbild voraus) erklärt sich weitgehend auch, daß für Ingeborg Bachmann – und hier weiß sie sich in gut österreichischer Tradition – letztlich alle Konflikte »in den Konflikt mit der Sprache« münden. Gerade weil die »Blumensprache« und die »Gaunersprache« als verlogen und phrasenhaft durchschaut werden, sieht sich die Lyrikerin immer wieder aufgefordert, der Sprache neue Ausdrucksmöglichkeiten abzuringen:

Ihr Worte, auf, mir nach!,
und sind wir auch schon weiter,
zu weit gegangen, geht's noch einmal
weiter, zu keinem Ende geht's. ...
(*»Ihr Worte«;* W 1, 162)

Kein Ende, das bedeutet hier: ununterbrochene Bewegung, permanente Veränderung. Würde ein Ziel erreicht, träte Beruhigung ein, wäre Erstarrung die Folge. Davon wäre nicht nur die Sprache betroffen, auch das menschliche Denken und die Art zu leben. Nichts soll »endgültig« (das Wort erscheint zweimal in diesem Zusammenhang) sein. Ingeborg Bachmann plädiert für ein Leben in der »Möglichkeitsform«. In der Erzählung *»Das dreißigste Jahr«* steht dafür das Wort »Freiheit«.

»Ich liebe die Freiheit, die doch in allem Feststehenden zu Ende geht, und wünsche mir schwarze Erden und Katastrophen aus Licht.« (W 2, 131)

Das Titelgedicht ihres ersten Gedichtbandes *»Die gestundete Zeit«* läßt ebenfalls wissen, worum es ihr letztlich zu tun ist: um eine Lebensform, die auf Widerruf gelebt werden kann, offen für neue Erfahrungen und kühne, sogar tödliche Experimente. Das schließt den Verzicht

»auf jede überkommene Anschauung und jeden überkommenen Zustand; auf die Staaten, die Kirchen, die Organisationen, die Machtmittel, das Geld, die Waffen, die Erziehung« (W 2, 131) ein.

Diese autoritätsfremde Lebensweise hat zwei Begriffe zur Voraussetzung, die unschwer auf Robert Musil zurückgeführt werden können: Veränderung und Utopie. Die Beschäftigung mit dem Werk dieses Schriftstellers ist eindeutig auf das Jahr 1952, als im Hamburger Rowohlt Verlag Musils Roman »Der Mann ohne Eigenschaften« herausgebracht worden war, datierbar. Die Auseinandersetzung mit diesem Buch ist mehrfach bezeugt: in einem Radio-Essay mit dem Titel *»Der Mann ohne Eigenschaften«* (1953), in den Studien *»Logik als Mystik«* (1953) und *»Utopie contra Ideologie«* (1956) – beide Manuskripte sind verschollen – sowie durch den 1954 in der Zeitschrift »Akzente« veröffentlichten Aufsatz *»Ins tausendjährige Reich«*. War Wittgensteins Traktat das Werk eines Philosophen, so begegnete Ingeborg Bachmann im Werk Musils ein philosophischer Schriftsteller, dessen Ziel es einerseits war, mit der Darstellung österreichisch-ungarischer Gesellschaftsverhältnisse vor dem Ersten Weltkrieg den Ausverkauf bürgerlichen Denkens kritisch darzustellen, dem es aber zugleich auch darum zu tun war, andere, und vor allem alternative Lebensformen zu finden, für die sowohl die Forderung einer »neuen Moral« als auch die Suche nach einer neuen Lebensform in einer anderen Welt im »tausendjährigen Reich« steht. Die Radio-Essayistin erklärt:

»Der Rückgriff des Manns ohne Eigenschaften auf die Idee vom tausendjährigen Reich, sein Verlangen nach dem ›anderen Zustand‹, der ›unio mystica‹, ist weniger befremdend, wenn man sie mit [Ulrich] als eine mögliche Utopie begreift. Und diese Utopie nicht als Ziel, sondern als Richtung vor Augen hat. Denn Musils Denken ist zielfeindlich, beweglich. Es rennt gegen die herrschenden Ordnungen an, in denen jedes Ding nur mehr ein Einzelfall seiner Möglichkeiten ist. Ja, jede Ordnung erscheint ihm absurd und wachsfigurenhaft, wenn man sie über ihre Zeit ernst nimmt und an ihr festhält. Er bevorzugt die Überlegung, daß die

Welt – als Ordnung – nur eine von x Versuchen sei und Gott vielleicht Teillösungen gebe – eine Teillösung, aus der die Welt immer wieder eine relative Totale bildet, der aber keine Lösung entspricht.«[3]

Das von Musil inspirierte Utopiedenken erwies sich nicht nur als ein lange weiterwirkender Impuls, von ihm bezog sie auch die Maßstäbe, an denen sie die bestehende Welt maß und auf die sie ihre »Moral« gründete. Wenn sie schließlich die Musils Roman abgewonnene Erkenntnis ausspricht, daß auch Liebe als »Ausnahmezustand« nicht dauern kann, nimmt sie im Grunde das gedankliche Fazit ihrer beiden Hörspiele »Zikaden« und »Der gute Gott von Manhatten« vorweg. Damit hat das Denken und Dichten Ingeborg Bachmanns jene »Richtung« gewonnen, die in den *»Frankfurter Vorlesungen«* auf den Begriff gebracht wird:

»Was aber möglich ist, in der Tat, ist Veränderung. Und die verändernde Wirkung, die von neuen Werken ausgeht, erzieht uns zu neuer Wahrnehmung, neuem Gefühl, neuem Bewußtsein.« (W 4, 195)

Sie weiß zwar, daß Dichtung »außerhalb der geschichtlichen Situation« nicht möglich ist, aber das geschriebene Wort soll über die bestehende Welt hinausweisen. In diesem Sinne hat die Bachmann ihr eigenes Leben verstanden. Als fortwährendes Unterwegssein und als Suche nach Heimat, als eine Existenz im Spannungsfeld von Exil und Landnahme. Städtenamen wie Zürich, München, Berlin (West) und New York und Reiseländer wie Ägypten und der Sudan belegen ihre Unbehaustheit. Nur für Rom gilt das nicht! Hier war Ingeborg Bachmann schon 1952 gewesen und in diese Stadt siedelte sie auch am Ende des Jahres 1965 wieder über. Es ist die Faszination der »offenen Stadt«, die »alle Zeiten« gegeneinander ausspielt, von der sie angezogen wird, ihre gleichsam utopische Dimension, in der die Bachmann die eigene Veränderbarkeit – und nicht nur im topographischen Sinne – wiedererkennt.

In einem ihrer letzten Gedichte hat Ingeborg Bachmann diesem Utopia, von Shakespeare inspiriert, noch einmal Gestalt gegeben. Sie nannte es »Böhmen am Meer« und meinte damit nicht nur den Ort ihrer Sehnsucht, sondern ein weltweites Domizil, all derer, die sie nun anrief:

> Kommt her, ihr Böhmen alle, Seefahrer, Hafenhuren und Schiffe
> unverankert. Wollt ihr nicht böhmisch sein, Illyrer, Veroneser
> und Venezianer alle. Spielt die Komödien, die lachen machen.

Und die zum Weinen sind. Und irrt euch hundertmal,
wie ich mich irrte und Proben nie bestand,
doch hab ich sie bestanden, ein um das andre Mal.
Wie Böhmen sie bestand und eines schönen Tags
ans Meer begnadigt wurde und jetzt am Wasser liegt.

Ich grenz noch an ein Wort und an ein andres Land,
ich grenz, wie wenig auch, an alles immer mehr,
ein Böhme, ein Vagant, der nichts hat, den nichts hält,
begabt nur noch, vom Meer, das strittig ist, Land meiner Wahl zu sehen.
(*»Böhmen liegt am Meer«;* W 1, 167f.)

Als Ingeborg Bachmann ein Jahr nach ihrem Umzug nach Rom wieder in die BRD kam, las sie aus einem neuem Werk, an dem sie zu arbeiten begonnen hatte. Sie nannte es »Todesarten«. Aber erst einige Jahre später erschien dann ein Roman der Österreicherin, dessen Titel *»Malina«* (1971) – freilich nur für Bachmannkenner – in einem Zusammenhang mit dem damals genannten stand. Diesem Roman folgte 1972 der Erzählungsband *»Simultan«*, der fünf »Neue Erzählungen« – so der Untertitel – enthielt. Aber erst aus dem Nachlaß in der 1978 erschienenen vierbändigen Werkausgabe läßt sich erkennen, daß Ingeborg Bachmann an einer Romantrilogie arbeitete, zu der neben dem *»Malina«*-Roman noch zwei weitere größer angelegte Prosaarbeiten kommen sollten: *»Der Fall Franza«* und *»Requiem für Fanny Goldmann«*, das erstere ein »unvollendeter Roman«, das letztere von den Herausgebern seines Entwurfscharakters wegen als Edition »Aus den Entwürfen zu einem Roman« bezeichnet. Es ist unbestreitbar: die sechziger und die siebziger Jahre standen bei Ingeborg Bachmann eindeutig im Zeichen angestrengter Prosaarbeit, deren Stellenwert in ihrem literarischen Werk – auch im Vergleich zu den Gedichten – erst dann angemessen beurteilt werden kann, wenn es – trotz seines teils fragmentarischen Charakters – in seinem inneren Zusammenhang erschlossen wird. Damit kehrte sie zu jener Gattung zurück, mit der sie – auch das eröffnet der Nachlaß – zu schreiben begonnen hat. Zwischen der 1944 verfaßten historischen Novelle »Das Honditschkreuz«, den in den Nachkriegsjahren in österreichischen Zeitschriften publizierten Erzählungen (in den Band Erzählungen der Werkausgabe wurden fünf aufgenommen), einigen Prosafragmenten aus den fünfziger Jahren (darunter auch einige Seiten aus einem frühen Roman mit dem Titel »Stadt ohne Name«), dem Erzählungsband »Das dreißigste Jahr« und dem Roman »Malina« (1971) liegen nahezu drei Jahrzehnte, die unterschiedliche Schaffensphasen und Reifestufen des Erzählens erkennen lassen.

Als Lyrikerin hatte Ingeborg Bachmann fast traumhaft sicher ihre Sprache gefunden, als Erzählerin mußte sie länger nach den ihren Themen gemäßen Darstellungsweisen suchen. Es war offensichtlich, daß ihre Art des Erzählens nicht der ihrer Generationsgefährten – Lenz, Grass, Walser – entsprach, weil es nicht ihre Absicht war, Welt so wie diese darzustellen. Der Roman, den sie in den fünfziger Jahren versuchte, kam über wenige Seiten nicht hinaus, und auch einige Erzählungen, an denen sie damals arbeitete, brachte sie nicht zu Ende. Vergleicht man die 1961 im Sammelband »Das dreißigste Jahr« veröffentlichten Erzählungen mit denen, die unveröffentlicht blieben (ein Blick auf die Prosa der Nachkriegsjahre bestätigt diesen Befund), dann wird offensichtlich, daß sich in keiner dieser Prosaarbeiten ein weit in Raum und Zeit hinein abgesteckter Handlungsablauf erkennen läßt. Dabei fällt auf, daß die einzelne Person und ihr Geschick weitaus mehr interessieren als die Entwicklung ihres Charakters und die gesellschaftlichen Bedingungen, auf die einzelne Wendungen des Geschehens zurückgeführt werden könnten. Die Ansatzpunkte erzählerischer Wirklichkeitsdarstellung lassen erkennen, daß Ingeborg Bachmann in der ersten Hälfte der fünfziger Jahre noch nicht zu den für sie bestimmenden Themen gefunden hat. Neben dem Versuch, Gleichnis und Parabel (*»Das Lächeln der Sphinx«* und *»Die Karawane und die Auferstehung«*) für sich zu gewinnen, stehen Fragmente, die sichtbar werden lassen, daß auch ungewöhnliche Verhaltensweisen *(»Portrait von Anna Maria«, »Der Hinkende«)* der Autorin erzählenswert erschienen. In einer dieser Erzählungen ist es sogar ein Arbeiter *(»Der Schweißer«)*, dessen Ausbruchsversuch Ingeborg Bachmann als Begegnung mit einer anderen Welt (er liest ein Buch von Nietzsche) zu erklären versucht. Der Ich-Erzähler, der in einigen dieser Erzählungen deutlich zu erkennen ist, ist lediglich Erzählmedium der Autorin selbst.

Die Titelerzählung *»Das dreißigste Jahr«* zeigt deutlich eine Veränderung im Vergleich zu den Nachkriegserzählungen. Das Ich, das sich hier mitteilt, reflektiert die Lebensproblematik eines Menschen in einer deutlich konturierten gesellschaftlichen Umwelt. Es gibt sich mit seinen Ansichten, Meinungen, Gefühlen – bis hin zu Tagebucheintragungen – unverstellt zu erkennen. Von einer Handlung im eigentlichen Wortsinne freilich kann hier nicht mehr gesprochen werden. Es ist vielmehr eine offene Prosaform, die weniger einer strengen epischen Komposition als einer assoziativ-sprunghaften Darstellungsweise entgegenkommt. Wie die vergleichbare Erzählung »Jugend in einer österreichischen Stadt«, die ebenfalls autobiographische Züge trägt, ist sie mit offenem Bezug zur Erlebnis- und Gedankenwelt Ingeborg Bachmanns geschrieben worden. Auch die anderen Gestalten in diesem Erzählungsband sind sichtbar aus ihrer Problemwelt geboren und verfolgen in ihren Gedanken und Handlungen Ziele, die erkennen lassen, daß die Erzählerin ihre ›Helden‹ gefunden hat. In diesen Erzählungen wird die epische Welt in kleinsten Ausschnitten gezeigt, die das Weltverhältnis der Verfasserin aber umso deutlicher zutage treten lassen, ihre Leiden und Ängste ebenso wie ihre Glückserwartungen und Hoffnungen. Es sind die »Netzwerke der Feindschaften und Freundschaften«, die »Händel der Gesellschaft«, die von Ingeborg Bachmann zunehmend als gefährdend und zerstörend – als »Todesarten« – erfahren werden, und, da sich auch die Partnerschaft mit Männern nicht mehr als Zuflucht für sie bot (Max Frisch berichtet in seinem Buch »Montauk« davon), blieb ihr nur die Flucht aus der Gesellschaft in ein Leben, dessen Bindungslosigkeit die gewünschte Unabhängigkeit versprach, aber auch die Gefahr der Vereinsamung immer größer werden ließ.

Zehn Jahre später legte Ingeborg Bachmann wieder ein neues Prosawerk vor. Der Untertitel »Roman« zeigt den Größenunterschied zu den früher publizierten Erzählungen. Doch ein Roman im strengen Wortsinne ist auch das *»Malina«*-Buch von 1971 nicht, das etwa zeitgleich mit den »Neuen Erzählungen« entstanden war, die ein Jahr später unter dem Titel *»Simultan«* publiziert wurden.

Diese fünf Erzählungen gehören, stofflich-thematisch gesehen, ebenso in den Kontext des »Malina«-Romans und der beiden nachgelassenen Fragmente, wie einige Frauengestalten dieser Erzählungen ihre Vorgängerinnen schon in Undine haben, die die Leser Ingeborg Bachmanns schon seit Anfang der sechziger Jahre kannten. Obwohl die Frauen (außer Franziska Jordan), die in diesen Erzählungen gezeigt werden, ein berufsbedingtes Selbstbewußtsein erkennen lassen (die Dolmetscherin und die Fotografin vor allem), ist es ihnen nicht gelungen, sich als Frauen ganz zu verwirklichen, weil sie immer wieder auf Verhältnisse stoßen, die das nicht zulassen. Bis auf die verheiratete Frau Jordan, deren Ehetage gezählt sind, leben diese Frauen nicht in ehelichen Verbindungen. Zwar können sie für einige Tage, wie die Dolmetscherin, oder Monate, wie die Fotografin Elisabeth, Partner eines Mannes sein, aber letztlich ist es ihnen bestimmt, allein zu sein. Die Zeit des Aufbruchs, als die Liebenden im Hörspiel »Der gute Gott von Manhatten« bis an die Grenzen des Möglichen gingen und dabei die höchste Glückserfüllung erlangten, ist vorbei. So wie für die Dolmetscherin die Hoffnung, Mr. Frankel aus Österreich

»bringe ihr etwas zurück, einen vermißten Geschmack, einen fehlenden Tonfall, ein geisterhaftes Gefühl von einem Daheim, das nirgends mehr für sie war« (*»Simultan«;* W 2, 285),

getrogen hat und nach ihrer Reise ins Ungewisse bald der Arbeitsalltag wieder beginnt, kehrt auch Elisabeth vorzeitig aus den Kärntener Bergen, wo sie ihren Vater besucht hat, in die Ungeschütztheit ihres »Exil«-Lebens in Paris zurück, wissend, daß sie dem Mann, der »unausweichlich« für sie sein könnte, vorerst nicht begegnen wird, weil es »diesen Mann nicht gab«, wenn man von Trotta absieht, der ihr geholfen hat, sich selbst zu finden. Die Verhaltensregel, welche die »Exilierte und Verlorene« daraus ableitet, läßt auf schmerzliches Erkennen schließen:

»... und solange es diesen Neuen Mann nicht gab, konnte man nur freundlich sein und gut zueinander, eine Weile. Mehr war nicht daraus zu machen, und es sollten die Frauen und die Männer am besten Abstand halten, nichts zu tun haben miteinander, bis beide herausgefunden hatten aus einer Verwirrung und der Verstörung, der Unstimmigkeit aller Beziehungen.« (*»Drei Wege zum See«;* W 2, 450)

Auch Beatrix in der Erzählung *»Probleme, Probleme«* hat sich von vornherein auf ein Leben ohne Mann eingerichtet. Die Weigerung, sich in die gängige Rolle der Frau in der bürgerlichen Gesellschaft zu schicken, schlägt hier freilich in eine Exzentrik um, die auf dic Dauer wohl kaum als eine glaubhafte Form, das Recht auf Individualität (»Besonderheit«) einzufordern, behauptet werden kann. Der Schlafsucht von Beatrix entspricht in gewissem Sinne die Kurzsichtigkeit Mirandas, von der in der Erzählung *»Meine glücklichen Augen«* berichtet wird. Sie zieht die »verhangene Welt«, in der sie ohne Brille lebt, der »präziseren« vor, die sie wahrnehmen müßte, wenn sie die Hilfe des Optikers in Anspruch nähme. Sie weiß ohnehin, daß es die »Hölle« ist.

Als »Hölle« wird auch jene Welt bezeichnet, von der im 2. Kapitel des *»Malina«*-Romans die Rede ist.

Als Ort der Handlung wird Wien genannt, als Handlungszeit: »Heute«. Im Verlaufe des Romans wird der Handlungsort zwar durch Straßenangaben und andere Ortsbezeichnungen präzisiert, ebenso offensichtlich wird aber auch, daß der eigentliche Handlungsraum als ein »Weltinnenraum« angesehen werden muß, der durch die Gefühls- und Gedankenwelt jener Person bestimmt wird, die im Roman – ohne weitere Angaben vorerst – »Ich« genannt wird. Sie ist episches Ich und Erzählerin zugleich. Eine fortlaufende Handlung entsteht auch in diesem Buch nicht, weil sie immer wieder durch Briefe, Gespräche und Interviews unterbrochen wird. Diese Art des Erzählens hat ihren Grund vor allem darin, daß sich der »Mord« an der Ich-Person innerhalb einer Wechselbeziehung dreier Personen zueinander abspielt: das der Ich-Erzählerin zu Ivan und Malina. Das Dreiecksverhältnis zwischen diesen Personen deutet zunächst auf einen Liebesroman. Was Ivan für die Frau bedeutet, die sich immer deutlicher als autobiographische Gestalt zu erkennen gibt, und welches Wunder er bewirkt, wird gleich am Anfang des »Glück«-Kapitels mitgeteilt:

»daß hier, in diesem Umkreis, wo ich bin, der Schmerz im Abnehmen ist, zwischen der Ungargasse 6 und 9, daß die Unglücke weniger werden, der Krebs und der Tumor, das Asthma und der Infarkt, die Fieber, Infektionen und Zusammenbrüche, sogar die Kopfschmerzen und die Wetterfühligkeit sind abgeschwächt ... Hier ist auch die zitternde Nervosität, die Hochspannung, die über dieser Stadt ist, und vermutlich überall, fast beruhigt, und die Schizothymie, das Schizoid der Welt, ihr wahnsinniger, sich weitender Spalt, schließt sich unmerklich.« (W 3, 30 f.)

Diese Sätze lassen keinen Zweifel, daß hier von einer Krankheit die Rede ist, einer, an der die Ich-Person leidet, aber zugleich auch von einem Weltbefund, der jene Schmerzen und Leiden hervorgerufen hat, denen die Frau vor ihrer Begegnung mit Ivan schutzlos ausgesetzt war. Ivan ist die Rettung im zweifachen Sinne des Wortes. Er kann die weltkranke Frau heilen, und er kann die Welt erlösen. Dem Sprachdenken Ingeborg Bachmanns gemäß, wird die Rettungsmission dieses Mannes dann auch als Neuordnung der Sprache beschrieben:

»Denn er ist gekommen, um die Konsonanten wieder fest und faßlich zu machen, um die Vokale wieder zu öffnen, damit sie voll tönen, um mir die Worte wieder über die Lippen kommen zu lassen, um die ersten zerstörten Zusammenhänge wiederherzustellen ...« (W 3, 32)

Genau das vollziehen Mann und Frau miteinander: Sie lernen wieder sprechen, um sich verstehen zu können.

Es ist unschwer zu erkennen, daß Ingeborg Bachmann wieder bei ihrem Grundthema angekommen ist. Was am Beispiel sprachlicher Kommunikationen exemplifiziert wird, zielt auf einen gesellschaftlichen Zustand, meint die Art und Weise, in der Menschen zusammenleben und antizipiert eine Lebensform, in der der Mensch dem Menschen ein Helfer ist, so phantastisch die Veränderung der Welt dann auch – als eine »Epidemie«, die aus einer »Ansteckung« hervorgeht – gedacht wird. Ivan wird aber auch dafür seliggesprochen, daß er die Ich-Person »wiederentdeckt« und ihr »verschüttetes Ich« freigelegt hat. Alles, was dem Leben neuen Sinn gibt und auf eine bessere Welt hoffen läßt, verbindet sich mit Ivan.

In diesem mehr messianischen als geschichtlich begründeten Zukunftsglauben wurde auch jene Passage des Romans geschrieben, die mit den Worten »Ein Tag wird kommen« beginnt. Es sind Zukunftsprojektionen, die den Höllenbeschreibungen des 2. Kapitels vorausgehen und – im 3. Kapitel – dem Leser verdeutlichen, wie weit utopischer Entwurf und gesellschaftliche Wirklichkeit voneinander entfernt sind:

»Ein Tag wird kommen, an dem die Menschen schwarzgoldene Augen haben, sie werden die Schönheit sehen, sie werden vom Schmutz befreit sein und von jeder Last, sie werden sich in die Lüfte heben, sie werden unter die Wasser gehen, sie werden ihre Schwielen und ihre Nöte vergessen. Ein Tag wird kommen, sie werden frei sein, es werden alle Menschen frei sein, auch von der Freiheit, die sie gemeint haben. Es wird eine größere Freiheit sein, sie wird über die Maßen sein, sie wird für ein ganzes Leben sein.« (W 3, 121)

Daß sich solche Voraussagen vorerst nicht verwirklichen lassen, erweist sich im 2. Kapitel, wo »Der dritte Mann« ins Spiel kommt – eine Traumfigur, die in immer wieder verwandelter Gestalt die Ich-Person in ihren Träumen heimsucht. Sie wird anfangs Vater genannt. Am Schluß des Kapitels jedoch ist gewiß: »Es ist nicht mein Vater. Es ist mein Mörder.« (W 3, 235)

Die Welt, die von diesem Mann beherrscht wird (es wäre zu kurz geschlossen, Ingeborg Bachmann hier ausschließlich auf den Spuren Sigmund Freuds zu sehen), ist eine Schreckenswelt, in die alles hineingenommen wurde, was ein Mensch an Schmerzen, Vergewaltigung und Beleidigungen erleiden kann. Das Gesetz, das in dieser Welt regiert, heißt Zerstörung. Das heißt:

»Es ist immer Krieg. / Hier ist immer Gewalt. / Hier ist immer Kampf. / Es ist der ewige Krieg.« (W 3, 236)

War Malina in diesem Kapitel damit beauftragt, die Ich-Person aus den Angstträumen in die Wirklichkeit zurückzurufen, so tritt er im dritten Kapitel (»Von letzten Dingen«) in seine eigentliche Funktion als deren ständiger Gesprächspartner ein. Nun zeigt sich auch, wer Malina wirklich ist: keine Person für sich, sondern in seiner Existenz direkt an die Ich-Person gebunden, als ihr Alter ego, Widerpart und integraler Teil des epischen Ichs zugleich. An zwei Stellen des Romans wird dieser Sachverhalt erklärt, einmal als (einer Wahrsagerin in den Mund gelegte) Selbstdeutung, zum anderen als bewußt geführtes »Doppelleben« mit zwei Männern grundverschiedenen Charakters. Erkennt die Wahrsagerin im Horoskop der Ich-Person »eine unheimliche Spannung«, die darauf hindeute, daß es eigentlich zwei Personen sind, die sich in ihr verkörpern (»das Männliche und das Weibliche, der Verstand und das Gefühl, die Produktivität und die Selbstzerstörung«), so bringt die Ich-Erzählerin an anderer Stelle selbst auf eine Formel, in welchem Verhältnis sie zu den beiden Männern steht:

»Ivan und ich: die konvergierende Welt. Malina und ich, weil wir eins sind: die divergierende Welt.« (W 3, 126)

Werden die Divergenzen übermächtig, weil die von Ivan ausgehende Konvergenz nicht mehr wirkt, dann wird das Erlebnis der »schizoiden Welt« tödlich und zerstört sie.

Als Ivan verschwindet, reißt folglich nicht nur die eben erst wiedergefundene sprachliche Kommunikation ab. Indem Malina (die mit der Malinafigur verbundenen Eigenschaften des Ich) mehr und mehr an die Stelle Ivans tritt, löscht er allmählich die Ich-Person aus. »Es war Mord« lautet der letzte Satz dieses Romans.

War das 1. Kapitel die Beschreibung einer Lebensform (»Ich habe in Ivan gelebt«), so ist das letzte die einer Todesart (»und sterbe in Malina«). In diesem Sinne steht auch im Romanfragment *»Der Fall Franza«* fest, wer der Mörder ist. Es ist jener Jordan, über den die Erzählung »Das Gebell« einige Auskünfte gibt. Im Romanfragment wird er »der Professor« genannt, oder – schon deutlich pejorativ – »das Fossil« und an anderer Stelle »Ehren- und Ordenssklave«. Das erste Kapitel dieses Buches (Ingeborg Bachmann las daraus schon 1966 vor) ist »Heimkehr nach Galicien« überschrieben und berichtet von Franzas Flucht aus Wien, dem Ausbruch aus der Ehe mit Jordan, der Heimkehr ins Geburtshaus im Dorf Galicien und vom Wiedersehen mit ihrem jüngeren Bruder Martin. Das zweite Kapitel – »Jordanische Zeit« genannt – ist nur in Entwürfen überliefert und im Vergleich zum 1. und 3. Kapitel auch das kürzeste (S. 399–414). Das letzte Kapitel sollte »Die ägyptische Finsternis« heißen. Welche Welt der Leser darin betreten sollte, verrät die Eingangspassage:

»Sie sind in die Wüste gegangen. Das Licht erbrach sich über ihnen, der Auswurf des Himmels, von einem heißen, sauberen Geruch begleitet. Die große Heilandgestalt, das große unverlaßbare Purgatorium, obgleich nach allen Seiten offen: unverlaßbar, arabisch, lybisch in seinen Unterabteilungen, feinkörnig, steinig, Sandschliff am Stein, der Stein in der Bizarrerie, zusammengenommen alles saharisch. Sahara. Die Anstalt hatte sie aufgenommen.« (W 3, 415)

Die Grundkonstellation gleicht der im »Malina«-Roman. Die Frau ist das Opfer, der Mann der Mörder. Welche Todesart Fanny Goldmann bestimmt war, läßt sich aus den wenigen Seiten, die Ingeborg Bachmann für dieses »Requiem« geschrieben hat, nicht entnehmen.

Die Romantrilogie – das Hauptwerk der sechziger und siebziger Jahre – blieb Fragment wie das Leben dieser Schriftstellerin, das am 17. Oktober 1973 nach einem Unfall tragisch endete, fast so, wie die Ich-Erzählerin in ihrem Roman diese Todesart heraufbeschworen hatte:

»Ich muß aufpassen, daß ich mit dem Gesicht nicht auf die Herdplatte falle, mich selber verstümmle, verbrenne, denn Malina müßte sonst die Polizei und die Rettung anrufen, er müßte die Fahrlässigkeit eingestehen, ihm sei da eine Frau halb verbrannt … Aber ich rauche ja nicht mehr, ich habe es mir heute abgewöhnt. Ich kann den Schalter noch auf 0 zurückstellen. Es war einmal, aber ich verbrenne nicht, halte mich gerade …« (W 3, 334f.)

Biographische Notiz

Ingeborg Bachmann wurde am 25. Juni 1926 in Klagenfurt geboren und besuchte dort Volksschule (1932/36), Bundesrealgymnasium (1936/38) und Oberschule (1938/44). 1945/46 studierte sie in Innsbruck Philosophie, anschließend in Graz ein Semester Jura, dann Philosophie (bis 1950) in Wien, Promotion. In diesen Jahren erste Gedicht- und Prosaveröffentlichungen in österreichischen Zeitungen und Zeitschriften und Auslandsreisen (Paris und London).

1951 Redakteurin beim Sender Rot/Weiß/Rot in Wien. 1952 erste Lesung bei einer Tagung der »Gruppe 47« in Niendorf. Von 1953 bis 1957 lebte sie in Italien (auf der Insel Ischia, in Neapel und in Rom). 1957 wurde sie Korrespondierendes Mitglied der Deutschen Akademie für Sprache und Dichtung Darmstadt. 1957/58 Arbeit als Dramaturgin beim Bayerischen Fernsehen in München.

Von 1958 bis 1962 lebte die Autorin abwechselnd in Rom und Zürich und hielt 1959/60 Gastvorlesungen an der Universität Frankfurt am Main (»Literatur als Utopie«). In diese Zeit fällt auch ihre Zusammenarbeit mit dem Komponisten Hans Werner Henze (Ballettpantomime »Der Idiot« und Oper »Der Prinz von Homburg«). 1963 einjähriger Aufenthalt in Berlin (West), wo sie anschließend auch ihren Wohnsitz nimmt; 1965 Übersiedlung nach Rom. Ingeborg Bachmann starb am 17. Oktober 1973 an den Folgen eines Brandunfalls in Rom, und am 25. Oktober wurde sie auf dem Friedhof Klagenfurt-Anabichl beigesetzt.

1953 Preis der »Gruppe 47«; 1955 Förderpreis des Kulturkreises im Bundesverband der deutschen Industrie; 1957 Literaturpreis der Freien und Hansestadt Bremen; 1959 Hörspielpreis der Kriegsblinden; 1960/61 Kritikerpreis für Literatur; 1964 Georg-Büchner-Preis; 1968 Großer Österreichischer Staatspreis; 1971 Anton-Wildgans-Preis.

Helga
Schmidt-Thieme

Thomas Bernhard

Unter den österreichischen Gegenwartsautoren ist Thomas Bernhard (geb. 1931), der seit Erscheinen seines ersten Romans (»Frost«, 1963) öffentliche Aufmerksamkeit erfährt, wohl der umstrittenste. Die Spannbreite der kritischen Auseinandersetzung reicht von Faszination bis Überdruß.

1969 schrieb Ingeborg Bachmann über den Autor: »Wie sehr diese Bücher die Zeit zeigen, was sie gar nicht beabsichtigen, wird eine spätere erkennen, wie eine spätere Zeit Kafka begriffen hat [...]. Ist hier etwas zu loben? Ist ein Ruhm im Kommen, der der deutschen Literatur, die wie alles auf ihre Sternstunden hat warten müssen?«[1] Und ein Kritiker äußerte: »Ich kenne keinen Dramatiker [...] mit soviel Voreingenommenheit, vorsätzlicher Blindheit wie Thomas Bernhard.«[2] Bernhard selbst meint:

> »Man muß den ausgefallenen Weg gehen mit allen exzentrischen, brutalen, scheußlichen, verklemmten, verqueren Dingen, die in einem [...] drin sind.«[3]

Seine Kindheit und Jugend beschreibt der Autor als eine Zeit des Schreckens und der Verletzungen, die ihren Höhepunkt in einem nationalsozialistischen Salzburger Gymnasium fand. Andererseits aber hatte der junge Bernhard das Glück, unter der Obhut seines Großvaters, des Schriftstellers Johannes Freumbichler[4], frühzeitig eine intensive Beziehung zu Literatur, Philosophie und Musik entwickeln zu können. Nicht von ungefähr also beginnt Bernhard zu schreiben, achtzehnjährig, in einem Sanatorium für Lungenkranke. Sein erster Prosatext – *»Vor eines Dichters Grab«* wurde 1950 im »Salzburger Volksblatt« veröffentlicht. Den Beruf des Schriftstellers wählt er jedoch erst nach Abschluß eines Studiums am Salzburger Mozarteum. In schneller Folge erschienen drei Gedichtbände, ein Libretto und mehrere kurze Schauspiele. 1957 entstanden auch eine Reihe kleiner Prosastücke, die 1969 in dem Band »Ereignisse« veröffentlicht wurden.

Bernhards Lyrik steht unverkennbar unter dem Vorzeichen seiner bedrückenden Kindheitserlebnisse und Jugendjahre.

Sein lyrisches Ich empfindet die Welt als Hölle. Bilder der Hoffnungslosigkeit und des Schmerzes entstehen:

Bald kommt der Herbst und rettet die Vögel,
in finsteren Stuben sammeln Bruder und Schwester
die Körner für die Wintersmahlzeit.
Im schwarzen Dorf ist das Schwein angekettet.
Im Acker verenden die Krähen des Schmerzes.
Wir trinken das Bier der Verzweiflung
und falten die Hände vor der Verachtung des Vaters.
Die Erde schmeckt von den Schnüren des Fleisches.

(»Krähen«)[5]

Immer wieder ist von der Verlorenheit des Menschen die Rede, von Erniedrigung und Enttäuschung. Weder das »schwarze Dorf« bietet Lebensraum noch die Stadt, in der der »Tod mit seinem Aschenmaul«[6] regiert. Nach Bernhards Überzeugung ist die Welt unveränderbar. Seine Alternative heißt Rückzug. Rückzug in die Welt des Schreibens als eine Form des Ersatzhandelns.

Gedanken, die Bernhards Werk leitmotivisch durchziehen, sind bereits in der Lyrik angedeutet und gestaltet: Das Leben als Todeskrankheit, die Verstörung des Menschen, Kälte und Erstarrung in zwischenmenschlichen Beziehungen, die Sinnlosigkeit alles Schöpferischen, die Kunst als die große Totgeburt, Vernichtung oder Verfall von Besitztümern. Pascals Satz von der »größten Ruhe, die der Tod ist«, wird nahezu in jedem Text variiert.

Bernhards Prosatexte sind genau lokalisiert: Bergdörfer und -täler, abgelegene Anwesen, Kleinstädte, Wien. Die Kritik spricht vom »negativen Heimatroman«[7]. Und tatsächlich gibt es für die Figuren Thomas Bernhards keine Heimat im Sinne von Dazugehörigkeit. Heimat erscheint als unheimlich, zerstörerisch. Der Mensch ist ihr ausgeliefert. Sie schützt ihn nicht, er geht an ihr zugrunde, wird wahnsinnig, endet durch Selbstmord.

In einer solchen Darstellung artikuliert sich schmerzliches Weltempfinden, eher Resignation als Kritik. Damit steht Bernhard in einer Tradition, deren historisch-politische Wurzeln im Scheitern der bürgerlich-demokratischen Revolution von 1848 und der daraus folgenden anhaltenden Phase gesellschaftlicher Stagnation liegen, und die literarisch auf jene herausragenden österreichischen Schriftsteller zurückführt, die – wie etwa Grillparzer und Stifter – durch Resignation, Wirklichkeitsverweigerung und Handlungsverzicht charakterisiert sind. Bernhards Figuren leben wie die Stifters einzelgängerisch, aber während es diesen noch möglich ist, wenn auch außerhalb der Gesellschaft, in abgeschiedener Natur, einen Rest Menschlichkeit zu bewahren und ihre eigene Individualität auszubilden, ist für jene dieses »Erbe verbraucht, die Erben selbst sind bankrott«[8].

Österreich, nach der Zerschlagung des Habsburger Reiches endgültig in weltpolitische Bedeutungslosigkeit versunken, brachte so außergewöhnliche Schriftsteller wie Hofmannsthal, Rilke, Kafka, Musil hervor, deren künstlerischer Suche nach Lebensmöglichkeiten jedoch immer der Gestus der Vergeblichkeit anhaftet, weil sie subjektiv keinen Zugang zu der geschichtlichen Alternative fanden, die durch die große Epochenwende unseres Jahrhunderts bereits objektiv-real vorhanden war. Es bildete sich ein »habsburgischer Mythos in der österreichischen Literatur«[9] heraus, der bis zu einem Künstler wie Thomas Bernhard nachwirkt. Verzweiflung darüber, daß von dem »Begriff Österreich« nichts mehr zu erwarten ist, mischt sich mit Ausbrüchen des Ekels vor der Welt schlechthin.

Auf dieser Basis gestaltet Bernhard seine Helden. Es sind Künstler oder Wissenschaftler – »Kopfarbeiter« –, die außerhalb der Gesellschaft leben. Der Verlust ihrer menschlichen Bindungen korrespondiert mit dem Verlust ihrer Kreativität. So entstehen Figuren, die notwendigerweise untergehen müssen. Es sind Auserwählte, die »auf dem Höhepunkt« ihres »Denkens verrückt geworden«[10] sind, sensible Gehirnkranke, die aus einer Masse dumpfer Schwachsinniger herausragen.

In Bernhards erstem Roman, *»Frost«* (1963), handelt es sich um den Maler Strauch, der vor der Welt geflohen ist. »Frost« ist Metapher für die geistige und seelische Kälte, von der die Gesellschaft wie eine Krankheit befallen ist. Strauchs Fluchtpunkt, der Hochgebirgsort Weng, liegt in einer von Eisblöcken umgebenen Grube. Die Bewohner des Ortes gehören zur Kategorie der Schwachsinnigen. Der Ich-Erzähler, ein Medizinstudent, der vom Bruder des Malers zur Beobachtung Strauchs ausgeschickt wurde, sagt über sie:

»Ich kann mir vorstellen, daß auf die Dauer Menschen verrückt werden, die ununterbrochen Wahrnehmungen machen, wie ich sie bis jetzt auf dem Weg nach Weng herauf und in Weng gemacht habe, wenn sie sich nicht durch Arbeit oder Vergnügen oder andere dementsprechende Tätigkeiten ablenken, wie Huren oder Beten oder Saufen oder all diese Tätigkeiten gleichzeitig.« (F 11)[11]

Bezeichnenderweise benennt der Ich-Erzähler keine Ursachen für seine Wahrnehmungen, ja, er konkretisiert sie nicht einmal näher, sondern plädiert für Ablenkung von dieser Wirklichkeit. Arbeit und Huren setzt er gleich. Das Fazit: Selbstverwirklichung des Menschen ist unmöglich – nicht nur für die sogenannte dumpfe Masse, sondern ebenso für den Talentierten, sensibel Empfindenden. Weng ist demnach kein schützendes Exil für den Maler Strauch, sondern die äußerste Konzentration der Welt, die er vor seiner Flucht erlebte. Wenn er früher noch malte, obgleich in dunklen, abgeschlossenen Räumen, so hat er jetzt jeder schöpferischen Tätigkeit abgeschworen. »Expeditionen in Urwälder des Alleinseins« (F 42) nennt er seinen Zustand. Er geht nicht am Stumpfsinn zugrunde, wie die Bewohner Wengs, sondern wird durch seine außergewöhnliche Wahrnehmungsfähigkeit zerstört. Schmerzlich empfindet er die Kunst als eine »große Totgeburt« (F 133).

Dieses Infragestellen jeder schöpferischen Tätigkeit durchzieht Bernhards Werk bis heute. Immer wieder reflektieren seine Figuren, daß nichts das Kämpfen wert sei. Schopenhauer, Kierkegaard, Nietzsche sind philosophische Eckpunkte dieses Werkes. – Bernhards Künstler akzeptieren keinen Adressaten. Überhaupt sehen seine Figuren keine Bezugspersonen für ihre Gedanken. Der Landstreicher und Theaterdirektor in »Frost« sieht sich außerstande, mit einem Publikum in Kontakt zu treten, von dem er meint, es verstehe ihn nicht, das er als dumm und unsensibel verachtet. Nur für Kunststücke-Machen, das nicht einmal ans »Geistige« grenze, sei die Menge zugänglich. Theaterspielen, das ans »Hochgeistige« grenze, sei nichts für die Menge.

Hier Schauspieler, dort Maler – der »Künstlerrock« ein »Ruin für sich« (F 41), die Phantasie eine tödliche Krankheit (F 36). Was bleibt, sind Verweigerung, Erstarrung, Tod. Die Gesellschaft bietet keinen Lebensraum. So ist Strauchs Erfrierungstod in der unbarmherzigen Natur sinnbildhaft zu verstehen: Erstarren menschlicher Beziehungen, meterhohe Eiswände, die jede Kommunikation unmöglich machen, eine kalte schneebedeckte Landschaft, in der das Leben stirbt.

»Freilich, eine nach und nach aussterbende, schließlich vollkommen menschenlose Erde wäre doch wahrscheinlich das Schönste.«[12]

Hinter solch einem Bild menschenlosen Raumes steht ein Künstler, der im Bewußtsein seiner Hilflosigkeit, seiner Machtlosigkeit gegenüber einer menschenfeindlichen Gesellschaft keine Alternative sieht. Diese Hilflosigkeit schlägt oft in Aggressivität um. Da verdammt der Autor Gott und die Welt, den Staat und die Kirche, die Monarchie und den Kommunismus. Seine Angriffe sind nicht differenziert auf Erscheinungen des bürgerlichen Systems gerichtet, sondern auf die Welt überhaupt. Er sucht die Ursachen für den Zustand der Welt, wie er sie sieht, nicht in sozialökonomischen Zusammenhängen, sondem immer im Innersten der Individuen. Deshalb ist die Verstörung, in der sich der Mensch befindet, ein Grundthema, das Bernhard immer wieder variiert.

In seinem zweiten Roman, *»Verstörung«* (1967), weist er das schon im Titel aus. Die auf einen Tag begrenzte äußere Handlung: Krankenbesuche eines steiermärkischen Landarztes, der von seinem Sohn, einem Montanistik-Studenten, dem Erzähler, begleitet wird. Die Landschaft, in der sich beide bewegen, ist, ähnlich wie in »Frost«, besiedelt von einer »durch und durch kranken, zur Gewalttätigkeit sowie zum Irrsinn neigenden Bevölkerung« (Verst 7)[13]. Das, was in Bernhards erstem Roman dargestellt ist – auf der einen Seite Sensibilisierung, auf der anderen Seite Verrohung des Menschen – wird hier erneut gestaltet. Die Skala reicht von einer grundlos erschlagenen Gastwirtsfrau über einen unheilbar kranken jungen Lehrer, einer todkranken Oberlehrersfrau bis zu einem sensibilisierten gehirnkranken Industriellen, der sich mit seiner Schwester in die Einsamkeit zurückgezogen hat, um eine Studie über ein »durch und durch philosophisches Thema« (Verst 42) zu schreiben, über das er niemals spricht. Wie andere Bernhard-Figuren arbeitet er angestrengt, unter Qualen. In einem ständigen Prozeß von Schreiben und Vernichten kommt er mit seiner Arbeit nie zu Ende.

Spüren wir Bernhards Geistesarbeitern nach, so manifestiert sich in ihrer Darstellung immer wieder ein Problem: die Not des Nichthandelnkönnens. Der Leser sieht sich konfrontiert mit Figuren, die mit hohem geistigen Anspruch eine selbstgewählte außerordentliche Aufgabe zu bewältigen suchen. Ob Wissenschaftler oder Künstler – letztendlich scheitern sie. Sei es der Gehörforscher Konrad, Hauptfigur des Romans *»Das Kalkwerk«* (1970), sei es der Architekt Roithamer, Protagonist des Romans *»Korrektur«* (1975), oder Rudolf, der Musikwissenschaftler in *»Beton«* (1982). Sie müssen scheitern, da ihre Forschungen keine gesellschaftliche Relevanz besitzen, sondern sich immer auf die eine oder andere Art als Wahnsinnsideen ihrer Schöpfer herausstellen. In Refugien außerhalb der Gesellschaft wird ihre höchste Aufgabe zur letzten Aufgabe. In *»Verstörung«*: die Bewahrung der Burg Hochgobernitz durch ihren Besitzer, den Fürsten Saurau. Die letzte Station, und gleichzeitig der zweite Teil des Romans, ist der Besuch des Landarztes bei dem hochsensiblen schizophrenen Fürsten. In einem diesen Teil des Buches gänzlich ausfüllenden Monolog philosophiert Saurau in teils direkter, teils indirekter Rede, die an wenigen Stellen vom Erzähler unterbrochen und sparsam kommentiert wird, über die Kälte und Verfinsterung der Welt, über die Sinnentleertheit des Lebens. In den Träumen des Fürsten kündigt sich an, daß diese scheinbar feste Burg, diese vermeintliche Insel im verfaulenden Staat durch seinen in London studierenden Sohn vernichtet werden wird. Auflösung, Vernichtung oder »Abschenkung« (*»Ungenach«*, 1968) von Besitztümern sind Bernhards Metaphern für den Verfall der Gesellschaft. Sinnbildhaft verweist er damit auf das Ausgeliefertsein des einzelnen, auch dessen, der sich in eine eigene geistige Provinz zurückgezogen hat. Was bleibt, ist die Verstörung des Menschen, seine innere und äußere Misere. Der Autor selbst bewältigt diese Misere durch Schreiben, durch ständig neues Einkreisen der Erscheinungen des allenthalben sichtbar werdenden Unterganges. Bernhards Figuren leben in der »Vorhölle des Alleinseins«. Zusammensein mit anderen Menschen bedeutet für sie die Hölle. Ihre Tragik erwächst daraus, daß sie vieles hören und sehen, wofür andere nicht empfänglich sind.[14] Aufgrund ihrer hochsensiblen Wahrnehmungsfähigkeit hätten sie unter wirklich menschlichen Bedingungen die Voraussetzung für höchste Entfaltung und Produktivität. Diese Bedingungen finden sie in ihrer Gesellschaft nicht. Doch auch ihre Entscheidung, außerhalb dieser nach Selbstverwirklichung zu streben, gereicht ihnen zur Selbstzerstörung, da ihre Verweigerung die Form des Menschenhasses angenommen hat. So wird etwa das stillgelegte Kalkwerk für Konrad (*»Das Kalkwerk«*) zu einem »Arbeitskerker«, aus dem er alle Menschlichkeit verbannt hat, auch die »Musik sei nach und nach zur Gänze aus dem Kalkwerk hinausgespielt worden«.[15] In den unbarmherzigen Gehörstudien, die Konrad an seiner Ehefrau vornimmt, äußert sich sein antihumanes Denken und Handeln. Er ist ein Barbar, der naturgemäß mit seinen Forschungen an einem menschlichen Sinnesorgan scheitern muß. Es bleibt ihm kein anderer Ausweg, als sein Versuchsobjekt zu töten und sich dann selbst erschöpft und verzweifelt der Polizei zu stellen.

Verzweiflung, Erschöpfung, Tod – Bernhard erfindet immer

wieder neue Variationen darauf. In seinem autobiographischen Text *»Die Ursache. Eine Andeutung«* (1975) heißt es:

»Meine Heimatstadt [Salzburg; d. Verf.] ist in Wirklichkeit eine Todeskrankheit«[16].

Stadt, im ursprünglichen Verständnis gleichbedeutend mit pulsierendem Leben, wird hier Symbol für die unheilbaren Krankheiten der Gesellschaft. Krankheiten, die der Autor zwar benennt, deren Heilung er jedoch für unmöglich hält. Auf ihrer Flucht vor der im Zerfall befindlichen Welt werden die Helden Thomas Bernhards unweigerlich von den Todeskrankheiten eingeholt. Auf der Bühne des Lebens vollziehen sie gewissermaßen die Probe des Todes mit zwanghafter Notwendigkeit. Wie etwa Roithamer *(»Korrektur«)*, der geniale Forscher, der eine außerordentliche Arbeit für seine über alles geliebte Schwester konzipiert hat, sich bei Vollendung seines Bauwerkes mit dem Tod konfrontiert sieht. Der Versuch, seinem Wohnkegel-Bauwerk eine dem Wesen der Schwester kongeniale Entsprechung zu verleihen, kann nicht auf ihren Wahrheitsgehalt überprüft werden – die Schwester stirbt an einer »Todeskrankheit«. Das, was der Maler Strauch verbal reflektiert – die Kunst, eine Totgeburt – hier findet es künstlerische Gestaltung. Darüber hinaus verweisen die parallel zur Schaffung des Kunstwerkes vorwärtsschleichende Krankheit und der endgültige Tod der Schwester sinnbildhaft auf das Zerstörerische des Schöpfungsaktes.

In *»Der Keller. Eine Entziehung«* (1976) bemerkt Bernhardt:

»Der Wille zur Wahrheit ist, wie jeder andere, der rascheste Weg zur Fälschung und zur *Ver*fälschung eines Sachverhaltes«.[17]

Daraus entwickelt er seine poetologische Position als der »typische Geschichtenzerstörer«.

»In meiner Arbeit, wenn sich irgendwo Anzeichen einer Geschichte bilden, oder wenn ich nur in der Ferne irgendwo hinter einem Prosahügel die Andeutung einer Geschichte auftauchen sehe, schließe ich sie ab.«[18]

Das ist der Versuch, sich vom traditionellen Erzählen zu trennen. Geschichten mit Fabel, Handlung, Konflikt, einem differenzierten Figurenensemble, dargeboten aus der Perspektive eines objektiven Erzählers, werden abgelehnt. Statt dessen entwirft Bernhard aus reflektierender Figurensicht Zustandsbilder seiner Helden, die überwiegend mit Hilfe endloser Monologe entstehen. Die Dialogform ist aufgelöst. Die Figuren, in ihrer Einsamkeit, ihrer geistigen Isolation, begeben sich nicht in Situationen der Rede und Gegenrede. Jede Art von Gedankenaustausch entfällt. Sie monologisieren ihre Verzweiflung aus sich heraus. Immer wiederkehrende Wörter des Erschreckens, mehrfache Wiederholungen ganzer Sätze oder einfacher Floskeln, einhämmernde Adjektive schaffen Bilder der Verzweiflung und Trostlosigkeit, Zeugnisse der Kommunikationslosigkeit. Durch diese Erzählweise wird einerseits eine große Unmittelbarkeit erzielt. Trotzdem bleibt dem Leser wenig Raum für Identifikation. Die Umstände, in denen die Figuren gezeigt werden, sind durch den Widerspruch zwischen einem überspannten subjektiven Anspruch auf Selbstverwirklichung und der objektiven Bedeutungslosigkeit ihres Vorhabens gekennzeichnet. Vor diesem Hintergrund erfindet Bernhard zugespitzte Situationen, in denen sich Grauen und Komik durchdringen und häufig im Grotesken münden.

Wiederholt ist in Bernhards Prosatexten die Rede vom Theater. Es fällt auf, daß seine Figuren in den meisten Fällen mit Abneigung, um nicht zu sagen mit Haß, vom Theater sprechen.

»[...] ich verachte das Theater, ich hasse die Schauspieler, das Theater ist eine einzige perfide Ungezogenheit, eine ungezogene Perfidie«[19], heißt es in *»Ist es eine Komödie? Ist es eine Tragödie?«* (1967).

Auf den ersten Blick scheint es unverständlich, daß Bernhard trotzdem beinahe unausgesetzt Stücke schreibt. Sein Haß bezieht sich offensichtlich auf das Theater als Institution. Er betrachtet es als Modell für gesellschaftliche Erstarrung, als Betrieb ohne Funktion, aber auch als Ausdruck der Funktionslosigkeit der Kunst. Seit seinem ersten abendfüllenden Theaterstück, *»Ein Fest für Boris«* (1970), reflektiert er diese Haltung in seinen Figuren. Es sind große Einsame, die nicht mehr nach Möglichkeiten, nach Auswegen suchen, die resignierend die Sinnlosigkeit ihrer Existenz erkennen müssen. Sie sind am Ende angekommen. Unverkennbar ist ein Nachhall des Absurden zu spüren. Die Unvermeidlichkeit, mit der sich Bernhards Anti-Helden in ihre Situation schicken, erinnert an die Endspiele Becketts.

»Wir wollen das Leben nicht / aber es muß gelebt werden / Wir hassen das Forellenquintett / aber es muß gespielt werden / [...] / Was hier ohne weiteres / als eine musikalische Kunst / bezeichnet werden kann / ist in Wirklichkeit / eine Krankheit«[20],

resümiert der Zirkusdirektor und Cellist Caribaldi (*»Die Macht der Gewohnheit«,* 1974) und zwingt seine Truppe täglich neu zur Probe, obwohl ein harmonisches Zusammenspiel seit zweiundzwanzig Jahren noch nie gelungen ist. Wenn er schließlich aufgibt und sich das Schubert-Stück im Radio anhört, ist das keineswegs nur Pointe, sondern bitter-traurige Bankrotterklärung eines Künstlers, dessen Streben nach vollendeter Kunst seinen Endpunkt in der Konserve findet.

Immer wieder gestaltet Bernhard Künstlerfiguren. Allen gemeinsam ist die Vergeblichkeit ihrer schöpferischen Bemühungen. Sei es die weltberühmte »Königin der Nacht« (*»Der Ignorant und der Wahnsinnige«,* 1972), die sich unter dem Zwang ihres Publikums zur »Koloraturmaschine« perfektioniert hat und schließlich erschöpft alle künstlerischen Verpflichtungen absagt. Sei es Minetti (*»Minetti«,* 1977), der »bittere Narr«, der nicht mehr auf den Schauspieldirektor, sondern, verborgen hinter seiner Lear-Maske, auf den Tod wartet, oder Moritz Meister (*»Über allen Gipfeln ist Ruh«,* 1981), der geniehafte Dichter, Philosoph und Bienenzüchter, dessen Jahrhundertbedeutung im Spiegel seiner Anbeter der Lächerlichkeit preisgegeben wird.

Hinter der »perfiden Fassade«[21] eines kunstfeindlichen Kulturbetriebes scheint es verständlich, daß der dramatische Schriftsteller in dem Stück *»Am Ziel«* (1981) von vornherein die Grundposition vertritt, daß »Der Gedanke zu scheitern / der wesentliche Gedanke«[22] sei.

Gegenüber diesem Gedanken des Scheiterns nimmt Bernhard selbst erklärtermaßen eine produktive Haltung ein, wenn er in *»Drei Tage«* (1971) schreibt, er habe

»den Haß gegen Bücher und Schreiben und Bleistift und Feder durch Schreiben überwunden«[23].

Für den großen Bernhard Minetti, der für ihn im Unterhaltungsmechanismus eine der wunderbaren Ausnahmen darstellt, schreibt er seit langem Rollen, widmet ihm Stücke. Nach seinem Verhältnis zu Thomas Bernhard befragt, spricht Minetti von einer Geistesverwandtschaft, die sie beide verbinde. Seine Aufgabe beim Erforschen einer Bernhard-Rolle bestünde immer wieder darin, diese Kunstfiguren mit Sinnlichkeit zu erfüllen.[24] Die von der Kritik oftmals als schablonenhaft bezeichneten Figuren, die lediglich immer neue Variationen auf Krankheit und Tod verkörpern würden, besitzen tatsächlich Dimensionen, die darüber hinausweisen.

In dem Stück *»Minetti«*, das der Autor beziehungsreich mit dem Untertitel »Ein Porträt des Künstlers als alter Mann« versieht, geht es um den Schauspielkünstler und einstigen Theaterdirektor Minetti, »der sich der klassischen Literatur / verweigert hat«, »den Lear ausgenommen«. (M 45f.)[25] Minetti hat sich dem Theaterbetrieb überhaupt entzogen und bei seiner Schwester in Dinkelsbühl Zuflucht gesucht. Dort probiert er in jahrelanger Regelmäßigkeit vor dem Spiegel die Rolle des Lear, bis er plötzlich von der Wahnsinnsidee befallen wird, er solle als Lear zur Zweihundertjahrfeier in Flensburg gastieren. In einer Hotelhalle in Oostende glaubt er sich mit dem Schauspieldirektor, der ihn engagieren will, verabredet. Am Beginn des Stückes wird Minetti von dem Lohndiener, der seinen Koffer hereinträgt, als »komischer Herr« angekündigt. Es ist Silvester, das Hotel von maskierten Gästen bevölkert. Während Minetti auf den Intendanten wartet, unterrichtet er zunächst eine champagnertrinkende Dame und einen Portier, im zweiten Teil des Stückes ein junges Mädchen, das auf seinen Liebhaber wartet, über seine Ansichten zum Leben, zur Kunst. Das Nachspiel zeigt Minetti auf einer Bank im immer heftiger werdenden Schneetreiben, wartend auf den Tod.

In gewisser Weise ist Minetti die poetische Weiterführung des Landstreichers und Theaterdirektors in »Frost«. Die Sehnsucht des Landstreichers, der seinem Publikum Kunststücke darbietet, gilt eigentlich dem Theaterspielen als einer Kunst, die ans »Hochgeistige« (F 238) grenze. Minetti, der einstige Zauberkünstler, durch eine Gelenkentzündung gezwungen, sich seiner »ursprünglichen Begabung« zu besinnen, wurde Schauspieler. Bemerkenswert, daß seine Entscheidung für die Kunst ihr auslösendes Moment in einer Notsituation, einer Krankheit hat. Damit ist bereits angedeutet, daß sein Künstlertum die Form eines Leidensweges annehmen wird. Schließlich geht er diesen Weg wie jede Künstler-Figur bei Bernhard: Er wählt die »entgegengesetzte Richtung« (M 47) und damit die immer tiefere Ablehnung durch die Gesellschaft. Sein Resümee:

»In jedem Falle / kommen wir in den Wahnsinn«. (M 47)

Das Resultat des unvereinbaren Widerspruchs zwischen künstlerisch-humanistischen Idealen einerseits und dem Verlangen des Publikums nach Kunststücken andererseits ist in dieser Gestaltung ein Künstler, der die klassische Literatur studiert hat, um festzustellen, daß sie unbrauchbar geworden ist. Es begegnet uns ein Schauspieler, der am Ende seines Lebens in grotesker Verzweiflung als trauriger Clown mit rutschendem Unterhosenband auf einen von ihm erfundenen Schauspieldirektor wartet und stattdessen auf einen Liliputaner im Matrosenanzug und einen Krüppel mit einer Hundemaske trifft.

Seinen Eintritt in die Welt des Theaters reflektiert Minetti als eine verhängnisvolle Tatsache:

»In einem fürchterlichen Augenblick / habe ich die Maske aufgesetzt / lebenslänglich / die Gesellschaft ist erschrocken / ich selbst bin lebenslänglich erschrokken / wir fürchten / was wir nicht sehen«. (M 47)

In dieser bitteren Erkenntnis formuliert er die Kunstsituation der spätbürgerlichen Epoche: die Unmöglichkeit einer befruchtenden Kommunikation zwischen Künstler und Gesellschaft. Das Erschrecken beider voreinander gipfelt schließlich in Haß aufeinander, der den Schauspieler in die Position des »Verstörers« treibt. Doch die These Minettis, daß die Feindschaft des Publikums eine Steigerung der Schauspielkunst erzeuge, wird am Schluß des Stückes durch den Selbstmord des Schauspielers ad absurdum geführt. In der Hotelhalle trifft er noch einmal mit »seinem« Publikum, in einem sinnbildhaften Aufzug versammelt, zusammen: einem desinteressierten Portier, einem Befehlen gehorchenden Lohndiener, einer alkoholisierten Dame, deren Methode es ist, versteckt hinter einer Affenmaske, mit Silvester fertig zu werden und einer Gruppe lachender, schreiender Maskierter, die mit dem Finger auf den Schauspieler zeigen, ihn fast umstoßen. Die Ausnahme bildet ein junges Mädchen, das auf seinen Liebhaber wartet. In der dritten Szene sitzt Minetti mit ihr auf einem Sofa in der Bar. Obwohl sich zwischen beiden kein direktes Gespräch entspinnt – wie in den ersten beiden Szenen spricht er fast ausschließlich allein – entwickelt sich allmählich eine innere Beziehung zwischen dem Schauspieler und dem Mädchen. Während Minetti über sein Leben reflektiert, den toten James Ensor, Schöpfer seiner Lear-Maske, über seinen Wunsch, nach dem Lear den Prospero zu spielen, über sein gescheitertes, von Angst und Enttäuschung erfülltes Künstlerleben, ist aus dem Transistorradio des Mädchens Jazz-Musik zu hören. Das junge Mädchen hört dem alten Mann zu, zunächst eher verständnislos erstaunt. Aber allmählich zeigt sie beinahe einfühlsames Interesse für den »komischen Herrn«, ein Interesse, das sich weniger in Worten äußert, sondern mehr in behutsamen Gesten: im Betrachten einer Photographie Minettis als junger Mann in der Ensor-Maske, im Leiser- oder Lauterstellen des Radios, gipfelnd in der Frage, ob er Musik möge.

Bemerkenswert ist der im Grundtenor dialogische Aufbau dieser Szene. Der Wille zum Dialog geht, wenn auch nur in sparsam eingebauten elementaren Fragen – etwa nach der Familie des Mädchens – von Minetti aus. Das Mädchen antwortet knapp, mit einem Wort oder mit einer Kopfbewegung. Als der Liebhaber erscheint und das Mädchen von Minetti wegführt, wird die totale Einsamkeit des alten Künstlers überdeutlich. In einer Geste hilfloser Zuneigung läßt das Mädchen ihr Radio bei Minetti zurück, und während er mit geschlossenen Augen nachdenklich der Musik lauscht, hat er seine fixe Idee vom Rendezvous mit dem Schauspieldirektor endgültig aufgegeben. Sein Warten auf den Tod im Schneesturm von Oostende ist nur noch letzte Konsequenz.

Der Widerspruch zwischen der gegenüber gesellschaftlichen Veränderungen als ohnmächtig empfundenen Kunst in der bürgerlichen Welt und der ebenso empfundenen Notwendigkeit von Veränderungen ist für Thomas Bernhard nicht zu lösen. Was er seinen Weltverbesserer in dem gleichnamigen Stück (1978) sagen läßt, drückt viel von seiner eigenen Befindlichkeit aus:

> Wir schreiben ein Traktat
> und das Traktat wird ausgezeichnet
> und es hat sich nichts geändert[26].

Es hat sich nichts geändert, und es wird sich nichts ändern, ist Bernhards Haltung, die er ständig neu reflektiert und mit entsprechenden Inhalten variiert. Einen zentralen Stellenwert hat in diesem Zusammenhang die Auseinandersetzung mit dem Thema der Gewalt, deren Darstellung innerhalb zwischenmenschlicher Beziehungen immer auch auf die gesellschaftliche Dimension von Machtmißbrauch und Unterdrükkung verweist. Besonders deutlich und politisch akzentuiert ist das in seinem Stück *»Vor dem Ruhestand – Eine Komödie von deutscher Seele«* (1979), das in den Spielplan des Deutschen Theaters Berlin aufgenommen wurde (Premiere: 28. 9. 1986).

Komödisch-satirisch überspitzt setzt sich der Autor mit der Allgegenwart faschistischen Gedankenguts, nicht bewältigter Nazi-Vergangenheit in der BRD auseinander. Das Stück ist die gedankliche Ausführung des in dem Einakter *»Der deutsche Mittagstisch«* angeschlagenen Themas, in dem Bernhard eine Figur sagen läßt:

»Es ist immer das gleiche / kaum sitzen wir bei Tisch / an der Eiche / findet einer einen Nazi in der Suppe«.[27]

Nicht zufällig entstand *»Vor dem Ruhestand«* in dem politischen Umfeld der Bonner Verjährungsdebatte und wurde nach dem Rücktritt Filbingers, zwei Tage vor Amtsantritt Carstens' uraufgeführt.

Grundsituation des Stückes ist die alljährlich sich wiederholende Feier, die hinter verschlossenen Vorhängen zu Ehren von Himmlers Geburtstag begangen wird. Agierende Personen sind der sich kurz vor dem Ruhestand befindende Gerichtspräsident und ehemalige SS-Offizier Höller, sowie dessen Schwestern Vera und die an den Rollstuhl gefesselte Clara, deren »linker Dickkopf« dem Haß der Geschwister ausgesetzt ist. In Gesprächen, Reflexionen und Erinnerungen wird, wie in anderen Stücken Bernhards, Lebensüberdruß und Weltekel artikuliert, der allerdings durch die Brisanz des Themas in diesem Stück stärkere politisch-gesellschaftliche Relevanz erhält. In Zitaten, Wendungen, Anspielungen werden immer wieder Bezüge zu anderen Stücken des Autors erkennbar, in deren Mittelpunkt die Entmenschlichung des Individuums, die Sinnlosigkeit schöpferischer Bemühungen und die Verzweiflung über die scheinbare Unveränderbarkeit der gegebenen gesellschaftlichen Zustände stehen.

Auf dem Nährboden eines gesellschaftlichen Umfeldes, wie es sich in der heutigen spätkapitalistischen Welt entwickelt hat, sind zahlreiche Bernhard-Figuren nicht nur Sinnbilder menschlicher beziehungsweise gesellschaftlicher Deformation, sondern zeigen ansatzweise oft auch Züge faschistoider Verhaltensweisen. Verwiesen sei hier beispielsweise auf den Psycho-Sadismus, den die Gute *(»Ein Fest für Boris«)* an ihrem verkrüppelten Ehemann ausübt oder auf die Vorliebe des Doktors *(»Der Ignorant und der Wahnsinnige«)* für dessen Beschäftigung mit dem toten menschlichen Gewebe, seine an Wahnsinn grenzende Ignoranz menschlicher Leiden, wie sie sich ihm in der Sängerin und derem alkoholkranken Vater darstellen. Oder denkt man an die Faszination des Generals *(»Die Jagdgesellschaft«)*, die für ihn von der Erinnerung an die Totenfelder von Stalingrad ausgeht. Nicht zuletzt äußert sich solchermaßen antihumanistisches Denken in der Aufforderung des Präsidenten *(»Der Präsident«)* gegenüber seiner jungen Mätresse, die schauspielerische Ambitionen hat:

»Du mußt über Leichen gehen / für dein Talent / für die Erschaffung deiner Kunst« (Präs 118)[28].

Wenn er an anderer Stelle die Aussage trifft:

»Die Wege der Politik sind die gleichen Wege / wie die Wege in der Kunst / sie sind mit Rücksichtslosigkeit / und mit Brutalität gepflastert« (Präs 119),

wird indirekt auf Auswüchse spätkapitalistischer Verhältnisse hingewiesen, auf deren Wolfsgesetze und auf die Unmöglichkeit, sich menschlich zu arrangieren. Unsicherheit und Gefährdung des Individuums, nicht nur des von der Macht mißbrauchten, sondern auch des machtmißbrauchenden, wie etwa der Präsident, geraten zur gesellschaftlichen Normalität. Auch durch einen terroristischen Anschlag auf das Staatsoberhaupt in Gestalt des Präsidenten läßt sich nichts ändern, sondern wird im Gegenteil aus der Sicht Bernhards die Unsinnigkeit jeglichen Handelns und die Absurdität aller Existenz deutlich.

Auf dieser Linie liegt auch die haßerfüllte Bemerkung der »gelähmten Sozialistin« Clara in *»Ruhestand«*, daß sie mit einer Pistole mehr anzufangen wüßte als mit einem Bösendorferflügel. Das Gegeneinanderstellen von gedanklichen Extremen, von Überspitzungen und Übertreibungen gehört zu Bernhards poetologischem theatralischem Konzept. Insofern sind seine Stücke, die auf den ersten Blick als Tragödien erscheinen, immer auch bittere Komödien. Die Unauflösbarkeit von Ernst und Komik in allen Texten dieses Autors geben dem Leser beziehungsweise Zuschauer ansatzweise die Möglichkeit produktiven Widerspruchs, vielleicht im Sinne des Weltverbesserers, der am Ende des Stückes zu einer Maus in der Falle sagt: »Ausgerechnet der Mensch / ist unmenschlich«. Dann öffnet er die Falle.

Biographische Notiz

Thomas Bernhard wurde am 10. Februar 1931 in Heerlen (Niederlande) als Sohn eines österreichischen Landwirts und der Tochter des Schriftstellers Johannes Freumbichler geboren. Das Kind wuchs ab 1932 bei den Großeltern mütterlicherseits auf. Kindheit in Wien, Seekirchen am Wallersee, Traunstein (Oberbayern). Bis 1947 Besuch eines Internats und des Johanneum in Salzburg, Unterricht in Geige, Gesang und Musikästhetik. Ende 1946 Übersiedlung der Familie nach Salzburg. 1947 Abbruch des Gymnasiums und Lehre bei einem Lebensmittelhändler. Schwere Erkrankung, mehrjähriger Aufenthalt in Lungensanatorien, u. a. in Grafenhof (bis 1951). In dieser Zeit Tod des Großvaters (1949) und der Mutter (1950). Ab 1951 Studium an der Hochschule für Musik und darstellende Kunst in Wien (daneben berufstätig), später in Salzburg an der Akademie Mozarteum (Gesang, Regie, Schauspielkunst). Abschluß 1957 mit einer (verlorengegangenen) Arbeit über Brecht und Artaud. Während des Studiums (bis 1955) freier Mitarbeiter (u. a. Gerichtsreporter, Theater- und Buchkritiker) beim »Demokratischen Volksblatt«; Reisen nach England, Polen, Jugoslawien, Italien, Mallorca. Seit 1957 freier Schriftsteller, lebt seit 1965 in Ohlsdorf (Oberösterreich) zurückgezogen auf einem Bauernhof. 1979 demonstrativer Austritt aus der Deutschen Akademie für Sprache und Dichtung Darmstadt (gegen die Aufnahme des früheren BRD-Bundespräsidenten Scheel gerichtet).

1965 Literaturpreis der Freien und Hansestadt Bremen; 1967 Österreichischer Staatspreis und Förderpreis des Bundesministeriums für Unterricht und Kultur (Wien), 1968 Anton-Wildgans-Preis der österr. Industrie und Preis des Literarischen Förderungswerks des Kulturkreises im Bundesverband der dt. Industrie; 1970 Georg-Büchner-Preis (Darmstadt); 1971 Grillparzer-Preis; 1972 Franz-Theodor-Csokor-Preis (Österr. PEN) und Adolf-Grimme-Preis; 1974 Prix Séguier und Hannoverscher Dramatikerpreis (zus. mit B. Strauß und F. X. Kroetz); 1976 Literaturpreis der Österreichischen Bundeswirtschaftskammer.

Judit
Győri

Barbara Frischmuth

Bei der Frage, was Österreich für sie bedeute, müsse sie immer an ihre engere Heimat, Altaussee, und an das Lokale denken, Österreich existiere für sie vor allem darin und sei ihr sonst nicht erfaßbar.[1] Barbara Frischmuth (geb. 1941) – eine der interessantesten Persönlichkeiten der österreichischen Gegenwartsliteratur – bedeutet Österreich gewiß mehr. Offenbart sich doch in ihrer Betonung des Lokalen und der darin enthaltenen Ablehnung des Nationalen das wohlbekannte alte Dilemma im Zusammenhang mit dem ›Rest‹ der ehemaligen habsburgischen Monarchie. Genauso wie bei anderen Repräsentanten der österreichischen Literatur unseres Jahrhunderts, die sich auf den Standpunkt der spöttischen Negation stellten und ihre Kunst trotzdem in der Atmosphäre einer durchaus erfaßbaren österreichischen Kulturtradition entfalteten. Gehören Mißtrauen gegenüber überkommenen Werten, so auch der Nation, Religion, Liebe, gar der Sprache, sowie Experimentierlust zu dieser Kulturtradition, dann wurzelt auch Barbara Frischmuth – so paradox das in bezug auf sie auch klingen mag – tief in der österreichischen Tradition und hat ihrer Heimat weit mehr als die Liebe zur Landschaft und zum Lokalen zu verdanken.

Freilich steht sie hauptsächlich in diesem Sinne und auch nicht ausschließlich in der Folge der österreichischen Kulturtradition. In erster Linie ist sie eine Schriftstellerin unserer Zeit, die Anschluß an die avantgardistischen Strömungen ihrer Heimat suchte, um sich mit Hilfe neuer Methoden auf Erkundungsfahrten in unser heutiges Sein und Denken begeben zu können. Indem sie die Unzulänglichkeiten der sprachlichen Kommunikation zeigt, kühle und präzise Beobachtungen und Bestandsaufnahmen macht, Mißlichkeiten und Mißbräuche enthüllt, erkundet diese Autorin heutige Möglichkeiten menschlicher Existenz – vor allem der Frauenexistenz. Ihr Mißtrauen gilt aber nicht nur den überkommenen Werten und Verhaltensformen, sondern auch Methoden der künstlerischen Darstellung, so verbindet sich die Erkundung möglicher Lebens-

modelle in ihren meist vielbödigen Werken auf reizvolle Weise mit der Reflexion über Probleme des Schaffensprozesses, mit Gedanken über Sinn, Ziel und Methode des Schreibens. Mehrschichtigkeit und eine gewissene Spannung erreicht sie auch durch die Anwendung ineinandergreifender Ebenen von Wirklichkeit und Phantasie, Realität und Traum oder Märchen, irdischer und überirdischer Welt. So entsteht beim Lesen ihrer Werke der Eindruck einer sehr bewußten, aber auch das Phantasievolle und Spontane, das Spielerische und Humoristische nicht entbehrenden Gestaltungsweise, die zwar ununterbrochen an den Grenzen des sprachlichen Ausdrucks rüttelt, das Experiment jedoch niemals als Selbstzweck, eher als Mittel zu produktiveren künstlerischen Verfahrensweisen und zur tieferen Darstellung der Wirklichkeit betrachtet.

Als sich Frischmuth Mitte der sechziger Jahre mit ihren ersten Texten meldete, befand sich die österreichische Literatur in einer gewissen Aufbruchstimmung. Überall zeigten sich hoffnungsvolle Ansätze. Neben Tendenzen, die sich etwa im Vergleich zur Literatur der Bundesrepublik mit einiger Verspätung einstellten (z. B. die schonungslose Abrechnung mit der Vergangenheit), oder solchen, die spezifisch österreichisch waren (wie die Umfunktionierung des Heimatromans), gab es auch Bestrebungen, sich weltliterarischen Fragestellungen anzuschließen. Hauptanliegen der fortschrittlichen bürgerlichen Autoren dieser Zeit war das Erhellen der Kehrseite des ›Wohlfahrtsstaates‹. Ein allgemein verbreitetes und bearbeitetes Thema war auch die Manipulation und Entwürdigung des Menschen in der modernen kapitalistischen Gesellschaft. Dieses Problem sowie die wieder laut gewordene Frage nach einer Möglichkeit der künstlerischen Authentizität verband sich in Österreich mit dem tradierten Wissen um die Beschränktheit der Sprache und rief eine literarische Bewegung hervor, der zwar keine verbindende Ideologie oder Thematik, wohl aber gemeinsame *Sprachskepsis* zugrunde lag.[2]

Eine dieser Gruppierungen ist das 1959 in Graz gebildete »Forum Stadtpark«, dem unter anderen Peter Handke angehörte und dem auch die junge Frischmuth, die damals dort die Dolmetscher-Schule besuchte, beitrat. Ausgehend davon, daß die Sprache Wirklichkeitserfahrung wesentlich beeinflußt, war sie – wie die anderen Mitglieder des »Forum Stadtpark« – bestrebt, die in den versteinerten, abgenutzten und hohlen Mitteilungsformen steckende veraltete Ideologie durch die Verfremdung dieser Formen bewußtzumachen und überlebte Vorurteile und Verhaltensschemata aufzuzeigen. Nachdem sie als Studentin dann dem indoeuropäischen Denken völlig fremde Sprachen und dadurch ganz andere Welten kennengelernt hatte, begann Barbara Frischmuth sich auch gegen die muttersprachliche Bestimmtheit unserer Weltbetrachtung aufzulehnen. Diese Auflehnung wurde ein Aspekt auch ihrer fast gleichzeitig mit dem eigenen Schaffen einsetzenden bedeutenden Übersetzungstätigkeit, die die deutschsprachige Literatur mit schönen Nachdichtungen der schwer übersetzbaren türkischen und ungarischen Lyrik bereicherte.[3] Rückblickend auf die Zeit ihrer ersten literarischen Versuche erklärte sie in einem Interview:

»Der Zweifel an der Sprache und damit eine Art Verlust ihrer Verbindlichkeit griff, einmal ausgebrochen, um sich wie eine epidemische Krankheit. Ich erfuhr ihn auf zweierlei Weise, auf der einen Seite durch die Lektüre und die in den sechziger Jahren herrschende Stimmung in der Literatur, durch die Arbeiten meiner Kollegen im Forum Stadtpark [...]. Andererseits erlernte ich das Zweifeln in der Praxis meines Sprachstudiums. [...] langsam spürte ich, wie sich meine Sinne geschärft hatten, wie ich für Phrasen, Redundanzen, Manipulationen hellhörig wurde [...]. Und dann versuchte ich mir diese Erfahrung als Methode des Schreibens nutzbar zu machen.«[4]

Das ursprüngliche literarische Erlebnis vertiefte sich also bei ihr in der täglichen Konfrontation mit fremdsprachigen Welten und führte zunächst zur meisterhaften sprachimmanenten Enthüllung der Manipulation des Menschen und jedweder Bequemlichkeit des Denkens.

Barbara Frischmuths künstlerische Größe zeigt sich darin (das ›Geheimnis‹ ihrer Wirkung ist hier zu suchen), daß sie an der Sprache zwar zweifelte, aber »nicht verzweifelte«[5] und – im Gegensatz zu manchen Zeitgenossen – bereit war, die entleerte Methode abzuschütteln und mit wachsamer Intelligenz nach neuen Verfahren und Inhalten Ausschau zu halten. Die Wurzeln dieser Haltung liegen gewiß nicht nur im bereits erwähnten Mißtrauen, das sogar die Gültigkeit des eigenen Schaffens immer wieder in Frage stellt, sondern auch im *sozialen Gewissen* Frischmuths, das unter den Bedingungen der durch geringe Dynamik gekennzeichneten österreichischen Demokratie zwar nicht in allen Büchern der Autorin feste Umrisse gewinnt, sich aber ständig Wege sucht und bahnt. Sie stellt sich sogar damit in eine österreichische Tradition, die von Marie Ebner-Eschenbach, Bertha von Suttner und Hermynia zur Mühlen zu Christine Busta, Ingeborg Bachmann und Ilse Aichinger führt und der unter anderem das soziale Gewissen das Gepräge gibt.

Der Roman *»Die Klosterschule«* (1968), den sie nach Gedicht- und Prosaveröffentlichungen und nach einer erfolgreichen Lesung in der »Gruppe 47« als ihr erstes Buch vorlegte, atmet noch gänzlich die Luft der Sprachskepsis. Dieser ungewöhnliche Band kunstvoller Prosa, in dem Frischmuth das literarische Experiment und das Selbsterlebte – Erinnerungen an die eigenen Schuljahre – glücklich zu verbinden wußte, enthält eine Folge kurzer Erzählungen, Ausschnitte aus dem Leben eines katholischen Mädcheninternats. Die scheinbar subjektiv und willkürlich herausgegriffenen Episoden, weder streng chronologisch angeordnet, noch eine einheitliche Erzählsperspektive aufweisend, sind nur lose miteinander verknüpft, so daß sie auch selbständig bestehen könnten. Einzeln sind sie Momentaufnahmen, die Tagesablauf, Mahlzeiten und Unterrichtsstunden der Mädchen, ihre Freundschaften, Gefühle und Gedanken festhalten. Zusammen ergeben sie ein breites Tableau des Lebens im Internat und enthüllen die veralteten, dogmatischen Erziehungsmethoden, mit denen die Mädchen – einem völlig unhaltbaren und von der Realität weit entfernten Modell entsprechend – auf ihre zukünftige Rolle in der Gesellschaft vorbereitet werden. Die Unbeweglichkeit der einzelnen Bilder zeigt die hermetische Abgeschlossenheit dieser Welt, die allein eine solche Erziehung noch möglich macht. Das Aufeinanderfolgen der Bilder erweckt im Leser den Eindruck einer gewissen Bewegung, ja einer Entwicklung, weil die Autorin gegen Ende des Buches die Sehnsucht der Mädchen nach Ausbruch immer vernehmbarer artikuliert. Am Schluß der Bilderkette steht ein imaginärer, als innerer Monolog dargebotener Brief der Ich-Erzählerin an eine frühere Schulkameradin. Die dem freien Leben außerhalb der Klosterschule mit großen Erwartungen entgegensehende Verfasserin des »Briefes« wirft darin Fragen auf, die offen bleiben, den Leser aber gerade deshalb beunruhigen und zum Weiterdenken zwingen.

In einem Gespräch über das Buch wies Franz Fühmann darauf hin, daß die moralischen Forderungen, die im Internat an die Mädchen gestellt werden, ihrem Alter, ihren Neigungen und Ansprüchen so offensichtlich widersprechen, daß es gar keiner besonderen Kritik bedurfte, das Unhaltbare und Unerträgliche an den beschriebenen Erziehungsmethoden und -inhalten zu zeigen.[6] Tatsächlich scheint sich Frischmuth durch die sachlich-lakonische und völlig kommentarfreie Darlegung auch jeglicher Kritik zu enthalten. Sie enthüllt diese Welt über ihre Sprache, deren haargenaue und plastische Rekonstruktion läßt die Leere und manipulierende Aggressivität der gebrauchten Formeln offenbar werden. So rekapituliert die Autorin die täglich wiederkehrenden Phrasen und religiösen Sentenzen und konfrontiert sie mit den natürlichen Bedürfnissen der Mädchen:

»Wir sollen in Reih und Glied bleiben, nicht außer Rand und Band geraten, keine Extratour wollen, nicht aus der Reihe tanzen […]. Wir sollen Disziplin halten, uns in die Ordnung fügen, die Gebote des Anstands nicht außer acht lassen […]. Wir aber erzählen uns Geschichten, stoßen uns an […], verziehen den Mund, neigen uns einander zu, ziehen uns am Ärmel, schließen abwechselnd die Augen«.[7]

Oder sie stellt Bibelzitate und Gebetsformeln, die im täglichen Umgang oft in unpassenden Kontexten verwendet werden, einem ursprünglichen biblischen Bild gegenüber, wodurch der Unterschied zwischen der tiefsinnigen Poesie der Bibel und dem Geist der dogmatischen Erziehung deutlich zutage tritt. Manchmal genügt eine bloße Aufzählung oder Anhäufung, um die Lächerlichkeit der in unseren gewöhnlichen Redewendungen steckenden, intellektuell also meist unüberprüften Vorurteile zu zeigen:

»Es ist auch noch die Rede von Kümmeltürken, Hottentotten, sibirischer Kälte, von der russischen Seele, dem chinesischen Lächeln, der kalmückischen Tücke, von tropischer Schwüle, amerikanischer Freigebigkeit und Lebensweise, von ungarischem Paprika«.[8]

Die Kritik der Autorin an dem dargestellten Milieu erscheint auf diese Weise vor allem in der sprachlichen Formulierung, die meisterhafte Strukturierung des Stoffes macht sie jedoch zu einer der gesamten Kunstform innewohnenden Kritik. Mit Hilfe dieser Methode konnte die Autorin das alte, in Österreich jedoch immer noch aktuelle Thema in ein neues Licht rücken.

Fragen individueller Freiheit und der Persönlichkeitsentfaltung beschäftigten Barbara Frischmuth noch lange: Sie versuchte, diese Problematik auch in anderen Schichten des Denkens und Sprechens durch sprachliche Reproduktion zu untersuchen. Während sie im Sportjargon[9] vor allem das Humoristische erschließen konnte, boten ihr die Bereiche der Kindersprache größere Möglichkeiten zur Darstellung wichtiger Probleme. Dieser Tatsache und ihrer Liebe zum Kind ist es wohl zuzuschreiben, daß sie nach ihrem ersten Roman eine Reihe von Märchen- und Jugendbüchern schuf. Das Fesselnde an der Kinderwelt ist für sie die wuchernde, unverdorben-naive Phantasie der kleinen Menschen, das reibungslose Nebeneinander-Existieren von Wirklichkeit und Phantasie im Denken der Kinder sowie deren enthusiastische Kreativität. Sie beweist in diesen Büchern, daß die Kinderwelt eigene Gesetze und eine Sprache besitzt, deren Sinn den Eltern oft verborgen und unbegreiflich bleibt. Ihre Kindergestalten sind von ergreifender Natürlichkeit und Lebendigkeit. Es sind aber durchaus keine Kinderidyllen, die sie zeichnet, sie führt den Leser weder in eine Welt erlogenen Glücks und falscher Kindheitsromantik noch stellt sie die Kindheit als paradiesischen Zustand, sorglose Existenz dar. Barbara Frischmuth weiß um die oft quälende Einsamkeit der Kinder, die mit ihren schwierigen Problemen allein fertig werden müssen, weil die Erwachsenen keine Zeit und Geduld haben, ihnen zuzuhören, oder weil sie sie nicht verstehen. Sie zeigt das traurige Ausgeliefertsein der Kinder und wirft – womöglich als Fortsetzung der Erziehungsproblematik der »Klosterschule« – die Frage nach einer antiautoritären Erziehung auf. Dabei werden die Kinder keineswegs idealisiert. Sie erscheinen oft in ihrer Grausamkeit, die meistens nur in der Phantasie in Aktion tritt, trotzdem Gefahren in sich birgt. Auch hier kommt die reiche Erfindungsgabe und die sprachliche Phantasie der Autorin zum Tragen, Wirklichkeit und Vorstellungswelt sind in ihren Kinderbüchern kunstvoll ineinander verwoben, sie nützt die Möglichkeit zum Spiel aus, erzeugt lustige Kinderwörter und schafft im großen und ganzen eine anziehende Kindergesellschaft.

Das Nachdenken über die Sprache geht in dem schmalen, aber wichtigen Bändchen *»Geschichten für Stanek«* (1969) in Reflexionen über das Erzählen über. Die Ich-Erzählerin des Buches, die – wie die Mädchengestalt in »Klosterschule« – autobiographische Züge trägt, erfindet und erzählt Stanek und dessen Schwester Geschichten und beobachtet inzwischen, wie diese auf das selbstgeschaffene Publikum wirken, wie sich der Erzählstoff in der Spannung zwischen Erzählerin und Zuhörern gestaltet. Die Geschichten, die sie zum besten gibt, sind kurze, einfache Historien mit allegorischen Tierfiguren und behandeln alle das Verhältnis zwischen Mann und Frau. Da Stanek der Mann ist, »um den es ihr schließlich geht«, erhalten die Fabeln einen doppelten Gleichnischarakter, ja eine gewisse Hintergründigkeit – es geht nicht nur um den Zuhörer, sondern auch um den Mann –, und steigern die Spannung, die sich in der verärgerten Reaktion Staneks auf die letzte Geschichte entlädt. Mit liebevoller Ironie schildert die Autorin das Verhalten der Zuhörer vom ersten erregenden Moment, als die Andeutung des tragischen Ausgangs der ersten Geschichte die schläfrige Karin plötzlich wachrüttelt, bis zum Augenblick, in dem Stanek die letzte Geschichte auf sich bezieht, den Sinn des Erzählens begreift. Frischmuth teilt aber auch die Erfahrungen der Erzählerin über den Schaffensprozeß mit: Sie verspürt einen inneren Zwang zum Erzählen, trägt sozusagen die Musik der Erzählung in sich, bevor sie ihre Idee in Worten formulieren kann, der Anfang ist für sie am schwierigsten usw. Dabei nützt die Autorin den psychologischen Gegensatz, der zwischen einem wortkargen, praktischen und einem mitteilungsfreudigen, phantasiereichen Menschen besteht, als Quelle des Humors und der Selbstironie aus. Abschließend resümiert sie ihre Feststellungen über die beiden Funktionen der Sprache: Sie stellt der Sprache als eindeutigem Mittel der alltäglichen Kommunikation die Sprache als Mittel der autonomen Erzählkunst gegenüber, in der die Wörter ihre Eindeutigkeit verlieren, über sich hinausweisen und ganze Welten aufbauen können.

In Bemerkungen zu ihren Erzählungen äußerte sie:

»Es ist nicht so einfach, nicht zu erzählen, wenn man etwas zu sagen hat. Die Frage ist nur, wie man es am besten anstellt, das, was man zu sagen hat, zu erzählen.«[10]

Das Interesse der Autorin für das ›Wie‹ des Schreibens drückt sich in den beiden auf die Kinderbücher folgenden Erzählbänden vor allem darin aus, daß sie tradierte Erzählweisen ironisch andeutet. So ist beispielsweise eine der Erzählungen in kleinere Einheiten gegliedert, denen nach Art des Barockromans jeweils Titel vorangestellt sind, die auf den Verlauf der Handlung hinweisen: »Versuch, zu einem weiteren Ort der Handlung vorzudringen« usw. Der Titel des ganzen Bandes *»Rückkehr zum vorläufigen Ausgangspunkt«* wird so ebenfalls zu einem ironischen methodischen Hinweis. Frischmuth interessierte sich dabei aber auch für den Mechanismus, wie durch die Sprache Impressionen, Gedanken und Gefühle zum Ausdruck gebracht werden. Deshalb hat sie sich beim Umherschweifen in den Schauplätzen und Ereignissen ihres Lebens – denn auch diese Erzählungen tragen autobiographischen Charakter – das Ziel gesetzt, die größtmögliche sprachliche Präzision zu erreichen. Besonders im Band *»Tage und Jahre«* (1971) kann beobachtet werden, wie sie erlebte und imaginäre Vorgänge und Gegenstände sprachlich genau einfängt.

Die mosaikartigen Aufzeichnungen, die wie Eintragungen in ein Tagebuch anmuten, vermitteln vergrößerte Ausschnitte oder Episoden aus dem Leben der Ich-Erzählerin. Im ersten Teil des Bandes sind diese Mosaiksteinchen der angegebenen Zeiteinheit entsprechend kleiner und in kürzeren Sätzen dargestellt, während der zweite Teil längere Texte enthält und diese in komplizierteren Sätzen zum Ausdruck bringt. Durch die knappe Formulierung entstehen zwischen den Zeilen und Eintragungen vielsagende Lücken, deren Ausfüllung – sie können vermutlich verschiedenartig ausgefüllt werden – dem Leser aufgegeben ist. Schließlich entpuppen sich die bunt zusammengewürfelten Aufzeichnungen als sehr bewußt angeordnete Erinnerungsfetzen, mit deren Hilfe die Autorin »Mittel und Wege menschlicher Besinnung auf Gegenwärtiges oder Vergangenes demonstriert«[11].

Auch im Band *»Rückkehr zum vorläufigen Ausgangspunkt«* (1973), in dem die einzelnen Erzählungen von verschiedener Länge und verschiedenem Belang sind, wechselnde Erzählperspektiven und Stilebenen, bald surrealistisch erscheinende Bildhaftigkeit und Traumhaftigkeit, bald konventionelle Erzählform aufweisen, handelt es sich vor allem um die Bewältigung von Erlebnissen und Erinnerungen, von Ängsten und Hoffnungen durch intellektuelle Überprüfung und sprachliche Bannung. Schon der Titel des Bandes weist darauf hin, daß die Autorin die Erlebnisse in einem unaufhörlichen Prozeß der Veränderung zu bewältigen sucht, in dem jeder Augenblick einen Anfang bedeutet, weil er zum Ausgangspunkt einer Entwicklung, zumindest einer Veränderung werden kann, zugleich aber vorläufig ist, weil er bald vorübergeht und auch als Entwicklungsstufe bald hinter uns liegt. Sich-Erinnern bedeutet für Frischmuth Rückkehr zu bereits hinter uns gelassenen Ereignissen und Personen, eine Rückkehr zu vorläufigen Ausgangspunkten. Welchen Sinn hat eine solche Rückkehr? Nach Frischmuth muß man zurückkehren, weil »das Wiedersehen mit ihnen seine Zeit wert war«[12], auch um das Erlebte aus einer weiteren Perspektive umstrukturieren, umwerten zu können. In diesem Zusammenhang werden wir darauf aufmerksam, daß die Erzählungen, die scheinbar ohne Pointe sind, immer irgendwelche, wenn noch so einfache, Erkenntnisse, kleine Unregelmäßigkeiten und Abweichungen vom Gewöhnlichen und Geheuren beinhalten. Diese signalisieren meistens Unverständnis, Unordnung in der Welt, über die Ich-Erzählerin hereinbrechende Einsamkeit und Sehnsucht. Die Erzählungen sind auch deutlich drei Lebensaltern, drei Erfahrungsbereichen zuzuordnen: Kindheit auf dem Lande, Leben in der Stadt und Leben im Ausland. Die Erkenntnisse der beiden ersten

Erfahrungskreise gehen im dritten Teil in den Ausdruck der Sehnsucht, der Utopie »eines besseren Lebens« über, die allerdings noch vielzusehr auf das Private beschränkt bleibt. Schienen nur Zeilen wie die nachstehenden früher zu beweisen, daß in die Darstellung der Unheimlichkeiten auch das Gesellschaftliche einbezogen ist:

> Da bau ich dir ein Haus aus Sand in Sand auf Sand
> werden die einen kommen und es dir wegnehmen, werden die anderen kommen und es dir wegschnappen
> wird ein Sturm kommen und es dir wegwehen,
> wird ein Regen kommen und es dir wegwaschen,
> wird ein Bomber kommen und es dir wegsprengen,
> wird ein Atom kommen und es dir wegspalten.
> Das gilt nicht![13],

wird die Utopie am Ende von der Abwendung der gesellschaftlichen Gefährdung doch nicht mitgeprägt. Es gehört zur Methode dieses Buches, daß es vor allem registriert und die Analyse dem Leser überläßt.

Dieses mosaikartige Registrieren des Erlebten interpretierten viele Kritiker als »Protest [...] gegen die gesetzmäßige Kontinuität des Erzählten und Erzählbaren«[14]. Frischmuth wollte aber im Grunde diese Kontinuität nie wirklich sprengen oder zerstören. Sie wollte nur nicht alles in aller Ausführlichkeit schildern, weil sie nicht alles für mitteilenswert hält. Anstatt detaillierter Ausmalung kontinuierlicher Ereignisse läßt sie die wichtigen, etwas signalisierenden Details sprechen. Im Zusammenhang damit schreibt Michael Raus von einer neuen »Illusion von Authentizität, die [...] den Glauben an die Erzählbarkeit, Formbarkeit von Wirklichem im Wort bestärkt und weiter fördert«.[15]

Der Roman *»Das Verschwinden des Schattens in der Sonne«* (1973) scheint einer solchen »Illusion« völlig verhaftet zu sein, er bricht doch mit der bisherigen Praxis der Kinderthemen und fingerübung-artigen Aufzeichnungen und führt ein zusammenhängendes, erschütterndes Geschehen vor. Schauplatz der Ereignisse ist die Türkei der sechziger Jahre. Eine österreichische Orientalistikstudentin fährt für ein Jahr in das sozial zerrissene, von heftigen gesellschaftlichen Kämpfen aufgewühlte Land, um dort ihre Sprachkenntnisse zu erweitern und ihre Arbeit über den Derwischorden der Bektaschi zu schreiben. Sie wohnt bei befreundeten türkischen Studenten, die als

Anhänger des sozialen Fortschritts an den Kämpfen teilnehmen. Verzaubert durch die Schönheit der exotischen Stadt und der alten türkischen Mythen und im Glauben, daß sie das fremde Land vor allem durch seine Vergangenheit und Kultur kennenlernen kann, verstrickt sie sich immer mehr in intellektuelle Konstruktionen und merkt nur wenig von den Kämpfen und dem sozialen Engagement ihrer Freunde. So bleibt sie für diese trotz gegenseitiger Achtung, Freundschaft, gar leidenschaftlicher Liebesbeziehungen letztlich doch nur eine Außenstehende. Sie muß zugleich auch die Bedeutungslosigkeit ihres Arbeitsthemas in einer Welt erleben, zu deren *sozialgesellschaftlicher Problematik* es keinerlei Beziehungen hat. Durch den Tod des Freundes – er wird bei einer Demonstration erschossen – aus ihrer Traumwelt jäh herausgerissen, erkennt sie, daß der Schlüssel zur fremden Welt nicht in der Vergangenheit und im intellektuellen Bereich, sondern in der gesellschaftlichen Situation der Gegenwart zu suchen ist.

Auf den ersten Blick könnte uns der Roman als eine Zusammenfassung der früher bereits aufgeworfenen Fragen erscheinen, aber wie verwandelt uns beim näheren Hinschauen die bekannten Probleme entgegentreten! Je mehr man sich in dieses vielleicht schönste Buch der Autorin vertieft, um so klarer wird, daß der Roman weit über die Summierung bisheriger Erfahrungen hinausgeht; er vereint diese in einer eigenartigen Synthese, um dadurch zu einer grundlegenderen Problemstellung zu gelangen. Denn es geht in diesem wiederum sehr ökonomisch aufgebauten, poetischen Roman nicht etwa nur darum, was auf der Oberfläche der Handlung geschieht, sondern um fundamentale Fragen des Lebens.

Auch im Hintergrund dieses Buches steckt Selbsterfahrenes; das ständige Hindurchschimmern des Autobiographischen verleiht der impulsiv-erlebnisvollen Ichform der Erzählweise einen zusätzlichen Reiz. In sonderbarem Kontrast zur Erlebnisträchtigkeit und Intimität der Ichform und mehr als in den früheren Werken wird das Selbsterfahrene jedoch Anlaß zur Erörterung allgemeiner Zusammenhänge, es wird sogar in Konfrontation mit einer anderen Erlebens-Möglichkeit derselben Welt geschildert. Auch in diesem Buch wirft Barbara Frischmuth die Frage nach Freiheit und Selbstverwirklichung auf. Lag das Hauptgewicht bisher eher auf dem Erkennen äußerer Hindernisse der freien Entfaltung (Erziehung, Umwelt und Ehe), werden in diesem Roman in erster Linie die inneren Grenzen der Selbstverwirklichung abgetastet. Die Autorin stellt die Frage, ob es überhaupt möglich ist, uns in den menschlichen Beziehungen zu verwirklichen, da wir oft beim besten Willen nicht fähig sind, das andere, uns Fremde zu verstehen, geschweige darin aufzugehen. Das Fremde, andere, gewinnt aber im Roman einen vielfachen Sinn. Es impliziert nicht nur die individuelle Verschiedenheit der Menschen, nicht einmal nur die nationalen und kulturellen Besonderheiten eines fremden Landes, sondern auch das Sozial-Gemeinschaftliche als Gegenpol zum Individuellen. Da sich für die Heldin gerade in diesem letzten Bereich Beispiele für ein Aufgehen im anderen zeigen, erweitert sich das ursprüngliche Problem im Buch zur Fragestellung nach einer anderen Möglichkeit der Selbstverwirklichung – nämlich durch Teilhaben oder tätige Teilnahme an der gemeinschaftlich-gesellschaftlichen Sache. Auch das Sprachproblem ist im Roman noch vorhanden, aber ebenfalls auf eine ganz andere Weise vergegenwärtigt. Diente Sprache früher dazu, die Manipulation des Menschen zu zeigen oder Wichtiges über die Erzählkunst auszusagen, wird sie hier zum Medium einer sonderbaren Identitätssuche: Sie äußert sich als das Bestreben, Freunde zu verstehen, und bedeutet, in tieferen Zusammenhängen, gleichzeitig eine Besinnung auf das Eigene, dem Individuum Zugehörige – ohne daß die Heldin die fremde Welt, der sie sich anzupassen versucht, mit der heimatlichen je konfrontierte oder irgendwelche Unterschiede reflektierte. Das Fehlen solcher Reflexionen liefert einen wichtigen Beweis dafür, daß es der Autorin nicht darauf ankam, die Schwierigkeiten bei der Überwindung national-kultureller Unterschiede hervorzuheben, daß sie also das Eigene nicht auf das Nationale beschränken wollte. Ihre Heldin ist bereit und auch fähig, sich über den Kulturbereich zu erheben, in den sie hineingeboren ist. Es ist nicht die Befangenheit im abendländischen Kulturkreis, was sie von den orientalischen Freunden wirklich trennt, sondern ihre soziale und menschliche Unbeteiligtheit an den gesellschaftlichen Problemen der heutigen Türkei. Das dieser Heldin Eigenste, für sie Charakteristische ist ihre intellektuelle Abkapselung und Realitätsferne.

Alle Fragen und Aspekte des Romans führen also zum großen Problem, wie sich das Verhältnis zwischen Individuum und Gesellschaft gestalten soll. Die Dialektik dieses Verhältnisses tritt wunderbar in der alten türkischen Mythe zutage, auf die der Titel des Romans hinweist. Diese von türkischen Dichtern oft bearbeitete Geschichte über die Vögel, die nach langen Wanderungen und vielen Erschütterungen zum gesuchten Ziel kommen und im Ziel sich selbst erkennen, verdeutlicht das Schicksal des Individuums, das in der Sache der Gemeinschaft zu sich selbst findet. Manche Vögel gelangen aber gar nicht zum Ziel, und die dreißig, die es erreichen, verschwinden völlig darin – zwei Problemkreise des dialektischen Verhältnisses Individuum – Gesellschaft, die im Roman mit großer Sensibilität und Durchdringungskraft gestaltet sind: Sie werden vor allem am Beispiel der Heldin und ihres türkischen Freundes dargestellt. Erstere muß in ihrer gesellschaftlichen Isolation trotz ehrlichen Bemühens um Verständnis und Anschluß scheitern, Turgut setzt sich mit allen Kräften für die Lösung der gesellschaftlichen Probleme ein und muß dafür mit dem Leben bezahlen. Beiden Schicksalen haftet Tragisches an, ihre Berührung und Verstrickung läßt sie aber in einem Prozeß und in Relationen zueinander erscheinen, die in der Heldin – so auch im Leser – kathartische Erkenntnisse hervorrufen. Der Tod des Freundes zeigt ihr – und dies wird durchaus als eine Alternative zu ihrem gescheiterten Versuch dargelegt –, daß es ein Aufgehen im anderen gibt, ein Aufgehen, das natürlich nicht unbedingt und immer zum völligen Verschwinden des Individuums führen muß. Daß dieses Aufgehen aber in historisch zugespitzten Situationen sogar den Tod des einzelnen herbeiführen kann, wird ein tragisch-persönliches Erlebnis für sie. Das furchtbare Gefühl der Endgültigkeit des Todes, der Schmerz über den Verlust der unwiederholbaren, einmaligen Persönlichkeit widerhallt auch im Leser. Ohne irgendwelche »Heldenhaftigkeit« zu predigen, den Tod zu bejahen oder die Bedeutung des Individuums zu leugnen, bekennt sich Frischmuth jedoch eindeutig zum sozialgesellschaftlichen Engagement des Intellektuellen, zu einem Leben in der Gesellschaft und für die Gesellschaft. Denn die sympathisch aufgeschlossene, für das Gute und Schöne empfängliche österreichische Orientalistikstudentin erkennt, daß ihre Suche falsch war. Die dadurch gewonnene Einsicht in ihre Situation hilft ihr zugleich aus der Krise. Sie muß sich zwar in ihren ursprünglichen konkreten Zielsetzungen geschlagen geben, kehrt trotzdem erwachsener, menschlich bereichert und in vollem Bewußtsein der Wichtigkeit sozialer Probleme in ihre Heimat zurück.

»Mir schwindelte vor den Interpretationsmöglichkeiten, die sich bei dieser Geschichte anboten.«[16] –

sagt die Heldin des Romans einmal über den Mythos der dreißig Vögel. Dem Leser geht es genauso, denn auch im Zusammenhang der Romanhandlung bieten sich mannigfaltige Deutungsmöglichkeiten. Die Legende, vor allem aber das Bild des in der Sonne vergehenden Schattens, symbolisiert Vielschichtiges: Das Ineinander-Überschlagen der beiden Pole einer dialektischen Einheit im allgemeinen und in seinen für diesen Roman charakteristischen Erscheinungsformen, aber auch das Erwachen aus der Faszination einer exotischen Touristenwelt und das Erkennen der Wahrheit sowie das Vergehen der intellektuellen Konstruktionen im Licht der sozialen Wirklichkeit. Somit erfaßt das auch im Titel des Romans erscheinende Bild die ganze innere Wandlung der Heldin, beschwört zugleich auch den Tod ihres revolutionären Freundes herauf. All diese Implikationen entfalten sich im Romanganzen in erstaunlich vielen Brechungen und verleihen den Geschehnissen eine anhaltende Spannung. Der Autorin gelang es, den Leser auch dadurch in Atem zu halten, daß sie den Mythos, auf den sie anfangs immer wieder hinweist, erst am Höhepunkt der Ereignisse vollständig erzählt, wo er in tausend Farben und Bedeutungen schillert, Zusammenhänge nach rückwärts erläutert und erschließt und zugleich den Tod des türkischen Studenten vorausdeutet. Wie die alte türkische Legende wurde auch die Suche der Heldin nach dem Schlüssel der fremden Welt in mehreren Handlungsbereichen veranschaulicht. Parallel zu ihren Forschungen und Erfahrungen in der Arbeit berichtet sie über die Gestaltung ihrer Freundschaften, so daß Zweifel und Probleme der Arbeit das Problematische in den menschlichen Beziehungen widerspiegeln. Die Vergeblichkeit ihrer Suche kommt unter anderem in dem Bemühen zum Ausdruck, eine gewisse Süheyla zu finden, die aus unerklärlichen Gründen immer verschwindet. Vielleicht gehört sie auch einem illegalen

Kreis an, denn in der Heldin steigt immer stärker die Ahnung auf, daß im *Verborgenen* etwas geschieht, was sie nicht versteht. Diese geheimnis- und ahnungsvolle Atmosphäre, die bis zum Ende des Werkes durchgehaltene, gar gesteigerte Spannung, die lyrische Kraft der niemals sentimentalen, aber gefühlvollen Schilderungen der Empfindungen der Protagonistin, die straffe Handlungsführung und die vibrierende Vieldeutigkeit machen diesen ideell sehr wichtigen Roman zu einer der künstlerisch geschlossensten Leistungen der Autorin.

Die neugewonnene Einsicht in die Wichtigkeit des gesellschaftlichen Engagements rief entscheidende Veränderungen im Schaffen Frischmuths hervor. Diese manifestieren sich sowohl in der Themenwahl als auch in der Bearbeitung des Stoffes. Es gibt »eine merkliche Verschiebung von der Beschäftigung mit der Sprache zu einer Beschäftigung mit Menschen, besonders mit Frauen und deren Versuchen, Ehe, Familie und Beruf in Einklang zu bringen.«[17] – stellte D. G. Daviau fest. Obwohl Reflexionen über die Methode und das Ziel des Schreibens auch im weiteren nicht ausbleiben, verlagert sich das Interesse der Autorin auf die Problematik der Frau in der modernen Gesellschaft. Das Thema ihrer Bücher ist nunmehr die Emanzipation der Frau, aber nicht eigentlich der Emanzipationskampf in seinen gesellschaftlichen Bezügen, sondern eher die Emanzipation »von innen her«[18]. Es werden die Halbheiten der Emanzipation gezeigt, das schwierige Balancieren der Frauen zwischen dem Beruf, der ihnen die finanzielle wie seelische Unabhängigkeit sichert, und der Familie und Mutterschaft, in der sich ihre Weiblichkeit voll entfaltet. Es geht meistens darum, daß sie um ihr inneres Gleichgewicht ringen, die Möglichkeiten einer neuen Identität als Frau erforschen. Während aber die Frauengestalten der ersten Werke dieser Thematik unbefriedigt und haltungslos, ohne Perspektiven und Hoffnung zwischen Beruf und Ehe schwanken, gewinnt die Frauenproblematik in einer Romantrilogie neue Dimensionen: die eigenen Erfahrungen und Beobachtungen werden darin ins Programmatische und Modellhafte transportiert, dabei setzt sich eine konventionellere und distanziertere Erzählform durch.

Obwohl die Männergestalten in den Frauenromanen Frischmuths viel skizzenhafter und blasser sind als die kämpfenden

Heldinnen, ist die Autorin keine Feministin im Sinne der in den bürgerlichen Literaturen heutzutage modischen aggressiven Männerfeindlichkeit. Sie schreibt der Liebe eine elementare Kraft, eine wesensverändernde Macht zu. Sie will also nicht vortäuschen, daß Frauen auch ohne Männer leben könnten, sie zeigt nur, daß die gesellschaftlichen und biologisch-konstitutionellen Schranken den Frauen in dieser immer noch von Männern bestimmten Welt wenig Bewegungsfreiheit übriglassen. Das Sympathische und wohl auch Richtige in ihren Frauenromanen ist eben, daß sie die Frauenproblematik als eine Auseinandersetzung mit der einen gegebenen Form des Menschseins auffaßt, die Frauenwelt gegen die Männerwelt nicht ausspielt, sondern eine Existenzform sucht, in der sich sowohl die Frauen als auch die Männer freier und harmonischer entwickeln können.

Die vier Erzählungen des Bandes *»Haschen nach Wind«* (1974), der die Reihe der Frauenbücher einleitet, schildern die Situation gescheiterter Frauen, die ihre Unabhängigkeit und Freiheit wiedergewinnen möchten, weil sie sich von ihren Männern oder den Verhältnissen erdrückt fühlen. Sie sind eingeengt in ihrer Umgebung, die sie ihrer Haltung und ihres Wesens beraubt und verunsichert. Es werden also Krisen beschrieben, aus denen eine Lösung gesucht wird. Da ihre Heldinnen keine festen Vorstellungen über ihre Ziele haben, sind ihre Ausbruchsversuche nicht mehr als ein »Haschen nach Wind«. Mit kühler Distanz beschreibt die Autorin Seelenzustand und Reaktionen ihrer Gestalten, die unter der phantasie- und lieblosen Umgebung leiden, aber auch selbst wenig Gefühlswärme zeigen. Die Liebe bleibt einseitig oder auf rohen Egoismus beschränkt.

Was bedeutete einst und was bedeutet es heute, eine Frau zu sein? Wie könnten sich auch Frauen voll und frei entfalten? Diese Fragestellung bestimmt die großangelegte Romantrilogie: *»Die Mystifikationen der Sophie Silber«* (1976), *»Amy oder die Metamorphose«* (1978) und *»Kai und die Liebe zu den Modellen«* (1979). Die drei Bände führen ein selbständiges Leben, bilden aber dadurch eine Einheit, daß die Entschlüsse, die die Feenwelt im ersten Band faßt, in den folgenden Bänden verwirklicht werden. *»Die Mystifikationen der Sophie Silber«* eröffnet die Trilogie mit den weitesten Perspektiven, denn der Roman tastet sich ganz bis zu den Ursprüngen und Urgöttinnen der Welt zurück, um den Leser dann über die seltsame Geschichte der Familie Sophie Silbers wieder in unsere Tage, sogar in die Zukunft Sophies zu führen. Frischmuth schuf in diesem Roman sozusagen »eine weibliche Kosmologie«[19], nicht nur, weil Natur und Geisterwelt in Bewegung gesetzt werden, sondern weil auch das Geschlecht, das wir kennenlernen, eine Art Matriarchat errichtet: Es wird fortwährend von Frauen repräsentiert und weitergeführt. Neben den selbstbewußten Vorfahrinnen Sophies erscheinen natürlich auch Männer, sie werden geliebt, begehrt, verehrt oder verachtet, als Väter aber, gar als Lebenspartner vollkommen ignoriert. Ihnen kommt im Leben der Frauen, die sich durchaus allein behaupten können, zumeist nur die Bedeutung einer Liebesepisode zu. Die Frauen haben dagegen alle eine innige Beziehung zu den Elfen und Feen, die das Buch bevölkern, die Frauen beschützen und ihr Schicksal lenken – ein Zeichen für die engere Bindung des weiblichen Geschlechts an Natur und Poesie. Als das letzte Mitglied dieses Frauengeschlechts vor einer wichtigen Entscheidung ihres Lebens steht, greifen die Feen direkt ein. Sophie Silber ist eine Provinzschauspielerin und erhält ein Angebot von einem Wiener Theater, das ihr bisheriges Leben von Grund auf verändern könnte. Um ihr zu helfen, lädt die Narzissenfee Amaryllis Sternwieser sie zu einem Geistertreffen in ihren Geburtsort ein, wo sie sich ihrer Vergangenheit erinnert: Kindheit und Jugendzeit, das schwierige Verhältnis zum Freund ihrer Mutter und ihre schauspielerische Tätigkeit. Zwischen Traum und Wirklichkeit erlebt sie Vergangenheit und Gegenwart aufs Neue, bis sich ihr durch Selbsterkenntnis und Bewußtwerden der Probleme Perspektiven eröffnen. Sie weiß nun, daß sie das Wiener Angebot annehmen, ihren unehelichen und bisher vernachlässigten Sohn zu sich holen und ein neues Leben führen wird.

Vergangenheit und Tradition gewinnen in der Trilogie ganz andere Formen und Dimensionen als im Türkeiroman.[20] Während die Heldin des Buches »Das Verschwinden des Schattens in der Sonne« in der Vergangenheit keine Erklärung für die Gegenwart fand, gibt die Besinnung auf die eigenen Ursprünge Sophie Silber einen Halt gegen Verwirrung und Entfremdung. In wie vielen Formen wird Tradition hier lebendig!

Alte Sagen werden erzählt, Volksbräuche neubelebt, die Natur in ihrer ursprünglichen Schönheit und Heilkraft erfaßt. Sie ist auch die Heimat der vielen Elfen und Naturgeister, die im Buch walten und die Feenwelt Raimunds und Tolkiens hervorzuzaubern scheinen. Die Geisterwelt ist aufgescheucht, weil die fortschreitende Industrialisierung, der Abbau der Bodenschätze, die wachsende Umweltverschmutzung und die schrecklichen Kriege der Menschen ihr Bestehen ernstlich gefährden. Die Feen mußten zusehen, wie die Zerstörung der Natur zur umfassenden Bedrohung der menschlichen Lebens- und Entfaltungsmöglichkeiten wurde. Sie mußten zusehen, wie sich der »Unsinn« unter den Menschen verbreitete. Nachdem sie während des Faschismus Verfolgte errettet hatten, versammeln sie sich nun zu einem Kongreß und entschließen sich für ein gewagtes Unternehmen: Sie wollen sich in Menschen verwandeln, um die Welt der Menschen auf diese Weise beeinflussen und verbessern zu können. Während die Geschichte der Familie Sophies Hinweise auf archaische Herrschafts- und Lebensformen enthält, symbolisieren diese überirdischen Wesen sowohl die Erscheinungen der Natur als auch die Kunst. In den Gesprächen der Geister bringt Frischmuth ihre Meinung zum Ausdruck, daß die Menschen ihren Sinn für Natur und Kunst und damit auch ihre Aussicht auf ein harmonisches Leben verloren haben. Natur und Kunst haben in der modernen Welt nicht mehr die alte Bedeutung, auch die Menschen besitzen nicht mehr die poetische Gabe, mittels derer sie einst die Natur mit Feen und Geistern beseelten. Da sie auch zu ihrer Vergangenheit und Umwelt keine Beziehungen mehr herstellen können, übernehmen die Geister – ganz im Sinne der Kunst – die Aufgabe, ›in die Dinge und in die Menschen zurückzukehren‹ und die Welt auf diese Weise zu verändern. In dieser phantastisch-märchenhaften Einkleidung ist die Ars poetica der Autorin ausgedrückt: Sie sieht die Aufgabe der Kunst nunmehr darin, die Menschen auf Gefahren aufmerksam zu machen, ihnen Quellen harmonischen Daseins zu erschließen und Einfluß auf die soziale und seelische Veränderung der Welt zu nehmen.

Dadurch, daß die Fee Amaryllis Sternwieser ihr Versprechen erfüllt und als das irdische Wesen Amy Stern zurückkehrt, büßt der zweite Band etwas an den kosmischen Perspektiven ein. Leise Anklänge an das überirdische Reich gibt es aber auch in diesem Roman noch, man erkennt, besonders in den Männergestalten, Vertreter des einstigen Kosmos, wodurch im Buch sehr amüsante Passagen entstehen. Auch besitzt Amy am Anfang noch einige nicht alltägliche Fähigkeiten, aber das Phantastische schwindet in immer stärkerem Maße, um einer vielfältigen Auseinandersetzung mit irdischer Frauenexistenz Raum zu geben. Amy, die Medizin studiert und nebenbei in einer Gaststätte arbeitet, beobachtet die Menschen um sich. Frauen, die mit Lebensmut und Selbstvertrauen sich von den Fesseln des Alltags zu befreien versuchten, berichten ihr über ihr Leben. So entsteht im Buch ebenfalls eine bunte, autonome Frauenwelt, eine Vielfalt an Formen und Möglichkeiten bietet sich Amy an. Diese sind aber nicht ihre eigenen Voraussetzungen, sie wurden nicht von ihr selbst erkämpft. Amy bleibt unsicher und unentschlossen, bis sie Klemens, den Sohn Sophie Silbers, kennenlernt und sich in ihn verliebt. Die Liebe leitet eine tiefe Wandlung ihres Wesens ein: Sie lernt das Glück und die schwindende innere Unabhängigkeit kennen. Um das Gleichgewicht zu bewahren, beginnt sie zu schreiben und als die Schwangerschaft sie vor eine neue Wahl stellt, widersteht sie der Versuchung einer Weltreise und freien Lebensweise, sie entschließt sich, das Kind zur Welt zu bringen. Die im Titel angedeutete Metamorphose hat also einen doppelten Sinn: Sie bezieht sich auf die Verwandlung der Fee in einen Menschen, zugleich weist sie auf die psychische Wandlung Amys hin, die mit ihrer letzten Entscheidung endgültig zur irdischen Frau geworden ist. »Amy Stern [...] erkämpft sich zwar gegen einen Wust von Fremdbestimmungen ihre Eigenart, sie setzt sich durch, aber es ist kein Sieg [...]. Ihre neue, endlich erreichte Identität als Frau ist keineswegs das Glück, die Erfüllung aller Sehnsüchte, Wünsche und Erwartungen, wie immer diese beschaffen sein mögen, vielmehr allein die trotzige Hoffnung, daß im Frau-Sein trotz allem eine Chance liegt.«[21]

Der schwierige Kampf Amys um ihre Eigenart erklärt, warum die Vorstellungen der Fee Amaryllis über die Weltverbesserung nicht verwirklicht werden können. Doch auch dieser Faden wird nicht ganz fallengelassen, sie kehren in den Zielsetzungen der Schriftstellerin Amy wieder. In ihren Legenden über die Delphine wiederholt sie die Ideen der Geisterwelt. Wie die Feen wollen auch die Delphine den Menschen die Urgesetze der Natur wieder beibringen. Um auf sie Einfluß nehmen zu können, lassen sie sich von ihnen einfangen, doch sie haben keine Sprache zu ihrer Belehrung. Der kleine Delphin Awiauo aber entwickelt sich zu einem gesellschaftsbewußten Menschen. Als Schriftstellerin hofft auch Amy, die Menschen aufzurütteln.

Der dritte Band der Trilogie führt über die Gegenwart hinaus und gewährt Einblick in Zukunft. Dadurch kann dieser letzte Band, der sich von der kosmischen Thematik vollkommen abwendet und Amy in ihrem durchaus alltäglichen Alltag zeigt, den ersten beiden Romanen gleichkommen. Es geht nicht mehr allein um die Wiedergewinnung des Verlorenen, sondern um die Erschließung neuer Möglichkeiten. Modelle werden vorgestellt: das Modell, nach dem Amy lebt, erscheint dabei am wenigsten erstrebenswert. Sie erzieht ihren Sohn allein, denn Klemens möchte seine Kräfte für die Arbeit reservieren und sich mit den Unbequemlichkeiten der Kindererziehung nicht herumplagen. So leidet Amy unter dreifacher Belastung: Partnerschaft, Kindererziehung und Beruf. Mehr und mehr entfernt sie sich von Klemens, ihre Wege trennen sich. Der Schmerz der Trennung wird gelindert durch die Freude an ihrem Sohn, zu dem sie ein gutes, freundschaftliches Verhältnis hat. Er soll zu einem ganz anderen Menschen erzogen werden, denn das Pfand der Freiheit zukünftiger Frauen liegt in den Händen heutiger Mütter, sie sollen aus ihren Söhnen auf der Basis gegenseitiger Achtung weniger egoistische Menschen gestalten. Die neue Liebe Amys zum Sozialisten Herwater birgt ebenfalls mögliche Konflikte des Zusammenlebens in sich – Dichterexistenz und Familie lassen sich nur schwer vereinbaren –, sie gibt ihr trotzdem wieder Halt und Zuversicht. So bleibt das Problem Amys ungelöst, ihr Modell ist eine persönliche, notgedrungene Variante. Eine andere Weise zu leben wird an dem türkischen Mädchen Pemba demonstriert. Keine der vorgestellten Lebensformen erscheint der Autorin als der Idealzustand. Ihre Heldin begreift, daß sich die Gesellschaft in einem tiefgehenden Umwälzungsprozeß befindet, aus dem Neues entstehen wird. Bis zu dessen Herausbildung muß sich jede Frau ihre Freiheit täglich erkämpfen. Ihre Vorstellungen über die Zukunft schildert Frischmuth in einer Kinderrepublik, der Utopie einer Gesellschaft, »in der sich Ehe und Kindererziehung mit einem befreiten, erfüllten Leben vereinen lassen«[22]. Trotz dieses utopischen Zuges rückt das wieder erstarkende Autobiographische diesen abschließenden Band in greifbare menschliche Nähe. Die für Frischmuth charakteristische Ich-Erzählerin kehrt nach der distanzierteren Darstellungsweise der ersten beiden Bände hier wieder zurück und verleiht den dargestellten Erfahrungen etwas Bekenntnishaftes. Amy, die zur irdischen Frau gewordene Fee, macht als Mensch die grundlegende Erfahrung, daß nichts auf dieser Welt ohne Opfer vollbracht werden kann.

Die Entwicklung Barbara Frischmuths führte also von der intensiven Beschäftigung mit der Sprache und deren Funktionen über das Erkennen der Bedeutsamkeit des gesellschaftlichen Engagements der Kunst zur Auseinandersetzung mit einem der wichtigsten gesellschaftlichen Probleme unserer Zeit, mit der Lage der Frau in der modernen Welt. Der Roman »Das Verschwinden des Schattens in der Sonne« markiert deutlich den Wendepunkt. Die Werke, die sie nach der Romantrilogie veröffentlichte, bezeugen ihr fortbestehendes Interesse für menschliche Beziehungen, für das Verhältnis zwischen Mann und Frau sowie für die Problematik Frau und Familie. Da sind zum Beispiel die beiden Erzählungen des Bandes *»Entzug – ein Menetekel der zärtlichsten Art«* (1979), in denen sich die Gefühle einer auf ihren Geliebten wartenden Frau zu einem sehnsüchtig-verzweifelten, lyrisch-erotischen Geständnis verdichten, in dem das »Frau-Sein als Existenz zwischen Wunsch und Verpflichtung«[23] erscheint. Ein ähnliches Thema findet sich in der Erzählung *»Bindungen«* (1980), deren Heldin sich aus der krampfhaften Erstarrung, in die sie nach der Trennung von ihrem Mann geraten ist, mit der Hilfe eines neuen Liebeserlebnisses befreit. Das rätselhafte Verhältnis zwischen Mann und Frau bildet auch das Thema des Romans *»Die Frau im Mond«* (1982), während *»Die Ferienfamilie«* (1981) wieder in die Welt der Kinder und der Familie führt.

Nora, die Heldin dieses Romans, hat in dem gemieteten Ferienhäuschen drei Kinder aus drei geschiedenen Ehen bei sich und versucht, die oft sehr verwirrten Verhältnisse der Erwachsenen – Familienverhältnisse unserer Übergangszeit – zu erklären. All diese Werke zeigen die bekannten Vorzüge Frischmuths: ergreifende Lebensnähe, warmen Humor, scharfe Beobachtungsgabe, plastische Schilderungen, sprachliche Disziplin und Verdichtungskraft. Wird sie diese Problemkreise behalten oder wird sie sich künftig neuen Fragen zuwenden? Ansätze für letzteres sind noch nicht wahrzunehmen und Prophezeiungen nicht angebracht. An welchen Themen sie auch weiterarbeiten mag: Mit unverbindlichen Spielereien, oberflächlichen Urteilen und billigen Lösungen wird sie sich niemals zufriedengeben.

Biographische Notiz

Barbara Frischmuth wurde am 5. Juli 1941 in Altaussee (Steiermark) geboren; der Vater ist im Zweiten Weltkrieg gefallen, erzogen wurde sie von der Mutter, die eine kleine Gastwirtschaft betrieb, und der Großmutter. Nach dem Besuch einer katholischen Internatsschule Dolmetscher-Studium in Graz. 1959 Beitritt zum »Forum Stadtpark« (Gründungsmitglied), erste Texte (Gedichte, Prosastücke) in der Zeitschrift »manuscripte« (seit 1960). 1964/67 Studium der Orientalistik in Wien. 1967 Lesung vor der »Gruppe 47« (»Meine Großmutter und ich«). Zur Ergänzung ihrer Studien verbrachte sie je ein Jahr in der Türkei (Erzerum) und in Ungarn (Debrecen). Seitdem Übertragungen türkischer und ungarischer Literatur ins Deutsche. F. war mit einem Pferdetrainer verheiratet, sie lebt mit ihrem Sohn als freie Schriftstellerin und Übersetzerin in Wien.

1970 Förderungspreis des Wiener Kulturfonds; 1973 Anton-Wildgans-Preis der österreichischen Industrie; 1975 Förderungspreis der Stadt Wien für Literatur und Preis des Literarischen Förderungswerk des Kulturkreises im Bundesverband der deutschen Industrie; 1977 Sandoz-Preis für Literatur; 1979 Preis der Stadt Wien für Literatur; 1983 Ida-Dehmel-Literaturpreis.

Hans Joachim Bernhard

Michael Scharang

Für die zeitgenössische österreichische Literatur haben die Erzählungen und Romane, die Filme und Hörspiele Michael Scharangs (geb. 1941) eine ungewöhnlich große, in vielem repräsentative Bedeutung gewonnen. Die verständliche Frage nach dem Anlaß für eine so apodiktisch erscheinende Feststellung lenkt unsere Aufmerksamkeit erst einmal auf Grundsätzliches im Schaffen des Schriftstellers. Obwohl Scharangs ästhetische Auffassungen, sein künstlerisches Selbstverständnis, während der fast zwei Jahrzehnte, in denen er publiziert, sich natürlich erweiterten und vertieften, auch modifiziert wurden, zeigt sich bei ihm – gerade auch angesichts der unterschiedlichen literarischen Formen, deren er sich bedient – eine beeindruckende Kontinuität. Da finden sich keine Konzessionen an wechselnde literarische Trends, wird nicht Eigenwilligkeit im Interesse des literarischen Marktwerts gehätschelt. Als seiner literarischen Produktion zugrunde liegende Konstanten treten besonders deutlich hervor: eine ausgeprägte Sprachbewußtheit, die Überzeugung, daß Literatur ganz entschieden sozial gebunden ist und bleiben sollte, sowie eine soziale und zunehmend nationale Konkretheit der Texte, die Widerschein des Bekenntnisses zum realistischen Schreiben ist.

Der Prosaband *»Verfahren eines Verfahrens«* (1969) wurde zu einem furiosen Auftakt, nicht so sehr im Sinne der triumphalen Aufnahme durch die literarische Öffentlichkeit als vielmehr der unbestreitbaren künstlerischen Eigenständigkeit, die hier sichtbar wurde. Helmut Heißenbüttel, der für die 15 Geschichten ein Nachwort schrieb, konnte mit Recht sagen: »Was er zu formulieren versucht hat, tritt so unveränderbar als es selbst hervor, daß es dem Vergleich von vornherein entzogen scheint«[1]. Dieses sich schon mit dem ersten Buch abzeichnende, durch die folgenden Werke dann stärker markierte Profil war auffällig. Hier wurde auch ein Versprechen für Künftiges hörbar, dem nachzukommen den Autor ebenso ermutigt wie belastet haben mag.

Die den Debütanten auszeichnende Eigenständigkeit war

zuerst einmal eine Selbständigkeit, eine überraschende Souveränität im Umgang mit der Sprache. Dies zeigt, wie stark Scharang schon in seinen Anfängen in die Tradition einer kritischen Sprachbewußtheit innerhalb der österreichischen Literatur eingebunden ist. Es wird deutlich, wie hier jemand der Sprache nachgeht, ihre Möglichkeiten ausspürt, mit ihr experimentiert, es aber nicht beim Experiment bewenden lassen will. Scharang will mit Sprache etwas vermitteln, will aussagen und nicht etwa nur, daß Sprache abgebraucht ist, sich dem Mitteilen verweigert. So sehr auch »Verfahren eines Verfahrens« der sprachlichen Sensibilität der »Wiener Gruppe« verpflichtet ist, so deutlich kündigte sich an, daß soziale Vorgänge und Antagonismen aufgehellt werden sollen. Die Verantwortung gegenüber der Sprache, das kritische Reflektieren ihres Zustandes und ihrer Funktion und die Verantwortung im Sozialen – wir könnten auch sagen: der soziale Auftrag des Schriftstellers – erfahren bei Scharang schon früh jene Integration, die seine literarische Arbeit prägt und ihn nicht zuletzt deshalb zu einem Repräsentanten der seit den frühen siebziger Jahren verstärkt hervortretenden, weithin beachteten realistischen Literatur Österreichs macht. Es ist etwa diese Integration, die das oft verwendete, unschwer zu durchschauende Argument matt setzt, das Bekenntnis zur Arbeitswelt, ihre literarische Darstellung, das Eintreten für die Interessen der Arbeiterklasse vor allem, sei Sache der literarisch-künstlerisch zu kurz Gekommenen, sei die Flucht ins Stoffliche, da Sprache nicht bewältigt werde. Zwar lag in Scharangs ersten Texten auch ein Ansatz zu literarischer Esoterik beschlossen, aber der aus einer Arbeiterfamilie im oberösterreichischen Industriegebiet stammende Autor war nicht darauf aus, Marktführer in einer Branche im bürgerlichen Literaturbetrieb zu werden.

Das Studium der Theaterwissenschaften, Philosophie und Kunstwissenschaft in den Jahren 1960/65 hatte ihn eher einem »Entfremdungsprozeß« unterworfen, wie er sagt. Als Autodidakt eigentlich hatte er sich die Werke von Marx und Engels erschlossen. Die »ersten Ansätze einer politischen Praxis im Zusammenhang mit der Studentenbewegung«[2] haben sein Schreiben dann wesentlich bestimmt. Das wird deutlich greifbar, wenn wir auf die Stellung des Lesers, des Adressaten, in den Überlegungen des Autors in dieser Zeit achten. Von der schon ganz am Anfang spürbaren Absicht, über gesellschaftliche Realität auszusagen, führt der Weg über den Willen, jemandem etwas mitzuteilen, zur Konkretisierung des Gegenübers, zur Entscheidung, wem seine Arbeit die eigene Lage, die begründeten Forderungen zu verdeutlichen hat: der Arbeiterklasse, den Ausgebeuteten, allen sozial Entrechteten. Wenn damit an Brechts »Fünf Schwierigkeiten beim Schreiben der Wahrheit« erinnert wird, so liegt die Berechtigung dazu auch im für Scharang charakteristischen gründlichen Reflektieren seiner Position als Schreibender, das sich schon früh in den Essays des Bandes »Zur Emanzipation der Kunst« (1971) zu erkennen gibt. Im Zentrum seiner Überlegungen bleiben immer die Anforderungen, die durch die Zeit, die Gegenwart an den Künstler gestellt werden. Sie sind für ihn immer aufs engste mit den Prämissen und Folgerungen verbunden, die sich aus der Tatsache ergeben, daß diese Anforderungen nicht allein aus vorgegebenen ästhetischen Ansprüchen – schon gar nicht denen einer kleinen literarischen Elite – hergeleitet werden können, sondern die Interessen der arbeitenden Menschen im Wortsinn zur Sprache bringen sollen. Dazu gehört vor allem das Sich-verständlich-Machen als Künstler, das Verständlichbleiben.

Beeindruckend die Konsequenz, mit der Scharang die Übereinstimmung von ästhetischem Konzept und literarischer Arbeit herbeizuführen trachtet und zu erreichen vermag. Sie äußert sich auch in dem Bestreben, den Prozeß einer konsequenten demokratischen gesellschaftlichen Entwicklung zu fördern. Gerade als Resignation und Enttäuschung in der literarischen Szene etwa der BRD hervortraten, engagierte sich Scharang in den Jahren 1973/78 politisch ganz unmittelbar in den Reihen der Kommunistischen Partei Österreichs. Konsequenz zeigte der Autor aber auch in der Musterung und Erprobung der Mittel, die seinen künstlerischen Zielen dienen. Die Hinwendung zu den Medien, zu Stoffen, die bei manchem gleich die Warnung vor dem Trivialen auslösen, sind Ausdruck der Entschlossenheit, einem »kämpferischen Realismus« zeitgemäße Durchschlagkraft zu geben.

Es ist auf diese hier nur im Umriß skizzierte literarische Konzeption zurückzuführen, daß die Themen in Scharangs Arbeiten, die Probleme, die sie aufwerfen, diese soziale Konkretheit haben, nicht im Allgemeinen, Parabolischen verschwimmen, als aus dem Leben im heutigen Österreich erwachsend erkennbar sind. So ergibt sich die Repräsentanz Scharangs für die neue realistische Literatur in Österreich seit den frühen siebziger Jahren nicht zuletzt aus dieser Komponente seines Schreibens. Sie hat eine kräftige Wurzel in einer Auffassung, die geschichtsbewußt und zeitorientiert ist, auch wenn er es auf die Generation bezogen formuliert:

> »Ein selbstverständliches Verhältnis zu Österreich als Nation hat eigentlich erst meine Generation«, und von dieser Generation sagt, daß sie »mit Selbstverständlichkeit die gesamte Realität des Landes betrachtet, aber nicht mehr Österreich als solches problematisiert und mythologisiert«.[3]

Scharangs Arbeiten bieten also über das Lesevergnügen hinaus Einblick in die vielfältigen Anläufe, die diese neue Generation österreichischer Autoren seit den siebziger Jahren unternommen hat. Ein Blick auf das Wachsen des literarischen Werks dieses Autors ist auch ein Blick auf das Entwickeln und Herausarbeiten von Positionen, den Kampf um den Zugewinn an literarischen Mitteln und Möglichkeiten. Für Scharang kennzeichnend ist, daß da Fülle ist von Anfang an, Fülle etwa in den Erzählansätzen, die wir in den 15 Texten von »Verfahren eines Verfahrens« finden, und daß er breiter und intensiver Grundlagen und Probleme des Schreibens in unserer Zeit reflektiert als die meisten seiner Landsleute. So will »Verfahren eines Verfahrens« als ein großes In-Frage-Stellen herkömmlicher Erzählweisen verstanden sein. Dabei werden Ansätze vorgezeigt, deren Virtuosität beeindruckt. Die Wirklichkeit freilich tritt zurück, wird zum Schemen hinter den Sprachmustern, den überlegt konstruierten Sprachgittern, die ihre Nähe zur konkreten Poesie nicht leugnen. Die Fabel ist verbannt, und die Autonomie der Sprache wird ausgerufen. Die Montage von Sprachelementen herrscht vor, und nur einzelne Glieder der Assoziationsketten lassen erkennen, daß hier letztlich doch gegen Gewaltmißbrauch im Sozialen angeschrieben wird. Es geht nicht um den Ausdruck des Verzweifelns an der Sprache und um die Variationen des Zweifelns und Verzweifelns, sondern um die Frage nach deren Funktion, den Möglichkeiten und Wirkungsweisen sprachlicher Mittel.

Mit welcher Intensität Scharang schon von seinen literarischen Anfängen her über die Lage des Schriftstellers, die Probleme des Schreibens reflektiert, zeigt der Essayband *»Zur Emanzipation der Kunst«* (1971). Hier signalisiert Scharang Distanzierung von einem Kunstverständnis,

»bei dem die Kunst sorgfältig herausgelöst wird aus der Gesellschaft, in welcher sie entsteht; bei dem die Kunstproduktion zum Kunstwerk stilisiert wird, an das man sich nach ausschließlich für die Kunst erfundenen Kategorien und Begriffen heranmachen darf«[4].

Scharang geht zurück auf die Arbeiten Walter Benjamins, die er als einzige »wirkliche Alternative zu falschen Verhaltensweisen gegenüber der Kunst«[5] sieht.

Die Abhängigkeit der Kunst von der herrschenden Klasse, die Illusionen, mit denen viele Künstler diese Abhängigkeit kaschieren und verdrängen, sowie die Bedeutung der technischen Produktionsmittel etwa im Bereich der Massenmedien und die Konsequenzen ihrer Entwicklung für die Kunstproduktion stehen im Zentrum der Überlegungen. Wie die anderen Beiträge – zur Entwicklung des heutigen Theaters, über das Hörspiel und zum Begriff der Technik – leugnen sie den Charakter der Selbstverständigung nicht und zielen auf den Ausbau einer historisch-materialistischen ästhetischen Position ab.[6]

Als Scharang 1979 hervorhob, man dürfe nicht

»in ein Linkssektierertum verfallen und vom Schreibtisch aus im Roman Klassenkämpfe veranstalten«,

um vor sich selber dem Begriff des kämpferischen Realismus gerecht zu werden[7], hatte er zwar den Roman »Charly Traktor« im Auge, hätte es aber mit größerem Recht auf den Essay *»Thesen zur Kulturrevolution«* beziehen können. Überspitzungen in Richtung auf einen forcierten politisch-künstlerischen Aktivismus, die der Essay-Band durchaus enthält, sind nicht allein einer zeitgebundenen Diskussion geschuldet, sondern vor allem notwendige Abgrenzung und Absage an verworren-metaphysisches Kunst-Gerede.

Die mit der angezielten Operativität von Literatur und der angestrebten Verständlichkeit des literarischen Produkts verbundenen Probleme gewinnen in den ästhetischen Überlegungen des Autors entscheidendes Gewicht. Dabei zeichnet sich eine Entwicklung ab, die von der Lösung von Tendenzen einer Verselbständigung der formalen Mittel im ersten veröffentlichten Text zur Erörterung der Dialektik von geforderter Verständlichkeit und entschiedenem Festhalten an einem hohen ästhetischen Anspruch reicht, die den Autor in letzter Zeit stärker beschäftigt. Dabei wäre nichts verkehrter, als hierbei eine unbeeinträchtigt aufsteigende Linie zu sehen, die vom formalen Experiment zur planen Geschichte führt. Es ist für Scharang gerade charakteristisch, daß er sich die mit dem Komplex Wirkungsabsicht und ästhetischer Anspruch verbundenen Fragen in jeder Phase seines Schaffens neu stellt, weiterführende Gedanken aufwirft und Antworten zur Diskussion anbietet. Darauf deutet schon der Widerspruch, der sich im Titel seines zweiten Bandes, *»Schluß mit dem Erzählen und andere Erzählungen«* (1970), offenbart. Er signalisiert den Versuch, über herkömmliche Erzählweisen hinauszudringen, ohne in die soziale Unverbindlichkeit des Sprachspiels zu geraten oder das damals gängige Lied vom Ende der Literatur um eine Strophe zu bereichern. Die 17 Texte sind höchst unterschiedlich. Es gibt tatsächlich im Erzählansatz keine Wiederholung. Die zum Monolog gewordene Anrede *(»Ein Verantwortlicher entläßt einen Unverantwortlichen«)*, die Adresse eines Fremdenführers an sein Publikum *(»Sightseeing«)*, die einfache Wortreihung, strukturiert durch ein sich wiederholendes out *(»Out«)*, die imaginierte Absichtserklärung –

»Wie man mit dem Dienstherren verfahren möchte, / wenn man könnte / Wenn er nicht mit einem verfahren könnte, / wie er möchte« –,

der Monolog, bei dem das letzte Wort eines Gedankenelements zum ersten eines neuen wird *(»Ansprache eines Entschlossenen an seine Unentschlossenheit«)* und andere Varianten sind jetzt aber doch durch ein Gemeinsames verbunden: Sprache wird zum Mittel einer in ihrer Zielrichtung nun deutlich akzentuierten Gesellschaftskritik. Die gängigen Sprachfiguren des »Verantwortlichen«, der den »Unverantwortlichen« entläßt, entlarven eben nicht nur einen einzelnen oder ganz abstrakt einen Herrschaftsausübenden, sondern den Vertreter eines Systems, dessen Ratschlag in der Formulierung

»Gehen Sie mit offenen Augen durch die Welt. / Gehen Sie in sich. / Gehen Sie stempeln«[8],

den Zynismus der Klasse, die er vertritt, ausdrückt.

Einige Geschichten dieses Bandes, so die vom Wähler, finden wir auch in dem 1974 erschienenen Buch *»Bericht an das Stadtteilkomitee«*. Die hier enthaltenen siebzehn Beiträge stehen in einem sehr engen Zusammenhang mit den Texten aus »Schluß mit dem Erzählen«. Die sprachlichen Abläufe zielen weniger auf Individualisierung, sondern auf die Wiedergabe »typischer Haltungen und Verfahrensweisen«[9]. Dabei fällt allerdings auf, daß Scharang hier zum ersten Mal in Erzählstruktur und Sprachgestus sehr deutlich auf tradierte Formen wie das Märchen zurückgreift (z. B. *»Das Märchen vom Recht«*). Auch da, wo verallgemeinert, generalisiert wird, erwächst vielfach eine außerordentlich starke Wirkung aus der sozialen Genauigkeit. So wenn dargelegt wird, welchen Pflichten eine Großmutter nachkommen muß, welche Arbeiten sie zu erledigen hat, bevor sie erzählen kann – die Enkel sind dann längst eingeschlafen *(»Bevor die Großmutter erzählt«)*.

Das Wissen um den Stellenwert sozialer Genauigkeit in der literarischen Aussage mußte Scharangs Interesse zwangsläufig auch auf das Dokumentarische richten. Das war keine Konzession an das vielfach nur modische Interesse am Dokumentarischen in diesen Jahren, sondern Konsequenz aus den schon im Essay-Band geäußerten Überlegungen zur Funktion der Kunst.

»Einer muß immer parieren« (1973) enthält zwei Original-Ton (O-Ton) Hörspiele, von denen das eine dem Band den Titel gab, das andere *»Das Glück ist ein Vogerl«* heißt. In Originalaussagen von Arbeitern werden Probleme und Konflikte in den Betrieben erörtert. Scharang hat seine Erfahrungen bei der Arbeit ebenfalls in diesem Band dokumentiert. Die Beiträge *»Zur Technik der Dokumentation«* und *»Anmerkungen zur dokumentarischen Literatur«* weisen aus, welchen Wert diese Arbeitserfahrungen auch für die Entwicklung des Autors hatten. Präziser tritt nun sein ästhetisches Konzept hervor, an dessen Basis sich die Absage an eine Auffassung findet, die bestimmt ist von der Absicht,

»die Sprache [...] zu verabsolutieren und zum Zweck seiner [des Autors; d. Verf.] Arbeit [zu] erklären«. Entgegengestellt wird das Vorhaben: »[...] reale Verhältnisse, die schwer durchschaubar sind, von denen der Allgemeinheit ein falsches Bild gemacht wird oder die überhaupt der allgemeinen Erfahrung durch Manipulation vorenthalten werden, der allgemeinen Erfahrung zuzuführen«.[10]

Erst eine Entscheidung, dieser Funktion der Kunst den Weg freizumachen, gibt, so Scharang, dem Schriftsteller die Möglichkeit, sich vom

»chronischen Weltverbesserer zu jemandem [zu] entwickeln, der mithelfen kann, tatsächlich etwas zu verändern«[11].

Eine wesentliche, seinen künstlerischen Weg prägende Entscheidung traf Scharang ebenfalls in diesen Jahren. Wir finden sie in dem Aufsatz *»Zur Technik der Dokumentation«*. Hier spricht er sich dafür aus,

»eine bereits vollzogene Materialbeherrschung nicht einfach [zu] ignorieren, ganz gleich, aus welchen gesellschaftlichen Gründen sie vollzogen wurde. Das hieße sich dumm stellen, und das Ergebnis wären trotz besten politischen Willens dümmliche Produkte«[12].

Dieses Bekenntnis zu tradierten Formen, überlieferten Mitteln der Sprachbehandlung und -beherrschung, die diese nicht zum Selbstzweck erklärt, öffnete den Weg für eine realistische Literatur, die freilich Tradiertes nicht einfach übernimmt, sondern

Materialbeherrschung entsprechend der komplizierter gewordenen Realität problematisiert.

Auf dieser Grundlage war auch der Weg zum Roman geöffnet. 1973 erschien *»Charly Traktor«*. Die Bedeutung dieses Romans für Scharangs Entwicklung als Schriftsteller wie auch sein literaturgeschichtlicher Stellenwert sind unbestreitbar. Hier war ein wichtiger Fortschritt gelungen, ein größerer Zusammenhang im Erzählen möglich geworden, der Beweis angetreten, daß eine neue Schriftstellergeneration, die realistisch schreiben wollte, sich zu etablieren begann und die Arbeitswelt als Thema auch für die österreichische Literatur nicht verschlossen blieb. Dabei war dies für Scharang thematisch nicht einmal ein außergewöhnlicher Neuansatz. Die Geschichte *»Die Lebenskosten«* (in »Bericht an das Stadtteilkomitee«) brachte schon den Erzählansatz: Die Begegnung eines jungen Menschen vom Dorf mit dem Leben in der Stadt. Sie führte dort freilich zu einem Zusammenstoß, in dessen Folge die veränderten Existenzbedingungen den Absprung in ein neues Leben verhinderten. Aber auch Details wie die Forderung der Arbeiter nach einer Holztreppe vor ihren Maschinen, die der Arbeiter Othmar im O-Ton-Hörspiel »Einer muß immer parieren« ausspricht, erscheinen im Roman. Was ihm so als dokumentarisches Element zugute kam, befrachtete und beschwerte ihn freilich auch. Erzählt wird eigentlich die Geschichte einer Liebe. Ein junger Mann, Charly, Sohn einer schwerhörigen Magd, kehrt eines Tages aus der Hauptstadt, in der er eine Besorgung für die Mutter erledigte, nicht in sein Heimatdorf zurück. Mühsam verdient er seinen Lebensunterhalt, findet schließlich aber Arbeit in einem großen Betrieb, einer Zündmaschinenfabrik. Er trifft auf Elfi, eine neunundzwanzigjährige Frau, die schon zweimal verheiratet war. Welten stoßen aufeinander. Der Unterschied, das soziale Gefälle zwischen Dorf und Großstadt, zwischen dem gehänselten Dorfkind und dem Industriearbeiter, ist groß. Aber auch die sympathische, sich oft ins Bedrohliche wendende Naivität Charlys kontrastiert scharf mit den Erfahrungen, die Elfi machen mußte: Lebenserfahrungen meist negativen Charakters. Von ihr erfährt Charly vieles über die Vorgänge in der ihm neuen Welt. Sie erklärt ihm auch, was das Wort Depression bedeutet, das sie so oft in Verbindung mit ihrer Situation verwendet.

Was eigentlich einen Ansatz für Kritik am Roman herausforderte, war weniger die Intensität, mit der sich aus dem Arbeitsprozeß ergebende Fragen erörtert werden, als die geringere Auffächerung der Erzählstruktur angesichts eines sozial wie politisch, moralisch wie psychisch so komplexen Stoffes.

Die Erzählsituation beginnt mit Charlys Überlegungen – er liegt eines Sonntags im Gras am Donauufer – zur Rede, die er halten will, um die Forderungen seiner Kollegen im Betrieb durchzusetzen. Er, der verspottete Dorfjunge, will sich zu ihrem Sprecher machen. Die Schwierigkeiten, die Ängste, die das in ihm hervorruft, werden deutlich. Spontaneität, der Klasseninstinkt, die in ihm lebendig sind, machen sich geltend, haben ihm die Anerkennung vieler Arbeiter eingetragen, aber auch das Mißtrauen der Firmenleitung und derer, die vor ihr dienern. Seine Forderungen sind gerecht, seine Rede gelingt, aber die Organisierung der Arbeitenden verlangt Umsicht, Wissen und Ausdauer. Eine spontane Aktion – Charly zerschlägt die Stempeluhr im Betrieb – gibt den Vorwand für seine Entlassung.

»Ihre Freundin [...] hat sich mit Ihnen solidarisiert. [...] Ihre Freundin hat besser erkannt als Sie, daß man als Arbeiter nur zusammen mit der Arbeiterklasse etwas erreichen kann« (CT 133)[13].

Dieser wohlmeinende Rat der Frau eines kommunistischen Betriebsrats hat nicht nur den Charakter einer Wertung der offensichtlich nun zu Ende gegangenen ersten großen Etappe in Charlys ›Lehrjahren‹. Er ist auch ein Hinweis auf die Tatsache, daß Rede und Kommunikation Voraussetzungen für Wirklichkeitsbewältigung sind, daß diese sich aber darin nicht erschöpfen kann. Charly hatte Halt in dieser Stadt-Welt gesucht, und Elfi hatte sie ihm in einem gewissen Grade gegeben. Elfi wiederum hatte Halt gesucht bei einem Menschen, von dem sie spürte, daß er nicht der Kleinbürgerwelt verfallen war, wie ihre beiden früheren Ehemänner. Aber die Verständigung über dieses existentielle Füreinanderdasein war nicht gelungen. Warum? Das bleibt im Roman freilich weitgehend offen. Stattdessen läßt der Autor den Erzähler einschreiten mit Sätzen wie:

»Sie weiß, daß das Nichtreden von ihr und Charly nicht Absicht ist, sondern Unfähigkeit« (CT 125).

Auf der anderen Seite sind Charly, dessen Überwindung der ›Sprachlosigkeit‹ als Prozeß erscheint, mitunter doch Einschätzungen in den Mund gelegt – Äußerungen wie »Wir reden von den Frauen wie die Unternehmer von uns«, oder wenn er es »blöd« findet, »fehlerfrei zu arbeiten, um dem Unternehmer einen hohen Profit zu sichern« (CT 63) –, die den Denkhorizont dieser Figur überschreiten. Immer wieder muß der Erzähler einspringen, Entwicklung konstatieren oder kommentieren. So kommt es zu belehrenden Einschüben, die sich zu stark vom Ganzen des Erzählens abheben. Dieses aber erfaßt in den Erlebnissen Charlys Grundlegendes vom Gefüge der Arbeitswelt, ohne in naturalistischen Details steckenzubleiben. Behutsam wird die Welt Charlys aufgebaut. Erfaßt die Erzählzeit nur vierzehn Tage, so wird durch Erinnerung und rückschauende Überlegungen Vorgeschichte transparent. Die Geschichte dieses modernen Parzifal wird damit sinnfälliger. Überzeugend die Verknüpfung von subjektivem Wollen und sozialen oder psychischen Gegebenheiten, wenn der Autor sich entschließt, sie auszuführen: So wenn Elfi auf den Erfolg von Charlys Rede hofft, weil sie zwar schon mehr über Abhängigkeits- und Untergebenenverhältnisse weiß als dieser, ihn aber auch als den starken Partner sehen möchte, den sie sich wünscht. Der Roman erwies sich als großer Entwurf, als eine literarische Pioniertat, die durchaus reale Verhältnisse, von denen ein falsches Bild gemacht wird, ›der allgemeinen Erfahrung zuführt‹. Als solche wurde sie auch weitgehend aufgenommen.

Der 1976 erschienene Roman *»Der Sohn eines Landarbeiters«* geht auf den Fernsehfilm »Der Sohn eines Landarbeiters wird Bauarbeiter und baut sich ein Haus« zurück, dessen Textgrundlage Scharang schrieb und der unter der Regie von Axel Corti ein Jahr zuvor eine starke Resonanz fand. Diese Herkunft ist dem Roman deutlich anzumerken. Das gilt für die Konzentration auf eine in den Umrissen klar abgegrenzte Geschichte, die Herausarbeitung von Episoden, die Sättigung mit Handlung. Auch hier haben wir es mit einer Liebesgeschichte zu tun, auch hier spielt der Zusammenprall von Leben auf dem Dorf und in der Stadt eine bestimmende Rolle. Anders als in »Charly Traktor« aber ist alles Geschehen auf Auskunft über Leben und Tod des Bauarbeiters Franz Wurglawetz und das Schicksal seiner Freundin, Erna Winterleitner, bezogen. Ein

Weg ins Leben wird erzählt, der ins Ausweglose führt, und der Leser ohne jedes Moralisieren angehalten, den Gründen für ein solches Scheitern nachzusinnen.

Zweifellos finden wir im Roman eine Häufung des Stofflichen. Es gelingt aber die Darstellung einer spezifischen Lebenssituation, von der Wirkungen auf Menschenschicksale wie das der Hauptgestalt ausgehen. Und es findet sich keine Milieu- und Dorfverliebtheit nostalgischer Provenienz und auch nicht deren Umkehrung, die emotionsgeladene Verurteilung dörflichen Lebens, der menschlichen Deformierungen, die es heraufführen kann. Grundzüge sozialen Verhaltens werden nicht in subjektiver Brechung durch die Figurensicht gegeben, sondern sind in Handlung umgesetzt.

Wichtiges Kriterium für die ästhetische Leistung des Romans aber bleibt, daß in der fiktiven Welt des Franz Wurglawetz diese Fülle von Handlungen, Vorgängen, Wandlungen und Reaktionen immer sozial und psychologisch motiviert ist. Nirgends herrscht Zufälliges im Sinne einer Willkür des Erzählers. Abhängigkeiten unterschiedlicher Art werden deutlich, Folgerungen aus überstürzten oder unterlassenen Handlungen. Alles ist auf eine Weise vernetzt, die so ungemein viel über die Bindung des Individuums an den sozialen Kontext sagt, daß es kleinlich scheint, von »mangelnder Anschauung« zu sprechen und zu fragen, wen denn die Probleme eines burgenländischen Maurers interessieren, wenn nicht einmal der Autor davon affiziert scheint[14]. Um das Mißverhältnis zwischen dem Kausalnexus im Sozialen und der Unwissenheit und Naivität der Zentralfigur geht es ja gerade. Das Täppisch-Trotzige, das Unbeholfen-Linkische im Verhalten des Franz, das Aufbegehren gegen die durch ihr Dasein als Landarbeiter verschüchterten Eltern, das Scheue und Liebenswerte in der Bindung an Erna, das Wachsen eines Selbstwertgefühls als Franz merkt, wie man sich um ihn, den guten Maurer, bemüht, das Undeutliche und Klischeeverhangene in der Vorstellung von der Großstadt, Lockung und Gefahr zugleich, dort mehr Geld und das eigentliche Leben zu finden: eine solche Reihe ließe sich weiterführen. Diese Offenheit für das Leben und der fahrlässige Umgang mit seinen Gefahren, das ist vom Autor schon überzeugend erfaßt und – sehen wir vom Freitod ab – nicht so singulär und exzeptionell. Und es dürfte gerade das

Bewegende dieses Schicksals sein, das die skizzenhafte Darstellung einiger Figuren so auffällig macht.

Der Autor ist mit sich selbst übertrieben ins Gericht gegangen. In einem Interview sprach er schon vier Jahre später von mangelndem Können und mangelnder Reife, die »Fülle von menschlichen Verhältnissen« zu gestalten. Das ist natürlich überzogen. Weiterführend für das Verständnis des Autors ist freilich der im gleichen Zusammenhang gegebene Hinweis, daß

»die Fähigkeit, Geschichten zu erzählen, zunimmt mit dem Maß, wie der Autor selber ein historisches Bewußtsein von der eigenen Person entwickelt«[15].

Dieses Sich-selbst-historisch-Sehen heißt doch nichts anderes, als sich genauer den Charakter der eigenen Erfahrung verdeutlichen, die eigenen Möglichkeiten und Stärken besser zu bilanzieren. Es schließt den schmerzhaften Prozeß ein, sich von hemmenden theoretischen Konstrukten zu befreien, die sich zwischen Leben und Literatur drängen.

Den 1979 veröffentlichten Roman *»Der Lebemann«* muß man unter zwei Aspekten sehen, die sich aus der Selbstverständigung des Autors über die bisher verfolgte poetische Konzeption ergeben: Einmal ist es der Versuch, Handlungsraum und Figurenensemble rigoros zu begrenzen, um Charakteren, ihren Emotionen und Überlegungen genauer nachzuspüren; zum anderen sollen von Thema und Erzählweise her Verständlichkeit erhalten bleiben, ja breite Wirkung möglich werden. Nur wenn man diese Aspekte in Betracht zieht, kann man die Stellung dieses Romans im Werk des Autors genauer erfassen. Zu schnell sind die Kolportageelemente als das Vorherrschende, Bestimmende, bezeichnet worden.

Wieder geht es um eine Liebesgeschichte. Dr. Klaus Sandner, 41 Jahre, Sohn wohlhabender Eltern und hochgeschätzter Direktor in einer großen Wiener Bank, befindet sich in jenem durch Unzufriedenheit, Überdruß und Unentschiedenheit gekennzeichneten Zustand, der als Ausdruck der ›Midlife crisis‹ häufig genug literarisch thematisiert wurde. Er begegnet Monika, die Verkäuferin in einem Kaufhaus ist. Der Autor verwendet viel Sorgfalt darauf, das Interesse, das die beiden aneinander finden, in seinem Entstehen und Wachsen, im Beglückenden und Problematischen darzustellen. Da werden durch den Erzähler oder durch inneren Monolog Regungen im

Denken und Fühlen der Figuren sehr genau wiedergegeben. Scharang läßt erkennen, wie sicher er psychische Gegebenheiten im Erzählen vermitteln kann. Er macht – ein Thema aus »Charly Traktor« aufnehmend – die Barriere deutlich zwischen Empfinden und Mitteilenkönnen, jene Kommunikationsschwierigkeiten, die sich aus der Herkunft der Hauptfiguren ergeben. Auf dieser allgemeinen Ebene gelingen interessante Partien und Einsichten. Freilich zeigt sich, daß Scharang hier gerade auf die soziale Grundierung verzichtet, auf jene soziale Motivierung, die sich als Stärke der voraufgehenden Romane zeigte. Der Leser wird gehalten zu glauben, daß dieser gestandene Manager ein Leben fern aller Entfremdung in einem großen Haus an einem südamerikanischen Strand mit dem Mädchen aus dem Volk anstrebt.

Grundlage der ›Aussteigerexistenz‹ soll ein ›perfektes Verbrechen‹ werden, denn Sandner entnimmt dem Tresor seiner Bank einen Millionenbetrag. Er hat erlauscht, daß vier Kriminelle, die in der Wohnung unter dem Appartement leben, das er für sich und seine Freundin gekauft hat, für die gleiche Nacht einen Einbruch planen. So könnten sie als Täter gelten.

Die Figur der Monika ist eindrucksvoll, weil das Widersprüchliche ihres Verhaltens aus ihrer sozialen Situation entwickelt wird. Sie mag diesen Mann schon. Aber sie mißtraut, mehr intuitiv, seinen kleinbürgerlichen Illusionen. Sie ist den für sie nicht leichten Weg der Ausprägung weiblichen Selbstbewußtseins gegangen und will sich durch niemanden und nichts hier zurückwerfen lassen. Schon gar nicht durch den großen Coup, zu dessen kritischer Mitwisserin Sandner sie schließlich macht. Monika, das ist keine staubtrockene moralische Vorbildfigur, sondern eine entschlossene Frau, wenn auch im Reflektieren ihrer sozialen Situation kaum geübt. Sie duldet keine Halbheiten bei der Bewältigung der Realität, an die sie gebunden ist.

Sie gleicht in manchem der vierundzwanzigjährigen Anna Berg, auf die wir im Drehbuch zum Fernsehspiel *»Das doppelte Leben«* (1981) treffen. Unsentimental, ja fast nüchtern packt diese das Leben an, erwartet von ihm lieber zuwenig als zuviel. Als Restauratorin in einer Antiquitätenhandlung verdient sie das Geld für ihr Studium. Sie lebt mit Dr. Hans Lammer zusammen, der Nationalökonomie studiert hat, sogar »Berater im

Handelsministerium« war, aber schnell fallengelassen wurde, als er es wagte, »unsere Wirtschaftsordnung in Frage zu stellen«. (DL 17)[16] Der Text, gleichsam Szenen einer Freundschaft, konzentriert sich auf die Auseinandersetzung zwischen beiden, die sich zwangsläufig aus dem Doppelleben ergibt, in das sie hineingeraten sind. Von dem Journalisten Kurt, der sich von Spekulanten, aber auch von seinem Chefredakteur »nicht einschüchtern« lassen will, hat Anna erfahren, daß Hans »der kommende Mann in der Spekulantenmafia« (DL 23) ist. Anna wirft ihrem Freund vor:

»Aber auf einmal war die politische und wissenschaftliche Moral, auf die du dich immer berufen hast, nur noch was für Idioten.« (DL 26)

Da nutzt es ihr wenig, daß Freunde urteilen, er tue »ein bißchen was wenigstens, für unsere Überzeugung von damals« (DL 28), und die These vom »Freiraum« (DL 29), den Hans sich durch die Geschäfte schaffen will, erkennt sie als Selbstbetrug.

Die Frage nach Schicksal und Bewährung der achtundsechziger Studentengeneration ist aufgeworfen und damit die nach Sinn und Ziel der eigenen Existenz. Lammer ›steigt aus‹. Er will nach Äthiopien, Anna will ihn nicht aufgeben. Es geht um die Sorgen und Ängste der sozial Denkenden unter den Bedingungen dieser Gesellschaft, um jene, die eine Markt- und Profitwelt nicht als naturgegeben hinnehmen wollen. Es geht in diesen Szenen, die so leichtfüßig daherkommen, um ein Grund- und Kernthema: den Zwang zum Doppelleben und um die Möglichkeiten, es aufzuheben.

Von hier ergab sich zweifellos ein neuer Impuls, tiefer nachzufragen, Geschichte einzubeziehen. Scharang hatte schon 1979 darauf verwiesen, daß der Literatur des »neuen österreichischen Realismus« die »historische Dimension« fehle und daß es sehr »schwierig sei, sie zu erarbeiten«.[17] Wenn Scharang 1983 den Aufstand der österreichischen Arbeiter von 1934 zum Thema eines Fernsehfilms machte, so zeigt dies, daß es ihm nicht um kluge ästhetische Anmerkungen ging.

Der Film *»Die Kameraden des Koloman Wallisch«* wurde vom Autor selbst inszeniert. Fabelkern ist auch hier die Liebe zweier junger Menschen. Wie schon im Hörspiel »Der Beruf des Vaters« von 1975 ist es das soziale Gefälle zwischen den Lebenssphären der Partner, aus denen Konflikt und Bewährung erwächst. Es ist Arbeiteralltag, der hier in Bruck an der Mur – der Heimat Scharangs – abläuft, dessen Geschichtsträchtigkeit deutlich wird, nicht Geschichtliches an Vorgängen und Figuren illustriert.

Trotz dieses wichtigen Ansatzes und Vorstoßes und der festen Überzeugung, daß das Medium Fernsehen nicht dem Trivialen ganz überantwortet werden darf, blieb sich Scharang freilich darüber im klaren, wie begrenzt die Möglichkeiten des Schreibens für das Fernsehen, das immer auch ein Schreiben gegen das Fernsehen ist, sind, daß man

»in diesem Berieselungsmedium durch die kleinste unbedachte Routine selbst zum Berieselungsfaktor wird«[18].

Die Zweifel an der Wirkungsmöglichkeit des Fernsehens verstärkten sich bei ihm eher. Er weiß, daß eine »Aufbruchszeit«, wie er sie im österreichischen Fernsehen in den siebziger Jahren konstatiert, »sich nicht beliebig verlängern läßt«[19]. Und mag er hier auf äußere Bedingungen für ein Durchsetzen realistischer Stücke anspielen, so vertritt er in einem Interview 1983 die Meinung, daß er das Fernsehen »auch überschätzt« habe und ein Buch, das fünftausend Menschen wirklich lesen, mehr Wirkung erziele als ein »Fernsehfilm, den fünf Millionen sehen«[20]. Für uns ist das bilanzierende Element wichtig, das auch hier aufscheint. Es eröffnet uns den Zugang zu der großen Erzählung *»Harry. Eine Abrechnung«*, die 1984 erschien. Sie gewinnt tatsächlich für Scharang den Charakter einer Zwischenbilanz.

Der Autor bringt sich selbst in den Text ein. Er ist Gesprächspartner, freilich nur in eingeschränktem Sinne, denn seine Fragen und Einwände sind nur aus den Monologen, den Anreden und dem Erzählen seines Gegenübers zu erschließen, der ihn in ein Wiener Gasthaus eingeladen hat, um mit ihm »abzurechnen«. Mit den Worten: »Ich gebe Ihnen einen Rat: Schreiben Sie dieses Buch nicht« (H 5)[21], beginnt der Text. Und der Sprecher, der den Schriftsteller da auffordert, nicht über ihn zu schreiben, von seinem Leben abzulassen (es wird später offenbar, daß er befürchtet, dieser würde es umdeuten), ist Harry, der fünfundzwanzigjährige Sohn von Charly Traktor, Zentralfigur im gleichnamigen Roman. Harry ist kein ›Aussteiger‹, eher ein ›Nicht-Einsteiger‹, wenn man so will. Von der Mutter, einer Gemeindeangestellten, für einen harten Lebenskampf gedrillt, obwohl Musterschüler und -student, hat er sich aller Anpassung verschlossen, arbeitet er nicht ständig, nimmt mitunter Arbeitslosengeld an. Harry läßt die Welt der Kindheit, Kindergarten und Schule, vor dem Zuhörer erstehen, spricht von den deformierenden Normen, die da wirksam wurden. Bestimmend für sein Geschick sind die Freundschaft mit Andreas, dem Sohn des Schriftstellers, und mit Evi, dem anderen Wesen, das ihn versteht. Andreas bleibt nach einem Autounfall querschnittsgelähmt, Evi wird nachts auf offener Straße erschlagen. Die Notizen, die Harry für sein Erzählen gemacht hat, werden vielleicht Grundlage für eigenes Schreiben werden.

Von seinem Vater weiß Harry zu erzählen, daß er sich über den Schriftsteller nur ärgerte, daß er sagte: »Seite für Seite würde ich ihm sein Buch in den Mund stopfen, damit er dran erstickt« (H 26). Harry distanziert sich nicht von seinem Vater, »schon gar nicht von seiner Sache« (H 32). Schließlich ist er immer noch ein mutiger Gewerkschafter, läßt sich von niemandem kaufen. Aber, so Harry weiter:

»Es führt zu nichts [...] mich mit meinem Vater zu vergleichen. Ich lebe in einer anderen Welt. Er fordert Gerechtigkeit ein, ich verzichte darauf. Ich werde sie mir eines Tages nehmen.« (H 30)

Es ist eine in vielfachem Sinne kunstvolle Selbstauseinandersetzung, die Scharang hier führt, indem er den Sohn einer fiktiven Figur zum Anwalt einer Abrechnung, zum Auslösenden einer Selbstbefragung macht. Die hier aus dem subjektiven Anliegen und Interesse der in einer existentiellen Ausnahmesituation stehenden Figur entwickelte Warnung gilt im Kern auch jenem der Hybris verdächtigen Verhalten, über komplizierte Prozesse alles zu wissen und eine genaue Richtung Weisendes zu sagen. In dieser Erzählung bleibt vieles, so etwa die Ursache für Evis Tod, offen. Und was sich schon in der dialektischen Beziehung andeutet, die sich aus der Einschätzung von Harrys Vater ergibt – die Abwehr einer vereinfachten Darstellung seines Lebens und Wollens, aber das Festhalten an seinem Weltbild, seiner kämpferischen Haltung im Interesse der Arbeitenden –, das kann mit Fug und Recht als beeindrukkende Qualität in Scharangs Schaffen hervorgehoben werden: Eine Kontinuität, die schroffes Abrechnen und Verleugnen einer Entwicklung nicht kennt, aber die notwendige Offenheit für die Voraussetzungen künstlerischer Produktivität beibehält. In »Harry« werden Errungenschaften des frühen Erzählens, die in der Fernseharbeit zurücktraten, aktiviert. Ein neues, ironisch-spöttisches Element, dem das modisch Zynische aber fehlt, kommt – die Ausdrucksfähigkeiten erweiternd – hinzu. All das nützt der Freilegung der Substanz des Menschlich-Moralischen, die sich eben auch oder gerade in einem »Leben auf der Flucht« (H 95), wie Harry es führt, findet, dem Leben in einer

»›Feudaldemokratie‹, [...] in der das Leben darin gipfelt, dem Schicksal ein Schnippchen zu schlagen« (H 52).

So ist diese Erzählung in der Tat eine Abrechnung, selbst Produkt, wenn auch nicht einer Abrechnung allein, so doch einer Standortbestimmung, ein Werk, das Wachstum erkennen läßt und zeigt, daß von den Erwartungen und Hoffnungen, die an Scharangs weitere Arbeiten geknüpft sind, nichts abzustreichen ist.

Biographische Notiz

Michael Scharang wurde am 3. Februar 1941 in Kapfenberg (Steiermark) in einer Arbeiterfamilie geboren. Nach Gymnasium und Militärdienst 1960/65 Studium der Theaterwissenschaft, Philosophie und Kunstgeschichte an der Universität Wien, Abschluß mit einer Dissertation zu den Dramen Robert Musils. Literarische und essayistische Arbeiten bereits während des Studiums. Mitglied der Grazer Künstlervereinigung »Forum Stadtpark«, in deren Publikationsorgan »manuskripte« die ersten Texte erschienen, 1973/78 Mitglied der KPÖ. Lebt als freier Schriftsteller in Wien (verheiratet, drei Kinder).

1965 und 1976 Förderungspreis des Wiener Kulturfonds; 1970 Staatsstipendium für Literatur und Förderpreis für Literatur der Landeshauptstadt Klagenfurt; 1976 Förderungspreis der Stadt Wien für Literatur; 1985 Canetti-Stipendium der Stadt Wien.

Miklós Salyámosy

Peter Handke

Eine der Besonderheiten der dichterischen Laufbahn Peter Handkes (geb. 1942) besteht darin, daß er – wie kaum ein anderer Autor – öffentliche Aufmerksamkeit, kontroverse Diskussionen, erfuhr. Er ist nicht so sehr durch seine frühen literarischen Produktionen, vielmehr durch eine (spektakuläre) Rede auf der Tagung der »Gruppe 47« in Princeton/USA (1966) bekannt geworden. Darin zieh er alle Literatur – ausgenommen die eigenen, zwischen 1961 und 1965 entstandenen Werke[1] – des Traditionalismus und warf seinen Kollegen »Beschreibungsimpotenz« vor. Mit dieser überspitzenden Attitüde stand der prominente Angehörige der »Grazer Gruppe« natürlich nicht voraussetzungslos da. Versuche, die herkömmliche Literatur zu negieren und auf eine vermeintlich ganz neue Art zu schreiben, gab es auch von anderen, vor allem sind die Vertreter der neoavantgardistischen »Wiener Gruppe«, aber ebenso Autoren in der Bundesrepublik zu nennen.

Korrespondenzen gibt es auch zu der wenig später brodelnden Bewegung in den Reihen einer neuen intellektuellen Generation, die 1968 dann im Westen Europas in der sogenannten Studentenrevolte und der Außerparlamentarischen Opposition in der BRD auch einen politischen, nicht nur literarischen Ausdruck fand.

Der damaligen Weltvorstellung Handkes und der der studentischen Jugend war das Anarchistische gemeinsam, das heißt: wahllose, eher plakative als inhaltlich begründete Ablehnung alles Bestehenden, Verzicht auf ein Programm als Leitfaden des gesellschaftlich gültigen und wirksamen Handelns und das Fehlen einer Massenbasis (oder wenigstens einer prinzipiellen Verbindung damit wie seinerzeit in verschiedenem Maße bei den Naturalisten und Expressionisten). Gemeinsamkeiten mit anderen Autoren seiner Generation hatte Handke auch in bezug auf die Hauptquellen seiner in belletristischen Werken verwirklichten und in theoretischen Texten geäußerten Gedankenwelt: so die sprachphilosophischen Grundsätze Ludwig Wittgensteins über die Unfähigkeit der Sprache, Wirklichkeit zu erfassen beziehungsweise über ihre Selbständigkeit und ihr eigenes Leben der Wirklichkeit gegenüber; die Thesen der »Frankfurter Schule« über die negative Dialektik, das heißt die Fähigkeit der Herrschenden, neue gesellschaftskritische Impulse in ihren Dienst zu stellen, die Sprache als Mittel der Manipulation einzusetzen und dadurch die Tatsache ihres Manipuliertseins selbst im Bewußtsein der Massen zu verschleiern.

Aus solchen Auffassungen wurde der Schluß gezogen, bei der Entlarvung dieses Charakters und dieser Funktion der Sprache anzusetzen. Dies geschah in den ersten, seit 1963 veröffentlichten kurzen Texten Handkes durch eine eigene Art der Verfremdung als Selbstzweck oder als Demonstration der Eigenständigkeit und Übermacht der Sprache jedwedem Inhalt gegenüber, zum Beispiel wenn das Leben Christi in einem flotten journalistischen Stil erzählt (*»Lebensbeschreibung«*, 1967) oder ein Handlungsauszug eines Kafka-Romans in der Form eines Schulaufsatzes dargeboten wird (*»Prozeß«*, 1965). In den beiden umfangreicheren Werken der Frühphase, provokativ »Romane« genannt, geht es um die Widerlegung bisheriger Romanformen, die – auch im Sinne der anfangs erwähnten Antrittsrede – obsolet geworden seien, täuschten sie doch durch übersichtliche Handlung und erfaßbare Figuren eine (nicht mehr gegebene) Erkennbarkeit der Welt vor. In *»Die Hornissen«* (1966) sind höchstens vage Erinnerungen angedeutet, deren Subjekt bis zuletzt unsicher bleibt; in *»Der Hausierer«* (1967) wechseln theoretische Passagen über das Genre Kriminalgeschichte mit Kapiteln, die diese Geschichte selbst sein könnten: tatsächlich aber sind sie Parodie ihrer selbst beziehungsweise theoretischer Sprache ohne eigentlichen Sinn, enthalten ihrerseits »Sätze, die außer der Tatsache, daß sie auf derselben Buchseite stehen, keine logische Beziehung zueinander haben«[2]. Die Sprache verselbständigt sich, befreit sich von allen Funktionen, die sie in der bisherigen Literatur innehatte und dabei auch der Gefahr der Manipulation auslieferte – was aber nichts anderes bedeutet, als daß sie keinen Sinn mehr trägt.

Von dieser Art waren also Handkes bis 1966 erschienene Arbeiten, die ihm die Einladung der »Gruppe 47« brachten. In den nächsten Jahren (bis 1971) schrieb er dann als bekannter und anerkannter Autor Texte, die er selbst »Sprechstücke«

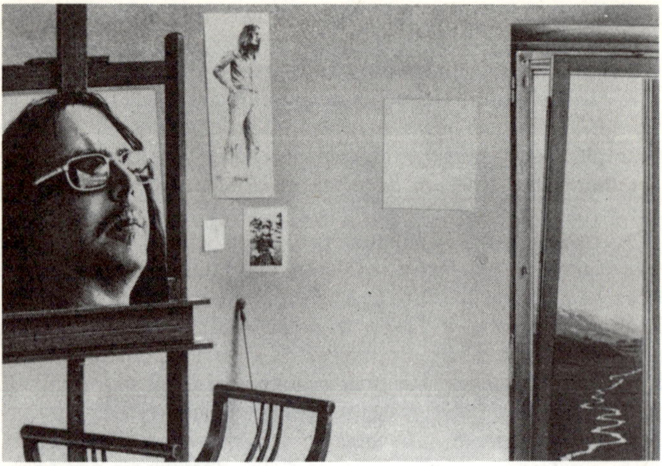

nannte. Dazu sind auch die Hörspiele und Filmdrehbücher zu rechnen sowie das Stück »Das Mündel will Vormund sein« (1969), das insofern kein »Sprechstück« genannt werden kann, weil Sprache darin ausgeschaltet, durch Beschreibung von Szenerie und Gestik ersetzt ist. Diese Texte haben gemeinsam, daß sie formell Sprechübungen der transformativen Grammatik sind: Zu einer Satzform werden Sätze gleicher Struktur gesucht beziehungsweise ein Satz wird geringfügig variiert (»transformiert«). *»Weissagung«* (1966) besteht lediglich aus tautologischen Klischeesätzen, die als solche zeigen sollen, daß die Sprache in sich selbst besteht, ohne eine Verbindung mit irgend etwas außerhalb ihrer. (»Das Gras wird zittern wie das Gras« oder »Die Luft wird zu Luft werden«, mit dem Abschluß: »Jeder Tag wird ein Tag wie jeder andere.«) In *»Selbstbezichtigung«* (1966) ist mit ähnlicher Technik doch ein Bezug auf Wirklichkeit angedeutet – das Werden eines Menschen zum Individuum, wobei das Individuelle in den ständigen Entscheidungsvarianten hervortritt: Man handelt aus eigenem Willen oder verweigert das Handeln, wenn es gefordert wird (z. B. bei der Sequenz mit »geäußert« als Schlußsatz: »Beifalls- und Mißfallenskundgebungen geäußert«). In *»Hilferufe«* (1967) ist »konkrete Poesie« auf die Bühne gestellt: mehrere Personen sagen

Klischeesätze, später nur Wörter ohne jeden sichtbaren Zusammenhang auf, zuletzt wird mit »nein« Protest angezeigt und das Wort »Hilfe«, verbunden mit »Ja« (z. B. »hilJAfe«), in die Welt geschrien. In der Suche der Sprecher nach dem erlösenden Wort manifestiert sich keineswegs Konsequenz, sei es auch nur die oft heraufbeschworene Selbstbewegung der Sprache.

»Publikumsbeschimpfung« (1966) ist zunächst – in einem umfangreichen ersten Teil – Manifestation einer neuen Dramaturgie, die am besten als eine ostentative und provokatorische Anti-Dramaturgie bezeichnet werden kann, das heißt als die heftige Ablehnung all dessen, was bis dahin in einer Dramaturgie, welcher Provenienz auch immer, galt – angefangen von der Zeit, in der »das Theater als moralische Anstalt« verstanden wurde. Das mag die Funktion haben, die Zuschauer in ihrer Bewußtseinslage zu verunsichern. Die so aus ihren herkömmlichen Denkbahnen Geworfenen werden dann durch eine – gelinde ausgedrückt – ungewöhnliche Schimpfkanonade fähig gemacht, die lähmende Wirkung der allgemeinen und alles umfassenden Manipulation abzustreifen. In diesem Falle läßt sich also mit einer gewissen Sicherheit etwas über die Absicht des Autors sagen: mit Hilfe von verblüffender Ungewöhnlichkeit will er das Publikum schocken, um das von der »Frankfurter Schule« als unmöglich Angesehene doch zu schaffen: die Kruste der Manipulation aufzubrechen.

All das läßt erkennen, daß die Sprechstücke eigentlich eine Art auf die Bühne gebrachte Happenings sind, wie sie damals in einem anderen Kunstbereich modischer Trend waren. Insofern nur einmal aufführbar – denn wo bleibt das Schockierende, wenn man weiß, was einen erwartet?

Das anspruchsvollste der Sprechstücke ist *»Kaspar«* (1968), erfolgt doch darin eine abendfüllende modelldramaturgische[3] Demonstration des allgemeinen Manipulationsprozesses durch Sprache, von Sprache als verinnerlichte Herrschafts- und Ordnungsstruktur. Das Stück bleibt zwar in den Grenzen der von Handke selbst geschaffenen ›linguistischen‹ Dramaturgie, hat aber – im Gegensatz zu damaligen Willenskundgebungen des Autors – eine »Bedeutung«, nämlich einen erfaßbaren Sinn. Diese Bedeutung – die zugleich die ›Fabel‹ des Stückes konstituiert – läuft darauf hinaus, daß die Sprache es dem Menschen ermöglicht, sich in der Welt zurechtzufinden, aber zugleich auch bewirken kann, daß die Wirklichkeit unerkennbar wird – kurz: Die durch Sprache erst mögliche Erkenntnisfähigkeit wird fehlgeleitet, wird zu Manipulation. Diese These ist nach den statisch dargebotenen Widersprüchen der bisherigen »Sprechstücke« aufgelöst in einen zeitlichen Ablauf, das Bühnenwerk nähert sich der Form eines ›Spielstücks‹, das heißt eines Dramas. Die modellartige, nicht individualisierte Hauptfigur ist ohne Sprache ohnmächtig der äußeren Welt ausgeliefert; mit Sprache wird sie ihr Sklave. Zu Beginn lebt in Kaspar nur der dunkle Trieb zu Sozialisation und Individuation. Sein erster Satz lautet: »Ich möcht ein solcher werden wie einmal ein andrer gewesen ist.« Dies ist ein Hinweis auf einen historisch belegten Satz des wirklichen Kaspar Hauser (auf den übrigens auch der Titel zielt): »ä sechtene möcht ih wähn, wie mei Vottä wähn is« [Ein solcher möchte ich werden, wie mein Vater gewesen ist]. Er wurde bei Handke so umgeformt, daß er Modellcharakter erhält.

Dieser Satz des ansonsten sprachlosen Kaspar wird in der Folge durch »Einsager« abgebaut und – indem diesem mittels Versatzstücken das Sprechen beigebracht wird – damit ein bestimmtes Ordnungssystem aufgebaut, das dann wieder abgebaut, beziehungsweise fragwürdig gemacht wird: Zu Ende des Stücks vermehren sich die Kaspars auf der Szene, und der erste Kaspar erkennt: »Ich:bin:nur:zufällig:ich« (1. Fassung), »Ich:bin:nur:Ziegen und Affen« (2. Fassung), »Ziegen Affen« (letzte Fassung).

Wir haben es hier mit einem komplizierteren Inhalt als in den übrigen Sprechstücken zu tun. Es sind alle Elemente eines Modellstücks da: Die Formel, die eine (vermeintliche) Wahrheit über die Wirklichkeit enthält, und das Bildhafte, das die Formel ins Sichtbare und in eine entindividualisierte Handlung umsetzt. Vorherrschend aber ist das Hörbare, das – ohne zu fragen, wer wen manipuliert – in übungsartiger Sprechtätigkeit besteht. Dem ist in der formellen Struktur des Stückes das Sichtbare und das Handlungsmäßige untergeordnet. Im Vergleich zu den anderen Sprechstücken erscheint »Kaspar« vom Inhalt her komplizierter und konkret faßbarer, in der Form szenischer; es ist also kein bloßes »Sprechstück« mehr. In den Mitteln ist es eine Ballung all dessen, was Peter Handke bis dahin in seinen Theaterarbeiten eingesetzt hat. Das Stück geht also über den Charakter eines Happenings hinaus, ist die wiederholte Aufführung des Stückes doch vorstellbar. Von der vorausgehenden (und zum Teil nachfolgenden) Modelldramaturgie eines Max Frisch oder Heiner Müller her gesehen jedoch ist es in seinem gesellschaftlichen Inhalt abstrakter, weil Handke das Verhältnis Individuum – Sprache – Außenwelt nicht historisch konkretisiert und sich in seinen Mitteln beinahe ausschließlich auf ›linguistische‹ und ›semiotische‹ beschränkt. – Zwei weitere, noch zu dieser Schaffensphase gehörende Bühnenwerke – *»Quodlibet«* (1970) und *»Der Ritt über den Bodensee«* (1971) – zeigen schon ein relativ hohes Maß an szenischen Vorgängen, indem sie im Gegensatz zu den frühen Sprechstücken nicht nur Vorgesagtes (gestisch Rezitiertes) bieten und allseitige schauspielerische Leistung fordern.

Die Gedichte der Anfangs- und Versuchsperiode, erschienen im Band *»Die Innenwelt der Außenwelt der Innenwelt«* (1969), kommen auch kaum über Sprachspiele, ähnlich den ersten Sprechstücken, hinaus. Ihre potentielle Wirkung wird auf die – auch für jene gültige – Formel gebracht: »Schockieren und Verblüffen – Stutzen und erstes Fragen – Auslösen eines umfassenden Denkprozesses.«[4] Einige sind literarische »objets trouvés« (ähnlich denen der Dadaisten aus den zwanziger Jahren): Irgendwo, scheinbar oder anscheinend gefundene Druckerzeugnisse (z. B. die Aufstellung einer Fußballmannschaft des I. FC Nürnberg, eine japanische Hitparade vom Mai 1968 oder Collagen aus Zeitungsausschnitten) werden als Kunstobjekt vorgestellt, um gerade durch ihren gegenteiligen Charakter einen desorientierenden Effekt auszulösen. Sie funktionieren nach dem latenten Motto: die Desorientierung macht den Weg zu einer neuen Orientierung frei. Dieses Verfahren wird in einer noch betonteren und ausschließlicheren Form in dem eigenartigen ›Band‹ mit dem Titel *»Deutsche Gedichte«* (1969) fortgesetzt: Zwischen zwei Buchdeckeln befinden sich achtzehn normale Briefumschläge, darinnen je ein gedruckter oder vervielfältigter Text, zum Beispiel ein Formular der Deutschen Bundespost oder ein Zettel mit den Zeitangaben der katholischen Sonntagsgottesdienste in Garmisch-Partenkirchen. Man kann wohl sagen, daß eine weitergehende ›Erneuerung‹ der Lyrik wirklich schwer vorstellbar ist.

1970 dann meldete sich Handke mit dem Roman *»Die Angst des Tormanns beim Elfmeter«*, der sich nicht nur von den Sprechstücken und Gedichten der vorangegangenen Jahre, sondern auch von der früheren Prosa abhebt. Da der Autor zu den Gestaltungsmethoden der sechziger Jahre seitdem auch nicht mehr zurückkehrte, kann man vom Beginn einer neuen Schaffensphase sprechen. Übrigens scheint Peter Handke sich 1974 etwas verschämt, nämlich in Klammern, von seinen frühen Experimenten zu distanzieren. Er schreibt:

»Die ähnliche Arbeit bestand darin, um Schemata, die jedes Wort [...] ansaugen wollten, mit vollem Bewußtsein, aber auch vollem Gefühl herumzukommen. (Eine Zeitlang hatten wir die Schemata, obwohl wir sie erkannt hatten, BENUTZT, als Zitate, als Kürzel, hatten sie hingestellt als [...] Redewendungen; seit einiger Zeit sind auch die Zitate bloße Wendungen geworden. Die Ritzen, wo die Welt noch nicht abgedichtet ist, werden immer seltener.)«[5]

Mit anderen Worten: Die These der »Frankfurter Schule« von der negativen Dialektik hat Handke selbst eingeholt.

In der Tat geht es in dem Roman um etwas Neues bei Handke, das allerdings von der Nachkriegsliteratur her bekannt ist: die Identität des Menschen. Bei ihm ist es die Identität des Menschen Peter Handke.

Man hat bei diesem Roman – vornehmlich mit Berufung auf den Namen des Protagonisten Josef Bloch und sein alles in Bewegung setzendes Entlassungserlebnis – auch von einer Kafka-Affinität gesprochen. Dazu sei hier nur angemerkt, daß zwar von einem ostentativen Kafka-Bekenntnis die Rede sein darf, von einer sachlichen Vergleichbarkeit jedoch kaum. Das Auffallendste an diesem Text ist, daß er eine erzählbare, sogar mehr oder weniger durchsichtige Handlung, eine ›Geschichte‹, und einen ganz klar konturierten, identifizierbaren Haupthelden hat. Es wäre zweifellos übertrieben und dem Autor gegenüber ungerecht, von einer ›traditionellen‹ Handlung zu sprechen, weil diese Handlung keine Autonomie hat, ihre Momente sind vielmehr nur äußere, immerhin erfaßbare, Zeichen eines inneren Zustandes, der ist das eigentliche Thema des Romans. Versucht man, das Handlungsmäßige für sich zu nehmen, könnte – etwas überspitzt – beinahe von einem Kriminalroman gesprochen werden: Ein Mann, Monteur von Beruf, früher ein bekannter Tormann, wird entlassen (vielmehr glaubt, entlassen zu sein), treibt sich herum, kommt mit einer

Frau ins Bett, erwürgt sie am Frühstückstisch, flieht in eine entlegene Gegend, fühlt sich immer mehr eingekreist, übrigens andeutungsweise auch zur Wiederholung seiner Mordtat angeregt (oder erregt). Nur hat dies alles keine selbsttragende Motivation und läßt das abschließende (und titelgebende) Symbol über den Tormann, der einen Elfmeter fängt, weil er sich nicht von der Stelle bewegt, weder als einen Abschluß (einer Handlung) noch sinnvoll erscheinen. Der Zusammenhang wird deutlich, wenn wir im gesuchten Mörder nicht die Verkörperung der »beruflich bezeichneten figur«, sondern der »empfindungswelt« und des »wissen[s] eines sensibel registrierenden schriftstellers« sehen, der an der Grenze zur Schizophrenie ist.[6] Das wichtigste Symptom dieses Zustandes ist die Hereinnahme der Gegenstände ins eigene Leben. Mit anderen Worten: Die Grenzen des eigenen Ich und der Außenwelt vermischen sich im Bewußtsein der zentralen Figur des Romans. Ausschlaggebend ist das Gestörtsein durch Menschen, die dadurch, daß sie sich auf ihn einstellen, in ihm den Eindruck erwecken, daß sie sich in ihm umwandeln und ihn sich selbst entfremden, seine Persönlichkeit entleeren und auflösen. Sein Widerstand gegen diese Persönlichkeitsverletzung, die letzten Endes ein krankhafter Kontaktmechanismus ist, führt sowohl zu einer »Entlassung«, die keine ist, sondern nur ein falsches, überempfindliches Reagieren auf eine Geste, als auch zu der Mordtat, bei der sein »Ekel«, das heißt seine Abwehr, in eine Aggressionshandlung umschlug. Sowohl die psychologische oder psychiatrische Befindlichkeit des Haupthelden wie auch die Tatsache, daß es zugleich um eine Befindlichkeit des Autors selbst geht, wird aus dem Kommentar zu einem Abschnitt des späteren »Gewicht der Welt« klar, das autobiographischen Charakter hat;

»[...] da steigert sich von Stichwort zu Stichwort die Irritation, das Entsetzen, die Panik beim Einbruch fremden Lebens in die private Welt, steigert sich bis zum blanken Haß: ganz einfach angesichts des puren Andersseins des anderen Menschen, dessen arglose Gesten, dessen harmlose Worte, dessen Kaugeräusch und Atemholen Wahnsinn ausbrechen lassen kann.«[7]

Mit diesem Grundbefinden des Ichs der Außenwelt gegenüber hat auch das titelgebende und abschließende parabelhafte Symbol zu tun, wenn eine vollkommen klärende Übereinstimmung dadurch auch nicht gewährleistet wird. Wichtig und auf jeden Fall symbolträchtig ist, daß das Elfmeterschießen betont von der Warte des Tormanns gesehen wird, das heißt von dem, auf den sich ein sich bewegendes Moment der Außenwelt richtet. Er fühlt sich genötigt, die Möglichkeit der Abwehr zu erwägen, obwohl er weiß, daß sie in der Wirklichkeit kaum möglich ist, er verzichtet auf die Abwehr, und das ist die Abwehr.

Das nächste bedeutendere Werk, nach Angabe des Autors »im Sommer und Herbst 1971« entstanden, erschien 1972: *»Der kurze Brief zum langen Abschied«*. Mit einem etwas gewagten Blick kann man es in einem Zusammenhang sehen mit »Die Angst des Tormanns ...« und den folgenden beiden Büchern: Das Gemeinsame wäre gegenüber den frühen Prosaarbeiten die kontinuierliche Handlung, das Vorhandensein und die Neuartigkeit des epischen Bildes.

Verständnisbereite bis begeisterte Kritiker versuchten, das Buch – eine Genrebezeichnung vom Autor liegt nicht vor – zu einem Etwas zwischen Reisebericht und Entwicklungsroman hochzustilisieren. Dieser doppelte Genrecharakter wird vom Autor bewußt durch ein Motto aus Karl Philipp Moritz' »Anton Reiser« und von in den Text eingeflochtenen Hinweisen auf eine Lektüre des »Grünen Heinrich« suggeriert. Versucht man sich von solcher Suggestion fernzuhalten, könnte die Handlung in dem »langen Abschied« des Erzählers von seiner ihn verfolgenden Frau gesehen werden, der ein psychischer Kampf ist und auch handgreifliche Gewalttätigkeiten nach sich zieht, dann allerdings einen friedlichen Ausgang nimmt; sein Milieu in verschiedenartigen Stadt- und Landschaftsgegenden und das eigentliche Thema (die ›innere Geschichte‹) in der Selbstbeobachtung des Erzählers beziehungsweise dem Versuch, eine autonome innere Welt aufzubauen.

Infolgedessen ist es mit den Entwicklungsromanelementen trotz eifrigen Studiums des »Grünen Heinrich« seitens des erzählenden Ich nicht sehr weit her. Dagegen sind Momente des Reiseberichts nicht ohne Interesse, vornehmlich die Passagen, in denen von der auf das Handeln ausgerichteten und auf eine pathetisch ausgeschmückte Vergangenheit orientierten Psyche der Amerikaner in Kunst und Wirklichkeit die Rede ist. Immerhin tritt der Erzähler an diesen Stellen aus den engen Grenzen der eigenen verstörten und gleichsam manisch gepflegten Persönlichkeit hinaus.

Mit seinem nächsten Buch, *»Wunschloses Unglück«* (1972), entfernt sich Handke noch weiter von seinen experimentellen Anfängen – und auch von der Subjektzentriertheit der vorhergehenden: »die Tendenz zum monomanischen Narzißmus scheint hier gebannt«[8]. Die Erzählung ist eine der äußerst seltenen Arbeiten des Autors, die fremdes Leben vergegenwärtigen. Auf die Beschäftigung mit sich selbst kann er aber auch hier nicht ganz verzichten, doch in der unmittelbaren Nähe zu etwas ganz anderem wirken diese Stellen eher leblos. Handke entfernt sich von seiner bisherigen Produktion in Richtung einer früher von ihm selbst resolut abgelehnten ›Beschreibungsliteratur‹ nicht nur, indem er ein fremdes Leben darzustellen sucht, sondern auch dadurch, daß er individuelles Leben sogar in einem dialektischen Beziehungssystem mit konkreter gesellschaftlicher Wirklichkeit erfaßt, beinahe also eine soziographische Variante von Dokumentarliteratur betreibt. Diese Erzählung ist deshalb etwas Hervorragendes innerhalb seines Werkes, weil er hier die Manier seiner bisherigen Erzählweise gesprengt hat. Die besten Partien sind die Beschreibung der Kindheit der Protagonistin, der Mutter des Erzählers und wohl auch des Autors, eines Dorfmädchens im Österreich der zwanziger Jahre, ihres Lebens unter dem Druck feudal-patriarchalischer Verhältnisse, deren Wegfall während der Herrschaft des Nationalsozialismus sie als entscheidende Erweiterung ihrer Entfaltungsmöglichkeiten erlebte. Hier bietet Handke etwas Einmaliges: Ohne in den geringsten Verdacht zu geraten, den Nationalsozialismus nachträglich entlasten zu wollen, zeigt er seine Gefährlichkeit darin auf, daß er für den einzelnen gegebenenfalls ›befreiend‹ wirken konnte. (Und sagt damit etwas Wichtigeres über den sonst schwer erklärbaren Erfolg der Faschisten bei breiten Volksmassen als die gewissenhafteste historisch-soziologische Analyse.) Ähnlich verhält es sich mit der Schilderung des Einsickerns der kümmerlichen Restgüter der Konsumgesellschaft in die unteren Schichten und deren Wirkung in diesem Kreis nach dem Krieg. Die Erzählung büßt immer mehr an Prägnanz ein, je mehr sie vollends privat wird, leistet jedoch Überdurchschnittliches im Bild des Untergangs einer menschlichen Persönlichkeit, die kaum dazu geworden war.

»Die Stunde der wahren Empfindung« (1975, e. »in Paris im Som-

mer und Herbst 1974«), gehört in die Nähe des »Tormann«. Die Verwandtschaft zwischen beiden zeigen die Kafka-Reminiszenzen. Auch hier heißt der Protagonist mit Vornamen so wie eine Kafka-Figur: Gregor (»Die Verwandlung«), und auch hier beginnt die Handlung mit einem Ereignis, das das Leben der Hauptfigur von Grund auf verändert, es – wie bei Kafka – aus der bisherigen Bahn wirft.

Gregor Keuschnig, Pressereferent der österreichischen Botschaft in Paris, träumte, er sei ein Mörder geworden. Dieser Traum hinterläßt das bestürzende Gefühl: »Auf einmal gehörte er nicht mehr dazu.« (S. 8) Trotzdem versucht er, das Alltagsgleichmaß aufrechtzuerhalten, das gewohnte Leben weiterzuführen. Er erledigt wie üblich seine Arbeit, besucht seine Geliebte, schläft gewohnheitsgemäß seiner Frau bei, die ihn am nächsten Morgen jedoch verläßt, empfängt am Abend den Besuch eines österreichischen Schriftstellers, mit dem er sich allerdings prügelt, geht tags darauf mit seinem von der Frau zurückgelassenen Kind spazieren, das ihm abhanden kommt, will sich umbringen, setzt dann aber seinen Gang durch Paris fort, in Erwartung eines Rendezvous mit einer unbekannten Frau, deren Telefonnummer er zuvor auf der Straße gefunden hat ... Das alles hat jedoch kaum Bedeutung. Bedeutend sollen die inneren Erlebnisse des Helden sein, die Empfindung seines plötzlichen ›Anders-als-die-anderen-Seins‹, für die Stichworte und Sätze stehen sie: »Unerträglichkeit«, »Angst«, »Unausweichlichkeit, Vorhersehbarkeit, Sterbenslangweiligkeit, mörderische Ausschließlichkeit« (S. 80), »Entsetzen«, »verpestet von Todesgrausen« (S. 109), »Abgeschmacktheit und Überdruß« (S. 141), »Trostlosigkeit und Verlassenheit« (S. 142), das Gefühl »DAS EINE ZU VIEL« zu sein (S. 157), »das Einverständnis mit dem eigenen Aussehen verloren« (S. 44). »Nie würde ich etwas ändern. Es gab weder Flucht noch eine Art Erlösung« (S. 109). Im Gegensatz dazu »Selbstsicherheit«, »ungebrochene Äußerlichkeit« bei den anderen, denen »nichts mehr zustoßen konnte, weil sie für alles schon von vornherein eine REIHENFOLGE hatten« (S. 64). Das erinnert entfernt auch an den Gegensatz des Helden aus »Prozeß« zu (fast) allen anderen, den Gegensatz zwischen dem in seinem inneren Sein bedrohten Menschen und denen, die kein Innenleben haben.

Neben Kafka könnte man auch auf einen Rilke-Bezug (»Aufzeichnungen des Malte Laurids Brigge«) verweisen, wie es die Kritik tat. Außer vielen oben zitierten Wörtern und Syntagmen und einer äußerlichen Ähnlichkeit im Ablauf der inneren Einstellungen weist ein Satz wie »Sich neu erfinden!« (S. 130) auf Sartre (vornehmlich auf »Der Ekel«). Handke mag davon inspiriert gewesen sein, was diese Vorbilder gültig festgehalten haben, er erreichte jedoch nicht deren tiefgründige Symbolik, lyrische Intensität und zwingende atmosphärische wie intellektuelle Kraft. Man kann zwar vermuten, was er mit den zusammenhanglosen Sequenzen sagen wollte, muß aber feststellen, daß er dies nicht ästhetisch gültig umzusetzen vermochte. In diesem Falle können wir uns der Einschätzung anschließen, daß »die beschriebenen Reaktionen des Protagonisten« arbiträr, »und darum austauschbar« seien, daß wir einer »vollkommen willkürlich-privaten Realität« konfrontiert werden, daß jede Motivation fehle und man es letzten Endes mit einem »human leeren Buch« zu tun habe.[9]

Der erste Teil der in »Paris, Winter und Frühjahr 1976« entstandenen und noch im gleichen Jahr erschienenen Erzählung *»Die linkshändige Frau«* ist dagegen das Beste, was Peter Handke bisher geschrieben hat. Wir haben hier große Literatur vor uns. Drei Jahre später sagte der Autor:

»[...] die flüchtigen Augenblicke eines ja als Gesetz erfahrenen ANDEREN Lebens zu einem sanft nachdrücklichen Seins-Entwurf ineinanderzuphantasieren, das allein ist es, was mir inzwischen als nothelferische, als die notwendige, Literatur vorschwebt.«[10]

Die Verwirklichung dieser in der Substanz übrigens uralten künstlerischen Vorstellung haben wir in dieser Erzählung in der Hand, und die Folgerung daraus könnte gegebenenfalls sein, daß Handke zur vollen Entfaltung seiner nicht geringzuschätzenden dichterischen Möglichkeiten gelangt, wenn er bei der Gestaltung seiner Welterfahrung und Weltsicht ein »anderes Leben« zum Vorwurf nimmt. Auf diesen Seiten ist in einem meisterhaft beherrschten, äußerst zurückhaltenden Stil – wir können an Kafka wie Kleist, eher noch an den letzteren erinnert werden – eine ganze Welt erfaßt: die Welt des Zusammenstoßes eines vererbten und anerzogenen, automatisch gewordenen männlichen Bewußtseins mit einem nach langer Inkubationszeit – in gesellschaftlichem Maßstab ist es eine ganze Epoche – sich offenbarenden weiblichen Emanzipationswillen. Im weiteren Verlauf der Erzählung erscheint zwar auch die Pose, sie ist hier aber weniger störend als sonst, weil sie doch erstens die Pose einer Kunstfigur (und nicht des Autors) ist, die – zweitens – zu der Generation gehört, bei der das Posieren als Substanz erkannt werden muß, indem es eine Art Protest und zugleich Ratlosigkeit ist. Vorherrschend bleibt jedoch der miterlebbare Kampf um die Findung und Bestätigung der Persönlichkeit. Hier wird nicht nur der Mensch in seinem wirklichen und nicht eingebildeten oder esoterischen Lebensproblem dargestellt, sondern dieses Lebensproblem wird in seinem Verhältnis zur realen Welt erfaßt.

Mit »Die linkshändige Frau« schließt ein Abschnitt im Werk Peter Handkes ab, der der Experimentalperiode folgte. Von den Formen des avantgardistischen Aufbruchs blieb Mitte der siebziger Jahre kaum mehr als eine Affinität zur Sprache an sich oder sogar nur zu einer sprachlichen Präzision. In der künstlerischen Praxis wurde fast alles zurückgenommen, was in der Rede in Princeton verkündet, beziehungsweise alles an- und aufgenommen, was dort radikal abgelehnt wurde.

Neben den als signifikant anzusehenden Arbeiten hat Handke in diesen Jahren aber auch andere veröffentlicht, die als Nebenprodukte aufgefaßt werden können. Auf sie sei hier kurz hingewiesen. Sie haben die kritischen Gemüter weniger erregt. Der Band *»Als das Wünschen noch geholfen hat«* (1974) enthält Essayistisches, *»Falsche Bewegung«* (gleichfalls 1974) ist das Drehbuch zu einem Film. Es kann als eine übermütige Parodie der beiden Wilhelm-Meister-Romane gelesen werden, visiert darüber hinaus aber auch ernsthaftere Fragen an, beispielsweise wenn der Autor mit der Figur eines ehemaligen aktiven Zeitgenossen des Naziregimes (sie entspricht auf der parodistischen Ebene dem Goetheschen Harfenspieler) die Frage der Belastung durch die Vergangenheit stellt. *»Das Gewicht der Welt«* (1977), ein »Journal«, bringt Aufzeichnungen, die der Autor mit einer an Brecht angelehnten Bezeichnung »Notizen« nennt; sie sind zwischen 1975 und 1977 größtenteils in Paris entstanden. Diese Aufzeichnungen enthalten meist einfache, anspruchsvoll formulierte Wahrnehmungen oder poetische Bilder, mögliche Bausteine eines nicht zustandegekommenen echten Tagebuchs. Sie geben ein beeindruckendes Bild der inneren Befindlichkeit eines spezifischen, aber auch in seinem

Spezifikum die Merkmale des allgemein Möglichen tragenden Menschen, zweitens wertvolle Aufschlüsse über das Verhältnis von Autobiographischem beziehungsweise Persönlichem und Objektivem im Werk des Autors. Es geht zunächst um die Frage der Identität oder des Selbstverständnisses eines Menschen, der auf dem Grat zwischen sogenannter Normalität und schizoider Gefährdung sich bewegt und dessen Hauptproblem und zugleich seelische Not im Balancieren zwischen einer unsicheren und widerspruchsvollen Ich-Bezogenheit und einem problematischen Verhältnis zur Außenwelt besteht. Die Beziehungen zwischen einer fast kontinuierlichen Sequenz von täglichen Aufzeichnungen aus dem März 1976 und »Tormann« sind unübersehbar. Diese Entsprechung ermöglicht es, den Hinweisen von Peter Wapnewski zu folgen, der die sich in der Tat offenbarende Psyche Josef Blochs als Beschreibung von Handkes eigenem inneren Zustand erklärt. Dafür steht ein Geständnis wie:

»[...] die meisten Leute werden mir nur noch erträglich, indem ich sie angreife!« (S. 36)

oder die sehr nüchternen und zugleich ungewöhnlichen Feststellungen über die innere Beziehung zu einer näher nicht bekanntgemachten Frau:

»Und plötzlich fange ich sie zu hassen an« (S. 39), »Sie berührt mich nur leicht, nur zufällig, und ich erlebe einen Erstickungsmoment.« (S. 37)

(Diesen »Erstickungsmoment« reagierte Josef Bloch mit dem Erwürgen der Frau ab, die durch die Übernahme seiner Worte in seinen »Dunstkreis« eindrang.)

Die folgenden Werke will der Autor als Tetralogie verstanden wissen:

»Zuerst die Geschichte von Sonne und Schnee; dann die Geschichte der Namen; dann die Geschichte eines Kindes; jetzt das dramatische Gedicht: alles zusammen soll ›Langsame Heimkehr‹ heißen.«[11]

(Die Reihenfolge des Erscheinens der vier Bücher wurde nur durch »Das Ende des Flanierens« nach »Lehre« unterbrochen, das »Zerstreutes«: Essays, Rezensionen, Gedenkreden u. ä. m. enthält.)

Die Kritik sieht diese Einheit oder wenigstens das Gemeinsame in einem neuen Inhalt: »Peter Handke hatte wohl immer eine sprichwörtliche Witterung für die ›neueste Stimmung im

Westen‹ […]. Und seit einigen Jahren schreibt Handke auch an gegen einen zu Teilen längst modisch phrasenhaft gewordenen Konsens pessimistischer Kulturkritik.« Er »setzt dieser Stimmung seine letzten Bücher in einem gleichsam voluntaristischen Akt entgegen. Er schreibt sich und seinen Lesern die Botschaft ein: Macht wieder die Augen auf wie beim allerersten Mal, seht nur genau hin, nehmt wa[h]r – und dann entdeckt ihr vor dem Schatten auch das Licht, entdeckt heute noch immer Schönheit, Menschlichkeit, ja und *›Heimat‹*.«[12] Das wäre auch, kurz gesagt, eine Art Bekenntnis zu einer optimistischen Variante der Weltsicht der »Grünen«.

Die Erzählung *»Langsame Heimkehr«* (1979) erinnert am ehesten an einen, wenn auch etwas zusammenhanglos komponierten und mit reflexiven Elementen durchsetzten, Roman. Die Er-Hauptfigur namens Sorger beobachtet beinahe idyllische menschliche Beziehungen anderer, und sogar seine flüchtigen Begegnungen – übrigens in den USA – gestalten sich so harmonisch wie noch bei keinem in den Werken des Autors. Seine Reflexionen bei der Heimkehr nach Europa haben auch etwas Neues: Sie sind zwar (wie fast immer bei Handke) notizenhaft und ziemlich akontextuell, sie bewegen sich in dem Spektrum echten Sinngehalts, tiefsinniger Betrachtung und Ohne(vom-Leser-erfaßbaren)-Sinns, enthalten jedoch wie kaum sonst bei ihm auch Hoffnungsvolles für den Menschen und für die Menschheit:

»Ich […] sehne mich nach der ewigen Vernunft und will nie mehr allein sein. So sei es.« (S. 169)

Zum Schluß schwingt er sich – fast offen autobiographisch, indem aus dem Er-Sorger ein Du-Sorger wird – zu schwindelnden Höhen der Hoffnung empor:

»Kurz hattest du, Sorger, da die Vorstellung, daß die Geschichte der Menschheit bald vollendet sein würde, harmonisch und ohne Schrecken. Ja, es gab die Gnade.« (S. 199)

Der Charakter dieser Entwicklung entbehrt also keineswegs der Zwiespältigkeit.

Die nächsten beiden Bücher, gleichfalls ohne Genrebezeichnung, kippen in etwas Tagebuchartiges um, nicht nur wegen des offen oder doch nicht verhohlenen autobiographischen Charakters, sondern auch wegen ihres Inhalts oder wenigstens des thematischen Anlasses des äußerlich zusammenhängenden Berichtens oder Reflektierens.

Im Falle *»Lehre der Sainte-Victoire«* (1980), »geschrieben im Winter und Frühjahr 1980, in Salzburg«, ist dieser Anlaß oder Rahmen eine über Wochen währende Wanderung durch Südfrankreich. Wir erfahren von den Erlebnissen auf dieser Wanderung, und wir nehmen natürlich an all dem teil, was dem Wanderer dabei widerfährt oder einfällt, von einem Treffen mit seinem leiblichen Vater in Berlin bis zur konkreten Kritik an der Bundesrepublik als einer

»in Zweckformen funktionierenden, bis auf die letzten Dinge beschrifteten und zugleich völlig sprach- und stimmlosen Welt« (S. 91)

und zur etwas verschwommeneren Zurücknahme dieser Kritik. Einen gewissen Halt finden wir in den Bemerkungen zu verschiedenen Werken der bildenden Kunst (zum großen Teil zu Bildern von Cézanne, unter anderem solche, deren Landschaftsmodelle der Erzähler während der Wanderung aufsucht). Hier spürt man zunächst den Zusammenhang zu den anderen Stücken der Tetralogie, nämlich ein Bekenntnis zu der durch den Maler verewigten Natur, begleitet von der Trauer über deren Zerstörung und dem Gefühl der Bedrohung durch die »gemachten Dinge« (S. 82) oder dem Versuch, auch in ihnen Menschliches, die Erfüllung des »Bedürfnisses nach Dauer« zu sehen. Andererseits können wir einen Zug zu tieferem Sinn oder übergegenständlicher Absicht in den eingearbeiteten Notizen über Kunst entdecken, die wohl auch die eigene Kunstpraxis reflektieren.

»Kindergeschichte« (1981; e. Frühjahr/Sommer 1980) kann als Erlebnisbericht des Autors über seine Tochter aufgefaßt werden, der in die Gegenwart hineinreichende Fragen der jüngsten Vergangenheit aufwirft. Auffallend ist darin gleich vom ersten Satz der beinahe bis zum Schluß konsequent durchgehaltene Ton des Gehobenen, Gewichtigen, auf ein Höheres und Tieferes hinweisend, ein »gemeißelter« Stil, der an Hans Carossa und an andere Vertreter der statischen Innerlichkeit der zwanziger/dreißiger Jahre erinnert, aber auch auf sein nächstes Werk vorbereitet. Wiederum gibt es viel tagebuchartig Reflektiertes. Mit gleichlaufenden Tendenzen in der deutschsprachigen Literatur hat die Thematisierung nationaler Identität einiges zu tun.

Zunächst sieht der Autor nur beim Judentum eine lebendige Tradition und bringt deshalb seine Tochter in eine jüdische Schule. Von der Schulleitung wird ihm jedoch bald dringend geraten, das Kind aus der Schule zu nehmen; ihm wird also klargemacht, daß Identitäten nicht frei wählbar sind. Dadurch auf die eigene zurückgeworfen, formuliert er die Vorbestimmtheit der Tochter als die

»einer schuldlos Ausgestoßenen; und die Verantwortung dafür« habe »er, als der Abkömmling eines Unvolks, als der würdelose Ohne-Volk« (S. 81).

Zu dieser Art Auseinandersetzung mit der Vergangenheit gehört auch eine Verdrängung: Bevor Handke im letzten Werk der Tetralogie, dem »dramatischen Gedicht« *»Über die Dörfer«*, »Heimat« sagt, setzt er hier zu den bisherigen Ausweichwörtern »Geburtsland«, »Ausgangsland«, »Herkunftsland« hinzu. »Heimat« ist das Dorf und das Tal, in dem man aufgewachsen ist – zu verstehen nicht als gleichsam zufällig auftauchendes (oder als solches hingestelltes) Motiv, sondern eines der Hauptthemen oder ein Aspekt *des* Themas. Als andere Aspekte lassen sich ausmachen: eine anscheinend autobiographisch bestimmte Auseinandersetzung mit dem Verhältnis des Autors zu seinen Geschwistern beziehungsweise mit ihnen selbst (als bevorzugtes ältestes Kind hat er sie in der Kindheit tyrannisch bevormundet); ein Heimat- beziehungsweise Identitätskomplex, der ins allgemein Menschliche erweitert wird und in diesem Bereich auch die Stellungnahme zur Lebensweise und zur unverändert gewünschten Natur und/oder zur Akzeptierung der durch Menschenhand ständig veränderten Umwelt enthält und zuletzt in einer an die Menschheit gerichteten Hoffnungs- und Ermahnungsprophetie gipfelt, den Frieden »zu Werken« zu nutzen:

»euer Arbeiten soll ein Wirken sein – gebt etwas weiter. Weitergeben tun aber nur, die etwas lieben« (S. 99). Er fordert die Menschen auf: »verwandelt euch« (S. 102) und verkündet: »es gilt«, denn: »Wenn ihr euch selber nicht zugeneigt seid, ist es besser, ihr seid tot.« (S. 103)

Im Schlußstück der Tetralogie, dessen würdiger Abschluß, werden alle vorher angeschlagenen Themen sozusagen auf höherer Ebene wiederaufgenommen, sie gipfeln in der Aussage, daß die Verwurzelung des Menschen in seinem eigenen Sein und Leben und in einem harmonischen Verhältnis zu seiner menschlichen und gegenständlichen Umgebung möglich und notwendig ist.

Aber auch von einer Weiterführung in einem fragwürdigen Sinne wäre zu sprechen: In bezug auf *»Kindergeschichte«* habe ich von einem »gemeißelten«, man könnte auch sagen: gestelzten, immerhin etwas sonderbar anmutenden Stil gesprochen. Für »sonderbar anmutend« könnte auch »dem Gegenstand nicht angemessen« stehen. Was Stil und sogar Verhaltensweise des Autors in *»Über die Dörfer«* betrifft, sagt Peter von Becker: »[...] einbalsamiert mit einem feierlich gegenweltlichen, beinahe sakralen Ernst. In einem Text, der unablässig Botschaften sendet [...]. Botschaften über Mensch, Dinge, Kosmos und Zeit ...«.[13] Wir haben in der Tat »unablässig« ein ›Als-ob‹-Gefühl: Einige Figuren sind wie aus dem Jugendstil von »Die versunkene Sonne« bis zu den frühen Dramen Ernst Barlachs, sie sprechen, als ob sie Eustache de Saint-Pierre oder Tollers Friedrich wären, Sätze und Wendungen stechen ins Auge, als ob wir Zarathustra oder den Christus der Evangelien hören würden, über die innere Daseinsfreude spricht mit Handkes Stimme Hans Carossa oder Ernst Wiechert um 1930 zu uns und das ganze dramatische Gedicht ist, als ob wir eines der etwas zu lang geratenen kleinen Dramen von Hofmannsthal in der Hand hätten.

So bleibt der Eindruck, daß nicht so sehr Neuerertum, sondern ein ›Anders-als-die-anderen-sein-Wollen‹ signifikant ist für Peter Handke. Diese Ausrichtung, Veranlagung oder Generationsattitüde, scheint ihn dazu zu treiben, auch unbedingt ständig anders als er selbst zu sein. Daß dieser Autor außerordentliche künstlerische Fähigkeiten besitzt, ist nicht zu bezweifeln. Aber daß er seine Fähigkeiten nur dort in wirkliche Kunst umschmelzen konnte, wo er nicht so sehr anders, sondern nur besser als die anderen war – streng genommen nur vielleicht in »Tormann« und ganz gewiß in »Wunschloses Unglück« und »Die linkshändige Frau« – ist die ehrliche Meinung des Schreibers dieser Zeilen.

Doch Peter Handke hat erst die ersten (früh begonnenen) anderthalb Jahrzehnte seiner dichterischen Laufbahn hinter sich ...

Biographische Notiz

Peter Handke wurde am 6. Dezember 1942 in dem zur Gemeinde Griffen (Kärnten) gehörenden Weiler Altenmarkt geboren. Sein Vater, ein Zahlmeister der deutschen Wehrmacht, war schon verheiratet: die Mutter ging vor der Geburt des Sohnes auf Druck der Eltern eine Ehe mit dem deutschen Unteroffizier Bruno Handke ein. 1944 siedelte sie mit dem Kind zur Familie ihres Mannes nach Berlin(-Pankow) über; 1948 kehrten sie ins Heimatdorf zurück. Dort Volksschule, 1954/59 im Knabeninternat »Marianum« bei Klagenfurt, besuchte zuletzt als Fahrschüler das Klagenfurter Gymnasium, 1961 Abitur; danach Jura-Studium in Graz, Verbindung mit dem Grazer »Forum Stadtpark« seit 1963, erste Publikationsmöglichkeit in »manuscripte« (1964), Beiträge für den österreichischen Rundfunk (»Bücherecke«, ab 1964); 1965 Abbruch des Studiums, seitdem freier Schriftsteller; verließ Graz 1966 mit seiner Frau, der Schauspielerin Libgart Schwarz, verschiedene Aufenthaltsorte: zunächst Düsseldorf, dann Berlin (West), Paris, Köln; 1969 Geburt der Tochter, 1971 Tod der Mutter, Trennung von seiner Frau; 1973/78 wieder in Paris, seit 1979 bei Salzburg ansässig, lebt dort mit seiner Tochter.

1967 Gerhart-Hauptmann-Preis (Berlin [West]); 1972 Peter-Rosegger-Literaturpreis des Landes Steiermark und Schillerpreis der Stadt Mannheim; 1973 Georg-Büchner-Preis (Darmstadt); 1978 Prix Georges Sadoul; 1979 Franz-Kafka-Preis (Klosterneuburg; weitergegeben); 1985 Literaturpreis der Landeshauptstadt Salzburg.

Bernd Müller

Peter Turrini

Wie andere junge Schriftsteller, genannt seien Michael Scharang, Elfriede Jelinek (geb. 1946) oder Michael Springer (geb. 1944), setzt sich Peter Turrini (geb. 1944) mit sozialen und politischen Widersprüchen der österreichischen Realität auseinander und versucht, sie künstlerisch zu gestalten. Welche Bedeutung gerade jenen Autoren zukommt, die sich dem Realismus verschrieben haben, zeigt ein Blick in die österreichische Literaturgeschichte. Bei den meisten Schriftstellern überwog die Neigung, die »Realität *nicht* als ein im Sinne des naturwissenschaftlichen Materialismus objektiv Gegebenes zu verarbeiten, sondern sie ausschließlich in der Spiegelung durch ein isoliertes Subjekt wahrzunehmen und ihre gedanklich-kontemplative Bewältigung von der jeweiligen Ausstattung des Subjekts abhängig zu machen: als sei die Welt nicht objektiv da, sondern entstünde erst in der sinnlichen Reproduktion durch das Subjekt. Die Gründe für diesen Positivismus, der in Österreich besonders auffällig die Geisteskultur einer ganzen Epoche prägte, liegen in der geschichtlichen Entwicklung dieses Landes, insbesondere in der sehr problematischen Emanzipation des Bürgertums zur machtausübenden Klasse und zur Nation.«[1] Turrini geht es um den »Alltag der Unterdrückung, die normale Katastrophe«[2]. Er steht in der Tradition des sozialkritischen Volksstücks von Raimund bis Horváth und verwendet wie sie des öfteren die Dialektsprache. Im Unterschied zu seinen Vorgängern sind seine Stücke jedoch parabelhafter.

Gesteigerte Verletzbarkeit, Ausdruck der besonderen Sensibilität des künstlerischen Talents, ließ den ahnungslosen Turrini schon frühzeitig die Erfahrung machen: »Alles an mir paßte nicht zu ihnen.«[3] – Gemeint waren die Gleichaltrigen, mit denen der Sohn eines Kunsttischlers aufwuchs. Nimmt man seinen Lyrikband *»Ein paar Schritte zurück«* (1980) als das was er ist, nämlich die poetische Wiedergabe von Autobiographischem aus Kindheit und Jugend, so wird deutlich, welche Stoffquellen sich Turrini für seine ersten Theaterstücke erschlossen.

Nichts war ihm wichtiger, als ein Gleicher unter Gleichen zu sein, ein Junge vom Lande unter Bauernjungen. Zusehen zu können, wenn eine Sau abgestochen wurde, war für ihn Probe darauf, dazuzugehören. Ihn kränkte die eigene Feinfühligkeit, er hielt sie für nicht normal, im Sinne des Nichtentsprechens, und empfand sich als Außenseiter. In einer Erdhöhle, nahe der Autobahn nach Wien, suchte er in der Welt der Bücher vor der Realität Zuflucht und träumte von einer Zukunft, die ihn für die zugefügten Kränkungen entschädigen sollte. Andererseits schärfte das Gefühl, der Unterlegene zu sein, seinen Blick für soziale Konflikte.

Der Wunsch des Kindes, einen Vater zu haben, den man vorzeigen kann, der von den Vätern der anderen, Bauern, akzeptiert wurde, blieb unerfüllt. Trotz intensiver Bemühungen, sich anzupassen, war es seinem Vater, einem Italiener unter Österreichern, nicht gelungen, als Einheimischer anerkannt zu werden. Das seelische Drama seines Vaters und das eigene Schicksal machten den jungen Turrini für die Probleme der Unterdrückten hellhörig. In dem Stück »Sauschlachten« von 1971 verlieh er ihnen zum erstenmal künstlerischen Ausdruck.

Doch soweit war es noch nicht. – Vorerst ahnte er noch nicht einmal, daß die Zurücksetzung, die er tagtäglich zu spüren bekam, gesellschaftlich bedingt war. Den Mangel an emotionaler Robustheit empfand er als persönliches Versagen. All das, was seine Identität ausmachte, kam ihm wie ein böser Fluch vor. Er suchte, ihn loszuwerden, indem er sich zwang, die Regeln und Normen der Gesellschaft zu den eigenen zu machen. Dieser Gewaltakt verschärfte aber eher den Gegensatz zu seiner Umwelt, als daß er sie befriedete.

Kurz vor der Niederschrift seines ersten Stückes war Turrini in eine Situation geraten, die er später wie folgt charakterisierte.

»Ich war damals, 1967, Werbetexter in einer amerikanischen Agentur in Wien. Tagsüber schrieb ich Werbesprüche, und abends phantasierte ich von einem Leben in Freiheit. Es war ein schizophrener Zustand, eine Mischung von vertagten Hoffnungen und Selbstbetrug. Eines Tages, im Herbst 67, hielt ich es nicht mehr aus. Ich ließ alles liegen und stehen, stieg in den nächsten Balkan-Expreß und landete auf einer griechischen Insel.«[4]

Auf Rhodos lebte er ein Jahr unter jungen Leuten und schrieb nach einer Idee des Amerikaners Willard Manus[5] das Dialektstück *»rozznjogd«*, dem 1971 die hochdeutsche Fassung »Rattenjagd« folgte.

Erzählt wird die Geschichte zweier junger Menschen, die aus der Gesellschaft ›aussteigen‹: Auf einer Müllhalde schießen sie auf Ratten, Symbol ihrer Mitmenschen, so ihre Aggressionen, ihren Überdruß gegenüber der Gesellschaft abzureagieren versuchend. Aber ihnen wird nicht leichter dabei, immer neue Ratten tauchen auf. Weder sehen sie einen Ausweg aus ihrem Dilemma, noch finden sie zu sich selbst. Schließlich nehmen sie sich auseinander, wie zuvor ihr Auto. Sie reißen sich die falschen Zöpfe, ja selbst die Kleidung herunter und verbrennen Ausweise und Geld. Nachdem sie sich auf diese Weise aller Statussymbole und sozialen Bindungen entledigt haben, kriechen sie aufeinander zu, schlecken sich gegenseitig ab wie Tiere und treiben es miteinander.

Ein Gedicht, in dem der Autor die eigene Befindlichkeit reflektiert, liest sich wie ein ›Untertext‹ des Stückes:

Ich bin nicht ich.
Auf der Suche nach meinem Selbst
werde ich die Haare ausreißen
den Schädel zerbrechen
die Gliedmaßen auskegeln
die Brust aufschneiden

Am Ende meines Tuns
wird ein ungefähr
dreißig Zentimeter hoher
Fleischhaufen vor mir liegen
und ich werde wieder nicht
ich selbst sein.[6]

»rozznjogd« bedeutete für den Autor einen »verzweifelten Selbstreinigungsprozeß«[7], und sicher ist es auch Verarbeitung der Erkenntnis, daß ›Aussteigen‹, Ausbruch aus der Gesellschaft an sich ohne reale Alternative ergebnislos ist, ja tödlich sein kann, in ›totale‹ Freiheit führt: Zum Schluß werden die beiden von anderen Rattenjägern getötet.

Das Stück, am 27. Januar 1971 am Volkstheater Wien uraufgeführt, hatte einen beachtlichen Erfolg. Die Zuschauer lachten anfangs über Zotiges und Schlüpfriges, erschraken dann aber über die bedingungslose Konsequenz, mit der die beiden Akteure darangingen, ihr Selbst zu suchen und waren vom Ausgang des Stückes schockiert. Da hatte sich einer die Freiheit herausgenommen, »die Scheiße, in der wir leben«[8] aufzurühren.

Turrinis eigene Flucht auf die Insel Rhodos, mit der er *seinen* großen Sprung in die ›Freiheit‹ vollziehen wollte, erwies sich als ein Rückzug in die Idylle, aus der ihn zudem die Sorge um das tägliche Brot sehr bald wieder vertrieb. Und so sehen wir ihn Ende der sechziger Jahre in Italien und der BRD als Barmann, Hotelmanager und Stahlarbeiter wieder.

Durch die Erfahrungen seines Abenteuers Rhodos eher aufgeschreckt als gewitzigt, suchte er, ›seinen Leuten‹ (»den Leuten, zu denen ich eigentlich gehöre«[9]) – wie er später die Ausgebeuteten und Unterdrückten sinngemäß nannte – mit Hilfe der Schriftstellerei den Rücken zu kehren. Schon sehr bald sollte er sich aber seines Irrtums bewußt werden.

Über die literarische Aufarbeitung von Autobiographischem aus Kindheit und Jugend kehrt er zu ihnen zurück. Den in schneller Folge entstandenen Stücken »Sauschlachten«, »Zèro Zèro« (1971), »Faust III. Teil, eine merkwürdige Fortsetzung« (1971), »Eine Komödie teils, teils« (1971) und auch dem Roman »Erlebnisse in der Mundhöhle« (1973) ist abzulesen, daß damit politische Bewußtwerdung verbunden war. Über »Sauschlachten« schrieb er:

»Ich identifiziere mich mit der Hauptperson dieses Stückes [...] Ich habe mich von dieser bäuerlichen Umgebung immer ausgestoßen gefühlt, obwohl ich so gerne dazugehören wollte [...] Seit ich darüber schreibe, seit ich aus diesem Gefühl ein konkretes politisches Engagement entwickle, empfinde ich Zugehörigkeit: zu allen, denen es ähnlich geht.«[10]

In der Absicht, gesellschaftliche Mißstände aufzuzeigen, provoziert Turrini, ist gewollt aggressiv, um den Zuschauer betroffen zu machen, ihn herauszufordern und also zu aktivieren, über die Veränderung der Gesellschaft nachzudenken.

In *»Sauschlachten«* (1972, U. 15. Januar 1972 Werkraumtheater München) ist eine Abfolge physischer und geistiger Brutalitäten in Szene gesetzt, die zur Vernichtung der Hauptfigur führt. Aus Rufmord wird Mord. Berichtet wird von den tragischen Ereignissen um einen Außenseiter, den Bauernsohn Valentin, der sich nur durch Grunzen bemerkbar macht. Dieses Grunzen ist nicht bewußte Sprachverweigerung, keine ›Haltung‹ zu der ihn umgebenden Welt, sondern Ausdruck der Zerstörung seiner Individualität. Die Sprachlosigkeit, die Passivität, in die Valentin verfällt, als die Unterdrücker damit begannen, den Unterdrückten ›zur Sau‹ zu machen, kann ebenso tödlich enden, wie der Ausbruch aus der Gesellschaft als mögliche Protesthaltung (»rozznjogd«).

Valentin, der keinen Widerstand mehr zu leisten imstande ist, als die faschisierte Meute über ihn herfällt, um »die Sau« abzuschlachten, steht für jene, die den unmenschlichen Normen einer Gesellschaft nicht entsprechen können, ohne zu wissen weshalb.

»Die Verhältnisse sind stärker als die Sprache«[11], heißt es dazu bei Turrini, auch mit kritischem Blick auf Autoren, die in der Sprachphilosophie Wittgensteins eine maßgebliche philosophische Leitlinie der Literatur sehen.

Gerade die Entdeckung des alles beherrschenden Klassenantagonismus versetzte Turrini in die Lage, die eigene Kunst immer besser als Mittel zur Herausbildung des kritischen Bewußtseins der Unterdrückten zu begreifen, mit dem Ziel, den Sprachlosen die Sprache wiederzugeben.

Etwa zu dieser Zeit wurde Turrini von der Literaturkritik das Etikett eines Kärntner Orang-Utan angehängt, der nichts anderes anzubieten habe, als modische Unflätigkeiten. Auch ohne diese Verunglimpfungen erkannte der Autor – gehört der Vorwurf der Obszönität doch durchaus in sein dramatisches Kalkül –, daß es der Reaktion leichter fiel, ihn zum politischen Hofnarren zu stempeln, solange er das Anliegen seiner Stücke nicht politisch eindeutiger darlegte.

So suchte er zunächst, das Abonnentenpublikum der großen Theater zu erreichen, dem er bisher vorenthalten worden war. »rozznjogd« und »Sauschlachten« liefen unter der Rubrik »Perfides« und »Experiment« in den Sonderzyklen der renommierten Theater zu später Stunde. Zwar brüsteten sich die betreffenden Theater mit einer gewissen Fortschrittlichkeit, glaubten aber, ihrem Stammpublikum solch ›Entsetzliches‹, wie es ihrer Meinung nach Turrinis Stücke darboten, ersparen zu müssen. Es mag mehrere Gründe dafür geben, weshalb Turrini auch von dem Abonnentenpublikum, das sich vorwiegend aus bürgerlichen Schichten zusammensetzt, als ernsthafter politischer Autor anerkannt werden wollte. Der wichtigste scheint aber wohl der zu sein, daß er Breitenwirkung anstrebte, politisches Denken an bürgerliche Zuschauerkreise herantragen wollte.

»Kindsmord« (1973, U. 11. März 1973 Stadttheater Klagenfurt und Landestheater Darmstadt), ebenfalls ein Parabel-Stück, ist der Versuch, »zu zeigen, daß man auch etwas anderes anders sagen kann«[12]. Das *andere* ist der Alltag der Unterdrückung einer jungen Frau aus dem Bürgertum, der für ein Publikum geschildert wird, das sich gern fortschrittlich gibt und die Freiheit der Person, ganz besonders die der Frau auf den Lippen führt, ohne zu merken oder es zu wollen, daß sie deren Unterdrückung auf infame Weise betreibt. *Anders* sagt es Turrini, indem er eine schreckliche Konsequenz auf diese Verhältnisse, die er »den gutbürgerlichen Wahnsinn«[13] nennt, vorführt.

Gezeigt wird, wie eine junge Frau als Tochter, Mutter und Gattin auf eine Rolle festgelegt ist. Sie weiß, was sie tun muß, um ihren Mann, ihre Eltern und letztlich die öffentliche Meinung zufriedenzustellen. Aber was sie für sich selbst tun kann, das weiß sie nicht. Sie gewinnt keine Entscheidungsfreiheit, findet ihre Identität nicht und liegt immer ›daneben‹. Ihrer Ehe, die sie als Abschlecken zweier Roboter empfindet, überdrüssig, sieht sie schließlich in der Tötung ihres Babys den alleinmöglichen Akt der Befreiung. Die bürgerlichen Moralapostel finden dadurch nicht etwa die Verhältnisse in Frage gestellt, in Unordnung geraten ist für sie lediglich die Frau, sie wird als Triebverbrecherin behandelt. Turrini kriminalisiert diese Tat nicht, er will sie auch nicht als Affekthandlung oder Schicksalsschlag verstanden wissen, sondern eben als Konsequenz des »bürgerlichen Wahnsinns«. Daß die Frau ihre Tat verantworten will und versucht, ihre Lebenslage zu verändern, läßt er als Hoffnung aufscheinen.

Ob der Zuschauer den Intentionen des Autors folgen kann oder will, erscheint fraglich; es fällt schwer, in der Tötung des Babys einen produktiven Ansatz zur Selbstfindung zu sehen.

Bedeutend differenzierter kann Turrini in Lesungen in Betrieben, Schulen und Lehrlingsheimen vorgehen. Hier gelingt es ihm, über seine Stücke hinaus auf die konkreten Lebensnöte seiner Gesprächspartner einzugehen und auf diese Weise den Freiheitsentwurf, den er in seinen Stücken vorführt, zur anwendbaren Freiheitsmöglichkeit weiterzuführen. Die Diskussionen mit jenen Menschen, denen er im Theater nur selten begegnet, lassen ihn aber auch begreifen, wie wichtig die Solidarität unter den Werktätigen ist.

Es mag deshalb kein Zufall sein, daß sie in *»Der tollste Tag«* (1973) eine wichtige Rolle spielt. Gerade dieses Stück, am 26. Februar 1972 am Landestheater Darmstadt uraufgeführt, macht zum erstenmal besonders deutlich, daß Turrini mit seiner Kunst immer mehr in die gesellschaftliche Wirklichkeit kämpferisch einzugreifen versucht. Immer noch auf das Abonnentenpublikum aus, bearbeitete er ein Repertoire-Stück: Beaumarchais' »Le Mariage de Figaro ou La folle journée« (»Figaros Hochzeit oder Der tolle Tag«), in der Absicht, hinter den Illusionen, die das Stück seiner Meinung nach verbreitet, die reale gesellschaftliche Wirklichkeit sichtbar zu machen, es quasi zur Wirklichkeit hin zu öffnen. Dabei habe er sich von der folgenden Bemerkung Beaumarchais' leiten lassen: »Oh, wie ich es bedaure, daß ich aus diesem moralischen Thema keine blutige Tragödie gemacht habe. Ich hätte dem gekränkten Gatten, den ich nicht Figaro genannt hätte, einen Dolch in die Hand gegeben und ihn in seiner zornigen Eifersucht mit edler Geste den mächtigen Lüstling erstechen lassen.«[14]

Turrini läßt den Grafen Almaviva durch die Hand Figaros sterben. Denn der wollte – im Unterschied zu Beaumarchais – den Witz Figaros nur solange dulden, wie seine Interessen davon nicht berührt wurden. In dem Moment, wo dies geschieht, besiegt der Mächtige den Machtlosen; Sprachgewalt, Witz, Ironie versagen als Kampfmittel. Das Kapitalinteresse läßt Sozialpartnerschaft zwischen oben und unten nicht zu. Im Augenblick des Finales ertönt der Ruf »Revolution!«, der keine bloße Rhetorik ist, oder Hinweis darauf, daß zehn Jahre nach der Uraufführung von Beaumarchais' Stück die Französische Revolution losbrach. Turrini weist damit auf die einzig mögliche Alternative hin, wie die Ausbeutung der Unterdrückten und Entrechteten beseitigt werden kann.

Insofern unterscheidet er sich auch von der mehr subjektbezogenen Weltsicht eines Peter Handke, Harald Sommer (geb. 1935) oder Ernst Jandl, die weniger danach streben, »mit den Mitteln der Literatur ›polemisch und agitatorisch‹ wirken zu wollen. Statt dessen finden sich bei ihnen Themen, die sich auf die Schaffens- und Existenzprobleme des Künstlerindividuums konzentrieren oder auf die Problematisierung der Sprache als Transportmittel von Wahrnehmung, Bewußtsein, Ideologie und künstlerischem Ausdruck«.[15]

Turrinis Sympathiebekundungen für die KPÖ[16] lassen erkennen, welchen Charakter die Revolution tragen muß, die er im Auge hat, wenn er von der Emanzipation des einzelnen in einer humanistischen Gesellschaft spricht, von einem ›anderen Leben‹, in dem Frieden, Glück und größtmögliche Demokratie herrschen. In einigen seiner Stücke ruft er deshalb direkt zu gezielter Aktion auf, in anderen soll die konsequent realistische Schilderung der verheerenden Wirkungen der Widersprüche der imperialistisch bestimmten Gesellschaft im Leben der Menschen beim Rezipienten den Willen zur Veränderung herausfordern. So zum Beispiel in der Goldoni-Adaption *»Die Wirtin«* (1973).

In Goldonis Komödie »La locandiera« besiegt die schöne Wirtin Mirandolina den Cavaliere, einen Aristokraten, mit weiblichem Charme, Witz und Geschicklichkeit. Ihre Selbständigkeit ist für Goldoni eine Frage des Charakters – für Turrini hingegen eine historische Lüge. Er leitet Charakter und Verhalten der Figuren aus ihrer sozialökonomischen Lage ab. Der Cavaliere wird angesichts der körperlichen Reize Mirandolinas nicht nur auf erotischem Gebiet von einer »blutleeren Sardine« zum »scharfen Haifisch«[17], sondern auch als Vertreter der Macht. Bei Turrini muß Mirandolina jahrelang schuften und sich erniedrigen, bis sie das Gasthaus pachten kann. Der Cavaliere, neuer Besitzer des Gasthauses, zerstört schließlich nicht nur ihre mühsam erworbene Existenzgrundlage, sondern auch die Liebe der Wirtin und des Kellners, indem er den Pachtvertrag kündigt und Fabricio dem Militär ausliefert. Er verfährt mit ihnen wie mit Leibeigenen.

Nach der Uraufführung (24. November 1973, Schauspielhaus Nürnberg) kam es in der Presse zu einer Kampagne gegen Stück und Autor, die sich von den früheren darin unterschied, daß sich die herrschende literarische Öffentlichkeit nicht mehr vorwiegend über Turrinis ›schlechte Manieren‹ schockiert zeigte, sondern ihm geradewegs die Befähigung zum Schreiben absprach. Er erreiche nicht einmal »Schwank-Niveau«[18], habe mit seiner »Schwarz-Weiß-Weltsicht«[19] die Komödie kaputt gemacht und anderes mehr. – Reaktionen des bürgerlichen Kulturbetriebs, ähnlich denen in Italien oder Frankreich gegenüber Stücken von Dario Fo und Armand Gatti.

Gerade dem Italiener, dessen politische Aktionsdramatik die Ausbeutung demaskiert, fühlt sich Turrini besonders verbunden. Nach Dario Fo ist jedes echte Theater Situationstheater und jede Aktion auf der Bühne die Frucht einer szenischen Situation, aus der sich die Handlung entwickelt. In »Bezahlt wird nicht«, erzählt er die Geschichte zweier Arbeiterfamilien, die »zivilen Ungehorsam« als neue Form des Streiks praktizieren. Um zu überleben, versucht sich jeder zunächst auf eigene Weise durchzuschlagen, bis sie erkennen, daß sie mehr erreichen, wenn sie vereint kämpfen.

Dario Fos erklärte Wirkungsabsicht – den Leuten, die ins Theater kommen, »keine billige Möglichkeit [zu] bieten, ihre Empörung loszuwerden. Wir wollen, daß sie ihre Wut sozusagen im Bauch behalten. Wir wollen, daß diese Wut im Augenblick des Kampfes wirksam wird und ihnen die nötige Klarheit gibt [...]. Die Revolte in ihrem Innern soll dort bleiben, wo auch das Lachen weiterlebt, am Grunde der Seele, des Gemüts. Dieses Lachen soll die innere Wut befeuern, den Haß, der im Klassenkampf zur Aktion wird.«[20] – deckt sich mit der von Turrini. Fo jedoch lehnt es schon seit Jahren ab, an bürgerlichen Theatern gespielt zu werden, weil das Publikum, für das er schreibt, dort nicht hinkommt.

Turrini bekannte 1973, nachdem er seine Stücke auf den

Hauptbühnen der großen Theater untergebracht hatte: »So geht es nicht weiter!«[21] Dahinter stand die Erfahrung, daß sein Anliegen vor dem »frisch parfümierten Publikum« versickert wie auch der Eindruck, mit seinen Vorstellungen und Gefühlen am falschen Ort zu sein. Er stellte sich die Frage:

»Wer geht in dieses Theater, und ist dieser Ort überhaupt noch ein Ort der Vermittlung oder ist er schon längst eine zur Subventionstradition erstarrte Leichenhalle«[22] geworden?

Die nunmehr folgende Hinwendung zum Fernsehen ist also maßgeblich sozial- und kulturpolitisch bestimmt. Turrini stellt sich die Aufgabe, eine Kultur der Massen entwickeln zu helfen, die sich von der systemkonformen Massenkultur unterscheidet. Obgleich oder gerade weil er sich darüber im klaren ist, daß die Arbeits- und Lebensbedingungen verändert werden müssen, damit sich ein neues Kulturbedürfnis entwickeln kann, setzt er sich für eine realistische und humanistische Kunst ein. Er vertraut darauf, daß er, wenn er sich wahrheitsgetreu mit dem Alltag der arbeitenden Menschen, mit ihren Problemen und Lebensnöten auseinandersetzt, auch ihre Kunst meint. Und er nennt es romantisch zu glauben, man könne ein allgemein gültiges Kunstwerk schaffen, ohne das Leben des einfachen Volkes zu kennen und von ihm zu berichten. Wie Armand Gatti, der in Frankreich, Belgien und Spanien mit Arbeitern und Bauern zusammentritt und für den Film und das Theater realistische Geschichten über ihren Alltag erarbeitet, wandte sich Mitte der siebziger Jahre auch Turrini dem Fernsehen zu, wo ihm nicht einige Hundert, sondern Millionen zuschauen, und er seine Kunst, wie er annahm, auf die konkreten Bedürfnisse jener Zuschauer abstimmen konnte, die er mit seinen Theaterstücken nicht erreicht hatte. Ein Versuch in dieser Richtung sind die sechs Folgen der zusammen mit Wilhelm Pevny[23] erarbeiteten TV-Serie *»Alpensaga«* (1974/80).

Diese Verfilmung der Geschichte der Unterdrückten auf dem Lande in der ersten Hälfte unseres Jahrhunderts setzt Trivialformen wie den amerikanischen und österreichischen Western- und Familienserien etwas entgegen, was vor allem historisches und politisches Bewußtsein schärft. Der Film zeigt, daß das Leben für die Mehrheit der österreichischen Bauern ständiger Kampf ums nackte Überleben war. Aufklärende Heimatkunde wird hier geleistet – mit dem Ziel, zur eigenen Kultur und Geschichte zurückzufinden.

Turrini und Pevny erfanden ihre Geschichten nicht, sondern erfuhren sie bei den Bauern des Alpenvorlandes. Machten sie zu Beginn ihrer Arbeit den Versuch, das Recherchierte fiktional zu verarbeiten, so erkannten sie sehr bald, daß sich das Material ihren Mustern entzog.

»Ich habe immer weniger ›Meinungen‹ über Menschen, aber immer mehr Interesse, sie zu erfahren und darzustellen.«[24]

Die Begegnungen mit Bauern und Landarbeitern, aber auch die Auseinandersetzungen mit Vertretern der Macht, bestärkten Turrini in der Erkenntnis:

»Wer lange genug von denen, die es in Wirklichkeit nicht anders wollen, verblödet wird, glaubt am Ende tatsächlich, daß er es nicht anders will. Er ist ein anderer geworden. Er verwechselt Freiheit mit Freizeit, Liebe mit Ehe, Kunst mit etwas Höherem, Ausbeutung mit Arbeitsmoral, Gerechtigkeit mit Justiz, Schule mit Schulpflicht. Sein Leben ist ein einziger Widerspruch, aber die Welt ist für ihn in Ordnung.

[...] Wir leben in einer seligmachenden Gesellschaft, die einige selig und viele brauchbar macht. Von den vielen spüren etliche, daß sie unglücklicher sind, als sie es nach der allgemein verordneten Glücksnorm sein dürften. Noch halten sie ihre Ängste, ihre Einsamkeit, ihre Wünsche, ihre wirklichen Bedürfnisse für private Erscheinungen, über die man nicht redet. [...] Wir müssen lernen, die lebendige Erfahrung gegen eine Bildung zu behaupten, die unsere Anpassung will, gegen eine Kunst, die uns belügt, weil sie nicht von uns redet, gegen eine Wissenschaft, die uns mit inzestuöser Rhetorik für dumm verkaufen will, gegen eine Politik, die nicht unsere Stimme, sondern unsere Stimmzettel will.«[25]

»Liebe im Dorf«, die erste Folge, setzt Ende des 19. Jahrhunderts ein. Gezeigt werden die Anstrengungen der armen Bauern zur Linderung ihrer Not, die im Jahre des Geschehens, 1898, besonders groß war. Die reichen Bauern kauften die Erzeugnisse der armen auf, was deren völligen Ruin bedeutete. Einer von ihnen, der Huberbauer, durchschaut die Bereicherungspraktiken der Großbauern und Banken und überzeugt die Kleinbauern, Pächter und Knechte, gegen die Reichen eine Genossenschaft zu gründen, denn nur gemeinsam könne man überleben. Sofort setzt sich der Machtapparat der Großbauern in Bewegung, um die Solidarisierungsbestrebungen der Unterdrückten zu unterbinden. Großbauer Allinger will eine Spiritusfabrik gründen, er ist am meisten daran interessiert, daß der Genossenschaftsgedanke nicht Wirklichkeit wird. Durch eine Intrige gegen Huber gelingt es ihm, die Armen zu übertölpeln.

Statt in die Genossenschaft einzutreten, erklären sie sich bereit, für ihn Kartoffeln anzubauen und liefern sich den Großbauern damit auf Gedeih und Verderb aus.

Die zweite Folge der Saga, *»Der Kaiser auf dem Lande«,* führt ins Jahr 1913. Allinger verliert seinen Hauptkunden, das Militär, und muß seine Produktion einschränken. Die Bauern bleiben nun auf ihren Kartoffeln sitzen und geraten in Armut. Doch ihr Zorn richtet sich nicht gegen Allinger, sondern entlädt sich in chauvinistischen Kriegsparolen – ganz im Sinne der herrschenden Propaganda.

Im Mittelpunkt der Handlung des dritten Teils, *»Das große Fest«,* stehen Bäuerinnen, die ihr Hab und Gut vor dem Militär verstecken, damit es nicht der Weiterführung des Krieges dient.

»Die feindlichen Brüder« spielt im Sommer 1933. Die Huberzwillinge haben sich freiwillig zur Heimwehr, einer paramilitärischen Organisation der politischen Rechten, gemeldet, um sich Geld für die Überfahrt nach Amerika zu verdienen, wohin sie auswandern wollen. Doch bei einem Einsatz gegen streikende Arbeiter trennen sich ihre Wege. Während der eine mit den Arbeitern sympathisiert, schließt sich der andere den (illegalen) Nationalsozialisten an.

Die fünfte Folge, *»Der deutsche Frühling«,* Zeit der Handlung: Frühjahr 1938, steht im Zeichen der Okkupation Österreichs durch Hitler. Michel, einer der Huberzwillinge, wird als Arbeiterfunktionär verhaftet. Mit Ausnahme seiner Schwester Maria sagt sich die Familie von ihm los. Der sechste und letzte Teil schließlich, *»Ende und Anfang«,* führt ins Jahr 1945. Der Huberbauer kommt aus dem Krieg zurück. Ein Teil seines Hofes ist zerstört. Anne, seine Frau, tauscht Lebensmittel gegen Wertgegenstände ein. Flüchtlinge sind im Haus einquartiert worden. Nach anfänglicher Feindseligkeit zwischen ihnen läßt das gemeinsame Interesse zu überleben sie zueinander finden und die Wirtschaft wieder in Gang bringen.

Die Schwierigkeiten, die Wilhelm Pevny und Peter Turrini bei der Verfilmung der »Alpensaga« von den Rundfunkanstalten, dem österreichischen Bauernverband, dem Klerus und anderen in den Weg gelegt wurden, schienen unüberwindbar zu sein. Widerspricht doch ihr sozialgeschichtlicher Report dörflichen Lebens den Praktiken der reaktionären Kräfte, die ›das

Dorf‹ und ›die Bauernschaft‹ als jene traute Einheit und harmonische Partnerschaft verstanden wissen wollen, die Gedanken an Veränderung nicht aufkommen läßt. Hetzkampagnen, Drehverbote und Ausweisungsdrohungen waren an der Tagesordnung. Aber weder Fertigstellung noch Sendung der Serie konnten damit verhindert werden. Die Filme hatten in Österreich, der BRD und der Schweiz hohe Einschaltquoten.

Auch der Fernsehfilm *»Der Bauer und der Millionär«* (1975), während der Arbeit an »Alpensaga« entstanden, stieß bei breiten Kreisen des bäuerlich-proletarischen Publikums auf Interesse. Er schreibt das Anliegen der »Alpensaga« gewissermaßen bis in die Gegenwart fort. Gezeigt wird, wie ein armer Bauer von einem Konzern übertölpelt wird.

Stassmayer hält Direktor Diwald von der Rohöl-Aufsuchungs-GmbH für seinen Freund, hat der doch den bankrotten Bauernhof aufgekauft und der Familie uneingeschränktes Wohnrecht zugebilligt. Nicht nur das, darüber hinaus bekommt Stassmayer ein monatliches Gehalt von ihm. Nun, so glaubt er, geht es aufwärts, kann er sich jetzt doch sogar einen Fernseher leisten. Es scheint, das Glück ist bei ihm eingekehrt. Doch dann quartiert der Direktor Ingenieure seiner Firma auf dem Hof ein, die sich wie selbstverständlich bewegen, nun ›spielt‹ der Bauer nicht mehr mit. Als ihm daraufhin wie einem Angestellten gekündigt wird, steht er vor dem Nichts.

Zu welchen Einsichten wird der Bauer nach seiner ›humanen‹ Enteignung gelangen, wird er den Antagonismus der (personifizierten) Klassenbeziehungen durchschauen oder sich selbst die Schuld an seinem Unglück geben?

Sowohl »Alpensaga« als auch »Der Bauer und der Millionär« sollten vor allem jene Menschen nachdenklich stimmen, die bislang nicht erkannt hatten, was sie so ›klein‹ gemacht, weshalb sie unglücklich, rücksichtslos und kaputt sind und oftmals Ausländern und nationalen Minderheiten die Schuld an dem geben, was ihnen im Leben versagt blieb, nicht aber dem kapitalistischen System, und denen nicht bewußt ist, daß um ein besseres Leben gekämpft werden muß. Doch wie sah es damit aus?

War es den Autoren mit ihren sozialkritischen Filmen auch gelungen, jene Schichten zu erreichen, die normalerweise nicht ins Theater gehen, so mußten sie doch sehr bald erkennen, daß – trotz hoher Einschaltquoten – die Kräfte in der österreichischen Arbeiter- und Bauernklasse, die bereit sind, die richtigen politischen Schlußfolgerungen aus ihren künstlerischen Angeboten zu ziehen, nur eine schmale Basis bilden. So ist vielleicht zu erklären, daß Turrini die Orientierung auf die bäuerlich-proletarischen Zuschauer in seinen folgenden Stücken wieder etwas abbaute. Dennoch lehnte er es auch weiterhin ab, einer schlechten Gesellschaft das marktgerecht formulierte Gewissen zu liefern.

Über das am 8. November 1980 vom Volkstheater Wien uraufgeführte Stück *»Josef und Maria«* schreibt er:

»Das Bild, welches die Gesellschaft von alten Menschen hat, wird am wenigsten von den Alten selber bestimmt. Die Werbung entdeckt sie als ›spezifische Käuferschicht‹, das Fernsehen macht sie zu fröhlichen ›Senioren‹, und selbst die wissenschaftliche Soziologie findet an den alten Menschen das, was sie im vorhinein von ihnen annimmt: daß sie eine unterprivilegierte Minderheit sind.«[26]

Josef und Maria überwinden durch ihre späte junge Liebe Einsamkeit und Angst vor dem Verlust der sozialen Sicherheit. Mehr noch: Sie schöpfen aus ihr Kraft und Mut, ja zu sich selbst zu sagen: »[...], dieses so stille Werk, ist unüberhörbar lauter Ruf zur Selbstfindung. Ist Beweisführung für die Realisierbarkeit. Bekenntnis eines Dichters zu den arbeitenden Menschen, die nicht nur ausgebeutet, sondern um das Menschenrecht auf Eigenpersönlichkeit, auf Individualität, auf echtes Kennen eigenster Gesichts- und Geschichtszüge gebracht werden und die sich daraus zu befreien haben und sich daraus auch befreien können.«[27]

Es versteht sich nach all dem fast von selbst, daß der offizielle Kulturbetrieb, der zwischen Konsument und Produzent von Kunst steht, nichts unversucht läßt, Turrinis Werke in ihrer Bedeutung herabzusetzen, ist er doch nicht daran interessiert, humanistische Lebensalternativen zu verbreiten, sondern Profit zu machen.

Es spricht für die Aufrichtigkeit seiner Überzeugungen, daß Turrini nicht müde wird, auch in Pamphleten und Essays gegen den Kulturbetrieb zu Felde zu ziehen, wobei es ihm die Kritik aus verständlichen Gründen besonders angetan hat.

Der Kritiker, »Zerberus des Marktes«[28] und selbst marktabhängig, bestimme, was gut und schlecht ist, was auf den Markt kommt und was nicht.

»Der wahre Wert der Kritik besteht in ihrem Warenwert, und wehe dem Kritiker, der seine Ware nicht auf den Hochglanz der Marktlage bringt.«[29]

Solange der Kritiker oder der Künstler nicht zur Veränderung der gesellschaftlichen Verhältnisse aufruft, kann er kritisieren was er will, hat er Narrenfreiheit. Für einen Künstler wie Turrini ergab sich daraus nur die Alternative, immer wieder aufs neue zu versuchen, die Dinge auf ihren einzig möglichen Zweck zurückzuholen. Auch seine jüngsten Arbeiten sind in diesem Sinne zu verstehen.

In *»Die Bürger«* (1982, U. 27. Januar 1982, Volkstheater Wien) stellt Turrini Unternehmer, Abgeordnete, Ärzte und willfährige Künstler vor, die im Dienste des Profitmachens die Humanität zur Scheinheiligkeit herabgezerrt haben. Um sich keine Blöße zu geben, weil das ihren Marktwert mindern würde, haben sie die Flucht in die Leere ihres Selbst angetreten. Gezeigt werden

»vorwiegend Menschen, die nichts mehr verändern wollen, sie haben es zu etwas gebracht: zu Geld und Geltung und zu einer Moral, die es ihnen erlaubt, das Erreichte zu rechtfertigen. Die Sprache, die sie sprechen, dient keinem allgemeinen, sondern ihrem Zweck: sie ist Sachsprache geworden, Fachsprache, Wirtschaftssprache, sie ist ein Selbstbedienungsladen für Berufs- und Partyzwecke. Wenn das Schutzschild solcher Sprachen zerbricht, kommen rohe und ungelebte Gefühle zutage.«[30]

Sie haben Macht und Geld, aber wenn sie reden, sprechen sie nicht. Selbst wenn sie das Privateste auf den Tisch legen, sprechen sie nicht von sich selbst.

Der junge Schneider verfällt, ähnlich wie Valentin in »Sauschlachten«, ob dieses sinnentleerten Lebens in totale Sprachlosigkeit; sein Selbstmord, von allen unbemerkt, paßt folgerichtig ins Bild, ist er doch nicht des Aufhebens wert, weil zur Logik dieses auch zukunftlosen (österreichischen) Lebens gehörend, der Alte resümiert:

»Dieses Land ist niemals wiederaufgebaut worden, es ist gestorben unter den neuen Alphabeten«.[31]

Turrinis bislang letztes Stück ist wiederum eine Goldoni-Adaption: *»Campiello«* (1982, U. 26. September 1982, Volkstheater Wien). Beruht bei Goldoni die Dramaturgie vor allem auf dem Aufeinandertreffen zweier italienischer Dialekte, des venezianischen und des neapolitanischen, so treffen in Turrinis Version nicht zwei verschiedene Arten des Sprechens als vielmehr des sozialen Verhaltens aufeinander. Die Leute vom »Campiello«, einem Platz im Armenviertel von Venedig, repräsentieren das proletarische Bewußtsein, während der Cavaliere die herrschende Klasse verkörpert.

Das Aufeinandertreffen zweier entgegengesetzter Klasseninteressen verläuft solange komödisch, bis es für die Armen offensichtlich wird, daß der Cavaliere mit ihnen nur ein Spiel treibt, ja für einige sogar zur Existenzbedrohung wird. Sogleich setzen sie sich zur Wehr und zwingen dem Cavaliere ihren Willen auf. Im Unterschied zu »Die Wirtin«, wo der Mächtige den Sieg davonträgt, triumphieren auf dem Campiello die Armen. Was allerdings keine ›Kunst‹ ist, da der Cavaliere verarmt und nur noch dem Titel nach zur herrschenden Klasse zu zählen ist.

Wird das Stück auch von revolutionärer Romantik getragen, die ihrerseits von hintergründiger Komik durchsetzt ist, so deutet sein Ausgang doch nicht auf künstlerisches Unvermögen hin, vielmehr ist es ein erneuter Versuch, unter den ungünstigen Bedingungen für realistische Dramatik in Österreich die größtmögliche Wirkung zu erzielen.

Biographische Notiz

Peter Turrini, am 26. September 1944 in St. Margarethen im Lavanthal (Kärnten) als Sohn eines Italieners und einer Steierin geboren, wuchs in Maria Saal auf. 1963 Abitur an der Klagenfurter Handelsakademie. Bis 1970 verschiedene Tätigkeiten, u. a. Metallarbeiter, Lagerarbeiter, Werbetexter. Nach einjährigem Aufenthalt auf der griechischen Insel Rhodos Arbeit als Barmann und Hotelmanager in Italien und der BRD. Seit 1971 lebt er als freischaffender Schriftsteller hauptsächlich in Wien.

1972 Förderungspreis des Landes Kärnten für Literatur (Klagenfurt); 1979 Fernsehpreis der österreichischen Volksbildung; 1981 Gerhart-Hauptmann-Preis (Berlin [West]).

Anhang

Anmerkungen und Zitatnachweise/ Bibliographische Angaben

Für den Leser

Die »Bibliographischen Angaben« haben Auswahlcharakter, weiterführende und umfassende Literaturhinweise finden sich in den dort jeweils angeführten Bibliographien. Dennoch wurde eine möglichst repräsentative Auswahl angestrebt. Die Angaben zur Primärliteratur sind nach Genres gegliedert, sie verzeichnen die Ersterscheinung der Werke (Buchausgabe, Ort, Jahr) und möglichst vollständig Filme, Fernsehspiele und -filme sowie Hörspiele. Voranstehende Jahresangaben in eckiger Klammer bezeichnen Entstehung beziehungsweise Teilveröffentlichung eines Werkes. Aufsätze, Artikel, Vorträge und andere Publizistik wurden – bis auf Ausnahmen – nur als Sammlungen des Autors in Buchform angeführt. Unter Sekundärliteratur sind wesentliche literaturwissenschaftliche und -kritische Arbeiten zum Gesamtwerk und zu besonderen Aspekten des künstlerischen Schaffens aufgenommen worden. Nicht gesondert aufgeführt wurden in den Bibliographien Nachschlagewerke und literaturgeschichtliche Darstellungen aus der DDR: »Geschichte der deutschen Literatur. Von den Anfängen bis zur Gegenwart« (Berlin 1960ff., 12 Bde.), »Romanführer. A–Z«, Bd. 3 (Berlin 1978), »Schauspielführer« (Berlin 1986, 2 Bde.), »Theaterlexikon« (Berlin 1977), »Lexikon deutschsprachiger Schriftsteller« (Leipzig ^{2}1974, 2 Bde.) sowie »Internationale Bibliographie zur Geschichte der deutschen Literatur« (Berlin 1969/84, 4 Bde., 2 Erg.bde.), »Handbuch der Editionen« (Berlin 1979) und die in Österreich und in der BRD erschienenen Werke »Bio-Bibliographisches Literaturlexikon Österreichs« von Hans Giebisch/Gustav Gugitz (Wien 1963) und »Personalbibliographien österreichischer Dichter und Schriftsteller« von Karl F. Stock/Rudolf Heilinger/Marylène Stock (Pullach b. München 1972), in denen zu fast allen in diesem Band vorgestellten Autoren spezielle Literaturangaben zu finden sind. – Die Bibliographien der Werke wurden von der Redaktion erarbeitet, auf der Grundlage von Material, das meist von den Verfassern der Porträts stammt; die Angaben über Sekundärliteratur sind bearbeitet und ergänzt worden, einige (zu Musil, Artmann, Bernhard, Scharang, Broch) wurden von der Redaktion zusammengestellt.

Verzeichnis der Abkürzungen

AdK – Akademie der Künste
AdW – Akademie der Wissenschaften
a. d. Nachl. – aus dem Nachlaß
Anm(n). – Anmerkung(en)
Anth. – Anthologie
Ausg. – Ausgabe

VERZEICHNIS DER ABKÜRZUNGEN

Ausw. – Auswahl
Ausz. – Auszug
Aut., aut. – Autobiographie, autobiographisch
BA – Buchausgabe
Bbd. – Bildband
Bd(e). – Band, Bände
Bearb., bearb. – Bearbeiter, bearbeitet
Bl. – Blatt
BM – Bühnenmanuskript
Bes. – Besorgt durch
Bw. – Briefwechsel
ders., dies. – derselbe, dieselbe
Diss. – Dissertation
Dr(n). – Drama, Dramen
dt. – deutsch
e. – entstanden
E(n). – Erzählung(en)
Ed., ed. – Editor, ediert
eigtl. – eigentlich
Einf. – Einführung
eingel. – eingeleitet
Einl. – Einleitung
engl. – englisch
enth. – enthalten, enthält
Es(s). – Essay(s)
F. – Film
Fassg. – Fassung
Fragm. – Fragment
frz. – französisch
Fsf. – Fernsehfilm
Fsp. – Fersehspiel
G(e). – Gedicht(e)
gedr. – gedruckt
Ges. W. – Gesammelte Werke
H. – Heft
Hg., hg. – Herausgeber, herausgegeben
Hs. – Handschrift
ital. – italienisch
Jh. – Jahrhundert
Kb. – Kinderbuch
K(n). – Komödie(n)
Komm., komm. – Kommentar, kommentiert
lit. – literarisch
Ltg. – Leitung
Lsp. – Lustspiel
Ms. – Manuskript
N(n). – Novelle(n)
Nachd(n). – Nachdichtung(en)
Nachw. – Nachwort
Neudr. – Neudruck
Nr., No. – Nummer, Nomber
österr. – österreichisch
Pr. – Prosa
Ps. – Pseudonym
Rb. – Reisebuch
R(e). – Roman(e)
Red., red. – Redaktion, redaktionell
Rez. – Rezension
RUB – Reclams Universalbibliothek
Sch. – Schauspiel
Schr(n). – Schrift(en)
Sk(n). – Skizze(n)
Tb. – Tagebuch
Tr(n). – Tragödie(n)
tschech. – tschechisch
U. – Uraufführung
Ü. – Übersetzung
überarb. – überarbeitet
u. d. T. – unter dem Titel
Verf. – Verfasser
vervielf. – vervielfältigt
Vorbem. – Vorbemerkung
Vorw. – Vorwort
W. – Werke
Zs. – Zeitschrift
zus.gest. – zusammengestellt
zweispr. – zweisprachig

Einleitung

ZITATNACHWEISE

1 Peter Handke: Das Gewicht der Welt. Salzburg 1977, S. 21.
2 Zit. nach: Österreichisches in der österreichischen Literatur seit 1945/ Literatur aus Österreich – österreichische Lit. Ein Bonner Symposium. Hg. Karl Konrad Polheim. Bonn, 1981, S. 77.

3 Vgl. Ernst Joseph Görlich: Österreichische Literaturgeschichte. Wien 1946, S. 62.
4 Kurt Böttcher: Die Literatur zwischen 1830 und 1895. In: Kurze Geschichte der deutschen Literatur. Autorenkollektiv. Leitung und Gesamtbearbeitung K. Böttcher/Hans Jürgen Geerdts. Berlin 1981, S. 468.

Arthur Schnitzler

ANMERKUNGEN UND ZITATNACHWEISE

1 Franz Werfel: Zum Tode von Arthur Schnitzler. Zit. nach: Arthur Schnitzler. Sein Leben. Sein Werk. Seine Zeit. Hg. H. Schnitzler/C. Brandstätter/R. Urbach. Frankfurt (M.) 1981, S. 137.
2 Reinhard Urbach, in: Ebd., S. 7.
3 Dies nicht zuletzt durch die 1897 von Karl Kraus veröffentlichte Satire »Die demolierte Litteratur«.
4 Felix Salten: Aus den Anfängen. Erinnerungsskizzen. In: Jahrbuch deutscher Bibliophilen 18/19 (1932/33), S. 33.
5 Julius Bab: Die Lebenden. In: Das deutsche Drama. München 1928, S. 736.
6 Hermann Bahr: Studien zur Kritik der Moderne. Frankfurt (M.) 1894, S. 78.
7 Vgl. Manfred Diersch: Wiener Dichter um 1900. In: Deutsche Literatur der Jahrhundertwende. Hg. Victor Žmegač. Königstein (Ts.) 1981, S. 81f.
8 Hugo von Hofmannsthal: Briefe. Bd. 1. Berlin 1935, S. 36.
9 Hugo von Hofmannsthal – Arthur Schnitzler. Briefwechsel. Hg. Therese Nickl/Heinrich Schnitzler. Frankfurt (M.) 1964, S. 266.
10 Hugo von Hofmannsthal (s. Nachweis 8), S. 155.
11 Arthur Schnitzler: Aphorismen und Notate. Leipzig/Weimar 1985, S. 202.
12 Arthur Schnitzler: Notizen zur Autobiographie. In: Das Achtzigste Jahr. Frankfurt (M.) 1966, S. 145f.
13 Albert Fuchs: Geistige Strömungen in Österreich 1867–1918. Wien 1949, S. 8.
14 Dieses vielzitierte Wort prägte der österreichische Ministerpräsident Eduard Graf von Taaffe.
15 Arthur Schnitzler (s. Nachweis 11), S. 56.
16 Hugo von Hofmannsthal (s. Nachweis 8), S. 221.
17 Friedrich Engels an Isidor Ehrenfreund, 19. April 1890. In: Marx/Engels/Lenin/Stalin: Zur deutschen Geschichte. Bd. 2. Berlin 1967, S. 1120.
18 Zur Spezifik des österreichischen Antisemitismus vgl. auch: Hermann Bahr: Wien. Stuttgart 1906, S. 68–70, Anm. 18.
19 Hartmut Scheible: Arthur Schnitzler. Reinbek b. Hamburg 1976, S. 27.
20 Arthur Schnitzler: Jugend in Wien. Wien/München/Zürich 1968, S. 156.
21 Ebd., S. 328.
22 Arthur Schnitzler (s. Nachweis 1), S. 46.
23 Schnitzler berichtete davon, daß sein Großvater, von Beruf Zimmermann, »mit den Seinen zeitlebens in beschränkten, ja dürftigen Verhältnissen gelebt« habe. (A. S.: Jugend in Wien [s. Nachweis 20], S. 13)
24 Ihr Vater Josef Markbreiter hatte sich als praktischer Arzt und Mitarbeiter von wissenschaftlichen Zeitschriften Ansehen erworben.
25 Arthur Schnitzler: Jugend in Wien (s. Nachweis 20), S. 18.

26 Ebd., S. 27f.

27 1895 bis 1931 wurden am Burgtheater dreizehn Stücke Schnitzlers uraufgeführt.

28 Die österreichische Kaiserstadt aus der Vogelperspektive. Nach einer Aufnahme von Albert Rieger. In: Illustrirte Zeitung, 3. 2. 1872; vgl. auch Arthur Schnitzler. Sein Leben. Sein Werk. Seine Zeit (s. Nachweis 1), S. 24f.

29 Arthur Schnitzler (s. Nachweis 20), S. 48.

30 Arthur Schnitzler: Die Dramatischen Werke. Bd. 1. Frankfurt (M.) 1962, S. 498.

31 Arthur Schnitzler: Aphorismen und Notate (s. Nachweis 11), S. 23.

32 Vgl. ebd., S. 25.

33 Siehe Nachweis 30.

34 Sigmund Freud: Briefe an Arthur Schnitzler. Hg. Heinrich Schnitzler. In: Neue Rundschau, 66 (1955), H. 1, S. 97.

35 Das Doppelgängermotiv taucht in den Werken Schnitzlers mehrfach auf.

36 Arthur Schnitzler an Theodor Reik, 31. 12. 1913. Zit. nach: Arthur Schnitzler. Sein Leben ... (s. Nachweis 1), S. 109.

37 Arthur Schnitzler: Über Psychoanalyse. In: Protokolle 76. Hg. Otto Breicha. Wien/München 1976, S. 278.

38 Ebd., S. 283.

39 Ebd.

40 Ernst Mach: Die Analyse der Empfindungen. Jena 1885, S. 3.

41 Ebd.

42 Arthur Schnitzler: Aphorismen und Notate (s. Nachweis 11), S. 86.

43 In einer Zeichnung mit dem Titel »Selbstanschauung Ich« verdeutlicht Mach, daß die Selbstbetrachtung ohne Spiegel den eigenen Kopf nicht sieht. (E. M.: Analyse der Empfindungen [s. Nachweis 40], S. 14.).

44 Ebd., S. 18.

45 In einem Nachruf schrieb Albert Einstein 1916, daß Mach »aus der tatsächlichen Geschichte der Philosophie und der Naturwissenschaft nicht weggedacht werden« könne. (A. E.: Ernst Mach. In: Physikalische Zeitschrift 1916, Nr. 7).

46 Ernst Mach: Erkenntnis und Irrtum. Leipzig 1905, S. 18f.

47 Arthur Schnitzler: Aphorismen und Notate (s. Nachweis 11), S. 182.

48 Hugo von Hofmannsthal: Prosa. Bd. 1. Frankfurt (M.) 1950, S. 265.

49 Arthur Schnitzler: Aphorismen und Notate (s. Nachweis 11), S. 45.

50 Fritz Mauthner: Beiträge zu einer Kritik der Sprache. Bd. 1. Stuttgart/Berlin 1901, S. 97.

51 Ludwig Wittgenstein: Tractatus logico-philosophicus. Frankfurt (M.) 1963, S. 115.

52 Arthur Schnitzler: Das Wort. Frankfurt (M.) 1966, S. 27.

53 Vgl. dazu Hermann Broch: Hugo von Hofmannsthal und seine Zeit: In: H. B.: Dichten und Erkennen. Frankfurt (M.) 1955, S. 43–172.

54 Arthur Schnitzler: Aphorismen und Betrachtungen. Frankfurt (M.) 1967, S. 17.

55 Hugo von Hofmannsthal: Aufzeichnungen. Frankfurt (M.) 1959, S. 273.

56 Schnitzler mußte sich oft gegen den Vorwurf verteidigen, daß er beharrlich die gleichen Themen und Motive variierte. Vgl. dazu das Kapitel über Kunst und Kritik in: Arthur Schnitzler: Aphorismen und Notate (s. Nachweis 11), S. 123ff.

57 Siehe Nachweis 30, S. 225.
58 Hugo von Hofmannsthal: Ausgewählte Werke. Leipzig 1975, S. 37.
59 Arthur Schnitzler an Else Singer, 12. Dezember 1894. Zit. nach: Arthur Schnitzler. Sein Leben ... (s. Nachweis 1), S. 62.
60 Arthur Schnitzler an Otto Brahm, 1. Oktober 1905. In: Der Briefwechsel Arthur Schnitzler – Otto Brahm. Hg. Oskar Seidlin. Berlin 1953, S. 173.
61 Ebd.
62 Arthur Schnitzler an Tilla Durieux, 21. Februar 1921. In: Neue Züricher Zeitung, 8. Januar 1966.
63 Im Durchbrechen tabuisierter Lebenszonen ist Ingmar Bergmanns Film »Das Schweigen« mit Schnitzlers Werk vergleichbar.
64 Vgl. dazu Reinhard Urbach, in: Arthur Schnitzler. Sein Leben ... (s. Nachweis 1), S. 10.
65 »[...] geht es so weiter wie bisher, so wird dieser Roman auf der großen Linie der deutschen Romane Meister, Heinrich, Buddenbrooks, Assy liegen.« (Arthur Schnitzler: Tagebuch vom 6. Januar 1906. Zit. nach: Hartmut Scheible: Arthur Schnitzler. Reinbek b. Hamburg 1976, S. 91).
66 Arthur Schnitzler, Tagebuch vom 12. Dezember 1926. Zit. nach: H. Scheible, ebd., S. 124.
67 Arthur Schnitzler: Aphorismen und Notate (s. Nachweis 11), S. 48.
68 Arthur Schnitzler: Die Dramatischen Werke. Bd. 2 (s. Nachweis 30), S. 461.
69 Arthur Schnitzler, Tagebuch vom 6. März 1915. Zit. nach: Arthur Schnitzler. Sein Leben ... (s. Nachweis 1), S. 114.
70 Arthur Schnitzler, Tagebuch vom 13. September 1914. Zit. nach: Ebd.
71 Arthur Schnitzler: Bemerkungen zur Politik. In: Forum (Wien) Dezember 1962, S. 499.
72 Arthur Schnitzler: Aphorismen und Notate (s. Nachweis 11), S. 77.

WERKE

Romane/Erzählungen: Sterben (Berlin 1895); Ein Abschied (Breslau 1897, u. a. A. S. [Meisterwerke der zeitgenössischen Novellistik 1/1]); Die Frau des Weisen (Berlin 1898, Novelletten); Frau Bertha Garlan (Berlin 1901, R.); Lieutenant Gustl (Berlin 1900, N.); Die griechische Tänzerin (Wien 1902, N.), Dämmerseelen (Berlin 1907, Nn.); Der Weg ins Freie (Berlin 1908, R.; Fsf. 1985); Die Hirtenflöte (Wien 1911, E.); Masken und Wunder (Berlin 1912, Nn.); Frau Beate und ihr Sohn (Berlin 1913, N.); Die griechische Tänzerin und andere Nn. (Berlin 1914); Der blinde Geronimo und sein Bruder (Berlin 1915, E.), Doktor Graesler, Badearzt (Berlin 1917, E.); Casanovas Heimfahrt (Berlin 1918; Hg. I. Harnisch, Berlin 1985, N.); Der Mörder (Wien [1922], N.); Fräulein Else (Berlin 1924, N.); Die dreifache Warnung. Nachw. O. Brüll (Leipzig 1924 [RUB 6458], Nn.); Die Frau des Richters (Berlin 1925, N.); Traumnovelle (Berlin 1926); Spiel im Morgengrauen (Berlin 1927, N.); Therese. Chronik eines Frauenlebens (Berlin 1928; Berlin/Weimar 1966, 1985, R.); Flucht in die Finsternis (Berlin [1931], N.); Traum und Schicksal. Sieben Nn. (Berlin [1931]); Die kleine Komödie. Frühe Nn. (Berlin 1932), Abenteurer-Novelle (Wien 1937).
Dramen: Das Abenteuer seines Lebens (U. 1891 Wien, BM Wien 1888, Lsp.); Anatol (Berlin 1892, Einakter); Das Märchen (U. 1893 Wien, Dresden 1894, Sch.); Liebelei (U. 1895 Wien, Berlin 1896, Sch.; Oper mit Musik von F. Neumann, U. 1910 Frankfurt [M.]); Freiwild (U. 1896 Berlin, Berlin 1898, Sch.); Der

grüne Kakadu. Paracelsus. Die Gefährtin. Drei Einakter (U. 1899 Wien, Berlin [1899]); Das Vermächtnis (U. 1898 Berlin; Berlin 1899, Sch.); Der Schleier der Beatrice (U. 1900 Breslau; Berlin 1901, Sch.); Lebendige Stunden. Vier Einakter. (U. 1902 Berlin; Berlin 1902); Reigen. Zehn Dialoge. Geschrieben Winter 1896/97 (Teil. U. 1903 München [Dialoge IV–VI] U. 1920 Berlin; als unverkäufl. Ms. gedruckt 1900 [200 Expl.]; Wien 1903); Der einsame Weg (U. 1904 Berlin, Berlin 1904, Sch.); Marionetten. Drei Einakter (U. 1912 Wien, Berlin 1906); Der Ruf des Lebens (Berlin 1906, Sch.); Zwischenspiel (Berlin 1906, K.); Zum großen Wurstel (U. 1906 Wien); Komtesse Mizzi oder Der Familientag. (U. 1909 Wien, Berlin 1909, K.); Der tapfere Cassian. Puppenspiel (U. 1904 Berlin, Berlin 1910); Der tapfere Kassian (U. 1909 Leipzig, Singspiel mit Musik von O. Strauß); Der junge Medardus. Dramatische Historie (U. 1910 Wien, Berlin 1910); Der Schleier der Pierette (Wien [1910], Musik E. v. Dohnányi, Pantomime); Das weite Land (U. 1911 an 8 Theatern: Berlin, Breslau, München, Prag, Leipzig, Hannover, Bochum, Wien; Berlin 1911, Tragik.); Professor Bernhardi (U. 1912 Berlin, Berlin 1912, K.); Komödie der Worte. Drei Einakter (U. 1915 an 3 Theatern: Wien, Frankfurt a. M., Darmstadt; Berlin [1915]); Fink und Fliederbusch (U. 1917 Wien, Berlin 1917, K.); Die Schwestern oder Casanova in Spa (U. 1920 Wien, Berlin 1919, Lsp. in Versen); Komödie der Verführung (U. 1921 Wien, Berlin 1924); Der Gang zum Weiher. Dram. Dichtung (U. 1931 Wien, Berlin 1926); Im Spiel der Sommerlüfte (U. 1929 Wien, Berlin 1930); Das Wort. Hg., Einl. K. Bergel (Frankfurt [M.] 1966, Fragm.); Zug der Schatten. Hg., Einl. F. Derré (Frankfurt [M.] 1970, Fragm.); Ritterlichkeit. Hg. R. A. Schlein (Bonn 1975, Fragm.).

Uraufführungen einzelner Anatol-Szenen: Das Abenteuer seines Lebens (U. 1891 Wien, BM Wien 1888, Lsp.); Abschiedssouper (U. 1893 Bad Ischl); Die Frage nach dem Schicksal (U. 1896 Leipzig); Weihnachtseinkäufe (U. 1898 Wien); Episode (U. 1898 Leipzig); Das Vermächtnis (U. 1898 Berlin); Anatols Hochzeitsmorgen (U. 1901 Berlin); Zwischenspiel (U. 1905 Wien); Denksteine (U. 1916 Volksbildungshaus der »Urania«, Wien); Sylvesternacht (U. 1926 Wien, einmalige Vorstellung).

Mitautor. Verfilmungen: Elskovsleg [Liebelei] (1914 dän. Stummf.) The Affaires of Anatol (1921, amerik. Stummf.); Der junge Medardus (1923, Stummf.); Liebelei (1927, Stummf.); Freiwild (1928, Stummf.); Fräulein Else (1929, Stummf.); Daybreake (1931, amerik. Tonfilm [nach »Spiel im Morgengrauen«]).

Lyrik: Frühe Ge. Hg. H. Lederer (Berlin 1969).

Autobiographie/Tagebuch: Jugend in Wien. Hg. T. Nickl/H. Schnitzler. Nachw. F. Torberg (Wien/München/Zürich, 1968; Berlin 1985, Nachw. R. Walbiner); Tagebuch 1909/12, Hg. W. Welzig (Wien 1981); Tagebuch 1913/16. Hg. ders. (Wien 1983).

Theoretische und essayistische Schriften: Über funktionelle Aphonie und deren Behandlung durch Hypnose und Suggestion (1889, in: Internationale Klinische Rundschau [Wien]); Der Geist im Wort und der Geist in der Tat. Vorläufige Bemerkungen zu zwei Diagrammen (Berlin 1927); Buch der Sprüche und Bedenken (Wien 1927); Über Krieg und Frieden. Hg. H. Schnitzler (Stockholm 1939); Aphorismen und Betrachtungen. Hg. R. O. Weiss (Frankfurt [M.] 1967).

Briefe: Der Bw. A. S. – Otto Brahm. Hg. O. Seidlin (Berlin 1953); A. S. – Georg Brandes. Bw. Hg., Einl. K. Bergel (Berkeley 1956); A. S. – R. M. Rilke. Bw. Hg. H. Schnitzler (1958, in: Wort und Wahrheit); Hugo v. Hofmannsthal – A. S. Bw. Hg. T. Nickl, H. Schnitzler (Frankfurt [M.] 1964); Liebe die starb vor der

Zeit. A. S. – Olga Waissnix. Bw. Hg. diess. Vorw. H. Weigel (Wien/München/Zürich 1970); A. S. – Max Reinhardt. Der Bw. A. S.s. mit Max Reinhardt und dessen Mitarbeitern. Hg. R. Wagner (Salzburg 1971); A. S. – Raoul Auernheimer. The correspondence of A. S. and Raoul Auernheimer with R. A.s. aphorism. Hg. D. G. Daviau/J. B. Johns (Berkeley 1972); »... als die Psychoanalytiker sich träumen lassen«. Vier unveröff. Briefe A. S.s an den Psychoanalytiker Theodor Reik. Hg., Komm. B. Urban (Biberach a. d. Riss 1975); Dilly. Geschichte einer Liebe in Briefen, Bildern und Dokumenten. Adele Sandrock und A. S. Zus.gest. R. Wagner (Wien/München 1975); The letters of. A. S. to Hermann Bahr. Hg. D. G. Daviau (Chapell Hill 1978); Briefe in 2 Bdn. (Frankfurt [M.] 1981/84, Bd. 1: 1875–1912. Hg. T. Nickl/H. Schnitzler; Bd. 2: 1913–1931. Hg. P. M. Braunwarth/R. Miklin/S. Pertlik/H. Schnitzler).

Sammel- und Werkausgaben: Ges. W. in zwei Abtn. (Berlin 1912, 7 Bde., 1. Abt.: Die erzählenden Schrn., 3 Bde.; 2. Abt.: Die Theaterstücke, 4 Bde.; verm. Neuaufl.: Berlin 1922/23, 9 Bde.); Ges. Schrn. (Berlin 1928/29, 6 Bde.); Ges. W. in Einzelbdn. (Amsterdam/Wien 1948ff.); Ges. W. (Frankfurt [M.] 1961/62: Die Erzählenden Schrn., 2 Bde., 1961; Die Dramatischen Werke, 2 Bde., 1962; Neuausg. Frankfurt [M.] 1981); Aphorismen und Betrachtungen. Hg. R. O. Weiss (Frankfurt [M.] 1967); Entworfenes und Verworfenes. Hg. R. Urbach (Frankfurt [M.] 1977 [Ges. W.]); Die dreifache Warnung. Legenden und Märchen unserer Zeit. Hg. E. Schläger (Wien/Leipzig [1917]); En. Hg. C. Gähler/E. Zak. Nachw. R. Walbiner/E. Zak (Berlin/Weimar 1965); Drn. Hg., Nachw. M. Diersch (Berlin/Weimar 1968); Die Braut. Traumnovelle. Nachw. H. Scheible (Stuttgart 1976); Reigen. Drn. und En. Hg. M. Diersch (Leipzig 1979); Leutnant Gustl. Fräulein Else. Nachw. M. Diersch (Leipzig 1983); Die griechische Tänzerin. Hg., Nachw. I. Harnisch (Berlin 1985); Aphorismen und Notate. Gedanken über Leben und Kunst. Hg. M. Diersch (Leipzig/Weimar 1985); Liebe und Tod in Wien. Hg., Nachw. W. Rösler (Berlin 1986, Ausgew. En.).

SEKUNDÄRLITERATUR

Bibliographien: Allen, Richard H.: An annotated A. S. Bibliography. Editions and Criticism in German, French and English. 1879–1965. The University of North Carolina Press. 1966. – *Neumann,* Gerhard/Jutta *Müller*: Der Nachlaß A. S.s. Verzeichnis des im Schnitzler-Archiv der Universität Freiburg i. Br. befindlichen Materials. Vorw. G. Baumann, Anhang H. Schnitzler. Verzeichnis des in Wien vorhandenen Nachlaßmaterials. München 1969. – *Berlin,* Jeffrey, B.: An annotated Arthur Schnitzler Bibliography 1965–1977. München 1978.

Zeitschrift: Seit Gründung der Arthur-Schnitzler-Gesellschaft in den USA (1961) erscheint vierteljährlich »Journal of the International Arthur Schnitzler Research Assotiation« (JIASRA), seit 1968 als »Modern Austrian literature«.

Reik, Theodor: A. S. als Psycholog. Minden 1913. – *Specht,* Richard: A. S. Der Dichter und sein Werk. Berlin 1922. – *Liptzin,* Sol: A. S. New York 1932. – *Schinnerer,* Otto P.: A. S.s Nachlaß. In: The Germanic Review (New York) 8 (1933), S. 114–124. – *Jandl,* Ernst: Die Novellen A. S.s. Diss. Wien 1950. – *Kohn,* Hans: Karl Kraus. A. S., Otto Weininger. Aus dem jüdischen Wien der Jahrhundertwende. Tübingen 1962. – *Magris,* Claudio: Il mito absburgico nella letteratura austriaca moderna. Turin 1963, S. 221–235. – *Chiarini,* Paolo: L' »Anatol« di A. S. e la cultura viennese »fin de siecle«. In: Studi Germanici. Nuova ser.

(Roma) 1 (1963), S. 222–252. – *Baumann,* Gerhart: A. S. Die Welt von Gestern eines Dichters von Morgen. Frankfurt (M.) 1965. – *Rey,* William H. Die geistige Welt A. S.s. In: Wirkendes Wort (Wien) 16 (1966), S. 181–194. – *Doppler,* Alfred: Dramatische Formen bei A. S. In: Beiträge zur Dramatik Österreichs im 20. Jahrhundert. Wien 1968, S. 17–30. – *Urbach,* Reinhard: A. S. Velber 1968. – *Melchinger,* Christa: Illusion und Wirklichkeit im dramatischen Werk A. S.s. Heidelberg 1968. – *Aspetsberger,* Friedbert: Wiener Dichtung der Jahrhundertwende. Beobachtungen zu S.s. und Hofmannsthals Kunstformen. In: Studi germanici 8 (1970), S. 410–451. – *Diersch,* Manfred: Empiriokritizismus und Impressionismus. Über Beziehungen zwischen Philosophie, Ästhetik und Literatur um 1900 in Wien. Berlin 1973. – *Offermanns,* Ernst L.: A. S. Das Komödienwerk als Kritik des Impressionismus. München 1973. – *Rieder,* Heinz: A. S. Das dramatische Werk. Wien 1973. – *Urbach,* Reinhard: S. – Kommentar zu den erzählenden Schriften und dramatischen Werken. München 1974. – *Willenberg,* Heiner: Die Darstellung des Bewußtseins in der Literatur. Vergleichende Studien zu Philosophie, Psychologie in deutscher Literatur von S. bis Broch. Frankfurt (M.) 1974. – *Scheible,* Hartmut: A. S. in Selbstzeugnissen und Bilddokumenten. Reinbek b. Hamburg 1976. – *Schnitzler,* Heinrich/Christian *Brandstätter*/Reinhard *Urbach*: A. S. Sein Leben. Sein Werk. Seine Zeit. Frankfurt (M.) 1981. – *Wagner,* Renate: A. S. Eine Biographie. Wien/München/Zürich/New York 1981. – *Scheible,* Hartmut (Hg.): A. S. in neuer Sicht. München 1981. – *Abels,* Norbert: Sicherheit ist nirgends. Judentum und Aufklärung bei A. S. Königstein/Ts. 1982. – *Allerdissen,* Rolf: A. S.: Impressionistisches Rollenspiel und skeptischer Moralismus in seinen Erzählungen. Bonn 1985. – *Farese,* Giuseppe (Hg.): Akten des Internationalen Symposiums »A. S. und seine Zeit«. Bern/Frankfurt (M.)/New York 1985.

Hugo von Hofmannsthal

ANMERKUNGEN UND ZITATNACHWEISE

1 Ludwig Hevesi, in: Pester Lloyd, 21. 3. 1899.
2 Hugo von Hofmannsthal: Gedichte und lyrische Dramen. Stockholm/Frankfurt (M.) 1946 (Ges. W. in Einzelausg.). (Sigle **Ge**)
3 Hugo von Hofmannsthal: Die Erzählungen. Stockholm/Frankfurt (M.) ^{3}1953 (Ges. W. in Einzelausg.). (Sigle **En**)
4 Hugo von Hofmannsthal – Edgar Karg von Bebenburg. Briefwechsel. Hg. Mary E. Gilbert. Frankfurt (M.) 1966, S. 19.
5 Ebd., S. 31f.
6 Wolfram Mauser: Hugo von Hofmannsthal. Konfliktbewältigung und Werkstruktur. Eine psychologische Interpretation. München 1977, S. 39.
7 Hugo von Hofmannsthal: Aufzeichnungen. Stockholm/Frankfurt (M.) 1959 (Ges. W. in Einzelausg.), S. 241.
8 Hugo von Hofmannsthal: Prosa. 4. Bde. Stockholm/Frankfurt (M.) 1950/55 (Ges. W. in Einzelausg.). (Sigle **P**)
9 Hofmannsthal sprach sich wiederholt gegen L'art pour l'art aus, z. B. in: Aufzeichnungen (s. Nachweis 7), S. 240.
Den Unterschied zwischen eigenen Bestrebungen und denen Stefan Georges sah er darin, daß er selbst keine Befriedigung im Elfenbeintum der Kunst ge-

funden hat. In einem Brief an George schrieb er am 18. Juni 1902: »In mir ist vielleicht die Dichterkraft mit anderem geistigen Drängen dumpfer vermischt als in Ihnen. Ich hatte von der Kindheit an ein fieberhaftes Bestreben, dem Geist unserer verworrenen Epoche auf den verschiedensten Wegen, in den verschiedensten Verkleidungen beizukommen.« (Briefwechsel George – Hofmannsthal. Hg. Robert Boeringer. 2. erg. Auflage. München/Düsseldorf 1953)

10 Siehe Nachweis 7, S. 201.

11 Hugo von Hofmannsthal: Lustspiele. 4 Bde. Stockholm/Frankfurt (M.) 1947/56 (Ges. W. in Einzelausg.). (Sigle **Lsp**)

12 Hervorhebungen von mir; d. Verf.

13 Hugo von Hofmannsthal: Erzählungen. Erfundene Gespräche und Briefe. Reisen, Reden und Aufsätze II (1914–1924). Frankfurt (M.). 1979, S. 419.

14 Siehe Nachweis 13, S. 418.

15 Hugo von Hofmannsthal an S. Fischer, 12. 3. 1922. In: S. Fischer Almanach. Das 87. Jahr. Frankfurt (M.) 1973, S. 135.

16 Siehe Nachweis 7, S. 296.

17 Hugo von Hofmannsthal: Dramen. 4 Bde. Stockholm/Frankfurt (M.) 1958 (Ges. W. in Einzelausg.). (Sigle **Drn**)

18 Vgl. Hugo von Hofmannsthal: Preuße und Österreicher. In: P 3, 407–409.

19 Hugo von Hofmannsthal an Richard Strauß. In: H. v. H.: Briefwechsel. Gesamtausgabe. Hg. Willi Schuh. Zürich [2]1954, S. 49.

WERKE

Dramen: Gestern. Studie in einem Akt (Wien 1891, unter Ps. Theophil Morren); Der Abenteurer und die Sängerin (U. 1899 Wien/Berlin); Die Hochzeit der Sobeide (U. 1899 Wien/Berlin); Theater in Versen (Berlin 1899); Der Thor und der Tod (U. 1898 München, Berlin 1900); Der Kaiser und die Hexe (Berlin 1900); Der Tod des Tizian. Ein dram. Fragm. (e. 1892, U. 1901, Berlin 1901); Der Schüler. Pantomime in einem Aufzug (Berlin 1902); Das kleine Welttheater oder die Glücklichen (U. 1929 München, Leipzig 1903); Elektra. Tr. in einem Aufzug. Frei nach Sophokles (U. 1903 Berlin, Berlin 1904, Musik R. Strauß); Das gerettete Venedig. Tr. in fünf Aufzügen (Berlin 1965); Ödipus und die Sphinx. Tr. in drei Aufzügen (U. 1906, Berlin 1906); Kleine Drn. (Leipzig 1906, erw. 1907); Der weiße Fächer. Ein Zwischenspiel (Leipzig 1907); Der Abenteurer und die Sängerin oder die Geschenke des Lebens. Ein G. in zwei Aufzügen (Berlin 1909); Die Frau im Fenster. Ein G. (U. 1898 Berlin, Berlin 1909); Die Hochzeit der Sobeide. Dram. G. (Berlin 1909); Christinas Heimreise (U. 1910 Berlin, Berlin 1910); Jedermann. Das Spiel vom Sterben des reichen Mannes (U. 1911 Berlin, Berlin 1911); Der Rosenkavalier. K. für Musik in drei Aufzügen (U. 1911 Dresden, Berlin/Paris 1910, Musik R. Strauß, U. des Films 1926); Alkestis. Ein Trsp. nach Euripides (Leipzig 1911); Ariadne auf Naxos. Oper in einem Aufzug. Zu spielen nach dem »Bürger als Edelmann« von Molière (U. 1912 Stuttgart, Berlin/Paris 1912, bearb. 1916, Musik R. Strauß); Josephslegende (EA 1914 Paris, Berlin 1914, zus. mit H. Kessler, Musik R. Strauß); Die Frau ohne Schatten. Oper in drei Akten (U. 1919, Berlin 1916, Musik R. Strauß); Der Schwierige. Lsp. in drei Akten (U. 1921 München, Berlin 1921); Das Salzburger große Welttheater (U. 1922, Leipzig 1922); Florindo (Wien, Hellerau 1923, Neufassg. von: Christinas Heimreise); Der Turm. Trsp. in einem Akt (U. 1928 München und Hamburg; München 1925, Neufassg. Berlin 1927); Die ägyptische Helena. Oper in zwei Aufzügen (U. 1928 Dresden, Berlin 1928, Musik R. Strauß); Arabella. Lyrische K. (Berlin 1933, Musik R. Strauß);); Das Bergwerk zu Falun (Wien 1933); Danae oder die Vernunftheirat. Szenarium und Notizen. Hg., Geleitw. W. Schuh (Frankfurt [M.] 1952); Der Unbestechliche (U. 1923, Frankfurt [M.] 1956, in: Lustspiele 4); Silvia im »Stern« (1959).

Übertragungen/Bearbeitungen: Sophokles: König Ödipus (U. 1910, Berlin 1910, Ü.); Molière: Der Bürger als Edelmann. K. mit Tänzen. Freie Bearb. in drei Aufzügen (Berlin 1918, Musik R. Strauß); Calderon: Dame Kobold (Berlin 1920, Lsp., Ü.).

Lyrik: Ausgew. Ge. (Berlin 1903); Die ges. Ge. (Leipzig 1907); Die Ge. und Kleinen Drn. (Leipzig 1911); Ge. (Leipzig 1922); Nachlese der Ge. (Berlin 1934).

Erzählende Prosa: Das Märchen der 672. Nacht u. a. En. (Wien/Leipzig 1905); Die Frau ohne Schatten (Berlin 1919); Andreas oder die Vereinigten. Fragmente eines R. (Berlin 1932).

Essays/Theoretische Schriften/Reden/Abhandlungen: Studie über die Entwicklung des Dichters Victor Hugo. Der phil. Fakultät der Universität Wien überreicht behufs Erlangung der venia legendi [...] (Wien 1901, Selbstverlag); Victor Hugo (Berlin/Leipzig 1904); Unterhaltungen über literarische Gegenstände. Einl. G. Brandes (Berlin 1904); Die prosaischen Schrn. (Berlin 1907/17, 3 Bde.); Die Wege und Begegnungen (Bremen 1913). Deutscher Feldpostgruß und österreichische Antwort (Wien 1914, zus. mit R. A. Schröder); Prinz Eugen der edle Ritter. Sein Leben in Bildern (Wien 1915); Das Gespräch über Ge. (Berlin 1918 [Auszug aus: Unterhaltungen ...]); Rodauner Nachträge (Zürich/Leipzig/Wien 1918, 3 Bde.); Buch der Freunde (Leipzig 1922, Tgb.-Aufz.); Augenblicke in Griechenland. Nachw. A. Hopp (Regensburg/Leipzig 1924); Versuch über Victor Hugo (München 1925); Über Charaktere im Roman und im Drama. Gespräch zwischen Balzac und Hammer-Purgstall [...] 1842 (Darmstadt 1927, Priv.-Druck); Das Schrifttum als geistiger Raum der Nation. Rede (München 1927); Tagebuch-Aufzeichnungen. Neue, a. d. Nachl. verm. Ausg. Geleitw. R. A. Schröder (Leipzig 1929 [erw. Neuauflage von: Buch der Freunde]); Loris. Die Prosa des jungen H. v. H. Nachw. M. Mell (Berlin 1930); Die Berührung der Sphären. Reden und Betrachtungen a. d. Nachl. (Wien 1931); Das Theater des Neuen. Eine Ankündigung (Wien 1947).

Herausgaben/Einleitungen/Vorworte: Arthur Schnitzler: Anatol (Berlin 1892, Vorw.); Franz Grillparzer: Des Meeres und der Liebe Wellen (Berlin 1902, Einl.); Gustave Flaubert: Der Roman eines jungen Mannes (Berlin 1904. Einl.); L. Hearn: Kokoro (Frankfurt [M.] 1904, Vorw.); Die En. aus den tausendundein Nächten (Leipzig 1907, 12 Bde., Einl.); H. d. Balzac: Die menschliche Kom. (Leipzig 1908/11, 16 Bde., Einl.); Hesperus. Ein Jahrbuch von H. v. H., R. A. Schröder, R. Borchardt (Leipzig 1909, Mit-Hg.); Dt. Erzähler (Leipzig 1912, 4 Bde., Hg., Einl.); Ch. Marlowe: Eduard II (Leipzig 1912, Einl.); Das alte Spiel von Jedermann. Bemerkgn. H. v. H. (Berlin 1912, Hg.); Österr. Almanach. Auf das Jahr 1916 (Leipzig 1915, Hg.); Österr. Bibliothek. Begr. H. v. H., zus. mit L. Andrian, H. Friedjung, M. Mell u. a. (Leipzig 1915/17, 26 Bde., Mit-Hg.); Grillparzers politisches Vermächtnis (Leipzig 1915, Hg., Vorw.); Ferdinand Raimund [...] (Wien 1920, Einl.); Theater und Kultur. Samml. (Wien 1920, Mit-Hg.); Neue dt. Beiträge (München 1922/27, Mit-Hg.); Dt. Lesebuch [Ausw. 1750–1850] (München 1922/23, erw. 1926, 2 Bde.); Dt. Epigramme (München 1923, Hg.); L. van Beethoven: Die Ruinen von Athen (Berlin/Paris 1925, Hg., Bearb. zus. mit R. Strauß); A. Stifter: Nachsommer (Leipzig 1925, Nachw.); F. v. Schiller: Selbstcharakteristik aus seinen Schrn. (München 1926, Hg., Vorw.); Wert und Ehre dt. Sprache (München 1927, Hg., Vorw.).

Briefe: Briefe 1890–1901 (Berlin 1935); Der Bw. H. – Wildgans. Hg. J. A. v. Brandisch (Zürich/München/Paris 1935); Briefe 1900–1909 (Wien 1937); H. v. H. – Eberhard von Bodenhausen. Br. der Freundschaft. Hg. D. v. Bodenhausen (Düsseldorf 1953); Bw. George und Hofmannsthal. Hg. R. Boehringer. (1938, 2. erg. Aufl. München/Düsseldorf 1953); H. v. H. – Rudolf Borchardt. Bw. Hg. M. L. Borchardt/H. Steiner (Frankfurt [M.] 1954); H. v. H. – Carl J. Burckhardt. Bw. Hg. C. J. Burckhardt (Frankfurt [M.] 1956); Richard Strauß – H. v. H. Bw. Gesamtausg. Hg. W. Schuh, i. A. von F. u. A. Strauß (Zürich 1952; 3. erw. Aufl. Zürich 1964; erste Ausgabe des Briefwechsels hg. von Franz Strauß. Berlin/Wien/Leipzig 1926); H. v. H. – Arthur Schnitzler. Bw. Hg. T. Nickl/H. Schnitzler (Frankfurt [M.] 1964); H. v. H. – Helene von Nostiz. Bw. Hg. O. v. Nostiz (Frankfurt [M.] 1965); H. v. H. – Edgar Karg von Bebenburg. Bw. Hg. M. E. Gilbert (Frankfurt [M.] 1966); H. v. H. Br. an Marie Herzfeld. Hg. H. Weber (Heidelberg 1967); H. v. H. – Leopold von Andrian: Bw. Hg. W. H. Perl (Frankfurt [M.] 1968); H. v. H. – Willy Haas. Ein Bw. Hg. R. Italiaander ([W.]-Berlin 1968); H. v. H. – Harry Graf Kessler. Bw. 1898–1929. Hg. H. Burger (Frankfurt [M.] 1968); H. v. H. – Josef Redlich. Bw. Hg. H. Fußgänger (Frankfurt [M.] 1971); H. v. H. – Richard Beer-Hofmann: Bw. Hg. E. Weber (Frankfurt [M.] 1972); S. Fischer Almanach. Das 87. Jahr. Hugo von Hofmannsthal. Briefwechsel mit Max Rychner, mit Samuel und Hedwig Fischer, Oscar Bie und Moritz Heimann. Hg. C. Mertz-Rychner/K. Beck/J. H. Freund (Frankfurt [M.] 1973); H. v. H. – Ottonie Gräfin Degenfeld. Bw. Hg. M. T. Miller Degenfeld, Mitarb. E. Weber (Frankfurt [M.] 1974); H. v. H. – Rainer Maria Rilke. Bw. Hg. R. Hirsch/I. Schnack (Frankfurt [M.] 1978); H. v. H. – Max Mell. Bw. Mit einem Anhang Max Mell über H. v. H. Hg. M. Dietrich/H. Kindermann (Heidelberg 1982); Ria Schmujlow-Claassen und H. v. H. Briefe, Aufsätze, Dokumente. Hg. C. Albrecht. Nachw. M. Stern (Marbach 1982); H. v. H. und Paul Zifferer. Bw. Hg. H. Burger (Wien 1983).

Sammel- und Werkausgaben: Ges. W. (Berlin 1923/24, 6 Bde.; veränd. Neuaufl. 1934, 3 Bde.); Ges. W. in Einzelausg. Hg. H. Steiner (Stockholm [1948: Amsterdam; 1948ff: Berlin/Frankfurt [M.]; 1953ff.: Frankfurt [M.]] 1945ff. – enth.: Ge. u. lyrische Drn.; Dramen I–IV; Lustspiele I–IV; Prosa I–IV; En., Aufzeichnungen); Sämtl. W. Krit. Ausg. in 38 Bdn. Veranstaltet vom Freien Dt. Hochstift. Hg. H. O. Burger/R. Hirsch/D. Lüders/H. Rölleke/E. Zinn (Frankfurt [M.] 1976ff.); Ges. W. in 10 Einzelbdn. Hg. B. Schoeller u. a. (Frankfurt [M.] 1979/80); Ausgew. W. Hg. R. Hirsch (Frankfurt [M.] 1957); Ausgew. W. Hg., Nachw. E. Middell (Leipzig 1975); Hofmannsthal-Lesebuch (Frankfurt [M.] 1979).

SEKUNDÄRLITERATUR

Bibliographien: Weber, Horst: H. v. H. Bibliographie des Schrifttums 1892–1963. [W.-]Berlin 1966 [Fortsetzung in: H.-Blätter (Frankfurt [M.]) 1968, H. 1ff.]. – *ders.:* H. v. H. Bibliographie. W., Br., Gespräche, Übersetzungen, Vertonungen. [W.-]Berlin/New York 1972. – *Koch,* Hans Albrecht/Uta *Koch*: H. v. H. Bibliographie 1964–1976. – *Koch,* H. A.: H.-Bibliographie. 6 und 7. In: H.-Blätter (Frankfurt [M.]) 1978, H. 19/20, S. 102–114; H. 21/22, S. 166–173. – *Köttelwesch,* Clemens: H.-Bibliographie 1979–1981. In: Ebd., 1980/81, H. 23/24, S. 119–135. – H.-Bibliographie 1981/82, ebd., 1982, H. 26, S. 126–135. – H.-Bibliographie

1982/83, ebd., H. 27, S. 113–126. – H.-Bibliographie 1983/84, ebd., 1984, H. 29, S. 61–76.

Zeitschrift: H.-Blätter. Frankfurt (M.): (1968), H. 1 – (1984), H. 29 [ersch. 1985].

Alewyn, Richard: Über H. v. H. Göttingen 1958. 4., aberm. verm. Aufl. 1967. – *Pestalozzi,* Karl: Sprachskepsis und Sprachmagie im Werk des jungen H. Zürich 1958. – *Erken,* Günter: H.-Chronik. In: Literaturwissenschaftliches Jahrbuch. 3 (1962), S. 239–313. – *ders.:* H.s dramatischer Stil. Untersuchung zur Symbolik und Dramaturgie. Tübingen 1967. – *Hederer,* Edgar: H. v. H. Frankfurt (M.) 1967. – *Volke,* Werner: H. v. H. in Selbstzeugnissen und Bilddokumenten. Reinbek b. Hamburg 1967. – *Hoppe,* Manfred: Literatentum, Magie und Mystik im Frühwerk H. v. H. [W.-]Berlin 1968, 140 S. [Diss. Zürich]. – H. v. H. Hg. Sibylle Bauer. Darmstadt 1968. – *Pickerodt,* Gerhardt: H.s Dramen. Kritik ihres historischen Gehalts. Stuttgart 1968. – *Kobel,* Erwin: H. v. H. [W.-]Berlin 1970, 377 S. – *Tarot,* Rolf: H. v. H. Daseinsformen und dichterische Struktur. Tübingen 1970. – *Rudolph,* Hermann: Kulturkritik und konservative Revolution. Zum kulturellpolitischen Denken H.s und seinem problemgeschichtlichen Kontext. Tübingen 1971. – H. im Urteil seiner Kritiker. Dokumente zur Wirkungsgeschichte H. H.s in Deutschland. Hg., Einl., Komm. G. Wunberg. Frankfurt (M.) 1972. – *Meyer-Wendt,* Jürgen H.: Der frühe H. und die Gedankenwelt Nietzsches. Heidelberg 1973, 140 S. – *Middell,* Eike: H. v. H. – Dichtung und Geschichte. Zu den Werken. In: H. v. H.: Ausgew. W. Hg. E. Middell. Leipzig 1975. S. 949–1104. – *Reitz,* Klaus: Ästhetik und Sittlichkeit. Die Entwicklung von H.s Prosa in ihrer zeitgeschichtlichen Bedeutung. Diss. München 1976, 209 S. – *Storck,* Joachim W.: H. und Rilke. Eine österreichische Antinomie. In: Rilke heute. Beziehungen und Wirkungen. Bd. 2. Frankfurt (M.) 1976, S. 115–167. – *Mauser,* Wolfram: H. v. H. Konfliktbewältigung und Werkstruktur. Eine psychologische Interpretation. München 1977. – *Csúri,* Károly: Die frühen Erzählungen H. v. H.s. Eine generativ-poetische Untersuchung. Kronberg 1978. – *Braegger,* Calpeter: Das Visuelle und das Plastische. H. v. H. und die bildende Kunst. Bern/München 1979, 168 S. – *Kunisch,* Hermann: H. v. H.s. politisches Vermächtnis. In: H. K.: Von der »Reichsunmittelbarkeit der Poesie«. [W.-]Berlin/München 1979, S. 277–301 [zuerst in: Jahrbuch der Grillparzer-Gesellschaft 12 (1976)]. – *Lindemann,* Roswitha: Der junge H. Sprachtheorie und Dichtungstheorie. In: Semiotische Versuche zu literarischen Strukturen. Ed. W. H. Koch. Hildesheim/New York 1979, S. 143–279. – *Pfister,* Werner: H. und die Oper. Diss. Zürich 1979, 146 S. – *Csúri,* Károly: H. v. H.s späte Erzählung »Die Frau ohne Schatten«. Struktur und Strukturvergleich. In: Studia Poetica (Szeged) 2 (1980), S. 125–237. – *Resch,* Margit: Das Symbol als Prozeß bei H. v. H. Königstein/Ts. 1980, 209 S. – *Urban,* Bernd: H., Freud und die Psychoanalyse. Quellenkundliche Untersuchung. Frankfurt (M.)/Bern/Las Vegas 1980, 210 S. [Diss. Frankfurt (M.) 1977]. – *Walk,* Cynthia: H.s »Großes Welttheater«: Drama und Theater. Heidelberg 1980, 233 S. – H. v. H. Commemorative essays. Ed. W. E. Yuill/P. Howe. London 1981, 144 S. – H. und das Theater. Die Vorträge des H.-Symposiums 1979. Hg. W. Mauser. Wien 1981, 331 S. – *Kuckartz,* Wilfried: H. v. H. als Erzieher. Fellbach-Oeffingen 1981, 709 S. – *Lunzer,* Heinz: H.s politische Tätigkeit in den Jahren 1914–1917. Frankfurt (M.)/Bern 1981, 410 S. – *Forsyth,* Karen: »Ariadne auf Naxos« by H. v. H. und Richard Strauß. Its genesis and meaning. Oxford 1982, 291 S. – *Thieberger,* Richard: Gedanken über Dichter und Dichtungen. Essays aus fünf Jahrzehnten. Hg. A. Faire/Y. Flesch/A. Nivells. Bern/Frankfurt (M.) 1982,

S. 91–137. – *Held*, Gudrun: H.s »Rosenkavalier« und Schnitzlers »Reigen«. In: Österr. Literatur in Übersetzungen. Hg. W. Pöckl. Wien 1983, S. 169–274. – *Thurnher*, Harald: H. v. H.s Weg zu Österreich. Von der Gesamtstaatsnation Joseph Hormayrs zu H.s Österreichidee. Diss. Wien 1983, 227 Bl. – *Burckhardt*, Carl Jacob: Begegnungen mit H. v. H. (1954); Erinnerungen an H. (1964). In: C. J. B.: Reminiszenzen. München 1984, S. 95–114, 69–94.

Karl Kraus

ANMERKUNGEN UND ZITATNACHWEISE

1 Die Fackel (Wien), Nr. 561/567, 1921, S. 47 (= F 561/567, 1921, 47); Zitatnachweise im folgenden Text.
2 Vgl. die frappante Begrüßung des Weininger-Werkes »Geschlecht und Charakter«: »Ein Frauenverehrer stimmt den Argumenten Ihrer Frauenverachtung mit Begeisterung zu« (F 229, 1907, 14).
3 Kraus plante sehr lange die Herausgabe eines Bandes u. d. T. »Kultur und Presse«.
4 Vgl. besonders: Grimassen über Kultur und Bühne. F 270/271, 1909, 1–18.
5 Karl Kraus: Beim Wort genommen. München 1955, S. 146 – Eine weniger prägnante Formulierung desselben Gedankens findet sich in einem Aufsatz in F 266, 1908, 8: »Ihre Straßen sind mit Kultur gepflastert, während die Straßen anderer Städte mit Asphalt gepflastert sind.« Ein Vergleich der beiden Varianten wirft ein Licht auf die Krausche Methode der ständigen Umformung, Vervollkommnung eigener Texte.
6 F 248, 1908, 14–20
7 F 275/276, 1909, 34 (Hervorhebung von mir; J. Sz.)
8 Vgl. besonders: Apokalypse. F 261/262, 1908, 1–14; Der Fortschritt. F 275/276, 1909, 33–40.
9 Karl Kraus: Die letzten Tage der Menschheit. München 1957, S. 9.
10 Ebd., S. 508.
11 Vgl. Georg Lukács: Eine Kampfschrift gegen den Krieg der Bourgeoisie. In: Die Rote Fahne. Kritik, Theorie, Feuilleton 1918–1933. München 1973, S. 187–191.
12 Kurt Tucholsky, F 531/543, 1920, 24.
13 Bertolt Brecht: Gedichte Bd. 5. Berlin/Weimar [2]1978, S. 21. Vgl. auch: Kurt Krolop: Bertolt Brecht und Karl Kraus. In: Philologica Pragensia (Prag) 1961, H. 4, S. 226.

WERKE

Essays/theoretische Schriften/Aphorismen: Die Fackel (Wien 1899/36, Nachdr. München 1968/73, 39 Bde.); Die demolirte Litteratur (Wien 1897, Es.); Eine Krone für Zion (Wien 1898); Sittlichkeit und Criminalität (München 1902); Der Fall Hervay (Wien 1904); Irrenhaus Österreich (Wien 1904); Prozeß Riehl (Wien 1906); Maximilian Harden. Eine Erledigung (Wien 1907); Maximilian Harden. Ein Nachruf (Wien 1908); Heine und die Folgen (München 1910, Es.); Nestroy und die Nachwelt. Zum 50. Todestag (Wien 1912, Neuausg. 1975, Rede); Nachts

(Wien 1918, Aph.); Weltgericht (Wien 1919, 2 Bde., Nhg. H. Fischer. Frankfurt [M.]/Hamburg 1968, Aufsätze); Untergang der Welt durch schwarze Magie (Wien 1922, Aufsätze); Literatur und Lüge (Wien 1929, Literatursatiren); Die Sprache. Hg. Ph. Berger [Zusammenstellg. K. K.] (Zürich 1937, erw. 1954, Aufsätze); Die dritte Walpurgisnacht. Hg., Nachw. H. Fischer (München 1952, Satire).

Lyrik: Worte in Versen (Wien/Leipzig 1916/30, 9 Bde.); Ausgew. Ge. (München 1920); Epigramme (Wien/Leipzig 1927); Zeitstrophen (Wien/Leipzig 1931 [aktualisierte Zusatzstrophen zu Texten von Nestroy, Offenbach, Lecocq]).

Dramen/Libretti: Die letzten Tage der Menschheit (Wien 1918/19, erw. Wien/Leipzig 1922, Dr.); Literatur oder Man wird doch da sehn. Magische Operette (Wien 1921); Traumstück (Wien 1923, Dr.); Wolkenkuckucksheim (Wien 1923, Verssp. nach Aristophanes); Traumtheater. Spiel in einem Akt (Wien 1924); Madame L'Archiduc. Musik J. Offenbach (Wien 1927, Operette nach A. Milhaud); Die Unüberwindlichen (Wien 1928, Dr.).

Nachdichtungen/Bearbeitungen/Herausgaben: Johann Nestroy: Das Notwendige und das Überflüssige. Posse mit Gesang (Wien 1920, Bearb. nach »Die beiden Nachtwandler«); ders.: Der konfuse Zauberer oder Treue und Flatterhaftigkeit. Zauberspiel. Musik A. Müller (Wien 1925, Bearb., Nachw.); Jacques Offenbach: Perichole (Wien 1931, Operette, neuer Text von K. K. nach H. Meilhac u. L. Halévy); ders.: Vert-Vert. Komische Oper (Wien 1932; Text nach H. Meilhac u. Ch. Nuitten von K. K.); William Shakespeare: Sonette (Wien 1933, Nachdichtg.); ders.: Dramen (Wien 1934/35, 4 Bde., Bearb.).

Sammel- und Werkausgaben: Ausgew. Schrn. (Wien/München 1908/12, Bd. 1: Sittlichkeit und Kriminalität, 1908; Bd. 2: Sprüche und Widersprüche, 1909; Bd. 3: Die chinesische Mauer, 1910; Bd. 4: Pro domo et mundo, 1912); Ausgew. Ge. (Zürich/Oprecht 1939); W. in Einzelausg. Hg. H. Fischer (München 1952/67, 14 Bde., 3 Suppl. bde.); W. Hg. H. Fischer (München 1974, 10 Bde.); Ausgew. W. Hg. D. Simon, Mitarb. K. Krolop, R. Links (Berlin 1977/78, 5 Bde.); Unsterblicher Witz. Hg. H. Fischer (Müncher 1975); Nestroy und die Nachwelt. Nachw. H. Mayer (Frankfurt [M.] 1975); Über die Sprache. Glossen, Aph., Ge. Ausw., Nachw. H. Fischer (Frankfurt [M.] 1977); Frühe Schrn. Hg. J. J. Braakenburg (München 1979, 2 Bde.); Briefe an Sidonie Nádherný von Borutin. 1913–1936 (München 1974, Vollst. neu durchges. Ausg. Hg. H. Fischer/M. Lazarus München 1974, 2 Bde.).

SEKUNDÄRLITERATUR

Bibliographien: Kerry, Otto: K. K.-Bibliographie. München 1970; Nachtrag in: Modern Austrian literature (Binghamton N. Y.) 8 (1975), No. 1/2, S. 103–120. – *Scheichl,* Sigurd Paul: Komm. Auswahlbibliographie. In: Text + Kritik. Sonderband K. K. München 1975 (Fortsetzungen in: Kraus-Hefte. [München] 1971, H. 1 – 1986, H. 39ff.). – *Ögg,* Franz: Personenregister zur Fackel von K. K. München 1977.

Zeitschrift: Kraus-Hefte. Hg. S. P. Scheichl/K. Wagenknecht. München: 1 (1977) – (1986), H. 39.

Benjamin, Walter: K. K. In: W. B. Schriften. Bd. 2. Frankfurt (M.) 1955, S. 159–195. – *Mayer,* Hans: Der Repräsentant und der Märtyrer. In: Sinn und Form (Berlin) 1957, S. 934–954. – *Adorno,* Theodor W.: Sittlichkeit und Kriminalität. In: T. W. A.: Noten zur Literatur. Bd. 3. Frankfurt (M.) 1965, S. 57–82 (wiederh. in: Deutsche Literaturkritik. Bd. 4. Hg. H. Mayer. Frankfurt (M.) 1983, S. 773–797.) – *Wagenknecht,* Christian Johannes: Das Wortspiel bei K. K. Göttingen 1965, ²1976, 175 S. – *Schick,* Paul: K. K. in Selbstzeugnissen und Bilddokumenten. Reinbek 1965, ²1968, 165 S. – *Kohn,* Caroline: K. K. Stuttgart 1966. – *Field,* Frank: The Last Days and mankind. K. K. and his Vienna. London/Melbourne/Toronto 1967, 280 S. – *Borries,* Mechthild: Ein Angriff auf Heinrich Heine. Kritische Betrachtungen zu K. K. Stuttgart/[W.-]Berlin/Köln/Mainz 1971, 108 S. – *Weigel,* Hans: K. K. oder Die Macht der Ohnmacht. Wien/Frankfurt (M.)/Zürich 1968, 342 S. – *Fischer,* Jens Malte: K. K. Stuttgart 1974. – *Kraft,* Werner: Das Ja des Neinsagers. K. K. und seine geistige Welt. München 1974. – Text + Kritik. Hg. H. L. Arnold. Sonderband: K. K. München 1975, 363 S. – *Quack,* Josef: Bemerkungen zum Sprachverständnis von K. K. Bonn 1976, 269 S. – *Pfabigan,* Alfred: K. K. und der Sozialismus. Wien 1976. – *Stieg,* Gerald: »Der Brenner« und die »Fackel«. Ein Beitrag zur Wirkungsgeschichte von K. K. Salzburg 1976, 379 S. – *Krolop,* Kurt: Dichtung und Satire bei K. K. In: K. K.: Vor der Walpurgisnacht. Berlin 1977, S. 651–691. – *Simon,* Dietrich: K. K. Stimme gegen die Zeit. In: Ebd., S. 693–784. – *Krolop,* Kurt: Genesis und Geltung eines Warnstückes. In: K. K.: Die letzten Tage der Menschheit. Bd. 2. Berlin 1978, S. 249–329. – *Canetti,* Elias: Die Fackel im Ohr. München 1980. – *Zohn,* Harry: K. K. im Bewußtsein österr. Schriftsteller der Gegenwart. In: Österr. Gegenwart. Die moderne Literatur und ihr Verhältnis zur Tradition. Hg. W. Paulsen. Bern/München 1980, S. 133–151. – *Barnouw,* Dagmar: Loos, K., Wittgenstein and the problem of authenticity. In: The turn of century. German literature and art. 1890–1915. Ed. G. Chapple/H. H. Schulte. Bonn 1981, S. 249–273. – *Bilke,* Martina: Zeitgenossen der »Fackel«. Vorw. Sophie Schick. Wien/München 1981, 327 S. – *Heller,* Erich: K. K. In: E. H.: Enterbter Geist. Essays über modernes Dichten und Denken. Frankfurt (M.) 1981, S. 331–370. – *Menges,* Karl: K. K. und der Austrofaschismus. Bestimmungsversuch anhand der »Fackel« Nr. 890–905. In: Colloquia Germanica (Bern) 14 (1981), S. 313–331. – *Rössler,* Helmut: K. K. und Nestroy. Kritik und Verarbeitung. Stuttgart 1981, 208 S. – *Grimstad,* Kari: Masks of the prophet. The theatrical world of K. K. Toronto 1982, 297 S. – *Szábo,* János: K. K. és Karinthy Frigyes. Századunk elsö harmadanák két szatirikusa [K. K. und Frigyes Karinthy. Zwei Satiriker im ersten Drittel unseres Jahrhunderts]. Budapest 1982, 156 S. – *Stremmel,* Jochen: »Dritte Walpurgisnacht«. Über einen Text von K. K. Bonn 1982 (Diss. Köln 1981), 243 S. – *Wagner,* Nike: Geist und Geschlecht. K. K. und die Erotik der Wiener Moderne. Frankfurt (M.) 1982, 292 S. – *Krolop,* Kurt: Ebenbild und Gegenbild. Goethe und »Goethes Volk« bei K. K. In: Goethe-Studien. Hg. A. Mádl/L. Tarnói. Budapest 1982, S. 85–114 (wiederh. in: Impulse [Berlin/Weimar] 6 [1983], S. 225–251). – ders.: Präformation als Konfrontation. »Drittes Reich« und »Dritte Walpurgisnacht«. In: Traditionen und Traditionssuche des dt. Faschismus. Hg. G. Hartung/H. Orłowski. Halle 1983, S. 79–110. – *Mitmasser,* Peter F.: Der Gesinnungswandel von K. K. zu Monarchie, Kaiserhaus und Adel in der Darstellung der »Fackel«. Diss. Wien 1983, 285 Bl. – *Senoner,* Elisabeth Erika: K. K.s Pressekritik in der »Fackel« von 1899–1905. Diss. Innsbruck 1983, 318 Bl. – *Wilhelm,* Hans-Heinrich: H. S. Chamberlain und K. K. Ein Bericht über ihren Briefwechsel 1901/04. In: Zeitgeschichte (Wien) 10 (1983), S. 405–434. – *Hawig,* Peko: Dokumentarstück, Operette, Welttheater. »Die letzten Tage der Menschheit« von K. K. in der literarischen Tradition. Essen 1984, 147 S. – K. K. in neuer Sicht. Londoner K.-Symposium. Hg. S. P. Scheichl/E. Timms. München 1986. – *Timms,* Edward: K. K.: Apocalyptic Satirist. Culture and Catastrophe in Habsburg Vienna. London 1986.

Rainer Maria Rilke

ANMERKUNGEN UND ZITATNACHWEISE

1 R. M. Rilke an Lisa Heise, 19. 1. 1920. In: R. M. R.: Briefe in zwei Bänden. Hg. Rilke-Archiv Weimar in Verb. m. Ruth Sieber-Rilke. Bes. Karl Altheim. Wiesbaden 1950. (Sigle **AB**).
2 R. M. Rilke an Sidonie Nádherny von Borutin, 8. 3. 1912. In: R. M. R.: Briefe an Sidonie Nádherny von Borutin. Hg. Bernhard Blume. Frankfurt (M.) 1973, S. 146f.
3 R. M. Rilke an Dr. Robert Heinz Heygoodt, 24. 12. 1921. In: R. M. R.: Gesammelte Briefe in sechs Bänden. Hg. Ruth Sieber-Rilke/Carl Sieber. Leipzig 1936–1939. (Sigle **GB**).
4 R. M. Rilke: König Bohusch. In: R. M. R.: Werke in drei Bänden. Hg. Horst Nalewski. Leipzig 1979. (Sigle **Werke**).
5 R. M. Rilke an August Sauer, 11. 1. 1914. In: AB 1, 472f.
6 R. M. Rilke an Ilse Erdmann, 11. 9. 1915. In: AB 2, 45f.
7 R. M. Rilke an eine junge Freundin, 17. 3. 1926. In: AB 2, 517.
8 R. M. Rilke: Russische Kunst (1901). In: R. M. R.: Sämtliche Werke. Hg. Rilke-Archiv in Verb. m. Ruth Sieber-Rilke. Bes. Ernst Zinn. 6 Bde. Wiesbaden/Frankfurt (M.) 1955–1965. (Sigle **SW**).
9 R. M. Rilke an Leonid Pasternak, 10. 12. 1906. In: GB 2, 207.
10 R. M. Rilke an Leopold Schlözer, 21. 1. 1920. In: GB 5, 292.
11 R. M. Rilke an Anton Kippenberg, 25. 11. 1918. In: GB 6, 282f.
12 R. M. Rilke: Tagebücher aus der Frühzeit. Hg. Ruth Sieber-Rilke/Carl Sieber. Leipzig 1942. (Sigle **TB**).
13 R. M. Rilke an Julie Weinmann, 25.6.1902. Zit. nach: Eudo C. Mason: R. M. R. Sein Leben und sein Werk. Göttingen 1964, S. 51.
14 R. M. Rilke an Clara Rilke, 31. 8. 1902. In: GB 1, 244–246.
15 R. M. Rilke an Clara Rilke, 5. 9. 1902. In: GB 1, 261.
16 Katharina Kippenberg: Rainer Maria Rilke. Ein Beitrag. Leipzig 1942, S. 104.
17 TB, 10. 3. 1899, S. 152.
18 R. M. Rilke an Clara Rilke, 18. 10. 1907. In: GB 2, 431.
19 Zit. nach Eudo C. Mason (s. Nachweis 13), S. 70.
20 Vgl. Klaus Schuhmann: Der Lyriker Bertolt Brecht 1918–1933. Berlin 1964. S. 146, 148.
21 R. M. Rilke an Lisa Heise, 8. 11. 1915. In: GB 4, 86.
22 R. M. Rilke an Helene von Nostitz, 5. 6. 1912. In: GB 3, 240.
23 R. M. Rilke an ein junges Mädchen, Ende Juli 1921. In: GB 5, 19.
24 R. M. Rilke an Anton Kippenberg, 10. 2. 1911. In: GB 6, 95.
25 R. M. Rilke an Clara Rilke, 18. 1. 1911. In: GB 3, 123.
26 R. M. Rilke an Marie von Thurn und Taxis, 13. 11. 1912. In: Rainer Maria Rilke und Marie von Thurn und Taxis Briefwechsel. 2 Bde. Bes. Ernst Zinn. Zürich/Wiesbaden 1951. Bd. 1, S. 227.
27 R. M. Rilke an Marie von Thurn und Taxis, 17. 12. 1912. In: Ebd., S. 245f.

28 R. M. Rilke an Adelheid von der Marwitz, 14. 1. 1919. In: AB 2, 118.
29 R. M. Rilke an Thankmar Freiherr von Münchhausen, 15. 8. 1914. In: GB 4, 6.
30 R. M. Rilke an Karl und Elisabeth von der Heydt, 6. 11. 1914. In: GB 4, 25f.
31 R. M. Rilke an Helene von Nostitz, 12. 7. 1915. In: GB 4, 56.
32 R. M. Rilke an Frl. A. Baumgarten, 22. 8. 1915. In: GB 4, 74.
33 R. M. Rilke an Thankmar Freiherr von Münchhausen, 28. 6. 1915. In: GB 4, 50.
34 R. M. Rilke an Katharina Kippenberg. 17. 12. 1917. In: Rainer Maria Rilke/Katharina Kippenberg. Briefwechsel. Hg. Bettina von Bomhard. Wiesbaden 1954, S. 257–258.
35 Jean Rodolphe von Salis: Rainer Maria Rilkes Schweizer Jahre. Frauenfeld/Leipzig 1936, S. 27.
36 Oskar Maria Graf: Über R. M. Rilke. In: Frankfurter Hefte. Zeitschrift für Kultur und Politik (Frankfurt [M.]) 6 (1951), H. 12, S. 904f.
37 R. M. Rilke an Emil Lettré, 5. 1. 1919. In: GB 4, 222.
38 R. M. Rilke an Dorothea Freifrau von Ledebur, 12. 12. 1918. In: GB 4, 215.
39 R. M. Rilke an Karl von der Heydt, 29. 3. 1919. In: Rainer Maria Rilke 1875–1975. Ausstellungskatalog des Deutschen Literaturarchivs im Schiller-Nationalmuseum Marbach. München 1975, S. 238.
40 R. M. Rilke an Elisabeth von Schmidt-Pauli, 14. 8. 1919. In: GB 4, 262.
41 R. M. Rilke an Lisa Heise, 2. 2. 1923. In: AB 2, 385–386.
42 R. M. Rilke an Marie von Thurn und Taxis, 23. 7. 1920. In: Briefwechsel. Bd. 2 (s. Nachweis 26), S. 611.
43 R. M. Rilke an Erwein Freiherr von Aretin, 31. 3. 1921. In: GB 4, 387.
44 R. M. Rilke an Nanny Wunderly-Volkart, 12. 8. 1920. In: R. M. R. Briefe an N. W.-V. Bes. Rätus Luck. Mitarbeit N. Bigler. Bd. 1. Frankfurt (M). 1977, S. 300.
45 R. M. Rilke an Witold von Hulewicz, 13. 12. 1925. In: GB 5, 371.
46 Vgl. Georg Maurer: Der Dichter und seine Zeit. Berlin 1956, S. 53–54.
47 An das Präsidium der N.-Ö. Landesregierung, Wien, 17. 12. 1918. In: GB 4, S. 213.

WERKE

Romane/Erzählungen/lyrische Prosa: Am Leben hin. Nn. u. Skn. (Stuttgart 1898); Zwei Prager Geschichten (Stuttgart 1899); Vom lieben Gott und Anderes. An Große für Kinder erzählt (Berlin 1900, Neuaufl. u. d. T.: Geschichte vom lieben Gott. Leipzig 1904); Die Letzten. Im Gespräch. Der Liebende (Berlin/Stuttgart 1902); Die Weise von Liebe und Tod des Cornets Christoph Rilke (Berlin-Charlottenburg 1906); Die Aufzeichnungen des Malte Laurids Brigge (Leipzig 1910, 2 Bde.); Aus der Frühzeit R. M. R.s. Vers, Prosa, Drama. Bibliogr., Nachw. F. A. Hünich (Leipzig 1921); En. und Skn. aus der Frühzeit (Leipzig 1928); Ewald Tragy (e. 1898, München 1929, E.).
Dramen: Jetzt und in der Stunde unseres Absterbens (München/Dresden 1896 [Wegwarten, H. 2; Selbstverlag]); Im Frühfrost. Ein Stück Dämmerung. Drei Vorgänge (Wien 1897); Ohne Gegenwart (Berlin 1898, Dr.); Das tägliche Leben (München 1902, Dr.); Die weiße Fürstin. Eine Szene am Meer (Berlin-Steglitz 1920).
Lyrik: Leben und Lieder. Bilder und Tagebuchblätter (Straßburg/Leipzig 1894); Wegwarten (Prag/München/Dresden 1895/96, H. 1/2: Lieder, dem Volke geschenkt; H. 3: Dt. moderne Dn., Selbstverlag); Larenopfer (Prag 1895); Traumge-

krönt. Neue Ge. (Leipzig 1897); Advent (Leipzig 1898); Mir zur Feier (Berlin 1899, Neuaufl. u. d. T.: Die frühen Ge. Leipzig 1909); Das Buch der Bilder (Berlin 1902, erw. Berlin 1906); Das Stundenbuch: Vom mönchischem Leben, Von der Pilgerschaft, Von der Armuth und vom Tode (Leipzig 1905); Neue Ge. – Der neueren Ge. anderer Teil (Leipzig 1907/08, 2 Bde.); Requiem (Leipzig 1909); Das Marien-Leben (Leipzig 1913); Erste Ge. (Leipzig 1913, enth.: Larenopfer; Traumgekrönt; Advent); Duineser Elegien (Leipzig 1923); Die Sonette an Orpheus (Leipzig 1923); Les fenêtres. Dix poèmes (Paris 1927); Les roses (Bussum [1927]); Ge. (Leipzig 1927); Carnet de poche suivi de Poèmes dédiés aux Amis Français (Paris 1929); Späte Ge. (Leipzig 1934); Poèmes françaises (Paris 1935); Ge. in französischer Sprache. Hg. Th. Frh. v. Münchhausen (Wiesbaden 1949).
Essays/Abhandlungen/Tagebücher: Florenzer Tagebuch (1898, Frankfurt [M.] 1982); Worpswede. F. Mackensen, O. Modersohn, F. Overbeck, H. am Ende, H. Vogeler (Bielefeld 1903, Abh.); Auguste Rodin (Berlin 1903, erw. Leipzig 1913); Brief an einen jungen Dichter (Leipzig 1929); Über den jungen Dichter. Einige Vermuthungen über das Werden von Ge. (Hamburg 1931); Über Gott. Zwei Br. (Leipzig 1933); Bücher, Theater, Kunst. Hg. R. v. Mises (Wien 1934).
Briefe: Br. an Auguste Rodin (Leipzig 1928); Br. an eine junge Frau [Lisa Heise] (Leipzig 1930); Br. Hg. R. Sieber-Rilke/C. Sieber (Leipzig 1929/37, 6 Bde.); Ges. Br. Hg. diess. (Leipzig 1936/39, 6 Bde.); Br. an seinen Verleger [A. Kippenberg] 1906–1926 (1934, erw. Wiesbaden 1949); Br. an R. R. Junghanns und R. Zimmermann 1919–1925 (Olten 1945); Br. an eine Reisegefährtin (Wien 1947); Br. Hg. R.-Archiv Weimar. In Verb. mit R. Sieber-Rilke. Bes. K. Altheim (Wiesbaden 1950); Die Br. an die Gräfin Sizzo 1921–1926 (Wiesbaden 1950 [Aus R. M. R. Nachlaß, Bd. 4], erw. Neuausg. Hg. I. Schnack. Frankfurt [M.] 1977); R. M. R. und Marie v. Thurn und Taxis. Bw. Bes. E. Zinn (Zürich/Wiesbaden 1951, 2 Bde.); R. M. R. – A. Gide, Correspondance. 1909–1926 (Paris 1952, dt. Stuttgart/Wiesbaden 1957); R. M. R. und Lou Andreas-Salomé. Bw. Hg. E. Pfeiffer (Zürich/Wiesbaden 1952, erw. Frankfurt [M.] 1975); Br. an Frau Gudi Nölke. Aus R.s Schweizer Jahren. Hg. P. Obermüller (Wiesbaden 1953); R. M. R. et Merline [eigtl. Baladine Klossowska], Correspondance 1920–1926. Hg. D. Bassermann (Zürich 1954); R. M. R./Katharina Kippenberg. Bw. Hg. B. v. Bomharch (Wiesbaden 1954); R. M. R. und Benvenuta [eigtl. Magda von Graedener-Hattingberg]. Hg. M. v. Hattingberg (Eßlingen 1954); R. M. R. – A. Gide – E. Verhairen, Corr. inédite (Paris 1955); R. M. R. und Inga Junghanns. Hg. W. Herwig (Wiesbaden 1959); R. M. R. Briefe an Sidonie Nádherný von Borutin. Hg. B. Blume (Frankfurt [M.] 1973); R. M. R. – Hélene von Nostitz. Bw. Hg. O. v. Nostitz (Frankfurt [M.] 1976); Br. über Cézanne. Hg. C. Rilke. Bes., Nachw. H. W. Petzet (Frankfurt [M.] 1977); Br. an Nanny Wunderly-Volkart. Bes. R. Luck. Mitarb. N. Bigler (Frankfurt [M.] 1976, 2 Bde.); Bw. 1899–1925. R. M. R. und H. v. Hofmannsthal. Hg. R. Hirsch/I. Schnack (Frankfurt [M.] 1978); Briefe an Axel Juncker. Hg. R. Scharffenberg. 1900–1926 (Frankfurt [M.] 1979); R. M. R. – Rolf Frhr. von Ungern-Sternberg. Bw. Hg. K. Kratzsch (Leipzig 1980); Bw. R. M. R. – Anita Forrer. Bw. Hg. M. Kerényi (Frankfurt [M.] 1982); R. M. R., Marina Zwetajewa und Boris Pasternak. Bw. Hg. Jewgeni und Jeléna Pasternak, K. M. Asadowski. Ü. H. Pross-Weerth (Frankfurt [M.] 1983).
Übersetzungen: E. Barrett-Browning: Sonette nach dem Portugiesischen (Leipzig 1908); M. d. Guérin: Der Kentauer (Leipzig 1911); Die Liebe der Magdalena. Ein französischer Sermon, gezogen durch den Abbé J. Bonnet a. d. Ms. Q 114 der

Kaiserlichen Bibliothek zu St. Petersburg (Leipzig 1912); M. Alcoforado: Portugiesische Briefe (Leipzig 1913); André Gide: Die Rückkehr des verlorenen Sohnes (Leipzig 1914); Die vierundzwanzig Sonette der Louise Labé, Lyoneserin. 1555 (Leipzig [1917]); Paul Valerý: Ge. (Leipzig 1925); ders.: Eupalinos oder Über die Architektur. Eingel. durch: Die Seele und der Tanz (Leipzig 1927); Dichtungen des Michelangelo (Leipzig 1936); Übertragungen. Hg. E. Zinn/K. Wais (Frankfurt [M.] 1975).
Sammel- und Werkausgaben: Ges. W. (Leipzig 1927, 6 Bde.); Sämtl. W. Hg. Rilke-Archiv. In Verbindung mit R. Sieber-Rilke. Bes. E. Zinn (Wiesbaden/Frankfurt [M.] 1955/65, 6 Bde.); Sämtl. W. (Frankfurt [M.] 1975, 12 Bde.); W. Hg. H. Nalewski (Leipzig 1979, 3 Bde.); Verse und Prosa aus dem Nachlaß (Leipzig 1929); Aus R. M. R.s Nachlaß (Wiesbaden 1950); Ge. 1906–1926. Samml. der verstreuten und nachgelassenen Ge. aus den mittleren und späteren Jahren. Hg. Rilke-Archiv. In Verbindung mit R. Sieber-Rilke. Bes. E. Zinn (Wiesbaden 1953); Ausgew. Ge. 1902–1917 (Frankfurt [M.] 1975, Faks. d. Hs. Ill. M. Slevogt. Faks. Privatdruck 1931); Ge. Hg. S. Schlenstedt (Leipzig 1975); Ausgesetzt auf den Bergen des Herzens. Ge. aus den Jahren 1906–1926 (Frankfurt [M.] 1975); Br. Hg. Rilke-Archiv. In Verbindung mit R. Sieber-Rilke. Bes. K. Altheim (Wiesbaden 1950, 2 Bde.); Br. und Tb. aus der Frühzeit. 1899–1902. Hg. R. Sieber-Rilke/C. Sieber (Leipzig 1931); Das Testament. Erläutergn., Nachw. E. Zinn. Hg. im Auftrag der R.-Erben/Rilke-Archiv (Frankfurt [M.] 1974); Von Kunstdingen. Krit. Schrn., Dichterische Bekenntnisse. Hg. H. Nalewski (Leipzig/Weimar 1982); Rilke und Rußland. Br., Erinnerungen, Ge. Hg. K. M. Asadowski. Berlin^2 1986.

SEKUNDÄRLITERATUR

Bibliographien: Ritzer, Walter: R. M. R. Bibliographie. Wien 1951. – Katalog der Rilke-Sammlung Richard von Mises. Frankfurt (M.) 1966. – *Jonas,* Klaus W.: Die R.-Kritik 1950–1966. In: Insel-Almanach auf das Jahr 1967. Frankfurt (M.) 1966, S. 94–121. – *Schwarz,* Egon: Komm. Auswahlbibliographie. In: Zu R. M. R. Hg. E. Schwarz. Stuttgart 1983, S. 158–164 – Jahresbibliographien: In: Blätter der R.-Gesellschaft (Bern) 1 (1972) ff.

Zeitschrift: Blätter der R.-Gesellschaft. Red. Rätus Luck. Bern: 1 (1972) – Saas Fe: 4 (1976) – Kehl: 9 (1982).

Andreas-Salomé, Lou: R. M. R. Leipzig 1929. – *Mason,* Eudo C.: Lebenshaltung und Symbolik bei R. M. R. Weimar 1939. – *Bassermann,* Dieter: Der späte R. München 1947. – *Bollnow,* Otto Friedrich: R. Stuttgart 1951. – *Günther,* Werner: Weltinnenraum. Die Dichtung R. M .R.s. [W-]Berlin 1952. – *Demetz,* Peter: René R.s Prager Jahre. Düsseldorf 1953. – *Martini,* Fritz: R. M. R. »Die Aufzeichnungen des Malte Laurids Brigge«. In: F. M.: Das Wagnis der Sprache. Stuttgart 1954, S. 137–175. – *Schnack,* Ingeborg: R. M. R.s Leben und Werk im Bild. Wiesbaden 1956, 265 S. – *Holthusen,* Hans Egon: R. M. R. in Selbstzeugnissen und Dokumenten. Hg. K. Kusenberg. Hamburg 1958, 175 S. – *Fülleborn,* Ulrich: Das Strukturproblem der späten Lyrik R.s. Heidelberg 1960. – *Steiner,* Jakob: R. M. R.s »Duineser Elegien«. Bern/München 1962. – *Böckmann,* Paul: Der Strukturwandel der modernen Lyrik in R.s »Neuen Gedichten«. In: Wirkendes Wort (Düsseldorf) 12 (1962), H. 6., S. 336–354. – *Meyer,* Hermann: Rilkes Cézanne-Erlebnis. In H. M.: Zarte Empirie. Studien zur Literaturgeschichte. Stuttgart 1963,

S. 244–286. – In Sachen R. M. R. und Thomas Mann. Berliner Kritiker-Kolloquium 1965. In: Sprache im technischen Zeitalter (Stuttgart) 1966, H. 17/18. – *Bingel,* Horst: Zwölf Lyriker betrachten R. In: Welt der Literatur (Hamburg) v. 22. 12. 1966. – *Rudnizki,* M.: Russische Motive in R.s »Stunden-Buch«. In: Kunst und Literatur (Berlin) 17 (1969), H. 3, S. 276–287. – *Hähnel,* Klaus-Dieter: Lyrische Summen der Epoche. R. M. R.s »Duineser Elegien« Diss. Berlin 1970. – *Hamburger,* Käte: R. in neuer Sicht. Stuttgart 1971, 224 S. – *Schwarz,* Egon: Das verschluckte Schluchzen. Poesie und Politik bei R. M. R. Frankfurt (M.) 1972, 114 S. – *Engelhardt,* Hartmut: Der Versuch, wirklich zu sein. Zu R.s sachlichem Sagen. Frankfurt (M.) 1973, 141 S. – Rilke heute. Beziehungen und Wirkungen. 2 Bde. Hg. I. H. Solbrig/J. W. Storck. Frankfurt (M.) 1975, 331 S. – *Schnack,* Ingeborg: R. M .R. Chronik seines Lebens und seines Werkes. 2 Bde. Frankfurt (M.) 1975, 1323 S. – R. M. R. 1875–1975. Eine Ausstellung des Dt. Literaturarchivs im Schiller-Nationalmuseum Marbach a. N. Ausstellung und Katalog: J. W. Storck, Mitarbeit: E. Dambacher/I. Kußmaul. München 1975, 360 S. – *Bradley,* Brigitte: R. M .R.s Der Neuen Ge. anderer Teil. Entwicklungsstufen seiner Pariser Lyrik. Bern/München 1976, 226 S. – *Hamburger,* Käte: R. Eine Einführung. Stuttgart 1976, 199 S. – *Kunisch,* Hermann: R. M. R. Dasein und Dichtung. 2., neu gefaßte u. stark erw. Auflage. Berlin 1975, 528 S. – *Nalewski,* Horst: R. M .R. Leipzig 1976, 115 S. – R.-Studien. Zu Werk und Wirkungsgeschichte. Hg. AdW der DDR. Zentralinstitut für Literaturgeschichte. Berlin/Weimar 1976, 313 S. – *Schlenstedt,* Silvia: Wegscheiden. Deutsche Lyrik im Entscheidungsfeld der Revolutionen von 1917 und 1918. Berlin 1976, bes. S. 220–255. – *Gebser,* Jean: R. und Spanien. Frankfurt (M.) 1977, 112 S. – *Nalewski,* Horst: R. M. R. in seiner Zeit. Diss.(B) Leipzig 1977. – *Stephens,* Anthony: Nacht, Mensch, Engel. R. M. R.s Gedichte an die Nacht. Frankfurt (M.) 1978, 266 S. – *Cox,* Richard: Figures of transformation: R. and the example of Valéry. London 1979, 203 S. – Materialien zu R. M. R.s »Duineser Elegien«. 1. Selbstzeugnisse. Hg. U. Füllborn/M. Engel. Frankfurt (M.) 1980, 398 S. – *Grimm,* Reinhold: Von der Armut und vom Regen. R.s Antwort auf die soziale Frage. Königstein/Ts. 1981, 101 S. – *Himmel,* Hellmuth: Wirkungen R.s auf den österr. Roman. Existentielle Probleme bei Musil, Broch, Doderer. Köln/Wien 1981, 252 S. [Bibliogr. S. 242/252]. – *Leppmann,* Wolfgang. R. Sein Leben, seine Welt, sein Werk. Bern/München 1981, 483 S. – *Lauster,* Martina: Die Objektivität des Innenraumes. Studien zur Lyrik Georges, Hofmannsthals und R.s. Stuttgart 1982, 385 S. – R.s »Duineser Elegien«. 2: Forschungsgeschichte. Hg. U. Füllborn/M. Engel. Frankfurt (M.) 1982, 407 S.; 3. Rezeptionsgeschichte, 351 S. – *Glaser,* Gerhard: Das Tun ohne Bild. Zur Technikdeutung Heideggers und R.s München 1983, 231 S. – Zu R. M. R. Hg. E. Schwarz. Stuttgart 1983, 164 S. – *Epp,* George K.: R. und Rußland. Frankfurt (M.)/Bern/Las Vegas 1984, 104 S. – *Hähnel,* Klaus-Dieter: R. M. R. Werk. Literaturgeschichte, Kunstanschauung. Berlin/Weimar 1984, 237 S. – R.s »Aufzeichnungen des Malte Laurids Brigge«. Hg. H. Engelhardt. Frankfurt (M.) 1984, 345 S. – *Nalewski,* Horst: R. M. R. in seiner Zeit. Leipzig 1985, 252 S.

Robert Musil

ANMERKUNGEN UND ZITATNACHWEISE

1 Fritz Martini: Deutsche Literaturgeschichte. Von den Anfängen bis zur Gegenwart. Stuttgart [11]1958, S. 457.
2 Ernst Fischer: Das Werk R. M.s Versuch einer Würdigung. In: Sinn und Form (Berlin) 9 (1957), H. 5, S. 851–901.
3 Rolf Schneider: Die problematisierte Wirklichkeit. Leben und Werk R. M.s Versuch einer Interpretation. Berlin 1975, 141 S.
4 Eberhard Hilscher: »Ein Naturschutzpark für vornehmen Verfall«. Zu R. M.s Suche nach dem ›anderen Menschen‹. In: Sinn und Form 27 (1975), H. 4, S. 860–876.
5 Die Aussagen zur Biographie Musils stützen sich besonders auf: Karl Dinklage: M.s Herkunft und Lebensgeschichte. In: R. M.: Leben – Werk – Wirkung. Wien 1960, S. 187–264, sowie: Wilfried Berghahn: R. M. in Selbstzeugnissen und Bilddokumenten, Reinbek [11]1980.
6 Zitatnachweis im Texte nach folgenden Ausgaben: Robert Musil: Ges. W. in 9 Bdn. Hg. A. Frisé. Reinbek 1978 (Sigle **GW**); Tagebücher. Hg. ders. Reinbek 1976 (Sigle **Tb**) sowie – ergänzend: Der Mann ohne Eigenschaften. 3 Bde. Berlin 1975 (Sigle **MoE**) und: Verwirrungen des Zöglings Törleß. Erzählungen. Dramen. Nachlaß zu Lebzeiten. Berlin 1976 (Sigle **VZT**).
7 Vgl. Murray G. Hall: Der Schwärmerskandal 1929. Zur Rezeption von R. M.s »Die Schwärmer«. Verzeichnis der Buch- und Aufführungskritiken. In: Musil-Forum (Wien) 1 (1975), S. 201–224.
8 Die Geschichte der Edition von Musils Werk ist bis heute heftig umstritten; obgleich damit für das Verständnis des Gesamtwerkes zentrale Fragen aufgeworfen sind, kann darauf in dieser Studie nicht eingegangen werden.

WERKE

Romane/Erzählungen: Die Verwirrungen des Zöglings Törleß (Wien/Berlin 1906, Berlin 1975, R.); Vereinigungen. Zwei En. (München/Berlin 1911, enth.: Die Versuchung der stillen Veronika; Die Vollendung der Liebe); Die Portugiesin (Berlin 1923, E.); Grigia (Potsdam 1923, N.); Drei Frauen (Berlin 1924, enth.: Die Portugiesin; Grigia; Tonka, En.); Die Amsel (Zürich 1936, in: Nachlaß zu Lebzeiten, E.); Der Mann ohne Eigenschaften (Berlin/Lausanne 1930/43, R., 3 Bde.; Berlin 1975 [3 Bde. und Komm.bd.]; Neu durchges. u. verbr. Auflage: Hg., Nachw. A. Frisé. Reinbek 1981, 2 Bde.).
Essays/Reden u. a.: Die Nation als Ideal und Wirklichkeit (1921, in: Die Neue Rundschau, Dez.); Das hilflose Europa oder die Reise vom Hundertsten ins Tausende (München 1922, in: Ganymed, Bd. 4); Rede zur Rilke-Feier in Berlin am 16. 1. 1927 (Berlin 1927); Literat und Literatur (1931, in: Die Neue Rundschau, Sept.); Nachlaß zu Lebzeiten (Zürich 1936, Ess.-Fragm., Glossen, Skn., Feuill.); Über die Dummheit (Wien 1937, Rede); Von kommenden Büchern [Antwort auf eine Umfrage] (Wien 1935, in: Neuer Buch-Ratgeber).
Dramen: Die Schwärmer (U. 1929, Dresden/Berlin 1921, Schsp.); Vinzenz und die Freundin bedeutender Männer (U. 1923, Berlin 1924, Posse).
Sammel- und Werkausgaben: Ges. W. in Einzelausg. Hg. A. Frisé (Hamburg

1952/57, 3 Bde., Bd. 1: Der Mann ohne Eigenschaften, 1952; Bd. 2: Tagebücher, Aphorismen, Essays, Reden [mit Bibliographie], 1955; Bd. 3: Prosa, Dramen, Späte Briefe, 1957); Ges. W. in 9 Bdn. Hg. A. Frisé (Reinbek 1978; Bd. 1–5: Der Mann ohne Eigenschaften; Bd. 6: Prosa, Stücke; Bd. 7: Kleine Prosa, Aphorismen, Autobiographisches; Bd. 8: Essays, Reden; Bd. 9: Kritik); Utopie Kakanien. Ein Querschnitt durch den Roman »Der Mann ohne Eigenschaften«. Einl., Ausw. H. H. Hahnl (Graz 1962); Kritisches und Theoretisches. Vorw., Erl. und Essay: »Zum Verständnis der Texte«, Zeittafel, Bibliogr. Hg. M.-L. Roth (Reinbek 1965 [Teilsammlg.]); Aus den Tagebüchern. Ausw. K. M. Michel (Frankfurt [M.] 1965); Der deutsche Mensch als Symptom. A. d. Nachl. Hg. K. Corino/E. Albertsen, Mitarb. K. Dinklage (Reinbek 1967); Sämtl. En. (Hamburg 1968); Briefe nach Prag. Hg. B. Köpplová/K. Krolop (Reinbek 1976); Tagebücher. Hg. A. Frisé (Reinbek 1976, 2 Bde.; neu durchges. u. erg. Aufl. 1983); Die Verwirrungen des Zöglings Törleß. En. Drn. Nachlaß zu Lebzeiten (Berlin 1976); Ausgew. Prosa. Vorw. A. Karelski (Moskva 1980; auch dt.: Moskau 1980); Texte aus dem Nachlaß. Hg. Arbeitsstelle R.-M.-Nachlaß Wien, Klagenfurt (Reinbek/Wien 1980); Briefe 1901–1942. Hg. A. Frisé, Mitarb. M. G. Hall (Reinbek 1981); Essays. Reden, Kritiken. Hg., Nachbem., Anmerkungen A. Gabrisch (Berlin 1984); Die Verwirrungen des Zöglings Törleß. Nachw. A. Gabrisch (Leipzig 1986 [RUB 1146]).

SEKUNDÄRLITERATUR

Bibliographien: Thöming, Jürgen: R.-M.-Bibliographie. Homburg 1968. – ders.: Komm. Auswahlbibliographie. In: Text + Kritik. Zeitschrift für Literatur. Hg. H. L. Arnold. H. 21/22: R. M. München 1972. – *Danner,* Karl-Heinz: M.-Bibliographie. In: Modern Austrian literature (Binghamton, N. Y.) 9 (1976), No. 3/4, S. 210–239.

Zeitschrift: Musil-Forum (Saarbrücken) 1 (1975); (Wien) 4 (1978); (Saarbrücken) 8 (1982); (Wien) (1984) Wissenschaftl. Beiheft 2.

Berghahn, Wilfried: Die essayistische Erzähltechnik R. M.s. Eine morphologische Untersuchung zur Organisation und Integration des Romans »Der Mann [...]«. Diss. Bonn 1956. – *Fischer,* Ernst: Das Werk R. M.s. Versuch einer Würdigung. In: Sinn und Form (Berlin) 9 (1957), H. 5, S. 851–901 – *Dinklage,* Karl: R. M.: Leben, Werk, Wirkung. Hg. im Auftrag des Landes Kärnten und der Stadt Klagenfurt. Wien/Reinbek 1960. – *Bausinger,* Wilhelm: Studien zu einer historisch-kritischen Ausgabe von R. M.s Roman »Der Mann [...]«. Diss. Tübingen 1963. – R. M. in Selbstzeugnissen und Bilddokumenten [mit Bibliographie]. Hg. Wilfried Berghahn (Reinbek 1963, [11]1980). – *Jässl,* Gerolf: Mathematik und Mystik in R. M.s Roman »Der Mann ohne Eigenschaften«. Eine Untersuchung über das Weltbild Ulrichs. Diss. München 1964. – *Rieth,* Renate: R. M.s frühe Prosa. Versuch einer stilistischen Interpretation. Diss. Tübingen 1964. – *Karthaus,* Ulrich: M.-Forschung und M.-Deutung. Ein Literaturbericht. In: Deutsche Vierteljahresschrift für Literaturwissenschaft und Geistesgeschichte (Stuttgart) 39 (1965), S. 441–483. – *Goltschnigg,* Dietmar: Ekstatische Konfessionen in R. M.s Roman »Der Mann ohne Eigenschaften«. Diss. Graz 1969. – *Riemer,* Werner: Die Metaphorik R. M.s. Diss. Salzburg 1969. – *Dänzer,* Hans: R. M.s Roman »Die Verwirrungen des Zöglings Törleß«. Freilegung und Beschreibung. Diss. Zürich 1970. – *Dinklage,* Karl/Elisabeth *Albertsen*/Karl *Corino*: R. M.: Studien zu seinem Werk. Klagenfurt/Reinbek 1970. – *Hönig,* Christoph: Die Dialektik von Ironie und Utopie und ihre Entwicklung in R. M.s Reflexionen. Ein Beitrag zur Deutung des Romans »Der Mann [...]«. Diss. Berlin 1970. – *Reniers-Servranckx,* Anni: R. M. Konstanz und Entwicklung von Themen, Motiven und Strukturen. Bonn 1972. – *Roth,* Marie-Louise: R. M.s Ethik und Ästhetik. Zum theoretischen Werk des Dichters. München 1972. – *Thöming,* Jürgen C.: Rezeptionsbeschreibungen zu Musil-Texten. Wirkungswahrscheinlichkeiten von Raum-Metaphorik bei Durchschnittslesern. München 1972. – *Goltschnigg,* Dietmar: Mystische Tradition im Roman R. M.s. Martin Bübers »Ekstatische Konfessionen« im »Mann ohne Eigenschaften«. Materialien vom Internationalen Symposium zu Fragen der R.-M.-Forschung. Zusstellg. K.-H. Danner. Saarbrücken 1974, 50 S. – *Thöming,* Jürgen C.: Zur Rezeption von M.- und Goethe-Texten. Historizität der ästhetischen Vermittlung von sinnlicher Erkenntnis und Gefühlserlebnissen. München 1974, 371 S. – *Hall,* Murray Gordon: Tier und Tiermotivik im Prosawerk R. M.s. Diss. Wien 1975, 346 S. – *Schneider,* Rolf: Die problematisierte Wirklichkeit. Leben und Werk R. M.s. Versuch einer Interpretation. Berlin 1975, 141 S. – *Gradischnig,* Hertwig: Das Bild des Dichters bei R. M. München 1976, 166 S. – *Mulot,* Sibylle: Der junge M. Seine Beziehungen zu Literatur und Kunst der Jahrhundertwende. Stuttgart 1977, 265 S. – *Eibl,* Karl: R. M.: Drei Frauen. Text, Materialien, Komm. München/Wien 1978, 182 S. – *Tiebel,* Ursula: R. M.s Wege zum »Dichter-Theater«. Diss. Erlangen/Nürnberg 1978, 324 S. – *Fuder,* Dieter: Analogiedenken und anthropologische Differenz. Zu Form und Funktion der poetischen Logik in R. M.s Roman »Der Mann ohne Eigenschaften«. München 1979, 233 S. – *Rinderknecht,* Siegfried: Denkphantasie und Reflexionsleidenschaft. M.s Formsynthese im Roman »Der Mann ohne Eigenschaften«. Frankfurt (M.) 1979, 299 S. – *Arntzen,* Helmut: M.-Komm. Sämtlicher zu Lebzeiten erschienener Schriften außer dem Roman »Der Mann [...]«. Bd. 1. München 1980, 330 S. – *Frisé,* Adolf: Plädoyer für R. M. Hinweise und Essays 1931 bis 1980. Reinbek 1980, 198 S. – *Heyd,* Dieter: M.-Lektüre, der Text, das Unbewußte: Psychosemologische Studien zu R. M.s theoretischem Werk und zum Roman »Der Mann [...]«. Frankfurt (M.)/Bern/Cirencester 1980, 318 S. – *Hoppler,* Rudolf: R. M.s Novelle »Die Amsel«, die Wiederentdeckung des Paradiesvogels. Diss. Zürich 1980, 172 S. – R. M. Untersuchungen. Hg. U. Baur/E. Castex. Königstein/Ts. 1980, 189 S. – R. M. Hg. R. v. Heydebrand. Darmstadt 1982, 470 S. – *Henninger,* Peter: Der Buchstabe und der Geist. Unbewußte Determinierung im Schreiben R. M.s. Frankfurt (M.)/Bern 1980, 247 S. – *Baumann,* Gerhart: R. M. Ein Entwurf. München/Bern 1981, 234 S. – *Karelski,* A. W.: Die Utopien R. M. s. In: Kunst und Literatur (Berlin) 29 (1981), S. 1043–1067 [zuerst in: R. M.: Ausgew. Prosa. Moskva 1980]. – M. contro Proust. Brescia 1981, 94 S. – Nachlaß- und Editionsprobleme bei modernen Schriftstellern. Beiträge zu den Internationalen R.-M.-Symposien Brüssel 1976 und Saarbrücken 1977. Hg. M. L. Roth/R. Schröder-Werle/H. Zeller. Bern/Frankfurt (M.)/Las Vegas 1981, 132 S. – Rezeption und Interpretation. Ein interdisziplinärer Versuch am Beispiel der ›Hasenkatastrophe‹ von R. M. Hg. N. Groeben. Tübingen 1981, 274 S. – Philologie und Kritik. Klagenfurter Vorträge zur M.-Forschung. Hg., Einl. W. Freese. München/Salzburg 1981, 270 S. – *Arntzen,* Helmut: M.-Komm. zu dem Roman »Der Mann [...]«. München 1982, 500 S. [Auswahlbibliographie Sekundärliteratur, S. 450–490]. – M. in focus. Papers from a centenary symposium. Ed. L. Huber/J. J. White. London 1982, 147 S. – Beiträge zur M.-Kritik. Hg. G. Brokoph-Mauch. Bern/Frankfurt (M.) 1983, 345 S. – *Dawnialidse,* David: R. M. und die Metamorphose des Romans. In: Kunst und Literatur 31 (1983), S. 809–815. – *Reis,* Gilbert: M.s Frage nach der Wirklichkeit. Königstein/Ts. 1983. – R. M. [Ed. Text + Kritik (1983), H. 21/22; Neufassg.] München ³1983. – R. M. und die kulturellen Tendenzen seiner Zeit. Internationales R.-M.-Sommerseminar 1982 im M.-Haus, Klagenfurt 16.–21. August. Hg. J. Strutz. München/Salzburg 1983, 185 S. – *Blasberg,* Cornelia: Krise und Utopie der Intellektuellen. Kulturkritische Aspekte in R. M.s Roman »Der Mann [...]«. Stuttgart 1984, 422 S. – *Großmann,* Bernhard: R. M.: Die Verwirrungen [...]. Interpretation. München 1984, 116 S. – *Hickman,* Hannah: R. M. & the culture of Vienna. London 1984, 203 S. – R. M. Literatur, Philosophie, Psychologie. Internationales R.-M.-Sommerseminar 1983 im M.-Haus, Klagenfurt 22.–27. August. Hg. J. Strutz/J. Strutz. München/Salzburg 1984, 242 S. – *Wicht,* Gérard: »Gott meint die Welt keineswegs wörtlich«. Zum Gleichnisbegriff in R. M. Roman »Der Mann [...]«. Bern/Frankfurt (M.) 1984, 249 S. – *Middell,* Eike: R. M.s »Der Mann [...]«. Annäherungen. In: Weimarer Beiträge (Berlin) 33 (1987), H. 6, S. 981–1003.

Stefan Zweig

ANMERKUNGEN UND ZITATNACHWEISE

1 Romain Rolland: [Vorwort zur ersten französischen Ausgabe der Novellen Stefan Zweigs »Amok«]. In: R. R.: Gesammelte Werke. Bd. 14. Moskau 1958, S. 509.

2 A. M. Gorki an I. W. Wolfson, 12. 11. 1926. In: Briefwechsel A. M. Gorkis mit ausländischen Schriftstellern. Gorki-Archiv, Bd. VIII. Moskau 1960, S. 43.

3 Maxim Gorki: Vorwort. In: Stefan Zweig: Gesammelte Werke in 12 Bänden. Bd. 1. Leningrad 1927, S. 7. Dt. in: Maxim Gorki – Stefan Zweig, Briefwechsel. Hg. Kurt Böttcher, Leipzig 1971 (RUB 456), S. 97f.

4 Maxim Gorki an Stefan Zweig, 18. September 1923. In: (s. Nachweis 2), S. 12.

5 A. W. Lunatscharski: Koryphäen der Intelligenz. In: Literaturnaja gaseta (Moskau), 14. 2. 1931.

6 Stefan Zweig: Triumph und Tragik des Erasmus von Rotterdam. Leipzig 1985, S. 35ff.

7 Stefan Zweig: Die Welt von gestern. Erinnerungen eines Europäers, Stockholm 1949, S. 76. Vgl. auch Kurt Böttcher: Nachwort. In: St. Z.: Die Welt von gestern. Berlin 1981, S. 461–504 (alle weiteren, nicht nachgewiesenen Zitate sind der Autobiographie »Die Welt von gestern« entnommen).

8 Stefan Zweig: Sigmund Freud. In: St. Z.: Die Heilung durch den Geist. Frankfurt (M.) 1952, S. 247, 259, 253.

9 Stefan Zweig: Abschied von Alexander Moissi. In: St. Z.: Europäisches Erbe. Hg. Richard Friedenthal. Frankfurt (M.) 1960, S. 228.

10 Ellen Key: Das Jahrhundert des Kindes. Berlin 1907, S. 87.

11 Siehe Nachweis 8, S. 249.

12 Romain Rolland an Stefan Zweig, 4. Mai 1915. In: R. R.: Journal des annees de guerre, 1914–1919. Paris 1952, S. 349. [dt. in R. R.: Das Gewissen Europas. [...] Bd. 1. Berlin 1963]

13 Stefan Zweig: Zeit und Welt. Gesammelte Aufsätze und Vorträge 1904–1940, Stockholm 1943, S. 316.

14 Stefan Zweig: Vorwort. In: St. Z.: Begegnungen mit Menschen, Büchern und Städten. Wien 1937.

15 Stefan Zweig: Autobiographische Notiz. In Hans Martin Elster: Deutsche Dichterhandschriften. Bd. 13. Dresden 1922, S. 9.
16 Friederike Zweig: Stefan Zweig, wie ich ihn erlebte. Berlin-Grunewald 1948, S. 89.
17 Pierre Paraf: Barbusse et ses amis. Avec des lettres unèdites. In: Lettres françaises, 4. – 10. 9. 1958, N. 737, S. 2.
18 Stefan Zweig: [Vorwort zu: Drei Dichter ihres Lebens]. In St. Z.: Essays. Auswahl 1925–1928. Leipzig 1985, S. 274.
19 Stefan Zweig: Einleitung. In: (s. Nachweis 8), S. 21.
20 Stefan Zweig: Geschichtsschreibung von morgen. In: (s. Nachweis 13), S. 303.
21 Stefan Zweig: Die Geschichte als Dichterin. In: (s. Nachweis 13), S. 374.
22 Stefan Zweig: Der europäische Gedanke in seiner historischen Entwicklung. In: (s. Nachweis 13), S. 325.
23 Ebd., S. 380.
24 Stefan Zweig: Marie Antoinette. Leipzig 1932, S. 327.
25 Siehe Nachweis 13, S. 381.
26 Ebd., S. 384.
27 Siehe Nachweis 18, S. 272–274.
28 Stefan Zweig: Vorwort. In: (s. Nachweis 8), S. 21.
29 Siehe Nachweis 6, S. 75.
30 Siehe Nachweis 13, S. 317.
31 Romain Rolland: Das Gewissen Europas. Tagebücher der Kriegsjahre 1914–1919. Bd. 3. Berlin 1974. S. 675.
32 Konstantin Fedin: Die Tragödie St. Zweigs. In: Aufbau 12 (1956), H. 11, S. 961.
33 Stefan Zweig: Anmerkung zu Joyce's Ulysses. In: (s. Nachweis 14), S. 447.
34 Stefan Zweig: Das Feuer. In: Ebd., S. 219.
35 Stefan Zweig: Jakob Wassermann. In: (s. Nachweis 9), S. 192.
36 Vgl. Stefan Zweig: Romain Rolland. Der Mann und das Werk. Frankfurt (M.) 1921, S. 107.
37 Ebd., S. 110–112.
38 Stefan Zweig: Briefwechsel Maxim Gorki – Stefan Zweig. Hg. K. Böttcher, Leipzig 1971, S. 50.
39 Stefan Zweig: Dostojewski. In: St. Z.: Essays. Ausw. 1907–1924. Leipzig 1985, S. 411.
40 Stefan Zweig: [Nachwort zu: Maxim Gorki: Erzählungen, Leipzig 1931]. In: (s. Nachweis 38), S. 92–95.
41 Stefan Zweig an Maxim Gorki, 26. 9. 1923. In: (s. Nachweis 38), S. 33.
42 Stefan Zweig an Maxim Gorki, 19. 12. 1926. In: (s. Nachweis 38), S. 50.
43 Bertolt Brecht: Schriften zur Literatur und Kunst, Berlin 1966, Bd. II, S. 61–62.
44 Stefan Zweig an Maxim Gorki, 10. 3. 1927. In: (s. Nachweis 38), S. 52.
45 Stefan Zweig an Maxim Gorki, 19. 12. 1926. In: (s. Nachweis 38), S. 50.
46 Stefan Zweig: Pour Ramuz. In: (s. Nachweis 9), S. 122.
47 Stefan Zweig: [Vorwort zu: Die Kette]. Zit. nach: Alfred Pfoser: Verwirrung der Gefühle als Verwirrung der Zeit. In: St. Z.: 1881–1981, Aufsätze und Dokumente. Hg. Dokumentationsstelle für neue österreichische Literatur in Zusammenarbeit mit dem Salzburger Literaturarchiv Zirkular (Wien) Sondernummer 2. Okt. 1981, S. 12.
48 Maxim Gorki: [Vorwort zur russischen Ausgabe der Erzählungen von St. Zweig (1927)]. In: (s. Nachweis 38), S. 99.

49 Theodor Reik, in: (s. Nachweis 47), S. 9.
50 Stefan Zweig: Kleine Chronik. Leipzig 1929, S. 91.
51 Stefan Zweig: Amok. Novellen einer Leidenschaft. Leipzig 1922, S. 219–220.
52 Vgl. Stefan Zweig: Geschichtsschreibung von morgen. In: (s. Nachweis 13), S. 319f.
53 Thomas Mann an die Wiener Arbeiterzeitung, 25. 10. 33. In: Die Welt von gestern. Berlin 1981, S. 495.
54 Stefan Zweig an die Redaktion der Neuen Deutschen Blätter, 9. 11. 1933. In: Ebd., S. 496. – Vgl. Neue Deutsche Blätter (Prag) 1 (1933/34), Nr. 3, S. 129–139.
55 Georg Lukacs: Essays über Realismus. Berlin 1948, S. 106.
56 Siehe Nachweis 13, S. 381.
57 Kurt Böttcher: Stefan Zweig und Die Welt von gestern. Diss. Jena 1951, S. 113.
58 Siehe Nachweis 6, S. 152

WERKE

Romane/Erzählungen: Die Liebe der Erika Ewald (Berlin 1904, N.); Erstes Erlebnis. Vier Geschn. aus Kinderland (Leipzig 1911, Nn.); Angst (Berlin 1920, 2., gekürzte Fassg. 1925, N.); Der Zwang (Leipzig 1920, N.); Amok (Leipzig 1922, N.); Die Augen des ewigen Bruders (Leipzig 1922, Leg.); Der Flüchtling. Episode vom Genfer See (Leipzig 1927, E.); Die unsichtbare Sammlung. Eine Episode aus der deutschen Inflation (Berlin 1927, Leipzig 1964, E.); Sternstunden der Menschheit (Leipzig 1927, erw. 1936; Stockholm 1945, Berlin 1974); Verwirrung der Gefühle (Leipzig 1927, Nn.); Kleine Chronik (Leipzig 1929, En.); Joseph Fouché. Bildnis eines politischen Menschen (Leipzig 1929, Berlin 1982, Nachw. J. Schreck, biogr. R.); Rahel rechtet mit Gott (Berlin 1930, Leg.); Marie Antoinette. Bildnis eines mittleren Charakters (Leipzig 1932, biogr. R.); Maria Stuart (Wien/Leipzig/Zürich 1935, biogr. R.); Ungeduld des Herzens (Stockholm/Amsterdam 1939, R.); Schachnovelle (Buenos Aires 1942); Fragment einer Novelle. Hg. E. Fitzbauer (Wien 1961, N.); Die Hochzeit von Lyon. Hg., Nachw. E. Fitzbauer (Wien 1980, N.); Rausch der Verwandlung. Roman aus dem Nachlaß (Frankfurt [M.] 1982, R.).
Dramen: Tersites (U. 1908 Dresden und Kassel, Leipzig 1907, Trsp.); Das Haus am Meer (U. 1912 Wien, Leipzig 1913, Sch.); Der verwandelte Komödiant (U. 1912, Leipzig 1913, Dr.); Jeremias (U. 1918 Zürich, Leipzig 1917, endgültige Ausg. 1928, Dr.); Legende eines Lebens (U. 1918 Hamburg, Leipzig 1919, Dr.); Volpone. Bearb. nach Ben Jonson (U. 1927 Wien, Potsdam 1926, K.); Das Lamm der Armen (U. 1930 an 4 Theatern: Breslau, Hannover, Lübeck, Prag; Leipzig 1929, Tragi-K.); Die schweigsame Frau (U. 1935 Dresden, Berlin 1935, Libr., Musik R. Strauß).
Lyrik: Silberne Saiten (Berlin 1901); Die frühen Kränze (Leipzig 1906).
Essays/Reden/Berichte/Autobiographisches: Erinnerungen an Emile Verhaeren (Wien 1917, Es.); Das Herz Europas. Ein Besuch im Genfer Roten Kreuz (Zürich 1918, Es.); Fahrten, Landschaften Städte (Leipzig/Wien 1919, G., Aufs. u. Rb.); Drei Meister. Balzac – Dickens – Dostojewski (Leipzig 1920, Ess.); Franz Masereel (Berlin 1923, Es., zus. mit A. Holitscher); Sainte-Beuve (Frankfurt [M.] 1923, Es.); Der Kampf mit dem Dämon. Hölderlin – Kleist – Nietzsche (Leipzig 1925, Ess.); Abschied von Rilke (Tübingen 1927, Rede); Drei Dichter ihres Lebens.

Casanova – Stendhal – Tolstoi (Leipzig 1928, Ess.); Die Reise nach Rußland (Wien 1928, Rb.); Die Heilung durch den Geist. Mesmer – Mary Baker-Eddy – Freud (Leipzig 1931, Ess.); Begegnungen mit Menschen, Büchern, Städten (Wien/Leipzig/Zürich 1937, Ess.); Brasilien. Ein Land der Zukunft (Stockholm 1941, Rb.); Die Welt von Gestern. Erinnerungen eines Europäers (Stockholm 1942, Berlin/Weimar 1981, Nachw. K. Böttcher); Tagebücher. Hg. K. Beck (Frankfurt [M.] 1984).

Monographien/Biographien: Verlaine (Berlin/Leipzig 1905, B.); Emile Verhaeren (Leipzig 1910, B.); Marceline Desbordes-Valmore. Das Lebensbild einer Dichterin (Leipzig 1920, überarb. Aufl. Leipzig 1927, Mon.); Romain Rolland. Der Mann und das Werk (Frankfurt [M.] 1921, 3., erw. Aufl. Frankfurt [M.] 1926, Mon.); Triumph und Tragik des Erasmus von Rotterdam (Wien 1934, Berlin 1980, Mon.); Castellio gegen Calvin oder ein Gewissen gegen die Gewalt (Wien/Leipzig/Zürich 1936, Mon.); Magellan. Der Mann und seine Tat (Wien/Leipzig/Zürich 1938, Berlin 1985, B.); Amerigo – Geschichte eines historischen Irrtums (Stockholm 1944); Balzac. Hg. R. Friedenthal (Stockholm 1946, Leipzig 1981, Mon.).

Briefe: S. Z. – Friederike Maria Zweig: Bw. 1912–1942. Hg. W. Schuh. (Bern 1951); S. Z. – Richard Strauss: Bw. Hg. W. Schuh (Frankfurt [M.] 1957); Unbekannte Briefe aus der Emigration an eine Freundin. Hg. G. Selden-Goth (Wien/Stuttgart/Basel 1964); Maxim Gorki – S. Z.: Bw. Hg. K. Böttcher (Leipzig 1971); Briefe an Freunde. Hg. R. Friedenthal (Frankfurt [M.] 1978).

Herausgaben: Balzac. Sein Weltbild aus den Werken. Einl. S. Z. (Stuttgart 1908); Nikolaus Lenau an Sophie Löwenthal. Nachw. S. Z. (Leipzig 1916); Jean Jaques Rousseau: Emil oder über die Erziehung. Bearb., Einl. S. Z. (Potsdam 1919); Paul Verlaines Ges. W. in zwei Bdn. Einl., Mitübers. S. Z. (Leipzig 1922); Sainte – Beuve: Literarische Porträts aus dem Frankreich des 18.–19. Jahrhunderts (Frankfurt [M.] 1923, 2 Bde.); Ein Brief von Wolfgang Amadeus Mozart an sein Augsburger Bäsle. Einl. S. Z. (Wien/Salzburg 1931).

Übersetzungen: Emile Verhaeren: Ausgew. Ge. Vorw. S. Z. (Berlin 1904); Archibald B. G. Russel: Die visionäre Kunstphilosophie des William Blake (Leipzig 1906); Emile Verhaeren: Helenas Heimkehr (Leipzig 1909); Emile Verhaeren: Ausgew. Ge. (Leipzig 1910); ders.: Drei Dramen (Leipzig 1910); ders.: Hymnen an das Leben. Vorw. S. Z. (Leipzig 1912); ders.: Rembrandt (Leipzig 1912); ders.: Ausgew. Ge. (Leipzig 1913); ders. Rubens (Leipzig 1913); Romain Rolland: Clérambault (Frankfurt [M.] 1922); Paul Verlaine: Ge. [Ausw.]. Nachw. S. Z. (Leipzig 1927); Henri Barbusse: Die Schutzflehenden (Zürich 1932); Luigi Pirandello: Man weiß nicht wie (Wien/Leipzig/Zürich 1935).

Sammel- und Werkausgaben: Kaleidoskop. Ges. erzählerische W. (Wien/Leipzig/Zürich 1936); Ges. W. in Einzelbdn. (Leipzig 1981 f.); Ges. W. in Einzelbdn. Hg. K. Beck (Frankfurt [M.] 1982/84: Rausch der Verwandlung, 1982, R.; Verwirrung der Gefühle, 1983, En.; Die schlaflose Welt. Aufs. u. Vortre. 1909–1941, 1983; Begegnungen mit Büchern. Aufs. u. Einln. 1902–1939, 1983; Rhythmen., 1983, Ü.; Der Amokläufer. En., 1984; Emile Verhaeren, B. u. Ess., 1984; Das Lamm der Armen, Drn., 1984; Das Geheimnis des künstlerischen Schaffens, Ess., 1984; Tagebücher, 1984); Baumeister der Welt. Balzac – Dickens – Dostojewski – Hölderlin – Kleist – Nietzsche – Casanova – Stendhal – Tolstoi (Wien/Leipzig/Zürich 1936, Ess.); Zeit und Welt. Hg. R. Friedenthal (Stockholm 1943, Aufs. und Vortre. 1904–1940); Europäisches Erbe. Hg. R. Friedenthal (Frankfurt [M.] 1960, Ess.); Im Schnee. Hg. E. Fitzbauer (Wien 1963); Nn. (Berlin/Weimar 1966,

2 Bde.); Silberne Saiten. Hg. R. Friedenthal (Frankfurt [M.] 1966, G. und Nachdn.); Die Monotonisierung der Welt [Ausw.] (Frankfurt [M.] 1976, Aufs. und Vortre.); Die Hochzeit von Lyon (Frankfurt [M.] 1980, En.); Menschen und Schicksale [Ausw.] (Frankfurt [M.] 1981, Ess.); Länder, Städte, Landschaften (Frankfurt [M.] 1981, G., Aufs. und Rbe.); Zeit und Welt (Frankfurt [M.] 1981, Ess.); Das Geheimnis des künstlerischen Schaffens (Frankfurt [M.] 1981, Ess.); Ess. [Ausw. 1907/24] Hg. D. Simon (Leipzig 1983); Ess. [Ausw. 1925/28] Hg. D. Simon (Leipzig 1983).

SEKUNDÄRLITERATUR

Bibliographien: Hünich, Fritz Adolf/Erwin *Rieger:* Bibliographie der Werke von St. Z. Dem Dichter zum 50. Geburtstag dargebracht. Leipzig 1931, 48 S. – *Klawiter,* Randolf, J.: St. Z. A bibliography. Chapel Hill 1964, 190 S. – St. Z. In: Bibliographische Kalenderblätter der Berliner Stadtbibliothek 1967, Folge 2, S. 55–62, 1981, Folge 11, S. 26–38. – *Siegel,* Rainer-Joachim: St. Z. – Ein Beitrag zur Bibliographie. In: Marginalien. Zeitschrift für Buchkunst und Bibliophilie (Berlin) 99. H., 1985/3. S. 55–71.

Zeitschrift: Blätter der St.-Z.-Gesellschaft. Wien: 1958ff.

Specht, Richard: St. Z. Ein Versuch eines Bildnisses. Leipzig 1927 [1928 Vorrede russ. Gesamtausg.], 48 S. – *Rieger,* Erwin: St. Z. Der Mann und das Werk. Berlin 1928, 231 S. – *Zech,* Paul: St. Z. Eine Gedenkschrift. Buenos Aires 1943, 43 S. – *Zweig,* Friderike M.: St. Z., wie ich ihn erlebte. Stockholm 1947, 43 S. – *Hellwig,* Hans: St. Z. Ein Lebensbild. Lübeck 1948, 114 S. – *Arens,* Hanns: St. Z. Sein Leben, sein Werk. Esslingen 1949, 239 S. (mit Beiträgen anderer). – *Firon,* Erich: St. Z. als Dramatiker. Diss. Wien 1950. – *Böttcher,* Kurt: St. Z. und die Welt von gestern. Diss. Jena 1951. – *Mertens,* Gérard M.: St. Z.s. biographical writings as studies of human types. Diss. Michigan 1951. – *Zohn,* Harry: St. Z. as a mediater in modern European Literature. Diss. Harvard 1952. – *Gschiel,* Martha: Das dichterische Werk St. Z.s. Diss. Wien 1953, 241 Bl. – *Lent,* Ingrid: Das Novellenwerk St. Z.s. Eine Stil- und Typenuntersuchung. Diss. München 1957. – *Welter,* Marie-Luise: Typus und Eros. Eine Untersuchung des Menschenbildes in den Novellen St. Z.s. Diss. Freiburg (Br.) 1957. – *Walker,* T. M.: St. Z. A study of his works. Diss. Belfast 1958. – *Wolff,* Gerhart: Die Geschichte und ihre künstlerische Bewältigung im Werk St. Z.s. Ein Beitrag zum Problem geschichtlicher Wortkunst. Diss. Bonn 1958, 284 Bl. – *Zweig,* Friderike M.: St. Z. Eine Bildbiographie. München 1961, 143 S. – dies.: Spiegelungen des Lebens. Wien/Stuttgart/Zürich 1964, 285 S. – *Dumont,* Robert: St. Z. et la France. Paris 1967, 430 S. – St. Z. Im Zeugnis seiner Freunde. Hg. Hanns Arens. München/Wien 1968, 292 S. – Der große Europäer St. Z. Hg., Einl. ders. München 1956, 384 S. – *Nedeljković,* Dragoljub-Dragan: Romain Rolland et St. Z. Affinités et influences littéraires et spirituelles. 1910–1914. Paris 1970, 390 S. – *Allday,* Elizabeth: St. Z. A critical biography. London 1972, 284 S. – *Prater,* Donald, A.: European of yesterday. A biography of St. Z. Oxford 1972. 390 S.; dt. St. Z. Das Leben eines Ungeduldigen. Frankfurt (M.) 1984, 422 S. [erw. u. rev. Ausg. der engl. Fassg.]. – *Rahnema,* Turag: Das Novellenwerk St. Z.s aus tiefenpsychologischer Sicht mit besonderer Berücksichtigung der Psychoanalyse S. Freuds. Diss. Salzburg 1972, 246 S. – *Dahlke,* Hans: Geschichtsroman und Literaturkritik im Exil. Berlin/Weimar 1976, S. 156–181. – *Dumont,* Robert: Le théâtre de S. Z. Paris 1976, 161 S.

– St. Z. Leben und Werk im Bild. Hg. Donald Prater/Volker Michels. Frankfurt (M.) 1981, 362 S. – St. Z. 1881/1981. Aufsätze und Dokumente. Hg. Dokumentationsstelle für neuere österr. Literatur, in Zusarb. mit dem Salzburger Literaturarchiv. Red. H. Lunzer/G. Renner. Wien 1981, 180 S. – *Strelka,* Joseph: St. Z. Freier Geist der Menschlichkeit. Wien 1981, 165 S. – *Cohen,* Rosi: Das Problem des Selbstmordes in St. Z.s Leben und Werk. Bern/Frankfurt (M.) 1982, 374 S. – *Kießling,* Wolfgang: Der Weg nach Petropolis: St. Z. In: Sinn und Form (Berlin) 35 (1983), S. 376–392. – St. Z. The World of yesterday's humanist today. Proceedings of the St. Z.-Symposium. Ed. M. Sonnenfeld. Albany 1983, 357 S.

Ernst Weiß

ANMERKUNGEN UND ZITATNACHWEISE

1 Ernst Weiß: Das Unverlierbare. In: E. W.: Das Unverlierbare, Berlin 1928, S. 374.
2 Ebd., S. 375.
3 Ernst Weiß über sich selbst. In: E. W.: Der zweite Augenzeuge und andere ausgewählte Werke. Hg., Einl. Klaus-Peter Hinze. Wiesbaden 1978, S. 20.
4 Ebd., S. 19.
5 Ernst Weiß: Die Kunst des Erzählens. In: (s. Nachweis 1), S. 237.
6 Ernst Weiß: Georg Letham, Arzt und Mörder. Berlin/Weimar 1982, S. 13.
7 Ebd., S. 105.
8 E. O. [Ernst Ottwald]: Irrtum und Leistung. In: Internationale Literatur (Moskau) 6 (1936), H. 8, S. 132.
9 Thomas Mann an Ernst Weiß, 22. 12. 1937. In: T. M.: Briefe 1937–1947. Berlin/Weimar 1963, S. 36f.
10 Hermann Kesten: Ernst Weiß, ein deutscher Erzähler. In: Internationale Literatur. Deutsche Blätter (Moskau) 9 (1939), H. 6, S. 116.
11 Karl Marx: Ökonomisch-philosophische Manuskripte. In: Karl Marx/Friedrich Engels: Werke. Ergänzungsband, Schriften, Manuskripte, Briefe bis 1844, Erster Teil. Berlin 1968, S. 550.
12 Willi Bredel: Ernst Weiß. In: Internationale Literatur. Deutsche Blätter 11 (1941), H. 3, S. 100.

WERKE

Romane/Erzählungen: Die Galeere (Berlin 1913, R.); Der Kampf (Berlin 1916, R., bearb. als: Franziska, Berlin 1919); Tiere in Ketten (Berlin 1918, R., bearb. 1922, 1930); Mensch gegen Mensch (München 1919, R.); Stern der Dämonen (München 1921, R.); Nahar (München 1922, R. [zweiter Teil von: Tiere in Ketten]); Die Feuerprobe (Berlin 1923, E., bearb. 1929); Atua (München 1923, En., enth: Franta Zlin, Die Verdorrten, Atua); Daniel (Berlin 1924, E.); Der Fall Vukobrankovics (Berlin 1924, Kriminalrep., als R. ausgegeben: Hamburg/Düsseldorf 1970); Hodin (Stuttgart 1923, E.); Männer in der Nacht (Berlin 1925, R.); Dämonenzug (Berlin 1928, En., enth: Stern der Dämonen, Die Verdorrten, Franta Zlin, Marengo, Hodin); Boëtius von Orlamünde (Berlin 1928, R.; Berlin/Weimar 1969, Nachw. A. Klein); Georg Letham, Arzt und Mörder (Wien 1931, Berlin/Weimar

1982, Nachw. D. Kliche, R.); Der Gefängnisarzt oder Die Vaterlosen (Leipzig/Mährisch-Ostrau 1934, R.); Der arme Verschwender (Amsterdam 1936, Berlin/Weimar 1967, Nachw. A. Klein, R.); Die Messe von Roudnice; Wer hat, dem wird gegeben (beide Moskau 1937, in: Das Wort); Der Verführer (Zürich 1938, R.); Ich, der Augenzeuge (Icking/München 1963, Berlin/Weimar 1973 [u. d. Originaltitel: Der Augenzeuge], Nachw. A. Klein, R.).
Dramen: Tanja (Berlin 1920); Olympia (Berlin 1923).
Lyrik: Das Versöhnungsfest (München 1920).
Essays: Das Unverlierbare (Berlin 1928).
Übersetzungen: M. Proust: Tage der Freuden (1926); Daudet: Tatarin von Tarascon (1928); J. M. Cain: Serenade in Mexiko (1938); Balzac: Oberst Chabert (1946).
Sammel- und Werkausgaben: Ges. W. Hg. P. Engel/V. Michels (Frankfurt [M.] 1982, 16 Bde.); Der zweite Augenzeuge u. a. ausgew. W. Hg., Einl. K.-P. Hinze (Wiesbaden 1978); Die Kunst des Erzählens. Essays, Aufsätze. Schriften zur Literatur (Frankfurt [M.] 1982).

SEKUNDÄRLITERATUR

Bibliographien: Hinze, Klaus-Peter: E. W. Bibliographie der Primär- und Sekundärliteratur. Hamburg 1977. – *Längle,* Ulrike: Nachträge und Ergänzungen zur Bibliographie von K.-P. Hinze. In: U. L.: E. W. Vatermythos und Zeitkritik [s. unten]. – *Wondrak,* Ernst: [s. unten].

Zeitschrift: W.-Blätter. Diskussionsforum und Mitteilungsorgan für die am Werk von E. W. Interessierten. Hg. P. Engel. Hamburg: 1 (1973) – (1978), Nr. 6/7, abgebrochen, neue Folge: 1983, Nr. 1.

Chytil, Jan: Einige Bemerkungen zum Werk von E. W. In: Weltfreunde. Konferenz über die Prager deutsche Literatur. Prag 1967, S. 271–278. – *Lattmann,* Dieter: Posthume Wiederkehr: E. W. – Arzt und Schriftsteller. In: D. L.: Zwischenrufe u. a. Texte. München 1967, S. 120–146. – *Wondrák,* Eduard: Einiges über den Arzt und Schriftsteller E. W. Mit einer autobiographischen Skizze von 1927 – E. W. über sich selbst – und dem Versuch einer Bibliographie der Werke von E. W. Icking/München 1968. – *Wollheim,* Mona: Begegnung mit E. W. Paris 1936–1940. Icking/München 1970. – *Elfe,* Wolfgang Dieter: Stiltendenzen im Werk von E. W. unter besonderer Berücksichtigung seines expressionistischen Stils. Ein Vergleich der drei Druckfassungen des Romans »Tiere in Ketten«. Bern/Frankfurt (M.) 1971. – *Pazi,* Margarita: Franz Kafka und E. W. In: Modern Austrian literature (Binghamton/N. Y.) 6 (1973), Nr. 3/4, S. 52–92. – *Wendler,* Wolfgang: Privatisierung des Exils. Die Romane von E. W. In: Die deutsche Exilliteratur 1933–1945. Stuttgart 1973, S. 245–252. – *Hinze,* Klaus-Peter: E. W. Bibliographie der Primär- und Sekundärliteratur. Hamburg 1977. – *Kliche,* Dieter: Der Versuch, einen politischen Roman zu schreiben. E. W.: »Der Augenzeuge«. In: Erfahrung Exil. Antifaschistische Romane 1933–1945. Analysen. Hg. S. Bock/M. Hahn. Berlin/Weimar 1979. – *Längle,* Ulrike: E. W., Vatermythos und Zeitkritik. Die Exilromane am Beispiel des »Armen Verschwenders«. Innsbruck 1981. – *Engel,* Peter: E. W. Eine Werkgeschichte. Frankfurt (M.) 1982. – Text + Kritik. Hg. H. L. Arnold. H. 76: E. W. München 1982.

Franz Kafka

ANMERKUNGEN UND ZITATNACHWEISE

1 Franz Kafka: Beschreibung eines Kampfes. Frankfurt (M.) 1954. (Sigle **BeK**)
2 Franz Kafka: Hochzeitsvorbereitungen auf dem Lande. Frankfurt (M.) 1953, S. 334.
3 Franz Kafka an Max Brod, 25. 10. 1923. In: F. K.: Briefe 1902–1924. Frankfurt (M.) 1958, S. 453. (Sigle **Briefe**)
4 Franz Kafka an Oskar Pollak, 27. 1. 1904. In: Ebd., S. 27
5 Franz Kafka an Max Brod, 5. 7. 1922. In: Ebd., S. 384.
6 Ludwig Börne: Spaziergänge eines Wiener Poeten. In: Börnes Werke in zwei Bänden. Hg. Helmut Bock/Walter Dietze. Weimar 1959. Bd. 1, S. 224, 223.
7 Franz Kafka an Max Brod, 12. 7. 1922. In: Briefe, S. 392.
8 Friedrich Engels: Revolution und Konterrevolution in Deutschland. In: Karl Marx/Friedrich Engels: Werke. Hg. Institut f. Marxismus-Leninismus beim ZK der SED. Bd. 8. Berlin 1960, S. 29–31. (Sigle **MEW**)
9 Friedrich Engels an Victor Adler, 11. 10. 1893. In: MEW. Bd. 39. Berlin 1968, S. 135.
10 Ebd.
11 Eindrucksvollstes Dokument dieses lebenslangen Konflikts ist der »Brief an den Vater«, den Kafka im November 1919 zur Klärung und Rechtfertigung seiner Position schrieb, jedoch niemals seinem Adressaten übermittelte. Er ist aufgenommen in den Band »Hochzeitsvorbereitungen auf dem Lande« (s. Nachweis 2, S. 162–223).
12 Hugo von Hofmannsthal: Ein Brief. In: H. v. H.: Ausgewählte Werke. Hg. Eike Middell. Leipzig 1975, S. 99.
13 Ebd., S. 108.
14 Siehe das Kapitel »Bisher unbekannte Arbeiten Kafkas«. In: Klaus Wagenbach: Franz Kafka. Eine Biographie seiner Jugend 1883–1912. Bern 1958; sowie: Franz Kafka: Amtliche Schriften. Hg. Klaus Hermsdorf. Berlin 1984.
15 Max Brod: Über Franz Kafka. Frankfurt (M.) 1966, S. 76.
16 Franz Kafka: Amerika. Frankfurt (M.) 1953, S. 304.
17 Gleichsam eine Vorstufe zu »Das Urteil« und dem Romanentwurf »Der Prozeß« ist die Tagebuchnotiz vom 20. 12. 1910: »Womit entschuldige ich die gestrige Bemerkung über Goethe [...]? Mit nichts. Womit entschuldige ich, daß ich heute noch nichts geschrieben habe? Mit nichts [...] Ich habe immerfort eine Anrufung im Ohr: ›Kämest du, unsichtbares Gericht!‹« (Tagebücher. 1910–1923. Frankfurt [M.] 1951, S. 31). Auf die Konzeption der Erzählung »Die Verwandlung« deutet voraus eine Partie im Romanfragment »Hochzeitsvorbereitungen auf dem Lande« (e. um 1907), dessen Held sich wünscht, einer unangenehmen Reise durch Persönlichkeitsspaltung zu entgehen. Er will nur seinen »angekleideten Körper« auf die Reise schicken, selbst aber zu Hause bleiben. Dieses körperlose Ich erscheint ihm in seinem Wunschtraum in der »Gestalt eines großen Käfers«. »Ich stellte es dann so an, als handle es sich um einen Winterschlaf, und ich preßte meine Beinchen an meinen gebauchten Leib.« (S. 11–12).
18 Franz Kafka: Erzählungen. Frankfurt (M.) 1946. (Sigle **En**)
19 Franz Kafka: Tagebücher. 1910–1923. Frankfurt (M.) 1951, S. 448.

20 Franz Kafka: Der Prozeß. Frankfurt (M.) 1953. (Sigle **Pro**)
21 Franz Kafka an Max Brod, Ende Dezember 1917. In: Briefe, S. 216.
22 Friedrich Engels an Laura Lafargue, 18. 9. 1893. In: MEW. Bd. 39, S. 122.
23 Charles E. Butler: Follow me Ever (1950). In: Hermann Broch: Schriften zur Literatur 1: Kritik. Kommentierte Werkausgabe. Bd. 9,1. Hg. Paul Michael Lützeler, S. 412.
24 Vgl. dazu die Briefe Kafkas an den Verlag Kurt Wolff vom Oktober 1915 und August 1916. In: Briefe, S. 134, 147.
25 Franz Kafka an Kurt Wolff, 11. 10. 1916. In: Briefe, S. 150.
26 Siehe Nachweis 2, S. 46.
27 Tagebuchnotiz vom März 1914. In: (s. Nachweis 19), S. 368.
28 Franz Kafka an Felice Bauer, 1. 10. 1917. In: F. K.: Briefe an Felice und andere Korrespondenz aus der Verlobungszeit. Hg. Erich Heller/Jürgen Born. Frankfurt (M.) 1976, S. 756.
29 Franz Kafka an Max Brod, Mitte November 1917. In: Briefe, S. 194f.
30 Ebd., S. 195.
31 Tagebuchnotiz vom 25. 9. 1917. In: (s. Nachweis 19), S. 534.
32 Franz Kafka an Felice Bauer, 1. 10. 1917. In: (s. Nachweis 28), S. 755.
33 Vgl. dazu etwa Kafkas Polemik gegen Theodor Taggers (spät. Pseudonym Ferdinand Bruckner) »Das neue Geschlecht« (Tagebuch vom 25. 9. 1917) und die Auseinandersetzung mit Werfels Trauerspiel »Schweiger« in den Briefen an Brod und Werfel vom Dezember 1922 (Briefe, S. 423ff.).
34 Franz Kafka an Elli Hermann, Herbst 1921. In: Briefe, S. 339.
35 Thomas Mann: Verjüngende Bücher. In: T. M.: Die Forderung des Tages. Reden und Aufsätze aus den Jahren 1925–1929. Berlin 1930, S. 244.
36 Thomas Mann: Doktor Faustus. Gesammelte Werke. Bd. 6. Berlin 1955, S. 665.
37 Elias Canetti: Der andere Prozeß. Kafkas Briefe an Felice. In: E. C.: Zwiesprache 1931–1976. Berlin 1980, S. 494.
38 Martin Walser: Arbeit am Beispiel. Über Franz Kafka. In: M. W.: Was zu bezweifeln war. Aufsätze und Reden 1958–1975. Berlin/Weimar 1976, S. 306f.
39 Walter Heist: Auf der schiefen Ebene. In: Die Literatur (Stuttgart) 1 (1952), Nr. 15, S. 4.
40 Ebd.
41 Bertolt Brecht: Geziemendes über Franz Kafka. In: B. B.: Schriften zur Literatur und Kunst. Bd. 1. Berlin/Weimar 1966, S. 80.
42 Bertolt Brecht: [Über die Moderne tschechische Literatur]. In: Ebd. Bd. 2, S. 231.

WERKE

Romane/Erzählungen: Betrachtung (Leipzig 1913); Der Heizer. Ein Fragment (Leipzig 1913); Das Urteil. Eine Geschichte (Leipzig 1913, in: Arkadia. Ein Jahrbuch für Dichtkunst. Hg. Max Brod); Die Verwandlung (Leipzig 1916); In der Strafkolonie (Leipzig 1919); Ein Landarzt. Kleine En. (München/Leipzig 1919); Ein Hungerkünstler. Vier Geschichten (Berlin 1924); Der Prozeß. Roman (Berlin 1925); Das Schloß. Roman (München 1926); Amerika (Der Verschollene). Roman (München 1927, Berlin/Weimar 1967); Beim Bau der Chinesischen Mauer. Ungedruckte Erzählungen und Prosa aus dem Nachlaß (Berlin 1931); Vor dem Gesetz (Berlin 1934, Zusgest. H. Politzer [enth. u. a.: Der Gruftwächter, szen. Fragm.]); Beschreibung eines Kampfes. Nn., Skn., Aphorismen aus dem Nachlaß

(Prag 1936); Hochzeitsvorbereitungen auf dem Lande und andere Prosa aus dem Nachlaß (Frankfurt [M.] 1953).
Autobiographisches/Briefe: Tagebücher und Briefe (Prag 1937); Tagebücher 1910–1923 (Frankfurt [M.] 1951); Briefe an Milena (Frankfurt [M.] 1952); Briefe 1902–1924 (Frankfurt [M.] 1958); Briefe an Felice und andere Korrespondenz aus der Verlobungszeit (Frankfurt [M.] 1967, Leipzig 1983); Briefe an Ottla und die Familie (Frankfurt [M.] 1974).
Sammel- und Werkausgaben: Ges. Schrn. Hg. M. Brod, in Gemeinschaft mit H. Politzer (Berlin/Prag 1935/37, 6 Bde.); Ges. Schrn. Hg. M. Brod (New York 1946/54, 10 Bde.); Ges. W. Hg. ders. (Frankfurt [M.] 1950/58, 9 Bde.); Schrn., Tagebücher, Br. Krit. Ausg. Hg. J. Born/G. Neumann/M. Pasley/J. Schillemeit (Frankfurt [M.] 1983f.; bisher erschienen: Das Schloß, 2 Bde.; Der Verschollene, 2 Bde.); En. Der Prozeß. Das Schloß (Berlin/Weimar 1965); Sämtl. En. Hg. P. Raabe (Frankfurt [M.] 1970); En. (Leipzig 1977); Die Aeroplane von Brescia u. a. Texte. Nachw. R. Lettau (Frankfurt [M.] 1977); Beim Bau der Chinesischen Mauer. Prosa und Betrachtungen aus dem Nachlaß (Weimar ³1979); Das Schloß. In der Fassg. der Hs. (Frankfurt [M.] 1982); Über das Schreiben. Hg. E. Heller/J. Beug (Frankfurt [M.] 1983); Das erzählerische Werk. Hg. K. Hermsdorf (Berlin/Weimar 1983, Bd. 1: En., Aphorismen, Brief an den Vater; Bd. 2: Der Verschollene. Der Prozeß. Das Schloß); Amtliche Schriften. Hg. K. Hermsdorf (Berlin 1984).

SEKUNDÄRLITERATUR

Bibliographien: Dietz, Ludwig: F. K. Stuttgart 1975. – K.-Handbuch. Hg. Hartmut Binder, unter Mitarb. zahlr. Fachwissenschaftler. Stuttgart 1979. – *Dietz,* Ludwig: F. K. Die Veröffentlichungen zu seinen Lebzeiten (1908–1924). Eine textkrit. u. komm. Bibliographie. Heidelberg 1982.

Brod, Max: F. K. Eine Biographie. Prag 1937 (vom Verf. neu durchges. 6. Aufl. in: M. B.: Über F. K. Frankfurt [M.] 1966). – *Anders,* Günther: F. K. Pro und Contra. München 1951. – *Beißner,* Friedrich: Der Erzähler F. K. Stuttgart 1952. – *Walser,* Martin: Beschreibung einer Form. Diss. Tübingen 1952, München 1961. – *Benjamin,* Walter: F. K. In: W. B.: Schriften, Bd. 2 Frankfurt (M.) 1955. – *Weiskopf,* Franz Carl: F. K. und die Folgen. In: F. C. W.: Literarische Streifzüge. Berlin 1956. – *Reimann,* Paul: Die gesellschaftliche Problematik in K.s Romanen. In: Weimarer Beiträge (Weimar) (1957), H. 4, S. 598–618, – *Emrich,* Wilhelm: F. K. Bonn 1958, ⁶1970. – *Lukács,* Georg: F. K. oder Thomas Mann. In: G. L.: Wider den mißverstandenen Realismus. Hamburg 1958, S. 49–96. – *Wagenbach,* Klaus: F. K. Eine Biographie seiner Jugend. Bern 1958. – *Hermsdorf,* Klaus: K. Weltbild und Roman. Berlin 1961, ³1978. – *Richter,* Helmut: F. K. Werk und Entwurf. Berlin 1962. – *Mittenzwei,* Werner: Brecht und K. In: Sinn und Form (Berlin) 15 (1963) H. 4, S. 618–625. – *Kurella,* Alfred: Der Frühling, die Schwalben und F. K. In: Sonntag (Berlin) 18 (1963) Nr. 31, S. 10–12. – *Sokel,* Walter H.: F. K. Tragik und Ironie. Zur Struktur seiner Kunst. München 1964. – *Wagenbach,*Klaus: F. K. in Selbstzeugnissen und Bilddokumenten. Reinbek bei Hamburg 1964. – F. K. aus Prager Sicht 1963. Prag 1965. – *Benjamin,* Walter: Gespräche mit Brecht. Svendborger Notizen. In: W. B.: Versuche über Brecht. Frankfurt (M.) 1966. – *Politzer,* Heinz (Hg.): F. K. Darmstadt 1973. – *Hermsdorf,* Klaus: Anfänge der K.-Rezeption in der sozialistischen deutschen Literatur. In: Weimarer Beiträge (Berlin) 24 (1978) H. 9, S. 45–69. – *Politzer,* Heinz: F. K. der Künstler. Frankfurt (M.) 1978 (1. Aufl. 1965). – *Born,* Jürgen (Hg.): F. K. Kritik und Rezeption zu seinen Lebzeiten. 1912–1924. Frankfurt (M.) 1979. – *Binder,* Hartmut/Jan *Parik*: K. Ein Leben in Prag. München 1982. – *Unseld,* Joachim: F. K.: Ein Schriftstellerleben. Die Geschichte seiner Veröffentlichungen. München 1982 [Mit einer Bibliographie Sämtl. Drucke u. Ausgn., 1908/24]. – *Born,* Jürgen (Hg.): F. K. Kritik und Rezeption 1924–1938. Frankfurt (M.) 1983. – *Hackermüller,* Rotraut: Das Leben, das mich stört. Eine Dokumentation zu K.s letzten Jahren 1917/24. Wien/[W.-]Berlin 1984, 168 S. – *Almási,* Miklós u. a.: F. K. Nachwirkungen eines Dichters. München 1984, 88 S. – Der junge K. Hg. Gerhard Kurz. Frankfurt (M.) 1984, 253 S. – *Rubinstein,* Hilde: Vergoldete Karjatiden ... Notizen zu K. In: Sinn und Form (Berlin) 36 (1984), S. 405–410. – *Schiller,* Dieter: Kunst als Lebensäußerung. Zum Problem Künstler und Öffentlichkeit in F. K.s letzten Lebensjahren. In: Zeitschrift für Germanistik (Leipzig) 5 (1984), S. 284–296.

Egon Erwin Kisch

ANMERKUNGEN UND ZITATNACHWEISE

1 Dies wurde ihm bereits 1913 in einer tschechischen Zeitung bescheinigt. Vgl. Paul Reimann: Egon Erwin Kisch. In: P. R.: Von Herder bis Kisch. Berlin 1961, S. 138.

2 Nennenswerte Vertreter dieser Literatur sind u. a. Max Winter, Maria Leitner und Heinrich Holek. Nicht zu unterschätzen sind ferner Parallelen von Kischs Schaffen zu entsprechenden weltliterarischen (z. B. Reed) und bürgerlich-fortschrittlichen Traditionen (z. B. Polgar).

3 Kisch an Antonín Macek, 14. April 1914. In: Paul Reimann (s. Nachweis 1), S. 263.

4 Egon Erwin Kisch: Gesammelte Werke in Einzelausgaben. Hg. Bodo Uhse/Gisela Kisch, ab Bd. 8: Fritz Hofmann/Josef Poláček. Berlin/Weimar 1960/85 (10 Bde.). (Sigle **GW**)

5 Vgl. Zoltán Fábry: A háború vádkönyvei. In: Z. F.: Valóságirodalom. Bratislava 1967, S. 180f.

6 Brief an die Mutter vom 20. Juni 1917. In: Egon Erwin Kisch: Briefe an den Bruder Paul und an die Mutter 1905–1936. Hg. Josef Poláček. Berlin 1978, S. 136.

7 F. C. Weiskopf: Anekdote. In: Kisch-Kalender. Hg. F. C. Weiskopf. Berlin 1955, S. 38.

8 Hermann Bahr schrieb damals ins Tagebuch: »Beinahe wäre Kisch Präsident der österreichischen Republik geworden. Wäre vielleicht nicht einmal das Schlimmste gewesen.« Zit. nach: Hugo Huppert: Poet der Reportage. In: Kisch-Kalender (s. Nachweis 7), S. 18.

9 Lunatscharskis Kritik zu »Zaren, Popen, Bolschewiken« erschien am 8. Juli 1929 in »Literaturnaja gazeta«.

10 Eduard Claudius: Ruhelose Jahre. Halle 1968, S. 23f.

11 Kischs Beziehungen zu der Zeitschrift der ungarischen Emigration in Mexiko, »Szabad Magyarság«, wo auch bisher unbekanntes Material vom ihm veröffentlicht wurde, verdienen eine selbständige Analyse.

12 Vgl. Heinrich Mann: Kisch, der Entdecker Mexikos. In: Kisch-Kalender (s. Nachweis 7), S. 83–87
13 Egon Erwin Kisch: Der rasende Reporter. Berlin 1925, S. 9. (In GW 5 ist die Stelle in der »Nachbemerkung«, S. 659, enthalten.)
14 Ebd., S. 340–342. In GW 5 – mit Hinweis darauf, daß es u. d. T. »Perverses Vorspiel« im Band »Marktplatz der Sensationen« vorkommt – nicht enthalten.
15 GW 7, S. 301–311.
16 Vgl. Günter Queisser: Die Komposition der Kisch-Reportage. Leipzig 1963. Diss. S. 144.
17 Dieter Schlenstedt: Egon Erwin Kisch. Leben und Werk. Berlin 1968, S. 93.
18 GW 5, S. 494–498.
19 Zur Rolle des Clowns in der Literatur der Epoche vgl. Milós Szabolcsi: A clown mint a müvész önarchépe. Budapest 1974.
20 GW 7, S. 162–172.
21 Vgl. Sprachthematik in der österreichischen Literatur des 20. Jahrhunderts. Hg. Institut für Österreichkunde. Wien 1974; János Szabó: Zur Sprachauffassung von Karl Kraus. In: Acta Literraria (Budapest) 21 (1979), S. 323–339.
22 Vgl. beispielsweise: GW 5, S. 625, und GW 2/1, S. 309.
23 Egon Erwin Kisch: Vom Kleinseitner Deutsch und vom Prager Schmock. In: GW 2/1, S. 469–477.
24 Eine köstliche Parodie auf Karl Kraus' Selbstbespiegelung leitet die Darstellung der Abenteuer Kischs als Statist ein: »Meine Tätigkeit als Statist wird von der Kritik in der hartnäckigsten Weise ignoriert. Da ich aber nicht willens bin, mir gefallen zu lassen, daß meine Zugehörigkeit zur dramatischen Kunst in Böhmen und meine Teilnahme an ihrem Aufschwunge von gehässigen Federn totgeschwiegen wird, so will ich sie selbst hier für die Ewigkeit verzeichnen.« (GW 2/1, S. 166.)
25 Zum Beispiel: GW 3, S. 15.
26 Lion Feuchtwanger: Egon Erwin Kisch. In: Kisch-Kalender (s. Nachweis 7), S. 8.

WERKE

Reportagen: Aus Prager Gassen und Nächten (Prag 1912); Prager Kinder (Prag 1913); Die Abenteuer in Prag (Wien/Prag/Leipzig 1920); Der Fall des Generalstabschefs Redl (Berlin 1924); Der rasende Reporter (Berlin 1925 [Ausland 1924]); Hetzjagd durch die Zeit (Berlin 1926); Wagnisse in aller Welt (Berlin 1927); Zaren, Popen, Bolschewiken (Berlin 1927); Kriminalistisches Reisebuch (Berlin 1927); Egon Erwin Kisch beehrt sich darzubieten: Paradies Amerika (Berlin 1930 [Ausland 1929]); Egon Erwin Kisch berichtet: Asien gründlich verändert (Berlin 1932); Egon Erwin Kisch berichtet: China geheim (Berlin 1933); Eintritt verboten (Paris 1934); Abenteuer in fünf Kontinenten (Moskau u. Paris 1936); Landung in Australien (Amsterdam 1937); Soldaten am Meeresstrand (Barcelona/Madrid 1937); Die drei Kühe (Madrid 1938); Entdeckungen in Mexiko (Mexiko 1945).
Romane/Erzählungen/Historische Skizzen/Autobiographisches/Tagebuch: Der freche Franz und andere Geschichten (Berlin 1906, En.); Der Mädchenhirt (Berlin 1914, R.); Soldat im Prager Korps (Leipzig/Prag 1922, Tgb.; u. d. T.: Schreib das auf, Kisch!, Berlin 1930); Prager Pitaval. Historische Kriminalfälle aus Böhmen (Berlin 1931); Geschichten aus sieben Ghettos (Amsterdam 1934, Humoresken); Sensation Fair

(New York 1941; u. d. T.: Marktplatz der Sensationen. Mexico 1942, Aut.); Karl Marx in Karlsbad (Berlin 1953, Skn.).
Politische Schriften: Sieben Jahre Justizskandal Max Hoelz (Berlin 1928, Pamphlet); Über die Hintergründe des Reichstagsbrandes (antifaschistische Tarnschrift u. d. T. Der Führer. 1933); Herrn Kisch's Message From the World Committee to the Australian Workers (Rede 1934).
Lyrik: Vom Blütenzweig der Jugend (Dresden 1904).
Dramen: Die gestohlene Stadt (Berlin 1922, K.); Die Himmelfahrt der Galgentoni (1924, K.); Die Hetzjagd (1926, Tragik.); Die Moldauschiffer. Reise von Prag nach Bratislava in 365 Tagen (Berlin 1929, K. zus. mit Jaroslav Hašek; später u. d. T. Die Reise um Europa in 365 Tagen).
Herausgaben: Klassischer Journalismus. Die Meisterwerke der Zeitung (Berlin 1923); Max Hoelz: Briefe aus dem Zuchthaus (Berlin 1927).
Sammel- und Werkausgaben: Ges. W. in Einzelausg. Hg. B. Uhse/G. Kisch, ab Bd. 8: F. Hofmann/J. Poláček. (Berlin/Weimar 1960–1985, 10 Bde.); Nichts ist erregender als die Wahrheit: Reportagen aus 4 Jahrzehnten. Hg. W. Schmieding (Köln 1979, 2 Bde.); Briefe an den Bruder Paul und an die Mutter. 1905–1936. Hg., Nachw. J. Poláček, Mitarb. F. Hofmann (Berlin/Weimar 1978).

SEKUNDÄRLITERATUR

K.-Kalender. Hg. F. C. Weiskopf. Berlin 1955. – *Utitz,* Emil: E. E. K. Der klassische Journalist. Berlin 1956. – *Forbáth,* Imre: E. E. K., a riporter, a müvész, a jóbarát. [E. E. K., der Reporter, der Künstler, der gute Freund]. In: Korunk (Cluj) 15 (1958), 6. S. 830–836. – *Reimann,* Paul: E. E. K. In: P. R.: Von Herder bis K. Berlin 1961, S. 130–149. – *Ruffy,* Péter: E. E. K. In: Kortárs (Budapest) 6 (1962) 10, S. 1549–1556. – *Queisser,* Günter: Die Komposition der K.-Reportage. Diss. Leipzig 1963. – *Poláček,* Josef: Der junge K. In: Philologica Pragensia (Prag) 8 (1965), S. 26–45 und 9 (1966), S. 236–252. – ders.: E. E. K. 1914–1920. Bausteine einer Biographie. In: Philologica Pragensia 10 (1967), S. 129–146. – *Schlenstedt,* Dieter: Egon Erwin Kisch: Leben und Werk. Berlin 1968, 102 S. – *Poláček,* Josef: E. E. K. über Karl Kraus. In: Literatur und Kritik (Salzburg) 5 (1970), Nr. 41, S. 21–36. – *Siegel,* Christian Ernst: E. E. K. Reportage und politischer Journalismus. Bremen 1973 [Bibliographie S. 319–377]. – *Uhse,* Bodo: E. E. K. – Werk und Leben. In: E. E. K. Ges. W. in Einzelausg. Bd. 1. Berlin/Weimar ³1976, S. 5–27. – *Gábor,* Andor: Brieflich gesprochen. In: A. G.: Gespenster bei Sonnenlicht. Halle/Leipzig 1979, 260–266. – Text + Kritik. Hg. H. L. Arnold. H. 67: E. E. K. München 1980, 63 S. – *Veselá-Duchàčková,* Gabriela: E. E. K. In: Exil und Asyl. Autorenkoll., Leitung M. Beck/Jiří Veselý. Berlin 1981, S. 202–216. – *Schanne,* Karin: Anschläge. Der rasende Reporter E. E. K. Stuttgart 1983, 205 S. – *Schlenstedt,* Dieter: Sachlichkeit, Wahrheit, soziales Gefühl. Die Reportage E. E. K.s zwischen Ende der 20er und Mitte der 30er Jahre. In: Wer schreibt handelt. Hg. S. Schlenstedt. Berlin/Weimar 1983, S. 575–583. – *Steinmetz,* Hans-Dieter: »Sollte ich ihn jetzt fallen lassen?« E. E. K.s publizistische Hilfe für Karl May. In: Mitteilungen der Karl-May-Gesellschaft (Hamburg) 16 (1984), H. 62, S. 7–22. – *Schlenstedt,* Dieter: E. E. K. Leben und Werk. Berlin 1985, 461 S.

Hermann Broch

ANMERKUNGEN UND ZITATNACHWEISE

1 Zitatnachweise im Text, nach folgenden Ausgaben: Ges. W. in 10 Bdn. Zürich 1952/61 (Sigle **GW**); Kommentierte Werkausgabe in 13 Bdn. Frankfurt (M.) 1976/81 (Sigle **KW**).
2 Vgl. H. Broch: Autobiographie als Arbeitsprogramm (KW 10/2, 195ff.).
3 Vgl. Hannah Arendt, in: GW 6, 6.
4 Heinrich Heine: Die romantische Schule. In: H. H. Säkularausgabe. Bd. 8. Berlin/Paris 1972, S. 8.
5 Es handelt sich um folgende Essays: Leben ohne platonische Idee (1932); Zur Geschichte der Philosophie (etwa 1932); Das Unmittelbare in Philosophie und Dichtung (etwa 1932); Die Kunst am Ende einer Kultur (1933); Neue religiöse Dichtung (1933); Denkerische und dichterische Erkenntnis (1933); Theologie, Positivismus und Dichtung (etwa 1934); Erwägungen zum Problem des Kulturtodes (1936); James Joyce und die Gegenwart (1936) – enthalten in: KW 9/1, 9/2 und 10/1.
6 Hermann Broch an Frank Thieß, 12. 9. 1929. In: GW 8, 13.
7 Als Paul Fechter, Rezensent der Deutschen Allgemeinen Zeitung, am 14. 1. 1931 über den später immer wieder festgestellten Fontaneschen Stil des ersten Romans schrieb, äußerte Broch in einem Brief an Daniel Brody darüber: »[...] zu meiner Schande muß ich beschwören, daß ich niemals Fontane gelesen habe.« (GW 8, 45) Den Einfluß von Dos Passos und James Joyce auf seine Schreibweise hat der Autor nicht geleugnet. (Vgl. GW 8, 52ff.).
8 Johann Wolfgang Goethe: Wilhelm Meisters Lehrjahre. Achtes Buch. Fünftes Kapitel. In: J. W. G.: Poetische Werke. Romane und Erzählungen. Bd. 2. Berlin/Weimar 1976. S. 576 (Berliner Ausgabe, Bd. 10).
9 Johann Wolfgang Goethe: Faust. Prolog im Himmel. In: J. W. G.: Poetische Werke. Dramatische Dichtungen. Bd. 4. Berlin/Weimar 1973. S. 157 (Berliner Ausgabe, Bd. 8).
10 Hermann Broch an Willa Muir, 20. 10. 1934. In: GW 10, 358.
11 Hermann Broch an Stefan Zweig, 26. 2. 1936. In: KW 13/1, 391.
12 »Das Ringen der Werte« ist das erste Buch von Alfred Rosenbergs »Der Mythus des 20. Jahrhunderts« betitelt.
13 Vgl. Theodor Haecker: Vergil, Vater des Abendlandes. Leipzig 1931.
14 Vgl. Hildebrecht Hommel: Vergils »messianisches« Gedicht. In: Wege zu Vergil. Hg. H. Oppermann. Darmstadt 1976, S. 368–425.
15 Das vierte Element heißt in den griechischen Kosmogonien üblicherweise »Luft«. In Platons »›Philolaos‹-Fragment, in der ›Epinomis‹ und wahrscheinlich in den Dialogen von Aristoteles, insbesondere aber in seiner Schrift ›Über die Philosophie‹ erscheint Äther als *quinta essentia*, ein Element, welches von den anderen vier getrennt und verschieden ist. [...] Aristoteles sieht in ›Äther‹ den Ausdruck, mit dem die ersten Menschen die Göttlichkeit bezeichneten.« Historisches Wörterbuch der Philosophie. Hg. Joachim Ritter. Bd. 1: A–C. Darmstadt 1971, Sp. 599.
16 Vgl. Zsuzsa Széll: Ichverlust und Scheingemeinschaft. Budapest 1979.
17 Heinz D. Osterle: Produktive Irrtümer in der Brochforschung. In: Modern Austrian literature (Binghamton, N. Y.) 13 (1980), No. 4, S. 194.

WERKE

Romane/Erzählungen: Die Schlafwandler (Zürich 1931/32, R.-Tril., Bd. 1: Pasenow oder Die Romantik 1888, Bd. 2: Esch oder Die Anarchie 1903, Bd. 3: Huguenau oder Die Sachlichkeit 1918, Berlin 1986); Die unbekannte Größe (Berlin 1933, R., Neuausg. Zürich 1961 [mit Bibliographie]); Der Tod des Vergil (New York 1945, dt.: Der Tod des Vergil. Romandichtung. Zürich 1947, Berlin 1978); Die Schuldlosen. Roman in elf Erzählungen (Zürich 1950); Bergroman (erste abgeschlossene Fassung 1933/35, 2. Fassg. unabgeschlossen durch Verhaftung und Emigration, 3. Fassung 1950 begonnen; textkritische Ausg. der drei Originalfassgn. u. d. T.: Bergroman. Hg. F. Kress/H. A. Meyer. Frankfurt (M.) 1969, 4 Bde., andere, z. T. nicht textidentische Ausg.: Der Versucher. Zürich 1953 [Ges. W., Bd. 4]; Demeter (Frankfurt [M.] 1967); Die Verzauberung. Frankfurt (M.) 1976 [Komm.-W., Bd. 3]).
Lyrik: Ge. (Zürich 1953 [Ges. W. Bd. 1]); Die Heimkehr (Frankfurt [M.]/Hamburg 1962).
Dramen/Hörspiele: Die Totenklage [auch: Die Entsühnung] (1933, u. d. T.: Denn sie wissen nicht, was sie tun, U. 1934, Dr.; als Hsp.: Die Entsühnung, Einl. E. Schönwiese. Zürich 1961); Aus der Luft gegriffen oder Die Geschäfte des Herrn Laborde (1934); Die Heimkehr des Vergil (1936, Radiosk.).
Essays/Vorträge/Abhandlungen: Das Weltbild des Romans (1933, Zürich 1955, in: Dichten und Erkennen. Hg. H. Arendt); Das Böse im Wertsystem der Kunst (1934, Frankfurt [M.] 1960, in: Der goldene Schnitt. Große Essayisten der Neuen Rundschau); Geist und Zeitgeist (1934, Zürich 1961, in: Die unbekannte Größe; Neuausg. Frankfurt (M.) 1962, in: Die Heimkehr. Prosa und Lyrik. Hg. H. Binde); James Joyce und die Gegenwart. Rede zu J.s fünfzigsten Geburtstag (Wien 1936, Neuausg. 1971); Geschichtsmystik und künstlerisches Symbol (1936, Es.); The style of the Mythical Age (New York 1947, Zürich 1955, in: Dichten und Erkennen.); Einige Bemerkungen zum Problem des Kitsches (1950/51, Zürich 1955, in: Dichten und Erkennen.); Hofmannsthal und seine Zeit (München 1964); Dichten und Erkennen (Zürich 1955, Es.); Massenpsychologie (Zürich 1959, [Ges. W. 9]).
Mitverfasser: Frank Thiess: Wiedergeburt der Liebe. Die unsichtbare Revolution (Wien 1931, zus. mit H. Blüher u. a.); Patmos. Zwölf Lyriker. Hg. E. Schönwiese (Wien 1935).
Sammel- und Werkausgaben: Ges. W. (Zürich 1952/61, 10 Bde., Neuaufl. 1968, Bd. 1: Ge. Hg., Einl. H. Kahler, 1953; Bd. 2: Die Schlafwandler. Eine Romantrilogie, 1952; Bd. 3: Der Tod des Vergil, 1952; Bd. 4: Der Versucher. R. a. d. Nachl., Hg., Nachw. F. Stössinger, 1953; Bd. 5: Die Schuldlosen. Einf. H. J. Weigand, 1954; Bd. 6: Dichten und Erkennen. Ess. 1. Hg., Einl. H. Arendt, 1955; Bd. 7: Erkennen und Handeln. Ess. 2. Hg., Einl. H. Arendt. 1955; Bd. 8: Briefe 1929–1951. Hg., Einl. R. Pick, 1957; Bd. 9: Massenpsychologie. Schrn. a. d. N. Hg., Einl. W. Rothe, 1959; Bd. 10: Die unbekannte Größe. Frühe Schrn. Br. an Willa Muir. Hg., Einl. E. Schönwiese/E. W. Herd, Zürich 1961); Komm. W. ausg. Hg. P. M. Lützeler (Frankfurt [M.] 1974/81, 13 bzw. 17 Bde.); Nur das Herz ist das Wirkliche. Hg. E. Schönwiese (Graz/Wien 1959 [Ausw.]); H. B., der Dichter. Hg., Einl. H. Binde (Zürich 1964 [Ausw.]); H. B., der Denker. Hg., Einl. H. Binde (Zürich 1966, Ess., Br. [Ausw.]); Die Idee ist ewig. Ess. u. Br. Hg. H. Binde (München 1968); Zur Universitätsreform (Frankfurt [M.] 1969, 2 Aufs.); Gedanken zur Politik. Ausw. D. Hildebrandt (Frankfurt [M.] 1970); H. B. – Daniel Brody: Bw.

1930–1951. Vorbem. H. G. Göpfert. Hg. B. Hack/M. Kleiß (Frankfurt [M.] 1971); Barbara u. a. Nn. Hg., Nachw., Komm. P. M. Lutzeler (Frankfurt [M.] 1973 [Ausw.]); Völkerbund-Resolution. Hg., Einl. ders. (Salzburg 1973 [mit Komm., Entwurf und Korrespondenz]); Menschenrecht und Demokratie. Politische Schrn. Hg., Einl. ders. (Frankfurt [M.] 1978).

SEKUNDÄRLITERATUR

Bibliographien: Jonas, Klaus W., in: Dichter wider Willen. Einführung in das Werk von H. B. Zürich/Stuttgart/Wien 1958, 95 S.

Kahler, Erich: Die Philosophie von H. B. Tübingen 1962, 84 S. – *Kreuzer,* Leo: Erkenntnistheorie und Prophetie. H. B.s Romantrilogie »Die Schlafwandler«. Tübingen 1966, 212 S. – *Collmann,* Timm: Zeit und Geschichte in H. B.s Roman »Der Tod des Vergil«. Bonn 1967, 180 S. – *Durzak,* Manfred: H. B. Stuttgart, 1967, 179 S. – *Steinecke,* Hartmut: H. B. und der polyhistorische Roman. Studien zur Theorie und Technik eines Romantyps der Moderne. Bonn 1968, 221 S. – *Durzak,* Manfred: Hermann Brochs Der Tod des Vergil: Echo und Wirkung. In: Literaturwissenschaftliches Jahrbuch 10 (1969), S. 273–348. – *Utermöhlen,* Gerda: H. B.s Novellenzyklus »Die Schuldlosen«. Diss. Heidelberg 1969. – *Žmegač,* Victor: Kunst und Wirklichkeit. Zur Literaturtheorie bei Brecht, Lukács und Broch. Bad Homburg 1969. – *Menges,* Karl: Kritische Studien zur Wertphilosophie H. B.s Tübingen 1970, 181 S. – *Schlant,* Ernestine: Die Philosophie H. B.s Bern/München 1971, 202 S. – *Brude-Firnau,* Gisela (Hg.): Materialien zu H. B.s »Die Schlafwandler«. Frankfurt (M.) 1972, 201 S. – *Durzak,* Manfred: (Hg.): H. B. Perspektiven der Forschung. München 1972. – *Heydemann,* Klaus: Die Stilebenen in H. B.s »Der Tod des Vergil«. Wien 1972, 196 S. – *Reinhardt,* Hartmut: Erweiterter Naturalismus. Untersuchungen zum Konstruktionsverfahren in H. B.s Romantrilogie »Die Schlafwandler«. Köln/Wien 1972, 214 S. – *Lützeler,* Paul Michael: H. B. – Ethik und Politik. Studien zum Frühwerk und zur Romantrilogie »Die Schlafwandler«. München 1973, 190 S. – *Bier,* Jean-Paul: H. B. et La Mort de Virgile. Paris 1974, 224 S. – *Mandelkow,* Karl Robert. H. B.s Romantrilogie »Die Schlafwandler«. Heidelberg 2 1975, 212 S. – *Lützeler,* Paul Michael (Hg.): Materialien zu Hermann Brochs »Der Tod des Vergil«. Frankfurt (M.) 1976, 364 S. – *Freese,* Wolfgang/Karl *Menges:* Broch-Forschung. München/Salzburg 1977 (Musil-Forum [Wien] Beiheft 1). – *Dahl,* Sverre: Relativität und Absolutheit. Studien zur Geschichtsphilosophie H. B.s (bis 1932). Diss. Universität Oslo 1978. Bern/Frankfurt (M.) 1980, 298 S. – *Durzak,* Manfred: H. B. Dichtung und Erkenntnis. Studien zum dichterischen Werk. Stuttgart 1978, 247 S. – *Strelka,* Joseph (Hg.): B. heute. München/Bern 1978. 154 S. – *Széll,* Zsuzsa: Ichverlust und Scheingemeinschaft. Gesellschaftsbild in den Romanen von Franz Kafka, Robert Musil. H. B., Elias Canetti, George Saiko. Budapest 1979, 139 S. – H. B. und seine Zeit. Akten des Internationalen B.-Symposiums, Nice 1979. Im Auftrag des Österreichischen Kulturinstituts in Paris und der Université de Nice hg. R. Thieberger. Bern/Frankfurt (M.)/Las Vegas 1980, 203 S. – *Freese,* Wolfgang: B.-forschung im Lichte der Rezeptionstheorie. In: Modern Austrian literature 13 (1980), No. 4, S. 159–188. – *Osterle,* Heinz O.: Produktive Irrtümer in der Brochforschung. In: Ebd., S. 189. – *Schmid-Bortenschlager,* Sigrid: Dynamik und Stagnation. H. B.s ästhetische Ordnung des politischen Chaos. Stuttgart 1980, 250 S. – *Bertschinger,* Andreas: H. B.s »Pasenow« – ein künstlicher Fontane-Roman? Zur

Epochestruktur von Wilhelminismus und Zwischenkriegszeit. Zürich/München 1982, 224 S. – *Duebbert,* Carole Mae: Zeitgeschichtliche Perspektiven in der Literatur. Studien zu H. B.s »Die Verzauberung« und »Der Tod des Vergil«. Diss. Washington Univ. 1982, 275 S. – *Rabaté,* Jean-Michel: Joyce and B.: Or, who was the crocodile? In: Comparative Literature studies (Urbana/IU.) 19 (1982), S. 121–133. – *Walther,* Barbara E.: H. B. Anatomie und Einsamkeitsproblematik. Bonn 1980, 104 S. – *Winkel,* Maria Angela: Denkerische und dichterische Erkenntnis als Einheit: Eine Untersuchung zur Symbolik in H. B.s »Der Tod des Vergil«. Frankfurt (M.)/Bern/Cirencester U. K 1980, 385 S. – *Himmel,* Hellmuth: Wirkungen Rilkes auf den österreichischen Roman. Existentielle Probleme bei Musil, B. und Doderer. Köln/Wien 1981, 252 S. – *Kiss,* Endre: H. B. elmélete a polihisztorikus regényröl. Budapest 1981, 83 S. – *Venzlaff,* Hubertus: H. B. Ekstase und Masse. Untersuchungen und Assoziationen zur politischen Mystik des 20. Jhs. Bonn 1981, 176 S. – *Barnouw,* Dagmar: Die Versuchung der Ferne. B. und das Problem der Masse. In: Das Exilerlebnis. Verhandlungen des 4. Symposiums über deutsche und österreichische Exilliteratur. Hg. D. G. Daviau/L. M. Fischer. Columbia, South Carolina 1982, S. 192–203 – *Eykman,* Christoph: Theorie der Masse als Kritik des Faschismus. H. B. und Elias Canetti. In: Ebd., S. 169–180. – *Lützeler,* Paul Michael (Hg.): B.s »Verzauberung«. Frankfurt (M.) 1983, 295 S.

Georg Trakl

ANMERKUNGEN UND ZITATNACHWEISE

1 Zitatnachweis im Text, nach folgenden Ausgaben: Ges. Werke. Hg. Wolfgang Schmeditz. Salzburg 1948/51. 3 Bde. (Sigle **GW**) sowie ergänzend: Der Wahrheit nachsinnen – viel Schmerz. Bd. 1: Ge., Dramenfragmente, Briefe. Hg. Franz Fühmann. Leipzig 1981 (Sigle **Fü**). – Sebastian im Traum. Leipzig/München 1915 (Sigle **SiT**).
2 Georg Trakl an Erhard Buschbeck, zweite Julihälfte 1910. In: Fü 176.
3 Walther Killy: Über Georg Trakl. Göttingen 1960, S. 38.
4 Georg Trakl an Ludwig von Ficker, Ende November 1913. In: Fü 216.
5 Oskar Walzel: Schicksale des lyrischen Ichs. In: O. W.: Das Wortkunstwerk. Leipzig 1926, S. 260–276.
6 Georg Trakl an Erhard Buschbeck. In: Fü 182.
7 Robert Rovini: Georg Trakl. Paris 1964, S. 10.
8 Arthur Rimbaud: Œuvres complètes. Paris 1972, S. 250; dt. Übertragung nach: A. R.: Das dichterische Gesamtwerk. Hg., Ü. Franz von Rexroth. Wiesbaden 1954, S. 249.
9 Herbert Cysarz: Alt-Österreichs letzte Dichtung (1890–1914). In: Preußische Jahrbücher. Berlin 214 (1928), S. 40.
10 Georg Trakl an Ludwig von Ficker, 23. März 1913. In: Fü 200.
11 Rainer Maria Rilke: Stundenbuch. Leipzig [8]1914, S. 89.
12 Georg Trakl an Karl Barromaeus Heinrich, 19. 3. 1914. In: Fü 219.
13 Otto Basil: Georg Trakl in Selbstzeugnissen und Bilddokumenten. Hamburg 1965, S. 136.
14 Georg Trakl im Gespräch mit Carl Dallago und Ludwig von Ficker im Sommer 1914. Zit. nach: Ebd., S. 136.

WERKE

Lyrik/Prosagedichte: Ge. (Leipzig 1913 [Der jüngste Tag 7/8]); Sebastian im Traum (Leipzig/München 1915); Der Herbst des Einsamen (München 1920 [Stundenbücher 1]); Gesang des Abgeschiedenen. Ge. (Leipzig 1933 [Inselbücherei 436]); Aus goldenem Kelch. Die Jugenddichtungen. Hg. E. Buschbeck (Salzburg 1939); Drei Ge. In ein altes Stammbuch. De pro fundis. Nachtlied (Basel 1945); Offenbarung und Untergang. Die Prosadichtungen (Salzburg 1947).
Sammel- und Werkausgaben: Die Dn. Erste Gesamtausg. Hg. K. Röck (Leipzig 1917); Ges. W. Hg. W. Schneditz (Salzburg 1948/51, 3 Bde., Bd. 1: Die Dn., 1948; Bd. 2: Aus goldenem Kelch. Erw. Neuaufl., 1951; Bd. 3: Nachlaß und Biographie. Ge., Br., Ess., 1949); Ge. Hg. H. Szklenar. (Frankfurt [M.]/Hamburg 1964); Dn. und Briefe. Hist.-krit. Ausg. Hg. W. Killy/H. Szklenar (Salzburg 1969, 2 Bde.); Ge. Nachw. St. Hermlin (Leipzig 1975); Der Wahrheit nachsinnen – viel Schmerz. Bd. 1: Ge., Dramenfragm., Br. Hg. F. Fühmann (Leipzig 1981); Dn. und Br. Georg Trakls. Hg. F. Fühmann (Rostock 1984, Anhang zu: F. Fühmann: Vor Feuerschlünden. Erfahrung mit G. T.s Gedicht); W., Entwürfe, Br. Hg. H.-G. Kempner/F. R. Max. Nachw., Bibliogr. H.-G. Kempner (Stuttgart 1984).

SEKUNDÄRLITERATUR

Bibliographien: Ritzer, Walter: T.-Bibliographie. Salzburg 1956. – *Kempner,* Hans-Georg: Komm. Auswahlbibliographie zu G. T. In: Text + Kritik. Hg. H. L. Arnold. H. 4/4a: G. T. Stuttgart 1969, S. 62–71. – *Ritzer,* Walter. Neue T.-Bibliographie. Salzburg 1983, 391 S.

Erinnerung an G. T. Innsbruck 1926; 3. erw. Auflage mit Untertitel: Zeugnisse und Briefe. Salzburg 1966. – *Heidegger,* Martin: G. T. Eine Erörterung seines Gedichts. In: Merkur (Stuttgart) 7 (1953), S. 226–258. – *Buch,* Karl-Wilhelm: Mythische Strukturen in den »Dichtungen« G. T.s. Diss. Göttingen 1954, 239 Bl. – *Focke,* Alfred: G. T. Liebe und Tod. Wien/München 1955, 252 S. – *Grimm,* Reinhold: G. T.s Verhältnis zu Rimbaud. In: Germanisch-Romanische Monatsschrift. N. F. Bd. 9, 1959. – *Schlenstedt,* Silvia: G. T. In: Weimarer Beiträge (Weimar) 1959, S. 513–526. – *Killy,* Walther: Über G. T. Göttingen 1960, erw. 1967. – *Cierpka,* Helga: Interpretationstypen der T.-Literatur. Eine kritische Betrachtung der wissenschaftlichen Arbeiten über das Werk G. T.s. Diss. [W.-]Berlin 1963, 242 S. – *Bleisch,* Ernst Günther: G. T. Mühlacker 1964, 112 S. – *Basil,* Otto: G. T. in Selbstzeugnissen und Bilddokumenten. Reinbek b. Hamburg 1965 [mit Bibliographie, S. 167–174]. – *Preisendanz,* Wolfgang: Auflösung und Verdinglichung in den Gedichten G. T.s. In: Immanente Ästhetik – Ästhetische Reflexion. Lyrik als Paradigma der Moderne. Hg. W. Iser. München 1966, S. 227–261, Diskussion S. 485–494. – *Rölleke,* Heinz: Die Stadt bei Stadler, Heym und Trakl. [W.-]Berlin 1966, S. 196–266. – *Ficker,* Ludwig von: Denkzettel und Danksagungen. Aufsätze, Reden. Hg. F. Seyr. München 1967. – *Blass,* Regine: Die Dichtung G. T.s. Von der Trivialsprache zum Kunstwerk. Berlin 1968, 251 S. – *Kempner,* Hans-Georg: G. T.s Entwürfe. Aspekte zu ihrem Verständnis. Tübingen 1969. – *Klein,* Wolfgang/Harald *Zimmermann:* Index zu G. T.s Dn. Frankfurt (M.) 1971. – *Wetzel,* Heinz: Konkordanz in den Dn. G. T.s. Salzburg 1971. – *Finck,* Adrien: G. T. Essai d' interpretation. Lille 1974. Thèse Strasbourg 1973, 780 S. – *Sass,* Christa: G. T. Stuttgart 1974. – *Esselborn,* Hans: G. T. Die

Krise der Erlebnislyrik. Köln/Wien 1981, 261 S. – *Fühmann,* Franz: Gedanken zu G. T.s Gedicht. In: G. T.: Der Wahrheit nachsinnen [...]. Bd. 2. Leipzig 1981. – Londoner T.-Symposium. Hg. Walter Methlagl/William E. Yuill. Salzburg 1981. – *Sharp,* Francis Michael: The poets madness. A reading of G. T. Ithaca/London 1981, 252 S. – *Grapow,* Gudrun: Die Elis-Gedichte G. T.s. Bern/Frankfurt (M.) 1982. – *Detsch,* Richard: G. T.s poetry. Toward a union of opposites. University Park, Pa.: Penns. State Univ. 1983, 148 S. – *Pfisterer-Burger,* Kathrin: Zeichen und Sterne. G. T.s Evokationen lyrischen Daseins. Salzburg 1983, 154 S. – Internationales G. T.-Symposium, Albany, N. Y. Hg. J. P. Strelka. Bern/Frankfurt (M.) 1984.

Franz Werfel

ANMERKUNGEN UND ZITATNACHWEISE

1 Franz Werfel an »Prager Tageblatt«, 3. Juni 1922 (Nr. 128/XLII). Zit. nach: Kurt Krolop: Ein Manifest der »Prager Schule«. In: Philologica Pragensia 1964, No. 4, S. 335f.

2 Franz Werfel: Des Wanderers Heimweh in die Welt. In: F. W.: Das lyrische Werk. Frankfurt (M.) 1967, S. 46.

3 Ebd., S. 62.

4 Ebd., S. 59.

5 Ebd., S. 141f.

6 Franz Werfel: Zwischen Oben und Unten. Stockholm 1946, S. 303.

7 Franz Werfel: Revolutions Aufruf. In: (s. Nachweis 2), S. 165.

8 Franz Werfel: Die christliche Sendung. In: Tätiger Geist! Hg. K. Hiller (München/Berlin) 2 (1918), S. 216.

9 Alma Mahler-Werfel: Mein Leben. Frankfurt (M.) 1960, S. 122.

10 In: Franz Werfel: Erzählungen aus zwei Welten. Bd. 1. Stockholm 1948.

11 Franz Werfel: Nachtrag zu »Der Gerichtstag«. In: (s. Nachweis 2), S. 317.

12 Franz Werfel: Juarez und Maximilian. In: F. W.: Die Dramen. Berlin/Weimar 1973, S. 308.

13 Franz Werfel: Verdi. Roman der Oper. Berlin 1957. (Sigle **V**)

14 Franz Werfel: Begegnung mit Rilke. In: Das Tagebuch (Berlin) 8 (1927), H. 4, S. 142f.

15 Franz Werfel: Paulus unter den Juden. In: F. W.: Ges. W. Bd 7/1. Frankfurt (M.) 1959.

16 Franz Werfel: Barbara oder Die Frömmigkeit. Berlin/Wien/Leipzig 1929. (Sigle **B**)

17 Franz Werfel: Der Weg der Verheißung. In: F. W.: Dramen. Bd. 2. Frankfurt (M.) 1959.

18 In: F. W.: Erzählungen aus zwei Welten, Bd. 3. Frankfurt (M.) 1954.

19 Vgl. George Schulz-Behrend: Sources and background of Werfel's novel »Die vierzig Tage des Musa Dagh«. In: The Germanic Review Columbia University Press (New York) Volume XXVI, Number 2, April 1951, S. 111–123.

20 Franz Werfel: Die vierzig Tage des Musa Dagh. Berlin 1962. (Sigle **MD**)

WERKE

Romane/Erzählungen: Nicht der Mörder, der Ermordete ist schuldig (München 1920, N.); Spielhof. Eine Phantasie (München 1920, N.); Verdi. Roman der Oper (Wien 1924, Berlin 1957, R.); Der Tod des Kleinbürgers (Wien 1928, N.); Geheimnis eines Menschen (Wien 1927, Nn.); Das Trauerhaus (1927, E.); Der Abituriententag (Wien 1928, Berlin/Weimar 1982, R.); Barbara oder die Frömmigkeit (Wien 1929, R.); Kleine Verhältnisse (Wien 1931, N.); Die Geschwister von Neapel (Wien 1931, Berlin/Weimar 1971, Nachw. R. Christ, R.); Das Geheimnis des Saviero (Leipzig 1932, N.); Die vierzig Tage des Musa Dagh (Wien 1933 [Ges. W., 2 Bde.], Berlin 1962, R.); Höret die Stimme (Wien 1937, R., gekürzt u. d. T.: Jeremias, Frankfurt [M.] 1956); Der veruntreute Himmel. Die Geschichte einer Magd (Stockholm 1939); Das Lied von Bernadette (Stockholm 1941, Berlin 1957, R.); Eine blaßblaue Frauenschrift (Buenos Aires 1941, E.); Die wahre Geschichte vom wiederhergestellten Kreuz (Los Angeles 1942, E.); Stern der Ungeborenen (Stockholm 1946, utop. R.); Cella oder Die Überwinder (Stockholm/Amsterdam/Frankfurt [M.] 1948/54 [En. aus zwei Welten], Berlin/Weimar 1970, Nachw. R. Christ, R.-Fragm.).
Dramen: Die Versuchung. Ein Gespräch des Dichters mit dem Erzengel und Luzifer (Leipzig 1913 [Der jüngste Tag, 1]); Die Troerinnen (U. 1916, Leipzig/München 1915, nach Euripides); Die Mittagsgöttin (U. 1919, München 1923); Der Besuch aus dem Elysium. Romantisches Drama in einem Aufzug (München 1920); Spiegelmensch. Magische Trilogie (München 1920); Bocksgesang (München 1921); Schweiger. Trsp. in 3 Akten (München 1922); Juarez und Maximilian (Berlin/Wien 1924); Paulus unter den Juden. Dram. Legende in 6 Bildern (Wien 1926); Das Reich Gottes in Böhmen (Wien 1930); Der Weg der Verheißung (Wien 1935); The Eternal Road (New York 1936); In einer Nacht (U. 1937, Wien 1937, Schsp.) Jacobowski und der Oberst (U. 1944 Basel, Stockholm 1944, auch verfilmt).
Lyrik: Der Weltfreund (Berlin 1911); Wir sind. Neue Ge. (Leipzig 1913); Einander (Leipzig/München 1915); Gesänge aus den drei Reichen (Leipzig/München 1917 [Ausw. Der jüngste Tag, 29/30]); Der Gerichtstag in fünf Büchern (Leipzig/München 1919); Arien (München 1921); Beschwörungen (München 1923); Ge. (Wien 1927 [Gew. W.]); Schlaf und Erwachen. Neue Ge. (Wien 1935); Ge. aus 30 Jahren (Stockholm 1939); Zwischen Gestern und Morgen (Stockholm 1942); Poems (Princeton 1945).
Essays/Reden: Realismus und Innerlichkeit. Flammender Aufruf [...] (Berlin/Wien 1931, Re.); Reden und Schriften. Können wir ohne einen Gottesglauben leben? (Wien 1932); Von der reinsten Glückseligkeit des Menschen (Stockholm 1938); Zwischen Oben und Unten (Stockholm 1946).
Bearbeitungen/Übersetzungen/Herausgaben: Die schlesischen Lieder des Petr Bezruč (1916, Hg., zus. mit R. Fuchs); Otokar Březina: Winde von Mittag nach Mitternacht (1920, Ü., zus. mit E. Sandek, Ge.); ders.: Musik der Quellen (1923, Ü., zus. mit E. Sandek, Ess.); ders.: Baumeister am Tempel (1923, Ü., zus. mit O. Pick, Ge.); Guiseppe Verdi: Briefe (1926, Hg.); ders.: Macht des Schicksals (1926, Bearb.); ders.: Simone Boccanegra (1929, Bearb.); ders.: Don Carlos (1932, Bearb.).
Sammel- und Werkausgaben: Ges. W. (Wien 1927/37, 8 Bde.); Ges. W. in Einzelausg. Hg. A. D. Klarmann (Stockholm/Amsterdam/Frankfurt [M.] 1948/67,

14 Bde.); Ges. W. in Einzelausg. (Frankfurt [M.] 1975f.); Dichtungen (München 1922/23, 3 Bde., fortges. 1929); Ge. 1908–1945. Hg. E. Gottlieb/F. Guggenheim (Los Angeles 1946); Zwischen Oben und Unten (Stockholm 1946; Ess., engl.: Between Heaven and Earth, 1944); En. aus zwei Welten (Stockholm/Frankfurt [M.] 1948/54, 3 Bde.); Die Drn. Hg. A. D. Klarmann (Frankfurt [M.] 1959, 2 Bde.); En. (Berlin 1966 [Ausw.]); Menschenblick. Ausgew. Ge. Nachw. R. Christ (Berlin 1967); Das lyrische Werk. Hg. A. D. Klarmann (Frankfurt [M.] 1967); Drn. (Berlin 1973).

SEKUNDÄRLITERATUR

Bibliographien: F.-W.-Bibliographie. In: Bibliographische Kalenderblätter der Berliner Stadtbibliothek (Berlin) 2 (1960) Folge 8. – *Braselmann,* Werner: F. W. In: Dichtung und Deutung 7. Wuppertal/Barmen 1960, 132 S. – *McGowan,* Frank: F.-W.-bibliography [works published 1911–1950]. In: F. W. 1890–1945. Ed. by L. B. Foltin. Pittsburgh 1961, S. 96–102. – *Foltin,* Lore B.: The F. W. archives in Los Angeles. In: The German Quarterly (Appleton) 39 (1966), S. 55–61. – *Foltin,* Lore B./John M. *Spalek*: F. W.s essays: a survey. In: Ebd. 42 (1969), S. 172–203.

Specht, Richard: F. W. Versuch einer Zeitspiegelung. Wien 1926. – *Tietze,* Hans: Die Juden Wiens. Geschichte – Wirtschaft – Kultur. Wien/Leipzig 1933. – *Schulz-Behrend,* George: Soucres and background of Werfel's novel »Die vierzig Tage des Musa Dagh«. In: The Germanic Review. Columbia University Press (New York). Bd. 26, Nr. 2 (April 1951), S. 111–123. – *Klarmann,* Adolf D.: Das Weltbild F. W.s. In: Wissenschaft und Weltbild (Wien) 1954, H. 1/2, S. 35–48. – *Brunner,* Franz: F. W. als Erzähler. Diss. Zürich 1955. 155 S. – *Madeheim,* Helmuth: Das Menschenbild der Zukunft bei F. W. In: Pädagogische Provinz (Frankfurt [M.]) 1956, H. 12, S. 625–632. – *Bach,* Anneliese: Die Auffassung von Gemeinschaft und Kollektiv im Prosawerk F. W.s. In: Zeitschrift für deutsche Philologie ([W.-]Berlin) 76 (1957), S. 187–202. – *Grenzmann,* Wilhelm: F. W. Im Vorraum der christlichen Welt. In: Dichtung und Glaube. Die christliche Welt. Bonn 1957, S. 292–305. – *Haas,* Willy: Die literarische Welt. Erinnerungen. München (1957), S. 151–183. – *Keller,* Ernst: F. W. Sein Bild des Menschen. Diss. Zürich 1958. 121 S. – *Rieder,* Heinz: Zwischen Judentum und Christentum. Der Dichter F. W. In: Der große Entschluß. Monatsschrift für aktives Christentum (Wien) 1958/59. – *Mittenzwei,* Johannes: W.s Bedürfnis nach einer musikalischen »Unio mystica«. In: J. M.: Das Musikalische in der Literatur. Halle (Saale) 1962, S. 299–313. – *Hempel,* Johannes: Vision und Offenbarung in F. W.s Romanen »Jeremias. Höret die Stimme« und »Das Lied von Bernadette«. Ein Beitrag zur Frage nach einer evangelisch-theol. Lit.kritik. Diss. Leipzig 1963. – *Hermsdorf,* Klaus: W.s und Kafkas Verhältnis zur tschechischen Literatur. In: Acta Universitatis Carolinae – Philologica (Prag) 1964. H. 1, S. 39–47. – *Meister,* Helga: F. W.s. Dramen und ihre Inszenierungen auf der deutschsprachigen Bühne. Diss. Köln 1964, 285 S. – *Christ,* Richard: Nachwort. In: F. W.: Cella oder Die Überwinder. Berlin/Weimar 1970. – ders.: Nachwort in F. W.: Die Geschwister von Neapel. Berlin/Weimar 1971. – *Davidheiser,* James C.: F. W. and the historical novel. An analytical study of »Verdi. Roman der Oper«, »Die vierzig Tage des Musa Dagh« and »Das Lied von Bernadette«. Diss. Univ. of Pittsburgh 1972. – *Dolch,* Martin: Vom ›Kleinbürger‹ zum ›Übermenschen‹. Zur Interpretation von F. W.s Der Tod des Kleinbürgers. In: Literatur in Wissenschaft und Unterricht (Neumünster) 5 (1972), S. 127–143. – *Foltin,* Lore B.: F. W. Stuttgart 1972, 127 S. – *Haas,* Willi: Nachwort. In: F. W.: Der Tod des Kleinbürgers. Stuttgart 1972. – *Rengstorf,* Karl Heinrich: Zwischen Sinai und Golgatha. Zum religiösen Weg F. W.s. In: Tribüne (Frankfurt [M.]) 11 (1972), H. 42, S. 4703–4720. – *Young-Hi,* Youn: Beiträge zur Erforschung des Wortschatzes von F. W. Wien. Diss. 1979. – *Koopmann,* Helmut: F. W.: »Jacobowsky und der Oberst«. Komödie des Exils. In: Drama und Theater im 20. Jh. Festschrift für Walter Hinck. Hg. H. D. Irmscher/W. Keller. Göttingen 1983, S. 259–267. – *Wyatt,* Frederick: Der frühe W. bleibt. Seine Beiträge zu der expressionistischen Gedichtsammlung »Der Kondor«. In: Literaturpsychologische Studien und Analysen. Hg. W. Schönau. Amsterdam 1983, S. 249–274. – *Pederin,* Ivan: F. W.s. Beziehungen zu Tolstoi und Dostojewski. In: Österreich in Geschichte und Literatur (Graz) 1983, Nr. 27, S. 91–99.

Ferdinand Bruckner

ANMERKUNGEN UND ZITATNACHWEISE

1 Ferdinand Bruckner: Vom Geist der Volkstümlichkeit (1953). In: F. B.: Vom Schmerz und der Vernunft. Hg., Einl. Franz Theodor Csokor. Wien/Graz 1960, S. 83.

2 Ferdinand Bruckner an Manfred George. In: Der Aufbau (New York), 10. 12. 1940.

3 Friedhelm Baukloh: Ein Forscher der Wirklichkeit. Der Dramatiker F. B. In: Wort in der Zeit (Graz/Wien) 2 (1956), H. 8, S. 1–7.

4 Alle zitierten Briefe des Autors sind unveröffentlicht, sie wurden eingesehen im Bruckner-Archiv der Akademie der Künste Berlin (West), dem an dieser Stelle gedankt sei.

5 Ferdinand Bruckner: Dramatische Werke. 2 Bde. Berlin 1948. (Sigle **DW**).

6 Zit. nach: Programmheft Schloßparktheater [W.-]Berlin 1981/82.

7 Vgl. Austro American Tribune (New York), 10. 11. 1944; so auch in zahlreichen Briefen an F. T. Csokor.

8 Vgl. Ferdinand Bruckner: Weihnachtswuensche. [Offener Brief] An die Arbeitsgemeinschaft für eine demokratische Republik Östereich, 3. 12. 1942, New York [Bruckner-Archiv AdK Berlin (West)].

9 Ferdinand Bruckner: Der Dramatiker und die heutige Zeit. In: Wort in der Zeit (Graz) 1 (1955), H. 3, S. 52f.

10 Ferdinand Bruckner: Der humanitäre Realismus. In: Der alte Kasten. Hefte des Theaters der Stadt Graz 1955/56, H. 2.

11 Franz Theodor Csokor an Ferdinand Bruckner, 27. 12. 1931. In: Csokor-Archiv, Wien.

12 Ferdinand Bruckner: Simon Bolivar. New York 1945. (Sigle **SB**).

13 Zit. nach: Programmheft Theater Braunschweig, 1957.

14 Zit. nach: Prisma. Programmheft der Städtischen Bühnen Bochum 4 (1956/57), S. 37.

15 Anthony J. Harper: Ferdinand Bruckners Behandlung des Pyrrhus- und Andromache-Stoffes. In: Maske und Kothurn (Köln) 11 (1965), S. 101.

WERKE

Lyrik: Der Herr in den Nebeln (Berlin 1917); Psalmen Davids. Ausgew. Übertragungen (Berlin 1918, Hg.); Der zerstörte Tasso. Ausgew. Ge. (Leipzig/München 1919 [Der jüngste Tag 62/63]).
Erzählungen: Die Vollendung eines Herzens (Berlin 1917, N.); Auf der Straße (Wien 1920); Mussia. E. eines frühen Lebens (Amsterdam 1935).
Dramen: 1920 oder Die Komödie vom Untergang der Welt. Ein Zyklus (Berlin 1920, 1. Harry. K. in fünf Akten, U. 1920 Halle; 2. Annette. K. in drei Akten, U. 1920 Wien); Esther Gobseck. Sch. in vier Akten nach Balzac (U. 1923 Berlin); Die Kameliendame (U. 1925 Berlin); Krankheit der Jugend. Sch. in 3 Akten (U. 1926 Hamburg, Berlin 1928); TE DEUM (U. 1922 Berlin, Berlin 1929, Legendensp.); Die Verbrecher. Sch. in drei Akten (U. 1928 Berlin, Berlin 1929); Die Kreatur. Sch. in drei Akten (U. 1930 München, Berlin 1930); Elisabeth von England (U. 1930 Berlin, Berlin 1930, Sch.); Timon (U. 1932 Wien, Berlin 1932, bearb. 1948 und 1956, auch u. d. T.: Timon und das Gold, Tr.); Die Marquise von O. (U. 1933 Darmstadt, Berlin 1933, Sch.); Die Rassen (U. 1933 Zürich, Paris 1933 [Selbstverlag, als Ms. gedruckt]); Napoleon der Erste (U. 1937 Brno und Prag, Köln/[W.-]Berlin 1956); Gessler. Entwurf zu einem Film (Moskau 1938, in: Das Wort, H. 3); Nathan the Wise (U. 1941 New York, nach Lessing); Simon Bolivar (U. 1948 Dresden, New York 1945, BM Berlin 1946); Heroische Komödie (U. 1946 Wien, Berlin 1948); Dramen unserer Zeit. Die Befreiten. Sch. in zwei Akten, U. 1945 Zürich; Denn seine Zeit ist kurz, U. 1944 Mexiko-Stadt (Zürich 1945, Sch.); Die Namenlosen von Lexington (1947); Fährten. Sch. in drei Akten (U. 1918 New York, Wien 1948; auch u. d. T.: Spreu im Wind); Früchte des Nichts (U. 1952 Mannheim, BM [W.-]Berlin 1959); Pyrrhus und Andromache (U. 1952 Zürich, Köln/[W.-]Berlin 1956, Tr. nach Racine); Die Buhlschwestern (U. 1954 [W.-]Berlin; BM [W.-]Berlin 1954, nach Plautus u. J. M. R. Lenz); Zwei Tragödien. Der Tod einer Puppe, U. 1956 Bochum. Der Kampf mit dem Engel, U. 1957 Braunschweig ([W.-]Berlin/Köln 1956); Das irdene Wägelchen (U. 1957 Essen und Mannheim; BM [W.-]Berlin 1957, nach Sudraka »Vasantasena«); Die Kindsmörderin (BM [W.-]Berlin 1959).
Essays: Von der Verheißung des Krieges und den Forderungen an den Frieden. Morgenröte der Sozialität (München 1915); Das neue Geschlecht. Programmschrift gegen die Metapher (Berlin 1917); Über einen Tod (Berlin 1917); Marsyas und Apoll (Berlin 1917, in: Marsyas, H. 1); Vom Geist der Volkstümlichkeit ([1953] Graz/Wien 1960, in: Vom Schmerz und der Vernunft); Symbole des Tragischen (Graz/Wien 1957, in: Wort in der Zeit, H. 3.).
Übersetzungen und Herausgaben: Marsyas. Eine Zweimonatsschrift (Berlin 1 [1917/28], Hg.); Blaise Pascal: Größe und Nichtigkeit des Menschen (München 1918, Ü.); Arthur Miller: Der Tod des Handlungsreisenden (1945, Ü.); Morgenröte. Ein Lesebuch. Hg. Gründer des Aurora-Verlages. Einl. H. Mann (New York 1947, Mit-Hg.).
Sammel- und Werkausgaben: Dramatische W. (Berlin 1948. Bd. 1: Jugend zweier Kriege – Krankheit der Jugend. Die Verbrecher. Die Rassen; Bd. 2: Historische Drn. – Elisabeth von England. Timon. Heroische Komödie); Schauspiele nach historischen Stoffen (Köln/[W.-]Berlin 1956, enth.: Elisabeth von Engl. Timon und das Gold. Pyrrhus und Andromache. Napoleon der Erste. Heroische Komödie); Vom Schmerz und der Vernunft. Einl., Ausw. F. T. Csokor (Graz/Wien 1960).

SEKUNDÄRLITERATUR

Bibliographien: Lehfeldt, Christiane: [Auswahlbibliographie]. In: C. L.: Der Dramatiker F. B. Göppingen 1975.

Kantorowicz, Alfred: F. B. In: A. K.: Deutsche Schicksale. Berlin 1949, S. 186–193. – *Rieder-Laska,* Edith: F. B. Leben und Werk eines österr. Dramatikers bis zum Jahr 1949. Diss. Wien 1950. – *Baukloh,* Friedhelm: Ein Forscher der Wirklichkeit. Der Dramatiker F. B. In: Wort in der Zeit (Graz/Wien) 2 (1956), H. 8, S. 1–7. – *Csokor,* Franz Theodor: Größe und Nichtigkeit des Menschen. Zum Hinscheiden des Dichters F. B. In: Wort in der Zeit (Graz/Wien) 5 (1959), H. 1, S. 3–6. – *Abendroth,* Wolfgang: B. In: Norbert Langer: Dichter aus Österreich. Bd. 4. Wien/München 1960, S. 13–19. – *Mann,* Otto: Exkurs über F. B. In: Deutsche Literatur im 20. Jh. Strukturen und Gestalten. Hg. H. Friedmann/O. M. Bd. 1. Heidelberg 1961, S. 152–178. – *Speidel,* Walter H.: Tragik und Tragödie in der dichterischen Entwicklung F. B.s. Diss. Univ. of Kansas 1963. – *Harper,* Anthony J.: F. B.s treatment on the Timon theme. In: German Life and Letters (Oxford) 17 (1963/64), S. 259–269. – ders.: F. B.s Behandlung des Pyrrhus- und Andromache-Stoffes. In: Maske und Kothurn (Köln) 11 (1965), S. 97–102. – *Hernmarck,* Burkhart: Probleme der Volksgestaltung in F. B.s Dramen. Diplomarbeit Leipzig 1967 [Theaterhochschule]. – *Selbmann,* Sybille: Die dramaturgischen Prinzipien F. B.s. Diss. [W.-]Berlin 1970. – *Lehfeldt,* Christiane: Der Dramatiker F. B. Diss. Marburg 1971, Göppingen 1975. – *Gros,* François: L'oeuvre Lyrique de Theodor Tagger. In: Revue d'Allemagne (Strasbourg) 12 (1980), S. 589–616. – *Scher,* Helene: British queens in German drama: Elizabeth and Mary in plays by Schiller, B. and Hildesheimer. In: Theatrum Mundi [Festschrift für Harold Lenz]. Ed. E. R. Haymes. München 1980, S. 159–174. – *Bell,* Robert F.: Literarische Darstellungen vom Ende des Faschismus. F. B.s »Die Befreiten« und Anna Seghers »Das Ende«. In: Das Exilerlebnis. Hg. D. G. Davian/L. M. Fischer. Columbia, South Carolina 1982, S. 212–223. – *Speidel,* Walter H.: Freiheit und Macht in den Dramen F. B. vor, in und nach dem Exil. In: Ebd., S. 231–241.

Josef Weinheber

ANMERKUNGEN UND ZITATNACHWEISE

1 Zit. nach: Josef Nadler: Josef Weinheber. Geschichte seines Lebens und seiner Dichtung. Salzburg 1952, S. 406.

2 Vgl. Josef Weinheber: Sämtliche Werke. 5 Bde. Hg. Josef Nadler/Hedwig Weinheber. Salzburg 1953/56. Bd. 5: Briefe. Vor allem die Briefe an August Zöhrer, 9. 9. 1939, S. 407; an den Verleger Holm, 14. 9. 1939, S. 362f.; an Hermann Pongs, 15. 9. 1939, S. 430f. (Sigle **SW**)

3 Weinheber-Nachlaß. Österreichische Nationalbibliothek (ÖNB). Ser. nov. 19546, Blatt 12. Zit. nach: Albert Berger (s. Nachweis 17). – Diese Angaben verdanke ich Frau Hannelore Prosche; d. Verf.

4 Vgl. Friedrich Jenaczek: Zum Begriff der »Wortgestalt«. Ein Brief über den Einfluß der Ästhetik von Karl Kraus auf Josef Weinheber. In: Jahrbuch des Adalbert Stifter Vereins in München. Bd. 7. Gräfeling b. München 1962,

S. 203–220; Otto Breicha: Die neue österreichische Lyrik nach 1945. In: Wort in der Zeit (Graz) 1962, H. 2, S. 4–10.
5 Josef Weinheber: Über mein Verhältnis zu Rilke. In: Dichtung und Volkstum [Euphorion] (Stuttgart) 40 (1939), S. 77.
6 Anthologie junger Lyrik aus Österreich. Hg. Friedrich Sacher. Geleitwort: Richard von Schaukal. Wien 1930, S. 11.
7 Josef Weinheber (s. Nachweis 5), S. 74.
8 Otto Friedrich Bollnow: Josef Weinhebers Weg zu neuer Humanität. In: O. F. B.: Unruhe und Geborgenheit. Stuttgart 1953. Zit. nach: [3]1968, S. 70–107.
9 Vgl. Friedrich Jenaczek (s. Nachweis 4), S. 203–204; Albert Berger: Der Begriff der Sprachkunst und die Lyrik J. W.s. In: Sprachkunst (Wien) 12 (1981), 2. Halbbd., S. 311–333, bes. 321ff.
10 Hans Weigel: Sprache als Schicksal. Vorläufige Bemerkungen über »das Österreichische« in der österreichischen Literatur. In: Wort in der Zeit 10 (1964), S. 2.
11 SW 4, 157–169.
12 Kurt Adel: Josef Weinheber. In: Tausend Jahre Österreich. Eine biographische Chronik. Hg. Walter Pollak. Bd. 3.: Der Parlamentarismus und die beiden Republiken. Wien/München 1974. S. 346–351.
13 Vgl. Johannes Pfeiffer: Kunst und Existenz. Über den Lyriker Josef Weinheber [1939]. In: J. P.: Die dichterische Wirklichkeit. Versuche über Wesen und Wahrheit der Dichtung. Hamburg 1962, S. 48–56.
14 Siehe Nachweis 1.
15 Vgl. Internationale Bibliographie zur Geschichte der deutschen Literatur von den Anfängen bis zur Gegenwart. Bd. II/2. Hg. Günter Albrecht, Günther Dahlke u. a. Berlin 1972, S. 810–812.
16 Vgl. Gerhard Renner: Österreichische Schriftsteller und der Nationalsozialismus: »Der Bund der deutschen Schriftsteller Österreichs« und die Anfänge der Reichsschrifttumskammer in der »Ostmark«. Diss. (masch.). Wien 1981; Friedbert Aspetsberger: Literarisches Leben im Austrofaschismus. Der Staatspreis. Königstein/Ts. 1980 [Anm. d. Red].
17 Besonders: Albert Berger: Götter, Dämonen und Irdisches. J. W.s dichterische Metaphysik. In: Klaus Amann/Albert Berger (Hg.): Österreichische Literatur der dreißiger Jahre. Wien/Köln/Graz 1985, S. 278–290 [Anm. d. Red.].
18 Friedrich Heer: Josef Weinheber aus Wien. In: Frankfurter Hefte (Frankfurt [M.]) 8 (1953), H. 8, S. 590–602.

WERKE

Romane/Erzählungen: Das Verhältnis ([1920] E.); Das Waisenhaus (in: Arbeiterzeitung [Wien] 1924, Wien 1925, R.); Der Selbstmörder (Wien 1926, in: Die Muskete, Nr. 17, E.); Paradies der Philister (Wien 1928, in: Der neue Pflug; u. d. T.: Der Nachwuchs, 1953, R.); Macht des Wortes (Wien 1930, in: Arbeiterzeitung, E.); Der gejagte Teufel (Wien 1932, in: Jedermann, E.); Gold außer Kurs (e. 1932/33); Herr Baumeister Haas (Wien 1934, in: Phönix Kalender, E.); Die Ehescheidung (1935, in: Der Wiener Bote, E.); Das Geschenk (1936, in: Der Wiener Bote, E.).
Dramen: Genie (1918); Die hohen Zeichen (1939, in: Das innere Reich, Weihspiel).

Lyrik: Der einsame Mensch (Leipzig/Wien/Zürich 1920); Von beiden Ufern (Wien 1923); Boot in der Bucht (Wien 1926); Adel und Untergang (Wien/Leipzig 1934); Vereinsamtes Herz (Leipzig 1935); Wien wörtlich (Wien/Leipzig 1935); Deutscher Gruß aus Österreich (Wien/Leipzig 1936); Späte Krone (München 1936); O Mensch, gib acht. Ein erbauliches Kalenderbuch für Stadt- und Landleut (München 1937); Selbstbildnis (München 1937); Zwischen Göttern und Dämonen (München 1938); Kammermusik (München 1939); Den Gefallenen (Ebenhausen b. München 1940); Blut und Stahl (Berlin/Potsdam 1941); Himmelauen, Wolkenfluh (Freiburg 1941); Ode an die Buchstaben (Berlin 1942); Dokumente des Herzens (München 1942); Gedichte (Wien 1944); Hier ist das Wort (München 1944 u. d. T.: »Zur Sprache«, gesetzt, nicht gedruckt; geändert: Salzburg 1947).
Essays/Theoretische Schriften/Reden/Briefe: Gedanken zu meiner Disziplin (in: J. W. Persönlichkeit und Schaffen. Hg. A. Luser); Würde und Ehre der geistigen Arbeit (Villach 1949); Über die Dichtkunst (Wien 1949, Zürich 1949, enth. auch: Würde und Ehre der geistigen Arbeit; In eigener Sache; Gedanken zu meiner Disziplin); Briefe an Maria Mahler (Hattingen-Ruhr 1951); Briefe an Sturm. Hg. P. Zugowski (Hamburg 1955).
Sammel- und Werkausgaben: Sämtl. W. Hg. J. Nadler/H. Weinheber (Salzburg 1953/56, 5 Bde.); Sämtl. W. Hg. F. Jenaczek (Salzburg 1970f., bisher Bde.: 1/1, 1/2, 2, 4, 5); Das Glockenspiel (Salzburg 1959); Ge. (Hamburg 1966); Ge. (Hamburg 1978).

SEKUNDÄRLITERATUR

Bibliographien: *Bergholz,* Harry: J. W. Bibliographie. Bad Bocklet/Wien/Zürich/Florenz 1953.

Zeitschrift: Jahresgabe. J.-W.-Gesellschaft. Wien: 1 (1956).

J. W. Persönlichkeit und Schaffen. Hg. A. Luser. Wien/Leipzig 1935. – *Koch,* Franz: Geschichte deutscher Dichtung. Hamburg-Wandsbeck 1937, 51942, S. 334–336. – *Pongs,* Hermann: J. W., Zwischen Göttern und Dämonen. In: Dichtung und Volkstum [Euphorion] (Stuttgart) 40 (1939) S. 77–84. – *Martini,* Fritz: »Menschlichkeit«. Zu J. W.s Dichtung anläßlich seines 50. Geburtstages. In: Dichtung und Volkstum [Euphorion] (Weimar) 43 (1943) S. 69–106. – *Csokor,* Franz Theodor: Der Fall W. In: Weltwoche (Zürich) 17 (1949), Nr. 814. – *Finke,* Edmund: J. W. Der Mensch und das Werk. Salzburg/Köln/Zürich 1950. – *Nadler,* Josef: J. W. Geschichte seines Lebens und seiner Dichtung. Salzburg 1952. – *Bollnow,* Otto Friedrich: J. W.s Weg zu neuer Humanität: In: O. F. B.: Unruhe und Geborgenheit. Stuttgart 1953, 31968, S. 70–107. – *Bergholz,* Harry: W.-Schrifttum. Ein Forschungsbericht. In: Deutsche Vierteljahrsschrift für Literaturwissenschaft und Geistesgeschichte (Stuttgart) 31 (1957), S. 557–579. – *Muschg,* Walter: J. W.s Glück und Ende. In: W. M.: Die Zerstörung der deutschen Literatur. Bern 1955, 31958, S. 154–174. – *Jenaczek,* Friedrich: Zum Begriff der »Wortgestalt«. Ein Brief über den Einfluß von Karl Kraus auf J. W. In: Jahrbuch des Adalbert-Stifter-Vereins in München. Bd. 7. Gräfling b. München 1962. – *Feldner,* Fritz: J. W. Eine Dokumentation in Bild und Wort. Salzburg/Stuttgart 1965. – *Hartel,* Erwin: J. W. und Karl Kraus. In: Österreich in Geschichte und Literatur (Wien) 9 (1965), S. 214–223. – *Mühlher,* Robert: Das Symbol der »Göttin des Worts« bei J. W. In: Sprachkunst als Weltgestaltung. Festschrift für Herbert Seidler. Hg. A. Haslinger. Salzburg/München 1966, S. 153–171. – *Renner,* Gerhard: Österreichische Schriftsteller und der Nationalsozialismus: »Der Bund der deutschen Schriftsteller Österreichs« und die Anfänge der Reichsschrifttumskammer in der Ostmark. Diss. Wien 1981. – *Berger,* Albert: Götter, Dämonen und Irdisches. J. W.s dichterische Metaphysik. In: K. Amann/A. B. (Hg.): Österreichische Literatur der dreißiger Jahre. Wien/Köln/Graz 1985, S. 278–290.

Joseph Roth

ANMERKUNGEN UND ZITATNACHWEISE

1 Joseph Roth: Werke. Bd. 1–4. Hg., Einl. Hermann Kesten. Köln/Berlin 1975. (Sigle **W**)
2 Joseph Roth: Briefe 1911–1939. Hg., Einl. Hermann Kesten. Köln/Berlin 1970. (Sigle **B**)
3 An Stefan Zweig schreibt er am 1. 4. 1930: »Ich bin nun schon den neunten Monat in Berlin, es war die schrecklichste Zeit meines Lebens. Niemals waren mir die Leute gleichgültiger. Niemals aber auch erschienen sie mir zudringlicher und weniger gewillt sich von mir zu lösen«. (B 158; Anm. d. Red.).
4 Soma Morgenstern: Dichten, denken, berichten. Gespräche zwischen Roth und Musil. In: Frankfurter Allgemeine Zeitung 1975, Nr. 79, Beil.: Bilder und Zeiten. S. 4.
5 Joseph Roth: Sowjet-Ausstellung in Berlin. In: Neue Berliner Zeitung, 29. 10. 1920 [Anm. d. Red.].
6 Brigitte B. Fischer: Sie schrieben mir oder was aus meinem Poesiealbum wurde. Zürich/Stuttgart 1978. S. 283.
7 In: Die neue Bücherschau (Berlin) 7 (1927), H. 3, S. 100.
8 Hermann Hesse: Schriften zur Literatur. Frankfurt (M.) 1972. Bd. 2, S. 470–471.
9 Georg Lukács: Marsch Radetzkowo. In: Literaturnaja gazeta (Moskva), 15. 8. 1939. Zit. nach: Eine Ausstellung der Deutschen Bibliothek. Frankfurt (M.) 1979, S. 466.

WERKE

Romane: Das Spinnennetz (1923, in: Wiener Arbeiterzeitung, Köln/[W.-] Berlin 1967); Hotel Savoy (Berlin 1924); Die Rebellion (Berlin 1924, Leipzig 1979, Nachw. H. Witt); Die Flucht ohne Ende. Ein Bericht (München 1927); Zipper und sein Vater (München/Berlin 1928); Rechts und links (Berlin 1929); Der stumme Prophet (1929 Teilveröff., Köln/[W.-]Berlin 1966); Hiob (Berlin 1930, Berlin/Weimar 1986); Radetzkymarsch (Berlin 1932, Berlin/Weimar 1964); Tarabas. Ein Gast auf dieser Erde (Amsterdam 1934); Die hundert Tage (Amsterdam 1934); Die Kapuzinergruft (Bilthoven 1938, Berlin 1984, Nachw. C. Foerster); Die Geschichte von der 1002. Nacht (Bilthoven 1939).
Erzählungen: April. Die Geschichte einer Liebe (Berlin 1925); Der blinde Spiegel (Berlin 1925, Berlin/Weimar 1966); Le triomphe de la beauté (Paris 1937); Beichte eines Mörders, erzählt in einer Nacht (Amsterdam 1936); Das falsche Gewicht (Amsterdam 1937); Die Legende vom heiligen Trinker (Amsterdam 1939); Der Leviathan (Amsterdam 1940).

Feuilletons/Essays: Panoptikum. Gestalten und Kulissen (München 1930, Feuill.); Der Antichrist (Amsterdam 1934, Es.); Juden auf der Wanderschaft (Berlin 1927, Ess.); Die weißen Städte (Es.).
Sammel- und Werkausgaben: Ges. W. Hg. H. Kesten (Köln/[W.-]Berlin 1956, 3 Bde.); W. Hg., Einl. H. Kesten (Köln 1975/76, 4 Bde.); Der neue Tag. Unbekannte politische Arbeiten 1919–1927. Hg. I. Sültemeyer (Köln/[W.-]Berlin 1970); Briefe 1911–1939. Hg. H. Kesten ([W.-]Berlin/Köln 1970); Zwischen Lemberg und Paris (Graz/Wien 1961 [Ausw.]); Romane, En., Aufsätze (Köln[W.-]-Berlin 1964); Die Büste des Kaisers. Kleine Prosa (Stuttgart 1969); Die En. Nachw. H. Kesten (Köln 1973); Geschichte der 1002. Nacht (Berlin/Weimar 1974); Perlefter. Fragm. u. Feuilletons aus dem Berliner Nachlaß. Hg., Nachw. F. Berger (Leipzig/Weimar 1978); Der Leviathan. En., Erzählfragmente, Kleine Prosa (München 1976, Berlin/Weimar 1979); Re. und En. (Köln 1982, 4 Bde.); Das falsche Gewicht und andere En. Nachw. J. Schreck (Berlin 1984); Die Rebellion. Frühe Re. (Berlin/Weimar 1984).

SEKUNDÄRLITERATUR

Bibliographien: Bibliographie der Veröffentlichungen 1921/39. In: J. R.: W. Bd. 3. Köln/Berlin 1956. – *Scheible,* Hartmut: Komm. Auswahlbibliographie. In: Text + Kritik. Sonderband: J. R. München. 1974, S. 132–139.

Linden, Hermann: J. R. Leben und Werk. Ein Gedächtnisbuch. Köln 1949. – *Jansen,* Peter Wilhelm: Weltbezug und Erzählhaltung. Eine Untersuchung zum Erzählwerk und zur dichterischen Existenz J. R.s Diss. Freiburg Br. 1958. – *Magris,* Claudio: Der habsburgische Mythos in der österreichischen Literatur. Salzburg 1966. – *Hackert,* Fritz: Kulturpessimismus und Erzählform. Studien zu R. R.s Leben und Werk. Diss. Bern 1967. – *Plank,* Ilse: J. R. als Feuilletonist. Diss. Erlangen 1967. – *Böhning,* Hansjürgen: J. R.s »Radetzkymarsch«. München 1968. – *Destro,* Alberto: Mondo storico e destino induviduale nel Radetzkymarsch di J. R. In: Miscellanea di studi in onore di B. Tecci. Roma 1969, S. 389–409. – *Sültemeyer,* Ingeborg: Studien zum Frühwerk J. R.s Mit einem Anhang bisher unbekannter Arbeiten aus dem Zeitraum 1915–1926. Diss. Frankfurt (M.) 1969. – *Bronsen,* David: J. R.s Beziehungen zur Habsburger Monarchie. Ein Kapitel österr.-jüdischer Geschichte. In: Tribüne (Frankfurt [M.]) 9 (1970), H. 33, S. 3556–3564. – ders.: Die journalistischen Anfänge J. R.s In: Literatur und Kritik (Salzburg) 1970, H. 41, S. 37–54. – *Magris,* Claudio: Gli annali dispersi. Regressione storicistica e totalità epica nelle narrativa di J. R. In: Studi germanici. Nuova ser. (Roma) 8 (1970), S. 386–409. – *Famira-Parcsetich,* Helmut: Die Erzählsituation in den Romanen J. R.s Bern/Frankfurt (M.) 1971, 131 S. – *Magris,* Claudio: Lontano da dove. J. R. e la tradizione ebraico – orientale. Torino 1971, 317 S. – *Scheible,* Hartmut: J. R. Mit einem Essay über Gustave Flaubert. Stuttgart/[W.-]Berlin/Mainz 1971, 201 S. – *Winkel,* Peter A.: Thematic and structural elements in the early novels of J. R. Diss. Rugers Univ. 1972. – *Magris,* Claudio: J. R. In: Literatur und Kritik, 1973, S. 277–291. – *Bronsen,* David: J. R. Eine Biographie. Köln 1974, 713 S.; München 1981, 711 S. – *Magris,* Claudio: Weit von wo. Verlorene Welt des Ostjudentums. Wien 1974. – *Marchand,* Wolf Richard: J. R. und völkisch-nationalistische Wertbegriffe. Untersuchungen zur politisch-weltanschaulichen Entwicklung R.s und ihrer Auswirkung auf sein Werk. Mit einem Anhang bisher nicht wieder veröffentl. Beiträge R.s aus Das Neue Tage-

Buch. Bonn 1974, 386 S. – *Sieg,* Werner: Zwischen Anarchismus und Fiktion. Eine Untersuchung zum Werk J. R.s Bonn 1974, 170 S. – Text + Kritik. Hg. H. L. Arnold. Sonderband: J. R. München 1974, 140 S. – J. R. und die Tradition. Aufsatz- und Materialiensammlung. Hg., Einl. D. Bronsen. Darmstadt 1975, 399 S. – *Kranz,* Matityahu: J. R.s Stellung zum Zionismus. In: Tribüne 14 (1975), H. 55, S. 6376–6392. – *Stix,* Gottfried: Vom »roten Joseph« zu J. R. In: Akten des V. Internationalen Germanistenkongresses Cambridge 1975. Hg. L. Forster/H. G. Roloff, Bern/Frankfurt (M.)/München 1976, Bd. 4, S. 223–230. – *Sültemeyer,* Ingeborg: Das Frühwerk J. R.s 1915–1926. Studien und Texte. Wien/Freiburg/Basel 1976, 237 S. – *Juergens,* Thorsten: Gesellschaftskritische Aspekte in J. R.s Romanen. Leiden 1977, 173 S. – *Alcantara,* Christina M.: Das Menschenbild in den Romanen J. R.s Diss. Univ. of California. Davis .1979. – J. R. 1894–1939. Eine Ausstellung der Dt. Bibliothek Frankfurt (M.) Ausstellung und Katalog: B. Ekkert/W. Berthold. Mitarb. M. Hahner/J. Braun. Frankfurt (M.) 1979, 551 S. – *Wapnewski,* Peter: Hiob. Leben und Werk des J. R. In: P. W.: Zumutungen. Essays zur Literatur des 20. Jhs. Düsseldorf 1979, S. 140–163. – *Wehring,* Koos van/ Toke van *Helmond*: J. R. in Nederland. Amsterdam 1979, 201 S. – *Hofstetter,* Hanswerner: Wirtschaft der Verworrenheit. Analyse des Romans »Beichte eines Mörders« von J. R. Diss. Zürich 1980, 193 S. – *Magris,* Claudio: Von der Weltgeschichte gekündigt. Zu J. R.s Leben und Werk. In: Die Rampe (Linz) 1980, H. 2, S. 7–26. – *Pöthe,* Angelika: Das Hiobsmotiv im epischen Werk J. R.s. Zum Verhältnis von mythischer »Vorlage« und sozialgeschichtlicher Darstellung. Diss. Jena 1980, 280 Bl. – *Birnbaum,* Uriel: Der wahre Osten. Zu 2 Büchern von J. R. [e. 1963]. In: U. B.: Von der Seltsamkeit der Dinge. Ess. Hg., Einl. C. Schneider. München 1981, S. 68–84. – *Curling,* Maud: J. R.s »Radetzkymarsch«. Eine psychosoziologische Interpretation. Frankfurt (M.)/Bern 1981, 193 S. – *Koester,* Rudolf: J. R. [W.-]Berlin 1982, 94 S. – *Cziffra,* Géza von: Der heilige Trinker. Bergisch Gladbach 1983, 143 S. – *Frey,* Reiner: Kein Weg ins Freie. J. R.s Amerikabild. Frankfurt (M.)/Bern 1983, 207 S. – *Hackert,* Fritz: J. R.: Radetzkymarsch. In: Dt. Romane des 20. Jh. Neue Interpretationen. Hg. P. M. Lützeler. Königstein/ Ts. 1983, S. 183–199. – *Sanankoua,* Boubakav: Das Bild der Revolution und der Revolutionäre bei J. R. Diss. Innsbruck 1983, 232 Bl. – *Hansen,* Matthias: Rechtspolitik und Linkskultur. Exilpositionen von J. R. und Arnold Schönberg. In: Sinn und Form (Berlin) 36 (1984), S. 143–169. – *Steinmann,* Esther: Von der Würde des Unscheinbaren. Sinnerfahrung bei J. R. Tübingen 1984, 138 S. – *Stöcklein,* Paul: Woher der Haß? Die unbeachtet gebliebene Antisemitismusdeutung J. R.s aus den 30er Jahren. In: Internationale Katholische Zeitschrift (Köln) 13 (1984), S. 467–483. – *Willerich-Tocha,* Margarete: Rezeption als Gedächtnis: Studien zur Wirkung J. R.s. Frankfurt (M.)/Bern/Las Vegas 1984, 520 S.

Theodor Kramer

ANMERKUNGEN UND ZITATNACHWEISE

1 Theodor Kramer 1897–1958. Dichter im Exil. Aufsätze und Dokumente. Hg. Konstantin Kaiser. Wien 1983 (Dokumentationsstelle für neuere österr. Literatur, Wien), S. 1.

2 Adalbert Schmidt: Dichtung und Dichter Österreichs aus dem 19. und 20. Jahrhundert. Salzburg/Stuttgart 1964, S. 427–430.

3 Zu nennen wären in erster Linie Michael Guttenbrunner und Ervin Chvojka.
4 Theodor Kramer an Georg von der Vring, 1. 10. 1930. Zit. nach: T. K.: Einer bezeugt es … Einl., Ausw.: Ervin Chvojka. Graz/Wien 1960, S. 9.
5 Louis Fürnberg bezeichnete ihn in einem Brief vom 23. Juni 1957 als »notorischen Freund der Starhemberg-Faschisten und entschiedenen Antibolschewisten« (Louis Fürnberg-Archiv der AdK). – Der junge Fürnberg als Bürger der ČSR wird das Österreich der dreißiger Jahre gut gekannt haben. Möglicherweise hat Kramer, von der Sozialdemokratie alleingelassen, seine Bundesgenossen im Kampf um die Selbständigkeit des Landes bei Vertretern der Ständegesellschaft gesucht.
6 Ein früher Versuch gegen das Vergessen ist: Nikolaus Britz: Gewaltig, Alte, glaub mir, ist das Leben. Ein Vortrag zum 75. Geburtstag des im Bezirk Korneuburg geborenen Dichters Theodor Kramer. Krems 1972. Ein Teil seines Schaffens sei Literaturgeschichte geworden, weil sich die Lage der Armen geändert habe, meint der Generalsekretär der Lenau-Gesellschaft. Der andere Teil der Dichtung, eine »Orgel aus Staub«, sei aber der Vergessenheit zu entreißen, »ehe sie in sich zerfällt und für ewig verstummt. Noch ist es dazu nicht zu spät«. (S. 20)
In den letzten Jahren hat sich eine Gruppe jüngerer, offenbar links orientierter Wissenschaftler des Werks angenommen. Sie stellt mit seiner Hilfe gegen konservative Stereotype ein Bild von der widerspruchsvollen Bewegtheit der österreichischen Literaturentwicklung wieder her (Erich Hackl, Karl-Martin Gauß, Johann Holzner, Ernst Glaser, Konstantin Kaiser).
Zur Schaffensentwicklung bis 1938 vgl. Silvia Schlenstedt: »Für die, die ohne Stimme sind«. Weg und Werk des österreichischen Dichters Theodor Kramer bis zum Exil. In: Wer schreibt, handelt. Strategien und Verfahren literarischer Arbeit vor und nach 1933. Hg. S. Schlenstedt. Berlin/Weimar 1983, S. 369–409.
7 Theodor Kramer: Lied am Rand. Gedichte. Hg. Joachim Schreck. Berlin 1975; Theodor Kramer. Poesiealbum 96. Hg. Bernd Jentzsch. Berlin 1975.
8 Gespräch Adolf Endlers mit Bernd Wolf. Zit. nach: Martin Welschke: Welt im Gedicht. Diplomarbeit. Jena 1980, S. 44f.
9 Das Liedertheater »Karls Enkel« in Berlin, an dem mehrere junge Dichter mitwirken, so Steffen Mensching und Hans-Eckhardt Wenzel, führt ein Kramer-Programm mit zum Teil in Musik gesetzten Gedichten mit nachhaltiger Wirkung auf. Wenzel hat an der Sektion Kulturwissenschaft der Humboldt-Universität Berlin eine Diplomarbeit über Kramer geschrieben.
10 Theodor Kramer: Der Lyriker kalkuliert. In: Berliner Tageblatt, 25. 12. 1931.
11 Alfred Rosenberg: Die Lyrik der Gaunerzinke. Der Sumpf. Querschnitte durch das »Geistes«-Leben der Novemberdemokratie. Zentralverlag der NSDAP, München o. J., S. 187f. (Nachlaß) Zit. nach: (s. Nachweis 1), S. 92.
12 Vgl. Silvia Schlenstedt (s. Nachweis 5), S. 394–398.
13 Zit. nach: Nikolaus Britz (s. Nachweis 4), S. 11. Chvojka hat erfahren, daß der damalige ständestaatliche 3. Vizebürgermeister von Wien, Ernst Karl Winter, der sich um eine Einheitsfront gegen Hitler auch unter Einbeziehung von Sozialdemokraten bemüht hat, Kramers Buch in den eigenen Verlag genommen hatte.
14 Die Landschaft der deutschen Ostmark im lyrischen Gedicht. Hg. Adalbert Schmidt. Langensalza/Berlin/Leipzig 1939. Was die österreichische Literatur verloren hat, macht der Vergleich mit den Dichtern deutlich, die seine Land-

schaft vertreten (Josef Weinheber, Hans Leifhelm, Wilhelm Wackenreuther, Wilhelm Franke).

15 Zit. nach: Theodor Kramer: Lied am Rand (s. Nachweis 6), S. 44.

16 Theodor Kramer an Hilde Spiel, 24. 7. 1955. Zit. nach: (s. Nachweis 1), S. 5.

17 Theodor Kramer: Die Gaunerzinke. Frankfurt (M.) 1929. (Sigle **G**)

18 Theodor Kramer: Mit der Ziehharmonika. Gedichte. Wien 1936. (Sigle **Z**)

19 Theodor Kramer: Die untere Schenke. Wien 1946. (Sigle **Sch**)

20 Theodor Kramer: Wien 1938/Die grünen Kader. Wien 1946. (Sigle **Wien**)

21 Franz Theodor Csokor berichtete: »Ich habe freiwillig Wien verlassen und bin auf der Fahrt nach Polen [...] Wien wurde von Tag zu Tag grauenhafter. Menschen, von einer johlenden Plebs umringt, müssen unter Prügeln und Püffen das Pflaster schrubben, mit einer Zahnbürste Klosetts reinigen oder mit den eigenen Nägeln die Schuschniggplakate von den Wänden kratzen«. F. T. C. an Karl Kunschke, 18. März 1938. In: Materialien zu Ödön von Horváth. Hg. Traugott Krischke, Frankfurt (M.) 1970, S. 94.

22 Von Juni 1938 bis Juli 1939 mußte Kramer – unterstützt von Bürgern dieser Länder – um die Einreisebewilligung kämpfen. Seine Frau hatte eine Stelle als Hausangestellte in der Nähe von Wolverhampton angenommen, und die Familie Willcock hat Kramer als Hausbediensteten angefordert. Das Konsulat jedoch erklärte, er sei unfähig, einen solchen Posten zu bekleiden.
Im Schreiben Thomas Manns an das britische Innenministerium heißt es: "As one of the older German writers you will perhaps permit me to state that I regard Theodor Kramer as one of the graetest poets of the younger generation, whose future place in the cultural life of Europe, if he can live in freedom, is assured both by the exceptional quality of his work and his intellectual capabilities." [Als einem der älteren deutschen Schriftsteller werden Sie mir vielleicht gestatten festzustellen, daß ich Theodor Kramer als einen der größten Dichter der jüngeren Generation kenne, die außergewöhnliche Qualität seiner Arbeit und seine geistigen Fähigkeiten sichern ihm einen künftigen Platz im kulturellen Leben Europas – vorausgesetzt er kann in Freiheit leben.]
Zit. nach: (s. Nachweis 1), S. 125.

23 Zit. nach: Die Kommunisten im Kampf für die Unabhängigkeit Österreichs. Sammelband. Wien 1955, S. 64.

24 Theodor Kramer: 3 Gedichte. Guildford 1944 [handschriftlich].

25 Theodor Kramer: Verbannt aus Österreich. London 1943, S. 13.

26 In einem am 3. August 1943 über den Freiheitssender Österreich verbreiteten Aufruf heißt es: »Hitlers Untergang ist besiegelt. Verhindert mit der Waffe in der Hand durch organisierten bewaffneten Widerstand, durch den Volkskampf in Partisanenverbänden, daß unser Land und Volk von diesem Untergang mitgerissen wird. Organisiert Partisanengruppen auf allen Gebieten. Nutzt die Schwäche des Regimes aus. Holt Euch Waffen bei der SS, bei der SA und den Polizeiverbänden«. Für die letzten Kriegsjahre ist Partisanentätigkeit belegt. Nach: Hermann Mitteräcker: Kampf und Opfer für Österreich. Wien 1963, S. 107–136.
Es ist anzunehmen, daß sich Kramer mit dem Zyklus »Die grünen Kader« auf seine Weise am Kampf beteiligen wollte.

27 Er vermöge nicht von Knecht und Brenner zu erzählen, »bräch auch das Lied wie Blut mir aus dem Mund«. (s. Nachweis 25, S. 71).

28 Theodor Kramer: Lob der Verzweiflung. Wien/München 1972. (Sigle **Lob**)

29 Die vom Globus-Verlag herausgebrachte Zeitschrift »Österreichisches Tage-

buch. Wochenschrift für Kultur, Politik, Wirtschaft« hat Gedichte Kramers bekanntgemacht. In der Nr. 38 (24. 10. 1947) d. 2. Jg.s heißt es in der Rubrik »Mitarbeiter dieser Zeitschrift«: »Theodor Kramer, einer der bedeutendsten lebenden Lyriker Österreichs, dessen Werk ein getreues Bild österreichischer Landschaft und Gesellschaft gibt, war schon 1938 durch 3 Gedichtbände bekannt. Er ist Träger des Julius-Reich-Preises und des Literaturpreises der Stadt Wien. Seit 1938 lebt er als Emigrant in England. Zwei neue Gedichtbände erschienen im Globus-Verlag, Wien.«
Auf S. 17 sind »Der Drachen«, »Herbstliches Trinklied« und »Ein schwarzer Schnee liegt auf der Stadt« veröffentlicht. Im 3. Jg., Nr. 19, November 1918 stehen »Haslacher Nebel«, »Im Buschenschank« und »Das Nüsselklopfen« (S. 32).

30 Hugo Friedrich: Die Struktur der modernen Lyrik. Von Baudelaire bis zur Gegenwart. Hamburg 1956.

31 Theodor Kramer: Nicht fürs Süsse, nur fürs Scharfe. In: T. K.: Einer bezeugt es ... (s. Nachweis 4), S. 21.

WERKE

Lyrik: Die Gaunerzinke (Frankfurt [M.] 1928); Kalendarium (Langensalza 1930); Wir lagen in Wolhynien im Morast (Berlin/Wien/Leipzig 1931); Mit der Ziehharmonika (Wien 1936); Verbannt aus Österreich (London 1943, Neudr. Wien/Köln/Graz 1983); Wien 1938/Die grünen Kader (Wien 1946); Die untere Schenke (Wien 1946); Lob der Verzweiflung. ([1948] Wien/München 1972).
Mitautor: Patmos. Zwölf Lyriker. Hg. E. v. Schönwiese (Wien 1935).
Ausgaben: Vom Schwarzen Wein. Hg., Einl. M. Guttenbrunner (Salzburg 1956 [Ausw.]); Einer bezeugt es ... Einl., Ausw. E. Chvojka (Graz/Wien 1960); Lied am Rand. Hg. J. Schreck (Berlin 1975); Theodor Kramer. Poesiealbum 96 (Berlin 1975); Orgel aus Staub. Ges. Ge. Ausw. E. Chvojka, Nachw. H. J. Fröhlich (München/Wien 1983); Ges. Ge. in 3 Bdn. Hg. E. Chvojka (Wien 1984 ff.)

SEKUNDÄRLITERATUR

Zohn, Harry: T. K.s letzte Jahre. In: H. Z. Wiener Juden in der deutschen Literatur. Tel Aviv 1964. – *Spiegel,* Tilly: Zur zeitgeschichtlichen Bedeutung der sozialen Lyrik T. K.s In: Österreich in Geschichte und Literatur (Wien) 21 (1977), Nr. 3. – *Exenberger,* Herbert: Österreichische Arbeiterliteratur 1918 bis 1934. In: Geschichte der Arbeiterbewegung. ITH-Tagungsbericht. Bd. 16. Wien 1981 [Über die Arbeit des VSSÖ]. – *Faechner,* Kurt (Hg.): T. K. Sämtliche Gedichte aus der Wiener »Arbeiter-Zeitung« (1926–1934). Hinweise, Ankündigungen, Reaktionen. In: Noch mehr (Wien), September 1982. – *Heukenkamp,* Ursula: Freilauf. In: Lesearten. Hg. C. Loeser. Berlin/Weimar 1982, S. 139–143. – *Schlenstedt,* Silvia: »Für die, die ohne Stimme sind«. Weg und Werk des österreichischen Dichters T. K. bis zum Exil. In: Wer schreibt, handelt. Strategien und Verfahren literarischer Arbeit vor und nach 1933. Hg. S. Schlenstedt. Berlin/Weimar 1983, S. 369–409. – *Klinger,* Kurt: Der langsame Tod der Freiheit. In: Frankfurter Anthologie. Ge. und Interpretationen. Hg. M. Reich-Ranicki. Frankfurt (M.) 1984, S. 169–172.

Ödön von Horváth

ANMERKUNGEN UND ZITATNACHWEISE

1 Vgl. Joseph Strelka: Brecht, Horváth, Dürrenmatt. Wege und Abwege des modernen Dramas. Wien/Hannover/Bern 1962, S. 175.
2 Blätter des deutschen Theaters in Göttingen. Heft 52. Zit. nach: Ödön von Horváth. Stücke. Hg. Traugott Krischke, Nachw. Ulrich Becher. Hamburg 1961, S. 446.
3 Marianne Kesting: Die Leibgarde der Bourgeoisie. Panorama des zeitgenössischen Theaters. München 1969, S. 74.
4 Geschichte der deutschen Literatur von den Anfängen bis zur Gegenwart. Bd. 8/1. Berlin 1975, S. 313–314.
5 Ödön von Horváth: Gesammelte Werke. 8 Bde. Frankfurt (M.) 1972. (Sigle **GW**)
6 Kurt Kahl: Horváth. Velber 1966, S. 46.
7 Franz Theodor Csokor: Zeuge einer Zeit. Briefe aus dem Exil. München 1964, S. 28.
8 Hansjörg Schneider: Nachwort. In: Ödön von Horváth. Dramen. Berlin 1969, S. 379.
9 Zit. nach: Ödön von Horváth. Festschrift zum 75. Geburtstag. Wien/München o. J. [1976], S. 27.
10 Jenő Krammer: Ödön von Horváth. Leben und Werk aus ungarischer Sicht. Wien 1969, S. 66.
11 Kurt Kahl (s. Nachweis 6), S. 52.
12 Juri Archipow: Österreichische Dramatiker des 20. Jahrhunderts. In: Kunst und Literatur (Berlin) 1980, H. 5, S. 554.
13 Hansjörg Schneider (s. Nachweis 8), S. 376.

WERKE

Dramen: Revolte auf Côte 3018 (U. 1927, umgearb. u. d. T.: Die Bergbahn, Berlin 1927, U. 1929); Sladek der schwarze Reichswehrmann (U. 1929, Berlin 1929); Rund um den Kongreß (U. 1929, Berlin 1929); Italienische Nacht (U. 1931, Berlin 1931); Geschichten aus dem Wiener Wald (U. 1931, Berlin 1931, Film 1979. Regie: M. Schell); Kasimir und Karoline (U. 1932, Berlin 1932); Die Unbekannte aus der Seine (U. 1949, Berlin 1933); Hin und Her (U. 1934, Posse); Glaube, Liebe, Hoffnung (Berlin 1932, U. 1936 u. d. T.: Liebe, Pflicht, Hoffnung); Himmelwärts. Ein Märchen in zwei Teilen (U. 1937, Berlin 1934); Figaro läßt sich scheiden (U. 1937, Wien/London 1937); Ein Dorf ohne Männer (U. 1937, Wien 1936, Hist. Kom.); Der jüngste Tag (U. 1937, Wien 1937); Don Juan kommt aus dem Krieg (U. 1952, Wien/Berlin 1937); Pompeji. Kom. eines Erdbebens (U. 1959, Wien 1937).
Romane/Erzählungen: Der ewige Spießer (Berlin 1930, R.); Jugend ohne Gott (Amsterdam 1938, R.); Ein Kind unserer Zeit (Amsterdam 1938); Sportmärchen (Frankfurt [M.] 1972, Kurzprosa); Sechsunddreißig Stunden. Die Geschn. von Fräulein Pollinger. Ed., Nachw. T. Krischke (Frankfurt [M.] 1979, R.).
Sammel- und Werkausgaben: Ges. W. Hg. T. Krischke/D. Hildebrandt (Frankfurt [M.] 1972, 8 Bde.); Ges. W. Hg. T. Krischke/W. Huder/D. Hildebrandt

(Frankfurt [M.] 1970/71, 4 Bde.); Ges. W. in Einzelbänden. Hg. T. Krischke/Mitarbeit S. Foral-Krischke (Frankfurt [M.] 1983 f.); The Age of the Fish (New York 1939); Zeitalter der Fische. Zwei Romane in einem Band (Wien 1953); Stücke. Hg. T. Krischke (Reinbek b. Hamburg 1961); Dramen (Berlin 1969); Von Spießern, Kleinbürgern und Angestellten (Frankfurt [M.] 1971); Die stille Revolution. Kleine Prosa (Frankfurt [M.] 1975); Ein Lesebuch (Frankfurt [M.] 1976); Komödien (München 1978); Ausgew. W. Hg. H. Schneider (Berlin 1981); Romane (Frankfurt [M.] 1983).

SEKUNDÄRLITERATUR

Bibliographien: Ö. v. H.: Leben und Werk in Dokumenten und Bildern. Frankfurt (M.) 1972 [s. auch Hinweise in den Angaben zur Sekundärliteratur].

Zeitschrift: H.-Blätter. Wien: 1 (1983)

Falkenberg, Hans-Geert: Ö. v. H.s Leben und Werk. In: Blätter des Deutschen Theaters in Göttingen (52) [mit Bibliographie]. Göttingen 1953. – *Becher,* Ulrich: Nachwort. In: Ö. v. H.: Stücke. Hg. T. Krischke [mit Bibliographie]. Hamburg 1961, S. 419–446. – *Federmann,* Reinhard: Das Zeitalter der Fische. Ein Versuch über Ö. v. H. In: Wort in der Zeit (Graz) 8 (1962) H. 6. – *Strelka,* Joseph: Brecht, H., Dürrenmatt. Wege und Abwege des modernen Dramas. Wien/Hannover/Bern 1962. – *Krischke,* Traugott: Der Dramatiker Ö. v. H. Versuch einer Darstellung. In: Akzente. Zeitschrift für Dichtung (München) 9 (1962), H. 2, S. 157–164. – *Kahl,* Kurt: H. Velber 1966. – *Kesting,* Marianne: Die Leibgarde der Bourgeoisie. In: M. K.: Panorama des zeitgenössischen Theaters. München 1969, S. 73–79. – *Krammer,* Jenő: Ö. v. H. Leben und Werk aus ungarischer Sicht. Wien 1969. – *Schneider,* Hansjörg: Nachwort. In: Ö. v. H.: Dramen. Berlin 1969, S. 365–381. – Materialien zu Ö. v. H.s Geschichten aus dem Wienerwald. Hg. T. Krischke. Frankfurt (M.) 1972, 182 S. – Über Ö. v. H. Hg. D. Hildebrandt/T. Krischke. Frankfurt (M.) 1972 [mit Bibliographie]. – *Schmidt,* Edel E.: Die Frauenproblematik in dem Werk Ö. v. H.s Diss. Oslo 1973, 112 Bl. – *Cyron-Hawryluk,* Dorota: Zeitgenöss. Problematik in den Dramen Ö. v. H.s. Wrocław 1974, 152 S. – *Hildebrandt,* Dieter: Ö. v. H. in Selbstzeugnissen und Bilddokumenten. Reinbek b. Hamburg 1975, 142 S. – *Steets,* Angelika: Die Prosawerke Ö. v. H.s. Versuch einer Bedeutungsanalyse. Stuttgart 1975, 288 S. – H.-Diskussion. Hg. K. Bartsch/U. Bauer/D. Goltschnigg. Kronberg/Ts. 1976, 167 S. – *Jarka,* Horst: Zur H.-Rezeption 1929–1938. In: Literatur und Kritik (Salzburg) 1976, S. 542–562. – *Kienzle,* Siegfried: Ö. v. H. [W.-]Berlin 1976, 91 S. – *Nolting,* Winfried: Der totale Jargon. Die dramatischen Beispiele Ö. v. H.s. München 1976, 279 S. – Ö. v. H. Leben und Werk in Daten und Bildern. Hg. T. Krischke/H. F. Prokop. Frankfurt (M.) 1977, 251 S. – *Lechner,* Wolfgang: Mechanismen der Literaturrezeption in Österr. am Beispiel Ö. v. H.s. Stuttgart 1978, 567 S. – *Pollow,* Helmut: Ö. v. H. – zum Beispiel. Zur Rezeption von Dramatik der 20er Jahre. In: Weimarer Beiträge (Berlin) 25 (1979), H. 6, S. 143–153. – *Huish,* Ian: H.: a study. London/Towota N.J. 1980, 112 S. – ders.: A student's guide to H. London 1980, 105 S. – *Krischke,* Traugott: Ö. v. H. Kind seiner Zeit. München 1980, 334 S. – *Schulze,* Birgit: Ö. v. H. verschwiegen, gefeiert, glattgelobt. Analyse eines ungewöhnlichen Rezeptionsverlaufs. Bonn 1980, 126 S. – *Kaiser,* Wolf: »Jugend ohne Gott« von Ö. v. H. – ein antifaschistischer Roman? In: Faschismuskritik und Deutschlandbild im Exilroman. Hg. C. Fritsch/I. Winkler. [W.-]Berlin 1981,

227 S. – *Krauß,* Cornelia: Vom »Wert-Vakuum« und seinen dramaturgischen Folgen. Ö. v. H.s Leitmotivtechnik und Peter Handkes Psychodrama. In: Maske und Kothurn (Köln) 27 (1981), S. 195–289. – *Klinger,* Kurt: Zur Bühnengeschichte Ö. v. H.s. In: Studies in modern Austria literature. Eight papers. Ed. B. O. Murdoch/M. G. Ward. Glasgow 1981, S. 87–103. – Ö. v. H. Hg. T. Krischke. Frankfurt (M.) 1981, 249 S. – H.s »Geschichten aus dem Wiener Wald«. Hg. T. Krischke, Frankfurt (M.) 1983, 226 S. – *Hell,* Martin: Kitsch als Element der Dramaturgie Ö. v. H.s. Bern/Frankfurt a. M./Las Vegas 1983, 505 S. – *Vögele,* Meinard: Ö. v. H.: »Der jüngste Tag«. Bern/Frankfurt a. M./Las Vegas 1983, 322 S. (Diss. 1982). – H.s »Jugend ohne Gott«. Hg. T. Krischke. Frankfurt (M.) 1984, 265 S.

Hugo Huppert

ANMERKUNGEN UND ZITATNACHWEISE

1 Erich Weinert: [Nachwort]. In: Hugo Huppert: Vaterland. Kiew 1940, S. 195.
2 Fritz Mierau: Interview mit Hugo Huppert. In: Weimarer Beiträge (Berlin) 18 (1972), H. 12, S. 40.
3 Hugo Huppert, in: ebd., S. 37, 39f., 43, 54, 57.
4 Ebd., S. 40.
5 Ebd., S. 36.
6 Hugo Huppert: Georgischer Wanderstab. Berlin 1954, S. 8 (Vorwort).
7 Ebd., S. 10.
8 Hugo Huppert: Wanduhr mit Vordergrund. Stationen eines Lebens. Halle 1977, S. 284.
9 Hugo Huppert: Erinnerungen an Majakowski. Frankfurt (M.) 1966, S. 100.
10 KuBa, in: H. H.: Georgischer Wanderstab (s. Nachweis 2), S. 5.
11 Hugo Huppert: Sinnen und Trachten. Anmerkungen zur Poetologie. Halle 1973, S. 176.
12 Hugo Huppert (s. Nachweis 2), S. 34.
13 Gerhart Pohl: Notiz über Hugo Huppert. In: Die neue Bücherschau (Berlin) 1928, Nr. 9, S. 467.
14 Hugo Huppert (s. Nachweis 2), S. 46f.
15 Hugo Huppert: Gute Stube. In: H. H.: Andre Bewandtnis. Halle 1970, S. 126.
16 Hugo Huppert (s. Nachweis 2), S. 30, 31.
17 Hugo Huppert: Fernmündliche Mondfähre. In: H. H.: Andre Bewandtnis (s. Nachweis 15), S. 121; Innere Emigration. In: H. H.: Logarithmus der Freude, zit. nach: H. H.: Wolkenbahn und Erdenstraße, Halle 1975, S. 137.
18 Hugo Huppert: Ein Wort vom Erbe. In: H. H.: Georgischer Wanderstab, zit. nach: Ebd., S. 103.
19 Hugo Huppert: Andre Bewandtnis. In: (s. Nachweis 15), S. 13.
20 Hugo Huppert: Erster Steckbrief gegen mich selbst. In: H. H.: Andre Bewandtnis (s. Nachweis 15), S. 59.
21 Hugo Huppert an Martin Reso, 10. 12. 1976 (unveröff.).
22 Hugo Huppert: Sinnen und Trachten (s. Nachweis 11), S. 169.
23 Ebd.
24 Hugo Huppert: Münzen im Brunnen. Berlin/Weimar [2]1965, S. 11, 12.

25 Hugo Huppert: Sibirische Mannschaft. Ein Skizzenbuch aus dem Kusbass. Berlin 1961, S. 7 (Vorwort).
26 Ebd.
27 Zit. nach: Hugo Huppert: Wanduhr mit Vordergrund. Stationen eines Lebens. Halle 1977, S. 441f.
28 »Aus der Menge meiner kleineren und größeren Aufsätze, Reportagen, Skizzen, Geschichten, die in der ›DZZ‹ [»Deutsche Zentralzeitung«, Moskau] erschienen waren, formte ich schließlich eine Auswahl zu dem Buch ›Flaggen und Flügel‹, das freilich erst 1939 im Deutschen Staatsverlag Engels erschien, 382 Seiten stark [...]. Das Werk, das ich heute unermeßlich primitiv finde, wurde zu einem lokalen Erfolg. Nur ungern nehme ich jetzt den Schmöker zur Hand, weil ich klar erkenne, welche ungünstigen Auswirkungen meine damals versimpelt-pragmatische Auffassung des Begriffs ›sozialer Auftrag‹ (den mir Majakowski nahegelegt hatte) auf meine Schreibweise gezeitigt hatte. Tempi passati. Schwamm darüber! Es war eine Stufe, die ich mit Nutzen für die Sache hätte überspringen können. Journalistische Maßarbeit«. (Ebd., S. 477)
29 Vgl. auch Hupperts Aussagen dazu im Interview (s. Nachweis 2), S. 32–34.
30 Siehe Nachweis 27, S. 307.
31 Hartmut Kahn: Hugo Huppert – Poet und Interpret. In: Sinn und Form (Berlin) 34 (1982), H. 3, S. 659f.
32 Friedrich Heer: Ein Zeitgenosse des 20. Jahrhunderts: Huppert. Österreichischer Rundfunk 1, Ex libris, 25. 6. 1977.

WERKE

Lyrik: Vaterland (Kiew 1940, Nachw. E. Weinert); Jahreszeiten (Moskau 1941, erw. Wien 1957); Herz im Panzer (Moskau 1945); Der Heiland von Dachau. Poem (Pressekollekiv Wiener Revue 1945, Ill. F. Kora); Georgischer Wanderstab (Berlin 1954); Landauf, landab (Leipzig 1968); Logarithmus der Freude (Berlin 1968); Andre Bewandtnis (Halle 1970); Rhapsodie: Brot und Rosen. Poem (Wien 1970, Festgabe des Globus-Verlages [nicht im Buchhandel erschienen], erw. Berlin 1972, Ill. P. Muzeniek); Poesiealbum Nr. 41: H. H. (Berlin 1971); Quadrat im Rückspiegel. Ge. aus vierzig Jahren (Leipzig 1974); Narbengesichtige Zeit (Berlin 1975, Ill. G. R. Mossner, Nachw. R. Melchert); Wien örtlich. Ge. u. lyrische Texte (Eisenstadt 1981); Indizien oder Vollmond auf Bestellung (Halle/Leipzig 1981).
Prosa/Bildband: Sibirische Mannschaft. Ein Skizzenbuch aus dem Kusbass (Moskau/Leningrad 1934, Berlin 1961, Vorw. H. H.); Flaggen und Flügel (Engels 1939); Den morgigen Tag zu erschließen ... Studien eines Österreichers im Sowjetland (Wien 1949); Kerngesundes Land. Ein Österreicher grüßt die DDR (Halle 1961); Erinnerungen an Majakowski (Frankfurt [M.] 1966); Wladimir Majakowski. Poet und Tribun (Berlin/Weimar 1968); Münzen im Brunnen. Erlebtes Italien (Berlin/Weimar 1962, erw. ²1965); Österreich. Bildband. Einf., Textierung H. H. (Wien 1970); Sinnen und Trachten. Anmerkungen zur Poetologie (Halle 1973); Ungeduld des Jahrhunderts. Erinnerungen an Majakowski (Berlin 1976); Die angelehnte Tür. Bericht von einer Jugend (Halle 1976. Aut.); Wanduhr mit Vordergrund. Stationen eines Lebens (Halle 1977, Aut.); Schach dem Doppelgänger. Anläufe der Reifezeit (Halle 1979, Aut.); Briefe aus Wien. 21 Reisebilder (Halle/Leipzig 1982).

Übersetzungen und Nachdichtungen: Wladimir Majakowski: Poeme u. Ge. (div. Verlage 1940, 1941, 1943, 1946, 1953); Nikolai Tichonow: Heldenlied von den achtundzwanzig Gardisten. Poem (Moskau 1943); Konstantin Simonow: Freunde und Feinde. Ge. (Moskau 1950); Pjotr Pawlenko: Italienische Eindrücke (Berlin 1954); Schota Rusthaweli: Der Recke im Tigerfell. Geleitw., bibliograph. Anhang H. H., Ill. S. Kobuladse (Berlin 1955); dass. Ill. U. Zuzkiridse (Berlin 1970); Alexander Twardowski: Wassili Tjorkin. Poem (Berlin 1966); Wladimir Majakowski: Werke. Hg., Nachw. L. Kossuth, Essay H. H. (Berlin 1966/73, 5 Bde.); Wladimir Majakowski: Hören Sie zu! Hg. L. Kossuth (Berlin 1976, Ausw.); Wladimir Majakowski: Wage den Streit. Ge. (Leipzig 1960); Andrej Wosnessenski: Bahn der Parabel. Ge., Nachw. (Berlin 1963).
Sammel- und Werkausgaben: Ges. W. in Einzelausg. Hg. M. Reso (Halle 1975/78, Bd. 1: Wolkenbahn und Erdenstraße. Lyrik und Poeme, 1975; Bd. 2: Bannmeile und Horizont. Ausgew. Prosa, 1976; Bd. 3: Minuten und Momente, Ausgew. Publizistik, 1978).

SEKUNDÄRLITERATUR

Dannhauer, Elisabeth: Die Lyrik Majakovskijs in der dt. Nachdichtung von H. H. Eine vergleichende Stiluntersuchung des Poems »Chorošo« und die dt. Ü. »Gut und Schön«. Diss. Jena 1971. – *Reso,* Martin: Von poetischer Treuhänderschaft. In: Sinn und Form (Berlin) 23 (1971), H. 3, S. 709–723. – *Mierau,* Fritz: Interview mit H. H.; Besorgt um genauere Auskunft. In: Weimarer Beiträge (Berlin) 18 (1972), H. 12, S. 30–60, S. 61–67. – *Reso,* Martin: H. H.: Sinnen und Trachten. In: Weimarer Beiträge 19 (1973), H. 7, S. 183–186. – *Reso,* Martin: Das lyrische Werk H. H.s In: Neue Deutsche Literatur (Berlin) 23 (1975), H. 4, S. 124–128. – *General,* Regina: Stichworte. In: Sonntag (Berlin), 17. 7. 1977. – *Hartl,* Edwin: »Linientreue«. Autobio-Saga eines heimischen Altkommunisten. In: Die Presse (Wien), 18./19. 6. 1977. – *Melchert,* Rulo: Hupperts Ich-Buch. In: Weltbühne (Berlin), 31. 5. 1977. – ders.: H. als Publizist. In: Weltbühne, 6. 3. 1979. – *Holzner,* Johann: Karl Kraus und H. H. In: Kraus-Hefte (München) 1980, H. 16, S. 10–12. – *Melchert,* Rulo: H. H.s Autobiographie. In: Weltbühne, 9. 12. 80. – *Holzner,* Johann: Geglückte Integration in der UdSSR, gestörte Integration in Österreich. Anmerkungen zu H. H. In: Leben im Exil. Probleme der Integration deutscher Flüchtlinge im Ausland 1933–1945. Hg. W. Frühwald/W. Schieder. Hamburg 1981, S. 122–130. – ders.: »Sinnen und Trachten«. Das poetologische Programm H. H.s. In: Thematisierung der Sprache in der österr. Literatur des 20. Jhs. Beiträge eines polnisch-österr. Germanistensymposiums. Hg. M. Klein/S. P. Scheichl. Innsbruck 1982, S. 83–92. – *Dardas,* Günter: Die Summe unterm Strich. In: Sonntag, 24. 1. 1982. – *Hartl,* Edwin: H. H. In: Wiener Kunsthefte (Wien) 1982, H. 5, S. 74–75. – *Kahn,* Hartmut: H. H. – Poet und Interpret. In: Sinn und Form 34 (1982), H. 3, S. 659–669. – *Reso,* Martin: »Der Dichter: ein Professor der fünf Sinne«. Zum Tode H. H.s In: Weltbühne, 6. 4. 1982. – *Winzer,* Klaus Dieter: Eine Literatur aller Gattungen. In: Weltbühne, 1. 6. 1982.

Elias Canetti

ANMERKUNGEN UND ZITATNACHWEISE

1 In: Literatur und Kritik (Salzburg) 14 (1979), Nr. 137, S. 422.
2 Elias Canetti: Der andere Prozeß. Kafkas Briefe an Felice. München [4]1973, S. 85f.
3 Ebd., S. 8.
4 Ebd., S. 67.
5 Elias Canetti im Gespräch mit Joachim Schickele. In: E. C.: Die gespaltene Zukunft. München 1972, S. 126.
6 Ebd., S. 127.
7 Elias Canetti: Die Blendung. Berlin 1969. (Sigle **B**)
8 Elias Canetti: Aufzeichnungen 1942–1948. München 1965, Vorwort.
10 Elias Canetti: Masse und Macht. Hamburg 1960, S. 328.
11 Elias Canetti: Das Gewissen der Worte. München [2]1976, S. 219.
12 Siehe Nachweis 10, S. 351.
13 Elias Canetti: Dialog mit dem grausamen Partner. In: Uwe Schultz (Hg.): Das Tagebuch und der moderne Autor. München 1965, S. 69.
14 Siehe Nachweis 11, S. 15.
15 Elias Canetti: Alle vergeudete Verehrung. München 1970, S. 47.
16 Luciano Zagari: Epik und Utopie. E. C.s »Die Provinz des Menschen«. In: Literatur und Kritik 14 (1979), S. 421–434.
17 Siehe Nachweis 5, S. 119.
18 Dieter Liewerscheidt: Ein Widerspruch in der Erzählkonzeption von E. C.s Roman »Die Blendung«. In: Wirkendes Wort (Düsseldorf) 28 (1978), S. 356–364.
19 Zsuzsa Széll: Ich-Verlust und Scheingemeinschaft. Gesellschaftsbild in den Romanen von Franz Kafka, Robert Musil, Hermann Broch, E. C. und George Saiko. Budapest 1979.
20 Elias Canetti an Dr. Victor Suchy, 4. 12. 1960 (unveröff.).

WERKE

Roman/Erzählungen: Die Blendung (Wien/Leipzig/Zürich 1936, vordatiert, 1935 erschienen, Berlin 1969, R.); Der Ohrenzeuge. 50 Charaktere (München 1974, Berlin 1976).
Dramen/Libretto: Die Hochzeit ([1932] U. 1965 Braunschweig, Berlin 1932); Die Affenoper (1950, sat. Libr.); Komödie der Eitelkeit ([1934] U. 1965 Braunschweig, München 1950); Die Befristeten ([1952] U. 1956 Oxford u. d. T.: The Numbered, dtspr. EA 1967 Wien; München 1964).
Autobiographie/Essays/Reden u. a.: Fritz Wotruba (Wien 1955); Masse und Macht (Hamburg 1960, Es.); Aufzeichnungen 1942–1948 (München 1965); Die Stimmen von Marrakesch. Aufzeichnungen nach einer Reise (München 1967, Berlin 1980); Der andere Prozeß. Kafkas Briefe an Felice (München 1969, Leipzig 1983); Alle vergeudete Verehrung. Aufzeichnungen 1949–1960 (München 1970); Die gespaltene Zukunft. Aufsätze und Gespräche (München 1972); Macht und Überleben (1972); Die Provinz des Menschen. Aufzeichnungen 1942–1972 (München 1973); Das Gewissen der Worte (München 1975, Reden, Tb., Ess.);

Der Überlebende (1975); Der Beruf des Dichters (München/Wien 1976); Die gerettete Zunge. Geschichte einer Jugend (München 1977, Berlin 1979); Die Fackel im Ohr. Lebensgeschichte 1921–1931 (München 1980, Berlin 1981); Hebel und Kafka. Rede bei der Verleihung des J.-P.-H.-Preises am 10. 5. in Hausen im Wiesenthal (München 1980); Einige Aufzeichnungen über Robert Walser (Zürich 1984, in: Robert Walser. Zürich 1984); Das Augenspiel. Lebensgeschichte 1931–1937 (München 1985, Berlin 1986).
Übersetzungen: Upton Sinclair: Leidweg der Liebe (Berlin 1930); ders.: Das Geld schreibt (Berlin 1930); ders.: Alkohol (Berlin 1932).
Sammelausgaben: Welt im Kopf. Einl., Ausw. E. Fried (Graz/Wien 1962); Drn. (München 1964); Zwiesprache. Drn., Prosa, Ess. 1931–1976 (Berlin 1980).

SEKUNDÄRLITERATUR

Bibliographien: Dessinger, Dieter: Bibliographie zu E. C. In: C. lesen. München/Wien 1975, S. 136–166. – *Barnouw,* Dagmar: E. C. Stuttgart 1979. – *Stieg,* Gerald: Komm. Auswahlbibliographie. In: Zu E. C. Stuttgart 1983, S. 171–180.

Hartung, Rudolf: E. C.: Die Blendung. In: Literarische Revue [Die Fähre] 3 (1948), S. 341–347. – *Fried,* Erich: Einleitung. In: E. C.: Welt im Kopf. Graz/Wien 1962. – *Fischer,* Ernst: Bemerkungen zu E. C.s »Masse und Macht«. In: Literatur und Kritik (Salzburg) 1966, H. 7, S. 12–20. – *Hädecke,* Wolfgang: Anmerkungen zu Ernst Fischers Aufsatz über E. C.s »Masse und Macht«. In: Literatur und Kritik 1967, H. 20, S. 599–610. – *Moser,* Manfred: E. C.: Die Blendung. Diss. Wien 1968. – *Stewart,* W. E.: The Role of the Crowd in E. C.s Novel »Die Blendung«. Diss. Manchester 1968 – *Auer,* Annemarie: Ein Genie und sein Sonderling. E. C. und Die Blendung. In: Sinn und Form (Berlin) 21 (1969), H. 4, S. 963–983 (wiederh.: A. A.: Erleben – erfahren – schreiben. 1977, S. 247–285). – *Dissinger,* Dieter: E. C.s Roman »Die Blendung« und seine Stellung im Werk des Dichters. Diss. Bristol 1969. – ders.: Vereinzelung und Massenwahn. E. C.s Roman »Die Blendung«. Bonn 1970. – Text + Kritik. Zeitschrift für Literatur. Hg. H. L. Arnold. H. 28: E. C. Stuttgart 1970, 53 S.; erw. Aufl. München [3]1982, 88 S. – *Bischoff,* Alfons-M.: E. C. Stationen zum Werk. Bern/Frankfurt (M.) 1973. – *Curtius,* Mechthild: Kritik der Verdinglichung in C.s Roman Die Blendung. Bonn 1973. – Canetti lesen. Erfahrungen mit seinen Büchern. Hg. Herbert G. Göpfert. München/Wien 1975. – *Roberts,* David: Kopf und Welt. E. C.s Roman »Die Blendung«. München 1975, 216 S. – *Bienek,* Horst: E. C. In: H. B.: Werkstattgespräche mit Schriftstellern. 1976, S. 273–285. – *Dissinger,* Dieter: Der Roman des abstrakten Idealismus als satirischer Roman. E. C.s Die Blendung. In: Gespräche über den Roman. Formbestimmungen und Analysen. Hg. M. Durzak. Frankfurt (M.) 1976. – *Auer,* Annemarie: E. C.s Essays. In: Sinn und Form 29 (1977), H. 1, S. 31–38. – *Barnouw,* Dagmar: E. C. Stuttgart 1979, 138 S. – *Feth,* Hans: E. C.s Dramen. Frankfurt/M. 1980, 322 S. – Hommage a E. C. à l'occasion de son 75ème anniversaire. Rouen 1980, 214 S. – *Perisson-Waldmueller,* Jutta/Gerald *Stieg*: E. C. en France. In: Austriaca (Rouen) 6 (1980), No. 11, S. 121–164. – *Turner,* David: E. C., The Intellectual as King Canute. In: Modern Austrian Writing. London/New Yersey 1980. – *Ehlers,* Swantie: Die Sinnbildung des Künstlichen. Eine Denkungsmöglichkeit des Romans »Die Blendung« von E. C. Diss. [W.-]Berlin 1981, 207 S. – Nobelpreis für Literatur 1981. E. C., Die Blendung. Zürich 1981, S. 1–51, 529. – *Reich-Ranicki,* Marcel, in: M. R. R.: Entgegnung. Zur deutschen Literatur der 70er Jahre. Erw. Neuausg. Stuttgart 1981, S. 47–54, 54–59. – *Eykman,* Christoph: Theorie der Masse als Kritik des Faschismus. Hermann Broch und E. C. In: Das Exilerlebnis. Hg. D. G. Daviau/L. M. Fischer. Columbia. SC. 1982, S. 169–180. – *Smith-Lovett,* Marilyn: Fire in the library: paranoia and schizophrenia as models of linguistic crisis in E. C.s "Die Blendung". Diss. Indiana University 1982, 201 S. – *Magris,* Claudio: Der Schriftsteller, der sich versteckt. In: Modern Austrian literature (Binghamton N. Y.) 16 (1983), No. 3/4, S. 177–195 [Canetti-Heft]. – Zu E. C. Hg. M. Durzak. Stuttgart 1983, 184 S. – Die Lesbarkeit der Welt. E. C.s Anthropologie und Poetik. Hg. S. H. Kaszyński. Poznan 1984, 211 S. – *Henninghaus,* Lothar: Tod und Verwandlung. E. C.s poetische Anthropologie aus der Kritik der Psychoanalyse. Frankfurt (M.)/Bern 1984, 209 S. – *Piel,* Edgar: E. C. München 1984, 194 S.

Fritz Hochwälder

ANMERKUNGEN UND ZITATNACHWEISE

1 Fritz Hochwälder: Über mein Theater. In: German Life & Letters. A quarterly review (Oxford) 12 (1958/59), No. 2, S. 102–114 (Sigle **ÜmT**).
2 Alfred A. Häsler: Auf den Bühnen der Welt – aber nicht in Zürich. Gespräch mit dem Dramatiker Fritz Hochwälder in Zürich. In: Die Tat, No. 24, 29. 1. 1975.
3 Fritz Hochwälder: Das heilige Experiment. In: F. H.: Stücke. Berlin 1968 (Sigle **Stücke**).
4 Fritz Hochwälder: Der öffentliche Ankläger: In: F. H.: Dramen. München/Wien 1968, S. 86f.
5 Fritz Hochwälder an das Westfälische Landestheater Castrop-Rauxel, 15. 9. 1959. In: Die Herberge. Programmheft des Westfälischen Landestheaters, 10. 10. 1959, S. 23.
6 Fritz Hochwälder: [Der alpenländische Nazismus]. In: Wort in der Zeit (Graz) 12 (1966), H. 3.
7 Fritz Hochwälder an Hans Michael Richter [Chefdramaturg der Städtischen Theater Leipzig], 5. 9. 1966. Zit. nach: Der Himbeerpflücker, Programmheft der Städtischen Theater Leipzig, 23. 10. 1966, Beilage S. 3.
8 Die DDR-Erstaufführung des Stückes fand am 23. 10. 1966 in den Kammerspielen der Städtischen Theater Leipzig statt, inszeniert wurde es 1968 auch in Nordhausen und Frankfurt (Oder).
9 Fritz Hochwälder an Hans Michael Richter, 19. 9. 1966. In: (s. Nachweis 7), S. 4.
10 Siehe Nachweis 2.
11 Fritz Hochwälder: Über mein Theater, Vortrag an der Pariser Sorbonne im März 1957. In: (s. Nachweis 5), S. 21.

WERKE

Dramen: Jahr ([1932] U. 1933 Wien); Der liebe Augustin ([1934] BM Wien/Berlin 1934); Liebe in Florenz ([1936] U. 1936 Wien, musik. Lsp. nach einer N. von Cervantes, auch u. d. T.: Die unziemliche Neugier); Der Prozeß ([1938] unver-

öff.); Esther ([1940]; Neufassg. Elgg 1960, Sch.); Das heilige Experiment ([1941/42] U. 1943 Biel/Solothurn, Elgg/Zürich 1947, Sch., Fsf. 1986); Caza Speranza ([1943] Sch., unveröff.); Hôtel du Commerce ([1944] U. 1946 Prag, Elgg 1945, K. nach Maupassant); Meier Helmbrecht ([1946], U. 1947 Wien, Elgg/Zürich 1956, Sch. nach Wernher dem Gartenaere); Die verschleierte Frau ([1946] BM Wien/Basel o. J.); Der öffentliche Ankläger ([1947/48] U. 1948 Stuttgart, Hamburg 1954, Sch.); Der Flüchtling ([1945] U. 1945 Biel/Solothurn, München 1948, Neufassg. Elgg/Zürich 1955, Sch. nach einem Entwurf von Georg Kaiser, 1948 verfilmt u. d. T.: Die Frau am Wege); Donadieu (U. 1953 Wien, Hamburg 1953, Sch. nach C. F. Meyer); Der Unschuldige ([1949/55] U. 1958 Wien, Elgg 1958, K.); Virginia ([1948] U. 1951 Hamburg, Neufassg. 1977/78, in: Drn. Bd. 3); Die Herberge ([1954/55] U. 1957 Wien, Elgg/Zürich 1956, dram. Leg. [auch Fsf.]); Donnerstag (U. 1959 Salzburg, München 1959, modernes Mysteriensp.); Holokaust ([1961] unveröff.); Tausendunddrei ([1962] Sch. in 3 Akten); 1003 (U. 1964 Wien, München/Wien 1964, in: Drn. Bd. 2, Stück in 3 Akten); Der Himbeerpflücker ([1964] U. 1965 Zürich, Fsf. 1965 [ORF], München/Wien 1965, K.); Der Befehl (Fsf. 1967, U. 1968 Wien, Graz 1967, Sch.); Lazaretti oder Der Säbeltiger (U. 1975 Salzburg, Graz 1975, Sch.); Die Prinzessin von Chimay (Graz 1982, Sch.); Der verschwundene Mond ([1951/82] Märchensp.).
Hörspiel: Trommler ([1932] vervielf. als Ms. Wien/Berlin 1932); Weinsberger Ostern 1525 ([1933] U. 1939 Radio Paris u. d. T.: Pâques à Weinsberg en 1525); Vier Paragraphen (U. 1951, SWF).
Essays/Selbstaussagen: Über mein Theater (Oxford 1959, in: German Life & Letters, No. 2, auch in: Der Befehl. Graz 1967); Vom Versagen des Dramas in unserer Zeit (Graz/Köln 1962, in: Maske und Kothurn); [Der alpenländische Nazismus] (Graz 1966, in: Wort in der Zeit); [Die Zukunft der Stückeschreiber] (Velber 1969, in: Theater heute, Sonderheft); Kann die Freiheit überleben? (Graz 1976); Im Wechsel der Zeit. Aut. Skn. u. Ess. Vorw. Hans Weigel (Graz/Wien/Köln 1980).
Übersetzung: Jack Kirkland: Die Tabakstraße (1957, Dr.).
Sammelausgaben: Drn. (Bd. 1, München 1959, enth.: Das heilige Experiment, Die Herberge, Donnerstag; Bd. 2, München/Wien 1964, enth.: Der öffentliche Ankläger, Der Unschuldige, 1003); Drn. (München/Wien 1968 [Ausw.]); Stücke. Ausw. M. Hocke, Nachw. H. Huppert (Berlin 1968, enth.: Das hl. Exp., Die Herberge, Der Unschuldige, Der Himbeerpflücker, Der Befehl); Schauspiele (Moskau 1974); Drn. (Graz 1975/79, 3 Bde.).

SEKUNDÄRLITERATUR

Bibliographien: Schmitt, James: F. H.: bibliography. In: Modern Austrian literature (Binghamton N. Y.) 11 (1978), No. 1, S. 63–73. – *Bortenschlager,* Wilhelm: Literaturverzeichnis. In: W. B.: F. H. Innsbruck 1978, S. 227–242.

Féret, Henricus, M.: Sur la terre comme au ciel, le vrai drame de H. Paris 1953. – *Meister,* Richard: Religiöse Problematik in den Dramen H.s. In: Maske und Kothurn (Graz/Köln) 2 (1956), H. 1, S. 60–65. – *Schlien,* Hellmut: F. H. Werk und Leben. In: F. H.: Das heilige Experiment. Emsdetten 1956, S. 5–15. – *Vogelsang,* Hans: Das klassizistische Ideendrama F. H.s In: Österreich in Geschichte und Literatur (Wien) 2 (1958), H. 4, S. 224–232. – *Rommel,* Otto: Nachwort. In: F. H.: Das heilige Experiment. Stuttgart 1958, S. 71–78. – *Langer,* Norbert: F. H.

In: Dichter aus Österreich. Bd. 3. Wien 1958, S. 28–33. – Programmheft »Die Herberge«. Westfälisches Landestheater 1959, S. 22–28. – *Weigel,* Hans: Vorwort. In: F. H.: Dramen, Bd. 1. München 1959, S. 9–20. – *Fontana,* Oskar Maurus: Statt eines Vorwortes. In: Österr. Theater des 20. Jh. München 1961, S. 7–36. – *Riegel,* Paul: Nachwort. In: F. H.: Die Herberge. Bamberg 1962. – *Wood,* E. R.: Introduction to »The Strong are Lonely«. London 1962. – *Vogelsang,* Hans: Österreichische Dramatik des 20. Jhs. Bd. 1. Wien/Stuttgart 1963, S. 162–174. – *Hübner,* Paul: Vorwort. In: F. H.: Dramen. Bd. 2. München/Wien 1964. – *Bankel,* Walter: F. H. In: Programmheft »Der Himbeerpflücker«. Städtische Theater Leipzig. Spielzeit 1966/67, H. 4, 23. 10. 1966. – *Csokor,* Franz Theodor/Theodor W. *Adorno:* Anmerkungen zu: F. H. Der Befehl. Graz 1967. – *Huppert,* Hugo: Vom Zauber der Schlüssigkeit. Ein Versuch über F. H. In: F. H.: Stücke. Berlin 1968, S. 333–347. – *Melchinger,* Siegfried: Nachwort. In: Österreichisches Theater. Stuttgart/Hamburg 1968, S. 473–514. – *Urbanowicz,* Misczyslaw: F. H.: In: Marian Szyrocki/M. U.: Deutsches und österreichisches Drama des 20. Jahrhunderts. Warszawa 1968, S. 279–285. – *Haley,* Thomas D.: A Translation and Analysis of »Der Unschuldige« loy F. H. Diss. Univ. of Denver 1969, 120 Bl. – *Comas de Guembe,* Dolores: Historia y actualidad en la obra teatral de F. H. In: Boletin de estudios germanicos (Menzoza) 8 (1970), S. 157–175. – *Probst,* Juan C.: El sagredo experimento de H. In: Ebd., S. 177–183. – *Dobijanka-Witczakowa,* Olga: Czwartek F. H. In: Prace history-cznoliterackie (Warszawa) 35 (1976), S. 199–213. – *Holdman,* Marie Paula: The concept of order in the drama of F. H. Diss.: City Univ. of New York 1976. – *Schmitt,* James: The theater of F. H.: its background and development. In: Modern Austrian literature 11 (1978), No. 1, S. 49–62. – *Bortenschlager,* Wilhelm: Der Dramatiker F. H. Innsbruck 1979, 243 S. – *Chandlee,* Elwood Venton (jr): F. H. as heir to the Viennese Hanswurst tradition with H. bibliography. Diss. Univ. of Southern California 1979. – *Esslin,* Martin: Nachwort. In: F. H.: Dramen. Bd. 3. Graz 1979, S. 299–307. – *Best,* Alan: Shadows of the past: the drama of F. H. In: Modern Austrian writing. Literature and society after 1945. Ed. A. B. H. Wolfschütz. London/Totawa N. J. 1980, S. 44–62. – *Gerlach,* U. Henry: Unterdrücktes Gewissen als Zentralmotiv in F. H.s »Heiligem Experiment«. In: Österreich in Geschichte und Literatur (Wien) 24 (1980), Nr. 6/7, S. 360–366. – *Adorno,* Theodor W.: Reflexion über das Volksstück. In: T. W. A.: Noten zur Literatur. Hg. R. Tiedemann. Frankfurt (M.) 1981, S. 693f. – *Harper,* Anthony J.: Tradition and experiment in the drama of F. H. In: A. J. H.: Time und Change. Essays on German and European Literature. Frankfurt (M.) 1982, S. 47–54. – *Knevels,* Wilhelm: Vom Expressionismus zum Existentialismus. Die menschliche Existenz in modernen Bühnenstücken. Hamburg 1982, 39 S. [u. a. F. H.]. – *Thieberger,* Richard: Gedanken über Dichter und Dichtungen. Essays aus fünf Jahrzehnten. Bern/Frankfurt (M.) 1982, S. 267–274, 275–282, 283–285, 287–289, 291–311. – *Gerlach,* Ulrich Henry: Das Motiv des unterdrückten Gewissens in den Dramen F. H.s. In: Modern Austrian literature (Binghamton NY) 16 (1983), S. 53–71.

Jura Soyfer

ANMERKUNGEN UND ZITATNACHWEISE

1 Vgl. dazu meinen Aufsatz: Jura Soyfer, ein kurzes Leben, ein großes Werk. In: Neue Deutsche Literatur (Berlin) 32 (1984), H. 12, S. 163f.
2 Nachdem es Mitte der fünfziger Jahre still um Soyfer geworden war, blieb es das auch rund zwei Dezennien, trotz gelegentlicher Versuche in den sechziger Jahren. Rühmliche Ausnahmen zwei DDR-Inszenierungen (»Kolumbus«, 1963, und »Weltuntergang«, 1973, beide vom Poetischen Theater »Louis Fürnberg« der Karl-Marx-Universität Leipzig). Seit 1975 hat sich das Bild deutlich verändert, eine neue Phase der Rezeption hat eingesetzt – in Österreich wie auch außerhalb. Es gab Aufführungen, Hörfunk- und Fernsehsendungen, Lesungen (einige mit Qualtinger); Editionen, Übersetzungen, Schallplatten entstanden. Einige Lieder (u. a. »Lied von der Erde«) wurden vertont und gesungen. Seit 1980 gibt es ein Jura-Soyfer-Theater am Spittelberg in Wien, welches neben Soyfer-Texten sozial-kritische und Weltdramatik pflegt.
3 Zitatnachweise nach: Jura Soyfer: Das Gesamtwerk. Hg. H. Jarka. Wien 1980 (Sigle **GW**); sowie ergänzend: Die Ordnung schuf der liebe Gott. Hg. W. Martin. Leipzig 1979 (Sigle **Ord**).
4 Jura Soyfer an Helli Ultmann, 10. 1. 1938. In: GW 748.
5 Christiane F.: Wir Kinder vom Bahnhof ZOO. Stuttgart/Gütersloh/[W.-]Berlin/Darmstadt/Wien 1980.
6 Nach: Franz Marek, in: J. S.: Von Paradies und Weltuntergang. Berlin 1962, S. 6 – Vgl. dazu: Alfred Pfoser: Literatur und Austrofaschismus. Wien 1980.
7 Hans Weigel während einer Soyfer-Sendung. In: SFB III, 30. 4. 1982 (Nachmittagsprogramm).
8 Horst Jarka: Einleitung. In: GW 23.

WERKE

Sammel- und Werkausgaben: Das Gesamtwerk. Hg. H. Jarka (Wien/München/Zürich 1980); Von Paradies und Weltuntergang. Hg. W. Martin (Berlin 1962, gleichzeitige Ausg. Wien 1962); Astoria. Der Lechner-Edi schaut ins Paradies (Wien [o. J.]); The Legacy of J. S. 1912–1939; poems, prose and plays of an Austrian antifascist. Ed. and translator: H. Jarka (Montreal 1977); Die Ordnung schuf der liebe Gott. Hg. W. Martin, Mitarb. R. Links, W. Kroupa (Leipzig 1979); Strofe del tempo – Zeitstrophen [dt.-ital.]. Hg. F. Cambi/P.-H. Kucher (Pisa 1983).

SEKUNDÄRLITERATUR

Herrmann, Fritz: J. S. Die Anfänge eines volksverbundenen österreichischen Dichters. Diss. Wien 1949, 208 Bl. – *Gugisch,* Peter: Unbekannte antifaschistische Literatur in Österreich. In: Neue Deutsche Literatur (Berlin) 10 (1962), H. 12, S. 129–132. – *Jarka,* Horst: J. S.: ein Nestroy im Keller. Zum Einfluß Nestroys auf das oppositionelle Theater im Ständestaat. In: Maske und Kothurn (Graz/Wien/Köln) 24 (1978), S. 191–212., – *Weigel,* Hans: J. S. In: H. W.: In memoriam. Graz/Wien/Köln 1979, S. 155–162. – *Jarka,* Horst: Einleitung. In: J. S.: Das Gesamtwerk. Wien/München/Zürich 1980, S. 13–27. – *Bernhard,* Hans-Joachim: Vertrauen in den Menschen. Zu einer Auswahl a. d. Werk J. S.s. In: Weimarer Beiträge (Berlin) 28 (1982), H. 11, S. 168–173. – *François,* Jean Claude: Comique et satire politique chez Ödön von Horváth et J. S. In: Austriaca (Rouen) 8 (1982), Nr. 14, S. 153–167. – *Meister,* Monika: Theater im Vorkriegswien. J. S. und der Widerstand. In: Das größere Österreich. Geistiges und soziales Leben von 1880 bis zur Gegenwart. Hg. K. Sotriffer. Wien 1982, S. 317–320. – *Badia,* Gilbert: La double résistance de J. S. In: Austriaca 9 (1983); Nr. 17, S. 77–87. – *Langmann,* Peter: Wirklichkeitserfahrung, Wirklichkeitsbewältigung und soziales Engagement J. S.s. Untersuchungen über einen sozialistischen österreichischen Schriftsteller der 30er Jahre. Diss. Univ. Graz 1983, 354 S. – *Wipplingen,* Erna/Peter *Roessler:* Gegen die Verdrängung. Interview mit Reinhold Sauer vom J.-S.-Theater am Spittelberg in Wien. In: TheaterZeitSchrift ([W.-]Berlin) 1983, H. 5, S. 130–137. – *Cambi,* Fabricio: Die S.-Rezeption in Italien. In: Das Pult (St. Pölten) 16 (1984), H. 71, S. 73–77. – *Kucher,* Primus-Heinz: J. S. und die Politik des Verschweigens. In: Ebd., S. 77–82. – *Liessmann,* Konrad: Zu Gedichten J. S.s. [»Die Nacht war schwarz«] und Josef Luitpold Stern. In: Ebd., S. 64–67. – *Trilse,* Christoph: J. S., ein kurzes Leben, ein großes Werk. In: Neue Deutsche Literatur (Berlin) 32 (1984), H. 12, S. 163–170.

Paul Celan

ANMERKUNGEN UND ZITATNACHWEISE

1 Briefe an Alfred Margul-Sperber [9. März 1962]. In: Neue Literatur. Zeitschrift des Schriftstellerverbandes der SRR (București) 26 (1975), H. 7, S. 58.
2 Paul Celan: Todesfuge. In: P. C.: Mohn und Gedächtnis. Stuttgart 1952, S. 38 und 39.
3 Paul Celan: Sprachgitter. Frankfurt (M.) 1959, S. 58, 57.
4 Israel Chalfen: Paul Celan. Eine Biographie seiner Jugend. Frankfurt (M.) 1979, S. 7.
5 Anhang zu: Briefe an Alfred Margul-Sperber (s. Nachweis 1), S. 61.
6 Vgl. Gottfried Benn: Probleme der Lyrik. In: G. B.: Gesammelte Werke. Hg. Dieter Wellershoff. Bd. 4. Wiesbaden 1961, S. 494–532.
7 Vgl. ebd., Bd. 3. Wiesbaden 1960, S. 342.
8 Paul Celan: Von Schwelle zu Schwelle. Stuttgart 1955, S. 54.
9 Paul Celan: Ansprache anläßlich der Entgegennahme des Literaturpreises der Freien Hansestadt Bremen 1958. In: Die Neue Rundschau (Frankfurt [M.]) 69 (1958), S. 117–118.
10 Ebd., S. 118.
11 Ebd. – Vgl. auch Fritz Mierau: Auskünfte und Ansichten zur Poesie Ossip Mandelstams [Nachw.]. In: O. M.: Hufeisenfinder. Leipzig 1975, S. 230.
12 Paul Celan: Ansprache (s. Nachweis 9), S. 118.
13 Paul Celan: Rede zur Verleihung des Georg-Büchner-Preises 1960. In: Deutsche Akademie für Sprache und Dichtung Darmstadt. Jahrbuch 1960. Heidelberg/Darmstadt 1961, S. 82, 83.
14 Ebd., S. 85.
15 Ebd.
16 In: Mein Gedicht ist mein Messer. Lyriker zu ihren Gedichten. Hg. Hans Bender. München 1961, S. 86f.

17 »Ist eine Revolution unvermeidlich?« – 42 Antworten auf eine Alternative von Hans Magnus Enzensberger. Hamburg 1968, S. 9. Zit. nach: Über Paul Celan. Hg. Dietlind Meinecke. Frankfurt (M.) 1970. S. 26.
18 Ebd.
19 Paul Celan: Ansprache vor dem Hebräischen Schriftstellerverband in Tel Aviv. In: die horen ([W.-]Berlin) 16. Jg., Ausgabe 83 (1971), S. 102.
20 Paul Celan: Atemwende. Frankfurt (M.) 1967, S. 22.
21 Paul Celan: Schneepart. Frankfurt (M.) 1971, S. 23.
22 Paul Celan: Die Niemandsrose. Frankfurt (M.) 1963, S. 88.
23 Ebd., S. 59.
24 Paul Celan: Von Schwelle zu Schwelle (s. Nachweis 8), S. 55.
25 Vgl. Peter Szondi: Eden. In: P. S.: Celan-Studien. Frankfurt (M.) 1972, S. 114–116.
26 Paul Celan: Schneepart (s. Nachweis 21), S. 8.
27 Paul Celan: Lob der Ferne. In: (s. Nachweis 2), S. 29.
28 Paul Celan: Schneepart, S. 31.
29 Paul Celan: Anabasis. In (s. Nachweis 22) S. 54.
30 Arthur Häny: Paul Celans »Atemwende«. Zit. nach: Über Paul Celan (s. Nachweis 17), S. 209.
31 Paul Celan: Lichtzwang. Frankfurt (M.) 1970, S. 72.
32 Paul Celan: Mohn und Gedächtnis (s. Nachweis 2), S. 33.
33 Ebd., S. 59.
34 Paul Celan: Von Schwelle zu Schwelle, S. 23.
35 Vgl. Bertolt Brecht: Stücke. Bd. III. Berlin 1955, S. 216–219; Gedichte. Bd. II. Berlin 1961, S. 212.
36 Paul Celan: Anabasis. In: (s. Nachweis 22), S. 55.
37 Paul Celan: Lichtzwang (s. Nachweis 31), S. 35.
38 Paul Celan: Zeitgehöft. Frankfurt (M.) 1976, S. 40.
39 Paul Celan: ... RAUSCHT DER BRUNNEN. In: (s. Nachweis 22), S. 35.
40 Paul Celan: Rede zur Verleihung des Georg-Büchner-Preises (s. Nachweis 13), S. 85, 83.
41 Paul Celan: Fadensonnen. Frankfurt (M.) 1968, S. 22.

WERKE

Lyrik: Der Sand aus den Urnen (Wien 1948); Mohn und Gedächtnis (Stuttgart 1952); Von Schwelle zu Schwelle (Stuttgart 1955); Sprachgitter. (Frankfurt [M.] 1959); Die Niemandsrose. (Frankfurt [M.] 1963, Berlin 1984); Atemwende (Frankfurt [M.] 1967); Fadensonnen (Frankfurt [M.] 1968); Lichtzwang (Frankfurt [M.] 1970); Schneepart (Frankfurt [M.] 1971); Zeitgehöft (Frankfurt [M.] 1976, Späte Ge. a. d. Nachlaß).
Prosa/Reden: Gegenlicht (in: Die Tat [Zürich], 12. 3. 1949); Ansprache anläßlich der Entgegennahme des Literaturpreises der Freien Hansestadt Bremen 1958 (in: Neue Rundschau [Frankfurt a. M.]) 69 (1958), S. 117f., auch in: Ausgew. Ge. Frankfurt (M.) 1968); Gespräch im Gebirg (e. August 1959, in: Neue Rundschau 71 (1960), H. 2, S. 199–202); Der Meridian. Rede anläßlich der Verleihung des Georg-Büchner-Preises 1960 (Frankfurt [M.] 1962); Ansprache vor dem hebräischen Schriftstellerverband 1969 (in: Die Stimme [Tel-Aviv], Nr. 246; Faks. Druck in: La Revue de Belles-Lettres 96 (1972), Nr. 2/3, auch in: die horen [(W.-)Berlin] 83 (1971), S. 102).

Übersetzungen/Nachdichtungen: Alexander Block: Die Zwölf (1958); Arthur Rimbaud: Das trunkene Schiff (1958); Ossip Mandelstam: Gedichte (1959); Paul Valéry: Die junge Parze (1960); Sergej Jessenin: Gedichte (1961); Drei russische Dichter – Alexander Block, Ossip Mandelstam, Sergej Jessenin (1963); William Shakespeare: Einundzwanzig Sonette. (Frankfurt [M.] 1967); Jules Supervielle: Gedichte (1968); Guiseppe Ungaretti: Das verheißene Land. Das Merkbuch des Alten (1968); Velimir Chlebnikow, in: V. Ch.: Werke. Bd. 1: Poesie. Hg. P. Urban (1972).
Sammel- und Werkausgaben: Ges. W. Hg. Beda Allemann/Stefan Reichert, Mitarbeit Rolf Bücher (Frankfurt [M.] 1983; Bd. 1 und 2: Ge., Bd. 3: Lyrik, Prosa, Reden, Bd. 4 und 5: Übertragungen); Gedichte. Eine Auswahl. Hg. Klaus Wagenbach, Mitarb. d. Autors (Frankfurt [M.] 1959); Ausgew. Gedichte. Zwei Reden. Nachw. Beda Allemann (Frankfurt [M.] 1968); Gedichte in zwei Bänden. Nachw. ders. (Frankfurt [M.] 1975); Die Silbe Schmerz. Ausgew. Gedichte. (Berlin/Weimar 1980).

SEKUNDÄRLITERATUR

Bibliographien: Études Germaniques (Paris) 25 (1970), Nr. 3, S. 319–322. – *Meinecke,* Dietlind: Bibliographie der Werke Celans und der Sekundärliteratur. In: Über P. C. Hg. D. Meinecke. Frankfurt (M.) 1970, erw. ²1973, S. 293–346. – *Paulus,* Rolf/Ursula *Stenler:* Bibliographie zur deutschen Lyrik nach 1945. Frankfurt (M.) 1974 (zu P. C., S. 63–78).

Neumann, Peter-Horst: Zur Lyrik P. C.s. Göttingen 1968. – Über P. C. Hg. Dietlind Meinecke. Frankfurt (M.) 1970, erw. 1973. – Études germaniques (Paris) 25 (1970) 3: Hommage à P. C. – *Mayer,* Hans: Erinnerung an P. C. In: H. M.: Der Repräsentant und der Märtyrer. Frankfurt (M.) 1971. – *Szondi,* Peter: C.-Studien. Frankfurt (M.) 1972. – *Böschenstein,* Bernhard: P. C. und die französische Dichtung. In: Jahrbuch der Deutschen Schillergesellschaft (Stuttgart) 17 (1973). – *Krolow,* Karl: P. C. In: Kindlers Literaturgeschichte der Gegenwart in Einzelbänden: Literatur der Bundesrepublik Deutschland. Hg. D. Lattmann. München 1973. – *Mayer,* Peter: »Alle Dichter sind Juden.« Zur Lyrik P. C.s. In: Germanisch-Romanische Monatsschrift (Heidelberg) 54 = Neue Folge 23 (1973). – *Voswinckel,* Klaus: P. C. Verweigerte Poetisierung der Welt. Versuch einer Deutung. Heidelberg 1974. – Text + Kritik. Zeitschrift für Literatur. Hg. H. L. Arnold. H. 53/54: P. C. München 1977. – *Jackson,* John E.: La question du moi. Un aspect de la modernité poétique européenne – T. S. Eliot – P. C. – Yves Bonnetoy. Neuchâtel 1978, 347 S. – *Parry,* Christoph: Mandelstam der Dichter und der erdichtete Mandelstam im Werk P. C.s. Diss. Marburg 1978, 254 S. – *Krämer,* Heinz Michael: Eine Sprache des Leidens. Zur Lyrik von P. C. München/Mainz 1979, 267 S. – *Chalfen,* Israel: P. C. Eine Biographie seiner Jugend. Frankfurt (M.) 1979, 188 S. – *Manninghaus,* Wilfried: P. C. Magie der Form. Frankfurt (M.) 1980, 291 S. – *Pretzer,* Lielo Anne: Geschichts- und sozialkritische Dimensionen in P. C.s Werk. Bonn 1980, 380 S. – *Nielsen,* Karsten Hvidfelt/Harald *Pors*: Index zur Lyrik P. C.s. München 1981, 299 S. – *Pausch,* Holger: P. C. [W.-]-Berlin 1981, 91 S. – *Bogumil,* Sieghild: C.s Wende. Entwicklungslinien in der Lyrik P. C.s. Teil I: In: Neue Rundschau (Frankfurt/M.) 93 (1982), H. 4, S. 81–110; Teil II: Ebd., 94 (1983), H. 1, S. 88–105. – *Pöggeler,* Otto: Mystische Elemente im Denken Heideggers und im Dichten P. C.s. In: Zeitwende. Die neue Furche

(Karlsruhe/Kassel) 53 (1982), S. 65–92. – *Martin,* Uwe: »Der Sand aus den Urnen«. Zu P. C.s erster Gedichtsammlg. In: Cahiers d'études germaniques (Centre d'Aix) 7 (1983), S. 45–67. – P. C. Guest editor: J. K. Lyon. Manhatten 1983, 158 S. – *Brierly,* David: »Der Meridian«. Ein Versuch zur Poetik und Dichtung P. C.s. Frankfurt (M.)/Bern/Las Vegas 1984, 480 S. – *Čivikov,* Germinal: Interpretationsprobleme moderner Lyrik am Beispiel P. C.s. Amsterdam 1984, 159 S.

Ilse Aichinger

ANMERKUNGEN UND ZITATNACHWEISE

1 Kindlers Literaturgeschichte der Gegenwart. Die zeitgenössische österreichische Literatur. Hg. Hilde Spiel. Zürich/München 1976, S. 162.
2 Ilse Aichinger: Nachruf. In: I. A.: verschenkter Rat. Frankfurt (M.) 1978, S. 60.
3 Ilse Aichinger: Statt eines Porträts: Die Sicht der Entfremdung. Über Berichte und Geschichten von Ernst Schnabel. In: Frankfurter Hefte (Frankfurt [M.]) 9 (1954), H. 1, S. 46.
4 Ilse Aichinger: Aufruf zum Mißtrauen. In: Plan. Literatur, Kunst, Kultur (Wien) 1 (1945/47), H. 7, S. 588.
5 Ilse Aichinger: Die größere Hoffnung. Berlin 1979. (Sigle **H**)
6 Ernst Oldemeyer: Zeitlichkeit und Glück. Gedanken zu Texten Ilse Aichingers. In: Geistesgeschichtliche Perspektiven. Hg. Götz Großklaus. Bonn 1969, S. 287.
7 Ilse Aichinger: »Die Vögel beginnen zu singen, wenn es noch finster ist«. Selbstporträt. In: Freude an Büchern, Monatshefte für Weltliteratur (Wien) 3 (1952), H. 2, S. 39.
8 Vgl. Werner Weber: Ilse Aichinger. In: Schriftsteller der Gegenwart. Hg. Klaus Nonnenmann. Olten/Freiburg Br. 1963, S. 15.
9 Siehe Nachweis 7, S. 39.
10 Ebd., S. 40.
11 Ilse Aichinger: Spiegelgeschichte. In: I. A.: Meine Sprache und ich. Frankfurt (M.) 1978. (Sigle **Sprache**)
12 Dagmar C. G. Lorenz: Ilse Aichinger. Königstein Ts. 1981, S. 3.
13 Siehe Nachweis 3, S. 50.
14 Ilse Aichinger: Knöpfe. In: I. A.: Hörspiele. Nachw. Ernst Schnabel. Frankfurt (M.)/Hamburg 1961, S. 76.
15 Frank Trommler: Der zögernde Nachwuchs. Entwicklungsprobleme der Nachkriegsliteratur in West und Ost. In: Tendenzen der deutschen Literatur seit 1945. Hg. Thomas Koebner. Stuttgart 1971, S. 63.
16 Ernst Schnabel (geb. 26. 9. 1913 in Zittau) war 1946/49 Chefdramaturg, 1951/55 Intendant beim Nordwestdeutschen Rundfunk (NWDR) in Hamburg; 1962/65 leitete er das dritte Rundfunkprogramm des NDR und des Senders Freies Berlin und 1965/68 die Literatur/Illustrierten im dritten Fernsehprogramm. Danach als freier Schriftsteller in Westberlin.
Er begründete 1947 das erste Nachtprogramm und entwickelte in diesem Zusammenhang neue Funkformen (z. B. Das Feature). Ein Beispiel dafür ist *»Der 29. Januar 1929«* (1947), eine Montage aus dreißigtausend Hörerbriefen, dem ließ er fast dreißig Jahre später das Hörspiel *»Der 29. Januar 1977«* (1977) fol-

gen, entstanden aus zweieinhalbtausend Hörerbriefen. S. schrieb auch Romane, Erzählungen, Berichte und Libretti. [Anm. d. Red.]

17 Ilse Aichinger: Spiegelgeschichte. Erzählungen und Dialoge. Hg. Klaus Schuhmann. Leipzig/Weimar 1979. (Sigle **Sp**)
18 Siehe Nachweis 1, S. 649.
19 Ilse Aichinger: Wo ich wohne. Frankfurt (M.) 1963. (Sigle **Wo**)
20 Ilse Aichinger: Schlechte Wörter. Frankfurt (M.) 1976. (Sigle **SW**)
21 Karl Krolow: Laudatio. In: I. A.: Ansprachen und Dokumente zur Verleihung des Kulturpreises der Stadt Dortmund. Nelly-Sachs-Preis. Am 12. Dezember 1971. Dortmund 1971, S. 24.
22 Ilse Aichinger (s. Nachweis 3), S. 47.
23 Ebd., S. 46.
24 Werner Eggers: Ilse Aichinger. In: Deutsche Literatur der Gegenwart in Einzeldarstellungen. Hg. Dietrich Weber. Stuttgart [3]1976, S. 170.
25 Werner Weber (s. Nachweis 8), S. 15.
26 Heinz F. Schafroth: Die Dimension der Atemlosigkeit. In: (s. Nachweis 20), S. 131.
27 Werner Eggers: Sprachtheorie und Sprachwandel. In: Tendenzen der deutschen Literatur seit 1945 (s. Nachweis 15), S. 128.
28 Konrad Bayer, zit. nach: Roland Heger: Der österreichische Roman des 20. Jahrhunderts. Wien/Stuttgart 1971, S. 52.
29 eugen gomringer: 23 punkte zum problem »dichtung und gesellschaft«. In: e. g.: gesammelte manifeste. Hg. édition galerie press. St. Gallen (o. J.), S. 35. Zit. nach: Klaus Schuhmann: Weltbild und Poetik. Zur Wirklichkeitsdarstellung in der Lyrik der BRD bis zur Mitte der siebziger Jahre. Berlin/Weimar 1979, S. 201.
30 Klaus Schuhmann: Nachwort. In: (s. Nachweis 17), S. 280.
31 Ilse Aichinger: Befehl des Baumeisters beim Bau der Prinz-Eugen-Straße. In: Der Schriftsteller vor der Realität. Beiträge zum deutsch-französischen Schriftstellertreffen 1956. In: Akzente (München) 3 (1956), H. 4, S. 315.
32 Ilse Aichinger: verschenkter rat. Frankfurt (M.) 1978. (Sigle **vr**)

WERKE

Romane/Erzählungen: Die größere Hoffnung (Wien 1948, Berlin 1979); Rede unter dem Galgen (Wien 1952, u. d. T.: Der Gefesselte, Frankfurt (M.) 1953, En.); Wo ich wohne (Frankfurt [M.] 1963, En., Dialoge, Ge.); Eliza Eliza (Frankfurt [M.] 1965, En.); Schlechte Wörter (Frankfurt [M.] 1976, Pr., Hsp.); Nachricht vom Tag (Frankfurt [M.] 1970, En.); Meine Sprache und ich (Frankfurt [M.] 1978, En., Pr.).
Hörspiele/Szenen: Knöpfe (in: Neue Rundschau [Frankfurt a. M.] 65 [1954]; als Drama, 1957); Zu keiner Stunde (Frankfurt [M.] 1957, Szenen); Besuch im Pfarrhaus (Frankfurt [M.] 1961, Hsp., 3 Dialoge); Auckland (Frankfurt [M.] 1969, 4 Hspe.).
Lyrik: verschenkter rat (Frankfurt [M.] 1978).
Nachdichtungen: Im Frührot. Ge. aus Ungarn. Hg. C. u. A. Podewils (München 1957, Ü. u. a. I. A. [4 Ge.]).
Sammelausgaben: Dialoge, En., Ge. (Frankfurt [M.] 1971); Spiegelgeschichte. En. und Dialoge. Hg., Ausw. K. Schuhmann (Leipzig/Weimar 1979).

SEKUNDÄRLITERATUR

Schröder, Rudolf Alexander, in: Reden zur Verleihung des Literaturpreises der Hansestadt Bremen 1954–1956. Bremen 1956. – *Oldemeyer,* Ernst: Zeitlichkeit und Glück. Gedanken zu Texten von I. A. In: Geistesgeschichtliche Perspektiven. Hg. G. Großklaus. Bonn 1969. – *Krolow,* Karl: Die Träume der I. A. In: Ansprachen und Dokumente zur Verleihung des Kulturpreises der Stadt Dortmund. Nelly-Sachs-Preis. Am 12. Dezember 1971. Dortmund 1971, S. 22–30. – Vier Interpretationsversuche [zu I. A.: Der Querbalken]. Hg. Hellmuth Himmel. In: Die Sprachkunst (Wien) 5 (1974), S. 280–300. – *Eggers,* Werner: I. A. In: Deutsche Literatur der Gegenwart in Einzeldarstellungen. Hg. D. Weber. Stuttgart 1976, S. 165–182. – *Politzer,* Heinz: Nachwort. In: I. A.: Die größere Hoffnung. Frankfurt (M.) 1976. – *Schafroth,* Heinz: Die Dimension der Atemlosigkeit. In: I. A.: Schlechte Wörter. Frankfurt (M.) 1976, S. 129–133. – *Schuhmann,* Klaus: Nachwort. In: I. A.: Spiegelgeschichte. En., Dialoge. Leipzig/Weimar 1979, S. 267–282. – *Stanley,* Patricia H.: I. A.s absurd »I«. In: German Studies Review (Tempe, Arizona) 2 (1979), S. 331–350. – *Fried,* Erich: Über Gedichte I. A.s. In: Neue Rundschau (Frankfurt/M.) 92 (1981), H. 4, S. 23–38. – *Lorenz,* Dagmar C. G.: I. A. Königstein Ts. 1981, 279 S. – *Tunner,* Erika: I. A. Der Gang über die grüne Grenze. In: Frauenliteratur. Autorinnen – Perspektiven – Konzepte. Hg. M. Jürgensen. Bern/Frankfurt (M.) 1983, S. 57–73. – *Kleiber,* Carine: I. A. Leben und Werk. Bern/Frankfurt (M.) 1984, 180 S.

Hans Carl Artmann

ANMERKUNGEN UND ZITATNACHWEISE

1 Zum Beispiel: Peter Pabisch: H. C. Artmann. Ein Versuch über die literarische Alogik. Wien 1978.
2 Josef Donnenberg: Versuch, sich von Artmann ein Bild zu machen. In: Salzburger Nachrichten, 10. 11. 1979, S. 30.
3 Michael Scharang: Österreichische Literatur und österreichische Realität. In: Wespennest (Wien) Nr. 16, November 1974, S. 14.
4 Vgl.: Über H. C. Artmann. Hg. Gerald Bisinger. Frankfurt (M.) 1972, S. 7.
5 Zit. nach: Gerhard Rühm: Vorwort. In: Die Wiener Gruppe. Achleitner, Artmann, Bayer, Rühm, Wiener. Texte, Gemeinschaftsarbeiten, Aktionen. Hg. G. Rühm. Reinbek 1967 (Neuausg. 1985), S. 26.
6 Andreas Okopenko: Der Fall »Neue Wege«. Dokumente für und gegen einen Mythos. In: Aufforderung zum Mißtrauen. Literatur, bildende Kunst, Musik in Österreich seit 1945. Hg. Otto Breicha/Gerhard Fritsch. Salzburg 1967.
7 Kurt Batt: Die Exekution des Erzählers. In: Sinn und Form (Berlin) 24 (1972), H. 6, und 25 (1973), H. 2. Wiederh. in: K. B.: Revolte intern. Betrachtungen zur Literatur der BRD. Leipzig 1974, S. 191–273.
8 Andreas Okopenko (s. Nachweis 6).
9 Zum Surrealismus-Verständnis literarischer Kreise im Österreich der Nachkriegszeit vgl.: Roger Bauer: Kontinuität und Erneuerung. Die Poeten der Wiener Gruppe und die Herren Vettern aus Steiermark. In: R. B.: Laßt sie koaxen, die kritischen Frösch' in Preußen und Sachsen. Zwei Jahrhunderte Literatur in Österreich. Wien (1977), S. 219–234.

Zur Wiener Gruppe vgl.: Rainer Fischer: Zur Geschichte und Poetologie der Wiener Gruppe (1952 bis 1964). In: Wissenschaftliche Zs. der Wilhelm-Pieck-Univ. Rostock GSR 29 (1980), Heft 3/4, S. 71–78.

10 Konrad Bayer: Vorwort. In: H. C. Artmann: ein lilienweißer brief aus lincolnshire. gedichte aus 21 jahren. Frankfurt (M.) 1969, S. 8.

11 Hilde Schmölzer: Das böse Wien. Interviews mit Artmann u. a. In: Die Pestsäule (Wien), 1, September 1972, S. 27–31; Ein Fest für H. C. Artmann. Ein Gespräch in der Sendereihe »Welt der Literatur«. Österr. Rundfunk 1, 22. 10. 1984, 20 Uhr. Auszüge in: ORF-Nachlese 1985, Nr. 1, S. 25ff.

12 Vgl. zum Beispiel: Lexikon deutschsprachiger Schriftsteller. Bd. 1, A–K, Leipzig[2] 1972, S. 33.

13 H. C. Artmann: ein lilienweißer brief aus lincolnshire. gedichte aus 21 jahren. Hg., Nachw. Gerald Bisinger. Frankfurt (M.) 1969. (Sigle **brief**)

14 H. C. Artmann: Grammatik der Rosen. Ges. Prosa. 3 Bde. Hg. Klaus Reichert. Salzburg 1979. (Sigle **Prosa**)

15 Siehe Nachweis 5 (Vorwort)

16 Ebd.

17 Andreas Okopenko: Die schwierigen Anfänge österreichischer Progressivliteratur nach 1945. In: Protokolle (Wien) 1975, H. 2, S. 1–16.

18 H. C. Artmann: med ana schwoazzn dintn. Salzburg 1958. (Sigle **dintn**)

19 H. C. Artmanns Übersetzung erschien in der DDR mit anderen Linné-Texten in einem Reclam-Bändchen u. d. T.: Carl von Linné: Lappländische Reise. Leipzig 1977.

20 H. P. Lovecraft: Ctulhu. Geistergeschichten. Ü. H. C. Artmann. Frankfurt (M.) 1968.

21 H. C. Artmann: Schatten wachsen nebenan. In: Der gewöhnliche Schrecken. Horrorgeschichten. Hg. Peter Handke. Salzburg 1969, S. 131–136.

22 Jörg Drews: Artmann in den Klauen der Wissenschaft? In: Süddeutsche Zeitung (München), 34 (1978), Nr. 166, 22. 7. 1978 (Wochenendbeilage), S. 108.

WERKE

Lyrik: med ana schwoazzn dintn (Salzburg 1958); hosn rosn baa (Wien 1959, zus. mit Friedrich Achleitner/Gerhard Rühm); verbarium. Nachw. Peter Bichsel (Olten/Freiburg Br. 1966); persische Qvatrainen. ein kleiner divan (Hommerich 1966); allerleirausch. neue schöne Kinderreime ([W.-]Berlin 1967); shal-i-mar. persische qvatrainen zweiter teil (Hommerich 1967); Auf den Leib geschrieben (Hamburg 1967); Aus meiner Botanisiertrommel. Balladen und Naturgedichte (Salzburg 1975); Sämtliche persische Qvatrainen (Stuttgart 1977); das prahlen des urwaldes im dschungel ([W.-]Berlin 1983).

Prosa: Von denen Husaren und anderen Seil-Tänzern ... (München 1959, Geschn.); Das suchen nach dem gestrigen tag oder Schnee auf einem heißen brotwecken. Eintragungen eines bizarren Liebhabers (Olten/Freiburg Br. 1964 [Ausw.]); Schnee auf dem Gustav Adolfplatz in Malmö (Bad Homburg 1964); Montagen (Reinbek 1967, zus. mit Konrad Bayer/Gerhard Rühm); artmann-brief (Bad Homburg 1966); Dracula Dracula. Ein transsylvanisches Abenteuer ([W.-]Berlin 1966); Grünverschlossene Botschaft. 90 Träume (Salzburg 1967); Fleiß und Industrie (Frankfurt [M.] 1967 [Ausw.]); tök ph'rong süleng (München 1967); Paarodien (Hamburg 1968); der handkolorierte Menschenfresser (Stuttgart 1968, Ill. P. Artmann); Die Anfangsbuchstaben der Flagge. Geschn. für Kajüten, Kamine und Kinositze (Salzburg 1969); Frankenstein in Sussex – Fleiß und Industrie (Frankfurt [M.] 1969); Überall wo Hamlet hinkam (Stuttgart 1969); Mein Erbteil von Vater und Mutter. Überlieferungen und Mythen aus Lappland (Hamburg 1969); Yeti oder John, ich reise ... (München 1970, zus. m. R. Pichler/H. Schneider); How much, schatzi? (Frankfurt [M.] 1971, erw. 1973); Von der Wiener Seite ([W.-]Berlin 1972, u. d. T.: Im Schatten der Burenwurst, Salzburg/Wien 1983); Der aeronautische Sindtbart oder Seltsame Luftreise von Niedercalifornien nach Crain (Salzburg 1972); Ompül (München 1974); Unter der Bedekkung eines Hutes. Montagen und Sequenzen (Salzburg 1974); Christopher und Peregrin und was weiter geschah. Ein Bärenroman in drei Kapiteln. (Frankfurt/M. 1975, zus. m. Barbara Wehr); Die Heimholung des Hammers (Wien 1977); Die Jagd nach Dr. U. oder Ein einsamer Spiegel, in dem sich der Tag reflektiert (Salzburg 1977); Nachrichten aus Nord und Süd (Salzburg/Wien 1978); Die Wanderer (Erlangen/München 1979); Die Sonne war ein grünes Ei. Von der Erschaffung der Welt und ihren Dingen (Salzburg/Wien 1982, Geschn.).

Dramen: die fahrt zur insel nantucket. theater. Vorw. P. O. Chotjewitz (Neuwied/[W.-]Berlin 1969); kleinere taschenkunststücke, fast eine chinoiserie (Wollerau/Wien/München 1973).

Übersetzungen/Nachdichtungen: Ramon Góméz de la Serna: Greguerías (1956); Der schlüssel des heiligen patrick. religiöse dichtungen der kelten (1959); Alberto Anzola: Du anbotest mir den Fluß (1960); Lucebert: Ich stell mir vor, daß es ein Gott ist (1961); Francisco Gómez de Quevedo y Villegas: Der abenteuerliche Buscón oder Leben und Taten des weltbeschriebenen Glücksritters Don Pablos aus Segovia (1963); Carl von Linné: Lappländische Reise (1964); Edward Lear: E. L.s Nonsense Book (1964); Tage Aurell: Martina (1965); Daisy Ashford: Junge Gäste oder Mr. Salteenas Plan; Angela u. D. Ashford: Liebe und Ehe. Drei Geschn. (1967); H. P. Lovecraft: Cuthulhu. Geistergeschn. (1968); Francois Villon: Balladn (1968); Harry Graham: Herzlose Reime für herzlose Heime (1968); Calderon de la Barca: Dame Kobold (1969); Lars Gustafsson: Die nächtliche Huldigung (1970); Eugène-Marin Labiche: Die Jagd nach dem Raben (1970); Cyril Tourneur: Tragödie der Rächer (1971); Velimir Chlebnikov: im geknarr der hohen stämme (1972, Ge.); Molière: Arzt wider Willen (1972); Alfred de Musset: Die Wette (1972); Lope de Vega: Der Kavalier vom Mirakel (1972); Tirso de Molina: Don Gil von den grünen Hosen (1972); Ludvig Holberg: Henrik und Pernilla (1972); Eugène-Marin Labiche: Celimar (1973); Augustin Moreto y Cavana: Der unwiderstehliche Don Diego (1973); Molière: Die Streiche des Scapin (1973); Beaumarchais: Der tolle Tag (1973); Marivaux: Liebe und Zufall (1973); Eugène-Marin Labiche: Die Reise der Herrn Perichon (1973); Carlo Goldoni: Der Lügner (1974); Molière: Georges Dandin oder der genasführte Ehemann (1974); Carl Michael Bellman: Der Lieb zu gefallen (1976); Terence Hanbury White: Der König auf Camelot (1976, darin die Verse); Jean Giraudoux: Die Irre von Chaillot (1977).

Sammel- und Werkausgaben: ein lilienweißer brief aus lincolnshire. ge. aus 21 jahren. Hg., Nachw. G. Bisinger (Frankfurt [M.] 1969, erw. 1978); The Best of H. C. A. Hg. K. Reichert (Frankfurt [M.] 1970); Das im Walde verlorene Totem. Prosadichtungen 1949–1953. Nachw. H. Schneider (Salzburg 1970); Ge. über die Liebe und über die Lasterhaftigkeit. Ausw. E. Borchers (Frankfurt [M.] 1975). Grammatik der Rosen. Ge. Prosa. Hg. Klaus Reichert (Salzburg/Wien 1979, 3 Bde.); Der handkolorierte Menschenfresser. Ausgew. Prosa. Hg. R. Fischer (Berlin 1984).

SEKUNDÄRLITERATUR

Bibliographien: Über H. C. A. Hg. Klaus Bisinger. Frankfurt (M.) 1972. – Pose, Possen und Poesie. Zum Werk H. C. A.s. Hg. Josef Donnenberg. Stuttgart 1981. Der Landgraf zu Camprodon. Festschrift für den Husar am Münster Hieronymus Caspar Laertes Artmann. Herausgegeben von seinen Freunden Gerald Bisinger und Peter O. Chotjewitz. Hamburg 1966. – *Rühm,* Gerhard (Hg.): »Die Wiener Gruppe«. Achleitner, Artmann, Bayer, Rühm. Wiener. Texte, Gemeinschaftsarbeiten, Aktionen. Reinbek 1967. Neuausg. Reinbek 1985. – *Bayer,* Konrad: h. c. a. und die wiener dichtergruppe. In: H. C. A.: Ein lilienweißer brief aus lincolnshire. Hg., Nachw. G. Bisinger. Frankfurt (M.) 1969. – *Chotjewitz,* Peter O.: Vorwort. In: H. C. A.: die fahrt zur insel nantucket. theater. Neuwied [W.-]Berlin 1969. – *Reichert,* Klaus: Zettelkasten für ein Nachwort zu H. C. In: The Best of H. C. A. Frankfurt (M.) 1970. – *Schneider,* Hannes: Schwemmholz am Strand von Nantucket. Zu den Stücken von H. C. A., insbesondere noch einigen unveröffentlichten Stücken und Bruchstücken. In: Protokolle (Wien) 1971, H. 1, S. 20–25. – Über H. C. A. Hg. Klaus Bisinger. Frankfurt (M.) 1972. – *Henz,* Rudolf: Großer Österreichischer Staatspreis 1974: Laudatio auf H. C. A. In: Literatur und Kritik (Salzburg) 1975, H. 92, S. 65–67. – *Eggers,* Werner: H. C. A. In: Deutsche Literatur der Gegenwart in Einzeldarstellungen. Hg. D. Weber. Bd. 2. Stuttgart 1977, S. 7–25. – *Jandl,* Ernst: Laudatio auf H. C. A. In: Literatur und Kritik, 1977, H. 119, S. 535–538 [Zur Verleihung des Preises der Stadt Wien]. – *Pabisch,* Peter: H. C. A. Ein Versuch über die literarische Alogik. Wien 1978, 145 S. – *Müller,* André: Sagt mir, wer ich bin. In: Zeit-Magazin, 21. 9. 1979, S. 42–46 [Porträt]. – *Drews,* Jörg: Über H. C. A. In: Protokolle, 1979, H. 1, S. 49–57. – *Pabisch,* Peter/Alfred *Rodriguez:* H. C. A.s adaptation of Ramón Gómez de la Serna's »Greguería«. In: World Literature today (Norman, Okla.) 53 (1979), H. 2, S. 231–237. – *Reichert,* Klaus: In Polen poetisch. Vorläufiges zu einer Charakteristik H. C. A.s. In: Protokolle, 1979, H. 1, S. 58–66. – *Reichert,* Klaus: Poetik des Einfalls. Zur Prosa A.s. In: H. C. A.: Grammatik der Rosen. Bd. 3, Salzburg/Wien 1979, S. 471–505. – *Pabisch,* Peter: Sensitivität und Kalkül in der jüngsten Prosa H. C. A.s. In: Modern Austrian literature (Lexington N. Y.) 13 (1980), No. 1, S. 129–147. – *Thomsen,* Christian W./Gabriele *Brandstetter:* Die holden Jungfrauen, urigen Monstren und reisenden Gentlemen des H. C. A.: Zur Phantastik in seinem Werk. In: Phantastik in Literatur und Kunst. Hg. C. W. Thomsen/J. M. Fischer. Darmstadt 1980, S. 332–352. – *Donnenberg,* Josef (Hg.): Pose, Possen und Poesie. Zum Werk H. C. A.s. Stuttgart 1981. – *Schwarz,* Egon: Was ist österreichische Literatur? Das Beispiel H. C. A.s und Helmut Qualtingers. In: Für und wider eine österreichische Literatur. Hg. K. Bartsch/D. Goltschnigg/G. Melzer. Königstein/Ts. 1982, S. 130–151. – *Freund,* Winfried: Der entzauberte Vampir – Zur parodistischen Rezeption des Grafen Dracula bei H. C. A. und Herbert Rosendorfer. In: Rezeptionspragmatik. Beiträge zur Praxis des Lesens. Hg. G. Köpf. München 1981, S. 131–148. – *Druvins,* Ute: Sänger verführt Nixe. Zu H. C. A.s Ballade »Bei Rotwein«. In: Gedichte und Interpretationen. Bd. 6: Gegenwart. Hg. W. Hinck. Stuttgart 1983, S. 168–178. – *Donnenberg,* Josef: brennesseln & rosen. Über A.s metaphorische Selbstporträts. In: Literatur und Kritik 1983, S. 250–261. – *Stein,* Gerd-Dieter: »daß doch alle weisheiten trivial sein müssen!«. Gedanken und Anmerkungen zu A.s Theaterspielen. In: Ebd., S. 270–282. – *Ernst,* Michael: … und du lachst eine Träne. In: Sonntag (Berlin) 1985, Nr. 24.

Erich Fried

ANMERKUNGEN UND ZITATNACHWEISE

1 Erich Fried: Dichter in Deutschland. In: E. F.: Deutschland. London 1944, S. 18.

2 Erich Fried: Dichtung 1975? In: Kürbiskern (München) 1975, H. 2, S. 7.

3 Marcel Reich-Ranicki: Die Leiden des Dichters E. F. In: Frankfurter Allgemeine Zeitung (Frankfurt [M.]), Nr. 19, 23. 1. 1982, Bilder und Zeiten, S. 5.

4 Walter Hinck: E. F., der rasende Verworter. In: Ebd., Nr. 12, 14. 1. 1984, Bilder und Zeiten, S. 5.

5 Erich Fried: Nichterfüllung des Kunstsolls. In E. F.: Gegengift. [W.-]Berlin 1974, S. 54.

6 Erich Fried: So kam ich unter die Deutschen, Hamburg 1977, S. 15.

7 Erich Fried: Die Freiheit, den Mund aufzumachen. Berlin 1972, S. 33.

8 Oktober 1970 Teilnahme am »Literatursymposium 1973« in Graz (vgl. dazu den Beitrag »Zweifel an der Sprache«, in: E. F.: Gegengift. [W.-]Berlin 1974, S. 69–79); November 1978 Rilke-Woche der »Österreichischen Gesellschaft für Literatur« in Wien; April 1980 drittes Österreich-Gespräch über Literatur »Vom Schreiben und vom Lesen« in Wien (Vortrag: Zur österreichischen Literatur seit 1945. In: 3. Österreich-Gespräch. Literatur – Vom Schreiben und vom Lesen. Wien [1982], S. 191–196). März 1981 »Erster Österreichischer Schriftstellerkongreß« in Wien (Vortrag: Die Freiheit zu sehen, wo man bleibt. In: Gerhard Ruiss/Johannes A. Vyoral (Hg.): Die Freiheit zu sehen, wo man bleibt. Erster Österr. Schriftstellerkongreß, 6.–8. März 1981 – Wiener Rathaus. Wien 1982, S. 71–79); Mai 1983 Symposium »Literatur und Macht« in Wien (Vortrag: Was soll und kann Literatur verändern? In: Wespennest [Wien] 1983, Nr. 52, S. 76–83); Oktober 1984 Rede zum Österreichischen Nationalfeiertag im Wiener Volkstheater (Einige Worte zu Österreichs Eigenart. In: Aufrisse [Wien] 6 (1985), Nr. 1, S. 5–7, 9. – Diese Rede wurde zuvor als Broschüre gedruckt. Die Zeitschriftenfassung ist erweitert, einbezogen sind Erwiderungen Frieds auf Angriffe gegen den ersten Abdruck sowie auf eine Polemik gegen Herbert Achternbuschs Film »Das Gespenst«).

9 Vgl. Kunst und Literatur im antifaschistischen Exil. Bd. 5: Exil in der Tschechoslowakei, in Großbritannien, Skandinavien und in Palästina. Leipzig 1980, S. 149. Erich Fried wird in diesem Band nicht erwähnt.

10 Ebd., S. 172. Nach einer Umfrage der antifaschistischen österreichischen Emigrantenorganisation waren im Sommer 1942 30% der deutschsprachigen Emigranten in der Rüstungsindustrie tätig.

11 Erich Fried: Ein Jahr Internierung. In: Zeitspiegel (London) Nr. 18, 6. 12. 1941, S. 6. Wiederh. in: Im Niemandsland. Deutsche Exilliteratur in britischer Internierung. Ein unbekanntes Kapitel der Kulturgeschichte des Zweiten Weltkrieges. Hg. Michael Seyfert. [W.-]Berlin 1984, S. 50. Enth. auch ein Gespräch mit E. F. über die Lebensbedingungen der Emigranten zu dieser Zeit (S. 151–156).

12 Gedichte Frieds erschienen in: »Zeitspiegel«, »Young Austria«, »Freie Deutsche Kultur«, »Die Zeitung« (alle London) sowie in folgenden Anthologien: Die Vertriebenen. Dichtung der Emigration. 37 Poems by Refugee Authors from Austria, Czechoslowakia and Germany. London 1941 [4 Ge.];

Zwischen Gestern und Morgen. Neue öst. Ge. London 1942 [3 Ge.]; Mut. Ge. junger Österreicher. London 1943 [13 Ge.].
13 Erich Fried [Vorwort]. In: (s. Nachweis 1).
14 Ebd., S. 22.
15 Erich Fried: Österreich. Zürich 1946. (Sigle **Ö**).
16 Elisabeth Langgässer an Eugen Claasen, 8. 1. 1948. In: E. C.: In Büchern denken. Briefwechsel mit Autoren und Übersetzern. Hamburg/Düsseldorf 1970, S. 299.
17 Siehe Bibliographie: Übertragungen.
18 Erich Fried: [Nachwort] In: E. F.: Gedichte. Hamburg 1958. S. 108f. (Sigle **Ge**).
19 Erich Fried: Befreiung von der Flucht. Hamburg 1968. (Sigle **BF**)
20 Erich Fried: Das Reich der Steine. Hamburg 1963. (Sigle **RSt**)
21 Eine erste Fassung des Romans mit dem Titel »Der Letzte« ist 1952 fertiggestellt worden, einzelne Textteile wurden 1948 und 1956 publiziert.
22 Erich Fried: Ein Soldat und ein Mädchen. Düsseldorf ^{2}1982. (Sigle **SM**)
23 Erich Fried: Ein Soldat und ein Mädchen. Hamburg 1960, S. 234.
24 1963 liest Erich Fried erstmalig auf einer Tagung der »Gruppe 47«.
25 Erich Fried: Überlegungen [Gedichtzyklus mit Widmung für Ernst Fischer]. München 1964.
26 Vgl. Paul A. Baran/Erich Fried/Gaston Salvatore: Intellektuelle und Sozialismus. [W.-]Berlin 1968, S. 25ff.
27 Erich Fried: Abschied von der BBC. In: kürbiskern 1968, H. 2, S. 283. Fried war 1952/68 politischer Kommentator des »German Soviet Zone-Programme« der BBC. Über die Schwierigkeiten, sich ein Bild über die komplizierten Ereignisse in der ČSSR in den Jahren 1968/69 zu machen, gibt er in einem Brief an Jiří Hájek Auskunft, Verfasser des im Damnitz Verlag erschienenen Buches »Demokratisierung oder Demontage« (München 1969), das eine erste marxistische Analyse der Ereignisse leistete, die zu der krisenhaften Situation des Jahres 1968 geführt hatten (kürbiskern 1970, H. 2, S. 349–351).
28 Ebd., S. 284.
29 Die Aktivitäten gegen den Vietnam-Krieg reichten von der Vietnam-Erklärung der »Gruppe 47« aus dem Jahre 1966 bis zum Vietnam-Kongreß 1967 in Westberlin und der Einrichtung eines Vietnam-Büros, das sich die Aufgabe stellte, die Wahrheit über die wirklichen Zusammenhänge dieses Krieges zu verbreiten. Siehe dazu: Ursula Reinhold: Literatur und Klassenkampf. Berlin 1976.
30 Die sich an das Erscheinen von Frieds Gedichtband anschließende Kontroverse zwischen Grass, Härtling, Holthusen auf der einen Seite und Fried, Rühmkorf, Walser u. a. auf der anderen, ist dokumentiert in: Klaus Schuhmann: Weltbild und Poetik. Berlin 1979.
31 Vgl. Hans Magnus Enzensberger: Gedichte. Entstehung eines Gedichts. Frankfurt (M.) 1962, S. 49.
32 Erich Fried: und Vietnam und. Einundvierzig Gedichte. Mit einer Chronik. [W.-]Berlin 1966. (Sigle **uVu**)
33 Peter Rühmkorf: Die Jahre, die ihr kennt. Hamburg 1972, S. 214/215.
34 agitprop. Lyrik. Thesen. Berichte. Hamburg 1969, S. 187.
35 Erich Fried: Es ist, was es ist. Gedichte. [W.-]Berlin 1983, S. 21.
36 Erich Fried, in: Manfred Bosch/Klaus Konjetzky: Für wen schreibt der eigentlich? München 1973, S. 152.

37 Von diesem Zyklus existieren mehrere Fassungen: In einer fünfstrophigen Fassung erschienen in: E. F.: Anfechtungen. [W.-]Berlin 1967; dieser Kurzfassung ging ein 52strophiger Zyklus voraus u. d. T.: »Das Bittere«, veröffentlicht in: Konkret (Hamburg) 1967, Nr. 10, S. 46–47; er wurde in überarbeiteter Form als Titelgedicht in den Band »Höre, Israel!« (Hamburg 1974) übernommen. Zitatnachweise nach der Ausgabe von 1983. (Sigle **HI**)

38 Als Reaktion auf den Zyklus »Höre, Israel!« druckt die Zeitschrift der Wiener Judengemeinde (Die Gemeinde, 31. 1. 1969) einen offenen Brief an E. F., in dem dessen Integrität in Frage gestellt wird mit der Behauptung, er sei »keiner der Unsrigen«. Während Juden in Auschwitz vergast wurden, habe Fried im sicheren England gesessen. Im darauf folgenden Beitrag von Eran Laor, dem europäischen Direktor des »Jewish Agency«, heißt es: »Endlich hat sich jemand Herrn Erich Fried, den in London lebenden Wiener Juden, der seine Wortspielereien als Gedichte ausgibt, vorgenommen.« Im weiteren denunziert Laor Fried als Neonazi und Bibelfälscher. (Ebd., 28. 2. 1969.)

39 Frieds politische Aktivitäten erstrecken sich von der öffentlichen Auseinandersetzung um seine politischen Gedichte (Denunziationen in rechtsbürgerlichen Zeitungen, Eliminierung aus den Schullesebüchern in der zweiten Hälfte der siebziger Jahre und Klage des Westberliner Polizeipräsidenten gegen Fried, weil dieser die Erschießung des Studenten Georg von Rauch als »Vorbeugemord« tituliert hatte) über den direkten Einsatz für von der Justiz verfolgte Berufsverbotsopfer und Oppositionelle bis zum Engagement innerhalb der Friedensbewegung. Er war u. a. Teilnehmer des Ersten Friedensgespräches der Schriftsteller, Dezember 1982 in Berlin.

40 Erich Fried: So kam ich unter die Deutschen. Hamburg 1977. (Sigle **So Dt**)

41 Erich Fried: Die Beine der größeren Lügen. [W.-]Berlin 1969, S. 32.

42 Erich Fried: Es ist, was es ist. [W.-]Berlin 1983, S. 55.

43 Erich Fried: Kampf ohne Engel. Berlin 1976, S. 35.

WERKE

Lyrik: Deutschland (London 1944); Österreich (Zürich 1946 [vordatiert, erschienen 1945]); Ge. (Hamburg 1958); Reich der Steine (Hamburg 1963, Neuaufl. Düsseldorf 1984); Warngedichte (München 1964, Neuaufl. Frankfurt [M.] 1980); Überlegungen (München 1964); und Vietnam und. 41 Ge. mit einer Chronik ([W.-]Berlin 1966); Anfechtungen. 50 Ge. ([W.-]Berlin 1967); Zeitfragen (München 1968, Neuaufl. zus. mit Zyklus »Überlegungen« [W.-]Berlin 1984); Befreiung von der Flucht. Ge. und Gegengedichte (Hamburg/Düsseldorf 1968, erw. Düsseldorf 1983); Die Beine der größeren Lügen. 51 Ge. ([W.-]Berlin 1969); Unter Nebenfeinden. 50 Ge. ([W.-]Berlin 1970); Aufforderung zur Unruhe. Ausgew. Ge. (München 1972); Die Freiheit den Mund aufzumachen. 48 Ge. ([W.-]Berlin 1972); Höre, Israel! Ge. und Fußnoten. Mit Dokumenten und Fotos (Hamburg 1974, erw. Frankfurt [M.] 1983); Gegengift. 49. Ge. und ein Zyklus ([W.-]Berlin 1974); So kam ich unter die Deutschen (Hamburg 1977); Die bunten Getüme. 70 Ge. ([W.-]Berlin 1977); 100 Gedichte ohne Vaterland ([W.-]Berlin 1977); Liebesgedichte ([W.-]Berlin 1979); Lebensschatten ([W.-]Berlin 1981); Zur Zeit und Unzeit (Köln 1981); Das Nahe suchen ([W.-]Berlin 1982); Es ist was es ist ([W.-]Berlin 1983); Beunruhigungen ([W.-]Berlin 1984); Um Klarheit. Ge. gegen das Vergessen ([W.-]Berlin 1985).
Prosa: The fight in the dark. The story of Austria's youth (London 1944); Ein Sol-

dat und ein Mädchen (Hamburg 1960, Neuaufl. 1982, R.); Kinder und Narren (München 1965, Neuaufl. 1981, Prosa); Fast alles Mögliche. Wahre Geschichten und gültige Lügen ([W.-]Berlin 1975); Das Unmaß aller Dinge ([W.-]Berlin 1982, En.); Das Mißverständnis (Frankfurt [M.] 1982, E., Zeichnungen R. Hoffmann [leicht veränd. Fassg. des Textes aus: Das Unmaß aller Dinge]); Angst und Trost. En. und Ge. über Juden und Nazis. Grafiken D. Fried (Frankfurt [M.] 1983); Kalender für den Frieden 1985 (Köln 1984, Ill. D. Fried, Kalendarium P. Uttitz); In die Sinne einradiert (Köln 1984, Texte zu Radierungen von C. Fried).
Hörspiele/Drama/Operntext: Erinnerung an einen Feiertag (1958, Hsp.); Izanagi und Izananu (Sendung: NDR 1960, Hsp.); Die Expedition (Sendung NDR 1962, Hsp.); Magellans Fahrt (1962, Hsp.); Indizienbeweise (Sendung NDR 1966, Hsp.); Arden muß sterben (Musik A. v. Goehr, U: 1967); Die Beine der größeren Lügen (1970, Hsp.); ... und alle seine Mörder ... (Wien 1984, Sch.).
Essay: Verhaltensmuster. Intellektuelle und Sozialismus ([W.-]Berlin 1968, zus. mit A. Baran, G. Salvatore).
Übertragungen: Dylan Thomas: Unter dem Milchwald (Frankfurt [M.] 1954, dt. Erstauff. Dez. 1956, Dr.); ders.: Am frühen Morgen (Heidelberg 1957, aut. Texte, Ge., Pr.); ders.: Der Doktor und der Teufel (Frankfurt [M.] 1959); ders.: Ausgew. Ge. (München 1967); T. S. Eliot: Ein verdienter Staatsmann (Frankfurt [M.] 1959); Graham Greene: Der verbindliche Liebhaber (Wien 1960, Kom.); Richard Wright: Der Mann, der nach Chicago ging (Hamburg 1961, Ü. zus. mit E. v. Cramon, En.); John Arden: Der Tanz des Sergeanten Musgrave (in: Englisches Theater in unserer Zeit. Reinbek b. Hamburg 1961); David Rokeah: Poesie (Frankfurt [M.] 1962, Ü. u. a. E. F.); ders.: Kein anderer Tag (Frankfurt [M.], zus. mit R. Döring, Ge.); Sylvia Plath: Ariel (Frankfurt [M.] 1974, Ge.); Der Stern, der tat sie lenken. Alte englische Lieder und Hymnen (München 1966); John M. Synge: Kesselflickers Hochzeit (Frankfurt [M.] 1967); Shakespeare-Übersetzungen (München 1968, enth.: Romeo und Julia, Julius Caesar, Hamlet); Shakespeare-Übersetzungen ([W.-]Berlin 1969ff., bisher erschienen: Richard III., Heinrich V.; Viel Getu um nichts, Die lustigen Weiber von Windsor; Antonius und Kleopatra, Perikles – Fürst von Tyrus; Ein Sommernachtstraum [Auff. Mai 1963], Zwölfte Nacht oder was ihr wollt; König Cymbelin, Zwei Herren aus Verona; Hamlet, Othello; Maß für Maß, Romeo und Julia; Troilus und Cressida, Thimon von Athen; Der Kaufmann von Venedig, Der Sturm [Auff. Mai 1985]); Wystan Hugh Auden: Ge., Poems (Wien 1973, Ü. u. a. E. F.); [Aristophanes] Lysistrata (Recklinghausen 1979, Auff. Mai 1979) u. a.
(Mit-) Herausgaben: Elias Canetti: Welt im Kopf (Graz/Wien 1962, Einl., Ausw.); Am Beispiel Peter-Paul Zahl. Eine Dokumentation (Frankfurt [M.] 1976, zus. mit H. M. Novak u. a.); Bertolt Brecht. Poems (London 1976).
Sammelausgaben: Poesiealbum 22: Erich Fried. Hg. B. Jentzsch. (Berlin 1969); Kampf ohne Engel. Hg., Nachw. F. Beer (Berlin 1976); Die Beine der größeren Lügen/Unter Nebenfeinden/Gegengift ([W.-]Berlin 1976); Und nicht taub und stumpf werden. Unrecht, Widerstand und Protest (Dorsten 1984, Re., Polemiken, Ge.); Die Umrisse meiner Liebe. Lyrik. Erzählung, Essays (Berlin 1986).

SEKUNDÄRLITERATUR

Bibliographien: Kesting, Hanjo: [Bibliographie]. In: Kritisches Lexikon zur deutschsprachigen Gegenwartsliteratur. Hg. H. L. Arnold. München 1978. – Auswahlbibliographie. In: Zeit, die sich auch in Gedichten spiegelt. E. F. Ausstellungskatalog der Staats- und Universitätsbibliothek Bremen anläßlich der Verleihung des Bremer Literaturpreises 1983. Bremen 1983, S. 32–35. – *Kaukoreit,* Volker: Auswahlbibliographie. In: Text + Kritik. Zeitschrift für Literatur. Hg. H. L. Arnold. H. 91: E. F. München 1986, S. 112–132.

Hinderer, Walter: Sprache und Methode: Bemerkungen zur politischen Lyrik der sechziger Jahre. Enzensberger, Grass, F. In: Revolte und Experiment. Hg. W. Paulsen. Heidelberg 1972, S. 98–143. – *Krolow,* Karl: Die Lyrik in der Bundesrepublik seit 1945. In: Die Literatur der Bundesrepublik. Hg. D. Lattmann. München 1973, S. 522–524. – *Klinger,* Kurt: Permanente Kritik: E. F. In: Die zeitgenössische Literatur Österreichs. Hg. H. Spiel. München 1976, S. 456–459. – *Rothschild,* Thomas: Durchgearbeitete Landschaft. Die Auseinandersetzung mit dem Naturgedicht in einer Gegenwart der zerstörten Natur. In: Naturlyrik und Gesellschaft. Hg. N. Mecklenburg. Stuttgart 1977, S. 198-214. – *Mixner,* Manfred: Zweimal Shakespeare. Die Übersetzungen von E. F. und die Bearbeitungen von Karl Kraus. In: Literatur und Kritik (Salzburg) 14 (1979), S. 413–420. – *Last,* Rex: E. F.: Poetry and Politics. In: Modern Austrian Writing. Literature and Society after 1945. Hg. A. Best/H. Wolfschütz. London 1980, S. 181–196. – *Wertheimer,* Jürgen: E. F. In: Die deutsche Lyrik 1945–1975. Hg. K. Weissenberger. Düsseldorf 1981, S. 344–352. – *Holzner,* Johann: Gegennachrichten. Zu den Gedichten von E. F. (1966–1974). In: Formen der Lyrik in der österreichischen Gegenwartsliteratur. Hg. W. Schmidt-Dengler. Wien 1981, S. 41–55. – *Zeller,* Michael: Im Zeichen des ewigen Juden. Zur Konkretion des politischen Engagements in der Lyrik E. F.s. In: M. Z.: Gedichte haben Zeit. Aufriß einer zeitgenössischen Poetik. Stuttgart 1982, S. 153–196. – *Kaukoreit,* Volker: E. F. im Londoner Exil. In: die horen (Bremerhaven) 1984, Nr. 134, S. 59–72. – Text + Kritik. Zeitschrift für Literatur. Hg. H. L. Arnold. Heft 91: E. F. München 1986.

Franz Kain

ANMERKUNGEN UND ZITATNACHWEISE

1 Vgl. Antal Mádl: Literatur und Literaturgeschichte in Österreich. In: Helikon (Budapest) 1976, Nr. 2–3.
2 »Für wen schreiben wir eigentlich?«. Gespräch mit Kurt Palm (geführt von Klaus Pankow) über Tendenzen progressiver Literatur in Österreich. In: Sonntag (Berlin) 33 (1979), Nr. 38, S. 11.
3 Vgl. Franz Kain: Der Föhn bricht ein. Roman. Berlin 1962, S. 273–274; Das Antlitz des Kalmücken. In: Der Weg zum Ödensee. Geschichten. Berlin/Weimar 1974, S. 23–26.
4 Siehe Nachweis 2.
5 Nachbemerkung. In: Franz Kain: Die Lawine. Erzählungen. Berlin 1959, S. 186.
6 Franz Kain: Der Weg zum Ödensee (s. Nachweis 3), S. 191.
7 Franz Kain: Der Föhn bricht ein (s. Nachweis 3), S. 326–327.
8 Vgl. Arnold Reisberg: Der Kampfweg der Kommunistischen Partei Österreichs. In: Einheit (Berlin) 34 (1979), H. 1, S. 94.
9 Vgl. Erwin Zucker-Schilling: Alfred Klahr und die Rolle der Kommunisten

bei der Herausbildung des österreichischen Nationalbewußtseins. In: Weg und Ziel (Wien) 37 (1979), Sondernummer, S. 3.
10 Franz Kain: Die Lawine (s. Nachweis 5), S. 23.
11 Franz Kain: Der Föhn bricht ein (s. Nachweis 3), S. 428.
12 Ebd., S. 437.
13 Franz Kain: Der Weg zum Ödensee (s. Nachweis 3), S. 32.
14 Ebd., S. 190.
15 Ebd., S. 188–189.
16 Ebd., S. 187.
17 Auf diesen Zusammenhang verweist auch Kurt Palm (s. Nachweis 2).
18 Franz Kain: Der Weg zum Ödensee (s. Nachweis 3), S. 189.
19 Franz Kain: Das Ende der ewigen Ruh. Roman. Berlin/Weimar 1978, S. 175.

WERKE

Romane/Erzählungen/Essays: Der Strom. Sonettenkranz (1952, in: Literarisches Jahrbuch der Stadt Linz); Die Lawine (Berlin 1954, E.); Erlauscht im Berliner Friedrichshain (Berlin 1955, E.); Romeo und Julia an der Bernauer Straße (Berlin 1955, E.); Die Lawine (Berlin 1959, En.); Der Föhn bricht ein (Berlin 1962, R.); Der Schlammgräber oder Wie entsteht Prosa (1964, in: Literarisches Jahrbuch der Stadt Linz, Es.); Die Donau fließt vorbei (1965, N.); Monolog zur ungeruhsamen Nacht (1967, E.); Die Donau fließt vorbei (Wilhelmshaven 1969, Nn.); Der Weg zum Ödensee. (Berlin/Weimar 1974, En.); Das Ende der ewigen Ruh (Berlin/Weimar 1978, R.); Das Schützenmahl. Geschichten (Berlin/Weimar 1986).
Mitautor: Er rührte an den Schlaf der Welt. Hg. G. Caspar (Berlin 1954, Samml.); Österreichische Erzähler aus sechs Jahrzehnten. Hg. G. Schneider (Berlin 1967); Österreich heute. Ein Lesebuch (Berlin 1979).

SEKUNDÄRLITERATUR

Kohn, Erwin: In Österreichs Bergen. In: Sonntag (Berlin) 1959, Nr. 49. – *Frei,* Bruno. Ein österreichischer Roman [zu: Der Föhn bricht ein]. In: Tagebuch (Wien) 17 (1962), Nr. 10.

Gerhard Fritsch

ANMERKUNGEN UND ZITATNACHWEISE

1 Gerhard Fritsch: Moos auf den Steinen. Salzburg 1956, S. 295, 296.
2 Franz Hiesel: Gerhard Fritsch. In: Podium (Wien) 1975, Nr. 16 (Mai), S. 10.
3 Zit. nach: Wer war Gerhard Fritsch? Hg. Österreichische Gesellschaft für Literatur. Wien 1969.
4 Gerhard Fritsch: Dieses Dunkel heißt Nacht. Ein Gedicht. Wien 1955. (Sigle **D**)
5 Gerhard Fritsch: Gesammelte Gedichte. Hg. Reinhard Urbach. Salzburg 1978. (Sigle **GG**)
6 Gerhard Fritsch: Geographie der Nacht. Graz/Wien 1962.
7 Ebd., S. 17–22.
8 Erschienen u. d. T.: Im Rachen des Fisches. In: Tagebuch (Wien), 22. 7. 1950.

9 Gerhard Fritsch: Moos auf den Steinen (s. Nachweis 1). (Sigle **M**)
10 Viktor Suchy: Einleitung. In: Gerhard Fritsch: Geographie der Nacht (s. Nachweis 6), S. 13.
11 Hans Lebert: Die Wolfshaut. Roman. Hamburg 1960.
12 Gerhard Fritsch: Kärntnerstraße. In: (s. Nachweis 6), S. 29–31.
13 Ebd., S. 98.
14 Ebd., S. 104.
15 Gerhard Fritsch: Fasching. Hamburg 1967. (Sigle **F**)
16 Ernst Wimmer: Ein Weg in die Grube. In: Volksstimme (Wien), 31. 12. 1967.

WERKE

Romane/Erzählungen: Zwischen Kirkenes und Bari (Wien 1952, Ge. u. Kurzprosa); Moos auf den Steinen (Salzburg 1956, R.); Paschas und Pest. Gesandtschaft am Bosporus (Graz/Wien 1962); Geographie der Nacht (Graz/Wien 1962, Ge. u. Pr. [Ausw.]); Fasching (Hamburg 1967, R.).
Lyrik: Lehm und Gestalt (Wien 1954); Dieses Dunkel heißt Nacht (Wien 1955); Der Geisterkrug (Salzburg 1958).
Hörspiel: Der Kastellan (1963); Kopf oder Adler (1965); Nachtfahrt (1966).
Übersetzungen/Herausgaben: W. H. Auden: Hier und Jetzt. Ein Weihnachtsoratorium (Salzburg 1961); Frage und Formel. Gedichte einer jungen österreichischen Generation (Salzburg 1963, Hg.); Finale und Auftakt. Wien 1858–1914 (Salzburg 1964, Hg.); Aufforderung zum Mißtrauen. Literatur, bildende Kunst, Musik in Österreich seit 1945 (Salzburg 1967, Hg.).
Sammelausgaben: Katzenmusik. Aus dem Nachlaß. Hg. Alois Brandstetter (Salzburg 1974); Ges. Ge. Hg. Reinhard Urbach (Salzburg 1978).

SEKUNDÄRLITERATUR

Falmayer, Rudolf: Zur Lyrik von G. F. In: Wort in der Zeit (Graz/Wien) 3 (1957), H. 9. – *Günther,* Helmut: Zwischen Tradition und Revolution. In: Welt und Wort (Tübingen) 11 (1956), H. 9. – *Jirgal,* Ernst: Moos auf den Steinen. In: Wort in der Zeit 2 (1956), H. 8. – *Pack,* Claus: Modo Austriaco. In: Wort und Wahrheit (Wien) 11 (1956), H. 6. – *Schmied,* Wieland: Dieses Dunkel. In: Wort in der Zeit 2 (1956), H. 1. – *Scholl,* Albert Arnold: Abseits der Heerstraße. In: Neue Deutsche Hefte (Gütersloh) 5 (1958), H. 53 (Dez.) – *Schondorff,* Joachim: G. F.: Katzenmusik. In: Literatur und Kritik (Salzburg) 1974, Nr. 89. – *Wolfschütz,* Hans: Von der Verklärung zur Aufklärung. Zur Entwicklung G. F.s In: Literatur und Kritik (Salzburg) 1977, Nr. 111. – *Berger,* Albert: Die austriakische Restauration. G. F.s Verhältnis zu Österreich. In: Österreichische Literatur seit den 20er Jahren. Beiträge zu ihrer historisch-politischen Lokalisierung. Hg. F. Aspetsberger. Wien 1979. – *Sebestyén,* György: Zwischen Tod und Tod. In: G. S.: Studien zur Literatur. Eisenstadt 1980. S. 234–247. – *Mitchel,* M. R.: Castles in Austria. Remarks on two novels by G. F. and Franz Tumler. In: Studies in modern Austrian Literature. Eight papers. Ed. by B. O. Murdoch/M. G. Ward. Glasgow 1981.

Ernst Jandl

ANMERKUNGEN UND ZITATNACHWEISE

1 Adolf Haslinger: Ernst Jandl – Georg-Trakl-Preisträger 1974. In: Literatur und Kritik (Salzburg) 10 (1975); H. 93, S. 145.
2 ernst jandl: dingfest. gedichte. Darmstadt/Neuwied 1973, S. 9.
3 Johannes R. Becher: Gesammelte Werke, Bd. 1: Ausgewählte Gedichte 1911–1918. Berlin/Weimar 1966, S. 488.
4 In: Gegenwartsliteratur. Mittel und Bedingungen ihrer Produktion. Eine Dokumentation. Hg. Peter André Bloch. Bern/München 1975, S. 324.
5 Rainer Fischer: Zur Geschichte und Poetologie der Wiener Gruppe (1952 bis 1964). In: Wissenschaftliche Zeitschrift der Wilhelm-Pieck-Universität Rostock. Gesellschafts- und sprachwissenschaftliche Reihe (Rostock) 29 (1980), H. 3/4, S. 74.
6 Ernst Jandl: Von Konrad Bayer. In: protokolle (Wien/München) 1983, H. 1, S. 31.
7 Bob Cobbing ist neben John Cage einer der britischen Autoren, die konkrete Lautdemonstrationen verarbeitet haben. Vgl. B. C.: Die Grenzen verwischen sich. Über experimentelle und konkrete englische Lyrik. In: Akzente (München) 1969, H. 5, S. 552–563.
8 L. K.: »Nu woyß üch, wie üch düchten kann«. In: Die Weltbühne (Berlin) 20 (1965), H. 2, S. 47.
9 Ernst Jandl.: Voraussetzungen, Beispiele und Ziele einer poetischen Arbeitsweise. In: Theoretische Positionen zur Konkreten Poesie. Hg. Thomas Kopfermann. Tübingen 1974. S. 58.
10 Otto F. Walter/W. Martin Lüdke: Es hat sich etwas verändert ... In: Nach dem Protest. Literatur im Umbruch. Hg. W. M. Lüdke. Frankfurt (M.) 1979, S. 109.
11 In: Tintenfisch 16. Literatur in Österreich. Hg. Gustav Ernst/Klaus Wagenbach. [W.-]Berlin 1979, S. 12.
12 Ernst Jandl: Laut und Luise. Stuttgart 1976, S. 37.
13 Franz Mon: Literatur im Schallraum. Zur Entwicklung der phonetischen Poesie. In: F. M.: Texte über Texte: Neuwied/Berlin 1970, S. 109.
14 Ernst Jandl: (s. Nachweis 9), S. 51/52.
15 Michael Wulff: Konkrete Poesie und sprachimmanente Lüge. Von Ernst Jandl zu Ansätzen einer Sprachästhetik. Stuttgart 1978, S. 145/146.
16 Ebd.
17 Ernst Jandl: Literatur ist Widerstand mit vielleicht veralteten Mitteln. In: Tintenfisch 8. Jahrbuch für Literatur. Hg. Michael Krüger/Ernst Wagenbach. [W.-]Berlin 1975, S. 88.
18 Ebd., S. 89.
19 In: Gegenwartsliteratur ... (s. Nachweis 4), S. 326.
20 Ernst Jandl: Zur Problematik des freien Schriftstellers. In: Neue Rundschau (Frankfurt [M.]) 85 (1974), H. 1, S. 66.
21 Ernst Jandl/Friederike Mayröcker: Fünf Mann Menschen. In: Österreich heute. Ein Lesebuch. Hg. Georgina Baum/Roland Links/Dietrich Simon. Berlin 1978, S. 292–306.
22 Peter Weiss: Wie dem Herrn Mockinpott das Leiden ausgetrieben wird. In: P. W.: Stücke. Hg. Manfred Haiduk. Berlin 1977, S. 113–151.

23 Michael Wulff (s. Nachweis 15), S. 118.
24 In: ernst jandl: der gelbe hund. Darmstadt/Neuwied 1980, Klappentext.
25 Peter O. Chotjewitz: Ernst Jandl: Laut und Luise. In: Literatur und Kritik 2 (1967) H. 18, S. 496.
26 In: ernst jandl: die bearbeitung der mütze. Darmstadt/Neuwied 1978, S. 7–26.
27 Ebd. S. 75–89.
28 Klaus Jeziorkowski: ... kann der kopf nicht bearbeitet werden, dann immer noch die mütze ... In: Frankfurter Allgemeine Zeitung (Frankfurt [M.]), 17. 10. 1978, Nr. 229, S. 24.
29 ernst jandl: gedichte an die kindheit. In: e. j.: der gelbe hund. Darmstadt/Neuwied 1980, S. 13–15.
30 Ernst Jandl: Autobiographische Ansätze. In: E. J.: Sprechblasen. Stuttgart 1979, S. 94.
31 Ernst Jandl: Dankrede zur Verleihung des Georg-Büchner-Preises 1984. Darmstadt/Neuwied 1984 (Sonderdruck), S. 12.

WERKE

Lyrik/experimentelle Texte: Andere Augen (Wien 1956, Ge.); lange gedichte. Ge. und experimentelle Texte. Hg. M. Bense/E. Walther (Stuttgart 1964); klare gerührt. konkrete poesie. Hg. E. Gomringer (Frauenfeld 1964); mai hart lieb zapfen eibe hold. Hg. B. Cobbing (London 1965, Ge.); Hosí-Anna (Bad Homburg 1966, exp. Texte); Laut und Luise. Nachw. H. Heißenbüttel (Olten/ Freiburg Br. 1966, Ge.); No Music Please (London 1967, Ge.); Sprechblasen (Neuwied/ [W.-]Berlin 1968, Ge.); der künstliche baum (Darmstadt/Neuwied 1970, Ge.); flöda und der schwan (Stierstadt/Ts. 1971, Ge.); dingfest. Nachw. H. Mayer (Neuwied 1973, Ge.); übung mit buben ([W.-]Berlin 1973, Ge.); die männer. ein film (Düsseldorf 1973, Pr.); serienfuss (Darmstadt 1974, Ge.); wischen möchten ([W.-]Berlin 1974, Ge.); der versteckte hirte (Düsseldorf 1975, Ge.); alle freut was alle freut (Köln 1975, Ge.); Heisze Hunde (Pfaffenweiler 1977, Text F. Mayröcker, Grafiken E. J., Pr.); die bearbeitung der mütze (Darmstadt/Neuwied 1978, Ge.); der gelbe hund (Darmstadt/Neuwied 1980, Ge.); selbstporträt des schachspielers als trinkende uhr (Darmstadt/Neuwied 1983, Ge.); falamaleikum (Darmstadt/Neuwied 1983, zus. mit Jürgen Spolin, Ge. und Bilder); Das Öffnen und Schließen des Mundes (Darmstadt/Neuwied 1985).
Hörspiele/Stücke: Fünf Mann Menschen. (Neuwied/[W.-]Berlin 1971, enth.: Fünf Mann Menschen, 1967; Der Gigant, 1967; Spaltungen, 1969; Gemeinsame Kindheit, 1969 [alle zus. mit F. Mayröcker]; die auswanderer, 1957; Der Uhrensklave 1969, Hspe.); gesten: ein Spiel ([1964] Stuttgart 1979, in: sprechblasen, Stück); szenen aus dem wirklichen leben ([1966] Darmstadt/Neuwied 1974, in: für alle, Stück); der raum ([1970], ebd., Stück); parasitäres Stück ([1970], ebd., Stück); Das Röcheln der Mona Lisa ([1970] Wien/München 1977, in: protokolle, H. 2, Hsp.); Traube. Ein Fernsehfilm ([1971] Wien/München 1972, in: protokolle, H. 2; zus. mit F. Mayröcker); Die Humanisten ([1976] Graz 1976, in: manuskripte, H. 54; Berlin 1985, in: Stark und Zerbrechlich. Ein Lesebuch, Stück); Aus der Fremde ([1979], Graz 1979, in manuskripte, H. 65; Berlin 1982, in Österr. Drn.; Sprechoper).
Essays: die schöne kunst des schreibens (Darmstadt/Neuwied 1976, 4 Vortr.).
Aufsätze, Vorträge, Interviews: Ich mit Umwelt. In: Warum ich schreibe. Selbstdarstellungen deutscher Autoren. Hg. R. Salis. Tübingen 1971, S. 159–166; Sind Sie

stark? Fragen an E. J. In: Franz Hohler: Fragen an andere. Bern 1973, S. 40–53; Die poetische Syntax in den Gedichten von Friederike Mayröcker. In: manuskripte (Graz) 14 (1974), H. 45, S. 49–56; Zur Problematik des freien Schriftstellers. In: Neue Rundschau (Frankfurt [M.]) 85 (1974), H. 1, S. 54–67; »Literatur ist Widerstand mit vielleicht veralteten Mitteln«. In: Tintenfisch 8. [W.-]Berlin 1975, S. 82–90; Rede zur Verleihung des Georg-Trakl-Preises am 10. Dezember 1974. In: Literatur und Kritik (Salzburg) 10 (1975), H. 93, S. 150–151; Laudatio auf H. C. Artmann. In: Ebd. 12 (1977), H. 119, S. 535–538; Dankrede anläßlich der Verleihung des Würdigungspreises für Literatur. Neue Gedichte. Anmerkungen zur Dichtkunst. In: Ebd. 14 (1979), H. 133, S. 158–168; Autobiographische Ansätze. In: sprechblasen. Stuttgart 1979, S. 89–94; Die Prophezeiung des Tischlers. Meine Schulzeit im Dritten Reich. In: Frankfurter Allgemeine Zeitung (Frankfurt [M.]), 5. 9. 1981, Nr. 205, Bilder u. Zeiten; Notizen zur eigenen poetischen Arbeit. In: Formen der Lyrik in der österr. Gegenwartsliteratur. Hg. W. Schmidt-Dengler. Wien 1981, S. 110–133.
Übersetzungen: Robert Creeley: Die Insel (Frankfurt [M.] 1965); John Cage: Silence. Vortrag über nichts. Vortrag über etwas. 45' für einen Sprecher (Neuwied/[W.-]Berlin 1969); Christopher Middleton: Wie wir Großmutter zum Markt bringen (Stierstadt/Ts. 1970); Gertrude Stein: Erzählen (Frankfurt [M.] 1971).
Sammel- und Werkausgaben: Ges. W. Hg. K. Siblewski (Darmstadt/Neuwied 1985, 3 Bde.); für alle (Darmstadt/Neuwied 1974, Ge., Pr., Stücke, Es.); Augenspiel. Hg., Nachw. J. Schreck (Berlin 1981, Ge.).

SEKUNDÄRLITERATUR

Bibliographien: Schewig, Kristina: Bibliographie der Werke von und über E. J. (Ausw.). In: E. J. Materialienbuch. Hg. W. Schmidt-Dengler. Darmstadt/Neuwied 1982, S. 147–163.

Binder, Alwin: Visuelle Gedichte E. J.s. In: Der Deutschunterricht (Stuttgart), 25 (1973), H. 1, S. 78–89. – *Schuler,* Reinhard: Die Erschaffung der Eva. Produktives Lesen bei Goethe und J. In: Wirkendes Wort (Düsseldorf) 24 (1974), H. 2, S. 73–85. – *Haslinger,* Adolf: E. J. – Georg-Trakl-Preisträger 1974. In: Literatur und Kritik (Salzburg) 10 (1975), H. 93, S. 145–150. – *Wulff,* Michael: Konkrete Poesie und sprachimmanente Lüge. Von E. J. zu Ansätzen einer Sprachästhetik. Stuttgart 1978. – *Lengauer,* Hubert: Dichterische Sprache und Technokratie. Zur konkreten Lyrik. In: Die österreichische Literatur seit den 20er Jahren. Hg. F. Aspetsberger. Wien 1979, S. 97–111. – *Berger,* Albert: E. J. In: Die deutsche Lyrik von 1945 bis 1975. Hg. K. Weissenberger. Düsseldorf 1981, S. 301–308. – ders.: E. J.s Bearbeitung der Sprache. Anmerkungen zu seiner Poesie und Poetik heute: In: Lyrik von allen Seiten. Ge. und Aufsätze des ersten Lyrikertreffens in Münster. Hg. L. Jordan/A. Marquardt/W. Woesler. Frankfurt (M.) 1981, S. 429–438. – *Gamper,* Herbert: »Da müßte man eben so weitermachen«. Zu E. J.s Stück »Aus der Fremde«. In: protokolle 1981, H. 1, S. 122–131. – *Schewig,* Kristina: Ernst Jandl – Versuch einer Monographie. Diss. Wien 1981. – E. J. Materialienbuch. Hg. W. Schmidt-Dengler Darmstadt/Neuwied 1982, 167 S. – *Pankow,* Klaus: E. J.: Augenspiel. In: Weimarer Beiträge (Berlin) 28 (1982), H. 8, S. 126–135. – *Abraham,* Werner: Das Konzept der »projektiven Sprache« bei E. J. In: Deutsche Vierteljahresschrift für Literaturwissenschaft und Geistesgeschichte (Stuttgart) 56 (1982), S. 539–558. – *Haag,* Ingrid/Eduard *Wiecha:* Konversation auf Abwegen – zu E. J.s Bühnensatire »Die Humanisten«. In: Modern Austrian literature (Riversiede) 15 (1982), H. 1, S. 115–126. – *Hage,* Volker: Rückblick auf die konkrete Poesie. E. J. und Gerhard Rühm. In: V. H.: Die Wiederkehr des Erzählers. Neue dt. Literatur der 70er Jahre. Frankfurt (M.)/[W.-]-Berlin/Wien 1982, S. 32–52. – *Lermen,* Birgit Johanna: »Aufgeschnappt« – Analyse, Deutung und didaktische Begründung des Kurzhörspiels »Fünf Mann Menschen« von E. J. und Friedericke Mayröcker. In: Wirkendes Wort 32 (1982), S. 179–193. – *Heukenkamp,* Ursula: »schreiben und reden in einen heruntergekommenen sprachen«. Anmerkung zu E. J.: »augenspiel«. In: Zeitschrift für Germanistik (Leipzig) 4 (1983), S. 156–165. – *Drews,* Jörg: Das Pathos verhunzen. Hörspielmacher E. J. In: Hörspielmacher. Autorenporträts und Essays. Hg. K. Schöning. Königstein/Ts. 1983, S. 197–214. – *Schöning,* Klaus: »hörspiel to end all hörspiels«. E. J. In: Ebd., S. 215–227. – *Estermann,* Alfred: E. J. Begleitheft zur Ausstellung der Stadt- und Universitätsbibliothek Frankfurt (M.) Ausstellg.: C. Paschek. Frankfurt (M.) 1984, 66 S. – *Sauder,* Gerhard: E. J.s Gedichte zum Sprechen, Hören und Sehen im Alltag. In: Dt. Lyrik heute. Amsterdam 1984, S. 28–51.

Ingeborg Bachmann

ZITATNACHWEISE

1 Ingeborg Bachmann: Werke. 4 Bde. Hg. Christine Koschel/Inge von Weidenbaum/Clemens Münster. München/1978. (Sigle W)
2 Christa Wolf: Die zumutbare Wahrheit [Nachw. zu: Ingeborg Bachmann: Undine geht. Leipzig 1973]. In: C. W.: Fortgesetzter Versuch. Leipzig 1979, S. 247.
3 Ingeborg Bachmann: Der Mann ohne Eigenschaften. In: W 4, 100.

WERKE

Romane/Erzählungen: Jugend in einer österreichischen Stadt (Wulfrath 1961, E.); Das dreißigste Jahr (München 1961, Berlin 1968, En.); Malina (Frankfurt [M.] 1971, R.); Simultan. Neue En. (München 1972, Berlin/Weimar 1973).
Lyrik: Die gestundete Zeit (Frankfur [M.] 1953); Anrufung des großen Bären (München 1956).
Hörspiele: Der gute Gott von Manhatten (München 1958); Die Zikaden (München 1963, in: Der gute Gott von Manhatten – Die Zikaden. Zwei Hspe.).
Berichte: Ein Ort für Zufälle ([W.-]Berlin 1965).
Sammel- und Werkausgaben: W. Hg. C. Koschel/I. v. Weidenbaum/C. Münster (München/Zürich 1978, Bd. 1: Ge., Hörspiele, Libretti, Übersetzungen; Bd. 2: En.; Bd. 3: Todesarten: Malina und unvollendete Romane; Bd. 4: Essays, Reden, Vermischte Schrn., Anhang, Phonographie); Ge., En., Hörspiele, Ess. (München 1964); Ge. (Berlin 1966 [Ausw.]); Undine geht. En. Nachw. C. Wolf (Leipzig 1973); Ge. (Leipzig 1980); Die Fähre (München 1982, En.); Der Fall Franza. Requiem für Fanny Goldmann (Frankfurt [M.] 1983, R.); Wir müssen wahre Sätze finden – Gespräche und Interviews. Hg. C. Koschel/I. v. Weidenbaum (München/Zürich 1983); Das Honditschkreuz (München 1983); Sämtl. Ge. (München/Zürich 1983).

SEKUNDÄRLITERATUR

Bibliographien: Bareiss, Otto/*Obloff,* Frauke: I. B. Eine Bibliographie. München/Zürich 1978. – Text + Kritik. Hg. H. L. Arnold. H. 6.: I. B. Aachen 1964, 3. erw. Aufl. München 1976; Sonderband: I. B. München 1984.

I. B.: Eine Einführung. München 1963, 2. erw. Aufl. 1968. – *Funke,* Horst-Günther: I. B. Zwei Hörspiele. Die Zikaden. Der gute Gott von Manhatten, München 1969. – *Wolf,* Christa: Die zumutbare Wahrheit. Prosa der I. B. [Nachw.]. In: I. B.: Undine geht. Leipzig 1973. – *Johnson,* Uwe: Eine Reise nach Klagenfurth. Frankfurt (M.) 1974. – *Pausch,* Holger: I. B. [W.-]Berlin 1975. – *Summerfield,* Ellen: I. B. Die Auflösung der Figur in ihrem Roman »Malina«, Bonn 1976. – *Menapace,* Werner: Die Ungaretti-Übertragungen I. B.s und Paul Celans. Diss. Innsbruck 1980, 220 S. – *Jurgensen,* Manfred: I. B., die neue Sprache. Bern/Frankfurt (M.)/Las Vegas 1981, 109 S. – *Hapkemeyer,* Andreas: Die Sprachthematik in der Prosa I. B.s: Todesarten und Sprachformen. Frankfurt (M.) 1982. – *Hapkemeyer,* Andreas: I. B.s früheste Prosa. Struktur und Thema. Bonn 1982, 123 S. – »Der dunkle Schatten, dem ich schon seit Anfang folge« I. B.: Vorschläge zu einer neuen Lektüre des Werks. Mit der Erstveröff. des Erzählfragments »Gier« von I. B. Hg. H. Höller. Wien/München 1982. – *Völler-Hezel,* Barbara: Nicht das Reich der Männer und nicht das der Weiber. I. B.s Blick auf das ganze Unglück. In: Frauen über Frauen. Hg. I. Alex/C. v. Praag. Amsterdam 1982, S. 28–43. – *Bartsch,* Kurt: »Schichtwechsel« Zur Opposition von feminin-emotionalen Ansprüchen und maskulin-rationalem Realitätsdenken bei I. B. In: Frauenliteratur. Autorinnen – Perspektiven – Konzepte. Hg. M. Jurgensen. Bern/Frankfurt (M.) 1983, S. 85–100. – *Gürtler,* Christa: Schreiben Frauen anders? Untersuchungen zu I. B. und Barbara Frischmuth. Stuttgart 1983, 417 S. – *Hapkemeyer,* Andreas: I. B. Bilder aus ihrem Leben. Mit Texten aus ihrem Werk. München/Zürich 1983, 160 S. – *Harris,* Judith M.: Modes of domination: The social dimension in I. B.s fiction. Diss. Berkeley 1983, 159 S. – *Klaubert,* Annette: Symbolische Strukturen bei I. B. »Malina« im Kontext der Kurzgeschichte. Bern/Frankfurt (M.)/Las Vegas 1983, 177 S. – *Reinert,* Claus: Unzumutbare Wahrheiten? Einführung in I. B.s Hörspiel »Der gute Gott von Manhattan«. Bonn 1983, 267 S. – *Scheibe,* Susanne: Schreiben als Antwort auf den Abschied. Eine Untersuchung zu I. B.s »Malina« unter Berücksichtigung des Romans von Emma Santos »Ich habe Emma S. getötet«. Frankfurt (M.) 1983, 143 S.

Thomas Bernhard

ANMERKUNGEN UND ZITATNACHWEISE

1 Ingeborg Bachmann: Thomas Bernhard: Ein Versuch. Entwurf. In: Werke, Bd. 4, München/Zürich 1978, S. 361, 364.

2 Benjamin Henrichs: Thomas Bernhard oder: Todes Leid und Lust. In: Die Zeit (Hamburg) 1974, Nr. 20 (10. 5. 1974), S. 24.

3 André Müller: Entblößungen. Interviews. München 1979, S. 91.

4 Johannes Freumbichler, * 20. 10. 1881 Henndorf b. Salzburg, † 11. 2. 1949 Salzburg; Roman, Erzählung, Mundartgedichte. Sohn eines Bauern, besuchte Dorf- u. Mittelschule, Wanderschaft in vielen Berufen, nach literarischem Er-

folg freier Schriftsteller in Henndorf. »Realistischer Erzähler gestaltenreicher Bauern- und Entwicklungsromane aus der Salzburger Heimat von unsentimentaler, frischer Naturhaftigkeit.« (Gero von Wilpert: Deutsches Dichterlexikon. Stuttgart 1963). 1937 Staatspreis. *Werke:* Philomela Ellenhub (1937, R.); Geschichten aus dem Salzburgischen (1938, En.); Atahuala. Das Land der weißen Indianer (1939, R.); Reise nach Waldprechting (1943, E.); Auszug und Heimkehr des Jodock Fink (1946, R.); Rosmarin und Nelken (1953, Mundartge.). [Anm. d. Red.]

5 Thomas Bernhard: Krähen. In: T. B.: Auf der Erde und in der Hölle. Salzburg 1957, S. 36.

6 Thomas Bernhard: In meiner Hauptstadt. Ebd., S. 41.

7 Anneliese Botond: Schlußbemerkung. In: Über Thomas Bernhard. Hg. A. B. Frankfurt (M.) 1970, S. 140.

8 Thomas Bernhard: Politische Morgenandacht. In: Wort in der Zeit (Graz) 1966, H. 1, S. 12.

9 Vgl. Claudio Magris: Der habsburgische Mythos in der österreichischen Literatur. Salzburg 1966.

10 Thomas Bernhard: Gehen. Frankfurt (M.) 1971, S. 23.

11 Thomas Bernhard: Frost. Frankfurt (M.) 1972. (Sigle **F**)

12 Siehe Nachweis 10, S. 21.

13 Thomas Bernhard: Verstörung. Frankfurt (M.) 1969. (Sigle **Verst**)

14 Thomas Bernhard: Das Kalkwerk. Frankfurt (M.) 1973, S. 25.

15 Ebd., S. 157.

16 Thomas Bernhard: Die Ursache. Eine Andeutung. Salzburg 1975, S. 11.

17 Thomas Bernhard: Der Keller. Eine Entziehung. Salzburg 1976, S. 42.

18 Thomas Bernhard: Drei Tage. In: Der Italiener. Salzburg 1971, S. 152.

19 Thomas Bernhard: Ist es eine Komödie? Ist es eine Tragödie? In: T. B.: Prosa. Frankfurt (M.) 1967, S. 38.

20 Thomas Bernhard: Die Macht der Gewohnheit. Frankfurt (M.) 1974, S. 43.

21 Siehe Nachweis 16, S. 11.

22 Thomas Bernhard: Am Ziel. Frankfurt (M.) 1981, S. 106.

23 Siehe Nachweis 17, S. 156.

24 Vgl. Spielen: Poesie mit Sinnlichkeit erfüllen. Bernhard Minetti über Theater, Literatur, Kritik und sein Verhältnis zu Thomas Bernhard. Ein Gespräch mit Olivier Ortolani. In: Theater heute (Velber) 1984, H. 9.

25 Thomas Bernhard: Minetti. Porträt des Künstlers als alter Mann. In: Theater heute, 1976, H. 10. (Sigle **M**)

26 Thomas Bernhard: Der Weltverbesserer. In: Theater heute 1978, H. 3, S. 97.

27 Thomas Bernhard: Der deutsche Mittagstisch. In: Die Zeit, 1978, Nr. 53, S. 32 (Feuilleton)

28 Thomas Bernhard: Der Präsident. Frankfurt (M.) 1975. (Sigle **Präs**)

WERKE

Prosa: Frost (Frankfurt [M.] 1963, R.); Amras (Frankfurt [M.] 1964, E.); Prosa (Frankfur [M.] 1967 [Teilsammlg.]); Verstörung (Frankfurt [M] 1967, R.); Ungenach (Frankfurt [M.] 1968, E.); Watten. Ein Nachlaß (Frankfurt [M.] 1969, E.); Ereignisse ([W.]-Berlin 1969, En.); An der Baumgrenze (Salzburg 1969; En.); Das Kalkwerk (Frankfurt [M.] 1970, R.); Midland in Stilfs (Frankfurt [M.] 1971, En.); Gehen (Frankfurt [M.] 1971, E.); Der Italiener (1969, in: An der Baumgrenze, E.-Fragm.); Die Ursache. Eine Andeutung (Salzburg 1975, aut. R.); Korrektur (Frankfurt [M.] 1975, R.); Der Keller. Eine Entziehung (Salzburg 1976, aut. E.); Der Atem. Eine Entscheidung (Salzburg/Wien 1976, aut. E.); Ja (Frankfurt [M.] 1978, E.); Der Stimmenimitator (Frankfurt [M.] 1978, Pr.); Die Billigesser (Frankfurt [M.] 1980, E.); Die Kälte. Eine Isolation (Frankfurt [M.] 1981, E.); Ein Kind (Salzburg/Wien 1982, aut. E.); Beton (Frankfurt [M.] 1982, R.); Der Untergeher (Frankfurt [M.]1983, Berlin 1986); Wittgensteins Neffe (Frankfurt [M.] 1982, E.); Holzfällen. Eine Erregung (Frankfurt [M.] 1984, Berlin 1986 [u. d. T.: Holzfällen]); Alte Meister (Frankfurt [M.] 1985, R.); Auslöschen. Ein Zerfall (Frankfurt [M.] 1986, R.).

Dramen: Frühling (U. 1960, Einakter); Rosa oder die Erfundene (U. 1960, Einakter); Ein Fest für Boris ([1968] U. 1970, Frankfurt [M.] 1970); Der Berg. Drama (U. 1970 als Hsp.); Der Ignorant und der Wahnsinnige (U. 1972, Frankfurt [M.] 1972); Die Jagdgesellschaft (U. 1974, Frankfurt [M.] 1974); Die Macht der Gewohnheit (U. 1974, Frankfurt [M.] 1974; Berlin 1981, in: Öst. Drn.); Der Präsident (U. 1975, Frankfurt [M.] 1975); Die Berühmten (U. 1976, Frankfurt [M.] 1976); Minetti. Ein Porträt des Künstlers als alter Mann (U. 1976, Frankfurt [M.] 1977); Immanuel Kant (U. 1978, Frankfurt [M.] 1978, Kom.); Der Weltverbesserer (U. 1980, Frankfurt [M.] 1979); Vor dem Ruhestand. Eine Komödie von deutscher Seele (U. 1979, Frankfurt [M.], 1979; Berlin 1981, in: Öst. Drn.); Der deutsche Mittagstisch (U. 1979, in: Die Zeit. Silvesterbeilage 1979, Einakter); A Doda, Eis, Alles oder nichts (U. 1982, Dramolette); Am Ziel (U. 1981, Frankfurt [M.] 1981); Über allen Gipfeln ist Ruh. Ein dt. Dichtertag um 1980 (U. 1982, Frankfurt [M.] 1981); Der Schein trügt (U. 1984, Frankfurt [M.] 1983); Ritter. Dene. Voss (U. 1986, Frankfurt [M.] 1984); Der Theatermacher (U. 1984, Frankfurt [M.] 1984); Einfach kompliziert (U. 1986).

Filmtextbücher/Libretti: die rosen der Einöde. fünf sätze für ballett, stimmen, orchester (U. 1959, Frankfurt [M.] 1959, Libr.); Köpfe. Text zu einer Kammeroper von G. Lampersberg (U. 1960); Der Italiener ([1963] Salzburg 1971); Der Kulterer ([1962] Salzburg 1974).

Lyrik: Auf der Erde und in der Hölle (Salzburg 1957); Unter dem Eisen des Mondes (Köln 1958); In hora mortis (Salzburg 1958); Ave Vergil. G. (Frankfurt [M.] 1981).

Sammelausgaben: Die Salzburger Stücke (Frankfurt [M.] 1975); Der Wetterfleck. Nachw. O. F. Best (Stuttgart 1976, En.); Die En. (Frankfurt [M.] 1979); Die Stücke 1969–1981 (Frankfurt [M.] 1983).

SEKUNDÄRLITERATUR

Bibliographien: Knapp, Gerhard P., in: Über T. B. Hg. A. Botond. Frankfurt (M.) 1970. – *Schumann,* Thomas B.: Bibliographie zu T. B. In: Text + Kritik. H. 43: T. B. München 1974.

Blauhut, Robert: Thomas Bernhard. In: R. B.: Österreichische Novellistik des 20. Jahrhunderts. Wien/Stuttgart 1966. – *Botond,* Anneliese (Hg.): Über T. B. Frankfurt (M.) 1970. – *Donnenberg,* Josef: T. B. und Österreich. Dokumentation und Kommentar. In: Österreich in Geschichte und Literatur (Graz) 14 (1970), S. 237–251. – ders.: Gehirnfähigkeit der Unfähigkeit der Natur. Zu Sprache, Struktur und Thematik von T. B.s Roman »Verstörung«. In: Peripherie und Zentrum. Studien zur Österreichischen Literatur. Festschrift für Adalbert Schmidt.

Hg. G. Weiss/K. Zelewitz. Salzburg/Stuttgart/Zürich 1971, S. 13–42. – *Neumeister,* Sebastian: Der Dichter als Dandy. Kafka – Baudelaire – T. B. München 1973. – *Tismar,* Jens: Gestörte Idyllen. Eine Studie zur Problematik der idyllischen Wunschvorstellungen am Beispiel von Jean Paul, Adalbert Stifter, Robert Walser und T. B. München 1973. – *Buchka,* Peter: Die Schreibweise des Schweigens. Ein Strukturvergleich romantischer und zeitgenössischer Literatur. München 1974. – Text + Kritik 43: T. B. Hg. H. L. Arnold. München 1974. – *Sorg,* Bernhard: T. B. München 1977, 222 S. – *Höller,* Hans: Kritik einer literarischen Form. Versuch über T. B. Stuttgart 1979, 157 S. – *Bugmann,* Urs: Bewältigungsversuch. T. B.s autobiographische Schrn. Bern/Frankfurt (M.)/Las Vegas 1981, 369 S. (Diss. Zürich) – *Jurgensen,* Manfred: T. B. Der Kegel im Wald oder die Geometrie der Verneinung. Bern/Frankfurt (M.)/Las Vegas 1981, 167 S. – T. B. Werkgeschichte. Hg. J. Dittmer. Frankfurt (M.) 1981, 318 S. [Bibliographie]. – B. Annäherungen. Hg. M. Jurgensen. Bern/München 1981, 245 S. – *Lindenmayr,* Heinrich: Totalität und Beschränkung. Eine Untersuchung zu T. B.s Roman »Das Kalkwerk«. Königstein/Ts. 1982, 128 S. – In Sachen T. B. Hg. K. Bartsch/D. Goltschnigg/G. Melzer. Königstein/Ts. 1983, 209 S. – *Rossbacher,* Karlheinz: Quänger-Quartett und Forellenquintett. Ein vergleichender Essay über Adalbert Stifter und T. B. In: Vierteljahresschrift. Adalbert-Stifter-Institut des Landes Österreich (Linz) 1983, Folge 3/4, S. 145–161. – *Schirhuber,* Erich: Verfremdete Authentizität. Studien zum Werk T. B.s. Wien Diss. 1983, 290 Bl. – *Steinert,* Hajo: Das Schreiben über den Tod: Von T. B.s »Verstörung« zur Erzählprosa der 70er Jahre. Frankfurt (M.)/Bern 1984, 362 S. (Siegen, Diss. 1983). – *Fetz,* Gerald A.: The works of T. B. »Austrian literature«? In: Modern Austrian literature (Binghamton N. Y.) 17 (1984), Nr. 3/4, S. 171–192. – *Jurdzinski,* Gerald: Leiden an der »Natur«. T. B.s metaphysische Weltdeutung im Spiegel der Philosophie Schopenhauers. Frankfurt (M.)/Bern 1984, 203 S. (Bochum, Diss. 1983). – *Tschapke,* Reinhard: Hölle und zurück. Das Initiationsthema in den Jugenderinnerungen T. B.s. Hildesheim/Zürich 1984, 211 S. – *Fischer,* Bernhard: »Gehen« von T. B. Eine Studie zum Problem der Moderne. Bonn 1985, 185 S.

Barbara Frischmuth

ANMERKUNGEN UND ZITATNACHWEISE

1 Österreich versuchsweise betrachtet. In: Glückliches Österreich. Literarische Besichtigung eines Vaterlandes. Hg. Jochen Jung. Salzburg 1978. S. 66–70. Vgl. dazu: »Heimat, das kenn' i net.« Der Stern bat 19 österreichische Schriftsteller um Auskunft über Österreich. In: Der Stern (Hamburg) 1978, Nr. 18, S. 14; Mein schönster Platz in Österreich. In: Brigitte (Hamburg) 1979, Nr. 8, S. 188; Zwei Meinungen zu einem Thema. In: Merian (Hamburg) 29 (1976), H. 1, S. 13; Aus einer Umfrage. In: Österreich heute. Ein Lesebuch. Berlin 1979, S. 196–197.

2 Vgl. dazu: Zsuzsa Széll: Opposition – mit Kurzschluß. In: Annales Univ. Sci. Budapestiensis de Lorando Eötvös nom. Sectio philologica 12 (1981), S. 103–115. Zur »Grazer Gruppe« vgl.: Wie die Grazer auszogen, die Literatur zu erobern. Texte, Porträts, Analysen und Dokumente junger österreichischer Autoren. Hg. Peter Laemmle/Jörg Drews. München 1975.

3 Sie übersetzte türkische Dichter für die Zeitschrift »Akzente«, moderne ungarische Lyrik, Romane und Dramen sowie englische Romane. Ein Verzeichnis der Übersetzungen findet sich in: Jorun B. Johns: B. F. Eine Bibliographie der Werke und der Sekundärliteratur bis Herbst 1980. In Modern Austrian Literature. University of California. 14 (1981), No. 1/2, S. 112–113.
Äußerungen B. F.s über ihre Übersetzungen: Ihr Gekommensein geht zu meinem Angenehmen ... oder über die Schwierigkeiten beim Übersetzen aus dem Türkischen und aus dem Ungarischen. In: Sprache im technischen Zeitalter (Stuttgart) 1967, Nr. 21, S. 64–74; Rede anläßlich einer Lesung im Collegium Hungaricum in Wien. In: Literatur und Kritik (Salzburg) 4 (1969), H. 35, S. 257–258.
4 Donald G. Daviau: Neuere Entwicklungen in der modernen österreichischen Prosa: Die Werke von B. F. In: Modern Austrian Literature 13 (1980), No. 1, S. 179.
5 »Jedenfalls konnte oder glaubte ich zumindest, mir zwar den Zweifel, nicht aber das Verzweifeln an der Sprache leisten zu können.« Zit. nach: Donald G. Daviau: (s. Nachweis 4), S. 179. Vgl. dazu: B. F.: Der Zweifel an der Sprache. In: Entschluß (Wien/München) 29 (1973/74), Nr. 6, S. 266–267.
6 Vom Eigenen und vom Anderen. Gespräch mit Franz Fühmann. In: B. F.: Die Klosterschule – Das Verschwinden des Schattens in der Sonne. Berlin 1976, S. 267–290.
7 Barbara Frischmuth, ebd., S.14–15.
8 Ebd., S. 17.
9 Barbara Frischmuth: Traben. Vom Umgang mit Pferden aus literarischer Perspektive. In: Neue Kronen-Zeitung (Wien), 20. 1. 1973, S. 3; sowie Erzählungen in den Bänden: Rückkehr zum vorläufigen Ausgangspunkt (Salzburg 1973), Geschichten für Stanek ([W.-]Berlin 1969).
10 Barbara Frischmuth: Rückkehr zum vorläufigen Ausgangspunkt. Salzburg 1973. Klappentext.
11 Michael Raus: B. F.: Tage und Jahre. In: Literatur und Kritik 7 (1972), H. 69, S. 566.
12 Siehe Nachweis 10, S. 94.
13 Barbara Frischmuth: Rückkehr zum vorläufigen Ausgangspunkt/Haschen nach Wind. München 1978, S. 79.
14 Michael Raus (s. Nachweis 11), S. 566.
15 Ebd.
16 Barbara Frischmuth (s. Nachweis 6), S. 258.
17 Donald G. Daviau (s. Nachweis 4), S. 184.
18 Inge Meidinger-Geise: B. F.: Kai und die Liebe zu den Modellen [Rez.]. In: Literatur und Kritik 15 (1980), Nr. 145, S. 315.
19 Ulrike Kindl: B. F. In: Neue Literatur der Frauen. München 1980, S. 146.
20 Donald G. Daviau (s. Nachweis 4), S. 203.
21 Ulrike Kindl (s. Nachweis 19), S. 147.
22 Donald G. Daviau (s. Nachweis 4), S. 208.
23 Ulrike Kindl (s. Nachweis 19), S. 148.

WERKE

Romane/Erzählungen/Prosa: Die Klosterschule (Frankfurt [M.] 1968, Berlin 1976, Pr.); Amoralische Kinderklapper (Frankfurt [M.] 1969, Geschn.); Geschichten

für Stanek ([W.-]Berlin 1969); Tage und Jahre. Sätze zur Situation (Salzburg 1971, Pr.); Rückkehr zum vorläufigen Ausgangspunkt (Salzburg 1973, En.); Das Verschwinden des Schattens in der Sonne (Frankfurt [M.] 1973, Berlin 1976, R.); Haschen nach Wind (Salzburg 1974, En.); Die Mystifikationen der Sophie Silber (Salzburg 1976, Berlin 1982, R.); Amy oder die Metamorphose (Salzburg 1978, Berlin 1982, R.); Kai und die Liebe zu den Modellen (Salzburg 1979, Berlin 1982, R.); Entzug – ein Menetekel der zärtlichsten Art. Zwei En. (Pfaffenweiler 1979; Ill. H. Treiber); Bindungen (Salzburg 1980, E.); Die Ferienfamilie (Salzburg 1981, R.); Die Frau im Mond (Salzburg 1982, R.); Vom Leben des Pierrot (Pfaffenweiler 1982, En.); Traumgrenze (Salzburg 1983, En.); Kopftänzer (Salzburg 1984, R.).
Kinder- und Jugendbuch: Der Pluderich (Frankfurt [M.] 1969, Ill. R. Doxat); Philomela Mückenschnabl (Frankfurt [M.] 1970); Polsterer (Frankfurt [M.] 1970, Ill. R. Zeppel-Sperl); Ida – und Ob (München/Wien 1972); Die Prinzessin in der Zwirnspule u. a. Puppenspiele für Kinder (München 1972); Grizzly Dickbauch und Frau Nuffl (Pfaffenweiler 1975).

SEKUNDÄRLITERATUR

Bibliographie: Johns, Jorun B.: B. F.: Eine Bibliographie der Werke und der Sekundärliteratur bis Herbst 1980. In: Modern Austrian literature (Binghamton, N. Y.) 14 (1981), Nr. 1/2, S. 101–128.

Grieser, Dietmar: Eine leidige Angelegenheit: B. F. und die Klosterschule: eine Feedbach-Studie. In: Schauplätze österreichischer Dichtung. München 1974. S. 169–179. – *Fühmann,* Franz/Dietrich *Simon*/Joachim *Schreck*: Gespräch über B. F. In: Sinn und Form (Berlin) 28 (1976) H. 2, S. 423–436. – *Daviau,* Donald G.: Neuere Entwicklungen in der modernen österreichischen Prosa: Die Werke von B. F. In: Modern Austrian Literature. Sonderheft. 13 (1980), Nr. 1, S. 177–216. – *Kindl,* Ulrike: B. F. In: Neue Literatur der Frauen. Deutschsprachige Autorinnen der Gegenwart. Hg. H. Puknus, Einl. E. Endres. München 1980. S. 144–148. – *Sauter,* Josef-Hermann: Interviews mit B. F., Elfriede Jelinek, Michael Scharang. In: Weimarer Beiträge (Berlin) 27 (1981) H. 6, S. 99–109. – *Hirte,* Christlieb: Anmerkungen zur österreichischen Literatur. In: Ebd., S. 129–158. – *Schwarz,* Waltraud: B. F. – Rebellion und Rückkehr. In: Studien zur österreichischen Erzählliteratur der Gegenwart. Hg. H. Zeman. Amsterdam 1982, S. 229–253. – *Blumer,* Arnold: Kulturelle Freude in der Frauenliteratur am Beispiel von B. F.s »Die Klosterschule«. In: Frauenliteratur. Autorinnen – Perspektiven – Konzepte. Hg. M. Jurgensen. Bern/Frankfurt (M.) 1983, S. 181–195. – *Gürtler,* Christa: Schreiben Frauen anders? Untersuchungen zu Ingeborg Bachmann und B. F. Stuttgart 1983, 417 S. – *Schuckmann,* Dietrich: B. F. – österreichische Erzählerin von Rang. Klärende, phantasiekräftige Sprache und menschenwürdige Bindung. In: Weimarer Beiträge 30 (1984), H. 6, S. 954–970.

Michael Scharang

ANMERKUNGEN UND ZITATNACHWEISE

1 Michael Scharang: Verfahren eines Verfahrens. Nachw. Helmut Heißenbüttel. Neuwied/[W.-]Berlin 1969, S. 93.
2 Josef-Hermann Sauter: Interview mit Michael Scharang. In: J. H. S.: Interviews mit Schriftstellern. Texte und Selbstaussagen. Leipzig/Weimar 1982, S. 266.
3 Ebd., S. 273.
4 Michael Scharang: Zur Emanzipation der Kunst. Essays. Neuwied/[W.-]Berlin 1971, S. 9.
5 Ebd., S. 9.
6 Auf Scharangs Essay geht Ulrike Carlsen genauer ein: U. C.: Zur Entwicklung des Erzählers Michael Scharang. In: Wiss. Zeitschrift der Wilhelm-Pieck-Universität Rostock. Gesellschaftswiss. Reihe 31 (1982), H. 8, S. 63–69.
7 Michael Scharang (s. Nachweis 2), S. 272.
8 Michael Scharang: Schluß mit dem Erzählen und andere Erzählungen. Neuwied/[W.-]Berlin 1970, S. 16.
9 Peter Bekes: Michael Scharang. In: Kritisches Lexikon der deutschsprachigen Gegenwartsliteratur. Hg. Heinz Ludwig Arnold. München 1978ff. Bd. 1, S. 4.
10 Michael Scharang: Anmerkungen zur dokumentarischen Literatur. In: M. Sch.: Einer muß immer parieren. Dokumentationen von Arbeitern über Arbeiter. Darmstadt/Neuwied 1973, S. 9.
11 Ebd., S. 13.
12 Michael Scharang: Zur Technik der Dokumentation. In: Ebd., S. 17.
13 Michael Scharang: Charly Traktor. Berlin 1975. (Sigle **CT**)
14 Ulrich Greiner: Handbuch zum richtigen Leben: »Der Sohn eines Landarbeiters«. In: U. G.: Der Tod des Nachsommers. Aufsätze, Porträts, Kritiken zur österreichischen Gegenwartsliteratur. München 1979, S. 176.
15 Literatur ist das Schreiben von Geschichte. Ein Gespräch (Michael Scharang – Ulrich Greiner). In: Ebd., S. 190, 192.
16 Michael Scharang: Das doppelte Leben. Ein Drehbuch. Salzburg/Wien 1981. (Sigle **DL**)
17 Michael Scharang (s. Nachweis 2), S. 274.
18 Michael Scharang: Fürs Fernsehen schreiben heißt gegens Fernsehen schreiben. In: (s. Nachweis 16), S. 85.
19 Ebd., S. 84.
20 Wer ist Michael Scharang – Ein Interview mit dem Autor. In: Der Beruf des Vaters. Lesehefte für den Literaturunterricht. Hg. Klaus Göbel/Wolfgang Schemme. Stuttgart 1983, S. 9.
21 Michael Scharang: Harry. Eine Abrechnung. Darmstadt/Neuwied 1984. (Sigle **H**)

WERKE

Prosa/Essay: Verfahren eines Verfahrens. Nachw. Helmut Heißenbüttel (Neuwied/[W.-]Berlin 1969, En.); Schluß mit dem Erzählen und andere Erzählungen (Neuwied/[W.-]Berlin 1970); Zur Emanzipation der Kunst. Ess. (Neuwied/[W.-]Berlin 1971, Ess.); Charly Traktor (Darmstadt/Neuwied 1973, Berlin 1875, R.); Einer muß immer parieren. Dokumentationen von Arbeitern über Arbeiter

(Darmstadt/Neuwied 1973, auch Hsp.); Bericht an das Stadtteilkomitee. Politische Lesebuchtexte. (Darmstadt/Neuwied 1974); Der Sohn des Landarbeiters (Darmstadt/Neuwied 1976, R.); Der Lebemann (München 1979, R.); Das doppelte Leben. Ein Drehbuch (Salzburg/Wien 1981); Über den Unterschied von Schriftstellern und Bittstellern. In: Die Freiheit, zu sehen, wo man bleibt. Erster österreichischer Schriftstellerkongreß ... Hg. G. Ruiss, J. A. Vyoral. Wien 1982, Re.); Harry. Eine Abrechnung (Darmstadt/Neuwied 1984, E.)
Hörspiele: Geschichte zum Schauen - über ein Hörspiel zum Schauen (SDR 13. 1. 1971); Ansprache eines Entschlossenen an seine Unentschlossenheit (SDR 5. 5. 1971); Bericht vom Arbeitsamt (NDR 22. 1. 1972); Das Glück ist ein Vogerl (WDR 14. 12. 1972); Warum die kluge Else, die kluge Gretel und das Katherlieschen vorderhand Lesbierinnen sein wollen (NDR/SFB 17. 1. 1973); Einer muß immer parieren (WDR 10. 5. 1973); Woran ich denke, wenn ich das höre (WDR 8. 8. 1973); Anschlag (SDR 20. 9. 1973); Was gibt es hier zu reden (WDR 28. 6. 1974); Der Beruf des Vaters (SDR/WDR 1. 5. 1975); Die einen stehen im blühenden Alter - die anderen im blühenden Geschäft (NDR 16. 4. 1977).
Herausgaben: Über Peter Handke (Frankfurt [M.] 1972).
Fernsehfilme: Der Sohn eines Landarbeiters wird Bauarbeiter und baut sich ein Haus (WDR/ORF 1974; Kinotitel: Totstellen); Der Lebemann (WDR/ORF 5. 12. 1979); Das doppelte Leben (WDR 1981, Regie: G. Lhotsky); Die Kameraden des Koloman Wallisch (ORF/ZDF 1984, Regie: M. Scharang).

SEKUNDÄRLITERATUR

Heißenbüttel, Helmut: Nachwort. In: M. S.: Verfahren eines Verfahrens. Neuwied/[W.-]Berlin 1969. – *Arnold,* Heinz Ludwig: Der ehrliche Erzähler M. S. In: H. L. A.: Brauchen wir noch die Literatur? Zur literarischen Situation in der Bundesrepublik. Düsseldorf 1972. – *Kratzer,* Walter: M. S.: Zur Emanzipation der Kunst. In: Literatur und Kritik (Salzburg) 1973, H. 73, S. 184ff. – *Schachtsiek-Freitag,* Norbert: Proletarische Gegenöffentlichkeit. In: Frankfurter Hefte (Frankfurt [M.]/Darmstadt) 29 (1974), H. 4, S. 298ff. (zu: Charly Traktor und Einer muß immer parieren). – *Hübner,* Raoul: Mitbestimmte Literatur. Zur Methode M. S.s. In: Literatur als Praxis? Aktualität und Tradition operativen Schreibens. Hg. R. Hübner/E. Schütz. Opladen 1976, S. 158–190. – *Emmerich,* Wolfgang: Zwischen Anpassung und Widerstand: Lernen aus Lebensläufen. Notizen zu Innerhofer, Wolfgruber, S. In: Berliner Hefte ([W.-]Berlin). 1977, H. 5, S. 47–57. – *Scherner,* Maximilian: »Woran ich denke, wenn ich das höre.« Zur verstehenstheoretischen Begriffsbildung – am Beispiel eines Hörspiels von M. S. In: Der Deutschunterricht (Stuttgart) 28 (1977), H. 6, S. 70–89. – *Holzinger,* Lutz: Alles andere als eine Idylle. In: kürbiskern (München) 1977, H. 1 (zu: Der Sohn eines Landarbeiters). – *Höller,*Hans/Thierre *Sete*: Deux romans des M. S.: Charly Traktor et Der Sohn eines Landarbeiters. in: Austriaca (Rouen) 1978, H. 7, S. 43–57. – *Greiner,* Ulrich: M. S. In: U. G.: Der Tod des Nachsommers. München 1979, S. 179–198. – *Sauter,* Josef-Hermann: Interview mit Barbara Frischmuth, Elfriede Jelinek, M. S. In: Weimarer Beiträge (Berlin) 27 (1981), H. 6, S. 117–127. – *Carlsen,* Ulrike: Zur Entwicklung des Erzählers Michael Scharang. In: Wiss. Zs. Wilhelm-Pieck-Universität (Rostock) 31 (1982), H. 8, S. 63–70. – *Obermayer,* August: Die Funktion des Märchens in der Gegenwartsliteratur am Beispiel M. S.s. In: Literatur und Kritik 1984, H. 187/188, S. 396–402. – *Wallmann,* Jürgen P.: M. S.: »Harry«. In: Literatur und Kritik 1985, H. 195/196, S. 287–288.

Peter Handke

ANMERKUNGEN UND ZITATNACHWEISE

1 Neben den später genannten Texten vor allem seine Kurzprosa – (gesammelt in: P. H.: Begrüßung des Aufsichtsrats. München 1970): Die Überschwemmung; Über den Tod eines Fremden; Die Hornissen; Der Hausierer (alle 1963, die letzten beiden Titel nehmen spätere Romane vorweg); Sacramento (1964); Halbschlafgeschichten; Die Reden und Handlungen des Vaters im Maisfeld; Lebensbeschreibung (alle 1965) –, deren bewußte Künstlichkeit jeder identifizierenden Rezeption entgegensteht. [Anm. d. Red.]

2 Hans Christoph Buch: Tot und sauber aufgeräumt. In: Über Peter Handke. Hg. Michael Scharang, Frankfurt (M.) 1972, S. 44.

3 ›Modelldrama‹ und Wortableitungen daraus (wie Modelldramaturgie, modelldramaturgisch usw.), hier verstanden als eine Art des antiaristotelischen Dramas, in der die Handlung nicht von den in sich bestehenden Charakteren und ihrem innerhalb der geschlossenen Handlung psychologisch motivierten Verhalten, sondern einer der Handlung (den Bildern) unterlegten formelhaften These her organisiert wird. Die Handlung (eher Bilderfolge) wird entsprechend und aufgrund der logischen Implikationen der These ›modelliert‹. So z. B. in »Arturo Ui« (These: Die Nazis sind gewöhnliche Verbrecher), in »Herr Biedermann und die Brandstifter« (These: Durch seine Angst vor dem Sozialismus ist das Bürgertum gegenüber dem Nationalsozialismus gelähmt) oder in »Romulus der Große« (These: Der Wechsel der gesellschaftlichen Systeme bringt den Menschen weder Neues noch Gutes). – Vgl. die ausführlichere Darstellung in meinem Aufsatz »Modelle im Drama« (Annales Univ. Sc. Budapestiensis, Sectio Phil. Moderna, Bd. 1, 1969/70, S. 83–99).

4 Günter Heintz: Peter Handke: Die Innenwelt der Außenwelt der Innenwelt. Zur Verbindung von Literatur- und Sprachbehandlung. In: Deutschunterricht (Stuttgart) 22 (1970), H. 6, S. 49.

5 Peter Handke: Peter Pongratz und Walter Pichler. In: P. H.: Das Ende des Flanierens. Frankfurt (M.) 1980, S. 14–15.

6 Klaus Bohnen: Kommunikationsproblematik und Vermittlungsmethode in Handkes »Die Angst des Tormanns beim Elfmeter«. In: Wirkendes Wort (Düsseldorf) 26 (1976), H. 6, S. 388.

7 Peter Wapnewski: Das Gewicht der Welt und sein Eichmeister. In: Neue Rundschau (Frankfurt [M.]) 89 (1978), H. 2, S. 270.

8 Manfred Durzak: Gespräche über den Roman. Frankfurt (M.) 1976, S. 362.

9 Jean Améry: Grundloser Ekel. In: Merkur (Stuttgart) 29 (1975), H. 5, S. 469–470.

10 Peter Handke: Rede zur Verleihung des Franz-Kafka-Preises. In: Das Ende des Flanierens (s. Nachweis 5), S. 158.

11 Peter Handke: Über die Dörfer. Dramatisches Gedicht. Frankfurt (M.) 1981, Klappentext.

12 Peter von Becker: Die Unvernünftigen leben weiter? In: Die Zeit (Hamburg) 36 (1981), Nr. 42, S. 52.

13 Ebd.

WERKE

Romane/Erzählungen: Die Hornissen (Frankfurt [M.] 1966, bearb. 1968, R.); Der Hausierer (Frankfurt [M.] 1967, R.); Die Angst des Tormanns beim Elfmeter (Frankfurt [M.] 1970); Begrüßung des Aufsichtsrates (München 1970); Der kurze Brief zum langen Abschied (Frankfurt [M.] 1972; Berlin 1981, R.); Wunschloses Unglück (Salzburg 1972, Berlin 1978, in: Österreich heute, E.); Die Stunde der wahren Empfindung (Frankfurt [M.] 1975, R.); Die linkshändige Frau (Frankfurt [M.] 1976, Berlin 1981, E.); Das Gewicht der Welt. Ein Journal [Nov. 1975–März 1977] (Salzburg 1977); Langsame Heimkehr (Frankfurt [M.] 1979, Berlin 1982, E.); Die Lehre der Sainte Victoire (Frankfurt [M.] 1980, Berlin 1982); Kindergeschichte (Frankfurt [M.] 1981, Berlin 1982); Die Geschichte des Bleistifts (Salzburg/Wien 1982); Der Chinese des Schmerzes (Frankfurt [M.] 1983).

Stücke: Publikumsbeschimpfung (U. 1966, Frankfurt [M.] 1966); Weissagung (U. 1966, Frankfurt [M.] 1966); Selbstbezichtigung (U. 1966, Frankfurt [M.] 1966); Hilferufe (U. 1967, Frankfurt [M.] 1967, in: Deutsches Theater der Gegenwart); Kaspar (U. 1968, Frankfurt [M.] 1968); Das Mündel will Vormund sein (U. 1969, Vorabdruck, in: Theater heute [Velber] 1969, H. 2, Frankfurt [M.] 1969, in: P. H.: Prosa, Ge., Theaterstücke, Hörspiel, Aufsätze); Quodlibet (U. 1970, Frankfurt [M.] 1970, in: Spectaculum XIII); Der Ritt über den Bodensee (U. 1971, Frankfurt [M.] 1971); Die Unvernünftigen sterben aus (U. 1974, Frankfurt [M.] 1973); Über die Dörfer. Dramatisches Gedicht (U. 1982, Frankfurt [M.] 1981; Berlin 1982).

Hörspiele: Hörspiel (Köln 1968, in: wdr-Hörspielbuch 1968); Hörspiel Nr. 2 (Köln 1969, in: wdr-Hörspielbuch 1969); Wind und Meer. Vier Hörspiele (Frankfurt [M.] 1970, enth.: Wind und Meer; Geräusche eines Geräusches; Hörspiel Nr. 2; Hörspiel).

Filmdrehbücher: Chronik der laufenden Ereignisse (Regie: P. H., U. 1971; Frankfurt [M.] 1971); Falsche Bewegung (Regie: Wim Wenders, 1974, Frankfurt [M.] 1975); Die linkshändige Frau (Regie: P. H., 1976).

Lyrik: Die Innenwelt der Außenwelt der Innenwelt (Frankfurt [M.] 1969, u. a. Ge.); Deutsche Gedichte (Frankfurt [M.] 1969); Als das Wünschen noch geholfen hat (Frankfurt [M.] 1974, Lyrik und Essays); Das Ende des Flanierens (Wien 1977).

Essays: Literatur ist romantisch ([W.-]Berlin 1967); Ich bin ein Bewohner des Elfenbeinturms (Frankfurt [M.] 1972).

Mitautor: Daheim ist daheim. Neue Heimatgeschichten (Salzburg 1973, u. a. P. H.); Didi Petrikat: Wiener Läden. Mit Sätzen von P. H. (München 1974); Niki Lauda (zus. mit G. Effenberger, H. Zwickl; München 1978).

Herausgeber: Der gewöhnliche Schrecken. Horrorgeschichten (Salzburg 1969, enth.: P. H.: Das Umfallen der Kegel von einer bäuerlichen Kegelbahn); Franz Nabl: Charakter. Der Schwur des Martin Krist. Dokument (Salzburg 1975).

Ausgaben/Sammelbände: Prosa, Ge., Theaterstücke, Hörspiel, Aufsätze (Frankfurt [M.] 1969); Stücke (Frankfurt [M.] 1972, enth.: Publikumsbeschimpfung; Weissagung; Selbstbezichtigung; Hilferufe; Kaspar); Stücke 2 (Frankfurt [M.] 1973, enth.: Das Mündel ...; Quodlibet; Der Ritt über den Bodensee); Der kurze Brief zum langen Abschied. Die linkshändige Frau (Berlin 1981); Langsame Heimkehr. Die Lehre der Sainte Victoire. Kindergeschichte. Über die Dörfer (Berlin 1982).

SEKUNDÄRLITERATUR

Bibliographien: Müller, Harald/Wilfried *Hönes:* Komm. Auswahlbibliographie. In: Text + Kritik. H. 24/24a: P. H. München 1978. – Über P. H. Hg. M. Scharang. Frankfurt (M.) 1972.

Blöcker, Günter: P. H.s Entdeckungen. In: Merkur (Stuttgart) 21 (1967), S. 1090–1094. – Text + Kritik. Zeitschrift für Literatur. Hg. H. L. Arnold. H. 24: P. H. München 1969; vierte, erg. Aufl., H. 24/24a München 1978. – *Heintz,* Günter: P. H. Die Innenwelt der Außenwelt der Innenwelt. Zur Verbindung von Literatur- und Sprachbetrachtung. In: Der Deutschunterricht (Stuttgart) 22 (1970), H. 6, S. 41–50. – *Timm,* Uwe: P. H. oder sicher in die 70er Jahre. In: Kürbiskern (München) 1970, H. 4, S. 611–621. – *Angermeyer,* Hans: Zuschauer im Drama: Brecht, Dürrenmatt, H. Frankfurt (M.) 1971. – *Buddecke,* Wolfram/Jörg *Hienger:* Jemand lernt sprechen. Sprachkritik bei P. H. In: Neue Sammlung (Göttingen) 11 (1971), H. 6, S. 553–565. – *Dixon,* Christa K.: P. H.: Die Angst des Tormanns beim Elfmeter. Ein Beitrag zur Interpretation. In: Sprachkunst (Wien) 3 (1972), H. 1/2, S. 75–97. – *Hartung,* Rudolf: P. H.: Der kurze Brief zum langen Abschied. In: Neue Rundschau 83 (1972), S. 336–342. – *Heißenbüttel,* Helmut: P. H.s Ruhm. in: H. H.: Zur Tradition der Moderne. Neuwied 1972, S. 346–357. – Über P. H. Hg. Michael Scharang. Frankfurt (M.) 1972. – *Honsza,* Norbert: P. H. und seine Theaterstücke. In: Universitas (Stuttgart) 28 (1973), H. 4, S. 387–392. – *Pütz,* Peter: P. H. In: Deutsche Dichter der Gegenwart. Hg. Benno von Wiese. [W.-]Berlin 1973, S. 662–675. – *Schultz,* Uwe: P. H. Velber b. Hannover 1973. – *Batt,* Kurt: Leben im Zitat. Notizen zu P. H. In: Sinn und Form (Berlin) 26 (1974), S. 603–623. – *Heintz,* Günter: P. H. München 1974. – *Falkenstein,* Henning: P. H. [W.-]Berlin 1974. – *Laemmle,* Peter: Von der Außenwelt zur Innenwelt. Das Ende der deutschen Nachkriegsliteratur: P. H. und die Folgen. In: Positionen im deutschen Roman der sechziger Jahre. Hg. H. L. Arnold/Theo Beck. München 1974, S. 147–170. – *Rossbacher,* Karlheinz: Detail und Geschichte. In: Sprachkunst (Wien) 6 (1975), 1. Halbbd., S. 87–103. – *Améry,* Jean: Grundloser Ekel. In: Merkur (Stuttgart) 29 (1975) H. 5, S. 468–471. – *Bohne,* Klaus: Kommunikationsproblematik und Vermittlungsmethode in H.s »Die Angst des Tormanns beim Elfmeter«. In: Wirkendes Wort (Düsseldorf) 26 (1976), H. 6, S. 387–400. – *Nägele,* Rainer: Unbehagen in der Sprache. Zu P. H.s Kaspar. In: Basis. Jahrbuch für deutsche Gegenwartsliteratur 6 (1976), S. 78–96. – *Jacobs,* Jürgen: P. H. In: Deutsche Literatur der Gegenwart. Einzeldarstellungen. Hg. D. Weber. Bd. 2, Stuttgart 1977, S. 152–179. – *Mixner,* Manfred: P. H. Kronberg/Ts. 1977. – *Müller,* Joachim: Auf der Suche nach der wahren Existenz – P. H. und seine Erzählungen. In: Universitas (Stuttgart) 33 (1978), H. 7, S. 683–692. – *Nägele,* Rainer/Renate *Voris:* P. H. München 1978. – *Wapnewski,* Peter: Das Gewicht der Welt und sein Eichmeister. In: Neue Rundschau (Frankfurt [M.]) 89 (1978), H. 2, S. 268–275. – *Zeller,* Rosmarie: Die Infragestellung der Geschichte und der neue Realismus in H.s Erzählungen. In: Sprachkunst 9 (1978), S. 115–140. – *Greiner,* Ulrich: Der Tod des Nachsommers. Aufsätze, Porträts, Kritiken zur österreichischen Gegenwartsliteratur. München, Wien 1979, S. 87–100. – *Durzak,* Manfred: P. H. und die deutsche Gegenwartsliteratur. Narziß auf Abwegen. Stuttgart 1982. – *Bartmann,* Christoph: Suche nach Zusammenhang. H.s Werke als Prozeß. Wien 1985. – *Melzer,* Gerhard/Jale *Tükel* (Hg.): Die Arbeit am Glück. Königstein/Ts. 1985.

Peter Turrini

ANMERKUNGEN UND ZITATNACHWEISE

1 Christlieb Hirte: Anmerkungen zur österreichischen Literatur. In: Weimarer Beiträge (Berlin) 27 (1981), H. 6, S. 132.
2 Peter Turrini: Über dieses Stück. In: Turrini-Lesebuch. Stücke, Pamphlete, Filme, Reaktionen etc. Wien/München/Zürich 1978, S. 155.
3 Peter Turrini: Ein paar Schritte zurück. Gedichte. München 1980, S. 17.
4 Peter Turrini: Aktueller Nachsatz. In: Turrini-Lesebuch (s. Nachweis 2), S. 71.
5 Willard Manus, ein junger Amerikaner, gehörte zu jener Gruppe, mit der Turrini auf Rhodos zusammenlebte.
6 Siehe Nachweis 3, S. 60.
7 Siehe Nachweis 4.
8 Peter Turrini, in: Ulmer Programmheft zur Aufführung von »Rattenjagd«. Zit. nach: Turrini-Lesebuch (s. Nachweis 2), S. 76. Vgl. auch: Eßlinger Zeitung (Eßlingen), 18. 12. 1971.
9 Werkstättengespräch mit Peter Turrini. In: Turrini-Lesebuch (s. Nachweis 2), S. 347.
10 Siehe Nachweis 2, S. 126f.
11 Peter Turrini: Zu diesem Stück. In: (s. Nachweis 2), S. 227.
12 Siehe Nachweis 9.
13 Peter Turrini: Über dieses Stück. In: (s. Nachweis 2), S. 155.
14 Siehe Nachweis 2, S. 167.
15 Christlieb Hirte (s. Nachweis 1), S. 130.
16 Peter Turrini: Ein Brief. In: (s. Nachweis 2), S. 353.
17 Peter Turrini: Die Wirtin. In: (s. Nachweis 2), S. 282 (»Fabrizio: Schon verwandelt sich eine blutleere Sardine in einen scharfen Haifisch«).
18 Michael Dultz, in: Abendzeitung (München), 26. 11. 1973. Zit. nach: Turrini Lesebuch (s. Nachweis 2), S. 296.
19 Reinhard Kill, in: Rheinische Post (Düsseldorf), 14. 12. 1974. Zit. nach: Ebd., S. 297.
20 Zit. nach: Programmheft des Berliner Ensembles zu Dario Fo: Bezahlt wird nicht.
21 Siehe Nachweis 9, S. 343.
22 Ebd., S. 344.
23 Wilhelm Pevny (geb. 1944), aufgewachsen in Wien, Studium der Theaterwissenschaft. *Stücke:* Sprintorgasmusik (U. durch ›La Mama‹, New York 1970); RAIS (U. Mickeray-Theater, Amsterdam 1972); Zack-Zack oder Da hat doch einer dran gedreht. Rock-Musical u. a.
24 Peter Turrini: Über das Stück. In: Turrini-Lesebuch zwei. Stücke, Film, Gedichte, Reaktionen etc. Wien/München/Zürich 1983, S. 47.
25 Peter Turrini: Rede anläßlich der 75-Jahr-Feier der Wiener »Urania«. In: (s. Nachweis 2), S. 366.
26 Siehe Nachweis 24.
27 Arthur West, in: Die Wahrheit (Graz), 10. 11. 1980. Zit. nach: Turrini-Lesebuch zwei (s. Nachweis 24), S. 49.
28 Peter Turrini: Über die Kulturkritik. In: (s. Nachweis 2), S. 377.
29 Ebd., S. 379.

30 Peter Turrini: Über »Die Bürger«. In: Turrini-Lesebuch zwei (s. Nachweis 24), S. 127.
31 Ebd., S. 75.

WERKE

Stücke/Fernseh- und Spielfilme: rozznjogd ([1967] U. 1971, hochdt. Rattenjagd [1971], Stück); Zero Zero ([1971] U. 1971, Stück); Faust III. Teil, eine merkwürdige Fortsetzung (BM München 1971, Stück); Eine Komödie teils, teils (BM München 1971, Stück); Phonoptical, ein experimentelles Theaterstück (BM München 1972); Deutschlandlied. Heil Dir. Zwei Sprachstücke ([1972] U. 1974); Sauschlachten. Ein Volksstück (BM München 1972, U. 1972); Der tollste Tag, frei nach Beaumarchais ([1971] U. 1972, Wien/ München 1973, Berlin 1982, in: Österr. Drn.); Die Wirtin, frei nach Goldoni ([1973] U. 1973, Stück); Wiener Walzer ([1973] BM München 1977, Stück); Die Alpensaga ([1974/79] zus. mit W. Pevny. Ko-Produktion ORF/ZDF: Liebe im Dorf, Erstsendung: 1976; Der Kaiser auf dem Lande, Erstsendung: 1977; Das große Fest, Erstsendung 1977; Die feindlichen Brüder, Erstsendung 1978; Der deutsche Frühling, Erstsendung 1979; Ende und Anfang, Erstsendung 1980; u. d. T.: Alpensaga. Eine sechsteilige Fernsehserie aus dem bäuerlichen Leben. Wien/Salzburg 1980, 3 Bde., Fsf.); Der Dorfschullehrer (1974, zus. mit W. Pevny, u. d. T.: Der Dorfschullehrer. Fernsehfilm. Eine Folge der TV-Reihe Die Alpensaga. Eisenstadt 1974); Der Bauer und der Millionär ([1975] zus. m. W. Pevny. Ko-Produktion ORF/WDR [Köln], Erstsendung WDR: 1976, ORF: 1977, Fsf.); Josef und Maria ([1980] U. 1980, Stück, auch Fsf.); Die Bürger ([1981] U. 1982, Wien/München 1982, Stück); Campiello ([1982] U. 1982, Wien/München 1982, Stück nach Goldoni); Jugend ([1983], Regie: Käthe Kratz. U. 1984, F.).
Roman: Erlebnisse in der Mundhöhle (Reinbek b. Hamburg 1973).
Lyrik: Ein paar Schritte zurück (München 1980).
Sammelausgaben: Turrini-Lesebuch. Hg. U. Bierbaumer (Wien/München/Zürich 1978, enth.: rozznjogd, Sauschlachten, Kindsmord, Der tollste Tag, Die Wirtin; Alpensaga III: Das große Fest [Ausz.]; Kritische Texte); Turrini-Lesebuch zwei. Hg. ders. (Wien/München/Zürich 1983, enth.: Josef und Maria, Die Bürger, Campiello; Jugend; Ein paar Schritte zurück; Kritische Texte); Stücke. Hg. B. Müller (Berlin 1986, enth.: Sauschlachten, Die Wirtin, Josef und Maria, Die Bürger, Campiello): Es ist ein gutes Land. Texte zu Anlässen (Wien/München/Zürich 1986).

Autoren des Bandes

BERCZIK, Árpád (geb. 1910), Prof. Dr. phil., Kandidat der Literaturwissenschaft, em. Prof. am Dt. Seminar der József-Attila-Universität Szeged.

BERNÁTH, Árpád (geb. 1942), Dr. phil, Kandidat der Literaturwissenschaft, ebd.

BERNHARD, Hans-Joachim (geb. 1929), Prof. Dr. sc. phil., Lehrstuhl für Weltliteratur der Sektion Sprach- und Literaturwissenschaft an der Wilhelm-Pieck-Universität Rostock.

BÖTTCHER, Kurt (geb. 1926), Prof. Dr. sc. phil., Chefredakteur und Leiter des Kollektivs für Literaturgeschichte im Verlag Volk und Wissen, Berlin.

DIERSCH, Manfred (geb. 1935), Dr. phil., Lehrstuhl für österreichische Literatur, Sektion Germanistik und Literaturwissenschaft der Karl-Marx-Universität Leipzig.

DÖHLER, Sabine (geb. 1954), Weimar.

FISCHER, Rainer (geb. 1945), technischer Mitarbeiter der Sektion Sprach- und Literaturwissenschaft der Wilhelm-Pieck-Universität Rostock.

GYŐRI, Jüdit (geb. 1940), Dr. phil., Oberassistentin am Deutschen Seminar der Eőtvős-Loránd-Universität Budapest.

HAASE, Horst (geb. 1929), Prof. Dr. phil. habil., Direktor des Instituts für Marxismus/Leninismus Kultur- und Kunstwissenschaft der Akademie für Gesellschaftswissenschaften beim ZK der SED Berlin.

KLEIN, Alfred (geb. 1930), Prof. Dr. sc. phil., Direktor des Instituts für Literaturgeschichte der Akademie der Künste der DDR, Berlin.

KRIPPENDORF, Klaus (geb. 1929), Dr. phil., Oberassistent an der Sektion Literatur- und Kunstwissenschaft der Friedrich-Schiller-Universität Jena.

MÁDL, Antal (geb. 1929), Prof. Dr. phil., Dr. h. c., Doktor der Literaturwissenschaft, Direktor des Deutschen Seminars der Eőtvős-Loránd-Universität Budapest.

MÁDL-JÁSZKA, Zsuzsa (1933–1985), Oberassistentin am Lehrstuhl für Deutsche Sprache der Hochschule für Außenhandel Budapest.

METZLER, Oskar (1927–1983), Dr. phil., Lektor im Wissenschaftsbereich der Sektion Germanistik/Slawistik an der Pädagogischen Hochschule „Clara Zetkin" Leipzig.

MÜLLER, Bernd (geb. 1933), Lektor am Henschelverlag Berlin.

NALEWSKI, Horst (geb. 1931), Prof. Dr. sc. phil., Lehrstuhl für DDR-Literatur der Sektion Germanistik der Humboldt-Universität Berlin.

NÉMEDY, Lajos (geb. 1914), Prof. Dr. phil., Doktor der Literaturwissenschaft, em. Prof. der Kossuth-Lajos-Universität Debrecen.

NETSCHEPORUK, Jewgenij Iwanowitsch (geb. 1937), Dr., Kandidat der phil. Wissenschaften, Leiter des Lehrstuhls für europ. Literatur an der Universität M. W. Frunse Simferopol/Krim.

PANKOW, Klaus (geb. 1953), Dipl. Lehrer, Lektor am Verlag Philipp Reclam jun. Leipzig.

REINHOLD, Ursula (geb. 1938), Dr. sc., Forschungsgruppenleiter am Zentralinstitut für Literaturgeschichte der Akademie der Wissenschaften Berlin.

RESO, Martin (geb. 1926), Dr. phil., Entwicklungslektor am Mitteldeutschen Verlag Halle/Leipzig.

RICHTER, Hans (geb. 1928), Prof. Dr. phil. habil., Arbeitsgruppenleiter an der Sektion Kunst- und Literaturwissenschaft der Friedrich-Schiller-Universität Jena.

Richter, Helmut (geb. 1934), Prof. Dr. sc. phil., Lehrstuhl für Deutsche Literaturgeschichte 19. Jh., Sektion Germanistik und Literaturwissenschaft der Karl-Marx-Universität Leipzig.

Rönisch, Siegfried (geb. 1929), Dr. phil., Chefredakteur der Zs. „Weimarer Beiträge“, Berlin.

Salyámosy, Miklós (geb. 1926), Prof. Dr. phil., Doktor der Literaturwissenschaft, Direktor des Deutschen Seminars der József-Attila-Universität Szeged.

Schmidt-Thieme, Helga (geb. 1950), Diplom-Germanist, wissenschaftliche Assistentin an der Hochschule für Schauspielkunst „Ernst Busch“, Berlin.

Schoss, Dieter (geb. 1937), Leiter der Außenstelle Rostock der Hochschule für Schauspielkunst Berlin.

Schuhmann, Klaus (geb. 1935), Prof. Dr. sc., Lehrstuhl DDR-Literatur/BRD-Literatur, Sektion Germanistik und Literaturwissenschaft der Karl-Marx-Universität Leipzig.

Szabó, János (geb. 1947), Dr. phil., Kandidat der Literaturwissenschaft, Dozent am Deutschen Seminar der Eőtvős-Loránd-Universität Budapest.

Szász, Ferenc (geb. 1943), Dr. phil. Oberassistent ebd.

Széll, Zsuzsa (geb. 1925), Dr. phil., Kandidat der Literaturwisseschaft, Dozent ebd.

Trilse, Christoph Jochanaan (geb. 1933), Dr. sc. phil., freischaffender Publizist, Berlin.

Vajda, György Mihály (geb. 1914), Prof. Dr. phil., em. Prof. und Direktor des Lehrstuhls für Vergleichende Literaturwissenschaft der József-Attila-Universität Szeged.

Bildnachweise

Urhebernachweis (Zeichnungen, Gemälde, Graphiken): B. F. Dolbin, Werfel (um 1936): S. 322 – O. Kokoschka, Trakl: S. 294 – F. Masereel, St. Zweig (1926): S. 165 – M. Oppenheimer, Schnitzler (1912): S. 51 – L. Pasternak, Rilke (nach 1926): S. 107 – A. Schumich, Huppert (1972): S. 443 – J. P. Tripp, Mal mal Handke (1975): S. 736 – F. Wotruba, Musil (1937): S. 137.

Leistungsschutznachweis (Fotografien): Akademie der Künste der DDR/Kraushaar, Berlin: S. 754 – Akademie der Künste, Berlin (West): S. 425, 482 – Deutsches Literaturarchiv, Marbach: S. 137, 322, 384, 540, 564 – Dokumentationsarchiv des österreichischen Widerstands, Wien: S. 405, 499 – Dokumentationsstelle für neuere österreichische Literatur, Wien: S. 717 – Ernst-Weiss-Archiv/Engel, Hamburg: S. 190 – G. Fritsch, Wien: S. 621 – S. Lipsolm: S. 270 – R. Melis, Berlin: S. 583, 641 – Palast der Republik/Hirschfeld, Berlin: S. 695 – O. Papp, Salzburg: S. 72 – J. von Tucholka, Berlin: S. 343 – Verlag Volk und Welt, Berlin: S. 607 – Verlag Volk und Wissen/Pinkert, Berlin: S. 51 – K. Voigt, Mannheim: S. 463 – Reproduktionen: F. Wallesch, Berlin: S. 94, 210, 253, 363, 519, 660, 679.

Karten: Entwicklung: Gerhard Ziegler – Ausführung: VEB Hermann Haack, Geographisch-Karthographische Anstalt, Gotha.

Personenregister